于漪全集

于漪全集

（修订版）

第七卷

阅读教学

上海教育出版社

1979 年 11 月，在家中备课

1982 年 7 月，应呼和浩特教育局邀请
赴内蒙古讲学

20 世纪 80 年代，造访沈园，寻觅陆游与唐琬之凄美爱情

1989 年，被评为“全国先进工作者”，
与大家一起登上天安门城楼

批改学生的写字作业

花径偶遇，也是师生交谈的好时机

与学生讲悄悄话

书是精神成长之源，要让学生养成到图书馆查阅资料的好习惯

出版说明

《于漪全集》是基础教育领域首部特级教师的全集，也是上海教育出版社为特级教师出版的第一部全集。自 2018 年 8 月第一版出版以来，在传承、弘扬和建设新时代社会主义文化、以教育自信创建自信的教育等方面发挥了重要作用，深受广大读者特别是第一线教育工作者的好评。

《于漪全集》收录了于漪在不同时期出版的专著以及发表于全国各类报刊的论文、讲话、序跋等作品。编辑过程中，虽尽力搜集，仍难免挂一漏万。部分文章的写作时间和出处未予注明，留待日后修订逐步完善。在此，也对原发报刊编辑部、图书出版单位一并致谢。

《于漪全集》第一版由上海市教师学研究会组织有关教师、专家编辑。于漪的教育思想植根于教学实践，是理论与实践有机融合的生动阐述。有时一材多用，是为了从不同角度阐释相关问题，为读者呈现丰富的不同历史阶段的思考成果。

《于漪全集》第一版以“一辈子学做教师”为线索，根据文章内容，分为二十一卷，从基础教育、语文教育、课堂教学、阅读教学、写作教学、教师成长、序言书信、教育人生八个方面多维度展现于漪来自教育第一线的理论研究成果，基本体现了当代教育家的典型形象。

于漪自 2019 年 9 月被中共中央授予“人民教

育家”国家荣誉称号以来，担当新的历史使命，坚持思想创新，特别是在中国特色教育学、教师学等重大理论建设上奋力探索，笔耕不辍，不断形成新的思想成果。鉴于此，上海市教师学研究会及时组织学术力量，对《于漪全集》第一版作了全面修订：一是补充了于漪教育新论述；二是增加了于漪教育活动年表；三是在版式、装帧上作了调整，从第一版的较小开本八类二十一卷改为较大开本的八类十二卷；四是对文字和内容错漏加以改正。

我们希望，《于漪全集》修订版能够继续为广大教育工作者学习于漪教育教学思想，探索中国特色教育学、教师学，为国育才，为党育才，发挥应有的作用。

目录

探学 珠海

学海
探珠

人民教育出版社 1990 年 1 月出版。

小引

教师要有丰富的智力生活。蜜蜂辛勤地采花，才能酿就甜美的蜜；教师孜孜不倦地探索人类知识的宝库，不断吸取新鲜的养分，才能担当教育人的重任。在实践中学习，从书本里学习，是我这个语文教师毕生的追求和责任。

学习能使人心明眼亮。《颜氏家训·勉学篇》说："夫所以读书学问，本欲开心明目，利于行耳。"学得扎实，学得深入，学得宽广，就为不断改进教学、提高教学质量准备了重要的条件。

"吾生也有涯，而知也无涯"，这是千古学人面对知识海洋所发出的浩叹。教师工作繁重，抽出时间来经常学习着实不容易。记得有人问过我："你在学习中最喜欢什么?"我曾答非所问地说："我最喜欢'锲而不舍'四个字。"只要有这四字精神，再忙也能挤出时间学。

人类浩瀚的知识海洋，蕴藏着无数奇珍异宝，辛勤的探宝人绝不会空手而回。我的眼前碧海空阔，珠蚌含胎，探珠是我的良好愿望，也许能探得一两颗圆润耀目的宝珠。但我毕竟是个识浅力薄的探索者，一定常常探珠不获，倒拣来了光怪陆离的贝壳——即使如此，我仍然是满怀喜悦的。

“不学无术”

北宋寇准是一位敢作敢为的政治家，在历史上有贡献。景德元年，契丹入侵，寇准任宰相，坚决反对王钦若南迁的逃跑主张，力主抗战。他竟冒天下之大不韪，促使皇帝赴前线，进驻澶州督战。由于谋划得当，抵住了入侵的敌人，寇准立下了大功劳。但不久他就受到王钦若的排挤，被免除宰相职位。一次，寇准问一个叫张咏的人：“何以教准?”张咏慢条斯理地说：“《霍光传》不可不读也。”寇准莫名其妙，回去赶紧打开《汉书》，翻到《霍光传》，一口气读下去。当他读到“不学亡（无）术”四个字时，才恍然大悟，笑着说：“此张公谓我也。”

张咏一向认为“寇公奇才，惜学术不足耳”，与霍光有相似之处。霍光是西汉重臣，对扶保皇室、安定政治起了重要作用。霍光死后，霍家专权，就遭遇灭门之祸。张咏看到寇准与霍光一样刚毅有为，招忌恨，就劝他读《霍光传》，委婉地启发他以霍光的身后事为鉴，不要招祸。《霍光传》在最后的“传赞”中有这么几句话：“然光不学亡（无）术，暗于大理……以增颠覆之祸，死财（才）三年，宗族诛夷，哀哉!”事情很明白，张咏是讽示寇准不能“不学无术”，以致因不明大理招祸，要善于明哲保身。然而，我们今天应用这一成语，已不把它与明哲保身联系起来，而是径指不学习无本领了。

在“文化大革命”中，“四人帮”曾提出过“知识越多越反动”的奇谈怪论。那时候谁学习谁倒霉，交白卷的张铁生大红特红，成了“英雄”。这样的年代已经过去，如今不会有人公开反对学习，公开标榜“不学无术”光荣了。但要彻底清除流毒亦非轻而易举的事，不是直到现在还存在着一种“只要能赚钱，知识少点也无关”的糊涂思想吗？党中央提出确立尊重科学文化知识的正确观念，要求切实做到欢迎知识，渴求知识，把知识变成建设新世界的巨大力量。“这就要求我们，要求中国共产党人，要求各条战线、各行各业的广大干部，一定要在新的伟大斗争中，重新学习。”我们教师也要重新学习，加强理论学习、专业知识和新的科学文化知识的学习，把培养年轻一代的工作做得更好。“不学无术”与做好工作是不相容的。

从“不求甚解”想起的

“不求甚解”，现在多指学习不认真，不深入，粗枝大叶。这句话最早是陶渊明说的。《陶渊明集·五柳先生传》：“好读书，不求甚解；每有会意，便欣然忘食。”由于这句话出自陶渊明这样的大诗人，历来就谈得多了。

糊涂人道听途说，把陶渊明说成是读书马虎的典型。懒惰的人学习不深入，举出陶渊明作幌子，说：“陶渊明这样的大诗人，读书还不是不求甚解！”好心人出来说了，“陶渊明根本不是那个样子”，并从他的诗文中引出一些话来证明。有人说，不能断章取义，要看看上下文，上文是“好读书”，这个“好”字可不容易，下文是“每有会意，便欣然忘食”，可见他不仅“会意”，并且一领会就高兴得连饭也忘了吃了。进而又从别的地方找到证明，陶渊明在《与子俨等疏》中也说：“开卷有得，便欣然忘食。”因此就有人说，陶渊明读书是求“解”的，不过不求“甚”解而已。有人更进一步说陶渊明读书不是粗枝大叶，而是细心得很，证据是他有名的诗《移居二首》中有这样两句：“奇文共欣赏，疑义相与析。”他研讨探求得很深入的。

以上的说法证据确凿，虽有点道理，但还不能替陶渊明“不求甚解”的态度开脱，因为那句话分明是他自己说的！于是人们就探求这四个字到底是什么意思。有的说“不求甚解”的真义应该是“读书的方法，不要固执一点，咬文嚼字，而要前后贯通，了解大意”。（见《燕山夜话》）说得更好的如《管锥编》：“窃谓陶之‘不求甚解’如杜甫《漫成》之‘读书难字过’也；陶之‘疑义与析’又如杜甫《春日怀李白》之‘重与细论文’也。……一人之身，读书之阔略不拘与精细不苟，因时因事而异宜焉。”真是越讲越精彩，越说越深刻！

从这里可以得到如何很好地指导学生读书的启示。语文教学中指导学生精读诗文，人们容易理解，但不易注意到在另一方面要指导学生广泛阅读。教师除指导学生精读外，还必须指导学生在课外广泛地、有计划地读一点书，把精读与泛读有机地结合起来。精读要熟读精思，“须是一棒一条痕，一掴一掌血”，心领神会。但书多，浩如烟海，遍读根本不可能，即使有些该读的书，也并非本本都要精读，倒是较多的书只消“不求甚解”，知其大意即可。精读与泛读的要求不同，前者要求领会深，后者则要求有所“会意”，但两者要统一在“理解”上，相辅相成，相得益彰，如是步步深入，学业就能日精月进。

“想当然耳”

北宋仁宗嘉祐二年（1057年），朝廷举行考进士的春试。皇帝任命当代大文豪欧阳修做主试官。经欧阳修推荐，其他主试官赞同，著名学者、诗人梅尧臣为参详官（又名小试官）。梅尧臣阅卷时看到一篇好文章《刑赏忠厚之至论》，写得很出色。文章主旨是：奖赏宁可失之过宽，惩罚则应慎重，免得枉杀无辜。文中有这么一段：“当尧之时，皋陶（yáo）为士，将杀人，皋陶曰‘杀之’三，尧曰‘宥之’三，故天下畏皋陶执法之坚，而乐尧用刑之宽。”用典用到圣君尧身上了，简直非同小可！文章送到欧阳修手里，他也大为欣赏。他们都不知道这一典故出在什么地方，写得那么郑重其事，想必大有来头。但不管如何，文章确实好，录取为第二名，作者就是22岁的苏轼。发榜以后，苏轼去拜见欧阳修，被问起这几句话的出处，苏轼引用孔融的话回答说：“想当然耳。”真相大白，原来是杜撰，把大文豪也蒙住了。

今天看来，苏东坡这几句话有没有出处无关宏旨，倒是这一历史掌故成了美谈。当然，这不能误解为学习、工作可以持想当然的态度。教师在教学中凡有不清楚的、掌握不准的知识，都要认真查一查，力求真正弄清楚，采取对学生负责的态度，养成踏踏实实的良好习惯。比如造大桥、起高楼，若没有大量科学的数据，只凭想当然，其结果不是造不成，就是要倒塌，道理是显而易见的。

还有一种往往不被人注意的现象，即对习以为常的事物，人们反而有时视而不见。因此，我们也不能自以为熟悉而来个想当然。法国著名印象派画家莫奈，到伦敦去画威斯敏斯特教堂。伦敦是闻名的雾都，他选了平常的雾天作画。画上，教堂掩映在雾中，轮廓隐约可见，雾却是紫红色的。画展览出来，舆论大哗。伦敦人多年在雾里生活，对雾太熟悉了，觉得分明是灰蒙蒙的，连书上也是这样说的。到底谁正确呢？经莫奈的画一提醒，人们上街仔细观察，伦敦的雾果真是紫红色的。于是进一步探究原因，原来雾的红色度是由于烟太多，烟雾和伦敦的红砖房相映而成。莫奈竟因此获得“伦敦雾创造者”的雅号。按理说应该是伦敦人对伦敦雾最熟悉，可是他们反因“想当然”而弄错。莫奈这个外国人之所以弄对，是因为他作画时作了细致入微的观察。可见，我们必须时时提醒自己，对即使习以为常的事物也得看一看，想一想，力戒想当然。

风景画家固然要仔细观察大自然，作家描写风景也必须这样。描写风景，俄国作家屠格涅夫算是首屈一指了。试看《猎人笔记》最后一篇《树林和草原》中，他把春、夏、秋、冬四幅风景画刻画得多么细致入微，充满情趣啊！托尔斯泰称颂他的风景描写说：“这是他的拿手本领，以至在他以后，没有人敢下手碰这样的对象——大自然。”如果没有精细的观察，没有超人的洞悉才能，不忠实于大自然，他哪会有这“拿手本领”？

写到这里，我自然而然想到《儒林外史》开头写王冕学画的片段。作者这样描写七泖湖上雨过天晴的景色：“须臾，浓云密布，一阵大雨过了。那黑云边上镶着白云，渐渐散去，透出一派日光来，照耀得满湖通红。湖边上山，青一块，紫一块，绿一块。树枝上都像水洗过一番的，尤其绿得可爱。湖里有十来枝荷花，苞子上清水滴滴，荷叶上水珠滚来滚去。”写得真是美极了。吴敬梓若没有一番亲身的体验，而一味“想当然”地挥洒，怎么能写出这使读者如临其境、富于诗情画意的风景呢？

教育工作何尝不是如此？要提高教学质量，取得良好效果，教师必须尊重事实，讲究科学，踏踏实实，坚持调查研究，摒除不切实际的“想当然”。

过犹不及

上文曾提到，要提高教学质量，取得良好效果，教师必须尊重事实，讲究科学，踏踏实实，不能用“想当然”的态度去教学生。凭“想当然”进行教学，不仅会出错，更糟的是给学生树立了无实事求是之意的坏榜样，贻患匪浅。教学上我一向偏于主张“刻意求工”，但也主张防止“过犹不及”。“不及”当然不好，“过”也未必佳。

据说，西晋时匈奴族领袖刘渊，于书无不综览，很有学问，尝说：“随、陆无武，绛、灌无文。道由人弘，一物之不知者，固君子之所耻也。”清代乾嘉时期学者精于考证之学，崇尚博雅，当时学术界就流行“一物不知，君子所耻”的风气。平心而论，乾嘉学者考证名物，订正了前人不少错误，提供了读书治学的便利，嘉惠后学，这一学术贡献不可磨灭。但也有人流于炫耀渊博，解经纷纭，烦琐饾饤，甚或穿凿附会，走过了头，就出现“过犹不及”的毛病。

还有一种做法过了火，也会产生谬误，如为了贯彻自己的文学主张，强使客观迁就主观，歪曲作品的思想观点。清代学者张惠言论词，通过寄托比兴来贯彻“温柔敦厚”的诗教，对前人的作品往往穿凿附会。对此，王国维在《人间词话》中有精辟的评论：“固哉，皋文之为词也！飞卿《菩萨蛮》、永叔《蝶恋花》、子瞻《卜算子》，皆兴到之作，有何命意？皆被皋文深文罗织。”我们翻一翻张惠言《词选》中对这几首词的小评，就知王国维的话一点也不错。

有一次，我听到一位同志说：“你们语文教师备课认真，对于作者的写作意图和作品的思想了解得深刻，对写作方法分析细腻，甚至比作者都想得周到。”当时细味这位同志的话，分明出于好意称赞，然而最后一句引起了我的注意。怎么竟然会比作者想得还周到呢？是不是会讲过头？自己想得很多，觉得把书教得准确切当着实不容易。

我也曾听到有人说过："作者写诗，灵感来了，一挥而就。当时他想到的哪里像语文教师讲的那么多！"还有人说教师讲的甚至比作者写作时想的还多。为此，我常常问自己，教师可不可能比作者对自己的作品还知道得多？我苦苦思索，十分烦恼。想着想着，我终于弄清楚了一个问题：严格说来，我们在任何情况下都不可能比作者对自己作品的感受、对自己身世的感受，领会得知道得更丰富更深刻。

且以诗文一挥而就言，不容置疑，这种情况的确会有。人们常常把这种现象说成是灵感触发。灵感是什么，我说不清楚，但作者总不可能一无凭借，灵感忽然从天外飞来。作者创作，远，离不开其身世，近，离不开作品背景，而其出色的表情达意能力则离不开深厚的文学修养。这一切，我们无论如何不可能比作者了解得更多，体会得更深切。要讲好一篇作品，不能不了解它的背景和作者的修养，从而也不能不了解作者的身世。此外，作品本身也还有许多具体东西值得我们下功夫弄清楚。因此，备课大有备头，功夫下得深，对作品领会得确切深入，就会讲得精当，就能分析入微而恰如其分，就可以避免穿凿附会的毛病。

讲课要力求深入详明，但亦应恰如其分，这在备课时就要注意。我曾结合讲杜诗考虑过这个问题。杜诗注本很多，备课时不可能一一翻检。我常用的是三个本子：杨伦的《杜诗镜铨》，取其简明，可一下明诗意；仇兆鳌的《杜诗详注》，取其详赡，通过连类所及明其出处；王嗣奭的《杜臆》，取其解诗往往有精当胜人之处。其中《杜诗详注》资料十分丰富，常常连类注引了杜甫前人的不少诗句，若用它深入研究杜诗，的确方便不少，但若讲课时不加区别分析而大量引用，就难免过当。当然，运用书中这类"平行性"的诗句适当地烘托所讲诗的意境还是可取的。总之，三个本子运用得好、结合得好，对讲好杜诗的确有帮助。

我很高兴听到有人这样对我说："你们语文教师讲诗，若以作画来比方，有的诗好比大写意，而你们把它描成工笔画，描得更加工细了。"我乐意听这句话，但立刻补上一句："我们的'工笔画'毕竟非'原作'，要说好还是'原作'好。但愿我们的描摹不失'原作'的精神，如果我们的刻画能加深学生对'原作'的领会，那就很满意了！"

偷书与抄书

孔乙己在人家揭发他偷何家的书被吊着打的事时，“便涨红了脸，额上的青筋条条绽出，争辩道：‘窃书不能算偷……窃书！……读书人的事，能算偷么?’……”。这段话真是妙不可言。旧时把偷书的人美其名曰“雅贼”，虽说沾了个“雅”字，但还逃不出“贼”的范畴。孔乙己自己竭力选用了“雅”一点的字眼——“窃”，并以“读书人的事”来遮羞，但事实毕竟是偷，他也毕竟挨了吊打。只是孔乙己偷书为了生计，其情是可悯的。孔乙己是小说中人，姑且不论，而实际生活中倒也不乏偷书的人。

有人偷的是书稿，窃取别人的著作权。《南史·徐广传》记载了这样一件事：郗绍作《晋中兴书》，几次把书稿给何法盛看，何法盛有意据为己作。他厚颜对郗绍说，你名位已贵显，用不着靠此书扬名，“我寒士，无闻于时……宜以为惠”，郗绍不肯。书写成后，放在斋内橱中。何法盛去拜访，郗绍不在家，他就径直跑进去把书稿偷走。书稿没有副本，因此后来只通行何法盛的一部《晋中兴书》。何法盛为了自己扬名晋升，公然窃人书稿，比孔乙己要厚颜无耻多了。但回头一想，何法盛还有“老实”的地方，他直言不讳，伸手向人要，别人不给，就堂而皇之地偷。这比那些暗中窃取别人劳动成果，把别人的书稿改头换面，东拼西凑，无窃书之形而有偷书之实的人似乎“光明正大”一点。

抄书的事就更多了，要分析具体情况，不可一概贬斥。《晋书·王隐传》：“虞预私撰《晋书》，而生长东南，不知中朝事，数访于隐，并借隐所著书窃写之，所闻渐广。”此举迹近抄写自己不熟悉的史料，并未把别人的书稿窃为己有，故后来王隐、虞预各人所撰的《晋书》并行于世。有的人抄了别的书籍的材料，根据自己的要求加以整理，这实际上是我们今天所说的改编。如东汉荀悦仿《左传》体例，简化《汉书》，编成《汉纪》30篇，分量大减于《汉书》，得到了“辞约事详”的好评。又如袁枢把《资治通鉴》史事分事立目，抄辑成《通鉴纪事本末》，创立了纪事本末史体。对此，梁启超在《中国历史研究法》中说：“善钞书者可以成创作。荀悦《汉纪》而后，又见之于宋袁枢之《通鉴纪事本末》。”运用之妙，存乎一心，其与没头没脑的抄不可同日而语。

《史记》和《汉书》是我国两大史学名著，也有人说作者有抄袭的嫌疑，从而加以非议。此处且不说《史记》，只说《汉书》。刘勰在《文心雕龙·史传》中说：“及班固述汉，因循前业，观司马迁之辞，思实过半。”这是指《汉书》中汉武帝太初以前的历史，大多借用《史记》。太初以后的历史，用的又是他父亲班彪的《后传》几十篇，刘勰更指责班固有“遗亲攘美之罪”。这些都过甚其词。《汉书》本班氏一家之学，何况书中屡次提到班彪，根本说不上“遗亲攘美”。至于借用《史记》，前人辩解已多，章学诚则提到了理论高度，他在《文史通义·言公上》一文中说：“古人之言，所以为公也，未尝矜于文辞，而私据为己有也。”更何况班固借用《史记》也作了不少改动。将《史记》和《汉书》两相对照，有利于我们更好地理解古代文辞。

谈一般化

前文谈抄书，举了各种事例，未加议论，意犹未尽，再拓开说几句。

抄书会闹大笑话的。英国的威廉·迪安·豪厄尔斯有一次读了一首一位渴求名声的青年写的诗，问道：“这确是一首辉煌的诗，是你写的？没有人帮助过你？”青年回答说：“是的，先生！每一个字都出自我手。”豪厄尔斯赶忙立起身说：“拜伦爵士！我很荣幸能见到你。我的印象是你死在希腊的米索朗基多年了！”原来青年的诗是剽窃已故著名诗人拜伦的作品。还有更可笑的呢。曾慥《类说·芝田录》载：“卢君出牧衢州，有一士投贽。公开卷，阅其文十篇，皆公所制也，密语曰：‘非秀才之文。’对曰：‘某苦心夏课，知己不一，非假手也。’公曰：‘此某所为文，兼能暗诵否？’客词穷，吐实曰：‘得此文，无名姓，不知是员外撰述。’惶惧求去……”这就是唐代科举中举子行卷的情形。这则故事揭示了行卷人的文章是抄来的，而所抄的十篇文章凑巧又是他所投贽主人的作品，因而闹了个大笑话。

以上两件事反映了两国当时的士风，有其真实性。下面讲的纯然是笑话，但发人深思。冯梦龙《广笑府》：有人死了岳母，要一篇祭文，就请村塾里一位教书先生写。这位先生翻出珍藏古本，把一篇祭岳父的祭文抄下来给他。这人拿回家请人读，大家听了都说祭文写错了人。他立刻去找那位先生，说明写错了。先生听了大发雷霆，把自己珍藏的古本往桌子上一摊，说：“这篇祭文我连一个字也没有抄漏，错在哪里？分明是你们家里死错了人。”这位教书先生真死心眼儿，可名之曰“一篇祭文主义者”，只要一篇祭文就可以通用于各式各样的死者；你说他写错，他偏说死错了人。事情似乎是不可思议，但其含义发人深省。

世界上的事物千差万别，错综复杂，研究问题不能以空洞的概念代替具体的分析。同样，写文章，画画，上课，都不能用一个模式来套。如果这样做，就会流于一般化，而一般化的东西是无特色、无性格、无生命力的。曹雪芹在《红楼梦》第一回写道："历来野史，皆蹈一辙，莫如我这不借此套者，反倒新奇别致……至若佳人才子等书，则又千部共出一套，且其中终不能不涉于淫滥，以致满纸潘安子建、西子文君……又必旁出一小人其间拨乱，亦如剧中之小丑然。"说得多么精彩。如果《红楼梦》也落入旧言情小说的俗套，又怎么可能成为不朽的文学巨著呢？

1938 年，徐悲鸿由广东西江东下到达一个小城四会，那里有一位画家陈先生拿出自己的作品《西江寻梦图》请徐悲鸿观赏。画的内容一般化，徐悲鸿针对这一缺点幽默地说："此图可题为'长江寻梦图'或改为'黄河寻梦图'否？甚至叫'黑龙江寻梦图'也无不可？"陈先生愕然，请教徐悲鸿怎样画才可叫"西江寻梦图"。徐悲鸿微笑着说："既然是广东西江，就应当有确指地域和环境的标志。"接下去他指出广东的屋宇、植物与别处不同；进一步以竹为例，则长江以北少竹，黄河以北更罕见；再进一步就竹本身分别，则两广多是丛生的慈竹，不像江浙、两湖、皖、赣等地竹能成林；再往下又分析了榕树、芭蕉、棕树。一席话使得陈先生恍然大悟，佩服得五体投地。

学习别人的经验也切忌一味抄袭，生搬硬套，造成一般化；要避免一般化，则须加强学习，深入体会，对具体的事物要作具体的分析研究，抓住特点，发扬独特的风格。

蹈袭与暗合

宋黄山谷在《答洪驹父书》中说："老杜作诗，退之作文，无一字无来处，盖后人读书少，故谓韩、杜自作此语耳。"杜诗、韩文脍炙人口，历来为人传诵赞美。唐代杜牧在《读杜诗》一诗中写道："杜诗韩笔愁来读，似倩麻姑痒处搔。天外凤凰谁得髓，无人解合续弦胶。"杜牧赞叹他们成就之高，竟至后继十分困难的程度。黄山谷在这里点了一下原因，指出二公读书多，作品字字有来历。他的"无一字无来处"仿佛是定评，自此一直为人津津乐道。乍一看，这句话是高度赞扬；细一思，岂非反而贬说杜诗、韩文无创新！既无创新，他们又岂能成为大诗人、大文豪呢？把杜诗、韩文的伟大说成是从书本中讨生活的结果，显然，这种"无一字无来处"的评价是不足为训的。

然而在某个意义上说，优秀的作品应是"无一字无来处"的，但其来处应该是作者的生活。如果作者的生活经验丰富，感受、体验深刻，一支笔又能曲尽其妙地写出来，就能产生好作品。反之，一味资书以为用，作品无生活基础，无自己的思想，就好比生活拮据，靠借债度日，内容哪能不贫乏、不空虚？等而下之的是干脆抄，则不仅借债度日说不上，竟是巧取豪夺了。例子我在《偷书与抄书》等文中举了一些，现再举一例。清代王士禛在《渔洋诗话》中说："余在广陵，有蜀士投诗一卷。余阅竟曰：'中惟乐府三篇最佳。'后二十年，以詹事祭告南海，至广州，见罗浮布衣陈恭尹元孝，则三诗皆陈旧作，蜀士窃取入行卷者也。"近日读报，有一篇文章中说到有人蹈袭未译出的外国小说，自己所写小说，不仅故事内容、情节结构与之差不多，而且语句也雷同。如果真有其事，那蹈袭又别开生面了。

有的作家自己的作品中也有句子雷同的现象。举赵翼《瓯北诗话》中二例。一例是："放翁万首诗，遣词用事，少有重复者，惟晚年家居，写乡村景物，或有见于此又见于彼者。《老境》云：'智士固知穷有命，达人原谓死为归。'《寓叹》又云：'达士共知生是赘，古人尝谓死为归。'……"另一例是说元遗山："遗山复句最多。如《怀州城晚望少室》云：'十年旧隐抛何处，一片伤心画不成（注）'；《重九后一日作》云：'重阳拟作登高赋，一片伤心画不成'；《题家山归梦图》云：'卷中正有家山在，一片伤心画不成'；《雪香亭杂咏十五首》内有云：'赋家正有芜城笔，一片伤心画不成'。……"著名诗人陆游、元好问自己诗中这种雷同现象该怎么评价呢？有人说是自相蹈袭，也有人说是由于经历同、意境共，一再触及自己感情深处而发的缘故。然而，不管怎么说，在最精练的语言——诗中，句子这般雷同总不大好。

古代前后诗人句子相同的事也不少。宋人罗大经《鹤林玉露》乙编卷之三"诗犯古人"一节中举了不少例子，其中："唐僧诗云：'河分冈势断，春入烧痕青。'有僧嘲其蹈袭云：'河分冈势司空曙，春入烧痕刘长卿。不是师兄偷古句，古人诗句犯师兄。'此虽戏言，理实如此。"这是记一僧嘲讽另一僧抄袭古人"河分冈势""春入烧痕"的诗句入己诗。然而，罗大经紧接着又开脱说："作诗者岂故欲窃古人之语以为己语哉？景意所触，自有偶然而同者。盖自开辟以至于今，只是如此风花雪月，只是如此人情物态。"歌德在与爱克曼的谈话中也说过："世界总是永远一样的，一些情境经常重现，这个民族和那个民族一样过生活，讲恋爱，动情感，那么，某个诗人作诗为什么不能和另一个诗人一样呢？生活的情境可以相同，为什么诗的情境就不可以相同呢？"景意所触，偶然而同的现象被称为"偶合"或"暗合"，用现在的话说，就是无意中"撞车"了，和蹈袭完全是两码事。"暗合"最有名的例子是宋初诗人王禹偁的一首诗。

王禹偁贬官商州团练副使，赋《春日杂兴》云："两株桃杏映篱斜，装点商州副使家。何事春风容不得，和莺吹折数枝花。"这首诗反映了诗人的失意心情。其中有两句与杜甫的"恰似春风相欺得，夜来吹折数枝花"很相近，其子嘉祐因此请他改一改。禹偁听了反而高兴地说："吾诗精诣，遂能暗合子美邪?"终究不改。周振甫在《诗词例话·偶合》中分析说："两人都在失意中，都对着落花感叹，所以产生相类似的感情。"这相类似的感情就是诗人觉得自己给人"欺得"或"容不得"。景意相同，句遂暗合，恰恰说明了生活是创作的源泉。

蹈袭与暗合的分野在于写作有无生活基础。深入生活，认识生活，体验生活，从中吸取丰富的养料，才是写作应遵循的正道。

注：唐末诗人高蟾《金陵晚眺》："曾伴浮云归晚翠，旋陪落日泛秋声。世间无限丹青手，一片伤心画不成。"

委曲与意尽

报纸上常常有人呼吁写短文，确是合乎现在紧张生活节奏的合理要求。古人也有把文章写得简短的主张。桐城派文章家刘大櫆说：“文贵简。凡文笔老则简，意真则简，辞切则简，理当则简，味澹则简，气蕴则简，品贵则简，神远而含藏不尽则简，故简为文章尽境。”且不说所论述的是否得当，但言辞恳切，能启发人们思考怎样才能把文章写得简短些。

文章要简短，但不能因此内容空虚贫乏，而是要丰满充实。老舍在《多练基本功》中说：“文字要写得简练。什么叫做简练呢？简练就是话说得少，而意思包含得多。”为短而短，是不足取的。文笔委曲，文章跌宕生姿倒是文短意丰的一法。

王安石的《读孟尝君传》，总共 90 字，曲曲折折写了四层意思：世人说孟尝君能得士；他所得不过是鸡鸣狗盗之徒；若真得士，他将更有作为；士不至其门，故他不能得士。文章很短，但内容丰富，环环相扣，说理透辟。

一首短诗写得情意委曲，同样能包含许多情景。课外我坚持组织学生读诗，其中刘皂的《旅次朔方》就是这样的一首：“客舍并州数十霜，归心日夜忆咸阳。无端又渡桑干水，却望并州似故乡。”刘皂作客并州多年，日夜思念故乡不忘；今更渡桑干水远去，感到南归更无期，此时此地他就把并州也视为故乡了。寥寥 28 字，曲折婉转，反映了何等深沉缠绵的故乡之思！

在这方面最值得称道的是杜甫的《新安吏》。杜甫在兵荒马乱中经过新安道，看到了点兵的情况，心潮澎湃，写下了这首不朽的诗篇。诗中写了：新安小县壮丁已抽光；于是抽不足龄的中男；中男还很短小，有瘦有肥，有母无母，有送无送；行者哭，送者哭，宛若山亦哭，水亦哭。诗人劝说：哭无用，即使哭干眼泪，眼枯见骨，天地（朝廷）总是无情；悲愤至于顶点，突然一转，又劝说：现在官军不乏食，役亦轻，平定叛乱应天顺人，长官郭仆射（郭子仪）会像父兄一般对待他们。这首不长的诗用笔分了这么多的层次，包含了这么多内容，反映了杜甫多么复杂的感情！用笔有如此惊人的功力，怎不使人折服？明杜诗研究家王嗣奭对此赞叹不已，在《杜臆》一书中写了一段十分精彩的解说。写到最后，这位杰出的研究家说："余年二十而读此诗，年八十而于枕上得此解，为之一快。"这种肺腑之言清楚地告诉人们，文简意丰的佳作多么耐人咀嚼，耐人寻味。为求透彻理解，王嗣奭竟要花六十年工夫！

文章要写得短，还应不硬写。鲁迅曾告诫说："写不出的时候不硬写。"心中没什么要说的就不必硬说，意思讲完了不必往下添蛇足。王羲之的儿子王子猷，在一个雪天忽然想起戴安道，立刻乘小船经宿方到戴的家门前，竟不入而返。别人问他什么缘故，他回答说："兴尽而返。"当然，这则故事反映了晋人风度，如果说对写文章有所启发的话，那就是：意尽即止。唐代科举考试中也有一段类似的佳话。据《唐诗纪事·祖咏》记载："有司试《终南山望余雪》诗，（祖）咏赋云：终南阴岭秀，积雪浮云端。林表明霁色，城中增暮寒。四句即纳于有司。或诘之，咏曰：意尽。"这四句是祖咏参加省试（礼部试）的诗。唐省试须五言排律，一般用六韵。祖咏写了两韵，因"意尽"就不再生拼硬凑往下写成六韵排律。然而，唯其如此，恰恰成了一首好诗。这首短诗与钱起的《湘灵鼓瑟》历来被人认为是唐代省试诗中不可多得的佳制。

道理很明白，蛇画完了，何苦去添足？意尽即止，反而令人回味无穷。

“坐不读书”

王安石因变法被人骂为祸国殃民，但即使许多痛骂他的人也不能不承认他学识渊博。王安石也如此看自己。在《答曾子固书》中，他自诩：“故某自百家诸子之书，至于《难经》《素问》《本草》、诸小说，无所不读。”至于熟读儒家经书，当然不在话下。他与人辩论时，也常说什么“君辈坐不读书耳”，就连当时的文坛领袖欧阳修也不放过。《西塘集耆旧续闻》中记欧阳修作诗因用典不古，反误会王安石答句的意思一事，说：“欧公知其一而不知其二。故介甫尝曰：‘欧公坐读书未博耳。’”“坐”，因为；“坐不读书”，意思是因为不读书。

古人笔记所记，有的是事实，有的不一定可靠，但作为掌故谈谈还是可以的。掌故涉及名人交往的趣事很多，宋人笔记中就有不少关于比较名人读书多少的记载。《西清诗话》：“欧公嘉祐中见王荆公诗‘黄昏风雨暝园林，残菊飘零满地金’，笑曰：‘百花尽落，独菊枝上枯耳。’因戏曰：‘秋英不比春花落，为报诗人子细吟。’荆公闻之曰：‘是岂不知《楚辞》“夕餐秋菊之落英”，欧九不学之过也。’”这里又说欧阳修竟不知《楚辞》中有“夕餐秋菊之落英”一句，说来说去还是读书少的缘故。这笔账又给人加到苏东坡头上去了，他们说打这场诗文笔墨官司的双方乃是王安石与苏东坡。这样添枝加叶，添油加醋，一直附会而成小说，那就是《警世通言》中的《王安石三难苏学士》一回。小说也是把王安石写成无书不读，苏东坡比不上是因为读书没他多。

这类事写在小说里无所谓，读者可信可不信，更何况有些事的是与非也不是以读书多少来定的。读书要紧的应是在“认真”二字上下功夫，不能马马虎虎，穿凿附会。王安石写过一本《字说》，据说就有凭想当然来解释字的嫌疑。此书早已失传，从转引的材料来看有失之穿凿的地方。《高斋漫录》："东坡闻荆公《字说》新成，戏曰：'以竹鞭马为笃，以竹鞭犬，有何可笑？'又曰：'鸠字从九从鸟，亦有证据。《诗》曰：鸤鸠在桑，其子七兮。和爷和娘，恰是九个。'"苏东坡的讽刺是尖刻的，他以曲解《诗经》来讽刺，正足以说明读书千万不能穿凿附会。

有人读苏东坡和王安石的诗中一句"从公已觉十年迟"，如获至宝，赶忙用来为苏东坡对待变法的立场开脱，说：苏东坡归根到底是拥护王安石的政治主张的，以至于发出追随他已迟了十年的感慨。是不是这么回事？显然不是。王安石罢相，退休隐居江宁府钟山，苏东坡由黄州北迁路过江宁时拜谒王安石。他们相见甚欢，以诗酬唱。苏东坡《次荆公韵四绝》中第三首是：

骑驴渺渺入荒陂，想见先生未病时。
劝我试求三亩宅，从公已觉十年迟。

从全诗看，分明是追随王安石退隐太迟了的意思。后来苏东坡离开了，写信给王安石，在《与王荆公二首》中有这么几句："屡获请见，存抚教诲，恩意甚厚……某始欲买田金陵，庶几得陪杖屦，老于钟山之下。"以此印证，上面一句诗的意思是十分清楚的。

我们虽不必动辄以"坐不读书"来责备青少年，但要求他们读书务必认真倒是应该的。

以旧为新

还是在“文化大革命”期间，有一“四人帮”文痞到某大学作报告，故弄玄虚地说出“每下愈况”四字。在那“新精神”满天飞的年月，有些不知此成语出处的人就以为又是什么“新提法”。其实这是古董。《庄子·知北游》：“东郭子问于庄子曰：‘所谓道，恶乎在?’庄子曰：‘无所不在。’”于是庄子举一连串例子：从道在蝼蚁、稊稗、瓦甓，一直列举到道在屎溺，并且说明他自己越往下比喻，越能把道理说得实在和明白。这就是“每下愈况”。况，是由比照而显明的意思。后来这一成语用来表明情况越来越坏，意义有所不同。今天则约定俗成地说成“每况愈下”，很少有人说“每下愈况”；即使还有人单纯卖弄说什么“每下愈况”，也算不得什么新鲜事。

出语有误，将错就错成了成语的也不乏其例。比如说人隐居为“漱石枕流”，颠倒得新鲜有趣。照常理该是“枕石漱流”，怎样颠而倒之反成成语呢?《世说新语·排调第二十五》：“孙子荆年少时欲隐，语王武子‘当枕石漱流’，误曰‘漱石枕流’。王曰：‘流可枕，石可漱乎?’孙曰：‘所以枕流，欲洗其耳；所以漱石，欲砺其齿。’”强词夺理，似通非通，令人发噱。孙子荆即西晋文学家孙楚；王武子即王济，皆当时名士。“漱石枕流”，由美谈而成为成语。后人以“漱石”为名号的往往有之，日本人亦有以之为名的。日本文学家金之助，对中国文学颇爱好，亦以漱石为笔名；夏目漱石的大名世所熟知，原名金之助反而知之者少了。乍看以漱石为名号新鲜有趣，其实其出处是很久远的。顺便再举一类似的趣谈。近代人易宗夔著《新世说》，其“言语”篇中载：“徐敬舆于稠座中，误言‘金尽裘敝’为‘裘尽金敝’，客皆笑之。徐曰：‘“皮之不存，毛将焉附。”非裘尽乎?“何意百炼钢，化为绕指柔。”非金敝乎?’时贤以比之枕流漱石。”今天还偶有人用“漱石枕流”的典故，至于“裘尽金敝”，以我浅陋，未见人用过。名“漱石”者颇有人在，名“金敝”者似乎未见。

以上所说并非要对这些成语本身道是说非，只是想借此进一步来说明社会上有以旧为“新”的现象，而这现象的出现往往是由于无知。过去“四人帮”实行文化虚无主义、排外主义，使得青年人很少接触我国古代的和外国的文化。今天一旦接触，有人一经浅尝就以为发现了前所未有的新鲜玩意儿；特别对外国更是如此，殊不知其中不少东西连外国人本身也早已扬弃。对待我国历史上的和外国的文化，正确的做法应是加以鉴别，弃其糟粕，取其精华，以收古为今用、洋为中用之效。李可染于1983年10月在日本举办画展，他在东京答《文汇报》记者问中曾说，他不排外。外来文化中的优秀者，他认为是应当摄取的营养。但要看到自文艺复兴以来，世界上文化思想十分混乱，因此要明辨是非，不能把没落的、堕落的，当成先进的和优秀的来摄取。这是十分中肯的见解。

早在1929年，鲁迅就谴责过当时社会上沉渣泛起的现象，指出要防止以陈腐为新奇，不让它们泛起来毒害人们的灵魂。

交白卷与《法家诗选》

张铁生在1973年下半年全国高考中交了一张白卷，得到了“四人帮”的赏识，被冠以“反潮流英雄”称号，加官晋爵，扶摇直上，成了顽固的反革命打手。交白卷竟然成了“英雄”，岂非怪事！

历代科举考试中不乏交白卷者，这里举唐代一例，也是一个姓张的人。《新唐书·苗晋卿传》载：李林甫专国政，把选拔人的事委派给苗晋卿。天宝二年，苗晋卿考选张奭为第一名。张奭是御史中丞张倚的儿子，张倚得到唐明皇的宠幸，苗晋卿想依附他，提拔了他的儿子。张奭本无学，却高高选中，舆论嚣然不平。有人把这事禀告了皇帝，皇帝亲自在花萼楼举行复核考试。张奭“持纸终日，笔不下，人谓之‘曳白’”。皇帝大怒，将张倚贬官。这件事记在正史上，嗣后历代相传，人们就把交白卷叫作“曳白”。这两个姓张的人都是“白卷先生”，所不同的是张奭当时就倒了霉，而张铁生当时则大红特红，成了“四人帮”的“大英雄”，真可谓“后来居上”。

可是，“四人帮”并非事事要求其手下人都交白卷，相反还要求他们揣摩并配合其反革命意图交黑卷。不知怎的一部中国历史忽然成了“儒法斗争”史了，于是，赶忙纷纷骂“儒家”，捧“法家”。江青的“法家名单”一纸中的人物忽然走了运，于是这个《法家文选》、那个《法家文选》等纷至沓来，热闹非凡。忽然这些“法家”又都变成了诗人，于是又有了《法家诗选》，从屈原选到章太炎。这样的选本行世，又岂非咄咄怪事！

今天当我们一想到“四人帮”毁灭人类知识的文化虚无主义祸害，还会不寒而栗。所幸这已是历史陈迹，应该是一去不复返的了。以前对此千古怪事，我曾感赋二绝：

鬼蜮争奇不肯降，能无史笔细平章？
难兄百步输难弟，“曳白”而今亦是张。

纷纷十载乱如麻，万卉凋余“一束花”。
早死诸公应怪甚，不知哪日成“法家”？

不懂装懂

只消读几本文学家、艺术家的传记，就会发现在文艺圈子里不懂装懂的事很多，有的可能只是传闻，但一直为人津津乐道。文学、艺术一向被认为是高尚风雅的事，有些人附庸风雅，喜欢在文艺圈里浮游，充当雅人。他们明明不懂，强作解人，随声附和，摇唇鼓舌，闹出不少笑话。

有些附庸风雅的人，慑于艺术家鼎鼎大名，以为对大有名声者交相称赞总不会错，因而闹出笑话。法国小说家法朗士曾讲过一则关于法国雕塑大师罗丹的故事。罗丹完成了一件雨果塑像巨制：雨果屹立危岩之顶，缪斯、海洋诸神环绕身周。一日，罗丹带领一群记者到自己工作室观看新作。不幸他昨夜离开时忘了关窗，夜里一阵暴雨从窗外灌了进来，把雨果像周围诸神淋得糊涂一团，而雨果像则塌成小丘。此事罗丹一无所知，他打开门，让客人先进去。他随后进去，看到眼前出现的灾难，大为震惊。正在此时，一片赞扬声已轰然而起。“伟大！神奇！雨果出于污泥，多美妙绝伦的象征！真是鬼斧神工！大师是想以此象征举世噩噩而诗人独醒。高尚，纯正，美极了！”罗丹葸葸不安地问道：“诸位真是这样想的吗？”“当然，确乎是杰作中之杰作！”这一阵子大捧特捧，捧得罗丹哭也不是笑也不是。

有些附庸风雅的人还自以为是“权威人士”，不仅不懂装懂，有时还要指手画脚。米开朗琪罗的雕像《大卫》今天是举世闻名的伟大杰作，据说其最后完成时出了这么一桩事。这件艺术杰作刚竣工，意大利佛罗伦萨市长索德里尼来验收。此人不懂装懂，指东点西地乱批评一通，说什么大卫的鼻子与形体其他部分不成比例，等等。他还说这要削一点，那要削一点，喋喋不休。米开朗琪罗心知自己是在同什么货色的“权威人士”打交道，一声不响，立即登上高高的脚手架，抡起槌在石像不关紧要的地方轰击一阵，顺手撒下他从地上预先抓起的一大把石屑，爬下脚手架等待着市长赞许。果然，那个自命不凡的批评家得意地说：“瞧，现在你确实给它以生命了！”米开朗琪罗暗地好笑，他如愿以偿——得到了400弗洛林的酬金。

英国文豪约翰生博士最不喜欢装模作样，他讲话坦率，往往毫不留情，被看成怪人。一次小宴，坐在他身旁的恰恰是个不懂装懂的人。他竭力奉承博士，用异乎寻常的谄笑表示自己对博士的每一句话都非常赞赏。博士十分气恼，最后实在忍不住了，冲着此人说：“先生，到底是怎么回事？我希望我没有说出什么你竟然也会懂得的话来。”可见，不懂装懂即使拍马，有时也难免拍在马腿上。博士从不装腔，自己不喜欢或不甚了了的事，总是毫不含糊地说出来。有一位夫人问起他是不是喜欢音乐，博士直截了当地回答说：“不喜欢，夫人！不过我认为所有闹嚷嚷的声音中，音乐还是最不令人厌烦的。”的确，欣赏音乐不容易，音乐家也常为知音少而感叹，世传俞伯牙视知音如性命：钟子期死，伯牙终身不复鼓琴，以为世无赏音者了。

不懂装懂而显得极端无知的也往往有之。有一妇人访问了莎士比亚的故乡——伦敦附近的斯特拉特福镇，激动不已，到了离境的火车站还心潮澎湃，她指着月台对同游的朋友说：“想想看，这就是这不朽的诗人每次进城所要离开的月台呀！”天知道，生活在十六世纪到十七世纪的莎翁何曾坐过火车呢？

外交场合上，出于礼貌，出于对人尊重，对不懂的事泛泛应景，有时也会闹笑话。美国独立战争时，富兰克林出使法国，受到热烈欢迎。在巴黎的一次文学团体的欢迎会上，许多来宾发言，十分热烈。富兰克林不太懂法语，但为表示礼貌，决定看他熟悉的一位名妇人的表情和举动，照她的样子表达自己的热情。这位妇人鼓掌时，他也跟着鼓掌。发言都完了，他身旁的一个小孩对他说：“老爷爷！你常常在赞扬你的地方，鼓掌比别人鼓得热烈。”富兰克林应是无意于不懂装懂，但这场笑话仍然是出在不懂上。

世界如此之大，知识如汪洋大海，哪能懂得多少。正确的态度还应是“知之为知之，不知为不知”。千万不能爱面子，慕虚荣，弄玄虚，强不知以为知。若如此，到头来没有不闹笑话的。

答非所问

学生回答问题有时牛头不对马嘴，会弄得教师很不高兴，甚至觉得这个学生实在笨。学生答非所问会有种种原因，但无论如何，我从未碰到过学生故意这样做的情况。可是，社会上有许多场合，答非所问是故意的、存心的，是回避正面回答。这不是出于笨，而是出于狡狯，或者聪明、智慧。

鲁迅《野草·立论》一篇，大家一定很熟悉了，其中回答问题就很巧妙。其内容是：学生向老师请教写文章如何立论。老师说了一件事。一家人家生了一个男孩，做满月时，贺客盈门。一个说这孩子将来要发财，得到了主人的感谢；一个说这孩子将来要做官，得到了主人的恭维；一个说这孩子将来要死的，得到大家一顿合力的痛打。说富贵是许谎，说要死是必然；但说谎话得好报，说真话反遭打。听完这件事后，学生说："我愿意既不谎人，也不遭打。那么，老师，我得怎么说呢？"老师答道："那么，你得说：'啊呀！这孩子呵！您瞧！多么……。阿唷！哈哈！Hehe！he，hehehehe！'"实际上什么也没说。你能说回答得不聪明狡狯吗？鲁迅的短文无疑是讽世的，那世道不禁使我想起元人郑思肖的两句诗："逢人但点头，好好好好好。"

我国戏剧有个优良传统，即用机智的语言来讥刺时弊，表面上言语不伦不类，实则一下击中要害。先秦时艺人优孟早这样做了，以后的俳优表演、参军戏、杂剧直到京戏中丑角插科打诨也这样做了。其中有不少看来文不对题的言辞，却一针见血地刺中社会的弊病，很发人深省。事例是不胜枚举的，只消翻一翻王国维的《优语录》（近年出版的任二北编著的《优语集》辑录更宏富），就可获得不少此类材料。

旧社会考试不少牛头不对马嘴的答题，也常被引为笑谈。很久以前，有一位老医生告诉我一件并非笑话的事。1949 年以前，某医学院招生，生理考卷中有一题为：试述肾脏的功能。交上来的卷子中有一份竟如此回答："可以炒腰花。"你能断定这位考生一定笨吗？看来恶作剧的情况居多。

西洋人常津津乐道所谓外交辞令，许多外交家善辞令，因而常常在外交场合赢得优势。此外，在一般社交活动中，善辞令也十分重要。18 世纪末 19 世纪初长期担任法国外交大臣的塔列兰颇精辞令，以机智著称，他一言解颐的传说非常多。在一次宴会上，塔列兰坐在社交名花斯塔埃尔夫人和有名的美人丽卡米也尔夫人之间。斯塔埃尔夫人极度好胜，向塔列兰提出一个问题：假如她和丽卡米也尔夫人同时落水，他救谁？塔列兰不作答，被缠不过，最后只得耸耸肩膀对斯塔埃尔夫人说："啊，夫人，你是会游泳的呀！"答非所问，可是弦外之音是十分清楚的。

智者答问，王顾左右而言他，往往一语破的。有一青年女郎拜访钢琴演奏大师鲁宾斯坦，请求他听她弹奏，并予指教。弹完琴，她问大师："您看我现在该怎么办？"大师不假思索回答说："去嫁人。"所答文不对题。刚一听莫名其妙，稍一思索，你能不哑然失笑？

一般说来，答非所问无疑不足取，但若出乎有心人有意而为之，那么探求一下其答案实质所在，也会从中得到不少启发。

“小说家言”

在人们的言谈中，有时会听到“这是小说家言”。言外之意常常是指别人所说或所写不一定是事实，可不必当真。可是千万别轻视这“小说家言”，它在群众中的影响可大呢！试以历史人物评价为例，广大群众与其说根据历史真实评价，还不如说往往根据小说中的描绘来评价。千百年来民间对曹操的评价就是这样。正史《三国志》读过的人很少，一部《三国演义》可说是家喻户晓。人们读过小说，听过说书，或看过三国戏，曹操行事奸诈，细黑纹奸白脸在人们心目中就很难抹干净了。于是搞历史的就出来大翻其案！写了不少翻案文章，少不得其中也会有为翻案而翻案的文章。其实对待历史人物的评价动辄标之以翻案也大可不必，以实事求是之意还其本来面目倒是应该的。

我还发现：由于小说家不同的渲染，不同的历史人物性质相同的事，却会在群众中造成截然不同的印象与看法。由此可见“小说家言”之厉害。以历史著作与历史小说相比，一般说来前者反映的面要广，涉及政治、经济、军事、文化等许多方面，即使官家所修史书也是如此，细心的读者掌握较多资料仔细加以分析，可以得到比较真实的印象，作出较正确的评价。至于一般历史小说，对于开国君主容或着重描述其武功，越往后描写得越多的则是政治阴谋和宫廷生活了。唐太宗发动玄武门政变和雍正皇帝夺位应该是同一性质的，所得评价却相反，在群众中造成完全不同的印象，其他原因且不论，“小说家言”则起了重要的作用。

史书或小说对唐太宗多所回护，如在皇位争夺中，太宗事事对，太子建成则件件非，太宗发动玄武门之变也是迫不得已。相反，演义小说中的雍正皇帝则被刻画得阴险毒辣。其实，统治阶级内部争权夺利的事常有，也是不可避免的，不应作为评价帝王的主要方面。评价他们主要看他执政后对国家民族有利或有害，贡献与危害大或小。若就这主要方面而言，如果说唐太宗对我国社会经济的发展，对扩大民族联系、促进文化交流有重大贡献的话，那么雍正和他父亲康熙皇帝则对于巩固我多民族国家有不可磨灭的贡献。1949 年以来，大家都学习历史唯物主义并用来研究社会、研究历史，在创作中大可不必再渲染秦王李世民玄武门之变多么正义，或是雍正多么不正义。孟森说：“要之圣祖诸子，皆无豫教，惟世宗之治国，则天资独高，好名图治，于国有功，则天之佑清厚，而大业适落此人手，虽于继统事有可疑，亦不失为唐宗之逆取顺守也。”说唐太宗与雍正皇帝都是“逆取顺守”，不无见地。

然则我们若把“小说家言”看成丝毫不反映历史真实，那也未必。即以历史小说而言，所写故事与史实或有出入甚或莫须有，但其中优秀作品往往比史书更能形象地反映出当时的社会生活画面，使读者生动地了解到社会风俗习惯和生活方式。从这个意义来说，“小说家言”倒能更好地透过现象反映社会历史真实。我们读宋元明史书，所得社会形象反不如看宋话本、《水浒传》、《金瓶梅》、“三言”、“二拍”等来得具体生动。《儒林外史》通过鲜明的艺术形象，以反对科举制度为中心，深刻地揭露了清代社会的黑暗腐朽；《红楼梦》则通过贾府衰败经过，广泛而深入地揭示了封建社会末期的种种腐朽没落现象。这些均描绘得生动深刻，入木三分。

有一位负责同志好学，他告诉我除了学理论、政策、经济、历史外，还规定自己经常读一些反映当今社会改革的优秀小说，并用以对照自己的工作，检查自己的思想情操。他深有体会地说：“小说中的故事内容或莫须有，但你能说所写的其人其事社会上没有吗?”不鄙薄“小说家言”，而是如此重视，真正难能可贵！

也谈王熙凤

王熙凤是《红楼梦》作者着意刻画的最动人的艺术形象之一，人们谈得很多了。比如凤姐在书中的出场很独特：未见其人，先闻其声。这一出场正如脂砚斋所批："第一笔，阿凤三魂六魄已被作者拘定了，后文焉得不活跳纸上。"声音过去，角色露面，读者第一眼看到凤姐的打扮，绚烂夺目，写得如火云扑面，花团锦簇。

凤姐是荣国府大权在握、声势显赫的人物，是个爱弄权的"权臣"，号令多从她那里来，走后门得找准她，从她那里进去。刘姥姥想到荣国府打秋风，走的就是凤姐的门路。刘姥姥是这样一步一步走的。她首先找的是王夫人的陪房、周瑞的女人，周瑞家的告诉她："如今太太（王夫人）竟不大管事，都是琏二奶奶（凤姐）管家了。"刘姥姥立刻悟道："这等说来，我今儿还得见他了？"但实际上，刘姥姥当时还不能直接找凤姐，得先走凤姐的一个心腹通房丫头平儿的门路，经平儿的援引，才通到凤姐身边。凤姐之门打通，往后就路路通了，通到王夫人，一直通到荣国府的老祖宗贾母。我常常以为，"刘姥姥一进荣国府"一回，可当作"走后门列传"看。走后门的人要机敏，刘姥姥不乏这种才能。她懂得不能急于求成，一步登天，要耐着性子从周瑞家的、平儿、凤姐到王夫人，每炉香都烧到，但至关重要的是找准人。刘姥姥后门走成功的关键在于找准了这荣国府的当权人物王熙凤。

王熙凤惊人的权势书上写得很多，不一一列举。这里只举一件事：秦可卿死了，王熙凤哭灵。书上写道："凤姐吩咐得一声：'供茶！烧纸！'只听一棒锣鸣，诸乐齐奏，早有人端过一张大圈椅来，放在灵前，凤姐坐了，放声大哭。于是里外男女上下，见凤姐出声，都忙忙接声嚎哭。"（我查了几个版本：1964 年人民文学出版社印行的《红楼梦》是“于是里外上下男女接声嚎哭”；1975 年上海人民出版社印行的《脂砚斋重评石头记》是“都忙接声嚎哭”，有一“忙”字；1982 年人民文学出版社出版的校注本，有“忙忙”两个字，可见整理得好。）好个生动的“忙忙”二字！凤姐哭了，“里外男女上下”都得哭，而且不敢怠慢，得赶忙纷纷号啕大哭，可云“炙手可热势绝伦”的了。

此段细节描写非常出色，有如太史公大手笔。《史记·外戚世家》记载了汉文帝窦皇后与弟弟失散重聚的事。窦皇后的弟弟广国，五岁时给人掠去卖了，辗转卖了十几家主人，吃了大苦。窦后新立时，广国大着胆子到宫廷里去认姐姐。经过反复盘问核对，广国果真是弟弟，“于是窦后持之而泣，泣涕交横下。侍御左右皆伏地泣，助皇后悲哀”。皇后哭了，“侍御左右”赶忙伏地哭，他们心里并不想哭，哭只是为了“帮助”皇后悲哀。亏得司马迁能想出这个“助”字！上面两个“忙”，这里一个“助”，简直是用字如神，真所谓“绝妙好辞”！

王熙凤最厉害的地方是不信鬼神，敢作敢为。“王凤姐弄权铁槛寺　秦鲸卿得趣馒头庵”一回中，写她对老尼姑说：“你是素日知道我的，从来不信什么阴司地狱报应的，凭是什么事，我说要行就行。”凤姐最大的弱点是逞能，好听奉承。这个老尼姑拼命拍马，一路上把凤姐奉承得“越发受用”了。就是这样一个王熙凤，做了不少坏事，到头来“机关算尽太聪明，反算了卿卿性命”。

燕北闲人谈《红楼梦》

中华人民共和国成立之初，我刚大学毕业，被分配到中学做教师。校长是参加革命多年的老党员，也是有名望的语文界老前辈。老校长有一次对语文教师谈起燕北闲人的《儿女英雄传》说："这本书运用了道地的京话，语言着实好。"我小时候也曾看过这部小说，但只注意惊险的情节，根本没关注书中的语言，经老校长提醒，少不得又把它找来再读一读。由于带着目的用心去读，我深感语言运用确实好，越读越有兴趣，但读着读着，脑中渐渐产生一种看法，觉得这本书似乎要跟《红楼梦》唱对台戏。

《儿女英雄传》的故事，看过京戏《悦来店》《能仁寺》的人就略知梗概。女英雄何玉凤为父报仇，改名十三妹，在悦来店与公子安骥相遇，后又在能仁寺从恶僧手中救出安公子与张金凤，并为俩人做媒，使安、张结成夫妻。仇人纪献唐死，父仇已报，玉凤欲出家未成，最后亦嫁给了安公子。一金一玉，故书亦名《金玉缘》。作者燕北闲人叫文康，满洲镶红旗人，家庭由贵盛而衰败，境遇与曹雪芹颇相类。文康晚年落拓，块处一室，写了《儿女英雄传》，书于道光年间问世。

燕北闲人著书时，《红楼梦》已在社会上盛行，影响很大，看来他也熟读过，故能顺手运用到自己的书里来。如《儿女英雄传》第二十三回，何玉凤父仇已报，欲遁入空门，作者信手写道："便说身入空门，又那里给他找荣国府送进栊翠庵让他作'槛外人'去呢?"同是这一回，金凤把玉凤同意嫁给自己丈夫之事告诉丈夫，安公子正假惺惺时，金凤说："只怕见了姐姐就忘了妹妹了。"不精心看，以为此语是金凤自况，哪知是作者信手拈来的林黛玉对贾宝玉的话（见人民文学出版社 1982 年出版的《红楼梦》），引用之妙，真是天衣无缝。

再往下看，此书与《红楼梦》唱对台戏的迹象就越来越明显了。

第二十六回，作者在说明安公子与何玉凤“借弓”“留砚”非以私情订终身时，得意地说：“这却合那薛宝钗心里的‘通灵宝玉’，史湘云手里的‘金麒麟’，小红口里的‘相思帕’，甚至袭人的‘茜香罗’，尤二姐的‘九龙佩’，司棋的‘绣香囊’，并那椿龄笔下的‘蔷’字，茗烟身边的‘万儿’，迥乎是两桩事。”进而吹嘘自己一句一字都是司马迁的笔法。一直看到第三十四回就不难发现与《红楼梦》全面比起高下来了，为此作者不惜于故事进行中插进千把字来作对比，说明自己的书不知高明多少。试看：

以主人公相比较，安骥与贾宝玉都是翩翩公子，论阀阅勋华，贾宝玉根基更深。安公子中举人，成进士，点翰林，做大官；贾宝玉却连一个举人也未捞到。

以两人的父亲相比较，“看去虽同是一样的道学”，但安公子的父亲是“不肯丢开正经”；而贾公子的父亲是“丢开正经”，以致家教也远比不上。

以两人的母亲相比较，虽同样慈祥，但一个是“一片天良，不肯去作罔人”；一个是“一味的向家庭植党营私”。

以爱人或爱情关系而论，何、张、薛、林同样美丽聪明。何、张对安公子“同心合意，媚兹一人”；而薛、林则一个“暗里弄些阴险”，一个“一味肆其尖酸”，都落得悲惨的结局。

够了，不必摘引对比下去了。总之，作者自以为《儿女英雄传》处处高明。接着，燕北闲人竟说他无法理解曹雪芹对“那贾府有甚的牢不可解的怨毒……讲出那些忍心害理的话来”。在他看来，《红楼梦》简直是一部“谤书”了。鲁迅在《中国小说史略》中一针见血地指出：此书（指《儿女英雄传》）发源于《红楼梦》，而精神正相反，是一部“有憾于《红楼》”的代表作品。

今天，我们看得很清楚了，燕北闲人所贬之处正说明了《红楼梦》的不寻常，深刻地揭露并无情地鞭挞社会腐恶正是它的伟大之处。虽然人们同样称誉《儿女英雄传》与《红楼梦》为“绝好的京话教科书”，但就思想内容而言，前者与后者是无法相比的。燕北闲人的对比，恰恰从反面说明了一部作品的思想内容何等重要！

引人入胜

我喜欢看英国小说，记得早年读哥尔斯密的《威克菲牧师传》，被其故事情节、文学手法所吸引，爱不释手。牧师有个美满家庭，夫妇二人，子女六人。他为人善良、端方，但性格迂阔。夫人和女儿性格温顺，但她与长女都爱慕虚荣。作者对于人物的性格弱点，一路上以调侃风趣的笔调往下写，把故事情节写得似乎荒诞离奇。这个美满家庭接连遭遇厄运，眼看一时山穷水尽，忽然柳暗花明，意想不到的好运又接连到来，最后以万事如意大团圆结束。我读时觉得其手法与中国相通，有点中国旧小说风味，故事情节引人入胜。别看情节貌似荒唐，这恰恰反映了当时英国社会的真实；别看笔调一路嘲弄，其调侃背后的精神倒又十分严肃。牧师的行事令人想到《儒林外史》里的马二先生，在中、英两个大作家的笔下，二人都被写得端方拘谨，迂阔得可笑而可爱。牧师的两个美丽的女儿，大女儿奥利维亚活泼，小女儿索菲亚沉静，作者轻轻几笔就刻画出她们不同的鲜明性格。两人都十分可爱，难怪这部小说后来牵动德国大文豪歌德的心，因为他21岁时曾有热恋乡村牧师的女儿布里翁的经历。这部小说在德国狂飙突进运动及其后期曾风靡一时，哥尔斯密亦誉满德国。

狄更斯的小说我也爱看，平日虽不太看电视，但每当有狄更斯的小说拍成的连续剧时总要抽空看看。我看过《大卫·科波菲尔》《老古玩店》，很有兴趣，但还不如看小说入迷。引人入胜的小说令人放不下来，往往使读者“替古人担忧”。据说《老古玩店》当时在杂志上连载时就出现过这种情景。杂志一期一期地在英国出刊，然后被人用帆船运送到美国。人们对故事情节越看越入迷，纽约码头上等着买杂志的人越来越多。到印有小说最后一章的杂志运到纽约时，码头上人头簇拥，竟有五六千人之多。船未靠岸，人们一眼看到甲板上的船长，就迫不及待地问那燃烧在心中的问题：“小耐儿究竟死了没有？”狄更斯的小说常以情节取胜，而其引人入胜则更在于情节发展描写得入情入理。

谈到引人入胜，一定会令人想到我国的章回小说，每到情节变化，就来个“欲知后事如何，且听下回分解”，把读者的心逗得痒痒的，急着要看下一回。这种制造悬念的手法，来自旧日的说书人。宋代经济大发展，城市里出现了游乐场叫瓦子。瓦子里有说话人（话，即故事）说书。说话人为吸引听众一直听下去，就在情节紧要处卖个关子，不再往下说。今天书场中也这样，说书艺人在听众头脑里树个悬念就收场。当然吸引人最主要的不是靠关子，而是靠引人入胜的故事内容和说书艺人高超的技艺。

我国文学掌故十分丰富，英国文学掌故也不少。掌故有真的也有不太可靠的传闻；尽管是传闻，一再说也就当真了。英国文艺复兴时期的诗人斯宾塞，写过一部未完成的长诗《仙山女王》。他的诗优美而富于音乐性，开创了所谓斯宾塞诗体。据说长诗手稿送到当时著名的文艺庇护人索斯安普顿伯爵手里。伯爵读了几页，立即命人赏赐作者 20 英镑，再往下读，又兴冲冲地说：“再赐 20 镑。”他读着读着不能自已，最后竟不得不说：“快把那家伙赶出去，再念下去我非破产不可！”这传说妙在对这引人入胜的长诗始终没叫出一个“好”字，实际上则把它说得好得无以复加。我国有名的长诗较少。伟大诗人屈原的《离骚》被认为“可与日月争光”，但今天读来不容易理解。《孔雀东南飞》《木兰诗》则较易读，情节、文采动人，令人一口气读下去不肯释手。

传记文学写的是真人真事，写得好也引人入胜。它在我国有优良传统，大量以人物为主体的纪传体史书也可作传记文学看。伟大历史学家司马迁的《史记》就是典范，被鲁迅誉为“史家之绝唱，无韵之《离骚》”。历代优秀史家、传记作者人才辈出，但在我国封建社会还不见像西方近代那种大部头传记名著。西方的优秀传记文学作品不少，其中 18 世纪英国作家鲍斯威尔所写的《约翰生传》可算佼佼者。鲍斯威尔追随约翰生博士多年，时相过从，友谊深厚。他利用每一次相处的机会，记录博士的音容笑貌以及交往人物，积累大量资料，写成这本传记。传记用逐年记述形式，运用大量第一手材料，除记录博士日常言行风采外，还描绘了当时的英国文化界，是一部别开生面、对后世传记文学有深远影响的名著。本文一开头提到的《威克菲牧师传》如何在博士的帮助下才出版的故事，即见于此传记中。英国著名文人麦考莱称此书为所有传记中首屈一指的，卡莱尔则认为18世纪所出版的著作都超不过此书。

《约翰生传》叙事翔实，文笔生动，引人入胜，下面说说瑟洛爵士初读此书的逸事。瑟洛爵士与博士平素互相敬重，他与鲍斯威尔亦有交谊。事情发生在传记刚出版时，瑟洛匆忙穿过国会大街去参加贵族院会议，时间已迟，路上鲍斯威尔与他打招呼，问："您是否看过我的书?"爵士回答说："看了，好家伙，字字珠玑，使我丢不开手!"

我们还可欣赏雷诺兹爵士所画约翰生的肖像，这也是一幅有名的肖像画。雷诺兹是传记中提到最多的博士的至交，难怪那张肖像画如此形神毕具：朴实无华的约翰生博士，左手按着稿纸，右手拿着鹅毛笔，硕大的头颅微向右偏，眼往左上睨，仿佛在思考什么。这幅画也是非常引人入胜的。

强中更有强中手

我国文学作品中写强中更有强中手较多的，要数神怪小说和武侠小说。神怪小说写神怪斗法，法术一个比一个强，比较容易，作者大有发挥想象力的余地。但这类小说离生活太远，小时候喜欢看，大一点就不那么喜欢了。武侠小说不能像神怪小说那样太脱离实际，但也往往写一个比一个高强，到最后就不得不借助神力出来斗法。《水浒传》无疑是我国的一部文学名著，但也多少有类似情况。试看，前面着意描写的英雄人物如林冲、鲁智深、武松、李逵等，个个性格鲜明，有血有肉，写得有声有色，读时令人不肯释手。可是写到后面，英雄人力不济，只好借助神力，于是有高廉、公孙胜斗法场面，脱离实际，我就不爱看了。

还有一种常被运用的写作手法：以大量篇幅着意刻画前面出场的人物，把他们写得很出色，而写后出场的人物却寥寥几笔，用千钧之力压上去，把他写得无与伦比。这种手法运用得出色的也有不少，杜光庭的《虬髯客传》就是一例。这篇小说意在突出唐太宗李世民是“真英主也”，而作者在他身上所用笔墨不多，却以大量笔墨写李靖和虬髯客，对虬髯客更是不遗余力地着意刻画。人们都知道，历史上的李靖是唐初有名的才兼文武、出将入相的人杰，可是他在小说中只是陪衬。相比之下，小说中的虬髯客比李靖更豪迈沉毅。大量刻画已把虬髯客写得无比英明，但与李世民一比又远远不如，而妙就妙在写李世民笔墨很少。虬髯客要亲自相看李世民，出现在他面前的李世民是：“不衫不履，裼裘而来，神气扬扬，貌与常异。”如此风神，虬髯客只好“见之心死”了。可是虬髯客还要请他的道兄再相看一下。作者又写道：“俄而文皇来，长揖而坐，神清气朗，满坐风生，顾盼玮如也。”真是光彩照人，道士也只好“一见惨然”，连手下的棋也输了。隋末天下大乱，英雄竞起，虬髯客本想趁机做一番大事业，眼看已出了致太平的真命天子，自己只好到海外去创立基业了。前面的人物刻画得够淋漓尽致了，而后边几笔把心目中的主要人物更加鲜明地显现在读者眼前，《虬髯客传》的作者不愧为大手笔！

类似这种手法，历史文学中亦不乏其例。《史记·高祖本纪》记刘邦与群臣论楚汉兴亡，最后他说："夫运筹策帷帐之中，决胜于千里之外，吾不如子房。镇国家，抚百姓，给馈饷，不绝粮道，吾不如萧何。连百万之军，战必胜，攻必取，吾不如韩信。此三者，皆人杰也，吾能用之，此吾所以取天下也。"刘邦对张良、萧何、韩信三人的评价很恰当，三人都是不可多得的人杰。然而好一个"吾能用之"，一笔就压到三杰头上，刘邦不是更高人一筹吗？

俗话说："螳螂捕蝉，黄雀在后。"狠的还在后头。有时，文艺作品中这"黄雀"未必露面。记得小时候看《日出》，觉得李石清够狡狯的，可败在潘月亭手里，后者更厉害；然而强中更有强中手，潘月亭又斗不过阴狠毒辣的金八爷，最后落得破产自杀。看戏前我并未读过剧本，总以为金八爷迟早得出场，哪知终场未露面，然而这金八爷的魔影已深深刻在自己的脑里。

逸事传闻用这种手法写的也有，这里举一个外国的例子。20世纪初期最有名的小提琴家要数弗里茨·克莱斯勒、米夏·埃尔曼、雅夏·海菲兹，关于他们，流传着这样一个小故事：有一次，海菲兹和埃尔曼一起在一家常为艺术家光临的饭店进餐。侍者手持一盘走到桌旁，盘托一信，信封上写着"致世界上最伟大的小提琴家"，可是没有具体人名。海菲兹从盘里取出信，一弯身递过桌子，对埃尔曼说："米夏，这是给你的。"埃尔曼接过一看，赶紧递了回去："不，不，雅夏，是给你的。"两人推来推去，最后海菲兹被说服拆开此信。海菲兹打开信封，抽出信纸一看，纸上赫然在目的第一行字是"亲爱的弗里茨"，是写给当时并未在座的弗里茨·克莱斯勒的。小故事编者巧妙地排定了三人的交椅。然而这三人的高下，论者一向见仁见智，似无定论。这小故事的编撰者也许是"弗里茨"吧？

这种主题写法上五花八门，但运用之妙，各有千秋。

沾光

战国时毛遂自荐的故事大家都非常熟悉。《史记·平原君虞卿列传》中有戏剧性的叙述：秦围赵之邯郸，平原君带领食客毛遂等到楚求救。毛遂是自告奋勇前往的，靠他的机智，赵得与楚歃血为盟。最后毛遂对平原君的其他19个随行者说："公相与歃此血于堂下，公等录录，所谓因人成事者也。"太史公叙述平原君向楚求救这件事，文字中为后世引用的成语有三：用得最多的是"毛遂自荐"，其次是"颖脱而出"（通常作"脱颖而出"），再就是上面所写到的"因人成事"。"因人成事"是说靠人家才把事办成，有沾光的意思。这件事是说十几个庸人沾了能人毛遂的光。

明朝"后七子"之一宗臣，写过一篇《报刘一丈书》，信中揭发了严嵩父子恃宠揽权时，无耻之徒奔竞其门下的丑态。钻营者暮夜乞怜，白昼骄人，"马上遇所交识，即扬鞭语曰：'适自相公家来，相公厚我！厚我！'且虚言状"。无耻之状，刻画得入木三分。这封信是对走权门，叨权相威势之光往上爬的世态的无情鞭挞。

揭露社会上叨高官之光，以之风光自己的笑话也常有。《两般秋雨庵随笔》有一则批评写诗傍人门户，说："吴修龄《围炉诗话》云：'今人作诗，动称盛唐。曾在苏州见一家举殡，其铭旌云："皇明少师、文渊阁大学士申公间壁、豆腐店王阿奶之灵柩。"可以移赠诸公。'此虽虐谑，然依人门户者可以戒矣！"豆腐店在大学士府第间壁，店里死了王阿奶，铭旌上可借以风光风光。

说到题铭旌，不由想起《儒林外史》中"向观察升官哭友"一回。向道台曾经得到过伶人鲍文卿的好处，文卿死了，他的儿子正愁父亲因社会地位低，难以找到人题铭旌，正好向道台来了。道台不顾与死者社会地位的悬殊，竟叫着"文卿老友"大哭一场，并取笔题了铭旌："皇明义民鲍文卿享年五十有九之柩。赐进士出身中宪大夫福建汀漳道老友向鼎顿首拜题。"写上大串官衔，自称是伶人的老友，这举动在封建社会简直是冒天下之大不韪。在那个时代，伶人出殡，得到道台题铭旌，的确风光不小。

文人写书，别人列名沾光的事亦复不少，对此吴敬梓在《儒林外史》里有个很有意思的说法。书里的马二先生是正直而迂阔的读书人，他靠选时文为生，并在此行中颇有名声。他选了一本《历科墨卷持运》，给前来拜访他的蘧公孙看到了。蘧公孙笑着对他说："请教先生，不知尊选上面可好添上小弟一个名字，与先生同选，以附骥尾?"这分明是想站封面，沾沾光。为此马二先生竟说出了一番大道理。他正色道："这个是有个道理的。站封面亦非容易之事，就是小弟，全亏几十年考校的高，有些虚名，所以他们来请。难道先生这样大名还站不得封面?只是你我两个，只可独站，不可合站，其中有个缘故。"什么缘故呢?且听马二先生说："这事不过是名利二者。小弟一不肯自己坏了名，自认做趋利。假若把你先生写在第二名，那些世俗人就疑惑刻资出自先生，小弟岂不是个利徒了?若把先生写在第一名，小弟这数十年虚名，岂不都是假的了?"马二先生的确老实，干脆说出这"站封面"不过是名利二者。他说只能一人"独站"，在那时也颇言之成理。今天合著书作者争名次的事也有。更有甚者自己一字未写，作者送稿来求教，轻易就把自己的名字放到封面上去，还要放在作者前头，这就不止沾光，简直是巧取豪夺了。

所谓沾光应该是一人沾别人的光，然而有没有自己沾自己光的事呢?居然也有。近见书面烫金的《诺贝尔文学奖获奖作家小说选》，从中得到启示。照理说，诺贝尔文学奖获得者的作品未必篇篇都好，但盛名之下，世人常刮目相看。未出名青年的稿子发表难，成名作家发表易。成名作家即使很一般的作品，书刊也争着要，这也许是自己沾了自己金字招牌的光吧!

讲诗一得

欧阳修的《六一诗话》中有这样几句："又若温庭筠'鸡声茅店月，人迹板桥霜'，贾岛'怪禽啼旷野，落日恐行人'，则道路辛苦，羁愁旅思，岂不见于言外乎？"这里且不谈贾岛的两句诗，只谈温庭筠的。温庭筠《商山早行》："晨起动征铎，客行悲故乡。鸡声茅店月，人迹板桥霜。槲叶落山路，枳花明驿墙。因思杜陵梦，凫雁满回塘。"其中"鸡声"一联，写荒村野店的旅人被鸡鸣唤起，残月还挂在天上，天只蒙蒙亮就行路了，板桥上严霜未消，留下了征人的脚印，行路辛苦的情景如在眼前。这两句未用动词，单单写了六个具体事物，一连串的名词鲜明地绘出一幅羁旅行役艰辛的图画。

运用具体事物、通过形象来表现人们的心情而为人津津乐道的还有马致远的《天净沙·秋思》："枯藤老树昏鸦，小桥流水人家，古道西风瘦马。夕阳西下，断肠人在天涯。"前三句没有一个动词，每句写了三件具体事物，有机地集合在一起，活画出秋天肃杀的景象。而且时当夕阳西下，流浪天涯的人在这萧索的秋光里怎能不断肠呢？

诗词中更有用一连串动作烘托气氛的，有名的句子如杜甫《兵车行》中的"牵衣顿足拦道哭，哭声直上干云霄"。为便于说明起见，我引该诗起首几句："车辚辚，马萧萧，行人弓箭各在腰。耶娘妻子走相送，尘埃不见咸阳桥。牵衣顿足拦道哭，哭声直上干云霄。"多么悲壮的出征场面！出征的、送行的如此之多，车驰马嘶，尘土飞扬，弥漫天际，连咸阳桥都看不见了。"牵衣""顿足""拦道"，煞尾交织成一个"哭"，一句四个动词；下句开头紧接着又一"哭"字，哭声一大片，一直冲上云端，多么惊心动魄！教师讲解时只消顺势而下，感情随句倾泻，就能收到良好的效果。

有的诗词讲解，却要打乱句子的顺序，才能收到更好的效果。比如李后主《浪淘沙》的上片："帘外雨潺潺，春意阑珊。罗衾不耐五更寒。梦里不知身是客，一晌贪欢。"北宋灭南唐，李后主被俘，被押到汴京软禁起来，一举一动都受到监视，过着"日夕以泪洗面"的生活。词里说到只有梦里忘掉身是俘虏，才能得到片时的欢乐。如顺着句子，从"帘外雨""春已残""五更寒""身是客"讲下去，感情就平淡。可以从中间一句讲起：天已五更，寒气袭人，诗人从梦中醒来，听得帘外雨声潺潺，已是春将尽了的时候。忘掉身为臣虏，才有一会儿欢乐，那只是在梦里；梦醒了，片时的欢乐也就烟消云散。这样讲情致缠绵，推波助澜，顺势引出作者下片的"流水落花春去也，天上人间"的深沉感慨。王国维说："尼采谓：'一切文学，余爱以血书者。'后主之词，真所谓以血书者也。"李后主从皇帝变成囚徒后的词确是如此。

从上面所举的例子看来，诗词无一定的教法，须视其本身的特点而定。教其他体裁的课文也一样，有一点是相同的，那就是要讲得入情入理，只有如此，才能深深打动人的心。

说理短诗

歌德曾对爱克曼说，他如果作诗人，还想表现什么观念的话，就用短诗来表现，因为在短诗中较易显出明确的整体性和统观全局。歌德还以他的动物变形和植物变形两种科学研究及《遗嘱》之类的小诗为例，作了说明。歌德的确写过一些异常优美的哲理诗，前面提到的且不说，请看《二裂叶银杏》这一首：

从东方移到我园中的
这棵树木上的叶子，
含有一种神秘的意义，
它使识者感到欣喜。

它是一个生命的实体，
由它自己自行分离？
还是两者选配在一起，
而被人们看成一体？

为了回答这样的问题，
我发现了真正的含义，
你没有根据我的诗章，
感到我是一，而又成双？

这种中有缺口的银杏叶，看上去一分两瓣，又像两瓣合一，使人感到“含有一种神秘的意义”，诗人竟由此“感到我是一，而又成双”。诗写得多么清新，哲理又何等深沉！

无独有偶，我国以往的说理诗也往往是短诗短词。唐末胡曾写过一百五十首咏史诗，是七言绝句。今举《汉宫》一首：

明妃远嫁泣西风，
玉箸双垂出汉宫。
何事将军封万户，
却令红粉为和戎。

诗通俗易懂，感慨系之，读来朗朗上口。至于李清照的《夏日绝句》“生当作人杰，死亦为鬼雄。至今思项羽，不肯过江东”，更是脍炙人口。

评诗、评词、评画等的诗多是七绝。杜甫的《戏为六绝句》，开以绝句论诗之端。继而有名的如金人元遗山《论诗绝句》三十首，颇传于世：“厥后宋牧仲、朱锡鬯之论画，厉太鸿之论词、论印，递相祖述，而七绝中，又别启一户牖矣。”近人夏承焘则有《瞿髯论词绝句》，有八十余首之多。其他不胜枚举。

最后值得特别提一提的是朱孝臧以短词论清代名词人词。兹举论王夫之词一首：

苍梧恨，
竹泪已平沈。
万古湘灵闻乐地，
云山韶濩入凄音。
字字楚骚心。

此词的词牌为《望江南》。此词调确如歌德所说“较易显出明确的整体性和统观全局”，用来评诗评词很好：第一句三字可点题，中间三句展开议论，最后五字一句收总评之效，实在妙得很！

太真遗事和昭君诗

《容斋续笔·唐诗无讳避》云："唐人歌诗，其于先世及当时事，直辞咏寄，略无避隐……如白乐天《长恨歌》讽谏诸章，元微之《连昌宫词》，始末皆为明皇而发。"据此，陈寅恪申论说："唐人竟以太真遗事为一通常练习诗文之题目，此观于唐人诗文集即可瞭然。但文人赋咏，本非史家纪述。故有意无意间逐渐附会修饰，历时既久，益复曼衍滋繁，遂成极富兴趣之物语小说，如乐史所编著之太真外传是也。"

陈先生的见解实是发人深思。"练习诗文之题目"常用的除唐明皇、杨贵妃的故事外，似乎还有昭君事迹。自古及今流传了大量咏昭君的诗，诗意不断翻新。前文所举胡曾的《汉宫》一首，就是咏昭君的。咏昭君最有名的诗是王安石的《明妃曲》二首。诚如黄生《载酒园诗话评》所评："王介甫《明妃曲》二篇，诗犹可观，然意在翻案。"此诗一时和者甚多，有名的如欧阳修《明妃曲和王介甫》《再和明妃曲》，司马光《和王介甫明妃曲》，等等。当代史学家翦伯赞有《游昭君墓》六首，史笔诗情并胜，录一首以见一斑。

千首哀词万首诗，
同声歌哭说妍媸，
和亲本是汉家策，
出塞如何怨画师。

诗意是十分新颖的。

上面所谈涉及写作的题材问题。关于写作题材，《歌德谈话录》里写道："如果采用现成的题材，情况就大不相同，工作就会轻松些。题材既是现成的，人物和事迹就用不着新创了，诗人要做的工作就只是构成一个活的整体……我甚至劝人采用前人已用过的题材。例如伊菲革涅亚这个题材不是用过多次了吗？可是产生的作品各不相同，因为每个作家对同一题材各有不同的看法，各按自己的方式去处理。”大量昭君诗的写作正是如此。

这些意见值得研讨命题作文时参考。

"算学博士"

郭沫若的《武则天》一剧开头就借上官婉儿和太子贤之口，调侃"初唐四杰"之一的骆宾王。

上官婉儿　不，我是来通禀的。那位算学博士又来了。

太 子 贤　算学博士？你说的是谁？

上官婉儿　就是那位老头子诗人骆宾王呵。

太 子 贤　（笑出）哦，你真调皮！你已经给他取下诨名了。你为什么叫他做算学博士？

上官婉儿　你没有看到，在他的诗里面，总有好些数字，在加减乘除吗？

太 子 贤　对，我看到他的《帝京篇》。那倒是费了工夫做的。什么"秦地重关一百二，汉家离宫三十六"。……

上官婉儿　还有呢！"三条九陌丽城隈，万户千门平旦开"；"小堂绮帐三千万，大道青楼十二重"。……

太 子 贤　哈哈，你的记性真好！

上官婉儿　"且论二八千金是，宁知四十九年非"。……

原来是骆宾王因诗中常用数字而得"算学博士"之名。

贸然一看，这"算学博士"好像今天的数学博士，其实不是，而是唐代国子监六学最末的算学专科学校教师。人们把它加之于诗人头上除调侃外，还略有看不起的味道。这就得稍为介绍一下唐代的教育制度。

唐代国子监六学是：国子学、太学、四门学、律学、书学、算学。学生入学资格限制很严：国子学，限三品以上文武官员的子孙等；太学，限五品以上文武官员的子孙等；四门学，限七品以上文武官员的儿子等；律学、书学、算学，是技术专科性质，入学资格限制较宽，凡八品以上文武官员的子孙以及一般庶民子弟均可入学。从顺序看，算学最后，学生名额亦少，只三十人；教员名额为博士二人，此外助教一人，典学一人。由此可知，这算学博士有点像今天专科学院的数学教授，然而在当时看来是不起眼的。

我们不能说诗里用上数字就是毛病，生活里有数字，诗里就会有数字，更何况运用得妙能增添情致，使诗生色。例子只就教学所及略举一二："黄鹤一去不复返，白云千载空悠悠"；"飞流直下三千尺，疑是银河落九天"；"三万里河东入海，五千仞岳上摩天"……青少年学生读起来都十分喜爱的。

诗中数字用得较多的是"一""三""千"三个字，而以"三千"连用最常见。数字一、二、三、四、五、六、七、八、九、十、百、千、万、亿等，其中今天读平声的有一、三、七、八、千几个，但就古汉语而言，一、七、八都是入声。这一来，古汉语中数字平声的只"三"与"千"两个，写诗为适应格律方便起见，这两个数字少不得用得多了。例子不胜枚举，前面曾提到李白的"飞流直下三千尺"，还可信手举他为人熟知的诗句"白发三千丈"。至于白居易的诗中就更多了。如《白氏长庆集》中有："江上三千里，城中十二衢""二十年前别，三千里外行""漂荡三千里""青山举眼三千里""三千里外远行人"等。

我还想举一首张祜的《宫词》："故国三千里，深宫二十年。一声何满子，双泪落君前。"全诗二十字中，用了三千、二十、一、双等数字，不仅不觉得堆砌，还使人感到宫女的哀怨是那么凄凉缠绵！此外，"三千"之数还常被引用来形容桃李满天下，出自《史记·孔子世家》，"孔子以诗、书、礼、乐教，弟子盖三千焉"。也有以"三千”形容著述之富的，如陈寅恪《挽张荫麟二首》：“流辈论才未或先，著书曾用牍三千。”其出处是《史记·滑稽列传》：“朔初入长安，至公车上书，凡用三千奏牍。”他的书实在太重，两人共持仅能胜之，汉武帝读了两个月。

“一”字在日常生活中用得特别多，单以成语而言，如“一心一意”“一朝一夕”“一板一眼”“一唱一和”“一模一样”“一来一往”等。我随便打开手边的《汉语成语词典》一数，归在“一”字下的成语竟有五百来个。上列词法用到诗句中也很多，如李白的“一叫一回肠一断，三春三月忆三巴”“一杯一杯复一杯”“会须一饮三百杯”。“一”有的是数字实用，有的只是虚词。再以杜甫的《石壕吏》为例，可以看得清清楚楚：“吏呼一何怒，妇啼一何苦。听妇前致词，三男邺城戍。一男附书至，二男新战死……”其中“一何”之“一”作语助词，以加强语气；“一男”之“一”与“二男”“三男”之数字一样皆实数。运用之妙实在罕见，读者仿佛被带到了“有吏夜捉人”的悲惨的现场。

诗中数字的妙用当然不止以上几个方面。仅举几端即可见一斑。现在得回到“算学博士”四字了，如果诗人中要推“算学博士”，唐代第一名恐怕要数白居易，当然这里没有丝毫讥讽调侃的意思。

诗文中的“东南西北”

《木兰诗》：“愿为市鞍马，从此替爷征。东市买骏马，西市买鞍鞯，南市买辔头，北市买长鞭。”表明当时出征要自买鞭、马、鞍鞯、辔头，这些情况史书语焉不详，赖诗歌传写才略知梗概。至于古时市制，不一定课上给学生详讲，课后学生若问到可说明。我国宋代以前，城市中一般是商业区与居民区分开，市区开市闭市有一定的时间，无夜市。如唐代首都长安，亦有专门商业区东市西市，定时开市闭市。至北宋，城市内商业活动已打破固定地区和营业时间的限制，沿街开店，且出现夜市。教师要准备学生问：“难道买东西还限制东南西北吗？”这一问就牵连到诗文中“东南西北”的表达形式了。

《楚辞·招魂》：“魂兮归来！东方不可以托些……魂兮归来！南方不可以止些……魂兮归来！西方之害，流沙千里些……魂兮归来！北方不可以止些……”大致招魂之作，希望死者的灵魂归故土，故王逸说，“外陈四方之恶，内崇楚国之美”。

再如游仙诗，也往往“叙妙思，托配仙人，与俱游戏，周历天地，无所不到”。曹植的《游仙》中有“东观扶桑曜，西临弱水流，北极玄天渚，南翔陟丹丘”的诗句，亦是东西南北分开写的。曹植受到曹丕的猜忌，汲汲无欢。他的封地屡次迁移，感到身世如“转蓬”。他在《吁嗟篇》中有“东西经七陌，南北越九阡……当南而更北，谓东而反西”的诗句。这诗非游仙，乃是感叹身世，东西南北也不过泛泛指方位而已。

我国古代诗人“东南西北”的诗句俯拾皆是，这里仅举伟大诗人杜甫的一些诗句。《咏怀古迹五首》第一首开头二句是“支离东北风尘际，漂泊西南天地间”。这里“东北”“西南”皆非泛指，第一句指安禄山在东北蓟州造反，第二句指自己在西南天地间漂泊。也有“东南西北”纳入一句的，如“今春喜气满乾坤，南北东西拱至尊”（《喜闻贼盗总退口号五首》其五）；又《追酬故高蜀州人日见寄》：“东西南北更堪论，白首扁舟病独存。遥拱北辰缠寇盗，欲倾东海洗乾坤。边塞西蕃最充斥，衣冠南渡多崩奔。”一句“东西南北”总提，下即分疏，运用自如，何等跌宕！

旧时新居上梁要有上梁文。上梁时举行仪式，以糕团抛向四方，叫作抛梁。辛弃疾有一篇《新居上梁文》，云“稼轩居士生长西北，仕宦东南”，建新居室上梁，“始扶修栋，庸庆抛梁”，下面抛梁词有：“抛梁东，坐看朝暾万丈红”；“抛梁西，万里江湖路欲迷”；“抛梁南，小山排闼送晴岚”；“抛梁北，京路尘昏断消息”；等等。虽似为新居卜吉兆，但亦抒发壮志未酬的感慨。

楹联中“东西南北”亦复不少。《儒林外史》中写杨执中屋里壁上，“两边一副笺纸的联，上写着：‘三间东倒西歪屋，一个南腔北调人。’”。按清嘉庆、道光年间梁章钜的《楹联丛话》中载：“鲁亮侪观察性粗豪，而所居屋狭，自署其门联云：‘两间东倒西歪屋；一个南腔北调人。’见《茶余客话》。”在题画上也看到了这样的两句，明代文学家、书画家徐渭的绍兴故居叫青藤书屋。他的一幅《青藤书屋图》上题有：“几间东倒西歪屋，一个南腔北调人。”这十四个字把徐渭与世俗不合的情味表达了出来。显然上面的“东倒西歪”“南腔北调”不能从方位上去死扣。

诗中用“东南西北”，不能不提到汉乐府《江南》诗：“江南可采莲，莲叶何田田。鱼戏莲叶间。鱼戏莲叶东，鱼戏莲叶西，鱼戏莲叶南，鱼戏莲叶北。”鱼戏于莲叶间，最后四句重复运用，表现出到处鱼戏的活泼生动情景。正如朱光潜在《谈美》中所说：“单看起来，每句都无特色，合看起来，全篇却是一幅极幽美的意境。”

如果《江南》诗画出一幅幽美的意境，那么柳宗元的《捕蛇者说》画出的则是一幅悲惨的画面。“悍吏之来吾乡，叫嚣乎东西，隳突乎南北，哗然而骇者，虽鸡狗不得宁焉！”一乡鸡飞狗叫，无一处安宁，活画出“苛政猛于虎”的惨象。

我上课时举了上面学生所熟悉的诗文中最后那两个例子，回到《木兰诗》，对学生说：你们不是看到了木兰到处奔波购物准备出征的忙碌的情景吗？

诗中的色彩

歌德有一部长篇小说，叫《威廉·迈斯特》，我国尚无译本，故知之者甚少。但小说中一首优美的诗《迷娘》，经作曲家多次谱曲，已广泛流传。诗一开头是："你可知，那柠檬花开的地方？浓荫深覆，金橙流黄……"不知怎的读到它总联想起屈原的《橘颂》中"绿叶素荣，纷其可喜兮。曾枝剡棘，圆果抟兮。青黄杂糅，文章烂兮"以及苏轼的"一年好景君须记，最是橙黄橘绿时"的诗句。联想不一定都牵连到本质，有时沾一点边儿也会产生联想，以上联想或许是诗中相似色彩引起的吧！

青少年学生课内课外读过一些诗，他们对有色彩的诗很喜欢，例如"白毛浮绿水，红掌拨清波""淑气催黄鸟，晴光转绿蘋""绿树村边合，青山郭外斜""一水护田将绿绕，两山排闼送青来""黑云翻墨未遮山，白雨跳珠乱入船"等。张志和的词《渔歌子》："西塞山前白鹭飞，桃花流水鳜鱼肥。青箬笠，绿蓑衣，斜风细雨不须归。"山光、水色、白鹭、桃花、青箬笠、绿蓑衣，色彩鲜明。白话诗如刘延陵《水手》第二首中诗句：

但他却终归想到
石榴花开得鲜明的井旁，
那人儿正架竹子，
晒他的青布衣裳。

火红的石榴花与青布衣裳，鲜明的色彩相映成朴素清新的意境。

把多种颜色写在一起，鲜艳，缤纷。这类诗句七言较多，人所熟知的如杜甫的"两个黄鹂鸣翠柳，一行白鹭上青天"，又如"红叶黄花秋正乱，白鱼紫蟹君须忆”（苏轼《台头寺雨中送李邦直赴史馆》）、“深红浅紫从争发，雪白鹅黄也斗开”（苏轼《次荆公韵四绝》）、“青春白日无公事，紫燕黄鹂俱好音”（黄庭坚《次韵盖郎中率郭郎中休官二首》）、“白葛乌纱称时节，黄鸡绿酒聚比邻”（陆游《夏日》）等。真是色彩缤纷，怡悦双目。

有的诗句第一字就是表颜色的字，这种句法运用要推大诗人杜甫最出色。“绿垂风折笋，红绽雨肥梅”（《陪郑广文游何将军山林》）、“红入桃花嫩，青归柳叶新”（《奉酬李都督表丈早春作》）、“青惜峰峦过，黄知橘柚来”（《放船》）、“碧知湖外草，红见海东云”（《晴》）。喜读杜诗的人对这些诗句一定不陌生。诗句首先映入眼帘的是鲜明的颜色，可以收到使读者眼前突然闪亮的效果。

诗文中的颜色真色多，但也有假色。钱锺书在《读〈拉奥孔〉》一文中说：“诗文里的颜色字也有‘虚’‘实’之分，用字就像用兵那样，‘虚虚实实’。苏轼咏牡丹名句：‘一朵妖红翠欲流’；明说是‘红’，哪能又说‘翠’呢?”文中举了许多有趣的例子作了精辟的论述，说：“写一个颜色而虚实交映，制造两个颜色错综的幻象，这似乎是文字艺术的独家本领，造型艺术办不到。”

人们讲到诗与画的关系时，常爱引用苏轼的话：“味摩诘之诗，诗中有画；观摩诘之画，画中有诗。”画家有时用诗人富于色彩的诗句渲染出图画来，诗人也会把所喜爱的画图中的色彩写到诗里来。当然，这只是苏轼上面所说的一个方面。诗人中喜爱图画的不乏其人，歌德便是一个。他甚至对颜色有专门研究，写了一本《颜色学》。此书被英国著名水彩画家透纳奉为至宝。透纳文化水平不高，但下苦功钻研这部《颜色学》，很有心得。更有趣的是，歌德还写了一首关于颜色的格言诗，译出来一读蛮有意思。

光欲与物体相结合，
它选择其通体透亮。
但你还得喜爱那
半明半暗或不透光亮。

因你与太阳中间不透明体
呈现紫色庄重而辉煌。
但光欲自由出入不透明体，
此时它会燃起红色光芒。
但当黑暗烟消云散，
红色渐淡成耀眼金黄。
当空气中澄清无余滓，
光呈白色与原先一样。
又当乳灰站立黑暗前，
阳光照耀使之成蓝光。
天边蓝里透出暗红，
出现在高高山顶上。
你正对绚烂光彩惊异，
夜立即撒下黑丝绒帷帐。
就如此在永恒静穆中，
还是分黑暗与光亮。
硬说它们你争我夺，
这纯然是愚昧荒唐。
造化使它们林林总总，
它们也只与造化闹嚷。

译此诗颇不易，译笔亦拙劣不雅驯，即使如此，也能看到这写颜色而哲理深沉的罕见的诗，是非常别致而有意思的。

月诗

古往今来，咏月亮的诗词何止千万首，其中好诗好词也着实不少。以诗而言，李白的《静夜思》家喻户晓。千百年来游子“举头望明月”时，就会油然而生故乡之思。李白在四川长大，热爱巴山蜀水，将出蜀时，写了一首七绝《峨眉山月歌》，通过咏月表达了对蜀地的依恋，诗也非常出色。以词而言，人们不会忘怀苏东坡的《水调歌头》。千百年来每到中秋都会有人吟诵它，祝福着“但愿人长久，千里共婵娟”。

外国咏月好诗也多不胜数。歌德的《对月》，情景交融，被誉为“最美的月光诗”。歌曲之王舒伯特曾为它谱曲。这使我联想起贝多芬的《月光奏鸣曲》及伴随它的美丽动人的故事。

咏月诗常常伴随着虚无缥缈的神话，“嫦娥奔月”“吴刚斫桂”“玉兔捣药”等，多么美丽的神话！李商隐因此在《嫦娥》一诗中写出“嫦娥应悔偷灵药，碧海青天夜夜心”这般玲珑剔透、清冷晶莹的名句。月明之夜，仰头看到月中桂影婆娑，功名心切的封建士大夫，心中又会升起“蟾宫折桂”的遐想了。

咏月诗中往往寄托了许多奇思妙想。苏轼问道：“不知天上宫阙，今夕是何年?”诗圣杜甫在《月夜》里，写兵荒马乱中，因“今夜鄜州月”遥想远离的妻子儿女，情致何等缠绵！诗人还借咏月来讽刺朝廷的腐败、政治的黑暗。李白在《古朗月行》中运用蟾蜍食月造成月蚀的传说暗刺朝廷昏暗，写道：“蟾蜍蚀圆影，大明夜已残。”杜甫则要砍去月中的桂树。他在《一百五日夜对月》中有句“斫却月中桂，清光应更多”，杨西河注云“谓可照见家中也”。杰出词人辛弃疾翻用到自己的词《太常引》中，成了“斫去桂婆娑，人道是清光更多”。有人把此句解释为清除朝廷黑暗势力，政治就会清明得多。

有朋友来谈诗，也谈到月诗。她忽然联系到宇航员登月大发奇思，感慨地说："古代诗人虽有'华灯碍月'的句子，但他们毕竟还是写灯月交辉的多。即使写'斫却月中桂'，也不当真，不过是神话般的妙想而已，作者也丝毫没有把美丽的神话砍光的意思。现在登月了，别说什么砍掉月中桂，连美丽的神话实际上也砍光了。"我心里虽然也不是滋味，但还是打起精神来安慰她。

我说，古人咏月诗也曾透露过科学思想，比如辛弃疾的《木兰花慢》一词中就有。该词为王国维所激赏，他在《人间词话》中说："稼轩中秋饮酒达旦，用《天问》体作《木兰花慢》以送月，曰：'可怜今夕月，向何处、去悠悠？是别有人间，那边才见，光景东头。'词人想象，直悟月轮绕地之理，与科学家密合，可谓神悟。"

清代诗人赵翼的一首月诗也值得一提，也是一首富有科学思想的诗。我小时候与三五友侣中秋赏月，忽然谈起各人所见月亮的大小。有的说像镜子那么大，有的说如盘子，有的竟说有缸口那么大。我们当时觉得有趣，但未深究，后来却发现赵翼对这种现象写过一首诗。诗前小序云："中庭坐月，忽一女孙言月大如酒杯，不觉骇听。因历询诸孙及婢仆辈，言人人殊，有同谓如杯者，有如镜如碟者，甚至有大如盆盎者。乃知眼光各自不同也。余年七十四，向未知此，今因小儿女语乃得之。然则近在目前而所不知者多矣，作诗志之。"诗不常见，不妨全录在下：

举头见明月，大如五寸镜。
谓众目皆然，圆规有一定。
忽闻小如杯，儿语实骇听。
因之遍诹访，令各说围径。
细比半两钱，大至尺口磬。
始知眼光异，尘根有殊性。
譬若长短视，远近相去敻。
花看雾中昏，毫察秋来炳。

即事悟学功，格物非易竟。
老夫年七十，识月犹未尽。
如何执成见，辄负鉴裁柄！

这无疑是一首很别致的月诗。诗人因各人视月大小不同，联想到认识事物不能执成见，已非对月作奇思异想了。

说了这些，我对那位来谈诗的朋友说：“你能否把你那新鲜想法，也写成一首别开生面的月诗呢?”

知人论世

小时候读孟郊的《游子吟》，“慈母手中线，游子身上衣。临行密密缝，意恐迟迟归。谁言寸草心，报得三春晖”，情意真挚，着实感动。孟东野存诗不少，但多倾诉穷愁之作。前人评定他与贾岛的诗为“郊寒岛瘦”。还有一种说法，孟郊诗风凄苦似乎出于他的气质，即他为人格局小的缘故。如《唐宋遗史》云：“孟东野有《下第》诗曰：‘弃置复弃置，情如刀剑伤。’又《再下第》诗曰：‘两度长安陌，空将泪见花。’其后登第，则志气充溢，一日之间，花皆看尽。进取得失，盖亦常事，而东野器宇不宏，至于如此，何其鄙邪!”（宋周紫芝《竹坡诗话》亦有类似说法）这种话是似是而非的。

其实，封建社会的读书人，对于科举中的成败得失，几无不刻骨铭心。得之者如白居易，他一举及第，新进士要到慈恩寺塔题名，他有诗句为“慈恩塔下题名处，十七人中最少年”，得意之情溢于言表。失之者如杜甫，参加了奸相李林甫摆布的一次考试，应征举人无一人及第，李林甫反而上表祝贺已是野无遗贤。对于这种阴谋和骗局，杜甫有刻骨之痛，诗里一再提起这件伤心事。李林甫死后，他在《奉赠鲜于京兆二十韵》中悲愤地揭露：“破胆遭前政，阴谋独秉钧。微生沾忌刻，万事益酸辛。”这“独秉钧”的阴谋家就是指李林甫。科举中的得失在很大程度上决定了读书人一生的升沉，的确是性命攸关。因此不论孟郊或杜甫，都因失意而伤痛；至于及第得意趾高气扬的诗则不胜枚举。我们不能仅以此一端来判定某人的诗风如何，而要从他们所处的时代、一生的遭际去分析，才能领会得更深一层。

近读沈祖棻《宋词赏析》，觉得不少地方讲得深细而有启发。书侧重讲婉约派名家词，其中选讲柳永的有七首。七首讲完后，作者“想说几句题外的话”。这几句题外话很有见地。她认为前人评词，往往易使青年人产生一种错觉，好像某一作者只会写词；往往只就词论人，又使人对这一作者的面貌产生另一错觉。以柳永而论，其词“工于羁旅行役”，加之传说逸闻，他竟被扮成风流浪子的典型。许多笔记写到他的逸事，为人们津津乐道：写入剧本的有关汉卿的《谢天香》；写成小说的有《清平山堂话本·柳耆卿诗酒翫江楼记》《古今小说·众名姬春风吊柳七》等——他竟成了风流艳事的箭垛子了，这分明不是柳永的真面目。中学语文教学中也教柳永的词，教师介绍作者时，可不能一味把他描成风流浪子的形象。沈祖棻说：“总之，理解多数词人并非只是作词，而其词中所反映的又往往并非其全部的或最有社会意义的因而应当被认为是最重要的思想感情，对于全面地评价这些作家，绝非是无关紧要的。鲁迅先生告诉我们，论人要顾及全面。”这段话颇具真知灼见。

《孟子》云：“颂其诗，读其书，不知其人，可乎？是以论其世也。”我们教课介绍作者，要“知人论世”，才能讲在点子上。

鄙吝不萌

给学生讲陈毅同志《梅岭三章》前，我又把《陈毅诗词选集》从头仔细诵读了一遍。读的目的一方面固然是为了掌握更多材料，但更为要紧的是“养养气”，以便自己能充满感情、入神地教好这一课。陈诗鲜明地反映出这位将军诗人的高风亮节，读后油然而生无限崇敬之感。特别是读到“书怀”“述怀”“杂咏”诸作，觉得清澄之气扑面而来，把我引入“素月分辉，明河共影，表里俱澄澈”（张孝祥《念奴娇·过洞庭》）的意境。有其人乃有其诗。陈老总胸怀坦荡，真正达到了表里俱澄澈的境界，才写得出这般明净晓畅的好诗。

陈毅同志革命奋斗一生，建立了卓绝的功勋，但他从不居功自傲，总是那么谦逊。我们可以读到以下这些诗句：“吁嗟我与汝，沧海之一粟。慎之又再慎，谦逊以自束。”“个人太渺小，党群才万能。念我数十年，庸碌愧声闻。”（《六十三岁生日述怀》）有赫赫功勋而不伐，令人联想起东汉初那个谦退不伐，每所止舍，诸将并坐论功，常独屏树下，军中号曰“大树将军”的冯异。诗词选集中有一篇《给罗生特同志的信》。有一位远渡重洋来中国参加抗战的反法西斯盟友，计划写一本关于新四军的书，要了解陈毅同志的过去，于是陈老总写了这封信。信里他只是平平实实简要地叙述，一丝一毫也不吹嘘自己的战功。最后，他是这样写的：“你如果问我有些什么经验体会，我总的答复就是：一个共产党员，当他在党的领导之下，与广大群众取得密切联系时，他就具备了无比的勇气和力量，坚定地与国内外的敌人斗争到底，去完成他担负的革命事业。”

陈毅同志常常想到人民，想到党的培养，不居功，不伸手，以革命气节激励自己。1954 年仲春，他写了题为《感事书怀》的一组诗词，在小序中他这样说：“观宇宙之无穷，念人生之须臾，反复其言，以励晚节。”组诗第四首是七古，题为《手莫伸》，诗鞭挞那些爱“权位”“粉黛”“推戴”的人，严肃警告他们“手莫伸，伸手必被捉”，而是要时时想到人民，不忘本，时时想到党的培养。最后，他语重心长地说：“九牛一毫莫自夸，骄傲自满必翻车。历览古今多少事，成由谦逊败由奢。”多么发人深省！这首富有教育意义的好诗，今天大家都应该好好认真读一读，再好好想一想。

最感动人、使人深受教育的是诗里反映的陈毅同志的“光明磊落，坦然直剖心臆”的高尚品德。我们不妨读一读他的《六十三岁生日述怀》，诗中有“……一喜有错误，痛改便光明。一喜得帮助，周围是友情。难得是诤友，当面敢批评。有时难忍耐，猝然发雷霆。继思不大妥，道歉亲上门。于是又合作，相谅心气平。……”。对自己不虚美，不掩饰，写得多么坦率，多么亲切动人！陈老总一生心地光明，行事光明；只有坦坦荡荡的人，才能写出坦坦荡荡的诗。他的高尚品德，犹如他《冬夜杂咏》中的挺且直的青松、立风雪而不屈服的红梅、傲严霜的秋菊、馨香重的幽兰。东汉有一个高士黄宪，字叔度，当时很被人推崇。名士领袖人物郭泰称扬他的器量，说：“叔度汪汪若千顷陂，澄之不清，淆之不浊，不可量也。”大名士陈蕃尝与同郡周举相谓曰：“时月之间不见黄生，则鄙吝之萌复存乎心。”弦外之意，常见黄宪就能鄙吝不萌。我觉得常常读读陈毅同志的诗，对照自己，教育自己，知过必改，确实是鄙吝不萌的好方法。

重读《陈毅诗词选集》，有感于心，依张茜同志《陈毅同志诗词选集编成题后二首》第一首韵，敬献七律一首：

大树将军耀巨星，长留诗卷纪征程。
新词健句开风气，万语千言见性情。
行事一生皆磊落，身心二者俱光明。
良师赖有黄叔度，鄙吝消除耳目清。

生死之间

讲陈毅同志《梅岭三章》时，学生很感动，我更是抑制不住自己的感情，师生都受到了深刻的教育。《梅岭三章》写在游击战争最艰苦的岁月里，诗的小序说："一九三六年冬，梅山被围。余伤病伏丛莽间二十余日，虑不得脱，得诗三首留衣底。旋围解。"这三首惊天地泣鬼神、壮怀激烈的好诗，表现了作者面临生死关头视死如归的革命乐观主义精神。教学过程中我浮想联翩，想到历史上为祖国献身的志士仁人、思想家、诗人对待生死的表现。

范文澜的《唐代佛教》一书中，写到了一些佛门弟子在死面前的表现。隋代名僧吉藏临死时有《死不怖论》一篇，说："夫含齿带发，无不爱生而畏死者，不体之故也。夫死由生来，宜畏于生，吾若不生，何由有死。见其初生，即知终死，宜应泣生，不应怖死。"孔子又是如何对待这个问题的呢？不妨作一比较。读过《论语》的人都知道，有一次子路问到死，孔子回答说："未知生，焉知死？"他着眼于知生，对生活的态度是积极的。吉藏则说"宜应泣生"，其"不应怖死"成了空谈，正如范文澜所评："题目是不怖死，实际是十分怕死。"

东晋大诗人陶渊明传世诗文名作不少，但最能表现他的思想的是《形赠影》《影答形》和《神释》。这三首诗是针对结白莲社的庐山高僧慧远的思想的。诗前有小序，意思是贵贱贤愚都着意营求而吝惜生命，于是借形与影极陈此中苦处，最后经神释，道理才明明白白。"形"说求长生学神仙不可能，不如沉湎于酒而苟生；"影"则答言，长生虽不可能，但若能立名就可不朽；"神"则认为两非，而是要做到把精神融于大化之中，与自然浑然一体。他说道："纵浪大化中，不喜亦不惧。应尽便须尽，无复独多虑。"这种自然主义思想渗透在他的诗文中，我们可以从他的名篇《归去来兮辞》，以及人们一般不去读的《拟挽歌辞三首》和《自祭文》中得知消息。钱锺书说得好：“《归去来兮辞》写生归田园，《自祭文》写死归黄土陌，机杼仿佛。”关于死，《拟挽歌辞三首》说成是“托体同山阿”，《自祭文》则又说成辞逆旅之馆“永归于本宅”。范文澜称赞说陶渊明“临终时作挽歌诗和自祭文，从容自在”。

英国丁尼生和勃朗宁同是维多利亚时代的诗人，两人都高寿，临终都写了自挽词，都是传诵的名作。丁尼生写的是《逝去》，勃朗宁写的是《终辞》。丁尼生把死比作出海远航，重返故乡，他希望出港时听不到悲泣声，他希望一出港就遇上他的舵手——上帝。勃朗宁则相反，在《终辞》末尾，把死看成攻取敌人的堡垒，他似乎要跟“死”拼个高下，并且即使在“彼处”也要奋勇斗争一番，这倒很别致！评论家惯爱将这两首诗对照，来说明两位诗人气质、风格和人生哲学的不同。

不过，这些诗篇在气魄雄浑、光芒四射的《梅岭三章》前，显得多么黯然失色。陈老总面临生死考验，乐观无畏，革命理想高于天。他说他即使到地府还要招旧部，斩阎罗；在最困难的时候仍然坚信革命一定胜利，“人间遍种自由花”。诗文境界的高低迥异，说到底，反映了作者世界观、人生观的不同。无产阶级革命家热烈追求真理，有坚定的共产主义信念，其诗文中才迸发出如此灿烂耀眼的火花。如果没有广博的学识、高超的才艺，也不容易在诗文中得心应手地把思想感情表达到如此深沉感人的程度。

郭沫若《赠陈毅同志》一诗中有这样两句：“一柱天南百战身，将军本色是诗人。”陈毅同志就是这样一位文武兼备、博学多才、令人衷心爱戴的无产阶级革命家和诗人。

素食

古人祭天地神明，斋戒素食，以表至诚。佛氏戒杀生，亦主张素食。今人主张素食，多半是因为素食清淡，益于健康。

英国浪漫主义诗人雪莱是素食者，他认为不茹荤腥可以使人神智清朗。因此，终其一生他主要吃面包。有时外出路上饿得慌，他就跑进面包房，买一个大面包，一面走，一面狼吞虎咽地撕着吃。当然，有时他在家里也做不了主，只好让他的妻子用“被谋杀了的鸡”去享客。另一喜素食的是爱尔兰著名剧作家萧伯纳。每在伦敦宴会上，人们知他喜素食，放在他面前的总是色拉素拼盘。中国以往持斋素食的文人雅士，更是数不胜数。

素食中“素”与“荤”有时会混淆，分不清。这里并非指有的厨师断荤不严，偷偷地以荤油炒菜调味之类，而是指食谱上出现的“素鸡”“素鸭”“素火腿”等；既是素了，为何又标以鸡鸭鱼肉？记得小时候，每年到观音生日，总见到家附近几个老太太聚在一起点香烛念经礼观音菩萨。中国人一般信佛本来也真也不真，老太太念经礼佛表示虔诚之余，主要是借名头凑份子吃一顿。一般说来，她们吃得确也比较清淡，但也竟有“素鸡”“素鸭”之类。我第一次听到这些有趣的名称就在那时候，觉得怪新奇的。老太太有时也略分润及我，我尝了觉得好吃。后来长大懂事一点，觉得有点滑稽，既然以为鸡鸭鱼肉荤腥礼佛不干净，为什么吃素还想着鸡鸭鱼肉。心里不忘荤腥，大有“身在曹营心在汉”的味道，恐怕心里还不断念，礼佛还不够虔诚。其实，这玩意儿历史上早有了。南北朝时梁武帝萧衍本是蔼然儒者，后信佛，做了皇帝，以佛教麻醉老百姓，大建寺院，三次舍身同泰寺，要官员花亿万钱财赎身。这位佛徒皇帝觉得祭祀用牲不好，发明花样进行“改革”。《资治通鉴》卷一百四十八，梁武帝天监十六年（517 年）：“诏以宗庙用牲，有累冥道，宜皆以面为之。于是朝野喧哗，以为宗庙去牲，乃是不复血食，帝竟不从。”有人解释这是“庙祀面为牺牲”。这以面为牲，也许是后世素鸡、素鸭的先河吧？

清代著名书法家、文学家王文治（号梦楼），年轻时在临洮僧舍读佛经，读到《楞伽经·断肉篇》，“愧汗淋漓如雨下”，后来受菩萨戒，素食。他虽素食，吃得不仅不清苦，且有专做素食的好手厨师，吃得非常考究。这从他的好友赵翼（号瓯北）的一首诗可见。

诗的题目很长：《西岩治具，全用素食，以梦楼持斋故也，作素食歌见示，亦作一首答之，并调梦楼》。诗先说到世间因佞佛必素食以表至诚，素食本应清淡，“岂知素也可为绚，又增一番烹饪精”。赵翼说自己不吃素，参加这种宴会，本来心中暗暗生悔，但到席上一看，“岂期下箸倍觉珍，不数豹胎猩猩唇。香菌自南蘑菇北，菘必秋后笋未春。有时故仿豚鱼样，质不相混色乱真”。可见席上有素肉、素鱼之类。瓯北接着大发议论，说既吃素又何必斗新奇，何不干脆吃大鱼大肉，这种做法岂非“名实不称殊反常，寒俭幻出繁华场”。有道理！

可是瓯北作诗常常信笔滑不留手，试看诗写下去是这样：

有如寡妇虽不嫁，偏从淡雅矜素妆。
衣裁缟袂晓雪色，佩缀白璧夜月光。
游行梅花李花下，自谓守节追共姜。
吾知其心未必净，招之仍可入洞房。

诛心之笔，极戏谑之能事！诗到了王文治手里，他老大不高兴，立即回敬一首《素食歌答赵瓯北》，诗前小序云：“秦西岩前辈邀余素食，因制素食歌，瓯北和之，词涉嘲谑，盖瓯北啖余食而甘，遂比诸妇女淡妆而貌美者，其人必不贞也。余恐失圣人仁民爱物之旨，爰答斯篇。”梦楼悻悻，情见乎词了。瓯北似已发觉，他本来喜欢把朋友的赠诗、和诗附在自己的集子里，梦楼的这首答诗则只好割爱了。

相传战国时哲学家公孙龙骑着白马要出关，关官说：“要出关，人可以，马可不准。”于是公孙龙大放厥词，辩说：“马是马，白马是白马，白马不是马，为什么不能出关?”弄得关官晕头转向，最后只得连人带马放行。我想以往素食者吃素鸡、素鸭若遭非议“其心不素”时，大可运用公孙龙的“白马非马”的逻辑来解嘲，说一番“鸡是鸡，素鸡是素鸡，素鸡非鸡”的道理来，然后放心大嚼。当然，素鸡也的确不是鸡，更何况千方百计把素食翻新，调理得可口，使更多人爱吃，倒也增添不少生活情趣哩！

拜袁揖赵哭蒋图

在清代诗人中，袁枚（字子才，号简斋、随园）、蒋士铨、赵翼并称“江右三大家”。钱锺书在《谈艺录》中说：“盖‘三家’之说，乃随园一人捣鬼。瓯北尚将计就计，以为标榜之资……心余（蒋士铨的字）则无只字及此。”三家说之出笼诚如所说，但久而久之，人们都这样说了。姚鼐《瓯北先生家传》云：“其诗与袁简斋、蒋心余齐名。”梁绍壬《两般秋雨庵随笔》中有“袁蒋赵”一则，中引洪亮吉评三家之诗云：“袁诗如通天老狐，醉则见尾；赵诗如东方正谏，时杂诙谐；蒋诗如剑侠入道，犹余杀机。”梁并称洪评“洵称确论”。后之《清史列传·赵翼传》云：“其诗与袁枚、蒋士铨齐名。”《清史稿·赵翼传》云：“同时袁枚、蒋士铨与翼齐名。”三家说之起，或与所传《拜袁揖赵哭蒋图》有关。

图不知起自何年，当在蒋心余死后，心余死在乾隆五十年，则此图之出当在乾隆五十年以后。关于此图瓯北有一长诗。《瓯北集》卷三十二：“子才书来，有松江秀才张凤举，少年美才，手绘拜袁、揖赵、哭蒋三图，盖子才及余、并亡友心余也。自谓非三人之诗不读，可谓癖好矣。书此以复子才，并托转寄张君。”下即长诗。诗写得很妙，一方面“瓯北尚将计就计，以为标榜之资”，与享盛名的袁枚同列亦美事；另一方面他并不甘居第三，曲曲折折表达了无可奈何的心情。诗里说：“得君一揖已足幸，敢望五体俱投地！我观李、杜两大家，吹台同游早结契。青莲落落赋饭颗，少陵惓惓虑魑魅。当时声望李独高，后世才名杜宁次。”瓯北岂甘心屈居最后？

诗举出李白与杜甫很有意思。李长杜 11 岁，子才长瓯北亦 11 岁。无心看来，李杜相差 11 岁是同时人，但实际上几乎一辈之差。李杜吹台同游时，李白已负盛名，杜甫则是一“文学青年”。二人都罹安史之乱，李年长，有名之作，乱前居多；杜年次，名作多在安史之乱之际与之后，博得“诗史”之名。后人常以杜怀李的诗多且意殷，李忆杜诗少且泛泛，作为二人情意上的分别；但若把他们年龄相差考虑在内，恐也不足为奇了。子才与瓯北一生居太平盛世，定交较晚（乾隆四十四年于西湖，瓯北已52岁），都有相当名声，但子才俨然以诗坛霸主自诩，除水平外，难说不是这长11年给他倚老卖老的本钱。子才在《瓯北集》序里说：“晋温峤耻居第二流，而云松观察独自负第三人，意谓探花辛巳，而于诗则推伏余与蒋心余二人故也。”（按辛巳殿试后，进呈御览之十卷本赵第一卷，乾隆皇帝亲自将王杰卷与赵卷互易；瓯北本可望状元，至此一甲第三名探花及第）袁枚在此序中不是俨然以第一自居吗？

此图一说乃青年程拱字所绘。程自述：“少时喜读简斋、云崧（也作耘菘）、心余三先生诗，尝欲绘三人真张之座右，未果也。他日读《瓯北集》，见有古诗一首，题曰得子才书述拱字曾手绘拜袁揖赵哭蒋图，此不知何人所传。果若此，亦佳话也，行当作一图以实其事。”程步瓯北诗韵奉答诗一首，诗里认为袁蒋赵以年齿有先后，于诗则不应分高低。诗云：“袁丝序齿本兄行，蒋诩论交亦肩次。譬如海上三神山，望者奚能分轩轾。”这说出了瓯北的心思。

李调元《雨村诗话》说“近时诗推袁蒋赵三家”，又指出“三人不免互相标榜”。子才与心余相互标榜有之；至于蒋赵，赵虽推崇蒋，而蒋对赵则比较冷淡。子才与瓯北相互标榜亦有之，子才多抬高自己，瓯北则委委婉婉表示实不让于人。

可申论者，子才对比他年长23岁的名画家郑板桥也是这种作风。《随园诗话》云：“兴化郑板桥作宰山东，与余从未识面。有误传余死者，板桥大哭，以足蹋地，余闻而感焉。后廿年，与余相见于卢雅雨（扬州盐运使卢见曾）席间，板桥言：‘天下虽大，人才屈指不过数人。’”子才曾有诗记其事，题为《投板桥明府》，诗云：“郑燮三绝闻名久，相见邗江意倍欢。遇晚共怜双鬓短，才难不觉九州宽。红桥酒影风灯乱，山左官声竹马寒。底事误传坡老死，费君老泪竟虚弹。”词意十分亲切。在别的地方子才却说：“板桥深于时文，工画，诗非所长。”子才本人，虽十指如椎，不工书法，但说郑板桥的“六分半书”是野狐禅。其实，板桥的诗文朴质率真，平易感人；至于板桥的书法亦有所自，以隶楷行草四体相参，加入兰竹笔意，自称“六分半书”，是有所创新和发展的。袁枚一面称板桥诗书画“三绝”，一面又轻轻抹去他诗书“二绝”，意思是郑板桥不过是一名老画师而已。对于扬州八怪中另一书画家金冬心的字，子才亦认为是野狐禅。可见袁枚之为人，往往如此。

才思敏捷和急中生智

《拜袁揖赵哭蒋图》一则中，曾讲到袁子才把郑板桥的“六分半书”和扬州八怪中另一书画家金冬心的书法都说成是野狐禅。此乃见仁见智，不想多说。这里且说金冬心才思敏捷一事。金冬心客扬州，一日某盐商在平山堂宴客，金首座。席间以古诗句“飞红”为觞政（酒令）。轮到某盐商，苦思不得，正要挨罚，他急忙念了一句：“柳絮飞来片片红”。柳絮分明是白的，飞时怎能片片红呢？大家笑他杜撰。金出来解围说不是杜撰，而是元人咏平山堂诗。众人请他把全篇念出来。金立刻朗诵：“廿四桥边廿四风，凭栏犹忆旧江东。夕阳返照桃花坞，柳絮飞来片片红。”这首诗倒是金杜撰的，但骗过了众人，替不学无术的主人解了围。诗虽一时信口之作，但很有风致，显出金冬心才思敏捷。

妇女中有才思的也大有人在，但在封建社会里，多给埋没了。为小说家津津乐道的有下面一件事。《宣和遗事》载《窃杯女子词》：宣和间，上元张灯，有夫妇观灯相失，妇到端门饮赐酒，窃所饮金杯，给卫士发现，押到皇帝面前。妇即口占《鹧鸪天》，最后两句是“归家惟恐公姑责，窃取金杯作照凭”（有的本作“归家切恐公婆责，乞赐金杯作照凭”），道君皇帝大喜，把杯赏赐给她，令卫士送归。这聪明女子急中生智，可谓才思敏捷，摆脱了困境。

有人采取把事情闹大的方式来摆脱困境，这除了才思外，还要胆识。文艺复兴时期鼎鼎大名的法国作家拉伯雷，有一次流落在法国南部乡村，身无分文，无法回巴黎。他在小镇唯一的一家客栈赁一室住下来，对女主人说需雇一秘书抄写东西。女主人叫她 12 岁的孩子去做。这孩子十分机灵懂事，拉伯雷很高兴。他神秘地对这“秘书”说：“孩子，我们要干一场惊天动地的大事。你坐下来替我写印条子：‘毒杀国王，毒杀王后，毒杀奥利昂公爵。你在此写印，我去调毒药。’”这惊恐万分的“秘书”写印时，拉伯雷用壁炉灰和鼻烟灰拌和，包成几十包，贴上孩子写印的条子。事后，拉伯雷立刻辞退“秘书”，并严肃警告他不要声张。孩子飞奔下楼，把事情原原本本告诉母亲。这女人立即叫来警卫，抓住了危险的客人。人、证俱获，拉伯雷被押送首都治罪。到巴黎之后，他被带进朝廷，国王一眼认出拉伯雷，立即把他释放。这与对付官僚主义办事颟顸而“告御状”的做法有相似之处，事情闹得越大，问题反而解决得快，但要冒点风险。美国著名政论家丹尼尔·韦伯斯特，儿时在学校里是有名的脏孩子，屡教不改。教师生气地说，如果再发现他的手还是那么脏就要打他。丹尼尔依然如故。教师怒不可遏，她大声说：“丹尼尔，伸出手来！”丹尼尔赶忙向手心吐口唾沫，在裤子上擦了擦，伸了过去。这只手脏得令老师恶心。她气愤地说：“丹尼尔，你要是在全校能找出比这更脏的手我就饶了你！”丹尼尔·韦伯斯特赶紧把另外一只手伸了过去。多么惊人的机智！女教师给弄得哭笑不得，无可奈何。

但在所有记述儿童才思敏捷和急中生智的故事中，我最喜欢且印象最深的还是宋代司马光砸缸救出小孩的故事。这故事人所熟知，这里就不多说了。

学文之初

唐代古文运动，大文豪韩愈是杰出的领袖，皇甫湜等则是健将。皇甫湜从韩愈学古文，文章奇僻深奥，是韩门佼佼者。他追随韩愈，奖掖后进，开启来学，有力地推动了古文运动。近读皇甫湜《答李生书》，对指导学生初学作文有进一步的领悟。李生是个青年，他举进士求知己，几次写信向皇甫湜请教，湜不厌其烦，一一作答。

皇甫湜《答李生第一书》中就谈到年轻人初学文的问题，他说："足下以少年气盛，固当以出拔为意。学文之初，且未自尽其才，何遽称力不能哉！图王不成，其弊犹可以霸；其仅自见也，将不胜弊矣！"明确地提出了青年人学文之初，必竭尽全力，求文章出类拔萃，他认为这样去做，即使不一定人人有很高的成就，但取得相当成就还是可能的。

由于李生来书中贬"今之工文"者是好尚"奇怪"，于是他们的讨论就围绕"奇"展开了。皇甫湜认为："夫意新则异于常，异于常则怪矣；词高则出于众，出于众则奇矣。"皇甫湜力主文章应意新而词工，力求出众；更可贵的是，指出不是矫揉造作，而是顺乎自然。他说："虎豹之文，不得不炳于犬羊；鸾凤之音，不得不锵于乌鹊；金玉之光，不得不炫于瓦石。非有意于先之也，乃自然也。"道理是十分透辟的。然而李生在其第二书中则说"虎豹之文非奇"。对此皇甫湜指出事物的相对性，说本来无所谓长与短，长短是比出来的，相比之下，则"虎豹之形于犬羊，故不得不奇也"。文与质关系的讨论由来已久，范围不仅限于为文之一端。《论语·颜渊》中子贡说："文犹质也，质犹文也。虎豹之鞟犹犬羊之鞟。"这句话《论语译注》译成："本质和文采，是同等重要的。假若把虎豹和犬羊两类兽皮拔去有文采的毛，那这两类皮革就很难区别了。"虎豹之毛不同于犬羊之毛，比犬羊之毛斑斓可爱得多。以此喻为文之道，则文采也很重要，故学文之初，应努力把文章写得如虎豹之毛那样斑斓可爱。

李生又以“文奇伤正”来问难。皇甫湜回答说：“夫谓之奇，则非正矣，然亦无伤于正也。谓之奇，即非常矣。非常者，谓不如常者；谓不如常，乃出常也。”古文运动中文章写得出常不随俗往往受到非议，韩愈在《与冯宿论文书》中对此大发议论：“仆为文久，每自则意中以为好，则人必以为恶矣。小称意，人亦小怪之；大称意，即人必大怪之也。时时应事作俗下文字，下笔令人惭，及示人，则人以为好矣。小惭者，亦蒙谓之小好；大惭者，即必以为大好矣!”由此可见，李生所提出的并非孤立的问题，试看即如文豪韩愈不是也受到非议吗?韩愈的学生、女婿李汉在《昌黎先生集序》中写道：“时人始而惊，中而笑且排，先生益坚。”

皇甫湜针对李生的话，进一步指出文章是“言之华者”，其作用在“通理”，当然不一定务奇。但是奇亦无伤，若文奇而理正，则是难上加难，更是难得。他说：“以非常之文，通至正之理，是所以不朽也。”他进而指出屈原、宋玉、李斯、司马迁、司马相如、扬雄等人，都是“其文皆奇，其传皆远”。

我平素最喜欢读朴质自然的诗文，其境界非修养深、造诣高的人难及。至于看待青年学生的作文，也自知不应以个人喜好为独一喜好，读了皇甫湜给李生的信更坚定了自己的看法，并在指导学生写作上进一步得到启发。学生学文之初，应要求他们把文章写得不平常，务去陈词滥调，力求丰富多彩。这里，我以苏东坡给他侄子信中的话来结束本文：“凡文字，少小时须令气象峥嵘，采色绚烂，渐老渐熟，乃造平淡，其实不是平淡，绚烂之极也。汝只见爷伯而今平淡，一向只学此样，何不取旧日应举时文字看，高下抑扬，如龙蛇捉不住，当且学此，只书字亦然，善思吾言。”这也是对学文之初的经验之谈。

早慧

初中语文课本选了王安石的《伤仲永》，青年学生读了有好处，教师教了也很受教益。文中写了一个天赋颖异的神童方仲永，“仲永生五年，未尝识书具，忽啼求之。父异焉，借旁近与之，即书诗四句，并自为其名……自是指物作诗立就，其文理皆有可观者”。这种早慧神童中外历史上非孤立现象，颇有一些记载，其中很容易想起的是东汉末的孔融。

《世说新语·言语》载：孔融十岁随父到洛阳，谒见当时负盛名的李膺。拜谒李膺的多是才俊之士，在这些人面前，年幼的孔融出语惊人，一座皆称异。有一个叫陈韪的却说：“小时了了，大未必佳。”孔融立刻回敬一句：“想君小时，必当了了。”真是针锋相对，弄得陈韪踧踖不安，无地自容。孔融不仅“小时了了”，大了也很有成就，是“建安七子”中的领头人物，只是因为触怒曹操而被杀害。

更多的神童确是“大未必佳”，有的初露头角即被扼杀，好比初绽的花蕾在料峭春寒中夭折。悲剧的产生虽有种种原因，但最重要的是时代的、社会的原因。18 世纪中叶英国有个文学天才，名叫托马斯·查特尔顿。小时候，他钻研一所教堂里保存了 300 年之久的旧手稿本，学其语言风格，学其书法，竟臻惟妙惟肖的境地。然后，他创作了一系列诗歌，声称出自所发现的中世纪的旧手稿，并称此手稿为“罗莱之什”。诗发表了，为时人所激赏，因而广为流传。那时他年仅 14 岁。17 岁时，他在伦敦想以笔耕谋生不成，就服毒自杀了。社会葬送了这位天才。当今又何尝没有类似的悲剧？意大利小歌星罗勃里尼家庭贫困，小学没念完，为分担十口之家的生活负担，只好当了办事员。13 岁时，唱歌天才被发现，一鸣惊人，人们称他为“小小吉里”（吉里是 20 世纪前期负世界盛名的男高音歌唱家）。后因积劳成疾，损及歌喉，久久不能恢复，音乐生命极其短暂。今天打开收音机，有时还能听到他过去银铃般悠扬的歌声，但一旦想起他的身世，怎能不使人感慨系之？

提到早慧，不能不想起明末的夏完淳。他 5 岁知书史，9 岁作诗文词赋，斐然可观。清兵到江南，他随父、师起兵抗清，后被捕，在南京痛骂洪承畴而被杀，年仅 17 岁。我们从《夏完淳集》读到他的诗文，真是悲歌慷慨，感人至深。他不仅是一位早慧有所成就的文学家，也是一位杰出的少年英雄。

前面说过的方仲永结果是怎样的呢？不佳。原因是“父利其然也，日扳仲永环谒于邑人，不使学”。待到若干年后王安石再问起他，他已“泯然众人矣”，王安石不能不为之伤心。

人的天赋有异，学生的智力发展不会在同一水平上。对待天赋优异的学生该采取怎样的态度呢？高尔基说得好：“人的天赋好像火花，它可以熄灭，也可以燃烧起来。逼使它燃烧起来成为熊熊大火的方法只有一个，就是劳动、再劳动。”早慧儿童年幼时就能发出超过常人的耀眼的“火花”，面对这样的“火花”，切不可一味唱颂歌，而是要倍加爱护，精心培育，使之成为“熊熊大火”。

物与人、规矩与巧

《人民日报》曾刊登了一篇短文，叫《要懂“法术”》。作者开头引了刘基的寓言：东海黄公见安期生能以红色宝刀指挥老虎起伏进退，心生羡慕，偷取宝刀，后路遇老虎，但因不懂法术，宝刀失灵，不仅未能制伏老虎，反而被吞噬。这则寓言被作者引用来批评当前一种“见物不见人”的浪费现象，即随着我们对外开放，有人以高价引进一些“宝刀”，但不懂使用的“法术”，不能发挥其效用，有的给置诸一旁，让它“餐风饮露”，锈痕斑斑。于是作者说：“不懂‘法术’，纵得‘宝刀’，也是枉然。要知‘识刀’之功，‘用刀’之妙，就得从研究、探索‘法术’做起。”文章对盲目引进是有针砭作用的。

这篇短文所提到的故事在我国流传甚早，大约西汉初就流行于民间，后成为演出节目，名叫《东海黄公》。故事是：东海地方有一黄公，年轻时练过法术，能制服猛虎毒蛇，常佩赤金刀，头上裹红绸，法力无边。后年老精力不济，且饮酒无度，法术渐失灵。秦末，东海地方出现一白色猛虎，黄公以赤金刀去制伏，哪知法术不灵，反为猛虎吞噬。东汉张衡在《西京赋》中写道：“东海黄公，赤刀粤祝，冀厌白虎，卒不能救，挟邪作蛊，于是不售。”可见这故事在当时也是针砭时弊的。故事经编成寓言，寓意鲜明：作为“宝刀”的“物”，也靠“人”使用；而人要会使用，首先得懂“法术”。

我认为这“法术”在我们教育工作来讲就是知识与技能，即常说的规矩和巧。对教师讲，应把这两者不遗余力地传授给学生；对学生讲，则应通过认真学习刻苦实践而弄到手。

古人有的以为知识不可传，比如书本，被看成是古人的糟粕，精华则应是言外之意，书中言语是不足以表达出来的。《庄子》外篇

《天道》一章最后一节是："桓公读书于堂上，轮扁斫轮于堂下，释椎凿而上，问桓公曰：'敢问公之所读者为何言邪？'公曰：'圣人之言也。'曰：'圣人在乎？'公曰：'已死矣。'曰：'然则君之所读者，古人之糟粕已夫。'"轮扁以自己一生斫轮为例，说："得之于手而应于心，口不能言……臣之子亦不能受之于臣。"照这种说法，教师是无法教学生的。这是对传授知识的一种悲观论调，果真如此，人类社会不是永远不能前进吗？

人们常说："书不尽言，言不尽意。"这种情况在我们教学工作中的确会碰到，但也并非不能改进。教材不断革新，就越编越好；教法不断改进，就越教越好。教师是可以教好学生的。然则教师能教给学生什么呢？照孟子看："梓匠轮舆能与人规矩，不能使人巧。"他认为规矩可与，巧则不能，高明技巧还是要靠学习者自己去寻求。

但我又认为，在某种意义上，这"巧"并非完全不能传授，这要看教者是否善于启发与点拨。我非常喜欢读表演艺术大师梅兰芳、盖叫天总结艺术心得的书。首先，他们最讲究规矩，强调扎实的基本功。再则结合他们自己的勤学苦练和多年舞台实践，谈了许多富有启发性的心得体会与窍门。后来的学习者早点知道这些，进步就会快些，至少可以少走冤枉路。我们教学生，也应严格要求学生打下扎实基础，但更要善于启发学生举一反三地独立解决问题。一个高明的教师，归根结底是要把开启知识门扉的钥匙交给学生。

京剧中师傅教戏称为"说戏"，这个"说"字实在好，实在有意思。师傅把自己的心得体会仔细分析给徒弟听，把妙谛指点出来，徒弟受用无尽。谁说"巧"无法传授呢？

识字

有一句话，叫“人生烦恼识字始”，今天知道的人还不少。这句话主要是说：人从读书起，懂的事就多起来，烦恼常常因此没个完。人们引用这句话往往又多少走样，意思变成识字读书明理，反不如一字不识糊涂好。引用者因胸有不平，说起来感慨系之。尽人皆知，一个人糊涂不明理总归不好。识字，然后可以读书学习。学习能获得知识，增加本领，明白道理。我们自己求长进要如此，社会主义“四化”建设也要求这样。封建社会里，生产力水平低，不需要很多知识，加上一地与一地老死不相往来，不识字关系不大。今天可不然，生产突飞猛进，科学技术发展一日千里，与外界往来繁密，不识字没知识可不行了。这不仅不能适应现代化的生产，即使日常生活也难适应。乘火车、街上认路、寄信、上银行等，没有一桩不要求识字。以后生活进一步现代化了，一个大字不识，就成睁眼瞎子，寸步难行。因此，今天“人生烦恼识字始”这句话应改成：“人生不识字，烦恼处处是。”

不识字或读错字常给人当成笑谈，有的则被编成了笑话，如：《水浒传》里有个李达，手拿两把大爹，有万夫不当之男等，不一而足。当然，也有人自以为有学问，动辄挑剔讪笑别人不识字。新文学运动中提倡白话文，守旧者反对，有人挑剔白话文中这字用错，那字用错，说人家“不识字”。鲁迅等人即以其人之道还诸其人之身，指出那些人的文言文章中用字不对头的错误。还有人很有学问，但喜作惊人之言。比如唐宋八大家一向被认为是文章魁首，总不至于不识字吧？可是其中的王安石、三苏就给说成不识字。标准是什么不得而知，也许指他们文章中有的字用得不合《说文解字》吧？从语言文字发展的角度来看，这种说法显然是不对的。今天，过去有的字已不常用或竟不用了，但又增添了不少新字，再则有些字的意义也有变化翻新。《说文解字》作者东汉许慎无疑是大文字学家，但他书中有的字也解释错了。许慎比我们早生将近 2 000 年，研究当时文字有其有利条件；但他也有不如我们今天幸运的地方，他没有看到比金文更早的甲骨文。因此，他有的地方解释错也难怪。今天，我们凭借有利条件，纠正了《说文解字》中有些错误，若因此竟说许慎不识字岂非大谬！

现在有的学者更以文字创新和字义变化为凭借来研究人类社会文化发展的历史。英国的雷蒙·威廉斯的著作《文化与社会：1780—1950》就采用了这种方法。作者指出：词汇有一个总体变化范式，可以把这个范式看作一幅特殊的地图。他说："有五个词语对于绘制这份地图至关重要，它们便是'工业'（industry）、'民主'（democracy）、'阶级'（class）、'艺术'（art）和'文化'（culture）。"接着他分别将这五个词逐一加以分析：原是何义，何年有某义，何年又成某义等。以"文化"一词而言：它本是"对自然生长的扶持"的意思，在 18 世纪末和 19 世纪早期一变而有"心灵的普遍状态或习惯"的意义；第二次又变成"整个社会智性发展（intellectual development）的普遍状态"的意思；再则进而变成"艺术的整体状况"的意思；最后到 19 世纪末就发展成为"包括物质、智性、精神等各个层面的整体生活方式"了。作者往下还举出一系列词，说有的是新的，有的则另有了新义。如"意识形态""知识分子""理性主义""浪漫主义""科学家""人道主义""功利主义""官僚主义""资本主义""集体主义""无产阶级""共产主义""社会主义""自由主义""群众""教条主义者""失业"等都是新词；而"教育""理想主义者""进步""改革者""改革主义""革命化""科学""罢工"等则原词已被赋予了新义（以上一些"词"看英文原文清清楚楚，译成汉语走了样）。这样进行研究，不仅说明字义的变化，而且相应地研究了社会文化的发展，研究方法别开生面，或有可借鉴的地方。

大家都知道认识古文字难，比如，没有专门学问，就不易认识甲骨文、金文和简策的文字。其实，认识今字又何尝容易？语文教师解释现代汉语的字词，欲求讲得贴切正确，常常是十分困难的。这一点，广大语文教师深有体会，也许体会得最深刻的，还得算《现代汉语词典》的编辑同志吧！

识字与文字狱

在《太真遗事和昭君诗》一文中我曾说：昭君和亲的故事与唐明皇杨贵妃的故事一样，历来是文人喜爱赋咏的题目。昭君诗多不胜数，其中王安石《明妃曲》二首，意新语工，当时即广为流传，名流如欧阳修、司马光等均有和篇。《明妃曲》意在翻新，许多诗句道出人之所未道，如第二首中有这么两句："汉恩自浅胡自深，人生乐在相知心。"众所周知，王安石因变法成了众多明箭、暗箭攻击的箭靶子。那些攻击王安石不遗余力的人，岂肯不在这《明妃曲》里大做文章，大上其纲？上纲上得最厉害的要数范冲。笺注王安石诗的李壁说："范冲对高宗尝云：'臣尝于言语文字之间，得安石之心，然不敢与人言。且如诗人多作《明妃曲》，以失身胡虏为无穷之恨，读之者至于悲怆感伤。安石为《明妃曲》，则曰"汉恩自浅胡自深，人生乐在相知心"。然则刘豫不是罪过，汉恩浅而虏恩深也……孟子曰："无父无君，是禽兽也。"以胡虏有恩而遂忘君父，非禽兽而何？'"好大的罪名！范冲把王安石比之当时金人卵翼下的儿皇帝刘豫尚不甘心，还要把他开除出人类，用心之险恶，可谓无以复加了。

王安石因新法受谤，党人积毁，以至于破口詈骂，不啻千万人。许多正直的人就出来为他辩诬，澄清这件事或那件事。比较全面为他辩诬的是清人蔡上翔，他尽毕生之力写了一本《王荆公年谱考略》。此书博征群籍，参互证明，力辩《宋史》之诬，确实是一本实事求是的好书，对上述这件事，蔡上翔辩解说："介甫诗曰'汉恩自浅胡自深，人生乐在相知心'。自范冲据此二语，遂比之刘豫，斥为禽兽……昔韩昌黎谓'凡为文辞宜略识字'。是虽为古书言之，然尤可通之训诂。彼哓哓之议此诗者，只缘未识'恩'之一字耳。夫'恩'之为言，犹'爱幸'之辞云尔。明妃处汉宫，数岁未得见御，是爱幸之所未及者，曰汉恩自浅可也。单于喜得明妃，其恩自深，亦就其爱幸之私言之，于明妃何有倍主忘汉之嫌哉?”这里说了“只缘未识‘恩’之一字耳”很有意思。蔡上翔指出：王安石在此只说出一客观事实，即昭君在汉宫未得爱幸，而在匈奴得到了单于的爱幸，根本说不上倍主忘汉。这分明是说范冲只因不识一“恩”字，才引起一场误解，居心是很厚道的。

当然，韩文公所说“凡为文辞宜略识字”，确是颠扑不破的道理。试问连略识字都做不到，又怎能作文？退而言之，连略识字也说不上，怎能看懂别人的诗文，又怎能不曲解人家的意思？然而在那党争气氛热烈的政治斗争旋涡中，只以识字不识字来辩诬，还是多少有点书生气的。对王安石而言，他长期以来是众矢之的，许多反对党人在其生前无不想置之死地而后快，在其死后还得要“踏上一只脚，使他永世不得翻身”——这类事在“文化大革命”中“四人帮”还搞得少吗？对于王安石的诗文，反对派哪能不千方百计在夹缝里做文章!

历史上有所谓文字狱，明清时尤烈。兴文字狱的人特别善于在他人著作的字里行间牵强附会地罗织罪状。清朝的徐骏，在其诗集里有那么两句：“清风不识字，何事乱翻书?”这个“清风”的“清”就被指控为影射清朝，加之“不识字”，就被说成是诽谤清统治者野蛮无文化。徐骏因此送了命。把“不识字”说成诽谤，说明当时的统治者不愿给人说成无文化，而事实上那些大兴文字狱的君主，如雍正皇帝、乾隆皇帝颇有点文化；即如年轻时当过和尚的大明开国皇帝朱元璋本来不识字，由于工作中勤学，当上皇帝后也颇识几个字。然而就是这几个皇帝大兴文字狱。《朱元璋传》中刻画朱皇帝的心理说：“朱元璋特别注意文字细节和他自己出身经历的禁忌，吹毛求疵，造成了洪武时代的文字狱。”接下去又写道：“所谓禁忌，含义是非常广泛的。例如朱元璋从小穷苦，当过和尚，和尚的特征是光头，没有头发，因之不但‘光’‘秃’这一类字犯忌讳，就连‘僧’这个字也被讨厌，推而广之，连和‘僧’字同音的‘生’字也不喜欢……做过贼的最恨人提起‘贼’字，不管说的是谁，总以为骂的是他，推而广之，连和‘贼’读音相近的‘则’字也看着心虚了。”有个倒霉的杭州府学教授徐一夔，在其《贺表》中有这么一句：“光天之下，天生圣人，为世作则。”这分明是歌功颂德的句子，朱元璋读了却大怒，硬说“光”是指他曾是秃头，“生”是指他当过和尚，“则”是骂他作过贼。都凑在一起了，徐一夔的命运可知。当时因用了“生”“则”等类字而无辜送命的不少。事实很清楚，不是那些皇帝不识这些普普通通的字而引起了误解，而是政治斗争的需要。

不识字，会看不懂人家的文章而引起误解，但是文字狱中一桩桩案件之所以发生，与其说由于专制统治者不识字，毋宁说出于他们识字识“过了头”。

以猿猴调侃人

俗话说："猢狲栽树，不死不息。"猴子生性灵活好动，抓到东西，玩弄个没完。它的这种性格使得它常被用来调侃人。项羽破咸阳，烧秦宫室，火三月不灭，他见秦宫室火烧残破，欲东归，说："富贵不归故乡，如衣绣夜行，谁知之者!"有人就嘲笑他说："人言楚人沐猴而冠耳，果然。"说项羽是猕猴戴帽子，毕竟不像样。结果，说者落得被项羽烹死的悲惨下场。

猿与猴相似，也常被用来调侃人。唐代赫赫有名的大书法家欧阳询，人长得瘦小，人们嘲笑他像猿猴。孟棨《本事诗》："国初，长孙太尉见欧阳率更姿形么陋，嘲之曰：'耸膊成山字，埋肩畏出头。谁言麟阁上，画此一猕猴。'"长孙太尉即长孙无忌，太宗皇后的哥哥；欧阳率更即欧阳询，欧阳纥的儿子。《唐人小说》中有一篇《补江总白猿传》，竟把欧阳询污蔑为白猿所生。故事说欧阳纥征桂林，妻子给妖摄去而有孕，后妖被杀死，乃一白猿，纥妻周岁生一子，活像猿类。这分明是有人对欧阳询心有不满，写小说诽谤。汪辟疆校录《唐人小说》，在这篇后以可信文字辩诬说："不知何以致此无妄之谤，斯足慨已。"

曹丕《典论·论文》中说："文人相轻，自古而然。"我在《拜袁揖赵哭蒋图》中曾写到赵翼委婉曲折地表示他不甘心屈居袁子才、蒋心余后而为老三。这还不算，瓯北也曾以猿猴来调侃子才。袁、赵在乾隆四十四年在西湖第一次相见，互有诗相赠。瓯北《西湖晤袁子才喜赠》中有句"不知即是郑公乡"后有一小注云："君自言前生为点苍山五百年老猴，余昔从军过点苍，万树猿声，不知中有君巢穴也。"袁以猿猴自嘲，是完全可能的。瓯北又以此写游戏文章对子才浪荡作风嘲弄，作了一篇《控词》，可以在梁绍壬的《两般秋雨庵随笔》中读到。《控词》开头是：“为妖法太狂，诛殛难缓事：窃有原任上元县袁枚者，前身是怪，括苍山忽漫脱逃；年老成精，阎罗殿失于查点。”接着罗列子才韵事，最后说：“虽曰风流班首，实乃名教罪人。为此列颖具呈，伏乞按律定罪！照妖镜定无逃影，斩邪剑切勿留情；重则付之轮回，化蜂蝶以偿夙孽；轻则递回巢穴，逐猕猴仍复原身。”玩笑真真假假，其中“年老成精”“名教罪人”实在触到子才痛处，使他哭笑不得。梁绍壬在此条下评说：“其罗织之词，虽云游戏，亦实事也。”

清末洋务派首脑张之洞，民间传说他是猴子转世。故事说张之洞出生前，他家东西常不翼而飞。经过几次侦察，发现有一身手矫健毛茸茸的怪物时来窃取，然后登屋越垣逃入悬岩绝壁之间而不见。张家以重金募人入山搜捕。应募勇士攀绝壁入一山洞，见一老猴正在看书。勇士飞起一镖，击毙老猴。就在老猴死亡之刻，恰是张之洞出生之时，他不就是通灵猴精转世？故事无疑是编出来的。但张之洞为人短小，喜动，据说喜吃水果，不时伸手向悬挂在半空的篮子里摸水果来吃，活像猴子。晚清著名小说《孽海花》描写了清末官僚、文人的生活，小说里的庄芝栋（指张之洞）形象短小，喜动，不拘细节。作者在第五回朝廷大考一事中写道：“只见一个三寸丁的矮子，猢狲脸儿，乌油油一嘴胡子根，满头一寸来长的短头发，身上却穿着一身簇新的纱袍褂，怪模怪样，不是庄寿香是谁呢?”庄寿香即张之洞。作者写他在保和殿参加大考，高谈阔论，手舞足蹈，半真半草胡乱完卷，真是怪形毕露。大致描写张之洞，很容易同猢狲的形象联系起来。

一般说来，中国人对猿猴还是非常喜爱的。《西游记》里的孙悟空，机智灵活，心明眼亮，疾恶如仇，诙谐乐观。不论书本上，或是舞台上，人们看到孙悟空，就觉得很可爱。以猿猴调侃的作品多意在打趣，充其量不过是恶作剧而已。

文学中的狐

近读歌德长篇叙事诗《莱涅克狐》，觉得风趣而有意思。西方文学中写狐由来已久。古希腊《伊索寓言》中与狐狸有关的寓言有三十多则，此书中的狐狸与许多动物（还有植物）打过交道，虽说各则都有其寓意，但总起来多少刻画出狐狸的狡猾。之后，关于狐狸的诗歌也不少，逐渐形成鸿篇巨制，如12世纪至13世纪法国皮埃尔·德·圣克卢等编撰的故事诗《列那狐传奇》等。德国也流传以狐狸为主人公的文学作品，故事越来越完整。到1793年，歌德编撰成著名的《莱涅克狐》（以往译作《列那狐》）。其中写了一个完整的故事：狐狸常作恶，罪行被控告，狮王派员暗查，狐狸设计脱身；后来虽被带进朝廷受审，它又花言巧语骗得信任。它诡计多端，罪行累累，但凭借奸诈屡屡过关，反而步步高升，最后成了狮王的宰相。在法国的《列那狐传奇》中，狮王最后要封狐狸为大元帅，列那狐坚辞不就，它死后朝廷为它举行隆重的追悼会，悼词中高度赞美它的德行。此中兽事即人事，兽场即当时的官场。

我国古代文学中也常写到狐狸。《诗经·七月》“取彼狐狸，为公子裘”，是实写；《诗经·有狐》“有狐绥绥，在彼淇梁”，则是借狐隐喻男子。与西方比，我国关于狐狸的寓言实在少，但还有《战国策》中“狐假虎威”一则为人所熟知。我国寓言与西方寓言中之狮、虎同为百兽之王；至于狐，如果歌德笔下的莱涅克狐是凭借其狡狯高升的权奸，那么我国假虎威的狐至多不过如鲁迅《二丑艺术》中所描绘的二丑而已。寓言中之狐事亦人事。

我国狐狸作祟的故事倒是流传很广。古时所流传的故事因《虞初周说》等小说散失，已不得而知。经书中如《诗·小雅·何人斯》“为鬼为蜮，则不可得”，其中的“蜮”，毛传训“蜮，短狐也”。若此则狐与鬼并提，其变幻可知。但是后世一般把“蜮”说成一种含沙射影以害人的怪物。鲁迅辑《古小说钩沉·玄中记》：“水狐者，视其形虫也，其气乃鬼也……见人则气射人。去二三步即射，人中，十人六七人死。”此条下注：“《御览》九百五十。《广记》四百七十三。《题感应经》引《玄中记》云蜮以气射人，去人三十步即射，中其影中人死十六七……江淮间谓之短狐，射工通为溪，病此既其虫，故能相压伏也。”则“蜮”有水狐、短狐名称，亦恐非通常所说的狐狸。

还有，我们虽通常把狐叫作狐狸，但狐与狸还是有分别的，古人早已指出。《淮南子·缪称训》：“今谓狐狸，则必不知狐，又不知狸。”古时以狸捕鼠，后来驯猫为家畜而以猫捕鼠。以先秦言，《庄子·秋水》：“骐骥骅骝，一日而驰千里，捕鼠不如狸狌。”在《韩非子》中亦讲到令鸡司晨，使狸捕鼠，是皆用其能。但是狸喜偷鸡，故驯猫捕鼠。汉时记载以猫捕鼠已常有，到唐代已普遍养猫，猫成为很重要的家畜。狸是狐属，但不等于狐；又说猫见狸不敢动，故猫在诗文中又常被称为狸奴。

秦末有借狐言发动起义的，即“篝火狐鸣”的故事。《史记·陈涉世家》：“又间令吴广之次所旁丛祠中，夜篝火，狐鸣呼曰：‘大楚兴，陈胜王。’卒皆夜惊恐。旦日，卒中往往语，皆指目陈胜。”发动起义借重狐言又为戍卒所信，可见狐祟在民间流传普遍，足以惑人。

此后狐祟的记载就多了。狐常被说成好学而有学问。《尧山堂外纪》：“董仲舒尝下帷独咏，忽有客来诣，风姿音气，殊为不凡，与论《五经》，究其微奥，仲舒素不闻有此人，而疑其非常客。又曰：‘欲雨。’仲舒因此戏之曰：‘巢居知风，穴居知雨。卿非狐狸，即是鼷鼠。’客闻此言，色动形坏，化成老狐，蹶然而走。”《管锥编·狐好学》一题下，作者说：“然兽之好讲学而爱读书者，似亦推狐，小说中屡道不一道。”在中国，狐亦常被说成纵火为祟。《三国志·管辂传》有一注，大意说：辂远邻数患失火。辂为之卜，使明日于南陌上等候，当有一角巾诸生，必引留，此人能消灾。即从辂言，留诸生宿其家；生倚薪持刀假寐，忽有小物手中持火，以口吹之，生惊，举刀斫之，正断其腰，视之乃一狐，自此无火患。在旧社会，关于狐狸精放火的传说是很普遍的。汉以后记载狐祟的可说汗牛充栋，到唐宋就有“无狐魅不成村”的说法了。

狐之所以能作祟，因为它成精。《玄中记》：“狐五十岁能变化为妇人。百岁为美女，为神巫；或为丈夫，与女人交接；能知千里外事；善蛊魅，使人迷惑失智。千岁即与天通，为天狐。”总之，修炼年岁越久，神通越广大。民间特别喜谈女狐精，它美艳，迷人，终至于害人。这一来“狐狸精”成了骂妖艳女人的专门名词。这或许与《封神演义》小说和封神榜戏有关。纣王闻有苏氏之女妲己美，召之入宫，中途给狐狸精吸去魂魄，借尸成形，为纣王宠妃。妲己助纣为虐，用种种酷刑残害臣民，成了阴险毒辣女人的典型。对于这种女人，人们干脆骂“你这妲己”了。

文学中的狐到《聊斋志异》又有大变化。这部杰出的小说谈狐说鬼，揭露封建社会的黑暗，并以同情笔调描绘了青年男女真诚的爱情。鲁迅在《中国小说史略》中说：“明末志怪群书，大抵简略，又多荒怪，诞而不情，《聊斋志异》独于详尽之外，示以平常，使花妖狐魅，多具人情，和易可亲，忘为异类，而又偶见鹘突，知复非人。”一反以往把狐写成狡狯作祟、害人的常态，而把狐写得美丽多情，楚楚可爱，不能不说是写狐文学的大提高。因此，人们谈起文学中的狐，不会不想起这遐迩流传的名著《聊斋志异》，不会不想到妙笔生花的蒲留仙。

读画

19 世纪英国著名政论家、艺术评论家罗斯金认为：伟大民族的自传都有三种稿本，一本是以其业绩写成的，一本是以其言辞写成的，一本是以其艺术写成的。人们欲知其一，非得同时知其他两本才行；但三者中唯独最后一本才是真实可信的。以艺术史为头等信史，出自艺术评论家之口，确乎不无道理。的确，一国的艺术，很能反映出民族的生活、思想和情操。一幅有价值的中国画，不论是人物画、花鸟画还是山水画，均来自真实生活，都能很好地反映出中国人的思想和情操。

我们常以“触手可及”来形容事物的真实性，这是有道理的。英国大文豪约翰生博士，在驳斥一位哲学家说什么物质不存在的谬论时，就对脚下的大石块狠命踢了一下。在他看来，这一脚足以证明自己观点的正确。约翰生一生行事常被世人看成怪僻，但实在可爱，他这一脚也是踢得怪可爱的。今天，对那种作起画来任意涂抹、不存一物、莫名其妙的画家，还得有约翰生博士这种人狠狠踢一脚，叫他清醒清醒。诚然，摸得着比看得见、听得着、闻得出似乎更富于实感。关于绘画，不是也流传着一些把画上事物当作真东西用手去摸的有趣故事吗？这类故事为人津津乐道，正说明画得真实很重要。我们看到许多西洋画画得逼真，真实感很强，画得好。优秀的画家都有这种基本功，但仅此还不够，要能进一步把人们的各种感觉都调动起来，画出鸟语花香、水光波涛，甚至推波助澜，激起人们的想象与感情，充分发挥通感之妙用。

我常常喜欢把西洋画中可爱的小爱神丘比特与中国敦煌壁画中的飞天相比。胖胖的丘比特，鼓起背上双翼，在天空中飞，多么可爱！但有时又觉得那一对小小的翅膀不足以驾起那胖胖的身子来凭空翱翔，往往给人飞不起来的感觉。飞天可就不同了，画家只用一条挂在身上迎风飘扬的带子，就能让你看到满身馥郁的“香声神”在天空中自由自在地飞。

再讲一个人们熟悉的故事。唐代大画家吴道子和李思训，同在大同殿壁上作画，都画嘉陵江山水图。李思训“累月方毕”，画得好；吴道子则一日之内画成了“嘉陵江三百余里”风光，也非常好。把数百里江山画在一壁，的确壮观，可惜我们今天看不到了。所幸今天我们还能看到宋人张择端的《清明上河图》卷，它生动地描绘了当时北宋首都东门外长长一段闹市的景象，多么繁华！我们还能看到诸如《富春山居图》《杜甫诗意图》《长江万里图》等长卷，它们都给祖国大地山河增色。把万里山河从这头画到那头成一卷，把平铺的山水由下往上安排在一轴，山色重峦叠翠，水势浩浩荡荡，山高水长，气象雄浑，荡人心胸。这是我们中国画的一大特色，是拘泥于一个透视点作画所办不到的。反映在这里的不仅是一种气势，而且是一种愿望、一种思想，反映了我们优秀画家的气魄、胸怀和热爱祖国大地山河的思想情操。

由此可见，对于思想性、艺术性高超的画，我们是应该“读”的。记得我第一次碰到“读画”这两个字，觉得别致新鲜，一时不甚了了。后来画看多了，在欣赏佳作的过程中，久而久之，才真正体会到这个“读”字实在用得高妙。西方思想史中曾有过一次“信之知之”还是“知之信之”的辩论。读过西方文学史的都知道中世纪哀绿绮思与阿伯拉精神相爱的佳话。这里且说这位男主角阿伯拉，此人好辩，且辩求必胜。有一次他与哲学家安塞姆公开辩论。安塞姆说：“我必须信仰才能领悟。”阿伯拉反驳说：“不对，我必须领悟才能信仰。”毫无疑问，阿伯拉是对的，更可贵的是在宗教迷信弥漫的中世纪他能说出这番话是很难得的。我们欣赏图画何尝不存在“信之”与“知之”关系的问题呢？如果你是从“信之”出发，有时就难免因先慑于画家之名而把那种做手脚大泼其彩的图画当作好作品；如果你从“知之”出发，欣赏画时就首先得仔细琢磨琢磨——我想，这也许是“读画”二字的道理所在吧！

评画的启示

读《美术》1984 年第 11 期吴冠中的《评选日记》，很受启发。作者于 1984 年 8 月 24 日至 31 日在沈阳评选参加全国美展的油画，白天评画，晚上记些杂感，写下了《评选日记》。作者写道：“有些作品已见过刊物发表，但原作却不如印刷品。评委们有一个共同的体会：出色的作品总印得不如原作，较次的作品印出来后往往倒比原作效果好。”我平日工作之余喜欢看看画，当然是印出来的画看得多，原作看得少。偶有原作与印刷品都看过的，竟也有同样的感受，无疑这感受远比不上评画专家们那么真切。

摄影大家看多了，都会有这样的体会：某一平常的风景在照片上往往好看得多。我在去黄山游览之先，看过不少黄山的照片，觉得美极了，但到我亲到黄山，才发现照片上的黄山与真实的黄山相差不可以道里计。黄山壮丽的全景，特别是那气韵，是照相无法拍摄出来的。

听戏也是一样。有一次，一位京剧名演员演出，我坐在前排边上，前面墙上就是扩音喇叭，戏虽唱得好，喇叭传出的声音响则响矣，但听来实在不是味，觉得很懊丧。在家也听收音机或录音机中的京剧演唱，与现场所听相比，也有上面评画中类似的感受：名角演唱，转播多少失去精彩；唱得较次的，转播则往往胜过现场演唱。

以上情况原因何在？关于绘画，吴冠中说：“珍贵的色的变异及敏锐的手的波动感是不容易在印刷品中反映出来的。相反，作品中那些疙疙瘩瘩、黏黏糊糊的油彩之病，经印刷工序给抹得含混不清后，倒起了遮丑的作用。”扩音喇叭之于演唱何尝不是一样：音色清润、韵味醇厚的细微处转播不易反映出来；相反，喇叭对那不能满腔满调唱出情味的，倒起遮丑的作用。总之，不论印画或播唱，容易产生的共同毛病在于失真。

这使我联想起人物评定。人物评定中确也有真与失真之别。我国汉以来品第人物就有名与实的问题。据历史记载，有的人名气很大，但实际一考核，原来是徒有虚名，所谓“盛名之下，其实难副”；有的人则名不虚传。因此，真正看人，耳闻是虚，眼见是实，社会上流传的“闻名不如见面”的说法，确是经验之谈。

有的人徒有名声，初与之交，由于他善于粉饰，一时印象很好；久而久之，其弱点毛病一一暴露，真相大白，最后才晓得此人不足道。也有的人与之交往越深，越能体会到他的好处。如周瑜，演义故事中把他描写成心地褊狭、不能容物的人，其实不然，他对待程普的态度，就很能说明问题：“程普颇以年长，数凌侮瑜。瑜折节容下，终不与校。普后自敬服而敬重之，谓人曰：‘与周公瑾交，若饮醇醪，不觉自醉。’”这里可以看到周瑜的气度与风范。东汉名士品行在当时评价最高的恐怕是黄宪，越与他结交，越能切实地体会到他的高尚。大名士陈蕃说：“时月之间不见黄生，则鄙吝之萌复存乎心。”可见当时人心目中的黄宪是见面胜似闻名的。

“闻名不如见面”，后来往往与“见面不如闻名”相对应用，把“闻名”与“见面”对比一下，比个高下。前者的意思多指见到的比听到的更好；后者则是听来名声大，见面实不如。唐传奇《霍小玉传》写霍小玉初次见才子李益时的情景：“玉乃低鬟微笑，细语曰：‘见面不如闻名，才子岂能无貌？’生遽起连拜曰：‘小娘子爱才，鄙夫重色，两好相映，才貌相兼。’”这里霍小玉所说“见面不如闻名”，显然只是指李益无貌而已；如果李益才情亦徒有虚名，则小说家笔下又哪能写出他们之间一段浪漫的爱情生活呢？如果陈蕃敬重黄宪由于其品德，程普敬服周瑜由于其气度，那么霍小玉眷恋李益则是由于其才情。

再往前联系，我联系到教师修养的重要了。教师与学生日日相见，师生要能相处得融洽，教师要愈益受到学生的敬爱，则教师在品德、情操、学识方面的修养一日也不能放松。

“回到自然”

中外历史上“回到自然”归真返璞思想，都是为躲避和纠正人类文明社会中种种弊病而提出的。一提起它，人们自然而然会想起法国思想家卢梭。

卢梭在避居滨纳湖时，听到涛声不绝于耳，旧恨新愁一干二净，忘怀己身，仿佛与自然欣合无间。这种思想推到他的社会观方面，他认为在原始社会“自然”状态下，人人都享有“自然”的自由平等，只是由于科学、艺术等的发展，人类社会产生道德败坏现象。他的这种思想写在他的《论人类不平等的起源和基础》一书中。1756 年，卢梭以此新著奉赠思想界权威伏尔泰，伏尔泰看了大为不满，回信说：“我收到你反人类之新著，谢谢。”接下去是伏尔泰式的机智言语，他写道：“从未有人如此地运用这么多聪明智慧，来劝我们变得愚蠢。拜读大著，觉得应该手脚并用在地上爬行才对头。不幸 60 年来我早已丧失了这种习惯了。”伏尔泰的讥评非常尖酸刻薄，但不管如何，卢梭此书及其他著作，在人类思想上却掀起轩然大波。

卢梭的思想不胫而走，当时还有人企图用事实来印证。1767 年，法国探险家布甘维尔到达南太平洋的大溪地岛。这位卢梭思想的信徒就以大溪地岛原始部落生活，来证明居民平等而高尚。这南洋诸岛原始部落生活在巴黎、伦敦广为传闻。1773 年，有一位好事者据此对约翰生博士宣扬原始人生活如何如何欢乐。博士说：“你别相信那种天大的荒唐事。事实只会是可悲的。若是一头公牛会说话的话，它一定会宣称：‘瞧，我这里有母牛和草料，再也没有比这更幸福的了！’”这里又是约翰生式的尖酸刻薄。事实确乎是，这种原始部落与外界一接触，欧洲文明之风一吹进去，殖民制度压到头上，它们就纷纷解体了。

我国早在春秋战国时期，道家就对当时社会的种种弊病进行针砭。庄子的那套超自然的思想太玄乎，无补于实际。后起的老子则比较实际，提出“小国寡民”的主张，试图以此来解救社会弊病。老子反对接触大社会，他认为交通日益发达，人们外出远行，知识日增，欲望也随之日增，进而引起争端。若是“小国寡民，使有什伯之器而不用，使民重死而不远徙。虽有舟舆，无所乘之……邻国相望，鸡犬之声相闻，民至老死不相往来”，那就可能一劳永逸地制止社会弊病产生了。这也是逆历史潮流而行，实际上也是行不通的。

庄老思想虽脱离实际难以实行，但他们看到社会弊病想解救之，对后世文艺也有不可磨灭的影响。晋代大诗人陶渊明写过一篇世代传诵的名文《桃花源记》，就多少反映出“回到自然”返璞归真的思想。陶渊明看到当时统治阶级的腐朽、社会的黑暗，向往着并描绘了桃花源这个小国寡民的理想社会。但是桃花源也并非陶渊明凭空臆造出来的乌托邦。魏晋社会大动乱，人民大迁徙，有的避难集团躲进旷野深山老林，建立居民点，与外界隔绝，那是一些比较平等的小天地。《桃花源记》某种程度上反映了当时的社会历史现实，同时也寄托了诗人的理想。同样，这种一时隔绝的小世界，也经不起与外面大世界接触，一接触也就纷纷瓦解了。这篇名文的结束饶有意趣：“南阳刘子骥，高尚士也，闻之，欣然规往。未果，寻病终。后遂无问津者。”似乎是烟消云散，不知何所了。

今天，我们不能轻轻一笔抹杀庄老，也不能把卢梭的想法说成纯然空论，他们指出当时社会的弊病，颇具真知灼见。

当今世界上也有一些有头脑的人担心，一方面物质文明发展一日千里，一方面精神上很空虚，特别是发达的资本主义国家，在这方面弊端丛生。但谋求解救，能否逆社会发展而行，倒退回去？显然是不能够，也是不可能的。

我国进行“四个现代化”的伟大建设，打破闭关自守的状态，实行对外开放的政策，人们担心会有许多不健康的东西随之而来，腐蚀我们的肌体。我们能否因噎废食不发展物质文明甚或倒退回去呢？显然不能够，也是不可能的。据社会历史发展的规律，根本不可能返璞归真“回到自然”中去。物质文明、精神文明都应向前发展，为此我们提出了在建设高度社会主义物质文明的同时，建设高度的社会主义精神文明，即“两个文明”一起抓的思想。这是高瞻远瞩、深谋远虑的。

艺术家的厄运及联想

艺术家生理上遭厄运，莫过于音乐家失聪和书画家失明。

做一个音乐家，最要紧的是有一双善于辨音的好耳朵。没有好的听觉，即使有多么灵巧的手也成不了好的演奏家，即使有一个好嗓子也成不了一个好的演唱家。听觉不灵，又何尝能成为好的指挥家和作曲家呢？也有已有成就的音乐家，一旦失聪，遇到了天大的不幸。伟大音乐家贝多芬就遭遇失聪的厄运。

1796 年至 1800 年，耳聋开始对贝多芬施加酷刑。直到 1801 年，他不再缄默，绝望地告诉朋友："你的贝多芬真是可怜已极！……我的听觉，大大地衰退了。"后来，他的耳朵完全聋了，从 1815 年秋天起，他和人们只有笔上往还。然而奇迹却是，贝多芬一生许多伟大的乐曲都产生在遭逢耳聋厄运之后。这不能不归功于他的伟大人格，与命运搏斗的英勇精神，惊人的毅力和超凡入圣的音乐技艺。他的耳朵聋了，但他的心灵是一丝一毫也不"聋"的。

著名书画家晚年失明的有扬州八怪之一的汪士慎。汪士慎，字近人，号巢林，清康熙乾隆时人。他是有名的画家，被誉为"画梅圣手"；他擅作八分书，古朴瘦硬；他兼擅篆刻，平生所治印无一不佳。总之，书、画、金石无不精绝。不幸他 61 岁那年罹目疾，医治无效，左目完全失明，右目只剩几分光，晚年自号"左盲生"。对书画家来说，眼睛是生命，一旦失明，艺术生命也就完了。他的朋友纷纷安慰他。老朋友名金石篆刻家丁敬送他的诗有这样两句："肉眼已无天眼在，好看万象又更新。"他自己亦和老友金冬心说："衰龄忽尔丧明，然无所痛惜，从此不复见碌碌寻常人，觉可喜也。"（金农《冬心先生三体诗》自序）受到如此沉重打击，汪士慎并不灰心，依然凭着右眼几分光作书。金冬心说："汪六士慎失明三年，忽近展纸能作狂草，神妙之处，俨然如双瞳未损时。”这分明是奇迹！还得归功于他修养深，毅力强，一生勤奋和艺事高明。他的眼睛虽失明，但他的心是光明的。

上面的事使我联想起英国大诗人弥尔顿。弥尔顿于 1608 年出生于伦敦，一生正值 17 世纪的英国资产阶级大革命，他积极参加了革命斗争。1651 年他一目失明，是年他用拉丁文写了《为英国人民声辩》的小册子，受到攻击，于是又写《再次为英国人民声辩》，1654 年出版。在这期间他双目失明了。他写过一首《哀失明》，开头就是“思及在此黑暗茫茫世界，未到半生而竟双目失明”，诗意是非常愁苦的。他的敌人幸灾乐祸地攻击嘲笑他目盲，弥尔顿气愤地反击说：“我宁可我的失明，不要你们那种失明。你们失明在心灵深处，对眼前事也瞠目不视。诚然我看不到事物的颜色和表象，但其真凭实据岂能逃过我的真知灼见。”弥尔顿前妻死后，1656 年他第二次结婚，那时他已失明。他一生只留下一首爱情诗，是一首题为《梦亡妻》的凄苦的十四行诗。但这首诗究竟是写给哪一位妻子的至今未有定论，倒是流传一则故事：“弥尔顿失明后讨一房续弦，布金汉公爵称她玫瑰花。弥尔顿回答说：‘颜色我无法辨出，可能是株玫瑰花，因为那刺我是每天摸得到的。’”是真是假不得而知，且姑妄听之。失明后的弥尔顿只得依靠他的女儿们助读和创作，就是在这万分艰苦的情形下，他写了不朽名著长篇叙事诗《失乐园》，给世界文学宝库增添了宝藏。他还写了诗剧《力士参孙》，歌颂被敌人弄瞎眼的英雄。歌德与爱克曼谈到过这部诗剧，歌德说：“这部悲剧在精神上比任何近代诗人的作品都更能显出希腊古典风格。他是很伟大的。他自己的失明是一个便利条件，使他能把参孙的情况描绘得很真实。”

“肉眼已无天眼在”的人，在现代中国可以联想到陈寅恪。他“衰年病目，废书不观，唯听读小说消日”（《论再生缘》），且勤学著述不辍。晚年他以衰残之身，“继续草《钱柳因缘诗释证》，至癸卯冬，粗告完毕”，即今天我们读到的《柳如是别传》。此书以明末清初社会为背景，以钱谦益、柳如是因缘为线索，对当时的世变史实有详尽的考证。这是一部几十万字的长篇巨著，很难设想是出自双目失明的老人之手。读此书，不能不惊叹著者深厚的功力和惊人的毅力。

1981 年，我曾在《文汇报》上发表“教育断想”连载短文，其中有一则题为“幼功与勤学”，列举了一些艺术家幼功扎实、勤学不止而后取得成就的故事。写这篇短文时又一次联想到幼功与勤学的重要性。上面讲到的遭厄运的艺术家、文学家，若不是有无比深厚的功力和锲而不舍的精神，灾难袭击过来后，他们哪里还可能取得如此巨大的成就！

克拉克谈西洋歌剧想起的

1969 年，英国电视台举办介绍西洋文化艺术的系列节目，底稿编成一本书，叫《文明：一己之见》。书在西方颇为畅销。作者肯尼思·克拉克是英国负有盛名的艺术史家和艺术评论家，由于电视中介绍艺术的系列节目受到欢迎，他成了英国家喻户晓的人物。我们可以从他《文明：一己之见》一书中，读到他关于西方各种艺术的许多独到的见解。这些见解很能启发研究艺术的、美学的人去思索一些问题。

由于电视广播安排给这个节目的时间很少，并要求在有限的时间内，上下古今纵谈西方种种艺术，且要刻画出历史线索，所以作者除建筑、美术谈得较多外，有的项目就谈得很少，至于西洋歌剧，所谈辑入书中的只有一页多篇幅。作者说："歌剧与哥特式建筑一样，同是西方人的最为奇特的发明。"他说人们一谈起歌剧，都爱引用约翰生博士所下定义，即"一种豪华而难以理喻的享乐"。但据作者考证，博士根本未讲过这样的话，然而他又说不管如何这一说法颇具灼见。

克拉克说歌剧在西方文明中有如此巨大威势，简直达到令人不可思议的程度。在书中他问道："为什么人们静静地一坐就是三个多钟头，去听他们不明一字且于情节亦不甚了了的表演？""为什么至今德国、意大利各处小城镇每年总要为它提供一笔可观的预算经费？"接着作者自己回答说："当然，部分原因是演唱技巧，就如一场精彩的足球比赛那样。但我想最主要的还是由于'凡说不出来的傻话都可以唱出来'；确也是，凡精微难言，或感深难发，或意在象外，或神幻莫测，这一切统统可以用唱而且也只能以唱唱出来。”这样去评论歌剧也许有人要说是奇谈怪论，但反正这是作者的“一己之见”，信不信由你。不过，有些情况确乎有：西洋歌剧最有名的、唱来唱去的就是那么几十个，但百听不厌；有名的咏叹调或高技巧的唱段，歌剧爱好者或已烂熟于心中，但名角一唱，剧场里总是如痴如狂。再如其他国家歌剧的爱好者，虽对歌剧所用语文如意大利文、德文等一字不懂，对歌词也一无所知，但听到名歌唱家唱名段子，也竟是十分陶醉。这些似乎都是不可思议的。

反思我国京剧欣赏，也有同样的现象，可谓不谋而合。外国人把京剧译作北京歌剧，这一译名就颇有意思。京剧与西洋歌剧，就唱功而言，各有千秋，有异曲同工之妙；至于表演，则京剧还要出人头地。我国戏剧历史悠久，剧种众多，长期交流，京剧博采众长，成了我国古典戏剧集大成的剧种。外国朋友盛赞京剧“是中国歌剧艺术的高峰，是歌、舞蹈、杂技和音乐结合的典范”。有趣的是，京剧欣赏也有同类情况：最有名的戏，唱来唱去的、演来演去的也是那么几十出，也是百听不厌、百看不厌；京剧爱好者听到名角唱名段子，一句一声彩；看精彩表演，一举手、一投足，叫一声好。这似乎同样不可思议。

如果说西洋歌剧“凡说不出的都可唱出来”的话，京剧除这一点相同外，还得加上一句，“凡做不出来的都能表演出来”。观众不是通过演员的表演，在舞台上看到琼楼玉宇、高山大川，有人飞檐走壁、腾云驾雾吗？

京剧的高度艺术成就和特点，是京剧改革者必须深刻认识和特别注意的。最近看到有的戏改得很好。如《草桥关》《上天台》和《打金砖》，京剧爱好者百听不厌、百看不厌，但戏里说东汉光武帝刘秀大杀功臣与历史事实出入颇大。把三者改编成《汉宫惊魂》，纠正了错误情节，而把精彩的唱与做都保留并且加以改进，改得好，很受观众欢迎。又如《青丝恨》，是改革《情探》而来，在电视中看了海神庙一折，觉得改得好。剧本借海神、判官、小鬼的表演，讽刺了封建社会官僚制度，内容富有新意；表演手法及灯光等也吸收了别的剧种的长处，给人以耳目一新的感觉。尽管经过很大改革，不仅丝毫不觉得不伦不类，而且恰恰是京剧的本色，这种改革成绩是十分可贵的。至于编演新的京戏剧目，注意京戏唱做的特点是万万不可忽视的。

再则，无论西洋歌剧或京剧，最最要紧的是要有优秀的演员去表演。因此，至关紧要的还是要致力于出类拔萃的演员的培养。

劳于求人而逸于任人

《资治通鉴》卷第二百三十七记载，唐宪宗李纯有一次问到帝王劳逸的问题，宰相杜黄裳回答说："明主劳于求人而逸于任人，此虞舜所以能无为而治者也……昔秦始皇以衡石程书，魏明帝自按行尚书事，隋文帝卫士传餐，皆无补于当时，取讥于后来，其耳目形神非不勤且劳也，所务非其道也。"这段话所表达的意思是非常中肯的。

当然，不应把这段话误解为治国者该无所事事，饱食终日，无所用心，尸位素餐。中国历史上的荒唐皇帝大有人在，若说于国事无所用心，明朝的嘉靖皇帝、万历皇帝可算典型。嘉靖皇帝迷信道教，求长生，几十年不见朝臣，不问国事。奸臣严嵩当政，政治黑暗腐败不堪。皇帝斋醮祭天神的表文叫青词，臣子争以青词邀宠，严嵩就是长于写青词的。海瑞看到朝政腐败，上疏给皇帝说："……谬谓长生可得，一意修玄，土木兴作。二十余年不视朝政，法纪弛矣。"皇帝不仅半句听不进，反而将海瑞下狱治罪。万历皇帝则变本加厉，"更上一层楼"，自亲政后，几十年难得视朝，许多官员挂印自去也没人管，中央、地方衙门官缺无人补，弄得台省空虚，诸务废堕。赵翼的《廿二史札记》中专门写了一段，题目是"万历中缺官不补"，从中可知梗概。

以上情况今天看来似乎不可思议，然而也并非不可思议。试看，今天有些官僚主义者饱食终日无所用心的祸害：任五千多吨食糖淋雨，几十万斤苹果腐烂，成千上万吨粮食变质，等等。这些令人痛心、令人愤慨的事，难道不是那些尸位素餐、无所事事的官老爷犯下的罪行吗？

由此可见，治国者都应劳，力不出，心不用，人民要你何用？本文开头一段话里提到的秦始皇和隋文帝，至少他们治国是勤劳的。秦始皇“日衡表章，必至一石为程”，一天自定要看竹简表章一百二十斤；隋文帝“日旰听政，令卫士传餐”，上朝忙得吃饭也顾不上。杜黄裳对他们的批评只是“所务非其道也”。他们其实都是有作为有贡献的皇帝，如此勤政，所作所为很难说都是“非其道”的。中国历史上有作为的皇帝都是勤于政治的，他们之外还可举出汉武、唐宗、宋祖、成吉思汗、康熙皇帝等，都励精图治，做出了一定贡献。人们在此一定会提到那位主张黄老之治的汉文帝，认为他一味无为。但只消看一看他的作为，就知道他不论对内治国，对外应付匈奴，都用足了心思。他适应当时情况，把心思用在切实做到休养生息这件大事上，不是“所务非其道”的。总之，治国者都要劳，但要抓大事，劳在其所应劳的地方。

唐朝开国君臣鉴于如此国力隆盛的隋朝竟二世而亡，常常讨论隋政治的得失来吸取教训。《资治通鉴》卷第一百九十三：唐太宗问房玄龄、萧瑀“隋文帝何如主也”？回答说“亦励精之主也”。太宗说隋文帝“事皆自决，不任群臣”，而他自己能“择天下贤才”，“有功则赏，有罪则刑，谁敢不竭心力以修职业，何忧天下之不治乎！”这就把问题说得比较全面了。治国者要“劳于求人”，千方百计选拔贤才；“逸于任人”，选上来的人要放手使用。唐太宗认识到这些并主动去做，出现贞观之治，这也是很重要的一个方面。

今天，中央一再提出选拔人才，放手使用，使后继有人，事业兴旺，正是抓住了根本大事。然而也还有人不这样做，他们或是不注意选拔年轻人，或是不放手，事无巨细一手包办，这也管，那也管，整天忙，管不在点子上，越管得多，工作越无起色，损失越来越大。出了毛病，他们还口口声声以“辛辛苦苦的官僚主义”“没有功劳也有苦劳”来解嘲。无所事事的官僚主义造成的祸害一眼能看清，“辛辛苦苦的官僚主义”容易得到原谅，在这种意义上后者的危害性更大。封建社会里，由于上下一整套官僚机构，甚至上面交下的好事（如赈灾），层层办下去，最后竟成了虐民的坏事。《老残游记》里不是揭露过这类“能员”与“清官”吗？

总之，用心也罢用力也罢，治国者不能不劳，而且要劳在点子上，抓大事。求贤就是大事，贤才求得了还得放手使用。今天看来，一千一百年前杜黄裳所说的“劳于求人而逸于任人”九个字还值得我们好好去思索思索。

附:《韩非子·难二》:齐桓公之时，晋客至，有司请礼。桓公曰“告仲父”者三。而优笑曰:“易哉，为君！一曰仲父，二曰仲父。”桓公曰:“吾闻君人者劳于索人，佚于使人。吾得仲父已难矣，得仲父之后，何为不易乎哉?”

谈考试选拔人才

英国著名学者诺斯古德·帕金森所写的《帕金森定律》（中文缩译本改名《官场病》）是一本十分有意思的书。它深刻揭露、着意刻画、无情嘲弄了英国的政治制度和官场的腐朽作风，读来叫人捧腹不已，发笑之余又令人深思不尽。

书中“报考人名单（或曰：录取的原则）”一节里，作者指出选拔人才的办法，至今并未完全弃之不用的“主要分为英国式的和中国式的两类”，甚至说“这两类和其他今天时兴的办法相比，明显地更为优越”。中国读者读到这里急于要知道所谓“中国式的”到底是什么。作者在后面说：“中国方式（旧式的）曾经一度被许多国家广为仿效，但却很少有人知道它来自中国。”他接着把我国明朝乡试、会试的情况简要地作了介绍，结论是“实行这制度收效还不错”。原来作者指的是我国科举考试制度！我小时略懂事，就听到骂科举制，作者居然多少加以称道，对我而言难免要少见多怪。为此，我重新温习了我国教育史中学校制度和科举制度关系的部分。

我国古代学校制度粗分有三大阶段：秦以前的周朝造就人才、选拔人才通过官立学校，末期官学失修，私学兴起，形成文化灿烂、百家争鸣局面；秦汉起选拔人才通过选举制（察举、征辟等），学校逐渐变成只是培养人才的工具；隋唐而后，科举制大兴，学校又慢慢成为科举的辅助，到明清学校有名无实，形同虚设，成了科举的附庸。

唐代科举考试制度大兴，虽说与朝廷广泛吸收地主阶级知识分子参与政权有关，但也有通过层层考试矫正以往选举不实（垄断、舞弊、走后门等）的一面。所谓科举，即是设立科目以考试举士。实行之后，新的流弊又不断产生，直到明清以八股取士，其流弊就举不胜举了。明末清初大思想家顾炎武在他的《日知录·程文》中写道：

“文章无定格，立一格而后为文，其文不足言矣。唐之取士以赋，而赋之末流最为冗滥；宋之取士以论策，而论策之弊亦复如之；本朝之取士以经义，而经义之不成文又有甚于前代者。”句句击中要害。但若要对科举制弊病有一形象的认识，莫过于去读吴敬梓的名著《儒林外史》。教《范进中举》时，吴敬梓入木三分的刻画就引起了学生极大的兴趣。

《官场病》的作者还继续往下讲，他说：“中国考试制度以强调文学修养为特点。考试内容包括了经典知识，（诗歌和散文）写作能力，以及坚持把每场从头至尾考完的顽强作风。据说，经典著作的修养和文学水平，对任何人从事任何行政工作都同等重要。”这里作者还是称赞了一番的。其实，中国科举制早成了历史陈迹，被送进历史博物馆了。

今天，科举制早已废除，但那种考试方法（主要是笔试）一直沿用下来。考试方法，历代有所改进。唐代省试考卷不糊名，一看就知是谁的卷子，容易作弊。宋朝定制一律糊名弥封，有所改进。但弥封了还能看出笔迹，于是又有誊录的办法。明清的乡试、会试等，应试人的考卷要送誊录所誊录。试士的卷子用墨写，叫作“墨卷”，誊录用朱笔，誊录的卷子叫作“朱卷”。试官所批阅的是看不出应考人笔迹的“朱卷”。尽管采取种种方法加以防范，弊端仍是层出不穷，封建统治者标榜的“衡文至公”不过是一句空话而已。

然而，若从历史发展来考察，毕竟规定考试作弊不合法，并以种种方法制止，这比之用人公开徇私开后门，不能不算是一个不小的进步。这也许是《官场病》作者认为它比今天时兴的办法“明显地更为优越”的一个缘故吧！看来，考试终不能废。虽说我们今天的考试制度与历史上的不一样，但并非尽善尽美不要改革了。相反，我们要结合实际，在其内容上、方法上不断改革、创新，使之能更好地为培养人才、选拔“四化”人才服务。

闲话皇帝

20 年前读《我的前半生》，发现溥仪常丢失钱包，很好笑，觉得此人实在太恍惚，总是丢三落四的。过后细思，也没什么奇怪的。过了多年帝王生活的末代皇帝，虽经改造自食其力，一时也不可能适应普通人的生活。近读溥仪夫人李淑贤同志的《溥仪与我》，其中“从头学起”一章开头就是这样的话：“由于溥仪过了几十年‘衣来伸手、饭来张口’的帝王生活，严重缺乏独立生活的能力。”这一章中写了不少溥仪生活上可笑的事。的确，料理日常生活，溥仪还非得从头学起不可。人们离不开衣食住行，本文就想从这些方面闲话皇帝生活。

帝王总是把天下看成自己的私产，自古就有“普天之下，莫非王土”的说法。秦始皇是我国历史上第一个皇帝，他想一姓家天下，他身后二世、三世……以传之万世。秦虽二世而亡，但以后历朝皇帝都可说继承了秦始皇，代代往下传，一直传到末代皇帝溥仪。汉朝开国皇帝刘邦，一次在未央宫前殿大朝会诸侯群臣，得意地对父亲太上皇说：“始大人常以臣无赖，不能治产业，不如仲力。今某之业所就孰与仲多?”一句话，刘邦那时富有天下，产业之多，老二是无法跟他比的。开国皇帝争天下，成了极富极贵者后，就不让别人照着样子去做了。相反，皇帝可以给人富贵，赐臣下田宅，给百官俸禄。官吏各有其私产，或多或少要治生；皇帝以天下为家，不用自己治生。普通人都要自己设法解决衣食住行，而皇帝的衣食住行则由国家解决，并且要有一定的排场，以显出皇帝的特殊身份。

《易大传》：“黄帝垂衣裳而天下治。”由此可见，“治天下”就得有衣裳冠冕制度，历朝都有规定。以服色而言，隋以来皇帝服色用柘黄，宋以后皇帝专用黄袍。俞平伯在他的一篇散文残稿《怪异的印象》中写过这样一段内容："儿时，只要一想起所谓'皇帝'，马上浮现出一个怪印象：一个穿黄的，而且是穿纯黄的人直挺挺的坐着，另外有几个人匍伏着……最近寄人篱下的皇帝溥仪，尚有遗老天天去碰响头，足证儿时所见非梦非幻也。"我想以往旧戏看得多的人，也会在自己眼前浮现出同样的怪印象。关于黄色，溥仪儿时记忆很有意思："每当回想起自己的童年，我脑子里便浮起一层黄色：琉璃瓦顶是黄的，轿子是黄的，椅垫子是黄的，衣服帽子的里面、腰上系的带子、吃饭喝茶的瓷制碗碟、包盖稀饭锅子的棉套、裹书的包袱皮、窗帘、马缰……无一不是黄的。这种独家占有的所谓明黄色，从小把惟我独尊的自我意识埋进了我的心底，给了我与众不同的'天性'。"

皇帝吃饭也有一整套排场。溥仪说："耗费人力物力财力最大的排场，莫过于吃饭。"帝王吃饭，所谓食前方丈。隆裕太后每餐的菜肴有百样左右，要用六张桌子放。穷奢极侈，这里不用多说。关于衣食，溥仪说："饭菜是大量的做而不吃，衣服则是大量的做而不穿。"《两般秋雨庵随笔·纨绔》说："晋帝见歉岁民饥，谓左右曰：'何不食肉糜？'辽主见道上饿夫，谓左右曰：'何不食干腊？'千古庸暗，如出一辙。宋蔡京诸孙，生长膏粱，不知稼穑。一日，京戏问之曰：'汝曹日啖米，试问米从何出？'一人曰：'从臼子里出。'京大笑！又一人曰：'不然，我见从席子里出。'盖京师运米，以席囊盛之故也。纨绔不辨菽麦，往往如此。"皇帝无疑是超级纨绔，完全不知稼穑之艰难。溥仪说，如果不是老师在课本外谈些闲话，自己有能力看些闲书，也不会知道大米原来是从地里长出来的。

帝王宫殿气象威严，更非常人住屋可比。秦始皇阿房宫前殿"东西五百步，南北五十丈，上可以坐万人，下可以建五丈旗"。好大气派！可惜这规模宏大的宫殿被项羽一把火烧光了。刘邦做了皇帝，萧何治未央宫，皇帝看到太壮丽，大怒。萧何赶忙说："天子以四海为家，非壮丽无以重威。"刘邦听了又高兴起来。开国皇帝起自民间的，容或不太豪奢，如南朝宋武帝刘裕。到他孙子手里就大不一样了。他孙子刘骏做了皇帝，奢侈无度，大修宫殿，坏刘裕所居阴室，就在其处起玉烛殿，豪华非常。有一臣子借机会称颂他祖父刘裕俭素的品德。刘骏居然说："田舍翁得此，亦过矣。"孙子认为祖父实在太寒碜了。现在我们还能看到壮丽的北京故宫，对帝王所居就有具体的印象了。几十年前，北京有一位名教授说过，走遍世界，所见宫殿称得上既壮大又富丽的，只有北京故宫，难怪番邦使臣走进天安门，小心翼翼来到太和殿，就不由得膝盖发软，扑通一下跪下去了！

开国皇帝多少有点社会经历，也多少知道一些社会情况。曾几何时，守居深宫的后代皇帝就与世隔绝了。皇帝有时也要出宫巡行，可是他的"行"与老百姓的"行"完全是两回事。皇帝巡行的排场可了不得。秦始皇多次巡游天下，宣扬威德，对国家的巩固统一起有益的作用。康熙皇帝六次南巡，一定程度上加强了满汉地主的政治结合。皇帝出巡大讲排场势必加重人民负担，乾隆皇帝南巡即如此。最突出的，人们一定会想到那个荒唐的隋炀帝。炀帝巡行江都，极度铺张，靡费国家财力十分惊人。《资治通鉴》卷一八〇有集中生动的描绘，简直是老百姓的大灾难！此外，皇帝还有所谓"微行"。风流皇帝的微行，又给小说家增添不少资料。

由以上衣食住行数端即可知，从某一意义上讲，皇帝过的是"非人生活"，这是指非一般普通人那样的生活。普通人要自己谋生，皇帝则一切靠人供养，并且还有帝王的大排场。明了这一切，就更能体会到把末代皇帝溥仪改造成自食其力者的重大意义。1961 年周总理在《接见嵯峨浩、溥杰、溥仪等人的谈话》中说："请大家想想，世界上有哪一个国家在推翻了封建制度、建立了共和国以后，以前的皇帝还能存在，还给以平等地位？"《我的前半生》记录了溥仪的帝王经历和改造经过，这位被改造者独立生活后，屡次丢失钱包的事，只不过是他过去生活曲折地投下来的一点淡淡的影子，是一个小小的插曲，然而是十分有意思的插曲。

太极图

《人民日报》庆祝中华人民共和国成立35周年港澳专版中《在欣欣向荣的康庄大道上》一文结尾有："我在香港遇到一些外国知名人士，谈起太极图，他们对我国古人的这一创作，赞赏不止。"外国知名人士赞赏太极图大有人在，洵非虚语。

英国当代著名历史学家汤因比，20世纪早期写了12大卷研究世界历史的大书，有7 000页之多，其中关于中国文化的部分就谈到太极图。1972年，汤因比取前书精华，编辑出版了一卷本的《历史研究》，是大开本，计576页，有插图500多幅。此书目录后、序言前，赫然在目的第一幅图像就是太极图。插图分彩色和单色。其彩色插图第七幅，是福、禄、寿三星观看太极图的一幅中国画。此画旁之说明词为："与之对照（按：即与不断发展型的希腊文化对照），中国历史则是统一与分裂、治与乱、进与退相互循环型的。中国哲人以阴阳象征其螺旋运动，阳为动与行，阴则象征静与止。"汤因比对此给予很高评价后，接着说："历史学家的任务就在于把希腊型与中国型两种文化之重要部分结合起来，创造一个能用之于文明历史的、有现实意义的类型。"本书也颇以运用阴与阳的学说来解释历史而见长。第88页插一幅藏于大英博物馆的五代北宋时大画家巨然的山水立轴，引清唐岱的话"高峰为主，众山拱之；阴阳两面分明"作解释。（按：唐代论画书《绘事发微·丘壑》中原话为："使主山来龙起伏有环抱，客山朝揖相随，阴阳向背，俱各分明。"）随后第89页又一图，则是序言前之太极图正式以插图面目再次出现。其他地方，则阴阳之说在在有之。

众所周知，首创太极图说并绘太极图的是《爱莲说》一文作者、著名哲学家"濂溪先生"周敦颐。太极图首绘一圆圈来象征宇宙实体；宇宙无边无际，但在太极图上只能成一圆圈。宇宙中一气充盈，分成阴阳两仪，图中乃有此两仪象。照濂溪先生的意思：阴阳非对立为二，乃浑和为一，浑和一体中方有阴阳之对立；而对立又无先后之可求，只是此一体中一动一静，互为其根。阳动生阴，阴静生阳，浑和合一。濂溪先生以此太极图来描述并解释宇宙与人道，自有其一番巧妙的地方。汤因比在该书《挑战与应答》一节中，多少应用了这个理论。他以歌德名著《浮士德》情节全过程来解释历史之发展，说：剧本开始时是“完全处于‘阴’的状态”，魔鬼梅菲斯托闯进上帝的天地时乃是“阳动”，开始由“阴”进入“阳”，由静止状态，进入动的状态。自此以后又可分为三步：第一步，由“阴”进入“阳”；第二步又开始由“阳”进入“阴”；而第三步则又是“阴”的状态，但此时阴之状态与开始时阴之状态已完全不同，他说“有如春与秋之不同”。汤因比在其《历史研究》一书结束时，还展望未来说：“一个变化简单的主题：从不谐和到谐和，或以中国词语来说，即从阳到阴。”汤因比的说法是不是濂溪先生的本意很难说，但这位西方著名学者深受太极阴阳学说的影响则显然是事实。

濂溪先生的太极图说阴阳在混合一体中对立，但并不说阴与阳就是一个东西。这使我想起了元代赵子昂的逸事。《词苑丛谈》卷十一，子昂尝欲置妾，以小词调管夫人，夫人答云：“尔侬我侬，忒杀情多。情多处热似火。把一块泥，捻一个尔，塑一个我。将咱两个，一齐打破，用水调和。再捻一个尔，再塑一个我。我泥中有尔，尔泥中有我。我与尔生同一个衾，死同一个椁。”想得很出奇，施之文学虽有味，但其调和阴阳的妙想，恐与濂溪先生的思想有出入。

“如坐针毡”与“如坐春风”

我们常会从孩子们嘴里听到：“这是老师讲的。”这句话往往是孩子们用来说明自己的见解和行为无可非议的最有力的佐证。从这句简单的话语中，可以看到老师在孩子们的心目中形象是何等高大，语言是多么有权威，孩子们又是多么热爱和尊敬自己的老师！

学生热爱老师，这是老师进行教育、教学的极好条件。然而，即使如此，教学中也不一定就万事顺利，师生之间不会发生一点矛盾。即使经验很丰富的教师，他的课堂上有时也难免发生学生吵闹的事；新担任工作的年轻教师，由于缺乏经验，课堂上容易乱哄哄，有时甚至出现纪律难以维持的情况。面对这种现象，怎么办？是火冒三丈，大声训斥？还是冷静对待，妥善解决？显然，教育者应采取后一种态度。“乱”，必有乱的原因；“吵闹”，必有吵闹的缘由。教师要沉到学生当中去多听多看，摸清情况，细加分析，寻求有效的解决办法。若是课上得失之于深，或失之于浅，或寡淡无味，则一定要千方百计改进教学方法，努力把课上好——这对教师来说是最基本的要求。若出于学生一时调皮，事情容易解决；若背后还有其他原因，则须做更多的工作，才能逐步解决。

青少年学生在成长的过程中，学习、纪律等方面出现这样那样的缺点与问题是不足为怪的。正由于他们不懂，我们教师才要认真地教；正由于他们有不足之处，我们教师更要积极地、热情地引导。如果学生个个都那么完美无缺，还要我们教师干什么呢？对于教师来说，最重要的是善于且经常对学生进行正面教育，引导他们树立革命理想，培养他们的高尚情操；要耐心地不厌其烦地讲道理，使他们明辨是非，知过改过，成为品德良好、学习努力、遵守纪律的好学生。

教师无论如何不可动辄采取严厉的惩罚手段，伤害学生的身心，压抑幼苗的健康成长。做作业、抄生字，本来是巩固学生学业的一种方法，把它用作惩治学生的手段，那就大谬不然了。如果罚学生抄作业 10 遍、20 遍，抄生字 1 000 个、2 000 个，其结果必然大大损伤学生学习的兴趣，弄得他们对功课望而生畏。至于揪耳朵、罚站等均是不文明的体罚行为，伤害学生幼小的心灵，这是不允许的。惩罚似乎可收一时平息事态之效，课堂内鸦雀无声了，表面上秩序良好，而实际上学生对这堂课感到度日如年，如坐针毡。“针毡无稳坐”，还谈什么教学效果？

明朝中叶的王阳明曾经批评当时学校对不遵守纪律的学生采取“鞭挞绳缚，若待拘囚”的做法，说这样做弄得学生“视学舍如囹狱而不肯入，视师长如寇仇而不欲见”。他反对如冰霜剥落草木那样摧残学生，使得“生意萧索，日就枯槁”。他认为这是当时学校的一大弊病。虽说这是封建社会的事，在我们社会主义社会里不可能发生，但也得警惕有些性质类似的现象，事先应努力避免。

然而，我们并不反对严格要求学生，并订出若干课堂规则，要求学生遵守。但订立课堂规则的目的不在于束缚学生的手脚，使之动弹不得，而是在教师循循善诱、晓之以理的教育下，提高学生尊师守纪的认识，培养他们学习的自觉性，以期课堂内生机盎然，学生学得生动活泼。

但是，教师若止于搞好课堂教学还是远远不够的。课上得生动至多只赢得学生的欢迎，若不是处处认真负责，严格要求学生，若不是满腔热情地关怀学生，爱护学生，那是得不到学生的衷心爱戴的。有的教师虽说课上得平常一点，但一心扑在学生身上，“勤能补拙”，学生深受感动，对教师十分热爱。更为重要的是教师自己的品德，“言教不如身教”，教师以身作则，最受学生敬爱。教师热爱教育事业，热爱学生；学生热爱老师，尊敬老师。师生感情深厚，融洽无间，到这种境地，在教师则眼前一片桃李花发，在学生则感到在教师身边无限温暖，“如坐春风”。这样的教学，有如“时雨春风，沾被卉木，莫不萌动发越，自然日长月化”。

“如坐针毡”与“如坐春风”虽仅两字之差，反映的却是迥然不同的教学方法。前者是一味“拘管”学生的必然结果，后者的美好境界是“化育”所致。然而更重要的是，二者反映了教师修养的大不同。教师的修养往往直接地从对待学生的态度上反映出来。热爱学生是教师的美德，热爱学生就是热爱人类的未来。有了这样的认识和修养，教师就会把教育学生看作至高无上的乐事。教师言教之，身传之，雨露滋润，学生就能享受到“如坐春风”之乐。

夜读散记

教师的学习非常重要。语文教师要教好学生，自己锲而不舍地认真学习钻研是重要条件之一。学习得好，心里踏实，临阵不慌。唯其学得深入，教来才能浅出，能用精当的语言一下子教在点子上。

“铁中铮铮”

有些字词、成语，大家都这样用，其实本来是有些出入的。已约定俗成，教师就照一般的读法读，讲法讲，不必卖弄聪明，故作“解人”。如“滑稽”的“滑”字，古时候读 gǔ，今天大家都读 huá，就不必读 gǔ 了。又如“每况愈下”，本来在《庄子·知北游》中是“每下愈况”，意也有所不同。现在大家都把情况越来越坏，说成“每况愈下”，我们就不必加以纠正了。但是最好要知道有那么一回事。

“铁中铮铮”，今天是用来表达人物出色，其实走样很大。《后汉书·刘玄刘盆子列传》记载了赤眉投降刘秀的事。樊崇等投降，刘秀问他们“得无悔降乎？”。徐宣等叩头说：“诚欢诚喜，无所恨也。”于是刘秀说：“卿所谓铁中铮铮，傭中佼佼者也。”他是以“铁中铮铮”来比喻“傭中佼佼”的。所谓“傭中佼佼”，首先是把徐宣等人归于庸众之群，不过他是庸人中之佼佼者而已。“铁中铮铮”意思可见是一样的。古人把黄金看成“美”金，把铁看成“恶”金。如是，称人“铁中铮铮”，本意也不过是庸人中之佼佼者耳，其实是很不恭敬的。

“阳春白雪”

“阳春白雪”今天常用来喻音乐乃至高级音乐，喻文学则为高深文学，喻艺术则为高超艺术。程度上跟原意有点不同。其实《阳春》《白雪》只是比较高级的歌曲。宋玉《对楚王问》：“客有歌于郢中者，其始曰《下里》《巴人》，国中属而和者数千人……其为《阳春》《白雪》，国中属而和者不过数十人；引商刻羽，杂以流徵，国中属而和者不过数人而已。是其曲弥高，其和弥寡。”

由此可见，《阳春》《白雪》在楚国郢都不过是比较高级的歌曲，最高级的要达到“引商刻羽，杂以流徵”的水平。

“留得一钱看”

读一文学报纸，有杜甫诗意图一帧，画杜甫两指持一钱观看，旁有杜诗一句：“留得一钱看。”此图仿自陈老莲所绘“博古叶子”。陈老莲所绘的博古叶子即杜甫以二指持一钱观看状。此叶子上端横书“一文钱”，右题“盏空者饮一杯”。诗句盖出自杜诗《空囊》：

翠柏苦犹食，明霞高可餐。
世人共鲁莽，吾道属艰难！
不爨井晨冻，无衣床夜寒。
囊空恐羞涩，留得一钱看。

陈老莲所画叶子为当时盛行的酒令牌子（叶子格），乃游戏的东西，其内容有一意相及即可附会，算不得错。而仿它画的杜甫诗意图，与诗的原意相违背了。王嗣奭《杜臆》云：看，乃看守的看。这就讲对了。按诗意出晋人：阮孚持一皂囊，游会稽。人问囊中何物？曰但有一钱看囊，恐其羞涩。故此处“看”音 kān，属此诗所用韵“十四寒”。

“仇寇”

京剧《李陵碑》第一场有句唱词为：“惟恐那潘仁美记起前扣。”自谭鑫培以来都这样唱。近或有人不解“扣”字改成“仇”字，则为“记起前仇”。或认为是谭鑫培只为唱腔好听，乱改戏词。这恐怕是误会。“扣”字音不误，字恐为“寇”。《晏子春秋》：“民闻公命，如逃寇仇。”《孟子·离娄》：“君之视臣如土芥，则臣视君如寇仇。”又“……此之谓寇仇。寇仇，何服之有?”“寇仇”亦可作“仇寇”，作仇敌解。至今江南吴语区仍有此口语，如宜兴、溧阳等地，民间说二人交恶为：两人结下仇寇。

“貂尾”“方山”

诗文有一篇之“眼目”，一经点出，就能对此文或此诗一眼看到底。有的诗眼目十分分明，如陶渊明的《止酒》，眼目是一“止”字。此诗不仅题目有一“止”字，诗的每一句都有一个“止”字，点明题意即停止饮酒。这种诗乃游戏之作。以文而言，陶渊明《五柳先生传》历来为人传诵，这篇文章的眼目是一“不”字。《管锥编》说得好：“陶潜《五柳先生传》。按‘不’字为一篇眼目。‘不知何许人也，亦不详其姓氏’，‘不慕荣利’，‘不求甚解’，‘家贫不能恒得’，‘曾不吝情去留’，‘不蔽风日’，‘不戚戚于贫贱，不汲汲于富贵’；重言积字，即示狷者之‘有所不为’。”说得十分精彩，发前人之所未发。这种深入钻研直中要害的功夫值得学习。

近偶读章太炎诗文选，其中有《杂感二首》。第二首乃因八国联军进犯京津，慈禧太后携带光绪帝和一群王公大臣西逃有感而作。诗是：“谁教两犬竞呀呀，貂尾方山总一家。恨少舞阳屠狗侣，扫除群吠在潼华。”章太炎的许多文章往往古奥难懂，但诗倒不难懂。这首诗的意思也明白，其眼日乃一“狗”字。第一句“两犬”点出“狗”。第四句“群吠”即指一群乱叫的“狗”。这些“狗”要谁来收拾他们呢？要有樊哙之流的人。樊哙少以屠狗为业，后跟随刘邦东征西讨，建立了功业，封为舞阳侯。章太炎当时就恨无如樊哙之流的屠狗好手，把这群西逃的“狗”斩尽杀绝。

这样，诗句与“狗”的关系，只剩下第二句中的“貂尾”和“方山”了。其实，“貂尾”“方山”也都隐喻“狗”。

“貂尾”比较容易解释。古时候，皇帝的近侍官员以貂尾作冠饰，任官人滥，貂尾不够用，竟有用狗尾代替的。《晋书·赵王伦传》载：“张林等诸党皆登卿将，并列大封。其余同谋者咸超阶越次，不可胜纪，至于奴卒厮役亦加以爵位。每朝会，貂蝉盈坐，时人为之谚曰：‘貂不足，狗尾续。’”由此有了一个“狗尾续貂”的典故。“貂尾”“狗尾”者俱一丘之貉，这里也有将这群王公大臣都比成狗的意思。

“方山”似乎更费解了。其实也有来头。“方山”即指“方山冠”。方山冠是汉代祭宗庙的乐师所戴。形状与“文儒者”所戴的“进贤冠”相似。因此，这里的“方山”也是指这群逃亡的官员。古书上有狗戴方山冠的记载，这就要说到那个被霍光废掉帝位的昌邑王刘贺。汉昭帝死后无嗣，霍光迎立昌邑王贺做皇帝。这童昏之君淫乱荒唐出奇，强毅的霍光冒天下之大不韪把他废掉，又迎立汉武帝的曾孙刘询为帝，就是汉宣帝。刘贺做了皇帝又被废岂能没有兆头来渲染?《汉书·武五子传》中写到昌邑王贺有以下一事：“初贺在国时，数有怪。尝见白犬，高三尺，无头，其颈以下似人，而冠方山冠。”方山冠岂非也跟狗发生了联系！以“方山”喻狗，博学如章太炎是不会把它当作僻典的。

“老者安之”

最近在北京召开了全国老龄工作会议，中国老龄问题全国委员会名誉主任聂荣臻老帅给会议发了贺信，信中有这么一句：“我国是社会主义制度的国家，中华民族历来有敬老、爱老、养老的传统美德，在老年人事业的发展上，我们理应对人类有较大的贡献。”这使我想起《论语·公冶长》“颜渊季路侍”章中“老者安之”这句话。

孔子叫颜渊、子路“各言尔志”，子路、颜渊讲过各人的志向后，子路问孔子的志向，孔子答道：“老者安之，朋友信之，少者怀之。”1956年高中《文学》课本对这句话的注释是：“老年人，使他们安乐；朋友，使他们彼此信任；少年人，使他们得到关怀。”这个解释基本上是根据朱熹《四书章句集注》来的。《四书章句集注》说：“老者养之以安，朋友与之以信，少者怀之以恩。一说：安之，安我也；信之，信我也；怀之，怀我也。亦通。”可见课本注释是根据朱熹的前一说，其实后一说更不能忽视，因为这更合于孔子言自己志向的角度。故会通而解之，不妨兼及两方面，如解“老者安之”，可否如此：“对待老年人要使他们安乐；不仅求我能安之，而要使老年人能安于我的孝敬。”

中华民族自古有敬老、爱老、养老的美德。古时养老之礼，《礼经》记载得很详细，《礼记·王制》云：“有虞氏养国老于上庠，养庶老于下庠。夏后氏养国老于东序，养庶老于西序。殷人养国老于右学，养庶老于左学。周人养国老于东胶，养庶老于虞庠。”由此可见，古代教育机关亦有养老场所，养老有尊师重道意义，古籍记载，天子或诸侯每年视学时，都要举行隆重的养老典礼。

下面举一例说说“老者安之”。《孟子·梁惠王上》：“谨庠序之教，申之以孝悌之义，颁白者不负戴于道路矣。”杨伯峻《孟子译注》翻译为：办好各级学校，反复地用孝顺父母、敬爱兄长的大道理来开导他们，那么须发花白的人（便会有人代劳），不致头顶着、背负着物件在路上行走了。再如《汉书·食货志》中，也提到“斑白不提挈”，也解释为：斑白者，谓发杂色也；不提挈者，所以优老人也。可见人人敬老，老年人受之，也觉得心安理得。

有趣的是《汉书·地理志》讲各地风俗时，有这样一段记载：“濒洙、泗之水，其民涉度，幼者扶老而代其任。俗既益薄，长老不自安，与幼少相让，故曰：‘鲁道衰，洙、泗之间龂龂如也。’”这是举例说明世风日下，鲁地本是周公所封，其民受圣人之教化，彬彬有礼，年轻人扶老年人涉水并帮他背东西，本习以为常，老年人也心安理得；现在不然了，老年人反而为此感到不自安，竟与年轻人客气、推来推去了。

“长老不自安，与幼少相让”，说明已非“老者安之”，老年人已不安于年轻人的孝敬了！

“参差十万人家”

北宋著名词人柳永有一首《望海潮》，写尽杭州的繁华。据说此词流播，后来金主亮闻之，“欣然起投鞭渡江之志”，锐意南侵偏安的南宋。他密隐画工在使宋的使臣中，归来后命作画，画临安湖山，图已像于吴山绝顶，题诗其上：“万里车书一混同，江南岂有别疆封。提兵百万西湖侧，立马吴山第一峰。”南侵气焰十分嚣张。柳永一定想不到这首词会让自己背上“黑锅”。

《望海潮》开头有这样几句：“东南形胜，三吴都会，钱塘自古繁华。烟柳画桥，风帘翠幕，参差十万人家。”这里“参差”应作何解？一般解释为“不齐”。如胡云翼《宋词选》中注：“这里用来形容房屋高低不齐。”《唐宋词一百首》注：“高下、大小不齐的样子(形容房屋的外形)。”也没有什么不对。

“参差”一词通常解释为：长短、高低、大小不齐。如《诗经·关雎》“参差荇菜”，形容水荇菜长长短短不齐。也可指长短不齐的竹管制成的乐器。如《九歌·湘君》“吹参差兮谁思”。后一种用法在后来诗词中已罕见，而前一种用法则非常多，意义衍绎孳乳，几乎用来描状山峦、屋宇、声、光、形、影，乃至人事、世态等各个方面，以至古人诗句中“参差”一词俯拾皆是。我们可以从爱国诗人陆游的诗里读到不少诗句，如“参差苍桧映丹枫”“翠崖红栈郁参差”“鸡已参差唱”“参差灯火茅檐晚，童稚相呼正候门”等。但最多的还是形状宫殿、楼阁、亭台、寺院等建筑，如“圣寺参差石桥外”“垣屋参差绿树边”“木落参差见寺楼”“亭观参差见，阑干诘曲通”等。这个词似乎用来描状高大建筑高低不齐居多。据此，柳永“参差十万人家”解释成描绘钱塘城中房屋高低不齐，也不能说就是不对。

但细玩此句意思似乎着眼于“十万人家”之数。沈祖棻《宋词赏析》中解释此段说：“而总以‘参差’一句，就使人进一步体认到这个大都市物阜民康的面貌。”说得好。我们再探求“参差”的意义，则还可解释为：差不多，近似。白居易《长恨歌》“中有一人字太真，雪肤花貌参差是”，文学研究所编的《唐诗选》注为：“‘参差是’，仿佛就是。”有“差不多”的意思。如是，我们是否可以把“参差十万人家”解为：钱塘城中大抵有十万来户人家？这样解释并非没有根据。吴自牧《梦粱录》卷十九塌房条曰：“柳永咏钱塘词曰：‘参差十万人家。’此元丰前语也。自高庙车驾由建康幸杭，驻跸几近二百余年，户口蕃息近百万余家。”是从户数着眼的。

再往上溯到大约柳永那个时候，嘉祐二年，梅挚出守杭州，宋仁宗赐诗宠行，有“地有湖山美，东南第一州”之句，因作“有美堂”。两年后，欧阳修作《有美堂记》，其中有“独钱塘自五代时，知尊中国，效臣顺，及其亡也，顿首请命，不烦干戈，今其民幸富完安乐。又其俗习工巧，邑屋华丽，盖十余万家”之句。可能当时说到钱塘，大致都说有十万来家。用欧阳修的“盖十余万家”来解释柳永的“参差十万人家”是不是更好呢？

但是，我认为解诗词有时不必讲得很死，一定把人家尚有可取的说法说成一无是处也大可不必。我们可以尽量解得圆通一点。因此，我这样解这句词：“参差”一词一般作“不齐”解，也往往用来形容宫殿屋宇高低不齐；此处似乎着重讲户数，以讲“大抵有十万来户”为更好。

“关于《岳阳楼记》”

范仲淹的《岳阳楼记》是千古传诵的名篇。作者登高望远，览物生情，进而抒发“先天下之忧而忧，后天下之乐而乐”的伟大抱负。文章立意高远，文笔华赡精拔，读来感人至深。备课时翻阅过一些资料，评论者几乎无不众口一词赞扬。然而当我读到作者友人尹师鲁对此文的评语，竟久久迷惑不解。

《后山居士诗话》载：“范文正公为《岳阳楼记》，用对语说时景，世以为奇。尹师鲁读之曰：‘《传奇》体耳。’《传奇》，唐裴铏所著小说也。”把《岳阳楼记》与《传奇》拉在一起，似乎是怪论，少不得有人出来辩解一番。南宋时，陈振孙在其《直斋书录解题》中说道：“尹师鲁初见范文正《岳阳楼记》曰：‘《传奇》体耳。’然文体随时，要之理胜为贵，文正岂可与《传奇》同日语哉！盖一时戏笑之谈耳。”振孙的话虽为范仲淹“抱不平”，但无意中流露出那时对于《传奇》之类小说的鄙薄。但也有人认为尹师鲁并非“一时戏笑之谈”，而是一本正经说的。清人刘熙载在《艺概 · 文概》中说：“范文正贬饶州，师鲁上书言：‘仲淹，臣之师友，愿得俱贬。’其为国重贤如此。而于文正所为《岳阳楼记》，则曰‘《传奇》体耳’。其不阿所好又如此。固宜能以古学振起当时也。”今天我们更无法弄清楚尹师鲁的话是“戏谈”还是“真谈”——也不必去猜测，倒是“《传奇》体耳”一句话值得推敲一番。

鲁迅在《中国小说史略》中以将近 30 页的篇幅写了唐代的传奇小说，一开头就说：“小说亦如诗，至唐代而一变，虽尚不离于搜奇记逸，然叙述宛转，文辞华艳，与六朝之粗陈梗概者较，演进之迹甚明，而尤显者乃在是时则始有意为小说……故论者每訾其卑下，贬之曰‘传奇’，以别于韩柳辈之高文。顾世间则甚风行，文人往往有作，投谒时或用之为行卷……”此处所指“行卷”的风气，在唐时颇为盛行，这与当时的考试制度有关。唐代科举考试试卷还不糊名，谁的卷子一看名字就知道。应礼部试举子为了使自己的名声早为社会所知，增加录取的可能性，常把自己的文学创作编写成为卷轴，在考试前投送有社会地位的人，以便他们向礼部主试的官员推荐，这就叫“行卷”。举子往往用传奇小说行卷，其原因何在呢？宋人赵彦卫在其《云麓漫钞》中有这样一段话：“唐之举人，先借当世显人，以姓名达之主司，然后以所业投献……如《幽怪录》《传奇》等皆是也。盖此等文备众体，可以见史才、诗笔、议论。”风气一开，创作者多，唐代传奇小说风行起来。作者既有意为之，就广搜奇闻逸事，叙事逞史才，刻意经营文心，文笔具诗情画意，感慨系之，议论风生，鞭辟入里——这种富于创造性的新文体能够吸引人、打动人，当时起了敲门砖的作用。

尹师鲁所说“《传奇》体耳”是否即从此等文体着眼，我们不得而知，也不必妄加考证。但就“此等文备众体，可以见史才、诗笔、议论”而言，则《岳阳楼记》叙事简而且赅，写景寄绵渺于藻绘，特别是议论之高标，确乎臻于最上乘的。

李广与程不识

李广与程不识都是西汉著名的大将，在抗击匈奴的战争中都有赫赫战功。可是两人带兵的路子大为不同。《史记·李将军列传》载："程不识故与李广俱以边太守将军屯。及出击胡，而广行无部伍行陈，就善水草屯，舍止，人人自便，不击刀斗以自卫，莫府省约文书籍事，然亦远斥候，未尝遇害。程不识正部曲行伍营陈，击刀斗，士吏治军簿至明，军不得休息，然亦未尝遇害。"一个带兵"极简易"，机动灵活，一个带兵部伍严整，都非常出色。

历来对于这两位名将带兵作风之优劣争论不休，这且不说。只想指出一点，这种争议不仅在带兵，竟用来论文。清人刘熙载在《艺概·文概》中说："文之尚理法者，不大胜亦不大败；尚才气者，非大胜则大败。观汉程不识、李广，唐李勣、薛万彻之为将可见。"刘熙载的议论可应用到我们语文教学上来。不认真探索语文教学的"理法"，一味尚才气，讲课期望灵感从天外飞来，这种课往往要失败。李广当别论，他毕竟是久经战阵、经验丰富的名将，带兵作战，能指挥若定，得心应手。但他那种"行无部伍行陈……人人自便"的办法，对轻举妄动的鲁莽将军是不足为训的。语文教学何尝不是这样？

以上道理运用到语文课，就是教师必须花很大的气力去探索语文教学的规律，讲理法，定规矩，以期最终做到在严格的规矩中随心所欲地施展自己创造性的才能。达到这种境界，借用章学诚的话来说，即："李广入程不识之军，而旌旗壁垒一新焉！"

浅显说理小试

最近，在杂志上看到，有的语文教师把《在马克思墓前的讲话》课文中的一句长句列表分析，我很受启发。这个句子实在太长，学生不易理清，这样做，有助于学生理解句式，弄清意思。语文课少不了要对句式进行分析。这就触发我又想起一个常谈到的问题：怎样把这种课文上成语文课，而不是上成政治理论课。

我也教过这一课，事先就觉得不容易教好，于是让学生预习，但他们不易理解。比如，他们读到“人们首先必须吃、喝、住、穿，然后才能从事政治、科学、艺术、宗教等等”，竟片面理解为：原来人的一生，首先是吃吃喝喝。如何让学生正确理解呢？难道非要大讲“生产力”“生产关系”，把课教成政治理论课？我应如何启发学生，使他们自己弄懂这基本原理？备课时我反复思考了这些问题，写下了关于这一句的课堂设计。

> 教师问：恩格斯所说“人们首先必须吃、喝、住、穿”，分明指的是人们首先必须生活，那么，其他动物要不要生活？
>
> 学生很容易回答：当然也要生活。
>
> 教师问：既然都要生活，二者求生有什么不同？我们常听说“人为万物之灵”，到底“灵”在什么地方？（教师略加引导：动物求生是本能的；人的生活靠生产，生产要使用工具，是有意识、有目的的）
>
> 学生答：人为万物之灵，最基本的一条就是“灵”在能有意识地使用工具进行生产。

教师：好！恩格斯在这句之后紧接着说的“直接的物质的生活资料的生产”就是这个意思。

没有大讲道理，费时不多，基本上达到启发学生自己解决问题的目的。看起来教师这样教很轻松，实际上课前动了不少脑筋。我从中又领悟到：教师一定要认真学习，深刻理解。惟其深入，才谈得上浅出，才能几下子就点到要害处，以引导学生独立解决问题。

附：近读刘心武的《钟鼓楼》，作者竟把历史唯物主义基本原理写进小说，深入浅出。有兴趣的可以读一读，在《当代》杂志 1984 年第 5 期和第 6 期。

爱查、爱读、爱翻

我们常说“查字典”，听惯了容易形成一个观念，认为字典只供人查而已。诚然，字典主要是供人查用，但是一本好字典不仅使人爱查，还使人爱读、爱翻。学习中一发生问题立刻向它请教，查到后读下去感到津津有味，平日就爱翻。这样一本好字典便成了人们学习时不可须臾离开的好伴侣。上面所说的要求，对于编写一本小学生字典更为重要。

小学生字典，顾名思义主要是供小学生应用的。这样的字典，一定要使小读者爱查、爱读、爱翻。字典编得有用、有趣，他们就喜爱；反之不太有用、没趣，他们就不喜爱。试想有那么一本字典，小学生学习中遇到了问题，一查再查查不到，或查起来很麻烦，即使查到了读下去又佶屈聱牙令人头痛，他们能不对之兴味索然，久而把它弃置一旁？我们的小学生字典一定要编得切实有用，使小学生爱不释手。达到这一要求，我想至少应注意到以下三点。

第一，收字、收词要精当。小学生字典不是大部头字典，收字、收词是有一定限度的，其范围要恰到好处。可否从三方面考虑：一是常用字，它们是久经研究实践定下的，小学生也应掌握；二是现在小学六年中各学科常碰到的字词；三是根据各学科近期发展需要适当扩大数量。做到收字、收词精当颇不容易，太少不够用不好，太多篇幅过大也不好。但两相比较，与其不够，不如略多。

第二，解释要正确、简明、有趣。一定要讲究科学性，故首先要正确；但又不能说得深奥繁复，要力求简明。做到简明不容易，只有知之深，才能三言两语说得明。编小字典不比编大字典容易，就释字、释词要简明而言，毋宁说反而难些。此外，还要吸引小学生爱看，那就要求有趣；但又不能为兴趣而兴趣，而是要寄有趣于知识之中。

第三，适当加些插图。有些字、词，内容说不清楚，插一幅图一看就明白了。再者，插点图可以增加小学生的兴趣。但是编选图幅，事先必深思熟虑选择精当。关于以上三点，我想以手边的一本英语词典来举个例。

此词典第 534 页：

> 袋鼠　一种以强健后腿跳跃前进的澳洲动物。母袋鼠身有一口袋用以携带幼鼠。

此“袋鼠”一词右旁还有一幅前腿短、后腿长的袋鼠插图。没有见过袋鼠的读者看了解释基本上能懂，看了插图就更明白有趣了。

还有一点要提一提，小学生字典是供小学生经常携带身边查用的，一定要字大书小。一大、一小分明矛盾，解决矛盾的办法也就是选字、选词精当，解说简明，插图恰到好处。

的确，编这样一本字典不容易，但我相信经过向小学师生深入调查研究，专家精心设计编写，一本小学生爱查、爱读、爱翻的《小学生字典》不久一定会应时问世的。

附言：本文系应《辞书研究》之约而写，当时选“袋鼠”一词为例还有一个意思。袋鼠英文是 Kangaroo，其名称来历颇有趣。相传柯克船长发现澳大利亚时，水手们把一怪兽带到船上，但不知名称，于是下船问当地土著，问过后上船说：“这是一只 Kangaroo。”从此这个名称就用起来了。多年后，人们到澳大利亚，才发现误会了。柯克的水手去问当地土著，彼此语言不通，当地土著反问：“Kangaroo?”原来当地土著问的是：“你们说什么？”

字典的“魔力”

传说仓颉造字，弄得鬼神不安，竟至于“天雨粟，鬼夜哭”。这真不可思议，难道文字真的有那么大的魔力吗？回忆幼年得到人生第一本字典的情景，那时我幼小心灵的深处，确实领受到文字的“魔力”，字典的“魔力”。

我刚进小学时，看到有的高年级学生，手里有一本小字典翻来翻去，真是羡慕极了。在我眼里，那本小字典是字的“汪洋大海”，奥妙无穷。我多么热望有朝一日手里也有一本。可是，旧社会念书，买一本小字典也不容易。我一直盼到小学五年级，有一天，爸爸给我买了一本学生字典，当时我那高兴劲儿，确实无法以言语形容。自此，这本小小的字典，就成了我学习中须臾不可离开的好伴侣。

小时候写作文，总是力求写得漂亮，一篇文章用上许多美丽的形容词，头脑挖空了，就到字典里去找。这样又养成了从头到尾翻阅字典的习惯。我为的是找美丽、欢乐的字词，结果翻来翻去，发现字典里悲哀愁苦的字词反而居多。记得那时也曾做过小统计，具体字数早忘了，统计也不可能准确，但似乎“不好”的字眼更多些。于是心里一直翻腾着一个问题：这到底是什么道理？我喜欢“研究”古人、同学的名字，当然名字中大多数字是认识的，但也有一些如“骞”“燮”“奭”“鼐”等类字需要查一查，一查，发现原来都是吉庆的字。上街，我喜欢观看招牌上的字，有些念得出的如“亨”“豫”等字，也要查一下才能了解确切的意义，原来也都是好字眼。想了又想，我渐渐悟出道理来。人名、招牌的字反映人们良好的愿望，而字典中的一大部分字词，则是社会历史、社会现实的语言词汇的反映。（试看“文化大革命”期间，“打倒”“砸烂”“千刀万剐”等字词，不是触目皆是吗？）以后离开小学，进入中学、大学，随着年龄和学识的增长，我又了解到我国字典中还有一些外来语，如“毛瑟枪”“来复线”“密丝”“马丹”“康伯度”等，这也有其社会历史原因。因此，现在我联想到编写辞书，其中一部分词语应考虑到正确反映社会历史、社会现实，古是古，今是今，不可含糊相杂，以今释古，以古喻今，造成意义上的混乱。新中国成立后编写的辞书确是大大改进了，如新出的《辞海》一定程度上包容古今，而《现代汉语词典》则是着眼于现代的。

我们做小学生时，也因一字一词的音形义互相争辩。辩论时，除了借重老师的权威，说“老师如何如何说的”以外，更理直气壮的是说“字典上是这样说的”；把字典打开给老师看，老师也会气馁起来，即使明知字典错、自己对，也会迟疑不决。其实，那时的字典错得不少，但铅印了，订成书，又名之曰“字典”，在人们心目中就有“神圣不可侵犯”的威严，让人不敢碰了。今天人们也多是这样看待辞书的。这就使我们认识到，编写辞书一定要十分严肃认真，力求少出差错。

字典主要是供人查用的，教师要使学生养成多查字典的好习惯。即使老作家如姚雪垠也说：“我有常翻字典和词典的习惯，应该说是我的好习惯。往往觉得一个词的性质理解没有把握，或不很有把握，我就翻字典或词典，而且有时翻几种字典和词典。”这不仅给青年作家树立了好榜样，也给学校师生很大的启发，应该勤查字典、词典。但是字典是否仅供人翻翻查查呢？也不尽然。好字典可以读一读，研究研究。以前有人设想：假如一个人一旦流落荒岛，只准带很少几本书，该是哪些书？有人开列的书目中竟然有一本《简明牛津字典》(*The Concise Oxford Dictionary*)，他认为这本小字典可以反复诵读。这是一本以英语解释英语字词的小字典，解释得简明、准确、生动，不像一般字典那么枯燥，读起来颇有趣味。我国东汉许慎的《说文解字》，长期以来受到人们的专门研究；研究《说文解字》成为一门重要的学问。在英国，约翰生独立编纂了第一部《英语词典》，此书反映了这位英国一代文豪的丰富学识，也是可以给人当书读的。因此，我又联想到我们编写的字典是否可以百尺竿头更进一步，来个锦上添花，编得更吸引人，让人读来兴味盎然。

今天，我早已不是学生，而是教书多年的语文老教师了。我的工作使我深深认识到，广大中小学师生是多么需要更好、更适用的学生字典。我们热烈希望辞书界及早编出引人入胜、读来爱不释手的学生字典。毫无疑问，这种更有“魔力”的字典不久就会问世的。

从记忆深处升起

让回忆的翅膀携着我飞回少年时代，回忆一下当年学习语文的情景。年华似逝水，几十年过去，不少事情已经模糊，有的还要搜索枯肠，但以下几件事历历在目，至今记忆犹新。

小时候我住的小屋里挂着一幅普通的山水画。这幅画清早看到，晚上看到，一天少说看到三四回，可是百看不厌。有时我会对它凝视很久，自己也仿佛进入画中，“徜徉于山水之间”，甚得其乐。这就是入神。国文老师叫我们读书要入神，读书入了神，就会乐在其中。家里有一部《评注图像水浒传》，一打开，我就被每一回前面的插图吸引住了。梁山雄伟险峻，梁山泊烟波浩渺，水面上有无边无际的芦苇，山上有一排排大房子……这一切，在我幼小的心灵里好像就是家乡长江边焦山一带。那时候我读《水浒传》，不觉以焦山一带风景作为梁山泊背景。我好像目睹何涛、黄安率领官军在茫茫荡荡的水泊中走投无路，就像在焦山下芦苇水港中吃了大败仗。读来犹如身历其境，真是津津有味。以后年纪大起来，我也曾重读《水浒传》，当然懂得的要比小时候多，但形象不如那时候那么逼真，不如以往入神了。今天人们告诉我，这是形象思维的作用。这方面我讲不清楚，但切实认识到生动的形象可以形成深刻的记忆。

教师讲课入情入理打动学生，也能在学生心上雕镂深刻的印象，从而拓展学生课外阅读的兴趣。记得小时候能背不少诗词，当时要背下来并不困难，虽说到今天忘记的居多数，但有的在记忆里似乎生了根，至今还能不假思索地脱口而出。今天细思一番，才知这些都是当时深深受到感动的作品。我们的国文老师教古文在课堂上是大声朗诵的。记得有一次教的是辛弃疾的词《南乡子·登京口北固亭有怀》，老师朗读时头与肩膀左右摇摆着，真是慷慨悲歌，我们的爱国主义情感油然而生。以后我每次登上满眼风光的北固楼，望着滚滚长江，回顾千古多少兴亡事，总是感慨万端。不用说，这首词至今背得滚瓜烂熟，并且自此爱读辛弃疾的词。也是在初中读书时，来了一位代课的国文老师，是年轻的新派人，他喜欢教白话文。有一次，教师教到田汉《南归》中的诗："模糊的村庄已在面前，礼拜堂的塔尖高耸昂然。依稀是十年前的园柳，屋顶上寂寞地飘着炊烟。"教师朗诵（当然是新式的以国语朗诵）着，进入了角色，他自己被感动了，他那深深被感动的神情凝聚在眼睛里。这感情传染了整个教室，一室鸦雀无声，大家都被感动了。课后，我未花多少时间就把诗背出来了。虽是几十年再未接触，但至今还能信口背出以上几句。此后，我对新文学更有兴趣，读了许多有名的中外小说，开阔了眼界，使我的心与时代更加贴近了。对于那两位国文老师，如今稍一回忆，就看到那充满感情的身子左右摇晃的神情和那一对深沉的眼睛。

我从小读《千家诗》，长辈只求能信口悠悠地背唱，懂不懂无所谓。如赵师秀的《有约》："黄梅时节家家雨，青草池塘处处蛙。有约不来过夜半，闲敲棋子落灯花。"背是很容易的。问到为什么叫"黄梅雨"，大人总说"梅子黄时雨"，我也觉得懂了，不再深问。小学求学生涯十分艰苦，步行很远的路上学，天气不好，就要冒雨冲雪，特别是黄梅天，雨落得叫人心烦。有时心里问："怎么雨落得那么多那么久?"于是又立刻自我解答：反正梅子黄时雨！说实在的，自己是老大不明白的。哪知国文老师讲这首诗时顺便简要地讲了梅雨的成因：梅子黄时的天气，冷暖空气在我们上空经久交锋，形成连日霖雨。比如："你们家里煮饭，锅盖一开，热气碰到冷气，蒸气化水，不是直往下淋吗?"原来天底下还有那么大学问，我简直听入了迷。后来长大，每到黄梅时节，常会不自觉地吟诵这首诗。这样，在我的课外阅读的书籍中，除文艺作品，又加上了如自然科学名家法布尔等人写的趣味浓厚的通俗科学读物。

让我用当时国文教师的一句话结束本文吧！小时候读语文，学了教科书上的课文就算数了，可是老师常说："你们光是念几篇课文是远远不够的，要在课外认认真真有计划地读一点好书；读的时候须动脑筋想一想，深入到书里去。”话虽平常，做到却不容易。我经过多年实践，越来越觉得受用不尽。往事依依，从记忆深处升起的学习生活中的一幕幕情景，倍觉亲切。

我与《千家诗》

童年时无知，不知艰辛，总爱把生活编织成美丽的花环。及今回忆，童年生活也确实富于情趣，充满幻想。说起来今天的青少年不易相信。将近半个世纪以前，哪像今天这样几乎家家有电视机，户户有收录机？那时收音机很少，留声机也不多，听唱片是一种特别享受，开留声机发条即使摇酸手也甘心。电影院很少，票价高，对孩童来说，看一场饱眼福也不容易……条件如此贫乏，生活岂能丰富多彩？那美丽的生活花环又怎样编织得起来？如今仔细回想一下，童年生活乐趣很大程度来自读书。书给我广阔天地，而其中编织我童年美丽的生活花环的竟有一本让人看不上眼的有光纸石印本《千家诗》。

我们祖国大地山河非常美丽，我家乡的山山水水也美丽非凡。一年之中，风光流转，阴晴雨晦，丽日蓝天，变幻的风云景致真是美不胜收。《千家诗》中很大部分的诗就是歌咏祖国风物，而且按春夏秋冬顺序编排，打开书往下念，四季风光就会依次展现在眼前。“万紫千红总是春”“春城无处不飞花”；“绿树阴浓夏日长”“五月榴花照眼明”；“青女素娥俱耐冷，月中霜里斗婵娟”；“梅雪争春未肯降，骚人阁笔费评章”……冬天去了，春天又回来了。吟诵这些诗句，春花秋月，一年四季都沉醉在诗的意境里。

小时候最喜欢过年过节，《千家诗》中对重要节日如新年（我们现在称作“春节”了）、清明、七夕、中秋、冬至等无不有诗。一到清明，就想起杜牧“清明时节雨纷纷”诗句；一到中秋，不禁感慨地吟诵苏轼“此生此夜不长好，明月明年何处看”；特别是新年吟诵王安石《元日》诗“爆竹声中一岁除，春风送暖入屠苏。千门万户曈曈日，总把新桃换旧符”，心里有说不出的欢乐。《千家诗》中这些风俗诗大大增添了童年生活情趣。

熟读《千家诗》，能丰富幼小心灵的想象力。不说别的，只看诗句中丰富的颜色就给生活涂上了多么绚丽的色彩！“万紫千红”“橙黄橘绿”“黄鹂鸣翠柳”“白鹭上青天”，真叫人眼花缭乱，心旷神怡，小脑袋里常常浮现出五彩纷呈的世界。那时总觉得诗比说话、散文多点什么，可又说不出所以然。只觉得一首诗尽管寥寥数字，但表达的内容丰富，能使人想得很多很多，能使人眼前仿佛出现一幅幅生动的图景。长大以后读欧阳修的《六一诗话》，方知好诗能“状难写之景如在目前，含不尽之意见于言外”。多读好诗，脑子不干枯，思绪常绵绵。人们皆知东西老化、硬化就不中用，对人来说，思想老化、硬化最可悲。我认为多读点诗能活跃思想，丰富想象，使脑子“软化”呢！

《千家诗》就是这样丰富了我童年的生活，如今一吟诵到其中诗句，就能唤起童年生活的回忆，那么动人，那么亲切。

可是，历来人们对《千家诗》的评价不高。我查了查《辞海》中“千家诗”这一词目，评论是：“编选庸陋，注解肤浅，时有谬说。”这也是实情，它比起目前出版的许多儿童诗选的确差得多。但奇怪的是新出的许多好的诗选似乎未曾像《千家诗》旧时对儿童那么起大作用。这不禁又使我联想起旧时对培养绘画起大作用的《芥子园画谱》，当今许多老一辈国画家都与它有深厚因缘。大画家潘天寿也有此经历，《潘天寿传略》中记载：“不久，又凑钱购得《芥子园画谱》一套，更是如获至宝，欣喜若狂……这本《芥子园画谱》成了先生学画唯一的启蒙教师，并进一步激发了他对绘画的热爱。”无疑，当今有许多比《芥子园画谱》编得好的国画教科书，似乎也未能像《芥子园画谱》旧时起那么大的作用。我从中想到：读诗也罢，学画也罢，即使条件大大改善，学习者如不一心一意陶醉其间，也未见得一定取得好成果。学习归根结底要靠自己。

我手头现在还剩有一册有光纸石印的《芥子园画谱》，当然印得很差。但每当我翻到它就会想起我原有的那本破旧的《千家诗》，可惜它在“文化大革命”中与其他许多书一道遭劫了。

阴霾过去，日月重光，祖国文化又开始繁荣。书店的书丰富起来，《千家诗》重新编印出版，不同的版本一种又一种，都比我那旧本不知精美多少。新编《千家诗》出一种，我就买一本，它们确实给我不少欢乐。尽管如此，我还是难以忘怀我那失去的泛黄破损的《千家诗》，是它，曾经编织过我童年生活的美丽花环！

忆昔童年乐事多

人们在一生中可能去过许多地方，有不少地方也许会在记忆中消逝，可是故乡的一山一水一草一木永远难以忘怀。人们在一生中经历不少事，有许多事在脑子里不留丝毫痕迹，可是故乡生活中的一些琐事烙在脑海里，清晰得像昨天发生的一样。

镇江，我生长的地方，在她的怀抱里我受到了人生第一课的教育，迈开了人生的第一步。离开她时，我还是一个年少稚气的学生，年华似流水，而今已是年逾半百的老教师了。

几十年来，我时时想起故土的山河：那耸峙大江边的金山，那远望似白银盘里一青螺的焦山，水味醇厚的天下第一泉，极目北望扬州路的北固楼……这些山山水水，不时飞入我的梦怀，勾起我对故乡的无限眷念。

更有幸的是，我在教学工作中常常会接触可爱的家乡。王安石的《泊船瓜洲》中“春风又绿江南岸，明月何时照我还”的名句总在我胸中激荡，作者急于回到钟山的迫切心情又总牵动着我重返京口探望家乡的情思。特别是慷慨激昂的辛稼轩的词《南乡子·登京口北固亭有怀》，更是意境深远，把我带回到满眼风光的北固楼。作者曾在此向北眺望烽烟遍地的扬州一带，忧心如焚；在这首词里作者望着滚滚长江回顾千古多少兴亡事，对南宋小朝廷的不抵抗感慨万端。我带着爱国的深情讲述这首词，激发学生的爱国主义情怀，在他们心灵深处点燃了热爱祖国的火焰……我的故乡有那么多被诗人描绘歌颂的山川名胜，我怎能不怀念，怎能不为之骄傲呢？

本文发表于《镇江市报》1982 年 3 月 7 日。

我永远怀念故乡的父老，我的师长、同学、亲友。他们抚育我成长，教育我、激励我奋发向前。我的初等教育是受之于家乡的。那时我们的求学生涯十分艰苦，天未明就起身，带着中午充饥的极其简单的饭菜，由西门外步行到东门外上中学，不管风霜雨雪，天天如此。后来在七里甸镇江中学寄宿，虽无每天跋涉之劳，但早晚读书，靠的是一盏油灯照明。生活尽管苦一点，但学校里老师谆谆教导，同学间切磋琢磨，乐事不少。至今还有两件事历历在目。

曾经有人说过，人生最快意的事之一是用家乡音调引吭朗诵诗词。我们的家乡话其实是很悦耳的，抑扬顿挫，富于音乐性，尤其是读起诗词来具有歌曲的韵味。记得中学一位国文老师在课堂上大声朗诵李后主的《虞美人》，朗诵时头与肩膀左右摇摆，读得出神入化，音调十分感人，一室寂静无声，我们全班同学都深深感动了。最近教鲁迅的《从百草园到三味书屋》，作者描写了先生大声朗读“金叵罗，颠倒淋漓噫……”时“将头仰起，摇着，向后面拗过去，拗过去”的神情，讲述到这个有趣的情节，我的眼前就会浮现出我那位中学语文老师的形象，耳畔又会响起他那充满感情的声音。

同学之间开开玩笑，甚至恶作剧，也是常有的事。有一次上作文课，有个同学课前竟偷偷地把我的凳子搬走，我就只好站着写。那次是自由命题，于是我针对这件事大发议论。其实事属鸡虫得失，而那时，我竟不知哪里来的那么多意气，也不知哪里来的那么多文思，笔端汩汩滔滔，写下一篇类似“檄文”的东西。写好一看，觉得不妙！大概老师要责怪了。出乎意料的是老师大为欣赏，在文后批上一大段，至今还记得起这样几句：“……于生失座，成此佳什，遂使孟嘉落帽韵事不专于前矣！”我们的老师并不是那么“道貌岸然”“神圣不可侵犯”，相反，师生之间倒是相处得十分融洽。老师热爱教师工作、爱护学生的精神是我的典范。我热爱教师工作、喜爱青少年学生的启蒙者，是我家乡可敬可爱的老师。

怀着对故土、对青少年时期学习生活的眷念，不揣浅陋，写下了七绝三首：

故国山河梦里回，
临风北固古楼台；
望中滚滚长江水，
襟带金焦左右来。

忆昔童年乐事多，
聆听夫子发“哀”歌；
“一江春水东流去”，
令我长思“金叵罗”。

草“檄”何曾两腿麻，
灌夫骂座笔生花；
鸡虫得失浑闲事，
赢取先生说孟嘉。

春秋战国的故事

江苏人民出版社 1957 年 2 月出版。

开头的话

这本小书讲的是我国周朝春秋战国时期的故事。为了使读者读起来有个头绪，首先得对周朝的历史线索交代几句。

中国在周朝以前是商朝。商朝末年，在现在陕西的渭水流域的周族兴盛起来，成为西方的强国。三千多年前，周武王灭了商，建立了周朝。

周武王虽然推翻了商朝，但是没有能把商王国吞并。周武王死后，国内掀起了大叛乱，经过武王的弟弟周公的东征，才把叛乱镇压下去，周的势力向东扩展到山东半岛。为了要统治这一片广大的领土，从武王时候起，就陆续建立了许多附属国。名义上，整个国家的土地都是属于周王的，周王是全国的最高统治者，称为天子；附属国的君主称作诸侯。

周朝开国的时候，国都建立在镐京①。公元前 771 年，西方的戎族攻陷了镐京，把周幽王杀死在骊山②下面。诸侯打退了戎族，立周幽王的儿子做天子，就是周平王。周平王怕戎族进攻，在公元前 770 年把国都东迁到洛邑③。

从周朝开国到东迁以前这两百多年，历史上叫作西周；东迁以后的五百多年，历史上叫作东周。

东周又可分为两个时期：从公元前 770 年到公元前 403 年魏、赵、韩三国正式成为诸侯的期间叫作春秋时期④（按：春秋结束的年

① 镐，读 hào。当时的镐京，在现在陕西省西安市长安区西北。

② 骊，读 lí。骊山在陕西省西安市临潼区东南。

③ 洛邑就是现在河南的洛阳。

④ 这一时期包括鲁国史书《春秋》所有年代，即从公元前 722 年到公元前 481 年，“春秋时期”的名称就是这样来的。

代说法不一，今多以公元前 770 年至公元前 476 年为“春秋时期”）；公元前 403 年到公元前 221 年秦始皇统一全国的期间，由于有七大强国①互相激烈战争，当时人就称这七大强国为“战国”，这个时期后来就被称作战国时期。

西周时期，周王直接拥有约一千里见方的土地，积极地加以经营，因而农产丰富，经济力量比诸侯国雄厚，使得周王能保持住全国最高统治者的威权。西周灭亡，周平王东迁以后，周王在西部丧失了大片的领土，王权就慢慢衰落下来。

春秋战国时期，由于铁的发明，冶铁的技术不断改进，生产上逐渐普遍应用铁制的工具，生产力就大大地发展起来。随着生产力的提高，地方经济也有了发展，有些诸侯的力量逐渐强大，超过了周王。从此以后，周王就无力控制诸侯了，只不过是名义上的最高领袖而已。

强大的诸侯为了扩充领土，不断向外掠夺，进行兼并战争，于是形成春秋时期各大国之间争霸的局面。各大国不断吞并的结果，到了战国时期，主要只剩下七大强国。这七大强国在连年的战争中，又逐渐形成为一个统一的国家，这便是秦始皇统一全国的故事。这都是后话。

这里，故事先从春秋时期第一个称霸的国家谈起。

① 七大强国是齐、楚、燕、赵、韩、魏、秦。

齐桓公和管仲

春秋时期第一个称霸的国家是齐国，第一个霸主是齐桓公。

齐国在山东半岛上，南边以泰山山脉与鲁国接界。这一带是肥沃的大平原，农产很丰富；又因为靠近海，渔产和煮盐事业很发达。自然条件这么优越，再加上积极开发，齐国很快就强盛起来了。

公元前 7 世纪初[①]，齐国的国君是齐襄公。这位国君是个道地的昏君，荒淫暴虐，国内政治搞得一团糟。

齐襄公有两个弟弟：大的叫公子纠，管仲做他的师傅；小的叫公子小白，鲍叔牙做他的师傅。鲍叔牙是个有才干的人，看到国内这种混乱情形，知道不久一定会发生乱子，就领了公子小白跑到莒国[②]去，避免遭祸。事情果然不出鲍叔牙所料——公元前 686 年，有个公孙无知设计杀死了齐襄公，自己做起国君来。动乱发生的时候，管仲急忙领着公子纠逃到鲁国去避难。

第二年春天，公孙无知又给人杀死了，这一下齐国大乱起来。两个逃亡在外的公子都赶紧想办法回齐国去，抢夺国君的位置。

公子纠的母亲是鲁国人。鲁君不怀好意，一直等候着机会，想扶立公子纠做齐国的国君；现在听到公孙无知被杀的消息，高兴极了，立刻派兵护送公子纠回齐国去。公子小白在莒国，莒国到齐国的路程近，鲁君怕公子小白先回到齐国，自己得不到好处，于是赶紧派管仲带兵截住莒国通往齐国的道路。

公子小白果然早得到公孙无知被杀的消息。原来公孙无知一死，齐国最强大的贵族国氏和高氏就立刻暗里派人去迎接公子小白回来做

① 一个世纪为 100 年，公元前 7 世纪初即公元前 600 多年。

② 莒，读 jǔ。莒国就是现在山东莒县。

国君。

管仲带着一小队人马来到莒国和齐国的边境，在大路旁边埋伏下来。等了好久，忽听得前面车马喧哗，抬头一看，公子小白坐着车前来了。管仲等公子小白走近的时候，拿起箭来对准他的心窝射了过去。只听得“嗖”的一响，公子小白“啊呀”一声倒了下去。顿时，周围的人都乱哄哄地嚷叫起来。管仲眼看公子小白给射死了，目的已经达到，就派人到鲁国去报信。

鲁国护送公子纠的军队得到信息以后，以为没有人与公子纠争位了，就不慌不忙地走路，而且越走越慢。哪知到了齐国，大大出乎他们的意料：齐国已经有了国君了。新国君不是别人，正是公子小白。

这一来，可把他们气昏了。明明公子小白被射死了，怎么又活过来了呢？他们哪里知道管仲那一箭只射中了公子小白的带钩。公子小白灵机一动，怕放冷箭的人还要射过来，就故意装死倒下去，骗过了管仲。其实，就连当时随从的人，也真以为公子小白被人暗算，必死无疑。

公子小白做了国君，就是齐桓公。齐桓公立刻派兵抵御鲁国，打败了鲁国的军队，要求鲁国杀死公子纠，交出管仲来。

齐国强大，鲁国没有办法，只好捏着鼻子吃酸酒，把公子纠杀掉，把管仲囚起来。

鲍叔牙和管仲是非常要好的朋友。管仲究竟有多少才干，他知道得一清二楚。鲍叔牙在齐桓公面前竭力赞扬管仲的才能，劝齐桓公用管仲做宰相。齐桓公听了，很不高兴，说：“不行。他一心要射死我，我还能用他？”

鲍叔牙说：“你不能计较这些，那时他是为了他的主人，不得已才这样做的。从那件事中，正可看出他的忠诚。再说，管仲的能力比我强得多，你要想干一番大事业，那就非用他做宰相不可！”

齐桓公最后听信了鲍叔牙的话，派鲍叔牙到鲁国去把管仲要回来，叫管仲做了宰相。

管仲做了齐国的宰相以后，就着手改革齐国的政治，干起称霸的大事业来了。

齐国国土广大，土地肥沃，管仲用兴修水利、开垦荒地等办法来发展农业生产。他废除公田制，规定按照土地的好坏来定赋税的轻重。齐国矿藏丰富，又因为靠近海，出产渔盐，管仲主张由国家来经营盐、铁事业：设立盐官煮盐，设立铁官制造农具，并且铸钱调剂物价。这些办法施行以后，很有成效，没过几年，齐国就成为当时最富强的国家了。

东周以来，周王的力量逐渐衰弱，越来越丧失号令诸侯的权力。诸侯国之间展开了激烈的相互吞并的战争。同时，四围的部族常常向中原侵犯，周王也没有力量来保护各诸侯国。不过，周王朝虽然已经十分贫弱，但名义上还是全国最高统治者。在这种情形下，管仲提出了“尊王攘夷”的口号，用尊重王权来团结中原的诸侯国抵抗四围部族的侵略，而齐国实际上为诸侯的领袖——霸主，向外扩展势力。

齐桓公采用了管仲的主张，在“尊王”的名义下召集中原的诸侯开了十几次盟会，并且救援北方的几个国家，阻挡住四围部族南侵。这里单讲一讲他们是怎样阻挡南方的楚国向中原扩展势力的。

楚人在最富庶的汉水、长江一带建立了楚国。还在西周的时候，楚国就与周王朝对敌了。相传西周的昭王南巡时，就是被楚人害死在汉水里的。东周以后，楚国吞并了许多小国，成为当时土地最辽阔的强国，于是不断向北方进攻，首当其冲的就是郑国。

正当齐国忙着抵御四围部族入侵，救援北方国家的时候，楚国接连向郑国进攻，郑国抵挡不住，向齐国求救。

公元前 656 年春天，齐桓公和管仲率领了中原八个国的联军浩浩荡荡南征楚国。楚王从来没有看到过这样壮大的队伍，心里有点儿怕，就派使臣前去探听虚实。

楚国使臣见了齐桓公说道：“你们齐国在北方，我们楚国在南方，互相没有牵涉，不知道你们为什么带领大军到这里来！”

齐桓公还没回答，管仲就说：“齐国奉天子的命令可以征讨不服从的诸侯。你们楚国当初也是天子所封的，为什么好久不向天子进贡？我还要问你，当初周昭王南巡到底是怎么死的？”

使臣回答说：“多年没有进贡，的确是我们的不是。至于昭王怎么会淹死在汉水里，我们可不知道。那时楚国的国境还没到那儿。你们实在要问，就去问问汉水吧！”

那时，楚国的态度还很强硬，联军就继续进军。

管仲很慎重，处处考虑周到，不轻易冒险深入，联军到达陉[①]这个地方，就驻扎下来。楚国方面也很有心机，眼看联军声势浩大，不是一下子能够取胜的，于是也就坐观风色。这样，两军从春天一直相持到夏天。

日子飞一般过去了。楚王的军队虽然强大，可也不敢轻举妄动。楚王再三考虑，派遣屈完去向联军求和。

齐桓公和管仲本来就不想血山血海地真打仗，只想逞一逞威风，吓唬吓唬楚国人。如今见到楚国有很好的准备，正愁无法下台，却不料楚王先派人来求和了。这个顺水人情乐得做，就装着将就答应了，并命令大军退到召陵[②]。

齐桓公一心想炫耀联军部队的强大，就邀屈完和他一同乘着战车去检阅军队。虽然烈日当空，天气闷热得使人喘不过气来，可是队伍的军容真好，个个精神饱满，身强力壮，操练起来生龙活虎似的。齐桓公指着军队，扬扬自得地对屈完说：“用这样的兵来打仗，哪个抵得住？用它来攻城，什么城攻不下？”

屈完沉静地回答：“你要是用恩德安抚诸侯，哪个敢不服？要是使用武力，那么楚国的城还坚实，又有汉水，你就算兵多吧，也不见得用得上！”

这一年，齐国和楚国就在召陵订立了一个盟约，就是历史上有名的“召陵之盟”。这次齐国领导中原诸侯共同对付楚国，虽然说不上获得胜利，但是使得楚国暂时不敢向北方扩展势力了。

齐国的霸业到“召陵之盟”就达到了顶点。此后十几年，管仲和齐桓公先后去世。管仲提出的“尊王攘夷”的口号，团结了诸侯并阻止了四国部族的侵犯，保卫了中原地区的安全。管仲死后一百多

① 陉，读 xíng，地名。在河南省。

② 在河南郾城。

年，孔子还赞美他说："要是没有管仲，我们大概要披头散发，穿着野蛮族穿的衣服，化为野蛮人了！"

管仲和齐桓公死了以后，齐国大乱，楚国又开始向北发展势力，郑国无力抵抗，只得依附楚国。当时中原诸侯国失去了领导力量，宋国[①]的宋襄公就想继承齐桓公的霸业，做霸主。

做霸主也得有个由头。正好这时郑国依附楚国，于是宋襄公就借着这个由头率领军队讨伐郑国。楚国当然不会听凭他这样做，就出兵救郑国。

公元前 638 年冬，宋襄公的大军和楚国的救兵在泓水[②]相遇。

宋国的军队早就来到，摆好阵势了；楚国的军队刚赶来，正在忙着渡河。宋国的大司马[③]对宋襄公说："他们人多，我们人少，趁他们渡河还没有渡完，迎头打过去，可以取胜。"

宋襄公摇摇头说："不行！"

眼看着楚国的大军全部登陆了，但还没有来得及整好队，大司马又劝宋襄公趁楚军还没有摆好阵，赶紧打过去。宋襄公还是摇摇头说："不行！"

等到楚军摆好阵，宋军才一板一眼地去进攻。

楚军可不像宋襄公那样讲"仁义"，他们排山倒海似的冲了过来。宋军大败，宋襄公的腿也受了伤。

大家气坏了，都怪宋襄公，说他不识时务，明知道自己人少，楚军人多、强悍，可偏还要摆起规矩来打仗，弄得自己惨败。谁知他反而说："君子打仗，不能使受伤的人再受伤；不该把头发花白的人拿来当俘虏……怎么可以在人家还没有摆好阵势的时候就打起鼓来，向人家进攻呢？"

后来，宋襄公伤重死了。大概他到死还以为他在战场上连连摇头是摇得很对的呢！

① 那时的宋国在今河南东部。
② 泓，读 hóng。泓水，在今河南柘城西北。
③ 这是那时的一种官职名称。

宋襄公到底没有能阻挡住楚国人向北方进展。他的举动只不过是争霸战争史剧中的一段滑稽的插曲而已。

齐国的霸权衰落以后，中原就没有一个大国有能力团结诸侯来阻挡楚国。直到北方的晋国强盛起来，那漂流在外十九年，到六十多岁才即位的晋文公继齐桓公做了霸主，才展开了晋楚争霸的局面。

晋楚争霸

晋国在山西汾河流域。公元前 7 世纪中，晋国的国君叫晋献公，吞并了许多小国，统一了汾河流域，并且把国土扩展到黄河以南，使晋国成为一个大国。

晋献公晚年宠爱美丽的妃子骊姬。骊姬生了个儿子叫作奚齐。骊姬想叫晋献公立她生的儿子奚齐做太子，就千方百计地想法害死太子申生。

有一次，骊姬把太子申生叫到面前，对他说："国君最近梦见了你的生母齐姜，你赶快去祭祀她一下吧。"

太子申生很孝顺，就到老家去祭了，并且依照当时的规矩，把祭祀的肉带回来，送给晋献公吃。那天，正好献公出去打猎，骊姬就偷偷地把毒药放在祭肉里。献公回来正要吃的时候，骊姬装腔作势地说："祭肉是远处来的，试试再吃吧……"

晋献公听了她的话，就把祭肉给狗吃；谁知狗吃了，一头撞在地上死了。晋献公大惊，又叫侍候的人吃了试试看；侍候的人吃了，也遭受到与狗同样的命运。于是骊姬大哭大闹着说："这明明是太子想毒死您。多狠毒的人啊！"

太子知道祸事临头，赶忙逃走，最后没有法子，只好自杀了。骊姬还不甘心，又诬说晋献公另外的两个儿子重耳和奚吾与太子同谋，吓得重耳、奚吾也逃走了。

重耳带着一批有才干的人到处漂泊，经过了好些国家，受到了不同的待遇：有的国君招待他，有的国君不欢迎他。

重耳到过宋国，宋襄公送了他二十套车马。后来他又到楚国，楚成王对他很好，招待他很周到。

有一次，楚成王在宴会上问重耳："你将来要是回到了晋国，怎样报答我呢?”

重耳想了一想说:“楚国物产丰富,取不尽,用不完,我真想不出拿什么东西来报答您哩!”

楚成王说:“话虽这么说,可是你总得想法报答我呀!”

重耳笑了笑,答道:“要是托您的福,我将来回到晋国做国君,万一我们两国发生了战争,我一定退避三舍①;要是您还不答应,那么我少不得要与您周旋周旋。”

重耳最后到了秦国,借了秦国的兵力回到晋国,杀死了晋君,自己做了国君。这就是晋文公。重耳在外面漂泊了十九年,历尽千辛万苦,获得了不少人生经验,等到他回晋国做国君的时候,已经是六十多岁的人了。

晋文公和他共患难的文武大臣齐心协力整顿国政,晋国就富强起来,奠定了霸业的基础。本来被迫依附于楚国的宋国,看到晋国强盛起来,就背叛了楚国去投靠晋国。楚王大怒,派子玉率领军队攻打宋国。宋国派人向晋国求救。晋文公召集大臣商讨办法,决定先不忙着去解宋国的围,而是向依附于楚国的曹国和卫国进攻。

晋文公率领大军用迅雷不及掩耳的速度向曹国、卫国进攻,一下子占据了这两国的都城,捉住了两国的国君。

楚成王听到晋国居然一下子攻下了曹、卫两国,大惊,就命令子玉从宋国撤退,说:“晋君在外面跑了十九年,什么苦都吃过,经验很丰富,我们跟他打,不一定能胜,还不如及早罢手。”

子玉只好听命,派人去向晋军讲和,说:“你们要是把曹、卫两国恢复,我们就解除对宋的围攻。”

晋文公与大臣们商量以后,玩了一个花招:一面派人去请求秦国和齐国出兵,一面把楚国的使臣扣押起来,私底下又答应恢复曹国、卫国,叫曹国、卫国宣告与楚国脱离关系。这一下可把子玉激怒了,他就干脆领兵向晋军进攻。

① 古时候一舍是三十里,三舍是九十里;退避三舍就是退让九十里的意思。

晋军不应战，只往后退避。将士们见到这种情形，都很奇怪地说："我们晋国的国君在楚国的臣子面前退避，不是太屈辱了吗？"

晋国的一个大臣说："当初我们国君在楚王面前答应过，两国要是打仗，我们一定退避三舍来报答楚王的恩惠。话说了要算数，不可失信。要是我们退兵，他们也退兵，两国就讲和。要是我们往后退，他们还是步步进逼，理亏的就是他们了。他们理一亏，我们理直气壮，打起仗来我们就有利。"

晋国的军队接连后退了九十里，到了城濮①才停下来。两军就在城濮展开了大战。一边是胸有成竹，准备得妥妥帖帖；一边是在气头上，只管猛打。楚国哪能敌得过晋国？结果大败而归。

这就是春秋时期有名的"城濮之战"，发生在公元前 632 年。这次战争奠定了晋国的霸业，晋文公继齐桓公之后成为中原的霸主。从此以后就展开了晋、楚八十多年时续时断的争霸战争。

公元前 613 年，楚国楚庄王即位。这位君王只知天天游戏作乐，三年来什么国家大事都没有管过。不管倒也罢了，他还下了一道命令：谁要是胆敢劝阻他游乐，就处死。

有一天，楚庄王正在宫里饮酒作乐，大臣伍举进来对他说："我想请大王猜个谜：山上有只鸟，三年不飞也不叫。大王知道是什么鸟吗？"

楚庄王并不是个糊涂人，心里早有盘算，如今听了伍举问的话，就哈哈大笑说："这只鸟可了不得，三年不飞，一飞冲天；三年不鸣，一鸣惊人。"

这以后，楚庄王就亲自管理起国家大事来。他用楚国有名的贤人孙叔敖做宰相，改革政治。楚国一天一天强大了起来，就打算跟晋国争霸。

公元前 597 年春天，楚庄王率领大军向归附晋国的郑国进攻。

楚军来势凶猛，一口气攻到郑国的都城，足足围了十七天。郑国

① 濮，读 pú。城濮是当时卫国的地方，在现在的山东境内。

的城墙虽然很坚实，但是经不起楚军的猛攻猛打，结果城给打坏了。郑国人支持不住，全城的人都哭了起来，声动天地。这种惨状甚至于楚庄王也感动了，楚庄王就下令暂时撤兵。

郑国人竭尽全力把城修好，楚军又围攻上去，围了三个月，终于把城攻了下来。郑国的国君只好露出上身，牵着一头表示驯服的羊，向楚国投降。

同年夏天，晋国派军队救援郑国，在邲[①]这个地方和楚军交起手来，这次晋国被打败了。

此后几十年中，晋国与楚国又打过两次大仗，得胜的都是晋国。此外，各国间的小战连年不断，人民生活非常痛苦，于是就有人起来提倡和平运动。

最有名的是公元前546年在宋国的都城商丘开的息兵会，有十四个国家参加。在这次息兵会上，晋国作了很大的让步，让楚国做了盟主。这时候晋国内部开始酝酿着分裂，晋国逐渐衰落下来。

邲之战的前二年，陈国发生了夏征舒之乱。

夏征舒的母亲夏姬与陈国的国君以及另外两个贵族都有不正当的男女关系。有一天，他们三个人在夏姬家饮酒作乐，陈君指着夏征舒对那两个贵族说："征舒倒有点儿像你们两人。"

那两人也油腔滑调地笑着回答说："哪里？也有点儿像您国君呢？"

夏征舒是个血性汉子，怎么受得了这种侮辱，大怒，就把国君射死了。于是陈国大乱起来。

楚庄王率领军队到陈国去平乱，杀掉夏征舒，把夏姬带回楚国。

夏姬是个有名的美人儿，实在长得太美了，连楚庄王见了也舍不得杀她了。楚庄王想把她收在自己宫里，巫臣劝阻说："陈君就是因为她才丧失了命；陈国就是因为她才大乱的。这种人收留不得！"

楚庄王听信了巫臣的劝告。贵族子反见夏姬貌美，也想娶她，但

① 邲，读bì。古地名，在今河南荥阳市北。

也被巫臣劝阻了。原来巫臣自己打夏姬的念头，早先看见她的时候，就爱上了她。

楚庄王只好把夏姬赏给了一个叫襄老的人。

后来，襄老在邲之战中受伤死了，巫臣就趁此机会，想尽办法把夏姬安置到她的老家郑国，后来又借个机会带着夏姬投奔到晋国去。

贵族子反知道了这件事，非常愤恨，就联合别的贵族，要把巫臣的族人杀尽，把他的财产分掉。这一下做得未免太辣手了，巫臣把心一横，写信给他们说："我一定要弄得你们东奔西走，永远不得安宁。"

于是巫臣向晋君献联合吴国、攻击楚国的计策。

公元前 584 年，他自己带着一队战车到吴国，亲自教吴人车战的方法。吴军学会了车战以后，就能从淮南江北的陆地上向楚国进攻。从此楚国的东北边境就不得安宁了。

据说，吴国跟楚国有一年甚至打了七次仗，弄得楚军真的很难对付了。

伍子胥

巫臣到吴国去教车战以后大约六十年，又发生了楚国的伍子胥被迫逃奔吴国的事。事情是这样发生的：

楚平王的太子名叫建，平王叫伍奢和费无忌两人做太子建的师傅。伍奢是伍子胥的父亲，是个品德好的人，太子建非常亲信他；费无忌是卑鄙的小人，太子建很不喜欢他。费无忌怨恨太子建，怕他将来即位以后，自己得不到宠爱，就费尽心机想出种种办法来谋害他。

有一天，费无忌对楚平王说："太子年龄已经不小，该给他娶门亲了。"

楚平王觉得费无忌的话不错，就派他上秦国去给太子建迎亲。

新娘子长得十分漂亮。费无忌就撺弄楚平王自己娶过来。楚平王听了，正合心意，就真的把太子建的媳妇据为己有，却另外再替太子娶一门亲。他哪里知道这是费无忌早安下的坏主意，准备一步步来谋害太子的呢?!

费无忌处处迎合楚平王的心意，得到了他的宠爱，与太子建却结下了更深的怨恨。费无忌怕平王死后，太子建即位要杀他，就更加在平王面前挑拨离间，说太子建怎样怎样不好。楚平王心被说动了，就派太子建到城父[①]去守边疆。不过费无忌还不罢休，还是日夜在楚平王面前说太子建的坏话。他说："太子对娶亲的事怀恨在心，大王您可得留点儿心！听说太子在城父操练兵马，又跟诸侯联络，说不定是有作乱的意思呢!"

楚平王自己做了错事，非但不自责，反而听信费无忌的坏话，把

① 城父，在今河南襄城西南。

伍奢召回来拷问。

伍奢说:“大王已经做错了一件事,怎么还听信小人的坏话,疏远自己的骨肉呢?”

费无忌在旁装作大为吃惊的样子说:“啊,果然是真的!大王还不赶快制止!眼看他们就要发动,要把你抓去了!”

楚平王大怒,不管青红皂白,就把伍奢扣押起来,并且派人去杀太子。被派去的人故意把消息走漏,太子建知道大祸临头,赶忙逃到宋国去了。

费无忌心还不死,又对楚平王说:“伍奢有两个儿子,伍尚和伍员(伍员就是伍子胥),都非常能干,要是不把他们杀掉,将来对楚国的危害很大,得赶紧想法把他们召唤来。”

楚平王认为费无忌的话很对,斩草要除根,免得后患,就派人对伍奢说:“你要是能把你两个儿子叫来,我就赦免你的罪,让你活命;要是不叫来,你就非死不可!”

伍奢听了,胸有成竹地说:“伍尚为人很厚道,他一定会来;伍员性格刚强,很有一番作为,他明知来是送死,哪里还肯来?”

楚平王一点也不考虑伍奢的话,还是照着自己的意思,派使者去召唤他们兄弟两人。事情果然如伍奢所说,伍尚一听到消息就要去,伍子胥可不答应,他说:“楚王叫我们前去,绝不是真心要赦免父亲,而是怕我们逃走了产生后患。我们要是真的去,那就一定是与父亲同死。白白地去送命,有什么好处呢?我看还不如投奔到别国去,借兵报仇。”

伍尚说:“我也明晓得我们去救不了父亲的性命,不过既然大王这样说,那就不能不去;还是我去送死,你设法报仇吧!”

伍尚真的跟着使者去了。伍子胥张弓布矢吓退了使者,自己逃了出去。

伍奢听到伍子胥逃走的消息,叹了口气说:“从此楚国君臣可不要想太平了。”

楚平王到底把伍奢、伍尚父子两人杀死了。

伍子胥逃出楚国,投奔到宋国太子建那儿去。不久宋国发生内乱，他又和太子建一道到了郑国。

太子建是个眼光短浅的人，只顾自己一时的利益，跟晋国人秘密勾结起来，准备在晋国进攻郑国的时候做内应。伍子胥劝谏也没用。纸哪里包得住火？这个阴谋很快就被发觉了。郑国人气极了，就杀死了太子建。伍子胥只得离开郑国，设法投奔到吴国去。

他一路上跋山涉水，白天黑夜地在荒山穷谷里奔波，忍饥饿，担惊恐，受尽了千辛万苦。

深秋，伍子胥来到昭关①，过了昭关就可以一直到吴国去了。可是，昭关把守得很是严紧，怎么过得去呢？伍子胥心里十分焦急，就悄悄地躲藏在昭关旁边的荒草丛莽里，不敢露面，打算第二天一清早趁大家都出关的时候混出去。

夜来了，萧瑟凄清的秋风越刮越冷。外面虽然冷，伍子胥的心里却急得火烧一般，好容易才熬到了天亮。

天刚蒙蒙亮，满面风霜的伍子胥来到了昭关口，想混出关去。不料仍然给守兵发觉了，他只得慌忙从小路逃走，拼命地向前奔去。

谁知前面是白茫茫的一片江水，除非插翅才能飞渡过去；后面追兵追得紧，只听得马蹄声、人声越来越近，越来越响，眼看无路可走，非死不可了。

正在这危急万分的当儿，忽见江上有一渔翁驾着一叶小船漂了过来。渔翁看到伍子胥那样惊慌失措，问明白实情以后，立刻把他渡过江去。

伍子胥总算死里逢生了。

过了江，伍子胥一再感谢渔翁的救命大恩，并且解下身上的宝剑，对渔翁说："这把宝剑很贵重，值很多金子。现在我身边只有这点值钱的东西了，就把它送给你吧。"

渔翁笑笑说："楚国下了命令：逮住伍子胥的，赏粮食五万石。还加封爵位。五万石粮食和爵位我都不要，难道还贪图你这把宝剑

① 昭关，古关名。故址在今安徽含山北小岘山。

吗？”说着，就摇船顺流而去。

伍子胥终于逃到了吴国。

这时候，吴国的国王叫作僚，用公子光做大将。伍子胥通过公子光的介绍，见到了吴王僚。伍子胥想劝吴王僚去攻打楚国，替自己报仇，可是一直找不到机会。

有一次，他趁吴国和楚国边界上发生冲突的时候，在吴王僚面前一再陈说攻打楚国的好处，劝吴王僚攻打楚国。哪知道公子光竟出面阻挡说：“伍子胥的父兄是被楚王杀死的，他劝大王攻打楚国，只是为了替他自己报私仇而已，大王要三思。”

吴王僚听了公子光的话，没有去攻打楚国。

伍子胥心里思索，公子光说这样的话一定是别有用心，于是私底下去打探原因。最后，弄明白了，原来公子光想杀掉吴王僚，自己做国王。伍子胥弄清楚内情以后，就决定先设法帮助公子光夺取王位，再利用公子光的力量来替自己报仇。他把自己结识的一个勇士专诸介绍给公子光，自己却躲到乡下去种田。

公元前516年，楚平王死了，太子即位，就是楚昭王。吴王僚趁楚国有丧事的时候，出兵攻打楚国。楚国派大军截住了吴军的后路，吴国内部空虚了。公子光就趁这个时机，跟专诸定下计策来刺杀吴王僚。

一天，公子光预先在自己家里埋伏了兵士，亲自请国王前来宴会。吴王僚素来小心谨慎，怕有人行刺，防备得非常严密，从王宫到公子光的府里，沿路派兵防卫，连公子光府内从大门到宴会的厅堂都用自己的亲兵守卫。上菜的人必须在门口脱光衣服，换上专门准备好的衣服才准进客厅。

宴会中，公子光假说自己脚痛，躲到后面去了。

这时，有一个上菜的人献上了大盘的鱼。这人走到吴王僚身边，突然从鱼肚子里抽出一把亮晃晃的锋利无比的短剑，对准吴王僚刺了过去。吴王僚尽管防备得严密，可还是逃不出别人的暗算。顿时，国王的卫兵拥了上来，乱刀齐下，把上菜的人砍死了。原来那上菜的人，就是伍子胥荐给公子光的勇士专诸。

专诸就这样在别人的争权夺利中白送了性命。

公子光率领了伏兵把国王的卫兵杀散，占领王宫，自己做起国王来，这就是吴王阖闾①。

当时楚国内政仍旧很混乱，费无忌为了自己能横行霸道，又设计杀死了大臣郤宛一族的人，只有郤宛的一个儿子伯嚭②逃到了吴国。

吴王阖闾重用伍子胥和伯嚭，趁着楚国内政腐败，在公元前506年发动大军向楚国大举进攻，五战五胜。楚军节节败退，吴军攻进了楚国都城郢③，吓得楚昭王匆匆忙忙逃奔到随国④。

据说，那时楚平王已经死了好久了，可是伍子胥为了泄恨，挖出他的尸体，狠狠地打了三百鞭子。

当初，伍子胥和申包胥是好朋友。伍子胥逃亡的时候曾对申包胥说："我一定要把楚国灭掉。"

申包胥说："事情不能做得过分，你要是真的灭掉楚国，我就一定要把它恢复过来。"

眼看楚国快要灭亡了，申包胥赶紧跑到秦国去求救兵，挽救楚国。

秦君一时拿不定主意，没有立刻答应，派人对申包胥说："我已经晓得了你的意思，等我考虑考虑再告诉你，请你先到客馆里去休息休息吧！"

申包胥不肯去，对那人说："我们大王现在流落在外，不得安身，我怎么能贪图舒适呢？"

于是，他就靠在宫廷外的墙上痛哭起来，白天黑夜地哭，一口水也不喝，一连哭了七天七夜。申包胥这种爱祖国的热忱终于感动了秦君。

秦国派了五百辆兵车援助楚国，与楚国残余的军队联合起来对吴

① 阖，读 hé；闾，读 lǘ。
② 嚭，读 pǐ。
③ 郢，读 yǐng。在湖北荆州。
④ 随国在今湖北随州。

军作战，打败了吴军。正在这时候，吴国发生了内乱，阖闾只得退兵回国去平定乱事。

自晋国派巫臣到吴国教车战以来，吴国越来越强大，变成了楚国的劲敌。楚国也采取同样的办法，派文种和范蠡[1]到吴国南方的越国去，帮助越国向吴国进攻。

① 蠡，读lǐ。

卧薪尝胆

越国得到楚国的帮助，开始强盛起来。吴国向楚国进攻的时候，越国就乘机攻打吴国。越国和吴国常常互相攻战，结成怨仇。

公元前496年，吴王阖闾带兵攻打越国，越王勾践出兵抵抗，两军在槜李[①]大战。越军勇猛，吴军抵挡不住，大败。吴王阖闾受了重伤。临死前，吴王阖闾对太子说："你可别忘了越国啊！"

太子即位，就是吴王夫差。吴王夫差发誓要为父亲报仇，叫人经常提醒他报仇的事。他在宫里进出的时候，就有人问他："夫差，你忘记越王杀死你父亲了吗？"

夫差斩钉截铁地回答："我永远也不敢忘记！"

吴王夫差一心要报仇雪耻，就用伯嚭做太宰[②]，操练兵马。他即位后的第二年，带着全国的精兵，狠狠地去攻打越国，在夫椒[③]这个地方把越国的军队打得落花流水。

越王勾践只得收拾残兵败将五千人退守会稽[④]。夫差哪里肯放松，又紧紧追到那里，把他们包围起来。

形势危急万分，勾践急得像热锅上的蚂蚁一样，乱撞乱钻。他和范蠡商议来、商议去，最后决定派遣文种前去求和。

文种跪在夫差面前苦苦哀求，说越王甘愿做吴王的臣子，请求吴王答应求和。夫差原想答应，可是伍子胥反对说："勾践实在没有办法才来投降的。我看他这个人吃得苦，耐得住性子，不是没有才干的

① 槜，读zuì。槜李在今浙江嘉兴市西南。

② 太宰是当时的官名，相当于宰相。

③ 夫椒，古山名。一说即今江苏苏州市西南太湖中洞庭西山；一说即今江苏无锡市西南太湖中马迹山；一说即夫山，在今浙江绍兴市西北。

④ 会稽，治今浙江绍兴市。

人，一有机会，他准要报仇。不如趁机一口气儿把越国灭掉！”

夫差觉得伍子胥的话有道理，就没有答应。

文种回去把求和没有成功的经过情形告诉了越王勾践。勾践想这一下完蛋了，总怪当初自己没有好好防备吴国，现在只得杀掉妻子，烧毁珍宝，跟吴国决一死战再说。文种认为求和并非完全没有希望，他说：“吴国的太宰伯嚭是个贪图财货的小人，我们可以设法拉拢他，送他一些东西，请他帮忙求和，他准能答应。”

于是勾践派文种带着如花似玉的美女和珍珠宝贝去贿赂伯嚭。

伯嚭的确是个贪得无厌的家伙，见钱眼开，把国家早丢到脑勺后头去了。他欢欢喜喜地收下了财宝，带着文种去见夫差，替越国求情。

文种见了夫差，跪下来说：“请大王饶恕了勾践的罪过，答应他求和吧！这样，越国所有的财富都是大王的了。要是大王不肯赦免勾践的罪，那么他就要杀掉妻子，焚毁所有财宝，带着五千人拼死打一仗。仗虽然不能打胜，但大王也不免要受到相当大的损失啊！”

伯嚭站在旁边，趁机帮腔说：“勾践既然情愿投降做臣子，大王就赦免他的罪吧，这样对吴国有利。”

夫差给他们的花言巧语迷惑住，又要答应了。伍子胥赶紧阻止说：“勾践和文种、范蠡都是很能干的人，把他们放回去了一定会危害吴国；现在不把越国灭掉，将来一定要后悔的。大王要再思再想！”

夫差这次可没有听伍子胥的劝告，答应了越国的求和，把军队撤回吴国去了。

越国投降以后，勾践把国家大事重托给文种等人管理，自己远离祖国，凄凄惨惨地带着妻子和范蠡到吴国去，给吴王夫差当奴仆。

夫差叫他们夫妻两人住在阖闾坟墓旁边的石屋子里，叫勾践喂马。夫差坐车子出去的时候，就叫勾践拉马。

三年来，勾践吃了数不尽的苦，受到难以形容的羞辱，熬过酷热的夏天，又挨过严寒的冬季，日子过得真慢啊，像蜗牛爬似的，一天又一天。这些悲惨的日子在勾践的脑海里留下了深刻的、永不磨灭的烙印。耻辱总得雪刷，勾践心中复仇的火焰越燃越厉害了，可是，他忍耐着性儿，不动声色，在夫差面前总是装得很忠顺，伺候得很小心，毫无怨言。

同时，文种暗地里又进行工作，常常派人送礼物给伯嚭，要伯嚭在夫差面前不断给勾践说情。

夫差终于把勾践放回去了。

勾践回国以后，一心一意准备报仇。他怕安逸的生活会把自己的志气消磨掉，就给自己安排了一个刻苦的环境。晚上睡在柴草堆上，屋里吊着一只苦胆，起身、睡觉、吃饭之前都要尝一尝胆的苦味，时时提醒自己不能忘掉当年受屈辱的情景，不能忘掉仇恨。

他看到越国自从战败亡国以来，人口大大减少了，于是就奖励生育：命令壮年人不准娶老妻，老年人不准娶少妇；女子十七岁不出嫁，男子二十岁不娶亲，父母就有罪。他又叫文种管理政事，叫范蠡积极训练军队。

由于他自己尝到了困苦的滋味，所以能同情穷苦的人，救济他们；自己毫不贪图安乐，亲自耕作，妻子亲自纺织，与老百姓同甘苦。这样全国上下齐心一气，越国很快富强起来。

越王勾践一面整顿国政，奖励生育，训练军队；一面仍然向吴王夫差献殷勤，表示忠顺，时常派人到吴国进贡。夫差准备造姑苏台，勾践就叫人采伐了又长又大的木材进献给夫差，后来又挑选了绝世的美人西施献给夫差。

吴王夫差自从把越国收为属国，又看到勾践如此恭顺，以为没有后顾之忧了，就一心一意到中原去争霸。

他为了运兵运粮去攻打北方的齐国、鲁国，就开了一条运河，把长江、淮河贯通起来，这样耗损了不少人力财力，人民心里十分怨恨。

伍子胥把勾践这个人看得清清楚楚，知道勾践是不肯甘休的。吴王夫差要出兵攻伐齐国，伍子胥劝谏说："齐国对我们吴国来说，只是皮肤上的小疮而已，越国才是心腹大患。请大王暂时不要攻打齐国，还是对付越国要紧！"

夫差不听，仍然出兵攻打齐国，居然打了胜仗。这一来，夫差以后就更加不听伍子胥的话了。

后来，吴王夫差又要攻伐齐国。勾践为了消除夫差的猜疑，一面假意派兵助战，一面又送一份厚厚的礼物给伯嚭。伯嚭经常得到勾践的贿赂，就不断在吴王面前说勾践的好话，说伍子胥的坏话。

因此，伍子胥屡次劝吴王夫差防备越国，夫差不仅毫不在意，反而听信了伯嚭的挑拨，觉得这个老家伙实在讨厌，就派人送了一把宝剑给伍子胥，叫他自杀。

伍子胥接到宝剑，仰天叹息着说："我这一片忠心，大王总有一天会明白的。就怕那时明白，已经太晚了。"

他又对别人说："我死了以后，你们把我的眼睛剜下来挂在国都的东门上面，我要亲眼看着越兵来把吴国灭掉！"说着，就自刎了。

吴王夫差两次打败齐国，公元前 482 年就在黄池[①]大会各国诸侯，打算跟晋国争做霸主。

吴国的精兵都给吴王夫差带走了，国内留下的只有太子率领的老弱残兵。越王勾践见机会来了，趁吴国空虚，带领大军打了过来。那些老弱残兵怎经得起养精蓄锐多年的越兵来打？一下子都像秋风里的落叶一样，被扫得一干二净，太子也丧了命。吴国人心大乱，立刻派人送信给吴王夫差告急。

夫差正忙着跟晋定公争夺盟主地位，一听到这个消息，很是惊慌。他虽然把这个消息隐瞒起来，可是晋国人看到他神色慌张，知道他国内一定出了事，就坚决不肯让吴国做盟主。双方一直争到天黑，夫差心虚，没奈何，只得把盟主的地位让给晋国，匆匆忙忙带着兵回到吴国去。

归途上，夫差的军队听说自己家乡给越兵占据了，心里急得慌，军心涣散，一下子就被越国军队打垮了。这次轮到夫差去向勾践求和了。

① 黄池，在今河南封丘西南。

勾践看到吴国这时还有一定的实力，不能一下子把吴国灭掉，就答应了。

从此以后，吴国屡次与越国战争都被打败，衰落了下来。公元前473年，越王勾践率领全国大军向吴国进攻，把吴国军队打得一败涂地，把吴王夫差围困了起来。

夫差无法可想，只得又派人向勾践求和。勾践可狠着呢，他坚决不答应。夫差悔恨自己当年不听伍子胥的忠告，落得这样悲惨的下场，就自杀了。吴国也就此灭亡了。

越王勾践灭掉吴国以后，就北进到徐州①，大会各国诸侯，做起霸主来。

越国灭吴国以后七十年，晋国正式分裂为魏、赵、韩三个国家，那就是战国时期的开始［按：关于战国时期的开始年代说法不一，司马光《资治通鉴》起于周威烈王二十三年（前403年）承认韩、赵、魏为诸侯］。

① 当时这个徐州在今山东境内。

三家分晋

春秋时期有一百四十多个诸侯国互相吞并。大国吞大国，大国吞小国，小国吞小国，到了春秋末期只剩下一二十个国家了。这些国家中只有晋、楚、齐、秦、越是大国，其余都是比较小的国家。

这时，中原晋、齐等诸侯国，由于国君生活奢侈腐化，对人民残酷剥削，人民纷纷起来反抗，国君的势力逐渐衰弱下去了。国君下面的卿大夫推行比较好的政治，收买人心，得到人民的拥护，慢慢地强大起来。他们把持国家的大权，有的最后甚至自己做起诸侯来。

把持晋国大权的是所谓“六卿”。“六卿”就是范氏、中行氏、智氏、魏氏、赵氏、韩氏。六家钩心斗角，互相火并，因此晋国内乱不断。后来范氏和中行氏给打垮，被赶出了晋国，两家的土地也给其余的四家瓜分了；晋国的大权就落在智伯、魏桓子、赵襄子、韩康子四家手里。

四家中势力顶大的要数智伯。智伯是个很傲慢的人，为了自己痛快，老是去欺侮别人。有一次他在宴会上戏弄韩康子，侮辱韩康子的手下人，弄得人家非常难堪。这件事传开去了，有人劝智伯说：“你这样开人家的玩笑，侮辱人家，人家定会恨你，以后跟你找麻烦就坏事了！”

智伯不仅不听劝告，反而冷笑说：“哼！找麻烦只有我的份儿；我不跟人家找麻烦就算好了，谁还敢来找我的麻烦！”

智伯野心勃勃，要扩大自己的领地，强迫魏、赵、韩三家每家都割一大片土地给他。他派人向韩康子要地，韩康子本来想不答应的，但是手下人却劝他说：“智伯这个人你是知道的，爱占便宜，性情又暴躁，要是我们不给他，他一定借口来攻打我们，还不如给他算了。他得了便宜以后，仍旧不会满足，必定又会向别家要地，要是别家不给他，他准带兵去攻打，那时我们再见机行事好了！”

韩康子觉得话很对，就如数交出了一片土地来。

智伯得了土地，很高兴，以为自己真了不起，别人都怕他，就又得寸进尺地派人向魏桓子要地。

魏桓子不肯给，手下人问为什么不肯给，魏桓子说：“无缘无故要地，当然不给！”

手下人劝魏桓子说：“不能这样。智伯无缘无故要地，蛮横无理，人家一定惧怕他。我们要是交出土地，智伯以为我们也怕他，就会更加骄傲起来，一骄傲就会轻敌。同时大家因为怕他，势必会联合起来；大家联合起来对付轻敌的人，我看智家的命运就不会长久了。我们现在还不如割给他土地，将来有机会跟人家联合起来对付他。”

话说得有道理，于是魏桓子也如数交出了一大片土地。

这一来，智伯越发不把别人放在眼里，更得意忘形了。他又派人问赵襄子要地。赵襄子气呼呼地说：“土地是我祖上千辛万苦置下的产业，我怎能平白无故去送人？”

智伯已经是个骄横透顶的人，见赵襄子不肯割地，大怒，亲自带领大军，并胁迫魏、韩两家出兵，一齐向赵家进攻。

赵襄子听说智伯率领了三家军队打来，知道寡不敌众，就带领军队退守晋阳①。三家的军队紧跟着追上来，把晋阳城团团围住。这一围就围了一年多，弄得城里的人吃不饱、睡不好，个个面黄肌瘦。可是他们没有气馁，大伙儿一心一意奋勇抗战，联军虽日夜进攻，城还是攻不下来。

智伯看到晋阳城这么坚实，知道硬攻攻不破，就想出个恶毒的办法来：命令兵士筑堤坝，把晋阳城边的晋水积蓄起来，灌到晋阳城里去。

水多厉害啊！不到几天工夫，晋阳城到处都是水，生火做饭都非常困难。可是晋阳城里的老百姓是硬骨头，这点儿水吓不倒他们，他

① 晋阳就在今山西太原。

们坚决不屈服，更齐心协力，牢牢地守住城。

智伯眼看晋阳城就要给大水淹没了，心里非常得意。有一次，在大家看水势的时候，他故意指着晋阳城对魏桓子和韩康子说："我现在才晓得大水还可以亡人家的国家哩！"

魏桓子和韩康子听了，心里非常害怕，因为魏家的大城安邑在汾水边上，韩家的大城平阳在绛水边上，汾水可以灌安邑，绛水可以灌平阳。他们心里想：智伯这个人什么事都做得出，把赵家灭掉后对自己准没好处，得想办法对付才行。

正当魏桓子、韩康子日夜焦虑的时候，一天晚上，赵襄子派张孟谈偷偷地溜出晋阳城来跟他们商量了。

张孟谈见到他们两人，说："赵家跟魏家、韩家就好比嘴唇和牙齿互相依附着，要是嘴唇缺了，牙齿就要受冻。现在智伯率领了魏、韩两军来攻赵，如果赵家亡了，恐怕就要轮到魏家和韩家了！"

魏桓子、韩康子两人忧愁地说："我们也明知道智伯不会放过我们，我们正急着想法对付他，只是怕事没做成，秘密倒泄露出去，那我们马上就要遭殃。"

张孟谈说："只有我一个人在这儿，决不会泄露秘密，你们说出来有什么关系呢？"

于是魏桓子、韩康子私下跟张孟谈叽叽喳喳谈了半天，定下计谋，约定了日期，到时候向智伯进攻。

一个漆黑的夜晚，四周静悄悄的，只有堤坝里的水哗啦啦地流着。就在这时候，赵襄子派人潜出晋阳城，神不知鬼不觉地杀掉了守堤的人，决开堤坝，把水一直灌到智伯的军营里去。

智伯正在做着好梦，忽听得哗啦啦的声音越来越响，来势汹汹，就惊醒过来，知道事情不妙，慌忙叫兵士抢救。哪知水势越来越大，冲得兵士连脚都站不住了，喊的喊，叫的叫，乱成一团糟。

就在这混乱不堪的当儿，魏家、赵家向智伯两面夹攻过来，赵襄子又带领军队迎头痛击过去。顿时，智伯的军队被打得落花流水，死的死，伤的伤，智伯也被人杀掉了。

赵、魏、韩三家为了斩草除根，又把智家全族人杀光，并且把智伯的土地也瓜分了。

这一来，操纵晋国大权的只有赵、魏、韩三家了。三家名义上虽然不是诸侯，而实际上与诸侯没有两样。以后三家又进一步陆续分割晋国国君的土地，最后只给国君留下了一点点地方。国君一点权力也没有了，只得忍气吞声地在三家手下讨生活，甚至卑屈地到三家去朝见。晋国名义上虽还存在，实际上已经无足轻重了。

公元前403年，魏、赵、韩得到了周天子的承认，正式成为诸侯国。司马光《资治通鉴》把这一年作为战国时期的开始。

这时候，历史舞台上出现了三个新国家：魏国、赵国、韩国。魏国占有原来晋国中部和西南部的地方，赵国占有原来晋国北部的地方，韩国占有原来晋国南部的地方。

魏、赵、韩三国和原来的齐、楚、秦、燕四国并称为战国时期的七大强国，历史上叫作“战国七雄”。这七大强国的领土比较大，人口比较多，经济、政治、军事力量都比较集中。各国之间不断地展开吞并战争，比春秋时期更激烈，规模也更大。长期战争的结果是秦国吞并了六国，统一了全国。

秦国之所以能完成统一全国的大业，是经过国内的政治改革和艰苦的斗争过程的。

商鞅变法

秦国在当时是一个比较落后的国家。公元前 361 年，秦国的国君秦孝公下了一道命令：谁要是能够想出办法来使秦国变成一个强盛的国家，就叫他做大官，并且封给他土地。这道命令下得很有效果，一下子吸引了许多有才能的人跑到秦国去。

跑到秦国去的人当中有一个是卫国的贵族，叫作公孙鞅。他到了秦国，在秦国进行变法，使秦国变成当时顶强盛的国家。后来，秦孝公因为公孙鞅的功劳大，把他封为商君，人们就把他叫作商鞅。

商鞅本来在魏国宰相公叔痤手下做事，精通法家的学说，很有才能。公叔痤非常看重他，打算把他推荐给魏王，谁知还没来得及这样做，公叔痤就生起病来了。

公叔痤病重快要死的时候，魏王亲自去看望他，忧愁地对他说："你病得这么沉重，万一不幸好不起来，怎么办呢？"

公叔痤回答说："大王不必担心，我手下的公孙鞅，虽然年纪轻，才能却很高，请大王把国家大事交给他管好了。"

魏王听了，心里不以为意，小小公孙鞅能做出什么大事？也许公叔痤病糊涂了，说出这种不知高低的话来。魏王本想辩驳几句，只见公叔痤哼哼唉唉病得可怜，也就默不作声了。

公叔痤并不像魏王想的那样糊涂。他看出了魏王的心意，就吩咐侍候的人走开，私下跟魏王说："大王要是不用公孙鞅，那就得把他杀掉，千万不能让他离开魏国到别国去。"魏王随口答应了。

魏王走了以后，公叔痤把公孙鞅叫来，对他说："刚才大王来看我，问我谁能接替我做宰相，我就推荐了你。照大王的神情看来，他是不会用你的。于是我又对大王说，要是不用你，就把你杀掉，大王答应了。我这样对大王说是为了国家着想。我本着先公后私的精神，现在以私人的情谊劝你快快逃走。”

商鞅不慌不忙地回答说：“大王不能听信你的话任用我，哪里又会听信你的话杀掉我呢?”

商鞅到底没有逃走。魏王真的也没有听信公叔痤的话，反而对左右大臣说：“公叔痤病糊涂了，要把国家大事交给年纪轻轻的公孙鞅，岂不荒唐!”

公叔痤死后，魏国就没有人赏识商鞅，魏王又不重用他，他听到秦孝公下命令谋求有才能的人的消息，就跑到秦国去了。

商鞅到了秦国，通过秦孝公的一个宠臣的引见，见到了秦孝公。

商鞅第一次见秦孝公，谈出自己用法家的主张来使秦国富强的办法。尽管商鞅一个劲儿地谈了好久，秦孝公却压根儿听不进去，老是东歪西倒地打瞌睡。商鞅不灰心，一次两次地求见秦孝公，向他陈述自己主张的好处，最后终于把秦孝公说动了。秦孝公慢慢地相信了法家的学说，跟着也就慢慢信任商鞅了。

商鞅对秦孝公提出了变法的主张，秦国大臣中就有人出面反对，于是双方展开了激烈的争论。反对的人坚持原来的风俗习惯不可以改变，改变了对人民不方便。商鞅驳斥他们说：“自古以来治理国家就没有一个不变的办法，只要对国家方便，不一定要学古代的办法。要想国家强盛，非改革旧制度不可!”

秦孝公同意商鞅的主张，下定决心变法。

公元前359年（一说在公元前356年），秦孝公任命商鞅为左庶长，陆续颁布了变法的命令。新法的主要内容有下面几点：

（1）把民户组织起来。编定五家为一伍，十家为一什，互相监视；一家犯法，别家不告发，一同受重罚。

（2）加强劳动力。户主如有两个儿子，儿子到一定的年龄，必须分家，各自独立谋生；不分家的话，赋税要加倍。

（3）加紧军事训练，奖励军功。凡为国家战争立功的，按功劳大小受赏，贵族没有军功的，不得享受名位；不论是贵族还是平民，如果私下争斗，按犯罪轻重受刑罚。

（4）奖励生产。凡努力种田纺织和生产多的可以免除徭役，好吃懒做的穷人，连同妻子没入官府做奴婢。

新法的基本精神是加强刑法，用赏罚来奖励人民生产和勇敢地对外战争。

在实施新法之前，商鞅恐怕人民不信任，不遵守新法，就想出一个办法来取得人民的信任。

他叫人在国都的南门竖起一根木头，命令说：“谁要是能够把这根木头搬到北门去，就赏给他十两金子。”

人们对这个命令感到奇怪，谁也不敢去搬动。

于是商鞅就把赏金加多，说：“谁要是能把它搬到北门去，赏给他五十两金子。”

人们越发猜不透政府究竟是什么意思，大家都交头接耳地讨论着。这时人群中走出来一个人，真的照命令做了，商鞅立刻赏给他五十两金子。这一来，人人就信任政府什么事说到就做到了。商鞅看到人民对政府信任，才公布变法的命令。

新法实行不到几年工夫，秦国人民的生活大大改善，家家能自给自足，社会秩序很安定，“路不拾遗，山无盗贼”，人民为国家作战起来很勇敢，私下却不敢殴斗。秦国就这样富强了起来。

公元前 350 年，秦国迁都咸阳。商鞅又进一步陆续颁布了一些新法令。

（1）把乡村和城镇合并为大县，一共设立了四十一个县。每县由中央政府派县令、丞（正副县长），管理全县政事。

（2）把贵族领主封区的疆界铲除，田地可以买卖；奖励开垦荒地，谁开垦的地，归谁所有，政府按照耕种田地的面积征收赋税。

（3）统一全国的度量衡，加强国内经济上的联系。

（4）革除落后的风俗，禁止父子兄弟同室居住。

商鞅不仅是个伟大的政治家，而且是个杰出的军事家。秦国变法成功强大起来以后，商鞅带领大军向魏国进攻，迫使魏国把河西郡的一部分土地割还秦国。商鞅立下了这样的大功，秦孝公就封给他十五个城，把这十五个城改名叫商，称他为商君。

商鞅在实行新法的时候，贵族领主纷纷起来反抗。反抗的人虽多，可是动摇不了商鞅的决心，他坚决要推行新法。

有一次，太子犯了法，商鞅对秦孝公说：“国家的法令人人都得遵守，新法推行受到阻碍，主要是上面的人不遵守。现在太子犯了法，也得依法惩办。可是太子是国君的继承人，不便对他用刑罚，太子的师傅可得担当他的罪名！”于是就把太子的师傅公子虔、公孙贾办了罪，把公子虔的鼻子割掉，在公孙贾的脸上刺上黑字。这一来，谁也不敢明目张胆地反对新法，新法就顺利地推行了。

商鞅进行了这样巨大的改革，严重地打击了贵族领主的权势。贵族领主都非常怨恨商鞅，想反抗他，可是秦孝公很信任他，他们找不到报复的机会。

公元前 338 年，秦孝公死了，太子即位，就是秦惠文王。商鞅为了坚决实行新法，曾经惩办过太子的师傅，现在这些贵族领主找到了好机会，就向秦惠文王诬告商鞅谋反。

秦惠文王信以为真，派官吏去捉商鞅。商鞅东奔西逃，最后无路可走，被抓住了。秦惠文王用残酷的刑罚把商鞅处死，并且杀死了他的全家。

商鞅虽然被杀害了，可是他所推行的新法在秦国已经不可动摇了。秦国由于彻底推行了商鞅的新法，便成为当时最强盛的国家，奠定了统一全国的基础。

爱国诗人屈原

秦国强盛以后，就向东发展。当时据有黄河天险阻挡秦国向外发展的是魏国。秦国首先向魏国进攻，逼得魏国几次割地求和，秦国不仅收回了河西，并且侵入了河东、河南的地方。

秦国据有了黄河、函谷关的天险以后，不断向东方各国进攻，和六国展开了激烈的斗争。

我们祖国伟大的爱国诗人屈原就生活在这个沸腾的时代里。

约公元前 340 年，屈原诞生在与楚王同姓的贵族家庭里。他有高贵的品质，受过很好的教育，学识渊博，记忆力强；他对古今政治形势的变迁知道得非常清楚；他的文章写得好，又擅长外交辞令。屈原年轻时生活很顺利，楚怀王信任他，叫他担任地位仅次于宰相的“左徒”一职。他参议国家大事，起草法令，宣布号令，接待外交使节，有时还出使到各国去。

屈原有远大的政治抱负，看到旧贵族结党把持楚国政治，把国内搞得乌烟瘴气，就想制定新的法令来改革内政，使楚国富强起来。在外交上，他主张联合齐国，抵抗秦国，最后由楚国来统一全国。这个主张要侵犯楚国腐朽的旧贵族的利益，又与当时秦国统一全国的主张相矛盾，秦国就利用楚国的旧贵族，费尽心机地排挤他。

有一次，怀王叫屈原起草一个很重要的法令，草稿没有写成，给一个素来反对屈原的贵族靳尚看到了。他晓得屈原在起草一个很重要的法令，想打探底细，就假意说：“你这样整日整夜忙着国家大事，实在太辛苦了，这个法令我来帮你写吧!”

这个法令有关国家机密大事，屈原晓得他不怀好意，就婉言谢绝了。

靳尚看到软骗不行，就死乞白赖地去抢夺屈原的草稿。屈原愤怒地推开了他，这一抢又没能成功。靳尚怀恨在心，就找机会在怀王面前搬弄是非，说屈原的坏话。

有一天，靳尚趁屈原不在怀王身边的时候，一本正经地对怀王说："大王叫屈原起草法令，人人都知道。可是每次法令一公布出来，屈原就把功劳往身上一拉，趾高气扬地说'没有我屈原，这法令怎么也订不出来'。看他的样子，简直不把大王放在眼里！"

昏庸的怀王听了，气得吹胡子瞪眼睛。靳尚见自己的话起了作用，就进一步陷害屈原。他与怀王顶宠爱的小儿子子兰一帮坏蛋专门在怀王面前捏造许多事情毁谤屈原。怀王不由得不相信，就疏远了屈原，不再让屈原做左徒了。

屈原被这批奸臣排挤出楚国的朝廷，这可给秦国带来了好机会。

当时东方国家中实力比较强、可以跟秦国抵一下的只有两个，就是齐国和楚国。秦国最怕楚国和齐国联合在一起，就派张仪到楚国去活动。

张仪到了楚国，楚怀王询问他的来意，他说："我是来改善贵国和秦国之间的关系的。要是大王肯听信我，和齐国绝交，我愿意献出秦国商於[①]这个地方的六百里土地，两国和好，结为兄弟之国。"

怀王眼光短浅，一味贪图便宜，听了张仪这一说，高兴得不得了，一口就答应了，并且派人跟张仪到秦国去接收土地。

张仪到了秦国国境，就假装从车子上摔下来受了伤，三个月不出门。楚国的使臣见不到张仪，接收不到土地，就派人回报楚怀王。怀王被眼前的利益冲昏了头，听到这件事，反而说："是不是张仪还觉得我和齐国绝交得不彻底，不相信呢？"

于是派了个勇士去辱骂齐王。齐王气愤极了，就和秦国联合起来。

这时，张仪的伤忽然好了，出来接见楚国的使臣，说："我自己

① 商於，在今河南淅川西南。

有块六里的土地，愿意献给你们大王。”

楚国使臣说：“我奉命来接收商於六百里的土地，没听说是六里地啊！”

张仪眨眨眼睛，狡猾地说：“我只说六里，从来没说过六百里啊！”

楚国的使臣回国把交涉的经过报告了怀王，怀王非常愤怒，就在公元前312年，发动大军进攻秦国，结果吃了个大败仗，楚兵死了八万人，被秦国占去了汉中郡[①]。这一来，怀王更加愤怒，发动了全国的兵力攻打秦国，一口气打到秦国的蓝田[②]，但最后还是一败涂地。

楚怀王上了这么个大当，吃了这么大的亏，这才又想起了屈原。他懊悔过去没有采用屈原的政策，于是把屈原召回来，派他出使齐国，和齐国恢复联盟。

秦王眼看屈原一到齐国，齐楚的联盟就会恢复，心里很害怕，赶紧与张仪商量对付的办法。

张仪说：“咱们得先下手为强，趁屈原交涉还没办妥的时候，马上派人到楚国去，就说咱们愿意退还汉中的地方，跟楚国讲和。”

秦王照计而行，派了个使臣到楚国去求和。

楚怀王实在痛恨张仪，要把张仪弄到手，出口怨气。他很不冷静地对使臣说：“你回去对你们大王说，汉中的地方我不要了，把张仪交出来，咱们再谈讲和的事！”

秦王心里想叫张仪前去，但不便说出口，哪知张仪反而请求去。

秦王故意很关心地对张仪说：“楚王恨透了你，去了一定会要你的命。”

张仪毫不在乎地回答：“秦强楚弱，我奉大王的命令到楚国去，他们不敢杀害我。即使他们要杀害我，我自有办法。再说，我要真被杀害了，死我一个人，秦国得到一大片土地，有什么不上算呢？”

张仪一到楚国，怀王就把他拘禁起来。

原来张仪早就与楚国的靳尚这批卖国贼有勾结，这时他就暗里活

① 汉中郡，现在汉江中游陕西、湖北接界一带地方。

② 蓝田，陕西省蓝田县。

动，买通靳尚，又通过靳尚买通怀王顶宠爱的美人郑袖。

靳尚偷偷地对郑袖说："秦王非常亲信张仪，舍不得他死，正在设法割大片土地给楚国，并且送美女给楚王，来活动释放他。这么一来，秦国的美女势必夺去大王对你的宠爱，我看还不如早点想办法叫大王把张仪放回去。"

郑袖唯恐失去宠爱，就日夜纠缠着怀王。结果，怀王又轻轻易易地把张仪放回秦国去了。

屈原从齐国回来，听到这消息，就去问怀王："大王吃张仪的亏还没吃够？为什么不把他杀掉，随随便便放他回去？"

怀王后悔起来，立刻派人去追张仪，可是，晚了，已经追不上了。

以后的十多年，楚国的政治仍然十分混乱，一会儿联齐，一会儿联秦，屈原始终没有得到重用，左徒的官职也一直没有恢复。在这期间，秦国接连向楚国进攻，楚国屡遭失败，更加衰弱了。

公元前 299 年，秦王请楚怀王到秦楚交界的武关①相会，订立和好的盟约。怀王因这几年来打了败仗，想跟秦国和好，打算前去赴约。

屈原觉得怀王去很危险，就劝阻说："秦国是虎狼一般的国家，不能把他们的话当真，去了一定上当，还是不去的好。"

子兰却竭力怂恿父亲去，他说："秦国好意来跟我们和好，千万不能丧失这个好机会。"

怀王经不起子兰那些人一再的劝说和催促，就前去赴约了。

秦王叫一个将官带领一支军队埋伏在武关，怀王一进关，伏兵就把关门关闭起来。秦王把怀王押到咸阳，要他割让土地才放他回国，怀王愤怒地拒绝了。第三年，怀王死在秦国。

怀王被囚在秦国时，他的大儿子继承了王位，就是顷襄王。顷襄王比怀王更糊涂、更懦弱，他叫他的弟弟子兰做宰相，朝廷上一帮亲

① 武关，在今陕西丹凤东南。

秦派当了权。他们不断在顷襄王面前诽谤屈原，顷襄王就把屈原放逐到长江以南的地方去了。

屈原离开了国都，开始了他十多年的痛苦的流放生活。

他走遍祖国南部的山川，生活在人民中间，深切地体会到人民的痛苦。这使他更加热爱与自己血肉相连的祖国，更加同情人民痛苦的命运。

他被流放了，他的政治生涯已经结束，只得把满肚子的悲愤倾吐到诗篇里去。他写下了自己奋斗的一生，写下了祖国悲惨的命运，寄托了对人民深厚的同情。年轻时候，他的诗清新、活泼，像珍珠一般晶莹光润；如今他饱经忧患，他的诗沉郁奔放，像滚滚的江流，时而掀起汹涌的怒涛。

屈原最后来到了汨罗江①。

秦国的威胁像密密的乌云一样沉重地压在楚国的天空，暴风雨就要来了。祖国的危亡在屈原的心上投进了阴郁的暗影。幽愤的心情和苦难的生活折磨着他，他的身体衰弱了下来，气色十分憔悴。他披散着头发，在汨罗江畔吟诵着哀歌。

暴风雨终于来临了。公元前 278 年，秦国大将白起攻破楚国的都城郢，楚兵溃败逃散，楚王的祖坟也给烧毁了，楚王狼狈地迁都到陈②。

郢都沦陷的消息给屈原沉重的打击，他看到楚国再也没有希望，自己再也不可能挽回祖国的命运了。就在这一年夏天，这个伟大的爱国诗人投身汨罗江中，结束了自己的生命。

屈原的一生是一个悲剧，从这里可以看到楚国悲惨的前途。

① 汨，读 mì。汨罗江，水名，发源于江西，流至湖南入洞庭湖。

② 陈是当时的地名，在现在的河南淮阳一带。

将相和

屈原在他的伟大的诗篇《离骚》中曾经写下了一段话，大意是：

大家都竞争着在以酒食为征逐，
贪财好利的心事全然不知满足。
大家都宽恕着自己而猜忌别人，
大家都在斗着心机而互相嫉妒。[①]

楚国腐朽的贵族互相钩心斗角，争权夺利，不能团结一致，这是楚国惨败于秦国的主要原因之一。秦国虽然强大，但是只要被侵略国全国上下团结起来，一致抵抗，秦国的侵略也不是抵挡不住的。

赵国的蔺[②]相如和廉颇团结抗秦，保卫了赵国的安全，就是一个光辉的事例。

廉颇是赵国的大将，很会用兵，作战时很稳重。秦国和赵国相邻，秦国常常侵犯赵国，好几次都给廉颇打了回去。廉颇对国家忠心耿耿，立下了很大的功劳，赵王十分倚重他。

秦国侵犯赵国虽然屡次得不到好处，但还是想尽办法来侵犯赵国。

赵惠文王得到一块世上少有的宝贝——和氏璧，秦昭王就在这块玉璧上打主意。公元前 283 年，秦昭王派使臣送国书给赵惠文王，说秦国愿意拿十五座城来换取这块贵重的玉璧。

赵惠文王拿不定主意，召集廉颇一班文武大臣商议，大家都觉得

① 根据郭沫若先生的译文。
② 蔺是人的姓，读 lìn。

事情很难办：要是真的拿玉璧去交换，秦国素来无信义，一定是一座城也弄不到手，白白地丢了宝贝；要是不答应，秦国那么强大，借口打进来怎么办？大家商议来商议去，商议不出一个好办法来。

赵惠文王很焦急，想找个人出使秦国办理这件事，问了半天，也没有人吭气，就连廉颇也站在一旁默不作声。

最后，赵王的内侍长缪贤对赵王说："我的门客蔺相如是个很有见识的人，大王不妨召他来商议商议。"

蔺相如应召来了，赵王问他："秦王要用十五座城来交换我的和氏璧，你看能不能答应？"

蔺相如答道："秦国强，我们赵国弱，不能不答应。"

赵王又问："秦国得了我们的玉璧，不给我们城，怎么办呢？"

蔺相如说："拿十五座城来交换一块玉璧，这个代价可不小。我们要是不答应，错就在我们；要是我们给了他们玉璧，他们不守信，不交出城来，那错就在他们了。宁可让人家担错，我们可不能。"

赵王接着就问："那么谁可以出使到秦国去办这件事呢？"

蔺相如回答："大王要是实在没有人派遣，我倒愿意带着玉璧到秦国去跑一趟。秦国交出城，我就把玉璧留下；秦国不交，我一定把玉璧完好地带回来。"

大家都觉得蔺相如把事情看得太容易了，这样夸口，未免过早。赵王也半信半疑，不过还是派遣蔺相如去了。廉颇看到赵王竟把这么重大的事情托付给小小的门客，心里很不舒服。

蔺相如带着玉璧到了秦国，秦王立刻召见他。秦王看到玉璧大为高兴，就传给殿上的大臣们看。大家看了都称赞不已，一齐向秦王道贺，高呼"万岁"。

蔺相如看到秦王把玉璧拿到手，丝毫没有交城的意思，心里一盘算，想出了个办法来。他走上前去，说："这块玉璧确实光润可爱，不过有个暗毛病，不当心是看不出来的，我指给你们看。"

秦王信以为真，把玉璧交给了蔺相如。

蔺相如接过玉璧，赶忙退到柱子边，气得头发一根根竖了起来，厉声说："大王派人送国书给赵王，说要换取这块玉璧。赵王召集群臣商议，大家都说，秦国用十五座城换取玉璧是句空话，万万不能答应。我却以为，一个普通人都还讲信义，何况堂堂秦国呢？为一块玉璧而伤大家的和气是划不来的。赵王听信了我的话，才恭恭敬敬地斋戒了五天，派我送这块玉璧来。赵王是多么郑重其事！而大王呢？实在太不当一回事了，随随便便把玉璧给大家传来传去。我看大王根本没有拿十五座城来交换的诚意，我只好把它拿了回来。大王要是用强力逼我，那我就拼着我这颗脑袋和玉璧一齐碰碎在柱子上！”

说着，就要拿起玉璧对准柱子摔上去。

这一来，秦昭王可急坏了，连忙向蔺相如赔罪，并且假意在地图上点点画画地告诉蔺相如，说从哪儿到哪儿，把十五座城换给赵国。

蔺相如会这样傻吗？他明知道秦王还是在弄鬼，迷糊人，哪里会真给？于是就改换口气对秦王说：“和氏璧是天下闻名的宝贝，赵王因惧怕大王，不敢不献出。为了郑重起见，赵王曾斋戒了五天，大王也应该郑重其事地斋戒五天，我才把玉璧献出来。”

秦王看到强夺不会有好结果，就勉强答应了。

蔺相如知道秦王虽答应斋戒，城还是不肯交出来的，就叫随从的人乔装打扮，连夜抄小路把玉璧送回赵国。

五天过去了，十分隆重的受璧典礼就要开始。秦王威风凛凛地坐在殿上，只听得典礼官高声喊道：“请——赵国使臣上殿！”

蔺相如整了整衣服，从从容容地走上殿来。

秦王看到蔺相如两手空空，知道事情不妙，赶紧问：“我已斋戒了五天，现在又十分郑重地举行受璧典礼，你把玉璧献上来吧！”

“玉璧早就送回赵国去了！”蔺相如一字一字地回答。

秦王不禁“啊”的一声叫了出来。

蔺相如从容不迫地接着说：“多少年来，秦国一直不守信义，大王这次说的话也不一定算数。我怕上当，对不起赵国，所以暗里派人把玉璧送回去了。我欺骗了大王，该当死罪，大王瞧着办吧！”

秦王气得浑身发抖，狠狠地说：“好！你要我斋戒五天，原来你好有机会把玉璧偷偷地送回去！”

蔺相如说：“大王听我说！秦是强国，赵是弱国，当初大王派人要玉璧的时候，赵国不敢拖延，马上把玉璧送来了。大王要是真要那块玉璧，就该交出十五座城来，赵国哪敢开罪大王，不把玉璧献出来呢？”

蔺相如这几句话说得秦王和群臣目瞪口呆，一时找不出话来辩驳，大家你瞧我、我瞧你地瞧来瞧去。左右的卫士沉不住气了，一窝蜂地拥了上来把蔺相如揪住。这时，秦王心里已经斟酌过，要是把蔺相如杀了，既得不到玉璧，自己也下不了台，所以赶忙喝道：“不许动手！”一面又假意对蔺相如说：“我哪里会为一块玉璧伤两国的和气呢？”

接着，秦王顺便做个人情，很恭敬地接待蔺相如，送他回赵国去。此后秦国再也不提起换璧的事。

赵王从这件事里看出蔺相如很有才能，就拜他做上大夫。秦王也从这件事里看出赵国的态度强硬，不甘心屈服于秦国。

过了两年，秦国去攻打赵国，夺得赵国一座城；又过一年，又去进攻赵国，杀了赵国两万人。秦国虽说得了一些胜利，可是无法使赵国屈服。于是秦王想出一条妙计来：派使臣去见赵王，邀请赵王到渑池①相会。明里说是秦赵和好，实际上是暗动刀兵。

赵王知道秦国不怀好意，去了定会遭到祸事，心里害怕，不敢前去。廉颇和蔺相如却认为不去正是表示自己弱小，秦国以后会更加不把赵国放在眼里。赵王没有办法，只好硬着头皮去了。

蔺相如保护赵王一同前去，廉颇一直送到边境上。临别时，廉颇对赵王说：“大王这次路上来去加上开会的时间，至多不过三十天工夫。要是过期，大王还不回来，我们就立太子做国王；那时赵国有了国王，秦国就只好死心了。”

赵王声泪俱下，答应了。

公元前 279 年，秦王和赵王在渑池相会。宴会上，秦王多喝了一点酒，有点醉意，故意作弄赵王，说：“我听说赵王很爱好音乐，瑟

① 渑，读 miǎn。渑池在今河南渑池西。

弹得很好，请弹上一曲听听吧！”

赵王惧怕秦王，只得弹了。

秦国的使官赶紧把这件事记载下来，说：“某年某月某日，秦王和赵王会饮，秦王命令赵王弹瑟。”

赵王受到了很大的侮辱。蔺相如十分气愤，拿了一个缶[①]来，跑到秦王面前说：“赵王听说秦王很会奏秦国音乐，瓦钵敲得很出色，就请大王来一曲吧！”

秦王哪里受得了这一套，大怒，一口回绝了。

蔺相如眼里闪着愤怒的火焰，威胁秦王说：“大王实在不肯赏脸，我可就要大王好看了！”

秦王左右的卫士赶上前去，拔出刀来要杀蔺相如。蔺相如瞪着眼睛大声一喝，吓得卫士们跌跌滚滚退了回去。

秦王被蔺相如逼得无法可想，只得勉强敲了一下缶。蔺相如大笑，立刻叫赵国的史官写道：“某年某月某日，秦王给赵王击缶。”

秦国的大臣看到蔺相如竟敢触犯秦王的尊严，很是气愤，就有人说：“请赵王拿出五座城来给秦王祝寿。”

蔺相如毫不客气地回击：“好吧！那么请你们秦国拿出咸阳[②]来给赵王祝寿。”

一席酒吃完了，秦国始终没能得到便宜。这时秦王得到密报，说赵国在边境上集结了大军。这样秦国也就不敢行动了。

赵王很有光彩地回到赵国，感念蔺相如的功劳，就拜他做上卿，地位在廉颇之上。

廉颇很不高兴，气愤地对人说：“我多少年来拼命替国家打仗，立下了多少功劳，蔺相如全凭一张嘴讲讲，有什么了不得？如今居然地位比我都高了。他这样出身微贱的人，我可不愿屈居在他下面。要是我碰到他，非给他点颜色看看不可！”

蔺相如听到这些话以后，就处处避开廉颇。有一次，蔺相如坐车

① 缶，读 fǒu，古代一种瓦质的打击乐器。

② 咸阳在陕西省，当时是秦国的都城。

子外出办事，看到廉颇的车马迎面来了，赶紧叫车子躲开，不与廉颇见面。

这一下可把蔺相如的门客气坏了，大家都对蔺相如说："我们敬仰你的为人，才远离家乡投奔到你这里来。现在廉将军这么无理取闹，没想到你竟这样怕他。他这样欺侮人，就是普通人也忍受不了，何况你身为堂堂的上卿呢？我们受不了这份怨气，只好向你告辞了！"

蔺相如苦苦挽留他们，对他们说："诸位看，廉将军和秦王到底哪一个厉害？"

"那还用说！当然是秦王厉害呀！"

蔺相如说："大家说得不错。那么请大家想一想，秦王那么威严，我还敢在他的朝廷上当众辱骂他。我蔺相如虽然不中用，也不至于无缘无故惧怕廉将军啊！"

"那么你为什么处处躲开他呢？"大家齐声问。

蔺相如解释道："还不是为了国家！大家想想就明白了。强大的秦国现在之所以不敢侵犯我们，就是因为我们能同心协力抵抗他。要是我跟廉将军斗起来，就好比两虎相争，必定是两败俱伤，这会给国家带来多大的害处呀！"

话传到了廉颇的耳朵里，廉颇深深地感动了。他觉得自己眼光短浅，气量狭窄，为了一时意气，竟把赵国的安全一股脑儿地丢下不管。他惭愧万分，亲自到蔺相如府上请罪。

他流着泪，沉痛地对蔺相如说："我是个没见识的粗人，没想到你一向这样宽容我。现在我认识到我的错了，请你好好地责罚我吧！"

从此，他们两人和好了，并且成了生死之交。

将相和好给赵国人民很大的鼓舞，大家都紧密地团结在一起对付秦国，使得秦国多少年来不敢贸然侵犯赵国。

在这期间，秦国夺取了楚国的巫郡①、黔中郡②，楚国更加衰弱

① 当时的巫郡在现在的重庆巫山。

② 黔，读 qián。当时的黔中郡在现在湖南省沅陵县西。

了。齐国也因为与燕国火拼，国力大大损伤。齐、楚两个大国相继衰落了下去，秦国更加强大起来。

公元前 260 年，秦将白起率领大军侵犯赵国，与廉颇带领的军队相持在长平①。秦国用计使赵王调走了老成持重的廉颇，而用轻躁的赵括做主将，秦赵在长平展开了空前激烈的大战。秦军把赵军彻底打垮，活埋了赵国投降的兵士四十万人，赵国这才急遽地衰落了下来。

又过了四年，秦国把周王朝也灭了。同年，周朝的最后一个王去世，从此挂名的周天子也没有了。

① 长平，故址在今山西高平西北。

奇货可居

春秋战国时期，社会经济有了很大的发展。由于铁的发明和应用，农业手工业的生产工具改进了，农业手工业就发达起来。随着商品交换发展，商业发达起来，城市也兴起了，到了战国时期，上万户的城市已经很普遍。秦国的国都在商鞅死后不久，人口就有了七万户。商业发达起来，陆续出现了大商人。他们不仅在大都市中囤积居奇，操纵市场，还在各国大都市之间奔走，做大生意。

战国末年，有一个商人叫作吕不韦。他曾经在韩国的大都市阳翟①经商，发了大财。有一次，他到赵国的国都邯郸②做生意，见到了一个落魄的秦国王孙。他灵机一动，准备变变花样，来从事一下政治投机，就得意地说："这是一笔奇货呀，倒可以囤积一下。"

这个落魄的秦国王孙名叫异人，是秦昭王的孙子，太子安国君的儿子。异人有兄弟二十多人，自己不是长子，母亲夏姬又不为父亲宠爱，秦国就把他送到赵国去做"质子"③。那时秦国常常出兵攻打赵国，赵国对异人很冷淡，秦国供给他的费用又不够宽裕，因此，他在赵国的处境相当困难。

吕不韦为了在这位落魄王孙身上进行政治投机，特意回家去跟他父亲商量。

他问他父亲："经营田地可以得利多少？"

他父亲说："十倍。"

"经营珠宝呢？"

① 阳翟，在今河南禹州市。

② 邯，读 hán；郸，读 dān。地名，在河北。

③ "质"是抵押的意思。"质子"就是抵押品。

“百倍。”

“拥立一个国君呢?”

“那可算也算不清了!”

于是吕不韦决定再回到邯郸去做这一笔好“买卖”。

吕不韦设法结识了异人。他对异人说:“我能够光大你的门庭。”

异人听了,笑了笑说:“你去光大你自己的门庭好了,何必来光大我的门庭呢?”

吕不韦回道:“你不知道,我虽然能光大你的门庭,我的门庭却要你来光大的!”

异人心中有数了,就与吕不韦秘密商量起来。

吕不韦说:“秦王老了,眼看你的父亲就要做王,做了王就要立太子。你在兄弟二十多人中不是长子,又长久在国外做‘质子’,看样子没有希望做太子。你的父亲顶宠爱华阳夫人,华阳夫人没有生儿子,我看你倒不如好好孝敬她,要她收你做儿子,这一来你将来准做太子!”

异人叹了口气,忧愁地说:“话虽这么说,可是我现在处境这么困难,哪里能有什么办法呢?”

吕不韦赶忙回答:“我拿出几千两金子到秦国去替你活动活动,设法请你父亲和华阳夫人立你做嫡子,做了嫡子,将来就有做太子的份了。”

吕不韦一面拿出一大笔钱给异人,让他结交宾客,宣扬自己的名声;一面花一大笔钱收买了许多珍宝,亲自到秦国去替异人活动。

他到了咸阳以后,先去拜见华阳夫人的姊姊,送她一份厚礼,又托她把大批珍宝献给华阳夫人,并且说:“王孙真是个有才有学的人,结交天下的宾客,很有名气。他对太子和华阳夫人真是一片孝心,日夜思念着太子和华阳夫人。”

华阳夫人收到了许多珍宝,又听到她姊姊告诉她这些话,很是高兴,就对异人有了好感。

没过几天,她的姊姊又去找她,满面愁容地对她说:“妹妹现在得到太子的宠爱真是幸福极了,但是自己没有个儿子,将来依靠谁呢？我看异人很贤能，对你又是一片孝心，何不趁早在太子面前说说，把他立为嫡子，这样他一定感你的恩，将来会报答你，孝顺你。你呢，原来没有儿子的也变成有儿子的了。”

华阳夫人觉得姊姊的话很有道理，就要求太子安国君把异人立为嫡子。安国君十分宠爱华阳夫人，就一口答应了，并且任命吕不韦做异人的师傅。

异人作为“质子”居留在赵国，无依无靠，生活十分困苦，甚至连再回到秦国的希望都没有。现在由于吕不韦的活动，他已经成为王太孙，生活顿时改变，与以前大大不同了。

吕不韦又给异人在赵国找了一门亲，结了婚。公元前 259 年正月，赵国的姑娘给异人生了个男孩子，取名赵政，这就是后来并吞六国、统一全国的秦始皇。秦国嬴姓，后来人们也称秦始皇为“嬴政”。

第二年，吕不韦和异人回到了秦国。吕不韦心机真多，他知道华阳夫人是楚国人，为了迎合华阳夫人的心意，博得华阳夫人的欢心，就关照异人穿着楚国的服装去见她。

华阳夫人见了，果然十分高兴，她说：“我是楚国人，你这么打扮，真是我的亲生儿子了。”

于是她把异人改名为子楚。

秦昭王死后，太子安国君即位，就是秦孝文王。秦孝文王在位一年就死去了，子楚继承了王位，就是秦庄襄王。秦庄襄王感念吕不韦的功劳，就用他做丞相。秦庄襄王在位三年也去世了。

公元前 247 年，嬴政继承了王位，当时只有十三岁。吕不韦继续做丞相，并且取得了“仲父”的称号，国家大权都落在他的手里。

吕不韦把一个落难王孙当作“奇货”进行政治投机，居然获得了成功，从一个商人变成当时强盛的秦国的丞相。他的政治野心很大，门下有三千宾客，一面在秦国推行有利于商业的政策，一面继续向六国用兵，想在自己的手里完成统一全国的大业。

可是，秦王嬴政是不甘心做吕不韦的傀儡的；二十二岁时，他就开始亲自处理政务。这时咸阳发生了叛乱，他迅速地把叛乱平定。乱事牵连到吕不韦，秦王嬴政在第二年就免除了吕不韦的职位；又过了两年，吕不韦悲愤得服毒自杀了。

秦王嬴政在短短的两年内把政权集中到自己一个人的手里来，开始并吞六国。这时秦国已是十分强大，六国中任何一国都没有单独抵抗秦国的力量。可是，六国要是联合起来，还是能对付秦国的。

当时，有一个叫尉缭的人向秦王嬴政献计说："请大王不要爱惜财物。我们花三十万金子就可以把别国的大臣收买过来。大臣给收买了过来，诸侯也就完了。"

秦王嬴政采纳了这个策略，派遣大批的间谍到各国去活动，收买六国腐化堕落的贵族，挑拨离间各国君臣之间的关系，然后派大军向六国进攻，把它们逐个击破。

公元前 230 年，秦国首先把当时东方各国中最弱小的韩国灭了，接着又派大军向赵国进攻，公元前 228 年打败赵国。这年，秦国进兵到易水边上，准备向燕国进攻。燕国的太子丹想挽救燕国的危亡，于公元前 227 年派遣荆轲到秦国去行刺秦王嬴政，一场惊心动魄的历史剧——荆轲刺秦王上演了。

荆轲刺秦王

燕国的太子丹曾经入质于秦，秦王嬴政对他很不好，太子丹非常痛恨，想尽一切办法逃回了燕国。太子丹逃回国以后，结交天下的英雄，招募勇士，一心一意要报仇。

那时燕国有个勇士叫作秦舞阳，十三岁的时候就杀过人，人家连看都不敢看他一眼。太子丹见他很勇敢，把他收罗在自己门下。太子丹真心诚意优待宾客的名声传开去了，就有许多勇士投奔他。

秦国有一个名叫樊於期的将军得罪了秦王，逃到燕国来投奔太子丹。太子丹把他收容下来，对他很优待。

太子丹的师傅鞠武反对这样做，劝太子丹说："秦国这样强暴，一心要并吞各国，怎么好收容秦王的仇人呢？我看还是赶紧把樊将军送到匈奴躲起来，免得惹祸。另外，我们再去联络各国，结交匈奴，来对付秦国。"

太子丹回答："先生的话固然不错，可是人家樊将军穷途末路才来投奔我，我怎么能不讲情义把他远远送到蛮荒的匈奴去呢？再说，联络诸侯抵抗秦国的办法，一时也实现不了，我心里急得好像火烧一样的，哪里还等得及？请先生再想个别的办法吧！"

鞠武停了一下说："我实在想不出什么好的办法来了。不过咱们燕国有个田光先生，有智谋，有胆量，不妨跟他商量商量。"

太子丹请鞠武把田光请来，很恭敬地对他说："燕国和秦国势不两立，请先生费心想个办法来对付秦国。"

田光答道："鞠太傅只知道年轻力壮时候的田光，如今我老了，无能为力了。我有个好朋友，名叫荆轲，胆量见识远比我高，是个有用的人才。"

太子丹要求道："我想通过先生结交你的朋友荆轲，不知道可不可以？”

田光答应了，起身告辞。太子丹亲自送到门口，郑重地嘱咐田光：“我刚才和先生谈论的是国家机密大事，请先生千万别泄露出去！”

田光低头笑了一笑，说：“知道了。”

田光见到荆轲，对荆轲说：“太子实心实意地请我想办法来抵抗秦国，挽救燕国，我实在精力衰退得做不成什么大事了。我和你一向感情很好，很知道你的才干，就把你推荐给太子了。”

荆轲回答道：“先生要我这样，我当然奉命去做！”

田光接着说：“我离开太子的时候，太子嘱咐我不要把商谈的机密大事泄露出去，可见他对我起了疑心。大丈夫做事就不该使人怀疑，请你赶紧去见太子，告诉他我用死来证明自己绝对不会泄露机密大事。”

说罢，他抽出刀来自杀了。

荆轲见到了太子丹，告诉太子丹关于田光自杀的事。太子丹伤心地痛哭起来，说：“我之所以嘱咐田先生不要泄露机密，只是为了把事情做好，田先生以死来表明心迹，哪里是我的本心呢？”

过了一会儿，太子丹对荆轲说：“蒙田先生看得起我，介绍我见到先生，请先生多多指教我！现在秦国把韩王俘虏去了，韩国亡了。目前又发兵攻赵国，赵国抵挡不住，燕国就要大祸临头。我们燕国弱小，怎么抵挡得住秦国呢？各诸侯又怕秦国，不敢合作抗秦。我想要是能请到一位很有本领的勇士就好了，请他扮成使臣出使到秦国去见秦王，当面逼秦王退还侵占各国的土地。秦王要是答应，那再好没有；要是不答应，就刺死他。秦国的大军都在国外，秦王一死，国内一定要乱起来。这时各国可以乘机联合进攻，秦国一定会被打败。我的愿望就是如此，请你仔细考虑考虑吧。”

荆轲回答说：“这是国家大事，我可能担当不了。”

太子丹再三请求，荆轲终于答应了。

太子丹让荆轲住在最好的客馆里，很恭敬地侍候他，唯恐招待得不周到。日子久了，荆轲还没有动身到秦国去的意思。这时候赵国灭亡了，秦国的大军已经到达燕国的边境，太子丹十分恐惧，就要请荆轲动身。

荆轲说：“我仔细考虑过，出使秦国总得有个凭信，没有凭信就不能接近秦王。现在秦国对樊将军的头出了很高的赏格，要是我能带着樊将军的头和燕国最肥沃的督亢①的地图献给秦王，秦王一定高高兴兴地接见我，我就有机会下手了。”

太子丹说：“樊将军穷途末路才来投奔我，我怎么忍心伤害他呢？请你想个别的主意吧！”

荆轲看到太子丹不忍心，知道再说也没有用，就私下去见樊於期，对他说：“秦王杀害了将军的父母宗族，还出很高的赏格来要你的脑袋，将军难道不打算报仇吗？”

樊於期长叹一声，流着眼泪说：“我一想到这事就痛入骨髓，但是想不出办法来啊！”

“我倒有一个办法，可以解除燕国的患难，也可以替将军报仇，只是说不出口来。”

荆轲吞吞吐吐不肯说。樊於期一再催促他。最后，荆轲才慢慢说道：“我打算去行刺秦王，就是没办法接近他。要是我得到了将军的脑袋，把它献给秦王，秦王一定会很高兴地接见我。那时我就可以左手拉住他的衣袖，右手一剑刺进他的胸膛。这一来，将军的仇报了，燕国的耻辱也消除了。不知将军觉得这样办好不好？”

樊於期听了这些话，咬牙切齿地说：“这正是我日日夜夜所盼望的事！”

说完，他就拔剑自刎了。

太子丹听到了樊於期死的消息，悲恸万分，立刻赶来伏在尸体上放声痛哭了一阵。但是事情已经发生了，他也只得把人头装在一只匣子里交给荆轲。

另外，太子丹又花重金买了一把无比锋利的匕首，用毒药炼过，交给荆轲。用这把匕首杀人，只要见一丝血就会送人命。太子丹派勇

① 督亢，在今河北易县、涿州、固安一带。

士秦舞阳充作副使，陪着荆轲到秦国去。

公元前227年，荆轲到达了秦国的都城咸阳。秦王政听到燕国的使臣把樊於期的头和燕国督亢的地图送来了，十分高兴，就用非常隆重的仪式来接见荆轲。

荆轲捧着樊於期的头，秦舞阳捧着地图，依次地走上朝堂去。只见朝堂前站满了雄赳赳的卫士，秦王威风凛凛地端坐在朝堂上，两旁侍立着文武百官。秦舞阳看到秦国朝堂这般威严，脸上突然变色，吓得两手直发抖，群臣看了都感到奇怪。

荆轲发觉后，回头看看秦舞阳，笑了笑，从容地谢罪说："他是北方的粗人，从来没见到过天子的威严，不免害怕起来，请大王恕罪！"

秦王命令荆轲把秦舞阳手中的地图接过来献上去。荆轲献上了地图，秦王慢慢地把它打开，打开到末了，突然露出一把寒光闪闪的匕首。

霎时间，荆轲一跃而上，左手拉住秦王的衣袖，右手抓起匕首猛地刺过去。

秦王吓得跳了起来，匕首没刺到，衣袖撕断了。秦王赶紧拔剑，剑长，心又慌，一时拔不出来。秦王逃命要紧，只得绕着大殿上的铜柱子转。荆轲紧紧地跟在后面追。群臣惊惶失措，不知怎么办才好。

这时正好有个御医在旁。他拿起药囊，对准荆轲打过去，打中了荆轲。

秦王还在绕着柱子逃，有人提醒他道："大王把剑背到身上去拔，背到身上去拔！"

秦王定了定神，才把剑拔了出来，一剑向荆轲砍去，砍断了荆轲的一条腿。

荆轲支持不住，倒了下来，躺在铜柱边动弹不得。他拿起匕首使出浑身力气向秦王掷过去，扎得铜柱子火星直冒，没能掷中秦王。秦王走上前去往荆轲身上接连砍了几下。荆轲身上受了八处伤，知道自己的事不能成功了，就靠在柱子上哈哈大笑说："我这次之所以失败，是因为不想一下子刺死你，而是想活活地抓住你，逼你答应条件的缘故啊!”

当初，荆轲离开燕国动身到秦国去的那一天，天阴沉沉的，风凄凉地呼叫着，太子丹和门客们都穿了白衣，戴了白帽子，怀着沉重的心情送别荆轲，一直送到易水边上。

送行的时候，荆轲的好朋友高渐离击筑①，荆轲慷慨悲歌：

> 风萧萧兮易水寒，
> 壮士一去兮不复还!②

壮士荆轲再也没有能回到燕国去。

历史的长河永远向前奔流，什么力量也阻挡不了它的前进。用行刺的手段来阻止历史的进程，不过是梦想而已。

春秋战国时期历史总的趋势，是从诸侯割据称雄到全国的统一。当时由于社会经济不断向前发展，经济联系越来越密切，社会上的新兴阶级要求废除诸侯割据，建立统一的政权。秦国是当时先进的国家，担起了这一伟大的历史任务。荆轲死后，秦国又陆续把魏、楚、燕、齐四国灭掉，结束了五百多年的混乱局面。

公元前 221 年，秦始皇完成了统一全国的大业，创造了中国历史上第一个中央集权的封建帝国。

附：大事年表

公元前 770 年	周平王东迁洛邑
前 656 年	齐桓公率中原诸侯南征楚国 召陵之盟
前 638 年	宋楚战于泓，宋败

① 筑，古代的一种击奏弦鸣乐器。

② 这两句话的意思是说，易水上风很冷，我这一去再也不回来了。句中的“兮”字，读 xī。古代的诗歌里常用这个“兮”字。这个字本身没有什么意义，就和我们用的“呀”字一样。

前632年	晋楚战于城濮，楚败
前597年	晋楚战于邲，晋败
前546年	商丘息兵大会
前506年	吴军攻入楚国都城郢
前496年	吴越战于檇李，吴王阖闾伤死
前494年	吴王夫差败越于夫椒，越王勾践被俘
前473年	越灭吴
前403年	韩、魏、赵正式成为诸侯国
前359年	秦孝公任命商鞅为左庶长，下令变法（一说在公元前356年）
前350年	秦迁都咸阳
约前340年—约前278年	屈原生卒年
前279年	秦赵会于渑池
前278年	秦国大将白起攻破楚国都城郢
前260年	秦国大将白起大破赵军于长平，活埋降卒四十万
前227年	荆轲刺秦王，未成
前221年	秦始皇统一全国

明清的故事

江苏人民出版社 1958 年 8 月出版。

红巾军大起义

1279年，元朝把南宋灭亡了。

元朝统治者在中原广大的土地上称皇称帝，对中原人民进行野蛮的血腥统治。土地被掠夺了，大批的人沦为奴隶。自由被剥夺了，人民担负着苛重的赋役，遭受着高利贷的盘剥，重重压榨逼得人们气都喘不过来；武器被收缴了去，私藏私造刀枪的要处死刑，连切菜用的刀也得五家合用一把；夜晚戒严时，禁止通行，四处一片漆黑，老百姓被关在屋子里，灯火也不准点。生活在这样岁月里的人们多向往着光明啊！

那时候，弥勒教和白莲教盛行，教徒们借着传教的名义向老百姓宣传，叫大家齐心协力，推翻吸血的元朝政府。他们到处散播“弥勒下凡，明王降世”后，黑暗就会消逝，光明就会照临大地，人民就可以过安居乐业的自由幸福生活。这美好的憧憬吸引了千千万万的人，人民期待这种理想的世界早日出现，并且为实现这种理想不断地对元朝的残酷统治进行前仆后继的斗争。

元朝末年，连年发生灾荒，人民生活本来已痛苦不堪，现在更是生活在水深火热之中。黄河大决口是大风暴的信号。1351年，大规模的起义在黄河岸边爆发了。

密密麻麻的人群向前蠕动着，春夏之交的太阳晒得脚底下的土地热烘烘的，尘埃随着人的脚跟飞扬起来，人们愈走愈热，有的脸上冒出了汗珠。这浩浩荡荡的一群人是被元朝统治者强迫征集去治理黄河的十七万民夫。

这批被强拉来的民夫拼着命干活，可是连饭都吃不饱，经常挨饿。大部分的修河经费都进了河官们的腰包，民夫们一个个又怨又恨。

白莲教首领韩山童看到这种情况，就抓住时机派了几百个教徒混到民夫当中，到处散布童谣：“石人一只眼，挑动黄河天下反。”鼓动人们起来反抗残暴的元朝统治者。韩山童一面在民夫中进行宣传工作，一面暗地里叫教徒凿个石人，刻上一只眼睛，偷偷地埋在黄陵冈（在今河南兰考东，山东曹县西南）附近。

一天，开河开到黄陵冈，民夫们挖土碰到一块大石头，挖也挖不动，等把旁边的土刨干净了，搬出来一看，原来是个大石人。那石人脸上只有一只眼睛，大家惊奇极了，分明是那两句话已经应验，于是一传十，十传百，很快传遍了整个工地。

准备工作做得差不多了，白莲教为了进一步广泛地发动起义，就假称教首韩山童是宋朝皇帝的子孙，应当做君主；刘福通是宋朝大将的后代，应当帮助旧主恢复江山。

河北白鹿庄（今河北永年）聚集了三千信徒商讨起义大事，大家推举韩山童做“明王”，约定起义的日期，并且分别派人到各地联络，到时候大家头上裹一块红巾做记号。

不幸，消息走漏了，韩山童被捕遇害，他的儿子韩林儿在慌乱中逃到山林里躲藏了起来。

刘福通逃到颍州（今安徽阜阳），眼看事情已经泄露，不能再等待，就赶紧整顿队伍发动起义。只一个月的时间，起义军攻占了黄河与淮河之间的好几个城池。黄陵冈沿河的民夫得到了起兵的信息，纷纷参加到起义军里来，一下子这支队伍就发展到五六万人，声势十分浩大。起义军都用红布包着头，因此叫作“红巾军”。

红巾军大起义的消息迅速传布开来，各地人民纷纷起来响应，元朝政府大大惊慌了，赶紧调动了六千名阿速军进攻颍州。这支军队是元兵中有名的精锐部队，非常骁勇，按说可以对付一下红巾军了，可是享乐腐化的生活腐蚀了他们，勇气消尽了，纪律坏到极点。

阿速军在颍州附近遇上了红巾军，见到红巾军队伍严整，士气高涨，吓昏了，领头的将官连声喊道：“阿卜，阿卜……”调转马头逃走了。“阿卜”的意思就是走，主将跑了，全军逃了回去，这支所谓“精锐”部队丑态毕露。

元政府又调集了更多的军队攻打汝宁（今河南汝南）。也先帖木儿率领三十万大军来到城下，不敢和红巾军交战，拍马就走。地方官怕他跑了，一把拉住马缰绳，也先帖木儿急了，拔刀砍过去，大声说："我不要性命?"大家都要性命，三十万大军顿时溃散。

红巾军纪律严明，攻下城池后就打开粮仓救济穷人，人民从心底里拥护红巾军，感谢红巾军，红巾军的队伍日益发展，声势越来越大。

1352年，定远（今安徽定远）的白莲教首郭子兴，在一个伸手不见五指的夜里，带领了几千人偷偷地猛烈袭击濠州城（今安徽凤阳）。元军慌了手脚，乱成一团，城池很快被起义军占领了。濠州附近驻扎着元军，他们想攻打郭子兴，夺回城池，可是被红巾军的威势吓昏了，不敢动手。

濠州城门口站着雄赳赳的守兵，他们详细盘问着每一个进出城门的人，为的是怕有元军奸细混进城来。

一天，城门口来了一个面貌丑怪的和尚，大模大样地直朝城里闯。

"喂，做什么的?"一个看起来很精灵的守兵拦住他的去路。

"进城。"

"进城干什么？找谁？从哪儿来的?"

"找郭元帅。"回答得非常干脆。

守兵把和尚上下打量了一番，只见他穿得破破烂烂，头上歪歪斜斜包了一块红布。

"你从哪儿来的？找郭元帅做什么?"

和尚不回答，还是朝城里闯。

守兵们拦阻不住，双方争吵了起来。他们怕这丑和尚是元军的奸细，不由分说，几个人七手八脚把他捆扎得结结实实，不容他挣扎一下。

这个大胆的丑怪和尚究竟是谁呢?

从小和尚到大皇帝

濠州城门口给捆绑起来的丑和尚就是朱元璋，后来他做了明朝的开国皇帝。

朱元璋是濠州乡下人，家里非常穷苦，很小的时候就给地主家放牛放羊，过着半饥半饱的生活。十七岁那年，家乡淮北一带发生大旱灾，接连几年不下一滴雨，土地开裂得处处是缝隙，树皮草根都被吃光了。谁知祸不单行，瘟疫又流行起来，他的父亲、大哥、母亲，一个接一个地染病死了。饥饿时刻逼迫着朱元璋，为了糊口，为了活下去，他进了家乡的皇觉寺，当了一名和尚。

灾荒实在太严重了，连皇觉寺也因收不到租米，维持不下去。朱元璋在寺里待了不到两个月，只好离开寺院出去做游方和尚。几年来，他在淮西地区流浪，过着乞讨的生活。这一带本是弥勒教盛行的地区，由于生活的折磨和煎迫，他在流浪的岁月里接受了抗元的思想。如今，一听到家乡有起义军，他就一股劲儿地赶来，准备投身到起义队伍里去。他哪儿想到守城的兵士竟把他误认是元军奸细而捆绑起来呢?

城门口围着好些人，七嘴八舌闹哄哄的。突然，人丛中不知是谁喊了一声："郭元帅来了。"

顿时，鸦雀无声，只听到"嘚……"一片马蹄响。

人群分散了开来，骑在前面白马上的郭元帅跨下了马鞍。

丑和尚站在元帅面前回话，说是来投效起义军的。

元帅上下打量着他，心想："长得虽丑，可是粗眉大眼长方脸，倒很威严，尤其那突出来的下巴颏儿，更给人增加威武的感觉。"看到这副相貌，郭子兴已有几分喜欢，又看他身体魁梧，二十来岁模样，就叫人给他松绑，带进城去。

郭子兴把朱元璋收做自己的亲兵。

郭子兴的眼力不错，朱元璋毕竟是个不平常的人，他很有才干，做事很果断，作战很勇敢，郭子兴非常宠信他，把自己收养的女儿马氏嫁给了他。郭子兴死后，部队就归朱元璋统率。

朱元璋十分注意军队的纪律，因此，得到人民的拥护。

当时，起义军的中心力量是刘福通率领的红巾军。1355 年，刘福通找到了韩山童的儿子韩林儿，在亳州（今安徽亳州）建立反元的政权，拥立韩林儿做皇帝，又号“小明王”，国号叫宋。隔了一年，刘福通分派几路人马大举北伐，势如破竹，元军纷纷败退，攻克了许多地方。刘福通自己攻下了汴梁（今河南开封），把它定为国都。

小明王的军队在北方与元军进行激烈的搏斗，给了朱元璋很好的空隙。朱元璋掌握住这个好时机，率领大军渡过长江，攻占集庆（治今江苏南京），把元朝的集庆路改称应天府，作为发展势力的根据地。

朱元璋非常明了当时的形势，认为要向外发展夺得天下，首先得巩固根据地。于是，他采取了一系列的政策：兴水利，屯田，发展农业生产，革新政治，训练军队……没过几年，就成为一股强大的力量。

那时候，与朱元璋地盘接境的是占据江西湖广的陈友谅，和占据江南沿海的张士诚。陈友谅疆土广、兵力强，张士诚国力富。一个在东，一个在西，要是他们联合起来夹攻朱元璋，那就非常危险。朱元璋了解自己的处境，决定采取各个击破的方法，先打垮陈友谅。

陈友谅兵力强大，一心想吞吃掉朱元璋。1360 年，陈友谅亲自率领水陆大军，浩浩荡荡进攻应天，来势凶猛，应天人惊慌万分。朱元璋自己呢？很是沉着。

四周静悄悄的，一阵细碎的脚步声划破了静寂。守夜兵士提着明晃晃的刀枪，押着一个老头儿走进陈友谅的大营。

灯光映着陈友谅的面孔，灰溜溜的，叫人害怕。

“哪儿来的？”声音很严厉。

“有机密事报告。”老头儿低着嗓子坦然地回答。

陈友谅挥了挥手，兵士退了出来。

老头儿递上朱元璋部将康茂才的亲笔降书，说道：“康将军准备在您攻打应天时，作为内应。”

陈友谅本来认识康茂才，见到他派人来约降，高兴得不得了，就笑着问康茂才的心腹人：“他在哪里？”

“把守江东桥。”

“石桥还是木桥。”

“木桥。”

陈友谅兴奋地说：“你回去告诉康将军，说我亲自带兵到江东桥，喊‘老康’作信号。”

骄傲轻敌的陈友谅哪儿会想到这是朱元璋和康茂才定下的妙计！

朱元璋摸清了陈友谅的进军路线后，设下了埋伏，派遣一支军队截断陈友谅的后路，并且连夜偷偷地把木桥改成石桥。

陈友谅兴冲冲地带领军队来到江东桥，一看是座石桥，知道不妙，连忙亮起嗓子喊了几声“老康”，没有人搭理。陈友谅正想退兵，只见山上黄旗一招，一声呐喊，四周突然出现了无数伏兵。这一仗，把陈友谅的军队打得落花流水，陈友谅狼狈冲出重围。朱元璋乘胜收复失地，并且攻占了江西一带大片土地。

陈友谅上了这么个大当，恨透了朱元璋。1363 年，他又率领号称六十万的大军大举进攻洪都（治今江西南昌）。洪都将士上下一心，英勇抵抗，激战了八十五天，城池还是牢牢地守住了。朱元璋率领了二十万大军来救援，迫得陈友谅解围，两军在鄱阳湖展开了空前激烈的水战。

鄱阳湖上战船如云，战鼓喧天，杀声动地，平静的湖水被震得抖擞了起来。

陈友谅的战舰比朱元璋的大得多，朱元璋却集中力量采取“火攻”，用火炮轰击敌军的大战船。

“火，火……”有只战船着了火，黑烟飞扬，呛得人张不开口，迷得人睁不开眼。

“快救啊……”

船上的士兵乱成一团，挤来挤去，有的跌下水去，有的在挣扎着，想爬上别的船只。

“啊呀，又起了火！……”陈友谅慌了，赶紧下令撤退。

火像毒蛇舌头一样，无情地卷噬着许多船只。风，给朱元璋助着威，又像在给陈友谅奏着哀歌。朱元璋威武地站在船头，镇静地指挥着。士气旺盛极了，越战越有劲，越战越灵活，大战了一个多月，可从来没有得到像今天这样大的胜利。

一只载着陈友谅的战船，慌忙向湖口冲去。

“不要让他逃走……”迎面一艘战船拦住了去路，后面又有战船飞驶过来。

陈友谅把头伸到船舱外面去察看形势。“嗖……”飞来一箭，不偏不倚，正射中脑袋，陈友谅倒了下去。头儿完蛋了，全军像天崩地塌一样不可收拾。陈友谅的儿子陈理急忙逃回武昌。

这一场水战奠定了朱元璋统一南部中国的基础。第二年（即1364年）的二月，陈理被迫投降。朱元璋并吞了陈友谅的疆土后，整顿队伍，回军攻灭了张士诚，并且陆续消灭南方的许多割据势力，基本上统一了南部中国。这时候，刘福通早已败死，北方的红巾军由于连年和元军激战，势力渐渐削弱，没落下去。

1367年，朱元璋派遣大将徐达、常遇春率领二十五万大军分路北伐。第二年，正式建国，国号“明”，定都南京。

北伐军提出了鲜明的斗争口号：“驱逐胡虏，恢复中华。”这口号说出了人民埋藏心底已久的话，人民要雪耻，要泄恨，纷纷起来响应。北伐军出师不到几个月就平定了山东，接着由山东攻取河南，很快平定了河南全境。

1368年五月，朱元璋亲自到汴梁（今河南开封），部署进攻大都（北京）。这一年的闰七月，徐达、常遇春在临清会集各路大军沿着运河北进，接连攻克德州、通州（今北京通州区）。元朝皇帝看到情势危急，元军毫无斗志，大为恐慌，就在二十八日夜里带着后妃太子一溜烟逃往上都（内蒙古多伦县西）去了。八月二日，北伐军进入大都。自从石敬瑭把燕云十六州割让契丹以后，名都燕京（北京）脱离中原王朝统治已约四百三十年，到这一天重新回到中原王朝的统治之下。

胜利接连着胜利，北伐军进军神速，腐朽不堪的元朝政府瓦解了。以后，朱元璋又陆续平定了元朝的残余势力和地方割据势力，完成了统一全国的事业。

这是中原人民英勇奋斗、千百万劳动人民流血斗争的结果，朱元璋是这个伟大斗争中的组织者和领导者。

当然，朱元璋做了皇帝以后，仍然和历代的封建皇帝一样，也是骑在人民头上，做了全国最高的统治者。

三保太监下西洋

经过元朝末年连年的战争，社会生产破坏了，田地荒芜，人口稀少，景象十分凄凉。为了巩固统治，明太祖采取了一系列恢复农业生产的措施：移民开垦荒地，积极兴修水利，减轻赋役负担。同时，还想了一些办法来恢复手工业和商业。因此，在明太祖统治的三十年间，社会经济得到恢复，并且有了一定程度的发展。

1398 年，明太祖死，皇族内部发生了争夺皇位的冲突。事情是这样的：太子早死，明太祖死后，太孙允炆继承了皇位，就是建文帝。拥有强大兵力的燕王（建文帝的叔叔）不甘心，1399 年七月起兵夺取皇位，把建文帝从皇帝的座位上赶了下来，自己做皇帝，他就是明成祖。南京城破的时候，建文帝下落不明，据说是流落到海外去了。明成祖即位后，派遣郑和带领一支舰队到海外查访建文帝的下落。

其实，查访建文帝的下落只是借口而已。因为明朝到了明成祖统治的时候，社会经济已经有了很大的发展，耕地面积增加，农业生产技术有了改进；农业发展了，手工业也有了长足的进步；生产规模扩大，产品增加，商业也繁荣起来。商品经济的发展，进一步要求扩大市场，在这种情况下，明成祖派遣了强大的舰队下西洋，发展海外贸易。当时所谓“西洋”，就是以现在的马来群岛为中心，从加里曼丹岛以西，到印度洋和非洲东岸的地区。率领这支庞大舰队的，是我国历史上著名的航海家郑和。

郑和本来姓马，云南昆阳（今云南省昆明市晋宁区）人，回族。明初入宫做宦官，明成祖把他改姓为郑。郑和很能干，在与建文帝的战争中，立下了功劳，明成祖十分赏识他，把他升做内官监太监。宫廷里大家叫他三保，因此一般人就叫他三保太监。

明成祖要派人到西洋各国去访问，心里想叫郑和去，他探问左右的人："我叫三保领兵好不好？"

左右回答说："三保智勇双全，内侍中谁也比不上他，他是担当得了这个重任的！"

郑和确实担负起了这个重大的任务，在将近三十年的时间内七次下西洋，在海洋上与惊险的风涛搏斗，遍历了当时"西洋"各国，克服了种种难以克服的困难，完成了惊天动地的大事业。我们从下面的故事中就可以看出郑和与他率领的人们的机智和勇敢。

1405年，郑和率领了一支庞大的舰队从苏州刘家港出海。这支舰队共有六十二艘大船，最大的船长四十四丈四尺，宽十八丈，是当时世界上少见的大船。船上满载着五花八门的商品，还载有水手、官、兵二万七千八百多人，其中包括各色各样远程航海所需要的人才。

航行开始了，这支整齐壮观的舰队给海洋增添了不少色彩。在辽阔的海洋上，舰队战胜了惊涛骇浪，奋勇前进，两年多的时间，遍访了马来群岛各个国家，一直到印度半岛南端的古里才往回行。

回来的路上经过苏门答腊岛东南端的旧港。旧港的酋长陈祖义，广东人，专门劫掠往来的商船，大家对他的海盗行为非常痛恨。郑和来到这里后，向他招降，他表面上接受了，暗地里另有打算，想去抢劫舰队的财物。郑和兵力强大，他不敢明目张胆地进攻，打算找个机会偷袭。这个阴暗的企图给施进卿知道了，施进卿悄悄地向郑和告密。

郑和撒下了天罗地网，叫陈祖义乖乖地钻进来。

陈祖义以为郑和被自己骗过了，心里万分得意，就挑选了一些精悍的兵士，乘着小船，飞快地向郑和袭击。

小船靠近舰队了，舰队上静悄悄的，一点声息也没有。陈祖义好欢喜啊，大船上没有防备，眼看大批财物马上就是自己的了。哪知道，就在这当儿，一声炮响，舰队像睡熟的人突然醒了过来，四面八方反击陈祖义。刀箭和枪炮摧毁了陈祖义的好梦，陈祖义被活捉了。他手下的一群人有的被打死，有的淹死在水里。

郑和七次出使海外，到过三十多个国家和地区，最远到过非洲东岸和红海海口，发展了明帝国和亚非各国之间的贸易关系，也促进了各国之间的文化交流。这样伟大的成绩是全国人民辛勤劳动和智慧的结晶。劳动人民创造了大量财富，国内工商业发展，才有雄厚的经济力量做航海的基础；罗盘的使用、宝船的建造、水手们的英勇、士兵们的顽强，是航海取得胜利的重要原因。航海事业的辉煌成就，充分说明了我国人民的勤劳勇敢和大无畏的精神。

郑和的航海是世界航海史上空前的壮举：就时间来说，比欧洲早期的航海家如哥伦布等要早几十年；就规模讲，欧洲早期的航海活动更是望尘莫及。在这几次航海中，郑和起着领导和组织的作用，他不愧是个伟大的航海家和沟通世界文化的先行者。

一场生死存亡的斗争

元朝统治者被明太祖赶出长城后，还保存着相当强的实力，他们常常引兵侵扰明帝国的边境，巩固北方的边防对明帝国来说有着重要的意义。

明朝的国都本来在南京，为使北方边防巩固，明成祖把国都迁到北京，又先后五次率领大军出长城，进攻敌人，解除边境的威胁。明成祖以后，政治渐渐腐败，边防逐渐松弛下来。

15 世纪 50 年代左右，蒙古族的一支——瓦剌强盛起来，不时向南骚扰，威胁着明帝国北方的安全。

1449 年七月，明朝与瓦剌发生了冲突，瓦剌的领袖也先乘机大举入侵，分四路进攻。也先亲自率领主力军进攻大同（治今山西大同），大同的守将出城迎战，被敌军打得大败，死伤四万人马，情势紧急万分。

随着边境情势紧急，朝廷里也骚动起来了。怎么来处理发生的事变呢？大臣们议论纷纷，提出了不少主张，当时的明英宗却都不采纳，他听信的只是太监王振的话。

王振百般操纵英宗，劝英宗亲自征讨瓦剌军，为御驾亲征找出种种理由。昏庸的英宗被糊弄了，以为亲征可以立刻击败瓦剌，可以大大逞一逞大明天子的威风。大臣们虽再三劝谏，但英宗就是不听。

说来好笑，王振是否真是为国家打算？真正了解敌我的情况呢？不是。相反，他想的是另外一些事：

“我是蔚州人，蔚州靠近大同，大同失陷，家乡就要遭到骚扰，因此必须赶紧击败瓦剌；再说，皇帝亲征，我可以借此机会大大耀武扬威一番。”他就是这样地把战争看作儿戏，看作自己显名邀功的手段。

糊涂的英宗听了王振的话，带领五十万大军威风凛凛地出征，跟从出征的还有大批官员。一路浩浩荡荡由北京出居庸关经宣府（治今河北省张家口市宣化区），向大同进发。

大同城外一片荒凉，路上躺满了尸体，加上连日狂风暴雨，兵士们又饥又寒又恐惧，前线又不时传来失败的消息，军心大乱。这时，王振已吓得惊慌失措，决定退回北京。

退兵的时候，王振请皇帝绕路从蔚州经过，好在家乡显显自己的威风。大军向蔚州进发，走了四十里光景，王振忽然想起大军过境会踏坏自己家乡的庄稼，于是又下令改道从宣府走。这样弯来弯去，耽误了许多时间。

瓦剌趁这空当儿，飞快追赶上来。明军边战边退，死伤惨重。一下子就从宣府退到土木堡（今河北怀来东），瓦剌军紧紧地跟在后面追。

土木堡地势高，掘地二丈多深还得不到水，军队两天弄不到水，人马饥渴不堪。瓦剌军像蝗虫似的，越来越多，越聚越密，他们看到明军饥渴的情况，就施了一个诡计，假装和明军讲和。

王振本是个饭桶，根本不懂得怎样打仗，如今见瓦剌军要讲和，信以为真，以为有机会喘一喘气了，就下令叫大军移近水源。这一移可糟了，阵势动摇，瓦剌骑兵乘势从四面八方冲过来，杀气腾腾，挥着长刀乱砍，一面高声嚷着："解甲投刀的不杀！"

明军被这突如其来的袭击吓昏了，纷纷卸甲奔逃，自相践踏，倒了下去的再也爬不起来，鲜血染红了土地。

明英宗拼命往外逃，左冲右突冲不出重围，被活生生地捉了去。就在这时候，明朝的一个将军举起铁锤向王振狠狠锤去，大声喊道："我替天下人杀死你这个恶贼！"接着，他冲进敌军，杀死十几个敌人，自己也英勇牺牲了。那位为民除害的将军，名叫樊忠。

这就是历史上有名的"土木之变"。明军损失惨重，五十万大军不是战死就是逃散，从征的大臣武将死了几百人，只有很少几个狼狈逃脱。

三天以后，惨败的消息传到了北京。当时，北京的精兵都被皇帝带到前线且被打垮了，京城里留下来的兵马不满十万，又大多是老弱残兵，有的兵士连盔甲也没有，城防空虚，人心惶惶。官员们纷纷将家眷和财物运送到家乡去，恐怖气息笼罩着北京城，窒息着北京人民！

英宗被俘，明朝没有皇帝了，皇太后立英宗的弟弟朱祁钰监国（暂时代理皇帝管国家大事）。

朱祁钰召集文武大臣商讨国事。面临这种局势，平时一贯养尊处优的大臣们都慌作一团，拿不定主意，只是聚在一起哭泣。

大臣徐珵说："我看了星象，查了历书，大势已经无法挽回，只有赶快南迁，才能避免大祸。"

说罢，就有很多人叽叽喳喳地随声附和起来。

"谁提议南迁的应该斩首！"兵部侍郎①于谦厉声斥责说，"京师是天下的根本，绝对不能放弃，我们应该以宋朝南渡的事为教训。现在只有把各地的军队召集起来，誓死保卫京师！"

于谦的正确提议，得到主张抗战的官员们的拥护，朱祁钰和皇太后采纳了他的意见，并且提升他为兵部尚书，交付给他抵抗瓦剌侵略、保卫京师、保卫大明的重大任务。

于谦接受了任务，立刻调集各地军队来保卫京师。当时，通州官仓里储存着大量的粮食，一时搬运不及，为了不落在敌人手里，有人主张把它烧掉。于谦考虑再三，出了个主意，请朱祁钰下道命令：文武官员预支九个月的俸粮，兵士预支半年饷粮，各人到通州仓去领取。同时又征用五百辆大车运粮进京。这一来，通州粮仓运空了，京师的粮食也充足了。

为了平息民愤，激励士气，于谦诛灭了专权祸国的太监王振的全家，杀尽王振的奸党。经过了于谦的筹划，北京的保卫工作渐渐有了头绪，人心也逐渐安定下来了。当时就有无数青壮年应募投军，参加保卫京师的战斗。

① 中国古代武官名，兵部尚书之属官，隋始置，唐以后各朝相沿。

这年九月，朱祁钰在群臣拥戴下做了皇帝，他就是明景帝。

也先阴险毒辣，本来想假装和明朝讲和，逼迫明朝用大量金银来赎皇帝，现在看到明朝立了新皇帝，知道讲和不成，就挟着英宗大肆进攻，绕过大同，攻破紫荆关（河北易县西），直逼北京城。敌军来势汹汹，气焰万丈，有人主张全军退守城内，避一避敌人的锋芒，于谦坚决反对，他说："退守不得。对敌人示弱，敌人就更加骄横，必须给他们迎头痛击，杀杀他们的威风。"

于谦率领了二十二万人马，在北京城外摆好阵势，下令把各城门关闭，表示誓死抗敌的决心，并宣布临阵的军令：交战时将官不顾士兵先退的，斩将官；士兵不听指挥后退的，后队斩前队。

于谦头戴铁盔，身披甲胄，骑马巡视阵地，他再三对将士讲述杀敌救国的道理，讲得舌干唇燥，讲得热泪流出了眼眶。将士们被他一片赤诚忠心感动了，满腔热血沸腾着，一个个决心誓死杀敌。

瓦剌的骑兵来到北京城下，看到明军军容严整，不敢进击。于谦乘敌军远路而来，不给他们喘息的机会，杀了过去，打得瓦剌先锋部队大败。夜里，于谦又派人偷偷地袭击敌营，消灭了好些敌人。

也先本来趾高气扬，以为马上就可以攻下北京城，现在尝到了滋味，知道事情不好办，就假意要讲和。狐狸总是狡猾的，于谦早料到了。

讲和不成，瓦剌军继续进攻。

于谦预先派兵埋伏在城外的空房子里，派一小队骑兵应战，战一阵，败一阵，接二连三地朝后退。敌人高兴极了，一万多骑兵狠狠跟在后面追。突然，一声号令，城头上火炮齐发，吓得战马乱蹦乱跳，敌人慌了手脚；伏兵从背后空房子里杀出来，城下的明军冲过去，前后夹攻，杀声震天，打得敌人丧魂落魄，纷纷溃退。

北京的老百姓也非常勇敢，他们配合官兵打击敌人。有一次，敌军冲到土城下面了，老百姓爬上屋顶，高声呼喊，为官军助威，并且拿起砖瓦和石块来投击敌人。

激烈的战争进行了好几天，瓦剌军接连吃败仗，死伤惨重。京师附近的民兵不时袭击敌军，各地的部队又都纷纷向北京集中，也先看到形势不妙，怕自己归路被切断，就偷偷地撤退。

明军觉察了，于谦派兵追击，用火炮袭击敌人，打死敌人一万多。敌军丧了胆，带着英宗，狼狈逃去。

京师保卫战取得了辉煌的胜利，于谦继续整顿军队，部署战守，明朝国防逐渐巩固起来了。

后来，也先又几次进攻明朝，都被打退。他看到明朝坚决抗战，知道用英宗作为讲和的资本是白费心机，就把英宗送了回来。不久，瓦剌内部分裂，互相纷争，衰落了下去。

戚家军平倭

明帝国的沿海经常遭到倭寇的侵扰，特别是工商业发达的东南沿海地区，受的祸害更是严重。

在西汉时日本称为倭国，历代与中国有往来。明朝初年，日本正处在南北朝封建分裂的混战时期，长期内战中的许多溃兵败将以及逃避横征暴敛的人们，逃亡到海上，与明初亡命海外的人相勾结，不断侵扰中国沿海州县。这就是“倭寇”的由来。

明朝初年，倭寇虽然不断向中国沿海劫掠，但是，那时明帝国沿海防御力量比较强，倭寇每次来侵袭，都被明军打退，所以倭患还不十分严重。15 世纪中叶以后，随着明帝国的政治腐败，沿海防御力量逐渐削弱，倭寇的祸患愈演愈烈。到了 16 世纪，达到了极其严重的程度，有时六七十个倭寇，深入内地几千里的地方，随便烧杀抢劫，甚至杀几千人也遇不上明军的抵抗。

1553 年，倭寇在沿海一带奸商豪门的引导下，发动了大规模的进攻，浙江东西，大江南北，沿海千里顿时处于紧急状态。

倭寇到处掠夺财物，肆意屠杀人民，残暴到灭绝人性！

倭寇的侵犯给中国人民带来了深重的灾难，生产被破坏了，生命财产毫无保障。人们痛恨侵略者，纷纷组织起来，英勇地保卫自己的家乡。抗倭名将戚继光和俞大猷就是依靠人民的力量组织新军，完成歼灭倭寇的伟大事业的。

当时，倭患最严重的地区是江浙一带。1555 年戚继光由山东调到浙江，镇守宁波、绍兴、台州三府和所属各县。

那里的兵士哪里还像个兵士？老的老，弱的弱，病的病，行动散漫。这样的军队能有什么战斗力？看到这种情况，戚继光立刻着手训练新军。

他在金华、义乌等地招募了三四千农民和矿夫，加以严格的训练。根据江南的地势和敌军战斗的特点，他创造了有名的“鸳鸯阵”，使各种兵器有效地配合，组成了一个富于战斗力的作战单位。他教不同年龄、不同体格的士兵使用不同的武器，充分发挥士兵的长处。

戚继光很注重军队的思想教育。他教导士兵爱护老百姓、保护老百姓的道理。他经常和士兵们谈：“你们在家，哪个不是种地的老百姓？只要思量思量在家种地时纳粮的苦楚和艰难，就会明白现在吃饷是多么容易。不要耕，不要种，只希望你们好好杀敌。你们不肯奋勇杀敌、保障老百姓的安全，老百姓养你们做什么？”

经过严格的训练，新军很快成为一支纪律严明、百战百胜的劲旅，这就是名闻天下的“戚家军”。

1561 年 4 月，几千倭寇进攻台州海边的桃渚和圻头，声势很大。戚继光得到消息，立刻带领精锐的新军去抵挡，猛烈打击敌人。

倭寇很狡猾，打听到戚家军大部分开赴前方，台州兵力单薄，就偷偷袭击台州。戚继光回军抵抗，双方在离开台州二里的地方展开了大战。戚家军个个生龙活虎，倭寇支持不住，狼狈奔逃，戚家军紧紧跟在后面追击，杀得敌人片甲不留。这支侵犯桃渚的倭寇就这样很快被歼灭了。

桃渚的敌人刚被消灭，圻头的倭寇又来进犯台州，戚家军再接再厉在台州东面大败敌人。敌人吃了苦头，慌忙撤退。

一支歪歪斜斜的队伍出现在山里的小道上，有的慌慌张张，有的没精打采。突然，一片呼喊声，两旁跳出许多兵士来，只见他们列成鸳鸯阵从山上狠命地向下冲，倭寇吓坏了，四散奔逃。逃又有什么用呢？戚家军早就布置好了，这些残兵败将和桃渚倭寇一样，遭到了被歼灭的命运。

台州大战中，戚家军前后打了九仗，仗仗胜利，斩杀了一千四百多个倭寇。在这一年内，进犯浙东的倭寇全部被扫平了。为了更好地抵御敌人，加强海防，戚继光又招募了二千人补充新军，这一来，戚家军扩充到了六千人。

这时候，福建的倭寇又猖獗起来，沿海各地都有他们的踪迹。倭寇在宁德城外的横屿扎下了大本营，不断向外烧杀掠夺。后来又有大批新倭寇在福建的牛田驻扎下来，与兴化附近的倭寇互相策应。形势十分严峻，朝廷调动戚继光率领军队去福建剿倭。

1562 年，戚继光率领精兵六千进入福建，在宁德驻扎下来。戚继光小心谨慎，周密地研究了敌情，决定首先攻破横屿，乘胜破牛田，最后歼灭兴化附近的敌人。

横屿离开宁德海边有十里路，涨潮时四面是水，成了个小岛，潮落以后，四面都是泥沼。这样的地势，从陆上进攻非常困难，从海上进攻也很不容易。走吧，脚踩下去拔不出来；行船吧，要搁浅。要歼灭这里的敌人真是困难万分。

戚继光苦苦思索，想出了一条计策来，决定从陆上进攻。他关照士兵每人准备好一大捆稻草，听候命令。

潮水落了下去，浅滩显露出来，横屿又跟大陆连在一起，泥泞不堪。就在这时候，戚继光悄悄带领着军队向横屿进袭。士兵们一面用大捆的稻草铺路，一面爬着前进。

倭寇们以为自己处的地势优越，戚继光怎么也打不进来，防备很不严密。现在，戚家军蓦地出现在面前，像潮水一般涌上来，倭寇措手不及，惊慌失措。戚继光身先士卒，沉着地指挥士兵们猛烈攻击，接连克服了好几处隘口，杀得倭寇头昏眼花，乱撞乱窜，最后完全攻下了这座倭寇的大本营，斩杀敌人二千六百多人。

横屿的倭寇一消灭，戚家军连忙开拔到福清。

横屿一仗杀得倭寇胆战心寒，倭寇急于要知道戚家军的动向，好作应战的布置。

戚继光心里早已打定主意，乘着福清人民热烈欢迎戚家军时，就扬言说：“我们军队从远地方来，得好好休整一下，最近不打算打仗了。”

刚打了这么个大仗，又从老远的地方开拔来，是需要好好休整一下啊！倭寇信以为真了，没有很好地加以防备。

夜降临了，戚继光利用敌人的麻痹，突然袭击牛田，分成三路围攻。倭寇仓皇应战，边战边逃，被戚家军打得落花流水，只有少数逃到了兴化。

戚家军稍微休整了一下，又乘着一个漆黑的夜晚，偷偷地进攻兴化附近的倭寇大本营，一口气打下了敌人营垒六十多座，杀死倭寇一千几百人，烧死和淹死的更多。

东方发白，天渐渐亮了，戚家军凯旋，开进兴化城。这时候，老百姓才知道附近的倭寇已被歼灭。大家高兴极了，杀牛送酒慰劳戚家军，路上挤得水泄不通。

戚继光在福建胜利地完成剿倭的任务以后，领兵回到浙江。

倭寇看到戚家军走了，在 1562 年年底，又大举侵犯福建沿海各县，用计攻下了兴化，大烧大杀，老百姓又遭了殃。接着，倭寇又占领了福建北部的几个城，朝廷只得又调遣戚继光和老将俞大猷前往救援。

戚继光接到命令，在 1563 年 2 月，亲自到义乌一带招募民兵一万多人，补充兵力。福建的形势紧急万分，不容许戚继光有充裕的时间训练军队，只得一面进军，一面训练。

戚继光和俞大猷联合向倭寇猛攻，收复了兴化城，此后又陆续地把福建各地的倭寇剿平。1564 年秋，倭寇进犯广东，也被俞大猷和戚继光的部队剿灭。这时候，危害我国人民几十年的倭寇终于给肃清了。

阉党和东林党

在本书《一场生死存亡的斗争》一文里，我们看到了太监王振炙手可热的权势。的确，明朝宦官的祸害就是从王振开始严重起来的。

明朝开国时，明太祖看到历代宦官的祸害，曾经铸了一块铁牌放在宫门内，上面镌着："内臣不得干预政事，预者斩。"明成祖赶走侄子，自己做皇帝，其中有宦官一份功劳，就开始信用宦官，但是对宦官还有一定的约束。到英宗时，王振作威作福，肆无忌惮，索性把明太祖立的祖训铁牌也毁了。从此以后，宦官的气焰愈来愈高，早在嘉靖（明世宗的年号）初年，就有人以"咏喇叭"为题狠狠地讽刺宦官：

> 喇叭，唢呐，曲儿小，腔儿大；官船来往乱如麻，全仗你抬声价。军听了军愁，民听了民怕，那里去辨甚么真共假？眼见的吹翻了这家，吹伤了那家，只吹的水尽鹅飞罢！

这批恶狗掌握了特务组织，借着皇帝的权力，害得许多老百姓家破人亡。

明神宗时，皇帝放出大批太监做矿监、税使，到处搜刮民脂民膏。这批如狼似虎的宦官，满布天下，向老百姓搜刮财物，老百姓受的苦难难以形容。这些宦官不是真正去勘察矿苗、开矿，而是任意把没有矿的地方说成有矿，硬说老百姓的田地里有矿，进行敲诈勒索。他们收税也不一定是收商税，而是把农、工、官吏都当作收税对象。他们手下又养着大批流氓恶棍，到处胡作非为：拆民房，硬说房子下面有矿；掘坟墓，说坟墓下面有矿；其实，只是劫掠殉葬的财物。他们不仅到处敲诈抢掠，甚至任意污辱妇女。

这样的胡作非为弄得天下没有一点儿安宁，严重地妨碍了人民的生活和生产。各地人民愤怒地起来反抗，在有矿监、税监的地方，形成了广泛的市民运动。这里我们只举一件事来说一说。

1601 年，驻在苏州的苏杭织造太监孙隆，向苏州的机户勒索商税，激起了织工大暴动。事情是这样发生的：

孙隆的手下人黄建节与当地的恶棍勾结，擅自加税，每张织机要缴三钱银子。勒索实在太重了，各机户纷纷罢织。这一来，几千织工和染工都失业，无法生活。有一个叫葛成的昆山人就挺身出来领导暴动。

暴动者的组织很严密，行动时很有纪律。葛成把参加暴动的两千人分为六队，每队有一个人摇着扇子带领，后面的拿着木棒跟随着，并且宣称只对付收税的恶棍。他们打死了黄建节，把捉到的六七个税官丢在河里，焚烧了那些作恶多端的税棍们的房子。

当地的官员看到这种情形，很是害怕，不得不惩办几个恶棍来平息群众的愤怒情绪，知府也亲自出马，再三劝解。孙隆看到群众声势如此浩大，赶紧夹着尾巴，一溜烟地逃到杭州去。

明朝宦官的祸害到了熹宗的时候，已经达到登峰造极的地步。熹宗皇帝实在是个傀儡，魏忠贤才是真正的“皇帝”。

魏忠贤操纵国家大权，当时许多不顾廉耻的官员，拜他为父，自称干儿子，有的竟自称义孙。这些干儿义孙中最著名的是以崔呈秀为首的“五虎”，田尔耕为首的“五彪”，周应秋为首的“十狗”，此外还有“十孩儿”“四十孙”等。魏忠贤的这些干儿义孙和他们的走狗形成了广大的阉党，无恶不作。

阉党代表着大贵族、大地主的利益，他们疯狂地掠夺，逼得人民无法生活，同时也严重地损害了中小地主和城市工商业者的利益，这样就引起了地主阶级内部越来越多的政治分裂。当时，江南已经是全国工商业最发达的地区，由于大贵族、大地主的掠夺，江南地区的经济发展受到了严重的打击。于是，以江南中小地主势力为中心，形成了反抗阉党专权的政治集团——东林党。

无锡城东有一个东林书院，是宋朝一个著名学者讲学的地方，房屋因年久失修，破烂不堪。1594 年，吏部郎中顾宪成罢职回到故乡无锡，当地的绅士出钱帮他修复了东林书院。顾宪成和当时一些有名望的人在东林书院讲学，闲余时常常讨论朝政，批评人物，与朝廷里少数比较正派的官员通声气，互相应和，形成了舆论的中心。

东林党和阉党展开了尖锐的斗争。以魏忠贤为首的反动势力对东林党进行了残酷的迫害，东林党遭到杀害、放逐和监禁。人民对阉党的残暴无限愤恨，都起来支持东林党人。

1626 年，魏忠贤派遣旗尉[①]到苏州捕捉周顺昌，激起了人民激烈的反抗。

周顺昌是个正直清廉的人，当时已休官回到故乡苏州。他对乡邻很好，大家都爱戴他。三月十五日逮捕周顺昌的旗尉到达了苏州，老百姓听到这个消息，很是愤怒。那几天虽是阴雨，可是每天来探望周顺昌的总有几千人。

照“规矩”，逮捕人时，宣读了诏旨以后就要把“犯人”解走，不得逗留。可是，旗尉们为了向被捕的人敲诈银钱，不肯马上宣读诏旨。周顺昌做官清正，家里没有钱，旗尉们向他勒索时，他愤愤地说：“你们要怎么办就怎么办好了，我是一文钱也没有！”

周顺昌的朋友怕他在路上吃亏，就凑出一些钱来。哪知道这一来，旗尉们见有利可图，就更凶狠狠地说：“要是不多拿些钱出来，周某人在路上休想活命。”

这样，一拖再拖，过了三天才准备宣读诏旨，群众激愤起来了。

三月十八日是打算宣读诏旨的一天，地点是巡按衙门。市民颜佩韦焚着香满城大喊：“要为周大人申冤的都跟我来。”

满城的人都来了，一片喊冤声，几里路以外都听得见。他们手里点着香，浓烟弥漫着，遮蔽了天空。天本来就下着雨，这一下更显得

① 旗尉是魏忠贤手下的特务，又称校尉或缇骑。

阴森凄惨。

人们跟在周顺昌后面，拥进衙门替他申冤。人群中忽然有人大声喊道：“周吏部是冤枉的……”“魏忠贤是什么东西！……”

旗尉们听了大惊，把银铛往地下一甩，杀气腾腾地叫道：“你们再闹就杀你们的头。”

群众的怒火再也压不住了，大家嚷着，叫着，向旗尉们拥过去；颜佩韦、杨念如、马杰、沈扬、周文元等五人首先动手打去。旗尉们吓慌了，像小耗子一样东逃西窜，有的爬上柱子躲在斗拱里，有的躲进厕所里，有的乱抓东西来遮蔽自己。群众搜出了两个人，打死了他们。有的翻墙逃走，翻过墙又被墙外的人着着实实揍了一顿。这一阵打得旗尉们丧魂失魄，只得叫县官出来欺骗人民说：不解走周顺昌了。果然，群众受了骗，到晚上都散走了。直到二十六日夜里二更时分，在大批军队的保护下，旗尉们把周顺昌偷偷解走，周顺昌终究没能逃出魏忠贤的魔掌，不久，被害死在监狱中。

魏忠贤对这次事变非常愤恨，又很害怕，决心要屠杀苏州人民。为首的颜佩韦等五人知道奸贼不肯罢休，就自动投案说：“杀死旗尉的是我们几个人，与别人不相干。要杀，杀我们五个就是了。”

五个人从容就义，苏州人民把他们合葬在虎丘山旁。

自从发生这次市民大暴动后，阉党吓得再也不敢派旗尉到江南来捉人。但是，这时候东林党人已经被屠杀、放逐得差不多了，而阉党还不断地用各种办法镇压正派人士，闹得全国天昏地黑。

熹宗死了，崇祯皇帝即位，杀死了魏忠贤等一批阉党，一时打击了宦官的势力，东林党又有了执政的机会。但是，大贵族、大地主的势力仍然强大，统治阶级内部仍是钩心斗角，争权夺利，政治上的分裂越来越严重了。

受着重重剥削的人民，生活在深重的灾难之中。由于在辽东和女真族不断发生战争，军费大大增加，皇帝和官僚过着奢侈生活，尽情挥霍，国库空了，政府就加重田赋的征收；地主阶级又残酷压榨农民，再加上连年灾荒，人民实在难以活下去。当时陕西一带灾荒严重到如此地步：灾民把野草树皮吃光后，只好吃石头粉，但吃石头粉不好消化，几天就胀死了。更悲惨的是人吃人，吃过人的不到几天又面目红肿起来，发燥发热死去。人民处在这样悲惨的境地，政府还不顾死活向他们逼收各种赋税。

人们要生存，要找活路，要反抗暴虐的统治者！全国农民大起义的条件逐渐成熟，暴风雨就要来临了。

李闯王

明末农民起义最杰出的领袖是闯王李自成。

李自成是陕西米脂人。这一带地方是一望无际的荒野，人烟寥落，冬天狂风怒号，漫天飞雪。李自成就是在这种环境里成长起来的。幼年时期，家里十分贫困，他给地主家放羊，受尽了气，吃尽了苦。苦难的日子磨炼了他，使他成为一个身材魁梧、性情豪爽的人，他能骑马，会射箭，有一身好本领。陕北农民起义发生后，他投奔到当时著名的起义军领袖“闯王”高迎祥部下，称作“闯将”。

当时起义的农民军有许多支，都是分散作战，没有统一的领导，受到官军袭击时，常被各个击破。1635 年，农民起义军十三家七十二营的首领在荥阳开会，讨论作战方针。会上意见分歧，讨论好久作不出决定。李自成看到这种情形，怕起义军内部意见不一致，闹分裂，就提出自己的主张，他说：“一个人单独都能英勇作战，何况我们有十万大兵？官军没有什么了不得，我们应该定好进军方向分兵出击。”

大家同意了李自成的意见，分兵五路，其中高迎祥、张献忠和李自成东征河南、安徽一带，一直打到朱元璋的老家凤阳，把皇陵焚毁，使明朝政府大为惊慌。

1636 年，在一次战斗中，高迎祥中埋伏被俘牺牲了，部下推戴李自成做首领，也称作闯王。

就在那一年，李自成在四川梓潼吃了个大败仗，士兵冲散，仅仅剩下刘宗敏等十八骑突出重围，潜伏在陕西商县东南的商洛山中。过了一些时候，李自成招集部下出山投奔张献忠，没想到张献忠非但不容纳他，反而企图暗害他，无奈只好逃走。谁知逃脱了张献忠的暗算后，李自成又被明军包围在巴西鱼腹山中，经过重重困难，好容易才率领了五十骑冲出重围，逃入河南。

那时，河南连年闹灾荒，人们饿得头晕眼花，无路可走。他们不甘心活活饿死，争先恐后地投奔到李自成手下。这股新鲜血液壮大了起义军，李自成部队很快发展到几十万人，声势又大振起来。

河南杞县有个文武全才的举人名叫李岩，为人慷慨尚义。当时连年灾荒，官府不仅不赈济，还苦苦催逼老百姓交税交粮，人民无法生活，流离失所。李岩同情老百姓的苦难，出来请求官府暂时停收赋税，设法救济灾民，自己带头捐出二百多担米来。官府哪会为老百姓着想？李岩的话他们根本就听不进去，反而怪他多事。李岩见官府不答应，只好劝当地的富户出来救济饥民，富户们当然也不愿意。他们都认为李岩的举动对自己不利，就想法陷害他。他们说李岩散发家财，收买人心，一意要造反。官府就把李岩关进了监牢。

百姓听说李岩给抓了起来，非常愤怒，大家说："李公子为了救济我们而受累，我们能忍心吗？"

于是，人们成群结队冲进衙门，杀掉县官，救出李岩，并放走了所有的犯人。事情闹起来了，李岩对大家说："多蒙你们救了我，可是事情闹大了，无法收拾，我们还是赶紧投到李闯王那儿去吧！"

这支队伍就由李岩率领着参加了李自成的起义军。

在这以前农民军没有明确的斗争目标和方向。李岩提出了"均田"和"免赋"的主张，他解说给李自成听："要成就大事业，必须爱人民，除强暴，尊重和任用有才德的人。现在，在残酷的压迫下，人人都想起来反抗，我们要收拾人心，就得讲仁义。我们要通告大家，说我们大兵到处，开城门投降的一丝一毫也不侵犯，好的官员仍留任，贪赃枉法的杀头，钱粮只要缴原来的一半，这样，老百姓自然而然就拥护我们了。"

为了宣传起义军的政策，李岩又编了个民谣，到处传唱：

吃他娘，穿他娘，
开了大门迎闯王，
闯王来了不纳粮。

同时，起义军的作风也改变了，进一步整顿了军纪，提出了“杀一人如杀我父，淫一人如淫我母”的口号。

这支纪律严明、爱护百姓的队伍到处受人民欢迎，参加的人越来越多，力量越来越大，打一仗，胜一仗，军事发展非常迅速。

1641 年，李自成占领了洛阳，杀死了人民痛恨入骨的福王，把王府里的金银财宝全部散发给饥民。第二年，又南下攻取襄阳。这时候，李自成的队伍已经扩大到百万人，成为全国起义军的中心力量。

1643 年，李自成在襄阳召开会议，郑重讨论进军路线。会上牛金星主张：“我们先攻取河北，然后直向北京。”

“我认为顺汉水、长江而下取得金陵，断绝进京的粮道，然后北伐，攻取北京，这样稳妥些。”有人提出不同的意见。

顾君恩不赞成这两种主张，他说：“你们的话都不对。金陵地居长江下游，先取金陵，即使成功，未免太慢。假如直攻北京，一旦失败，退守哪里？这样做，未免太急。我的意见是：关中是大王的故乡，先占据它作为基地，然后攻取山西，直向北京。如此，进可以攻，退可以守，万无一失。”

李自成采纳了顾君恩的主张，当年冬天占领了西安，第二年正月建立大顺政权。接着派兵攻取陕西、甘肃各地作为根据地。二月，李自成亲自率领大军渡过黄河，攻进山西，一路上浩浩荡荡把明军打得落花流水。起义军所到的地方，老百姓都焚香欢迎。

驻扎在北京城外的三大营明军听说闯王军就要打来了，早吓得心惊胆寒；等到一和起义军交锋，就逃的逃，降的降，溃败不堪。

三月十八日下午，太监曹化淳开门投降，外城破了。崇祯皇帝急坏了，赶忙敲钟召集百官，商量对付的办法，可是，这时候，谁还理睬这个倒霉的皇帝？大臣们早已溜的溜，躲的躲，一个也不买他的账。崇祯皇帝看到众叛亲离，大势已去，留给自己的只剩下一条死路了。三月十九日，天刚破晓，这位皇帝战战兢兢地爬上宫内的景山（煤山），吊死在一棵槐树上。从此，这棵槐树一直被统治者认为是“有罪”的，因为它吊死了皇帝。其实，这棵树倒有点儿功劳，因为它给封建皇帝上了最好的一课。

农民起义军胜利了，推翻了腐朽昏暗的明朝政府。

李自成率领大军开进北京城，出布告安抚老百姓：“军人入城，敢伤一人者，杀无赦！”

老百姓看到军队纪律这样严明，都非常喜欢。李自成把北京建为都城，改定官制，文官以牛金星为首，武官以刘宗敏为首。这时，张献忠在四川也建立了大西国。

可惜的是起义军进入北京城不久就起了变化。李自成虽然一直保持着勤俭朴素的作风，可是牛金星、刘宗敏等经不起城市繁华的诱惑，生活开始腐化，沉醉在个人享乐里。他们忽视了全国还有许多敌人必须消灭，忽视了山海关还有吴三桂五十万大军驻扎着，忽视了关外还有虎狼般的清军随时在找寻机会侵略进来。将官们不再严格约束部下，军纪开始败坏，李自成一再训谕也没有效果，军队的战斗力大大减损了。

只有李岩始终保持着清醒的头脑，他反对牛金星他们的作为，哪知不仅没有成效，反而引起他们的嫉恨。李岩向李自成陈述招抚吴三桂的重要性，李自成既没有重视他的话，又没有作适当的军事布置来防备吴三桂和清军。

吴三桂投降清军，与清兵联合起来进攻起义军。李自成亲自率领几十万大军迎战。清军非常狡猾，先叫吴三桂领了军队和起义军作战，等到起义军打得疲乏了，就用骑兵分左右翼袭击。起义军被打败了，退回北京。四月三十日又放弃北京往西撤退，清军乘机占领了北京。

吴三桂和清军非常狠毒，不让李自成有喘息的机会，紧紧在后面追赶。李自成率领军队退到西安。这时候河南一带地主武装纷纷起来杀害李自成派遣的官吏。李岩看到情势严重，请求领兵到河南去镇压。

到这般地步，老奸巨猾的牛金星还要排斥异己，不顾大局，他表面上请李自成接受李岩的请求，暗地里却对李自成说：“李岩是个有雄才大略的人，不会长久屈居在别人下面。河南是他的故乡，给他大军独立发展势力，再也别想制服他了。”

李自成听信谗言，一怒之下就把李岩杀了。李岩素来很得人心，大家见他被杀，都非常寒心，连刘宗敏也带着队伍离开了。

吴三桂的军队和清军丝毫不放松，继续追击李自成。1645 年，李自成退到湖北通山县境的九宫山，亲自带了几十个骑兵上山去察看地势，不幸，遭受到地主武装的袭击，英勇战死。

李自成战斗的一生就这样结束了。1647 年初，张献忠也战死在四川西充的凤凰山。

这时，清军已在北京建立政权，继续向南扩张。李自成和张献忠的部下英勇地投入到抗清的斗争中去。

汉族人民抗清的斗争

李自成推翻明朝北京政权的消息和清兵入关占据北京的消息相继传到南方，南方的地方官僚们骚动了，他们筹划在南京重新建立政权。大官僚马士英等以武力作后盾，在1644年5月拥立昏庸的福王由崧即位。福王政府刚建立时，史可法、马士英同做宰相。马士英一心想把持朝政，独揽大权，就千方百计排挤史可法，史可法被迫离开朝廷到扬州去掌管江北的军事。

马士英一方面排挤爱国人士，一方面又引用一些无耻的小人，结党营私。他们贪污腐化，把各级官职定了价钱出卖，从中发财，把小朝廷弄得乌烟瘴气。当时流行着这样的民谣：

都督①多似狗，
职方②满街走。
相公只爱钱，
皇帝但吃酒。

军队里的情形也是一样。江北四镇的将官互相抢地盘，你打我，我打你，既消耗了力量，又害了百姓。史可法到了扬州以后，花了很大的力气在四镇将官中进行调解，勉强把他们安顿到抗敌的战线上去。哪知道这里刚有头绪，别处又爆发了大规模的内战。

由于马士英等一批坏蛋无恶不作，大兴党狱，陷害爱国人士，引起了驻扎在武昌的、拥有号称百万大军的左良玉大大不满，他带领了

① 都督为官名。
② 职方亦为官名。

大军进攻南京，说要清除马士英等一批奸臣。马士英着了慌，赶紧从江北防线上把防守清军的队伍调下来打内战。有人出来反对，马士英厉声说：“你们想借口防清兵而让左逆打到南京来吗？清兵来，可以商量讲和；左逆来，你们好做大官，让我们去死？宁可死在清兵手里，不能死在左逆手里。”

别人不敢作声了，马士英又圆睁了眼睛，大声喝道：“谁再有异议，斩首！”

守军给调去打内战，江淮一带防御力量削弱，清军乘机大举南下，在1645年4月把扬州城团团围住。

史可法孤军抗敌，苦苦防守扬州城。清军统帅多铎好几次劝降，都被史可法严词拒绝了。

史可法带领文武官员分头守城，亲自防守西门险要的地方。清兵集中力量不分日夜地猛烈攻击，死伤了无数人，城还是攻不下。最后，清兵用大炮轰城的西北角，炮弹像雨点一样打落在城墙上，城塌了，清兵潮水般地涌了进来。

眼看城池守不住了，史可法拔刀自杀，旁边的人赶紧上前抱住。他没有死，鲜血溅满了衣裳。部将们想保护他出小东门逃走，没想到正巧碰上了大群敌人，史可法被俘了。

多铎见到史可法，装得很恭敬的样子说：“史先生，我再三拜请你，你都拒绝了。现在你已经对明朝尽了忠，可以跟我们合作了。请你帮助我们大清收拾江南的局面，大清一定会厚厚报答你。”

史可法听了，忿忿地回答：“我是堂堂大丈夫，岂肯贪生怕死？头可断，要屈服万万做不到！”

最后，史可法壮烈地献出了自己的生命。

清军占领扬州后不久，就渡过长江，捣毁了南京的小朝廷。

清兵过江后，南方人民英勇起兵抵抗。这时浙江成立了鲁王政府，福建成立了唐王政府。这两个政府不依靠人民的力量来抗战，相互之间不仅不合作，而且互相倾轧，因此不到一年，浙江就被攻陷了。唐王政府又由于大汉奸郑芝龙的出卖，只存在了一年多的时间，也跟着覆灭了。

清兵占领浙江、福建等地后，继续向广东及西南地区进军，人民百折不挠地起来抵抗。这时广东又成立了桂王政府，李自成、张献忠的余部——大顺军、大西军也参加这个政府，大大增强了抗战的力量，桂王政府前后支持了十六年之久。

李自成死后，大顺军还有几十万兵力，由李自成的侄子李锦统率着，他决心联合明军共同抗清。清军不断进攻，广东各地相继被攻占，桂王东奔西走，最后退到广西桂林。清军不放松，进逼桂林，形势非常紧张。大顺军与明军联合抗战，在全州（广西全州县）打了一次大胜仗，逼迫清军退到湖南南部，这样，局势才暂时稳定下来。

这好转的局势没有能维持多久，由于桂王政府中的官僚不顾当时危机，结党营私，钩心斗角，因而严重地影响了前方的军事。清兵乘机进攻，占领桂林。桂王退守南宁，只保有广西西南一角的地方，桂王政府陷入了危亡的境地。就在这时候，大西军出来扭转了这个危险的局势。

张献忠死后，大西军由孙可望、李定国、刘文秀等率领。当桂王退守南宁时，大西军的势力已由四川发展到贵州、云南，他们向桂王政府表示，愿意合作抗清。孙可望派兵迎桂王到贵州，把政府设在安隆所（贵州安龙）。接着大西军发动了一次大规模的进攻，李定国进攻广西、湖南，刘文秀北伐四川。

李定国有勇有谋，率领了大军十万，大象五千头，进攻湖南，占领了许多城池，然后南下进入广西，围攻桂林。兵士们个个奋勇战斗，肉搏攻城；大象成群地横冲直撞，吓得清兵四散奔逃。桂林城破，“定南王”孔有德眼看无处逃了，就放了一把火烧死了全家。

攻下桂林后，大军乘胜北上，一路势如破竹，接连攻下永州（湖南永州）、衡州（湖南衡阳），直到江西的吉安。

清政府这一惊非同小可，唯恐江山坐不稳，急忙派遣亲王尼堪带领精兵十万去救援。李定国亲自率领主力诱敌深入，在衡州城下与清兵血战四天四夜，把清兵打得溃不成军。尼堪逃不出重围，也被杀死了。李定国出兵不到一年，打败几十万敌人，收复湖南、广西等大片土地，军威大振。

孙可望是个自私自利的小人，听到前方不断胜利的消息，心里又羡慕又妒忌，就怕李定国功劳大，影响自己的声望。他的部下也纷纷说："清兵真太容易打了，我们得赶紧上前线，不要把功劳都给人家抢去！"

这些话正说在孙可望的心坎上，他带领驾前军出征了。出征的同时，各种各样的谣言散播开来，有的说孙可望一到前线就要逮捕李定国，有的说孙可望一到长沙就要做皇帝。李定国看到孙可望如此不顾大局，非常痛心，他痛哭着说："我们千辛万苦抗战，原是想立功报国的，现在初立功劳，就受到猜忌。我不愿意打内战，我决心避免冲突。"

有一部分军队舍不得离开李定国，跟着他退避到广西去了。

孙可望以为自己一定能打胜仗，哪知道一遇上敌人，就吃了个大败仗，碰了一鼻子灰，像耗子似的赶紧退回贵州。湖南、广西大片土地又轻易地落到清军手中。

孙可望野心不死，退到贵州后，企图逼迫桂王让位。李定国得到消息，把桂王救到昆明。孙可望竟倒行逆施发动内战，向李定国进攻。他卑鄙的行为遭到部将们的唾弃，他们纷纷归附李定国。在这种众叛亲离的情况下，孙可望被打得大败。但是，他没有从中取得教训，反而丧尽良心，投降清朝。

经过一连串不幸的事，抗清的力量削弱了。清军调动十五万兵马大举进攻，很快占领了四川、贵州。接着，三路进军，包围了昆明。李定国主张突围入湖南，在那里建立根据地，可是桂王主张退向云南西部，必要时逃入缅甸。

清兵占领昆明，继续向西进军，桂王就一直逃到缅甸去了。1661年，吴三桂带领大军入缅甸，迫使缅甸交出桂王，第二年，在昆明杀死了桂王。李定国在云南边境听到了桂王被害的消息，悲愤过度，发病而死。

桂王政权灭亡以后，东南沿海的抗清斗争还支持了相当长的时间，在这里我们单讲一讲民族英雄郑成功的故事。

郑成功是郑芝龙的儿子。1646 年，郑芝龙投降清朝以后，郑成功非常痛心，便以厦门、金门为根据地，继续抵抗清军。

郑成功很是英勇。有一次他在将台上指挥守城，清军用大炮轰击，将台近旁落下两颗炮弹，他身旁一位将军对他说：“炮火厉害，快到洞里去躲一躲吧！”

他若无其事地笑着说：“只有炮火躲避我，哪有我躲避炮火？”

他曾经三次北伐，收复许多土地，最远一直打到南京城下，给清军极其沉重的打击。

正当清军大规模进攻贵州、云南时，江南空虚，郑成功抓住时机发动攻势。这是一次大规模的军事行动，共出动了十七万兵力，配备整齐，有五万水兵，五万骑兵，五万步兵，一万人来往策应，另外一万是铁人，全身披着铁甲，弓箭、枪弹都射不进，这些人专门站在阵前砍敌人的马脚。他又和张煌言在舟山会师；郑成功指向南京，张煌言扼住南京上游门户。

1659年五月，郑成功大军从舟山出发，经崇明入长江，很快攻下瓜州，截断南北粮道，接着攻克镇江，七月六日大军来到南京城下，包围了南京城。同时，张煌言在南京上游芜湖、徽州一带收复了四府、三州、二十四县。这些胜利振奋人心，各地人民纷纷响应，声势浩大，清朝政府很是恐慌。

清朝守南京的总督郎廷佐，看到城被围住，无法抵挡，就施了一个缓兵之计，派人到郑成功营中假意去接洽投降。派去的人装得很谦卑的样子对郑成功说：“我们清朝的法律规定，守城过了三十三，守城者有罪可以不牵连到家小，乞求将军宽待几天，我们再出城归降。”

郑成功轻信敌人的话，防备松弛了。不料清军突然杀出城来，一下子就把郑成功的军队打退。城里所有清兵都出城来扎好营盘准备决战。

郑成功吃了敌人的大亏，重新着手部署迎敌的阵势，打算反攻，谁知还没有布置好，敌人趁着夜晚突然又来进攻。明军又吃了一个败仗，一时难以收拾，只好把军队退到厦门去。张煌言听到郑成功被打败的消息，知道孤军作战不利，也只好撤退了。

郑成功从江南败回厦门以后，清军不断攻击厦门、金门。郑成功考虑到要想抗清复明，必须有巩固的根据地，于是，决心收复被荷兰人霸占了多年的台湾。

1661 年，郑成功率领二万五千名将士，乘坐几百艘战舰，浩浩荡荡出征台湾，在台湾人民的支援下赶走了侵略者。被荷兰殖民者占领了三十八年的台湾重新回到了祖国怀抱。

郑成功收复台湾后，从事开发工作，继续抗清。1662 年，郑成功病逝，他的子孙还坚持抗清达二十年之久。

1683 年清军占领台湾后，大规模的抗清斗争才暂告一段落。

清朝的残酷统治

清兵在攻破南京，摧毁福王政权以后，就下令全国人民必须剃发，不肯剃发的就要杀头。他们逼迫人民剃发留辫子，就是在头中间编根辫子拖在脑后，额上和辫根四周的头发都剃光。清政府逼迫人民要在“留头”与“留发”之间选择，要“留头”就不准“留发”，“留发”的就不能“留头”。

看起来头发留不留不是件大事情，而实际上这是清政府要泯灭汉族人民的民族意识，要人民忘记自己是汉族的子孙。汉族人民不甘心屈服，纷纷起来反抗。江浙一带的人民反剃发斗争尤其激烈，江阴和嘉定的人民组织武装和清军坚决作战。清军在这两处吃足了苦头，因此攻破江阴后就疯狂地屠城，男女老幼被杀死了十七万二千多人，全城只剩下五十三个人活着。嘉定遭到清军三次屠杀，一共死了两万多人。清军在征服汉族的过程中进行了无数次屠杀，被害的人不计其数。繁华的城市变成废墟，田地荒芜了，生产遭到严重的破坏。

当时，满族人口很少，经济、文化都比较落后；汉族人口众多，在经济上、文化上都远比满族进步，因此，清朝统治者感到统治汉族人民十分困难。为了巩固统治，他们费尽了心机。

清朝统治者除了采取野蛮的镇压手段外，还利用汉族大地主来统治汉人，这就是所谓的“以汉制汉”。

在政治上，清政府标榜“满汉一体”，不歧视汉人，而实际上二者的政治地位相差很远。重要的官职大多由满人担任，汉族官员没有实权，不敢自己做主。在法律上，满汉也是不平等的，犯了同样的罪，处罚却不同，满人受到的处罚比汉人轻；另外，满人还享受许多特权，任意侵犯汉族人民的生命财产。清政府一面以减轻赋税来收买人心，一面强行“圈地”，野蛮地掠夺汉人的土地。

清朝统治者用科举制度来笼络士大夫，吸收他们参与统治，同时，又用最残酷的手段来消灭反清思想，常常大兴文字狱来屠杀读书人。我们从下面惊心动魄的事情中可以看出清朝的统治是多么残暴！

明朝朱国桢写了一部“明史”，浙江有一个富商叫庄廷鑨的买到了这部书，书没有写完，庄廷鑨就请人续写。书里有指斥清人的地方。有一个被革了职的知县吴之荣想复职做官，就在康熙二年无耻地出面告发。清朝统治者知道后，大兴牢狱，杀死了庄廷鑨的家属，作序的、校补的、刻印的人也都被处死，甚至卖书的、买书的人也被杀。有一个姓李的人听说书店有这部书，就叫仆人去买。正好书商出去了，仆人就坐在书店隔壁的姓朱的人家等候，过了一会儿，书商回来了，姓朱的帮着议价。事发以后，买书的、卖书的、仆人都被杀了；姓朱的七十多岁，年老免死，但是他和他的老妻仍然被充军到遥远的边疆。这时，庄廷鑨已经死了，还被劈开棺材戮尸。因为这件事，前后共七十多人被杀，被充军的人无数。

清朝统治者还大量焚毁和篡改反抗外族侵略、具有民族意识的书籍。乾隆皇帝下令设立四库全书馆，收买知识分子，编修“四库全书”。这是一部很大的书，共计七万九千多卷，花了十年的工夫才全部编成，消耗了当时许多学者的精力。在编纂这部书的名义下，清政府广泛地搜罗全国各地的书籍，乘机加以严格的检查，凡是不利于清朝统治的，不是烧毁就是删改。烧毁和删改的范围非常广，不仅是直接反清的书籍，甚至是宋朝人讲到金人、明朝人讲到元人的书籍都遭到同样的命运。这样，在乾隆三十九年到四十七年共烧书二十四次，烧毁一万三千八百多部。这只是官方统计的数字，实际上烧毁的书远远超过这个数字。

清朝到了乾隆的时候，完成了对于各民族的征服，建立了一个疆域庞大的帝国，东北到库页岛，西接中亚细亚，南到南海的团沙群岛，北达漠北。

清政府在征服其他民族时，同样进行了多次屠杀，有些少数民族地区变成一片荒漠。各民族的力量被削弱了，这便利了清政府的统治。

暴风雨来到之前

清乾隆皇帝在位六十一年，进行了一系列的征服战争，造成了所谓“十全武功”，清帝国到达了极盛的时期。乾隆皇帝自称“十全老人”，亲自写下“十全记成”，建盖碑亭，宣扬自己的武功。可是，在这个盛世的后面已经潜伏了衰落的危机。征服战争大大消耗了长期积累下来的财富，引起了财政的困难，削弱了自身的力量。

这时候，政治一天天败坏，官僚腐化贪污的风气愈来愈盛，出现了层出不穷的贪污案件。贪官污吏营私舞弊，互相包庇，个别清廉的人都被排挤，上昏下暗，一片乌烟瘴气。

乾隆时期，有个著名的治理黄河的老河工叫郭大昌。他是个治河的能手，为人正直，不肯与河官通同作弊。河督吴嗣爵恨透了他，把他看作眼中钉，肉中刺，想方设法找了个“岔子”，把他驱逐走。乾隆三十九年，黄河大决口，决开了一百二十五丈。吴嗣爵只有捞钱的本领，却没有办法堵塞决口，不堵又不行，怕皇帝加罪，不得已只好把郭大昌找回来，恳求他说：“请你帮帮忙吧！我出五十万两银子，你能不能在五十天内完工？”

老河工回答他：“要我办，哪要五十天？二十天足够了，钱也用不着那么多。”

“要多少呢？”

“十万差不多了。”

“只要十万？”吴嗣爵心里老大不高兴。

“工程既交给了我，就要让我一人全权去办；要是派个官员来帮忙，我就不敢承担了。”

吴嗣爵心里盘算着：“让他去办，这样低的工价，以后办工程怎能向上面狮子大开口要钱？如果不答应他的条件，他撒手不干，那就更糟。自己没有能耐堵住决口，上头罚下来怎么办？唉，答应了再说吧！”

吴嗣爵总算答应了老河工的条件。

郭大昌果真如期完成了工程，总共花了十万二千两银子。贪官们痛恨郭大昌节省工费，戳穿他们的鬼把戏，等到决口刚堵好，马上又把郭大昌赶走了。

最大的贪官要算是乾隆时的大学士和珅。

和珅是乾隆皇帝的宠臣，是一个贪得无厌的家伙。当时贪污的风气盛行，贪官污吏为了要巩固自己的权位，常常用贿赂去奉迎中央有权势的大臣。和珅最得皇帝恩宠，各地的官员争先恐后地贿赂他，借机会向老百姓大加勒索。和珅通过各地方官搜刮全国的财富，积累了数量惊人的赃物。

乾隆皇帝在位的时候，对和珅始终宠信，谁也不敢碰他。后来乾隆让位给第十五皇子，自己做太上皇，皇子即位，就是嘉庆皇帝。太上皇活着的时候，连嘉庆皇帝也不敢惹和珅。嘉庆四年，太上皇死了，和珅的靠山倒了下去，和珅也跟着摇摇欲坠。大臣们上疏陈述他廿条罪状，参劾和珅，嘉庆就降旨抄没和珅的财产，杀死了他。我们只要根据抄查的清单，列出其中主要的几项，就可以看出和珅贪赃枉法到怎样的地步。

> 赤金五百八十万两；生沙金六百余万两；元宝银九百四十万两；当铺七十五座；银号四十二座；金碗碟三十二桌，共四千二百八十八件；地八千余顷。此外，金银器、玉器、皮衣、绸缎，各种各样宝玩等数也数不尽。

和珅私产被抄没的共一百〇九号，估价的只有二十六号，值银二亿二千三百八十九万余两，全部财产的估价当然还要超过这一数字的几倍。当时，清朝政府每年的收入不过七千万两，而和珅的家产竟抵得上国家好几年的收入，实在惊人。难怪当时的老百姓这样讥讽地说："和珅跌倒，嘉庆吃饱。"

和珅二十大罪状的最后一条是：他家仆人最微贱的也有二十万两以上的财产。从这里可以看到全国大大小小贪官污吏贪赃的数字该是如何巨大！人民遭受的剥削该是何等残酷！

乾隆中叶以后，土地兼并剧烈起来，大批农民失去土地，到19世纪初已经普遍存在着"一邑之中，有田什一，无田什九"的现象。大地主拼命向农民榨取地租，填塞自己的腰包，尽情享乐腐化。地主的腰包是无底洞，农民的裤带越束越紧，挣扎在死亡线上。由于清政府的残酷统治，贵族、官僚、地主无情的搜刮，社会的阶级矛盾和民族矛盾日益尖锐，苦难深重的全国各族人民纷纷组织起来，掀起反清的斗争。清政府用尽一切手段，残暴地镇压人民。为了摧毁起义的力量，政府付出了数字庞大的军费，到了嘉庆末年，清政府的财政已经陷于山穷水尽的境地。

可是，清朝统治者一向目空一切，认为清帝国是"天朝上国"，其他国家只是大清的藩属；清朝的皇帝是天下独一无二的大皇帝，世界上再也没有一个君主可以与大清皇帝处于同等地位。任何一国使官来到中国，都要像朝贡国的使臣一样，对清朝皇帝行三跪九叩首的大礼。

自清军入关起，到19世纪初，英、法等国相继完成了资产阶级革命，资本主义经济大大地发展起来。

英国自从16世纪开始，积极向外侵略进行殖民活动。18世纪中叶，侵占了印度，把印度作为基地，处心积虑地向中国伸张贸易势力。

当时，中国对外贸易只限于广州一地，英国人不能满足。1792年，英国派遣特使马戛尔尼到中国来请求通商的特权。马戛尔尼来时，正碰上乾隆皇帝八十岁万寿；清朝官吏糊里糊涂，以为他是来朝贡祝寿的。一到天津，地方官吏照规矩给了一面旗，上面写着英国贡船的字样，插在特使乘载的船头上。马戛尔尼在热河行宫谒见乾隆皇帝。在谒见的礼节问题上，双方起了很大的争执。马戛尔尼赤裸裸地向清政府提出了侵略性的要求：让英国在舟山、宁波、天津等港口通商；在舟山和广州附近的小岛上设租界；降低英国货物的税率；等等。清政府拒绝了这些无理要求。

马戛尔尼遭到斥逐，英国的侵略企图未能得逞，但是，英国没有就此放弃对中国的侵略。他们采取海洋走私、武力威胁、贿赂清政府的贪官污吏等卑鄙手段来扩大贸易。尽管这样做，英国的掠夺要求还是无法满足，并且在中英贸易上，英国一向处于不利的地位。中国对英国的毛织品、洋布、五金等商品的需要量不大，而英国对中国出口的丝、茶等货物的需要日渐增加。中国对英的贸易处于出超地位，英国必须把大量白银运到中国来抵消贸易差额。这显然对英国资产阶级不利，他们想尽办法要改变这种情况。

最后，卑鄙的英国资产阶级找到了出路，可耻地把鸦片输入中国，毒害中国人民。美国的资本家也参加了这个无耻的罪恶勾当。

鸦片像海潮一般，涌进中国。嘉庆末年（1820 年），输入五千多箱，到道光十九年（1839 年），竟达四万多箱。鸦片大量运进中国，中国的白银外流，每年流出几千万两，国内发生了严重的银荒。银价不断上涨，造成金融混乱，加深了人民生活的痛苦和政府的财政困难。

鸦片毒害着人们，摧毁了人们的健康，败坏社会风气，严重影响社会生产。清政府中一部分头脑清醒的官员看到了问题的严重性，主张严禁鸦片。主张禁烟最激烈的是林则徐，他沉痛地指出："要是不把鸦片禁绝，国家就愈过愈穷，百姓身体愈来愈弱，几十年后，不仅饷筹不到，兵也招不到了。"

清政府不得不着手禁烟。

严禁鸦片，对英国资产阶级当然是不利的，这些穷凶极恶的侵略者哪肯干休？为了保持利润，他们用大炮轰开中国的大门，发动了武装侵略，这就是 1840 年开始的鸦片战争。

这时清帝国的内部早已空虚，在外来强暴力量的压制下，"天朝"破灭了。"天朝"的统治者再也不敢在"夷人"面前摆架子，他们由"排外"一变而为"媚外"，最后跟外国侵略者勾结起来，共同压迫中国人民。

中国人民是不屈服的，连续展开了反帝和反封建的斗争。中国历史进入了新的时期。

附：大事年表

1351 年	红巾军大起义
明（1368 年—1644 年）	
1368 年	朱元璋称皇帝
1405 年—1433 年	郑和七次下西洋
1449 年	土木之变
1564 年	平定倭寇
1594 年	顾宪成开始在东林书院讲学
1635 年	农民起义军荥阳大会
1644 年	李自成攻占北京
清——鸦片战争前（1644 年—1840 年）	
1644 年	清军入关
1661 年	郑成功收复台湾
1683 年	清军占领台湾
1840 年	鸦片战争

智慧的源泉
——于老师谈现代文阅读

山东教育出版社 1998 年 10 月出版，与陈军合著。

智慧的泉水从这儿涌出
——阅读现代文的意义

亲爱的同学，让我从读书之乐谈起吧。

古诗云：“读书之乐乐何如，绿满窗前草不除。”明丽的春光中，庭院深深，草长莺飞，阶前窗下，一片碧绿，读书人在明净的窗前展读书卷；清风徐来，小燕呢喃……这是多么富有美妙情趣的读书极乐图啊！

读书确实是生活中的一大乐事，我自己日常工作再繁忙，也要挤出时间来读书。好书能引人入知识宝库，增人见闻，启人心扉，使人乐而忘返。这里，我跟你说说我小时候读《千家诗》的故事。童年时无知，不知艰辛，总爱把生活编织成美丽的花环。及今回忆，童年生活也确实富于情趣，充满幻想。说起来今天的青少年不易相信。半个多世纪以前，哪像今天这样几乎家家有电视机，有 VCD？那时收音机很少，留声机也不多，听唱片是一种享受，开留声机发条即使摇酸手也甘心。电影院极少，票价昂贵，对孩童来说，看一场饱眼福也不容易。条件如此贫乏，生活岂能丰富多彩？那美丽的生活花环又怎样编织得起来？如今仔细回想一下，童年生活乐趣很大程度来自读书。书给我以广阔天地，而其中编织我童年美丽的生活花环的竟有一本让人看不上眼的有光纸石印本《千家诗》。我们祖国大地山河非常美丽，我家乡的山山水水也美丽非凡。一年之中，风光流转，阴晴雨晦，丽日蓝天，变幻的风云景致真是美不胜收。《千家诗》中很大部分的诗就是歌咏祖国风物，而且按春夏秋冬顺序编排，打开书往下念，四季风光就会依次展现在眼前。“万紫千红总是春”“春城无处不飞花”，“绿树阴浓夏日长”“五月榴花照眼明”，“青女素娥俱耐冷，月中霜里斗婵娟”，“梅雪争春未肯降，骚人阁笔费评章”……冬天去了，春天又回来了。吟诵这些诗句，春花秋月，一年四季都沉醉在诗的意境里。跟你一样，我小时候最喜欢过年过节，《千家诗》中对重要节日如春节、清明、七夕、中秋、冬至等无不有诗。一到清明，就想起杜牧“清明时节雨纷纷”诗句；一到中秋，不禁感慨地吟诵苏轼“此生此夜不长好，明月明年何处看”；特别是新年吟诵王安石《元日》诗“爆竹声中一岁除，春风送暖入屠苏。千门万户曈曈日，总把新桃换旧符”，心里有说不出的欢乐。《千家诗》中这些风俗诗大大增添了我童年的生活情趣。我还深深感到，熟读《千家诗》，能丰富幼小心灵的想象力。不说别的，只看诗句中丰富的颜色就给生活涂上了多么绚丽的色彩！“万紫千红”“橙黄橘绿”“黄鹂鸣翠柳”“白鹭上青天”，真叫人眼花缭乱，心旷神怡，脑海里常常浮现出五彩纷呈的世界！

谈到这里，也许你要问：您给我们谈的是现代文阅读，而《千家诗》是古诗集，两者相隔甚远，您的意思是不是说，不论是读古诗文，还是读现代诗文，都要读出诗文中的情味，都要品尝阅读的乐趣，都要以增长知识、发展智力、培养能力为目的呢？

确实是这样的。我跟你谈我小时候读《千家诗》的趣味，并不是说天下诗文只有《千家诗》最好，而是出于两种看法：一是有的同学认为，古诗文与现代文没有联系，我们是现代人，只读现代文就够了。其实，古诗文与现代文有相通之处，无论是思想感情、语言文字，还是章法技巧、表达艺术，都是同大于异的，阅读时，不要画出鸿沟。更为重要的一点是，我们当代中学生读现代文，太苦了。这个“苦”，不是指读得多，而是指没有乐趣可言，甚至有的同学一说到现代文阅读，就条件反射地想到“又要做阅读选择题、判断题、填空题了”。对一篇现代文精品，不是深入底里，发掘内涵，体味情感，咀嚼文字，而是整日 ABCD，打“√”画“×”，你想想，如此囫囵吞枣、半生不熟，在题海中挣扎，岂不苦煞人也，愁煞人也？因此，我跟你谈读诗之乐，目的只有一个：不在题海中挣扎，要在文海中畅游，用自己鲜活的心与“文心”对话，用自己丰富的情与“文情”交流。不要把文情并茂的现代文看作战场上的壕沟与堡垒，你哭丧着脸去左冲右杀，而应把中外名家笔下的精品看作春日里的芳草地、夏日里的柳荫路、秋夜的月色、冬晨的雪光……而你，便是激情满怀、青春焕发、性灵自由、思想活跃、感情纯真的“少年观赏家”。这样读现代文，就会有激活思维、增长见识、丰富情感、扩大视野、砥砺情志、树立理想的巨大收获！

具体来说，阅读现代文的目的和意义主要有四点。

阅读现代文的意义之一，在于培养自己的思维能力。表面看来，现代文明白如话，不像古诗文那样有较多的文字障碍，似乎很容易读懂。其实，只满足于文字表面意义的理解还不能算“懂”，何况有不少现代文精品的文字表面意义也不好理解。因此，读现代文，既要见疑即问，也要养成“于无疑处生疑”的本领。这样，自己的智力活动就会激活起来，思维能力也就逐步得到提高。正如南宋大学者朱熹所说的：“读书，始读未知有疑，其次则渐渐有疑，中则节节是疑。过了这一番后，疑渐渐解，以至融会贯通，都无所疑，方始是学。”在课堂上，老师教你读现代文，必然是要与你讨论一些问题的；课下，你自读现代文，也应该自我生疑，自我作答，或与同学研讨，或向老师请教。通过积极的思维，必有收获；有了收获，乐趣也就翩然而至了。比如读鲁迅先生的《一件小事》，有这样一段：“我这时突然感到一种异样的感觉，觉得他满身灰尘的后影，刹时高大了，而且愈走愈大，须仰视才见。而且他对于我，渐渐的又几乎变成一种威压，甚而至于要榨出皮袍下面藏着的‘小’来。”怎样才能理解这种“异样的感觉”？怎样真正理解作品中“我”内心的感动和觉醒呢？从一些参考资料上摘抄现成答案，是无益于提高自己的思考力的。善于动脑筋的你，必须从三个方面来理解：其一，从生活中物体的大小与远近的距离的关系上来理解。这一点你会说“近大远小”，那么，车夫扶老女人去巡警分驻所愈走愈远，应该是愈走愈小，怎么会“愈走愈大”呢？原来，作者是用一反生活现象的常态来突出感觉的“异样”，表现自己内心的不平静。其二，抓“仰视”这个词来理解。作者对车夫后影高大的程度为什么不具体地描绘？为什么不用比喻来形容呢？根据生活经验，对怎样的物体才“仰视”？你认真思索，就会领悟到，不是高一点、大一点，而是巍峨矗立。如具体形容高大的程度，就显得死板。用“仰视”来表达，能留给读者极其丰富的想象的余地。其三，推敲“榨”。怎样的情况才是“榨”？要用强大的外力挤压，挤出包藏在里面的东西，如用机器榨取甘蔗汁等。由此可知，文中用“榨”，准确深刻，既刻画出车夫的“威压”，又揭示出“我”的隐藏在体面外衣下的“渺小”。你看，这样一深究，你对作品中“我”的自惭形秽、自我解剖、讴歌车夫的思想感情的理解就深刻多了。善不善于思考，思维能力强不强，常常就看你能不能够深入剖析作品内容，把握其精神实质。德国文学家歌德说过：“经验丰富的人读书用两只眼睛，一只眼睛看到纸面上的话，另一只眼睛看到纸的背后。”阅读现代文不能只满足于一般的感受，满足于现成的结论；不仅要正确理解词句篇章的文中意，而且要有透视力，对文中的“潜台词”和文外意皆能识别、体味。比如老舍《小麻雀》中的小麻雀被猫咬伤后，作者写它“求生与求死的心情都流露在这两只眼里”。从字面看，无生字难词，但真正要洞悉其中奥秘，须动脑筋剖析。“求生”与“求死”是对矛盾，怎能同时既“求生”又“求死”呢？如果你既回顾小麻雀伤上加伤的遭遇，又分析其当时的痛苦情状和企图摆脱痛苦的心情，那么，你就会明白：小麻雀一再遭遇不幸，痛苦到了极点，“求生”而成，当然是摆脱痛苦的最好结果；“求生”不成，不如“求死”，死了，也就没有痛苦了。总之，“求生”与“求死”都是为了摆脱痛苦。作者入木三分地刻画了一个求生不得、求死不能、听任命运摆布的弱者的形象，“求生”与“求死”这一对矛盾在被侮辱、被损害的弱小者的遭遇上得到了统一。文章写的是自然界的小麻雀，喻的是人类社会的弱小者，作者对任命运摆布、宰割的弱小者寄予了深切的同情。分析，是思维的深化和具体化。深化，是钻到文章里边去；具体化，即就具体问题进行思考，而不是大而化之、囫囵吞枣。如此，则不仅加深了对作品的理解，体会到文字的背后的内容，而且对语言大师老舍在驾驭文字上的独到功力也有所领会。

阅读现代文的意义之二，在于激发热爱祖国语言文字的感情，培养优秀的民族精神，塑造自己的思想灵魂。我们是中国人，是中华民族的子孙，必须学好祖国的语言文字。学语言，不仅仅是为了生活和工作的需要，着眼于“用”，同时也是为了激情、明志、铸魂。我们的汉语，源远流长，值得我们引以为豪。德国诗人、文学家歌德写了《少年维特之烦恼》、诗剧《浮士德》，在统一德意志语言、使德国文学进入世界文学之林方面做出了显著的贡献。可那时已是 18 世纪末 19 世纪初。而我们伟大祖国很早就出现了《诗经》《左传》《楚辞》《史记》等伟大作品，那都是公元前的事。至于公元后的文学作品，真是多如天上的灿烂群星，李白、杜甫、曹雪芹、鲁迅、郭沫若、茅盾等伟大作家的作品更是在世界上闪耀着夺目的光辉。我们的汉语，极富情感，读之，为之骄傲；读之，为之动容。在古代作品中，例子不胜枚举，大家知道的“春风又绿江南岸”中的“绿”字是多么的美妙传神啊！现代文精品也是如此。你看鲁迅先生《“友邦惊诧”论》中的一段文字：

> 好个“友邦人士”！日本帝国主义的兵队强占了辽吉，炮轰机关，他们不惊诧；阻断铁路，追炸客车，捕禁官吏，枪毙人民，他们不惊诧。中国国民党治下的连年内战，空前水灾，卖儿救穷，砍头示众，秘密杀戮，电刑逼供，他们也不惊诧。在学生的请愿中有一点纷扰，他们就惊诧了！

这段文字，堪称运用语言文字倾泻强烈感情的典范。语句短促，节奏明快；历数罪状，语锋犀利；感情强烈，势如匕首。读之，对于激发民族自尊心，培养为了民族、为了国家而慷慨赴难的民族精神，是大有裨益的。在现代文学作品中，有不少精粹、深刻之作，真实地描绘了旧社会广大劳动人民饱受帝国主义欺凌、过着牛马不如生活的悲惨图景，读之使我们深感今日的幸福来之不易，要为民族的强盛、祖国的振兴而树立崇高理想。比如夏衍《包身工》中的一段文字：

在一种特殊的优惠的保护之下，吸收着廉价劳动力的滋养，在中国的日本纱厂飞跃地膨大了。单就这福临路的日本厂子讲，一九〇二年日本大财阀三井系的资本收买大纯纱厂而创立第一厂的时候，锭子还不到两万，可是三十年之后，他们已经有了六个纱厂，五个布厂，二十五万个锭子，三千张布机，八千工人和一千二百万元的资本。美国的一位作家索洛曾在一本书上说过，美国铁路的每一根枕木下面，都横卧着一个爱尔兰工人的尸首。那么，我也这样联想，日本纱厂的每一个锭子上面都附托着一个中国奴隶的冤魂！

……

在这千万被压榨的包身工中间，没有光，没有热，没有温情，没有希望……没有人道。这儿有的是二十世纪的技术、机械、体制和对这种体制忠实服役的十六世纪封建制度下的奴隶！

黑夜，静寂得像死一般的黑夜！但是，黎明的到来，毕竟是无法抗拒的。索洛警告美国人当心枕木下的尸首，我也想警告某一些人，当心呻吟着的那些锭子上的冤魂！

《包身工》异常深刻地揭露了半封建半殖民地中国黑暗的一角，从而照出整个社会，对帝国主义和反动统治阶级发出了血泪控诉。由此，我们可以看出帝国主义的魔爪已经怎样地深入中国，它对中国的侵略与掠夺到了多么严重的地步！对于当代青少年来说，这样的一个悲惨世界虽然成为历史，早已结束，但是，这一份民族耻辱，这一场国家灾难，必须铭记在心，永不忘却。

有很多现代文是有益于我们提高思想认识水平的。广大青少年正处在长见识的关键时期，见识从何而来？一是从实践中得到，一是从思想家所写的文章中得到。培根说，读书可以明理，讲的就是这个道理。比如对待中外文化问题，过去有争论，现在仍然有不同看法，在青少年中，也存在着模糊认识。如果你读过鲁迅先生的《拿来主义》，你的思想认识就会深刻、全面一些。这篇名作发表于 1934 年 6 月，当时上海的《文学》月刊讨论如何对待文学遗产的问题，讨论中有两种错误倾向——“全盘肯定”和“全盘否定”。鲁迅先生深感民族文化所面临的严重危机，为此，有针对性地写了这篇文章，对帝国主义侵略和国民党反动派的卖国行径进行了无情揭露，同时也阐明了正确对待中外文化遗产的基本观点，即采取“拿来主义”，“运用脑髓，放出眼光，自己来拿”，态度和方法应是“占有”和“挑选”区别对待，“或使用”“或存放”“或毁灭”，具有“沉着，勇猛，有辨别，不自私”的气魄。鲁迅先生的观点在今天乃至将来都具有指导作用。

总之，现代文中有很多精品，或教你明志，或教你敏思，或指导你做人，或帮助你成才。一篇篇好文章展现了丰富多彩的人生世界，你在阅读中，会明确人生的道路，领悟人生的真谛。

阅读现代文的意义之三，在于开阔视野，增长知识，吸取人类发展的新的文明成果。人类进入科技文明时代以来，新的知识飞速发展，急剧增长，尽管信息传媒与载体多种多样，书籍报刊依然是主要途径。因此，广大青少年阅读现代文能够丰富自己的知识，提高自己的素质，同时也能不断养成动手、敏思的习惯。一位初中生叙述了他的阅读兴趣，不知你有没有相同的阅读体验。

> “天哪!”我清楚地记得当时发了一声惊呼。这对于我这么一个仅仅从小学的“常识”课本上知道了日食、月食、光合作用的小孩子来讲，是多么不可思议啊！刹那间，这本书在我心中成了神圣的东西，宛如阿拉伯传说中的神灯一样神秘却又法力无边。于是，这本书被幼稚的我视为宝书，一有空就打开它，从中享受无法言喻的乐趣。

在语文课本中，我们读过不少以说明科技文化知识为主要内容的优秀文章，既学习了语言，又掌握了许多知识。比如《南州六月荔枝丹》是一篇带有文艺色彩的说明文，全文不仅介绍了荔枝果实的形态、颜色、味道、贮藏方法，而且涉及荔枝的花期、产地、栽培史、习性及有关专著等多方面的知识，语言优美，内容丰富。又如《黑海风暴和天气预报的产生》一文，以黑海风暴和天气预报的产生为例，通过多种说明方法，比较通俗地阐释了必然性和偶然性这一对哲学概念。解释概念准确无误，简洁明了，具有科学性；举例说明通俗易懂，生动有趣，具有趣味性。阅读这样的文章，真是兴趣盎然。

阅读现代文的意义之四，在于培养现代语言的表达能力。我们是现代人，说的是现代话，写的是现代文；不仅要会说，会写，而且要说得美，写得美。这也是现代人的基本素质要求。怎样说得美，写得美呢？认真研究现代文的表达艺术、语言艺术是一条很重要的途径。比如说话、写文章，要做到层次清楚、结构巧妙。读《花儿为什么这样红》这类现代文，就会得到启发。你知道，《花儿为什么这样红》说的是植物中各种花朵瑰丽多彩的生态习性和生活史，它采用平列结构的方式，从生物化学、物理学、植物生理学、进化理论、自然选择和人工选择等不同角度进行科学的解释。在组织说明的材料时明显有三“巧”。一“巧”在说明对象的提出。文章下笔带彩，从赞叹花朵的红色入手，咏红紫烂漫的春天。正当读者有悦目赏心之感时，一个“花儿为什么这样红”的设问，引出了说明的中心，自然贴切。二“巧”在用“花儿为什么这样红”的语句反复设问。每一问引出一个方面的科学的解答，眉目清楚，条分缕析。三“巧”在横向说明与纵向说明并举。从物质基础、物理学原理、生理需要等角度对花儿为什么这样红进行科学解释时用的是横向说明的顺序，而从进化观点、自然选择、人工选择等角度解释，则是按时间顺序组织材料，进行纵向说明。当然，我们不是生搬硬套这样的写法，有目的地借鉴，是有好处的。阅读现代文，还可以学到语言表达的艺术。比如《晋祠》，状山的巍巍“有如一道屏障”，山的长长“又如伸开的两臂”；写树的造型奇特以“偃如老妪负水”“挺如壮士托天”为喻，形象生动。“春日黄花满山，径幽香远；秋来草木萧疏，天高水清”，用这样的对偶句展现春秋季节山景变化的两幅图景，句式整齐，用词优美。写圣母殿内的泥塑像，用的是“她们或梳妆，或洒扫，或奏乐，或歌舞”的排比句，气势流畅，朗朗上口。至于鲁迅的《故乡》、朱自清的《背影》、叶圣陶的《苏州园林》等名家名作，语言艺术就更加光彩照人了。反复品读、揣摩，烂熟于心，就必然化为自己的语言血肉。

古人有言：“外物之味，久则可厌；读书之味，愈久愈深。”文章读得越多，也就越能体会其精妙之处；越能体会其精妙，乐趣也就越发浓郁。

亲爱的同学，有的文章像灯塔，照耀着你勇敢前进；有的文章像旅行家，给你带来扑朔迷离的风土人情；有的文章像历史老人，使你走进硝烟纷飞的战场、戒备森严的宫闱；有的文章像真诚的友人，坦率地指出你的缺点与不足；有的文章让你倾洒泪水；有的文章让你不禁微笑……愿你带着愉快的心情读现代文，在那字里行间开掘智慧的源泉，捕捉人生的火花！

用浓厚的兴趣鼓励注意力
——默读注重效率

做事情，有兴趣，注意力才可集中，才能做得好。读文章也是这样。

也许你会说，读文章的兴趣我是有的，报刊发表了一篇好文章，别人抢着读，我也抢着读，这不正说明我也是有兴趣的吗？

这要分析。有的同学可能把好奇和兴趣看作一回事，其实，二者的区别很大。好奇，是一种心理状态，指对从未知道的事物在心理上作出强烈的反应。比如你是一位城里孩子，从未到过乡村，某日置身于小桥流水、绿树环合的小村中，这也想看看，那也想问问，此时表现出来的就是好奇心。而兴趣虽然也是一种心理现象，但它是对已知的事物仍然保持长期追求的心理反应，首先是喜欢上了这个事物，同时也产生了研究这个事物的兴味。比如有一盏台灯，你早已熟悉了。别人只知道它是照明的，而你则把它拆下来，研究其结构原理。一次做这样的事还难说有兴趣，经常拆装台灯，经常思考台灯的构造，甚至自制台灯，这说明你有了研究台灯的兴趣。读文章的兴趣也同此理。别人读一篇文章，你也抢过来读，恐怕是出于好奇；只有读过了还想读，甚至对不知读过多少遍的文章经常保持研究的心态，这才说得上你有了浓厚的兴趣。

兴趣是怎样产生的呢？

是靠自己在长期的甚至是艰苦的探索中求得的。对现代文，也许你之前并没有什么兴趣，但由于老师的指引，特别是通过你自己的长期研读，觉得平白如话的现代文中有许多至理真言打动了你，有许多奇思妙构吸引了你，同时通过研究、探求，你品尝到了收获之乐，到了这个程度，你对现代文爱不释手了，一日不读，怅然有所失。如此，兴趣之花便灿然开放了。在研读的过程中，在兴趣之芽萌发的日子里，注意力是起到了很大作用的。心无旁骛，精力集中，孜孜以求，收获就会多。同样，由于有了兴趣，研读的注意力也就会更加集中。闻一多先生研究学问“目不窥园，足不下楼，兀兀穷年，沥尽心血。杜甫晚年，疏懒得‘一月不梳头’。闻先生也总是头发零乱，他是无暇及此的。饭，几乎忘记了吃，他贪的是精神食粮；夜间睡得很少，为了研究，他惜寸阴、分阴”。（臧克家《闻一多先生的说和做》）你看，闻一多先生研究学问的注意力多么集中、专一，其兴趣又是多么勃发而又浓厚。由此可见，用浓厚的兴趣鼓励注意力，注意力就会更集中，起的作用就更大；注意力更集中，起的作用更大，兴趣也就会更浓厚，更持久。二者相互起作用。

做任何事，要想做得出色，都得有兴趣，都得让注意力集中、专一、持久。在这一部分，我们专门谈谈“默读注重效率”的问题，帮助你懂得什么是默读，并掌握一些方法，依照一定的路子来自觉培养默读能力。

一、什么叫默读

也许你心里隐隐约约地说：“不就是不出声地读吗?”从字面上看，默读，就是默不作声地读，但其内涵和要求却要大得多、深得多。拿着一篇文章，坐在那里，一声不吭地看，而心里却在想着别的事，自然不算默读。下面是两个人的读书故事。

我国南北朝时有个读书人叫陆澄，从小爱好读书，“行坐眠食，手不释卷”，光是一部《易经》（我国古代儒家经典著作“五经”之一）就足足读了三年，背得滚瓜烂熟，几乎成了一位《易经》“专家”，可是书中的道理却并没有弄懂。他这样读了一辈子书，却碌碌终生，结果只留下“书橱”的笑柄。

无独有偶。俄国大作家果戈理在他的“划时代的巨著”《死魂灵》中也塑造了一个“书橱”——彼得尔希加的形象。这个人嗜书如命，见书就读，辛辛苦苦读了一辈子，直到老死，对书中的道理也说不清楚，其人也是庸庸碌碌，终无所获。

显而易见，这两个人都是爱读书的，但致命的弱点是：只读不解，只读不用。

默读，必须深刻理解。什么叫“理解”？“理解”有哪些要求和方法？要说的话很多，本书后边要专门讲到，这里只说“理解”要“准”，“理解”要“快”。“理解”首先要“准确”。比如莫泊桑的短篇小说《项链》你是读过的，小说表现路瓦栽夫人为了赶时髦，以满足自己强烈的虚荣心，借来项链，偏偏又丢了项链，结果苦熬了十年，改变了生活方式，才赔偿了一串价值昂贵的项链。对这样一个故事，有两种判断：一是借项链、丢项链是偶发事件，假如不丢项链，就不会有这十年悲剧。二是丢项链虽属偶然，但悲剧结局是必然的。你认为哪一种理解是准确的？显然是后一种，因为在小说开头，作者已对路瓦栽夫人的悲剧结局暗暗作了交代：

> ……她梦想那些幽静的厅堂，那里装饰着东方的帷幕，点着高脚的青铜灯，还有两个穿短裤的仆人，躺在宽大的椅子里，被暖炉的热气烘得打盹儿。她梦想那些宽敞的客厅，那里张挂着古式的壁衣，陈设着精巧的木器，珍奇的古玩。……
>
> 她没有漂亮服装，没有珠宝，什么也没有。然而她偏偏只喜爱这些……她一向就想望着得人欢心，被人艳羡，具有诱惑力而被人追求。

小说内容告诉我们，路瓦栽夫人对奢华生活的强烈追求与她贫寒的身世之间的矛盾，早就决定了她的结局必然是悲剧性的。这是对她的爱慕虚荣、追求享乐的思想的鞭挞和讽刺。这样根据小说内容作出准确判断，我们才能说是“理解”了。

默读时的“理解”也是要讲求速度的。有些内容入眼之后，头脑立即作出反应，明白了它的意思，这种理解速度是快的；有些内容入眼之后，头脑也立即作出了反应，但不是明白，而是疑惑，因此，要停下来思考，一段时间之后才明白了。有时候，停下来思考还不行，还要借助工具书，甚至要过一段时日再回头看才弄明白。由此可见，默读理解有一个时间问题。默读能力强的同学，花时间要少些；默读能力弱的同学，花时间可能要多得多。我们的目的，应该是在默读过程中尽可能用少量的时间来求得最准确的理解。

综上所说，我们可以知道什么是“默读”了，这就是尽可能用少量时间默不作声地阅读并准确理解有关文字材料。“默不作声”是表象，“理解”是基本要求，“尽可能用少量时间”是讲求时效。这三点做得很好，就是我跟你讲的有效率的“默读”。

以前讲“默读”，多讲“理解”，不大算时间账。由于现代社会快速发展，做什么事都要算时间账；由于现代社会知识信息量猛增，而我们总希望多了解一些知识信息，因此，算时间账也应该是当代青少年默读能力培养的一条要求。

二、怎样的默读才算是“注重效率”的默读

现在许多报刊刊登的文章都在讨论这个问题，普遍的看法是“要讲求方法与技巧”，这是对的，但只说对了一半。在我看来，真正注重效率的默读，应有两方面的准备。首先是情感心理上的准备，其次是方法技巧上的准备。情感不专一、不投入，意志不坚强，心理抑制，即使你掌握了再多再好的默读方法与技巧，也不能很好地完成默读任务，取得实效。反过来说，你可能还不知道有什么方法和技巧，但你默读兴趣很浓，对作品情有独钟，心理处于积极状态，也许，在这样的条件下默读，你会摸索到很多适合自己运用的方法与技巧。因此，我不主张拿着方法去读作品，而应带着感情去读作品，入情入境，再有“法”可循，默读效率自然也就提高了。

那么，怎样的默读才算是“注重效率”的默读呢？

1.
做好情感与心理方面的准备

（1）披文入情。古人读书看重这一条，我们现代人读现代文也应以此为默读的准则。通过语言文字的体味，揣摩浸润在字里行间的思想情感，你就会感到整篇文章有了灵魂，就会觉得作者正站在你的面前与你倾心交谈，体会到文章的思想内涵与深厚情感。再回头看那些静静排列的文字，你就会感到那黑压压的文字全都活起来了，就像夏夜中一片闪烁的萤火，让你激动不已！例如杨朔《荔枝蜜》中的一段文字：

> 老梁说：“蜂王可以活三年，工蜂最多活六个月。”
>
> 我不禁一颤：多可爱的小生灵啊！对人无所求，给人的却是极好的东西。蜜蜂是在酿蜜，又是在酿造生活；不是为自己，而是为人类酿造最甜的生活。蜜蜂是渺小的，蜜蜂却又多么高尚啊！

显然，作者写这段话是动了情的。情如何悟得呢？不妨抓住“颤”这个词来推敲。“颤”是什么意思？为什么作者会“颤”？又为什么不禁一“颤”？“颤”以后流入笔端的是怎样的思想、怎样的感情？“颤”，是抖动、振动，因外力而产生的抖动。工蜂“最多”活六个月，整日整月采花酿蜜，不辞辛劳，生命却如此短暂，作者意想不到，心颤动了；作者被老梁说的话猛然一击，情不自禁地作出反应，故而是“不禁一颤”。这个“颤”是对辛勤酿就百花蜜、留得香甜在人间的小蜜蜂的赞颂；是对小蜜蜂短暂生命所显示的意义和价值的领悟。所以，紧接着的是发自肺腑的赞美——“多可爱的小生灵啊！”接着又融情于理，评述蜜蜂对美化人类生活所作出的贡献。通过对“颤”这个词的锤打，拎起这一段的议论、抒情，注情于蜜蜂这样的小生灵，使“对人无所求，给人的却是极好的东西”的高尚情操闪发耀眼的火花。这就是进行披文入情阅读的效果。

披文入情的时候，往往要“造境”。叶圣陶先生说过：“作者胸有境，入境始与亲。”作者撰文，胸中有“境”才能用生花妙笔勾画出一幅幅鲜明的生活图景；读者读文，须入这个“境”才能有真切的感受。优秀的散文往往意境优美，作者的“内情”和生活中的“外物”融合，情景交融，美不胜收。读这类文章，要善于把握作品内在的思想感情，由景入情，以情观景，发挥想象，再造作品描绘的境地，步入作品描绘的境地。《雨中登泰山》是李健吾同志的著名散文。作者登泰山，不是一般的游山玩水，而是感到“像是欠下悠久的文化传统一笔债似的”。泰山是一座活的历史博物馆，有着丰富的文物宝藏，汇集了古建筑的精华，又是神话故事的摇篮。作者为此一往情深，然而天公偏偏不作美，下起雨来。这雨“不像落在地上，倒像落在心里”，一个“落”刻画出心情的百般焦急。“心是沉的。”然而即使如此，作者仍然决定冒雨登山。“兴致勃勃”这个词一扫阴云，气氛转换，从另一角度表现作者对泰山的神往。阅读时，我们理解文章起笔的波澜曲折，要满载对泰山的深情，跟随作者冒雨前行。雨中泰山究竟是怎样一番景色呢？不妨把握一些词句，发挥想象。比如过岱宗坊，首先映入眼帘的是“七幅闪光黄锦”，闪亮发光，吼声震天，从虎山水库的桥孔奔涌而出。一“碰”一“激”一“撒”，细腻地刻画出水流的湍急、浪花四溅的奇妙、水花拍石的声响。如果调动感觉器官，眼看，耳听，运用生活中的积累开展想象，就会创设佳境，并有身临其境之感。

读描述类文章要披文入情，读议论文乃至说明文、科技小品文也往往要披文入情，这里就不一一举例了。入情入境，就入了作者“心”，入了自己的“心”。走入这样的境界，理解文章旨意和语言趣味还有何难呢？

（2）发问质疑。这是十分优良的心理品质。成功的默读总是与发问质疑活动相伴随着的。它的作用是：能使默读活动步步深入，增大思考力度，发现并理解文章的佳妙所在；能集中注意力，重点解决所读文章的主要疑难，节省时间。因此，善于发问，勤于质疑，是提高默读效果、培养默读能力的有效途径。建议你从以下几方面入手。

一是在字词句上发问见疑。有些句子的深刻含义是通过几个关键词语来表现的。关键词语的含义搞明白了，句子的完整含义也就明白了。例如冰心《小桔灯》中的一段文字：

> 但是从那时候起，每逢春节，我就想起那盏小桔灯。十二年过去了，那小姑娘的爸爸一定早回来了。她妈妈也一定好了吧？因为我们“大家”都“好”了！

最后一句话有什么深刻含义？理解的时候必须抓住“大家”“好”这两个关键词。尤其是“好”这个词要深切体会。“好”是小姑娘说出来的，她说：“不久，我爸爸一定会回来的。那时我妈妈就会好了。”又说：“我们大家也都好了！”说妈妈“好了”，不单单指病会好起来，还有别的意思；说“我们大家也都好了”就更有别的意思了。那么是什么意思呢？结合文中内容看，这“好”是以后的事；现在还不好，正处在困境之中。由此可见，“好了”是指一种美好的生活情景。如果结合作者所交代的时间看，我们就更知道这“好”的内涵。文中写道“十二年过去了”，虽未明说，实际上已告诉我们这个“好了”是指过上了幸福的生活。

二是根据作品主旨来发问质疑。有些文章的某一部分，孤立地看，似乎没有什么难以理解的深刻含义；如果联系全篇的思想来看，提出疑问，就能帮助我们准确理解作者的写作意图。比如读鲁迅先生的小说《药》的开头部分：

> 秋天的后半夜，月亮下去了，太阳还没有出，只剩下一片乌蓝的天；除了夜游的东西，什么都睡着。华老栓忽然坐起身，擦着火柴，点上遍身

油腻的灯盏，茶馆的两间屋子里，便弥满了青白的光。

“小栓的爹，你就去么?”是一个老女人的声音。里边的小屋子里，也发出一阵咳嗽。

“唔。”老栓一面听，一面应，一面扣上衣服；伸手过去说，“你给我罢。”

华大妈在枕头底下掏了半天，掏出一包洋钱，交给老栓，老栓接了，抖抖的装入衣袋，又在外面按了两下；便点上灯笼，吹熄灯盏，走向里屋子去了。那屋子里面，正在窸窸窣窣的响，接着便是一通咳嗽。老栓候他平静下去，才低低的叫道，“小栓……你不要起来。……店么？你娘会安排的。”

老栓听得儿子不再说话，料他安心睡了；便出了门，走到街上。街上黑沉沉的一无所有，只有一条灰白的路，看得分明。灯光照着他的两脚，一前一后的走。有时也遇到几只狗，可是一只也没有叫。天气比屋子里冷得多了；老栓倒觉爽快，仿佛一旦变了少年，得了神通，有给人生命的本领似的，跨步格外高远。而且路也愈走愈分明，天也愈走愈亮了。

老栓正在专心走路，忽然吃了一惊，远远里看见一条丁字街，明明白白横着。他便退了几步，寻到一家关着门的铺子，蹩进檐下，靠门立住了。好一会，身上觉得有些发冷。

“哼，老头子。”

“倒高兴……。”

老栓又吃一惊，睁眼看时，几个人从他面前过去了。一个还回头看他，样子不甚分明，但很像久饿的人见了食物一般，眼里闪出一种攫取的光。老栓看看灯笼，已经熄了。按一按衣袋，硬硬的还在。仰起头两面一望，只见许多古怪的人，三三两两，鬼似的在那里徘徊；定睛再看，却也看不出什么别的奇怪。

没有多久，又见几个兵，在那边走动；衣服前后的一个大白圆圈，远地里也看得清楚，走过面前的，并且看出号衣上暗红色的镶边。——一阵脚步声响，一眨眼，已经拥过了一大簇人。那三三两两的人，也忽然合作一堆，潮一般向前赶；将到丁字街口，便突然立住，簇成一个半圆。

老栓也向那边看，却只见一堆人的后背；颈项都伸得很长，仿佛许多鸭，被无形的手捏住了的，向上提着。静了一会，似乎有点声音，便又动摇起来，轰的一声，都向后退；一直散到老栓立着的地方，几乎将他挤倒了。

“喂！一手交钱，一手交货！”一个浑身黑色的人，站在老栓面前，眼光正像两把刀，刺得老栓缩小了一半。那人一只大手，向他摊着；一只手却撮着一个鲜红的馒头，那红的还是一点一点的往下滴。

老栓慌忙摸出洋钱，抖抖的想交给他，却又不敢去接他的东西。那人便焦急起来，嚷道，“怕什么？怎的不拿！”老栓还踌躇着；黑的人便抢过灯笼，一把扯下纸罩，裹了馒头，塞与老栓；一手抓过洋钱，捏一捏，转身去了。嘴里哼着说，“这老东西……。”

“这给谁治病的呀？”老栓也似乎听得有人问他，但他并不答应；他的精神，现在只在一个包上，仿佛抱着一个十世单传的婴儿，别的事情，都已置之度外了。他现在要将这包里的新的生命，移植到

> 他家里，收获许多幸福。太阳也出来了；在他面前，显出一条大道，直到他家中，后面也照见丁字街头破匾上“古□亭口”这四个黯淡的金字。

读了这一段文字，你知道了作者刻画华老栓买“药”时的动作、神情和心理变化。去时焦急、爽快，刑场边吃惊、踌躇、恐惧，回去时兴奋、激动。这一层理解是对的，但不能到此为止，聪明的读者还会给自己出难题，即作者为何要这样描写？显然，提出这一疑问是非常有助于推进自己的思考的。把小说的“前”和“后”联系起来分析，我们就能懂得：这样写是为了集中表现这个穷苦老人受迷信思想毒害之深，愚昧麻木之可怜；愤怒控诉反动统治者愚民政策的罪恶。这一部分的景物描写与人物心情是互相衬托的。“路也愈走愈分明，天也愈走愈亮了”，既点明时间，又衬托老栓兴奋的心情。因为此时此地，希望的诱惑使这悲伤的老人兴奋、激动。写“太阳也出来了；在他面前，显出一条大道，直到他家中”，是进一步烘托老栓的心情。此时此刻，“仙丹灵药”已经拿到，一扫悲伤忧郁；前途光明，喜悦心情洋溢胸间。然而，这希望毕竟是泡影，仔细琢磨，就发现在衬托老栓兴奋、喜悦的同时又处处笼罩着阴影。如故事开头景物描写创造的阴森悲凉的气氛；去买“药”时“街上黑沉沉的一无所有，只有一条灰白的路，看得分明”；太阳出来后怎样呢？不只是在他面前显出一条大道，“后面也照见丁字街头破匾上‘古□亭口’这四个黯淡的金字”。“黑沉沉”“灰白”“黯淡”绘出景象的悲惨。这样写景寓意深刻，既预示老栓买“药”给儿子治病的悲剧结局，又揭示了时代背景。结合群众争看行刑时的场景描绘，暗示了夏瑜牺牲的寂寞，从而批判资产阶级旧民主主义革命脱离群众的错误。

三是在篇章结构上发问质疑。有的文章平铺直叙，质朴自然，无疑可问；有的文章则不然，作者有意打破平铺直叙的格局，写得曲折有致，妙趣横生。读这类文章，一定要问个为什么，由此来窥探作者如此巧结的匠心。比如吴伯箫的《难老泉》一文，题为“难老泉”，但没有直接描写，而是从太原城写起，又由“难老泉”的历史引出晋水，从晋水引出晋国，从晋国引出“桐叶封弟”的故事，从故事引出晋祠，从晋祠引出“三绝”，至此，“难老泉”才呈现在眼前。但作者笔锋一转，插入一段“难老泉”来历的优美传说，最后才正面描写“难老泉”，真是“千呼万唤始出来”。全文似到此结束，谁料想又斜出一枝，又写一个“张郎分水”的故事。与一般游记相比，这篇游记的结构就显得特别了。作者这样写，用意何在？有什么表达作用？如果你这样提问，就表明你理解深化、具体化了。原来作者以“难老泉”为题，并不是为了写这一处泉水，而是以此为话题，穿针引线，带出更多的内容：叙述历史故事和神话传说；描写现实，介绍传统。由此来揭示这样的主题：反映山西的地方风貌和历史变迁，歌颂社会主义祖国的新面貌。作者下笔甚远，移步换景，又时时扣住题旨，真是大开大合，表现了作者非凡的艺术驾驭能力。

发问质疑，远不止于我说的这三点。举出这些例子是想提示你，默读时要尽全力往文章内部钻探，钻得越深，所得就越大，这自然是聪明的默读者最大的乐事。

（3）磨炼意志。读书不像吃巧克力那么轻松，不费心力。从上面所谈的“发问质疑”来看，真要读有所得，非得下苦功夫不可。有些同学可能受到一些错误观点的误导，以为学习要“愉快”，要“快乐”，似乎学习就像课外游戏那样轻松。其实，没有这样的事。我并不反对“愉快”“快乐”，这是读书的最高境界，是求之不得的事。问题是，“愉快”也好，“快乐”也罢，往往是下了苦功之后才可得到的。读一篇文章，浮光掠影，粗知大概，轻松是轻松，但所得甚少。没有收获，真“愉快”、真“快乐”又从何谈起？毛泽东同志说：“语言这东西，不是随便可以学好的，非下苦功不可。”这是真理。因此，我奉劝同学们扎扎实实地读文章，认认真真地读文章，下苦功夫钻研文章。这样做了，才有真快乐；有了真快乐，所谓的下苦功读书也就不为苦了。在默读中，有的同学看到满眼的生字词，就马马虎虎地跳过去，懒得用工具书一个一个地查实，这是不对的。有些文章，单知道其字面意义也能读通，但有的同学不满足，非穷本溯源不可，这种钻研精神，值得学习。例如臧克家的《闻一多先生的说和做》中有这样一段文字：

> 那时候，他已经诗兴不作而研究志趣正浓。他正向古代典籍钻探，有如向地壳寻求宝藏。仰之弥高，越高，攀得越起劲；钻之弥坚，越坚，钻得越锲而不舍。他想吃尽、消化尽我们中华民族几千年来的文化史，炯炯目光，一直远射到有史以前。他要给我们衰微的民族，开一剂救济的文化药方。……他从唐诗下手，目不窥园，足不下楼，兀兀穷年，沥尽心血。杜甫晚年，疏懒得“一月不梳头”。闻先生也总是头发零乱，他是无暇及此的。饭，几乎忘记了吃，他贪的是精神食粮；夜间睡得很少，为了研究，他惜寸阴、分阴。深宵灯火是他的伴侣，因它大开光明之路，“漂白了四壁”。

若扫视一番，大致的意思是可以理解的：闻一多先生治学刻苦。但疑问还多着呢！其一，“兀兀穷年”是什么意思？“兀”的音与义是什么？查工具书可以知道，兀，音 wù，兀兀意即刻苦用功的样子；语出韩愈《进学解》“焚膏油以继晷，恒兀兀以穷年”。其二，“目不窥园”，词义好懂，但只是一般的形容吗？一查检，才知用了典。《汉书·董仲舒传》中写董仲舒因专心致志学习，“三年不窥园”。文中以此形容闻一多先生，着意推崇其钻研文化宝藏精神的惊人。其三，杜甫晚年“一月不梳头”又是怎么回事呢？原来引的是杜甫自己的诗句——“百年浑得醉，一月不梳头”。杜甫奔波一生，难得在成都草堂有较安定的生活，故疏懒得一月不梳头。文中这一句在于反衬，突出闻一多先生孜孜矻矻、日夜不懈的精神。你想想看，把这些问题弄清楚，虽然要花点死功夫，要查好几本书，但是你的理解肯定要深透多了，再回头重读这一小段文字，就会觉得文简意丰，比喻、反衬、用典多么恰到好处啊！

上边说的是，文中有疑难，需要有刨根求源的意志力来解决。其实，真要锤炼默读能力，自己还应想点办法来“考验”自己。《明史》在介绍明末著名学者和文学家张溥小时候爱读书的情形时说：凡是所读的书，他一定要亲自抄录，抄完读一遍之后，烧掉，又再抄。像这样抄了就烧，烧了又抄，反复六七遍之后才停止。由于长期抄书，他右手握笔的地方，手指手掌都磨起了老茧。冬天，他手上皮肤冻裂了，就用热水温几次后再抄书。后来，他就把自己的书房取名为“七录斋”。我们今天读书，也许不必要采用这种办法，但张溥有意磨炼自己意志力的精神是值得学习的。

2.
默读的方法与技巧

上边跟你谈了默读要注入情感，做到披文入情；默读要心理亢奋，积极地发问质疑；默读要磨炼意志，防止贪图轻松，浮光掠影。下边再说说默读的方法与技巧。

（1）点画评注。这是最传统、最易行、也最实用的一种默读方法。运用此法默读，不仅能培养专心致志的读书习惯，还能培养分析理解能力。同时，每读一次都留下思考的印迹，便于以后重复温习，继续进行纵深思考。读文章不作圈画评点，就像雨点落入大海，难有所得。希望你养成这个好习惯。

先介绍几种“点画评注”的符号。一般地，读者以“○”（圈）标出文章叙说或描写的对象；以“·”（点）标出重点，好词，也可以标出疑难词语，同时加上注释；以“△”标出关联词语，以加深对复句句意的理解；以“______”（直线）画出中心句，以便把握文章的中心思想；以“～～～～”（浪线）或“ℓℓℓℓℓ”（连圈）勾出警策句或精彩生动的句子。除了画上这些符号外，读者还可以加上三言两语的眉批，把自己的理解结果简要地记下来。当然，符号可由自己选定，但须划一。这种方法形式灵活，唯求达意，文字可俗可雅，不拘一格，但要求尽可能写得简短而切实。

下面，举一个实例，供同学们参考：

荷塘月色

朱自清

这几天心里颇不宁静。① 今晚在院子里坐着乘凉，忽然想起日日走过的荷塘，在这满月的光里，总该另有一番样子吧。月亮渐渐地升高了，墙外马路上孩子们的欢笑，已经听不见了；妻在屋里拍着闰儿，迷迷糊糊地哼着眠歌。我悄悄地披了大衫，带上门出去。②

① 点示内心，委婉有致。

② 写静，与文末相扣。

沿着荷塘，是一条曲折的小煤屑路。这是一条幽僻的路；③ 白天也少人走，夜晚更加寂寞。荷塘四面，长着许多树，蓊蓊郁郁④的。路的一旁，是些杨柳，和一些不知道名字的树。没有月光的晚上，这路上阴森森的，有些怕人。今晚却很好，虽然月光也还是淡淡的。⑤⑥

③“路”的特点。

④“树”的特点。

⑤“月光”的特点。

⑥ 突出朦胧与清静。

路上只我一个人，背着手踱着。这一片天地好像是我的；我也像超出了平常的自己，到了另一世界里。我爱热闹，也爱冷静；爱群居，也爱独处。像今晚上，一个人在这苍茫的月下，什么都可以想，什么都可以不想，便觉是个自由的人。⑦ 白天里一定要做的事，一定要说的话，现在都可不理。这是独处的妙处，我且受用这无边的荷香月色好了。⑧

⑦ 内心感受，回答“独处的妙处”。

⑧ 点题，也带出下文。

曲曲折折的荷塘上面，弥望的是田田的叶子。叶子出水很高，像亭亭的舞女的裙。层层的叶子中间，零星地点缀着些白花，有袅娜地开着的，有羞涩地打着朵儿的；正如一粒粒的明珠，又如碧天里的星星，又如刚出浴的美人。⑨ 微风过处，送来缕缕清香，仿佛远处高楼上渺茫的歌声似的。⑩ 这时候叶子与花也有一丝的颤动，像闪电般，霎时传过荷塘的那边去了。⑪ 叶子本是肩并肩密密地挨着，这便

⑨ 连用比喻，写形、态、色、感。

⑩ 移觉。

⑪ 动态之美。

宛然有了一道凝碧的波痕。叶子底下是脉脉的流水，遮住了，不能见一些颜色；而叶子却更见风致了。⑫

⑫ 叶、水相依，更见风致。

月光如流水一般，静静地泻在这一片叶子和花上。薄薄的青雾浮起在荷塘里。叶子和花仿佛在牛乳中洗过一样，又像笼着轻纱的梦。⑬ 虽然是满月，天上却有一层淡淡的云，所以不能朗照；但我以为这恰是到了好处——酣眠固不可少，小睡也别有风味的。月光是隔了树照过来的，高处丛生的灌木，落下参差的斑驳的黑影，峭楞楞如鬼一般；弯弯的杨柳的稀疏的倩影，却又像是画在荷叶上。塘中的月色并不均匀；但光与影有着和谐的旋律，如梵婀玲上奏着的名曲。⑭

⑬ 泻，浮，洗，笼，妙。

⑭ 树影、月色，和谐之美。

荷塘的四面，远远近近，高高低低都是树，而杨柳最多。这些树将一片荷塘重重围住；只在小路一旁，漏着几段空隙，像是特为月光留下的。树色一例是阴阴的，乍看像一团烟雾；但杨柳的丰姿，便在烟雾里也辨得出。树梢上隐隐约约的是一带远山，只有些大意罢了。⑮ 树缝里也漏着一两点路灯光，没精打采的，是渴睡人的眼。这时候最热闹的，要数树上的蝉声与水里的蛙声；但热闹是它们的，我什么也没有。⑯

⑮ 写树，突出形态；写远山，突出形态。“阴阴”“大意”，抓住了特点。

⑯ 表露心情。

忽然想起采莲的事情来了。采莲是江南的旧俗，似乎很早就有，而六朝时为盛；从诗歌里可以约略知道。采莲的是少年的女子，她们是荡着小船，唱着艳歌去的。采莲人不用说很多，还有看采莲的人。那是一个热闹的季节，也是一个风流的季节。梁元帝《采莲赋》里说得好：

> 于是妖童媛女，荡舟心许；鷁首徐回，兼传羽杯；棹将移而藻挂，船欲动而萍开。尔其

> 纤腰束素，迁延顾步；夏始春余，叶嫩花初，恐沾裳而浅笑，畏倾船而敛裾。

可见当时嬉游的光景了。这真是有趣的事，可惜我们现在早已无福消受了。

于是又记起《西洲曲》里的句子：

> 采莲南塘秋，莲花过人头；低头弄莲子，莲子清如水。

今晚若有采莲人，这儿的莲花也算得“过人头”了；只不见一些流水的影子，是不行的。这令我到底惦着江南了。——这样想着，猛一抬头，不觉已是自己的门前；轻轻地推门进去，什么声息也没有，妻已睡熟好久了。⑰

1927 年 7 月，北京清华园。

⑰ 与开头扣合，巧妙自然，令人回味。

（2）抽换比较。在默读中，看到一些词句，似乎觉得有独特的表达作用，但又一时讲不明、析不透；此时，不妨选一些词句来替代，在比较中，你的理解可能就具体了，词句之妙也就看得更清楚了。例如魏巍《谁是最可爱的人》中的一段文字：

> 在汉江南岸阻击敌人的日子里，有一天他从阵地上下来做饭。刚一进村，有几架敌机袭过来，打了一阵机关炮，接着就扔下了两个大燃烧弹。有几间房子着了火，火又盛，烟又大，使人不敢到跟前去。这时候，他听见烟火里有一个小孩子哇哇哭叫的声音。他马上穿过浓烟到近处一看，一个朝鲜的中年男人在院子里倒着，小孩子的哭声还在屋里。他走到屋门口，屋门口的火苗呼呼

> 的，已经进不去人，门窗的纸已经烧着。小孩子的哭声随着那滚滚的浓烟传出来，听得真真切切。当他叙述到这里的时候，他说："我能够不进去吗？我不能！我想，要在祖国遇见这种情形，我能够进去，那么，在朝鲜我就可以不进去吗？朝鲜人民和我们祖国的人民不是一样的吗？我就踹开门，扑了进去。呀！满屋子灰洞洞的烟，只能听见小孩哭，看不见人。我的眼也睁不开，脸烫得像刀割一般。我也不知道自己的身上着了火没有，我也不管它了，只是在地上乱摸。先摸着一个大人，拉了拉没拉动；又向大人的身后摸，才摸着小孩的腿，我就一把抓着抱起来，跳出门去。我一看小孩子，是挺好的一个小孩儿啊。他穿着小短褂儿，光着两条小腿儿，小腿儿乱蹬着，哇哇地哭。……"

阅读时，我们可能注意的是事情的过程。因为文字非常浅明，用不着费心思考。加△号的词再普通不过了，值得赏鉴吗？不妨与下面改换的词句比较一下：

A. 一个朝鲜的中年男人在院子里躺着

B. 我就推开门

C. 只是在地上乱抓

D. 跑出门去

一比较，"倒""踹""摸""跳"这些动词的妙处就看出来了。"躺"是横卧的意思，一般指生命仍在的人的睡姿；"倒"本来是写无生命的物件伏下的样子，这里用来写人的状态，无疑交代了这个人已没有生命气息了，用得非常准确。"踹"比"推"的力量大，指用脚使劲踢开，显然，这个动作更能表现志愿军战士非常焦急的心理和奋不顾身的行为。"抓"是抓取的意思，"摸"是摸寻的意思，用"抓"似乎也可，但联系当时的情境看，"摸"更形象，也更准确。当时的情况是"满屋子灰洞洞的烟，只能听见小孩哭，看不见人"，用"摸"

更准确地写出了志愿军战士四下寻人的行动特征。“跑”指步伐很快地行走的样子，也能写出救人之心的急切。但“跳”不仅表明心情急切，同时也写出志愿军战士行动的敏捷，因此显得更为传神。

不光是词句可以抽换比较，有些文章的句序也可以作出新的调整加以比较，包括把一些起粘连作用的句子拿掉，看看拿掉与否有何不同。比如读一些很普通的说明文，你也许觉得这类文章语言组织很平常；倘若抽换比较一番，也许看法就不一样了。例如下面一段被抽掉了一些句子的文字：

> 到了清末维新变法后，兴起了近代思想启蒙运动，不仅学西方，也学日本，新式的藏书楼纷纷设立，面向社会的公共图书馆事业得到发展。全世界每年出版期刊约 10 万种，论文约 430 万篇，图书约 70 万种，这样大的信息量，没有科学的方法管理和检索是不能利用的。目前图书馆还把视听资料列为收藏的对象。视听资料是通过声频、像频等手段，直接记录图像、文字和声音的文献资料。读者通过视觉、听觉获得所记录的信息。主要有唱片、幻灯、录音带、录像带，影片、缩微胶卷、胶片、磁带、光盘等，有的馆还利用了计算机检索。

读起来，意思也能明白，但总觉得句子之间不那么顺畅。如果与下段文字比较一番呢？

> 到了清末维新变法后，兴起了近代思想启蒙运动，不仅学西方，也学日本，新式的藏书楼纷纷设立，面向社会的公共图书馆事业得到发展。<u>图书馆一词就是那时日本人译过来的</u>。① <u>近几十年来，科技信息量急剧增加，科技知识每 5 年增长一倍</u>。② 全世界每年出版期刊约 10 万种，论文

约430万篇，图书约70万种，这样大的信息量，没有科学的方法管理和检索是不能利用的。因此，图书馆势必朝着现代化的方向发展。③目前图书馆还把视听资料列为收藏的对象。视听资料是通过声频、像频等手段，直接记录图像、文字和声音的文献资料。读者通过视觉、听觉获得所记录的信息。主要有唱片、幻灯、录音带、录像带，影片、缩微胶卷、胶片、磁带、光盘等，有的馆还利用了计算机检索。

有了句①，“也学日本”就有了实证，有了这个补充句，意思就更完整了。句②起上下粘连与转换的作用，前边说的是“公共图书馆”事业得到发展，后边说的是科技信息量很大，中间嵌上这一句，文气就畅通，内容就圆合了。句③起过渡作用，既说明科技信息量大是图书馆事业必须发展的原因，又说明了图书馆事业的发展方向是“现代化”，后边所介绍的内容都是印证“现代化”的。总之，三句话成了一条线索，把三方面内容有机地串联了起来，既体现了全段内容的层次感，又使文脉畅通一气，显得完整谨严。

（3）心诵默记。默读是用得最多的一种读书形式，虽然有些默读属于随意浏览，比如在新华书店的书架前随意翻读一本小说等。但更多的默读就是精读，比如在课堂上默读课文，在自家的书房里欣赏名家名作等。默读，有时是研究性的，比如发问质疑、圈点评注等；有时则是记忆性的，这就叫作“默而识之”。在名家名作中，有许多精彩词句、绝妙章节是值得识记的。记住它们，一则是为了吸纳精神养料和语言范例，二则也是为了更深刻地理解。善于读书的人都有这样的经验与体会：一篇好文章或好文章中的某些段落，不一定在阅读的初期就求得深入透彻的理解，往往是先记住了再说。通过记忆，储存在大脑仓库中，说不定某日某时受到某种启发，就无师自通，豁然开朗了。当然，在默读过程中的“心诵默记”是多种多样的，除了一字不落地照着原文背诵外，还有如下两种。

一是在心里朗读。默读是不出声的，主要是通过眼睛扫描视线来“搜索”语言材料中的关键性语言信息。但是，口虽不发声，心却要发声。什么叫“心”在发声呢？所谓“心”发声并不是说“心”里还有什么发声器官在起作用，而是“心”在“读”主要语言信息。比如，当你眼睛注视着“这几天心里颇不宁静”这句话的时候，“心里”“不宁静”这几个关键词的读音也同时在你“心”中响起。这是一种心口合一的阅读活动；“口”未言，“心”有“声”，表明你读得细、抓得准，并且对一些重点词句产生了注意。因此说，“在心里朗读”的过程往往就是在心里捕捉重点语言信息的过程，这对你在默读中加深理解是很有帮助的。比如朱德《母亲的回忆》中的一段文字：

> 母亲这样地整日劳碌着。我到四五岁时就很自然地在旁边帮她的忙，到八九岁时就不但能挑能背，还会种地了。记得那时我从私塾回家，常见母亲在灶上汗流满面地烧饭，我就悄悄把书一放，挑水或放牛去了。有的季节里，我上午读书，下午种地；一到农忙，便整日在地里跟着母亲劳动。这个时期母亲教给我许多生产知识。
>
> 佃户家庭的生活自然是艰苦的，可是由于母亲的聪明能干，也勉强过得下去。我们用桐子榨油来点灯，吃的是豌豆饭、菜饭、红薯饭、杂粮饭，把菜籽榨出的油放在饭里做调料。这类地主富人家看也不看的饭食，母亲却能做得使一家人吃起来有滋味。赶上丰年，才能缝上一些新衣服，衣服也是自己生产出来的。母亲亲手纺出线，请人织成布，染了颜色，我们叫它“家织布”，有铜钱那样厚。一套衣服老大穿过了，老二老三接着穿还穿不烂。

如果让你放声朗读，画直线的句子一定是在朗读时加以强调的地方。现在不要你朗读，而是默读，虽然口不出声，但你“心里”依然会“强调”这些句子。“在心里朗读”是一种默读感觉，这种感觉是有滋有味的，如鱼饮水，冷暖自知。

二是默记大致的意思。读一篇文章，实际上就是在记一篇文章的意思，但过目不忘者极少；再则，有时读有的文章，也无须全记所有的内容，更多的情况是把文章的大致意思记下就可以了。有两种记忆情况：一是记住重点内容，等同于背下重点词句；二是泛记内容梗概，等同于用自己的话复述所读的内容。试举两例说明，先看鲁迅先生《藤野先生》中的一例：

> 东京也无非是这样。上野的樱花烂熳的时节，望去确也像绯红的轻云，但花下也缺不了成群结队的“清国留学生”的速成班，头顶上盘着大辫子，顶得学生制帽的顶上高高耸起，形成一座富士山。也有解散辫子，盘得平的，除下帽来，油光可鉴，宛如小姑娘的发髻一般，还要将脖子扭几扭。实在标致极了。
>
> 中国留学生会馆的门房里有几本书买，有时还值得去一转；倘在上午，里面的几间洋房里倒也还可以坐坐的。但到傍晚，有一间的地板便常不免要咚咚咚地响得震天，兼以满房烟尘斗乱；问问精通时事的人，答道，“那是在学跳舞。”
>
> 到别的地方去看看，如何呢？

读完这段文字，记不住全段内容，但有两处描写，也许你掩卷之后能脱口而出：一是“高高耸起，形成一座富士山”；二是“还要将脖子扭几扭。实在标致极了”。为什么会记住这两句话呢？可能在你的记忆仓库里，这样的描写句例还没有，你有新鲜感，于是很快就记住了；也可能伴随理解，你觉得这两句描写刻画了“清国留学生”的丑态，生动传神，讽刺辛辣，给你的印象很深，于是你很快就记住了。用不着多举例，我想这种阅读感受，你是熟知的。我只是想提醒你，这种默读中的自觉记忆，是一种很好的习惯。让所读文字某一处亮光闪现在头脑中，实际上是给自己的记忆增加一种暗示，留下一个标记。过了很长一段时间，文章忘了，甚至连作者是谁也忘了，但这一处亮光难以从脑海中抹去。当与别人讨论的时候，或是写作需要举例的时候，它便迅即闪现于你的脑际，呼之欲出，跳上你的笔端。这自然是一种默读的收获。

还有一种是泛记梗概内容，如鲁迅先生《故乡》中的一例：

> 我们那时候不知道谈些什么，只记得闰土很高兴，说是上城之后，见了许多没有见过的东西。
>
> 第二日，我便要他捕鸟。他说：
>
> “这不能。须大雪下了才好。我们沙地上，下了雪，我扫出一块空地来，用短棒支起一个大竹匾，撒下秕谷，看鸟雀来吃时，我远远地将缚在棒上的绳子只一拉，那鸟雀就罩在竹匾下了。什么都有：稻鸡，角鸡，鹁鸪，蓝背……”
>
> 我于是又很盼望下雪。
>
> 闰土又对我说：
>
> “现在太冷，你夏天到我们这里来。我们日里到海边检贝壳去，红的绿的都有，鬼见怕也有，观音手也有。晚上我和爹管西瓜去，你也去。”
>
> “管贼么？”
>
> “不是。走路的人口渴了摘一个瓜吃，我们这里是不算偷的。要管的是獾猪，刺猬，猹。月亮地下，你听，啦啦的响了，猹在咬瓜了。你便捏了胡叉，轻轻地走去……”
>
> 我那时并不知道这所谓猹的是怎么一件东西——便是现在也没有知道——只是无端的觉得状如小狗而很凶猛。

> “他不咬人么？”
>
> “有胡叉呢。走到了，看见猹了，你便刺。这畜生很伶俐，倒向你奔来，反从胯下窜了。他的皮毛是油一般的滑……”
>
> 我素不知道天下有这许多新鲜事：海边有如许五色的贝壳；西瓜有这样危险的经历，我先前单知道他在水果店里出卖罢了。
>
> “我们沙地里，潮汛要来的时候，就有许多跳鱼儿只是跳，都有青蛙似的两个脚……”
>
> 阿！闰土的心里有无穷无尽的希奇的事，都是我往常的朋友所不知道的。他们不知道一些事，闰土在海边时，他们都和我一样只看见院子里高墙上的四角的天空。

读后，你可能记下的是这样的内容：

> 闰土说如何捕鸟，在下雪天用一些工具来捕捉，听了我就盼望下雪。闰土又说了管西瓜的事，很有趣，特别是捏了胡叉刺猹这个东西，刺不着，猹反而从胯下窜了。他还说青蛙，不，说跳鱼儿只是跳，有青蛙似的两只脚。真是稀奇的事，都是我往常的朋友所不知道的。……

这也是一种默记，虽然是模糊的，不够具体，但毕竟记住了大致的内容，并且用自己的话作了“翻版”。这种默记对自己读书作文也很有作用。从读上讲，由于头脑中留下了这道痕迹，以后回忆起来就方便多了。从写上讲，既可以作为写作材料，又可以在分析时用作实例。即便是要完整引用，查阅起来也就方便了。我们要读很多文章，哪能篇篇都记得牢靠呢？除了有意背诵外，恐怕大多数文章都是靠这种默记方法来记忆的。

（4）借用资料。默读一篇文章，是免不了要拿一些资料来帮助自己理解的。或是遇到不认识的字，要查字典；或是对照注释来理解词义或背景内容；有时候，还要翻查一些评论文字，帮助自己欣赏。这些都是默读应有的习惯。遇有生字查字典，这里就不说了，单说说借用“注释”默读和借用其他评论文章默读。

怎样借用“注释”默读？举毛泽东同志《中国人民寻求救国真理的道路》这个例子，如：

> 我们党走过二十八年了，大家知道，不是和平地走过的，而是在困难的环境中走过的，我们要和国内外党内外的敌人作战。谢谢马克思、恩格斯、列宁和斯大林，他们给了我们以武器。这武器不是机关枪，而是马克思列宁主义。
>
> 列宁在一九二〇年在《共产主义运动中的“左派”幼稚病》一书中，描写过俄国人寻找革命理论的经过①。俄国人曾经在几十个年头内，经历艰难困苦，方才找到了马克思主义。中国有许多事情和十月革命以前的俄国相同，或者近似。封建主义的压迫，这是相同的。经济和文化落后，这是近似的。两个国家都落后，中国则更落后。

被注的“经过”，在词义上很好理解，可以不注；然而编者却注了一大段文字，为什么？这是因为作者说：列宁在一九二〇年在《共产

① 见《共产主义运动中的“左派”幼稚病》第二章。列宁在那里说：“在上一世纪40年代至90年代这大约半个世纪期间，俄国进步的思想界，处在空前野蛮和反动的沙皇制度的压迫之下，曾如饥似渴地寻求正确的革命理论，孜孜不倦地、密切地注视着欧美在这方面的每一种‘最新成就’。俄国在半个世纪期间真正经历了闻所未闻的痛苦和牺牲，以空前未有的革命的英勇气概、难以置信的毅力和舍身忘我的精神，从事寻求、学习和实验，它经过失望，经过检验，参照欧洲经验，终于找到了马克思主义这个唯一正确的革命理论。”（《列宁选集》第4卷，人民出版社1972年版，第182页）

主义运动中的“左派”幼稚病》一书中，描写过俄国人寻找革命理论的经过。这句话是依据听话者或读者的认识条件的，也就是说，只要点到“经过”，作者心目中的读者就知道是怎么回事，所以，作者点到即止，不再详细介绍。作者心目中的“读者”是有所专指的，即对革命理论或对列宁的这篇文章有所了解的人。而作为一般中学生，没有读过列宁的这篇文章，自然也就不知道“经过”是怎么回事了。所以，编者特为加注。再一点，就理解这篇文章而言，是否知道“经过”是怎么回事，关系不大，跳过去，单看“俄国人曾经在几十个年头内，经历艰难困苦，方才找到了马克思主义”这一句，也就可以了。但为了使读者在理解上更具体、更深透一些，编者还是加注了。明确了编者加注的意图，读一读注释，了解大致内容就算了，行吗？还不行。还要结合全文的中心观点来读“注释”。作者的观点是寻求革命真理是艰难的，据此，我们再读“注释”就会发现，所注的内容也正好可以作为一条论证观点的事实论据。由此，我们对“艰难困苦”这个断语的理解就具体透彻了。这个例子告诉我们，不能孤立地来读“注释”，要把“注释”的内容纳入全文中，使之成为所读文章的一部分，这样，“注释”对我们的帮助就大了。

有些文章的“注释”对我们理解文章内容有很大作用，如：

阿Q正传[①]

鲁迅

宣统三年九月十四日——即阿Q将搭连卖给

① 节选自《呐喊》的《阿Q正传》。这是其中的第七章《革命》的部分内容。《阿Q正传》这篇小说反映了辛亥革命前后农村中的阶级压迫和阶级斗争，描写了封建势力在革命前残酷剥削、压迫农民，在革命到来后又利用资产阶级“咸与维新”的错误主张，混进“革命党”，镇压革命等情景。它通过尚未觉悟的贫苦农民阿Q要投向革命，却不准他革命，最终被挂着革命党牌子的“长衫人物”送上刑场的悲剧，深刻地揭露了封建势力凶残、狡猾的反动本质，批判了资产阶级领导的旧民主主义革命的妥协性和不彻底性。

> 赵白眼的这一天——三更四点，有一只大乌篷船到了赵府上的河埠头。这船从黑魆魆中荡来，乡下人睡得熟，都没有知道；出去时将近黎明，却很有几个看见的了。据探头探脑的调查来的结果，知道那竟是举人老爷的船！
>
> 那船便将大不安载给了未庄，不到正午，全村的人心就很摇动。船的使命，赵家本来是很秘密的，但茶坊酒肆里却都说，革命党要进城，举人老爷到我们乡下来逃难了。惟有邹七嫂不以为然，说那不过是几口破衣箱，举人老爷想来寄存的，却已被赵太爷回复转去。其实举人老爷和赵秀才素不相能，在理本不能有"共患难"的情谊，况且邹七嫂又和赵家是邻居，见闻较为切近，所以大概该是伊对的。
>
> ……

这条"注释①"有三部分内容，一是说明本文的出处，二是说明所选的文字属于《阿Q正传》哪些部分，三是阐述了《阿Q正传》的主题思想。显然，关于主题的这部分内容对于我们正确理解所选文字的内容是极有提示作用的。借用这条注释，我们可以确定阅读的思路：根据注释，阅读全文；在了解全文内容的基础上又回过头来读注释。读文读注，相互结合，无疑会大大减轻我们的阅读难度。

再来说说借用评论性资料来默读。

一般来说，读一篇文章，一路顺风，不用别的评论文章来参考，也能正确理解所读文章的思想内容及艺术特色。但有的同学多一个心眼儿，他不满足，心里想："我是这样理解的，别人又是如何理解的呢？"于是，他想方设法找一些别人的评论文字加以研究，把自己的所得和别人的所得对照起来。显然，这也是一个默读的好习惯。有砥砺，就有长进；有比照，就有收获。比如读《孔乙己》，对小说的人物形象、艺术特点有了理解，可以放下了。如果翻检杂志，找点研究资料，在理解深度上就可能更深一层。有一则小资料是这样说的：

> 小说通过孔乙己肉体与内心的痛苦同众人以此取笑逗乐的对比描写，揭示封建社会人际关系的冷漠。小说为我们展示了这样一个冷漠的现实：孔乙己的痛苦就是众人的快乐。孔乙己脸上“又添上新伤疤了”是“所有喝酒的人”取笑他的笑料，甚至孔乙己被丁举人打断了腿也“同平常一样”被众人说笑，被掌柜取笑，就是“恳求”也无济于事。孔乙己肉体上的痛苦“使人快活”，精神的痛苦更“使人快活”。旁人取笑他“连半个秀才也捞不到”，尽管孔乙己“显出颓唐不安模样，脸上笼上了一层灰色”，灵魂深处的疮疤已被深深地刺痛，“众人”却仍“哄笑”着，“店内外充满了快活的空气”。

这个分析是有道理的，对我们理解小说的表达艺术有启迪作用。如果你由此再钻研一番，也许能看到更多的对比妙处，如小说通过对孔乙己“第一次”与“最后一次”的外貌、动作、语言、神态的对比描写，凸显了孔乙己的性格特征与不幸遭遇；小说通过科举考试的失败者与获胜者的对比，揭露科举制度的罪恶，失败者是孔乙己，获胜者是丁举人；丁举人毒打孔乙己，正说明科举制度造就了两种读书人，少数爬上去的，成为残酷的统治者、压迫者，多数爬不上去的，成为悲惨的牺牲品。

当然，借用资料读文章要有所选择。有些资料并不准确，甚至漏洞百出，讹误很多，要特别注意，不妨在老师指导下借用资料。

把无声的文字变成有声的语言
——朗读声情并茂

当你读到一篇绝妙精品时，当你在默读中被某一段文字强烈感染时，当你在平日的休息中，感到有一种情绪要借助某些诗文来表达时，你总会情不自禁地朗读！

如果单从了解知识、获取信息上看，默读就可以了，为什么要朗读呢？

可见，朗读的主要目的不在于了解知识、获取信息（当然，在朗读过程中肯定是要了解知识、获取信息的），而在于抒发情感、唤醒心灵、强化感悟，甚至是对原作进行再创造。

与默读相比，朗读是一种特殊的阅读形式，不动情，不朗读，没有情，不朗读。只有在激情的驱使下，有不“读”不快之感时，朗读才显得那么扣人心扉，牵动情肠；又由于有了这样一种朗读，所读的文章似乎也焕发了生机，展现出新的动人风采！

朗读必须声情并茂。

在这里，我想跟你谈谈朗读的几个主要问题。

一、对朗读的基本认识

什么叫朗读？朗读是书面语言的有声化，是化无声的文字为有声语言的阅读活动，并且是一种眼、口、耳、脑并用的创造性的阅读活动。它有三个特点：一是声音性。朗读是有声语言的一种，声音性使它与书面语言相区别，但是又有联系，即以书面语为朗读依据。二是规范性。朗读必须使用规范的语音——北京语音；当然也要使用规范的词汇——北方方言为基础方言；同时要符合语法规范——典范的现代白话文著作的语法。三是创造性。虽然作品是朗读的依据，但朗读本身又是一种创造，像语气、语调、顿挫、轻重、缓急等口语特点，书面语很难全都表达出来，因此，需要朗读来补充。再一点，作品所描述的情景，由于朗读者参与，通过有情感的有声语言来表达，往往显得更生动，更有感染力。

二、朗读的基本要求

随便拿一篇文章，发出声音读，这不能叫朗读，至少不能达到声情并茂的朗读效果。因此，朗读前必须做好一些准备工作。

1. 全面把握文章内容

通过默读，对全文的材料、结构、主旨等应有准确的理解，这是朗读能够表情达意的前提。

首先要了解作品写了哪些内容。特别是一些篇幅长的文章，朗读前要了解重点内容是什么，次要内容是什么。比如读翦伯赞的《内蒙访古》，首先从整体上来把握全文：作者把游览的所见所闻与对见闻的认识和评论融合在一起，既描写自然风光、古迹人物，又追寻历史、评价史实与人物，取材广阔，重点突出。再从两部分的重点来看：第一部分以古长城为中心，作者从“崎岖的山路”写到“广阔的原野”，从阴山北麓写到阴山南麓，从南麓的沃野写到民族之间的争战，从民族关系上的风浪引出一段古长城遗址，从赵长城遗址联想到赵武灵王的英雄业绩。第二部分以大青山下的汉代古城为中心，从古城堡分布的地理位置推断出汉王朝在阴山一带的战略部署，突出了古城堡的军事作用；从出土文物推断出民族之间的文化交流，指出古城堡有经济文化交流的作用，在考察昭君墓时，更突出汉族人民与蒙古族人民的传统友谊。

其次要了解作者是怎样表达有关内容的。仍以《内蒙访古》为例，上述内容主要是运用叙议结合——在叙述时引用，在叙述中议论，表明看法，得出结论——的方法来表达的。如“一段最古的长城”一段，先讲了赵武灵王为什么和在什么地方筑起了一条长城，接着引用《史记・匈奴传》上的有关记载，并考察了目前遗留下的一段古长城遗址的地理位置，最后得出结论：“这段古长城正是赵长城遗址。”再如“在大青山下”一段中，引用《史记・匈奴传》《括地志》等文献资料加以说明，并得出结论：“由此看来，当汉武帝时汉王朝在阴山以北筑了很多城堡，几乎是步步为营，把它的势力远远地推到阴山以北的地方。”将文献和考古资料穿插在叙述和议论之中，做到实事求是，言必有据，这样就更有力地表明了作者的看法。

全面把握文章内容还有其他一些要求，如文章的结构形式对表达内容的作用，语言特点与内容表达的关系，等等。总之是为了达到一个目的：读懂全文。对文章写了什么，没有搞清楚；对文章内容的核心意义，没有准确的认识，朗读是不可能获得成功的。因此说，“识文”是朗读的第一关。

2.
深入体会文章的思想情感

真正体会了作品深邃的情感，就可以用声音、语气加以准确地表达。要是朗读者自己没有什么感受，硬要用矫揉造作的腔调去读，则必然要破坏原文的感染效果。比如闻一多先生《最后一次讲演》中的文字：

> 这几天，大家晓得，在昆明出现了历史上最卑劣最无耻的事情！李先生究竟犯了什么罪，竟

> 遭此毒手？他只不过用笔写写文章，用嘴说说话，而他所写的，所说的，都无非是一个没有失掉良心的中国人的话！大家都有一支笔，有一张嘴，有什么理由拿出来讲啊！有事实拿出来说啊！（闻先生声音激动了）为什么要打要杀，而且又不敢光明正大的来打来杀，而偷偷摸摸的来暗杀！（鼓掌）这成什么话？（鼓掌）
>
> 今天，这里有没有特务？你站出来！是好汉的站出来！你出来讲！凭什么要杀死李先生？（厉声，热烈的鼓掌）杀死了人，又不敢承认，还要诬蔑人，说什么“桃色事件”，说什么共产党杀共产党，无耻啊！无耻啊！（热烈的鼓掌）这是某集团的无耻，恰是李先生的光荣！李先生在昆明被暗杀，是李先生留给昆明的光荣！也是昆明人的光荣！（鼓掌）

这个文段的感情基调是悲愤，语气自然是慷慨激越的，但画线处四个“啊”字不容易把握。前两个“啊”，如果用感叹语气来读，不妥；后两个“啊”，如果拉长了语调，也不妥。这要体会闻一多先生演讲时的感情。“有什么理由拿出来讲啊！有事实拿出来说啊！”不在感叹，而在质问，表达了作者对反动派无理无据随意杀人的丑恶行径的强烈谴责。“无耻啊”，强调点是“无耻”，附着“啊”，语气更强。如果读成“无耻啊——”，让语气词“啊”的声音拖长，变得舒缓，便破坏了感情基调，须知这与读“这里的水真美啊”的“啊”是不同的。

怎样体会作品的思想感情呢？

一是要了解作品的感情基调。比如读鲁迅先生《孔乙己》中的一段文字：

> 掌柜仍然同平常一样，笑着对他说，“孔乙己，

> 你又偷了东西了!”① 但他这回却不十分分辩，单说了一句“不要取笑!”“取笑? 要是不偷，怎么会打断腿?”孔乙己低声说道，“跌断，跌，跌……”他的眼色，很像恳求掌柜，不要再提。② 此时已经聚集了几个人，便和掌柜都笑了。③ 我温了酒，端出去，放在门槛上。他从破衣袋里摸出四文大钱，放在我手里，见他满手是泥，原来他便用这手走来的。不一会，他喝完酒，便又在旁人的说笑声中，④ 坐着用这手慢慢走去了。

整个作品的感情基调是悲哀的，尽管作品中写了不少令人发笑的情节，但这都是含泪的笑，因此，朗读时必然是以悲哀、低沉的语气为主，如果读得兴奋而又高亢就错了。当然，我们也要根据文中人物的思想与身份来判断。比如①句，说话者是“掌柜”，对孔乙己是无情无义的，朗读时，自然要用“掌柜”的语气，把“你又偷了东西了”加以重读，以体现“掌柜”对孔乙己的嘲弄态度。而②③④句，看起来是客观叙述，但融入了“我”的感情，没有嘲弄、鄙视的意味，因此读起来要低沉、舒缓，以表达“我”对孔乙己的同情与怜悯的感情。试想，如果不能把握作品这样的基调，而是以读一般幽默喜剧的轻快、兴奋的腔调来朗读，自然就要误传作者的真实情感，破坏作品的悲剧气氛。

二是要摸清作品的感情线索。例如朱自清《荷塘月色》一文，开头一句“这几天心里颇不宁静”是全文感情线索的总起点，“我”对国家、民族命运忧心忡忡而又苦于找不到出路，一个“颇”字便道出了心中难以排遣的苦闷与烦躁的程度。在第二部分，着意描绘荷塘月色。一段内心独白，又表明了“我”来到这一片“世外桃源”，什么都可以想，什么都可以不想的一丝喜悦；接下来的具体描写，不仅勾起人无限的遐思与神往，而且又使我们感到，“我”在此时此地，整个身心都浸润在美的境界之中；随后笔锋一转，又写出苦闷。对于蝉和蛙的“热闹”，“我”喟然长叹：“我什么也没有。”蝉和蛙可以自由自在地歌唱，而“我”却不能，这一句可谓传神之笔，点破了全文着意构造的那种恬静朦胧，透出作者苦闷的心境。文章最后写对江南的思念，又添了一份新愁。尽管古远的江南幻境令人神往，但只不过是回味与凭吊而已，眼前仍然是“什么也没有!”作者本来负载着许多愁绪“悄悄”出来，以求解脱，也得到了片刻的宁静与愉悦，但最后还是带着更沉重的愁闷又“轻轻”地回到现实之中。文章的感情真是一波三折，意味深长。把握了文章的感情线索与起伏变化，朗读时，什么时候轻快，什么时候凝重，什么时候高亢，什么时候低沉，也就好把握了。

三是要了解作品的感情强调点。在文章中，感情之波的抑扬是有节制、有节奏、有强调点的。有时，为了表达的需要，作者直抒胸臆。这些地方弄清楚了，朗读时也就能够准确地有针对性地加以体现。比如鲁迅先生《故乡》的结尾：

> 我在朦胧中，眼前展开一片海边碧绿的沙地来，上面深蓝的天空中挂着一轮金黄的圆月。我想：希望是本无所谓有，无所谓无的。这正如地上的路；其实地上本没有路，走的人多了，也便成了路。

这一段话是作者深邃感情与思想的最后点示与强调，表达了作者对新生活的一种期望之情。体会到这一点，朗读时就可以分出两个层次：“我想”之前的文字要读得舒缓，富有抒情性；之后的文字要读得坚定、响亮一些，把深邃的哲理之思抑扬顿挫地表达出来。

三、朗读训练的几个基本环节

怎样提高朗读能力？明确上述要求是一方面，另一方面还要注意基本环节的训练，即读音、停顿、速度、语调等。

1.
读音训练

第一条，要发标准音，做到吐字清晰，发音正确。这可以读一些拼音读物，也可以自己给作品注音，依正确的标音来朗读。如《汉语拼音小报》上的一篇文章：

luò tuo hé lǎo shǔ
骆驼和老鼠

yǒu yì zhī luò tuo lí kāi zhǔ rén dú zì màn bù zài piān pì
有一只骆驼离开主人，独自漫步在偏僻
de xiǎo dào shang cháng cháng de jiāng shéng tuō zài dì xia
的小道上。长长的缰绳拖在地下，
tā què màn bù jīng xīn de zhǐ guǎn zì jǐ liū da zhe zhè shí
它却漫不经心地只管自己溜达着。这时，
zhèng hǎo lái le yì zhī lǎo shǔ tā yǎo zhù jiāng shéng de yì
正好来了一只老鼠。它咬住缰绳的一
tóu qiān zhe zhè zhī dà luò tuo jiù zǒu lǎo shǔ dé yì de xiǎng
头，牵着这只大骆驼就走。老鼠得意地想：
hēi qiáo wǒ de lì qi duō dà a wǒ néng lā zǒu yì tóu dà
“嘿，瞧我的力气多大啊！我能拉走一头大
luò tuo ne
骆驼呢！”

yí huìr tā men lái dào hé biān dà hé lán zhù le qù
一会儿，它们来到河边。大河拦住了去
lù lǎo shǔ zhǐ hǎo tíng le xià lái
路，老鼠只好停了下来。

zhè shí luò tuo kāi kǒu le wèi qǐng nǐ jì xù wǎng
这时，骆驼开口了：“喂！请你继续往
qián zǒu a
前走啊！”

bù xíng a lǎo shǔ huí dá shuǐ tài shēn le
“不行啊！”老鼠回答，“水太深了。”

nà hǎo ba　luò tuo shuō dào　ràng wǒ lái shì shi kàn
“那好吧，”骆驼说道，“让我来试试看。”

luò tuo dào le hé zhōng xīn biàn zhàn zhù le　tā huí tóu jiào dào　nǐ qiáo　wǒ méi shuō cuò ba　shuǐ bú guò qí xī gài shēn ne　hǎo la　jǐn guǎn fàng xīn xià lái ba
骆驼到了河中心便站住了，它回头叫道：“你瞧，我没说错吧，水不过齐膝盖深呢。好啦，尽管放心下来吧！”

shì de　lǎo shǔ dá dào　bú guò　zhèng rú nǐ suǒ kàn dào de　nǐ de xī gài hé wǒ de xī gài zhī jiān kě yǒu yì diǎn xiǎo xiǎo de chā bié a　láo jià　qǐng nǐ dù wǒ guò hé qù ba
“是的。”老鼠答道，“不过，正如你所看到的，你的膝盖和我的膝盖之间可有一点小小的差别啊。劳驾，请你渡我过河去吧！”

hǎo　nǐ zǒng suàn rèn shi dào zì jǐ de bù zú le　luò tuo shuō　nǐ hěn ào màn　yè láng zì dà　yào shi nǐ néng bǎo zhèng jīn hòu qiān xū yì diǎn　nà wǒ cái kěn dù nǐ guò hé
“好，你总算认识到自己的不足了，”骆驼说，“你很傲慢，夜郎自大。要是你能保证今后谦虚一点，那我才肯渡你过河。”

lǎo shǔ bù hǎo yì si de xiào zhe dā yìng le　jiù zhè yàng　tā liǎ yì qǐ píng píng ān ān de dào le duì àn
老鼠不好意思地笑着答应了。就这样，它俩一起平平安安地到了对岸。

普通话说得不太好的同学，可字字注音；说得较好的同学，可选择咬不准的字注音。这一条依自己的普通话语音能力来定。

第二条，也是最重要的一条，即确定“重音”。“重音”符号（有的书上叫“重读”）用重点号“．”表示。如魏巍《谁是最可爱的人》中的一段话：

在朝鲜的每一天，我都被一些事情感动着；我的思想感情的潮水，在放纵奔流着；它使我想

> 把一切东西都告诉给我祖国的朋友们。但我最急于告诉你们的，是我思想感情的一段重要经历，这就是：我越来越深刻地感觉到谁是我们最可爱的人！

为什么要这样确定重音呢？一是为了突出这些词句在文章中的地位和作用；二是为了加强听者的印象，显示文章的感人力量；三是为了使朗读体现抑扬顿挫、起伏有致、强弱有别的节奏之美。

对于你来说，最想知道的问题是怎样确定重音；或者说，按照什么标准来确定重音。下边举几个例子作点提示。

一是在抒情的语段中，作者往往突出或强调某些词句，这些词句就应读重音。如魏巍《谁是最可爱的人》中的文字：

> 亲爱的朋友们，当你坐上早晨第一列电车驰向工厂的时候，当你扛上犁耙走向田野的时候，当你喝完一杯豆浆、提着书包走向学校的时候，当你坐到办公桌前开始这一天工作的时候，当你往孩子口里塞苹果的时候，当你和爱人一起散步的时候……朋友，你是否意识到你是在幸福之中呢？你也许很惊讶地说："这是很平常的呀！"可是，从朝鲜归来的人，会知道你正生活在幸福中。请你意识到这是一种幸福吧，因为只有你意识到这一点，你才能更深刻了解我们的战士在朝鲜奋不顾身的原因。朋友！你是这么爱我们的祖国，爱我们的伟大领袖毛主席，你一定会深深地爱我们的战士，——他们确实是我们最可爱的人！

二是在描写形象时，作者所用的一些关键词句对突出形象特点发挥了很好的作用，因此，这些词句也应该读重音。例如鲁迅先生《祝福》中的一段文字：

> 况且，一想到昨天遇见祥林嫂的事，也就使我不能安住。那是下午，我到镇的东头访过一个朋友，走出来，就在河边遇见她；而且见她瞪着的眼睛的视线，就知道明明是向我走来的。我这回在鲁镇所见的人们中，改变之大，可以说无过于她的了：五年前的花白的头发，即今已经全白，全不像四十上下的人；脸上瘦削不堪，黄中带黑，而且消尽了先前悲哀的神色，仿佛是木刻似的；只有那眼珠间或一轮，还可以表示她是一个活物。她一手提着竹篮，内中一个破碗，空的；一手拄着一支比她更长的竹竿，下端开了裂：她分明已经纯乎是一个乞丐了。

三是在议论文中，直接表达思想观点的词句，也应该读重音。如巴甫洛夫《给青年们的一封信》中的文字：

> 我对于我国献身科学的青年们的希望是什么呢？
>
> 首先，要循序渐进。我一谈到卓著成效的科学工作所应具备的这个最重要的条件，心情就不能不激动。循序渐进，循序渐进，再循序渐进。你们从一开始工作起，就要在积累知识方面养成严格的循序渐进的习惯。

四是在结构上，起过渡、转换作用的词句，由于它们给读者以提示，因此，一般也要读重音。例如魏巍《谁是最可爱的人》中的文字：

> 在朝鲜的每一天，我都被一些事情感动着；我的思想感情的潮水，在放纵奔流着；它使我想

> 把一切东西都告诉给我祖国的朋友们。但我最急于告诉你们的，是我思想感情的一段重要经历，这就是：我越来越深刻地感觉到谁是我们最可爱的人！
>
> 谁是我们最可爱的人呢？我们的战士，我感到他们是最可爱的人。

五是对举（有时是对比）的词语也应读重音，如魏巍《谁是最可爱的人》中的文字：

> 也许还有人心里隐隐约约地说：你说的就是那些“兵”吗？他们看来是很平凡、很简单的哩，既看不出他们有什么高深的知识，又看不出他们有丰富细致的感情。可是，我要说，这是由于他跟我们的战士接触太少，还没有了解我们的战士：他们的品质是那样的纯洁和高尚，他们的意志是那样的坚韧和刚强，他们的气质是那样的淳朴和谦逊，他们的胸怀是那样的美丽和宽广！

确定重音还不止于以上五个方面。其基本原则是：根据感情表达的需要和作品内容的重点来确定。必须指出的是，读重音要和读其他词句相比较，稍稍加重读音；读重音，有时也不是要大声重重地读，比如杨朔《茶花赋》中的一句话：

> 今年二月，我从海外回来，一脚踏进昆明，心都醉了。

这个“醉”字，音量并不要读得很大；音低而又有力度，才可表达作者赞美、满足的心情。

2.
停顿训练

朗读中的停顿，也就是朗读时声音的间歇，它是语言节奏的表现。在传情达意的朗读中，正确停顿起很大作用。

停顿有两种情况。第一种是语法停顿，它是与段落、标点符号相一致的。在停顿时间长短上，段落应长于句号，句号应长于分号，分号应长于逗号，逗号应长于顿号。这是一般常识，如魏巍《谁是最可爱的人》中的文字：

> 让我还是来说一段故事吧。|
>
> 还是在二次战役的时候，｜｜｜有一支志愿军的部队向敌后猛插，｜｜｜去切断军隅里敌人的逃路。｜｜当他们赶到书堂站时，｜｜｜逃敌也恰恰赶到那里，｜｜｜眼看就要从汽车路上开过去。｜｜这支部队的先头连就匆匆占领了汽车路边一个很低的光光的小山冈，｜｜｜阻住敌人。｜｜一场壮烈的搏斗就开始了。｜｜敌人为了逃命，｜｜｜用了三十二架飞机、十多辆坦克发起集团冲锋，｜｜｜向这个连的阵地汹涌卷来，｜｜｜整个山顶的土都被打翻了，｜｜｜汽油弹的火焰把这个阵地烧红了。｜｜但勇士们在这烟与火的山冈上，｜｜｜高喊着口号，｜｜｜一次又一次地把敌人打死在阵地前面。

“｜”>“｜｜”>“｜｜｜”……可作为语法停顿的符号。一般来说，朗读时不用标出这样的符号，心中有数就可以了。

第二种是强调停顿。这种停顿在处理时有一定难度，因为它与理解和感受有密切关系。你觉得为了表达情感、强调内容，在声音上应有所间歇，就停顿下来，这与标点符号没有关系。但是，这种强调停顿也应是有规律可循的，正如确定重音一样，你在确定停顿时要以文章内容及作者感情的实际情况为依据。

有时，我们为了强调、突出对象，必须停顿。如茅盾《白杨礼赞》中的文字：

> 然而刹那间，要是你猛抬眼看见了前面远远有一排——不，或者只是三五株，一株，傲然地耸立，像哨兵似的树木的话，那你的恹恹欲睡的情绪又将如何？我那时是惊奇地叫了一声的。
>
> 那就是白杨树，西北极普通的一种树，然而实在是不平凡的一种树。

第1段是描写“一种树”并表达自己的感受，至于是什么树，没有明说。第2段直接交代，因此，在“那就是”与“白杨树”之间，应有一个明显的停顿，同时重读“白杨树”。这样，礼赞的对象就突出了。由于停顿，作了强调，听者的印象也就更深刻了。

为了强调某种感情，当读到重点词语时，也应有所停顿。比如鲁迅先生《记念刘和珍君》中的文字：

> 我没有亲见；听说，她，刘和珍君，那时是欣然前往的。自然，请愿而已，稍有人心者，谁也不会料到有这样的罗网。但竟在执政府前中弹了，从背部入，斜穿心肺，已是致命的创伤，只是没有便死。同去的张静淑君想扶起她，中了四弹，其一是手枪，立仆；同去的杨德群君又想去扶起她，也被击，弹从左肩入，穿胸偏右出，也立仆。但她还能坐起来，一个兵在她头部及胸部猛击两棍，于是死掉了。
>
> 始终微笑的和蔼的刘和珍君确是死掉了，这

> 是真的，有她自己的尸骸为证；沉勇而友爱的杨德群君也死掉了，有她自己的尸骸为证；只有一样沉勇而友爱的张静淑君还在医院里呻吟。当三个女子从容地转辗于文明人所发明的枪弹的攒射中的时候，这是怎样的一个惊心动魄的伟大呵！中国军人的屠戮妇婴的伟绩，八国联军的惩创学生的武功，不幸全被这几缕血痕抹杀了。

不说别的，单读文中三个“死掉了”就要在停顿上有所注意。前面两个“死掉了”写刘和珍惨遭毒手。从“我没有亲见”到“猛击两棍”止，语速可稍快些。读到“于是”，有所停顿，并对“死掉了”轻声重读，一则表达作者无比哀痛的心情，一则也表达作者对刽子手的深切痛恨的感情。“死掉了”三个字，在停顿后轻声重读，便具有强烈的感染力。第二个“死掉了”的停顿稍短些，但也要读出来；第三个“死掉了”也作同样的处理。总之，要反复突出这三个字。

停顿与重读相并用，对一些重点词语的处理往往都是这样的。读一般的说明性文字，比如黄沐朋的《蛇岛》：

> 生存着蝮蛇的小小孤岛，世界上就此一处。① 这种经历千百万年而形成的生物学现象，具有重大的科学价值。② 蝮蛇③ 还是一种具有广泛药用价值的药物资源。明代医药学家李时珍在《本草纲目》中说，蝮蛇④ 能治“诸恶风、恶疮、瘰疬、皮肤顽癣、半身枯死、手足脏腑重疾”。现在，我国医学界研究用蝮蛇毒液治疗某些出血性疾病，效果很好；用蝮蛇粉、蝮蛇酒、蝮蛇蒸馏液治疗淋巴结核、肺结核、骨结核、风湿性关节炎、麻风等，也有一定的疗效。另外，蝮蛇的热测位器⑤ 还可以用于军事科学研究。可见，蛇岛

是我们祖国的一个宝岛。⑥

画线词语既要停顿，又要重读。①处在“世界上”后停顿，重读“就此一处”；②处在“重大的”后略作停顿，重读“科学价值”；③处在“蝮蛇”后略作停顿，重读“药物资源”；④处“蝮蛇”既重读又略作停顿；⑤处“热测位器”既重读又停顿；⑥处在“祖国的”后停顿，重读“宝岛”。这样读，有两个作用：一是强调了说明内容；二是由于有了语气间歇，长句子主要内容的表达显得更加清晰。

在朗读中，为了表达情感和说清内容的需要，有些句子甚至要有两次以上的停顿。比如朱自清《背影》中的一段文字：

> 近几年来，父亲和我都是东奔西走，家中光景是一日不如一日。①他少年出外谋生，独立支持，做了许多大事。那知老境却如此颓唐！他触目伤怀，自然情不能自已。情郁于中，自然要发之于外；家庭琐屑便往往触他之怒。他待我渐渐不同往日。但最近两年的不见，他终于忘却我的不好，只是惦记着我，惦记着我的儿子。我北来后，他写了一信给我，信中说道：“我身体平安，惟膀子疼痛厉害，举箸提笔，诸多不便，大约大去之期不远矣。”②我读到此处，在晶莹的泪光中，又看见那肥胖的、青布棉袍黑布马褂的背影。③唉！我不知何时再能与他相见！④

句①，读“父亲和我”与“都是”之后都应有略微停顿，然后重读“东奔西走”；读“家中光景”与“一日”后也要有略微停顿，然后重读“不如一日”。句②，读“大约”后略作停顿，读“大去之期”略作停顿后重读“不远矣”。句③，读“青布棉袍”后略停顿，读“黑布马褂的”有较大停顿，然后重读“背影”。句④，读“何时”

与“再能与他”均略作停顿，并重读“相见”。

3.
速度训练

在朗读中，我们必须控制好速度，或快或慢，或缓或急，都要处理得适当、妥帖。把握速度，是表情达意的需要；把握速度，由文章内容来决定。

怎样把握速度呢？请掌握以下要领。

一是感情奔放、言辞急切的作品或语段宜快读。比如高尔基《海燕》中的文字：

> 在苍茫的大海上，狂风卷集着乌云。在乌云和大海之间，海燕像黑色的闪电，在高傲地飞翔。
>
> 一会儿翅膀碰着波浪，一会儿箭一般地直冲向乌云，它叫喊着，——就在这鸟儿勇敢的叫喊声里，乌云听出了欢乐。
>
> 在这叫喊声里——充满着对暴风雨的渴望！在这叫喊声里，乌云听出了愤怒的力量、热情的火焰和胜利的信心。

这段文字，既描写了海燕灵巧而又强劲的迎风搏斗的矫健之姿，也表达了作者礼赞海燕、歌颂顽强斗争精神的思想感情，言辞急切，感情奔放，非快读不能表达这种斗争情境和作品的感情。

二是描写快速的动作或紧张场面的文字宜快读。例如《为了六十一个阶级弟兄》中的文字：

> ……为了挽救六十一位同志的生命，在这重要的时刻，就是冒天大的危险，他们也心甘情愿！
>
> 听到敲门的声音，船工从酣睡中醒来：“敲门

干什么?”

“请摆我们渡河!”

“黄河渡口,自古以来,夜不行船。等天亮吧!”

“不能等!为了救人,今夜非过河不可!”

听说是为了挽救六十一个祖国建设者,老艄公不顾自己正发喘,猛然从热乎乎的被窝里跳了起来,系上褡包,吆喝一声:“伙计们,走!”后面几个人紧紧跟上。来到岸边,二话不说,驾起船,直奔河心。凭着与黄河巨浪搏斗了几十年的经验,凭着一颗颗赤诚的心,终于打破了黄河不夜渡的老例,把取药人安全送到了对岸。

可是,三门峡市没有这种特效药!

这已经是二月三日的中午了。

张村公社医院又来了电话:“如果明晨以前拿不到‘二巯基丙醇’,十四名重患者中将会有人死亡!”

找药的电话不断地打回来了:

运城县没这种药!

临汾县没这种药!

附近各地没这种药!

县委第一书记斩钉截铁地说:“为了六十一位同志的生命,现在我们只好麻烦中央,向首都求援。……”

对于画线处的文字,只有通过快速朗读,才能把紧张的气氛和事情紧急程度表达出来。

三是景物描写特别是静态景物描写的文字,宜慢读,以便交代清楚景物的特征和细微的变化,给听者以清晰的印象。例如鲁迅先生《从百草园到三味书屋》中的文字:

> 不必说碧绿的菜畦，光滑的石井栏，高大的皂荚树，紫红的桑椹；也不必说鸣蝉在树叶里长吟，肥胖的黄蜂伏在菜花上，轻捷的叫天子（云雀）忽然从草间直窜向云霄里去了。单是周围的短短的泥墙根一带，就有无限趣味。油蛉在这里低唱，蟋蟀们在这里弹琴。翻开断砖来，有时会遇见蜈蚣；还有斑蝥，倘若用手指按住它的脊梁，便会拍的一声，从后窍喷出一阵烟雾。何首乌藤和木莲藤缠络着，木莲有莲房一般的果实，何首乌有拥肿的根。有人说，何首乌根是有像人形的，吃了便可以成仙，我于是常常拔它起来，牵连不断地拔起来，也曾因此弄坏了泥墙，却从来没有见过有一块根像人样。如果不怕刺，还可以摘到覆盆子，像小珊瑚珠攒成的小球，又酸又甜，色味都比桑椹要好得远。

相比较而言，画线处的文字宜慢读，以突出表现所描写事物的特点。

四是思想沉重、情调低沉的文字宜慢读。例如读朱自清《背影》中的文字：

> 我与父亲不相见已二年余了，我最不能忘记的是他的背影。
>
> 那年冬天，祖母死了，父亲的差使也交卸了，正是祸不单行的日子。我从北京到徐州打算跟着父亲奔丧回家。到徐州见着父亲，看见满院狼藉的东西，又想起祖母，不禁簌簌地流下眼泪。

语速要慢，语调也要低，同时也要注意重音，这样，真实哀婉的情感才可“读”出来。

要指出的是，快读与慢读是相对于一般中速朗读而言的。在朗读一篇作品时，有时要读得快一些，有时要读得慢一些，这样，才能产生快慢谐调、缓急有致的朗读效果。

4.
语调训练

语调是指声音的高低、强弱、粗细及快慢的变化，由朗读者自己操纵，但不能随意操纵，要以作品的内容和情感为依据。作品有什么样的思想感情，就应该读出什么样的语调。

操纵语调朗读，有以下几个要领。

一是文章内容体现喜悦、兴奋、活泼、肯定、坚决的心情和态度，语调就应该高昂、轻快、响亮。例如朱自清的《春》：

> 盼望着，盼望着，东风来了，春天的脚步近了。
>
> 一切都像刚睡醒的样子，欣欣然张开了眼。山朗润起来了，水涨起来了，太阳的脸红起来了。
>
> 小草偷偷地从土里钻出来，嫩嫩的，绿绿的。园子里，田野里，瞧去，一大片一大片满是的。坐着，躺着，打两个滚，踢几脚球，赛几趟跑，捉几回迷藏。风轻悄悄的，草软绵绵的。

这几段文字描写了春天万物复苏、一片明丽的胜景，表达了作者欣喜、轻快的心情，因此朗读时要用轻快、响亮的语调，就像置身于春景之中，让声音带出喜悦的情绪，给听者以感染，使人们产生对春天无比向往的情感。

二是朗读表达宁静、平淡、疑虑甚至抑郁忧伤的心情和态度的文字，语调自然要舒缓、低沉，使声音特点和作品情感特点一致。有的作品内含一种忧伤情绪，而文字则显得平淡，朗读时必须把内含的情感“读出来”，让人一听就能鲜明地感受到。比如读鲁迅先生《故乡》中的文字：

> 我这次是专为了别他而来的。我们多年聚族而居的老屋，已经公同卖给别姓了，交屋的期限，只在本年，所以必须赶在正月初一以前，永别了熟识的老屋，而且远离了熟识的故乡，搬家到我在谋食的异地去。
>
> 第二日清早晨我到了我家的门口了。瓦楞上许多枯草的断茎当风抖着，正在说明这老屋难免易主的原因。几房的本家大约已经搬走了，所以很寂静。我到了自家的房外，我的母亲早已迎着出来了，接着便飞出了八岁的侄儿宏儿。

上一段叙述“我”回故乡的目的和打算，下一段写老屋的破败与寂静，语言平实，深含复杂的情感。上一段点出一个“别”字，别老屋，别故乡，离别之情浸润着朴素的文字；下一段写枯草的断茎，写老屋寂静，给人以破旧、清冷之感。因此，朗读时，应用低沉、缓慢的语调，让声音带出离愁别绪。

三是朗读文学作品时，要区别作品人物语言和叙述人语言在语调上的不同。叙述人的语言，要读得低一些，平稳一些；读作品人物语言要体现人物的身份、地位，符合说话时的心境和意图。但要注意：不要模仿人物说话，因为朗读和表演式的朗诵是有明显区别的。例如鲁迅先生《故乡》中的文字：

> 母亲和宏儿下楼来了，他们大约也听到了声音。
>
> “老太太。信是早收到了。我实在喜欢的了不得，知道老爷回来……”闰土说。
>
> “阿，你怎的这样客气起来。你们先前不是哥弟称呼么？还是照旧：迅哥儿。”①母亲高兴的说。
>
> “阿呀，老太太真是……这成什么规矩。那时是孩子，不懂事……”闰土说着，又叫水生上来

> 打拱，那孩子却害羞，紧紧的只贴在他背后。
>
> “他就是水生？第五个？都是生人，怕生也难怪的；还是宏儿和他去走走。”② 母亲说。
>
> 宏儿听得这话，便来招水生，水生却松松爽爽同他一路出去了。母亲叫闰土坐，他迟疑了一回，终于就了坐，将长烟管靠在桌旁，递过纸包来，说：
>
> “冬天没有什么东西了。这一点干青豆倒是自家晒在那里的，请老爷……”
>
> 我问问他的景况。他只是摇头。
>
> “非常难。第六个孩子也会帮忙了，却总是吃不够……又不太平……什么地方都要钱，没有定规……收成又坏。种出东西来，挑去卖，总要捐几回钱，折了本；不去卖，又只能烂掉……”

这几段文字写了“母亲”和“闰土”这两个人物的对话，画线处是叙述人的话。①②两处是“母亲”的话，朗读时表现轻微的责怪（①处）和询问（②处）的口吻就可以了，不要去模仿“母亲”，表演“母亲”的语调；其他是闰土的话，朗读时表现闰土性格迂缓、吞吞吐吐的样子就可以了，读得缓一些，沉一些，也不必模仿闰土这一角色来“表演”。总之，朗读这些内容，语调基本上是自己声音的本色，体现朴素自然的特点，只要传达人物的内在的思想感情即可，不要直接模仿人物的声音。

四、要抓住文体特点朗读

先说记叙性作品的朗读。

记叙性作品或写人，或叙事，或写景，或状物，重在把事实展现出来，让读者感同身受。因此，朗读时要接近于生活口语，尽量像述说自己的亲身经历一样，读得亲切自然、有声有色。当然，记叙性作品门类很多，朗读也是有区别的。

散文，朗读要注意感情的起伏，不论是朗读情感奔放的散文，还是朗读情感内敛、语言质朴的散文，都要紧扣“情”字，把作品的感情特点读出来。

小说，朗读要注意人物性格、情绪、心理活动的发展变化及其个性特点。人应有人“自己的”语言，读时给人以“如见其人”“如闻其声”之感。当然，这并不像演戏要改变声音去扮演人物，同时，要注意叙述语言与人物语言的朗读区别。

寓言，朗读的语调要比其他叙述作品来得夸张和强烈一些，体现一点儿童口语特点，但也不必去扮演寓言中的角色。另外，有些寓言间有议论，阐发哲理，朗读时要语速适中，语调平稳，体现语重心长、郑重有力的特点。

再说说议论文的朗读。

总的来说，朗读议论文，就像作者在说理一样，要态度鲜明，而感情要稳健持重，语速适中，语调明快。读论点时，要用十分肯定的语气读，如“我们中国人是有骨气的”这一句，“我们中国人”可重读，表现出自豪、自信的感情；“是有骨气的”要突出强调，语气坚定有力，语调响亮、鲜明。读论据时，用说明的口气读，语速中等，以表达意思清楚为准。有些议论文的末尾内容有号召性特点，朗读时，语调要高昂，咬字要清晰，语气要有力，有一定鼓动性。

最后谈谈说明文的朗读。

说明文的特点是语言平实，以介绍、说明为主，没有较多的感情因素。因此，朗读时要把主要精力用在停顿上。因为说明文重在把事理说清楚，而注意停顿就是突出主要语言成分；又由于说明文中的长句多，修饰性、限制性词语多，因而只有注意停顿才能把中心词突现出来。

同学们，朗读能使我们领会课文的内容和意义，感受作品的气势和韵味，在接受感染的同时又得到教育。朗读可以使书面语言和口头语言沟通起来；朗读文章，能使我们在口头上逐渐习惯文章的用词用语，自然地吸收书面语言。同时，朗读可以检测我们对文章学习的程度。理解得怎样，朗读能够清楚地反映出来；感受得怎样，朗读也能充分地表露出来。因此，我希望同学们经常地朗读名家名作，用琅琅书声为我们的校园增添春色，用青春的激情来叩开一篇篇名作的情感大门！

一目十行与一目二十行
——训练阅读速度

十行（háng），指十行书，表示行数多；一目十行，形容看书速度很快。宋人刘克庄在《杂记六言五首》中写道："五更三点待漏，一目十行读书。"《红楼梦》中的林黛玉善于快读，她说："你说你会'过目成诵'，难道我就不能'一目十行'了！"一目十行与十行俱下的意思一样，《梁书·简文帝纪》中说："读书十行俱下。"古人读书，讲求速度，我们当代青少年读书更要讲求阅读速度了。

速度总是相对而言的，就像讲求阅读的深度一样，要因文而异、因人而异，不可强求一律。标准只有一个，即能以自己的阅读速度为起点并不断求得最大的进步就算优等了。

有的同学会问我："老师，人家都说读书不可贪多求快，以细嚼慢咽为好，你讲要追求速度，不妨碍理解吗？"

其实，慢读与快读是两种阅读方法。不以慢读废快读，也不以快读废慢读，两种读法各有各的用途，各有各的效果。前边讲默读，主要讲精细的默读，其实，默读中也含有快读这一种读法。为了讨论的方便，我就把快读提出来在这里专门讨论了。慢读的作用，你能理解；快读的作用又是什么呢？

第一，快读有助于我们扩大知识积累，开阔阅读视野，尽可能多地获取新的信息。对任何人来说，书总是读得越多越好，然而知识无涯，时间有限，"量"与"时"发生了矛盾，怎么办？善读的人无非是从两方面想办法，一是挤时间，二是充分地利用时间，提高阅读速度。前者是有限度的，再挤，一天也只有 24 小时；后者潜力很大，阅读速度很快，很可能一天能完成两三天的阅读量。另外一个实际问题是，随着时代的飞速发展，知识量也在急剧增多。作为当代青年，必须紧跟时代步伐，一方面要读通读透一些书，作为立身之本；另一方面也要广开视野，尽可能了解更多的信息，不断扩大知识面。既要提高学习的"质"，又要丰富知识的"量"，这对提高自身的文化素质无疑是非常重要的。再一点，就同一个读者说，阅读目的是多种多样的。有的作品，重在精读，求深求透，比如我们读教科书，这需要慢读，不能囫囵吞枣，一知半解；有的报刊，是传递新信息的媒介，而且这些信息，我们只要大致了解一下就可以了，没有必要钻进去寻根探源，因此，这需要快读，不求甚解，关系无妨。

第二，为了精读的需要。快读是以精读为基础的，不会精读，就不会快读。为了取得精读的最大效益，提高精读质量，往往需要快读来帮忙。比如你读鲁迅先生的小说《孔乙己》，越读越细，越读越深，越发觉得有不少问题需要进一步分析、证实、理解，为此苦思冥想是不行的，要去翻读很多的关于鲁迅先生作品研究的资料（甚至还要读一些与鲁迅先生作品无关的资料），而这些资料汗牛充栋、浩如烟海，你要在这资料山中寻找你最需要的资料，快读就发挥作用了。不停地翻检、搜寻，有的书几乎是几分钟就读完了，最后找到你最想得到的"那一部分"。此时的阅读愉悦，就是快读给你的。由于你善于快读，翻检的资料就多，这对你精读时作出结论，无疑是极为有益的。许多做学问的人说，做学问要穷根问底。这"穷根问底"包括两方面意思：一是对问题本身的研究要深入底里，钻深钻透；一是对涉及这一问题的其他论述与材料要广为搜集，求全面，求周详。两方面工作做得好，才算是达到了目的，否则，心中就无底了。

第三，有助于培养敏捷的思维力。快读时，只用眼、脑，不用口、耳、手；注意力要高度集中，不容有丝毫的其他念头；眼睛和头脑要作高速反应，眼所见，脑即思，眼脑同步运动，眼睛看到"什么"，对"什么"的思考结论便立即产生了。因此说，没有敏捷的思考力，要达到快速的目的是很困难的。敏捷性不是天生的，要靠多种途径来培养，快读，就是一种好办法。比如限定时间，要你读一段文字并归纳基本意思，作概括复述。此时，你的眼睛是紧盯着这段文字的，“大脑”不断地操纵你的眼睛在字里行间捕捉最为重要的语言信息（如重点词、重点句等）；捕捉到了重要信息，“大脑”还要立即进行加工、整理，用自己的语言来表述。在这个过程中，思维机器是紧张而又快速地运转着的。经常这样训练，思维的敏捷性就必然会不断提高。

综上所述，我们应该懂得：训练阅读速度，提高快读能力是很重要的一件事。

怎样科学地训练阅读速度，提高快读能力呢？这里，我们来讨论两个基本问题。

一、根据自身实际，正确安排阅读速度的训练过程

有的老师也在安排学生进行快速阅读训练，做法是，给你一篇千字文，要你在 3 分钟内读完全文，然后回答若干个问题。你回答问题的程度就是你快速阅读的能力水平了。这种训练算是快速阅读训练形式，但太笼统了，有不少弊端。一是这种训练“一刀切”，没有针对同学们快速阅读的差异性；大家都这样读，有的效果好些，有的效果差些，差一些的同学又不知道问题的症结在哪里。二是这种训练重在检测，只重视结果，忽略了过程以及快速阅读的具体环节，尤其是对于快速阅读能力较弱的同学来说，训练的实效不大。

要真正培养快速阅读能力，就要针对实际，把快速阅读过程分作三个阶段。

先看同学们的实际。一是很多同学在快速阅读时不能抓住关键的词句，仅仅是浮光掠影地浏览一遍，然后凭自己的初步印象，想当然地说出一个大概。二是很多同学在快速阅读时不能根据作品内容理出内容发展的线索，有的地方有些印象，有的地方就没有印象，因此，复述内容时往往“丢掉西瓜”，只抓住“芝麻”。三是很多同学在快

速阅读时不能根据文体特点进行有针对性的速读，比如读议论文时，注意到了材料，却不知道作者的基本观点是什么。诸如此类的问题，都是一些同学快速阅读的弱点。

针对这些弱点，以下三个阶段的训练是必要的：

第一，从字词认读到句意把握。一般的阅读，都是逐字逐词地认读的，这样读的好处是读得细致、读得具体，对于作品先来个“眉毛胡子一把抓”，然后再去分解，确定思考重点。而训练速读，首先就要改变这一习惯，不是逐字逐词认读，一一体味，而是选出几个重点词语，拣出来，通过理解，求得一句话的基本意思。这是初步速读形式。阅读鲁迅先生《论雷峰塔的倒掉》中的画线句子：

> 那时我惟一的希望，就在这雷峰塔的倒掉。①后来我长大了，到杭州，看见这破破烂烂的塔，心里就不舒服。后来我看看书，说杭州人又叫这塔作保叔塔，其实应该写作“保俶塔”，是钱王的儿子造的。那么，里面当然没有白蛇娘娘了，然而我心里仍然不舒服，仍然希望他倒掉。②
>
> 现在，他居然倒掉了，则普天之下的人民，其欣喜为何如？
>
> 这是有事实可证的。试到吴越的山间海滨，探听民意去。凡有田夫野老，蚕妇村氓，除了几个脑髓里有点贵恙的之外，可有谁不为白娘娘抱不平，不怪法海太多事的？③

读句①，视线扫描的时候，要抓住“希望”“倒掉”；读句②，主要抓住“仍然不舒服”“希望”“倒掉”；读句③，要作更多的省略，抓住“抱不平”“太多事”。这样，就能大致地说出三句话的基本意思了：①希望雷峰塔倒掉；②不舒服，仍希望倒掉；③大家都抱不平，怪法海多事。

这个例子启示我们：速读要从句意上来把握，做到一句一句地读。显然，这比逐字逐词认读，速度要快得多。同时也要注意，把握句意又离不开重点词语；忽视了重点词语，句意就理解得不周全了。

第二，由把握某一个句子的意思到把握一段话中若干重点句子的意思，达到把握一段话基本意思的目的。一个段落，一般是由若干个句子组成的。段落的篇幅越长，句子数量就越多。这些句子对于表达一个段落的基本意思都有作用，一般的阅读，对每句话都要有所理解。而速读就不同了，往往是选读一些重点句子，并迅速加以综合理解，来确定这一段话的基本内容。既然是“选读”，就必然有所“省略”；那么，该“选读”什么？又该“省略”什么呢？根据速读经验，可抓住这样的“选读”要领：一是抓首句。一段话的第一句往往是中心句，即使不是中心句，也有引出话题的作用。二是抓末一句。一般说来，末一句或是一段话推导出来的中心句，或是对一段话进行总结的带有强调意味的句子。三是抓段落中间的在内容上起层次推进作用的句子。快速阅读一段话并把握其基本意思，就按照这个前—中—后的顺序来“选读”。下边各举一例加以说明。

例 1，抓首句。请读吴伯箫《记一辆纺车》中的文字：

> 那是一辆普通的纺车。说它普通，一来是它的车架、轮子、锭子跟一般农村用的手摇纺车没有什么两样；二来是它是延安上千上万辆纺车中的一辆。那个时候在延安，无论是机关的干部，学校的教员和学员，部队的指挥员和战斗员，在工作、学习、练兵的间隙里，谁没有使用过纺车呢？纺车跟战斗用的枪、耕田用的犁、学习用的书和笔一样，成为大家亲密的伙伴。
>
> 在延安，纺车是作为战斗的武器使用的。那是在抗日战争最艰苦的年月，国民党反动派发动反共高潮，配合日寇重重封锁陕甘宁边区，想困

> 死我们。我们边区军民热烈响应毛主席的“自己动手，丰衣足食”的伟大号召，结果彻底粉碎了敌人困死我们的阴谋。在延安的人，在所有抗日根据地的人，不但吃得饱，穿得暖，而且坚持了抗战，取得了抗战的最后胜利。

以上两段的第一句都是该段的中心句。抓住了，后边的内容即使跳过去不读，也能说出段落的基本意思了。这时的速读，往往不需要较多的思考，因为作者已经很明确地把“答案”告诉给你了。你的注意力，主要用在理解这一句话的基本意思上。

例 2，抓末句。请读胡绳《想和做》中的文字：

> 在学校里，有些同学很“用功”，可是不会用思想。他们学习语文，就硬读课文。因为只读不想，同一个语言文字上的道理，在这一课里老师讲明白了，出现在别一课里，他们又不理解了。他们学习数学，就硬记公式。因为只记不想，用这个公式算出了一道题，碰到同类的第二道题就又不会算了。从旧经验里得到的道理，不能应用在新事物上，这就是不会用思想的原故。另外也有些同学，他们能想出些省力的有效的方法，拿来记住动植物的分类，弄清历史的年代。我们固然不赞成为了应付考试想出一些投机取巧的办法；但是我们承认，在学习各种功课和训练记忆力上，是可以有一些比较省力的有效的方法的。这些方法也得从学习的经验中取得。假如只是埋头苦读，不动脑筋想一想，那就得不到。除了学习功课以外，做种种课外活动，也要把想和做联结起来。例如开会，演说，办壁报，组织班会和学术团体，这些实际的行动，如果光凭一腔热情，埋头苦干，

> 不根据已有的成绩和经验，想想怎样才能把这些事情做得更好，更有效果，那么，结果常常会劳而无功。

上段末一句（见画线处）是总结文段基本意思的句子，理解它，就理解了作者在这一段主要说的是什么。有的同学会问：抓首句比较容易些，因为它比较显眼，只要它直接表达了一个肯定的意思，就很可能是中心句。而抓末一句则难多了，你总不能前边一句不读就读末一句吧？再说，即使只读末句，你又怎么能断定它表达了这一段的基本意思了呢？这个问题提得好，可从两方面来说明：其一，确定末一句是不是表达该段基本意思的句子，应该先通览全段，不过在浏览时要迅速作出判断。比如，你读上段首句，就可判断这句话只提出了问题，指出了一种现象，至于作者对此有什么看法，不明确。有了这个认识后，你就要迅速浏览中间的内容。由于你捕捉到了“他们学习语文”“学习数学”“另外也有些同学”等词句，你就可以迅速作出判断：作者在这里是举例子。因此，你不必再细读，就可以直接关注末尾的内容了。其二，读了开头，读了中间，有了认识，预测作者的基本思想与态度可能在末尾说明，这只是提示自己要留心末尾。至于末尾说了什么，此时还不清楚，因此，要采用前边说到的由理解重点词语来把握句子意思的方法，来选读末一句中的重点词语。比如上段，先抓“如果”（知道这是有所假设），再抓“那么”（知道后边要下结论），然后抓“劳而无功”一词，联系起来，你就可以断定作者在末一句是说只做不想“常常会劳而无功”这个意思。这是作者的看法，也是对全段的总结，因此，说它是全段的基本观点就不会错了。

例3，抓中间句。请读《中国现代文学作品选讲》（安徽师大内部资料）中的一段文字：

> 潘先生在上海车站的最初亮相，是全家四口“一条蛇”似的手牵着手，在人流如潮的车厢里和

> 站台上左冲右突。这“一条蛇”的镜头，贴切地表现出潘先生的自私和书卷气。潘先生回让里后，到红十字会弄了两面旗子、四枚徽章，“藏在贴身小衫的一个口袋里”，以为这样一来全家四口“加保了一重稳当可靠的险”。这个特写镜头，夸张而不离真实，典型地刻画出主人公“保全自己”的性格特征。潘先生处在战争频仍、朝不虑夕的社会环境下，没有勇气和黑暗环境抗争，政治上达到麻木不仁的地步。在上海英租界，小儿子害怕印度巡捕，潘先生竟然说他们是“背着枪保护我们”的；在让里，听说正安失守，他躲进洋人的红房子去避难；而当战云散开，他又用“功高岳牧”“威镇东南”和“德隆恩溥”这类词儿，替凯旋的军阀歌功颂德了。作者借助这一串串珍珠般的细节，从多方面刻画了潘先生的性格。

这是一篇评论人物形象的专题论文中的一段文字，评的是“潘先生”的思想性格特征。快读时，可把这一段分作三层，先读第一层（前七行），大致可知道，这是举例说明“潘先生”的行为的；再读末一层（后七行），也大致知道，作者仍然是写“潘先生”的行为表现的。作者评论的话在哪里呢？必须读中间一层（中部三行），你就会注意到“潘先生处在战争频仍、朝不虑夕的社会环境下，没有勇气和黑暗环境抗争，政治上达到麻木不仁的地步”这句话，头脑里立即作出反应：这是作者的看法，集中表达了作者的基本思想。再回想第一层（前七行）中有“自私”“书卷气”这些词语，那么你就可以明白：这一段文字的基本内容就是评论“潘先生”的思想性格特点了。

第三，由段的内容把握再进一步扩大认读面，达到把握全篇内容要点的目的。把握全篇内容的速读方法与把握一段内容的速读方法差不多，就不再举例了。有一点要说明，由于一篇文章往往要分写几方面内容，因此，速读时有必要注意过渡句或过渡段。过渡句或过渡段一则在结构上起承上启下的作用，一则在内容上也有提示说明的作用，予以注意，对我们把握全篇内容很有助益。请读黄沐朋《蛇岛》中的文字：

> 生物是进化的，现存的复杂、高等的生物，是从古代较简单、较低等的生物变化来的。蛇是爬行动物中最后产生的较高级的种类，毒蛇又是蛇类中后起的一支，是从无毒蛇发展来的，产生的时间大约距现在有一千二百多万年。
>
> 在生物进化过程中，蛇类经历了从无到有、从少到多的过程。蛇岛也经历过一个产生发展的过程。
>
> 据地质学的研究，蛇岛岩石的岩层组成和结构与附近的辽东半岛相一致，这说明蛇岛原是辽东半岛的一部分。距现在约一亿三千多万年至二三百万年间，先后有燕山、喜马拉雅山造山运动，使渤海地区下陷，形成渤海，而辽东半岛和山东半岛也从此被海水隔开。蛇岛是受它的影响，从大陆断离而成的。断离的时间约在距现在一千万年至三百万年之间。从地质变迁可以知道，毒蛇出现得比蛇岛要早一些，大概早了几百万年。可以设想，在蛇岛离开大陆前，辽东半岛一带，不但有无毒蛇，也有毒蛇。当蛇岛离开大陆时，这些无毒蛇和毒蛇可能都被留到岛上。这地方一离开大陆，一个新的环境出现了。在这最初不到一里见方的小天地里，没有常年的积水，因而也没有鱼和蛙。鱼和蛙是蛇通常的食物。面对着没有食物的现实，被困在孤岛上的蛇，要么改吃别的食物，要么等着饿死。

画线段落是一个过渡段。在这一段中，后一句话又是下边内容的要点。一般来说，过渡段，作者总是特意安排的，常常有意把前后内容在这里点示一下，速读时有所注意，就可以知道全篇内容展开的趋向与线索了。

以上说了各阶段的速读要领。要指出的是，这些操作要领不是截然分开使用的。读一段话，明确基本意思，往往既要抓首句，也要抓中间句或末句；既要弄清句意，也要弄清一些关键性词语的意思；既要选读一些重点句子，也不能忽略其他一些句子。只不过是为了速读的需要，各有侧重罢了。这样的速读训练具有跳跃性（从第一段跳到第三、第四段）、选择性（抓重点词句）和预测性（由已知内容判断下边内容）特点，在时间上，没有精读花时间多；在效果上，以理解基本意思、捕捉主要信息为主。有目的地分阶段训练，旨在形成一般的速读习惯，掌握基本的速读程序。

二、为了达到不同的速读目的，要运用不同的速读方法

1. 为了达到基本了解作品内容的目的，可采用循环浏览的方法。所谓“浏览”，就是从上到下、从前到后进行大致的扫读。如果一次扫读还不能达到目的，可再进行一两次。就时间来说，扫读次数越少越好，但目的在于掌握内容，因此不要过于刻板地限制时间。

循环浏览的视线运动走势，大致如右图所示：方框表示一页书，实线表示第一次浏览走势，虚线表示循环浏览走势。例如唐弢《同志的信任》中的文字：

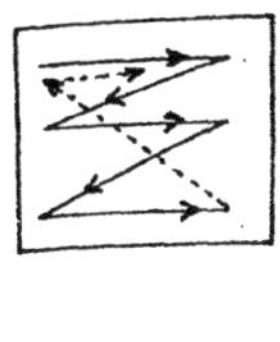

这是方志敏同志生前从狱中用米汤写给鲁迅先生的一封信。

方志敏同志在信里说，他已经抱定牺牲的决心，没有任何牵挂和留恋。只有一点，他希望鲁

迅先生能把送上的三张空白毛边纸和一束文稿，设法转给中国共产党中央委员会。他虽然不认识鲁迅先生，也从来没有通过信，可是确信鲁迅先生一定能够满足一个共产党人临死之前的这个庄严的要求。

一股悲愤的感情涌上鲁迅先生的心头，他目不转睛地看完这封信，苍白的脸色越来越严肃了。他从报上知道，这个写信的人几个月之前，已经在南昌英勇就义，现在却接到了他的亲笔信。事情是千真万确的，这封信就在眼前。鲁迅先生又从头读了一遍。盆里的水逐渐浸渍字迹，字慢慢地模糊起来，模糊起来，终于什么也没有了。

鲁迅先生团起浸湿的纸，揉烂了，把它放进炉子里。他擦干两手，将另外三张空白毛边纸收起，小心地翻阅着墨笔写成的文稿：一篇《清贫》，一篇《可爱的中国》。

展现在眼前的是通篇的文字，为了快速浏览，可从第一句读起，然后转跳到“他虽然不认识鲁迅先生”这一句上，再读“……临死之前的这个庄严的要求”，“一股悲愤的感情涌上鲁迅先生的心头”，继之又转读“鲁迅先生又从头读了一遍……终于什么也没有了”，“鲁迅先生团起浸湿的纸……”，最后落脚在“文稿：一篇《清贫》，一篇《可爱的中国》”这末一句上。把所读到的信息归拢起来，就可得到这样的初步认识：这是方志敏给鲁迅先生的信。他虽然不认识鲁迅先生，但提出了庄严的要求。鲁迅先生心头涌起悲愤的感情，又读了一遍，团起浸湿的纸，知道有两篇文稿——《清贫》和《可爱的中国》。这就是上段文字的大意。如果想了解得更具体些，可再用这种读法浏览一遍。不过，请注意，运用此法快读，不是让视线在文面上扫一遍了事，而是要注意捕捉重点词句。

2. 为了完成预先提出的任务，提取部分所需要的内容，可采用间隔选读的方法。有的作品以前细读过，此次再读是为了选取部分想要的材料，因此不必从头读起，而是根据要选取的材料所具有的特征，在文中选读。选读时必然要跳过一些内容，前边找到一些，再到后边找一些，至于中间内容可忽略不读。比如《一面》一文早先读过，此次快读是为了选用肖像描写的文字，你就可以这样读：

> 我一翻那定价：一元八角！
>
> “先生，我买不起，我的钱不够……”我的话低得连自己都听不见了，我不知道怎样才好。
>
> 我低了头，头脑里轰隆轰隆的。我不敢看他的脸。我只听见一个声音在问我：
>
> “一块钱你有没有？一块钱！”
>
> “有！”我抬起头，顿时恢复了勇气。
>
> “我卖给你，两本，一块钱。”
>
> 什么？我很惊异地望着他：黄里带白的脸，瘦得教人担心；头上直竖着寸把长的头发；牙黄羽纱的长衫；隶体“一”字似的胡须；左手里捏着一枝黄色烟嘴，安烟的一头已经熏黑了。这时，我忽然记起哪本杂志上的一段访问记——
>
> “哦！您，您就是——”
>
> 我结结巴巴的，欢喜得快要跳起来了。一定是他！不会错，一定是他！那个名字在我的心里乱蹦，我向四周望了一望，可没有蹦出来。
>
> 他微笑，默认地点了点头，好像我心里想着要说的，他已经统统知道了一样。

开头语句是分行写的，是对话，可全部跳过去，扫一眼就可以了；后边内容也作这样处理。剩下的中间一段，可一行一行地扫读，了解表现肖像特点的词语。如果是为了分析研究，不妨做上标记，以备细读。读一篇文章如此，读一本书也是这样。比如一部长篇小说，此次重读是为选取人物对话作例子，那么你就可以一页一页地翻读，大段的叙述文字一概跳过去。碰到分行写的对话文字，就放慢速度，仔细阅读。

3. 为了检验和锻炼识记能力，可采用限时复述的读法。比如读一段近 500 字的文字，限定在 2 分钟内读完，并回答下列问题：

① 观点是什么？

② 举了哪些人作例子？

请看陈群《理想的阶梯》中的文段：

> 艰苦的环境更能激发有理想的人奋发向上。高尔基从小饱尝人间的辛酸，旧社会血泪的鞭笞铸成了他伟大的心灵。他坚持在敌人的明枪暗箭下写作，在饥饿与死亡的威胁中战斗，为了共产主义事业，不在任何艰难困苦中屈服、畏缩，永远像海燕一样在雷鸣电闪中展翅翱翔。相比之下，我们的困难又算什么呢？有的青年埋怨自己的岗位平凡。这也可能是事实。但革命事业需要三百六十行，绝大多数人都要在平凡岗位上工作。无志之人，将使生命比岗位更平凡；有志之人，将在平凡岗位上成功。华罗庚年轻时在一个中学干杂活，夜间在如豆的昏黄油灯下演算，打下牢固的根基，后来才成为著名的数学家。开普勒长期操劳杂役，业余苦钻，发现了行星运动三大定律。道尔顿是中学教员，爱因斯坦是小职员，那些发明纺织机、蒸汽机、飞机、火车的，他们的职业、岗位不也都很平凡吗？可见问题不在于岗位，而在于有没有真正的崇高理想和为这理想而奋斗不息的顽强精神。一个有理想有抱负的青年，决不应让困难攫住自己的心灵，而要在奋斗中舒展自己的双臂。当为崇高理想而奋斗一生的双臂收拢

时，抱住的必将是令人欣慰的硕果。

不知你速读的效果如何？相信你会采取这样的办法来读的：① 记住第一句话，记住中间“有志之人，将在平凡岗位上成功”这句话和末尾“当为崇高理想而奋斗一生的双臂收拢时，抱住的必将是令人欣慰的硕果”一句话。由此可复述作者的基本观点；② 其余文字快速扫过，记住几个人名就可以了。如果要求你复述的内容更具体一些，比如：文段有几个分论点？各自举了哪些实例？重点写的是谁？外国几人，中国几人？他们都作出了哪些贡献？那么，你的读法就要改变了，可分层浏览，找出分论点，然后记住相应的实例。当然，所用的时间要多一些。

最后，我要对同学们说的是，一目十行甚至一目二十行的阅读，难度是较大的。在中学阶段，还是以精读、细读为主，可适当进行快速阅读训练。所谓快速是相对而言的，不一定非要精确到每分钟读多少字。另外，快速阅读能力的形成有一个较长的过程，受多种因素（如理解力、知识面等）的制约，专门讲求速度，欲速则不达。

通观全文，整体把握
——从整体感知入门

阅读文章，都得依照“整体—局部—整体”这个路子进行。第一个“整体”，即整体感知，也就是要通观全文，了解全文概貌，整体把握文章的内容、感情、脉络、特色等。“局部”，是对文章进行分类研究，分项钻研，或重在语言的体味，或重在结构的分析，或重在题旨的理解，或重在风格的确认，总之是根据自己的阅读兴趣和理解上的疑难点进行专项思考。最后一个“整体”，虽然也是指全篇，但在理解程度上是大不相同的。由于经过了局部分析这一环节，你对文章的理解显然要高于第一阶段的初步感知。有时候是认识上的提高（初步感知较肤浅，第二次整体理解更为深入）；有时候是认识上的拓展（初步感知往往只注意本篇，通过局部钻研，可能会产生联想，提出新的问题）；有时候是认识上的纠偏（初步感知可能有片面性甚至有错误，由于深入理解，对问题便会看得更准、更明、更透，使原来认识上的错觉与误解得到及时纠正）。由此可见，最后一个“整体”理解非常重要，它直接关系到你对作品的理解程度。

“整体—局部—整体”这三者是相互作用的。没有初步的整体感知，很难发现局部问题；不对局部问题进行深入研究，第三步的整体理解又难以达到目的。这个程序是人们认识、理解文章的基本程序，依此阅读就像步步登山、层层上楼，理解越来越深化，所见的风景自然也就越来越瑰奇了。

单就阅读的第一阶段——整体感知来说，其意义也不可轻视。

其一，初步整体感知是由阅读需要决定的。读文章无非是满足需要，或认识其思想，或借鉴其表达艺术，或吸收其语言营养，或与其作感情交流，以作品为知音朋友，或积累其中出现的新的知识……而一篇文章拿到手，还不知道它在哪些方面能满足自己的需要，因此要初步认读，整体感知，而后才能发现你最感兴趣、最需要的那一部分。在进行局部研究前，你心中有目标，脚下有路子，研究时就不至于盲目了。

其二，初步整体感知是由文章特点决定的。文章是以语言材料来表达思想感情的。表达思想感情又有一定的组织程序，即按照一定的思路，采取一些手段把多项内容有机地融为一体。内容既然是丰富多彩的，因此你读一处内容还不能把握通篇集中表达的主旨。为了表达内容，作者又往往采用多种表达方式，此处是描写，彼处也许是议论。因此，只关注某一处的表达还不能给全篇的表达风格下结论。凡此种种，都决定你必须通读全文，完整感知，否则就会产生只知其一不知其二、只见树木不见森林的认识上的片面性。有的作品结构奇巧，读了大半，也不明确是何用意、有何意趣，只有读到末尾，才有豁然开朗之感。

其三，初步感知通篇内容是由提高理解能力的需要决定的。人们认识事物，理解问题总是一步步发展、一次次提高；从浅入深，由易到难，从低级走向高级，由表象到本质，是理解能力逐步提高的过程。而在逐步提高的过程中，总得依据一定的基础，总得有一个前进的起点，否则，所谓的理解就会落空。万丈高楼平地起，理解也同样需要条件。条件固然很多，而感知全文则是不可缺少的认知前提。对文章有了一个基本理解，深入研究就知道从哪里开掘了。我们说从整体感知入门，道理就在这里。入口处没有找到，又怎么能谈得上登堂入室呢？

明确了整体感知的意义，下面继续讨论两个问题。

一、整体感知什么

文章拿到手，泛泛读一读，算不算整体感知？不算。因为这只是做出来的整体感知的样子，并未体现整体感知的本质特点。这里要说说感知。“感知”是一个心理学名词。我们且不往心理学上说，只说它的基本特点：一是对语言这一物质形式的认读；二是对语义进行思考，并加以适当的记忆和联想、想象。简单地说，在认读过程中要进行记忆和思考，形成大致的感受，明确基本内容。比如鲁迅先生《故乡》中的两段话：

> 我冒了严寒，回到相隔二千余里，别了二十余年的故乡去。
>
> 时候既然是深冬；渐近故乡时，天气又阴晦了，冷风吹进船舱中，呜呜的响，从篷隙向外一望，苍黄的天底下，远近横着几个萧索的荒村，没有一些活气。……

如果是粗略一读，你至多知道这是写景。其实真正的感知更应深入一层。“既然”“阴晦”“萧索”“活气”这几个词是什么意思？了解了，这是词义上的感知。这段景物描写表现了故乡什么特点？了解了，这是内容上的感知。作者写这段话，表达了什么情感？了解了，这是情感上的感知。另外，你还应该通过思考，知道鲁迅先生仅用几笔就画出了一幅被帝国主义侵略和军阀混战蹂躏得残败不堪的农村景象，并在头脑中通过想象而塑造起当时农村的表象。达到这一步，你的感知就比较具体、准确、鲜明、深入了。真正的感知就应该达到这个要求。

那么，就一篇文章来说，我们究竟要感知什么呢？

1.
通读全文，了解基本内容

例如下面一篇短文：

丑石

贾平凹

我常常遗憾我家门前的那块丑石呢：它黑黝黝地卧在那里，牛似的模样；谁也不知道是什么时候留在这里的，谁也不去理会它。只是麦收时节，门前摊了麦子，奶奶总是要说：这块丑石，多碍地面哟，多时把它搬走吧。

于是，伯父家盖房，想以它垒山墙，但苦于它极不规则，没棱角儿，也没平面儿，用錾破开吧，又懒得花那么大气力，因为河滩并不甚远，随便去掮一块回来，哪一块也比它强。房盖起来，压铺台阶，伯父也没有看上它。有一年，来了一个石匠，为我家洗一台石磨，奶奶又说：用这块丑石吧，省得从远处搬运。石匠看了看，摇着头，嫌它石质太细，也不采用。

它不像汉白玉那样的细腻，可以凿下刻字雕花，也不像大青石那样的光滑，可以供来浣纱捶布。它静静地卧在那里，院边的槐荫没有庇覆它，花儿也不再在它身边生长。荒草便繁衍出来，枝蔓上下，慢慢地，它竟锈上了绿苔、黑斑。我们这些做孩子的，也讨厌起它来，曾合伙要搬走它，但力气又不足；虽时时咒骂它，嫌弃它，也无可奈何，只好任它留在那里去了。

稍稍能安慰我们的，是在那石上有一个不大不小的坑凹儿，雨天就盛满了水。常常雨过三天了，地上已经干燥，那石凹里水儿还有，鸡儿便去那里喝饮。每每到了十五的夜晚，我们盼那满月出来，就爬到它上面，翘望天边；奶奶总是要骂的，害怕我们摔下来。果然那一次就摔了下来，磕破了我的膝盖呢。

人都骂它是丑石，它真是丑得不能再丑的丑石了。

终有一日，村子里来了一个天文学家。他在我家门前路过，突然发现了这块石头，眼光立即就拉直了。他再没有走去，就住了下来；以后又来了好些人，说这是一块陨石，从天上落下来已经有二三百年了，是一件了不起的东西。不久便来了车，小心翼翼地将它运走了。

这使我们都很惊奇！这又怪又丑的石头，原来是天上的呢！它补过天，在天上发过热，闪过光，我们的先祖或许仰望过它，它给了他们光明、向往、憧憬；而它落下来了，在污土里，荒草里，一躺就是几百年了！

奶奶说："真看不出！它那么不一般，却怎么连墙也垒不成，台阶也垒不成呢？"

……

"是的，丑到极处，便是美到极处。正因为它不是一般的顽石，当然不能去做墙，做台阶，不能去雕刻，捶布。它不是做这些小玩意儿的，所以常常就遭到一般世俗的讥讽。"

奶奶脸红了，我也脸红了。

我感到自己的无知，也感到了丑石的伟大；我甚至怨恨它这么多年竟会默默地忍受着这一切？而我又立即深深地感到它那种不屈于误解、寂寞的生存的伟大。

这篇散文深含哲理，要多读几遍，然后思考这样几个问题：①文章开头即表明了作者对丑石的原有态度与看法，试用作者的话说出来。② 其他人对丑石的态度与看法是什么？是怎样对待丑石的？列出要点。③ 写“奶奶”与天文学家的对话，有何用意？④ 文末的议论表明作者的思想发生了怎样的变化？

对第一个问题，可用原文“我常常遗憾我家门前的那块丑石呢”来回答。“遗憾”一词表明了作者的态度与看法，不是为丑石得不到别人理解而遗憾，而是觉得自家门口有这么一块丑石挡着，既不好看，又没有用处，有讨厌之意。回答第二个问题要全面：①“奶奶”的态度与看法先是认为“多碍地面”，搬走了事，后是觉得可作砌房之用；② 石匠则“嫌它石质太细”，也不采用；③ 孩子们也讨厌起它来，“时时咒骂它，嫌弃它”；④ 天文学家以之为奇，认为“是一件了不起的东西”。大多数人的态度是一致的，只有天文学家与众不同。回答第三个问题，要抓住两人言论的区别：“奶奶”是从实用角度来说的；天文学家则是从非实用的特殊功用上来说的。作者意在通过对话揭示人们对丑石的认识有天壤之别，为议论铺底子。回答第四个问题，要抓住“伟大”一词思考。“伟大”在什么地方？作者用“默默地忍受”“不屈于误解”和“寂寞的生存”来概括。这是赞语。联系到开头所说的态度，我们可看出作者的思想感情发生了由“厌”到“赞”的变化；在赞扬之时还表达了自我谴责的感情。

回答了上述问题，你就可以概括文章的基本内容了：描写了丑石之“丑”，叙述了人们对丑石的多种态度，最后揭示了思想感情的变化。

这是对短小文章内容的感知。如果是读长文章，还要划分其部分与层次，先归纳段落大意，再在此基础上概括全文的基本内容。这样，对内容的把握就不会遗漏。限于篇幅，这里就不举例了。

2.
通读全文，感知词句，扫清障碍

例如鲁迅先生的《这个与那个》中的文字：

近来对于青年的创作，忽然降下一个“流产”的恶谥，哄然应和的就有一大群。我现在相信，发明这话的是没有什么恶意的，不过偶尔说一说；应和的也是情有可原的，因为世事本来大概就这样。

我独不解中国人何以于旧状况那么心平气和，于较新的机运就这么疾首蹙额；于已成之局那么委曲求全，于初兴之事就这么求全责备？

智识高超而眼光远大的先生们开导我们：生下来的倘不是圣贤，豪杰，天才，就不要生；写出来的倘不是不朽之作，就不要写；改革的事倘不是一下子就变成极乐世界，或者，至少能给我（!）有更多的好处，就万万不要动！……

那么，他是保守派么？据说：并不然的。他正是革命家。惟独他有公平，正当，稳健，圆满，平和，毫无流弊的改革法；现下正在研究室里研究着哩，——只是还没有研究好。

什么时候研究好呢？答曰：没有准儿。

孩子初学步的第一步，在成人看来，的确是幼稚，危险，不成样子，或者简直是可笑的。但无论怎样的愚妇人，却总以恳切的希望的心，看他跨出这第一步去，决不会因为他的走法幼稚，怕要阻碍阔人的路线而“逼死”他；也决不至于将他禁在床上，使他躺着研究到能够飞跑时再下地。因为她知道：假如这么办，即使长到一百岁也还是不会走路的。

古来就这样，所谓读书人，对于后起者却反而专用彰明较著的或改头换面的禁锢。近来自然客气些，有谁出来，大抵会遇见学士文人们挡驾：且住，请坐。接着是谈道理了：调查，研究，推敲，修养，……结果是老死在原地方。否则，便

> 得到“捣乱”的称号。我也曾有如现在的青年一样，向已死和未死的导师们问过应走的路。他们都说：不可向东，或西，或南，或北。但不说应该向东，或西，或南，或北。我终于发见他们心底里的蕴蓄了：不过是一个“不走”而已。
>
> 坐着而等待平安，等待前进，倘能，那自然是很好的，但可虑的是老死而所等待的却终于不至；不生育，不流产而等待一个英伟的宁馨儿，那自然也很可喜的，但可虑的是终于什么也没有。
>
> 倘以为与其所得的不是出类拔萃的婴儿，不如断种，那就无话可说。但如果我们永远要听见人类的足音，则我以为流产究竟比不生产还有望，因为这已经明明白白地证明着能够生产的了。

在词语方面，像“恶谥”“委曲求全”“求全责备”“流弊”“彰明较著”“禁锢”“蕴蓄”“宁馨儿”“出类拔萃”“足音”等词语要一一做上标记，查词典解释其意义。这是一篇杂文，幽默讽刺性强，有不少句子的意思要准确理解。如“近来对于青年的创作，忽然降下一个‘流产’的恶谥，哄然应和的就有一大群”。用“降下”，不用“传出”，说明“恶谥”来得突然，且无根无据；“哄然……一大群”写很多人跟着传播“恶谥”，形象地画出了这伙人跟着起哄，像一堆苍蝇哄然飞起，嗡嗡乱叫的丑态。又如“现下正在研究室里研究着哩，——只是还没有研究好”。这是反语，并非指“他们”真的在研究室研究，而是讽刺这种人无端指责，找不出理由。再如“近来自然客气些，有谁出来，大抵会遇见学士文人们挡驾：且住，请坐。”这也是反说，并非说“他们”真的“客气”，有谦和商量的样子，而是揭露这种人比古时的“所谓读书人”更为狡猾，巧于改头换面而行禁锢之实的虚伪嘴脸。文中还有些话深刻剖析了禁锢者的险恶用心，如“他们都说：不可向东，或西，或南，或北。但不说应该向东，或西，或南，或北。我终于发见他们心底里的蕴蓄了：不过是一个‘不走’而已”。“不可”与“不说”都表明了“他们”的禁锢态度，而禁锢的用心就在于扼杀青年，不让他们走路，有所探索。还有些议论句富有深刻的思想含义，不能单从字面上理解。比如“但如果我们永远要听见人类的足音，则我以为流产究竟比不生产还有望，因为这已经明明白白地证明着能够生产的了”。句中的“流产”与“生产”不能实解其意，而应该理解为“不成熟的探索”和“成功的创造”。整个句子的含义是：如果我们要推动人类历史前进，就应该进行大胆的探索，即使初步探索还不够成熟，也比故步自封要好得多，因为这种探索能充分地证明，探索毕竟是朝着成功的创造走去，创造的条件已经具备。这句话表明了作者的思想观点，即鼓励探索，提倡创造，反对禁锢。

感知词句，扫清障碍，是理解作品基本意思的前提，一般要做好这样几件常规工作：一是准备有关工具书，以便随时查阅；二是给一些疑难句子做上标记，专门进行分析，求得准确的理解；三是理解词句含义时，要结合文章语境来看，以便准确把握这些词句在该文中的特殊意义。

3.
通读全文，感知写作意图，把握文章主旨

基本内容了解了，词句关也过了，接下来就要归纳文章的中心或主题了，既明白作者写作该文的意图，也能正确找到文章的主旨所在。达到这一点，才算是理解了作品。例如下面的短文：

大山与小溪的对话

——“生与死”的遐想

从维熙

巍峨是大山的肖像，威严是大山的华装。大

山常以巍峨和威严，显示它至高无上的存在和生命的永恒。

跳跃是山溪的形影，嬉闹喧哗是溪水的性格。她唱着歌儿从大山脚下流淌而过，对大山有点玩世不恭。

大山说：“你不能安静点吗？”

小溪说：“那我的生命就结束了。”

大山不以为然：“你姐姐也是水，她庄淑贤雅，像个大家闺秀，你怎么总是疯疯癫癫地乱蹦乱跳？”

小溪回答：“她是被你锁在山环里一泓漂亮的死水，永远流不出山峦的闺帏。我不喜欢作姐姐的叠影。”

“湖里有片片白帆，”大山说，“还有游人的彩艇。”

“可是姐姐快乐吗？”溪水询问大山说，“我怎么总听不见她的歌声？”

“她日子比你过得安闲多了。”大山以洪亮的声音回答，“多少游人恋栈忘返，多少照相机为她倩影拍照。”

溪水在乱石中跳蹦着，咯咯地对着大山笑了：“她自由吗？她能像我这么无拘无束地撒欢吗？她知道山外世界的色彩吗？她——”

大山怏怏不快地打断了小小溪流的话：“你要的是哪家的自由？你疯疯癫癫地要流淌到哪儿去？你诞生在大山脚下，就该有山的遗传基因，我站在这儿一动不动，与天上的日月星辰为伍，已然有几千年了。我看见只有咱们这座大山的后代，最安分守己，最克己让人；最文明古老，最恪守山规。”

小溪依然笑着，一束束浪语向大山提出质询：“您是挺高的，高得可以和天穹媲美。可是您看见月亮上有飞船着陆过吗？您看见过您头顶上的‘太空行人’吗？”

大山仿佛得了聋耳症的人瑞，反问脚下的小溪说：“你说什么——你说什么——月亮上只有捣药的兔儿爷和嫦娥，什么时候有过‘飞船’落脚？几千年来，除了太阳、月亮、星星和云彩出现在我的头冠之上，再没有别的东西比我高了，哪儿有过什么‘太空行人’？”

“您确实是太老了，”小溪歌声里出现了几分忧伤，“只知采昔日天地日月之精华，不知汲吮今日宇宙天穹之甘露，这样下去，您的灵魂会枯萎的，直到没了大山的魂魄！”

大山愤怒了，向小溪狂吼道：“站住——你给我停下奔跑的脚步。”

小溪被大山的施威吓哭了。每束跃起的浪花，都是她晶莹的泪雨。是的，她生于斯长于斯，山表里不断奔涌而出的泉水，是生养她的母体；沟壑中挡路的嶙峋怪石，又赋予她一往无前的勇气。但是，像远祖大山那么僵直、一动不动地站立，与其说它活着，还不如说它已然死去。因而，她泪花飞溅地向大山告别说：“不，我没有姐姐的安分，我向往山外的江，山外的河——我要和流淌着的大江、大河并网挽臂，在流动中燃烧自己，发热、发电、发光！”

大山急了，向小溪发出最后告诫：“你知道吗，大江大河最后的归宿是大海，那你就完全没了大山家族‘山不可移’的本性了！”

“只有流动的东西，生命才能永恒。”小溪的泪雨，化作摇撼山岳的涛声，“再见吧——我的远祖——”

这是一篇寓言体散文，运用拟人手法写“大山”与“小溪”的对话。正确理解文章的主题，要费一些周折。文章用对比手法在开头点出了“大山”与“小溪”的不同形象特点：“大山”巍峨威严，“小溪”嬉闹喧哗。继之写对话，分三层：第一层写“大山”要求“小溪”向“姐姐”学习，安分，安闲；而“小溪”否定了“姐姐”的生活，追求自由。这是点出“小溪”的品性。第二层写“大山”遭到“小溪”的质问和嘲弄，揭示了“大山”的本质弱点。第三层写“大山”向“小溪”施威，“小溪”虽然伤心，但还是坚定信念，执着追求，向往更新更美的生活。最后交代结果：“小溪”摆脱了“大山”的束缚，告别“大山”，向新生活、新世界奔去。到这里，你似乎可以归纳作品的主题了：通过“大山”与“小溪”的对话描写，赞扬了“小溪”的追求自由、向往美好生活、锐意进取的精神品质，教育读者要向“小溪”学习。这样看待主题，似乎比较贴近作品内容，但还没有抓住作品本质，还有进一步挖掘的必要。为此，要重读标题，揣摩作者的写作意图。文章正题是“大山与小溪的对话”，副题是“‘生与死’的遐想”。这个副题耐人咀嚼。首先要考虑，作者为什么要加这个副题？我们知道，安排副题主要是为了补充正题内容。作者安排的正题概括了文章字面上的内容——对话，至于作者写这段对话的目的则是由副题来揭示的，即由此来表达对“生与死”这一重大问题的思考。继之，我们还要考虑，作者没有直接讨论什么是“生”，什么是“死”，那么“生”和“死”的表现又是怎样的呢？这就要从文章中找答案。在作者看来，像“大山”那样安于现状，安分守己，恪守旧规，固执己见，拒绝新事物，缺乏更新精神，便面临着死亡的危险；而像“小溪”那样，追求自由，向往美好未来，敢于进取，不断地“流动”着，“生命才能永恒”。原来作者是在借“大山”与“小溪”的对话来揭示“生命”怎样“才能永恒”的真谛。不错，作者是在赞扬“小溪”的精神，但更重要的是在阐释一种哲理：一个人，一个民族，一个国家，只有像“小溪”一样“流动”着，才会焕发蓬勃生机。应该说，理解到这一步，才算真正把握了作品的主旨。

这个例子告诉我们，感知作品主旨，一要实，即结合作品具体内容看，不能架空分析；二要深，即挖掘作品的底层含义，不能滞留于文字表面；另外，还有必要根据作者的写作意图来揣摩。有时候，还要体味作品的言外之意，比如读寓言式作品，就要产生联想。

二、整体感知的步骤和方法

对一篇文章的字词句、基本内容以及主旨的感知是读文活动过程中第一阶段要做的工作。这些工作做好了，下一步研究重点问题就有了认知基础与理解条件了。字词句、基本内容、主旨的感知是贯串于阅读全过程的，有具体的步骤和方法。一般说来有以下两点。

1. 一段一小结——写段意

读文章，总是一段一段地往下读，读一段，总得知道这一段写了什么。读完了，各段的大意摸清了，全篇的内容也就明白了。因此，在整体感知过程中，要眼、脑、手并用，眼睛“读”一段文字，脑子想“写了什么”，同时也用笔及时记下所想的结果。也可能记下的“结果”还不深透，甚至还有错误，这没有关系，可留待下一步处理，或补充，或修正。记下初步感知所得，比泛泛而读，不留下点滴感知记录要好得多。这样做，一则是自己引导自己阅读，使感知更切实一些；二则也是为下一步局部研究作准备，懂了哪些，不懂哪些，懂到什么程度，心中有数，下一步研究就不至于无的放矢了；三则也可以与后期的研究结果形成比照。初读时，是这样理解的，再读、三读时，理解有了变化，前后一比较，就可以看清自己的进步有多大。

记录感知结果，包括很多内容，最主要的还是写段落大意。请阅读下面的短文：

火光

［俄］柯罗连科

很久以前，在一个漆黑的秋天的夜晚，我泛舟在西伯利亚一条阴森森的河上。船到一个转弯处，只见前面黑魆魆的山峰下面，一星火光蓦地一闪。①

火光又明又亮，好像就在眼前……②

“好啦，谢天谢地！”我高兴地说，“马上就到过夜的地方啦！”③

船夫扭头朝身后的火光望了一眼，又不以为然地划起桨来。④

“远着呢！”⑤

我不相信他的话，因为火光冲破朦胧的夜色，明明在那儿闪烁。不过船夫是对的：事实上，火光的确还远着呢。⑥

这些黑夜的火光的特点是：驱散黑暗，闪闪发亮，近在眼前，令人神往。乍一看，再划几下就到了……其实却还远着呢！……⑦

我们在漆黑如墨的河上又划了很久。一个峡谷和悬崖，迎面驶来，又向后移去，仿佛消失在茫茫的远方，而火光却依然停在前头，闪闪发亮，令人神往，——依然是这么近，又依然是那么远……⑧

现在，无论是这条被悬崖峭壁的阴影笼罩的漆黑的河流，还是那一星明亮的火光，都经常浮现在我的脑际。在这以前和在这以后，曾有许多火光，

> 似乎近在咫尺，不止使我一人心驰神往。可是生活之河却仍然在那阴森森的两岸之间流着，而火光也依旧非常遥远。因此，必须加劲划桨……⑨
>
> 然而，火光啊……毕竟……毕竟就在前头……⑩

为了讨论的方便，我们将各段编上序号。读段①，知道是写时间、地点、所见和所作之事；读段②，知道是写灯光的明亮及“我”的感觉；读段③，知道是写“我”的认识和心情；读段④⑤，知道是写船夫的态度和认识（纠正我的错觉）；读段⑥，知道是写“我”由不相信船夫的话到信服船夫的判断；读段⑦知道是写灯光的特点，进一步表示对船夫判断的信服；读段⑧，知道是写行船的感受，用事实证明船夫的话是完全正确的；读段⑨，知道作者是在生发议论，含蓄地点明一条哲理；读段⑩，知道作者是在表达坚定的信念。这样顺着自然段阅读并作小结后，再把相近内容归到一起，划分部分，所得结果如下：

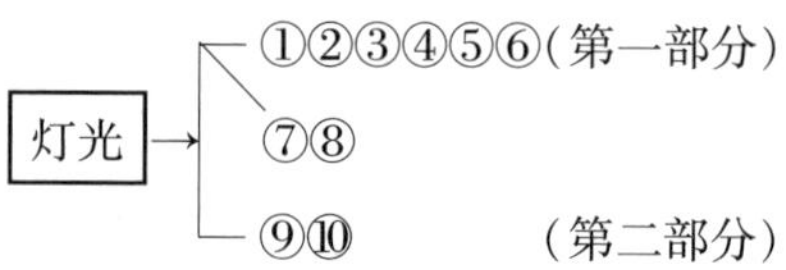

第一部分是实写，灯光看起来很近，其实很远；第二部分是虚写，由实有灯光产生联想，生发议论，揭示哲理，表达信念。在第一部分中，内容又有两个层次：一是写“我”和船夫的认识不同；二是用事实证明船夫的话是正确的。

2.
逐段提问题——寻找思考的引发点

归纳段意，旨在概括地把握文章内容；而提问题，则是逐段找出思考点，以备下一步研究。有的作品，语言比较艰深，内容比较含蓄，疑惑之处很多，一边读，一边寻找问题是不难的；有的作品，明白如话，没有文字障碍，内容也具体明了，似乎提不出什么问题，对此，要集中注意力，特别留神，不妨多读几遍，从无疑状态进入有疑之境。从无疑到有疑是一大进步，是思考深化的标志。产生疑问是思考的结果，尤其是自我生疑更是如此。对于自己提出的疑问不能作答是正常的，初步感知时，注意力放在生疑上，至于释疑，可暂时搁下。下面以德国里克特的《两条路》为例，供参考：

两条路

新年的夜晚。一位老人伫立在窗前。他悲戚地举目遥望苍天，繁星宛若玉色的百合漂浮在澄静的湖面上。老人又低头看看地面，几个比他自己更加无望的生命正走向它们的归宿——坟墓。① 老人在通往那块地方的路上，也已经消磨掉六十个寒暑了。在那旅途中，他除了有过失和懊悔之外，再也没有得到任何别的东西。② 他老态龙钟，头脑空虚，心绪忧郁，一把年纪折磨着老人。

① 老人为什么又看天，又看地？

② 这句话有何含义？

年轻时代的情景浮现在老人眼前，他回想起那庄严的时刻，父亲将他置于两条道路的入口——一条路通往阳光灿烂的升平世界，田野里丰收在望，柔和悦耳的歌声四方回荡；另一条路却将行人引入漆黑的无底深渊，从那里涌流出来的是毒液而不是泉水，蛇蟒到处蠕动，吐着舌箭。③

③ “两条道路” 是实有的路，还是有所比喻？

老人仰望昊天，苦恼地失声喊道④：“青春啊，回来！父亲哟，把我重新放回人生的入口吧，我会选择一条正路的！”可是，父亲以及他自己的黄金时代都一去不复返了。

④ 为什么要“苦恼地失声喊道”？

他看见阴暗的沼泽地上空闪烁着幽光，那光亮游移明灭，瞬息即逝了。那是他轻抛浪掷的年华。⑤他看见天空中一颗流星陨落下来，消失在黑暗之中。那就是他自身的象征。徒然的懊丧像一支利箭射穿了老人的心脏。他记起了早年和自己一同踏入生活的伙伴们，他们走的是高尚、勤奋的道路，在这新年的夜晚，载誉而归，无比快乐。⑥

⑤ 为什么用沼泽地上空闪烁着的幽光来比喻“年华”？

⑥ 这一段突出表现老人懊丧的心情，老人为什么懊丧？

高耸的教堂钟楼鸣钟了，钟声使他回忆起儿时双亲对他这浪子的疼爱。他想起了发蒙时父母的教诲，想起了父母为他的幸福所作的祈祷。强烈的羞愧和悲伤使他不敢再多看一眼父亲居留的天堂。老人的眼睛黯然失神，泪珠儿潸然而下，他绝望地大声呼唤：“回来，我的青春！回来呀！”⑦

⑦ 两次写老人的呼唤，有何用意？

老人的青春真的回来了。原来，刚才那些只不过是他在新年夜晚打盹时做的一个梦。尽管他确实犯过一些错误，眼下却还年轻。他虔诚地感谢上天，时光仍然是属于他自己的，他还没有堕入漆黑的深渊，尽可以自由地踏上那条正路，进入福地洞天，丰硕的庄稼在那里的阳光下起伏翻滚。⑧

⑧ 老人的青春真的回来了吗？对这段话如何理解？

依然在人生的大门口逡巡，踌躇着不该走哪条路的人们，记住吧，等到岁月流逝，你们在漆黑的山路上步履踉跄时，再来痛苦地叫喊：“青春啊，回来！还我韶华！”那只能是徒劳的了。⑨

⑨ 这段话是告诫后人的，但有一处读来感到矛盾：前边写老人呼唤，青春真的回来了，这里又说再来叫喊，“只能是徒劳的”，这怎么理解？

文章旁边提出了九个问题，抓住了疑难。相信进一步阅读文章，加深理解，问题是能解决的。人们都认为解决问题是一种快乐，其实提问题也是一种快乐。提问题，就等于拉开了思考的序幕，理解的霞光便在眼前飞起来了。

这里要说的是，提问题有会提和不会提之分。所谓会提，就是善于动脑，准确抓住文章的疑难点，所提出的问题有思考与研究的价值。要做到这一点，须掌握几个要领：一是从难以理解的词句上提问题；二是从文章主旨上提问题；三是从文章结构艺术上提问题；四是从写作目的上提问题；五是从表达方式上提问题；六是与其他文章比较，从异同点上提问题。当然还可从其他方面提问题。明确这些要领，提问就有了路子，有了抓手了。

最后，交代一下以上九个问题的答案：① 看天看地，表示老人在思虑之中。看天，意在渴望追求理想；看地，表明是对现实的认识。② 说明一生没有任何收获，白白浪费了时光。③ 比喻两种人生，一是成功之路，一是失败之路。④ 表示非常懊悔。⑤ 说明年华难以复得。⑥ 因为一生无任何收获。⑦ 表明老人对“青春”的渴盼与珍视。⑧ 青春并没有真正回来，这里是表明老人的觉醒虽然迟了，但这个“觉醒”非常重要，对后人有启迪意义。⑨ 并不矛盾，“青春”并没有真的回来，作者用“徒劳”一词告诫人们：最后“觉醒”虽然对后人有启迪作用，但对自己毕竟是太晚了，岁月无情，一切都无法挽回。同学们，你是否同意这些看法？

重视构成语言的建筑材料
——识字辨词第一关

阅读是借助具有客观意义的文字符号去了解别人的思想、感情的智力活动，离开对语言的感知与理解，阅读活动就失去了意义，培养阅读能力也就无从谈起。

对语言的感知与理解，第一关就是识字辨词。

据研究，我们读一般的现代文，识字量要达到 3 500 个上下。也就是说，有了这个识字量，读现代文基本上不需要为字音字形问题去查工具书了。但就我们中学生实际看，这个识字指标并未达到，对常用字的字音字形还有生疏的地方；次常用字的认读与理解，问题还要多一些。比如常用字“号”，有的同学就写作“号”。比如“携”的读音，有的同学读作“xí”（应读“xié”）。词语的理解也有问题。有一位同学写运动员奋力拼搏，想夺得金牌，说“觊觎桂冠”，显然他未理解“觊觎”的词义及其感情色彩。同是一个“冠”字，有一个同学朗读课文，把“鸡冠子”的“冠”读作“guàn”（应读平声“guān”）。在同学中，读错字，写错字，用错词的事，时有发生，这说明我们在识字辨词上还没有过关，还得下一番苦功才行。

只有准确理解词义，才能准确把握文章的意思，比如毛泽东同志在《人民解放军百万大军横渡长江》一文中写道：“人民解放军百万大军，从一千余华里的战线上，冲破敌阵，横渡长江。”其中“冲破”一词是很讲究的。“破”表示结果；“冲”表示来势勇猛，力量强大。这个词把当时百万大军锐不可当的气势准确地表达出来了。理解词义能帮助我们更好地认识人物特点，比如鲁迅先生在《故乡》中写道：

> “阿呀阿呀，真是愈有钱，便愈是一毫不肯放松，愈是一毫不肯放松，便愈有钱……”圆规一面愤愤的回转身，一面絮絮的说，慢慢向外走，顺便将我母亲的一副手套塞在裤腰里，出去了。

用“愤愤”，表明杨二嫂因为要不到她所想要的木器家具而气恼；用“絮絮”，写她一张利嘴还在继续发泄怨气；用“慢慢”，点明杨二嫂伺机想拿东西的心理。这些词又与下文的副词“顺便”、动词“塞”相配合，活画出杨二嫂此时此地的形象特点。理解词义的作用还有很多，下面还要讨论。

有的同学说，词义要理解，我懂；识字也要理解吗？回答是肯定的。识字，要记忆，但不必死记。比如“晚餐”的“餐”，很多同学简写作“歺”，这是不对的，属于写错字；有的同学写了十几遍“餐”字，还是写不好，原因在于没有动脑筋分析这个字的结构。这个字是形声字，上下结构。声旁是“𣦼”（cān），形旁是“食”。如此理解一番，“餐”字就不会写错了，对其义也就理解得更透了。

我们中华民族的语言是瑰丽神奇的，就像魔方，在语言大师手中千变万化，奇妙无比。辨认字词，揣摩语言，不光是为了掌握语言这一交际工具，还能由此窥见中华文化的灿烂火花，并培养热爱祖国、热爱民族的浓厚感情。

下边，我就跟你讨论识字辨词的方法、要领。

1.
识别与比较

识别，首先要认识，再要知道其特点，能有所区别。比如“友”，有的同学误写为“友”，多加一点，出错原因就是不了解“友”是一个会意字，不知道它的结构特点。“友”，本来写作“”，“”是人手的样子，两只手叠在一起，表示相助之义，引申为朋友。认识这点，“友”字就不会写错了。又比如“缀”和

“辍”，很多人读成一个音“zhuì”，把“辍学”读成“zhuì 学”。区分一下，这两个字音不同，义也不同。两个字都有“叕”，是指事符号：“”，意思是联缀，字形用几条弧线表示互相牵连。但两个字的偏旁“纟”“车”是有区别的：“纟”，本义是细丝，跟“叕”组合为“缀”，缝合之意；而“辍”则是指车子不能前进，停止的意思。认读字，要识别；理解词，也要识别。我们常说，字不离词，词不离句，句不离篇，意思是说识字、解词、析句要联系具体的语言环境。如果机械地搬用词典中诠释的含义，就难以体会作者遣词造句的匠心。好的文章从来讲求词语的推敲，在怎样的语言环境里选用怎样的词语最能传情达意是大有讲究的。法国大作家福楼拜曾有这样精彩的论述：“不论描写什么事物，要表现它，唯有一个名词；要赋予它运动，唯有一个动词；要得到它的性质，唯有一个形容词。”作者苦心琢磨，寻找那“唯一”的。我们阅读时就要潜心思索，识别那“唯一”的佳妙，大而化之，一晃而过，就不能体会。比如臧克家的《闻一多先生的说和做》是以“他，是口的巨人。他，是行的高标”来收束全文的，言简意赅，贮满赞颂之情。其中，“巨人”一词，我们常用，易理解，而“高标”就不见得理解并会用了。不妨先查工具书，求得“高标”的含义，即高耸物体的末端叫“高标”，例如杜甫《同诸公登慈恩寺塔》诗中有“高标跨苍穹，烈风无时休”的句子。用来写人，当然不是指人的“末端”，而应解释为超群、出众。单独理解这个词到这一步，未尝不可，但还应识别它在文中的含义。它在文中与“巨人”对应，是名词，着眼于“高”，意即高高耸起的标志。用这个词总括闻一多先生的“行”，就把人物的精神拎了起来，升华到相当的高度，给人以高山仰止的感觉。如果换作“榜样”“模范”“楷模”，皆不确切，高超的意味淡了。我们再来识别周立波《娘子关前》中的几个词语。文中写道：“山西的荒野山间，常常有牧羊人，拿着铁铲，守望一群绵羊和山羊。”“守望”是“守卫”和“瞭望”的合并，为什么用“守望”而不用“看望”“照看”这类词语呢？用意有二：一是这里“到过敌人”，敌人把“猪牛和鸡”抢劫一空，老百姓心中铭刻着仇恨，“守”就是防止敌人再次侵夺和野兽的突然袭击；二是这里经过敌人的掠夺，成了“荒野”，“分外的寂寞与荒凉”，老百姓处在绝望的境地，只有把生存的希望寄托在这些“绵羊和山羊”身上，一个“守”字表达了坚决守护的情意。文中还写道：“居民生活的大半，倚靠畜产。”按一般写法，“倚靠”应作“依靠”。但作者在这里选用“倚靠”别有用意。“倚”，即借助其他物件支撑依靠；“依”虽也有靠近的意思，但依仗的程度远远没有“倚”强。作者写老百姓“倚靠畜产”，目的是说老百姓再也没有其他的生活依靠了，只有把维持生存的所有希望放在畜产身上。老百姓生活的极端贫困、艰难，由此可见一斑。

比较是提高识别能力的有效方法。同义词、近义词的细微差别，词语的褒贬色彩，词序的排列与变化，词义的范围及轻重，等等，都可以用比较的方法来识别。比如下列几个句子，由于判断词“是”的位置不同，句意的强调性也就有了变化。

① 我在家里是给他打了一次电话（强调听话的人是谁）。

② 我是在家里给他打了一次电话（强调打电话的地点）。

③ 我在家里给他是打了一次电话（强调打电话一事）。

还有词义的轻重也可以通过比较看出来。比如《连升三级》讲的是张好古的发迹史，不少同学认为故事之所以形成绝妙的讽刺，是因为金榜题名并进入翰林院的张好古竟然是个文盲。有学生说，把“文盲”改成“不学无术”好，也有的认为可用“胸无点墨”“目不识丁”“不识一丁”。比较一下，就可识别用“不学无术”对张好古还是轻了，还是把张好古看高了，对于他来说，谈不上学问不学问；“胸无点墨”“目不识丁”与“文盲”词义相同，要合适得多。总之，比较的方法还有很多，这里仅是举例而已，相信你经常比较、推敲，那么辨微析毫、审情度理的能力必会提高。

2.
想象与再现

想象力强的人能通过无声的文字展现立体的图景，能获得深切的感受。再现是想象的结果，即让作者创设的形象在我们的脑海中浮现出来。各类课文，只要认真琢磨，都有激发想象的地方，都可以再现某种情景或形象。

比如读记叙类作品，魏巍《我的老师》中有这样的细节描写："她从来不打骂我们。仅仅有一次，她的教鞭好像要落下来，我用石板一迎，教鞭轻轻地敲在石板边上，大伙笑了，她也笑了。我用儿童的狡猾的眼光察觉，她爱我们，并没有存心要打的意思。孩子们是多么善于观察这一点呵。"既然"从来不打骂我们"，怎么又"打"了呢？再现这"打"的情景，就可真正理解。应抓住"落""迎""敲""笑"等表动作、表情态的词语推敲，展开想象，再对"好像""狡猾"等字眼加以咀嚼，体会到老师的"打"是假怒，假怒的背后是对学生真挚的爱；学生洞悉老师的内心世界，故用"狡猾"的眼光表示；师生融洽，"心有灵犀一点通"，所以"大伙笑了，她也笑了"。这样理解、想象，你就有了身临其境之感。有些写景状物的文字，通过想象与再现，所得感受更真切，更细致，读着读着，就觉得眼前出现了美妙的景致。如莫怀戚《散步》中的文字：

> 这南方初春的田野，大块小块的新绿随意地铺着，有的浓，有的淡；树上的嫩芽也密了；田里的冬水也咕咕地起着水泡。这一切都使人想着一样东西——生命。

"新绿"，你应想到这是庄稼、小草；"浓""淡"指色彩层次不同；"嫩芽"的"嫩"可想到细小、毛茸茸；一个"密"字，写"芽"多；"起着水泡"的"起"是泛起的意思，写"水泡"的动态……这是对实写内容的具体想象，同时还可进行补充想象，想到春日的阳光，想到微风，想到小鸟的啼鸣，想到人们的笑脸……一字一句都是想象点，经过你的补充，内容就显得更加丰富多彩，一片春情也变得更加浓郁而又深厚！

读议论文有时也需要想象。议论文是表明态度和看法的，而态度与看法，作者均用概括性强的词语来表达，不像记叙文那样做具体的形象描绘。阅读时不妨据此虚拟情境，加以想象，化“抽象”为形象。如毛泽东同志《继续保持艰苦奋斗的作风》中的一段文字：

> 我们很快就要在全国胜利了。这个胜利将冲破帝国主义的东方战线，具有伟大的国际意义。夺取这个胜利，已经是不要很久的时间和不要花费很大的气力了；巩固这个胜利，则是需要很久的时间和要花费很大的气力的事情。资产阶级怀疑我们的建设能力。帝国主义者估计我们终久会要向他们讨乞才能活下去。因为胜利，党内的骄傲情绪，以功臣自居的情绪，停顿起来不求进步的情绪，贪图享乐不愿再过艰苦生活的情绪，可能生长。因为胜利，人民感谢我们，资产阶级也会出来捧场。敌人的武力是不能征服我们的，这点已经得到证明了。资产阶级的捧场则可能征服我们队伍中的意志薄弱者。可能有这样一些共产党人，他们是不曾被拿枪的敌人征服过的，他们在这些敌人面前不愧英雄的称号；但是经不起人们用糖衣裹着的炮弹的攻击，他们在糖弹面前要打败仗。我们必须预防这种情况。

文中写资产阶级和帝国主义者对胜利后的“我们”的看法与态度，用了三个词，一是“怀疑”，一是“估计”，一是“捧场”。“怀疑”与“估计”是表判断的，而“捧场”则是表行为表现的。“捧场”，就是吹捧，意思不难理解，而其具体表现则是多方面的。在什么情况下捧场？怎样用语言和行动捧场？捧场的动机是什么？“意志薄弱者”面对捧场又是一个什么样子？所有这些，都可通过想象，设想具体情境；有了具体情境补充，捧场的诡诈性、危害性就可以理解得更加真切。

想象与再现在读说明文的过程中也能起到帮助理解的作用。比如茅以升《中国石拱桥》中的关于赵州桥的说明文字：

> ……（二）大拱的两肩上，各有两个小拱。这个创造性的设计，不但节约了石料，减轻了桥身的重量，而且在河水暴涨的时候，还可以增加桥洞的过水量，减轻洪水对桥身的冲击。同时，拱上加拱，桥身也更美观。（三）大拱由二十八道拱圈拼成，就像这么多同样形状的弓合拢在一起，做成一个弧形的桥洞。每道拱圈都能独立支撑上面的重量，一道坏了，其他各道不致受到影响。（四）全桥结构匀称，和四周景色配合得十分和谐；就连桥上的石栏石板也雕刻得古朴美观。唐朝的张鷟说，远望这座桥就像"初月出云，长虹饮涧"。赵州桥高度的技术水平和不朽的艺术价值，充分显示了我国劳动人民的智慧和力量。桥的主要设计者李春就是一位杰出的工匠，在桥头的碑文里还刻着他的名字。

第一句"两肩"就值得想象，以准确把握"大拱"与"小拱"的位置与关系。"小拱"既不是与"大拱"并排的，也不是在"大拱"之上，更不是与"大拱"相距较大，而是处在大拱曲线左右偏上的侧面位置。这样，你对"拱上加拱"就有了准确理解。文中写"大拱由二十八道拱圈拼成，就像这么多同样形状的弓合拢在一起，做成一个弧形的桥洞"。由"弓"可想象：①跨度较大，不是一个圆洞；②"二十八道拱圈"就像二十八道"弓""合拢"在一起，这个"拢"是指叠合在一起，共同支撑桥面。通过这样的想象，你就可以在眼前再现赵州桥的形象了。

还要说的是，想象与再现往往是要反复朗读，调动各种感官一齐起作用的。比如读《社戏》中月夜行舟的描写，在朗读中，可先熟悉描写的景物：山水、月色、渔火、村庄、戏台、笛声、激水声、笑嚷声等等。再调动感官，增强感受：在夜航中闻到什么？触到什么？看到什么？又听到了什么？通过嗅觉、触觉、视觉、听觉起作用，再加上生活经验作补充，就能使豆麦蕴藻之清香、夜晚扑面之水汽、朦胧的月色、淡黑的起伏的连山、婉转悠扬的歌声以及点点的渔火具体化、形象化，活泼泼的动人图景就会浮现在眼前。阅读时，“外物”的图景再现得好，对作品中“我”的“内情”的理解就比较具体：水乡夜色令人陶醉，故而“我的心”“沉静”“自失”，甚至达到了和笛声一起弥散在豆麦蕴藻之香的夜气里的境地。

3.
积累与储存

同学们在阅读过程中要自觉地注意词语的积累与储存，一则是为了阅读，一则是为了表达。点点滴滴的积累可以不断提高语言修养。在日常交际或文章写作中，有的同学词汇丰富，信手拈来最恰当的词语表情达意；有的同学则词语贫乏，语言粗糙、干瘪。这个事实说明，积累与储存词语是多么的重要！

当然，积累与储存词语不能单靠死记硬背（通过背诵文章，强行记忆是必要的），更主要的是想办法巧记巧学，注重一个“巧”字。有经验的人往往采用以下方法：

一是寻根溯源。探索词语的根源及变化，既可提高自己遣词造句的能力，拓宽知识视野，又能养成咬文嚼字的习惯。比如“犹豫”，“犹”，兽名，《尔雅》中说：“犹如麂，善登木。”实际经后人考证，“犹”为犬，人带着犬行路，犬喜欢先跑在人前，等不到主人时，又回来迎接。此喻人临事不决，就叫“犹豫”或“犹豫不决”。像这样寻根溯源，词语就会铭记在心中，永远不会忘记。当然，寻根溯源总是在阅读中有所触动才进行的，不会心血来潮，偏要找一个词来研究一番。在阅读中有所触动，实际上就是根据理解词义的需要对词语产生了刨根问底的欲望与兴趣，比如《美“挑战者”号航天飞机升空后爆炸》中的一段话：

> “挑战者”号上的七名宇航员中，有一名来自新罕布什尔州中学的女教师麦考利夫。她是第一名来自民间的航天飞机乘员，是从1万1千名报名应征的教师中选出来的。她为参加这次飞行接受了120个小时的宇航训练。她准备在轨道上向她的学生讲授“太空课”。今天，兴高采烈的学生们在教室里观看载有自己的教师的航天飞机腾空实况时，突然陷入混乱和悲哀。

这段文字里没有生字难词，单一个“兴高采烈”在小学就学习过了，词义也好懂。但好思的同学也许就对这个词产生疑惑：“兴高采烈”讲兴致很高，情绪热烈；“兴高”，可以讲兴致很高，“采烈”，就是情绪热烈吗？从来没听说过“采”当情绪讲啊！这一想，确实抓住了症结。查工具书得知，“兴高采烈”原来不是讲人的情绪热烈。兴，指志趣；兴高，指志趣高。采，指文采；采烈，指文采浓烈。“兴高采烈”构成因果关系，因为“兴高”，所以“采烈”。这个词来源于南朝时刘勰的《文心雕龙》。《文心雕龙》在《体性》一篇中讲人的本性对文章有重要影响，以嵇康为例，说：“叔夜（嵇康）俊侠，故兴高而采烈。”后人才用以形容人的兴致很高，情绪热烈。比如鲁迅先生在《阿Q正传》中写道：“阿Q看见自己的勋业得了赏识，便愈加兴高采烈起来。”“采”，上下结构，上是“爫”，下是“木”，意思是人用手在植物头上采摘叶子或花等，现在还有这个字义，如“采茶”“采桑”等。这里仅是举例说明问题而已，其实，你可以探究下去，为“采”这个字写一篇专文。

二是扩展，即读一个词可以连带出若干个字。如“差强人意”有“强”这个字，还有不少词语也用了它，如“年富力强”“强弩之末”“倔强”“勉强”“强词夺理”“强人所难”“强颜”“强迫”。这些“强”，字形虽同，但其意义和读音都有变化和不同，作一番研究，是很有意趣的。通过扩展，词语会越积越多，我们可以分类，比如把同义词归为一类，把反义词归为一类，等等。归类时，又可以进行辨析，比如你把“依靠”“依赖”归为一类，可以辨别它们相同的地方和区别所在。“依靠”和“依赖”都是动词，都有“凭借外力，依仗别人”的意思。但二者在语言轻重和感情色彩上略有区别：“依靠”指“指望（某种人或事物来达到一定目的）”，例如“他们上得山来，头一件事就是来到竹林里，依靠这青青毛竹盖房落脚”（袁鹰《井冈翠竹》）；“依赖”指“依靠某种人或事物而不能自立或自给”，如“特别是那些还没有定居下来的骑马的游牧民族，更要依赖自然的恩赐，他们要自然供给他们丰富的水草”（翦伯赞《内蒙访古》）。“依赖”比“依靠”语意重，虽然都是中性词，但有时在用法上，“依赖”多含贬义，如“青少年不要依赖父母”。

在读文章的过程中，一般不宜把注意力用在某一个词上，弄懂这个词在本文中的意思也就可以了。但有时为了理解词义，理解文章的需要，适当地寻根溯源和扩展归类，并加以分析，对丰富词汇量、扩大对词义的理解还是有很大作用的，我希望同学们在这方面多加注意。

上边讲的是识字辨词的方法。方法应因人而异，因文而用，除了老师传授一些给你外，主要的还是靠你自己去摸索，不必生硬搬套。不管用什么方法，都是要有原则的，要符合一定的要求。下边就跟你讲讲识字辨词的基本要求。

要联系具体的语言环境来识字辨词。就识字而言，必须联系句子的意思，特别是要把这个字放在词中来认识。比如“棱”，在“见棱见角”一词中读“léng”，意思是“物体上不同方向的两个平面连接的部分”；也指物体上条状的突起部分，如“瓦棱”“搓衣板的棱儿”。而在“穆棱县”这个名称中，“棱”读“líng”。有的同学把“棱角”读作“ lìng 角”，显然是读错了。像“出差”“参差”“差强人意”“物质条件较差”中的“差”的读音就更要注意了，因为音不同，义也不同。辨析词语的意义更要联系语境，比如叶圣陶的《苏州园林》中的文字：

> 设计者和匠师们因地制宜，自出心裁，修建成功的园林当然各各不同。可是苏州各个园林在不同之中有个共同点，似乎设计者和匠师们一致追求的是：务必使游览者无论站在哪个点上，眼前总是一幅完美的图画。为了达到这个目的，他们讲究亭台轩榭的布局，讲究假山池沼的配合，讲究花草树木的映衬，讲究近景远景的层次。总之，一切都要为构成完美的图画而存在，决不容许有欠美伤美的败笔。他们唯愿游览者得到“如在画图中”的实感，而他们的成绩实现了他们的愿望，游览者来到园里，没有一个不心里想着口头说着“如在画图中”的。

文中的“层次”，有特定的意义，指近景远景的距离与高下的变化、区别，跟我们讲“划分文章内容层次”的“层次”，意义有明显的区别。因此，不能脱离本文而孤立解释。文中的“败笔”一词，也有特定意义：本来它是指写字、作画、写文章出现的毛病（如构思、立意、运笔用墨、着色、遣词造句等），而在本文中，它指在“布局”“配合”“映衬”及“层次”方面的失误。

联系语境理解词义，要注意感情色彩，特别是要注意褒词贬用或贬词褒用的情况。否则，按原义理解，会闹出笑话。比如鲁迅先生在《革命文学》一文中说：“从指挥刀下骂出去，从裁判席上骂下去，从官营的报上骂开去，真是伟哉一世之雄，妙在被骂者不敢开口。”其中的“伟哉一世之雄”是赞赏的意思，“伟”是“伟大”，“一世之雄”是“一代最杰出的人物”。显然，作者在这里并不是真的赞扬，而是用了反语，褒词贬用，意思是讽刺“骂人者”的装腔作势、倚势压人、色厉内荏的丑态。这种褒词贬用，作者有时是加了引号的，用以提示读者，表示这是反说，如鲁迅先生在《藤野先生》一文中写道：

> ……每当夜间疲倦，正想偷懒时，仰面在灯光中……于是点上一枝烟，再继续写些为“正人君子”之流所深恶痛疾的文字。

其中的“正人君子”本来是指“品行端正的人”，这里是讥刺那些替军阀政客张目却自命正人君子的反动走狗文人。褒词贬用，更具有讽刺性，更能表达极端厌恶的感情。

联系语境理解词语，还要注意作者的意图，分析词语的特殊用法。比如毛泽东同志在《反对党八股》一文中写道：“有些天天喊大众化的人，连三句老百姓的话都讲不来，可见他就没有下过决心跟老百姓学，实在他的意思仍是小众化。”“小众化”，一般情况下，没有这个说法。这种巧妙化用“大众化”，变“大”为“小”，正好把与“大众化”相反的言行说明白了，而且大大增强了语言的幽默感。鲁迅先生的文章里也有相似的例子。比如《这个与那个》一文中写道：

> 一个阔人说要读经，嗡的一阵一群狭人也说要读经。岂但“读”而已矣哉，据说还可以“救国”哩。

“阔人”的说法很常见，指有权势有经济地位的人，含贬义；“狭人”一词，从未见过，单独看，无法理解，一与“阔人”对照，就知道作者是依“阔人”而仿制的。这样仿制词语，既增强了表达的幽默感，又体现了讽刺意图。根据语境看，“狭人”当指那些依附权势者、甘当权势者走狗的卑鄙文人。要提醒你的是，这种仿制词语的表达方法，即使是在语言大师那里也不多用，我们有所了解就行了。倘要学用，一定慎重，否则，有画虎成猫、弄巧成拙之嫌。

揣摩，体会，欣赏，积累
——语句深意细推敲

文章总要一句一句地读，读一句，总要理解一句话的基本意思，关于这一点，每个同学都是明白的。

但事实上，我们读文章时，并不是对每一句话都予以同样的“关心”，这是怎么回事呢？有阅读见识和经验的同学一定会这样说：文章中的各句话，表达作用是不一样的。有的句子像文章的骨架，失去它们，文章的血肉就支撑不起来，显然，对这些“主干性”句子要多一份注意；有的句子像文章的眼睛，是情致与理趣的窗户，显然，对其多加揣摩，有助于我们明白文章的主旨；有的句子像掩藏在内容血肉之中的血脉，由于它们的牵连，文章的思想感情有了一条发展与变化的线索，抓住这条线索，自然有助于我们摸清作者的感情、思想变化的轨迹与特点。另外，句子表达的风格和特点也不一样，有的如清流，描物写态，细腻动人，脉脉含情；有的如惊雷，议论风生，振聋发聩，令人警醒；有的如平沙，质朴无华，平淡实在，耐人寻味；有的如红叶，娇艳华美，色彩斑斓，灿烂迷人……总之，像这些富有特色、结构巧妙、表意深邃的句子，在阅读时我们理应多加揣摩、体会、欣赏、积累。揣摩，在于发现它的作用；体会，在于把握其意义；欣赏，在于抓住它的特点；而积累，则在于为自己的运用寻找范例。

下面，就从这四个方面作点讨论。

一、
揣摩一些含义深刻的句子在文中不同的表达作用

1. 有的句子意思具有一定的包容性，作者让它在一段之中发挥统率作用。理解这种句子，要看它包括了哪些意思，中心意思是什么，再认识它在一段之中是怎样统领其他句子的。例如余心言《为中华崛起而读书》中的文字：

> 人各有志。千百年来，对于为什么而读书有过多种不同的答案。“书中自有黄金屋，书中自有千钟粟，书中自有颜如玉。”许多人为了升官发财而读书，书不过是他们的敲门砖。门敲开了，书就丢到一边了；门敲不开，书对他们也不再有什么用处了。渺小的目的，当然不可能产生持久而伟大的动力。周恩来根本反对只是为个人找出路而读书。1913 年，他考上了天津南开学校。有一次，大家讨论为什么上中学。有的同学说，南开很有名，在这里毕了业，就能有个好前途。周恩来却说：我们生活在 20 世纪列强竞争的时代，国家贫弱不振，外国侵略者一天紧逼一天，眼看中国就要灭亡，青年人怎么能只想个人的前途呢？只有国家独立富强了，个人才能有前途。

开头句子（画直线的），是本段内容的总领句，也叫中心句。把它看作中心句，不是因为它处在开头位置，而是因为它的含义包括了两个方面，即“有过多种不同的答案”：一是为了升官发财，一是为了国家的富强。而这两点正是本段论述的重点。作者先引用三句格调不高的所谓格言，点明为升官发财而读书者的思想基础；继之概述这类人的表现，并对这些表现进行简要剖析；然后转到周恩来的读书观的论述上来，通过言论对比，揭示周恩来思想的崇高，抱负的伟大。这两方面内容都是对中心句的具体说明。

2. 有的句子，因其含义深刻，集中而又突出地表达了作者的思想感情、观点看法，所以在文中起到了点明题旨的作用。理解这类句子要看它表情达意的核心是什么，并分析这个核心是不是揭示了全文的中心意思。请读美国 F. 奥斯勒的《送花》中的文字：

> 生活的真谛并不神秘，幸福的源泉大家也知道，只是常常忘了，于是这才有点奥妙。
>
> 故事是由一个守墓人亲身经历的。一连好几年，这位温和的守墓人每星期都收到一个不相识的妇人的来信，信里附着钞票，要他每周给她儿子的墓地放一束鲜花。
>
> 后来有一天他们照面了。那天，一辆小车开来停在公墓大门口，司机匆匆来到守墓人的小屋，说：“夫人在门口车上。她病得走不动，请你去一下。”
>
> 一位上了年纪的孱弱的妇人坐在车上，表情有几分高贵，但眼神哀伤，毫无光彩。她怀抱着一大束鲜花。
>
> “我就是亚当夫人。”她说，“这几年我每礼拜给你寄钱……”
>
> “买花。”守墓人应道。
>
> “对，给我儿子。”
>
> “我一次也没忘了放花，夫人。”
>
> “今天我亲自来，”亚当夫人温存地说，“因为医生说我活不了几个礼拜了。死了倒好，活着也没意思。我只是想再看一眼我儿子，亲手来放些花。”

小个子守墓人苦笑了一下，决定再讲几句。

“我说，夫人，这几年您常寄钱来买花，我总觉得可惜。”

“可惜?”

“鲜花搁在那儿，几天就干了。没人闻，没人看，太可惜了!”

“你真是这么想的?”

“是的，夫人，您别见怪。我是想起来自己常跑医院、孤儿院，那儿的人可爱花了。他们爱看花，爱闻花。那儿都是活人，可这儿墓里哪个活着?”

老妇人没有作声。她只是小坐一会儿，默默地祷告了一阵，没留话便走了。

守墓人后悔自己一番话太率直，太欠考虑，这会使她受不了。

可是几个月后，这位老妇人又忽然来访，把守墓人惊得目瞪口呆：她这回是自己开车来的。

“我把花都送给那儿的人们了。”她友好地向守墓人微笑着，“你说得对，他们看到花可高兴了，这真叫我快活！我的病好转了，医生不明白是怎么回事，可是我自己明白，我觉得活着还有些用处!”

不错，她发现了我们大家都懂却又常常忘记的道理：活着要对别人有些用处才能快活。

这篇小小说以“送花”为题写了一个小故事：老妇人开头是给自己的孩子送花，以寄托骨肉分离之情；尔后为医院的病人送花，以表达与人亲善的真情。这本来是一个平凡细小的故事，然而，由于作者带着揭示生活真谛的目的写，力图表达“爱别人才能得到快乐”的思想，故事便焕发出动人的光彩，带有深刻的理趣。最后一句说“她发现了我们大家都懂却又常常忘记的道理”，实际上是借小说人物的感悟来表达作者本人的写作意图。全文因为有了“活着要对别人有些用处才能快活”这句充满哲理的话而显得厚重、深刻。这句话的核心意思就是全篇的核心所在，有了它，题旨便显豁了。

3. 有的句子看起来平淡，但由于作者倾注了感情，使之在文中反复出现，便具有不同寻常的意义，并且这种思想意义贯串全文，我们便认为它在文中起到了牵连感情线索的作用。例如作家贾宝泉的散文《故乡的小路》开头是这样写的：

> 妹妹来信说，母亲的病轻些了，刚能走动，她就让妹妹把她扶到村西头的小路上。她久久地站着，不言不语地向北方张望。妹妹问她干什么，开始她沉默着。问得多了，才低声说：“要是你大哥回来，一定从这条路上走……”
>
> 唉，母亲，小路，
>
> 小路，母亲。
>
> 沿着海河上溯，便进入一条滏阳河。沿着滏阳河上溯到华北大平原的南端，在河身向右急转弯处，离开河道向南走出四五里之遥，便是一条小路。
>
> 它不是“桃李不言，下自成蹊”的那种蹊径，因为沿着它走去，并不能见到芬芳的桃李。它也不是“吴宫花草埋幽径”的那种幽径，因为路的两旁并没有名胜古迹，不会使人抚今追昔，发思古之幽情。它只是一条约二尺宽，不平也不直，被无数只脚踩出来的小路，也许以后的哪一天，一个不大的原因，就会被泯灭掉。然而，故乡的小路，我却被它牵萦得好苦！

由母亲的关照，点出“路”，继之以复唱的形式写“唉，母亲，小路”，“小路，母亲”，把“小路”和“母亲”联系起来。由此可看出作者写“小路”寄寓了一种特殊感情。到底是一种什么样的感情？再读下一段就明白一部分了：

> 上中学时，正好赶上了三年困难时期。尽管学校想出了许多办法，包括吃代食品、早睡晚起等等，仍然平息不了咕噜的饥肠。一天夜里，我躺在床上正要入睡，朦胧中，一个声音在窗外轻轻地响起：“孩子，孩子。”啊，是母亲叫我！我急忙披上衣服冲出门外。我知道，从家乡到县城里的中学有十来里路，而夜间走过那段小路，谁知道她那双小脚要越过多少坎坷，更何况她又体弱多病。此刻，我只知道流泪，却说不出话来。倒是娘先开口了：“孩子，饿了吧！”
>
> “嗯——不。”我说。
>
> “快吃吧！”她从一个布包里摸出两个菜团子。我懂得，唯有顺从地吃下，才是对她的最大的孝敬。我吃了，母亲高兴地点点头：“那你睡吧，我回去了。”
>
> “不，我送你。”
>
> “不用。这条路我熟。”

这里叙述了一件事：母亲为“我”送来了“菜团子”。由此，可看到母亲的一片爱子之情。行文的巧妙就在于把事情和“小路”紧紧扣住：要“走过那段小路，谁知道她那双小脚要越过多少坎坷”。在结构上，这一句又与前面的复唱形成了照应。

到文末，作者又直抒胸臆，借“梦”抒情：

> “苦一点儿怕啥！窝头咸菜还不一样养活人？”娘的语调很坚定。她的背有些驼了，驼得也像村头起伏不平的小路。

> 我又顺从了。我明白，她要回到那块生养了她的先辈也养育了她的儿女的故土上耕耘劳作，最后便长眠在那里的地下。孩子也让母亲带走了。尽管这个小小的生命会少吃一些牛奶、巧克力之类的食品，但在他身上增添的将是母亲的美德和泥土的芬芳。而这些，则能构成衡量生命价值的砝码，也是成就一种建树所必需的基石。
>
> 夜里，我做了一个梦：我踏上了村头的小路，母亲站在路边，我再也禁不住自己，不由得狂奔起来……

这三段虽然没有具体议“路”，但由于作者礼赞了母亲的美德，并且把“美德”和“泥土”的“芬芳”看作“衡量生命价值的砝码”，“成就一种建树所必需的基石”，因此，我们可以领悟到，作者反复写“路”除了表达母子之情外，还在于揭示“母亲的精神是人生之路的路标”这层道理。作者最后写“梦”，说自己“狂奔起来”，一则表达了思念母亲的感情；二则再次点示“路”，与文中其他写“路”的文字相呼应。文章开头由“路”起笔，文中由“路”串起许多故事，文末由路抒发情感，一“路”写来，起伏跌宕，感情线索一贯到底，感情浪花阵阵推涌，确实体现了作者的艺术匠心。

二、体会重点语句在文中的深刻含义

每一句话都有它的意思，重点语句更体现了文章的核心思想与深刻内容。因此，钻探重点语句的含义并仔细、准确地体味其情味、意趣，是读懂全篇内容的重要一环。怎样体会重点语句在文中所表达的深刻含义呢？不妨抓住以下要领。

1. 从文章思想感情的底蕴上体会。散文《散步》是作家莫怀戚的成功之作，写的是家庭生活，选取的也只是“散步”这生活的一角，由于以深沉的爱作为底色，文章便摇曳着动人的情致。文章先描写了春天美妙的景致，接着叙述了一件事：

> 我和母亲走在前面，我的妻子和儿子走在后面。小家伙突然叫起来：“前面也是妈妈和儿子，后面也是妈妈和儿子。”我们都笑了。
>
> 后来发生了分歧：母亲要走大路，大路平顺；我的儿子要走小路，小路有意思。不过，一切都取决于我。我的母亲老了，她早已习惯听从她强壮的儿子；我的儿子还小，他还习惯听从他高大的父亲；妻子呢，在外面，她总是听我的。一霎时，我感到了责任的重大。我想一个两全的办法，找不出；我想拆散一家人，分成两路，各得其所，终不愿意。我决定委屈儿子，因为我伴同他的时日还长。我说：“走大路。”
>
> 但是母亲摸摸孙儿的小脑瓜，变了主意：“还是走小路吧。”她的眼随小路望去：那里有金色的菜花，两行整齐的桑树，尽头一口水波粼粼的鱼塘。“我走不过去的地方，你就背着我。”母亲对我说。

这件小事，如一滴水珠折射了一家人和谐、融洽、深厚的感情之光。“小家伙”幼稚天真，“母亲”仁慈宽厚，“我”和“妻子”对浓郁情感的调配，很是得体。这番骨肉之情，确实令人感动。把握了全文的感情基调，你对下文末一句的理解就容易了：

> 这样，我们在阳光下，向着那菜花、桑树和鱼塘走去。到了一处，我蹲下来，背起了母亲，妻子也蹲下来，背起了儿子。我的母亲虽然高大，然而很瘦，自然不算重；儿子虽然很胖，毕竟幼

> 小，自然也轻。但我和妻子都是慢慢地，稳稳地，走得很仔细，好像我背上的同她背上的加起来，就是整个世界。

加点的这句话写出了作者的真切感受，其含义是：世界充满真情，背着的是人类感情中最美的东西——爱。作者为什么会有这种感受？我们对作者的感受为什么要作出这样的理解？这都基于对前面所写内容的准确把握。“母亲”疼爱“孙儿”，改变主意；“我”则偏爱“母亲”，决定“委屈儿子”，而之所以这样做，都是为了不愿“分成两路，各得其所”。这番感情如一条小溪，水到而渠成，感受自然就从胸中涌出。如果对全篇内容的情感缺少总体感知，你就会觉得这末一句话说得奇怪：背的是人，怎么说是背着整个世界呢？

再如读吴伯箫的散文《记一辆纺车》，在理解末一句“跟困难作斗争，其乐无穷”的含义时，也会感到把握文章思想感情底蕴对准确理解“乐”的真义是非常必要的。作者说“克服困难不也是一种享受吗？”“跟困难作斗争，其乐无穷”，这里的“享受”“乐”，是作者真切的感受。一般说来，艰苦、困难与“享受”“乐”是对立着的，作者以苦为乐，自有一层深义；而这层含义，单读末一句无法理解，只有把它和前边所写的场景以及作者对生活的透彻认识联系起来，才会找到正确答案。前文分别写了几种生活感受：一是写纺车是战斗的武器，粉碎了敌人困死我们的阴谋；二是写纺车纺出的线织成衣服，穿起来格外舒适，朴素自然，感受到的是生活的朴素美；三是写纺线劳动“简直有艺术创作的快感”；四是写通过纺线，品尝到了“收获的愉快”；五是写在纺线劳动中有所“创造发明”……正如作者所言：“就因为这些，我常常想起那辆纺车。”也正因为作者带着这一份思想感情写“纺车”，所以，才有“其乐无穷”的真切体会。由此可见，“享受”也好，“乐”也好，包含的深刻内涵都是“革命乐观主义精神”，而不是从个人立场上体会的自私自利的乐趣。

2. 抓住句子中的关键词来体味。有些句子的深刻含义是通过几个关键词来体现的。关键词的含义搞明白了，句子的完整内涵也就理解了。例如老舍在《济南的冬天》一文中写道："真的，济南的人们在冬天是面上含笑的。他们一看那些小山，心中便觉得有了着落，有了依靠。"这句话看起来并无奇特之处，无非是写人们心里有底罢了。但是，如果把"着落""依靠"和"面上含笑"联系起来看，就会觉得"着落""依靠"两个词是作者特意选用的，它们揭示了济南人之所以在冬天"面上含笑"的根本原因。既然如此，我们理解这一句话就必须抓住这两个词来推敲了。"着落"和"依靠"是指得到了保证，有了凭借的意思。作者说济南人把"小山"当作过冬的保证和凭借，是写"小山"在济南人心目中的位置多么重要！济南人对"小山"真是至爱无比。济南人寄寓"小山"这份真爱，并不是虚假的、空洞的，因为这一群"小山"组合起来像"一个小摇篮"，挡住了北风，给济南人带来的是一片温暖；因为有了这些"小山"，济南才有如此温暖与纯美的冬天。由此可见，作者选用"着落""依靠"，既表明了济南人对"小山"的特殊感情，又表达了作者描写这些小山时的特殊感情。

在美丽的花丛中，有一束花与众不同，她招引着你；在文章的字里行间，也有那几个关键词，像忽闪忽闪的大眼睛注视着你，你不能不为之心动。在一段文字中，一句话是一道闪电，而关键词便是闪电上迸发的火花。比如朱自清《荷塘月色》中的一段文字：

> 路上只我一个人，背着手踱着。这一片天地好像是我的；我也像超出了平常的自己，到了另一世界里。我爱热闹，也爱冷静；爱群居，也爱独处。像今晚上，一个人在这苍茫的月下，什么都可以想，什么都可以不想，便觉是个自由的人。白天里一定要做的事，一定要说的话，现在都可不理。这是独处的妙处，我且受用这无边的荷香月色好了。

"我也像超出了平常的自己，到了另一世界里"是饱含思想感情的句子。首先要抓住"平常"思考："平常"是怎么回事？这要结合当时作者的生活背景来看。当时国难当头、民不聊生，许多志士，包括朱自清的挚友闻一多为了反抗邪恶、争取民主和自由而不顾生死。朱自清虽然是一个沉静的学者，但同样有着一腔憎恨黑暗、渴望光明的激情与热血，只不过是表现的方式不同而已。因此，用作者自己的话说，“平常的自己”也就是“心里颇不宁静”的自己。与“平常”相对的是“另一世界”。这“另一世界”指的是什么？要根据文中的描写来研究，即有着充分自由的像月下荷塘一样无比美好的世界。由此可知，这句话写出了作者此时此刻由平常的心意烦闷到眼下深感自由，什么都可以想、什么都可以不想的思想状态；深情地表达了作者对这种自由天地的渴望之情。正是因为作者带着这样的心情来看眼下的景物，所以景物在作者的笔下显得那样的美好。这句话是全文思想感情的凸显，是我们准确体会全文思想感情的“抓手”。而要理解这句话，就不能不从“平常”与“另一世界”这两个词上揣摩。

3. 通过分析句间关系来体会。理解某一句的深刻含义，有时候要与相邻的句子联系起来，分析句子之间的关系，找出句子含义的强调点。例如冰心的《小桔灯》有几句话是这样写的：

> ① 我提着这灵巧的小桔灯，慢慢地在黑暗潮湿的山路上走着。② 这朦胧的桔红的光，实在照不了多远；③ 但这小姑娘的镇定、勇敢、乐观的精神鼓舞了我，我似乎觉得眼前有无限光明！

①②句是实写，第③句是虚写，抒发感受，其中的“无限光明”是有深刻含义的，不是指小桔灯的灯光，而是指向往与追求中的新的生活，新的希望。为了突出这层意思，作者先用①②句铺叙，然后笔锋一转，使思想感情发生转折。认识这种转折关系，我们就会知道作者有意强调的是后一句话，而这句话正是思想含义的凝聚点。

再如朱自清《背影》中的两句话：

> ① 我读到此处，在晶莹的泪光中，又看见那

> 肥胖的、青布棉袍黑布马褂的背影。②唉！我不知何时再能与他相见！

句①是承上而来，写读信时产生的幻觉，表明思念父亲感情之深；句②是感叹，一个“唉”字出神入化，表达作者黯然神伤、无可奈何、心情失落的哀愁。这后一句是感情宣泄句，少了它，文章之收笔就平淡如水了。为了更透彻地理解句②的浓郁感情，不妨与句①联系起来。句①写幻见，句②写见不到；幻觉与真实形成了难解的矛盾。按作者的心情，是恨不得立即见到“父亲”；而作者又深知现实无情，一时是见不到“父亲”的，因此，以“我不知何时”出之，这真是世事难料，人生难期。越感到会面难期，就越是思念；越感到思念非常，也就越觉得会面难期！思念与难见的矛盾就是这样尖锐对立，因此，作者只好长叹一声“唉”，以无望的失落作结，陡然使文章产生了余味无穷、情思绵长的效果。由此，我们深深感到，这后一句话的感情分量有多么沉重！

阅读议论文，理解表达思想观点的概括性句子的具体含义，更要从分析前后句子之间的关系入手。例如毛泽东同志的《人的正确思想是从哪里来的?》中的一段文字：

> 人的正确思想是从哪里来的？是从天上掉下来的吗？不是。是自己头脑里固有的吗？不是。人的正确思想，只能从社会实践中来，只能从社会的生产斗争、阶级斗争和科学实验这三项实践中来。人们的社会存在，决定人们的思想。而代表先进阶级的正确思想，一旦被群众掌握，就会变成改造社会、改造世界的物质力量。人们在社会实践中从事各项斗争，有了丰富的经验，有成功的，有失败的。无数客观外界的现象通过人的眼、耳、鼻、舌、身这五个官能反映到自己的头脑中来，开始是感性认识。这种感性认识的材料

> 积累多了，就会产生一个飞跃，变成了理性认识，这就是思想。这是一个认识过程。这是整个认识过程的第一个阶段，即由客观物质到主观精神的阶段，由存在到思想的阶段。

请注意文段中画线的一句话。这句话概括地表达了作者的思想观点。如何理解“社会存在”？要看前一句话，即“三项实践”；如何理解“决定人们的思想”中的“决定”？即“社会存在”是怎样“决定人们的思想”的？为此，你要看后面几句话，尤其是“无数客观外界……这就是思想”这一句，因为它把“决定”的过程说清楚了。这句话为什么要安排在这里，而不放在开头或是结尾？这是表达思路决定的：开头设问，引出结论，继之用这句话加以概括，仍然是作结论。作者把结论摆在开头写，有突出、强调的意思；虽都是写结论，但回答问句的内容写得具体，画线句则高度概括，先具体，后概括，自然妥帖。接下来就是说理分析了，即回答“社会存在”“决定”“思想”的过程与特点。由此可见，这画线句不仅是对前面内容的总结，也是对后面分析内容的提领。瞻前顾后，才能完整而具体地理解这一句话的真正内涵。

三、欣赏和积累含义深刻、风格各异的精彩语句

在阅读过程中，我们要把语句放在文章的大语境中理解，这样才能准确地理解其深刻的含义。由于我们对文章内容比较熟悉，加之有些语句也具有独立欣赏的价值，同时也是为了我们积累典范语言材料的需要，因此，我们也可以在结合文章理解语句深意的前提下，把重点语句“抽”出来，作为独立的欣赏对象，抄记在“美言佳句本”上。这是不少同学学习语言的成功经验，建议你不妨一试。

我们知道，古诗文由于篇幅短小，便于背诵，因此应着眼于全篇

的记忆；现代文篇幅长，散句多，记忆难度大，不适宜全篇背诵（少数短小精悍者，另当别论），因此，抄记一部分精彩段落或语句，就显得很有必要了。例如鲁迅先生《故乡》中的一段名言，是应该背诵或抄录下来以备欣赏的：

> 我在朦胧中，眼前展开一片海边碧绿的沙地来，上面深蓝的天空中挂着一轮金黄的圆月。我想：希望是本无所谓有，无所谓无的。这正如地上的路；其实地上本没有路，走的人多了，也便成了路。

像这样的名言警句，单独记忆，并不妨碍对其内容的理解，应该使之烂熟于心；就像一颗颗种子埋在心灵的沃土中，积少成多，相互融合，在适当的时候，它们就化为你的语言血肉，开出灿烂的语言之花。很多人出口成章，语言典雅，说理透辟，描述生动，往往得益于此。

从欣赏的角度说，要根据不同体裁作品的特点，确定欣赏重点语句的侧重点。

欣赏记叙类作品的语句，重在内在感情的挖掘。不论是记人作品还是叙事作品，不论是写景作品还是状物作品，“情”总是它们的内核，因此要扣住一个“情”字来体味。也有的作品，其语句深含哲理，但这个“理”不是空洞的，它与“情”融为一体，“情”始终是闪光的底色。例如朱自清《春》中的一段名言：

> 天上风筝渐渐多了，地上孩子也多了。城里乡下，家家户户，老老小小，也赶趟儿似的，一个个都出来了。舒活舒活筋骨，抖擞抖擞精神，各做各的一份儿事去。“一年之计在于春”，刚起头儿，有的是工夫，有的是希望。
>
> 春天像刚落地的娃娃，从头到脚都是新的，它生长着。

> 春天像小姑娘，花枝招展的，笑着，走着。
>
> 春天像健壮的青年，有铁一般的胳膊和腰脚，领着我们上前去。

作者无比深情地礼赞春天，把春天比作“刚落地的娃娃”，旨在赞颂春天富有无穷无尽的生命力；把春天比作“小姑娘”，旨在赞颂春天形象的美好与多情；把春天比作“健壮的青年”，旨在赞颂春天给人以力量，催人奋发向上。作者由描春到赞春，都是沿着一条感情线索而发展的：愿人们热爱春天，更要在春天里得到启示，看到希望，吸取力量。

欣赏议论类作品的语句，重在思想观点的分析。议论文是发表观点与看法的。有些语句或段落，说理透辟，入木三分，思路清晰，逻辑性强，我们要分析其特点，把握其思想实质。例如鲁迅先生的《拿来主义》中的一段话：

> 所以我们要运用脑髓，放出眼光，自己来拿！
>
> 譬如罢，我们之中的一个穷青年，因为祖上的阴功（姑且让我这么说说罢），得了一所大宅子，且不问他是骗来的，抢来的，或合法继承的，或是做了女婿换来的。那么，怎么办呢？我想，首先是不管三七二十一，“拿来”！但是，如果反对这宅子的旧主人，怕给他的东西染污了，徘徊不敢走进门，是孱头；勃然大怒，放一把火烧光，算是保存自己的清白，则是昏蛋。不过因为原是羡慕这宅子的旧主人的，而这回接受一切，欣欣然的蹩进卧室，大吸剩下的鸦片，那当然更是废物。“拿来主义”者是全不这样的。
>
> 他占有，挑选。看见鱼翅，并不就抛在路上以显其“平民化”，只要有养料，也和朋友们像萝卜白菜一样的吃掉，只不用它来宴大宾；看见鸦

> 片，也不当众摔在毛厕里，以见其彻底革命，只送到药房里去，以供治病之用，却不弄“出售存膏，售完即止”的玄虚。只有烟枪和烟灯，虽然形式和印度，波斯，阿剌伯的烟具都不同，确可以算是一种国粹，倘使背着周游世界，一定会有人看，但我想，除了送一点进博物馆之外，其余的是大可以毁掉的了。还有一群姨太太，也大以请她们各自走散为是，要不然，“拿来主义”怕未免有些危机。
>
> 总之，我们要拿来。我们要或使用，或存放，或毁灭。那么，主人是新主人，宅子也就会成为新宅子。然而首先要这人沉着，勇猛，有辨别，不自私。没有拿来的，人不能自成为新人，没有拿来的，文艺不能自成为新文艺。

第1~3段是形象化阐释，最后一段是概括作结，我们要欣赏和背记这一段文字。“总之”，表示承上概括；“我们要拿来”是基本主张；继之作者用“我们要或使用，或存放，或毁灭”进一步说明“拿来”后采取的应有态度和措施，然后推出结果：“主人是新主人，宅子也就会成为新宅子。”你看，这三句话，环环相扣，显得多么连贯而又严密！“或使用，或存放，或毁灭”中的三个“或”字能否去掉？不能，它表明有三种办法，要选择使用；“主人是新主人，宅子也就会成为新宅子”中的“也就会成为”能否用“是”来代替？不能，因为“主人”成为“新主人”是前提，只有主人“新”，“宅子”才会“新”，这种既陈述条件，又说明因果的句间关系体现了非常严密的逻辑性。这段话的末尾，用对偶句式总结，意深，理明，句美。

欣赏说明类作品的语句，重在准确性的把握。说明文的要求和特点都是一个“明”字；“明”除了在思路、方法、结构上体现外，更主要的是在说明语言上体现出来；而说明语言的“明”又主要表现为准确。因此，把握说明语言准确表达意义的特点是我们欣赏的侧重点。例如叶圣陶《苏州园林》中的一段文字：

> 苏州园林里的门和窗，图案设计和雕镂琢磨工夫都是工艺美术的上品。大致说来，那些门和窗尽量工细而决不庸俗，即使简朴而别具匠心。四扇，八扇，十二扇，综合起来看，谁都要赞叹这是高度的图案美。摄影家挺喜欢这些门和窗，他们斟酌着光和影，摄成称心满意的照片。

说“工细”用了“尽量”一词，很有分寸，因为“工细”是没有极限的，只能尽量追求完美、细致。如果把“尽量”换作“极其”，则有夸大不实之嫌了。说“不庸俗”用了一个“决”字，表明程度，即一点也不庸俗。“庸俗”是低级的，完全可以避免，用“决不”，人们信服。“谁都要”指“所有的人都要”，指所有的人都会赞叹；“高度”修饰图案美，与前边“尽量工细而决不庸俗”相照应；“斟酌着光和影”，表明“斟酌”的对象是“光和影”，这里的“斟酌”是“考虑如何更好地利用”的意思，既说明了摄影家的工作态度，也显示了摄影家的心理；图案非常美，如果光与影不选择好，则反而影响了图案的表现。你看，这些加点的词句，无一不是有分寸的，无一不是非用不可的。写到这一步，“明”的目的才算达到了。

最后从积累角度，谈谈分类摘抄的事。

背诵是一种积累，但量有限；分类摘抄是比较切实可行的办法。

你可以按表达方式分类抄记，如叙述、描写、议论、说明、抒情等类别，每类均抄录一些典范例句；也可按内容分类，如写景、状物、记人、叙事、议论和说明等类别；还可以有其他一些分类方法，由你选用即可。

洞悉文章各部分之间的联系
——段落、层次及其关系

每一篇好文章都有其充实的内容。内容怎样有序地表达，遵循一定的逻辑，取决于结构的安排。因此，文章的内容与表达内容的结构形式是有机联系着的。把握内容，常常要从结构形式上入手；分析结构，也必须结合内容来思考。基于此，我跟你谈谈在阅读过程中为什么要洞悉文章各部分之间的联系及怎样分析结构、应遵循哪些要求等问题。

人们都说“文无定法”。从结构上讲，这句话也就是指文章的结构没有一个“定体”，应是自由灵活的；但是，结构形式不论怎样自由灵活地安排，一些基本要素总是有的，如层次、段落，任何文章都有。因此，我们这里讨论结构主要是讨论层次、段落。

一、什么是层次和段落

层次，指的是文章思想内容的表现次序。事物发展总是有阶段的；人们认识事物，表达内容也有一个先后次序和过程。这里讲的“阶段”“次序”反映在文章中，就是层次。层次，有时人们又把它叫作“意义段”或“部分”（如说全文可分几大部分等）；有的时候，人们又把一段中意义相对集中的部分称为层次（如这一段可分几层等）。不管是分大层次（全文的“部分”），还是分段落中的小层次，层次的特点是不变的，即它体现着作者思想及文章内容逐步发展与变化的步骤。

段落，有多种说法。一般是指构成文章的最小单位，具有“换行”的明显标志，是文章思想内容在表达时由于转折、强调、间歇等情况所造成的文字停顿。因此，人们习惯上把段落叫作“自然段”。当然，也有的人把段落说成“部分”，既用它指自然段，也用它指意义段。这也未尝不可，不过在使用时要有一致的标准和原则。部分指什么？段落指什么？要搞清楚，不能交叉、混乱地使用名称；还是按照段落、层次的通用的说法稳当。

层次和段落，关系密切。有时，关系是一致的，即段落的划分正好反映了文章内容的层次，如某篇文章有三段，正好分成三个层次（或叫三个“部分”）。更多的情况，层次包容段落（也即一个“部分”由若干自然段组成）。

二、为什么要认识段落、划分层次

1. 是理解文章内容的需要。读文章，必须理解内容；理解内容，固然有很多方法，但认识段落、划分层次毕竟是主要途径。就一篇文章而言，你要知道开头写了什么，中间写了什么，结尾写了什么；也要知道为什么要先写这部分内容而后写那部分内容。要知道这些，一方面从自然段上直接看出来，一方面可从“部分”划分上看出来。即使是对某一自然段中内容的理解，划分其中的“小层次”也是非常必要的。例如吴伯箫《记一辆纺车》中的一段：

> 纺线，劳动量并不太小，纺久了会腰酸胳膊疼；不过在刻苦学习和紧张工作的间隙里纺线，除了经济上对敌斗争的意义而外，也是一种很有兴趣的生活。纺线的时候，眼看着匀净的毛线或者棉纱从拇指和食指之间的毛卷里或者棉条里抽出来，又细又长，连绵不断，简直有艺术创作的

> 快感。摇动的车轮，旋转的锭子，争着发出嗡嗡、嘤嘤的声音，像演奏弦乐，像轻轻地唱歌。那有节奏的乐音和歌声是和谐的，优美的。

仔细阅读，你就会发现，作者先总括地写“纺线”虽然有时很累，但“也是一种很有兴趣的生活”；然后从两个方面来具体说明“兴趣”所在：一是抽线时“简直有艺术创作的快感”，二是发出的声音像乐音和歌声那样“和谐”“优美”。依此可分作两小层：第一层总说，第二层分说。由于划分了“小层次”，你对内容的认识与理解就更具体、细致了。

读段落如此，读一篇长文更应如此。文章篇幅长，表明内容丰富。如何了解内容的差异和不同，划分“部分”（也即“大层次”）就显得非常必要了。

2. 是把握作者思路、认识其构思匠心的需要。前边说过，层次是作者认识问题、表达思想步骤的反映。作者为什么要这样写而不那样写，总是有自己的考虑的。作者在心里想的问题，通过文章体现出来；我们通过分析，就知道他的构思奥妙和内在原因了。分析一篇文章的层次、段落可以窥到作者的写作思路与构思匠心。有时分析一个段落的小层次也能达到这个目的，例如魏巍《我的老师》中的一段文字：

> ① 有一件小事，我不知道还值不值得提它，但回想起来，在那时却占据过我的心灵。② 我父亲那时候在军阀部队里，好几年没有回来，我跟母亲非常牵挂他，不知道他的死活。③ 我的母亲常常站在一张褪了色的神像面前焚起香来，把两个有象征记号的字条卷着埋在香炉里，然后磕了头，抽出一个来卜问吉凶。④ 我虽不像母亲那样，也略略懂了些事。⑤ 可是在孩子群中，我的那些小“反对派”们，常常在我的耳边猛喊：“哎哟

> 哟，你爹回不来了哟，他吃了炮子儿啰！”⑥ 那时的我，真好像父亲死了似的那么悲伤。⑦ 这时候蔡老师援助了我，批评了我的“反对派”们，还写了一封信劝慰我，说我是“心清如水的学生”。⑧ 一个老师排除孩子世界里的一件小小的纠纷，是多么平常；可是回想起来，那时候我却觉得是给了我莫大的支持！⑨ 在一个孩子的眼睛里，他的老师是多么慈爱，多么公平，多么伟大的人呵。

这段内容由九句话组成。第①句是总领句，点明有一件事占据过我的心灵。究竟是什么事呢？作者用②③④⑤⑥⑦六句话交代，先说自己因“父亲”不在家而遭到欺负；再写老师“援助”我，安慰我；最后用⑧⑨句谈感慨，抒发情感。由此，我们可以把这段文字分为三层：第①句为第一层；第②③④⑤⑥⑦为第二层；⑧⑨两句为第三层。由这个层次，我们也就看清了作者的思路了，即“引出话题→交代原委→议论抒情”。这个思路是按照事情发生过程确定的：先有遭受欺负一事，才有得到老师安慰一事。事情本来就是这样发展的，叙述时不能颠倒。这个思路也体现了作者的艺术匠心。是先写事，后议论；还是先议论，后写事，没有硬性规定。有的文章往往是先议论，谈感慨，然后再叙事。而本段文字则是先交代事情，再议论抒情。这样写有它的好处，即先让读者了解事情原委，自觉产生对“老师”的好感，再读议论与抒情文字，产生的共鸣就更加强烈。如果倒过来写，先在“占据过我的心灵”之后进行议论和抒情，再交代事情原委，一则显得突兀，不自然；二则读者的共鸣感就要大为减弱；三则就内容来说，也有头重脚轻之嫌。本文以叙为主，应突出“事”。

3. 是培养逻辑思维能力，利于组织说话和作文的需要。阅读优秀作品，目的之一就是提高自己的表达能力。每一篇优秀文章都在告诉我们话应该怎么说，文章应该怎么写。借鉴之处当然很多，除语言、思想外，章法特点、结构艺术自然也是学习的重点；吸取其精华，为我所用，无论是说话，还是作文，组织内容的能力都会有所提高。比如说话，有的同学说到重要内容，不注意“停顿”，一口气说完，以至于听者分不出主次；比如作文，有的同学不善于分段表述，习惯于开头一段，中间一段，结尾一段，以致把文章写成了“老三段”，既没有突出重点，又显得呆板僵化。如果我们注意研究一些范例的分段艺术，就会得到启发。例如鲁迅先生《一件小事》的开头部分：

> 我从乡下跑到京城里，一转眼已经六年了。其间耳闻目睹的所谓国家大事，算起来也很不少；但在我心里，都不留什么痕迹，倘要我寻出这些事的影响来说，便只是增长了我的坏脾气，——老实说，便是教我一天比一天的看不起人。
>
> 但有一件小事，却于我有意义，将我从坏脾气里拖开，使我至今忘记不得。

第2段内容并到第1段中，内容并不受影响，但作者还是有意另起一行，让“但有一件小事”的内容自成一段，目的很明显，就是突出“一件小事”，强调“我”的看法，引起读者的注意与思考。

不光鲁迅先生注意到了这样分段有利于思想感情的表达，许多作家也都是这样做的。比如茅盾在《白杨礼赞》中写道：

> 然而刹那间，要是你猛抬眼看见了前面远远有一排——不，或者只是三五株，一株，傲然地耸立，像哨兵似的树木的话，那你的恹恹欲睡的情绪又将如何？我那时是惊奇地叫了一声的。
>
> 那就是白杨树，西北极普通的一种树，然而实在是不平凡的一种树。

第1段写一种“像哨兵似的树木”，到底是什么树？没有回答。根据文意的连贯性特点，第2段是回答第1段的，可以放到第1段中。然而作者有意打破这种连贯，让回答的文字另成一段，显然起到了突出白杨树形象、强调作者真切感受的作用。

我们有些同学说话或作文，往往有这样的毛病：许多事情或观点、看法裹在一起表达，一会儿说这，一会儿说那，一会儿又回到已经说过的内容上来，像一团乱麻，扯都扯不开，分也分不清。有的同学还以为这是表达技巧不够所致。其实，这不是技巧问题，而是思路不清、思维不明造成的。想问题，要一个一个地想，思而有序；表达时，也应一层一层地表达，写而有序。思维清晰，说的话、写的文章也就给人以条分缕析之感。许多好文章在这方面为我们做出了样子，其组织内容的逻辑性和分析表达的条理性值得我们学习。例如胡绳同志的《想和做》一文的前半部分：

> 有些人只会空想，不会做事。他们凭空想了许多念头，滔滔不绝地说了许多空话，可是从来没认真做过一件事。
>
> 也有些人只顾做事，不动脑筋。他们一天忙到晚，做他们一向做惯的或者别人要他们做的事情。他们做事的方法只是根据自己的习惯，或者别人的命令，或一般人的通例。自己一向这样做，别人要他们这样做，一般人都这样做，他们就“依葫芦画瓢”，照样做去。到底为什么要做这件事，为什么要这样做，有没有更好的办法，他们从来不想一想。
>
> 我们瞧不起前一种人，说他们是“空想家”，可是往往赞美后一种人，说他们能够“埋头苦干”。能够苦干固然是好的，但是只顾埋着头，不肯动动脑筋来想想自己做的事情，其实并不值得赞美。
>
> 这种埋头做事不动脑筋的人简直是——说得不客气一点——跟牛马一样。拉磨的牛成年累月

地在鞭子下绕着石磨转，永远不会想一想为什么要做这件事，为什么要这样做，有没有更好的办法。能够这样想的只有人。人在劳动中不断地动脑筋，想办法，才清清楚楚地知道自己做这件事为什么目的，有什么意义，有什么缺点，才渐渐想出节省劳力，增加效率的方法。人类能够这样劳动，能够一面做，一面想，所以文化能够不断地进步。要不，今天的人类就只能像几万年以前的人类一样，过着最原始最简单的生活了。

一事不做，凭空设想，那是“空想”。不动脑筋，埋头苦干，那是“死做”。无论什么事情，工作也好，学习也好，“空想”和“死做”都不会得到进步。想和做是分不开的，一定要联结起来。

第1、2段分别写了两种人的思想行为：一是“只会空想，不会做事”；二是“只顾做事，不动脑筋”，各成一段，均较突出。第3、4段是承接内容的。“瞧不起前一种人”说得少些，因为大家都知道“空想家”不好，没有思想认识上的障碍，因此点明一下即可；对“只顾做事，不动脑筋”作了比较详细的分析评论，意在澄清错误认识。从内容表述特点上看，作者这样分述，采用的是双起单承的写法，即先提出两种人的两种表现（双起），然后对两种表现进行评论，得出一个明确的认识（单承）。按照这种先起后承的路子写，显得条理清楚、层次分明、连贯性很强。从逻辑思维上讲，这是一种归纳推理，即先指出两种思想行为，然后展开分析，最后得出结论，从而使文章体现出分析全面、准确，结论周到、严密的特点。

三、
怎样分析文章的段落和层次

1. 根据文章的写作顺序分析段落层次。文章的写作顺序大致有三种：一是以时间为序，二是以空间为序，三是以事物存在的逻辑、事理形成逻辑及人们的认识过程为序。根据这几种顺序特点，我们可以分清内容层次上的差别。

有的文章是按照时间顺序写的，只要抓住时间词，就可看出因时间有了变化，所写的内容也有了变化。看清“变化”，层次也就分清了。请阅读下文：

夜莺之歌

［苏］皮·茨维尔卡

战斗刚刚结束，一小队德国兵进了村庄。街道两旁尽是黑色的瓦砾，烧焦的树木垂头丧气地弯着腰。

夜莺的歌声打破了夏日的沉寂。这歌声停了一会儿就又响起来，越来越有劲。

士兵们和中尉注意听着，看看周围的灌木丛，又望望道旁的白桦树。他们突然发现就在很近很近的地方，有个孩子坐在河沟边，搭拉着两条腿。他光着头，穿一件颜色跟树叶差不多的绿上衣，拿着一块木头，不知道正在削什么。

“喂，你来！”中尉用生硬的俄国话叫那孩子。

那个孩子赶紧把小刀放到衣袋里，抖了抖粘在上衣上的木屑，走到军官跟前来。

“喂，让我看看！”德国军官说。

孩子从嘴里掏出一个小玩意儿，递给他，快活的蓝眼睛望着他。

那是个白桦树皮做的口哨。

“这玩意儿你做得还不错。”中尉点点头，他阴沉的脸上露出一丝冷笑，“谁教你这样吹哨子的？”

“我自己学的。我还会学杜鹃叫呢。”

孩子学了几声杜鹃叫。接着，他又把哨子塞到嘴里吹起来。

“村子里就剩你一个吗?”中尉继续盘问他，并且把望远镜举到眼睛前。

“怎么会就剩我一个？这里有麻雀、乌鸦、鹧鸪，多着呢，夜莺倒是只有一个!”

“你这个坏家伙!”中尉打断孩子的话，“我是问你这里有没有人。”

“人哪？战争一开始，这里就没有人了。”孩子不慌不忙地回答。……

……

“喂，你认识往苏蒙塔斯村去的路吗?”

“怎么会不认识，”孩子很有信心地回答，“那里有个磨坊，我常到磨坊附近的坝上去钓鱼。那儿的狗鱼可凶呢，能吃小鹅!”

“好啦，好啦，带我们去吧。要是你带得对，我就把这个小东西送给你。”中尉说着，指了指他的打火机。“要是你把我们带到别处去，我就把你的脑袋扭下来。听懂了吗?”

队伍出发了，行军灶打头，后边是孩子和中尉并排走着。孩子有时候学夜莺唱，有时候学杜鹃叫，胳膊一甩一甩地打路旁的树枝，或者弯下腰去拾球果，或者用脚把球果踢起来。他好像把跟在身边的敌人完全忘了。

森林越来越密。那弯弯曲曲的小道穿过茂密的白桦林，穿过杂草丛生的空地，又到长满云杉的小山上去了。

树林深处，有几个游击队员埋伏在那里，树旁架着冲锋枪。他们从云杉树枝缝里向外望，能够看见那曲折的小路。他们不时说几句简单的话，小心地拨开树枝，聚精会神地望着远方。

“你们听见了吗？”一个游击队员突然说。远处好像一种什么鸟在叫，随着风吹云杉的细碎声模模糊糊地传来。他伸直了腰，侧着头，往叫声那边听。“夜莺！”

“你没听错吗？”另一个游击队员问。先说话的那个人紧张起来，再仔细听，可又什么也听不见了。不过他还是从大树桩子下边掏出四个手榴弹来，放在面前，准备战斗。

“现在你们听见了没有？”

夜莺的歌声越来越响了。

先听到夜莺叫的那个人呆呆地站着，好像钉在那里似的。他慢慢地数，“一，二，三，四……”一边数一边用手打着拍子。

“32个鬼子……”那个人注意数着一声一声的鸟叫，最后说。只有游击队员才知道这鸟叫的意思。夜莺的叫声停止了，接着传来两声杜鹃叫。“两挺机关枪。”他又补充说。

“对付得了！”一个满脸胡子的汉子端着冲锋枪说，说完，理了理挂在腰间的子弹带。

“对付得了！”先听到鸟叫的那个人回答说，“我和斯切潘把他们放过去，等你们开了火，我们在后边阻击。如果我们出了什么事，你们可不要忘了小夜莺……”

过了几分钟，德国兵在云杉林后边出现了。夜莺还是兴致勃勃地唱着，但是那歌声的意思游击队员早已知道了。

德国兵走进云杉林的时候，树林深处突然发出一声口哨响，像回声一样回答了孩子。孩子突

> 然转了个身，钻进树林深处，不见了。枪声打破了林中的寂静。中尉还没来得及抓起手枪，就滚到路边去了。被冲锋枪打伤的德国兵一个跟一个地倒下了。德国兵的呻吟声，叫喊声，游击队的喊杀声，一时充满了树林。
>
> 第二天，孩子又穿着那件绿上衣，坐在河沟边削什么东西，并且不时回过头去，望望几条到村子去的道路，好像在等候谁似的。从孩子的嘴里飞出婉转的夜莺的歌声。这歌声，即使是听惯夜莺叫的人也分不出跟真的叫声有什么两样。

文章可分作四层。第一层从开头到“听懂了吗”止，写在“战斗刚刚结束”后的一段时间里“孩子”与“德国兵”的对话，“德国兵”要“孩子”带路。第二层从“队伍出发了”到“你们可不要忘了小夜莺”止，从另一方面写“游击队员”根据“夜莺”的叫声判断敌情。第三层从“过了几分钟”到“一时充满了树林”止，写伏击战的胜利。最后一段是第四层，写“第二天”“孩子”继续担任情报员工作，开始了新的斗争。

根据空间顺序划分层次与根据时间顺序划分层次的要领差不多，主要是抓表明空间变换的词句来分析。比如《人民英雄永垂不朽》一文，先写一进入天安门广场向南远望的印象；继之，写登上第二层平台近观碑身的情景；接着细细瞻仰碑身四周的浮雕，由东而南，由南而西，由西而北。作者立足的“方位”每一转换，文章内容就进入新的层次。

由时间顺序、空间顺序来认识文章层次并不难，只要通读全文，找出相关的语句，并看清内容变化就能把握。难度大的是根据事物存在的逻辑、事理形成逻辑及人们的认识过程的顺序来分析段落层次。有的文章并没有涉及时空变化，而是按存在的形式写。比如介绍一座桥的结构，不是介绍上边看如何，下边看如何，东边看如何，西边看如何，而是介绍桥梁、桥面、桥墩等内容，使你对整座桥的各个

“部分”以及由各个“部分”组合而成的“整体”有一个明确了解。有的文章也不是从结构形式上依顺序来写，而是分析某种道理形成过程的，比如写“花儿为什么这样红”，着眼于“为什么”，说成因。又比如写某种思想观点，着眼于分析观点的正误，以及对正确观点的步步推导、论证。分析这类文章的层次，必须抓住“事理”形成的阶段及作者对事理的分析过程来思考。还有不少文章是按照认识过程来写的，由认识过程的变化体现思想感情的变化。典型的例子如杨朔的散文《荔枝蜜》，先写“我”不喜欢蜜蜂；继而写由喝蜜而“动情”，想去看看它；接着写老梁赞扬蜜蜂的话，使“我”心中“不禁一颤”，有所感悟；最后由物及人，写作者思想感情的升华，讴歌辛勤劳作的人，抒发自己的志向。文章内容层次就是思想感情变化的层次，起伏跌宕，显豁自然。

2. 根据文章中材料的性质分析段落层次。作者写文章，为了表现主题往往要用到丰富多彩的材料。在使用材料时，总是要按性质分类，相同的归到一起，写到一个层次中，使性质相同的材料能合起来共同担负表现主题的任务。作者写文章有意作此安排，我们读文章自然也要看出这种安排。如此，文章的层次也就看清楚了。例如《人民的勤务员》一文：

> “人的生命是有限的，可是，为人民服务是无限的。我要把有限的生命，投入到无限的为人民服务之中去。”
>
> 这是雷锋的崇高愿望。他寻找一切机会为人民服务，把生命的每一分钟都献给了党，献给了人民。
>
> 一天，雷锋因公出差，踏上了从抚顺开往沈阳的列车。他看到旅客很多，把自己的座位让给一位老人。他帮列车员扫地板，擦玻璃，收拾小桌子，给旅客倒水，帮妇女抱孩子，给老年人找座位，帮助中途下车的旅客拿东西。一些旅客看

他累得满头汗，不住地招呼他歇歇，他总是说："我不累。"

为人民服务，雷锋是永远不知道累的。

到沈阳换车的时候，雷锋出了检票口，发现一个背着小孩的中年妇女丢了车票，正着急地把所有的衣袋翻了一遍又一遍，就上前问道：

"大嫂，你把车票丢了？"

"俺从山东来，到吉林去看望孩子他爹，不知啥时候把车票和钱都丢了。"

雷锋摸摸自己的衣袋，说："大嫂，别着急，跟我来吧。"

那中年妇女跟着雷锋来到售票处。雷锋用自己的津贴费补了一张车票，塞到她手里，说："大嫂，快拿着上车吧，车快开了。"

那大嫂看着手中的车票，眼里含着热泪说："大兄弟，你叫什么名字？是哪个单位的？"

雷锋笑了笑，心想这大嫂真有意思，大概还想还钱呢，就说："大嫂，别问了，我叫解放军，就住在中国。"

那中年妇女满心欢喜地朝着检票口走去，还不住地回头向雷锋招手。

雷锋从丹东出差回来，早晨五点多在沈阳换车。他过地下道时，在熙熙攘攘的人流中，看见一位白发苍苍的老大娘，拄着棍，背个大包袱吃力地走着。

"大娘，您到哪里去？"雷锋赶上前去问道。

"俺从关内来，到抚顺去看儿子。"老人喘着气说。

雷锋一听，跟自己是同路，立刻把包袱接过来，一手扶着老人，说："走，大娘，我送您到抚顺。"

雷锋扶着老人上了车，车厢里已经坐满了人。他正想给老人找个座位，身边有个学生站起来，让老人坐下了。雷锋就站在老人身边。

他问老人的儿子是干什么的，住在哪里。老人说，她儿子是个工人，出来好几年了，她是第一次去抚顺。老人掏出一封信，递给雷锋。雷锋了解老人找儿子的急切心情，就说：

“大娘，您放心，我一定帮您找。”

火车进了抚顺站，雷锋背起老人的包袱，扶着老人下了车。在大街上东打听，西打听，找了两个多小时，终于帮助老人找到了儿子。母子见了面，老人第一句话就说：

“要不是这孩子送我，娘怕还找不到你呢。”

老人的儿子拉住雷锋的手说：“同志，谢谢你呀！”

“谢什么，这是我应该做的。”

雷锋走时，母子俩送出了很远很远。

一个阴云密布的傍晚，雷锋刚擦洗完汽车，突然下起雨来。雷锋连忙跳上车去，正拉着帆布盖车，一抬头，发现公路上有个妇女带着两个孩子，怀里抱着个小的，手里拉着个大的，肩上还背着个包袱，在大雨中一步一滑地走着。雷锋想：这不把孩子淋病了吗？他赶忙盖好车，迎上前去。一打听，知道那妇女是从哈尔滨探亲回来，刚下火车，要到樟子沟去。

那妇女急切地说：“同志呀，雨把我都浇迷糊了，也不知往哪儿走了。”

雷锋心想，樟子沟离这还有十多里，天又快黑了，雨还哗哗地下着，这大嫂背着包袱，带着孩子，深一脚浅一脚地可怎么走啊？他赶忙对大嫂说："等一等，大嫂，我送你一程。"他回班交代了一下，转回来，把雨衣披在大嫂身上，又抱起那个大一点的孩子，冒着风雨朝前走去。他看到那孩子冻得直打哆嗦，又脱下军衣披在孩子身上，而他自己全身都浇透了。一直走了将近两个小时，才把他们母子送到家。大嫂含着热泪望着雷锋，好一会才一字一句地说：

"同志，我一辈子也忘不了你的情意啊。"

雷锋说："大嫂，咱们军民是一家嘛。"

大嫂一家人再三挽留他避避雨再走。雷锋想到明天还要照常出车，不能耽搁时间，就冒着风雨连夜赶回了驻地。

一九六一年夏天，雷锋到佳木斯执行任务。八月三日，他乘车回沈阳，照样扶老携幼，帮助列车员忙这忙那。第三包乘组的列车员小王见他一刻也不闲着，想起了在报纸上读过的雷锋事迹，眼前这个浓眉大眼的年轻战士会不会就是雷锋呢？他刚想上前问一问，列车已到了滨江站。外面下着大雨，装卸工人们都忙着盖站台上的行李。火车一停，雷锋就冒雨下了车，和装卸工人们一起干起来，一直干到开车铃响。小王见他上了车，衣服都淋透了，鞋上沾满了泥水，便上前问道：

"同志，你叫什么名字？"

"你问这个干什么？"雷锋笑着说。

"如果我没猜错的话，你就是雷锋同志。"

雷锋谦虚地微笑着说："雷锋也很平常。"

小王立刻把这件事告诉了列车长和其他列车员。大家都抽空跑来看望雷锋，和他交谈怎样学习毛主席著作，怎样为人民服务的体会。到了沈阳，旅客都下车了，雷锋又同列车员一起打扫完车厢，才离开车站。

人们都称赞说："雷锋出差一千里，好事做了一火车。"

一九六二年春节，同志们都愉快地在一起搞各种文娱活动。雷锋和大家打了一会儿乒乓球，心里却觉得有件什么事没做似的。原来他想到每逢年节，正是各种服务部门和运输部门最忙的时候。他请了假，直奔抚顺瓢儿屯车站，帮助打扫候车室，给旅客倒水，扶老携幼地帮旅客上车下车。车站上的同志以为雷锋又是趁出差的机会，在这里为大家服务，问道：

"雷锋同志，春节还出差吗？"

"是啊，春节你们太忙了，我来出个公差。"

车站上的同志感动地说："你辛苦了，休息休息吧。"

"做这点事累不着。"

雷锋就是这样永不停息地为人民做好事，难怪人们一见到为人民做好事的，就自然而然地想起了雷锋。

毛主席说："一个人做点好事并不难，难的是一辈子做好事，不做坏事，一贯的有益于广大群众，一贯的有益于青年，一贯的有益于革命，艰苦奋斗几十年如一日，这才是最难最难的呵！"雷锋正是按照毛主席的教导去做的。他在日记中写道：

"我觉得一个真正的革命者，他是大公无私的，所作所为，都是对人民有益的，他的责任是没有边的。"

这篇文章材料丰富，除开头和结尾引用了几则材料外，主要写了五件事。这五件事能不能分成不同的层次？这要看所叙之事的内容性质是否相同。第一件事写雷锋帮助一位大嫂补买车票。第二件事写雷锋帮助一位老大娘找儿子。第三件事写雷锋雨夜送“母子”回家。第四件事写雷锋帮助车站装卸工“盖站台上的行李”。第五件事写雷锋春节期间到车站做服务工作。这五件事的性质都是一样的，共同反映了雷锋时时处处为人民做好事的优秀品质。因此，尽管五件事所占篇幅较长，也必须归为一个层次。而开头段引用雷锋的话，揭示了雷锋的思想内核；文末引用毛主席的话，旨在评价人物，其内容性质与五件事的性质有区别。因此，文章宜分作三层，即第一层（1、2 段）引出话题，点明雷锋的优秀品质及其思想基础；最后两段，照应开头，同时也是对所叙内容的总结，为第三层；中间内容（五件事）为第二层，重在以事写人，表现雷锋的语言和行动。

3. 注意文章中的过渡性段落、句子或词语，由这些语言“标志”来判定内容层次。一般说来，内容发生转换，作者总是要用一些起过渡作用的语句表示的。这些语句一般都处于两个层次的连接点上。因此，找到它们，有助于内容层次的划分。例如《大自然的语言》中的文字：

> 物候观测使用的是“活的仪器”，是活生生的生物。它比气象仪器复杂得多，灵敏得多。物候观测的数据反映气温、湿度等气候条件的综合，也反映气候条件对于生物的影响。应用在农事活动，比较简便，容易掌握。物候对于农业的重要性就在这里。下面是一个例子。
>
> 北京的物候记录，一九六二年的山桃、杏花、苹果、榆叶梅、西府海棠、丁香、刺槐的花期比一九六一年迟十天左右，比一九六〇年迟五六天。根据这些物候观测资料，可以判断北京地区一九六二年农业季节来得较晚。而那年春初种的花生等作物仍然是按照往年日期播种的，结果受到低温的损害。如果能注意到物候延迟，选择适宜的

> 播种日期，这种损失就可能避免。
>
> 物候现象的来临决定于哪些因素呢?
>
> 首先是纬度。越往北桃花开得越迟，候鸟也来得越晚。值得指出的是物候现象南北差异的日数因季节的差别而不同。我国大陆性气候显著，冬冷夏热。冬季南北温度悬殊，夏季却相差不大。……
>
> 经度的差异是影响物候的第二个因素。……
>
> 影响物候的第三个因素是高下的差异。……
>
> 此外，物候观象来临的迟早还有古今的差异。……

文中画线句就是一个过渡句，作者让它独立成为一段，意在告知读者：以下内容将说明“决定”物候现象来临的几个“因素”，在内容上进入了一个新的层次。

要说明的是，过渡性语句常见的有以下几种形式：

一是利用关联词语连接，例如，“因此”“然而”“总而言之”“由此可见”“事实证明”等。

二是用一句话，例如提出问题等，引出下文。

三是承上启下，先总结上文的意思，再导入下文。这是应用得比较多的一种方法。

一篇文章之中，每一段既相对独立，又和其他段相互联系。过渡性语句虽然不是文章的主体部分，但它们是不可缺少的。阅读时注意这些地方，就容易理解全文的脉络，划分内容层次。

四、最要紧的，是要探究段落层次之间的关系

要知道，分析段落层次是理解文章的一个途径，本身不是目的。

在划分段落层次的过程中，固然要思考这些内容是一个层次、那些内容是一个层次的理由与原因；更要思考这一层次内容与那一层次内容之间究竟是什么关系，作者为什么要先写这一层次内容而后写那一层次内容，以及如此安排层次的优势所在。下面几个具体要求是不能忽视的。

1. 要思考内容层次的先后关系。这部分为什么写在前？那部分为什么写在后？前后能否互换？为什么？把这些问题弄清楚了，就能看出作者如此安排内容层次的意图。请读巴甫洛夫《给青年们的一封信》中的文字：

> 我对于我国献身科学的青年们的希望是什么呢？
>
> 第一，要循序渐进。我一谈到卓著成效的科学工作所应具备的这个最重要的条件，心情就不能不激动。循序渐进，循序渐进，再循序渐进。你们从一开始工作起，就要在积累知识方面养成严格的循序渐进的习惯。
>
> 你们想要攀登到科学的顶峰，应该先通晓科学的初步知识。前面的东西如果没有领会，就决不要动手去搞后面的。决不要企图掩饰自己知识上的缺陷，即使用最大胆的推测和假设去掩饰，也是要不得的。不论这种肥皂泡的色彩看起来多么悦目，它是必然要破裂的，你们除了惭愧以外，将一无所得。
>
> 你们要养成谨严和忍耐的习惯。要学会做科学中的琐碎工作。要研究事实，对比事实，积累事实。
>
> 不管鸟的翅膀多么完美，如果不凭借空气，鸟就永远不能飞到高空。事实就是科学家的空气。你们如果不凭借事实，就永远不能飞腾起来。没

有事实，那你们的“理论”就是徒劳。

但是在研究、实验和观察的时候，要力求不停留在事实的表面上。不要变成事实的保管人。要洞悉事实发生的奥秘。要坚持不懈地寻求那些支配事实的规律。

第二，要虚心。无论什么时候也不要以为自己已经知道了一切。不管人家对你们评价多么高，你们总要有勇气对自己说：我是个毫无知识的人。

不要让骄傲支配了你们。由于骄傲，你们会在应该同意的时候固执起来；由于骄傲，你们会拒绝有益的劝告和友好的帮助；而且，由于骄傲，你们会失掉客观的标准。

在我领导的这个集体里，互助气氛支配一切。我们大家为一种共同的事业而努力，每个人都凭他自己的力量和可能来推进这种共同事业。在我们这里，往往分辨不出哪是“我的”，哪是“你的”。这样，对于我们的共同事业只有好处。

内容层次你一眼就能看出来，作者说得很明白：“第一，要循序渐进”；“第二，要虚心”。现在要考虑的是“循序渐进”为何写在前，“要虚心”为何写在后，彼此能否互换。有的同学可能会说，作者已经这样写了，当然不必互换了。有的同学会想得深一些：作者看重“循序渐进”，自然先写。那么作者为什么要“看重”“循序渐进”呢？“要虚心”难道不也很重要吗？对此，是要进行透彻分析的。第一，要认识到，科学研究的第一关是怎样去做的，即必须在认识方法上解决问题。认识问题的路子走错了，态度越好，就错得越远。“虚心”是一种科学态度，是指人在取得成绩时应有的良好品德。试想，你连最基本的问题都没有解决，甚至有走错路的危险，成绩又从哪里谈起？成绩谈不上，又有何“虚心”可言？由此可见，作者先谈“循序渐进”，再谈“虚心”，是从进行科学研究应具备的条件的轻重来说的。第二，要从作者写作本文的针对性上分析。标题清楚地告诉我们，作者是在对青年说话，是在给立志献身科学的青年提要求。而青年科学工作者在科学研究工作中最重要的条件就是“循序渐进”。作者开门见山，直抓要害，把“循序渐进”作为第一条要求提出来，显然有突出、强调的作用，给人们的印象也最为深刻。

综上所述，我们可以看出，“循序渐进”是“虚心”的前提，“虚心”是“循序渐进”做好以后的进一步要求，作者这样写，符合事理关系。同时，作者针对青年科学工作者的实际，有意强调“循序渐进”，也体现了作者的基本意图。如果二者顺序互换，针对性就发生变化了。

2. 要思考内容层次的主次关系。先后关系往往也体现了主次关系，但有的文章内容层次安排，先写的层次是由事物或事理、认识的客观性决定的。比如写运动会，进场与开幕要先写，这是运动会发展过程所决定的；但是作者不一定以先写的层次为重点，而是把主要内容摆在后边，这是作者的写作意图、目的所决定的。研究内容层次的主次关系，对于我们从整体上把握文章主题与中心是非常必要的。例如许地山《落花生》这篇短文：

> 我们屋后有半亩隙地。母亲说：“让它荒芜着怪可惜，既然你们那么爱吃花生，就辟来做花生园罢。”我们几姊弟和几个小丫头都很喜欢——买种的买种，动土的动土，灌园的灌园；过不了几个月，居然收获了。
>
> 妈妈说：“今晚我们可以做一个收获节，也请你们爹爹来尝尝我们的新花生，如何？”我们都答应了。母亲把花生做成好几样的食品，还吩咐这节期要在园里的茅亭举行。
>
> 那晚上的天色不大好，可是爹爹也到来，实在很难得！爹爹说：“你们爱吃花生么？”
>
> 我们都争着答应：“爱！”

> “谁能把花生的好处说出来？”
>
> 姊姊说：“花生的气味很美。”
>
> 哥哥说：“花生可以制油。”
>
> 我说：“无论何等人都可以用贱价买它来吃；都喜欢吃它。这就是它的好处。”
>
> 爹爹说：“花生的用处固然很多，但有一样是很可贵的。这小小的豆不像那好看的苹果、桃子、石榴，把它们的果实悬在枝上，鲜红嫩绿的颜色，令人一望而发生羡慕的心。它只把果子埋在地底，等到成熟，才容人把它挖出来。你们偶然看见一棵花生瑟缩地长在地上，不能立刻辨出它有没有果实，非得等到你接触它才能知道。”
>
> 我们都说：“是的。”母亲也点点头。爹爹接下去说：“所以你们要像花生，因为它是有用的，不是伟大、好看的东西。”我说：“那么，人要做有用的人，不要做伟大、体面的人了。”爹爹说：“这是我对于你们的希望。”
>
> 我们谈到夜阑才散，所有花生食品虽然没有了，然而父亲的话现在还印在我心版上。

短文可分三个层次。第一层从开头到“还吩咐这节期要在园里的茅亭举行”止，写种花生得到收获，准备过“收获节”；第二层到“这是我对于你们的希望”止，写“我们”与“父亲”的交谈，得到教育；第三层（末尾一段），交代故事结束，点明“父亲”的话对“我”教育之深。这三层内容的顺序是按照事情起因、发展到结束的先后来安排的，不能任意倒过来。有了这个认识，我们还要考虑：三层内容的重点是什么？为什么要以此为重点？这个重点层次与其他次要内容有什么关系？

第一层是铺叙，交代事情的起因，大家喜气洋洋，品尝收获之乐。但这一层所讲的“收获”还是指花生这一实物，内容集中简洁，直奔“收获”做文章，至于是如何种花生的，花生的色香味如何，避开不提，显然，作者对这部分内容如此处理，是有意图的。第二层的内容，按一般情理，应写“吃花生”，而作者只字不谈“吃”，而是详细写对话，讨论花生之用，讨论花生的特点，讨论由花生而得到的启发、收获。第二层与第一层，内容不同，但层次关系密切。作者以“收获”为契机，焊接两层内容，先谈口味收获，再谈精神与认识上的收获。第一种收获是对实物的享受，第二种收获是对人的思索。由物到人，由所见所感到所思所悟，正是两个层次之间逐步深入，逐层递进的关系。没有第一层铺叙，文章就显得突兀；没有第二层深入，内容就显得肤浅。第三层简笔收束，在内容上有所强调，突出谈话的意义，仍然是紧扣第二层内容而来的。文章虽篇幅短小，但由于作者确定了主要内容，并且使各层之间紧密连贯又各有区别，因此，显得摇曳多姿，隽永深刻。

3. 要思考内容层次的详略关系。文章内容层次，从形态上看，有先有后；从体现意图、揭示主题上看，有主有次；从选择材料和章法安排上看，又是有详有略的。一般来说，详略是由主题决定的，凡充分揭示主题的层次，要详写；凡与主题关系不大的层次，略写甚至不写。但还有一种情况也要注意，这一层次与那一层次，都是服务并服从于主题的，在揭示主题上，都不可或缺。作者为什么也要写得有详有略呢？看来，这主要是从章法上考虑的。请读下面一篇短文：

骄必败

马铁丁

一个人总有他的长处和短处，优点和缺点；如果只看到自己的长处和优点，看不到自己的短处和缺点，“各以所长，相轻所短”，那么，任何人要骄傲，总能找到可以骄傲的地方。

有资历的人，以他的资历为骄傲；有文化的

人，以他的文化为骄傲；有实际工作经验的人，又以他的经验为骄傲。同一个人他可以对这个人表现这种骄傲，而对那个人又表现那种骄傲。比如说资历吧，骄傲的人会对资历比他浅的人说："当我吃小米、背背包、打游击的时候，你还小得很呢！"相反，他又会对资历比他深的人说："看你，参加工作这么些时候，还是那么不顶事。"言外之意是很明白的：顶事的自然只有他自己。

这个也不行，那个也不行，只有自己最行，是一切骄傲的人共同的特点。

既然自己最行，那么，优点固然是优点，至于缺点，据说也是可"爱"的。

笔者曾经遇到过这么一件事，有一位骄傲的人，严重地脱离群众。脱离群众总该不是什么优点吧？然而不然，当别人批评到他脱离群众时，他居然用这样的话来反驳：

"只有羊呀、猪呀才是成群结队，狮子老虎总是独来独往的。"请看，何等狂妄！把自己比成狮子、老虎，把别人比成猪、羊。其实，狮子、老虎固然有时是独来独往，刺猬、癞蛤蟆、蜘蛛又何尝不是独来独往。从这里可以看出骄傲的人思想上的片面性，一心情愿把自己向"好"的方面比。他们对自己的缺点，或者看不到，或者虽然看到，却对它的为害估计不足，或者索性把缺点也加以装饰、美化，仿佛是什么可"爱"的"宝贝"。

骄傲的人既然只看到自己的长处和优点，也就必然夸大个人的主观力量，认为只要他一出现，什么问题都会迎刃而解。这样，他就会自己蒙蔽自己的眼睛，看不到工作中的缺点和错误，看不到已经发生或可能发生的困难，当然，也就不会动员大家来改正缺点并认真克服困难或预作防范。无数经验证明：看不到缺点，看不到困难，因而疏忽大意，一百件工作，九十九件没有不失败的。

所以说：骄必败。

这篇文章可分三层：第一层（第 1~3 段），指出“一切骄傲的人”的共同特点；第二层（第4~6 段），指出骄傲的人认为缺点也是可“爱”的；第三层（第 7~8 段），指出骄傲的危害：必败。这三层的详略情况可从两方面看：从全文来看，第一、二层比第三层写得详，第三层没有举例，只是概括地分析；从第一、二层本身的内容看，也各有详略。比如第一层在第 2 段中写了三种骄傲者自找骄傲理由的情况，但只举了一个例子；第二层指出骄傲的人以缺点为“可爱”，其实有多种多样的表现，而作者只详细写了一种表现——脱离群众。至于其他表现，作者只用了“他们对自己的缺点……加以装饰、美化……”一句简要带过。

作者写不同的层次，内容有详略，即使写同一层次，内容也有详略，我们是否可以说：详写是扣主题的，略写是与主题关系不大的呢？显然不能这样说。无论是详写的，还是略写的，各自都承担了表达主题的任务，去掉哪一条都会使内容不完整，有损主题的饱满。

原来作者注意详略，目的在于行文的变化、笔墨的灵活，使整篇文章的章法更和谐、更巧妙。以第二层为例，作者重在指出有些人以为“缺点”也是“可爱”的，举了一个实例来说明。举这个例子，旨在揭示这类人以“缺点”为“可爱”的思想特点——“片面性”，详写此例，以一当十。其他表现的形式很多，都无非是思想片面使然，因此，不必一一列出所有类型的表现。如果真这样写了，内容反而显得臃肿、繁杂了。再把第二层与第三层作一比较。第二层举例，显得形象生动，刻画了骄傲者的面孔，语言也活泼；第三层没有举例，重在分析，形成结论，内容显得概括、严密、深刻。两层内容都很重要，表现风格又不一样，可见作者写作时是追求行文“变化”的。

详写，略写，目的一样，关系密切。只详写，无略写，内容缺少剪裁，必然臃肿；只略写，无详写，内容必然空洞、浅陋。详写与略写相配合，才错落有致、富有变化。

寻找心灵的轨迹
——理清写作思路

大凡好文章，不单思想内容好，其结构形式也很精妙。有的文章，波澜起伏，腾挪多姿；有的文章娓娓道来，平铺直叙；有的文章材料纷繁，形散神聚……总之，在高明的文章大家笔下，文章结构体现出不同特点，闪现着不同光彩。

有的同学以为，文章结构好，是因为作者写作技巧高超。技巧是要的，但根本问题还不是技巧问题。文章的结构，实质上是作者的思想认识在写作方法上的反映，是作者思路的体现。这种反映和体现，有时比较直接，如写议论文，开门见山，直入论题；有时则比较曲折，如一些文学作品等。不管是直接反映和体现，还是曲折反映和体现，任何一篇文章的结构总是和作者对事物的认识、理解及其思想脉络紧密相关的。我们知道，任何一件事情，总有它的前因后果、来龙去脉，并且，这一件事可能还与其他事情有某种联系。任何一个问题，也必然有其矛盾的特殊性质，以及矛盾的各个方面的情况；在解决矛盾时，也必然有其途径和方法。从哲学上看，这都是客观事物的内部规律和外部联系。文章的结构实质上就是这种客观事物的内部规律和相互联系，通过作者头脑的思索和加工在文章中的反映。这里讲的“思索”，总是要按照事物本身的规律及其联系进行的；这里讲的“加工”，带有一定的技巧性，但也必须依照思索的路子进行。所以说，文章结构的优劣，主要取决于作者思路是否清晰、严密、富有艺术性。

什么叫“思路”呢？其实，“思路”是一个比喻的说法。叶圣陶先生说：“把一番话一篇文章比作思想走过的一条路。思想从什么地方出发，怎样一步一步地往前走，最后达到这条路的终点，都要踏踏实实摸清楚。”根据文章实际和阅读经验，我们可以这样理解“思路”：① 它是作者思想的路子。认识事物，分析问题，从哪里认识？从何处分析？认识和分析又怎样一步一步地发展？都有一个基本的路子。② 行文时，为了增强表达的艺术性，又往往要对这条“路”进行加工，使之富有变化的趣味。比如写一件事，按认识的路子，总是从起因开始，再看其发展过程，最后知道它的结局。而表达时，很可能从结局写起，然后交代起因与发展。作者之所以采取这样表达的路子，目的在于增强文章结构的艺术性。

由于生活五彩缤纷、事物复杂多样，由于人们的思想认识以及思维方式不尽相同，因此，作品的“思路”也比较复杂，自有与众不同之处。我们认识作品“思路”，既要看清它的一般性（即认识问题的一般路子），又要认识它的特殊性（即思考和表达的独特个性）。

也许你要问，前边说了段落、层次等内容，“思路”与段落、层次等有什么区别呢？

这个问题提得好。不少同学把“思路”与段落、层次以及一些表达技巧混为一谈，这里有必要加以区分。

文章“思路”与文章结构及表达技巧是有密切联系的。结构与技巧由“思路”决定；有什么样的“思路”，文章就会呈现出什么样的结构，表达时就会运用什么样的技巧。“思路”是作者在写作前确定的；结构，是文章写成后体现“思路”的外在形式上的框架；一些技巧，如照应、悬念等，是在写作过程中，为了使“思路”畅通、清晰、严密并富有艺术性而采用的各种表达手段。不妨以杨朔的《香山红叶》为例。作者的写作思路是：通过记叙“老向导”带领“我”游览香山看红叶这件事，着眼于写“人”，并抒发自己的真挚感情。由于作者认识与思考的路子是由“事”“景”而联系到“人”，并且以“人”为思考的重点，因此，作者就采用了“以景喻人”的写作技巧，把“一片更可贵的红叶”比作“那位老向导”。由于作者采用了以景喻人的写法，所以全文总是把“景”和“人”联系起来写，用跟随“老向导”寻景为线索串联了一些传说故事，处处不离开“老向导”。以景喻人的技巧有不同的运用方式，可以先写景再写人，也可以边写景边写人，还可以在写景时暗含写人，到最后才揭示题意。为了使行文平添一种悬念感，增强内容的感染力，作者便采用了后一种方式。这样，全文就形成了这样的结构特点：盼看红叶→寻找红叶→没有见到一片好红叶→摘到了一片更可贵的红叶。再以《一件珍贵的衬衫》为例。作者的思路是想通过得到一件衬衫这件事来突出“珍贵”的含义，着重表达对周总理的满腔敬爱与赞颂之情。为此，采用了先“果”后“因”的写作技巧，即先点明一件衬衫凝聚了周总理的深情，设置悬念；然后再交代“原因”，叙述事情的经过。先写事再议论，可不可以呢？也可以，但比较而言，还是先点明意义，抒发感情为好，因为这样写能更好地突出主题，符合写作意图。由这些例子可知，表达技巧是为突显“思路”服务的。有了一条明确的“思路”，而缺少一些写作技巧，很可能在表达时，“思路”体现得不明显、不严密，表达效果也受到影响。然而，盲目地运用技巧，不依“思路”行事，则很可能导致全文结构混乱，行文失去章法。

接下来，我们讨论怎样理清文章的写作思路。

1. 通读全文，从划分内容层次入手来理清思路。前边我们讨论了划分内容层次的问题，旨在把握内容，认识内容之间的关系。这里讲从划分层次入手理清思路，旨在明确作者先写了什么，随后写了什么以及最后写了什么，从而找出作者思想认识发展的路子。两者有联系，也有区别。认识内容关系，目的是把握文章内容组织上的特点；认清思想认识发展的路子，目的是看清、把握作者是怎样认识事物、分析问题的，其步骤是如何安排的。例如方纪《三峡之秋》这篇文章：

> 三峡已经是秋天了。三峡的秋天，从大江两岸的橘柚树开始。这些树，生长在陡峭的山岩上，叶子也如同那青色的岩石一般，坚硬，挺直。越到秋天，它们越显出绿得发黑的颜色；而那累累

的果实，正在由青变黄，渐渐从叶子中间显露出来。就在这时候，它们开始散发出一种清香，使三峡充满了成熟的秋天的气息。

当早晨，透明的露水闪耀着，峡风有些凉意，仿佛满山的橘柚树上撒了一层洁白的霜，新鲜而明净；太阳出来，露水消逝了，橘柚树闪烁着阳光，绿叶金实；三峡中又是一片秋天的明丽。

中午，群峰披上金甲，阳光在水面上跳跃，长江也变得热烈了，像一条金鳞巨蟒，翻滚着，呼啸着，奔腾流去；而一面又把它那激荡的、跳跃的光辉，投向两岸陡立的峭壁。于是，整个峡谷，波光荡漾，三峡又充满了秋天的热烈的气息。

下午，太阳还没有落，峡里早升起一层青色的雾。这使得峡里的黄昏来得特别早，而去得特别迟。于是，在青色的透明的黄昏中，两岸峭壁的倒影，一齐拥向江心，使江面上只剩下一线发光的天空，长江平静而轻缓地流淌，变得有如一条明亮的小溪。

夜，终于来了。岸边的渔火，江心的灯标，接连地亮起；连同它们在水面映出的红色光晕，使长江像是眨着眼睛，沉沉欲睡。只有偶尔驶过的赶路的驳船，响着汽笛，在江面划开一条发光的路；于是渔火和灯标，都像惊醒了一般，在水面上轻轻地摇曳。

也许由于这里的山太高，峡谷太深，天空太过狭小，连月亮也上来得很迟很迟。起初，峡里只能感觉到它朦胧的青光，和黄昏连在一起；而不知在什么时候，它忽然出现在山上。就像从山上生长出来，是山的一部分；像一块巨大的，磨平、发亮的云母石。这时，月亮和山的阴影，对

> 比得异常明显——山是墨一般的黑，陡立着，倾向江心，仿佛就要扑跌下来；而月亮，从山顶上，顺着深深的、直立的谷壑，把它那清冽的光辉，一直泻到江面。就像一道道瀑布，凭空飞降；又像一匹匹素锦，从山上挂起。
>
> 这一天，正是中秋。

对于这篇文章的思路，可从两方面认识：第一，从文章层次上看，第一层是总说（即第 1 段）；第二层是依时间变化分写不同景物特征。由此可以看出，作者对“三峡之秋”的认识是从整体把握再到局部特征的观察。对三峡秋天的总体认识是“三峡充满了成熟的秋天的气息”，而得出这一结论又是作者抓住典型特征——橘柚树的特点的结果。对局部进行观察时，作者仍然从“特征”入手，抓住了“早晨”“中午”“下午”“夜”这几个不同时间段中景物的各自特点与变化。从这里，我们又可以看到，作者认识事物有两个特点：一是以时间为序，一是善于抓住“特点”。第二，按照这样的认识过程和特点，作者又是怎样来表达的呢？首先，作者采用了总分式结构，先写总体感受，再写“局部”特点与感受。文章大的框架定下来后，作者又采用了描写的方法来具体展现不同时间段景物的各自特点。比如第 1 段，先描写了橘柚树的色彩、质感、果实、香味，继之小结：“三峡充满了成熟的秋天的气息。”第 2、3 段与此相同。第 4~6 段写法上大致一样，略有差别，虽然没有直接用“又是一片秋天的明丽”“又充满了秋天的热烈的气息”这样的小结性句子对描写内容加以概括，但所呈现的景物特征依然突出。“下午”的江流与“中午”时的样子有所不同，因为没有阳光的照射，使得江面波光粼粼的热烈情景消失了；由于“江面上只剩下一线发光的天空”，所以长江显出“平静而轻缓”的样子。三峡的“夜”，是描写的重点，江面显得幽静，月光尤为清冽，给人以如梦似幻的印象。

观察有序、仔细，抓住重点特征，是这篇文章内容具体、思路清晰的成功原因。行文的路子与观察的路子一致，是本文写作思路上的一大特点。

通过划分层次的办法来认识议论文的写作思路也是可行的。由于议论文重在对问题展开分析，因此，在梳理其写作思路时，要着眼于作者是怎样扣住论点从不同方面展开的；也就是要抓住其分析步骤，看作者的思想观点是怎样一步一步地延伸与拓展的。请阅读毛泽东同志的《继续保持艰苦奋斗的作风》一文：

> 我们很快就要在全国胜利了。这个胜利将冲破帝国主义的东方战线，具有伟大的国际意义。夺取这个胜利，已经是不要很久的时间和不要花费很大的气力了；巩固这个胜利，则是需要很久的时间和要花费很大的气力的事情。资产阶级怀疑我们的建设能力。帝国主义者估计我们终久会要向他们讨乞才能活下去。因为胜利，党内的骄傲情绪，以功臣自居的情绪，停顿起来不求进步的情绪，贪图享乐不愿再过艰苦生活的情绪，可能生长。因为胜利，人民感谢我们，资产阶级也会出来捧场。敌人的武力是不能征服我们的，这点已经得到证明了。资产阶级的捧场则可能征服我们队伍中的意志薄弱者。可能有这样一些共产党人，他们是不曾被拿枪的敌人征服过的，他们在这些敌人面前不愧英雄的称号；但是经不起人们用糖衣裹着的炮弹的攻击，他们在糖弹面前要打败仗。我们必须预防这种情况。夺取全国胜利，这只是万里长征走完了第一步。如果这一步也值得骄傲，那是比较渺小的，更值得骄傲的还在后头。在过了几十年之后来看中国人民民主革命的胜利，就会使人们感觉那好像只是一出长剧的一个短小的序幕。剧是必须从序幕开始的，但序幕还不是高潮。中国的革命是伟大的，但革命以后

> 的路程更长，工作更伟大，更艰苦。这一点现在就必须向党内讲明白，务必使同志们继续地保持谦虚、谨慎、不骄、不躁的作风，务必使同志们继续地保持艰苦奋斗的作风。我们有批评和自我批评这个马克思列宁主义的武器。我们能够去掉不良作风，保持优良作风。我们能够学会我们原来不懂的东西。我们不但善于破坏一个旧世界，我们还将善于建设一个新世界。中国人民不但可以不要向帝国主义者讨乞也能活下去，而且还将活得比帝国主义国家要好些。

这篇精粹短文只有一段，从内容上看，可分作三个层次：第一层（从开头到“我们必须预防这种情况”止）概括指出“夺取这个胜利”之后，我们会遇到一些必须预防的“情况”；第二层（到“务必使同志们继续地保持艰苦奋斗的作风”止）提出思想观点；第三层阐明思想信念。根据这三层意思，我们可以看出作者的思路是这样的：① 先分析“我们”面对的形势，既指出令人兴奋的一面——“我们很快就要在全国胜利了”，又指出令人担心的一面——必须预防的种种不利“情况”。作者分析形势，冷静客观，富有预见性，重点放在不利的种种“情况”上。② 针对面临的“情况”，提出预防主张，即两个“务必”的观点。观点由对形势的分析而得来，具有很强的针对性，并非空穴来风，无的放矢。③ 不利的“情况”是复杂的、严峻的，按照两个“务必”的要求做，能否“预防”呢？这是必须给予回答的问题。因此，作者最后用极其精确的语言阐明了“我们”的信念，鼓舞士气，强调了自信心。由此可见，为什么要“预防”？怎样“预防”？能不能“预防”？是作者认识问题、分析问题、解决问题的基本思路。三层意思是一环扣一环，步步发展的，内容的组织既有条理，又很严密。

2. 通读全文，从捕捉“线索”入手来理清思路。有的文章靠划分层次还不能理清思路，由于内容复杂，头绪众多，单知道先写了什么，后写了什么，还不能抓住复杂内容有机组合的内在机理，因此，有必要在分出内容层次的基础上，捕捉串联复杂内容的“线索”。什么叫“线索”呢？通常指将文章的材料组织串联起来，并贯串在全文始终的某个事物或情感脉络。“线索”也是一种比喻的说法，它的作用是使文章的复杂材料成为有机整体。这好比一堆珍珠，用一条线把它们按一定要求串起来，才能成为一件珍品。作品的思路与线索有密切的关系：思路是文章线索安排的依据；而线索的安排，又体现了作者的思路。我们通常所讲的“线索”有这样几种：① 以中心事件为线索，比如《为了六十一个阶级弟兄》一文是以“求药”“找药”“运药”这一中心活动为全文主线的。② 以感情为线索，比如《荔枝蜜》一文，就是以“不爱蜜蜂”“想见蜜蜂”“赞美蜜蜂”“愿作蜜蜂”为内容主线来体现感情变化的。③ 以具体事物为线索，比如秦牧的散文《土地》，就是以“土地”为中心，展开联想，旁征博引，说古论今，议论抒情的。④ 以时空变化为线索，比如《人民英雄永垂不朽》一文以空间变化为序，说明各项内容。我们知道，人物活动、事情的变化以及景物的不同，在文中往往随着时间、地点的变化而展开。以此为线，文章就有了清楚的脉络。下边，举一例说明。

冬天

朱自清

说起冬天，忽然想到豆腐。是一“小洋锅”（铝锅）白煮豆腐，热腾腾的。水滚着，像好些鱼眼睛，一小块一小块豆腐养在里面，嫩而滑，仿佛反穿的白狐大衣。锅在“洋炉子”（煤油不打气炉）上，和炉子都熏得乌黑乌黑，越显出豆腐的白。这是晚上，屋子老了，虽点着“洋灯”，也还是阴暗。围着桌子坐的是父亲跟我们哥儿三个。“洋炉子”太高了，父亲得常常站起来，微微地仰着脸，觑着眼睛，从氤氲的热气里伸进筷子，夹起豆腐，一一地放在我们的酱油碟里。我们有时也自己动手，但炉子实在太高了，总还是坐享其成的多。这并不是吃饭，只是玩儿。父亲说晚上冷，吃了大家暖和些。我们都喜欢这种白水豆腐；一上桌就眼巴巴望着那锅，等着那热气，等着热气里从父亲筷子上掉下来的豆腐。

又是冬天，记得是阴历十一月十六晚上。跟S君、P君在西湖里坐小划子。S君刚到杭州教书，事先来信说："我们要游西湖，不管它是冬天。"那晚月色真好，现在想起来还像照在身上。本来前一晚是"月当头"；也许十一月的月亮真有些特别吧。那时九点多了，湖上似乎只有我们一只划子。有点风，月光照着软软的水波；当间那一溜儿反光，像新砑的银子。湖上的山只剩了淡淡的影子。山下偶尔有一两星灯火。S君口占两句诗道："数星灯火认渔村，淡墨轻描远黛痕。"我们都不大说话，只有均匀的桨声。我渐渐地快睡着了。P君"喂"了一下，才抬起眼皮，看见他在微笑。船夫问要不要上净寺去；是阿弥陀佛生日，那边蛮热闹的。到了寺里，殿上灯烛辉煌，满是佛婆念佛的声音，好像醒了一场梦。这已是十多年前的事了，S君还常常通着信，P君听说转变了好几次，前年是在一个特税局里收特税了，以后便没有消息。

在台州过了一个冬天，一家四口子。台州是个山城，可以说在一个大谷里。只有一条二里长的大街。别的路上白天简直不大见人；晚上一片漆黑。偶尔人家窗户里透出一点灯光，还有走路的拿着的火把；但那是少极了。我们住在山脚下。

有的是山上松林里的风声，跟天上一只两只的鸟影。夏末到那里，春初便走，却好像老在过着冬天似的；可是即便真冬天也并不冷。我们住在楼上，书房临着大路；路上有人说话，可以清清楚楚地听见。但因为走路的人太少了，间或有点说话的声音，听起来还只当远风送来的，想不到就在窗外。我们是外路人，除上学校去之外，常只在家里坐着。妻也惯了那寂寞，只和我们爷儿们守着。外边虽老是冬天，家里却老是春天。有一回我上街去，回来的时候，楼下厨房的大方窗开着，并排地挨着她们母子三个；三张脸都带着天真微笑地向着我。似乎台州空空的，只有我们四人；天地空空的，也只有我们四人。那时是民国十年，妻刚从家里出来，满自在。现在她死了快四年了，我却还老记着她那微笑的影子。

无论怎么冷，大风大雪，想到这些，我心上总是温暖的。

这是一篇回忆性抒情散文，作于1933年冬天。文章以朴实的语言，巧妙的构思，描绘了三幅生活画面：第一幅写的是儿时生活，生动地表现了父子之爱；第二幅写的是和友人冬夜泛舟西湖，表达的是朋友之谊；第三幅写的是家室之乐。这三幅画面，各有韵味，各有情意，内容之间也没有必然联系，是什么使三者之间融为一体，成为妙品的？是一条感情线索。作者信手拈来三则生活材料，细心剪裁，以真挚之“情”相缩连，因而作品显得十分紧凑和匀称。“情”因环境、气氛不同，特点与内涵也有所区别：在第一幅画面里，通过铺叙，体现了情绪的热烈；第二幅画面渲染的是静景，表达的是朋友之间感情的真纯与平和；第三幅画面，写的是冬天的空寂与静穆，反衬家里“老是春天”。最后以“温暖”二字总缩全篇。以“三幅画面，一缕情思”来揭示本文构思特点，是准确的。大家知道，本文题目很大，关于“冬天”的人、事、景，仅就作者所知的，也不知道有多少。怎样写？必须明确思路。不同的思路，会写出不同的内容，会有不同的写法。本文的思路就是组合不同的生活画面来表达同一种内心深处的真挚而又温暖的情感。以“情感”为线索，自然就使得文章内容紧凑交融，形散神聚了。

3. 通读全文，从分析表达技巧的作用入手来理清思路。在写作中，运用什么样的表达技巧既受文体制约，又受内容制约，同时也由写作思路决定。在确定写作思路的过程中，表达技巧往往也就定下来了。比如写记叙文，思路是先写结果，再写过程，那么就必然用到倒叙的叙述技巧；如果觉得在写过程时，有必要宕开一笔，交代相关的其他内容，那么，就必然要用到插叙的技巧；如果在叙述过程中，想把思想感情点明一下，那么，就要用到抒情或议论的技巧；还有伏笔、照应、悬念、过渡等技巧，在写叙述类作品时，也是常常要用到的。阅读作品时，先一一找出这些表达技巧，分析其表达作用，然后综合起来考察，也能帮助我们理清作品的思路。例如下面一篇散文：

上天都

丰子恺

从黄山宾馆到文殊院的途中，有一块独一无二的小平地，约有二三十步见方。据说不久这里要造一个亭子，供游人息足，现在已有许多石条乱放着了。我爬到了这块平地上，如获至宝，立刻在石条上坐下，觉得比坐沙发椅子更舒服。因为我已经翻了两个山峰，紫云峰和立马峰，尽是陡坡石级、羊肠坂道，两腿已经不胜酸软了。

坐在石条上点着一根纸烟，向四周望望，看见一面有一个高峰，它的峭壁上有一条纹路，远望好像一条虚线。仔细辨认，才知道是很长的一排石级，由此可以登峰的。我不觉惊讶地叫出：

“这个峰也爬得上的?”陪我上山的向导说:“这个叫做天都峰,是黄山中最陡的一个峰;轿子不能上去,只有步行才爬得上。老人家不能上去。”

昨夜在黄山宾馆时,交际科的郝同志劝我雇一乘轿子上山。她说虽然这几天服务队里的人都忙着采茶,但也可以抽调出四个人来抬我上山。这些山路,老年人步行是吃不消的。我考虑了一下,决定谢绝坐轿。一则不好意思妨碍他们的采茶工作;二则设想四个人抬我一个人上山,我心情的不安一定比步行的疲劳苦痛得多。因此毅然地谢绝了,决定只请一个向导老宋和一个服务员小程陪伴上山。今天一路上来,老宋指示我好几个险峻的地方,都是不能坐轿,必须步行的。此时我觉得:昨夜的谢绝坐轿是得策的。我从过去的经验中发见一个真理:爬山的唯一的好办法,是像龟兔赛跑里的乌龟一样,不断地、慢慢地走。现在向导说“老人家不能上去”,我漫应了一声,但是心中怀疑。我想:慢慢地走,老人家或许也能上去。然而天色已经向晚,我们须得爬上这天都峰对面的玉屏峰,到文殊院投宿。现在谈不到上天都了。

在文殊院三天阻雨……第四天放晴,女儿一吟发兴上天都,我决定同去。她说:“爸爸和妈妈在这里休息吧,怕吃不消呢。”我说:“妈妈是放大脚,固然吃不消;我又不是放大脚,慢慢地走!”老宋笑着说:“也好,反正走不动可以在半路上坐等的。”接着又说:“去年你们画院里的画师来游玩,两位老先生都没有上天都。你老人家兴致真好!”大概他预料我走不到顶的。

从文殊院走下五六百个石级,到了前几天坐

在石条上休息的那块小平地上，望望天都峰那条虚线似的石级，不免有些心慌。然而我有一个法宝，就是不断地、慢慢地走。这法宝可以克服一切困难。我坐在平地的石条上慢慢地抽了两根纸烟，精神又振作了，就开始上天都。

这石级的斜度，据导游书上说，是六十度至八十度。事实证明这数字没有夸张。全靠石级一旁立着的石柱，石柱上装着铁链，扶着铁链才敢爬上去。我规定一个制度：每跨上十步，站立一下。后来加以调整：每跨上五步，站立一下。后来第三次调整：每跨上五步，站立一下；再跨上五步，在石级上坐一下。有的地方铁链断了，或者铁链距离太远，或者斜度达到八十度，那时我就四条“腿”走路。这样地爬了大约一千级，才爬到了一个勉强可称平地的地方。我以为到顶了，岂知山上复有山，而且路头比过去的石级更曲折，更险峻。有几个地方，须得小程在前面拉，老宋在后面推，我的身子才飞腾上去。

老宋说：“过了鲫鱼背，离开山顶不远了。”不久，眼前果然出现了一个巨大的“鲫鱼”。它的背脊约有十几丈长，却只有两三尺阔，两旁立着石柱，柱上装着铁链。我两手扶着铁链，眼睛看着前面，能够堂皇地跨步；但倘眼睛向下一望，两条腿就不期地发起抖来，畏缩不前了。因为望下去一片石壁，简直是“下临无地”。如果掉下去，一定粉身碎骨。走完了鲫鱼背，我连忙在一块石头上坐下，透一口大气。我抽着纸烟，想象当初工人们立石柱、装铁链时的光景，深切地感到劳动人民的伟大，惭愧我的卑怯：扶着现成的铁链还要两腿发抖！

> 再走几个险坡，便到达了天都峰的最高处。这里也有石柱和铁链，也是下临无地的。但我总算曾经沧海了，并不觉得顶上可怕，却对于鲫鱼背特别感兴趣。回去的时候，我站在鱼背顶点，叫一吟拍一张照。岂知这照片并无可观。因为一则拍照不能摄取全景，表不出高和险；二则拍照不能删除芜杂、强调要点，所以不能动人。在这点上绘画就可以逞强了：把不必要的琐屑删去，让主要的特点显出，甚至加以夸张或改造，表现出对象的神气，即所谓“传神写照”，只有绘画——尤其是中国画——最擅长。
>
> 上山吃力，下山危险——这是我登山的经验谈。下天都的时候，我全靠倒退，再加向导和服务员的帮助，才免除了危险。回到文殊院，看见扶梯害怕了。勉强上楼，倒在床里。两腿酸痛难当，然而回想滋味极佳。我想：我的法宝“像乌龟一样不断地、慢慢地走”，不但适用于老人登山，又可普遍地适用于老弱者的一切行为：凡事只要坚忍不懈地进行，即使慢些，也终于能获得成功。今天我的上天都已经获得成功了。

丰子恺先生的这篇散文，主要记叙了攀登天都峰的情景，以“上”为活动中心，按游程为序，着重叙述了上山经过。文章以叙为主，兼以议论，运用了多种表达技巧。首先是铺垫。在写上天都之前，先叙述攀登紫云峰、立马峰的感受：“两腿已经不胜酸软了”；攀紫云峰、立马峰如此，上天都又如何呢？更难更累便不言而喻了。所以作者自己说：“这个峰也爬得上的？”向导也来劝说：“老人家不能上去。”开头写这些内容都是为了突出天都峰的险峻难登，同时也为后边的议论打下基础。其次是呼应。作者在第3段叙述坐轿不坐轿的事情时，发表了一点议论：“我从过去的经验中发见一个真理：爬山的唯一的好办法，是像龟兔赛跑里的乌龟一样，不断地、慢慢地走。”到了文末，作者又提起这个话题并做了进一步阐释。中间点示，文末呼应，使议论贯通一气，紧扣题旨。最后是运用了宕开一笔的写法。上了天都峰之后，作者留影纪念，本来一两句交代就可以了，然而作者有意另起话题，就摄影与作画发表艺术见解。这段生发议论，虽然与主题关系不大，但就事说理，牵带自然，增添了文章的理趣。

了解了这些表达技巧，我们就可以看出作者的写作思路了：通过上山之事的叙述和所见之景的描写，引发一层“道理”。“道理”总不能在开头就生硬地说出来，因此用铺垫法、呼应法。散文揭示“道理”，总要与叙述、描写相结合，因此铺垫之后入正题。入了正题顺带议论，这样写，“经过”交代清了，“道理”也说得明了；“经过”为生发“道理”奠基，“道理”为叙述增色，巧妙结合，趣味横生。如果把写作思路概括地用符号表示，即为：[事]→[理]→[景]→[理]。我们要明确，表达技巧总是为内容服务的，总是由思路来决定的。分析其表达作用，认清其在文中的地位，对于我们理清一些篇幅长的文学作品的思路尤为重要。插叙实际上是告诉你：这里内容是插进来的，原话题有所中断。呼应实际上是告诉你：此处与前面有回应，要联系起来看。悬念实际上是告诉你：这里有一个难解之谜，文后总会有交代，阅读时要首尾一并考虑。还有疏密与繁简、虚实与正侧、抑扬与蓄势等，都是我们理清全文思路的“标志”。

抓准文章的主心骨
——领会写作意图

说话、写文章总是有目的的。特别是写文章，目的更明确，包括：① 写给什么人看？② 为什么事而写？③ 写出来后想起到什么作用？另外，就同一个问题，为什么要着眼于此而不着眼于彼？就眼前的事物，为什么要用这种文体、这种方式表达而不用那种文体、那种方式表达？还有，为什么要说得含蓄而不明朗（或相反）？为什么要旁敲侧击而不直抒胸臆（或相反）？为什么要用这样的词句而不用那样的词句？为什么要用这样的结构而不用那样的结构？诸如这样一些问题，都与作者的写作意图有关。因此，领会写作意图是读懂作品的必然要求和重要途径。其意义有如下几点：

其一，有利于我们准确把握作品主旨。有的作品开宗明义，主旨好理解，比如叶圣陶《景泰蓝的制作》第一段就说“景泰蓝是多数人喜爱的手工艺品，现在把它的制作过程说一说”，还没有读到正文，你就知道作者将会说些什么。有的文章虽然也采用了开门见山的写法，但目的只是略微点了一下，其内容核心、本质意义还如云中之山、雾中之花，隐隐不明。如毛泽东同志的《改造我们的学习》开头写道“我主张将我们全党的学习方法和学习制度改造一下”，主旨是说“改造”，但“改造”的真正含义是什么？还不清楚，须读了全文才明白。还有更多的作品（特别是散文、小说等）一开头就来得含蓄，自始至终，言在此而意在彼，主旨是深藏着的，要准确理解，甚为不易；甚至有的作品主旨，你这样理解，他那样理解，见解截然相反。因此，要达到真正把握主旨的目的，非从理解写作意图入手不可。比如下面选自《光明日报》（1981 年 8 月 20 日）中的一篇短文，几个同学读了，对主旨有几种理解。请你读读看，该如何准确理解？

一隅

你坐在那儿，在那高高的售票员的位子上，用一根显然是随手拈来的什么草棍在剔牙。

“钓鱼台——下车请打开车月票，关俩门。”你用标准的售票员的腔调漫不经心地报着站名，“下一站——”

这种腔调，这一天要重复上百遍的几句话，这短短的车程——不过十几站——，对你这样聪明的小伙子说来，也许用不了两天就全学会了。那么，你剩下的时间、剩下的精力，做什么呢？

你穿了件相当“帅”的针织尼龙衫，头发也留在既不落伍、又不太“匪”的长度上；也许从半夜起就在首都体育馆的铁栅栏外面排队，等着买两张新歌星的票子的年轻人里头有你？

你并不像一些“热心服务车”的主人那样周到地宣传；对几个娇滴滴的小妞和愣头愣脑的外地人也不很客气；你不怎么检票，也不张罗什么，就那么淡漠地、心不在焉地坐在那儿。这神情不像二十一岁，倒像七十一岁。是不是家里住得太挤，从小没少挨爸爸的揍，长这么大也没听过几句熨帖的话，从懂事开始，就在“天天斗”里混……于是，在你的性格里已经失去了亲切、热诚地待人的习惯？

就在这时，她上来了。她很年轻，但却抓着扶手，像数着步子一样一阶阶踏上来，跨了两步，站到了我的面前。这是个高高的姑娘，皮肤细嫩得像婴儿，却苍白得像久卧的病人。她的装束——噢，这样装束的姑娘如果说一九六六年夏天满街都是的话，今天却实在是寥寥可数了：一件褪色的军装和斜挎在肩上的军用书包。她微笑着，两根短辫搭在肩上，一双眼睛直直地望着前方。我敢打赌，我们现在已经很少见到这样微笑着的姑娘了，那些总觉得世界对不起她们的年轻女士们大多数是一脸拒人千里的不耐烦——

你从高高的位子上走了下来，走到我对面一个坐着的小伙子面前。

“起来！”你用膝盖拱了他一下。

“什么……”正在看书的小伙子觉得莫名其妙。

“让你起来就起来！”你压低了声音说。我开始担心了。难道为了比这还轻得多的几句话就骂起来甚至打起来的事还少么？

“这……”那老实的小伙子虽然依旧不知道怎么回事，但在你那不容置辩的语气下，还是站了起来。

“别——”微笑着的姑娘苍白的脸上升起一片红晕。

“一会儿再跟你说。”对那正从座位上迈出腿来的小伙子，你又低低地补了一句。

“她眼睛看不见。”我背后的两个妇女轻声说。显然，她们是这趟车的老乘客了。我和对面那让座的小伙子，也在一瞬间明白了。

姑娘道着谢，那么拘谨地坐下了。她还是那样微笑着，两只眼睛直望着前面。

终点站到了。盲姑娘怎么办呢？也许她应该等到最后下吧。可是她那么心急，几步跨到门口，挤入下车的人群。

“啊，瞧你——”你想过来照顾她，又止住了。

“别——”她朝前挤着，着什么急呢?

“小张!”你朝后座的女售票员嚷起来，“你快扶扶她!”小张没下车，但也没拒绝，只是清亮地喊了一声：

“哪位乘客劳驾把这位同志送到366路车站!”

“不用了!”姑娘说着，踉踉跄跄地加快步子，一个不稳，落到紧跟在她后面的我的手上。

我扶着她，把手架在她的腋下。不错，她残疾了，也不修饰自己；可她的少女本色并未失去，那么柔嫩，那么温热；她重重地倚着我，不设防、不矜持，只有令人动心的依顺……噢，我似乎明白了，你为什么不来扶她……

“摔过么?”我问。

“没有。”姑娘微笑着说，“磕磕碰碰的倒是常事。”她要去上工了，她不怨恨自己的命运，只对给别人添了麻烦感到歉意。

回头望去，你又那么漠然地爬上了售票员高高的位子，又要拖着标准腔报站名了。谁知道呢，也许街道居委会主任从来没“待见”过你，“优质服务月”的奖状和你也不怎么有缘；对欺负你的人，你也许骂得出不堪入耳的脏话，没准还想动手呢。可在这样一个姑娘面前，却连“她看不见”都不肯说，生怕伤了她；你甚至不好意思碰她一下，虽然你的用意那么纯，纯得就像清晨的雪。你没读过大学，也许除了《大众电影》也不看别的书，可是我知道，你的心并不是粗砺荒漠的一片，那光明的一隅，会永远充满了温情地留给世上无助的弱者，就比如这沉静地微笑着的姑娘。

有的同学说，这篇文章赞颂了“助人为乐”的精神；有的同学说，作者对文中的“你”既有批评，又有称赞，文章主旨应是“一个人应注意克服缺点，发扬优点”；也有同学认为，文章强调的是“一隅”，这“一隅”是指人们善良的心灵“一隅”，作者称赞这“一隅”，是希望“一隅不断扩大”。引申理解，本文的主题是希望社会风气不断好转，好人好事层出不穷，蔚然成风。那么，你的看法又是怎样的呢？

我们不忙下结论，不妨来探究一下作者的写作意图。作者曾说过：由于“文化大革命”的影响，80 年代初的社会风气还比较差，一些缺乏教育的青年思想言行简单、粗疏，甚至还有些蛮横，于是有一些人指责他们，说他们是垮掉的一代。我不同意这种看法，于是捕捉生活中的一个亮点，开掘他们的思想底蕴，希望我们能看到更深一层的东西。显然，作者本人的话表明了自己的写作意图：① 针对一种错误认识，提出自己的不同看法；② 希望读者能“看到更深一层的东西”。这个意图，无疑是我们用来打开作品思想之门，挖掘其真正主旨的一把钥匙。作者一开始用了较多篇幅写了“你”的思想性格特点，表明这样的青年在思想言行上是有缺陷的：思想简单，缺少教养；然后写小青年在一个朴实纯真的残疾少女面前，却表现出了高洁得“像清晨的雪”、温暖得像春天的阳光那样的感情，前后判若两人。由此看来，作者既没有回避小青年的缺陷，也没有随意拔高、盲目歌颂，而是想说明这样的事实：虽然一些青年精神上受损，思想上有不足，行为上显得粗蛮，但真善美的良知并未泯灭，还有着那“光明的一隅”；而这“一隅”正是这类青年的希望所在。你看，摸清写作意图对理解作品主旨是多么重要啊！

其二，有利于我们更深刻地认识表达艺术的独特作用。文章为什么要这样写而不那样写，显然是与写作意图密切相关的。为了达到不同目的，写法自然有所不同。同样，看清写法的独特作用，也有助于我们进一步认识作者的写作意图。很多文章采用某种写法，孤立地看，平淡无奇；一经与写作意图联系起来分析，其特殊表达作用就看得深透了。即便是对标点符号的用法理解，也是这样。请读鲁迅先生《故乡》中的文字：

> 宏儿听得这话，便来招水生，水生却松松爽爽同他一路出去了。母亲叫闰土坐，他迟疑了一回，终于就了坐，将长烟管靠在桌旁，递过纸包来，说：
>
> “冬天没有什么东西了。这一点干青豆倒是自家晒在那里的，请老爷……”
>
> 我问问他的景况。他只是摇头。
>
> “非常难。第六个孩子也会帮忙了，却总是吃不够……又不太平……什么地方都要钱，没有定规……收成又坏。种出东西来，挑去卖，总要捐几回钱，折了本；不去卖，又只能烂掉……”
>
> 他只是摇头；脸上虽然刻着许多皱纹，却全然不动，仿佛石像一般。他大约只是觉得苦，却又形容不出，沉默了片时，便拿起烟管来默默的吸烟了。
>
> 母亲问他，知道他的家里事务忙，明天便得回去；又没有吃过午饭，便叫他自己到厨下炒饭吃去。
>
> 他出去了；母亲和我都叹息他的景况：多子，饥荒，苛税，兵，匪，官，绅，都苦得他像一个木偶人了。母亲对我说，凡是不必搬走的东西，尽可以送他，可以听他自己去拣择。

写闰土说话连用了五个省略号。省略号是很平常的标点符号，无非是对内容有所省略而已。但读这一段话，想到作者写作本文的意图，我们就会感到，此处的省略号有特殊的表达作用。鲁迅先生于 1919 年 12 月回故乡绍兴接母亲到北京，目睹农村的破败和农民的凄苦，十分悲愤。1921 年 1 月便以这次回家的经历为题材，写成这篇小说。作者的意图是，引起人们对农村经济日益凋敝、农民生活日益贫困的社会根源的深深思索，激发人们改造旧社会、创造新生活的强烈愿望。作者写闰土，采用了对比手法。少年闰土是“小英雄”，见识多，活泼伶俐，口齿灵活，有说不完的话；而中年闰土麻木、迂讷，成了一个“木偶人”，表现在说话上，吞吞吐吐，没有头绪。另外，闰土受到的压迫是多方面的，因此，他短短一番话，交代了几种原因。由此可见，作者用省略号来间隔闰土的说话内容，起到了刻画人物形象、揭示人物性格特点、反映人物悲惨命运的作用。

其三，有利于我们正确把握作者的思想感情倾向。作者的思想感情是渗透在语言之中的，作者遣词造句受思想感情支配。而思想感情与写作意图关系密切。表达意图在于赞赏，自然要选用褒义词；表达意图在于否定、批评、指责或是怒斥，必然要选用贬义词。问题的另一方面是，有时候，作品中的语言表面上看是赞赏性的，好像思想感情倾向是褒奖，其实，一旦联系写作意图看，褒奖的词句恰恰是为了更深刻的指责、怒斥。例如鲁迅先生《记念刘和珍君》中的一段文字：

> 当三个女子从容地转辗于文明人所发明的枪弹的攒射中的时候，这是怎样的一个惊心动魄的伟大呵！中国军人的屠戮妇婴的伟绩，八国联军的惩创学生的武功，不幸全被这几缕血痕抹杀了。

“伟绩”“武功”本义是赞扬，而在这里显然是褒词贬用。“三一八”惨案发生后，鲁迅先生无比悲愤，他说“三一八”是“民国以来最黑暗的一天”，军阀们比禽兽更残忍。他写《记念刘和珍君》一文，意图就在于痛斥反动统治者和帮凶们的无耻行径。为了增强文章的讽刺性，充分表达心中的悲愤之情，作者采用反语修辞，效果更好。

需要指出的是，写作意图是要靠我们通过多种途径来领会的。一般地，作者不会在作品写完后再专门介绍自己的写作意图。那么，怎样领会作品的写作意图呢？下边说说几种具体方法。

(1) 查阅资料，分析时代背景，揣摩写作意图。有的文章是在特定时代背景下写的，在当时读起来，文章意图很明显。时过境迁，特别是时代发生了本质变化，后人读起来就有“摸不透”之感。由于有了这层隔膜，很可能导致对作品产生曲解。因此，一边读作品，一边查阅有关资料、分析时代背景，是揣摩写作意图、准确理解作品内容与主题的好办法。请阅读茅盾《风景谈》中的两段文字：

> 另一个时间。另一个场面。夕阳在山，干坼的黄土正吐出它在一天内所吸收的热，河水汤汤急流，似乎能把浅浅河床中的鹅卵石都冲走了似的。这时候，沿河的山坳里有一队人，从“生产”归来，兴奋的谈话中，至少有七八种不同的方音。忽然间，他们又用同一的音调，唱起雄壮的歌曲来了，他们的爽朗的笑声，落到水上，使得河水也似在笑。看他们的手，这是惯拿调色板的，那是昨天还拉着提琴的弓子伴奏着《生产曲》的，这是经常不离木刻刀的，那又是洋洋洒洒下笔如有神的，但现在，一律都被锄锹的木柄磨起了老茧了。他们在山坡下，被另一群所迎住。这里正燃起熊熊的野火，多少曾调朱弄粉的手儿，已经将金黄的小米饭，翠绿的油菜，准备齐全。这时候，太阳已经下山，却将它的余辉幻成了满天的彩霞，河水喧哗得更响了，跌在石上的便喷出了雪白的泡沫，人们把沾着黄土的脚伸在水里，任它冲刷，或者掬起水来，洗一把脸。在背山面水这样一个所在，静穆的自然和弥满着生命力的人，就织成了美妙的图画。
>
> 在这里，蓝天明月，秃顶的川，单调的黄土，浅濑的水，似乎都是最恰当不过的背景，无可更换。自然是伟大的，人类是伟大的，然而充满了崇高精神的人类的活动，乃是伟大中之尤其伟大者！

初读这两段文字，可能产生这样的疑惑：①“从‘生产’归来”是什么意思？“生产”为什么要加上引号？② 为什么这“一队人”中有七八种不同的方音？③ 这一群从事农业生产的人为什么在归来途中“唱起雄壮的歌曲来了”？④ 从文章中可以看出，这群人身份很特殊，有的是拿调色板的，有的是拉提琴的，有的是不离木刻刀的，有的是写作的——“洋洋洒洒下笔如有神的”。这是一群什么样的人？他们聚集在这里究竟是干什么？⑤ 更令人疑惑的是，作者写这些文字分明是充满着赞颂之情的，文中说：“在背山面水这样一个所在，静穆的自然和弥满着生命力的人，就织成了美妙的图画。”为什么赞其有“生命力”？为什么说“织成了美妙的图画”？末一段的议论更显评价之高：“人类是伟大的，然而充满了崇高精神的人类的活动，乃是伟大中之尤其伟大者！”那么，这里所指的“充满了崇高精神的人类”是哪一种人？“崇高精神”又是指什么精神？

以上问题，都是理解内容的障碍；内容不能理解，写作意图就更难看清了。为此，不妨借助资料，了解写作本文的时代背景。

1940 年 5 月 26 日到 10 月 10 日，茅盾在延安生活了近五个月。当时的延安是党中央所在地，全国各地许多向往革命的知识分子也纷纷涌向这块“圣地”，接受革命的洗礼。当时，根据地人民面临两大困难：一是物质极其匮乏，二是国民党反动派和日本侵略者的两面夹击。对此，根据地人民在共产党领导下，不畏困难，艰苦奋斗，一方面投身于抗日战争，一方面开展大生产运动，搞生产自救。虽然物质生活很艰苦，但根据地人民，特别是革命战士有着崇高的信念，充满革命理想，因此生活始终是有声有色、轰轰烈烈的。茅盾受到强烈感染，在离开延安不久，挥笔写下了《风景谈》这篇“见闻录”式的散文。在这篇文章中，抗日战争时期中国共产党领导下解放区军民火热的战斗生活和崇高的精神境界，如画般地呈现在我们眼前。茅盾后来在《回忆录》中说：“我写了延安的‘风景’，而把政治寓于风景之中。”可见，“风景”是这篇作品的“形”，“政治”是这篇作品的“神”。

了解了这些背景，以上问题便迎刃而解了。① 所谓“生产”加引号有特定含义，是指当时的大生产运动；② 之所以有多种方音，是因为这些革命战士来自四面八方；③ 唱歌表明战士们斗志高昂，信心百倍，充满革命乐观主义精神；④ 这群人身份各异，是说“他们”原来都是文化艺术工作者，他们向往革命，参加了革命，已是革命战士；⑤ 之所以给予高度赞扬，是因为这群人是革命战士，有着崇高的理想；“崇高精神”是指不畏困难的革命乐观主义精神，抗敌御寇的英勇精神，改造旧世界、创造新生活的革命精神。这些内容读懂了，写作意图也就知道了。

（2）看论题的针对性和分析问题的着眼点。很多议论性文章，论题都是有鲜明的针对性的，分析问题时也不是面面俱到，而是着眼于某一点来剖析事理、发表看法的。阅读时，不妨以此为突破口来揣摩写作意图。请读林默涵《说“小”》这篇短文：

> “小”和“大”比较起来，“小”总是被人轻视的。“小事”“小玩意”，谁也不把它放在眼里。可是，说来好笑，我们这些人的毛病，往往就是犯在轻视小事情上面。
>
> 我们有远大的高尚的理想，这自然是很好的。可是，任何远大的理想，假如没有许多切实的细小的工作来充实它，那么，它就只能是一个空洞的理想。巍峨宫殿，是由无数的小石块建筑起来的；一切科学的伟大发现，都不知经过多少麻烦琐细的工作；改造旧社会的革命事业，更是非有无数的人来做无数细小的事情不可。
>
> 要打一次大胜仗，自然要有一个高明的指挥员，可是，没有勇敢的士兵能行吗？有了勇敢的士兵，没有尽职的伙夫能行吗？假如伙夫不能及时地烧好饭，送给前线的士兵吃，他们怎么能够冲锋陷阵？指挥员、士兵、伙夫，他们担任的事情，自然有大小的不同，可是他们对于一次战争

的胜利的贡献，却同样是不可缺少的。

在革命的事业上，各人贡献的大小，是不可能完全一样的。俗话说：手指都有长短。各人的能力有大小，是由各种条件所造成的。我们用不着把自己幻想为了不起的“英雄”“伟人”，但只要一个人是全心全意去做了他所应做的事情，尽了他的一份责任，他就是真正伟大了。我们所做的工作，比起那些真正的革命导师来，自然可能小得多。在这上面，我们是没法强求，也不必强求的；他们是尽其全力去做工作，我们也是尽了全力去做工作，而且这工作都同样有益于社会。何况一切伟大的工作，都是由许多细小的工作结合而成的，没有无数平凡的勤恳的工作者，领袖就成了“空军司令”，正如没有无数默默的枕木，叱咤风云的火车头也只好站着叹气了，谁能说一根小小的枕木是无足轻重的呢！

我们常常轻视小事情，不屑于做小事情，可是，假如有了一点小小的成绩，却又会立刻自满自足。其实，改造社会的革命事业，是这样伟大而艰巨，我们个人哪怕有天大的本事，也只能在这伟大的事业中做好一部分工作。我们如果肯努力，自然可以做出一些成绩来，但这本是我们应尽的责任，而且不管成绩怎样大，同整个的革命事业比较起来又算得什么？所以，一个人不管有多大的能力和成绩，是毫不值得骄傲的。

相反的，我们倒应该时时警惕，不要在工作中犯错误，哪怕是很小的错误。我们的缺点，就是常常有了一点小成绩，就沾沾自喜，而对于小错误却满不在乎，以为无足轻重。殊不知大事固然由小事积成，大错误也总是由小错误开端。身上生一点小疮，在开始的时候也许不大碍事，可是，在你不留心的当儿，它就发展起来，蔓延起来，而最后变成了致命之疾。这样的事情是很多的。

列宁说："自满自足的乐观主义乃是最庸俗卑鄙的思想。"真的，一个人有一点成绩，本来是很好的事情，可是，当你满足于这一点成绩，而觉得很可以自傲一下的时候，你就再也不会进步了，你的成绩也就到此为止；一点小名望，也可以成为一辈子压着你的沉重的包袱，使你老是念念不忘那包袱里的几件宝贝，天天在那里徘徊欣赏，再也看不见别的更重要的东西。这种人是一定要被抛到新生活外面去的。一个人有一点小错误，本来也不算怎么严重的，可是，如果你轻视这些小错误，对别人的好意的批评指责不肯虚心接受、及时改正，却固执地坚持错误，让它发展下去，那就危险了。造成使自己和事业覆亡的大错误，也许就是由当初不被重视的小错误开始的。

不要拒绝小事情，不要满足小成绩（即使在你个人说来是很大的成绩，同整个革命事业比较也还是很小的），不要轻视小错误，我就把这叫做"三不主义"，并愿以此自勉，切切实实做一点我们所应当做的小事情。

文章围绕"小"这个论题，着眼于"小"与"大"的辩证关系，通过人们所熟知的事例，运用通畅、严密、亲切的语言，从正反两个方面进行入情入理的分析。我们知道，围绕一个"小"字可以涉及多方面内容，但作者选材与析理都集中于一点，这就是抓住人们日常生活中容易忽视的"小"问题，深刻地揭示出"小"问题里包含的大道理。作者的意图是明显的，即抓住不要拒绝小事情、不要满足小成绩、不要轻视小错误三个方面进行论述，阐明实行“三不主义”的重要意义，号召人们切切实实做一点应当做的小事情。

（3）比较写作角度。人们往往根据同一事物或事理作文，尽管所写的对象相同，但角度（包括观察角度、分析角度、认识角度等）是不一样的。角度不同能体现写作意图的不同。因此，我们可以从比较写作角度入手来揣摩作者的写作意图。请读下面的作品：

崇高的理想（节选）

陶铸

我们的时代，我们的社会，是树立崇高理想和实现崇高理想的最好时代和社会。生活在我们这样伟大的社会主义国家的青年人，没有崇高的理想，是可悲的。一个没有崇高的共产主义理想的人，好像迷失了路途一样，不但不知道明天走到哪里，做什么，就是连今天做什么，为什么要这样做都弄不清楚。我们大家为什么要进学校呢？为什么要读书呢？进学校、读书的目的何在呢？当我们翻开书本第一页的时候，就要回答这个问题。同学们！这个问题，也就是要我们回答的关于一个人应该有什么样的理想的问题。“千里之行，始于足下”，在开始的时候，就得有个盘算，才不致“失之毫厘，谬以千里”。所以，理想问题，对每一个人来说，都是一个重要的问题。对社会主义社会里的青年人来说，更是一个大问题。

为什么说实现共产主义是我们最崇高最伟大的理想呢？这是因为共产主义、也只有共产主义能够使人类从私有制的束缚下彻底解放出来，能够使人类过着最快乐、最美满、最幸福的生活，能够实现古人所常说的“使老有所终，壮有所用，幼有所长，鳏寡孤独废疾者皆有所养”的“大同世界”。这个理想是完全能够实现的。中国古代的不说，大家知道，在四百多年以前，英国的托马斯·莫尔等，就始创了空想社会主义学说。到了十九世纪，法国的圣西门、傅立叶，英国的欧文等人，又使空想社会主义的学说得到了进一步的发展。他们都梦想着要在世界上建立一个美好的社会。但是由于历史条件的限制，他们虽然有力地揭露了资本主义的矛盾，批判了资本主义的罪恶，但是他们看不到无产阶级的力量，不懂得要经过阶级斗争和革命战争去取得胜利。在他们的心目中，无产阶级只是被压迫的群众，只需要给予同情和帮助就够了。因此，他们的理想尽管是好的，却是不可能实现的，因而也就是空想的非科学的东西。马克思和恩格斯第一次把社会主义由空想变成科学，指出了我们的理想是共产主义社会，指出了资本主义的掘墓人和共产主义社会的创造者，正是受着资本家剥削与压迫的工人阶级。他们解答了多少年来人类进步思想所提出的但不能解决的一系列问题。列宁（包括斯大林的一部分功绩在内）在无产阶级革命的新的条件下，发展了马克思主义，并在俄国缔造了第一个社会主义国家——苏联。他们不但从理论上丰富了马克思主义，而且给全世界做出了榜样，用铁一样的事实告诉人们，这个最崇高最伟大的共产主义理想，是完全可以实现的。在我们中国，自从一八四〇年鸦片战争以来，不少的先进人物曾经想使我们的国家变为独立富强的国家，使我们的社会变为一个理想的社会，但是都没有成功。直到十月革命一声炮响，送来了马克思列宁主义，这才真正为我们的国家找到了一个伟大的理想和实现这个理想的道路。我国革命的胜利以及社会主义建设中取得了伟大成就的事实，又一次证明了这个最崇高最伟大的共产主义理想，是完全可以实现的。……

同学们！从开始有人类社会以来，没有哪一个社会能与共产主义社会相比。什么理想也不能同共产主义这一更崇高更伟大的理想相比。我希望每一个同学都要有这个崇高的理想，把自己最好的年华贡献给这个崇高的伟大的共产主义事业。

理想的阶梯（节选）

陈群

青年最爱谈理想，青年最苦恼的是理想和现实常常有矛盾。

有的青年虽有理想，但刻苦勤奋不足；有的也很想为理想努力，但不能抓紧一点一滴的时间；有的自以为条件差，岗位平凡，无用武之地，不能充分发挥主观能动作用。结果，常常在碌碌无为的苦闷中慨叹蹉跎。

奋斗，是实现理想的阶梯。离开奋斗，理想就只能是幻想而已。有理想的青年，都应从眼前的现实起步，以非常艰苦的奋斗，作为通往理想境界的阶梯。

理想的阶梯，属于刻苦勤奋的人。马克思为实现解放全人类的崇高理想奋斗一生。他积极投身于火热的工人运动，研读无数种著作，学会了欧洲好几个国家的语言。他不断在图书馆钻研，数十年如一日，座位下的地面竟然磨掉一层。化学家诺贝尔为减轻工地上挖土工人的繁重劳动，决心发明炸药。他废寝忘食，四年里做了几百次试验。最后一次试验时，他聚精会神地盯着燃延的导火线。一声巨响，在旁的人们惊叫：“诺贝尔完了！”诺贝尔却从浓烟中跳出来，面孔乌黑，身上还带着血，兴奋地狂呼：“成功了！”那些杰出的人物正是被一种崇高的目标所鼓舞，才产生了惊人的毅力与忘我的精神。是理想的浪涛激励着他们去刻苦奋斗。今天，我们为实现四化而奋斗，这是中华民族空前的事业，其任务之艰，难度之大，更需要亿万人民，特别是青年，百折不回地艰苦奋斗。有志于为这一崇高理想而奋斗的青年要敢于面对现实，不怕一切艰难困苦，不怨天尤人，以凌云的壮志，用刻苦勤奋的汗水浇开灿烂的理想之花。

理想的阶梯，属于珍惜时间的人。富兰克林有句名言：“你热爱生命吗？那么别浪费时间，因为时间是组成生命的材料。”许多科学家、文艺家都是同时间赛跑的能手。爱迪生一生有1 000多项发明。这无数次试验的时间从哪里来？就是从常常连续工作两天三天的极度紧张中挤出来的。鲁迅以“时间就是生命”的格言律己，从事无产阶级文学艺术事业30年，视时间如生命，笔耕不辍。巴尔扎克每天用十六七个小时的如痴如狂的拼劲奋笔疾书，即使累得手臂疼痛，双眼流泪，也不肯浪费一刻时间。他一生留下为人民深深喜爱的巨著《人间喜剧》，共94部小说。这些血汗的结晶不正是时间与生命的光辉记录吗？

以上两文都是以“理想”为题发表看法的，从标题可以看出，“崇高的理想”重在讨论“理想”的性质与内涵；“理想的阶梯”重在讨论怎样实现理想。一为“崇高”，一为“阶梯”，论述的着眼点及讨论“理想”的角度有明显区别。两位作者都谈“理想”，谈的内容与角度不同，显然与作者的写作意图不同有密切关系。

1960 年 5 月，陶铸同志应邀到华南师范学院和暨南大学给青年学生作报告，讲的中心是“实现共产主义是我们最崇高最伟大的理想”。他先论述了理想的社会性、阶级性以及它与世界观的关系；接着阐明生活在社会主义社会里的青年人应该树立为实现共产主义而奋斗的崇高理想。讲话语重心长，高屋建瓴，充分体现了老一辈无产阶级革命家对青年一代的亲切关怀和殷切期望。陶铸同志面对的广大青年学生正处在完成学业、奔赴工作岗位、为祖国建功立业的关键时期，他们受过高等教育，对理想是有所认识的，为理想而奋斗的具体途径，他们也是知道的，而对理想的崇高性可能还认识不足。针对这个实际，陶铸同志有的放矢，把话说到大学生的心坎上去了。其意图就是，要求青年大学生提高认识和觉悟，勉励他们为共产主义事业而奋斗。

《理想的阶梯》一文发表于 1979 年。当时，我们的国家正处于拨乱反正的重要时期，一方面结束了“文化大革命”，一方面在开创社会主义建设新局面。以老一辈无产阶级革命家邓小平同志为核心的党中央，向全国人民发出了“尊重知识，尊重人才”的号召。广大青少年发愤图强，锐意进取，如饥似渴地学习科学文化知识，恨不得立即投身于伟大实践，实现伟大理想。愿望是好的，理想是崇高的，但实现伟大理想必然有一个过程；光有理想还不行，还必须克服困难，刻苦奋斗。文章发表在《中国青年》上，意图是明显的：围绕大家关心的问题，列举大量事实，展开议论，使广大青年进一步明确“怎样才能实现自己的理想”的道理，以不懈的韧劲，奋力攀登，一步步接近那光辉灿烂的理想高峰。

李白写庐山：“日照香炉生紫烟，遥看瀑布挂前川。飞流直下三千尺，疑是银河落九天。”苏轼也写庐山：“横看成岭侧成峰，远近高低各不同。不识庐山真面目，只缘身在此山中。”李诗写景，意在描绘庐山瀑布的瑰奇之姿；苏诗写景，但意在揭示生活哲理。怀着不同的写作目的，就会有不同的认识，选取不同的思考角度。同样，角度不同，写出来的内容不同，自然也就体现出不同的写作意图。古往今来，许多同对象、同题材的文章都是这样的，仔细领会，必识其妙。

（4）从结构特点上推断。不同的结构特点，反映了作者不同的写作思路，也能体现不同的写作意图。结构是为内容服务的。同样的内容，如果采取不同的结构，产生的效果也就不一样。因此，说话、写文章都要注意这一点。比如有的文章开门见山，直抒胸臆，坦言直陈；有的文章慢慢开导，步步启发，到最后水到渠成，揭示观点。两种写法，各有各的好处，各有各的作用。把观点摆在开头，继之分层论述，采用总分式结构，其意图大抵是为了突出观点，引人注意；先摆事实，再说道理，而且是分层引入，采用的是层递式结构，其意图大抵是为了让读者在归纳过程中逐步认识道理。

议论文如此，记叙文也是这样。例如下面的短文：

到五月花烈士公墓去

公木

清明那天的上午，市长罗同同志在办公楼大门口叫住了我，要我和他一起去五月花烈士公墓。我刚分到这里不久，“五月花”这个很美的名字吸引了我。

“叫车吗?”我问市长。

“不用。”他说。

“骑车去?”

“步行吧。”

我们沿着一条明净小河的河岸向东走去。天气很好，清明节，被大自然的巨手镶嵌在嫩绿和鹅黄的色彩中。我们走得不快。我很兴奋，市长同志却显得十分平静。

“我戴红领巾那阵子，每逢清明，都要去扫墓的。”我说。

“是。以前……这是一个传统。”市长说。

“现在，好像……”我看见市长面部难以察觉地抽动一下，突然把话截住了。

“好像什么？”他转过头来问我。

“好像去的人不多了……”我声音很低地回答。

“会多起来的。”

我们不再说话。

“您怎么突然要去公墓呢？”我抵不住沉默，又问道。

“突然？噢，我是突然想去看看……”

我感到自己问得荒唐，有点不安了。市长投来一束并不介意的目光。我给自己鼓了些勇气，决定再对他提出几个我琢磨过多次的问题。

“罗市长——”

“嗯。”

“您为什么还不搬进市府的首长楼里去？”

“我拿不起房租。”他笑笑，说。

他不愿告诉我，我心里想。我接着问道：

“听说您在省里当过副部长？”

“嗯。”

“那您为啥要求来这个边远小城当市长？”

“这里空气好。”

没法再问！但我不死心：

“您的独生女下乡时嫁在农村了，是吗？”

“嗯。”

“怎么不安排在城里照顾您呢？”

“我专门留她在乡下给我种菜呢——我这人很自私的。”

我不再问什么了。

五月花烈士公墓到了。

墓地被松柏树守护着。地上萌生了茸茸的草芽儿。墓地中心有一块青石巨碑。我们朝那里走去。

石碑上赫然地刻着“黑流河战斗殉难烈士纪念碑”一行字。下面刻满了烈士的姓名。我一个个看下去。忽然，一个名字跳进我的眼睛——“罗同”！我被震动了。回过头看着表情肃穆的罗市长，充满敬重地问：

“和您重名?”

“不，就是我。”

“我不明白……”

“三十七年前我们在这里打过一次恶仗。当时我是副营长，我带领的一百六十七名同志在突围中全部牺牲了，当然，也包括我……后来，我苏醒了，是被大雨浇醒的。我发现自己还活着，只是肚子被炮弹皮炸开了。我拼命往前爬，老乡的担架把我救了。在兄弟部队医院里我活了下来，可是我所在部队的同志们却以为我牺牲了……解放后，在这里建立纪念碑，把我的名字和死去的同志们刻在一起了。你来看——”市长指着石碑告诉我，“这个刘二牛，他是个大个子机枪手，忒勇敢，我们都叫他‘牛歪把子’；这个鲁新刚是个通讯员，好机灵的一个小鬼头，才十七岁；这个马光是个排长，读得一肚子好诗文……”

我眼里涌满了泪水。

市长又说话了：“解放后，我和一位诗人一起来这里瞻仰公墓。那正是五月，满地开着黄的、红的蒲公英和别的什么花，那诗人便说把公墓叫作‘五月花烈士公墓’吧。就是那天，我才看到碑上有我的名字。我痛哭了一场。能和自己那些死去的战友们在一起我真幸福……”市长声音有点哽咽。我感到血在胸膛里激荡。

过了几分钟，市长问我：

“你说，一个死去的人会不会提出这样或那样的种种要求？”

“不会。”我小心地回答道。

“会不会要好车坐，好房子住，要当大官，要利用权力搞特殊？”

“不会。”

“是的，不会的。我就是这样一个死人——和我的那些战友一样——死了三十多年了。现在你看到的我，只不过是死去的我和我死去的战友们派出来为人民做事的仆人——是一个灵魂——你懂吗？”市长问。

“懂了！”我说。

我们先来看这篇小小说的结构形式。全文分两大部分，第一部分从开头到“五月花烈士公墓到了”止，写去公墓的路上，“我”与罗市长的对话；第二部分写在墓地的所见所谈。写对话，集中一个话题，通过“我”问他答的形式一点一滴地交代了罗市长的行为表现：不坐车，不骑车，步行；不住首长楼；不再当副部长，当边远小城的市长；把独生女嫁在农村……一个市长有这种种表现，确乎有些“特殊”。读者不免在心中产生疑惑：罗市长这样做的原因是什么呢？第二部分作出了回答，揭示了罗市长的思想根源与感情底蕴。原来罗市长在战争年代受过重伤，差点牺牲，人们已经把他当作烈士了。面对长眠于地下的战友，罗市长的感情是复杂的，并不为自己活着而庆幸，而是把自己和战友联系在一起，把自己看作一个“死人”，想的是如今活着就应该当好人民的“仆人”，以不愧负战友！“我”说“懂了”，就是懂得了罗市长所作所为的思想感情奥秘。由此可见，小说采取了先果后因的写法。

作者为什么要按这样的思路写？为什么要采用先果后因的推进式结构而不用先因后果的顺接式结构呢？可从几方面来认识作者的写作意图：其一，从表达上看，步步设疑，最后释疑，增强了小说的艺术性；由悬念而后结果更能激起读者的阅读兴味。其二，从认识上看，由表及里是一般认识程序；小说先写行为表现，再揭开思想奥秘，符合认识法则。其三，把最动情、最精彩的内容摆在最后，具有催人思考的引发力量。小说故事简单，情节不复杂，作者的意图不在于编织故事，而在于让故事产生教育作用。让读者掩卷深思，从中得到启迪，便是作者的写作目的。

看似平常却高妙
——把握记叙的特点

只要阅读一篇篇记叙性文章，我们就可以看到记叙的特点：

在内容上，具有真实性特点。真实，是记叙文的生命。我们知道，记叙文的责任在于把客观事物的形状、色彩、质地、形成过程、存在形式、变化特点及主观世界中的心理、情感、认识、感受等告诉读者，使读者产生身临其境、心有所感的感受。如果作者胡编乱造，无中生有，说有为无，以非为是；或夸大其词，任意渲染；或歪曲真相，胡乱贬斥……那就是欺骗读者。这样的文章即使外表华丽，也必定遭人唾弃。凡是长期流传下来，受到读者欢迎的记叙性作品，其内容都必定是真实的；所状之景、所写之物、所叙之事、所写之人、所抒之情以及所生发之理，都是真实可信的。

在表达上，具有综合性特点。跟议论文、说明文相比，多种表达方式在记叙文中的综合运用，体现得更为明显。仅以叙事文来看，叙述一件事，总要交代事情的来龙去脉、前因后果，这离不开叙述。在叙述过程中，对重要环节、具体场景、人物活动，少不了要加以反映，这离不开描写。一件事的起因、发展、结束，总有内在原因，是对是错，总会给人启发，写到这方面内容，自然又离不开议论。既然写这件事而不写别的事，说明这件事打动了你，给你的心灵以撞击，在感情上的反应不是爱就是恨，不是喜就是怒，不是哀就是乐。文章总是要体现某种感情色彩，如果把真实的感情加以凸显，那就必然要用抒情的方式来表达了。叙事如此，写景状物记人也同样如此。许多内容深厚、感情真挚、材料丰富、立意深刻的记叙作品都具有这样的特色。

在结构上，具有多样性特点。议论文、说明文的结构变化也是多种多样的，但比较而言，还是没有记叙类作品那样变化多端，摇曳多姿。像伏笔、照应、悬念、线索、繁简、虚实、正侧、直接与间接等关于结构艺术的概念基本上都是就记叙作品而言的。仅以朱自清的《荷塘月色》为例。在全篇结构中，作者集中笔墨描绘的是荷塘月色，即第4、5、6三段内容。这三段文字也不算多，但在内容的安排与组织上呈现出灵活多变的风貌。写荷叶、花、香味，这是静的画面；写微风过处，叶动花颤的情状，这是动的画面；写月色，先写月光倾泻在花、叶上的情景，这是实写；写“叶子和花”“又像笼着轻纱的梦”，则是虚拟，但虚中见实，表现了朦胧月色下花、叶飘忽不定的姿态。另外，写月色着墨较浓，写远山、灯光、蝉声则属于随意点染，可见繁简有致、浓淡相宜。总之，作者从平观到俯视，从细察到鸟瞰，由远及近，从上到下，由里及外，写尽荷塘月色的无限风光。整个画面是立体的，内容是层次中复有层次，真是难得的巧思妙构。

在题材上，具有广泛性特点。记叙文的题材可以说无所不包，景点、物态、人事、感情、心理都可以在作家笔下熠熠生辉。鲁迅先生的《故乡》，既写景，又写事；由景与事来写人；由写人来揭示社会生活的本质特点；由揭示社会生活的本质来引起人们的思索，作品题材的内涵相当深广。刘白羽的《长江三峡》重在写景；丰子恺的《上天都》重在由事及理；宗璞的《西湖漫笔》重在反映社会的变化；黄河浪的《故乡的榕树》重在表达游子之思；夏衍的《包身工》重在黑暗社会劳苦大众备受压榨实况的纪实；《为了六十一个阶级弟兄》表达了社会生活中的新风貌……这些都说明，记叙文取材广泛，目的各异，功能多样，既可以开阔我们的视野，又可以熏陶我们的情感；既可以言志，又可以明理；既可以回忆过去，又可以展望未来。总之，上至天文，下至地理，宇宙之内的一事一物都可以在作家笔下化作一道风景，构成一个斑斓的世界。

上述四点，是记叙类作品的共同特点。具体到某一篇作品的阅读，我们还要认识其个性。记叙类作品大致可分为记人、叙事、写景、状物四种类型，下面就依此四类，分别举例，讨论把握其特点的阅读要领。

(1) 记人文章，重在刻画人物的思想性格，写出人物的个性特征。这既是作品内容特点，也是我们阅读的突破点。例如，下面是著名作家杨绛所写的《记傅雷》一文中的部分内容：

> 有人说傅雷“孤傲如云间鹤”；傅雷却不止一次在锺书和我面前自比为“墙洞里的小老鼠”——是否因为莫罗阿曾把服尔德比作“一头躲在窟中的野兔”呢？傅雷的自比，乍听未免滑稽。梅馥称傅雷为“老傅”；我回家常和锺书讲究：那是“老傅”还是“老虎”，因为据他们的乡音，“傅”和“虎”没有分别，而我觉得傅雷在家里有点儿老虎似的。他却自比为“小老鼠”！但傅雷这话不是矫情，也不是谦虚。我想他只是道出了自己的真实心情。他对所有的朋友都一片至诚。但众多的朋友里，难免夹杂些不够朋友的人。误会、偏见、忌刻、骄矜，会造成人事上无数矛盾和倾轧。傅雷曾告诉我们：某某“朋友”昨天还在他家吃饭，今天却在报纸上骂他。这种事不止一遭。傅雷讲起的时候，虽然眼睛里带些气愤，嘴角上挂着讥诮，总不免感叹人心叵测、世情险恶，觉得自己老实得可怜，孤弱得无以自卫。他满头棱角，动不动会触犯人；又加脾气急躁，止不住要冲撞人。他知道自己不善在世途上圆转周旋，他可以安身的“洞穴”，只是自己的书斋；他也像老鼠那样，只在洞口窥望外面的大世界。他并不像天上的鹤，翘首云外，不屑顾视地下的泥淖。傅雷对国计民生念念不忘，可是他也许遵循《刚第特》的教训吧？只潜身书斋，做他的翻译

工作。

傅雷爱吃硬饭。他的性格也像硬米粒儿那样僵硬、干爽；软和懦不是他的美德，他全让给梅馥了。朋友们爱说傅雷固执，可是我也看到了他的固而不执，有时候竟是很随和的。他有事和锺书商量，尽管讨论得很热烈，他并不固执。他和周煦良同志合办《新语》，尽管这种事锺书毫无经验，他也不摈弃外行的意见。他有些朋友（包括我们俩）批评他不让阿聪进学校会使孩子脱离群众，不善适应社会。傅雷从谏如流，就把阿聪送入中学读书。锺书建议他临什么字帖，他就临什么字帖；锺书忽然发兴用草书抄笔记，他也高兴地学起十七帖来，并用草书抄稿子。

解放后，我们夫妇到清华大学任教。傅雷全家从昆明由海道回上海，道过天津。傅雷到北京来探望了陈叔通、马叙伦二老，就和梅馥同到我们家来盘桓三四天。当时我们另一位亡友吴晗同志想留傅雷在清华教授法语，央我们夫妇作说客。但傅雷不愿教法语，只愿教美术史。从前在上海的时候，我们曾经陪傅雷招待一个法国朋友，锺书注意到傅雷名片背面的一行法文：Critique d'Art（美术批评家）。他对美术批评始终很有兴趣。可是清华当时不开这门课，而傅雷对教学并不热心。尽管他们夫妇对清华园颇有留恋，我们也私心窃愿他们能留下，傅雷决计仍回上海，干他的翻译工作。

我只看到傅雷和锺书闹过一次别扭。1954 年在北京召开翻译工作会议，傅雷未能到会，只提了一份书面意见，讨论翻译问题。讨论翻译，必须举出实例，才能说明问题。傅雷信手拈来，举出许多谬误的例句；他大概忘了例句都有主人。他显然也没料到这份意见书会大量印发给翻译者参考；他拈出例句，就好比挑出人家的错来示众了。这就触怒了许多人，都大骂傅雷狂傲；有一位老翻译家竟气得大哭。平心说，把西方文字译成中文，至少也是一项极繁琐的工作。译者尽管认真仔细，也不免挂一漏万；译文里的谬误，好比猫狗身上的跳蚤，很难捉拿净尽。假如傅雷打头先挑自己的错作引子，或者挑自己几个错作陪，人家也许会心悦诚服。假如傅雷事先和朋友商谈一下，准会想得周到些。当时他和我们两地间隔，读到锺书责备他的信，气呼呼地对我们沉默了一段时间，但不久就又回复书信来往。

傅雷的认真，也和他的严肃一样，常表现出一个十足地道的傅雷。有一次他称赞我的翻译。我不过偶尔翻译了一篇极短的散文，译得也并不好，所以我只当傅雷是照例敷衍，也照例谦逊一句。傅雷怫然忍耐了一分钟，然后沉着脸发作道："杨绛，你知道吗？我的称赞是不容易的。"我当时颇像顽童听到校长错误的称赞，既不敢笑，也不敢指出他的错误。可是我实在很感激他对一个刚试笔翻译的人如此认真看待。而且只有自己虚怀若谷，才会过高地估计别人。

写人不易，写思想丰富、才华横溢、至纯至真的大翻译家傅雷，就更难了。然而，散文家杨绛凭其敏锐的洞察力和幽邃的感悟力，用真诚的笔触，把傅雷先生写"活"了。掩卷思索，仿佛傅雷先生的音容笑貌就在我们眼前。作者选取若干事例，展示傅雷先生的性格特点：① 写傅雷先生待人一片至诚，即使这样也常被所谓的"朋友""骂"，对此，傅雷的态度是"气愤""讥诮"，但更多的是"感叹人心叵测、世情险恶，觉得自己老实得可怜，孤弱得无以自卫”。“气愤”“讥诮”，可以理解，因为这毕竟也是一种反击。为什么又感到“可怜”与“孤弱”呢？难道傅雷真的胆小怕事吗？不是的。一介书生，保持节操，即使一片真诚待人，也还遭到谩骂，这是多么大的冤屈！表示一点“气愤”和“讥诮”，也仅仅是“带些”“挂着”而已，反衬世道险恶、坏人势力强大，又是多么鲜明！即使如此，他还是“满头棱角”“脾气急躁”，又是何等的难能可贵！“满头棱角”写其不屈的品质，“脾气急躁”写其在险恶世道中备受压迫的无奈情态。他不得不以“老鼠”自况，潜身书斋，寄托生命于翻译工作。傅雷的自比，大有深意，一则反映了他对世道人情认识之深，一则也表现他不愿同流合污、自守节操、苟延残喘于乱世的尴尬之态。这一段写傅雷与人相交，未具体叙事，点到即止，重在剖析，深刻地展示了他的真诚之心、不屈之志、无奈之态。② 第 2 段列举几件事说明傅雷“不固执”，作者用词很能表现傅雷的性格特点。“僵硬”的“米粒儿”比喻他性情刚强；“干爽”写其性情坦荡；“固而不执”既写他的性格刚硬的一面，又表明他刚硬却不顽固；“随和”则是表现他与真诚的朋友相处时的态度。其实，傅雷在真诚的朋友面前，不仅随和，而且不乏纯真，比如他听钱锺书的话临帖，学钱锺书“也高兴地学起十七帖来”。把这一段内容和前一段联系起来看，便发现傅雷的内心世界是多么的丰富。面对险恶的世情，他敢于“触犯”“冲撞”，而与友人相处又显得随和与纯真。③ 第 3 段内容也是意味深长的。吴晗“央我们夫妇”劝傅雷到清华教法语，而“我们夫妇”又是傅雷真诚的朋友，加之傅雷夫妇对清华园也“颇有留恋”，这种人情关系和个人愿望凑合起来，按理是能起作用的，但傅雷最后“决计仍回上海，干他的翻译工作”。前边说傅雷在朋友面前随和，那么这件事为什么又有点固执己见呢？其实，这不是固执己见，要从事情的性质和轻重程度上看。傅雷最有兴趣的事是搞美术批评，他要做美术批评家；尽管他精通法语，教授法语不在话下，但他的本心是“不愿”。纵然有朋友相劝，自己也留恋清华园，但一想到本心，他还是放弃前者，坚守后者了。这充分说明傅雷有一颗不违友人（在某些方面“从谏如流”），也不违自己的纯粹的心。这是一颗真实的心。④ 第4段写傅雷与钱锺书的“别扭”更为精彩。傅雷挑拣译文之误引起一场轩然大波，连理解他的朋友也有点责备他了。两个“假如”句很有意味，意思是只要傅雷稍微懂点做人之道，灵活一些，或“挑自己几个错作陪”，或“事先和朋友商谈一下”，事情就不会到这步田地。偏偏傅雷不懂这种“做人之道”，毫无顾忌，坦率从事。这是优点还是弱点呢？按一般人认定的做人之道，这自然是弱点。因为在一般人看来，圆滑比直率好，遇事想得“周到些”，就免于得罪人。按傅雷坚守的做人之道，这样做又纯属正常。因为在傅雷看来，只对事不对人，不必在照顾情面上多想出“周到”的办法。这并不是说傅雷对待别人冷酷无情，而是表明他对人对己一样，通体透亮，毫不矫饰。⑤ 最后一段写傅雷的性情与态度也是形神兼备，活灵活现。对于“我”照例的“谦逊”，傅雷“怫然忍耐了一分钟，然后沉着脸发作道：‘杨绛，你知道吗？我的称赞是不容易的。’”。“怫然”，生气的样子。为什么生气？因为他看不惯这种“谦虚”；生气了为什么又“忍耐了一分钟”呢？大概是担心自己出语过直，伤害对方。你看，“怫然”是真性情的表现，“忍耐”又是为对方着想，这种情感是多么复杂啊！毕竟傅雷是“十足地道”的傅雷，他还是“沉着脸发作”了。“怫然”“忍耐”“沉着脸”，这几个写神态的词把傅雷率直的性格淋漓尽致地展现出来了。“杨绛，你知道吗？我的称赞是不容易的”这句话也颇耐人寻味。首先直称“杨绛”，一则加重语气，说明说话态度非常认真、严肃；二则也有好朋友之间的亲近之意。其次说“你知道吗？”有强调意味，表明后一句很重要。最后说“是不容易的”，包含几层意思：一是说自己从来不轻易称赞别人；二是说“我”的“称赞”毫无虚夸，是发自内心的。如果改作“不是随便的”或“不是虚假的”，就不符合傅雷的性格特点了。

（2）叙事文章，以“事”为主要内容，以叙述为主要表达方式（突出“六要素”），重在把事情的来龙去脉、前因后果交代清楚。当然，“事”是人做的，叙事时必然要写到人。为了表达的需要，叙事的同时还可进行适当的议论和抒情。请阅读下文：

观舞记
——献给印度舞蹈家卡拉玛姐妹

冰心

我应当怎样来形容印度卡拉玛姐妹的舞蹈?

假如我是个诗人，我就要写出一首长诗，来描绘她们的变幻多姿的旋舞。

假如我是个画家，我就要用各种彩色，点染出她们的清扬的眉宇和绚丽的服装。

假如我是个作曲家，我就要用音符来传达出她们轻捷的舞步和细响的铃声。

假如我是个雕刻家，我就要在玉石上模拟出她们的充满了活力的苗条灵动的身形。

然而我什么都不是！我只能用我自己贫乏的文字，来描写这惊人的舞蹈艺术。

如同一个婴儿，看到了朝阳下一朵耀眼的红莲，深林中一只旋舞的孔雀，他想叫出他心中的惊喜，但是除了咿哑之外，他找不到合适的语言。

但是，朋友，难道我就能忍住满心的欢喜和激动，不向你吐出我心中的“咿哑”?

我不敢冒充研究印度舞蹈的学者，来阐述印度舞蹈的历史和派别，来说明她们所表演的婆罗多舞是印度舞蹈的正宗。我也不敢像舞蹈家一般，内行地赞美她们的一举手一投足，是怎样地“本色当行”。

我只是一个欣赏者，但是我愿意努力说出我心中所感受的飞动的“美”!

朋友，在一个难忘的夜晚——

帘幕慢慢地拉开，台中间小桌上供养着一尊湿婆天的舞像，两旁是燃着的两盏高脚铜灯，舞台上的气氛是静穆庄严的。

卡拉玛·拉克希曼出来了。真是光艳地一闪！她向观众深深地低头合掌，抬起头来，她亮出她的秀丽的面庞和那能说出万千种话的一对长眉，一双眼睛。

她端凝地站立着。

笛子吹起，小鼓敲起，歌声唱起，卡拉玛开始舞蹈了。

她用她的长眉，妙目，手指，腰肢；用她髻上的花朵，腰间的褶裙；用她细碎的舞步，繁响的铃声，轻云般慢移，旋风般疾转，舞蹈出诗句里的离合悲欢。

我们虽然不晓得故事的内容，但是我们的情感，却能随着她的动作，起了共鸣！我们看她忽而双眉颦蹙，表现出无限的哀愁；忽而笑颊粲然，表现出无边的喜乐；忽而侧身垂睫，表现出低回婉转的娇羞；忽而张目瞋视，表现出叱咤风云的盛怒；忽而轻柔地点额抚臂，画眼描眉，表演着细腻妥帖的梳妆；忽而挺身屹立，按箭引弓，使人几乎听得见铮铮的弦响！像湿婆天一样，在舞蹈的狂欢中，她忘怀了观众，也忘怀了自己。她只顾使出浑身解数，用她灵活熟练的四肢五官，来讲说着印度古代的优美的诗歌故事！

一段一段的舞蹈表演过（小妹妹拉达，有时单独舞蹈，有时和姐姐配合，她是一个雏凤！形容尚小而功夫已深，将来的成就也是不可限量的），我们发现她们不但是表现神和人，就是草木禽兽：如莲花的花开瓣颤，小鹿的疾走惊跃，孔雀的高视阔步，都能形容尽致，尽态极妍！最精彩的是“蛇舞”，颈的轻摇，肩的微颤：一阵一阵的柔韧的蠕动，从右手的指尖，一直传到左手的指尖！我实在描写不出，只能借用白居易的两句诗“珠缨炫转星宿摇，花鬘斗薮龙蛇动”来包括了。

看了卡拉玛姐妹的舞蹈，使人深深地体会到印度的优美悠久的文化艺术：舞蹈、音乐、雕刻、图画……都如同一条条的大榕树上的树枝，枝枝下垂，入地生根。这么多树枝在大地里面息息相通，吸收着大地母亲给予它的食粮的供养，而这大地就是印度的广大人民群众。

卡拉玛和拉达还只是这棵大榕树上的两条柔枝。虽然卡拉玛以她22岁的年华，已过了17年的舞台生活；12岁的拉达也已经有了4年的演出经验，但是我们知道印度的伟大的大地母亲，还会不断地给她们以滋润培养的。

最使人惆怅的是她们刚显示给中国人民以她们“游龙”般的舞姿，因着她们祖国广大人民的需求，她们又将在两三天内“惊鸿”般地飞了回去！

北京的早春，找不到像她们的南印度故乡那样的丰满芬芳的花朵，我们只能学她们的伟大诗人泰戈尔的充满诗意的说法：让我们将我们一颗颗的赞叹感谢的心，像一朵朵的红花似的穿成花串，献给她们挂在胸前，带回到印度人民那里去，感谢他们的友谊和热情，感谢他们把拉克希曼姐妹送来的盛意！

本文题为“观舞记”，主体部分是对观赏印度舞蹈家卡拉玛姐妹的舞蹈这件事的记述。“时间”一目了然：“一个难忘的夜晚”。“地点”也交代得很清楚：“北京”。“过程”从“帘幕慢慢地拉开”到“卡拉玛·拉克希曼出来了”，到音乐声起，“卡拉玛开始舞蹈了”，再到她们姐妹俩“一段一段的舞蹈表演过”。作者按时间顺序，一一写及，十分清楚、具体。

本文的结构安排精巧玲珑，全文沿着感舞—观舞—思舞—赞颂友情的线索层层渲染、步步描绘。简略处，要言不烦；铺陈时，泼墨如注。情与意互相包孕渗透，使通篇文章浑然一体，处处闪烁着美的光华，激荡着情的涟漪。

本文还显示了作者非同凡响的语言功力。安排句式，骈散相宜，错落有致，时而铺排连珠，气势飞扬；时而精描细绘，神情毕肖，洗练而又活泼，典雅而又清新。

尤其要说的是，在记述中，文章以较多笔墨描写舞蹈家的舞姿。先总说“她用她的长眉，妙目，手指，腰肢；用她髻上的花朵，腰间的褶裙；用她细碎的舞步，繁响的铃声，轻云般慢移，旋风般疾转，舞蹈出诗句里的离合悲欢”；再分说她的“双眉颦蹙”“笑颊粲然”“侧身垂睫”“张目瞋视”“点额抚臂，画眼描眉”“挺身屹立，按箭引弓”等内容；后又总说神人草木禽兽，舞蹈家“都能形容尽致，尽态极妍”，并用白居易的两句诗来状写“蛇舞”的精彩。所有的描写，总分结合，详略有致，形象生动，美妙无穷。

(3) 写景之作，妙在借景抒情，寓情于景。有的文章语言华丽，情感奔放；有的文章语言质朴，情感细腻。这，是写景之文的基本特点与风格。阅读时必须披文入情，既挖掘感情底蕴，又能理解情与景之间的关系。大家都读过著名散文家刘白羽的作品，如《长江三日》等。人们一般认为刘白羽的文章以激越、热烈见长，其实，同一作家在不同心情驱使下，会写出风格不同的作品来。这里推荐他的另一篇风格含蓄、意境幽深的散文佳作。

天池

刘白羽

古人云“人在画图中”，我到天池就有这种感觉，仿佛自己落入蓝色湖面倒映着雪白冰峰的清澈、明丽的幻影之中了。这一天之内，我觉得风是蓝的，阳光是蓝的，连我这个人也都为清冷的蓝色所渗透了。

早晨，从公路转入崎岖山谷，盘旋上山。山上林木变化，分为三段：山下开阔河床中，冲击着冰凌般潺潺急流，在这里，老榆成林，一株株形状古怪，如苏东坡所说："如猛兽奇鬼，森然欲搏人"；到山腰却是密密层层的杨、柳、枫、槐，秋霜微染，枝头万叶如红或黄的透明琉璃片，在阳光中闪烁摇曳，在这里，天山雪水汇为悬空而落的飞泉，在森然壁立的峡谷中一片涛声滚滚；到了山顶则是一望无际的墨绿色挺立的云杉，植物适应着温度高低而变化，可见其山势之陡峻了。

我走到山坡别墅，在洒满阳光的阳台上坐下来，我的面前这时展开整个天池，这不像自然景色，而是一幅油画。你看，这广阔的湖面，为满山云杉映成一片深蓝，这深蓝湖面之上，又印上雪白的群山倒影。这时我才恍然，我并未到山之极峰。你看，天池那面，还有层层叠叠更高的白峰，人们告诉我最高一山，名叫博格达峰。这天池，显然是更高更高的天山的雪水在这里汇集成湖。偶然一阵微风从空拂拂而来，吹皱一湖秋水，那粼粼波纹，催动蓝的、白的树影山影，都微微颤动起来。同游的人们都欢欢喜喜奔向天池边去了，我倒希望一个人留在这阳光明亮的阳台上，沉醉于湖光山色之中，让我静静地、细细地欣赏这幽美的风景。在我记忆里面，这天池景色，也许可与瑞士的湖山媲美，但当我沉静深思着，把我自己完全融合在这山与水之中，我觉得天池别有她自己的风度，湛蓝的湖水、雪白的群峰、密立的杉林，都显示着深沉、高雅、端庄、幽静。的确，天池是非常之美的。但，奇怪的是这里并不是没有游人欢乐的喧哗，也不是没有呼啸的树声和啁啾的鸟鸣，但这一切似乎都给这山和湖所吸没了，却使你静得连一点声音也听不见，如果让我用一个字来形容天池之美，那就是——静。

从第一眼瞥见天池到和她告别，我一直沉默不语，我不愿用一点声音，来弹破这宁静。但在宁静之中却似乎回旋着一支无声的乐曲，我不知它在哪儿？也许在天空，也许在湖面，也许在林中，也许在我心灵深处，“此时无声胜有声”。不过这乐曲不是莫扎特，不是舒曼，而是贝多芬，只有贝多芬的深沉和雄浑，才和天池的风度相称。是的，天池一日我的心情是宁静的，这是我最珍爱的心境。山光湖色随着日影的移动而变幻。午餐后，睡了一会儿，一阵冷气袭来，就像全身浴在冰山雪水之中，我悄悄起来，不愿惊醒别人，独自走到廊上，再次仔细观察天池：雪峰与杉林，白与黑相映，格外分明，雪山后涌起的白云给强烈阳光照得白银一样刺眼。在黑蓝色湖与山的衬托下，一片金黄色的杨树显得特别明丽灿烂。我再看看我的前后左右，原来我所在的红顶房屋就在云杉密林之中，我身旁就耸立着一株株高大的云杉，一株一株挨得很紧，而每棵树都笔直细长地冲向天空，向四周伸展着碧绒绒枝叶，绿色森然。太阳更向西转，忽然，静静的天空飞卷着大团灰雾，而收敛的阳光使湖面变成黑色，震颤出长长的涟漪。不知为何，我的心忽地紧皱起来，我不知道如果狂风吹来暴雨，如果大雪漫过长空，那时天池该会怎样呢!？……幸好，日光很快又刺穿云雾而下，湖光山色又变得一片清明，只不过从杉林中从湖面上袭来的清气显得有些寒意了。

我们就趁此时机，离开天池下山。

山路崎岖弯转，车滑甚速。一路之上，听着飒飒天风、潺潺冰泉，我默默冥想：天池风景，是那样宁静而又变幻多姿，是那样明朗而又飞扬缥缈，我觉得在天池这一天进入了一个梦的境界。待驰行到山下公路上回头再望，博格达峰在哪里呀？群峰掩映、暮霭迷茫，一切都沉入朦胧的紫色烟雾，天池也在“夕阳明灭乱山中”了。

作者以清静之心写清静之景，在对清静之景的感悟中又使清静的意念不断加深。全文的灵魂，用作者自己的话来说，就一个字：“静”。

文章起笔，卓然不凡，把总体感觉写出来了：“这一天之内，我觉得风是蓝的，阳光是蓝的，连我这个人也都为清冷的蓝色所渗透了。”这感觉是奇特的。其实“风”“阳光”都不会“蓝”。作者以“蓝”写之，用的是移觉修辞。移觉从何而来？从所见之景的特点而来。天池有“蓝色湖面”，有“雪白冰峰的清澈、明丽的幻影”，这种冷色调景观融化了“我”，使“我”顿生清凉之感，觉得自己“为清冷的蓝色所渗透了”。作者起笔，不蔓不枝，点出“清凉”之境。

文章第 2 段写山上林木的层次变化仍然是扣住“清凉”来写的。林木层次变化是由温度决定的，山越高，温度越低，作者虽未写山的高度，但写了“云杉”，山之陡峻也就可想而知了。写山之“高峻”，是交代“天池”之所以清凉的原因。

第 3 段，作者集中笔墨写“天池”之景。比之以“油画”，突出景物的宁静之美；写“天池那面”的博格达峰，是交代天池湖水的来源；未写水凉，但交代这水是“更高更高的天山的雪水”，水之清凉便不言而喻了。继之写天池的动态美，微风吹皱一湖秋水，“那粼粼波纹，催动蓝的、白的树影山影，都微微颤动起来”，水波微荡，一个“颤动”十分传神。前面写“静”，此处写“动”，动静互衬，景致幽美无比。直接描写景物的文字不多，但抓住了特征。接下来写一种独特感受：“我倒希望一个人留在这阳光明亮的阳台上，沉醉于湖光山色之中，让我静静地、细细地欣赏这幽美的风景。”这是见情见性的文字，须仔细品味。“我倒希望一个人”留在这里，是说作者希望孤独吗？不是，是希望清静，希望自己也成为这清静之景中的一个静物。“沉醉”表明自己迷恋景物的程度，与“静静地、细细地”共同揭示了此时此地的特殊心境。眼前之景使“我”产生这种宁静的心境，而宁静的心境又使“我”觉得眼前之景格外宁静。因此，作者最后用一个字来概括感受：“静”。

“静”与“动”相生，不仅表现在“内心”与“外物”的关系上，而且也表现在“内心”的“动”与“内心”的“静”的关系上。面对天池之景，作者的心是“静”的，同时又是“动”的，第4段关于音乐的联想就是揭示这种独特心理活动的传神妙笔。在静默之中，“我”似乎听到一种无声的乐曲，而且是贝多芬的深沉和雄浑的乐曲，显然，这写出了心情的最高境界。心情是“静”的，但并非静寂、空旷；英雄般的情感像冰山一样悄然浮出心灵之海，给宁静的心灵增添了内容，注入了“魂”。正因为这样，所以作者觉得此时的心境最值得“珍爱”。

《天池》一文，用“心”观景，写景见“心”，感情真挚而又细腻，表达委婉而又质朴，给人回想的余地很大，堪称不可多得的写景抒情妙品。

(4) 状物之作，并非为写物而写物，总有寄托。或寓之以情，或寓之以理，这是状物类记叙文的特点。阅读时，要挖掘情理，得到启迪。请阅读下面一篇佳作：

白鹭

郭沫若

白鹭是一首精巧的诗。

色素的配合，身段的大小，一切都很适宜。

白鹤太大而嫌生硬，即如粉红的朱鹭或灰色的苍鹭，也觉得大了一些，而且太不寻常了。

然而白鹭却因为它的常见，而被人忘却了它的美。

那雪白的蓑毛，那全身的流线型结构，那铁色的长喙，那青色的脚，增之一分则嫌长，减之一分则嫌短，素之一忽则嫌白，黛之一忽则嫌黑。

在清水田里时有一只两只站着钓鱼，整个的田便成了一幅嵌在琉璃框里的画面。田的大小好像是有心人为白鹭设计出的镜匣。

晴天的清晨每每看见它孤独地站立在小树的绝顶，看来像不是安稳，而它却很悠然。这是别的鸟很难表现的一种嗜好。人们说它是在望哨，可它真是在望哨吗?

黄昏的空中偶见白鹭的低飞，更是乡居生活中的一种恩惠。那是清澄的形象化，而且具有了生命了。

或许有人会感着美中的不足，白鹭不会唱歌。但是白鹭的本身不就是一首很优美的歌吗?——不，歌未免太铿锵了。

白鹭实在是一首诗，一首韵在骨子里的散文诗。

《白鹭》这篇短文属《丁东草（三章）》中的一章，是咏物小品，也是隽永的哲理小诗。开头一句说“白鹭是一首精巧的诗”，总写白鹭。继之扣住“精巧”，从色素、身段上加以说明。说“色素”“身段”，举例而已，旨在说明“很适宜”，是“精巧”的一个方面。作者还不忘用“白鹤”“朱鹭”“苍鹭”来对比，以突出白鹭的“精巧”。用了对比还嫌不够，作者又用夸张的词句来写白鹭的美态：不能“增之”，不能“减之”，不能“素之”，也不能“黛之”。白鹭本身就是和谐的，任何一种改变都是破坏。接下来，作者又用白描的手法写了三幅画：一为“白鹭清水田钓鱼图”，二为“白鹭独立小树图”，三为“白鹭黄昏低飞图”，有静有动，动静结合，表现了白鹭的清纯、悠然、灵动的美。作者一方面用描写之法状写白鹭的特征与美的表象；一方面又用议论的语言来评价白鹭美的所在。特别是后一句议论，不仅在结构上起到了与开头相呼应的作用，而且在内容上用极精确的词语揭示了白鹭的本质特点，即作者所说的“韵在骨子里”。韵，本指和谐悦耳的声音，在这里当指和谐、精巧之美。“韵在骨子里”，就是说从骨子里到外表都是和谐、精巧的。

说到这里，我们都是在讨论作者是怎样写白鹭以及白鹭美在何处。那么，文章的理趣又在哪里呢？是不是可以说“白鹭”暗喻了某一种人？也未尝不可以这么说。但从文章题旨上看，作者意在对和谐之美的赞颂。或者说，白鹭是和谐美的化身。写和谐美，虚；写白鹭，实。作者之意是以实写虚，以实有之物来揭示美的本质特点。

于细微处见精神
——不可小视细节描写

细节，从字面上讲，是指细微末节，它是相对于“大节”而言的。我们平常说：“这个人言行举止是不错的，只是有时候不太注意细节。”说“言行举止”“不错”，是就总体风度而言；说“不太注意细节”，是说某些细小之处还有所疏忽。在处理事务时，我们也常说：“要抓住事情的本质和主要方面，不要纠缠于一些细节。”意思是说，要抓主体，抓重要的，细微末节可以忽略不计。这些是通常情况下，我们对“细节”的理解。

但在文学艺术作品中，“细节”具有特定的含义，它是指细腻地描写人物性格、事件发展、社会环境和自然景物最小的组成单位。这句话，我们要从三个方面来理解。其一，它是属于描写范畴的，也就是说，在描写过程中，往往涉及细节。至于议论、抒情等表达方式，没有“细节议论”“细节抒情”的说法。其二，细节描写必然是细腻的，作者具有明察秋毫的洞察力，捕捉细节并且用恰当的语言细腻地表现。它不是可有可无的，同样承担描写人、事、景及环境的重要责任，因此说它是“组成单位”之一。其三，我们平常可能认为，细节是专门用来表现人的思想性格、肖像服饰、言行举止特点的，其实，写景、写环境、写事情发展状态等也往往涉及细节。在文学创作中，细节描写要具有真实性，要符合和服从艺术形象的塑造、故事情节的展开和主题思想的表达，以具体生动地反映事物的特征、增强艺术感染力为目的。

好的细节描写，如同柳荫中只闻其声不见其形的黄鹂，动人心旌；也如万花丛中的一线流萤，虽无明亮的光华，但明灭的绿光也体现出一种灵动飘忽之美。请读王愿坚《七根火柴》中的文字：

一共只有七根火柴，他却数了很长时间。数完了，又向卢进勇望了一眼，意思好像说：“看明白了？”

“是，看明白了！”卢进勇高兴地点点头，心想：“这下子可好办了！”他仿佛看见了一个通红的火堆，他正抱着这个同志偎依在火旁……

就在这一瞬间，他发现那个同志的脸色好像舒展开来，眼睛里那死灰般的颜色忽然不见了，发射出一种喜悦的光。那同志合拢了党证，双手捧起这几根火柴，像擎着一只贮满水的碗一样，小心地放到卢进勇的手里，紧紧地把它连手握在一起，两眼直直地盯着卢进勇的脸。

“记住，这，这是，大家的！”他蓦地抽回手去，深深地吸了一口气，用尽所有的力气举起手来，直指着正北方向：“好，好同志……你……你把它带给……”

话就在这里停住了。卢进勇觉得自己的臂弯猛然沉了下去！他的眼睛模糊了。远处的树、近处的草、那湿漉漉的衣服、那双紧闭的眼睛……一切都像整个草地一样，雾蒙蒙的；只有那只手是清晰的，它高高地擎着，像一只路标，笔直地指向长征部队前进的方向……

这一部分文字写了无名战士和卢进勇的对话，写了无名战士的行动及表情，涉及人物多个细节。写动作有两处：一是“合拢”党证，“捧起”火柴，“握”在一起，这是移交火柴的动作；二是末尾写那只手“高高地擎着”，“笔直”地指着方向，这是无名战士临死前的最后一个动作。两处动作描写都很好地刻画了无名战士的形象。移交动作表明无名战士对“火柴”的看重，对同志的信任与托付。之所以如此谨慎小心，是因为他对革命事业无限忠诚，想竭尽全力为革命做出最后一份贡献。后一个动作表现了无名战士对革命的坚定信念，是思想感情的最后表达。写眼神也有两处：一是写无名战士向卢进勇交代事情，知道卢进勇“明白”之后，眼睛“发射出一种喜悦的光”；二是写无名战士把火柴交给卢进勇后，“两眼直直地盯着卢进勇的脸”。之所以“喜悦”，是因为感到火柴终于有所托付了；之所以还要“直直地盯着”，是因为此事重大，希望卢进勇能不辜负托付，把火柴带给部队。这两种眼神，揭示了无名战士的内心世界。写“喜悦的光”用“发射”一词，表明喜悦程度高，眼光明亮、有力；写后一个眼神用“直直地”“盯”，表明无名战士用无声语言对卢进勇作深重的嘱托。

作者在写作中着重细节描写。我们阅读作品自然不能放过细节描写，这是理解作品内容、分析人物形象、把握作品主题、学习写作艺术的需要。

我们阅读作品范围较广，有的作品重在写环境（包括自然景物），有的作品重在叙事，有的作品重在描写人物。作品内容不同，表达目的不同，细节描写的着眼点与内容也不同。因此，理解细节描写的作用，分析细节描写的艺术特点，要根据作品的实际，联系内容、主题、人物特点等加以欣赏。一般说来，要注意以下几点：

（1）通过对所写人物的身份、思想、性格的总体把握来品味某一处细节描写的独特作用。作者写人，除安排细节外，还要通过其他主要途径和方法来表现人物的思想性格。整体感知内容时，你也许还没有发现细节。因此，不妨在总体认识“人物”的前提下再来寻找细节描写文字，结合“人物”的基本思想性格特点来分析细节描写的特殊作用。有阅读经验的人常有这样的体会：初读作品，似乎觉得作品中没有什么细节描写；一旦对内容有了完整把握，对人物有了基本认识，再来阅读作品，便觉得有若干细节描写文字在眼前显现。这是阅读理解逐渐深化的结果。请阅读下面的内容：

“这好像是席加洛夫将军家的狗。”人群里有人说。

“席加洛夫将军？哦！……叶尔德林，帮我把大衣脱下来……真要命，天这么热，看样子多半要下雨了……只是有一件事我还不懂：它怎么会咬着你的？”奥楚蔑洛夫对赫留金说，“难道它够得着你的手指头？它是那么小；你呢，却长得这么魁梧！你那手指头一定是给小钉子弄破的，后来却异想天开，想得到一笔什么赔偿费了。你这种人啊……是出了名的！我可知道你们这些鬼东西是什么玩意儿！”

“长官，他本来是开玩笑，把烟卷戳到狗的脸上去；狗呢——可不肯做傻瓜，就咬了他一口……他是个荒唐的家伙，长官！”

“胡说，独眼鬼！你什么也没看见，你为什么胡说？他老人家是明白人，看得出来到底谁胡说，谁像当着上帝的面一样凭良心说话；要是我说了谎，那就让调解法官审问我好了。他的法律上说得明白，现在大家都平等啦。不瞒您说，我的兄弟就在当宪兵……”

“少说废话！”

“不对，这不是将军家里的狗……”巡警深思地说，“将军家里没有这样的狗。他家的狗，全是大猎狗。”

“你拿得准吗？”

“拿得准，长官……”

“我也知道。将军家里都是些名贵的、纯种的狗；这条狗呢，鬼才知道是什么玩意儿！毛色既不好，模样也不中看，完全是个下贱胚子。居然有人养这种狗！这人的脑子上哪儿去啦？要是这样的狗在彼得堡或者莫斯科让人碰见，你们猜猜看，结果会怎样？那儿的人可不管什么法律不法

> 律，一眨眼的工夫就叫它断了气！你呢，赫留金，受了害，我们绝不能不管。得好好教训他们一下！是时候了。”
>
> “不过也说不定就是将军家的狗……”巡警把他的想法说出来，“它的脸上又没写着……前几天我在将军家院子里看见过这样的一条狗。”
>
> “没错儿，将军家的！”人群里有人说。
>
> “哦！……叶尔德林老弟，给我穿上大衣吧……好像起风了，挺冷……你把这条狗带到将军家里去，问问清楚。就说这狗是我找着，派人送上的。告诉他们别再把狗放到街上来了。说不定这是条名贵的狗；可要是每个猪崽子都拿烟卷戳到它的鼻子上去，那它早就毁了。狗是娇贵的动物……你这混蛋，把手放下来！不用把你那蠢手指头伸出来！怪你自己不好！……”

这是俄国作家契诃夫短篇小说《变色龙》中的几段文字，全部是对话。阅读时，理解对话内容便可知道小说中人物奥楚蔑洛夫的“变色龙”般的形象特点。当有人说这是将军家的狗时，他马上嘲弄、指责赫留金；当巡警说“这不是将军家里的狗”，他追问巡警并觉得巡警的话有道理时，立即又换一种话，说狗是“下贱胚子”，并表示要“好好教训”养狗者；当巡警改变判断，人群中又有人坚定地说“没错儿，将军家的！”时，这个“变色龙”的话也立即跟着变了，他说狗是“名贵的狗”，骂赫留金是“混蛋”。作者主要是通过人物语言变化来刻画人物“变色龙”般的思想性格的。阅读到这一步，内容把握了，人物特点也知道了。如果再读，会有什么新发现呢？明眼人很快就会抓住“脱大衣”“穿大衣”这一行动细节。一“脱”一“穿”，并不是写气温在短时间内真的有了变化，而是反映人物心理上的冲突与变化。“脱大衣”意在让情绪平静下来，制造一个思考的时间间歇，以便调转话题；又要“穿大衣”，表明奥楚蔑洛夫害怕的心理，为刚才说出一番要“教训”养狗者的话而担心，同时也是制造时间间歇，为调转话头做准备。结合人物所说的话，再来分析人物的这个行动，就觉得写“脱”“穿”大衣并非闲笔，起到了表现人物心理变化的作用，是不可多得的细节描写。“细节”和“对话”，相得益彰；听其言，观其行，对善变的“人物”自然有更深透的认识。

（2）有的细节描写，孤立地看还看不出它的表达作用。如果把作品中几处相同细节归拢起来，联系思考，就会觉得作者的用意是巧妙的，细节描写的文字起到了画龙点睛作用。这种反复写某一个细节的文字，在作品中时常见到。例如鲁迅先生在《记念刘和珍君》一文中多次写刘和珍的表情细节：

> 她的姓名第一次为我所见，是在去年夏初杨荫榆女士做女子师范大学校长，开除校中六个学生自治会职员的时候。其中的一个就是她；但是我不认识。直到后来，也许已经是刘百昭率领男女武将，强拖出校之后了，才有人指着一个学生告诉我，说：这就是刘和珍。其时我才能将姓名和实体联合起来，心中却暗自诧异。我平素想，能够不为势利所屈，反抗一广有羽翼的校长的学生，无论如何，总该是有些桀骜锋利的，但她却常常微笑着，态度很温和。待到偏安于宗帽胡同，赁屋授课之后，她才始来听我的讲义，于是见面的回数就较多了，也还是始终微笑着，态度很温和。待到学校恢复旧观，往日的教职员以为责任已尽，准备陆续引退的时候，我才见她虑及母校前途，黯然至于泣下。此后似乎就不相见。总之，在我的记忆上，那一次就是永别了。

这一段文字交代“我”和刘和珍相识的情况，对刘和珍形象特点着墨不多。只扣住“微笑”的情态加以反复表现，其目的在于写出刘和珍温柔、和善的性情，可谓画龙点睛之笔。作者在文章的后半部分又点示两次：

> 始终微笑的和蔼的刘和珍君确是死掉了，这是真的，有她自己的尸骸为证……

> 然而既然有了血痕了，当然不觉要扩大。至少，也当浸渍了亲族，师友，爱人的心，纵使时光流驶，洗成绯红，也会在微漠的悲哀中永存微笑的和蔼的旧影。……

有的同学会说："写一次不就行了吗？为什么要反复提及呢？"是的，很多情况下，细节只写一次。既然作者有意提及，反复点示，肯定是有特殊用意的，因此，阅读时要前后勾连起来，一并考虑。第一次写"微笑"，点明情态特征，表现刘和珍的性格特点。第二次写"微笑"，既为了突出性格特点，又表达了一种悲哀的情感。这样一个温柔和善的好青年也被杀害了，可见杀人者是多么的凶残！第三次写"微笑"，是用其体现性格的情态来表示刘和珍的精神。由此可见，作者反复写"微笑"，表达作用是多样的：写性格，表达感情，凸显人物精神。其内涵十分丰富，真是言简意赅。

（3）有的作品记人叙事，既不写人物命运过程，也不选写重要事情，而是专拣一些"鸡毛蒜皮"的生活细节缝合成文。阅读这类作品，要透过质朴文字来体味深层情感。鲁迅先生的《阿长与〈山海经〉》就是这方面的典范之作。

> **阿长与《山海经》**
>
> 鲁迅
>
> 长妈妈，已经说过，是一个一向带领着我的女工，说得阔气一点，就是我的保姆。我的母亲

和许多别的人都这样称呼她，似乎略带些客气的意思。只有祖母叫她阿长。我平时叫她“阿妈”，连“长”字也不带；但到憎恶她的时候，——例如知道了谋死我那隐鼠的却是她的时候，就叫她阿长。

我们那里没有姓长的；她生得黄胖而矮，“长”也不是形容词。又不是她的名字，记得她自己说过，她的名字是叫作什么姑娘的。什么姑娘，我现在已经忘却了，总之不是长姑娘；也终于不知道她姓什么。记得她也曾告诉过我这个名称的来历：先前的先前，我家有一个女工，身材生得很高大，这就是真阿长。后来她回去了，我那什么姑娘才来补她的缺，然而大家因为叫惯了，没有再改口，于是她从此也就成为长妈妈了。

虽然背地里说人长短不是好事情，但倘使要我说句真心话，我可只得说：我实在不大佩服她。最讨厌的是常喜欢切切察察，向人们低声絮说些什么事，还竖起第二个手指，在空中上下摇动，或者点着对手或自己的鼻尖。我的家里一有些小风波，不知怎的我总疑心和这“切切察察”有些关系。又不许我走动，拔一株草，翻一块石头，就说我顽皮，要告诉我的母亲去了。一到夏天，睡觉时她又伸开两脚两手，在床中间摆成一个“大”字，挤得我没有余地翻身，久睡在一角的席子上，又已经烤得那么热。推她呢，不动；叫她呢，也不闻。

“长妈妈生得那么胖，一定很怕热罢？晚上的睡相，怕不见得很好罢？……”

母亲听到我多回诉苦之后，曾经这样地问过她。我也知道这意思是要她多给我一些空席。她不开口。但到夜里，我热得醒来的时候，却仍然看见满床摆着一个“大”字，一条臂膊还搁在我的颈子上。我想，这实在是无法可想了。

但是她懂得许多规矩；这些规矩，也大概是我所不耐烦的。一年中最高兴的时节，自然要数除夕了。辞岁之后，从长辈得到压岁钱，红纸包着，放在枕边，只要过一宵，便可以随意使用。睡在枕上，看着红包，想到明天买来的小鼓，刀枪，泥人，糖菩萨……。然而她进来，又将一个福橘放在床头了。

“哥儿，你牢牢记住！”她极其郑重地说。“明天是正月初一，清早一睁开眼睛，第一句话就得对我说：‘阿妈，恭喜恭喜！’记得么？你要记着，这是一年的运气的事情。不许说别的话！说过之后，还得吃一点福橘。”她又拿起那橘子来在我的眼前摇了两摇，“那么，一年到头，顺顺流流……。”

梦里也记得元旦的，第二天醒得特别早，一醒，就要坐起来。她却立刻伸出臂膊，一把将我按住。我惊异地看她时，只见她惶急地看着我。

她又有所要求似的，摇着我的肩。我忽而记得了——

“阿妈，恭喜……。”

“恭喜恭喜！大家恭喜！真聪明！恭喜恭喜！”她于是十分喜欢似的，笑将起来，同时将一点冰冷的东西，塞在我的嘴里。我大吃一惊之后，也就忽而记得，这就是所谓福橘，元旦辟头的磨难，总算已经受完，可以下床玩耍去了。

她教给我的道理还很多，例如说人死了，不该说死掉，必须说“老掉了”；死了人，生了孩子的屋子里，不应该走进去；饭粒落在地上，必须拣起来，最好是吃下去；晒裤子用的竹竿底下，是万不可钻过去的……。此外，现在大抵忘却了，只有元旦的古怪仪式记得最清楚。总之：都是些烦琐之至，至今想起来还觉得非常麻烦的事情。

然而我有一时也对她发生过空前的敬意。她常常对我讲“长毛”。她之所谓“长毛”者，不但洪秀全军，似乎连后来一切土匪强盗都在内，但除却革命党，因为那时还没有。她说得长毛非常可怕，他们的话就听不懂。她说先前长毛进城的时候，我家全都逃到海边去了，只留一个门房和年老的煮饭老妈子看家。后来长毛果然进门来了，那老妈子便叫他们“大王”，——据说对长毛就应该这样叫，——诉说自己的饥饿。长毛笑道：“那么，这东西就给你吃了罢！”将一个圆圆的东西掷了过来，还带着一条小辫子，正是那门房的头。煮饭老妈子从此就骇破了胆，后来一提起，还是立刻面如土色，自己轻轻地拍着胸脯道：“阿呀，骇死我了，骇死我了……。”

我那时似乎倒并不怕，因为我觉得这些事和我毫不相干的，我不是一个门房。但她大概也即觉到了，说道：“像你似的小孩子，长毛也要掳的，掳去做小长毛。还有好看的姑娘，也要掳。”

“那么，你是不要紧的。”我以为她一定最安全了，既不做门房，又不是小孩子，也生得不好看，况且颈子上还有许多灸疮疤。

“那里的话?!”她严肃地说。“我们就没有用么？我们也要被掳去。城外有兵来攻的时候，长毛就叫我们脱下裤子，一排一排地站在城墙上，外面的大炮就放不出来；再要放，就炸了!”

这实在是出于我意想之外的，不能不惊异。我一向只以为她满肚子是麻烦的礼节罢了，却不料她还有这样伟大的神力。从此对于她就有了特别的敬意，似乎实在深不可测；夜间的伸开手脚，占领全床，那当然是情有可原的了，倒应该我退让。

这种敬意，虽然也逐渐淡薄起来，但完全消失，大概是在知道她谋害了我的隐鼠之后。那时就极严重地诘问，而且当面叫她阿长。我想我又不真做小长毛，不去攻城，也不放炮，更不怕炮炸，我惧惮她什么呢！

但当我哀悼隐鼠，给它复仇的时候，一面又在渴慕着绘图的《山海经》了。这渴慕是从一个远房的叔祖惹起来的。他是一个胖胖的，和蔼的老人，爱种一点花木，如珠兰，茉莉之类，还有极其少见的，据说从北边带回去的马缨花。他的太太却正相反，什么也莫名其妙，曾将晒衣服的竹竿搁在珠兰的枝条上，枝折了，还要愤愤地咒骂道："死尸！"这老人是个寂寞者，因为无人可谈，就很爱和孩子们往来，有时简直称我们为"小友"。在我们聚族而居的宅子里，只有他书多，而且特别。制艺和试帖诗，自然也是有的；但我却只在他的书斋里，看见过陆玑的《毛诗草木鸟兽虫鱼疏》，还有许多名目很生的书籍。我那时最爱看的是《花镜》，上面有许多图。他说给我听，曾经有过一部绘图的《山海经》，画着人面的兽，九头的蛇，三脚的鸟，生着翅膀的人，没有头而以两乳当作眼睛的怪物，……可惜现在不知道放在那里了。

我很愿意看看这样的图画，但不好意思力逼他去寻找，他是很疏懒的。问别人呢，谁也不肯真实地回答我。压岁钱还有几百文，买罢，又没有好机会。有书买的大街离我家远得很，我一年中只能在正月间去玩一趟，那时候，两家书店都紧紧地关着门。

玩的时候倒是没有什么的，但一坐下，我就记得绘图的《山海经》。

大概是太过于念念不忘了，连阿长也来问《山海经》是怎么一回事。这是我向来没有和她说过的，我知道她并非学者，说了也无益；但既然来问，也就都对她说了。

过了十多天，或者一个月罢，我还很记得，是她告假回家以后的四五天，她穿着新的蓝布衫回来了，一见面，就将一包书递给我，高兴地说道：

“哥儿，有画儿的‘三哼经’，我给你买来了！”

我似乎遇着了一个霹雳，全体都震悚起来；赶紧去接过来，打开纸包，是四本小小的书，略略一翻，人面的兽，九头的蛇，……果然都在内。

这又使我发生新的敬意了，别人不肯做，或不能做的事，她却能够做成功。她确有伟大的神力。谋害隐鼠的怨恨，从此完全消灭了。

这四本书，乃是我最初得到，最为心爱的宝书。

书的模样，到现在还在眼前。可是从还在眼前的模样来说，却是一部刻印都十分粗拙的本子。纸张很黄；图像也很坏，甚至于几乎全用直线凑合，连动物的眼睛也都是长方形的。但那是我最为心爱的宝书，看起来，确是人面的兽；九头的蛇；一脚的牛；袋子似的帝江；没有头而“以乳为目，以脐为口”，还要“执干戚而舞”的刑天。

此后我就更其搜集绘图的书，于是有了石印

的《尔雅音图》和《毛诗品物图考》，又有了《点石斋丛画》和《诗画舫》。《山海经》也另买了一部石印的，每卷都有图赞，绿色的画，字是红的，比那木刻的精致得多了。这一部直到前年还在，是缩印的郝懿行疏。木刻的却已经记不清是什么时候失掉了。

我的保姆，长妈妈即阿长，辞了这人世，大概也有了三十年了罢。我终于不知道她的姓名，她的经历；仅知道有一个过继的儿子，她大约是青年守寡的孤孀。

仁厚黑暗的地母呵，愿在你怀里永安她的魂灵！

三月十日

这是一篇感情真挚、笔触细腻的怀人作品。所写的人物，平凡至极，不过是一个保姆；所写的事，也平凡至极，不过是一些生活细节。然而，由于作者倾注了真情，采用“白描”手法逐一点染，文章便显得生动而又感人，诙谐而又庄重。

第一个细节是写长妈妈喜欢“切切察察”。对此，作者没有掩饰自己的真实态度：“我实在不大佩服她。”但也没有把长妈妈写得面目可憎。勾勒她第二个手指的动作是“上下摇动”，“或者点着对手或自己的鼻尖”，语言幽默诙谐，刻画细致。第二个细节是写长妈妈的“睡相”。一句“在床中间摆成一个‘大’字”，生动，形象，传神，把一个缺少教养、粗放憨蛮的保姆形象刻画得入木三分。推她喊她，横竖不动，并且还把一条臂膊“搁在我的颈子上”，读到此处，真叫人忍俊不禁，不仅不感到她可恶，而且还使人觉得憨态可掬。第三个细节是写大年初一早上起床问候、祝愿之事。当“我”要坐起来时，她“一把将我按住”；“我惊异地看她”，“她惶急地看着我”；当我知道她的意思并说“阿妈，恭喜……”后，她“笑将起来”，“同时将一点冰冷的东西，塞在我的嘴里”。动作、神态写得活灵活现，字里行间也渗透着一丝哀怜。长妈妈这位劳动妇女思想愚昧、头脑简单，对人所求不过是一句简单的祝愿而已，一旦得到，便极其满足了。作者叙述这些内容，看起来平平淡淡，实际上是倾注了同情、理解、哀怜之情的。第四个细节是写长妈妈讲“长毛”的故事。她说“长毛就叫我们脱下裤子，一排一排地站在城墙上，外面的大炮就放不出来；再要放，就炸了”。故事令人发笑，也使人感到悲哀，长妈妈真是愚昧得可怕啊！行文至此，作者描写了长妈妈的真实面貌：行为上粗憨，思想上简单而又愚昧，品行上还喜欢“切切察察”的多事。写这些内容时，作者的感情基调把握得好，既有一点怨责、嘲笑，又有一份同情和哀怜。只是这些情感深藏在文字之中，作者没有直接抒发罢了。第五个细节，写长妈妈不知从何处给“我”弄来“我”最想要的《山海经》，叙事极简，只长妈妈一句话。但作者写自己的感情与心理，作了强调：“遇着了一个霹雳”，写自己感到震惊；“敬意”一词也真切地表达了此时此刻“我”的感情。接下来写自己所搜集的一些书，特别点明了原因：“此后我就更其搜集绘图的书”，而这正表明长妈妈对“我”的切实影响。最后一句抒情，总绾全篇内容，表达了作者对长妈妈的无限怀念和良好祝愿的真挚情感。

这里要指出的是，本文为什么以《阿长与〈山海经〉》为题，而不以《阿长的故事》之类的话为题？这要从两方面思考：一是在“我”的童年生活中，《山海经》一书对“我”的影响最大，使“我”的心灵埋下了热爱文学的种子。鲁迅先生后来成为伟大的思想家、文学家，不能说与童年时得到《山海经》之类的书的启蒙没有关系；而《山海经》一书又是长妈妈送给“我”的，使“我”无比惊喜。作者有意突出这件事，以《阿长与〈山海经〉》为题，更能表达对长妈妈的敬爱之情。二是就这篇文章的内容来看，前面几件事写长妈妈的外在性格特点和思想境界，表现的是粗放、俗气和愚昧的一面，而送《山海经》一事则表现了长妈妈内心世界的另一面，真挚而又善良。这一点正是长妈妈最本质的地方，也是作者在 30 年后专门为其写一篇文章的原因，可见作者以《阿长与〈山海经〉》为题是有所推敲的。

（4）理解细节描写要和作品的主题联系起来。作品内容及表达形式都是紧扣主题、为揭示主题服务的，细节描写也同样如此。把细节描写和主题联系起来思考，要抓住两点：① 细节描写的内容与主题的关系；② 细节描写对揭示主题的作用。请阅读孙犁《荷花淀》的文章片段：

> 水生坐在台阶上说："吃过饭了，你不要去拿。"
>
> 女人就又坐在席子上。她望着丈夫的脸，她看出他的脸有些红涨，说话也有些气喘。她问："他们几个呢？"
>
> 水生说："还在区上。爹哩？"
>
> "睡了。"
>
> "小华哩？"
>
> "和他爷爷去收了半天虾篓，早就睡了。他们几个为什么还不回来？"
>
> 水生笑了一下。女人看出他笑得不像平常，"怎么了，你？"
>
> 水生小声说："明天我就到大部队上去了。"
>
> 女人的手指震动了一下，想是叫苇眉子划破了手。她把一个手指放在嘴里吮了一下。
>
> 水生说："今天县委召集我们开会。假若敌人再在同口安上据点，那和端村就成了一条线，淀里的斗争形势就变了。会上决定成立一个地区队。我第一个举手报了名的。"
>
> 女人低着头说："你总是很积极的。"
>
> 水生说："我是村里的游击组长，是干部，自然要站在头里。他们几个也报了名。他们不敢回来，怕家里的人拖尾巴，公推我代表，回来和家里人说一说。他们全觉得你还开明一些。"
>
> 女人没有说话。过了一会，她才说："你走，

我不拦你。家里怎么办?”

水生指着父亲的小房，叫她小声一些，说：“家里，自然有别人照顾。可是咱的庄子小，这一次参军的就有七个。庄上青年人少了，也不能全靠别人，家里的事，你就多做些，爹老了，小华还不顶事。”

女人鼻子里有些酸，但她并没有哭，只说：“你明白家里的难处就好了。”

水生想安慰她。因为要考虑和准备的事情还太多，他只说了两句：“千斤的担子你先担吧。打走了鬼子，我回来谢你。”

说罢，他就到别人家里去了，他说回来再和父亲谈。

鸡叫的时候，水生才回来。女人还是呆呆地坐在院子里等他，她说：“你有什么话，嘱咐嘱咐我吧。”

“没有什么话了，我走了，你要不断进步，识字，生产。”

“嗯。”

“什么事也不要落在别人后面!”

“嗯。还有什么?”

“不要叫敌人汉奸捉活的。捉住了要和他们拼命。”这才是那最重要的一句。女人流着眼泪答应了他。

第二天，女人给他打点好一个小小的包裹，里面包了一身新单衣，一条新毛巾，一双新鞋子。那几家也是这些东西，交水生带去。一家人送他出了门。父亲一手拉着小华，对他说：“水生，你干的是光荣事情，我不拦你，你放心走吧。大人孩子我给你照顾，什么也不要惦记。”

> 全庄的男女老少也送他出来。水生对大家笑一笑，上船走了。

《荷花淀》是孙犁短篇小说的代表作，它细致地描述了白洋淀地区人民的抗日斗争生活，生动地表现了根据地军民英勇抗日的爱国热忱和革命乐观主义精神。小说写了三个片段：夫妻话别、敌我遭遇和助夫杀敌。这里节选的是夫妻话别的片段。“话别”，自然重在描写对话。但作者写人物说话时，也写了人物的情态与动作；对话为主，情态与动作为辅。例如，当水生说“明天我就到大部队上去了”，女人的手指“震动了一下，想是叫苇眉子划破了手”。这是一个细节，反映女人内心是不平静的。当水生说“我第一个举手报了名的”，女人除了说“你总是很积极的”这句话外，还“低着头”，这个情态，说明女人心里并不是轻松、高兴的。当水生说“他们全觉得你还开明一些”，这是表扬女人的话，按理女人应显得高兴，但女人“没有说话”，态度是沉默的，这个态度仍然说明女人心里不平静，是有苦衷的。当水生说家里事时，女人“鼻子里有些酸，但她并没有哭”，想哭而没有哭，写女人对情绪的控制；水生出去了，到鸡叫的时候才回来，“女人还是呆呆地坐在院子里”，“呆呆”，写情态木然。当水生交代完最后一句，女人“流着眼泪答应了他”。由上可知，对话内容有层次，女人表情也发生变化。几处细节表现了女人依恋丈夫，情绪不安，又深明大义的复杂心理、情感。孤立地看，似乎觉得这女人有些柔弱、有点落后；联系小说主题看，我们又觉得这几处细节描写对揭示主题有独特作用。① 写女人的不安、依恋，是反衬当时环境的险恶。小说写得如诗如画，没有正面描写当时斗争环境的实情，作者巧就巧在用女人的“反应”来体现。女人是深爱自己的丈夫的，丈夫参军打仗，离家远行，自然是要冒着生死危险的。女人深知这一点，因此就很自然地产生如上所写的动作、表情了。这样理解，我们就觉得女人温柔而不柔弱、依恋而又明理了。② 与结尾所写的女人参加了反围剿斗争的内容联系起来看，作者开头写女人的这些情态、心理正好与后边的行动形成了对照。就是这样温柔、依恋丈夫的女人们，经过艰苦环境和斗争的洗礼，最后也成为英勇善战的战士："她们学会了射击"，"一个个登在流星一样的冰船上来回警戒"，"配合子弟兵作战，出入在那芦苇的海里"。这也正是作者的写作目的所在，通过故事情节的不断展开，表现了勤劳纯朴、真挚多情的白洋淀女子最后走上保家卫国、勇敢斗争的道路。

这个阅读例子告诉我们：联系主题理解细节，就能把握细节描写的"魂"。

在“明”上下功夫
——说明的艺术

说明，说明，核心就一个字：“明”。

说明是一种表达方式，用简明、准确、生动的语言，把事物的形状、性质、特征、成因、关系、功用等解说清楚；或者是把人物的经历、特征等介绍明白。

在日常生活、工作中，人们时时处处都可能用到说明这一表达方式，即使用的是叙述、议论的方式，其目的多半是为了“说明”。

写说明文，固然要用“说明”；写记叙文、议论文，为了表达的需要，也往往用到“说明”。“说明”这一表达方式在记叙文、议论文中有其独特的表达作用。例如夏衍《包身工》中有这样两段文字：

> 蓬头，赤脚，一边扣着纽扣，几个还没睡醒的“懒虫”从楼上冲下来了。自来水龙头边挤满了人，用手捧些水来浇在脸上。“芦柴棒”着急地要将大锅子里的稀饭烧滚，但是倒冒出来的青烟引起了她一阵猛烈的咳嗽。她十五六岁，除了老板之外，大概很少有人知道她的姓名。手脚瘦得像芦柴棒一样，于是大家就拿“芦柴棒”当了她的名字。
>
> 这是上海杨树浦福临路东洋纱厂的工房。长方形的用红砖墙严密地封锁着的工房区域，被一条水门汀的小巷划成狭长的两块。像鸽笼一般，每边八排，每排五户，一共是八十户一楼一底的

> 房屋，每间工房的楼上楼下，平均住宿三十多个人。所以，除了“带工”老板、老板娘、他们的家族亲戚和穿拷绸衣服的同一职务的打杂、“请愿警”等之外，这工房区域的墙圈里面，住着二千个左右衣服破烂而专替别人制造纱布的“猪猡”。

第1段是描写，第2段是说明。描写，刻画了包身工的凄惨形象；说明，交代了包身工居住环境的实况与特点。由于说明的具体、客观，人们对包身工的处境就有了更详细的了解。显然，这个说明不仅丰富了作品内容，同时也有利于我们把握作品主题、写作特点和作者的思想感情。写议论文用“说明”也有独特作用，例如鲁迅先生在《论雷峰塔的倒掉》一文中写道：

> 秋高稻熟时节，吴越间所多的是螃蟹，煮到通红之后，无论取那一只，揭开背壳来，里面就有黄，有膏；倘是雌的，就有石榴子一般鲜红的子。先将这些吃完，即一定露出一个圆锥形的薄膜，再用小刀小心地沿着锥底切下，取出，翻转，使里面向外，只要不破，便变成一个罗汉模样的东西，有头脸，身子，是坐着的，我们那里的小孩子都称他“蟹和尚”，就是躲在里面避难的法海。
>
> 当初，白蛇娘娘压在塔底下，法海禅师躲在蟹壳里。现在却只有这位老禅师独自静坐了，非到螃蟹断种的那一天为止出不来。莫非他造塔的时候，竟没有想到塔是终究要倒的么？
>
> 活该。

第1段说明吃螃蟹、找“蟹和尚”的过程，语言幽默，状写了“法海”躲藏在蟹壳里的丑态，为下文议论张本。如果抽掉这部分内容，议论的生动性、形象性就大为减弱了。

总之，“说明”这一表达方式的应用范围相当广泛，归纳起来有如下几方面：

一是介绍人物的经历。记叙文中用得最多，议论文中也有涉及。

二是说明事物的性质、形状、特征等。说明文用得最多，有些写景状物的散文也往往涉及。

三是说明事物的发展变化。一般说来，介绍事物发展变化，在记叙文中，用叙述方式；在说明文中，用说明方式。例如吕叔湘先生《语言的演变》一文就是典型。

四是讲解事物的客观意义。讲“意义”，一般说来用“议论”方式，但是在说明文中，则用“说明”方式。比如我们看到的一些著作前的“出版说明”就是典型例子，既讲出版情况，又点到出版意义。这里讲“意义”，不是论证，而是阐明，帮助读者理解，因此，属于“说明”。另外，“讲解事物的客观意义”也包括对“事理”的分析。比如《花儿为什么这样红》一文，主要是阐明“花儿为什么这样红”的原因，是从事理上回答“为什么”的。

讨论“说明”表达方式应用的广泛性旨在说明提高说明能力的重要意义。如何提高说明能力？一在写，在实际操作上下功夫；二在读，在学习成功范例上下功夫。这里，我们专门讨论如何读的基本要领。

（1）为了落实一个“明”字，作者往往在结构上下功夫，因此，阅读时要学习说明文的结构艺术。比较而言，说明文由开头、结尾和正文三部分组成，结构没有记叙文、议论文那样复杂，尤其不会像记叙类作品那样变化多端。但是，这并不是说说明文就不考虑结构安排。说明文的结构安排自有其特点，主要表现在：① 注意开头与结尾的艺术；② 根据说明内容的特点，按事物、事理的本来面目写，大多采用并列式结构，有的采用层递式结构、总分式结构等。

先来看说明文开头和结尾的艺术特点。同其他体裁文章一样，说明文的开头和结尾多数独立成段，也有些开头包括在正文第 1 段中，有些结尾包含在正文末一段中。说明文的开头，一般要求明快平实，能很快揭示文章中心。有的开门见山，直接提出要说明的事物；有的对被说明事物做概括性介绍，或阐述其意义；有的用设问引起读者的悬念；有的用成语、比喻或引用其他材料开头，以增加文章情趣；有的则举例，或从相关的事物谈起，引出要说明的事物。说明文的结尾通常写得简洁，不需要含蓄，或者是随文章内容的结束而自然结束；或者指出被说明事物的发展前景；或者指出认识被说明事物的意义，指导读者的行动。

除了开头、结尾，说明文正文内容在结构上的特点，一般有三种方式：一是并列式，即正文各层之间的关系是平等并列的，例如贾祖璋《南州六月荔枝丹》一文中介绍荔枝形态特点的各层就是并列的；二是递进式，即后面的说明是在前面说明的基础上作进一步的说明，各层之间的关系由浅入深，例如《黑海风暴和天气预报的产生》一文阐释必然性和偶然性的区别时，各层的意思就是递进的；三是总分式，先总起来说，后面几层再分开说，或者前面几层先分开来说，然后再总起来说。要指出的是，总分式结构基本上把开头和结尾也包括在内了。

开头、结尾巧作安排，正文层次巧作安排，除了使文章结构完整外，主要还是为了读者看得明白，使平实的说明具有艺术的趣味。下面我们来读一篇说明文的开头、结尾。

茅以升的《中国石拱桥》的开头是这样写的：

> 石拱桥的桥洞成弧形，就像虹。古代神话里说，雨后彩虹是“人间天上的桥”，通过彩虹就能上天。我国的诗人爱把拱桥比作虹，说拱桥是“卧虹”“飞虹”，把水上拱桥形容为“长虹卧波”。
>
> 石拱桥在世界桥梁史上出现得比较早。这种桥不但形式优美，而且结构坚固，能几十年几百年甚至上千年雄跨在江河之上，在交通方面发挥作用。

题目是《中国石拱桥》，而作者起笔很远，不是直接入题，介绍中国石拱桥，而是先说石拱桥的外观“就像虹”，再说石拱桥在世界桥梁史上出现得比较早。这样写的艺术性在于：① 用散文笔法开头，勾画石拱桥的美丽外形，给人以鲜明的形象感；② 写石拱桥历史悠久及其作用，是对全文内容的总说。这样既点明石拱桥的外观美，又点明它的实用性，使读者对石拱桥有了总体认识。

我们再来看结尾部分：

> 两千年来，我国修建了无数的石拱桥。解放后，全国大规模兴建起各种型式的公路桥与铁路桥，其中就有不少石拱桥。一九六一年，云南省建成了一座世界最长的独拱石桥，名叫“长虹大桥”，石拱长达一百一十二点五米。在传统的石拱桥的基础上，我们还造了大量的钢筋混凝土拱桥，其中“双曲拱桥”是我国劳动人民的新创造，是世界上所仅有的。近几年来，全国造了总长二十余万米的这种拱桥，其中最大的一孔，长达一百五十米。我国桥梁事业的飞跃发展，表明了我国社会主义制度的无比优越。

按一般说明文的写法，正文内容结束，文章也就收尾了，而本文的这个结尾显然在内容上又作了引申。在继续说明我国所修造的石拱桥外，作者又说了“钢筋混凝土拱桥”，而“钢筋混凝土拱桥”与“石拱桥”显然不是一回事了。作者在文章的结尾写这一层内容有何用意呢？其一，旨在说明中国桥梁建设事业迅猛发展，通过建桥这件事，来揭示社会主义制度的无比优越。由此可见，这个结尾有深化文章中心的作用。其二，从内容上看，有新的补充，旨在告诉读者，桥梁的形态及建筑特点在“石拱桥”的基础上有新的变化和发展，而且着重强调两座世界级的桥（“长虹大桥”和“双曲拱桥”），这就和正文内容有所呼应，点明了中国劳动人民的建桥智慧与才能。

（2）为了落实一个“明”字，作者在顺序的安排上也是讲求艺术性的。虽不像记叙文那样故意颠来倒去，讲求曲折起伏，但总要根据说明内容的不同来选择最恰当的说明顺序。因此，在阅读过程中，我们要看清说明顺序的特点，分析其如此安排顺序的用心和作用。

根据事物本身的条理和它的固有特征来安排说明顺序是选用说明顺序的基本要求，说明内容不同，目的与中心不同，说明的顺序也就不一样。一般说来，常用的说明顺序有如下四种：

一是以说明某一事物构成为主的说明文，常按事物构成部分的组合顺序或人们观察事物的先后顺序来进行说明。例如《南州六月荔枝丹》一文，先介绍荔枝的外形特征：壳、色、形；继之介绍荔枝的内部结构：膜、肉、核。这是按照人们观察荔枝由外到内的顺序来说明的。

二是以说明某一事物发展过程为主的说明文，常按事物形成的时间顺序来进行说明。例如《人类的出现》一文，按人类发展的四个阶段说明：第一阶段——古猿开始从猿的系统中分化出来；第二阶段——猿人的特点；第三阶段——古人的有关情况；第四阶段——新人的基本特征。为了揭示人类发展的规律，作者把人类进化的每一阶段交代得十分清楚是非常必要的。

三是以说明某些事物相互关系及其特点为主的说明文，往往按照先总体后局部的顺序来说明。例如《眼睛与仿生学》一文，先从总的方面说明眼睛与仿生学的关系，介绍眼睛的基本功能以及研究眼睛的各种构造功能对发展现代科学技术的重要意义；然后分别介绍人眼和其他各种动物眼睛的构造特点和功能，由此得到种种启示，具体说明眼睛与仿生学的关系；最后说明仿生学的意义、研究范围和任务。这就是一个典型的总—分—总的说明顺序。总—分—总的顺序是由内容层次体现出来的，作者在安排内容层次，决定先写什么、后写什么时，依据的是事物构成或事理形成的逻辑关系。因此，这种顺序，我们也称之为逻辑顺序。

四是以说明科学实验或制作为主的说明文，往往按照实验或制作本身的顺序来说明。比如叶圣陶《景泰蓝的制作》一文，紧扣“制作过程”，一步一步地说明；说明的“一步”也就是“制作的一步”。这样写，中心明确，过程清楚。

总之，说明文顺序的艺术性主要体现在“合理”上。合理，就是符合事物特点和人们的认识规律。“合理”的目的，就是便于说清楚，也容易使人看明白。当然，“合理”也不是机械地按照某种固定模式操作，它自有其灵活性。比如说明一座建筑物，可以先说其四周环境，再说建筑物本身的情况；也可以先说建筑物本身的情况，再说建筑物四周的情况。

下面，我们以一篇文章为例，谈谈说明顺序的特点及其表达作用的要领。

庄稼的朋友和敌人

高士其

庄稼有许多朋友和敌人。

庄稼的朋友，大多数都是化学王国的公民，有的出身在元素的大家庭；有的来自化合物的队伍，它们都是植物生命的建设者和保卫者。

这些朋友以氮、磷、钾三兄弟最受欢迎。这三兄弟就是肥料中的三宝，庄稼不能离开它们而生存，就和不能离开水和二氧化碳一样。

没有氮，就没有蛋白质；没有蛋白质，就没有生命。如果土壤中的氮素不够，植物的茎秆就会变得矮小微弱，叶子发黄，结实减少。

没有磷，细胞核就停止工作，细胞就不能繁殖。

没有钾，光合作用就不能顺利进行，庄稼对于病虫害的抵抗力也会减弱。

所以，要提高农作物的收获量，这三种元素必须源源不断地加以补充。

除了这三种元素以外，参加植物营养的供应的还有钙、硫、镁、铁、硅五位朋友。植物虽然对这五位朋友的需要量不大，在一般土壤里又都能找到它们，但它们的存在也是不可缺少的。

缺少钙，根部和叶子就不能正常发育；

缺少硫，蛋白质的构造就不能完成；

缺少镁和铁，叶绿素就要破产；

缺少硅，庄稼就不能长得壮实。

参加植物生命活动的化学元素，还有硼、铜、锌和锰这几位朋友，因为它们在植物中的含量极其微小，常被认为是杂质而不加重视。现在我们知道，这些元素朋友也是庄稼所需要的。

有了硼，庄稼就能抵抗细菌的侵袭，少生病。大麻、亚麻、甜菜、棉花等作物尤其需要它。

有了铜，也可以使植物少生病；铜元素又是细胞内氧化过程的催化剂。有了它，大麦、小麦、燕麦、甜菜和大麻的产量就会提高。

有了锌，植物的叶子就不会发生大理石状斑纹的毛病。

有了锰，就会使土壤更加肥沃。有很多农作物如小麦、稻子、燕麦、大麦、豌豆和苜蓿草等都需要它。

庄稼的敌人，给植物的生命以严重的威胁，给农业生产带来了莫大的灾害和损失。

第一批敌人，是杂草。杂草是植物界的殖民主义者，它侵占庄稼的土地，掠夺走养料和水分，并且给农作物的收割造成巨大的困难。

庄稼在它的生命旅途中，要和六十种以上的杂草进行斗争。这时候从化合物的队伍里来了一位庄稼的朋友，叫做生长素。这是一种化学药剂，能抑制各种阔叶杂草的生长，每公顷土地只需要一二公斤，就能把杂草的地上部分以及深达地下三分之一米的根部都毒死，而对于农作物却毫无害处。这种化学药剂，又叫做植物生长调节剂，由于它是一种复杂的有机酸，用它可以防止苹果树的苹果早期脱落，又可以使番茄、茄子、黄瓜、梨和西瓜之类的植物结出无子的果实。

第二批敌人，是啮齿类动物，包括黄鼠、田鼠和家鼠，它们都是谷物的侵略者。估计一只家鼠和它所繁殖的后代，一年内能够吃掉上百公斤的粮食。在这里，从化合物队伍里又来了一位朋友，叫做磷化锌，是一种有毒的化学药剂，把它和点心混合在一起，老鼠吃了就会毙命。

第三批敌人，就是害虫和病菌，也包括病毒在内。对于农业危害极大的亚洲蝗虫、甜菜的象鼻虫、黑穗病的病菌以及烟草花叶病的病毒等，都是显著的例子。

农业害虫估计共有六千种以上，每年都会给粮食作物和经济作物以毁灭性的打击，亏得从化学阵营里又赶来一支支支援农业的队伍，帮助农作物战胜病虫害。例如有一种含砷的化学药剂，叫做亚砷酸钙，它不但可以防治农作物的害虫，也可以用来防治果树的害虫。

还有许多种含铜、硫和汞等的化学药剂，都有杀虫灭菌的功效。

庄稼有了化学朋友，就不怕生物界敌人的进攻了。

人们认清了庄稼的朋友和敌人，掌握了它们变化、发展的规律，就能让它们发挥更大的作用，为农业生产服务。

这篇文章既没有依时间顺序说明，也没有按空间顺序说明，所写的也不是事物制作过程。那么，文章到底是按什么顺序说明的呢？我们不妨从内容上看。文章以《庄稼的朋友和敌人》为题，先说“庄稼的朋友”，再说“庄稼的敌人”，最后总结全文，点明认清了庄稼的朋友和敌人的意义。说“朋友”，先说“氮、磷、钾”，再说“钙、硫、镁、铁、硅”，最后说“硼、铜、锌、锰”。说“敌人”，先说“第一批敌人，是杂草”，接着说“第二批敌人，是啮齿类动物”，最后说“第三批敌人，就是害虫和病菌”。通过对内容的分析，我们可以归纳全文的结构提纲如下：

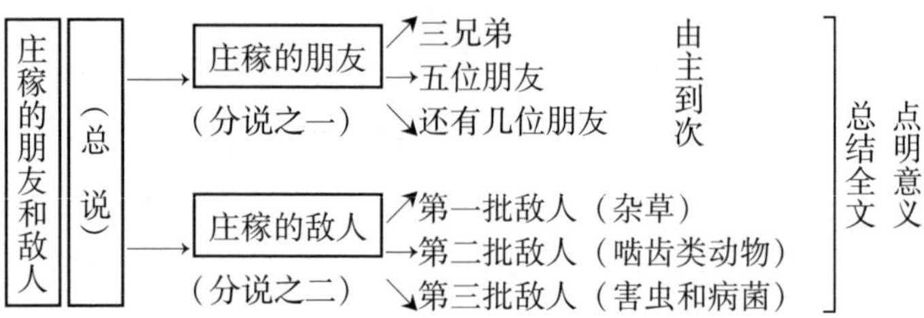

文章的结构提纲归纳出来，顺序也就看清了。就全文看，先总说，再分说，最后又总说。就分说的部分看，说“朋友”是由主到次，说“敌人”也是由主至次。由此可见，文章采用的是“总—分—总”的说明顺序。这个顺序是由作者的认识逻辑决定的，围绕“庄稼”，既看到“朋友”有益的一面，又看到“敌人”有害的一面；对“朋友”的认识，是先看最主要的“朋友”，再看一般的与“三宝”相比要次一点的“朋友”。“朋友”的方方面面认识之后，再分析几种“敌人”。按照这样的顺序写有何作用呢？其一，使文章内容完整、清晰，条理分明、井然；其二，突出文章重点，便于读者分清主次。

（3）为了落实一个“明”字，作者必然要采取最恰当的说明方法。因此在阅读时，要结合写作意图、内容特点分析所用的说明方法的作用。常用的说明方法有以下几种：

举例法。运用这种方法来说明某些抽象的概念或比较难理解的规律、原理，或比较复杂的事物的特征、变化、发展等，可以使之具体化，让人易于理解。在说明文中，举例法的运用大致有三种情形：一是对事物作概括的说明后，举出一些有代表性的例子，用来印证前面的说明；二是跟分类说明结合，每提出一类就举出一两个例子；三是为了介绍被说明对象具有什么样的特征，举出跟被说明对象有相似之处的事物作为例子。

请看下边两个说明文段落：

> 例 1. 现有的黏合剂一般都是由有机高分子物质做成的。它可以分为两类：一类是天然的，如淀粉、糊精、蛋白质、沥青、虫胶及天然橡胶等；另一类是人工合成的，包括受热后能变形的树脂，如聚乙烯、聚苯乙烯、聚乙烯醇、聚酯，和受热后不变形的树脂，如环氧树脂、酚醛树脂、尿醛树脂以及各种类型的合成橡胶等。
>
> 例 2. 至于蛇出蛰活动和入蛰冬眠的时间，因我国南北各地气温不同而有早有迟。以浙江为例，大致从十一月中旬开始入洞冬眠，到十二月初绝大多数蛇都进入冬眠状态，直到翌年的三月上旬开始出蛰活动。……但在广东、广西、云南、福建等地，因寒冷季节较短，所以蛇的冬眠时间相应要短些；而长江以北地区，寒冷季节较长，所以冬眠时间相对要长些。

例 1 是跟分类说明结合，即在分类的同时，举出实例。例 2 是先说明事物的特点——蛇出蛰活动与入蛰冬眠的时间“有早有迟”，然后举例加以证实。由于作者注意用典型例子来说明，我们对事物的特点就认识得更加清楚了。

图表法。有些事物，只凭文字来说明，还不易解释清楚，这样就常常需要画图列表来配合文字说明。事物是多种多样的，用来作说明的图表应该各有不同。即使同一事物，由于说明的侧重点不同，所用的图表也不一样。根据说明需要，画图的类型有多种：可以用符号画示意图（如全国铁路分布示意图、公园游览路线示意图等）；可以用描绘的方法画实物图、实体图（如家具、建筑图等）；如果用实物图的目的在于让读者了解外观（色彩、形状、质感等），还可以选用照片。列表的方式与类别大致有两种：如果要说明的事物不复杂，可以列比较简单的表；如果要说明的事物比较复杂，就可以用多种项目的表格来介绍。

请读《我国古代的车马》中的文字并参看图示。

古代马车的车厢叫舆，这是乘人的部分。舆的前面和两旁以木板为屏蔽，乘车的人从舆的后面上车。《论语·乡党》说：孔子“升车必正立执绥”，绥是车上的绳子，供人上车时拉手用的。

古人乘车是站在车舆里的，叫做立乘。舆两旁的木板可以倚靠身体，叫做輢。舆前部的横木可以凭倚扶手，叫做式（轼）。古人在行车途中用扶式俯首的姿势表示敬礼，这种致敬的动作也叫做式。所以《檀弓》说：“夫子式而听之。”一般车舆上有活动装置的车盖，主要是用来遮雨的，像一把大伞。

车轮的边框叫辋，车轮中心有孔的圆木叫毂（孔是穿轴的），辋和毂成为两个同心圆。《老子》说：“三十辐，共一毂。”辐是一根一根的木条，一端接辋，一端接毂。四周的辐条都向车毂集中，叫做“辐辏”，后来辐辏引申为从各方聚集的意思。《汉书·叔孙通传》说：“四方辐辏。”

车轴是一根横梁，上面驾着车舆，两端套上车轮。轴的两端露在毂外，上面插着一个三四寸长的销子，叫做辖（又写作舝、键），不让车轮外脱。辖是个很重要的零件，所以《淮南子》上提到“夫车之能转千里所者，其要在三寸辖”。后来引申为管辖的意思。露在毂外的车轴末端，古代有特定的名称叫軎（又写作辖），又叫轨。《诗经·邶风·匏有苦叶》说：“济盈不濡轨。”古人常乘车渡水，这是说济水虽满并没有湿到车轴头，意思是水位不到半轮高。轨的另一个意义是指一车两轮之间的距离，引申为两轮在泥道上碾出来的痕迹，又叫做辙。《礼记·中庸》所谓“今天下车同轨”，并不是有人把天下的车辙大小都规定下来，而是规定了车子的统一尺寸，车轮的轨辙就自然一致了。

附带说一说轫。轫不是车子的组成部分，而是阻止车轮转动的一块木头。行车时先要把轫移开，所以启程称为“发轫”。引申开来，事情的开端也叫“发轫”。

辕是驾车用的车杠，后端和车轴相连。辕和辀是同义词。区别开来说，夹在牲畜两旁的两根直木叫辕，适用于大车；驾在当中的单根曲木叫辀，适用于小车。所以《左传·隐公十一年》说：“公孙阏与颍考叔争车，颍考叔挟辀以走。”

车辕前端驾在牲口脖子上的横木叫做轭。轭和衡是同义词。区别开来说，轭用于大车，衡用于小车。所以《论语·卫灵公》说：“在舆则见其倚于衡也。”

车辕前端插上销子和轭相连，叫做輗。輗和軏是同义词。区别开来说，輗用于大车，軏用于小车。所以《论语·为政》说：“大车无輗，小车无軏，其何以行之哉?”

古人乘车尚左（以左方为尊），尊者在左，御者在中，另有一人在右陪乘。陪乘叫做骖乘，又叫车右。所以《左传·宣公二年》说：“其右提弥明知之。”兵车情况不同。主帅居中自掌旗鼓，御者在左，另有一人在右保护主帅，叫做车右。一般兵车则是御者居中，左边甲士一人持弓，右边甲士一人持矛。

附图：

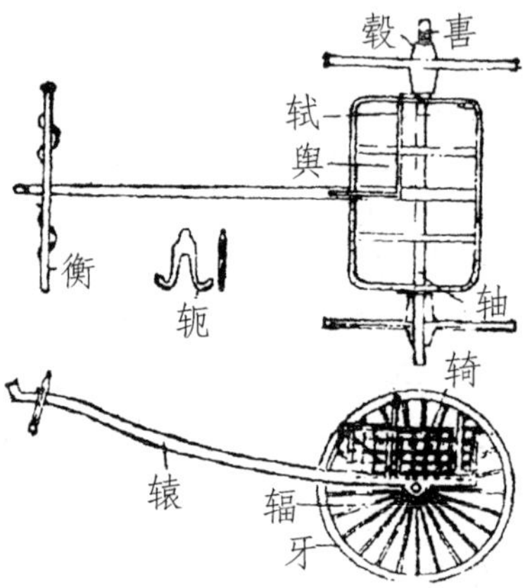

应该说，文字说明是比较清楚的，因为语言通俗、准确，一边读文，一边想象车的形象，是能理解的。但配图之后，我们的理解就简捷多了，图文之间有很强的互补性、印证性，一边读文，一边看图，省略了想象与推测的过程，增强了文章的形象感和直观性。

比喻法。运用比喻来说明，可以使抽象的道理变得具体，复杂的事物变得简单，陌生的对象变得容易理解，而且可以使文章的语言具体形象，生动活泼。请读下边两段文字：

建国门立交桥是苜蓿叶式，宛如一片巨大的苜蓿叶，碧绿的草坪、连片的鲜花簇拥着它，犹如一个巨大的花篮，轻托着搭在上面的十字飘带，从低处仰望大桥，四周的高层建筑似乎也矮了几分。

……

坐落天坛东路与南外二环、南护城河交会处的玉蜓桥，更加壮美。它是桥群组成。8 座跨河

> 桥、6座匝道桥、4座通道桥、3座铁路箱涵，组成一个庞大的桥的系统，建桥总面积是三元桥的两倍多。造型别致，一座座桥，组成一只巨大的振翅欲飞的蜻蜓，仿佛是刻意创作的超大型艺术雕塑。桥下静静的流水，桥区棵棵绿荫晃动的国槐、白杨，片片流翠的草坪，团团姹紫嫣红的月季，构成一幅巨大的工笔画“玉蜓图”。

这两段文字旨在说明立交桥的造型：说建国门立交桥“宛如一片巨大的苜蓿叶”；说“玉蜓桥”，是“一只巨大的振翅欲飞的蜻蜓”。由于比喻准确、巧妙，大桥的形象就好像浮现在眼前一样。

比较法。把彼此有一定联系或者有相同条件的两种或两种以上的事物加以比较，可以帮助人们区别事物的相同点和不同点，更深刻地理解事物的特征、本质及其规律性。我们在阅读中，要注意作者是否抓住了事物间的联系在作比较，如果用毫不相干的两种事物相比，就无法比起。我们还要注意作者是不是用人们熟悉的事物来作比较，否则，就不能达到说明事物的目的。一般来说，高明的作者总是注意到比较说明的要求，即可比性与通俗性。例如阅读吕叔湘先生《语言的演变》一文的第一部分：

> 世界上万事万物都永远在那儿运动、变化、发展，语言也是这样。语言的变化，短时间内不容易觉察，日子长了就显出来了。比如宋朝的朱熹，他曾经给《论语》做过注解，可是假如当孔子正在跟颜回、子路他们谈话的时候，朱熹闯了进去，管保他们在讲什么，他是一句也听不懂的。不光是古代的话后世的人听不懂，同一种语言在不同的地方经历着不同的变化，久而久之也会这个地方的人听不懂那个地方的话，形成许许多多方言。

古代人说的话是无法听见的了，幸而留传下来一些古代的文字。文字虽然不是语言的如实记录，但是它必得拿语言做基础，其中有些是离语言不太远的，通过这些我们可以对古代语言获得一定的认识。为了具体说明古代和现代汉语的差别，最好拿一段古代作品来看看。下面是大家都很熟悉的、《战国策》里的《邹忌讽齐王纳谏》这一篇的头上一段：

邹忌修八尺有余，而形貌昳丽。朝服衣冠，窥镜，谓其妻曰："我孰与城北徐公美？"其妻曰："君美甚，徐公何能及君也？"城北徐公，齐国之美丽者也。忌不自信……旦日，客从外来，与坐谈，问之："吾与徐公孰美？"客曰："徐公不若君之美也。"

把这一段用现代话来说一遍，就会发现有很大的差别。不能光看字形。光看字形，现代不用的字只有四个：昳、曰、孰、吾。可是联系字的意义和用法来看，真正古今一致的，除人名、地名外，也只有十二个字：八、我、能、城、国、不、客、从、来、坐、谈、问。大多数的字，不是意义有所不同，就是用法有些两样。大致说来，有三种情形。

第一种情形是意义没有改变，但是现在不能单用，只能作为复音词或者成语的一个成分。有的构词的能力还比较强，如：形、貌、衣、镜、北、何、自、信、日、外；有的只在极少数词语里出现，如：丽（美丽、壮丽）、朝（朝霞、朝气、朝发夕至）、窥（窥探、窥测）、妻（夫妻、妻子）、甚（欺人太甚）。

第二种情形是意义没有改变，可是使用受很大限制。例如：作为连词的"而""与"，只见于一定的文体；表示从属关系的"之"只用于"百分之几”“原因之一”等等；起指代作用的“者”只用于“作者、读者”等等；“美”现在不大用于人，尤其不用于男人（“美男子”口语不说，也不能拆开）；“有余”现在能懂，但不大用，“八尺有余”现在说“八尺多”。

第三种情形是这里所用的意义现代已经不用，尽管别的意义还用。例如：修（长）、服（穿、戴）、谓（对……说）、其（他的；“其余、其中、其一”里的“其”是“那”的意思）、公（尊称）、及（比得上）、君（尊称）、也（助词；现代的“啊”只部分地与“也”相当）、旦（“旦日”作“明日”讲）、之（他）、若（比得上）。还有一个“尺”字，似乎应该属于古今通用的一类，可是这里说邹忌身长八尺有余，显然比现在的尺小，严格说，“尺”的意义也已经改变了（汉朝的一尺大约合现在七寸半，这里的尺大概跟汉朝的差不多）。

在语法方面，也有不少差别。例如“我孰与城北徐公美?”就是古代特有的句法，底下“吾与徐公孰美?”才跟现代句法相同。“君美甚”现在说“漂亮得很”，当中必须用个“得”字。“忌不自信”也是古代的句法，现代的说法是“邹忌不相信自己（比徐公美）”，不能把“自己”搁在动词前边，搁在前边就是“亲自”的意思（如“自己动手”），不是动作对象的意思（“自救、自治、自杀”等，是古代句法结构遗留在现代语里的合成词）。“客从外来”现在说“有一位客人从外边来”，“客人”前边得加个“一位”，头里还要来个“有”字，否则就得改变词序，说成“从外边来了一位客人”。“与坐谈”也是古代语法，现在不能光说“和”，不说出和谁，也不能愣说“坐谈”，得说成“坐下来说话”。“不若君之美”的“之”字，按照现代语法也是多余的。

这短短的一段古代的文字，大多数的字都是现在还用的，可是仔细一分析，跟现代汉语的差别就有这么大。

为了说明“古代和现代汉语的差别”，作者引用《战国策》里《邹忌讽齐王纳谏》的第1段来比较，从而得出自己的看法：一是“意义没有改变，但是现在不能单用，只能作为复音词或者成语的一个成分”；二是“意义没有改变，可是使用受很大限制”；三是“这里所用的意义现代已经不用，尽管别的意义还用”。另外，“在语法方面，也有不少差别”。这个比较的妙处是：第一，用例文字简短、浅明，不用凭借工具书就能读懂，体现了用例的通俗性；第二，例中的汉字字形，绝大多数没有变化，现代不用的字只有四个，但“大多数的字，不是意义有所不同，就是用法有些两样”，这就为比较提供了条件，利于看出差别。作者用例是十分典型的。

数字法。数字是说明某些事物的重要材料。在说明文中恰当地使用数字能充分地显示事物的性质和特点，有时比只用文字介绍显得更简洁、更精确、更具体。例如金天明《世界上有多少民族》中的一段文字：

下面这个情况也是值得我们注意的，从一九六一年到一九七五年的十五年中，全世界的人口大约增加了十亿。人口在一亿以上的民族由原来的四个增加到了七个。前面提到的孟加拉、大和、巴西这三个民族在一九六一年时的人口分别为八千七百万、九千五百万和七千一百万。也就是说，这三个民族是在最近的十多年里才进入拥有人口在一亿以上的大民族的行列。在同一时期内，人

> 口在百万以上的民族由二百二十六个增加到二百五十七个，即增加了三十一个，他们拥有的人口从二十九亿二千七百万增加到了三十八亿九千四百万。这个事实一方面说明了这些民族人口增长的速度，同时也揭示了这样一个趋势，即有越来越多的人口较少的民族在逐渐结合成为较大的民族。看来，由若干个小民族结合成为一个大民族，这是当前民族发展的总趋向。

这段文字先列举大量数据，然后归纳结论。结论是以数字为根据的，因此既可信又准确。如果不用数字，只用“很多”“增加”等词语，说理不仅失去了有力的根据，读者也很难有一个明确的认识。

诠释法。为了让读者准确地理解文章的一些重要概念的含义，作者常常要对这些概念加以解释。解释有两种：一是下定义，即把概念所反映的事物的本质属性用简明的语言概括出来。由于说明的事物不同，读者不同，说明的要求也不同，有时不能或不需要下定义，而采用比较宽泛的解释，如有时只指出它所属的种类，有时只列举它具有的一些属性，有时只描述它的外部特征，等等。例如高奇《中国近代学制》中的一段文字：

> “癸卯学制”是中国的第一个近代学制。实行这种学制主要是由于清朝政府出于政治上的需要，并不是为了适应社会发展的实际需要，因而仍然保存了大量的封建性成分。学习年限特别长，总共二十五六年。如果 7 岁入学，中学毕业 21 岁，读完通儒院 32 岁。通儒院 5 年不算，还比日本学制长 2 年，比欧美一般长 4 年。办学目的是培养“通才”，也就是要培养行政官吏。各级学校毕业生仍然按科举制度授予相应的奖励出身和官阶品级：高小毕业授廪生，中学毕业授贡生，大学毕业

> 授进士，等等。小学课程还保留12学时的读经讲经课。排斥女子于学校教育之外，为贵族单设贵胄学校，实际上还是“中学为体，西学为用”，同近代资本主义学制形似而神非。“癸卯学制”虽然打破了四书五经一统天下的局面，在促进教育发展方面起了一定的作用，然而仍然远远不能适应当时中国社会发展的需要。

这段文字就“癸卯学制”的目的、内容、特点、作用等分别作了具体解释，使读者对这一学制的概况有了大致了解。

前文介绍的六种说明方法是说明文常用的方法。有的文章多法并用，有的文章以某一种方法为主，目的都是为了说明白事物，使读者更准确、更清楚地理解文章内容。

（4）为了落实一个“明”字，作者在语言运用上也得下一番功夫。因此，阅读说明文，必须钻研其语言，领略说明文语言特有的艺术风貌。可从以下几方面入手：

第一，体会说明文语言的准确性特点。所谓准确，就是客观地反映事物，与事物本来面目相符。优秀的说明文，语言都是准确的，一词一句都表达了客观事物应有的意义。例如《一次大型的泥石流》的开头两段：

> 在一些山区的沟谷中，由于地表径流对山坡和沟床不断地冲蚀掏挖，山体常常崩塌滑坡，塌滑下来的大量的泥沙石块等固体物质被水流挟带搅拌，变成黏稠的浆体，在重力和惯性的作用下急速奔泻。这就是人们常说的泥石流。
>
> 大型泥石流常常淤埋农田，冲毁桥梁、涵洞、渠道，阻隔交通，甚至堵塞河道，使河水泛滥成灾，破坏力极大。云南省的蒋家沟就多次爆发过这种大型的泥石流。

用“一些”表示范围，不是指所有的“山区的沟谷”。“地表径流”是专业术语，统指地面上的形成一定规模的水流，不等于河流，也不能理解为“地表水”（因为有些“地表水”是不流动的）。“冲蚀掏挖”四个字表明“地表径流”对“山坡和沟床”的四种冲击情况。冲，冲击；蚀，侵蚀；掏，由里向外掏空；挖，由外向内掘进。“挟带搅拌”，一是带走，指泥沙石块随水流而走；一是搅浑杂拌，指泥沙石块因水流冲带而混在一起。“重力和惯性”，写了两种力量：“重力”指泥沙石块所受到的地球引力；“惯性”指泥沙石块随水奔泻时所形成的惯性力量。两种力量起作用，所以作者用“急速奔泻”来写泥石流的运动速度。一个“泻”字，写出了泥石流势不可当的凶猛势头。第二段中的“淤埋”“冲毁”“阻隔”“堵塞”也是用得非常准确而不能互换的，这些词都紧扣了“大型”一词，旨在表现大型泥石流的极大破坏力。

一般来说，准确地说明事物，用词要明确，不可含糊。但是，当作者对事物的认识还不能做到准确无误的时候，又必须用表示推测的、比较模糊的词语来说明，这样的文字是不可少的。例如下段文字：

> 泡桐成长很快，管理得好，五六年即可成材，群众中有“三年成林，五年成材”之说。据调查：一般十年生的泡桐，胸径平均约三十至四十厘米，材积可达零点五至零点六立方米。广西桂林市砖厂有一株白花泡桐，生长十一年，树高二十点七米，胸径七十五点一厘米，材积三点六九立方米，年平均材积生长量为零点三三五立方米。河南省民权县大凡大队，一株兰考泡桐，十三年胸径就达七十三厘米，树高十七点五米，材积二点五立方米。四川省酉阳县老寨公社一株七十五年生的白花泡桐，树高四十四米，材积二十二点五立方米，是目前所知我国生长最高大的一株泡桐树。

> 这样的成长速度，在其他速生树种中也是罕见的。因此，在广大适宜种植泡桐的地区，有计划地种植泡桐，对改善我国木材生产布局，解决木材供应不足的问题，是十分重要的。

请注意文中加点的词语。“一般”，表示基本上这样，也有例外，缺少这个词，说“十年生的泡桐”的情况就绝对了。“约”，大约之意，也表明不完全确定，与“三十至四十厘米”的说法也一致起来了。“目前所知”，限制了所知的时间前提，说“白花泡桐”是“我国生长最高大的一株泡桐树”仅是就“目前所知”而得出的判断，如果缺少这一限制，难免绝对。“罕见”是极为少见的意思，并不排斥类似情况。由这些词例可知，说明用语的分寸感是很重要的。像“大致”“也许”“可能”等表示不确定推测的词在说明文中也时常见到，同样起到了准确表达内容的作用。

第二，体会说明文语言的简明性特点。简，简要，简洁；明，明了，清晰。任何文章的语言都应力求达到简明的要求，说明文更应如此。简明与准确是相互伴随的，用词准确了，也就可以说是简明了。只有对事物认识不清，不知道该用哪一个词、哪一句话来准确表达的时候，才会出现用词堆砌，用句啰唆的毛病。简明不等于简略。简略是从内容的多少上来看的，而简明则是指全篇文章的语言风格。例如下边的文字：

> 把学习过的痕迹贮存于脑中的过程，叫保持。没有痕迹的保持，人们就不会有知识、技能和经验的积累。记忆痕迹在脑中的状态，分瞬时记忆、短时记忆和长时记忆。瞬时记忆又叫感觉记忆，储存时间不超过一两秒钟；短时记忆的时间长一些，持续一两分钟，但这种记忆的痕迹不明确，不巩固，容易消逝；长时记忆的痕迹则能较长久地保持。

> 再认和再现，是记忆的两种不同表现形式。再认是对事物重新出现的再度感知。再现是对过去的记忆痕迹重新呈现。再现的反面就是遗忘。

什么叫“保持”?“保持”的作用是什么?“记忆痕迹在脑中的状态”有哪几种形式?各种形式的特点是什么?什么叫“再认”?什么叫“再现”?诸如此类的问题，作者只用了200多个字就说明白了。由此可见，内容丰富、文字简约、说明清晰是说明语言简明性的体现。

第三，体会说明文语言的生动性特点。说明文语言的基本风格是简明，基本要求是准确，同时，为了说明的需要，也力求体现生动性。力求说明语言的生动，一则是为了增强文章的感染力，一则也是为了突出一个“明”字。当然，说明语言的生动性与描写语言的生动性是有区别的。它有修饰，但不夸张；有描绘，但不虚构。例如《看云识天气》中的一段文字：

> 那最轻盈、站得最高的云，叫卷云。这种云很薄，阳光可以透过云层照到地面，房屋和树木的影子依然很清晰。卷云丝丝缕缕地飘浮着，有时像一片白色的羽毛，有时像一块洁白的绫纱。如果卷云成群成行地排列在空中，好像微风吹过水面引起的鳞波，这就成了卷积云。卷云和卷积云的位置很高，那里水分少，它们一般不会带来雨雪。还有一种像棉花团似的白云，叫积云。它们常在两千米左右的天空，一朵朵分散着，映着温和的阳光，云块四周散发出金黄的光辉。积云都在上午开始出现，午后最多，傍晚渐渐消散。在晴天，我们还会遇见一种高积云。高积云是成群的扁球状的云块，排列得很匀称，云块间露出了碧蓝的天幕，远远望去，就像草原上雪白的羊群。卷云、卷积云、积云和高积云，都是很美丽的。

这是一段用描写的方式来说明“云”的形态的文字。说明的对象是“卷云”“卷积云”“积云”和“高积云”。这几种云的形态及其变化情景是怎样的呢？作者用比喻的语句来描写，生动形象，优美动人。需要指出的是，这些被描写的形态是实有的，作者丝毫也没有虚拟与夸张，同样体现了说明文语言的准确性要求。

深情铸文文意浓
——投入真情实感

任何优秀作品，都是用真情实感铸造而成的。唐代大诗人白居易说过：“《诗》者，根情，苗言，华声，实义。”情是第一位的，是作品的根。18世纪法国启蒙思想家狄德罗说：“根据情感和兴趣去描写，这就是诗人的才华”，“没有感情这个品质，任何笔调也不可能打动人的”。19世纪俄国文艺评论家别林斯基也说：“感情是诗情天性的主要的动力之一，没有感情，就没有诗人，也没有诗歌。”纵观古今中外名作，篇篇都是体现这些创作原则的范例。作家满怀深情，以情铸文。读者阅读这些情感文字，也同样要投入真情实感。唯其如此，读者与作者的心才得以沟通，读者与作品的情才得以碰撞，最后达到与作品融为一体的情境。

任何优秀作品都表达了真情实感，但表现形式与表达风格则不一样。就文体来说，叙述类作品，感情抒发是直接的，喜怒哀乐之情，溢于言表；议论类作品，感情由“态度”来体现，对人对事有什么样的感情，就有什么样的态度，议论旨在说明自己的态度，而在“态度”的背后，始终是有着一条情感的暗流的；说明文，看起来是对客观事物及事理的阐释、介绍，似乎没有多少主观感情的色彩，其实，作者对题材的选择也往往带有思想感情的倾向。

感情表达的风格，更是多种多样，五彩缤纷。一般说来，有三种比较突出的风格特点。有的作品，风格朴实，感情细腻，感情的小河在质朴的文字间潺潺流淌；有的作品，风格雄健，感情激越，感情如同拍岸的惊涛，扣人心弦；有的作品，风格峻拔，感情深邃，文字表面如同平静的大海，而深层则涌动着旋流。感情总是渗透在语言文字之中，因此，认识多种感情表达的风格，必须从语言文字着手，围绕语言文字进行。这句话包含两层意思：一是通过对语言文字的体悟来认识作品中的情感；二是根据作品中深藏的情感来认识表达这份情感的语言文字。前者是打开情感之门的必经之路，后者是体会语言与情感关系的必然前提。只有依照“语言→情感→语言”的路子来阅读作品，我们才能体会语言之中的真情实感和由真情实感培育的语言之花的艺术妙趣。

很多同学读文章，能读通文字，至于文中的情感内涵往往体察不到、把握不住，要么搁下不读，要么期待老师的剖析。其实，闯过作品的文字关，应当继续钻探其情感底蕴。钻探情感底蕴也是有基本的路子的。

路子何在？下面依据经验指点一二。

1.
反复诵读作品，
把握其感情基调

感情基调是指作品体现出来的作者感情倾向、感情层次和感情特点。任何作品都体现了一种感情倾向，是爱，是恨，是喜，是哀……感情色彩总是闪现在语言文字之间的，阅读时要有总体认识。文章的感情表达在程度上有浓淡、深浅、轻重之别，因此，阅读时有必要认识作者是怎样把自己的情感控制在一个具体的层次上的。比如，朱自清的《荷塘月色》表达的是一种“淡淡的哀愁”，并非刻骨之悲；又如鲁迅先生的《孔乙己》既有嘲讽，又有同情，还有悲哀，情感复杂，融为一体，处在既讽刺又悲哀的层次上；而鲁迅先生的《记念刘和珍君》则是悲愤之情的宣泄，愤大于哀。另外，就是在整体上把握作品的感情特点，是细腻还是豪放，是直露还是含蓄，是冷峻还是热烈，是委婉还是急切……阅读时，多加体察，作出正确判断，这对完整把握全篇的感情基调是十分必要的。

下边以一篇作品为例，谈谈把握感情基调的步骤。

三分春色一分愁

丁颖

冬，像一双倦游的翅膀，悄悄地在暮色里归去。迎面姗姗而来的——春，似一位多情美丽的小姑娘，浑身带着一种迷人的诱惑，妩媚的挑逗，多么使人陶醉啊！

她若久别重逢的故人，给浪迹他乡的游子捎来无限温情，给枯萎的生命又涂上一抹绿色的希望。我爱冬天，更爱春天；我爱冬天的雪，更爱春天的太阳。因为，人的心没有雪那样纯洁，春阳那样温柔。亚热带的冬，虽不像北国那样冰天雪地，但，却有北国深秋的情调，惹人遐思与怀想！而春天，倒有着浓郁的故乡的气息呢！

“春色恼人眠不得”，燕语呢喃，落花飞絮，徘徊庭前篱下，缕缕莫名的惆怅和空虚萦绕胸臆。心之深处像是失去了什么，而究竟失去了什么呢？我亦茫然。

傍晚，我怀着书本，懒洋洋地躺在绿茵的草坪上，凝视着蔚蓝的苍穹。几许淡淡的白云，如仙女撒下的花瓣，轻轻地飘过山峦，飘过海面，飘向遥远……

我沐浴在大自然的怀中，让柔和的晚风轻抚着鬓角，吹去一切郁闷和烦恼。

吹吧！吹红了杜鹃，吹绿了柳丝，吹得柳叶儿絮絮细语：仿佛在窃窃诉说一个奇异的神话，在低吟一支爱与悲的曲子；吹吧，吹醒正在沉睡的人们哪！

暝色四合，倦鸟投林，归家的牧童横坐在牛背上，信口吹着无韵的短笛。我的书滑落在地上，看见他们远去的背影，我想：我也该归去了吧？然而关山重隔，云水茫茫，我将归焉何处？

这时，一对情侣踏着夕阳的余晖，徜徉于小溪畔，携手并肩，轻盈的笑声是那样甜蜜。啊！鸟语花香，处处给人以强烈的诱惑！春天，这幅旖旎的图画，有哪位大画家能描绘出万一呢？

春天太可爱了，可是只有那么一刹那！有人说，不要让你青春的生命就此枯萎了，在你的生活中应该有一个美丽动人的故事。然而，美丽动人的故事，我只能在书本里去寻觅呢！

于是，我又从地上拾起我的书本，低吟道："三分春色一分愁……""纵然宝岛风光多，还有思乡一片心。"唉！这思家的一片心啊！有谁知道呢？

作家丁颖的这篇散文把春色和心绪融为一体，用细腻的笔触点染了一个"愁"字。作品开始写冬去春来，用"一双倦游的翅膀，悄悄地在暮色里归去"，比喻冬的消逝；以"一位多情美丽的小姑娘""迎面姗姗而来"，比喻春的出现。作者沿用传统的比兴手法，先描绘令人陶醉的春景，继之带出"遐思与怀想"，表达了怀念故乡的愁绪。这，就是本文的感情倾向。

以上是阅读的第一步：先了解文章抒发了哪一种情感，接下来继续读文章的重点段落，看作者是怎样抒发这一份情感的。文章第4~7段写心绪的飘忽。"懒洋洋"写自己无奈的样子；"凝视"写自己的一种渴望；渴望实现不了，就只好"让柔和的晚风轻抚着鬓角，吹去一切郁闷和烦恼"。然而，这份"郁闷和烦恼"又怎能吹散得了呢？"归家的牧童横坐在牛背上"这一牧归图再一次牵动愁绪，作者便发出深深的感叹："关山重隔，云水茫茫，我将归焉何处？"写到这里，文章似乎可以收束了，但作者又宕开一笔，写一幅"情侣夕阳图"，再次礼赞"春天太可爱了"，随之又揭示内心的愁苦："然而，美丽动人的故事，我只能在书本里去寻觅呢！”读到此处，我们知道作者的“思乡一片心”是深沉的。但作者偏又用问句作结：“唉！这思家的一片心啊！有谁知道呢？”这一声叹息与呼唤，从心底流出，令读者感慨唏嘘！

读到这一步，我们知道，作者写春的诱惑，春的温情，春的云霞，春的晚风；还写“燕语呢喃，落花飞絮”，牛背牧童，夕照情侣。从表面上看，处处都是美好的春景，实际上笔笔都是反衬“我”的“缕缕莫名的惆怅和空虚”。笔笔写景，笔笔写情，真是一切景语都是情语！

由上可知，我们把握作品的感情基调，首先要诵读全篇，从总体上认识作者的感情倾向；同时又要分析一些重点段落，看作者是怎样抒发自己的真情实感的；最后得出结论，认识作者思想情感的内涵与特点。

阅读作品，把握感情基调是第一步。在此基础上，我们才能更好地深入文章的情境中去。

2.
抓住重点词、句、段推敲

这里讲的重点词、句、段，是指感情色彩最浓的词、句、段（浓郁感情的喷发口）。一篇作品总有那么几个词、几句话或几个段落在表达情感上最显眼、最突出。有的可以称得上是作品情感的纽结，如朱自清《荷塘月色》开篇第一句“这几天心里颇不宁静”，就是全文的“情眼”。有的可以称得上是作品情感的宣泄口，如鲁迅先生《记念刘和珍君》中的几段议论，集中而又强烈地抒发了作者的悲愤之情。有的可以称得上是全篇的点睛处。全文娓娓而叙，一路平缓，到了末尾用一两句画龙点睛，感情得以凸显，令人回味无穷。如朱自清《背影》的末句“我不知何时再能与他相见”，把感情推向高潮。总之，抓住这一类词、句、段推敲，等同于打开全篇的感情之窗。

以一篇文章的阅读为例。

小鸟

徐刚

在北京，春夏时节的早晨，总会有一些老人提着鸟笼在林荫道上散步。八哥、金丝鸟等等便都在笼子里发出各种叫声，还把翅膀扑打着，似乎要冲出笼子飞向蓝天似的。每每遇见这些关着的小鸟，我总要静静地听听它们的歌唱——谁知是欣喜呢，还是哀怨？不管如何，生活在热闹的都市，鸟叫是难得听见的。究其原因，一是小鸟太少，二是虽然也有几只，但终究都被不绝于耳的汽车喇叭声所埋没了！

于是，这就很是引起了我的一点乡思。

在我故乡的蓝天上，在我故乡的竹林中，小鸟是可以自由自在地飞翔，可以自由自在地歌唱的。

小鸟飞翔的姿态是最能教孩子们神往的了——飞得快的时候，像箭一样向前；飞得慢的时候，就像踩在云朵上休息。时上时下，或远或近，有时还互相嬉戏、互相斗架……

不知道有多少神话或传说是和小鸟联系在一起的？

是小鸟的歌声第一次叩动了我儿时心灵的门窗。

麻雀为什么要把窝做在屋檐下呢？

母亲告诉我：麻雀虽小，五脏俱全，它可精明了。麻雀知道从地里收回来的稻草是“仙草”，因此才到屋檐下做窝的。有很多别的鸟在冬天里冻死了，麻雀却依旧一群一群地飞……

麻雀的住所是和人在一起的，麻雀也的确很

机灵。天上有各种各样的小鸟，成群结队地去偷吃稻子的只有麻雀。因此，每到秋天，稻田变成了金黄色，稻子快要熟的时候，故乡的农民就要在稻田里扎起一个个草人，草人的手中还得拿着一根竹竿，竹竿上吊起一面破的芭蕉扇来赶麻雀。麻雀却依旧活着——一到地光场净，秋收完毕后，地里、场头，总会留下一些残余的稻粒，它们便一群一群地飞来飞去。迅速地找，迅速地吃，迅速地飞走。

麻雀很小，胆子却不小。它时常站在屋檐上听农民们说话，村子里的每一户人家它们都要去“串门”。它们的歌好像是唱给自己听的，祖祖辈辈都是“叽叽喳喳”而已，无论春夏秋冬全是这个调调。

那么多的麻雀几乎连大小也一样，而且都在家家户户的屋檐下做窝。可是，它们很少走错门，吃饱了就各自睡觉。偶尔也有走错的，便在窝的洞口前大战一场，得胜者得窝。

海边的风光那么好，麻雀为什么不去呢?

麻雀的接近农民是为了吃稻。

因为它不会劳动，所以就无法高飞!

农民更喜欢喜鹊。

喜鹊叫，喜事到。

谁家门前有一棵很高的树，谁就盼着喜鹊来做窝。

喜鹊一身都是黑的，黑得油光闪亮。它没有一根花花绿绿的羽毛，它也不会像鹦鹉那样学舌，它只是在高兴、愿意的时候才唱几声，从来不唠唠叨叨。

你盼它唱，它不一定唱；你不喜欢它唱，它

却偏要唱——哪能像麻雀呢？只要有一点吃的，就唱个不停！

有一年冬天，喜鹊在我家门前的一棵杨树上做窝了，左邻右舍都来看，一边晒着太阳一边说喜鹊的故事。

喜鹊是鸟类中的“建筑家”，它们从不凑合着做个窝，而是必须用千万根树枝在高高的树顶上，搭成一个圆球状似的家，远看很像一座黑色的堡垒。

据说，它们每衔得一根树枝就要流一滴血，它们一边衔，一边施工，而且总是一雌一雄双双飞来飞去的忙碌。

这还仅仅是外观，倘若爬到树上看个究竟，那就更教人惊讶了！喜鹊窝不漏风也不漏雨，从门里进去还得拐几个弯才是那一对喜鹊的住所。有时，台风能把屋顶上的茅草卷走，喜鹊窝却安然无事。喜鹊是勤劳而机智的。

每天黎明，喜鹊都要唱歌，而不管是晴天还是雨天，或者迷雾曾经一时遮住了太阳。

儿时，我们还常到芦苇荡中捉鸟。

无边无际的芦荡，春夏时一片绿，秋后芦花一片白茫茫。涨潮的时候只有哗啦、哗啦的涛声，落潮以后就显得荒凉而寂寞——那时，这里没有人烟，是螃蟹和水草的天下。但，偶尔也会传来几声鸟叫，给寂静的海滨增添了不少生气。我们就追着鸟叫找去……芦荡中的鸟一般都是“白头鸟”，它除了身体比麻雀稍大外，外形很相似，只是头上有一块白点。我的故乡还有民谣道：“白头，白头，白想念头；早也唱歌，晚也唱歌；啾啾，啾啾”……

在茂密的芦苇丛中，白头鸟用水草做成一个个小窝，过着餐风露宿的生活。不知道为什么它总是不愿意飞到稻米飘香的田里去，而只是在海边唱着、望着。仿佛有什么奇怪的念头，也仿佛在期待着什么。

有时，台风、暴雨和大潮会把整个芦荡淹没——它们却依旧不肯离去，只是在水面上低低地飞着。潮水退走，芦苇一根根重新站立起来时，它们就赶紧回来重建家园。唱着，跳着，显得乐观而自信。

后来，一块块芦荡被开发了。开发者大为奇怪的是：这海边的荒地为什么如此肥沃？经过研究，才知道：有很多的落叶，有很多的鸟粪，土地怎能不肥？

这时候，白头鸟又飞到了另外的、还没有开发的芦荡中……

在艰苦的地方，它勇于生存；在寂寞的时候，它敢于歌唱。

大海是它的知音！

我曾经和渔民一起出海过。

当海岸线在视野中消失，身边和四周除了浪头还是浪头，你就会真正地感受到：什么叫辽阔？什么叫孤单？

在海里，与我故乡的渔民朝夕为伴的，就是海鸥。

海鸥一身雪白，很像是个穿着白裙子的少女——当它站立在水上，露出一张小小的红色的嘴巴时，确是使人感到振奋而欣喜的。

谁不爱美呢？

蔚蓝色的海上还有如此之美的精灵！

海鸥也是很孤独的，据说它们本是龙宫里的宫女，龙王娘娘因为妒忌她们的美，才使她们变作小鸟，放逐到水面上。而那些虾兵蟹将却依旧在作威作福！

也有的传说并不一样，说是她们羡慕人间，才变作小鸟飞出了龙宫，因为迷了路，便永远在海面上飞呀，飞呀……

难怪一有船队出现，海鸥便成群结队地飞来。有时，它们飞到船舷边；有时，它们飞到风帆旁；有时，甚至擦着人们的身子飞过。

它们不是炫耀自己的美，而是为了表达对人类的向往。

因为同样孤独，便会产生更强烈的感情。

假若海上没有了它们，画家的画、诗人的诗，不知将逊色多少！

愿一切真的、美的小鸟，不再遭到妒忌！

有很多小鸟是人类的良师益友。

发明飞机的科学家不就是从鸟的翅膀得到启发的吗？

直到现在，飞机和火箭都还有翅膀。

然而，人们对小鸟的了解还是远远不够的。

因为聪明，有时也就更自私。

猫头鹰的叫声中带着哀怨和忧愁，便被横加指责为不吉之兆，而要加以驱逐或消灭。其实，猫头鹰是捕捉老鼠的能手。

啄木鸟因为长得其貌不扬，很少为人称道。它浑身的结构都是为了捕捉害虫——嘴巴像钢锥一样尖锐，大脑有着很好的防震结构，舌头上还长着刺。它把用羽毛装点山林的荣誉全部让给了别的伙伴，自己只是一心一意地找害虫、吃害虫。

没有它们，就没有青枝绿叶，就没有栋梁之材！

一见美丽的小鸟，往往是大家抢去大捕大捉，直到灭绝为止。捕来后赶紧装入笼子——为了装点自家的门面，为了唱歌给自己听。倘若是吃人的老虎下山，捉鸟的英雄又会赶紧逃得无影无踪。

在聪明人的手中，什么都可以成为装饰品。装进笼子的小鸟不也是吗？天长日久，翅膀就不再坚硬了，连目光也有些迟钝，但，会看主人的眼色行事。

让所有长得美丽的小鸟去飞翔吧——只有在大自然的怀抱里，只有在祖国的田野上，它们才能朝气勃发，用自己的羽毛去驮着阳光、色彩，溶化进湖光山色间……

让所有能唱歌儿的小鸟去飞翔吧——只有属于大众的歌声，才是最最动听的歌声……

为什么不把麻雀与乌鸦关进笼子呢？

这是一篇以小鸟为题材的抒情散文。作者分别描写了麻雀、喜鹊、白头鸟、海鸥以及猫头鹰、啄木鸟等的外形、本领、习性，同时又用一两句话加以评说。在对各种小鸟进行叙述时，作者又赋予它社会的人格的属性，使之具有普遍的象征意义。描写是传神的，感受也是深刻的，要认识全篇的感情底蕴，就必须从词、句、段三方面考察、体味。

先看词语的感情色彩。文章开头写故乡的小鸟是“可以自由自在地飞翔，可以自由自在地歌唱的”，连用两个“自由自在”，一则是刻画故乡小鸟的精神状态无拘无束，写出小鸟的性灵；二则是作者对小鸟生活的主观认识——作者认为，小鸟的生活理应如此。同时，在结构上，与文末议论相呼应。写麻雀，作者用了“精明”一词；写喜鹊，作者用了“勤劳”“机智”两个词；写白头鸟，作者说它

"勇于生存""敢于歌唱"；写海鸥，作者说它是海上的"精灵"。作者写鸟选用不同的词语，并非是怕用词重复，而是思想感情使然。"精明"含有贬义，而"勤劳""机智""勇敢""精灵"则体现了鲜明的颂扬色彩。

再看句子。作者写鸟，除描写外，还用一两个精辟的议论句来表达自己的态度。写麻雀："因为它不会劳动，所以就无法高飞！"指责之情很明显。写喜鹊："喜鹊是勤劳而机智的。"赞赏之情，一语出之。写白头鸟："唱着，跳着，显得乐观而自信。"抓住特点，褒奖性格。写海鸥："假若海上没有了它们，画家的画、诗人的诗，不知将逊色多少！"肯定、喜爱之意，溢于言表。写猫头鹰、啄木鸟："没有它们，就没有青枝绿叶，就没有栋梁之材！"指明作用，同样倾注了赞美之情。总之，这些句子散落在文中，闪现着感情的火花，综合起来考察、分析，就可以看到作者的感情内容与特点了。

还有必要研究一下重点段落。作品结尾三段，是全篇的点睛之笔，集中表现出作者的审美情趣、社会理想和爱憎感情，从而突出了文章的中心。作者的愿望是"让所有长得美丽的小鸟去飞翔吧"，"让所有能唱歌儿的小鸟去飞翔吧"，这是作者热爱小鸟感情的真切流露。作者同时又提出疑问："为什么不把麻雀与乌鸦关进笼子呢？"爱憎分明，引人深思。前边是铺叙、描写；文末是揭示题旨，表明态度。铺叙、描写之中有感情的流露，揭示题旨、表明态度是感情的总爆发。认识到这一点，就把握了全篇的感情脉搏。

3.
分析寓意，
体会含蓄的思想感情

许多优秀作品言在此而意在彼，多有寄寓之意。读这类文章必须先认清作者的寓意是什么，再分析作者为什么要寄寓这层意思，然后联系文章内容和写作意图，准确地把握作品中深藏着的思想感情。

例如碧野的散文《我怀念的是牛》中的两个片段：

我怀念的是牛

碧野

牛栏里，有几十头牛，其中有几头大水牯，它们叫做三牤子、大青牦、二青牦、小青牦。下面讲的就是它们的故事。

三牤子

三牤子，身高体大，足有一千公斤重。它的脑袋方方正正，圆圆的角，大额头突出，显得十分憨厚。它最高兴给它抓痒，一抓痒，它的尾巴就高高地翘起，尾巴尖上的那一撮毛，喜得直颤；特别是给它抓犄角根部凹处，它低着头，真解痒，乖乖地，一动也不动。

三牤子年轻力壮，有时喜欢捣点小乱子，它追赶小公牛打闹，一直追到稻田里，把秧苗踩了。你给它两鞭子，它昂昂头，只当给它抓痒。

三牤子特别喜欢水。我们那里有个七里湖，湖水清凉。三牤子随群放牧的时候，最爱撒欢跑进七里湖，掀起波浪，向远远的草场游去。

那牧场在林地上，林梢映现晶蓝的天空和悠悠的白云。它随群在牧场上徜徉。那牧场上的青草多么芳香，它可以选择最嫩最甜的草儿吃个饱。

在归途上，它东窜西窜，那高高扬起的长鞭有时追逐着它，但鞭子并不落到它的身上，只看见鞭梢在它的耳朵边飞过，然后在低空里发出清脆的响声。

三牤子食量大，回栏后，你还得满足它的要求。它的料筐大，要比别的牛多装一倍的料；夜草要放足，要不，它会越栏推翻草垛的。

三牤子对养牛人很有感情，它善良地望着你，温驯地依傍着你；可是生人走近它，它就低着头，歪着犄角，从大鼻孔里咻咻地喷着气，吓得人家急忙后退。

三牤子拉的是给它特制的大车。车身高大，车辕宽阔。它喜欢大车的辕木轻轻地摩擦着它的身子。别的大车显得太小了，三牤子肩宽体大，塞不进车辕。它力大无穷，装满了几千斤的大车，它拉起来毫不吃力，鼻孔不喷大气，嘴角不吐白沫。在秋熟的田间大道上，三牤子拉着满车堆成小山似的庄稼，昂首阔步，气概非凡。秋风凉爽牛蹄疾，它觉得四蹄生风。谁望见它都要拍手欢喊：

“三牤子，好!”

这喝彩声使三牤子显得又庄严又活泼，它挺胸迈步，小尾巴乱甩。

大青牤

大青牤身材均匀，体格健壮，肌肉发达，浑身是劲。它的角长而坚硬，像两支长矛，骁勇善斗。有一天夜里，它破栏而出，一夜走了几十里路，一路上斗败了十几头公牛。

有一次，大青牤拉着大车，在中途遇见一头称霸一方的大公牛，横立路上，睥睨一切。大青牤哪能容许那大公牛逞强，它一声长啸，拉着大车愤怒冲上前去，空寂的野地里立即发出牛角猛烈的碰击声。只几个回合，大野奇异地寂静下来。原来是大青牤的锐利的角尖挑住了对手的眼角，它昂头挺立，对手眼角流着血，痛得不能动。

后来，人们把大青牤的双角锯去了锐利的角尖。

但大青牤仍然勇猛好斗。

牛，有一种特异的记性。只要斗过一次，相隔几年也不会忘记，只要一见面，又是一场恶斗。

有一天，大青牦犁地，远远地隔着几条田垄，它一眼望见一头水牯解下犁耙，正在田埂上甩着尾巴吃草。突然，大青牦拉着犁铧直往那远处狂冲。只见被它拉着乱晃的犁铧在太阳下闪光，在人们的惊呼声中，那头曾经被大青牦斗败过的大公牛，就拚命地逃跑了。

虽然大青牦好斗，给人带来不少麻烦，但它却是一头非常出色的大水牯。

大青牦最大的特点是吃苦耐劳。它干起活来，闷头苦干，一天能犁十亩地。它认真严肃，一丝不苟。人们只要一看到新翻的田土，就知道这一定是大青牦刚刚犁耙过的，深翻的泥土是这么香，细细耙过的田地像一幅幅黑缎。

不要看大青牦脾气这么犟，这么凶猛，但是它有时却非常听话，非常温和。当你把它从斗牛场上拉开以后，用红药水给它涂伤口，端着盆让它喝温水的时候，它两眼望着你，显得像个大孩子。这时，你数说它的缺点，责备它的错误，它对你一动也不动地站着，深深地低着头……

这是一篇咏牛之作，开篇点明意图："讲的就是它们的故事。"在内容与写法上，作者写"三牤子""大青牦"基本一致，都是从形貌入笔，继之写习性与品格，最后写"我"对它们的认识与评价，用的都是白描手法，三言两语，刻画精神。理解到这一步，仅仅是认识了文章的基本内容，还应继续思考，提出这样的问题：作者写牛的用意何在？很多同学可能依据所知道的写物之文旨在写人的有关知识回答：写牛旨在写人。应该说，这样回答是对的，但失之笼统。作者把文章标题定为"我怀念的是牛"，别具深意："怀念"是一个饱含感情的词，一般用来表达对亲人的思念之情。这里用来写牛，可见“牛”与“我”之间有着异乎寻常的关系，“我”对“牛”有着一种异乎寻常的感情。究竟是一种什么样的感情？作者没有发表议论，也没有直接抒情，要靠我们来体悟。从内容看，“我”对“牛”的观察、了解是全面而又细致的，无论是形貌还是习性、特点，都写得生动活泼。从写作致力点上看，作者着意表现的是牛的纯朴品质和独特个性：它们通情，“对养牛人很有感情”，“两眼望着你，显得像个大孩子”；它们吃苦耐劳，“装满了几千斤的大车”，“拉起来毫不吃力”，“干起活来，闷头苦干，一天能犁十亩地”；它们直率而又敢斗，“夜草要放足，要不，它会越栏推翻草垛”，“一夜走了几十里路，一路上斗败了十几头公牛”；它们欢迎鼓励，也接受批评，“喝彩声使三牤子显得又庄严又活泼”，“你数说它的缺点，责备它的错误，它对你一动也不动地站着，深深地低着头……”。总之，作者致力表现的是牛的率真、顽强、耐劳、通情的性格之美。言在此而意在彼，我们自然会领悟到，作者写牛的性格美，实际上是呼唤人的人格美。作者塑造牛的真实形象，实际上是以牛为“镜子”来照出人的性格与灵魂。不用作者写出“我们人应在牛身上得到启示”这样直白的文字，我们也能看出作者的用心是以牛示人，以牛教人。由此看来，作者的创作思想是深邃的，笔端倾注的感情是深沉的：希望人剥去伪装，像牛一样直率；希望人减少冷漠，像牛一样通情；希望人少一些精明，而像牛一样质朴……

4.
由表及里，层层剥笋

任何一篇文章都是作者情动于中而形于言的产物，阅读时切不可停留在文字表面，要“披文以入情”。我们通过对文字的咀嚼、剖析，就可领略到文章的味儿，或醇厚，或清淡，或甘甜，或苦涩……勾起遐想，引人深思，遨游于情操海洋、文化海洋之中，觉醒，振奋，憧憬，追求。

《邓稼先》是著名物理学家、诺贝尔奖获得者杨振宁教授写的回忆文章，发表于邓稼先同志逝世七周年之际。邓稼先是中国核武器事业的奠基人和开拓者之一，是中国原子弹和氢弹设计与制造的元勋。杨振宁和邓稼先是中学同学、大学同学，在美留学期间又是同学，五十年的友谊，亲如兄弟。友情甚笃，注情于文，浇铸出生辉的文章。阅读时，由表及里，把握感情的热流，就会对文字的表述有深层次的理解。现以其中一个局部为例。

> 奥本海默和邓稼先分别是美国和中国原子弹设计的领导人，各是本国的功臣，可是他们的性格和为人却截然不同——甚至可以说他们走向了两个相反的极端。
>
> 奥本海默是一个拔尖的人物，锋芒毕露。他二十几岁的时候在德国哥廷根镇做玻恩的研究生。玻恩在他晚年所写的自传中说，研究生奥本海默常常在别人做学术报告时（包括玻恩做学术报告时）打断报告，走上讲台拿起粉笔说："这可以用底下的办法做得更好……"我认识奥本海默时他已四十多岁了，已经是妇孺皆知的人物了，打断别人的报告，使演讲者难堪的事仍然时有发生，不过比起以前要少一些。
>
> 奥本海默的演讲十分吸引人。他善于辞令，听者往往会着迷。1964 年为了庆祝他 60 岁的生日，三位同事和我编辑了一期《近代物理评论》，在前言中我们写道：
>
> 他的文章不可以速读。它们包容了优雅的风格和节奏。它们描述了近世科学时代人类所面临的多种复杂的问题，详尽而奥妙。
>
> 像他的文章一样，奥本海默是一个复杂的人。佩服他、仰慕他的人很多，不喜欢他的人也不少。

邓稼先则是一个最不要引人注目的人物。和他谈话几分钟，就看出他是忠厚平实的人。他真诚坦白，从不骄人。他没有小心眼儿，一生喜欢“纯”字所代表的品格。在我所认识的知识分子当中，包括中国人和外国人，他是最有中国农民的朴实气质的人。

我想邓稼先的气质和品格是他所以能成功地领导各阶层许许多多工作者，为中华民族做了历史性贡献的原因：人们知道他没有私心，人们绝对相信他。

“文革”初期，他所在的研究院（九院）和当时全国其他单位一样，成立了两派群众组织，对吵对打。而邓稼先竟有能力说服两派继续工作，于 1967 年 6 月成功地制成了氢弹。

1971 年，在他和他的同事们被“四人帮”批判围攻的时候，如果别人去和工宣队、军宣队讲理，恐怕要出惨案。而邓稼先去了，竟能说服工宣队、军宣队的队员。这是真正的奇迹。

邓稼先是中国几千年传统文化所孕育出来的有最高奉献精神的儿子。

邓稼先是中国共产党的理想党员。

我以为邓稼先如果是美国人，不可能成功地领导美国原子弹工程；奥本海默如果是中国人，也不可能成功地领导中国原子弹工程。当初选聘他们的人，钱三强和葛罗夫斯，可谓真正有知人之明，而且对中国社会、美国社会各有深入的认识。

粗读，我们可以立刻获得这样的印象：作者对中国和美国原子弹设计的领导人进行对比评述。确实如此。一个锋芒毕露，一个最不要引人注目。一个打断别人的报告，使演讲者难堪；一个忠厚平实，从不骄人。两位科学家都功勋卓著，但性格与为人迥然有异。阅读时如果仅停留在这样理解的层面上，就太肤浅了。为什么评述会如此个性鲜明？这不仅由于作者对两位科学家透彻了解，更由于作者用热爱科学、热爱这两位人物的真情浇灌。“他善于辞令，听者往往会着迷”，他的文章“包容了优雅的风格和节奏”，描述“多种复杂的问题，详尽而奥妙”，字里行间对奥本海默充满了钦佩、敬仰和颂扬的感情。“他没有小心眼儿，一生喜欢‘纯’字所代表的品格”，“他是最有中国农民的朴实气质的人”，“人们知道他没有私心，人们绝对相信他”。这些发自肺腑的语言，是对邓稼先气质和品格的由衷赞叹。作者无限敬佩这位纯粹的人、道德情操极其高尚的人。理解到这一步，摸到了文中“情”的脉搏，开始读出文章的味儿。

然而，这仍然还没触及文章的底蕴，文章的厚实还没充分展现。“邓稼先是中国几千年传统文化所孕育出来的有最高奉献精神的儿子。”“邓稼先是中国共产党的理想党员。”这两个评述的句子作了深层次的揭示，不仅饱含对邓稼先的赞颂，也是对中国数千年传统文化、对中国共产党全心全意为人民服务宗旨的高度赞扬。热爱中华文化、热爱为民族作贡献的精神与赞颂邓稼先的感情汇成热流在文中流淌。同是赞颂科学家，但邓稼先是中国的、中国共产党的，浸透了中华文化的印记，因而字里行间更洋溢着中华情。行文至此，友情一下子升华为民族感情，内涵大大丰富，促人深思，催人奋起。

对钱三强和葛罗夫斯的评论也不可一掠而过。言虽简，意却深。从科技发展史的高度来看，发现人才的人同样功不可没，同样值得赞颂。

阅读如剥笋，要善于从文字入手进行剖析，一层层深入，抓住文章的精髓。

5.
识破“假借”，
看寓情于景的艺术

表达感情的方式各有不同，可直接倾吐，也可间接抒发。有时作

者不直接吐露感情，而是有所“假借”，把要表达的感情依附于景、物、人、事，曲折含蓄地加以抒发。

茅盾的《雾》，就是把内心的感情通过眼前之景抒发的佳作。胸中有动情之景，笔下就有动情之文。

> 雾遮没了正对着后窗的一带山峰。
>
> 我还不知道这些山峰叫什么名儿。我来此的第一夜就看见那最高的一座山的顶巅像钻石装成的宝冕似的灯火。那时我的房里还没有电灯，每晚上在暗中默坐，凝望这半空的一片光明，使我记起了儿时所读的童话。实在的呢。这排列得很整齐的依稀分为三层的火球，衬着黑魆魆的山峰的背景，无论如何，是会引起非人间的缥缈的思想的。
>
> 但在白天看来，却就平凡得很。并排的五六个山峰，差不多高低，就只最西的一峰戴着一簇房子，其余的仅只有树；中间最大的一峰竟还有濯濯地一大块，像是癞子头上的疮疤。
>
> 现在那照例的晨雾把什么都遮没了；就是稍远的电线杆也躲得毫无影踪。
>
> 渐渐地太阳光从浓雾中钻出来了。那也是可怜的太阳呢！光是那样的淡弱。随后它也躲开，让白茫茫的浓雾吞噬了一切，包围了大地。
>
> 我诅咒这抹煞一切的雾！
>
> 我自然也讨厌寒风和冰雪。但和雾比较起来，我是宁愿后者呵！寒风和冰雪的天气能够杀人，但也刺激人们活动起来奋斗。雾，雾呀，只使你苦闷，使你颓唐阑珊，像陷在烂泥淖中，满心想挣扎，可是无从着力呢！
>
> 旁午的时候，雾变成了牛毛雨，像帘子似的

老是挂在窗前。两三丈以外，便只见一片烟云——依然遮抹一切，只不是雾样的罢了。没有风。门前池中的残荷梗时时忽然急剧地动摇起来，接着便有红鲤鱼的活泼泼地跳跃划破了死一样平静的水面。

我不知道红鲤鱼的轨外行动是不是为了不堪沉闷的压迫？在我呢，既然没有杲杲的太阳，便宁愿有疾风大雨，很不耐这愁雾的后身的牛毛雨老是像帘子一样挂在窗前。

这篇短文是作者1928年流亡日本时所作，发表在1929年2月10日出版的《小说月报》第20卷第2号上。此时正处于大革命失败后革命的低潮期。作者内心惆怅，向往光明，呼唤革命的暴风雨，于是假托眼前景来表述自己的胸怀。

清人施补华在《岘傭说诗》中指出："写景须曲肖此景。"意思是描绘景物须逼真入微，绘山像山，绘水像水。这篇短文通篇描写雾，对这无形状少色彩的雾怎样才能描绘得逼真入微呢？一是用以物衬物的方法。清人刘熙载《艺概·诗概》中说："山之精神写不出，以烟霞写之；春之精神写不出，以草树写之。"以"烟霞"写"山"，以"草树"写"春"，用侧面衬托的方法写出描写对象的精神。写雾即如此，下笔写"正对着后窗的一带山峰"，意在刻画把山峰"遮没了"的"雾"。写"稍远的电线杆""可怜的太阳""大地"，意图均在刻画把它们遮没了的"雾"。无边无垠，遮没一切是它的特征。二是用对比的方法深入一步刻画。把雾和寒风、冰雪进行对比，从人的感受的角度，深一层地刻画它的特征——使人"苦闷"，使人"颓唐阑珊"。三是用动态描写的方法。晨雾"白茫茫"，将近中午，雾变成了遮没一切的"牛毛雨"。早晨，太阳光从浓雾中钻出来，随后"淡弱"的光"躲开"，白茫茫的浓雾"吞噬了一切"。

绘景贵寓深意，正如王夫之在《夕堂永日绪论》中所说："烟云泉石，花鸟苔林，金铺锦帐，寓意则灵。"为写景而写景，往往苍白乏力；寄托情思，描写对象就活动起来。雾，在作者笔下被刻画得逼真入微，所寄托的情思就具体实在。作者以象征的手法表达自己的爱憎与期望，诅咒“遮没一切”“吞噬一切”“抹煞一切”、使人苦闷消沉的“雾”，以此来抨击革命低潮期沉闷的社会，表达自己不堪沉闷的压迫的感情。

文章基调是低沉的，然而，低沉并未令人窒息，原因在文章的各个部分都精心地透露出一丝光亮。文章开头描写童话般美丽的夜景，以“山的顶巅像钻石装成的宝冕似的灯火”表达作者在黑暗中对光明的向往；中间部分宁愿要寒风与冰雪，憎恨使人“像陷在烂泥淖中”的雾，是抒发追求奋发战斗的激情；文末描写红鲤鱼在池中活泼泼地跳跃，更是对不安于死寂沉闷的“轨外行动”的热情赞颂；最后期盼、呼唤“疾风大雨”势在必行。绘景时作如此精心的安排，全文的抒情格调就由苦闷低沉而转向振奋昂扬。

阅读这类作品，一忌粗疏，二忌见景不见人。粗疏，就会忽略细微之处，而细微之处往往是作者精心考虑、曲折表达心态的笔墨；见景不见人，就难以领悟文章的真谛。

鞭辟入里明真谛
——议论的风采

议论，就是讲道理。

议论文，就是通过事实材料和逻辑推理来阐明自己观点，表明自己态度的文章。

同学们读过不少议论文，已经知道议论文的有关知识，如论点、论据、论证方法等，这里就不再“炒冷饭”，逐一说明了。

想跟同学们集中讨论一个问题，即怎样领略议论文的独特风采：鞭辟入里明真谛。

因为我发现，很多同学读议论文并没有深入底里，读出议论的“真味”，常常停留在“知”的层面上，比如知道这是论点，那是论证方法，似乎把一篇议论风生、妙笔生花的议论文当成了印证有关议论文知识的“标本”。显然，这样的阅读，无法把握议论的灵魂，也无法领略议论之美。

议论之美，美在思想的深刻与新颖，美在论证的气势，美在分析的具体与独到，美在语言的风格多样化与感染力。如果说叙事写景之文，重在一个“情”字，那么发表观点与看法的议论文，重在一个“理”字。因此，阅读时就不能不欣赏其妙趣横生的“理趣”。

怎样领略议论文的独特风采呢？

1.
看作者的眼光，看文章的见识

任何一篇优秀议论文，都体现了作者敏锐犀利的眼光，都展示了胜人一筹的新颖而又深刻的见识。所谓敏锐犀利的眼光，是指作者善于发现问题，善于抓住本质，善于把握时代的脉搏，善于抓住问题的症结、穴位。所谓见识的新颖与深刻，是指发表的观点与看法不是人云亦云，随声附和，而是启人心智，给人新知，使读者产生“柳暗花明又一村”之感，从而在思想认识上得到提高、深化。“眼光”与“见识”既是写议论文的制胜之道，也是我们读文章必须抓住的要领。请读下面的短文：

也说“难得糊涂”

谢云

不久前，读到公今度同志的《“难得”也不要“糊涂”》一文（见《中国青年报》1985 年 11 月 16 日 2 版），勾起了早先沉落在心底的一点思绪，终于下决心把它写出来。

公今度的文章，是从郑板桥的一方闲章“难得糊涂”说起的。我没有见过这方闲章，更不知道这位怪人镌刻这枚闲章的时间和背景。对这四个字应作何理解，是否属于他的“自诩”，不敢妄说。但据鲁迅说：“那四个篆字刻得叉手叉脚的，颇能表现一点名士的牢骚气。”而我见到的有关拓片，在“难得糊涂”这四个大字下面，还有几句话：“聪明难，糊涂难，由聪明转入糊涂更难。放一着，退一步，当下心安，非图后来福报也。”据此看来，这“难得糊涂”的“难得”二字，似乎既无“难能可贵”之意，也不好作“偶尔”来解释，它的意思大概接近于“不易”，就是说，想要做浑浑噩噩的糊涂人，却又难于做到。

郑板桥是个仕途上不得意，而又颇有些正义感的人。他在山东潍县当七品官时，有一首题画诗："衙斋卧听萧萧竹，疑是民间疾苦声；些小吾曹州县吏，一枝一叶总关情。"他是想做点有益于地方的事的，但囿于情势又往往无能为力，于是内心矛盾，"进又无能退又难，官途局蹐不堪看"。所以这"难得糊涂"，实际上反映了封建社会里一个正直的士大夫的彷徨与苦闷。

我之所以早想就"难得糊涂"说点什么，是因为郑板桥的那张拓片，现在似乎颇为流行。它陈列在文物商店里，悬挂在一些人家的屋子里，有的出版单位还曾拿了来作为赠送作者的礼物。人们在欣赏板桥的书法之余，未尝不受到那人生哲学的濡染。或者兴趣竟在那字义上，而并非看重其书法。我虽不挂那拓片，但坦率地说，那四个字在自己的思想里，却也曾经引起过某种共鸣。看到党风、社会风气尚未根本好转，不正之风在有些时候、有些方面，还颇有争新斗奇、愈刮愈烈的劲头，而自己却袪邪无力，扶正乏能，于是在痛苦之余，有时不免产生一种念头：不如让自己的神经变得麻木一点，以求心绪的平静。但要真正看破，又谈何容易！终于是"难得糊涂"，而且不甘于糊涂。

然而，这种念头只能说明自己灵魂的软弱。真正的战士，应该能直面人生。不但在枪林弹雨中敢于冲锋陷阵，在风沙扑面时勇于奋然前行，而且能在污泥浊水中，在泥泞沼泽中坚持爬行不息，始终朝着明确的目标。这里需要的不是逃避，不是伤感，甚至也不只是激愤；而是扎扎实实的劳作，一点一滴的努力，有一分热，发一分光的精神。一句话，只能是鲁迅先生所一再昭示我们的那个字："韧"。如果说，郑板桥当年慨然于

"难得糊涂"，还有其可爱处，而今天如果竟向往于糊涂，就只剩下消极和倦怠，其与"心死"已相距不远了。这实在是值得深加警戒的。

写完这篇短文，在自己算是一次清算。今后能否就此完全摆脱"难得糊涂"的人生哲学侵袭呢？还得靠经常的反省。

"难得糊涂"这张拓片，一个时期以来，在社会上颇为流行。其所反映的人生哲学在一部分人中间，产生影响，引起共鸣。一些不解其意的人，也随大流附和着。《也说"难得糊涂"》一文，针对社会上出现的这一错误思想倾向，发表看法，可谓一针见血，极有针砭作用。文章先解释"难得糊涂"的含义，继之分析郑板桥所处的时代背景和他的思想经历，然后联系现实，分析原因，重点思想"穴位"，说出自己的见解。

这篇文章好就好在：① 眼光敏锐，迅速捕捉社会现象加以议论。② 眼光犀利，准确看到有些错误思想的根本原因，即"看到党风、社会风气尚未根本好转，不正之风在有些时候、有些方面，还颇有争新斗奇、愈刮愈烈的劲头，而自己却祛邪无力，扶正乏能，于是在痛苦之余"有时不免产生"不如让自己的神经变得麻木一点，以求心绪的平静"的糊涂念头。③ 见识深刻，单刀直入，直抵"灵魂"："这种念头只能说明自己灵魂的软弱"，如果"向往于糊涂"，"与'心死'已相距不远了"。作者不是就事论事，而是由现象看本质，直逼要害，使人不能不引起警觉。

2.
看文章解剖事理、分析问题的缜密思路

平庸之作往往是提出观点再举出一些事例加以说明，而优秀之作则重在"解剖"与"分析"。作者如同高明的医生，拿着手术刀对问

题加以分解；又好像善于“解牛”的“庖丁”，目有全牛，胸有成竹，庖刀所触，问题便迎刃而解。“分析问题”是一件很不容易的事，首先，作者对问题的认识要全面。只有做到成竹在胸，分析才显得周到，不失于偏颇。其次，作者对问题的认识要深透。只有由表及里，由现象到本质，去伪存真，分析才能鞭辟入里，抓住要害，点到关键之处。再次，作者对问题的认识要缜密，要凭靠极强的逻辑思辨能力对问题进行分解。只有这样，内容的组织才会显得既条分缕析，又完整严密。我们读议论文要在这些方面领略作者的分析艺术，根据分析的要点，摸清议论的思路。请阅读下文：

恰到好处

杨述

善于描写一个人的美，莫如宋玉。他在《登徒子好色赋》里是这样描写“东家之子”的美的：“东家之子，增之一分则太长，减之一分则太短。著粉则太白，施朱则太赤。”东家之子的美，真是“恰到好处”。稍为多一点，或稍为少一点，就不美。

我们不管做什么事都需要“恰到好处”。京戏著名演员表演，总讲究不瘟不火。优秀的歌手在热情地歌唱时，情真而又能自持。工人炼钢要注意火候，做政治工作要掌握分寸。一句话：“过”与“不及”都不好。

“不及”就是“不够”，许多人都知道这是不好的；或者说这是“不够好”。“过”就是“过火”“过了头”，却往往容易被人们误认为好。说这就是“深”“透”，是“彻底”，难道不好吗？其实过了头，常常把好事做成坏事。事情做得一过分，就会走向反面。失眠不好，睡觉睡得着就好；但睡觉过多就可能变成懒汉。劳动好，但劳动过累，就要妨碍健康。而对健康过于注意的人，又常常会造成精神上的负担，老是疑心自己有病，结果反而把身体搞坏了。列宁说过："只要向前再多走一小步——看来仿佛依然向同一方向前进的一小步——真理便会变成错误。"这话讲得多么深刻。

写到这里，有人会问："依你说：一个漂亮的姑娘，个儿要高，又不能太高。脸要白，又不能太白；要白里透红，又不能太红。什么事都要不长不短，不快不慢，不多又不少，那岂不是变成折中主义了吗？孔夫子讲过：过犹不及。你的说法很像儒家的中庸之道。"我说：不是折中主义，折中主义是按自己的主观，把长和短、快和慢、多和少加起来被二除的东西。自己以为"恰到好处"，其实是一种主观上的想象。我说的"恰到好处"，也不是中庸之道，中庸之道的"过"与"不及"，是按孔夫子所说的标准来衡量的。我们常说做事要恰如其分，这"分"也就是标准的意思。孔夫子认为的"分"和我们不同。马克思主义者对"过"与"不及"有自己的标准，那就是客观的实践的标准。这个客观的标准就是实事求是，就是从实际出发，按事物本身的规律性办事，要经过实践的检验。寻求这个客观的标准，就要下一番调查研究工夫，认真走群众路线；而且要善于在实际行动中总结出经验来。只有这样，才能准确地判断什么情况是"过"，什么情况是"不及"，才能使我们的工作做得"恰到好处"。

这篇短文分三层，第一层（第1~2段），由宋玉写人的小故事引出全文的中心论点：我们不管做什么事都需要“恰到好处”。什么叫“恰到好处”？这是一个不容易说清楚的问题，作者以简驭繁、以少胜多，举了三个例子就把问题讲得一清二楚。第二层（第3段），内容深入一步，分析“过”与“不及”。“不及”一笔带过，“过”是分析的重点。分析“过”，又从两方面入手，一是举生活中人人熟知的例子，以“事”服人；二是引用列宁的话，画龙点睛，强调“过”的危害性。文章写到这一步，似乎可以收束了，因为观点明确了，道理也说清楚了。但作者仍然再进一步，辨析“恰到好处”与“折中主义”的本质不同。辨析从三方面入手，一是指出“恰到好处”不同于“折中主义”；二是指出“恰到好处”不同于“中庸之道”；三是指出我们的标准与孔夫子的标准不同。由于作者抓住了要害，三言两语就把问题剖析清楚了，语言之简，分析之透，层次之明，实在值得赞叹！还须指出的是，文章末尾通过比较分析，不仅更科学地揭示了“恰到好处”的含义，而且指出了怎样才能做到“恰到好处”，从而使内容又深入一步。说到分析，许多同学可能会想到要分列“分论点”。是的，在讨论某一内涵丰富的中心论点时，作者往往分列若干“分论点”，从不同方面论述，这当然是“分析”。但“分析”还有另外的形式，像本文，抓住人们对同一问题的几点疑惑逐层加以辨析，虽没有分列“分论点”，但读来照样使人感到分析透彻，层次分明，井然有序。其奥妙在于作者采用了“层层剥笋”的议论方法，先从浅层次问题分析，再从深层次问题上分析，层层剥去，然后见骨。

3.
要注意论证结构的巧设

有的同学以为议论文的结构比较简单，不比记叙类作品，无非是总说—分说—总说。其实议论文的论证结构自有其特色，巧妙的结构安排有两大作用。一是增强说服力。开门见山，势如破竹，有说服力；环环相扣，步步引入，也同样有说服力。二是增强内容组织的严密性。尤其是一些过渡句段的安排，常常使内容显示出腾挪进逼、环环紧扣的特点。

我们举两篇文章为例。

虎皮鹦鹉之死（节选）

张雨生

过分地娇养子女，会获得怎样的苦果，做父母的往往不愿意多想。一位同志在幼儿园调查结果表明，偏食、嘴馋、任性、自理能力差等弱点，在独生子女身上表现明显。那缘故是不言而喻的。凡被父母捧若掌上明珠的孩子，多是食不厌精，衣不厌丽，任着性子来。走出家庭，一比较，缺点就显得鲜明。

如今，我也领了独生子女证，做父亲了。读过报上刊登的调查，自有所警觉。不过，真正触动我的，还是邻家的虎皮鹦鹉之死。娇养竟至于毙命，实在令人震惊。

那只鹦鹉，我是知道的。隔着窗子，我常常醉心欣赏它的歌唱。约莫半个月前，它逃出笼子，主人痛心，我也惋惜。但又想，鸟归林，鱼入水，用子产的话说，正是“得其所哉”，便也心境安然。谁知十来天后，在山坡上的树林子里，找到的却是它的僵硬尸体。看林老人说：“家养的鸟儿，用不着找吃找喝，慢慢的会失去寻食的本事。一旦飞出笼子，难免不饿死。”主人半信半疑，拿回来一解剖，可不是，肠胃空空，没点食物渣子。可悲啊，天底下竟有这种鸟儿，飞到广阔的世界，饿死在秋实累累的林子里。

我佩服过杜甫的高见：“纨绔不饿死，儒冠多

> 误身。”现在仔细一想，对它又有点疑惑。像鲁迅所说的，“政治家认定文学家是社会扰乱的煽动者，心想杀掉他，社会就可平安”。那毕竟是封建专制者治下的事。今后，不敢说误身之儒不会再有，但大概会少得多。“纨绔不饿死”，向来就不见得。纨绔子弟要真不饿死，得有一个过硬的条件，那就是他的老子没有罢官，或没有入阴曹。若失去这个条件，娇养的虎皮鹦鹉们，一不能自治，坐吃山空；二不能自防挖墙脚的纷纭而至，很快被囊括一空。昌明隆盛之邦，诗礼簪缨之族，钟鸣鼎食之家，落得个蓬牖茅椽，绳床瓦灶，贫困潦倒，不足为奇。老子“威赫赫爵禄高登”，儿女“昏惨惨黄泉路近”，也是寻常事。中国人向来只咒骂败家子，其实冤了一半。败家子的习性，十之八九，应该归过于兴家老子的娇养。

不知你注意到没有，这篇文章的开头与一般议论文的写法有所不同。按一般写法，先写“虎皮鹦鹉之死”这个故事，然后由故事引出话题，提出论点，继之展开论证。而本文则是先说娇养子女问题，再引入故事，再生发议论。作者是不是把“虎皮鹦鹉之死”这个故事作为论证观点的论据呢？也不是，意图还在于用来进行类比引发，由故事带出现实的问题。既然作用还是在于引发议论，那么为什么又不以故事开头，而先议论一番呢？

单从结构本身上看，是先写还是后写，似乎无关大局；如果从增强说服力上看，这种安排确乎是别具匠心的。

开头说，“过分地娇养子女，会获得怎样的苦果”，这实际上是一个老话题，并不新鲜，报上有调查结果，生活中也常见这类事情，大家都知道。如果作者还是从列举现象上做文章，那么文章也就没有抓住人的地方了。可贵的是，作者抓住老话题，作进一步讨论，指出危害性的极致——“娇养竟至于毙命”，从而使人们产生“震惊”的反应。作者先写“娇养”的极大危害性，目的就在于此，希望人们不仅仅是注意，不仅仅是警觉，更应该也必须“震惊”！由此可见，作者先从议论开始，旨在使文章产生先声夺人的效果。为了渲染这个效果，开头两段的写法也耐人寻味。第1段第一句指出“做父母的往往不愿意多想”，意在使读者警觉起来：“还有应该多想的地方吗?”第2段写自己的感受，虽然以前“自有所警觉”，但这一回才得到“真正触动”。这就使读者更加注意起来：有了警觉还不够，还会产生“震惊”，那么“震惊”何在呢?急欲一读的心理激发起来了。

大凡议论文在开头发出警策之语，先声夺人，目的在于强调所讨论问题的严重性。接下来具体说明，读者也就易于接受了。本文如此开头，用意同样如此。

要说明的是，开门见山，先声夺人，大多是因为所讨论的问题无可争议，人们都有所认识，只是认识不够而已。比如“娇养”害人的道理，无须再来证明对错。如果观点还存在争议，甚至有些观点多数人还不能接受，作者往往先掩藏观点，采取委婉、诱引的办法慢慢道来，到最后亮出观点，水到渠成。读者阅读的过程也就是一个逐步接受观点的过程。这样一种写法，也同样具有说服力。

我们再来读一篇名文，看看过渡的特殊表达作用。

在马克思墓前的讲话

恩格斯

3月14日下午两点三刻，当代最伟大的思想家停止思想了。让他一个人留在房里还不到两分钟，等我们再进去的时候，便发现他在安乐椅上安静地睡着了——但已经是永远地睡着了。

这个人的逝世，对于欧美战斗着的无产阶级，对于历史科学，都是不可估量的损失。这位巨人逝世以后所形成的空白，不久就会使人感觉到。

正像达尔文发现有机界的发展规律一样，马克思发现了人类历史的发展规律，即历来为纷繁芜杂的意识形态所掩盖着的一个简单事实：人们首先必须吃、喝、住、穿，然后才能从事政治、科学、艺术、宗教等等；所以，直接的物质的生活资料的生产，从而一个民族或一个时代的一定的经济发展阶段，便构成基础，人们的国家制度、法的观点、艺术以至宗教观念，就是从这个基础上发展起来的，因而，也必须由这个基础来解释，而不是像过去那样做得相反。

不仅如此。马克思还发现了现代资本主义生产方式和它所产生的资产阶级社会的特殊的运动规律。由于剩余价值的发现，这里就豁然开朗了，而先前无论资产阶级经济学家或者社会主义批评家所做的一切研究都只是在黑暗中摸索。

一生中能有这样两个发现，该是很够了。即使只能作出一个这样的发现，也已经是幸福的了。但是马克思在他所研究的每一个领域，甚至在数学领域都有独到的发现，这样的领域是很多的，而且其中任何一个领域他都不是肤浅地研究的。

他作为科学家就是这样。但是这在他身上远不是主要的。在马克思看来，科学是一种在历史上起推动作用的、革命的力量。任何一门理论科学中的每一个新发现——它的实际应用也许还根本无法预见——都使马克思感到衷心喜悦，但是当有了立即会对工业、对一般历史发展产生革命影响的发现的时候，他的喜悦就非同寻常了。例如，他曾经密切地注意电学方面各种发现的发展情况，不久以前，他还注意了马赛尔·德普勒的发现。

因为马克思首先是一个革命家。他的毕生的真正使命，就是以这种或那种方式参加推翻资本主义社会及其所建立的国家制度的事业，参加现代无产阶级的解放事业，正是他第一次使现代无产阶级意识到本身的地位和需要，意识到本身解放的条件。斗争是他的生命要素。而他进行斗争的热烈、顽强和卓有成效，是很少见的。最早的《莱茵报》（1842 年），巴黎的《前进报》（1844 年），《德意志—布鲁塞尔报》（1847 年），《新莱茵报》（1848—1849 年），《纽约每日论坛报》（1852—1861 年），以及许多富有战斗性的小册子，在巴黎、布鲁塞尔和伦敦各组织中的工作，最后，作为全部活动的顶峰，创立伟大的国际工人协会，——老实说，协会的这位创始人即使别的什么也没有做，也可以为这一成果自豪。

正因为这样，所以马克思是当代最遭嫉恨和最受诬蔑的人。各国政府——无论专制政府或共和政府，都驱逐他；资产者——无论保守派或极端民主派，都竞相诽谤他，诅咒他。他对这一切毫不在意，把它们当作蛛丝一样轻轻抹去，只是在万分必要时才给予答复。现在他逝世了，在整个欧洲和美洲，从西伯利亚矿井到加利福尼亚，千百万革命战友无不对他表示尊敬、爱戴和悼念，而我敢大胆地说：他可能有过许多敌人，但未必有一个私敌。

他的英名和事业将永垂不朽！

文章第 2 段是对马克思的总评，也是全文内容的总纲，接下来分几方面具体论述。第 3 段论述马克思的伟大贡献之一——发现了人类历史的发展规律。第 4 段论述马克思的另一贡献——发现剩余价值。

请注意该段开头四个字："不仅如此。"这四个字既与上段紧密联系，也带出本段新的内容，在语义和语气上有进一步突出的意味，因此使人感到：内容在变化，文章在推进。第 5 段又从两方面说，先是肯定"两个发现"，有总结上文的作用；再是说明马克思在其他方面也有发现和研究，从而很自然地带出第 6 段的内容。文章第 7 段论述马克思是伟大的革命家及其革命实践活动，开头提领式句子"因为马克思首先是一个革命家"，在内容上起到了概括作用，在结构上起到转换层次的作用，同时又与第 8 段开头"正因为这样"相暗扣。

我们知道，过渡是通过一定的字、词、句、段承上启下，使文章的这一层意思顺畅地连接到另一层意思的手段。过渡得好，可以使文章气脉贯通，条理清楚，结构严谨。各种文体的文章都需要运用过渡方式。议论文要求有严密的逻辑性，处理好过渡尤其重要。议论文在什么情况下需要过渡呢？一般来说，论述问题"由总到分"或"由分到合"的分合关键；"由此及彼"，由一层意思转换为另一层意思互相承接的地方，就需要过渡。过渡的方式大致有三种：一是使用一些关联词语作为过渡，如"既然""因为""虽然""但是""不仅如此"等；二是在上一段结尾或下一段开头的地方使用过渡性的句子过渡；三是通过"过渡段"进行过渡，就是专门用一个较短的独立的段，作为两个部分或两个段之间的过渡。《在马克思墓前的讲话》这篇名文的过渡艺术是非常典型、出色的，不仅在结构上发挥了作用，而且也使文气酣畅贯通，富有力度。

4.
把握议论文的语言特点

与其他文体相比，议论文的语言尤其讲求严密性，句与句之间的因果、递进、转折、条件诸关系体现得非常明显。因此阅读议论文，分析议论文语言，一要理解语句所表达的意思；二要在此基础上分析句子之间的关系，以看清句子组织上的内在逻辑联系。例如阅读胡鉴《论各尽所能》中的一个片段：

> 各尽所能，按劳分配，是社会主义经济的一项基本制度。对于这项制度，人们容易有意无意地把它掰成两半：个人要对社会各尽所能，社会应该对个人按劳分配；前者是个人的觉悟问题，后者是社会的制度问题。
>
> 这种理解对不对呢？对，又不尽对。
>
> 说它对，是就一个社会主义社会的劳动者来说，的确要有这个觉悟：社会主义公有制消灭了人剥削人的制度，我们成了国家的主人，应该认识到劳动是一切有劳动能力的公民的光荣职责，应当以国家主人翁的态度对待自己的劳动，有一分热，发一分光，尽其所能地努力工作。说它不尽对，是就社会主义社会来说，它的职责和作用绝不止于对人们进行按劳分配，而且要从各方面使人们得以各尽所能。各尽所能不仅仅是个人的事情，也是社会的事情。

这三段文字的基本意思是明确的，指出“各尽所能，按劳分配，是社会主义经济的一项基本制度”，分析人们认识上的“对”与“不尽对”，从而作出正确的理解。在句子的组织上，环环相扣，句句相连，随意调换句序就会破坏意思的表达。先看第 1 段和第 2 段。这两段可以合为一段，但把“这种理解对不对呢？对，又不尽对”单独成段，意在突出、强调。这两段共三句话，第一句讲“各尽所能，按劳分配”这个制度；第二句讲人们对这个制度的理解；第三句是作者的看法，对人们“理解”的判断。有制度，才有“理解”；有“理解”便有对“理解”的评论，这种认识事物的先后顺序是不能颠倒的。再看第 2 段和第 3 段。第 3 段内容是对第 2 段所谈看法的展开，先“说它对”，对在哪里；再说“它不尽对”，“不尽对”的道理又在哪里。两层意思分别集中表述，层次分明。说两层意思时，作者对句子的组织同样是非常讲究内在逻辑的。即以第一层而言，说

“对”就对在“有这个觉悟”，继之用一个冒号表示下文是对“觉悟”的说明。说明“觉悟”，先说之所以有这个“觉悟”的条件——“社会主义公有制消灭了人剥削人的制度，我们成了国家的主人”，这是十分重要的条件。如果没有这个条件，下边的“认识”就不可能产生。在这个“条件”下，作者又说了两点，先说“应该”，再说“应当”。说“应该”是从“认识”上讲的；说“应当”是从行动上讲的。先说“认识”再说“行动”大有讲究，因为有什么样的“认识”才会有什么样的“行动”。再看第二层是怎样说“不尽对”的理由的。先说“职责和作用”包括“按劳分配”“各尽所能”。说“职责和作用”又有先后，先说“对人们”怎么样，再说“使人们”怎么样。说“对人们”怎么样，偏重于讲“职责”；说“使人们”怎么样，偏重于讲“作用”。说完“职责和作用”后，又补说一句“各尽所能不仅仅是个人的事情，也是社会的事情”。从文意上看，这一句紧承前句，偏重于对“作用”的补充。通过这个阅读实例的讲解，我们应该认识到，理解议论文严密的语言特点，必须做句意疏解、句间关系分析的工作，只有这样，理解语言才能落在实处。

严密性是议论文语言的共同特点。同其他文体一样，议论文语言的风格也是多种多样的。有的平实如话；有的幽默风趣；有的辛辣老成；有的文采绚烂；还有一些议论文用散文化的语言写，生动形象，文采飞扬。风格既受作家性格、禀赋、语言能力制约，也由议论内容、写作目的及议论方式决定。比如写立论文，偏于道理说明，语言大多平和；写驳论文，重在指谬驳误，有时带有愤激之情，因此，语言大多犀利、辛辣，不乏讽刺的色彩。

这里，不妨比较两篇议论文的语言风格。

阅读是写作的基础（节选）

叶圣陶

在中小学语文教学中，基础知识和基本训练都重要，我看更要着重训练。什么叫训练呢？就是要使学生学的东西变成他们自己的东西。譬如学一个字，要他们认得，不忘记，用得适当，就要训练。语文方面许多项目都要经过不断练习，锲而不舍，养成习惯，才能变成他们自己的东西。现在语文教学虽说注意练习，其实练得不太多，这就影响学生掌握基础知识。老师对学生要求要严格。严格不是指老师整天逼着学生练这个练那个，使学生气都透不过来，而是说凡是要学生练习的，不要练过一下就算，总要经常引导督促，直到学的东西变成他们自己的东西才罢手。

有些人把阅读和写作看作不甚相干的两回事，而且特别着重写作，总是说学生的写作能力不行，好像语文程度就只看写作程度似的。阅读的基本训练不行，写作能力是不会提高的。常常有人要求出版社出版“怎样作文”之类的书，好像有了这类书，依据这类书指导作文，写作教学就好办了。实际上写作基于阅读。老师教得好，学生读得好，才写得好。这样，老师临时指导和批改作文既可以少辛苦些，学生又可以多得到些实益。

阅读课要讲得透。叫讲得透，无非是把词句讲清楚，把全篇讲清楚，作者的思路是怎样发展的，感情是怎样表达的，诸如此类。有的老师热情有余，可是本钱不够，办法不多，对课文不能透彻理解，总希望求助于人，或是请一位高明的老师给讲讲，或是靠集体备课。这不是从根本上解决问题的办法。功夫还在自己。只靠从别人那里拿来，自己不下功夫或者少下功夫，是不行的。譬如文与道的问题。人家说文与道该是统一的，你也相信文与道该是统一的，但是讲课文，该怎样讲才能体现文道统一，还得自辟蹊径。如果词句不甚了解，课文内容不大清楚，那就谈不到什么文和道了。原则可以共同研究商量，怎样适当地应用原则还是靠自己。根本之点还是透彻理解课文。所以靠拿来不行，要自己下功夫钻研。

善于建设一个新世界

《人民日报》特约评论员

四个现代化，需要的是真心实意、脚踏实地的实干家，需要的是勤奋努力、虚怀若谷、老老实实的好作风。我们要的是有扎扎实实的真知识、真本领的实干家，而不要那种说大话、说假话的吹牛家。林彪、“四人帮”造成的那种招摇撞骗、粉饰太平、指鹿为马的恶劣风气，必须坚决铲除。不懂装懂、弄虚作假的现象，再也不能继续下去。

战国时候，有个南郭先生。此人不学无术。他听说齐宣王爱听竽乐合奏，就混在乐队里，装模作样，冒充内行，领取俸禄。后来，齐宣王死了，齐湣王偏偏喜欢听独奏，叫吹竽的人，一个一个地吹给他听。南郭先生再也没法混下去，只得溜走。这就是“滥竽充数”这个成语的由来。

滥竽充数，这四个字概括得好。好就好在它点出了南郭先生的要害，在于一个“充”字。

人没有生来就会吹竽的。南郭先生不会吹竽，本来无可厚非。但是，他不该不会装会，弄虚作假，冒充内行，而且一味装下去，靠蒙骗过日子，以致落得个逃之夭夭、贻笑天下的结局。

从这里，我们的同志可以得到一点启示。这就是，不管做什么事情，都要有一个老老实实的态度。不懂就是不懂，不能装。中国共产党干了五十八年的革命。五十八年里，新情况、新任务层出不穷。打阶级敌人，打民族敌人，搞土改，搞经济，搞文化，哪一件不是从不会到会的？从一无所知，到知之不多，到知之甚多，这是一个不断转化的过程。当前，全党全国工作的中心转移到四个现代化，又出现了许多我们不懂的东西。我们很多同志坐井观天，孤陋寡闻，不懂的东西太多了。不懂怎么办？承认就是了。正如列宁在十月革命后所说的："要建成共产主义社会，就要坦率地承认，我们还非常不善于管理，不善于当组织者和管理者。"承认不懂，才能从不懂变懂；承认不会，才能从不会变会。装，只能使自己永远是外行，永远不懂，永远无知。

当然，转化是有条件的。这条件，就是靠干和学，而不能靠混。南郭先生不是在齐宣王那里很混了一阵子吗？最后怎么样呢？混不下去了，只得灰溜溜地走掉。要在新的转变中不掉队，办法只有一条：重新学习。要像毛泽东同志教导的那样，拿出当年打日本帝国主义、打蒋介石的那股劲，那种拼命精神，钻进去，勤勤恳恳地学，老老实实地学，努力使自己从门外汉变成有知识、懂技术、会管理的内行。没有这一条，岂不有点南郭先生的嫌疑？长此下去，实践会将你的军，群众会将你的军，马脚会越露越多，终将在新的征途上落下伍来。

如果说，南郭先生的装腔作势，只是骗了一个齐宣王的话，那么，在革命队伍里装腔作势，那就是骗党、骗群众。四个现代化是科学，科学是老老实实的学问，来不得半点虚夸。现代化的社会主义强国，靠装，装不出来；靠吹，吹不出来；只能靠实实在在的本领，才能干出来。不懂偏要装懂，势必搞瞎指挥、乱弹琴。结果怎么样呢？必然违抗客观规律，使国民经济遭受损失，人民生活遭受灾难。这个危害，可就大了。

毛泽东同志教导我们，要说真话，老老实实，要“不偷，不装，不吹”。不偷，就是不要把别人的当自己的，书是人家写的，不要“抄袭”。不装，就是老老实实，说老实话，办老实事，做老实人，懂就懂，不懂就不懂，不要“猪鼻子插根葱——装象”。不吹，就是一是一，二是二，不夸大，不吹牛，要实实在在。毛泽东同志这番话，是总结了我们党的历史教训而说的，语重心长，值得我们铭刻在心。

共产党人和南郭先生当然不能相提并论。还是列宁说得好：“我们应该抱定这种信念：我们既然不内行，我们就要从头学起。我们到底还是革命者。”只要不装腔作势不懂装懂，而又意识到自己肩负的历史使命，我们一定能够完成重新学习的伟大任务。几百个中央委员和第一书记，几千个中央和地方的高级干部，应当首先带头钻研现代化经济建设，把学习风气搞起来。历史终将证明，“我们能够学会我们原来不懂的东西。我们不但善于破坏一个旧世界，我们还将善于建设一个新世界”。

第一篇议论文的语言，朴实如话，多用口语，读起来深感亲切自然。例如解释“训练”，不是严密地下定义，而是以通俗口语出之：“就是要使学生学的东西变成他们自己的东西。”通俗必须以准确为前提，这句话中的“变成”就抓住了“训练”的目的与核心。又如对“严格”的看法，作者说“严格不是指老师整天逼着学生练这个练那个，使学生气都透不过来……”，意思是不要盲目地无端地增加学生学习负担，“逼”“气都透不过来”非常准确、形象。真正的“严格”不是“逼”；“逼”是粗暴的、蛮横的；“气都透不过来”，极言“逼”的危害性。用这样的语言表达比用“粗暴蛮干，学生难以承受”之类的话表达更能鲜明形象地揭示自己的思想观点。再如，作者不说“素养不高”，而说“本钱不够”；不说“具体、深刻、全面”，而说“讲得透”，“无非是把词句讲清楚，把全篇讲清楚，作者的思路是怎样发展的，感情是怎样表达的”这些话，意思是一样的，但说得通俗、浅明，就更易于读者理解。叶圣陶先生的文章以朴实、敦厚见长，语言风格自成一家。

第二篇议论文的语言富于文采，富有气势。一是成语用得多，简洁明快，具有极强的概括力。如“虚怀若谷”“招摇撞骗”“粉饰太平”“指鹿为马”“逃之夭夭”“贻笑天下”等，感情色彩浓郁，表达节奏明快。二是对偶句子用得多，如“我们要的是有扎扎实实的真知识、真本领的实干家，而不要那种说大话、说假话的吹牛家”；“承认不懂，才能从不懂变懂；承认不会，才能从不会变会”；“现代化的社会主义强国，靠装，装不出来；靠吹，吹不出来；只能靠实实在在的本领，才能干出来”；“结果怎么样呢？必然违抗客观规律，使国民经济遭受损失，人民生活遭受灾难”。诸如此类的对偶式句子，使文章增添了淋漓酣畅的议论气势，同时也富有抑扬顿挫的节奏。另外，文章也偶尔用一些口语，如“不懂就是不懂，不能装”，“实践会将你的军，群众会将你的军”，“一是一，二是二，不夸大，不吹牛”，等等，无疑也使语言显出生动活泼的特点。

两篇文章语言风格不同，各有所长，各臻其妙。叶老以谈心的口吻讲道理，“评论员”以号召、鼓动的语气讲道理。一显平和，一显酣畅，读来都使人深有启迪。

横看成岭侧成峰
——运用与锻炼思考力

好作品都是立体的。

像一座奇峰突兀的山，如一条九曲连环的河，也似一座精制巧构的艺术宫殿。走进作品，从不同角度观赏，会看到不同的景致；从不同方面思考，会得到不同的认识。

阅读过程是一个思考的过程。从字词认读到篇章推敲，从语言感受到思想领悟，每走一步，都与思考有关。

文章是作者思考的结果，认读文章就是认识作者的“思考”。对作者的“思考”，读者自有自己的看法，有的与作者一致，有的可能与作者不同，这是很正常的事。因此，不论读哪一位作家的作品，读者都应有自己的主见。这样的阅读才是有效的、有益的。

思考是有路子的。这里跟你谈谈在阅读过程中怎样运用和锻炼自己的思考力，依照一定的途径来获得阅读成果。

1.
延伸式思考

一篇作品，有人读后作出了评价，你读作品，再读别人的评价，不妨进行新的思考，在别人的“认识”基础上求得“新的认识”。这种思考过程，我们不妨称之为“延伸式思考”过程。进行延伸式思考要具备两个条件：一是对原作有准确、全面的了解，这是思考的基础，不读懂原作，思考的翅膀就无法飞翔；二是对别人的“评价”文字有准确、全面的了解，这是思考的起点。由于读懂了“评价”

文字，你就可以找到新的思考点（或者是漏洞与破绽），通过重读原作，就可以比较快地形成自己的看法。

进行延伸式思考，以求创见，当然是最好不过的。但对于我们中学生而言，要求也不宜过高。常见的思考形式是：读原作，读一些“评论”；顺着“评论”的思路或内容再找一些实例来补充。有些“评论”不一定是评某一篇作品的，而是对作家作品总体风貌的说明。这类“评论”在内容上显得概括，不妨依据其要点，结合原作，加以展开和实证。这对提高自己的思考力和对作品的理解水平同样是大有裨益的。比如，朱自清的作品我们读过不少，老师在课堂上也讲得很透，如果再读一些“评论”，理解的深度和广度就会进一步得到发展。

朱德熙先生写过一篇评论——《漫谈朱自清的散文》。我们不妨拿一部分来读一读。

> ……
>
> 朴素自然不等于平板。朱自清在他的散文里创造了许多新鲜的意境、新鲜的用语，富有诗意，也富有风趣。例如《松堂游记》里有这样一段文字：
>
> ……
>
> 作者认为“松堂”的白皮松要是太密了，会显得挤得慌，孤零零的几棵，疏是疏了，又显得松懈。可是他不说密，而说“你挤着我我挤着你”。不说四角上各种上一棵，疏是疏了，可是不好看，而说“四角上各来上一棵，疏不是？谁爱看？”不说高大轩敞的亭子刚好跟四围的松树相配，而说“这座亭子高大轩敞，对得起那四围的松树”。他不是板着脸作文，而像随便谈天，语气自然而有情趣。写大理石柱子和栏干只用了三个字“白，滑，冷”。写“松堂”高大，他不直说，却说自己小。这些地方都是作者着意经营过的，

可是看不见斧凿的痕迹。

这篇文章的末尾，描写“松堂”的夜晚尤其精彩。作者是这样写的：

……

作者本来想看月亮，可是有云，起初还是“犹抱琵琶半遮面”，到后来全都让云遮住了，只好打消了赏月的意思。作者说：“云越来越厚，由他吧，懒得去管了。”这两句话非常传神，一方面刻画出想看月亮又看不着的无可奈何的心情，另一方面也间接地写出了作者游览了一天，到晚上既感到新鲜兴奋，又感到疲倦、困怠的神情。

结尾一段，借洋蜡怯怯地跳动的焰子，来刻画“松堂”的高和大；用海来比喻广阔无边的深邃的黑暗；用远近的犬吠声衬托出四周的寂静，这些简短而富有诗意的描写，把读者也带到“松堂”去了。

朱自清很善于把静态的东西写成动态的东西。关于这一点，我们可以举《欧游杂记》的《巴黎》里描写沙摩司雷司岛上的胜利女神像一段文字为例。

……

雕像本来是静止的、无声的东西，可是作者故意写动作、写声音，他说“那身子在摇晃着，在挺进着”，这是写的动作；又说“海风呼呼地吹着，船尖儿嗤嗤地响着”，这里写的是声音。把静态的东西写成了动态的东西，因此显得栩栩如生。

朱自清的散文是很讲究语言的，哪怕是一个字两个字的问题也决不放松。可是他的注重语言，绝不是堆砌词藻。无论是用词还是造句，原则似乎只有两条：第一是准确，第二是自然。特别值得注意的是自然这一点。因为要求自然，他的散文，总是用的通常说话的口气，十分接近口语。这从我们刚才所举的几个例子里就可以看出来。

我们不妨再举一段写景的文字为例。在《欧游杂记》的《瑞士》一文中，作者说到在冰河时期，冰河融化的水把许多大石头块儿冲成深深的石潭，有的石块儿把棱角磨光了，变成了圆球。作者是这样写的：

……

在这段文字中，“现在是安静了”里头的“安静”，“教你想见多少万年前的大自然的气力”里头的“气力”，“居然背着多少万年的历史”里头的“背”字，都是很普通的字眼，可是用在这几个地方，显得熨帖而富有风趣。如果要找更恰当的词来替换它们，恐怕是很困难的。

……

作者谈了三点内容：一是“朴素自然不等于平板”；二是“善于把静态的东西写成动态的东西”；三是“朱自清的散文是很讲究语言的，哪怕是一个字两个字的问题也决不放松”。这三点是全文的骨架，是作者的见解。每一点看法都用实例加以佐证。

根据朱德熙先生的三点看法，我们不妨拿《荷塘月色》这一篇散文来作专题讨论，题目和要点提纲可以列成这样的：

《荷塘月色》略评

（1）总体风貌：朴素自然

（2）妙笔生辉：静态描写与动态描写

{ ① 月光
  ② 荷叶
  ③ 花
  ……

（3）一词添彩：

浮、画
洗、带
梦……

把《荷塘月色》《绿》《背影》等几篇散文拿到一起来，仍以《漫谈朱自清的散文》为题，列评论提纲如下：

漫谈朱自清的散文

（1）总体风貌：朴素自然——以《荷塘月色》《绿》《背影》为例

（2）妙笔生辉：① 静态描写，动态描写

② 行动描写，心理描写

（3）语言艺术：① 一词添彩

② 多种修辞手法

③ 口语化

④ 平实的语言中浸透情感

对朱自清的散文可按这样的思路来思考，来评论，对其他作家的作品也可以这样思考。比如我们读过鲁迅先生的多篇作品，不妨列出这样的思考提纲：

对鲁迅小说的初步认识

——以《故乡》《孔乙己》《祝福》为例

（1）总体风貌：忧愤深广的思想内容

巧妙隽永的表达艺术

（2）妙笔生辉：① 语言描写

② 行动描写

③ 景物描写

④ 细节描写

⑤ 心理描写

（3）语言特色：① 简洁，传神

② 隽永，深邃

③ 饱含情感

上述提纲仅仅是供你参考的，你可以根据自己的理解加以改变。这里想说明的是：把别人的“评论”当作思考的起点，或模仿，或引发，可以使自己的思考之路延伸很远。经常进行这样的思考训练，好处是：① 加深对作品的理解；② 使理解类化，形成系统，比如把同一作家的不同作品归到一起，按照一个主题加以分类剖析等。

2.
多角度思考

“横看成岭侧成峰，远近高低各不同。”观山尚且要横看，侧看，远看，近看，俯看，仰看，阅读优秀作品就更不用说了。作品只有从多个不同角度加以立体展示，才能让人看到一个完整的艺术世界。阅读角度的多样化，不仅扩大了认识领域，也为提高理解的质量提供了条件。

同学们也许会说，多角度思考确实重要，但“多角度”如何选定呢？习惯于一个角度读作品，怎么样才能变“一个”角度为“多个”角度呢？这的确是一个十分重要的问题。

就中学生而言，这里讲的“多角度”包括两个层次：一个层次是从不同方面对作品进行全面了解，完整欣赏。比如读鲁迅先生的《一件小事》，一般说来，必须从主题、结构、写法、语言、时代背景、作者思想基础等方面加以分析理解。这一点同学们做起来并不难，就不多说了。第二个层次是运用多学科知识和不同的思想观念来研读作品。比如读鲁迅先生的小说《孔乙己》，可从哲学角度来讨论孔乙己其人，可从语言学角度来讨论小说的语言，可从社会学角度来认识小说所表现的社会现实，可从文学角度来分析人物形象。无疑，这样思考是有一定难度的。一方面，自己的知识修养要高，认识视野要开阔；另一方面，运用多门类知识只是一种手段，根本目的是要分析作品，求得新的见解。唯其难度大，所以对于思考力的培养也就越重要。在这方面，建议中学生朋友，尤其是高中生做点尝试。

多角度思考有一个“定点”问题，即要确定好“着眼点”。“着眼点”不同往往决定了角度的变化。仍以读《孔乙已》为例，如果着眼点定在“人物形象”，那么就可以确定如下角度：

（1）从语言上看；

（2）从伙计、掌柜、丁举人角度看；

（3）从行动描写上看；

（4）从“笑”的喜剧性与悲剧性上看；

（5）从命运结局上看。

当然，你还可以根据自己的理解选定其他一些思考的角度。“角度”多，认识人物、理解作品就更全面、透彻、完整。

请看一个实例。

《济南的冬天》是老舍的名文，同学们已经学习过了，对作品主题、描写艺术、语言特点都有所理解。再读，能否有新的认识与发现？不妨先读原文。

济南的冬天

老舍

对于一个在北平住惯的人，像我，冬天要是不刮风，便觉得是奇迹；济南的冬天是没有风声的。对于一个刚由伦敦回来的人，像我，冬天要能看得见日光，便觉得是怪事；济南的冬天是响晴的。自然，在热带的地方，日光是永远那么毒，响亮的天气，反有点叫人害怕。可是，在北中国的冬天，而能有温晴的天气，济南真得算个宝地。

设若单单是有阳光，那也算不了出奇。请闭上眼睛想：一个老城，有山有水，全在天底下晒着阳光，暖和安适地睡着，只等春风来把它们唤醒，这是不是个理想的境界？小山整把济南围了个圈儿，只有北边缺着点口儿。这一圈小山在冬天特别可爱，好像是把济南放在一个小摇篮里，它们安静不动地低声地说："你们放心吧，这儿准保暖和。"真的，济南的人们在冬天是面上含笑的。他们一看那些小山，心中便觉得有了着落，有了依靠。他们由天上看到山上，便不知不觉地想起："明天也许就是春天了吧？这样的温暖，今天夜里山草也许就绿起来了吧？"就是这点幻想不能一时实现，他们也并不着急，因为有这样慈善的冬天，干啥还希望别的呢！

最妙的是下点小雪呀。看吧，山上的矮松越发的青黑，树尖上顶着一髻儿白花，好像日本看护妇。山尖全白了，给蓝天镶上一道银边。山坡上，有的地方雪厚点，有的地方草色还露着；这样，一道儿白，一道儿暗黄，给山们穿上一件带水纹的花衣；看着看着，这件花衣好像被风儿吹动，叫你希望看见一点更美的山的肌肤。等到快日落的时候，微黄的阳光斜射在山腰上，那点薄雪好像忽然害了羞，微微露出点粉色。就是下小雪吧，济南是受不住大雪的，那些小山太秀气！

古老的济南，城里那么狭窄，城外又那么宽敞，山坡上卧着些小村庄，小村庄的房顶上卧着点雪，对，这是张小水墨画，也许是唐代的名手画的吧。

那水呢，不但不结冰，倒反在绿萍上冒着点热气，水藻真绿，把终年贮蓄的绿色全拿出来了。天儿越晴，水藻越绿，就凭这些绿的精神，水也不忍得冻上，况且那些长枝的垂柳还要在水里照个影儿呢！看吧，由澄清的河水慢慢往上看吧，空中，半空中，天上，自上而下全是那么清亮，那么蓝汪汪的，整个的是块空灵的蓝水晶。这块水晶里，包着红屋顶，黄草山，像地毯上的小团花的小灰色树影；这就是冬天的济南。

有一位同学从“色彩词的运用”上来看散文语言的特色。古今中外的文学家，都喜欢在文中巧设“色彩词”，以增添语言的趣味。杜甫诗云：“两个黄鹂鸣翠柳，一行白鹭上青天。窗含西岭千秋雪，门泊东吴万里船。”“黄”“翠”“白”“青”四色相配，明丽动人；“千秋雪”虽未写色，但暗含了“银白”；“万里船”与水有关，使人联想到浩浩碧波。宋代诗人杨万里也是用色妙手：“接天莲叶无穷碧，映日荷花别样红。”“碧”“红”搭配，明丽而又热烈。《济南的冬天》在色彩词运用上也是大有讲究的。用“青黑”写山上的矮松；用“一髻儿白花”写树尖上的积雪；山尖与蓝天相接，所以说山尖的白雪“给蓝天镶上一道银边”；用“暗黄”写露出来的“草色”；用“微黄”写落日的阳光；用“粉色”写落日余晖中的“薄雪”；写水藻不仅“真绿”，而且还把“终年贮蓄的绿色全拿出来了”。最后作者用“清亮”“蓝汪汪”写整个世界的明丽，同时又把这样一个明丽的世界比作“蓝水晶”，用“红”“黄”等色彩词收束全文。这位同学找出色彩词，并作分析，可以说是另辟了蹊径，使我们对这篇文章的语言特色多了一层认识，不仅知道抒情性特点、口语化特点、多种描写手法综合运用的特点，而且还认识到，作者巧用色彩词为我们展现了一幅多彩的济南冬天百景图。济南的冬天，一奇在于温暖，二奇在于多彩。

还有一位同学从“语气词的运用”上来体会这篇文章的语言特色，也可以称得上是角度小而新，分析有理有据。一查，全文果然在12 处运用了语气词“呢”“吧”“呀”。一篇短小散文，这么多次使用语气词，确实耐人寻味。“最妙的是下点小雪呀”，一般说来，“呀”不要也是可以的。不要，语气短促；要，语气舒缓。是短促好还是舒缓好，孤立地看，不分优劣；而结合语境思考，用“呀”的趣味就出来了，“呀”表达了作者对“小雪”的期盼、赞赏之情。而这种情感与全段写“小雪”之景的情感是一致的，与全篇满怀深情地描写济南冬天一山一水、一草一木的基调也是合拍谐调的。“看吧，由澄清的河水慢慢往上看吧，空中，半空中，天上，自上而下全是那么清亮”，连用两个“看吧”，表达了一种惊喜的心情；强调这份“惊喜”，一是说明眼前之景奇美无比，一是表明“我”被奇美景观打动了，有不呼不快之感。总之，这些例子告诉我们：作者大量使用语气词，不仅仅是增强语言的口语化特点，而且也增添了抒情色彩；惊喜之情、赞美之情、热爱之情、呵护之情，通过“呀”“呢”“吧”等语气词得到了恰当的表达。

这篇文章难道仅仅是写济南冬天之景吗？有一位同学提出了这样的疑问。他的看法是：这篇作品写于20世纪30年代初，当时的中国正是暗无天日之时，老舍从伦敦回国，在济南齐鲁大学任教，不可能不关注现实，只沉湎于闲情逸致之中。因为老舍是一个现实主义作家，他的《骆驼祥子》《茶馆》等著作充分体现了他的忧愤之情。因此，根据作者的思想感情及写作背景，可以作出这样的推断：在暗无天日的时代，在饥寒交迫的北中国，“冬天的济南”无疑是一片令人向往的美好天地。这并不是说当时的济南就没有饥饿与寒冷，作者的用意是明显的，正如陶渊明写《桃花源记》一样，他是借对这座“桃花源”的描绘，来寄托自己的美好理想。作者描山绘水，确实热爱济南的冬景。同时，我们又何尝不能说，这里面包含着老舍先生希望中国人民能够过上和平安静日子的诚挚心愿呢？应该说，这位同学的认识是有道理的。尤其是他不孤立地阅读作品，而是选取时代背景及作者创作思想这一角度来认识这篇散文的思想，确乎难能可贵。这对于正确而又全面地把握作品的主题无疑是有助益的。

上述实例告诉我们：文章不厌百回读，每读一遍，多少都会有一些新的认识与体会；角度新，文章就会常读常新。

3.
逆向思考

所谓“逆向思考”就是反过来想一想。“反过来”就是批判与怀疑。爱因斯坦说过：“发展独立思考和独立判断的一般能力，应当始终放在首位，而不应当把获得专业知识放在首位。”李四光也说“不怀疑不能见真理”。做事情，读书，都应有怀疑精神，敢于独立思考。

当然，独立思考不能胡思乱想。有些同学读《愚公移山》一文，认为“愚公”确实愚蠢，他之所以挖山，是因为两座大山挡住了去路，“出入之迂也”。与其这样子子孙孙地挖山，还不如把家从山里搬到山外去。表面看来，这个观点把《愚公移山》的精神否定了，比较大胆，似乎也有独创性。其实，这种否定是错误的。《愚公移山》是一则寓言，寓言重在寓理，而不在于事情的真假。就愚公移山这件事来说，恐怕世界上没有这样的傻事，但就这件事所寄寓的精神与道理来说，古今中外则有许许多多的例子可以证明。寓言是假托故事来说明寓意的文体。如果就事论事，则所有的寓言故事都要被否定掉。

还有一点也必须注意，这就是对某些观点提出不同看法时，要对原观点作完整、全面的理解。否则，只顾“反过来想一想”，连原观点正确的东西也“反掉”了，就必然要陷入片面性泥坑。比如，“有志者事竟成”，这是一条古训，对人有教育意义。有的同学说“有志者事不一定成”，并举出一个例子来说明：一个双腿残疾者，虽有志于当长跑冠军，但客观条件不允许，他还是“成”不了。这样说，是有道理的，强调了客观条件的重要性，但是这位同学接下来下结论就不对了。他说，事实证明，“有志者事竟成”这句话忽略了客观条件，是错误的。其实，“有志者事竟成”这句话是对于无志者来说的。世界上有许多人，客观条件很好，就是胸无大志，用这句话鼓励这些人去拼搏，怎么不对呢？正如这位同学强调客观条件重要一样，“有志者事竟成”这句古训强调了主观能动作用的重要，自然也是有很强的针对性和教育意义的。因此，可以对这句古训作补充，但不能全盘否定。

下边跟同学们讨论在阅读过程中，可从哪些方面作逆向思考。

（1）在遣词造句上作逆向思考。一般说来，作家笔下的语言是通畅的、富有表现力的，因为一字一句都经过了作家的推敲。但也不是说一字一句都到了尽善尽美的地步，在许多作品中，语言文字仍值得再锤炼，再加工，甚至要加以修改。

例如，《从三到万》中有一段话：

> 这个故事比较通俗易懂，有的相声演员也曾讲过。人们大都当做笑话，而不把它看成一个严肃的讽刺性故事。我则以为我们应该从这个故事中吸取一些学习方面的经验教训。

《从三到万》是著名杂文家马南邨的名篇，语言洗练、简洁，但白璧难免微瑕，上段文字还可以作点加工。“而不把它看成一个……”的“而”可以删去，因为与“大都当做笑话”连起来看，语义上没有转折，也不必转折。“我则以为我们应该……”中的“我们”也可以删去；而“吸取一些学习方面的经验教训”中的“经验”一词更有必要删去，因为上述故事是讲学习之病，给人的只有“教训”，毫无“经验”可言。

吴伯箫是著名散文家，所写的《记一辆纺车》堪称名篇，语言文字是很美的，但有些地方的词句也还是可以商榷的。比如下边一段话：

> 为了提高生产率，大家也进行技术改革，在轮子和锭子之间安装加速轮，加快锭子旋转的速度，把手工生产的工具改成半机械化。

末一句“把手工生产的工具改成半机械化”应改作“使手工生产的工具半机械化”。

（2）在思想观点上作逆向思考。例如《善于建设一个新世界》中讽刺了“南郭先生”。“南郭先生”固然可笑，但让“南郭先生”得手的齐宣王难道就没有责任了吗？于是有位同学写成《“滥竽”为什么能充数》一文，言之成理，观点新鲜，给人以启发。

> 滥竽充数，见于《韩非子·内储说上》。故事

极短，十分简练，字词无一可有可无的“充数”者，不妨抄录如下：

“齐宣王使人吹竽，必三百人。南郭处士请为王吹竽，宣王说之，廪食以数百人。宣王死，湣王立，好一一听之，处士逃。”

以往读之，只是对于南郭处士的不懂装懂感到好笑；最近又读，觉得远远不止于此，其中还寓有更为深刻的道理。

那位南郭处士之所以以充数而“名垂青史”，实在和齐宣王有密切的关系。宣王在对待机构编制和有关人事工作上大有问题。一是他摊子贪大，爱搞“人海战术”，甚至连一个乐队，也“必三百人”。其实，这完全是随心所欲，是“未必”的。如果真的是“必三百人”，不顶一个人用的南郭处士也进不去，即使进去了也混不下去。他的存在，说明乐队人员少于三百，也是完全可以的。二是他以言取人，根本不看是否有真本事。那位南郭先生得知齐宣王听竽喜欢人多，便投其所好，说要为他吹竽。但这只是嘴巴讲，并未实际为他表演。齐宣王一听，便高兴起来，马上把不会吹竽的南郭处士弄进了竽队。三是他大手大脚，慷国家之慨。竽队里存在着混饭吃的人物，对他而言无所谓，反正是“廪食”，由官府供给粮食，不需他自己去掏腰包养活，所以他大方得很。由上可见，没有齐宣王也就没有充数的“滥竽”，“滥竽”充数是以齐宣王的存在为前提、为条件的。批评南郭处士滥竽充数，如果不说说齐宣王的“不是”之处，似乎是不大公道，不大实事求是的。

（3）根据新的事实材料，提出新的看法。初中教材曾有一篇说明文《澜沧江边的蝴蝶会》，描述和说明了蝴蝶竞飞的壮丽场面。在一般读者看来，文中所写的都是确凿无误的事实。然而有一位中学生勇于探索，敢于怀疑，通过实地考察写成了一篇对《澜沧江边的蝴蝶会》一文有所纠正的文章。

著名的“蝴蝶会”是云南大理的独特景色。地理学家徐霞客早在300多年前就描写过蝴蝶会盛景：“又有真蝶千万，连须钩足，自树巅倒悬而下，及于泉面，缤纷络绎，五色焕然。”

去年阴历四月十五，正好是星期日。我特地跟着爸爸妈妈一起去看蝴蝶会。真是名不虚传，十分壮观，无数的彩蝶在泉边飞舞，一串串“蝴蝶”从树枝上垂吊下来。

为什么蝴蝶泉的蝴蝶那么多呢？我请教了从事林业工作和生物研究的叔叔阿姨，也试着自己去查找一些资料，又结合自己的观察，这才有了一些认识。原来，蝴蝶泉正处在一个大断层上，这里四季如春，山坡上终年生长着各种树木花草，为蝴蝶之类的昆虫提供了生活和繁殖的良好条件。另外，每年春天，蝴蝶泉旁的合欢树发新叶的时候，都会分泌一种带芳香的树汁，它是蝴蝶和蛾类最爱吃的食物，招引来了成千上万的蝴蝶和蛾类，形成了罕见的蝴蝶会。

另外，我也有一个新的发现。蝴蝶泉旁的确有许多蝴蝶，单是凤蝶就有十四五种，此外还有一些蛱蝶科、粉蝶科的蝴蝶，在泉旁翩翩起舞。但是那些成串垂吊在树枝上的竟都不是蝶类，而是蛾类。蝴蝶会中的蛾类实际上比蝶类多，大约有110种，其中最多的是灯蛾科中的红腹灯蛾。这种灯蛾身上闪着金黄色的光泽，腹部红中夹黑，十分美丽。

历来人们都说蝴蝶会上成串垂挂着的是蝴蝶，这个说法是错误的，是蝶蛾不分的结果。

开头引用徐霞客的话，继之又请教“从事林业工作和生物研究的叔叔阿姨”，同时又查找资料，亲自观察，这说明小作者具有严谨、科学的认识态度。因此，作者“有一个新的发现”也就可想而知了。作者的“发现”是在观察与思考中得到的，因此，文末的结论简明有力。

在阅读过程中，时时离不开思考。思考的范围很广，门径很多，这里择其要者，讲了三点，希望你拉起思考的帆篷，在阅读之海上迎风击浪，不断前进。

读出文章的个性
——可贵的独立见解

读文章有两种情况。第一种情况是只读文本。何谓文本？文本就是书或文章的本身，是书或文章的原原本本的文字。读一本书或一篇文章，读的就是文本，但“只读文本”就不对了。有这么一个故事：明朝有位读书人浏览群书，博闻强记，经史子集，无所不读，引得很多人百般推崇，但是他一生并无成就。他的朋友说他学识虽多，简直像一仓库钱币，到处乱堆放着，却没有一根绳子把它们串起来，所以废弃无用。清代书画家郑板桥曾作诗讽刺这种人：“读书数万卷，胸中无适主，便如暴富儿，颇为用钱苦。”应该说，读书多是对的，但要讲究一个“破”字。何谓“破”？一为读书时间久，次数多，磨破了书。二是有所思考，对书有所“剖析”“分析”。重要的，是后者。第二种情况就是善思文本，即以文本为依据，但不受文本拘束，敢于思考，善于思考，最后形成独立见解。前面我们讨论“运用与锻炼思考力”问题时举了一些善于思考的例子，这里再举一例。唐宋八大家之一的柳宗元有一篇名作《黔之驴》，同学们在初中也曾读过，似乎没有什么异议。有一位读者却对文中的那位“好事者”不以为然，他说：“倘若把老虎放入海中与鲨鱼去斗，恐怕它也会‘技穷’的。”他是这样看问题的：

> 凡人凡物，各有所长，用人用物，都应扬其长而避其短，深知而善用之，这道理不知被实践证明了多少次，但执行起来便走了样，这不能不追究“好事者”的责任。柳先生的偏见也应当在

> 摒弃之列。正基于此，笔者倒要为“驴子”说说情，还是应扬扬它的长处为好。

这个看法是新颖的、有道理的。读通了《黔之驴》，又不受文本拘束，通过独立思考，阐发新见，给人以启迪，确实难能可贵。

当然，“独立见解”有高下之分，大学问家，识见高，抓大问题，我们中学生比不了。我们不妨在一些基本问题上动动脑筋，比如，读文章要读出个性，就是一个基本要求。个性，也即文章的特点。不论读什么文章，只要是精读，你都应抓住文章的个性。否则，就谈不上读懂，谈不上有所思考，谈不上有所创见。果真如此，不就像明朝的那位读书人那样，是一个“两脚书橱”了吗？

读出文章个性，绝非易事。

个性，深藏于文章内部，又由文章的“表象”来体现。正如一个人，个性是其内在性格上的特点，而这个“特点”又由外在的言行举止来体现。因此，必须在“由表及里”上花气力，下功夫。“由表及里”可以说是读出文章个性的必由之路。先要识“表”，即认清文章的“表象”，如字、词、句、篇等；再由“表”及“里”，即体会、分析、鉴别文章的气韵、风格与灵魂，包括思想特点、语言特点、风格特点等等。“由表及里”是一个思考的过程，不识“表”，就失去了及“里”的凭借、抓手；一旦及了“里”，再回头看“表”，往往会恍然大悟，原来“表”“里”是相通的、一致的。据“里”识“表”，对“表”就识鉴得更加通透、明晰了。比如，读鲁迅先生的《一件小事》，先要识“表”，即有关描写内容：天气、事件、人物行动及“我”的态度；然后及“里”，即分析“车夫”的人格特点，再思考作者塑造这一人物的特殊意义。“车夫”的形象不用多说了，要考虑的是，作者写这个人物有何用意呢？说作者旨在写“好人好事”，未免可笑；说作者意在赞扬贫苦劳动者的美德，未免过浅。如果联系鲁迅先生其他小说中的人物形象来思考、挖掘，你就会觉得，作者用意很深。在鲁迅先生的小说中，所写的人物绝大多数都是被侮辱、被损害的人，如孔乙己、祥林嫂、阿Q、闰土、华老栓等。作者既写出他们“善”的一面，也刻画了他们“丑”的一面（如孔乙己的迂腐、祥林嫂的迷信、阿Q的油滑、闰土的麻木、华老栓的对革命者的不理解等）。作者的感情倾向很明显：同情、悲哀，没有丝毫的赞扬。而写“车夫”则不同。作者是把“车夫”当作“中国的脊梁”来写的，写其人格的真善美，表现了他的“伟大”与“崇高”。作者的赞扬态度在文中溢于言表、一见即知。由此可见，《一件小事》篇幅虽短，却为我们塑造了一个特殊的“人物形象”，而这便是这篇小说的最突出的“个性”。

分析小说中的人物形象个性要由表及里，分析作品的语言个性也应如此。我们知道，鲁迅先生作品的语言特点之一，就是善于运用极其通俗的词语来表达极其深广的感情与思想。这方面的例子真是不胜枚举，请看《阿Q正传》中的一处描写：

> “阿Q，你这浑小子！你说我是你的本家么？”
>
> 阿Q不开口。
>
> 赵太爷愈看愈生气了，抢进几步说：“你敢胡说！我怎么会有你这样的本家？你姓赵么？”
>
> 阿Q不开口，想往后退了；赵太爷跳过去，给了他一个嘴巴。
>
> “你怎么会姓赵！——你那里配姓赵！”

不说“打”了他一个嘴巴，而说“给”了他一个嘴巴。是“打”好，还是“给”好？恐怕有不同意见。有的同学会说，用“打”好，“打”比“给”更有力量，更能表现赵太爷的凶狠。按这样理解，则可以判断出赵太爷对阿Q很看重，非狠狠打一嘴巴不可。其实，赵太爷根本看不起阿Q，在他眼中，阿Q算什么东西，不过是一个毫无地位的雇工，土谷祠里的光棍，真是轻如草芥。一个“给”字，动作多么轻松顺手。赵太爷“给”了，阿Q只能“受”用，而不可“反给”。尤其要想到的是，这里不需要强调“耳光”的重和响，只要强调赵太爷的有恃无恐，打得熟练、顺手，打惯了，伸手就是一下子就够了。你看，作者用一个“给”字，体现了多么深刻的思想感情啊！

讲解以上例子，无非是想说明这样的道理：要读出文章的个性，非由表及里、表里兼顾不可。

由表及里、表里兼顾，只能说是读出文章个性的基本要求。为了实现这个要求，还必须掌握一些基本方法。下面我们就着重介绍几种阅读方法，供你参考。

1.
选点挖掘

读文章最忌浅尝辄止。刚刚读懂了内容就说“吾得矣，吾得矣”，其实只是得到了一点皮毛而已。正确的态度是，潜心穷究，剥皮见骨，挖一层再挖一层，直至发人之所未发，见人之所未见。挖掘是重要的，知道从何处挖掘也很重要。因此，与“挖掘”相伴的就有一个“选点”问题。所谓“选点”，就是选择应该挖掘、必须挖掘的疑点、难点、重点。疑点，就是文中引起疑惑不解的地方；难点，就是理解起来有一定难度的地方；重点，就是文中值得重加探究的地方。抓住了这三点，又注意深入挖掘，文章的个性之泉就能汩汩于你的眼前了。

挖掘，要步步进逼，一层深于一层。比如读议论文，同学们注意的是文章的结构、论点、论据等，这当然是无可非议的，读议论文必须要抓住这些“要素”。但是，仅止于此，只是了解了大概，则未免失之肤浅。即使读一千篇议论文，也如同读一篇议论文一样，翻来覆去，所思所想的还是那么几个不痛不痒的老问题。如果善于选点挖掘，所得就大不一样。比如读物理学家、中国科学院院士卢嘉锡的文章《毛估比不估好》：

> 科学家不是“算命先生”，不能“预言”自己的研究结果；但茫无头绪地“寻寻觅觅”也是科学工作的大忌。进行科学研究时，我一向比较重

视对最终结果的预测，以便从总体上更好地把握研究方向。我习惯于把这种预测叫作“毛估”，而且时常这样告诫自己的学生和科研人员说：“毛估比不估好！”

我所以特别强调“毛估”，说起来和我做学生时出过的一次差错有关。记得念大学三年级时(1933年)，教物理化学的区嘉炜老师挺喜欢考学生。有一回他出了几道考题，其中有道考题特别难，全班就我一个人基本上做出来。可是等改好的卷子发下来，我发现那道题目老师只给了1/4的分数，感到很委屈，因为我只是把小数点点错了地方。

老师注意到我思想上有些不通，就耐心地开导我说：“假如设计一座桥梁，小数点点错了一位可就出大问题，犯大错误了。今天我扣你3/4的分数，就是扣你把小数点点错了地方……”

我理解了老师重扣分的一片苦心，继而就想：如何才能避免诸如把小数点点错地方之类的不应有的错误呢？当我静下心来检查出错的原因时，我发现问题不仅仅在一时的疏忽上，因为我的计算结果在数量级上明显的不合理；如果解题的时候能够认真对照分析一下题目所给的条件，那错误是完全可以发现和纠正过来的。而我所以出了“岔子”，根本的原因就在于自己心中对解题的目标没个“谱”。

从那次以后，不论是考试还是做习题，我总是千方百计地根据题意提出简单而又合理的物理模型，也就是毛估一下答案的数量级，如果计算的结果超出这个范围，就赶快检查一下计算过程……这种做法，使我有效地克服了因偶然疏忽引起的差错。

> 1939 年秋，我在英国获得理学（国外通常称为“哲学”）博士学位，旋即到了美国加州理工学院跟随后来两度荣获诺贝尔奖（1954 年化学奖和 1963 年和平奖）的鲍林教授学习和从事结构化学研究。我注意到并十分钦佩这位导师所具有的那种独特的化学直观能力：只要给出某种物质的化学式，鲍林往往就能大体上想象出这种物质的分子结构。这无形中“催化”了我那朴素的毛估思维，我常常揣摩导师的治学与研究的思维方法，探究他那非凡想象力的根基与奥秘。我发现那是善于把握事物本质的能力与毛估性判断的结果，这一发现引发我更重视毛估方法的训练和提高。
>
> ……
>
> 这是我长期从事科学研究工作积累起来的一点体会。我想寄语青年一代科学工作者：当你捕捉到一个有价值的研究课题却在工作开展后把握不住方向时，当你在探索真理的汪洋大海中感到茫然不知所措时，当你下狠心攻克某个科学难关而又难以攻下时，请回头探讨一下你的“目标模型”，问问自己是否已经建立起一个相当合理的模型。
>
> 最后，我想与大家共勉的还是那句老话：“毛估比不估好！”

“毛估比不估好”是此文的论点，无疑是十分明确的。为了证明论点的正确性，作者举了两个典型事例进行论证，最后寄语青年一代科学工作者，并以“毛估比不估好”互勉。读文章，到了这一步，可以说是把握了全文的内容了。到此为止，可否？不可，还要抓住重点、层层挖掘。

先看论点。文章是开宗明义提出论点的，论点的提出又非泛泛而谈，而是紧紧扣住职业特点，实实在在，针对性强。针对科学研究工作者思想上容易产生的误解，指出科学家既不能“预言”研究成果，又不能茫无头绪地“寻寻觅觅”，而应该重视最终结果的“预测”。在议论中提出观点后，立刻强化这种认识。强化方法有二：一是“时常这样告诫自己的学生和科研人员”，可见其重要性，简直成了座右铭；二是浓缩成简明的语言，“毛估比不估好”，易懂易记。

接下来重点挖掘文章在论据上的特色。

为了使这个观点有说服力，文中运用了两个事例，一中一外，一个是自己的，一个是导师的。这是从论据类型上考虑，可以看出作者用例讲求典型性。继之要考虑两个事例之所以能以一当十、以少胜多的艺术作用，归为一个字，即“比”。第一个事例叙述解答题目小数点出错，极容易归咎于粗心、疏忽。如果认识只囿于这一点，这种事例车载斗量，司空见惯，无甚价值。文章深入一层，检查出错的原因更在于数量级上的明显不合理，心中无“谱”，没有“预测”，没有“毛估”，这就生动说明差错出自“不估”。如果事例只举到这儿，只能证明“不估不好”，仍没有把问题说清楚，仍不能有效地论证论点。文章不是如此，而是继续深入，阐明毛估的有效性。“不论是考试还是做习题，我总是千方百计地根据题意提出简单而又合理的物理模型”，不是一次两次，而是每一次。前后比较，“毛估比不估好”的观点正确无疑。

第二个事例叙述十分概括，赞扬导师的非凡的化学直观能力和毛估性判断能力。导师两度获得诺贝尔奖，他的学术上的成就与他把握事物本质的能力和毛估性判断密切关联，因而这个事例同样有价值，有典型意义。无可辩驳的事实本身就具有极强的说服力。

挖掘论据特色，到此也算可以了。不妨穷追不舍，再思一层，文章的佳妙还在于两个事例的内在联系。导师学术上的杰出成就与研究的独特风格是自己朴素的毛估思维的“催化”剂，因而“我”更重视毛估方法的训练与提高。如此论证，有正有误的对照，有内因的驱使，外因的激励，左右逢源，浑然一体。另外，论据在证明论点时要能以一当十，剪裁还须精当。比如导师鲍林教授可叙述的事很多，在文章中只要紧扣论点的需要选用就行。也可以这样理解：前一个事例是主要论据，后一个起补充、强化作用。赘述必然拖沓，反而会淡化论据。

应该说，《毛估比不估好》的优点是很多的，语言、结构等都值得欣赏。但相比较而言，抓住“论据”深入挖掘，更能看到文章的艺术个性与写作特点。

2.
联系比较

有比较才有鉴别。比较，是一种朴素的认识事物的方法，也是一种思维过程。心理学家经过实验证实，人们通过比较后获得的知识，印象深刻，不易遗忘，而且能大大激发学习兴趣，提高创造能力。正如俄国教育家乌申斯基所言：“比较是一切理解和思维的基础，我们正是通过比较来了解世界上的一切的。”有经验的阅读者也认识到，一些作品单个读起来，很难看出它的独特个性，一经比较，个性与特色就显露出来了。

当然，比较不是碰到什么内容就比较什么内容，要注意可比性。所谓“可比性”，是指作品本身所具有的比较因素（相同因素或相异因素等）和条件。随意“拉郎配”，势必鸡零狗碎，肢解文章，难得收益。

比较有两种方式。

一是“假设比较”，即根据所读文章的内容，临时假设一个相似内容与之比较，以看出优劣来。例如从《阿Q正传》中抽出两句话，编配相似的例子加以比较。

原句标点情况	假设例句
①你怎么会姓赵！——你那里配姓赵！	①你怎么会姓赵，你那里配姓赵！
②“老Q，……现在……”赵太爷却又没有话，“现在……发财么？”	②“老Q，”赵太爷却又没有话，“现在……发财么？”

先看例①，原句中用两个感叹号，充分表现了这个豪绅咄咄逼

人的口气，中间的一个破折号活现了赵太爷步步逼人的气焰。而假设例句不能体现这一特点，标点运用一般化。再看例②，赵太爷的一句话仅九个音节，却用了三个省略号，表明四次才说完。“现在”一句竟然重复两次，停顿两次，巧妙的标点，惟妙惟肖地揭示了赵太爷之流惶惶不安的心理。同样，假设例句也没有达到这样的表达效果。

又如毛泽东同志的《反对党八股》一文，语言通俗、生动，为更好地体会这一特点，不妨也假设一些例句与原句加以比较：

> “但是没有什么内容，真是‘懒婆娘的裹脚，又长又臭’。”/没有什么内容，显得空空洞洞，而且又拖沓冗长。
>
> “俗话说：‘到什么山上唱什么歌。’”/具体问题具体对待。

前为原文句子，后为假设编拟的句子。通过比较，哪一种语言通俗易懂，深入浅出，生动活泼，便不言而喻了。

比较的另一种方式是“选文比较”。比较的对象不是读者假设、编拟的，而是实有的。所选文章是完整的，比较内容多样，既可比较相同点，也可比较相异点。比较阅读下面的文章。

几件小事（节选）

——记父亲叶圣陶

叶至诚

> 我今年62岁了，可是拿不好筷子。人家拿筷，拇指上一只，食指上一只，吃起来，两只筷平行地向碗里伸去，或扒或拣，灵活方便；我却是拇指、食指和中指合捏一双筷，想要吃什么，交叉着两只筷子往菜碗里伸。妻子取笑我说：“人家吃菜是拣的，你吃菜是叉的。”还跟小孙女讲：

“不要学你爷爷，你爷爷拿筷多难看。”我就接着说：“是啊，我爸爸妈妈从来没管我怎么拿筷子，我自小就没学会。”

还有一件我无论如何干不好的事，就是写毛笔字。参加什么会议，看到会场门口摆着墨盘、毛笔、签到簿，我心里就嘀咕：“又得出一回洋相了。”好不容易毕恭毕敬把名字写上，自己再不敢多看一眼，只好出门不认货，掉头就走。这当然要怪我自己从小没有下功夫练过，然而父亲却从来也没问过我毛笔字写得怎么样这件事。直到后来我学着写散文了，父亲也只管我稿子写得是不是清楚，不管我的字是不是好看。

父亲也有管着我的事，譬如让我递给他一支笔，我随手递过去，不想把笔头交在了父亲手里，父亲就跟我说：“递一样东西给人家，要想着人家接到了手方便不方便，一支笔，是不是脱下笔帽就能写；你把笔头递过去，人家还要把它倒转来，倘若没有笔帽，还要弄人家一手墨水。刀子剪刀这一些更是这样，决不可以拿刀口刀尖对着人家；把人家的手戳破了呢?!”直到如今，我递任何东西给别人，总是把捏手的一边交给对方，报纸书本也让人家接到手就能看。

冬天，我走出屋子没把门带上，父亲在背后喊：“怕把尾巴夹着了吗?”次数一多，不必再用这么长的句子，父亲只喊：“尾巴，尾巴!”就这样渐渐养成了我冷天进出屋子随手关门的习惯。另外，父亲还告诫我开关房门要想到屋里还有别人，不可以“砰”的一声把门推开，“砰”的一声把门带上，要轻轻地开，轻轻地关，我也从此遵循到现在。

后来我想：父亲不管我的，都是只关系我个人的事，在这方面，父亲很讲民主，给我极大的自主权，有时候在我喜爱的事情上帮我一把，譬如为我儿时集邮册页的楠木夹板雕刻篆字题签，给我们手足三个修改文章等等；而父亲管我的，都是涉及我和他人之间的关系的事，在这方面，父亲反反复复地要我懂得，我是生活在人们中间的，在我以外，更有他人，要时时处处替他人着想。

我的母亲

邹韬奋

说起我的母亲，我只知道她是“浙江海宁查氏”，至今不知道她有什么名字！……我听见她的娘家的人们叫她做“十六小姐”，男家大家族里的人们叫她做“十四少奶”，后来我的父亲做了官，人们便叫她做“太太”，她始终没有用她自己名字的机会！我觉得这种情形也可以暗示妇女在封建社会里所处的地位。

我的母亲在我十三岁的时候就去世了。我生的那一年是在九月里生的，她死的那一年是在五月里死的，所以我们母子两人在实际上相聚的时候只有十一年零九个月。我在这篇文里对于母亲的零星追忆，只是这十一年里的前尘影事。

我现在所能记得的最初对于母亲的印象，大约在两三岁的时候。我记得有一天夜里，我独自一人睡在床上，由梦里醒来，朦胧中睁开眼睛，模糊中看见由垂着的帐门射进来的微微的灯光，在这微微的灯光里瞥见一个青年妇人拉开帐门，微笑着把我抱起来。她嘴里叫我什么，并对我说了什么，现在都记不清了，只记得她把我负在她的背上，跑到一个灯光灿烂人影憧憧往来的大客厅里，走来走去“巡阅”着。大概是元宵节吧，这大客厅里除有不少成人谈笑着外，有二三十个孩童提着各色各样的纸灯，里面燃着蜡烛，三五成群地跑着玩。我此时伏在母亲的背上，半醒半睡似的微张着眼看这个，望那个。那时我的父亲还在和祖父同住，过着“少爷”的生活；父亲有十来个弟兄，有好几个都结了婚，所以这个大家族里有着这么多的孩子。母亲也做了这大家族里的一分子。她十五岁就出嫁，十六岁那年养我，这个时候才十七八岁。我由现在追想当时伏在她的背上睡眼惺忪所见着的她的容态，还感觉到她的活泼的、欢悦的、柔和的、青春的美。我生平所见过的女子中，我的母亲是最美的一个，就是当时伏在母亲背上的我，也能觉到在那个大客厅里许多妇女里面，没有一个及得到母亲的可爱。我现在想来，大概在我睡在房间里的时候，母亲看见许多孩子玩灯热闹，便想起了我，也许蹑手蹑脚到我床前看了好几次，见我醒了，便负我出去一饱眼福。这是我对母爱最初的感觉，虽则在当时的幼稚脑袋里当然不知道什么叫做母爱。

后来祖父年老告退，父亲自己带着家眷在福州做候补官。我当时大概有了五六岁，比我小两岁的二弟已生了。家里除父亲、母亲和这个小弟弟外，只有母亲由娘家带来的一个青年女仆，名叫妹仔。“做官”似乎怪好听，但是当时父亲赤手空拳出来做官，家里一贫如洗。我还记得，父亲一天到晚不在家里，大概是到“官场”里“应酬”去了，家里没有米下锅；妹仔替我们到附近施米给穷人的一个大庙里去领“仓米”，要先在庙前人山人海里面拥挤着领到竹签，然后拿着竹签再从挤得水泄不通的人群中，带着粗布袋挤到里面去领米；母亲在家里横抱着哭涕着的二弟踱来踱去，我在旁坐在一只小椅上呆呆地望着母亲，当时不知道这就是穷的景象，只诧异着母亲的脸何以那样苍白，她那样静寂无语地好像有着满腔无处诉的心事。妹仔和母亲非常亲热，她们竟好像母女，共患难，直到母亲病得将死的时候，她还是不肯离开她，以孝女自居，寝食俱废地照顾着母亲。

母亲喜欢看小说，那些旧小说，她常常把所看的内容讲给妹仔听。她讲得娓娓动听，妹仔听着忽而笑容满面，忽而愁眉双锁。章回的长篇小说一下讲不完，妹仔就很不耐地等着母亲再看下去，看后再讲给她听。往往讲到孤女患难，或义妇含冤的凄惨的情形，她两人便都热泪盈眶，泪珠尽往颊上涌流着。那时的我立在旁边瞧着，莫名其妙，心里不明白她们为什么那样无缘无故地挥泪痛哭一顿，和在上面看到穷的景象一样地不明白其所以然。现在想来，才感觉到母亲的情感的丰富，并觉得她的讲故事能那样地感动着妹仔，如果母亲生在现在，有机会把自己造成一个教员，必可成为一个循循善诱的良师。

我六岁的时候，由父亲自己为我“发蒙”，读的是《三字经》，第一天上的课是：“人之初，性本善；性相近，习相远。”一点儿莫名其妙！一个人坐在一个小客厅的坑床上“朗诵”了半天，苦不堪言！母亲觉得非请一位“西席”老夫子，总教不好，所以家里虽一贫如洗，情愿节衣缩食，把省下的钱请一位老夫子。说来可笑，第一个请来的这位老夫子，每月束脩只须四块大洋（当然供膳宿），虽则这四块大洋，在母亲已是一件很费筹措的事情。我到十岁的时候，读的是“孟子见梁惠王”，教师的每月束脩已加到十二元，算增加了三倍。到年底的时候，父亲要“清算”我平日的功课，在夜里亲自听我背书，很严厉，桌上放着一根两指阔的竹板。我的背向着他立着背书，背不出的时候，他提一个字，就叫我回转身来把手掌展放在桌上，他拿起这根竹板很重地打下来。我吃了这一下苦头，痛是血肉的身体所无法避免的感觉，当然失声地哭了，但是还要忍住哭，回过身去再背。不幸又有一处中断，背不下去；经他再提一字，再打一下。呜呜咽咽地背着那位前世冤家的“见梁惠王”的“孟子”！我自己呜咽着背，同时听得见坐在旁边缝纫着的母亲也唏唏嘘嘘地泪如泉涌地哭着。我心里知道她见我被打，她也觉得好像刺心的痛苦，和我表着十二分的同情，但她却时时从呜咽着的、断断续续的声音里勉强说着“打得好”！她的饮泣吞声，为的是爱她的儿子；勉强硬着头皮说声“打得好”，为的是希望她的儿子上进。由现在看来，这样的教育方法真是野蛮之至！但是我不敢怪我的母亲，因为那个时候就只有这样野蛮的教育法；如今想起母亲见我被打，陪着我一同哭，那样的母爱，仍然使我感念着我的慈爱的母亲。背完了半本“梁惠王”，右手掌打得发肿有半寸高，偷向灯光中一照，通亮，好像满肚子装着已成熟的丝的蚕身一样。母亲含着泪抱我上床，轻轻把被窝盖上，向我额上吻了几吻。

当我八岁的时候，二弟六岁，还有一个妹妹

三岁。三个人的衣服鞋袜，没有一件不是母亲自己做的。她还时常收到一些外面的女红来做，所以很忙。我在七八岁时，看见母亲那样辛苦，心里已知道感觉不安。记得有一个夏天的深夜，我忽然从睡梦中醒了起来，因为我的床背就紧接着母亲的床背，所以从帐里望得见母亲独自一人在灯下做鞋底，我心里又想起母亲的劳苦，辗转反侧睡不着，很想起来陪陪母亲。但是小孩子深夜不好好的睡，是要受到大人的责备的，就说是要起来陪陪母亲，一定也要被申斥几句，万不会被准许的（这至少是当时我的心理），于是想出一个借口来试试看，便叫声母亲，说太热睡不着，要起来坐一会儿。出乎我意料之外的，母亲居然许我起来坐在她的身边。我眼巴巴地望着她额上的汗珠往下流，手上一针不停地做着布鞋——做给我穿的。这时万籁俱寂，只听到滴嗒的钟声和可以微闻得到的母亲的呼吸。我心里暗自想念着，为着我要穿鞋，累母亲深夜工作不休，心上感到说不出的歉疚，又感到坐着陪陪母亲，似乎可以减轻些心里的不安成分。当时一肚子里充满着这些心事，却不敢对母亲说出一句。才坐了一会儿，又被母亲赶上床去睡觉，她说小孩子不好好的睡，起来干什么！现在我的母亲不在了，她始终不知道她这个小儿子心里有过这样的一段不敢说出的心理状态。

母亲死的时候才二十九岁，留下了三男三女。在临终的那一夜，她神志非常清楚，忍泪叫着一个一个子女嘱咐一番。她临去最舍不得的就是她这一群的子女。

我的母亲只是一个平凡的母亲，但是我觉得

> 她的可爱的性格，她的努力的精神，她的能干的才具，都埋没在封建社会的一个家族里，都葬送在没有什么意义的事务上，否则她一定可以成为社会上一个更有贡献的分子。我也觉得，像我的母亲这样被埋没葬送掉的女子不知有多少！

两篇散文都是记人之作，写真人真事，抒真情实感，这，就是两文的共同点。另外，在写作手法上，两文都注重细节描写。《我的母亲》一文成功地利用一系列细节描写，把母亲的内心世界刻画得真切动人。例如元宵节的夜间，母亲看到家中热闹的情形，想起正在睡觉的孩子，就几次悄悄地跑到卧室中，看见孩子醒了，马上背出去让他“一饱眼福”。当孩子背不好书而挨打时，母亲一边泪如泉涌地哭着，一边说“打得好”，然后把孩子抱上床，轻轻地把被子盖好，又在额上吻了吻。这些细节描写，生动地说明了母亲对子女细致入微的关切，表明母亲的心地是非常仁慈宽厚的，读了使人深为感动。《几件小事》也是借用细节来表现人物。这一点，同学们自能看得出，就不再举例说明了。

通过比较，我们还可看出两文的不同点，即两文的不同特色与个性。《我的母亲》一文，重在揭示母亲仁慈宽厚的内心世界，笔墨倾注于人物的心理刻画；《几件小事》一文，重在揭示叶圣陶先生的育人思想。一写母亲的柔情，一写父亲的思想，这一点，两文在末尾的议论中都有所揭示。另外，在行文上，《我的母亲》是分事叙述，朴素自然；《几件小事》则是采用先抑后扬的构思，先写父亲不管我什么，再写父亲管我什么，两条线并成一股，到末尾分析原因。《我的母亲》一文，以情感人，读之潸然泪下；《几件小事》一文，以理教人，读之使人在做人上深受启迪。

以上讲了两种主要的阅读方法。其实，读出文章个性有多种路子，同学们在阅读实践中可自行摸索。总之，要记住一条，由表及里，深入挖掘，通过比较，认清异同。

指点形象，辨析文字
——文学作品的初步鉴赏

可以断言，每一位青少年都是文学青年。这并不是说每一位青少年都在动笔进行文学创作，而是指他们乐意走进文学世界，采撷文学的鲜花，接受文学的熏陶。有的同学爱读散文，有的同学爱读小说，有的同学爱读戏剧作品，更多的同学就是喜欢诗。

阅读优秀的文学作品，就是接受一次思想灵魂的洗礼，就是给美妙的青春增添一分鲜亮的底色。

然而，必须指出的是，由于应试教育产生的不良影响，很多同学不得不忍痛割舍了“文学”。这种情况实在令人担忧！长此以往，人将会变得越来越浅薄，生活将会变得越来越单调。无疑，这对于青少年的感情熏陶、思想锤炼、性情培养、素质提高是非常不利的。应该让每一位同学增添一分文学梦，应该让文学的绿草在青少年心灵世界里铺织人生的春天。

当然，我们鼓励同学们阅读文学作品，并非是仅仅停留在浏览故事的层面上，而是要走进文学作品的斑斓世界，学会独立思考，能够初步鉴赏，自觉地吸取文学养料。不然，专为猎取新鲜故事，就没有多少阅读意义了。

文学作品的初步鉴赏，有一个基本要求和方法，即“指点形象，辨析文字”。为什么说要“指点形象”？这是由文学作品的形象性决定的。黑格尔说：“艺术的内容就是理念，艺术的形式就是诉诸感官的形象。”别林斯基也说过：“艺术是对真理的直感的观察，或者说是寓于形象的思维。”古今中外的优秀文学作品都为我们塑造了难以忘怀的文学形象。作家经过观察、分析和概括，将丰富的感性材料加以“去粗取精，去伪存真，由此及彼，由表及里”的改制和创作，从而创造出具有一定思想倾向的文学形象，让文学形象来表达作家自己的深厚的思想感情。这里要特别指出的是，所谓的“文学形象”不单单是指小说中的人物形象。我们可从两方面来认识：一是叙述性的文学作品（包括叙述诗）的形象性，最主要的就表现在人物形象的塑造上；二是诗歌、散文类文学作品的形象，则由景物、意境、意象来体现。诗歌、散文这类作品，都不是刻画人物形象的，但却生动地描写了各种各样的具体形象，使这些作品具有丰富的形象性，并通过生动的形象描绘，鲜明地表达了作者的思想感情。另外，历来优秀的文学作品都不是靠议论，而是通过作品中出现的形象来感染读者、说服读者、对读者起潜移默化的作用，即都是用形象来达到教导人的目的。因此，不论读哪一类文学作品，都必须“指点形象”。

为什么要“辨析文字”呢？这里讲的“文字”是指文学语言。我们知道，文学是语言的艺术，语言是作家用以塑造艺术形象、反映社会生活的必不可少的工具。在文学创作中，作家要把一幅幅的生活图画和鲜明、生动的艺术形象展示出来，就必须通过语言这个媒介。离开了语言，就不可能有文学。正是从这个意义上，高尔基把语言称为“文学的第一个要素”。因此，要真正理解文学作品，把握文学形象，就必须从语言文字入手。再一点，文学语言是在人民口头语言的基础上经过提炼加工而成的，它集中、突出了人民口头语言中的精华，又剔除了人民口头语言中的杂质、糟粕。文学语言在全民语言的发展中起着巨大的推进作用。人们把那些卓越的作家称为“语言巨匠”“语言大师”，就是由于他们创造了光辉的文学语言，足以成为全民语言的楷模。他们以自己的创造性劳动为丰富和发展全民语言做出了贡献。从这个意义上讲，分析与学习文学作品语言，不仅是理解文学作品的需要，也是提高自身语言修养的需要。

“指点形象，辨析文字”，不同体裁的文学作品有不同的方法。由于文学作品范围很广，品种很多，不可能一一涉及，这里仅就常见的四种体裁——诗歌、散文、小说、戏剧文学，谈一些“指点形象，辨析文字”的具体方法。

1.
诗歌的初步鉴赏

诗歌是最早出现的一种文学体裁。由于诗人写作时的感情活动特别强烈，思想特别丰富，所以诗歌的最显著的特征就是饱含着丰富的想象和感情。与小说、戏剧文学等相比较，诗歌中作者的感情往往以直接表达的方式，凝结在诗篇的字里行间，显得特别鲜明，特别动人。诗歌的语言精练简洁，音调和谐，有鲜明的节奏和韵律。

鉴赏诗歌的重点，一般说来有如下三点：

一是反复诵读，分析节奏。诵读是最基本的一个环节，短诗力求背诵，长诗也应反复朗诵。我们可以通过反复诵读来初步感知诗歌的内容和节奏。

二是品味重点诗句。诗的语言一般都是比较含蓄的，很多诗句“意在言外”。因此，选出一些重点诗句，品味其深刻含义就显得非常重要了。对重点诗句含义的理解，也有益于我们把握诗歌的主题。

三是研究诗的表达形式和写作技巧。诗的结构特点以及多种表达技巧、修辞手法的运用是为揭示诗的主旨服务的。研究它们，是为了把握诗歌的表达艺术。

鉴赏诗歌的要领，一般说来也有三个方面。

（1）分析意象。“意象”的内涵比较复杂，主要是指形象化的词语所包含的思想情感。比如“春风又绿江南岸”中的“绿”就是一个意象，既有形象——“绿色”，又有感情——对生机盎然的春天的赞美，同时也暗含因绿色引起的某种难以言说的思念之情。一首诗是由若干个意象组合而成的，因此，分析意象是读诗的基本环节。

怎样分析意象呢？一般说来，可以采用这样的方法：

① 根据诗歌的总体思想来推敲一些富有深意的形象化语词。比如“鸟宿池边树，僧敲月下门”中的“敲”，是一个表示动作的形象化语词，单看词义，很好懂；如果联系整首诗所渲染的幽静的情景来品味，“敲”的意味就不同寻常了。

② 通过比较，体味意象的含义。意象的中心是“意”，即思想含义。一首诗中的某个意象一时还弄不明白，可以试着用另外一个词来代替，看看哪一个词更富有情味。比较是发现的好办法，不比不知道，一比就有了鉴别；有了鉴别，认识就深刻而又具体了。

请读林子《秋感》一首诗的片段：

田野里生长着父亲厚实的渴望
每一株庄稼
都闪烁着汗水的光芒①
林间的鸟鸣被太阳一点
便燃烧成天边的彩霞
夕阳沉睡的姿势
是最茂盛的秋色②
有黄叶在风中优美的伴舞
蛙鸣或蝉噪成了听不厌的歌

我在秋的辉煌里迷路了
便问一声田头的父老乡亲
他们是秋天里最有资格的向导③
一季都把心紧贴在大地上
让它和秋的脉搏一起跳动

诗中加点的语句都是富有情意的“意象”。① 句揭示了辛苦劳作的情景；② 句描写了斑斓秋色，同时也展示了丰收的情景；③ 句中的“向导”最为重要，意思是，用劳动换取丰收，是父老乡亲给我们的人生启示。

（2）领悟意境。这里讲的“意境”是指一首诗在整体上展现出来的既有思想含义又有形象特点的情景。一首诗的完整意境由若干个意象共同组成。因此，领悟诗歌的意境，就必须从以下几个方面入手：

① 分析意象，组合意象。分析意象，前面已经说过了，这里说

说什么叫“组合意象”。所谓“组合意象”就是把若干意象词拢到一起，加以概括和提炼，从中找出共同点，并以此作为整首诗的基本主旨。

② 分析作者的写作意图。作者写一首诗总是有感而发，有情而抒的。作者的情感是什么？为什么要抒发这样的情感？读诗时，都要对此一一加以推测和分析。把握了作者的写作意图，有利于我们准确地理解诗的意境。

③ 要有自己的理解。所谓“诗无达诂”，意思是说，一首绝妙好诗，往往是仁者见仁，智者见智，没有一致的标准答案。读者可以根据自己独特的感受来理解诗的意境。当然，自己的理解也不能漫无边际，任意解释，要做到言之成理，言必有据。

请读下面一首诗：

晚霞

闻捷

夕阳在蔚蓝的天空，
抹下了五光十色；
微风与牧人们耳语：
你看它变幻无穷。

那、那一溜金黄的——
该不是负重的骆驼队，
摇着悦耳的铜铃，
在起伏的沙梁上缓行；

那、那一团火红的——
该不是奋鬃长鸣的骏马，
忽地腾空跃起，
想跃过那积雪的山峰；

那、那一片雪白的——
该不是驯良的羊群，
相互挨挤着又追逐着，
嬉游在牧草肥美的湖滨；

那、那一块绛紫的——
该不是肥胖的乳牛，
吊着两大袋奶子，
摇头摆尾地走进新圈棚。

草原上的牧人哟！
爱恋这七月的黄昏；
你听！是谁弹起三弦琴，
歌唱晚霞洞悉牧人的心……

1953 年—1956 年
乌鲁木齐—北京

这首诗首尾两段总写草原晚景，第二、三、四、五段分写不同景物。这几种不同景物综合起来，并由美丽的夕阳作背景，诗的意境显得宽广而又美丽。从形象上看，重在描写色彩的斑斓，如“金黄”“火红”“雪白”“绛紫”等色彩词；从含义上看，重在表现丰收、自由和喜悦的情怀。

（3）体味情感。读任何文章都应体味情感，读诗更应如此。只有真切地把握了诗的情感基调和情感内容，才算得上读懂了一首诗。有的诗，情感炽热、奔放，和盘托出；有的诗，情感深沉、含蓄，藏而不露……因此，体味诗的情感是要讲求具体方法的，一般说来有：

① 从关键词句入手。这里讲的关键词句主要是指抒情句、议论句。这些诗句往往是作者感情的引发点。

② 从诗的思想底蕴上入手。也就是说，先从总体上把握诗的主题和思想基础，然后结合主旨来体味其情感特点。

③ 通过朗诵的方法来体味情感。有些诗看起来平平淡淡，但经过多次朗读之后，诗情就出来了。

请读柯岩《周总理，你在哪里》这首诗的片段：

我们回到祖国的心脏，
我们在天安门前深情地呼唤：
周——总——理——
广场回音：
“呵，轻些呀，轻些，
他正在中南海接见外宾，
他正在政治局出席会议……”

总理呵，我们的好总理！
你就在这里呵，就在这里！
　　——在这里，在这里，
　　　　在这里……
你永远和我们在一起
　　——在一起，在一起，
　　　　在一起……

你永远居住在太阳升起的地方，
你永远居住在人民心里，
你的人民世世代代想念你！
想念你呵，想念你
——想——念——你……

我们把关键性词句打上了着重号。你不妨反复诵读，体味这些词句所包含的含义，诗中浓郁的深刻的思念之情就像跳荡的激流奔涌在我们的眼前。

2.
散文的初步鉴赏

散文这一概念，在不同时期有不尽相同的含义。朱自清先生是散文大家，对散文深有研究，他在《什么是散文》里细致地区分了“散文”的各种含义，对我们正确认识现代“散文”的含义极有帮助。朱自清先生是这样说的：

> 散文的意思不止一个。对骈文说，是不用对偶的单笔，所谓散行的文字。唐以来的“古文”便是这东西。这是文言里的分别，我们现在不大用得着。对韵文说，散文无韵；这里所谓散文，比前一义所包广大。虽也是文言里旧有的分别，但白话文里也可采用。这都是从形式上分别。还有与诗相对的散文，不拘文言白话，与其说是形式不一样，不如说是内容不一样。……
>
> 按诗与散文的分法，新文学里小说、戏剧（除掉少数诗剧和少数剧中的韵文外）、“散文”，都是散文。——论文，宣言等不用说也是散文，但是通常不算在文学之内——这里得说明那引号里的散文。那些与诗、小说、戏剧并举，而为新文学的一个独立部门的东西，或称白话散文，或称抒情文，或称小品文。……

我们这里讲的散文，正是“与诗、小说、戏剧并举”的散文。

鉴赏散文，一般说来有三个重点：

一是体会散文深刻的思想感情，接受思想美、情感美、哲理美、艺术美的熏陶，使自己逐步成为一个思想纯正、感情健康、富有艺术趣味的人。

二是学习散文语言。或品尝华美，或钟爱质朴，或偏爱委婉，或喜欢酣畅，从而使自己的语言不断规范、优美起来。

三是学习散文的构思艺术。散文是美文，美在思想，也美在构思。学习散文的构思，既可提高自己的艺术趣味，也可培养自己灵动、敏捷的思维能力。

当然，不同作品有不同的鉴赏重点，不能一概而论。从基本的鉴赏路子上讲，过程可分为两个阶段。一是认识文章的时代背景，特别是一些思想深刻、主题含蓄之作，更要摸清它的写作意图与时代背景。二是分点攻关，即确定鉴赏的要点，逐一加以分析、思考，切忌浮光掠影，大而化之地议论一番作罢。鉴赏要点的确定并非易事，一般要反复诵读作品，在初步了解全文内容的基础上，再选定几个疑点、难点、重点，用问题形式提出来，加以解答。解答问题的过程也就是鉴赏的过程。

下面以中学语文课本中的《听潮》《闻一多先生的说和做》及《第二次考试》为例，从“境界”“人物”“感情”三方面，来讨论散文的鉴赏。（原文见课本）

（1）着眼于展现艺术境界。有人说：在文学的百花园里，散文和诗是两朵最亲近的姐妹花，虽然它们各具自己的风姿和逸韵，但色泽芬芳确有不少相同之处。一篇清新隽永的散文，总是洋溢着动人的诗情画意，展示出耐人寻味的艺术境界。散文是无韵之诗，讲究意境的描绘。所谓意境，就是艺术境界。王国维在《宋元戏曲史》中曾这样论述：“写情则沁人心脾，写景则在人耳目，述事则如其口出是也。”可见意境讲究一个“真”字，景物逼真，感情真挚。作者的思想感情和描写的景物交融为一的时候，就会出现感人的艺术境界。王鲁彦的《听潮》在这方面颇具特色。

这篇经删改后的散文着重在景物的描绘，用优美的笔触描写大海的神奇变幻和海潮奔涌而来的壮观，摹声绘态，展现大海的雄壮美，歌颂大海所寓含的伟大力量。

作者描绘海潮奔腾而来的情景如“在人耳目”。文中抓住海潮汹涌澎湃的特征细笔细描，先写潮初涨时的声音和情态，再写涨到高峰时的壮观；采用了拟人的手法，模拟海潮的声音、情态和性格，十分逼真。一个“惊醒”报告了潮来时的消息，然后从声、光、色、形等多方面描绘渲染：“汩汩的声音”，“银光跟着晃动起来”，“银龙样的”，“像铃子、铙钹、钟鼓在奏鸣着”，使人如闻潮声，如见潮水上涌。接着从与岩石撞击的角度写潮的势头。一笔用排比句，用准确的动词刻画大海掀巨澜的力量，“它狠狠的用脚踢着，用手推着，用牙咬着。它一刻比一刻兴奋，一刻比一刻用劲”；一笔写岩石受海浪冲击后的反响，“战栗”，“嗥叫”。而写岩石，也正是为了写海潮。“海的鳞甲，片片飞散”，用形象的比喻描绘出海潮冲刷岩石溅起无数水花的景象。最后，重笔描绘涨潮达到高峰时的雄伟气势和惊心动魄的奇观。文中用了多种多样的声音状海潮的巨大声势，“战鼓声、金锣声、呐喊声、叫号声、啼哭声、马蹄声、车轮声、机翼声，掺杂在一起”，真是天上地下，人马杂沓，犹如千军万马混战，动魄惊心。文中又用“愤怒”“咆哮”，猛烈地“冲向”岸边，“冲进”罅隙，“拨刺”壁垒，疯狂地“汹涌着”，“吞没了”岛屿等分量很重的词语描绘海潮的汹涌澎湃，震天撼地。

文中之所以能凸显出海潮的雷霆万钧之势，摧坚吞垒之力，不仅由于作者善于运用拟人、比喻等修辞手法制造音响效果，描摹出海潮滔滔滚滚的雄姿，而且还在于交代了听潮、观潮的十分优越的位置：幽静的寺院里的一间靠海湾的楼房，还有一个露台突出在海上。露台观海，脚下是海，闭窗听海，观潮者犹如置身于大海之中，心潮随着海潮起伏翻腾，情景交融，使读者有身临其境之感。更何况在海潮奏伟大乐章之前，作者精心设计了前奏。作者来小岛上游览观光，领略海景，必然要早观潮、晚观汐。因此，交代了听潮、观潮的时间与地点后，立即从潮入笔初写海景。先以潮水冲击岩石的音响诉之于读者的听觉，再以“细雨似的，朝雾似的，暮烟似的飞沫升落”的情态诉之于读者的视觉，又以“带着腥气，带着咸味”的气味诉之于读者的嗅觉。这样写，初显海潮特征，为海潮咆哮、奔腾，为大海的伟大乐章作前奏。

文章着力写大海的汹涌澎湃，显示其雄壮有力，也不忘描绘它的温柔静谧。写后者，不仅能使读者较为全面地了解大海，认识它的神奇变幻，而且也为大海的雄壮有力做了很好的铺垫。有“静”有“动”，唯其“静”，“动”就更为突出，更为吸引人。写海景的变幻，人的心情变化，由“欢心”“喜悦”到“战栗”“恐惧”才有依据。而心情变化的刻画又更逼真地表现出海景的神奇，内情与外物相融合，意境展现，真切感人。

文中描写大海平静的画面也颇富有诗意。先用“静寂”这个词语总领，然后从“波浪”轻吻、“海面”平静、“月光”颤动、“红玉”琼台等方面写其静态，波平浪静，色彩柔和，使读者欣赏到大海的宁静美。而五个比喻的连用，像诗人“沉吟”，像“朦胧的月光和玫瑰的晨雾那样温柔”，像“情人的密语那样芳醇”，像“微风拂过琴弦”，像“落花飘零在水上”，给大海的宁静美增添了神秘、欢愉的色彩，分外有情趣。与写大海怒吼的过程一样，文章也描写了海的静寂之中细微的变化。从“波浪轻轻吻着岩石，像蒙眬欲睡似的”开始，而后写它的“沉吟”，再写它的“睡熟”。为了渲染宁静的气氛，写大小岛屿“也静静地恍惚入了梦乡”，写星星“也像要睡了”，写“我俩也像入睡了似的”，真是万籁俱寂，皆入梦乡。这种对“幽静的和平的愉悦的神秘”的诗意描写，为下文的海潮呼啸奔腾、狂暴不测充当先行，传递消息。

作者分别细致地描绘海静、海闹的变化过程，犹如一幅幅画面的连续转动，增强了立体感，增添了使人身历其境的实感。

文学欣赏，常常是通过眼前的有限形象不自觉地捕捉和领会到某种更深远的东西而获得美的享受。教学《听潮》这篇散文，不正是可以引导学生从海潮的形象中领略沸腾生活的壮美，胸襟广阔的可贵吗？

（2）着力于再现动人形象。有人说，散文有四美：形象美、绘画美、音乐美、含蓄美；而形象美最为重要。这话有道理，散文中有鲜明的形象就会有艺术感染力。散文中的形象往往通过神速的剪影来表现，以十分简约的笔墨，活灵活现地描绘出某种场景或某个人物，形神毕现，给人以难忘的印象。

臧克家同志的《闻一多先生的说和做》记述了闻一多先生从学者到革命家的言行片段，“口的巨人”“行的高标”的形象就跃然纸上。教学时要着力于再现这位革命家的形象，以他孜孜矻矻钻探文化宝藏的精神及疾恶如仇、为祖国安危而英勇献身的凛然正气和高尚情操教育、感染学生。作者巧妙地选取了不同的角度来记述闻一多先生的事迹，赞颂他的可贵精神。文章的第一部分记述他作为学者方面“做”了再“说”、“做”了不“说”的特点。第二部分记述他作为革命家“说”了就“做”、又“说”又“做”的特点。中间用三段过渡，脉络清楚，连缀紧密，给人以深刻的印象。

文中记述闻先生的言行、描写闻先生形象很具匠心。尽管文中说作为革命家的闻一多先生与作为学者的闻一多先生对待“说”与“做”的情况迥然不同，但实际二者并不矛盾，二者统一在“言论与行动完全一致”，而且以宝贵的生命“实证了他的‘言’和‘行’”。言行一致是闻先生人格的写照。如果笼统地写，容易落入窠臼，流于一般化。选取恰当的角度，采用剖析的方法记述，具体、实在，既刻画了闻先生力戒空言、崇尚实干的学术道德，又刻画了为民主事业作狮子吼的慷慨陈词、昂首挺胸的战士形象。采用剖析的方法记述，不仅从不同的侧面揭示闻先生的精神世界，而且揭示了他思想前进的历程；从埋头寻觅文化药方，到挺身而出为争取民主、反对独裁而斗争。这样记述，虽只是言行的片断，但学者、革命烈士的精神美洋溢纸上，形象鲜明，血肉丰满。

这篇散文以记叙为主，但其中不少语言含有诗意，字词凝练，句式整齐，音调铿锵，感情浓烈，给人以强烈的感染。如“目不窥园，足不下楼，兀兀穷年，沥尽心血”四句16个字，内容丰厚，气势流畅，一个“沥”字深刻地表现了用心血一滴一滴浇灌学术研究花朵的钻研精神，精当，凝练。又如，“不动不响，无声无闻”，两个“不”，两个“无”，看来普通，但细细咀嚼，颇有韵味。不是“不动”，而是在“动”，在废寝忘食地“动”，用灯火“漂白了四壁”动。这个“不动”，是不说，是无声，是听不到。用“不动”来突出闻先生的“做”，突出他沥尽心血、埋头实干。再如“他‘说’了”

“他‘说’了”“他‘做’了”的排比段，感情如冲开闸门的水汹涌澎湃，一泻千里，倾泻出对闻先生英勇精神的高度钦佩与赞扬。结尾的“他，是口的巨人。他，是行的高标”，是对闻先生人格的艺术概括，句式短促，音调高亢，节奏分明，情深意赅。散文中运用诗意的语言能增添文章的浓度，能使人物形象更为鲜明，能更为深刻地表达讴歌闻先生坚持真理、英勇无畏、慷慨献身精神的主题，能以文中包孕的感情激流给人以激励、鼓舞和感染。

为了突出形象，深化主题，文章在记人叙事的基础上，穿插了一些精要的议论，安排十分得当。第一部分先引闻先生的“言”，然后记其“行”，再进行议论，表现他在治学方面的埋头专攻精神。第二部分把闻先生的“言”和“行”糅合起来写，把“言”插入所叙事实之中，而这些“言”又是闻先生致作者信中亲笔所书，言导行，行证言，情真意切。作者在记“言”述“行”的基础上，连用三段文字进行议论，给人以飞流直下、一气呵成的感觉。这样写，既绘出了闻先生“说”的气冲斗牛、声震天地的情状，再现了他坚强不屈的声音，昂首挺进的形象；又深刻地揭示了他以生命为代价求民主反独裁的高尚人格。议论中寓含深情，议论中夹以事实，叩击读者心弦，使人对闻先生的无畏精神、凛然正气和高尚情操油然而生敬仰之情。

散文的形象不局限于人的形象，更多的是见之于物的形象、景的形象，通过形象的描绘，表现写作的意图。教学中着力于再现神采奕奕的形象，学生不仅能观形闻声，而且能深入理解文章的主题，受到教育与启示。

（3）注意把握思想感情的踪迹。优秀的散文非常讲究结构的艺术。乍看，笔下所写似乎信手拈来，随心所欲，其实颇有规矩，其中总有一条线索贯串首尾。寻觅作者逻辑思维的踪迹，把握蕴含在字里行间感情起伏的波涛，文章就能拎起来，不会像断了线的珍珠四处乱滚。何为同志的《第二次考试》这篇散文在谋篇布局上就很讲究章法。

这篇文章记叙了一个学生参加合唱训练班入学考试的故事。它的基本情节是：陈伊玲初试获胜；抢险救灾；复试失利；事因揭晓；终被录取。如果以故事的发生、发展、结果为顺序，应这样排列，而作者对题材进行了调整：写初试获胜后，立即写复试失利，然后调查事因，设下悬念，形成波澜，造成故事的曲折性，增强吸引力。

作者在文中制造了一系列悬念，处处布置疑点，时时引起读者揣测，收到引人入胜的效果。文章一开始把先后两次考试成绩悬殊的现象巧妙地构成一件“奇怪的事情”，造成了一个大悬念，在解开这个“奇怪”的谜团过程中又不断设置一个个疑点。有的用一系列疑问句设疑、布疑，如小石子投入水中，激起读者心中的浪花——“是因为怯场、心慌，还是由于身体不适而影响声音？”正当人们在这几种可能性中揣测、推论时，作者又通过人们的感觉说明“可是她通体是明朗、坦率的，使人信任的”；正当人们希望从陈伊玲口中听到复试失利的原因时，偏偏作者写她“抱歉地对大家笑笑，飘然走了”，真使读者疑上加疑。有的以场景描写来制造悬念，如正当苏林教授因陈伊玲复试反常而生气时，作者突然调转笔锋，不写他的心理活动，而插入几句台风袭击后窗外断枝残叶狼藉满地的景象。读者不禁要想：这与陈伊玲考试有什么关系呢？苏林根据报名单上的地址“好容易”才找到了那条马路、那条弄堂，偏偏扑入眼帘的是受台风与火灾严重破坏的景象。就在读者急于想知道事情的真相时，文中又设了一个小疑点——“……手持纸条，不知从何处找起”。这样处处设疑，妥善布疑，似乎山穷水尽，终究柳暗花明，激发读者浓厚的兴趣。

作者在精心编织材料的过程中，对作品的重点人物倾注了赞美的感情。白居易在给元稹的一封信里说：“感人心者，莫先乎情，莫始乎言，莫切乎声，莫深乎义。《诗》者，根情，苗言，华声，实义。”诗歌如此，散文也是这样。一个作家，记叙什么事情，歌颂什么人物，选择什么语言，都是跟他的思想感情分不开的，都是从“情”这个根子里出来的。《第二次考试》的作者用饱蘸感情的笔赞扬陈伊玲这样的热爱人民、热心为人民服务、具有共产主义道德品质的社会主义新人。从人物的声音美、形态美、行动美上揭示人物的心灵美。

作者安排她的第一次出场，首先在声音的描绘上下功夫，不仅直接描绘她音色“灿烂”，感情“深沉”，而且以教授们的眼神、表情为衬托，进行渲染刻画，给人以强烈的美的享受。接着在外貌、神态上轻轻一点，绘出蓬勃的朝气和毫不骄矜的品质。第二次出场在声音描写上作了明显的对比——“发涩”“毫无光彩”，在神态上也一反前次的朝气蓬勃，而是眼睛“黯然无神”，嘴角流露出“无法诉说的焦急”。然而，作者在描写这个人物异样时，仍然着力写了她内在的美，“她通体是明朗、坦率的，使人信任的”；临走时“抱歉”的微笑也透露了这一点。除了上述的直接描写，文中还通过苏林教授看照片勾画她的肖像，通过她弟弟的转述刻画她的行为的高尚。

总之，作者把这个人物放在不同的环境里，从不同的侧面揭示她的内心世界。有同一环境里表现不同的直接描写；有另一环境中别人的转述，从侧面来描写，笔笔带情，表现人物高尚的品质。尽管没有写一次对话、一个内心活动，但陈伊玲的高贵的品质、动人的歌声和优美的风采所构成的艺术形象却栩栩如生地展现在读者的眼前。值得注意的是：第二次考试后，这个人物“飘然走了”，再没有和读者见面。作者用这种“曲终人不见”的手法来处理，让人追寻、思索，意味隽永。

3.
小说的初步鉴赏

小说是一种以综合运用语言艺术的各种表现方法，来塑造人物形象、反映社会生活的文学体裁。它的主要特点是：细致而多方面地刻画人物性格，生动而完整地叙述故事情节，充分地、多方面地展现人物活动的环境。

怎样鉴赏小说？下面讲几个要点。

（1）分析人物。小说都有其重点塑造的人物形象。用“分析人物法”研读小说，就是对小说主人公进行评价，抓住其性格特点、精神风貌以及作者塑造他的目的和意义。怎样“分析人物”呢？

一是看这个人物在小说中的地位。一篇小说常常要有几个人物，我们要分清哪是主要人物，哪是次要人物；一般来说，要把主要人物也就是主人公作为分析的重点。

二是看作者是怎样描写这个人物的。小说写人或重在肖像描写，或重在心理揭示，或重在言行描写，或重在环境烘托……我们在分析人物时，就必须紧扣这些描写内容来分析人物的思想特点、性格特征。

三是看作者的意图与态度。作者写一个人，总是有目的的；同时，作者也往往加以议论以表明自己的态度。由分析作者的创作意图入手来看作品中的人物形象，有利于我们准确把握人物的精神实质及其典型意义。

下面，请读周立波《分马》中的一个片段。

> 几个人跑去扶起他来，替他拍掉沾在衣上的干雪，问他哪块摔痛了。老孙头站立起来，嘴里嘀咕着："这小家伙，回头非揍它不可！哎哟，这儿，给我揉揉。这小家伙，……哎哟，你再揉揉。"
>
> 郭全海把玉石眼追了回来，人马都气喘呼呼。老孙头跑到柴垛子边，抽根棒子，撵上儿马，一手牵着它的嚼子，一手抡起木棒，棒子落到半空，却扔在地上，他舍不得打。
>
> 继续分马。各家都分了称心的牲口。白大嫂子，张景瑞的后娘，都分到相中的硬实马。老田头夫妇牵了一匹膘肥腿壮的沙栗儿马，十分满意。李大个子不在家，刘德山媳妇代他挑了一匹灰不溜的白骟马，拴到他的马圈里。

《分马》写了一组人物，其中"老孙头"是重要人物之一。单就这几段文字来看，作者写了"老孙头"的语言和行动。语言蕴含气愤之情，但其中称“马”为“小家伙”又流露了一种喜爱之意；写行动是交代“老孙头”要打马，但是究竟没有打，原因何在？作者作了评断：“他舍不得打。”把言行描写和作者的评议结合起来思考，我们就可以看出“老孙头”这一人物形象的特点了：他是一位翻身之后满怀喜悦、善良朴实又不乏幽默感的老农。在他身上可以窥见翻身农民的精神风貌。

（2）理清情节。情节又称“故事情节”，是指作品中借以表现人物、揭示主题的某一事件的发生、发展、演变的过程及结果。它是人物生活发展、性格形成的历史，一般包括开端、发展、高潮、结局等组成部分。

理清情节的基本方法有：

一是找出事情的高潮并划分事情全过程的阶段。任何故事情节都有高潮，阅读时可先找出来，然后分析高潮前有几个阶段，高潮后的结果如何。

二是抓住过渡性语句或段落来分析情节发展变化的过程。由开端到发展，由发展到高潮，由高潮到结局，其中都有一个变化过程。为了表示这个“变化”，作者往往用过渡性语句来交代。因此，理清情节就必须从过渡性语句或段落入手。

请阅读《小小说选刊》中邵宝健的一篇小说。

在我们这个普通的居民点，38 号的户主老钱是名望最高的。这与他的地位和才智似乎无关，与他的长相和风度也无关。换个角度说，老钱是个非常清正的人，邻居们喜欢他，平日里亲昵地直呼他为“38 号”，而不呼他官衔，就是一个佐证。

我们注意到，38 号的口味喜清淡，长年食物含油脂少。一些个手拎甲鱼、黄鳝、鳗、虾、蟹的人向他家“进击”，每每被他拒之门外。久而久之，人们便了解了他，便停止了这种粗俗的以“小利换大利”的勾当。而他在将近 40 年的税务生涯中，却满足于清淡恬静的生活，直至临将退休，最高职务只是一个税务分所的副所长。

在准备办理退休手续的日子里，38 号家的门被两位衣冠楚楚、神色庄重的中年男子叩开了。

清茶。寒暄。在客人对主人作了一番充满敬意的表白后，其中一位中年客说："钱同志，此来别无他事。知道您就要退休了，很依恋。这一带的纳税单位，深为您的秉公办事和清正廉洁所感动，受大伙儿的委托，给您准备了一件小小纪念品——不是什么行贿哟，只是表达大家的敬意而已。所以请您一定不要客气。"

38 号不吭声，静察。

客人把随身带来的一卷画纸展开——是一幅尚未裱糊过的中国画。画面是几棵青菜和数个萝卜，青青白白，煞是逼真。画作题款是硕大非常的两个行书字：清淡。

38 号瞄了一下。接着眉毛抬了一下："还是请拿回去，这不好——当然不是说这幅画画得不好，画是很不错，很有意境的；你们的心意我心领了，请收回吧。"

两位客人稳坐不动，大有不收受就不走的架势。

空气有点沉闷。一直没有开口的另一位中年客说："38 号，您是个热心人，热心了近 40 年了。人心是秤，家喻户晓。我们也希望您对我们两人热心一点。您这样，我们很难'交差'，您已经上不了几天班了，这只是表达我们的……怕您不接受，也没有再破费去裱糊……"

38 号终于被客人的诚恳所打动，叹了一口长气："好吧，就留下吧，谢谢，谢谢。"

客人如释重负地告辞了。

墙也透风。赠画一事，不知怎么一来，传到所里，于是很自然地惹起一番议论。其中较新颖的议论是：此画乃出于一位丹青大家之手，是花了5 000元的代价定购的，云云。

这天，在沸沸扬扬的议论中，38号默默地走进他的办公室。他是来向同事们“告别”的，即日起，他就可以赋闲在家了。

只见他望了一眼他的办公桌，又把目光一一移到所长、新任副所长和别的几位科员身上，语气低沉：“今天，我要走了，谢谢大家的合作。我也没带来什么礼物，这里有一幅画，就留在办公室。欣赏权属于所里的每个人；画的所有权归公家。”

就是那幅“青菜萝卜”图，他已经花了一些钱给裱糊了一下，添了轴，更挺括了。

办公室的后墙上钉了一枚钉，画轴即刻被挂在墙上了。画上的题款“清淡”两字旁边，新添一行正楷——“与同志们共勉”。不难看出，这些新字为38号所书。

38号退几步，朝“青菜萝卜”凝视片刻，说：“很好！”

这篇小说所写的主人公是“老钱”，也即“38号”。所叙之事也比较简单：赠画的故事。事虽简单，但情节却很有波澜，即“看画→拒画→收画→送画”。“看画”是开端；“拒画”“收画”是发展；“送画”（把画送给办公室）是故事的高潮，也是结局。这个高潮既揭示了人物的思想感情、性格特征，同时也具有深刻的教育意义。

（3）剖析环境。小说常常进行环境描写，这个环境一指社会环境，即人物所处的时代背景；一指生活环境，即人物所处的居室、场所以及其他具体的活动范围等。作者描写环境主要是烘托人物形象，揭示人物的思想、性格、志趣与爱好等。因此，读小说应该研究环境描写。

怎样剖析环境呢？基本方法有：

一是抓住环境特征。作者写环境总是要突出表现环境的特点的：是美的环境，还是丑的环境；是具有时代典型意义的环境，还是体现个人性格特点的环境。作者笔下都会有所交代。

二是看环境与人物之间的关系。有什么样的环境，往往就有什么样的人；有什么样的人，也往往就有什么样的环境。环境与人之间的关系是密切的。了解这个关系，对于分析人物形象、揭示作品主旨都大有裨益。

请阅读下面一段文字：

> 六月十五那天，天热得发了狂。太阳刚一出来，地上已经像下了火。一些似云非云似雾非雾的灰气低低地浮在空中，使人觉得憋气。一点风也没有。祥子在院子里看了看那灰红的天，喝了瓢凉水就走出去。
>
> 街上的柳树像病了似的，叶子挂着层灰土在枝上打着卷；枝条一动也懒得动，无精打采地低垂着。马路上一个水点也没有，干巴巴地发着白光。便道上尘土飞起多高，跟天上的灰气联接起来，结成一片毒恶的灰沙阵，烫着行人的脸。处处干燥，处处烫手，处处憋闷，整个老城像烧透了的砖窑，使人喘不过气来。

这是老舍《在烈日和暴雨下》中的一段景物描写（景物描写是环境描写的一种方式）。作者所写的这个环境特点是“奇热”。天气如此奇热，祥子却不得不出门拉车接客，人物生活之艰难便不言而喻了。由此可见，作者写自然环境，旨在揭示人物的悲惨命运。

4.
戏剧文学的初步鉴赏

戏剧是一种综合艺术，它是文学、音乐、美术、舞蹈等各种艺术的综合体，以创造完整的舞台艺术形象为目的。戏剧文学，是指戏剧演出用的剧本。

鉴赏戏剧文学作品，要从三方面入手。

(1) 把握戏剧的冲突。所谓“冲突”是指故事矛盾和人物感情及心理矛盾，并且，这些矛盾在故事发展进程中形成了波澜，产生了冲撞，甚至到了白热化状态。“冲突”是戏剧的特点，否则就没有“戏”了。作者制造冲突的方法一般是悬念法、误会法、对比法、伏笔与照应法。

怎样把握戏剧的冲突呢？基本方法有：

① 由“果”推“因”。也就是说，先看戏剧的结局，然后一步一步往前推，找出产生这种结果的原因。这样读，能更好地摸清故事发展的来龙去脉，抓住冲突的原因及线索。

② 寻找故事的悬念及伏笔、照应文字，分析其在故事推进中所起的作用。一般地，冲突是由悬念引起的。在戏剧故事、人物命运发展的初期阶段，作者总喜欢设置几个悬念，扣人心弦，引人生疑；或者埋下一个伏笔，到故事结束时才交代，使读者恍然大悟。这些悬念、伏笔、照应，是作者精心设计的，阅读时认真推敲、思考，对理解整个戏剧故事的冲突大有裨益。

请阅读下文：

陈　毅　可以，决不多加打扰。

齐仰之　请。

〔齐仰之请陈毅进屋。

陈　毅　（打量房间）齐先生就住这里？

齐仰之　对，好多年了。

陈　毅　我倒想起了刘禹锡的《陋室铭》：“山不在高，有仙则名；水不在深，有龙则灵。斯是陋室，惟吾德馨。”

齐仰之　（高兴地）不不，过奖了，过奖了！

陈　毅　不过刘禹锡的陋室是“苔痕上阶绿，草色入帘青”，齐先生的这间陋室嘛，则是“苔痕上墙绿，草色室中青”。

齐仰之　（笑）陈市长真是善于笑谈。

陈　毅　（看到墙上贴的条幅，念）“闲谈不得超过三分钟”。

齐仰之　（看表）有何见教，请说吧。

陈　毅　（也看表）真的只许三分钟？

齐仰之　从不例外。

陈　毅　可我做报告，一讲就是几个钟头。

齐仰之　（看表）还有两分半钟了。

〔齐仰之请陈毅坐下。

陈　毅　好好好。这次我趋访贵宅，一是向齐先生问候，二是为了谈谈本市长对齐先生的一点不成熟的看法。

齐仰之　哦？敬听高论。

陈　毅　我以为，齐先生虽是海内闻名的化学专家，可是对有一门化学齐先生也许一窍不通。

齐仰之　什么？我齐仰之研究化学四十余年，虽然生性驽钝，建树不多，但举凡化学，不才总还略有所知。

陈　毅　不，齐先生对有门化学确实无知。

齐仰之　（不悦）那我倒要请教，敢问是哪门化学？是否无机化学？

陈　毅　不是。

齐仰之 有机化学?
陈 毅 非也。
齐仰之 医药化学?
陈 毅 亦不是。
齐仰之 生物化学?
陈 毅 更不是。
齐仰之 这就怪了，那我的无知究竟何在?
陈 毅 齐先生想知道?
齐仰之 极盼赐教!

这是初中语文第五册课文《陈毅市长》中的一段人物对话。齐仰之拒见陈毅，冲突开始；见面后只准谈三分钟，冲突发展；齐仰之告知陈毅“还有两分半钟了”，冲突达到高潮。在这个节骨眼上，陈毅单刀直入，指出齐仰之“对有一门化学”“一窍不通”，引起齐仰之疑惑，“极盼赐教”。陈毅指出三分钟已到，假装告辞。齐仰之非留陈毅不可，一直谈到办医药厂，两人思想沟通，冲突才告结束。由此可见，要把握这一矛盾冲突，必须理清情节过程，即“拒客→限定时间→留客长谈”，同时，又要抓住“三分钟限时”这个悬念。

（2）品味戏剧的语言。在戏剧文学中，故事的发展、人物性格的揭示以及剧作家对人物、事件的评价和态度，一般都依靠人物的对话来完成。因此，品味戏剧的语言，对于理解主题、了解人物形象有着很重要的意义。

怎样品味戏剧的语言呢?可从以下三方面入手：一是分析戏剧人物语言的个性化特点；二是戏剧人物语言比较精练、含蓄，要挖掘语言的含义，也即理解人物的“潜台词”；三是根据人物性格特征来揣摩其语言特点。

请继续读《陈毅市长》中的一段对话：

陈 毅 市政府决定聘请齐先生主持筹划。
齐仰之 好，我一定效力，一定效力!

陈　毅　至于详细计划，改日再与齐先生细谈吧。

齐仰之　不，不，现在就谈！现在就谈！

陈　毅　（看表）已经谈了三十分钟了。

齐仰之　没关系，没关系。

陈　毅　（指墙上的条幅）喏，喏！

〔齐仰之解嘲地大笑。电灯突然熄灭。

齐仰之　咳，又停电了！

陈　毅　停电倒不怕，怕就怕敌人破坏电厂，那就要一片漆黑了。

〔齐仰之点燃蜡烛。

齐仰之　没关系，我们可以秉烛夜谈。

陈　毅　再谈多久？

齐仰之　（扯下"闲谈不得超过三分钟"的字条，撕得粉碎）三天三夜！

这一段对话表现了齐仰之激动、急切的心情。"一定效力，一定效力！""现在就谈！现在就谈！""没关系，没关系。"这些重复的句子，生动传神地揭示了齐仰之的心理特点，与一开始时的拒客、冷漠相比，真是判若两人。前边说"闲谈不得超过三分钟"，而在这里说再谈"三天三夜"。所说的话不同，表明人物的心情不同。齐仰之的话简洁朴实，都是内心之言，很好地揭示了人物的心理变化、感情变化。

（3）探究艺术形象。戏剧文学和小说一样，都要塑造典型的艺术形象，分析人物的方法与途径大致相同。不过，就戏剧文学的特点来说，探究戏剧艺术形象主要应从以下三点入手：

一是研究人物对话。言为心声。人物所说的话能反映其思想、感情、动机及性格；而且戏剧文学主要是通过对话来塑造人物的，因此，研究人物对话是最基本的方法。

二是研究人物的行动。戏剧表演中，人物的一举一动都是有所设计的，都是为了体现人物的特点。

三是研究剧本中的说明语。如《陈毅市长》中说齐仰之接电话，作者用“极不耐烦地”加以说明，这是为了表现人物态度。

另外，对于歌剧、戏曲，还要研究人物台词。

请阅读下面一段文字：

齐仰之 （烦躁地）谁？

陈　毅 我！

齐仰之 （走过去开门）你找谁？

陈　毅 请问，这是齐仰之先生的府上吗？

齐仰之 你是谁？

陈　毅 姓陈名毅。

齐仰之 （打量陈毅）陈毅？不认识，恕不接待！（乓的一声将大门关上，匆匆回到桌边，又开始埋头工作）

陈　毅 （一惊）吃了个闭门羹！（想再敲门，又止住，思索）这可咋个办？真是个怪人！……

这里的对话、行动及表情描写，传神地表现了齐仰之的性格特点。齐仰之说“谁?”“你找谁?”“你是谁?”语气冷漠，态度烦躁，与陈毅说话礼貌形成鲜明对比。齐仰之的动作也是冷漠的：“打量”，“乓的一声将大门关上”。另外，陈毅“一惊”的反应，也从侧面表现了齐仰之的“怪”。由此可见，从几个方面同时入手，我们就能全面而又准确地把握人物的形象特点。

开卷未必有益
——善于选择

卷，指书；“开卷有益”是说，只要打开书本读一读，就有益处。这个成语的意义是正确的，它强调了读书的好处，旨在劝导人要多读书，勤读书。“开卷有益”出自宋代王辟之的《渑水燕谈录》：“（宋）太宗日阅《御览》三卷，因事有阙，暇日追补之，尝曰：‘开卷有益，朕不以为劳也。’”宋太宗说“开卷有益”是有一个前提的，即他已经选定了《太平御览》这部书在读，他的“开卷有益”实际上是就《太平御览》这一本书而言的。李亚农在《欣然斋史论集》的总序中说：“又假如读者对于一本书的要求，只在于采其可取者而弃其可去者，则很多著作……大都是开卷有益的。”可见，“开卷有益”在两种情况下是完全正确的：其一，读者已经选到了一本好书，读选到的好书，当然是开卷有益了；其二，即使是读良莠并存的书，由于读者有较强的识别能力，知道什么是好，什么是坏，那么“开卷”也自然有益。

如果不具备上述两个条件，不管是什么书，拿过来就读，甚至读了坏书，别人劝止还不听，还振振有词：“开卷有益嘛！”这显然是不对的。因此，在这里我们强调：开卷未必有益。中学生的思想、眼力尚处在发展与提高的阶段，对有些思想低下、庸俗甚至反动的书，尚难以识别。中学生以课内知识学习为主，而书刊多如牛毛，不胜其数，很难有充裕的时间从容阅读。有的同学及早产生偏爱心理，专读爱读的书，其他有益的书不闻不问……所有这一切都说明，中学生朋友读书必须有所选择，而且要善于选择。

没有选择的阅读，是阅读的浪费，也是时间和生命的浪费；有选择而不能正确选择的阅读，是阅读的迷误，甚至是自我戕害。没有选择的阅读，是指抓到什么书就读什么书，表面看来，这是热爱读书的表现，其实，浮光掠影，浅尝辄止，以量取胜，往往时间花了不少，却没有收获，这样的阅读，当然是浪费时间和生命了。有选择而不能正确选择的阅读，是指为了满足某种低级趣味而专门选择那些缺乏教育意义的书刊来读。没有选择吗？有，但选错了，这样的阅读当然是误入歧途、自我戕害了。因此，单说“选择”还不行，还必须强调“善于选择”。

有的同学会说，萝卜青菜，各有所爱，各人有各人的选择要求和目的。这话不错。但是，我们在强调选择个性的同时，还必须遵循共同的选择标准。选择的标准和要求，一般说来有如下几点：

第一，依社会的公认来选择。比如经典名著，早已经过历史的检验和读者的确认，属于社会公认的好书，自当选读无疑。有的同学会说，什么是名著，时下也弄不清楚了。除了已有历史定评的“名著”外，当代也有不少书妄称“名著”，这如何确认？是啊，泥沙俱下，鱼龙混杂，不要说眼下有不少书被称“名著”不好评定，就是古代流传下来的书，也很难说都是“名著”。为此，美国学者阿德勒的话可以帮助我们提高认识。阿德勒认为真正的“名著”有四个特点：① 一般拥有最广泛的读者，它们不只是风行一两年，而是经久不衰的畅销书；② 不是供学者研究而积满尘垢的遗著，而是当今世界上潜在的强大的文明力量；③ 只要认真阅读，“名著”决不会令你感到扫兴，名著一页书所包含的思想要比一整本普通书的内容还要丰富得多；④“名著”是许多书籍所摘引所论述的材料，研讨阐述“名著”的书，在数量上远胜于名著本身。不能说阿德勒的话完全正确，但至少告诉我们，“名著”必定是耐读的、使人爱读的、内容深刻的、思想进步的、对人有益的。中国学者冯至的话也许更能揭示“名著”的特点，他在《读书界的风尚》一文中说：

> 直到现在为止（将来我们不知道），我们从未见过一部真实的伟大的作品是“完全过去了”。有

> 时候老子的一句话，莎士比亚或歌德的几行诗，向我们比任何一个同时代的著作说得更多。一时畅销的书和真实的文艺作品可以说是两回事，正如流行的服装与美并不甚相干一般。有些女人很知道，一件超乎时尚而合乎美感的衣裳比一件只局限于时尚的衣裳可穿的时间要长久得多。读书的人对于书籍也应该懂得这个道理。

在我国，古代名著不说了，单看现代的，像鲁迅、茅盾、巴金、郭沫若、郁达夫、朱自清、闻一多等大家的一些作品自然属于“名著”之列，不仅要读，而且要多读为好。

第二，选择要不断扩大范围，涉及多种门类。手头只有几本书，无所谓选择，只有到书海中去“淘”（比如到图书馆、新华书店、阅览室），不断扩大范围，选择才有余地。既要读文学著作，也要读哲学著作；既要读社会科学著作，也要读自然科学著作。只有这样，才能开阔阅读视野，丰富阅读内容，从而全面提高自己的文化知识修养。有些同学是乐于读书的，也是善于选择书刊的，但是有“偏食”现象，爱读诗的同学专门选读一些好诗；爱读小说的同学专门选读一些小说，如此等等，是必须纠正的。中学生正处在长知识时期，知识结构还没有稳定下来，专业方向也没有确定，因此应该做到广闻博取，如同海纳百川，尽可能地阅读多门类的书刊。有的同学会说，个人爱好总应该有吧？我对文学类书刊有兴趣，自然多读些；我对自然科学著作没有多少兴趣，自然就会少读些，这有什么不可以呢？对此，我们要从两方面看。一是阅读选择，当然应该满足个人爱好，依兴趣来读书；二是我们对于兴趣也应该有正确认识。兴趣是一种持久的心理倾向，要靠培养才可养成，人的兴趣绝不是天生的。我们对于有些书，由于缺少接触，一开始阅读可能还没有什么兴趣，但入门之后，尝到了甜头，兴趣也许就飘然而至了。总之，兴趣要靠自我培养。对某类书过早拒绝，缺乏了解，兴趣当然无从谈起了。

第三，选择是一个思考的过程，在此过程中要善于比较。大凡有阅读经验的读者，在选择自己要读的书的过程中，总是注重于“慎思明辨”的。所谓“慎思明辨”，就是严肃认真而又精细明白地加以辨别和比较。一般说来，要从以下几方面辨别和比较：① 通过比较，区别庸俗与通俗。庸俗是粗陋、卑俗、肤浅、丑邪的别名；而通俗则是深入浅出、明白晓畅、为群众喜闻乐见，比如《西游记》《小二黑结婚》《骆驼祥子》《白毛女》等作品就是人们喜爱的作品。值得警惕的是，现在书市上有不少庸俗低级读物打着通俗的招牌迷惑人，比如一些黄色、反动、宣传迷信的书刊总是给自己贴上“通俗作品”“大众文化”“社会扫瞄”甚至是“法制文学”的标签，有的明明是反科学的，却称自己是“科学揭秘之作”。广大青少年应有敏锐的眼光加以洞察，千万不能受骗上当！自己辨别不清的，可向老师或家长请教。② 通过比较，区分优与劣。有的书刊，内容是健康的，属于可读作品之列，但比较起来看，它们又不是优秀作品，或者文字粗劣，或者表达粗劣，或者内容一般化。对这样一类作品，自然也应该加以淘汰。中学生朋友学习紧张，功课负担重，自由支配的时间极为有限，应该选择最优秀的作品阅读。有的同学会说，作品琳琅满目，如何区别优劣呢？有经验的阅读者告诉我们：手中应有两把尺子。一是凭直觉判别。优劣差别较大的作品，凭直觉就能看明白。二是客观分析。有些作品乍一看还不错，但如果与同类作品比较一下，就能大体上定下一个等次。值得一提的是，有些作品优劣掺杂，或劣中有优，或优中有劣；或劣大于优，或优大于劣，对此进行冷静分析就更有必要了。分析的原则就是去伪存真，去粗取精。

第四，选择还有一个“择时而读”的问题。所谓“择时而读”有几方面含义。一是调节性的择时而读。集中一段时间读文学作品，易使人的阅读情绪松弛；集中一段时间读科技作品或哲学著作，又易使人的阅读心理紧张。因此，最好是交叉阅读，巧妙调节。二是根据学习任务的强弱择时而读。学期中间，功课负担重，不妨读一些花时少、篇幅短且生动的作品；假期中，功课负担轻，时间相对集中，不妨读一些内容艰深，非“啃”不知其味的“大部头”作品。

总之，读书必须选择。老师是帮助自己选择的向导；同学是相互商量、交流选择得失与体会的益友；还有电视、报刊上的“书目推荐”也可作为选择时的参考。相信你畅游于阅读之海时，是能够选择最佳的畅游路线的。

最后，请你记住英国文学家菲尔丁的一句名言：“不好的书也像不好的朋友一样，可能会把你戕害。”还请记住一条谚语：“一本好书，胜过任何珍宝；一本坏书，比一个强盗更坏。”

不动笔墨不读书
——勤于知识的储存

“不动笔墨不读书”，是会读书人的经验之谈，意思是说，在阅读过程中，要用笔做阅读标记、写阅读评语、记阅读要点、写阅读札记；有时为了某种需要，还要写详细、具体的评论文章，以表达阅读所思所想。

做阅读标记，是古人教给我们的好办法，如圈、点、勾、画等，或表示内容重要，或表示有所疑惑。本书讲“默读”时曾讲到“点评”，这里就不再举例了。写阅读评语，是对阅读材料加以简明扼要、画龙点睛式的点评，或写一个“好”字，或写一个“妙”字，或写稍微具体一点的话，随时把自己的评价意见与阅读所感写下来。记阅读要点，一般以摘抄方式进行，或把重点内容抄在本子上，或把有关要点记在卡片上，以备后查。写阅读札记，一般就是写阅读短评，或就作品评作品，或由作品引发开来，谈感想，形式不拘，长短自如，内容自定，总之，把自己的理解和看法如实写下来即可。写评论文章，实际上也就是写“札记”，不过要完整、严格一些。“札记”可以是片断式的，而评论文章毕竟要符合一篇文章的体式和要求。“札记”经过充实、整理，就可以围绕一个中心，定一个题目写成文章。

总之，在阅读过程中“动笔墨”，目的无非是：第一，整理、摘录有关知识要点，便于储存与记忆。俗话说“好记性不如烂笔头”，道理也就在这里。一个人的记忆力总是有限的，不可能“过目不忘”，因此不如记录下来。记录要有序列，分类别，以后查起来方便。比如很多学问家自制卡片，用卡片摘录有关知识就值得仿效。第二，强化思考。阅读之时，也就是思考之时。不过，一边“看”一边“思”，“思”的内容往往比较粗浅、浮泛，难以条理化，深刻化。如果写“评语”或是写“札记”，效果就大不一样了。写，是对读的整理，使思考由浅入深，由无序到有序，由分散到集中。比如读过一篇作品产生了看法，随便说说能说出个大概，而要把所想与所说写下来，就要进行新的“加工”了。书面表达使思考更趋合理，更符合逻辑。同时，在书面表达时，往往对所想的问题再“想”一层，从而使思考不断深化，所得自然也会加深一层。第三，通过写，一方面把所读的东西变成自己的血肉，一方面也有利于写作能力的提高，古人看重“读写结合”是不无道理的。所谓“读写结合”就是以读促写，以写促读，读写相依，相得益彰。

上边讲了“动笔墨”的含义及其作用，下边讲讲“动笔墨”的主要形式。

1.
做读书卡片

读书卡片可说是一种特殊的读书笔记，即卡片式笔记。根据不同的做法，可分为摘录卡、提要卡、提纲卡、索引卡和心得卡等。

读书卡片是学习和科研所不可缺少的积累资料、贮存知识的工具。比如，研究一个有争议的问题，可以把各家各派对这个问题的不同看法全部摘记下来做成卡片，再把这些卡片排列在一起，反复比较、分析，从而发现问题，受到启发，提出优于各家之说的新看法。由于它具有灵活方便的特点，易于分类保存，便于查检调用，因此被广泛使用。

做读书卡片是一种重要的治学手段，既要掌握制作的要领，也要符合写作的要求。一般来说，要注意如下几点：

（1）规格统一，体例一致。卡片可以买，也可以用稍厚的纸片自己制作。为便于统一管理，通常采用的是 12.5 厘米×7.5 厘米的规格，同时在卡片下侧或左侧正中位置打出一个装订孔，也有的在左侧两端适当位置打出两个装订孔。卡片过大、过小或大小不一、装订孔位置变化不定，都不便于整理和存放。统一印制的卡片，往往标有卡首指示项：类别、编号、标题、作（译）者、资料出处（包括书名或报刊名称、期号、版次、出版单位、出版时间等）。自制卡片，也应在记录时随手写上指示项的有关内容。至于是标注在卡首还是卡尾，可依各人习惯而定，不过体例也要大致固定，以便日后查考。下面提供一个卡样：

类　别________________　编　号________________
题　目________________　作　者________________
出　处____

（2）内容单一，做法有别。每张卡片只记录一项内容，不能杂糅，具体的制作方法则是各不相同的，要根据资料性质和需要来确定。

如果一本书或一篇文章中的某些重要段落、名言警句或关键性图表、数据、公式、例题需要抄录，可做摘录卡。摘录要忠于原文，不能改动任何字句和标点。如果要节录一段中的几句，前后或中间不需要摘录的文字，可用省略号表示；如认为其中有错，只能加括号以按语形式指出。

如果原作较长，需要全面概括文献的基本状况、主要内容，可做提要卡。写提要，可以用自己的话来缩写原作，但必须符合原意，并保持原作的连贯性和完整性，不得断章取义，更不能移花接木，无中生有；必要时可以摘录原作中的关键语句，通常以引号标出。

如果要对原作或其中某一部分的内容、结构或论点、论据等，用纲要的形式反映出来，可做提纲卡。写提纲，可以采用原作语句，也可以用自己的语言来写；形式上往往是分行排列，并以不同的序码表示结构层次和关系，当然也可以采用表解的形式。

如果在查阅资料时，遇到有一时不便于或暂时没必要仔细阅读的书籍、文章或者其中的某些章节，为了今后查阅的方便，可做索引卡。索引一般只记书名或篇名、作者、出处和馆藏编号等项。

如果在读书之后，要把一些有储存价值的认识、感想、灵感或质疑、辩驳、考证等简要记录下来，可做心得卡。心得偏重主观的感受，写法灵活，但必须是从原作中引发出来的，因此也要注明出处。

此外，还可以把报刊中一些简短的有价值的资料剪下来贴在卡片上，注明出处，做成剪贴卡。剪贴卡制作方便，省时省力，但只能剪用自己订阅的报刊。

（3）篇幅简短，文字规范。常用卡片以硬纸片为材料，正面和背面都可以填写，但一般只适宜于记录内容单一、篇幅短小的资料，篇幅稍长的可用若干张做成系列卡片。至于那些内容复杂、文字较多的资料则要拿去复印或记在活页纸、笔记本上。“文字规范”包括两层意思：一是语言要准确、明晰，二是书写要清楚、工整。如果记录有误，模糊难辨，日后使用起来就会以讹传讹，造成差错。

（4）分类整理，翻检使用。卡片积累到一定数量，要按记录内容或特定需要，分门别类地整理；同时自制导卡，在导卡上写出分组标题，配上序码，为备查提供方便。卡片要妥善保管，可以装在封套里或特制的卡片箱里。利用读书卡片积累资料，目的在于使用，应该经常翻检阅读，通过比较、归纳和提炼，形成自己鲜明的见解，写出有价值的作品。如果在使用中发现资料不足，就要继续扩大阅读范围，补充新的卡片或开设新的类目。

例一　提要卡

类　别	儿童文学作品·童话	编　号	I004
题　目	《卖火柴的小女孩》	作　者	〔丹麦〕安徒生
出　处	《安徒生童话》　少年儿童出版社　1984 年		

提要：这是一年的最后一夜，天下着雪，一个在街上卖火柴的小女孩又冷又饿。她擦燃一根火柴，用来温暖自己的小手；又擦了一根，在亮光中她似乎看到一只烤鹅；再擦一根，她似乎看到了圣诞树；第四根火柴擦燃，她似乎看到了奶奶。她赶紧擦着一把火柴，要把奶奶留住。最后，小女孩冻死在墙角里。

这是一则叙述性提要，紧扣作品情节的开端、发展、高潮、结局这几个环节来写，线索清楚，要点突出，语言简明。卡片体例规范，一目了然。

例二 提要卡

《“太叔完聚”之“聚”的宾语是民众》 /杨荣祥

《荆州师专学报》（社会科学版）1984 年第 1 期

提要：对“聚”的注解历来有两种意见。作者认为应解为“聚集民众”，而不能解为“聚集粮草”。因为：

第一，太叔是“袭郑”，“袭”是轻装偷袭，不可能有多少辎重。

第二，京城离郑国国都很近，两地相距不过约 40 公里。作者根据史念海的《河山集》中的《春秋时代的交通道路》《春秋战国时代农工业的发展及其地区的分布》等文的记载认为，从京到郑都不仅距离不远，而且路一定好走，轻装急行军，几小时便可以到达，途中似乎无需什么粮草。

（正　面）

第三，从《左传》的记载来看，太叔袭郑是自以为很有把握的。作者引用《穀梁传》《诗经》等史料说明，太叔当时有其母姜氏内应，且据有相当的地盘，徒众；太叔行弑君之举带有公开性，他有恃无恐，骄横自信，根本没想到自己会失败。所以作者认为孔颖达所说“段欲轻行袭郑，不作固守之资，故知聚为聚人，非聚粮也”是很有道理的。

第四，作者考察“聚”在《左传》中的用例，认为《左传》中的“聚”所带的宾语还是以“人”为多。

第五，作者据《说文解字》对“聚”的解释，认为从“聚”字本身的意义看也可以看到“聚”的基本意义是聚民众。

根据上述五个方面的阐述，作者得出结论，“聚”的宾语是“民众”，而不是粮草。

类别：古代汉语

编号：H015

（背　面）

这一则提要准确地概括了原文的论点、论据和基本结构，卡首注明了原文标题、作者及出处，卡尾标出了类别、编号，便于分拣和查考。

例三　心得卡

类别　文学作品阅读笔记	编号　I200

《民间文学》1961年8月号和11月号刊登了好几篇极为动人的民间传说，描写镇江军民在120年前对外国侵略者进行的英勇斗争。这几篇故事使读者看到鸦片战争时期，优秀的中华儿女在强大的敌人面前绝不屈膝求降，而英勇顽强战斗的那种崇高精神。恩格斯曾热情称赞过的镇江军民的抗敌气概，通过这几篇故事，形象地再现在读者的面前。

××年×月×日记

此卡高度概括了所读作品的思想内容和审美感受。卡尾注明写作时间，为将来进一步研究提供了依据。

2.
写内容概要

一些长篇著作，内容丰富，不易把握，不妨通过写内容提要的形式把自己所掌握的内容整理出来，用自己的语言加以概括。其作用是强化对所读著作的理解，全面而又准确地把握著作内容。一些知识性著作，要做概要，即使是读小说，也不妨作概要。

写内容概要，一要依据全书内容，二要参照书前的“内容简介”，三要用自己的话来写。下边举《中学生阅读》（1992年第7期）中的一个实例，供参考。

《诗经》是中国的第一部诗歌总集，是中国文学史的光辉起点。这部诗集以它丰富的内涵和永恒的魅力哺育着中华民族的代代诗魂，成为世界文学宝库中一颗璀璨的明珠。

《诗经》共收入西周初年至春秋中叶500年间的诗歌305首，广泛反映了那个时期的社会生活和历史风貌。孔子十分重视这部诗集，曾把它作为门下弟子的必修教材。

这部诗集编定后，最初并没有《诗经》这个名称，人们只称它为《诗》，或者《诗三百篇》《诗三百》。到了汉代，它被学者们抬到经典的地位，称之为《诗经》。

《诗经》在今天看来，是一部价值较高的文学作品选集，但在2 500多年前的中国，它的用途却十分广泛。除了在庆典、娱乐、讽谏场合运用外，还经常在外交场合用来表情达意，美化辞令，有时外交活动自始至终双方全用《诗经》里的诗句和典故进行交流。孔子曾经说过："不学诗无以言。"可见《诗经》在当时社会生活中的地位了。

《诗经》分为风、雅、颂三大部分。

"风"就是地方民歌。《诗经》中收有15个地区的民歌，称为十五国风，即周南、召（shào）南、邶（bèi）风、鄘（yōng）风、卫风、王风、郑风、齐风、魏风、唐风、秦风、陈风、桧（huì）风、曹风和豳（bīn）风。这15国有的是指当时的诸侯国，有的是地域。古时的"国"与"域"意义相通，除指国家外，也指区域。因此，以上15个地区的民歌通称为国风。15国大体上包括现在的河南、山西、陕西、山东、湖北几省的广大区域。其中的齐、魏、唐、秦、郑、陈、桧、曹、卫是诸侯国，邶、鄘是卫国的城镇，周南、召南大致指汝水、汉水流域，王指周平王东迁后的国都地区，相当于今天的洛阳、孟县一带。豳在今天的陕西旬邑、邠县地区。15国风共160首，内容多反映劳动人民的生活和心声，其中有对痛苦的不平，有对压迫的抗争，有对统治者的揭露与鞭挞，有对美好生活的向往和憧憬。

“雅”是正的意思，雅乐就是正乐。正乐是相对于地方民歌而言的。如果说流行于地方的民歌叫土乐的话，那么流行于国都的歌曲就叫正乐。雅乐产生于周初社会繁荣时期，供统治者宴会时使用，内容多是描写统治阶级的生活，除极力宣扬神权、君权至上外，还常常含有教训规谏之意。雅又有大雅和小雅之分，大约和诗歌产生的时代有关。大雅产生于西周早期。小雅产生较晚，风格和国风接近，因而不同于旧时的正乐。大雅31篇，小雅74篇，共计105篇，大多是贵族文人的作品。

“颂”是祭祀宗庙的舞乐歌曲，内容多是赞美祖先王侯的功德业绩。这种歌曲，边舞边歌，风格庄重，形式板滞，带有浓重的宗教色彩。颂包括周颂31篇，鲁颂4篇，商颂5篇，共40篇。周颂中的一些诗记叙了自周始祖建国至武王灭商的全部历史，是我国上古时代少有的史诗。

《诗经》在文学史上有着崇高的地位，然而令人遗憾的是，除少数贵族文人作品偶尔留名字外，大多数诗歌的作者已经无从查考。尤其是精华所在的民歌，多系劳动人民即兴而作，口耳相传，在流传中不断加工修改，已经成为集体劳动的结晶。诗歌在流传的过程中，开始并没有题目，编定成书时，为了方便，才给诗歌加上题目。有的是选取诗歌的头一个或头两个字作题目，如《氓》《关雎》；有的是选取第一章一句诗作题目，如《维天之命》；有的则从一章中摘取两个字作题目，如《汉广》；还有的摘取诗中不相关联的两个字作题目，如《召旻》；也有的另拟篇名，如《雨无止》。由于有些诗歌开头的一两个字相同，所以《诗经》中有些篇名相同，如国风与小雅中均有题为《谷风》的诗。

这篇“概要”抓住了《诗经》这部名著的基本要点。第 1 段讲《诗经》的地位。第 2 段讲《诗经》所收诗歌的总数及内容特点：“广泛反映了那个时期的社会生活和历史风貌。”第 3 段讲《诗经》名称的演变。第 4 段讲《诗经》的特殊用途。第 5 ~ 8 段重点介绍《诗经》的内容。最后一段讲《诗经》的作者及诗题问题。由这篇短文看出，要写好内容概要，须得力于三点：一是要有文学史知识；二是作者本人对作品本身内容及其时代背景等有比较透彻的了解；三是在表达时既要全面周到又要详略得当，突出重点。

上例是“概要”的一种形式，还有一种就是“故事梗概”。“故事梗概”当然以故事为主，这方面的例子报刊上很多，就不赘举了。

要指出的是，写内容概要，应以客观叙述与介绍为主，并可适当加以评议。

3.
写读书笔记

读书笔记的种类很多，有摘录式笔记（以抄摘原文重要内容为主），有提纲式笔记（用纲目形式把作品内容的要点按大小层次排列出来），有批注式笔记（用于在原文的空白处加以评点），有评论式笔记（抓住作品的重点加以评论，有的可引发开来谈阅读感想）。下边举《中学生阅读》（1992 年第 1 期）中的一个评论式笔记的例子，供参考。

辉煌业绩　不朽丰碑

陈根生

1946 年 10 月 19 日，黄浦江畔举行鲁迅逝世十周年纪念。上海《学生日报》上刊出一篇《鲁迅与杂文》写道：

……我们敢说，杂文在鲁迅之前，不过是一种比较短小随意的文体，它在伟大的文学著作堆里没有显著的地位，然而经过鲁迅的吞吐锻炼之后，它就变成了一件最尖锐的武器，它构成了暴露的利刃，斗争的投枪，没有一种文体再比它更有效，再比它更自由；它成为现实的无情的写照，对恶势力的有力的讽刺，鲁迅带着无数创伤向黑暗作殊死的搏斗，而他经常所用的最有效的武器，就是一向不受人注意的杂文……

鲁迅杂文总共有16本：《热风》《坟》《华盖集》《华盖集续编》《而已集》《三闲集》《二心集》《南腔北调集》《伪自由书》《准风月谈》《花边文学》《且介亭杂文》《且介亭杂文二集》《且介亭杂文末编》《集外集》《集外集拾遗》，近700篇，约135万字。

鲁迅的心总是与广大人民群众相通的，他的杂文也始终是“和革命共同着生命”。毛泽东同志高度评价说：“鲁迅后期的杂文最深刻有力。”“鲁迅处在黑暗势力统治下面，没有言论自由，所以用冷嘲热讽的杂文形式作战，鲁迅是完全正确的。”老一辈的革命作家对鲁迅先生是无限怀念和深厚感激的。他们当年不仅从鲁迅杂文中吸取思想上的引导和帮助，而且得到艺术上的滋养和提高。广大青年学生在反对反动势力、追求真理的征途中，也从鲁迅杂文里寻到精神上的支持，找到思想上的向导，而把一些不正确的意识情绪坚决抛弃掉。一位30年代的青年说：“就我自己说，鲁迅所给予我的影响是至高无上的，我现在的许多生活态度就是直接由他的‘传授’得来的。”“有一个时期，（一些文学读物）所介绍过来的颓废思想，全部支配了我；也像同时的其他青年一样，堕入颓废浪漫的‘时髦病’中，饮酒抽烟，唉声叹气，不爱整洁，假装糊涂，一切不良和可笑的行为，尽先‘采用’，不遗余力。”鲁迅杂文像乳汁一样源源流进多少青年干涸的心田，哺育他们在思想感情上健康成长，不断走向成熟。

从50年代开始，鲁迅的著作在台湾遭到禁止。而30多年后的今天，台湾不少学者和文化界人士则呼吁“让鲁迅进入国文课本”。在鲁迅诞辰110周年之际，台湾报刊不仅登载《鲁迅在台湾》专辑，并且比较客观地介绍了鲁迅，指出：鲁迅先生“是中国第一位写现代白话小说的人，但早熟的程度却是往后二三十年无人能比的。……鲁迅却是最特别的，他的文字好，思想进步，观念清楚，感情深刻，创造了中国文学家少有的思考深度。……他的议论性杂文，批判性、不媚俗的精神是相当可贵的”。

鲁迅是属于世界的。鲁迅杂文产生了广泛的世界影响。早在二三十年代，日本、苏联、美国就出现了鲁迅杂文的译文。1973年德国出了《论雷峰塔的倒掉》的德文单本。1978年意大利出版了意大利汉学家安娜·布雅蒂编选、翻译的《文学与出汗》，书中收集了1925—1936年的鲁迅杂文40篇。此书一出，很快销售一空。安娜女士在回答记者提问时说：“鲁迅先生的作品内容丰富，包罗万象，我刚开始接触中国文学时，鲁迅先生给我留下了深刻的印象。他是一位巨人，但在感情上同我那么接近，并无遥远之感。这位巨人所表达的东西我能真正理解。有时我碰到一些文学上的问题，便问自己：这个问题鲁迅先生是怎么说的？而我总可以从鲁迅先生的文章中找到满意的答案。鲁迅先生就好像在同我对话一般。鲁迅先生的文章不但有丰富的思想内容，而且艺术上也很美。”鲁迅杂文赢得世界各种肤色的读者，是中国现代文学的荣誉和骄傲。

鲁迅杂文的辉煌业绩，是中国现代史上的一座不朽丰碑！

这是一篇关于鲁迅杂文的阅读评论。文章的中心是论述鲁迅杂文的地位与影响。全文强调的八个字：辉煌业绩，不朽丰碑。文章先引用一则读后感，点出鲁迅杂文的思想特点与艺术特点，继之交代鲁迅杂文的几个集子，接下来重点评论鲁迅杂文的广泛影响。文末点题，突出要旨。

除了条分缕析地评论外，还可写成随感式的饱含思想感情的随笔。《此书 OK》是一位学生的阅读随笔，获全国中学生“我喜爱的一本书”征文高中组一等奖。

此书 OK

赖丽娟

有一本书是挺不赖的。这本书和琼瑶、亦舒、金庸、西德尼·谢尔顿等等都没有关系。这本书的作者我以前没有听说过，现在也不怎么记得清楚，挺长的一串典型美国名。而这本书的确值得一读——我说的是《英美著名诗人传》。

初见它时，我被它的封面吸引——很淡很淡的紫色中孑然一截茶色的蜡烛，在薄薄的银白烛光中有一列杰出人物的名字，像被炙烤着。我心里便诧异于这有几分玄秘的封面气息，宛如某种禅释。

我买下了这本书。

目的很简单：就想了解一下这本书中的18位诗人，总不至于陶醉于人家的诗，却连人家的国籍都弄不清楚；但我也并不想写有关他们的学术论文，所以不需了解他们太多的细节。这本书，无疑在这方面做得无可挑剔。18种人生之旅，作者各用八九千字道得既完整又简略，是我想象中的那种得当的详略。

“蒂莫西·雪莱先生胸无点墨，却一心一意要让儿子经受彻底的教育，他热衷于基特博士以皮鞭辅佐教育的做法……他把雪莱从学校放假回家变成了‘去地狱的定期旅行’。”

……

虽然这样的句子已经让我捧腹很久，我却依然想读到比这更幽默的句子，而实际上我如愿以偿了。这本书着实是妙语连珠，一扫某些传记作品的沉闷，令人不得不相信传记很有可能写成幽默集。

有人说，青年人不喜欢读传记真是不可思议的。我就属于不可思议的那一类。读传记，有点像接受再教育，这是我的谬论。然而这本293页的18位诗人传，我却“史无前例”地读了两遍，而且挺认真，书中许多精彩句子下面的流畅波浪线即可作证。我自己都有些意外。

这书，我是一遍一遍地读出了人的生命中的一些永恒的东西，一切优良的禀性。

“在哈罗公学读书时，拜伦曾问过一个恃强凌弱、欺负小同学的恶少：‘你想打这小家伙多少鞭?’‘你问这干什么?’‘因为，如果你不反对，我愿意为他领受一半。’拜伦说着伸出手臂。”

——我读到善良。

“拜伦对自己的跛足极端敏感，一听到辱骂他‘小臭拐子’，总是气得发昏。有一天，当母亲又用这个刺耳的绰号骂他时，他竟举起小刀刺向自己的咽喉。”

——我读到自尊。

“弥尔顿，这位反对权势的战士，他以普通战士的身份投入人民的事业，并‘决心牺牲自己的诗歌，甚至生命，以保卫属于人民的人权……’”

——我读到高尚的人格。

“为了进入最伟大诗人的行列，我宁愿尝够失败的滋味。”这话是济慈说的。

——我读到了对失败的超越。

……

还有许许多多优美的人性，在这本书里。我仔细地一一铭记，只希望它们能默默渗进我的人生。

捧此书静读时，偶尔也有掩卷而思的时候。

在追求欢乐的躯壳之中，是不是隐藏着悲痛的灵魂?当我们谴责某人的放荡不羁时，可否明白一些他满心的凄惶?在冷若冰霜的愤世嫉俗里，难道没有可贵的真诚?人，最本质的天性是什么?——是对自由的追求?……

这本书真正地调动了我的大脑的积极性，我像读数学书一样，提出问题。说这本书发我深思，是毫无言过其实之嫌的。

我读完它的最后一页，是在一个秋天的黄昏。我仍清晰地记得我合上书时的感觉——一种莫名的生命的骚动，包含向往，也包含不安。我透过打开的窗户，仰头望天，那时夕阳如血，浩瀚长空被残阳染得灿烂而悲壮。我却想起了书中诗人们热烈而丰富的心灵。

读着这书，我像读一片天空，深邃，幽远，还有些扰人的不解。

没有迹象表明，这本《英美著名诗人传》，我将不读第三遍。

我认定，此书 OK!

这篇文章抓住书中的重点内容，发议论，谈感想；不面面俱到，只作画龙点睛式的说明。由于采用了叙述、说明、议论、抒情相结合的表达方式，文章显得亲切自然，活泼生动，同时也闪现着一个成熟少年的思想火花。

“动笔墨”读书的方式自然远不止上述三种，这里只是举出实例，提示思路，供参考而已。由衷地希望你认真读书，认真做读书笔记，让手中的笔开掘作品的艺术矿藏，打开自己的思考之窗。

图书在版编目（CIP）数据

于漪全集. 7, 阅读教学 / 于漪著. —修订本. —上海：上海教育出版社，2023.8
ISBN 978-7-5720-2209-8

Ⅰ. ①于… Ⅱ. ①于… Ⅲ. ①阅读教学 – 文集 Ⅳ. ①G4-53

中国国家版本馆CIP数据核字(2023)第149192号

上海教育出版社
官方微信平台

官方网站：
www.seph.com.cn

总 策 划　缪宏才
执行策划　何　勇
统　　筹　易英华
责任编辑　杨宏玲
书籍设计　张国樑　董　伟

YUYI QUANJI
于漪全集　7　阅读教学（修订版）
于　漪　著

出版发行　上海教育出版社有限公司
官　　网　www.seph.com.cn
地　　址　上海市闵行区号景路159弄C座
邮　　编　201101
印　　刷　上海雅昌艺术印刷有限公司
开　　本　640 × 965　1/16　印张 39.75　插页 4
字　　数　573 千字
版　　次　2023年8月第1版
印　　次　2023年8月第1次印刷
书　　号　ISBN 978-7-5720-2209-8/G·1968
定　　价　180.00 元

如发现质量问题，读者可向本社调换　电话：021-64373213

珍藏本
纪念版

汉译世界学术名著丛书

战争论

上册

〔德〕卡尔·冯·克劳塞维茨 著

时殷弘 译

商务印书馆
SINCE 1897 The Commercial Press

2017年·北京

Carl von Clausewitz

On War

EDITED AND TRANSLATED BY

MICHAEL HOWARD AND PETER PARET

Introductory Essays by Peter Paret, Michael Howard, and Bernard Brodie;

with a Commentary by Bernard Brodie

Index by Rosalie West

Princeton, New Jersey: Princeton University Press, 1976, 1984.

本书根据美国普林斯顿大学出版社 1984 年版译出。

第四篇　交战

第五篇　武装部队

汉译世界学术名著丛书
（120 年纪念版·珍藏本）
出 版 说 明

2017 年 2 月 11 日，商务印书馆迎来 120 岁的生日。120 年前，商务印书馆前贤怀揣文化救国的理想，抱持“昌明教育，开启民智”的使命，立足本土，放眼寰宇，以出版为津梁，沟通中西，为中国、为世界提供最富智慧的思想文化成果。无论世事白云苍狗，潮流左右激荡，甚至战火硝烟弥漫，始终践行学术报国之志，无改初心。

迻译世界各国学术名著，即其一端。早在 20 世纪初年便出版《原富》《天演论》等影响至今的代表性著作，1950 年代后更致力于外国哲学和社会科学经典的译介，及至 1980 年代，辑为“汉译世界学术名著丛书”，汇涓为流，蔚为大观。丛书自 1981 年开始出版，历时三十余年，迄今已推出七百种，是我国现代出版史上规模最大、最为重要的学术翻译工程。

丛书所选之书，立场观点不囿于一派，学科领域不限于一门，皆为文明开启以来，各时代、各国家、各民族的思想与文化精粹，代表着人类已经到达过的精神境界。丛书系统译介世界学术经典，引领时代思想，为本土原创学术的发展提供丰富的文化滋养，为推动中国现代学术和现代化进程做出了突出的贡献。

为纪念商务印书馆成立120周年，我们整体推出“汉译世界学术名著丛书”120年纪念版的珍藏本，寄望既利于文化积累，又便于研读查考，同时向长期支持丛书出版的译者、编者和读者致以敬意。

两甲子后的今天，商务印书馆又站在了一个新的历史时间节点上。我们不仅要铭记先辈的身影和足迹，更须让我们的步伐充满新的时代精神。这是商务人代代相传的事业，更是与国家和民族的命运始终紧密相连的事业。我们责无旁贷，必须做好我们这代人的传承与创造，让我们的努力和成果不仅凝聚成民族文化的记忆，还能成为后来人可以接续的事业。唯此，才能不负前贤，无愧来者。

商务印书馆编辑部

2017年10月

第五篇　武装部队

第四篇　交战

目　　录

第二篇　论战争理论

第三篇　战略通论

第六篇　防御

第七篇　进攻

第八篇　战争规划

评论

索引

编　者　按

读者可能诧异，已经有《战争论》的两个英文译本存在，为何还需要又一个。第一个于 1874 年出自 J. J. 格雷厄姆上校，1909 年在伦敦重新出版。第二个出自 O. J. 马蒂伊・乔勒斯教授，1943 年在纽约面世。然而，格雷厄姆的译本除了风格陈旧过时，还包含大量差错和含糊不明之处，而乔勒斯的译本虽然较为准确，但他和格雷厄姆的译本都依据含有对 1832 年首版《战争论》作的种种重要改动的德文本。

对克劳塞维茨的理论、政治和历史撰著的兴趣近年里愈益增长，这表明出一个全新的译本的时候已经到来。我们的译作依据 1832 年首版《战争论》，由 1952 年韦尔纳・哈尔韦格教授发表的带评注的德文本补充，除非首版——克劳塞维茨本人从未予以审视——内的含糊不明之处使得接受后来的修改看似明智。

在所有方面，我们都遵循了文本的原始编排，唯有一个例外。首版刊印了克劳塞维茨关于他的理论的四则笔记，撰写时间在 1816 至 1830 年的各不同时期，作为《战争论》本身的导言。这一做法被此后的绝大多数德文和外文版本采用。我们抛弃了这些笔记总是现于其中的这种杂乱的安排，改而按照我们相信它们被写出来的顺序刊印。按照时间顺序来读，它们有助于表明《战争论》

如何在克劳塞维茨脑海中成形，提示假如他活着完成它的话，它可能怎样进一步展开。我们还纳入了玛丽·冯·克劳塞维茨为克劳塞维茨在死后面世的遗著的首版写的前言，它增添了关于《战争论》如何起源的信息，连同其手稿如何撰写以备发表的信息。她在克劳塞维茨《文集》第三卷开头插入的、《战争论》第七篇紧前面的一则简短的按语被删去了，因为它主要关系到的不是《战争论》，而是其他历史和理论著述。

我们已力图尽可能准确展现克劳塞维茨的思想，同时像现代英语惯例会允许的那样保持靠近他的风格和词汇。然而，如果语境看来有所要求，我们就无所犹豫地以不同的方式翻译同一个措辞。例如，我们将 *Moral* 和 *moralische Kraft* 各有不同地译成“士气”(morale)、“精神的”(moral)和“心理的”(psychological)。克劳塞维茨本人在用语方面远非首尾一贯，有如就这么一位著者可以预期的：更多地关心达到理解和清晰表述，甚于关心建立一套形式上的体系或信条。他不时写下 *Geisteskräfte*，*Seelenkräfte*，甚至 *Psychologie*，而非 *moralische Kraft* 或 *moralische Grössen*，而且类似的灵活性构成他使用诸如“手段”、“目的”、“交战”、“战斗”等等术语的特征。正如他在第五篇第 7 章里写的：“墨守术语显然会导致不逾迂腐。”

翻译任务起初由先前任职于英国外交部的安格斯·马尔科姆承担，他在仍从事着这个项目的时候去世，令他的许多朋友深为哀惜。然而，他已经做了许多可贵的预备工作，就此我们大受恩惠。我们要感谢《世界政治》季刊的编辑埃尔贝丝·卢因夫人和加利福尼亚大学洛杉矶分校的伯纳德·布罗迪教授审核译稿，并且帮助我们解决许多模棱两可之处，还要感谢普林斯顿大学出版社的小赫伯特·S.贝利先生和刘易斯·贝特曼先生，他们在准备译稿出版方面费心多多。普林斯顿大学国际问题研究中心提供的资助便利了我们工作的早期阶段。最后，我们欣然感谢普林斯顿大学的克劳斯·诺尔教授和斯坦福大学的戈登·克雷格教授，假如没有他们的关注和鼓励，这项任务决不会被承担在肩。

1984 年版编者按

我们改正了我们对克劳塞维茨文本的翻译中的某些错误，并已试图除去几个不当之处。然而一如既往，我们认为这项工作要求有这样的译者：既深切尊敬作者，又愿在每逢过分契合原文便将导致牵强附会之际去寻求等义的译法。

在导论内，"《战争论》的起源"一文有小修改，"克劳塞维茨的影响"一文则被添加了两段，论述对克劳塞维茨的马克思主义解说。对我们原初译版的唯一其他改动是纳入了一部索引，它由罗莎莉·韦斯特夫人编纂，仿照韦尔纳·哈尔韦格教授的《战争论》1952、1972 和 1980 年德文版内的索引样式。

迈克尔·霍华德　彼得·帕雷特
牛津大学　　　斯坦福大学

导　　论

彼得·帕雷特

迈克尔·霍华德

伯纳德·布罗迪

《战争论》的起源

彼得・帕雷特

《战争论》尽管广泛全面，方式系统，风格严整，却不是一部完 3
成了的著作。它从未达到令它的作者满意，这大多是因为他的思维方式和写作方式。当克劳塞维茨将自己关于军事过程的性质和战争在社会政治生活中的地位的最初想法草草记下来时，他才二十几岁。显著的现实感，对当代种种假定和理论的怀疑，还有同样非教条式的对往昔的着迷，构成这些评论和格言的特征，并且赋予它们一定的内在连贯性；但是，将他 1806 年以前的写作视为本质上孤立的洞察并非不当，那是一座尚未被设计出来的建筑的砌块砖石。

他的几项最初的想法现身于《战争论》，从而提示了他的理论的演化历程，虽然在这成熟的著作里，这些想法表现为一个辩证过程的成分，那是克劳塞维茨历时二十载把握了的，并已将其调整得适合于他自己的目的。一个例子是他关于“天才”(genius)在战争中所起作用的观念，它靠近他的全部理论努力的源头。一类多少不同的留存是他对战略和战术的定义，此乃他 24 岁时首次提出，或是将战争类比于商业交易的典型非浪漫的比较，那始出于同一时间。然而，在从拿破仑击败普鲁士直至俄国战役的数年里，他的大多数早期想法扩展开来，并且获得了种种新层面。克劳塞维茨是那持改革思想的文武人士组成的松散同盟的一个成员，他们有所成功地力图将普鲁士当时的体制现代化，而且他作为参谋军官、行政管理者和教官的多方面活动进一步激发了他的智识兴趣和创造性。取自改革时期里写的备忘录、讲课稿和文章的许多段落重现于《战争论》，几无改动。1815 年以后——至此他论说政治、历史、哲学、战略和战术的手稿已多达几千页——克劳塞维茨着手致力于一部文集，分析战争的方方面面，那逐渐整合为一套全面的理论，力求基于对现今和往昔的一种现实主义的解释，去界定战争中普遍恒久的要素。历
4 时十载，他撰写了拟议八篇中的六篇，并且起草了剩下的两篇。然而，到 1827 年，他已形成了一套新假说，关于他所称的战争的"双重"性质，就此作的系统阐发要求对整个手稿作一番广泛的修改。在他能够重写第一篇头几章以外更多的部分以前，他辞别了人世。①

① 关于《战争论》写作的不同阶段有种种较旧的文献，其中许多依据不足的资料来源，可以弃之不理。当今仍然可贵的是一本小书——R. v. Caemmerer, *Clausewitz* (Berlin, 1905)，还有一篇启发性的论文——H. Rosinski, "Die Entwicklung von Clausewitz' Werk 'Vom Kriege' im Lichte seiner 'Vorreden' und 'Nachrichten,'", *Historische Zeitschrift*, 151(1935), pp. 278-293，它在一些重要方面由一项回应得到修正，此即 E. Kessel, "Zur Entstehungsgeschichte von Clausewitz' Werk vom Kriege," *Historische Zeitschrift*, 152(1935), pp. 97-100。在其所编克劳塞维茨著述选集 *Geist und Tat* (Stuttgart, 1941)里，W. M. Schering 的推测充斥着矛盾和事实讹误；然而，由于他熟悉克劳塞维茨的未经发表的手稿，并且似乎是它们消失于第二次世界大战结束时节以前研究它们的最后一位学者，因而他的解释不可被忽视。在一篇载于 E. M. Earle 所编 *Makers of Modern Strategy* (Princeton, 1943) 第 93 至 113 页、题为"克劳塞维茨"的饶有见识的论文里，H. Rothfels 写道(第 108 页注 65)："克劳塞维茨修改了第八篇，连同至少第一篇的一部分(大概是第 1 至第 3 章)和第二篇的一部分(第 2 章肯定如此)。"然而他补充说，克劳塞维茨只将第一篇第 1 章视为业已完成。我认为，H. Rothfels 大为夸大了克劳塞维茨在 1827 年以后修改了的范围。他没有为自己的观点给出除内在证据以外的任何理由，但他引自第八篇作为后来一次修改的证据的那个段落，可以几乎一模一样地见于克劳塞维茨 1804 年论说战略的手稿。对整个问题的最富信息的评估——它整合了一个世纪的学术探究所得的种种发现——包含在 E. Kessel 的一篇辉煌杰作内，那就是"Zur Genesis der modern Kriegslehre," *Wehrwissenschaftliche Rundschau*, 3(1953), no. 9, pp. 405-423。

于是,《战争论》展示了它的作者在成书的各不同阶段里持有的思想。先是逻辑严整地展开的各个命题构成的宏伟壮丽的开篇序列,继之以第二篇直至第六篇末尾那丰富但有时片面或自相矛盾的讨论,再到最后两篇的论说文似的各章,它们以辉煌的笔调提示了一个最终的稿本可能会包含什么。没有任何东西能替代这并未写成的稿本;但是,我们应当记住,克劳塞维茨 1827 年要修改其手稿的决定并不意味着要摒弃早先的理论——他只是意欲扩展和改进之。当我们阅读《战争论》的目前文本时,我们至少能接近克劳塞维茨的本意,办法是始终明白牢记他的彼此紧密相关的假设——关于战争之双重性质的和关于战争之政治特质的。在这番讨论的末尾,返回他的终极假设并勾勒它们的各个最为重要的方面,将是有益的,而且因为他从未充分展开它们对理论的涵义,事情就更是如此。

尽管有其撰写的非均衡性,《战争论》仍然提供了一套本质上首尾一贯的冲突理论:这一点,显露了克劳塞维茨的方法和思想的创造力。
任何人,只要准备领悟他的说理方式,都会把握他关于战争的各永恒 5
方面的思想。然而,我们对《战争论》的阅读必能从明了它的起源和智识背景获益。怎样的政治军事经历影响了它的作者?他逆反的种种前提和理论是什么?在他看来,何为正确分析的方法论需要?即使是对这些问题的一番简短的考虑,也会帮助探明克劳塞维茨思想的形成,促进理解在《战争论》的各不同层面内他的思想采取的各个形态。①

① 对克劳塞维茨战争思想的起源的任何解释都必须依据两者:不仅依据他的军事理论和军事史著作,而且依据他对诸如教育、政治、艺术理论之类论题的广泛写作和他的书信。对他宽广的智识发展的特有价值的分析是 H. Rothfels,*Carl von Clausewitz: Politik und Krieg*(Berlin,1920)一书,还有 E. Kessel 给 C. v. Clausewitz,*Strategie aus dem Jahr 1804*(Hamburg,1937)写的导言。原始史料和第二手资料在我的 *Clausewitz and the State*(New York,1976)一书内得到了详细的讨论,下面的论说有许多都基于该书。

克劳塞维茨，一位在普鲁士国内税收部门任过小官职的退休中尉的儿子，在 1793 年作为一名 20 岁的下士首度遭遇战争。前一年，法国立法议会对奥地利宣战，而普鲁士晚近与奥地利缔结了一项防御性同盟。法国的这项行动更多地是由国内政治而非国家利益考虑引起，然而它开启了革命的和后来帝制的法国与其余欧洲之间长达 23 年的冲突。除去布伦瑞克公爵的终止于瓦尔米的初始入侵，普鲁士人在一场他们从未投入其全部军事资源的战争中干得还不错。他们在阿尔萨斯和萨尔反复击败法国人，并且捕获了数以千计的俘虏；当战斗在 1795 年结束时，他们控制了莱茵河一线。可是，这些成就没有带来任何政治酬报。有如可以预料的，这战争以其奋力、流血和全不壮观的结果，给年轻的克劳塞维茨留有强烈的印象；他本人后来写下了它对他的情感和思想的冲击。随后数年里，当驻扎在一个省区小要塞的时候，他从这些早先经历汲取了某些尝试性的结论，特别是其中三项将有经久的影响。首先，关于战争中的卓越，并无任何单一标准。宣告新时代来临的法兰西共和国不乏浮华大话和种种政策，但它们全不意味着压倒“旧制度”(*ancien régime*)的军队。雇佣军和被强征入伍的农民，由战力仍然基于贵族自尊不亚于基于专业技能的军官们率领，证
6 明敌得过大众征召军队(*levée en masse*)。另一方面，普鲁士式操练未能扫除革命大军。随法兰西共和国增进了稳定和积累了经验，它将给它的对手们多多教训，而后者的学习能力和有效回应能力依旧可疑。这些事件和对历史的最初阅读令克劳塞维茨想到，没有哪一种制度完美绝佳，胜过任何其他制度。军事体制与其运用暴力的方式取决于它们各自国家的经济、社会和政治状况。不

仅如此，政治构造有如战争，不能用单一标准予以衡量。各国由它们特殊的往昔情势和现今环境塑造；大为不同的体制皆有效力，而且它们全都遭受持续的变迁。

第二个结论与此个性化的和反理性主义的历史观与社会/军事体制观相连，它使这位年轻军官站在普鲁士和（的确）欧洲的流行看法的对立面。他认为，相信能通过遵循这套或那套规则去驾驭战争是错误的。战争中的多样性和不断变化绝非一个规则体系所能把握。任何教条式的简单化——例如胜利有赖于控制关键点或有赖于截断敌人的交通线——无非歪曲现实。可能克劳塞维茨已经不相信被他那个时候大多数军事理论家怀抱的一种信念，即战争中的偶然性程度应当并可以被减至最小地步，办法是运用正确的作战和战术信条。对某个热切地希望以一种系统的和客观上可证实的方式去理解战争的人来说，特别难以接受偶然性的强劲影响；然而，到他年龄二十几岁的时候，他的现实主义，他的历史变化观的逻辑，已经使他达到一个地步，那就是将偶然性不仅视为不可避免，而且视为甚至是战争中的一类积极要素。

最后，1793 和 1794 年的战役将克劳塞维茨推上了将战争认作一种政治现象的道路。战争，如人所皆知，是为政治性的目的打的，或至少总是有政治后果。并非一目了然的是随之而来的涵义。如果战争意在实现政治目的，那么加入战争的一切——社会准备和经济准备、战略规划、作战操作、所有层次上暴力的使用——都应当由这目的决定，或至少与之相符。尽管军人必须获取专门技能，并且具备在那就某些方面而言是个独立王国之内的职能，然而允许他们不受干扰地从事其血腥工作、直到停战将其政治雇主召

回均衡过程为止,就等于否定现实。恰如战争及其体制反映它们
7 的社会环境,战斗的每个方面都应当被布满其政治脉冲,无论这脉冲是强烈的还是温和的。政治与战争之间的恰当关系始终占据克劳塞维茨一生的心神,但即使是他最早的手稿和信函,也显示他明了它们的互动。

这联系——总是被抽象地承认——能在一个个特定场合被轻易地忘记,而克劳塞维茨坚持它永不得遭到忽视:这由他在接近去世时礼貌地拒绝普鲁士参谋总长提出的一个战略问题得到了例解,在其中对立双方的每个军事细节都被展示出来,但全未述及它们的政治目的。对一个将这问题发给他要他评论的朋友,克劳塞维茨答复说不显示所涉各国的政治状况和它们彼此间的关系,就无法起草一项明智的作战计划:"战争不是个独立的现象,而是政治的依凭不同手段的继续。因而,每项重大战略规划的各主要方针**在性质上大致是政治的**,而且这规划越是应用于全战役和全国,它们的政治特性就越增强。一个战争规划直接出自两交战国的政治状况,同时出自它们与第三国的关系。一个战役规划出自战争规划,而且经常——如果只有一个战区——可以甚至与之同一。然而,政治要素甚至进入一场战役的各个独立的组成部分;它难得对诸如一场战斗等等重大的战争片断没有影响。按照这种观点,决不能有对一个重大战略问题的一种**纯军事**评估,也决不能有为了解决它的一个纯军事规划。"①

① C. v. 克劳塞维茨致 C. v. 勒德尔,1827 年 12 月 22 日,载于 *Zwei Briefe des Generals von Clausewitz*,*Militärwissenschaftliche Rundschau*,2(March 1937)(特刊),p. 6. 行将出英译版。

在18世纪90年代后半叶，年轻的克劳塞维茨仅在将会导致这一结论的思想旅途上迈了最初几步；然而，像我先前提示的，从一开始他就走一条直道，几无改向或中断。他作为低级副官在小镇诺伊鲁平度过的五年通常被当作一段停滞时期被置之不理，可是传记作者们看来在解释他多年后就这个时期做的一则评论——富有特征的批评和自我批评式的评论时过于拘泥字面。实际上，他的处境并非无益。远不是在一个平淡无奇的地方部队服役，他属于一个有一位王家成员斐迪南亲王担任名誉长官和庇佑者的陆军团。小镇附近有霍亨索伦家族另一名成员的宅邸，那就是弗雷德里克大王的最有才能的弟弟亨利亲王，其图书馆、歌厅和剧院对全体军官开放。最重要的是，该团因其创新性的教育政策闻名全 8
军，大体上由军官们自己提供资金。从法国返回时，该团组建了一个为士兵之子办的初级技校，连同一个为其士官和低级尉官办的较高级的学校，后者也接纳当地乡绅之子。虽不肯定但很可能，克劳塞维茨像其他中尉们一样，在后一学校教课；而且无疑，从头从事一套当真的讲授加深了他对教学的已有兴趣。他后来写道，作为一名15岁的少年，他已被一种观念俘获，那就是获取知识能够导致人的可完美性。不久，改善社会这目的强化了对自我改善的追求，同时他对教学方法的关切与他的学习渴望合而为一。抽象如何可能准确地反映和传达现实，人们如何可以被教育得去理解真理，还有教学的终极目的为何——他认为不在于传达技术专长而在于发展独立的判断力：这些全都开始成为克劳塞维茨的理论努力中的重大考虑。

1801年，克劳塞维茨获得录取，进了晚近被转离汉诺威军役的沙恩霍斯特在柏林组建的新的陆战学院。1803 年克劳塞维茨以全班最优成绩毕业，被任命为助理官，随从一位年轻的亲王，即他的前指挥官斐迪南亲王的儿子。这项指派使他能够留在首都，与他的导师沙恩霍斯特过往甚密。沙恩霍斯特对克劳塞维茨的生平和思想发展的影响再怎么强调也不够。此人是一位格外精力蓬勃和勇武大胆的军人，同时也是一位学者和富有才能的政治家——看似反差的一种和谐的结合，那是他的得意门生从未能与之比肩的。这里不适于讨论他对战略、征召、指挥结构和参谋组织的看法，那构成新与旧的一种讲求实际的调和；对我们的目的来说，重要的是他依以对待那个时代的基本军事问题的思想独立性，还有他衷心赞同人文教育的目的，确信历史研习必须处于任何高级的战争研习的中心位置。克劳塞维茨关于军事理论和教学的尝试性看法由沙恩霍斯特予以肯定和进一步指引，后者还深化了克劳塞维茨对决定各国军事风格和军事活力的社会力量的知晓。沙恩霍斯特，一个升至连队军士长的自由农民的儿子，在汉诺威军中
9 前程艰辛，屡遭冷落以利门路通达的贵族同僚。这经历并未使他转变成一位民主分子，也未令他——在取得包括贵族头衔的职业成功之后——落到轻薄地赞同特权。对他来说，重要的不是社会的特定结构或其体制采取的形态，而是使之生气勃勃的精神。举个具体例子，在为士兵的孩子们办的、位于诺伊鲁平的团校里，克劳塞维茨见证了某种对穷人的人道主义的、家长式的关切，那是在普鲁士的后期启蒙运动的一个显著特色。沙恩霍斯特教导他，说这对个人和国家都不合适。如果法国大革命证明了什么，那就是希望维持自身独立的各国必须在激发他们人口的干劲上变得更为

高效。精英存在于每个社会，只要他们加强了共同体，对有才能者保持开放和论功行赏，他们就有存在理由。然而，没有任何事情可以辩解那类保护平庸、同时阻绝国家获得平民百姓的能力和热情的特权应持续下去。正是这种看法，几年后将决定普鲁士改革运动的方向——或许更多地在沙恩霍斯特及其亲密伙伴领导下的军事领域而非民政问题上。在克劳塞维茨思想的起源方面，关于社会和政治安排的本质上非意识形态的看法显然与他看待战争的非教条方式平行不悖，而这看法是他部分地从沙恩霍斯特那里学到的，并且他早在 1804 和 1805 年就表达过。国务家和军人必须摆脱传统和舒适自在，摆脱任何干预他们达到主要目标的作用影响。与此相似，希望理解国家本性和战争本性的理论家决不能允许自己的思想走歪，远远偏离它们各自的核心要素——政治中的权势和战争中的暴力。

19 世纪初年，普鲁士军人面对的最重要任务，是在思想和体制上适应新的法国战争方式。十年之内，法国为战争动员的资源已增至空前地步。现在，她的将领们可用的兵员数量使得这样的战役成为可能：承受更大的风险，更频繁地引发战斗，扩展到涵盖更大的地区，并且追求更大的政治目的，大过对“旧制度”军队来说合宜可行的。这种新战法为拿破仑所用，其用之辉煌恰如其残酷无情一样令人震惊。对大多数德意志人来说，要理解他那套体系足够困难，它将一位卓越非凡的个人的才能与大革命的种种成就——社会的、行政管理的和心理的成就——结合起来，那对他们 10
必然是陌生的。在无论哪国的理论家那里，要将拿破仑式的战略战术认作一种历史现象而非终极法则甚至更难，前者受制于变迁，后者则是永恒的征战卓越标准，适用于往昔、现今和未来。

欧洲的军事文献作了评论，对这套体系的各独立要素颇具洞察，但像克劳塞维茨早早认识到的那样，在全面分析的尝试方面全不成功。该领域的最佳工作是由普鲁士理论家海因里希·冯·比洛和瑞士-法国参谋官昂图瓦纳·约米尼成就的，借他们的著述克劳塞维茨在1806年普鲁士惨败之前和紧随其后的岁月里磨砺了自己的理论技能。比洛把握了诸如大兵群内小冲突、快速运动和火力瞄准发射之类新近战术发展；与此同时他贬抑新时代里战斗的效能，将它认作“绝望之举”，反过来要求有一种由支配位点和进兵角度构成的战略体系，其几何型式奇异莫名地与他就天然自如、无拘无束的战斗者大唱的赞歌结为一体。在他首次发表的著作即一篇论说比洛的长文里，克劳塞维茨承认比洛的某些术语有用，如同他将在约米尼的某些概念中发现长处那样，但是指出比洛的分析方法错了，且其结论脱离现实。比洛急欲将战争合理化，使它变成一门科学和预料之事，从而赋予地理特性和供给体系的恰当安排以支配作用，同时大致漠视可能出自对手的意外运动、出自暴力、出自偶然事件的物质效应和心理效应。战略，克劳塞维茨驳道，包含的“不仅有可对其作数学分析的兵力；不，凡在心理上我们的智力发现一个符合军人需要的源泉之处，皆属军事艺术王国的伸展天地”。①

克劳塞维茨认为，约米尼较接近了当代现实，但错在将战争的

① [C. v. Clauseweitz],“Bemerkungen über die reine und angewandte Strategie des Herrn von Bülow,”*Neue Bellona*,9(1805),no. 3,p. 276.

一部分——大军追求决胜——当作其全部。他声称他从拿破仑的作战以及据称虽然较次却类似的弗雷德里克的作战中，提炼出了战争的一般原则，但克劳塞维茨斥之为荒唐。他在 1808 年写道，约米尼的原则将失去它们的绝对正确性，如果能表明早先的世代大有理由漠视它们。凯撒或萨伏依的尤金相应于他们所处时代的社会、技术和政治现实，并不亚于拿破仑，因为他们不以法国大革命使之成为可能的那种方式战斗。而且，正如往昔只能以它本身 11
的状况被理解，人们也必须作为个人而非抽象物被解释。约米尼脱离现实地将单独一个理性行为标准加诸弗雷德里克和拿破仑之类个性不同的人物，而且还忽视了他们在经历上的差异，这些经历是他们各自自然地以他本人的方式予以回应的。[①]

如果现今并未提供往昔的战争得以被对照来衡量的理想，那么克劳塞维茨同样坚持拿破仑战争无法给将来确立标准。[②] 这种理论意味着什么？对克劳塞维茨来说，回答显而易见：关于任何活动的理论，即使它旨在有效地执行而非全面地理解，也必须发现这活动的本质性的、恒久的要素，并将它们与它的暂时特性区分开来。暴力和政治影响是战争的恒久特征当中的两项。另外一项是人的智力、意志和情感的自由发挥。这些是支配战争之混沌混乱的力量，而非比洛的作战基地或约米尼的内线作战之类图式设计。

---

① 见于他给他的文章“论抽象的战略原则”作的添加，那是对他 1804 年论说战略的手稿的一项后来的添加，刊于 *Strategie aus dem Jahr 1804*，pp. 71-73.

② 例如见他在二十多岁时撰写的文章“论军事理论现状”，它以如下断言——与某些著作家的一项信念即战争艺术尚未臻于完美截然相反的断言——开头：“任何科学原则，除非有如自身内在彻底完整的逻辑，必定总是能够成长，能够不断添生。无论如何，要给人类才智确立限制并不那么容易。”*Geist und Tat*，p. 52.

强调战争中的心理因素的意义全非新颖。然而，甚至那些将支配地位赋予种种情感的著作家，也未就它们说出什么实质性的东西；关于勇气、恐惧和士气的讨论只是出现在莫里斯·德·萨克斯或亨利·劳埃德的著作的边缘处。与此相反，年轻的克劳塞维茨将心理因素置于其理论性思索的中央。可是，由于心理学依然是个萌芽学科，几乎全未给他提供他需要的分类工具和解释工具，因而他以一种现代读者可能觉得困惑费解的方式去这么做：他将他对情感和精神特性的一大部分解释归入“天才”概念之下。至关紧要的是要理解，克劳塞维茨不仅以天才指那被升华到它们的最高功力的原创性和创造，而且如他在《战争论》中所写，以它指一般的心理才能和性情天赋。天才作为他喜爱的分析手段起作用，将那影响比较普通和异乎寻常的人的行为的、各种不同的能力和情感概念化。

12 甚至在他的早期著述内，克劳塞维茨也毫无困难地去揭露种种规定性理论体系的一大不足，即在面对无穷的心理和精神资源时的不足。他在他论说比洛的文章里写道，健全的理论决不能与常识冲突，因为健全的理论基于常识和天才，或表述它们。[①] 他将坚执这思想；它反复出现于《战争论》，不仅在“论军事天才”一章里，而且也在别处，例如在“论战争理论”那章，那里它被富有特征地连到一番嘲讽性的抨击，抨击比洛和约米尼之类体系构造者在不可预料的精神财富面前弃阵而逃：“此类片面观点的浅薄智慧达不到的一切都被认为超出科学控制：它们属于天才的王国，**那凌驾**

① ［C. v. Clauseweitz］，“Bemerkungen，”*Neue Bellona*，9(1805)，no. 3，pp. 276-277.

于一切规则之上。据想要在这些零碎的规则中间四处爬行的军人多么可怜！它们对天才来说不值得，天才可以藐视之或嘲笑之。天才所为是最好的规则，理论能做的莫过于表明怎样和为何应当如此。与情理抵牾的理论多么可怜！”[①]因此，理论及其产出的信条从属于伟大的创造性才能，从属于它体现的情理和情感之普遍机理。

克劳塞维茨本人尚远未系统地提出一种解释理论，解释天才所为究竟为何和怎样竟会是最好的规则。他在他能有可观的进展以前，需要形成另一个分析手段，而且或可补充说，他从未充分克服在他赋予天才概念的双重作用之中固有的内在困难。然而，理论难题并非等用于历史理解问题；在此，下列两者顺畅无阻地结合起来：一是关注个人和群体的情感，二是相信先前时代的特殊性。克劳塞维茨的三十年战争期间古斯塔夫·阿多弗斯战史——大约写于1805年——构成他大规模地将这两个解释原则整合为一体的最初努力。[②] 这是个显然成功的尝试，并且只是他将在一生历程中写的许多历史研究著作中的第一部。确实，如果以数量为尺度，那么克劳塞维茨更多的是历史家，甚于是理论家。他在历史学科也是创新性的，这一点倾向于被遗忘，可能是因为他的最原创性 13
的史著长达几十年未曾发表，还因为德意志的历史学术不久就发展和扩展了他作为先驱之一创制的格调，而作为一位理论家他始

① 《战争论》第二篇第2章“论战争理论”。

② 篇幅约百页的这项研究“Gustav Adolphs Feldzüge von 1630—1632”在1837年发表，刊于克劳塞维茨文集第九卷，该文集为 *Hinterlassene Werke des Generals Carl von Clausewitz*, 10 *vols*. (Berlin, 1832—1837).

终没有真正的后继者。作为他那个时代的人,他采取了对待往昔的异乎寻常的直入方式。他没有掩藏对他笔下人物的激情和局限性的一种讽刺性兴趣,特别是在写晚近事件的时候;然而,他难得显示出意识形态偏见或爱国成见。在他力所能及范围内,他试图如实地发现事情如何和为何发生。他渴望做到客观,这由于他的一项信念——基于个人偏好和沙恩霍斯特的教诲的信念而更加如此,那就是军事理论以多种方式有赖于历史。在我们进至《战争论》的写作时,他对它们的适当关系的成熟定见将得到最佳讨论。

普鲁士在 1806 年的失败坚定了克劳塞维茨的看法,即战争不能被当作一种本质上军事性的行动予以孤立的考虑。在他看来显而易见,战斗开始以前,前十年的政治就大致定了乾坤,同时普鲁士君主国长期既存的社会状况造就了如此的军事体制和军事态势,它们面对一个拥有数量优势并且适合新战斗方式的对手全然无效。对克劳塞维茨个人来说,这战役是又一场步兵之战;他与一营榴弹兵并肩效力,直到他的部队被迫投降为止。1808 年,在被拘于法国和在瑞士逗留之后,他返回普鲁士。接下来四年里,他担任他先前的导师沙恩霍斯特的亲信助手,后者使用他从事与军队现代化相关的种种不同任务:重新组织和重新装备部队,起草新的战术和行动指令,作为陆战学院教官和王储的军事导师传播新军事信条。最后,在改革派的政治和战略思维的演进方面,克劳塞维茨起了较大作用,大于可以预期于一个低级军官的。他取得的实际经验异常宽广,进一步加强了那种贯穿于他的理论著述和历史著述的讲求实际的说明。这些年里他结婚成家。他的妻子,一位精细聪慧的妇女，也持有他的文学和哲学兴趣，并且充分支持他那愈益增长的政治独立性和专业主见；只是没有孩子才使一场否则格外幸福的婚姻未免瑕疵。他还与军事改革的二号领袖格奈泽瑙形成了经久的友谊，而这关系将塑造他此后的颇大部分任职前程。在普鲁士被迫给拿破仑为入侵俄国而集结着的大军贡献了一个军团之后，他辞去任职，于 1812 年春天接受了俄国军中的一则参谋官任命。

在这些非常活跃和忙碌的岁月里，他的写作之丰富多量令人 14
惊异。仅仅勾勒克劳塞维茨在诸如大战略和民族特性之类看似各不相同的领域里提出的主要假设，就将占去比在这里可能占的更大的篇幅；然而，即使一篇简短的导言，也不应忽视他就军事理论的性质和功能得出的诸项结论，因为它们将决定他在《战争论》里遵循的路径。关于他正在形成的分析方法，也必须说一些。最后，他在理论内容方面的众多进展至少能由一项谈论得到提示，那就是谈论这个时期里的一则代表性的概念化——“摩擦”概念，以此他补足了早先的想法，而且使它们在科学探究中富有成效。

到 1808 年，克劳塞维茨已经坚实地区分了理论的实用、教学和认识三类功能。第一类功能——改进军人的效能——是当代军事理论家们的主要目的，往往唯一目的。克劳塞维茨与他们一样，希望界定和回应现代战争的种种实际问题，而且从未比在他满怀激情地参与普鲁士军队重建的年代里更甚，以便与拿破仑作必不可免的二度较量。然而，依据逻辑也依据现实感，他越来越怀疑军事理论家们认作当然的、理论与实践之间的直接连接。1806 年以前他对康德哲学的研习给了他至少某些智识工具，那是他为解决他的怀疑所需要的，而他的最重要的借用，在于启蒙运动晚期美学著作家们持有的关于理论的观点，连同他们的“手段”和“目的”概念，那将在《战争论》里起一种无处不在的作用。一篇题为“艺术和艺术理论”的文章例解了他如何使用美学去探究暴烈的艺术即打败敌人。“艺术”，他写道，“是一种发展了的能力，如果它要表现自己，它就必须有**一个目的**，有如每一种对现存力量的应用，并且必须拥有为了达到这个目的的手段……将目的与手段结合起来就是创造。艺术是创造的能力；艺术理论**教**这[目的与手段的]结合，在概念能够这么做的限度内。于是，我们可以说，**理论是以概念方式展示的艺术**。我们能够轻而易举地看到这构成了整个艺术，唯独两者除外，即**才能**——那对每件事来说都是根本的——和**实践**”，而这两者都不可能出自理论。[①] 简言之，即使最讲求实际的理论也绝不可能比得上现实。由此，就战斗之类活动确立拥有规定力的种种规则的任何企图都无意义，军事理论永无可能立竿见影即刻有用。有如克劳塞维茨在同一篇文章里写的，“规则并非意在个案，个案只能由[应用]目的与手段[概念]决定。”[②]理论所能做的一切，是将具体行动领域内的参照点和评价标准给予艺术家或军人，以发展他的判断力而非告诉他如何行动为终极目的。

正是这个优化行动者个人的判断力和“本能感觉”(instinctive tact)的过程，而非制订要靠死记硬背学得的规则，构成理论的教学功能。(理论的另一个教学方面，对克劳塞维茨本人至关重要的方面，不能不关乎创造性过程。通过形成一个战争分析框架，克劳

① *Geist und Tat*, p. 159. 这篇文章未标写作日期，但很可能撰写于改革时期。

② *Ibid.*, p. 162.

塞维茨增强了自己的智识能力，并且贯彻了他自从成为青年人起从未偏离过的自我教学纲要。）然而，尽管只有认真的思索性探究才能解放心灵，但克劳塞维茨相信大多数人既无能力达到对人类活动之复杂领域的智识掌控，也不对此有多大兴趣。为了帮助他们穿越战争之雾，他们需要有相对稳固的指南。这些指南要怎样被提供出来？按照克劳塞维茨，经验起颇大作用，但合适的行为指南最终只能出自一种全面和科学的分析。

这就是理论的认识功能。非功利的分析，只关心取得更深的理解，可以导致改善作战成绩和战略表现。然而在克劳塞维茨看来，科学探究不需要任何辩解。虽然他从未对当下的军事失去兴趣，但理解本身对他来说是说到底最重要的事情，而《战争论》从事的正是这一任务。

当克劳塞维茨最初开始考虑撰写一项将探究战争总体、而非它的仅仅某些部分的研究著作时，他将孟德斯鸠《法意》和康德《实践理性批判》之类书籍当作智识楷模。如果说《战争论》在其最终形态上与这些著作几无相似之处，那么尽管如此，它们仍提示了关于它的作者所用方法的某些东西。早先我将这方法描述为辩证的。它是辩证的，然而是在一种特殊意义上。无疑，他没有以一种刻板的、非常条理性的方式展开论说。黑格尔的正题、反题、合题——拿一种经常被解读进《战争论》中的方法来说——对克劳塞维茨会显得不适当，就像任何以现实为代价取得逻辑和思想的对称性的体系那样。然而，他经常确实以可被称作正题—反题之修改版的方式展开自己的理念，那使他能以一种高程度的严整性去探究一个特定现象的专门特征。目的与手段、战略与战术、理论与

16 现实、意图与实施、友人与敌人：这些是他界定和比较的对极中间的某些，不仅为了取得关于对极中每一极的更真确的理解，而且为了追踪那将战争的所有要素联结进一种经久互动状态的能动联系。这种思维方式的一个引人注目的特性，在于它尽可能锐利地界定了每个要素，同时坚持不存在彼此隔离的局限。战争与政治、进攻与防守、智力与勇气——再述及另几项对极——决非绝对的对立物；相反，一物流入另一物。

德国哲学，连同自然科学的某些分析性和结构性假定，给克劳塞维茨提供了一种根本看法和表述它的思想工具。相信需要辨识出每个现象的本质或它的规制性理念——例如据克劳塞维茨暴力是“战争”现象的本质理念，这与一种普遍的视野结合，也与下述意识结合，亦即意识到小细节包含理解大力量的关键，恰如对理解自然来说，关于一朵花的知识实属基本，或者对理解战争来说，懂得一个人为何和如何战斗必不可少。

正是与这较宏大的文化眼界相符，也与他的个人倾向相符，克劳塞维茨规避了笼统泛化，同时又拒斥了纯实用主义乱麻。他的目的在于实现一种对现实的合乎逻辑的组构。他相信，这可以做到，如果对规制性理念的追索和阐发得到充实和控制，由理论家对现今和往昔的现实的尊重去充实和控制。因此，他的方法在于观察、历史解释和思辨性推理之间的恒久对流。随着分析展开，它试图考虑在其现今和往昔的各维度上的每一项战争要素，使它本身与它们全体相容，将它们全都整合为一，决不过分强调其一以至排斥其他。我们将见到，这个特征也适用于分析产生的理论，后者——克劳塞维茨说——漂浮于战争的各主要现象之间，而不特别强调其中任何一个。夸大的危险，被当代状况蒙蔽的危险，更不用说片面提倡的危险，因此被大致避免。

克劳塞维茨之形成“摩擦”概念提供了一个例子，理解他的方法何以将现实转变为可分析的形态。他在1806年战役期间首次使用这个术语，去描述沙恩霍斯特在说服大本营做出决定时遭遇的困难，还有使这些决定得到贯彻的进一步困难。无常、无知、困惑、疲劳、错误和无数其他无法正确估计之事，全都干扰有效应用兵力。在改革时期里，克劳塞维茨扩展了这个概念，并将它与其他理念联结起来，直至1812年时他已充分把握了它的理论涵义。在 17
他导师任职终结时，他给王储提交了一篇文章，以论“摩擦”的一节结尾，那既在内容也在措辞上成了《战争论》里“战争中的摩擦”一章的基础，而且贯穿全书的关于摩擦的讨论亦基于此。① 进行战争很难，他写道，“但并非难在需要博学博识和伟大才能……不存在设计一套优良的作战计划的伟大艺术。整个困难在于：**在行动中始终忠于我们已经为自己规定的原则。**”

为了说明为什么会如此，克劳塞维茨诉诸一个譬喻：“战争操作犹如一部带有巨大摩擦的复杂机器的运作，因而轻而易举地在纸上规划的种种组合只有以巨大的努力才能得到实施。结果，指挥官的自由意志和智力本身在每个关节都遭到阻碍，因而需要心智和性格的伟力去克服这阻抗。即便如此，许多好想法都被摩擦毁坏，我们必须较简单和较谦虚地贯彻那本将以较复杂的形式给

① 该文即“Die wichtigsten Grundsätze des Kriegführens.... ”由 H. Gatze 译成英语面世，被冠以多少误导性的标题《战争原理》(*Principles of War*)，(Harrisburg, Pa. 1942)。请就我翻译的随后的引语对照 Gatze, pp. 60 61, 67。

出更大结果的东西。”

摩擦，他接着说，即便是由自然力造就的——例如坏天气或饥饿——也总是有一种心理上的阻抑效应；心理力因而必须起作用以助克服之：“在行动中，我们肉体的意象和感觉比我们先前通过深思熟虑获得的印象更生动逼真。然而，它们只是事物的外向表面，那如我们所知，难得精确地符合其本质。我们因而冒着牺牲深思熟虑、服从第一印象的风险。”面对这些压力，人们必须坚执自己的信念，对自己的知识和判断保持信心；否则他们会屈从于摩擦力。摩擦，他将在《战争论》里断定，是唯一或多或少地包含了这样一些事情的理念：它们使真实的战争有别于纸上谈兵。①

靠创设摩擦概念，他使得他的战争意象中最重要的要素之一——偶然性——受制于理论分析。在摩擦干扰己方行动的时候，它只是代表偶然性的消极方面。偶然性的积极方面由摩擦在敌方那里的同样广泛弥漫的作用力代表。为了认识这一发展的重要意义，我们必须回想启蒙运动时代的军事著作家，他们虽然往往
18 承认偶然之事的力量，但竭力减小偶然性的范围。他们在精神上的后继者比洛和约米尼力争达到同样的目标，所用手段是这样的体系：将关于 18 世纪行军、扎营和战术安排的极为详细的规则延展到战略。成功能靠选择“正确的”技巧去保证。其他著作家断言现代战争混乱无序，只容许经验性对待。相反，沙恩霍斯特认为战争中社会和个人的天然行为方式能被理解，因而在某个范围内能受指引，克劳塞维茨则将理论形态赋予这信念。在他们看来，排除

① 《战争论》第一篇第 7 章“战争中的摩擦”。

或否认偶然性有悖自然；确实，偶然性要受到欢迎，因为它是现实的组成部分。它不仅是一种威胁，而且是一种要加以利用的积极力量。拿破仑在其作战格言中极好地表达了这个观念：与敌交战，看生何事。指挥官投身于偶然性；他掌握的力量和他使用这力量的意志使他能将偶然性转变成一个新的现实。

能够最有效地创造和利用这现实的作用力是天才。于是，摩擦概念前来构成外在生活中的对应物，对应克劳塞维茨就个人的内在生活做的早先分析的结果。观察和思考已导致他将天才——种种优异才能的结合以及广而言之总的智力和情感素质——提升到他的战争概念化的中心位置。天才、摩擦、偶然性：这些概念，在它们的多方面交互作用中，现在使理论家有可能对军事现实的种种巨大领域做合乎逻辑的、系统的分析。

1812 年战争期间，克劳塞维茨在几个俄军司令部任过参谋官，不懂俄语令他局限于观察家角色，直到 12 月底为止，当时他参加了俄国当局与法国大军内的普鲁士军团司令官之间的谈判，那导致了战略上和政治上至关重要的结果，即普鲁士部队脱离法国控制。随着战斗西移，他拟订了组织东普鲁士民兵的计划，这是个在使普鲁士脱离法国支配过程中的进一步重要步骤。1813 年春季战役中，依然身着俄国军装，他作为沙恩霍斯特和格奈泽瑙的顾问效力，直到前者去世为止，然后成为一支掩护盟军波罗的海侧翼的小规模国际军队的参谋长。虽然不折不扣的君主主义者，包括普王本人在内，照旧怨恨他先前拒不尾随官方政策为法国人打仗，
但他终于被重新接纳进普鲁士军队。滑铁卢战役期间，他担任构 19

成普鲁士野战军的四个军团中的一个的参谋长，在利格尼和瓦弗作战，那里他的军团拖住了格鲁希的优势兵力，直到法国主力军无可救药为止。1816 年，他成为格奈泽瑙新司令部的参谋长，其总部在莱茵河畔的科布伦茨；两年后，他被调往柏林，担任陆战学院院长。他的新职责既不繁重辛劳，也不特别有利。好几次，他试图离开军队从事外交；然而，由于他的改革派政治立场使他不能被宫廷接受，他留在他的行政管理职位上长达 12 年，利弊相较并非不愉快，因为有机会将他的颇大部分时间用于研究和写作。

正是在起初的和平岁月里，在打击拿破仑的最后几场战役这暴烈的间隔期之后，克劳塞维茨认真重返理论工作。发现于他的文件中的一则笔记——他妻子在给《战争论》写的导言里援引了它——表明，驻扎于莱茵兰期间，他开始撰写论说战略的一篇篇短文，意在给专家阅读。[①] 这些短文看来全都没有留存下来；然而，我们至少拥有一篇预备性研究，从它克劳塞维茨希望提取他正在试图成就的格言式文章"论军事活动的进展和中止"。他为《战争论》第三篇第 16 章提供了基础，那转过来详细阐发了该著作第 1 章内的关键论辩之一：真实的战争达不到它在理论上的本质即绝对暴力，因为在种种原因中间，战争并非由单独一项行动或一组同

---

① 玛丽·冯·克劳塞维茨：《战争论》前言。从她丈夫援引的这言论见于第 63 页。在撰写时，此乃克劳塞维茨给《战争论》写的四项导言性笔记中的第二项。第一项"作者前言"写于 1816 至 1818 年间，谈到克劳塞维茨这些年里写着的文章（第 61-62 页）。被包括在他妻子写的前言内的第二项谈到最初计划的扩展。日期为 1827 年 7 月 10 日的第三项构成"说明"的前半部分，讲了克劳塞维茨要整个修改第一篇至第六篇的计划，连同第七篇和第八篇的轮廓（第 69-70 页）。"说明"的第二部分系后来撰写，可能在 1830 年，显示克劳塞维茨未就他的修改进展得很远。

时的行动构成，而是历时延续，行动阶段和无行动阶段交替。另一篇短文远不那么重要，可能是关于军队组织的讨论，通常被刊为《战争论》德文版的一项附录。它的基本要点可见于第五篇第 5 章。

这些短文尽管简洁，仍比不上孟德斯鸠著作内的各章之极端简短，那——克劳塞维茨写道——对他此时起一般楷模作用。他的论辩结构也不同于孟德斯鸠的。可是，《法意》的特征与其作者的性格，足够清楚地表明了克劳塞维茨的相像感的依据。举个例 20
子说，《法意》导言包含克劳塞维茨本人可能写出的句子："我请求一项我担心不会被赐予的恩惠——请勿须臾一阅就评判二十年的劳作；请赞成或拒斥整个著作，而不是其中的几项断言。倘若一个人想要探寻作者的意图，那么它只有在全书的大纲里才能被发现。"在随后一段里，孟德斯鸠说，撰写时他"既不知规则，亦不知例外"：将它当作对克劳塞维茨的战争研究态度的描述，好得几乎无以复加。[①]

这些短文，每篇都举出单独一个现象或概念，有利于非常清晰地揭示每个的主要特性，但它们必不可免地使得分析碎片化，这令克劳塞维茨不满意。随他增添新节和修改现有各节，他的著作的简约格言性特征让位于更充分的论说，那与他系统地发展理念和就一大串现象统一地应用概念的偏好相呼应。与此相符的是，他觉得对那比他最初设想的更广泛的读者来说，一种经过扩展的、更明确的分析将是合适的。结果就是与我们当今所知的本质上一样的《战争论》，除了从 1827 年起做的有限的修改。

① Montesquieu, *De l'Esprit des lois*, Geneva, 1749, pp. iii, vi.

这项著作和导致它的各项研究的读者可能会问，为什么克劳塞维茨觉得必须反复断言暴力是战争的本质；他们还可能将他的反复重申视为学究式地坚持显而易见之事。然而，克劳塞维茨强调这点不仅是因为经验和历史研究已使他确信它真确；他还是在回应多得令人惊奇的一类理论家，他们照旧宣称战争能靠迂回而非流血得胜。无论如何，重要的是他从不说自明之事抽取的演绎。他 24 岁时写道，战争总是必须以尽可能最大量的精力来打——只有“最为决绝的作战才符合战争的性质。”[①]18 年以后，他教导他的学生即王储，战争总是要求充分动员资源，连同它们的最生气勃勃的使用。[②] 在此，有取自**绝对**战争概念的种种具体涵义，那是在理念上应当以极端的暴力去进行的战争——说理念上是因为极端的暴力符合其本性。如果说战争是一种暴力行动，那么克劳塞维茨无法看出有任何对使用暴力的合乎逻辑的“内在”限制，或自我施加的限制。当然，他在拿破仑战争期间之坚持彻底奋战不仅是出
21 自逻辑，也是出自历史情势。1792 至 1815 年间，异乎寻常的努力和甘冒大险的意愿事实上是为维持或恢复欧洲的独立所需的。然而，甚至在最大挑战的年头里，克劳塞维茨也认识到绝对或最大暴力要求尽管在逻辑上正确，现实中却难得被满足。绝对战争是个虚构，是个抽象，被用来统一所有军事现象，有助于使在理论上处理它们成为可能。在实践中，暴力的使用倾向于有限。摩擦的影响将抽象的绝对减到它在现实中呈现的种种变形。《战争论》的主

① “Plan and Operations,” *Strategie aus dem Jahr 1804*, pp. 51-52.

② *Principles of War*, p. 46.

要的、未予修改的部分由绝对战争与真实战争之间彼此澄清的辩证关系支配。

然而，真实的战争总是修改抽象的绝对这一点是否确实真确？其次，从绝对战争概念演绎出一切战争——不管其原因和目的为何——都须以最大努力进行是否成立？1804 年时，克劳塞维茨已经区别了两类战争："为消灭对手、摧毁其政治存在"而打的战争；为将对手削弱到如此地步，以至于一方足以能"在和会上[对其]强加种种条件"而进行的战争。[①] 可是，在划出这一区分时，克劳塞维茨否认目的有限使得努力有限成为有理的。他论辩说，即使所图的不超过强迫对手接受条件，也须击破其抵抗力量和抵抗意志。出于政治和社会原因，也出于军事原因，赢得胜利的优先途径是最短最直接的途径，而这意味着使用一切可能的武力。在这种看法中，如我已提示的，经验支持了逻辑要求。不难相信，从大革命的首场战役到 1806 和 1809 年的战争，法国胜出是由于她的对手不会竭尽全力。而且，部分地由于当代现实看似证实了两点，即每一场战争都是绝对战争的缓减型变体，同时每一场战争都应当奋力进行，而无施加在合理应用暴力之上的种种限制，因而这些论辩保持了一种地位，或可被称为克劳塞维茨著作中的一个正式至高地位，尽管他在开始认识到它们是片面的。

他的论"进展和中止"的文章表明，到 1817 年他已经不再满足于把军事活动的减缓全都归因于摩擦的影响。战争存在于对手之间的一系列互动，因而在逻辑和现实两方面都恰当的是，并非每分

① "Plans of Operations," *Strategie aus dem Jahr 1804*, p. 51.

钟都应在努力和暴力的最高强度上度过。从《战争论》第一篇直到
第六篇末的众多暗示都指在这同一个方向上。到 19 世纪 20 年代
中叶,克劳塞维茨已经充分认识到,实际上的第二类战争——为有
限目的而打的战争——并非必定是绝对战争这理论原则的一种缓
22 减性修改或败坏。有如他在他的“说明”和第一篇第 1 章的最后修
改中所言,存在第二类战争,它像绝对战争一样成立,不仅在战场
上而且在哲理上。有限战争可以是绝对战争的缓减型变体,但并
非必须如此,如果它们为之进行的目的也是有限的。暴力依然是
本质,是规制性理念,甚至规制为有限目的而打的有限战争;然而
在这样的场合,这本质不要求自己的尽可能最充分的表现。绝对
战争概念全未变得不正确,它照旧履行决定性的分析功能;但是,
它现在由有限战争概念相陪相伴。

战争的双重性质,有如克劳塞维茨在他生命的最后几年里系统阐述的,由两对可能的冲突表现出来,每一对都按照所涉的目的被界定:本着彻底打败敌人这目的而进行的战争,以便(1)摧毁作为政治机体的敌人,或者(2)迫使敌人接受绝无例外的任何条件;为夺取领土而进行的战争,以便(1)保持征服所得,或者(2)在媾和谈判中以被占领土讨价还价。在“说明”里,克劳塞维茨表述了他修改《战争论》的全部文本的意图,意在系统地阐发这些不同类型。然而他走得更远。作为第二个主题,这一修改将追踪战争的政治特性。他在两个主题之间划出的区分令人费解,因为前一段宣告政治动机决定一场冲突是有限的还是无限的。克劳塞维茨没有解释他为何将战争的双重性质与战争的政治特性分开,但埃贝尔哈德·克塞尔提出了一个原因,基于始终贯穿克劳塞维

茨的种种著述而反复出现的论辩和观察。[①] 战争受客观的和主观的政治因素影响。客观因素包括有关各国的特性和实力，还有时代的一般特性——政治的、经济的、技术的、思想的和社会的。主观因素在于领导者的自由意志，那应当符合客观现实，但往往并非如此。换言之，克劳塞维茨将一般状况的政治后果与出自个人智力、情感、天才的政治后果区分开来。他本可以争取分析的清晰性，办法是将他对客观政治现实的讨论主要与战争的双重性质概念两相联结，将关于领导者的种种问题主要与战争的政治性质概念挂起钩来。然而，不管如何解释克劳塞维茨的大纲陈述，《战争论》的读者会发觉自己与其作者一致，倘若他给予战争的政治动机和政治性质更大突出性，大于它们在很大部分文本里得到的，而且——进一步说——倘若他修改未予修改的诸部分，以至于有限 23
战争不必是一种缓减型变体，相反在理论上和现实中存在两类同等成立的战争。

克劳塞维茨进至认识战争的双重性质大体上依靠历史研究途径，历史研究使他确信有限冲突的发生往往不是因为交战者的手段排除了更大努力，或他们的领导畏缩犹豫，而是因为他们的意图过于有限，以致无法使任何更多的成为有理由的。面对历史证据，理论不能不被改正。就像克劳塞维茨终生坚持的那样，现今无法宣称对往昔有最终的优越性；理论如果要成立，就必须普遍成立。如我们所知，从一开始，历史就帮助指引他的关于战争的思想。可

---

① Kessel,“Zur Genesis der modemen Kriegslehre,” pp. 415-417. 又见同一位作者的“Die doppelte Art des Krieges,”*Wehrwissenschaftliche Rundschau*, 4(July 1954), no. 7.

能认为这全非罕见。正像几乎没有哪个理论家未能承认心理因素在战争中起的作用那样，大多数理论家公开赞扬对正确理解战争而言军事史的价值。但是，克劳塞维茨心中所想深刻地异于不加反思的编年史，异于军事文献里被当作历史的对战略战术“法则”的功利性例解。他未将历史视作一部事例汇编，从中军人可以直接或通过类比来学习。他的个体化的思维方式延展到他对往昔的看法，这思维方式使他能够挑出大军冲突中的性格力和理智力，并且将体制、社会和民族解释为有独特个性的更大人格——彼此分立彼此不同。历史同样由不断的多样性标志，而非受制于模式——例如进步性迈进或者人对上帝的追寻，那在克劳塞维茨看来只是被时尚造就的假设，它们本身总是变。每个时代都为它自己存在，而非一个宏伟规划的组成部分，只有按照它本身才能被理解。贯穿时间长河，某些大主题始终反复出现；它们出自人类基本
34 的对安全、实力、知识的欲求，但它们以不断变化的形态表现自己。就像军事理论，历史没有任何范训或规则提供给学生，它只能拓宽他的理解，加强他的审视性判断力。

在克劳塞维茨的教学工作和理论工作中，历史还有另一个功能，那就是扩展学生或读者的经验，或在经验缺乏时取代经验。历史描述现实，表示现实。理论的作用相反，克劳塞维茨有一次断言，仅在于帮助我们领会历史：这是个非常说明问题的作用倒置，极少别的理论家会同意它甚或理解它。[①]

24 这一观念对撰写和研究历史加诸了某些要求，那构成克劳塞

① *Principles of War*, p. 67.

维茨与他的同代人之间的又一项差异。对往昔的笼统叙述他认为一无用处;详密地研究一场战役,他说,比取得关于十来场战争的含糊知识要好得多。他本人的历史著述显示了一种对细节的关注,那在他那个时候实属例外,而且因为大量统计的、组织的和制图的资料与就意图和涵义所作的极广泛思索结合起来就更是如此。《战争论》充满历史参照。它们往往被批评成不必要的、过时的细节,有时因此被删掉;事实上,它们是现实的描述,唯有它们才给理论的上层建筑提供理由,并且应当激发现代读者去反思他自己的经验,去求助于他自己的知识,关于他自己时代以及往昔的事件的知识。

当克劳塞维茨决定《战争论》文本必须被整个改造,以便充分考虑战争的双重性质和政治特性时,他还未完成手稿,却转向了历史研究。1827 至 1830 年间,在新职责打断了他的研究的时候,他仅修改了《战争论》的少数几章;他的大部分时间被用于写作 1805 年战役史,还有两场有限战争即 1796 和 1799 年的意大利战役的历史。[①] 在他能够进至对它们作系统的理论处理以前,他需要理解他的观念如何在现实中运作。当他可能觉得已准备好回返《战争论》的写作时,外部情势插了进来。他被调到陆军炮兵监察系统,这迫使他去熟悉他懂得相对极少的一个兵种。他刚接起他的新任命,法国 1830 年革命就招致了另一项变动。他的朋友格奈泽瑙被召回现役,以便指挥普鲁士已动员的陆军,而他请求克劳塞维茨担任他的参谋长。随法国新政权的审慎的对外政策和波兰反俄

① 这些手稿刊于他的文集的第四至第六卷末和第八卷,加起来达 1500 印刷页。

起义将危机转向东面，格奈泽瑙的兵力被沿东普鲁士边界部署，以便保护本国免遭波兰人侵入和霍乱来袭。然而，这传染病无法阻止，1831 年 8 月格奈泽瑙成了它的受害者之一。11 月 16 日，返回作为西里西亚炮兵总监的常规职责后不久，克劳塞维茨突然去世，很可能是因为较轻的霍乱病症引发的心脏病发作。

25 甚至在他最终的修改之后，克劳塞维茨也已明白自己的思想需要进一步发展，《战争论》和他最后几年书信中的一些段落指向了对理论的种种重要添加，那是他从未详细搞出来的。例如，第六篇明确地说战争的双重性质既适用于进攻性战争，也适用于防御性战争，然而著作开头一章里的定义只涉及发起冲突的一方。或许这就是一个原因，导致他在“说明”里挑出他对防御性战争的谈论，将它当作几乎不过是一个初始尝试，必须被完全改造。还有，他的定义设定政治目标和军事目标说到底是平行的，虽然他明白它们之间的关系倾向于更加复杂，明白诸项目标在战斗过程中可能改变。尽管有升级概念这引人注目的发明，克劳塞维茨从未充足地探究一方由以影响另一方的种种不同途径，特别是在防御性战争中。然而，这些是评论，不是批评。它们再一次提醒我们克劳塞维茨形成和优化他的思想的方式。它们也表明这些思想的蓬勃活力，这些思想从不并入一个封闭的体系，而是导致种种假设，历时一个半世纪已经显示有持续成长的能力，而这能力克劳塞维茨相信是真正的理论的明确标志。

克劳塞维茨的影响

迈克尔·霍华德

当克劳塞维茨的遗孀在 1832 年，即她丈夫去世后一年发表 27
《战争论》时，它被人怀着敬意接受下来，而这敬意可能更多的是归因于克劳塞维茨的声誉，亦即伟大的一代普鲁士军事改革者中间的一员、沙恩霍斯特的学生和格奈泽瑙的亲密同事，而非归因于任何对该书内容的深入或广泛的研习。“其晶莹潮水淹过天然金块的河川”，一位圆通乖巧的书评家告诫道，“不是奔流在任何平坦通畅的河床上，却是激湍于一个被巨大的**理念**围绕的峻岩峡谷中，而在它的入口处凌驾有伟岸非凡的**精神**，屹立守卫有如持剑的天使，逐回预期以玩弄思想这通常的价钱被接纳进来的一切过客。”①换句话说，他发觉它滞涩难读，而且他显然不是唯一有此感觉的读者。首版的 1500 本二十年后仍未卖完，其时出版者决定再发行一个新版。这次，原初文本中的许多含糊晦涩之处——如此庞大复杂的著作在作者死后由一位忠实但外行的遗孀发表而或许不可避免的含糊晦涩——由作者的内兄弟弗里德里希·冯·布吕赫尔伯

---

① *Preussische Militair-Literatur Zeitung*，1832. 引自 Werner Hahlweg 为德语《战争论》第 16 版(Bonn，1952)写的导言。此后提及时写作 *Hahlweg*。

爵的文字修改和校正得到了澄清。此后没有进一步的新版问世，直到1867年为止。那一年，军事著作家威廉·吕斯托在他的概览《19世纪用兵之道》里用了一章写克劳塞维茨，但说他“甚为著名却极少被读”，此乃随时间流逝但准确性全然不减的一个警句。然而，即使那些未曾读过他的人也知道，他的学说体现了沙恩霍斯特的普鲁士军队改革根基处的那种思维自由，那种对个人创造行为的强调和对形式主义的厌憎，他们是沙恩霍斯特的陆军大臣职位后继者赫尔曼·冯·波延在19世纪40年代贫瘠不果的反动时期里试图保持不灭的。军界保守派偏爱冯·维利森将军的学说，其《大战理论》(*Theorie des grossen Krieges*)(1840年)以约米尼式
28 的教条主义规定了种种绝对的规则和原则。他们此时占据显位要津，其支配性影响可能起了某种作用去阻止克劳塞维茨的思想变得比较广为人知。[①]

然而，克劳塞维茨久未昭彰的基本原因必须到《战争论》本身去寻找。它将受到的种种解释之五花八门亦须如此。克劳塞维茨本人已告诫说，如果他没有活到完成他的著作，他就会将“一大堆远未定形的思想”留在身后，它们会遭到无穷无尽的错误解释，并且“给大为肤浅的批评提供靶子”。它还是这样的一堆东西：由于克劳塞维茨未活着赋予它一个完成的和通体连贯的形态，后来的著作家们就将从它那里挖掘观念和用语，以适合他们自己的理论的需要，连同他们所处的时代的需要。如到头来证明的那样，克劳

① *Hahlweg*, pp. 12-13. 吕斯托的著作出版时题为 *DieFeldherrnkunst des neunzehnten Jahrhunderts*(Zürich, 1867)。又见 Eugene Carrias, *La pensée militaire allemande*(Paris, 1948), pp. 224-228.

塞维茨有更多的理由去提防他的自称的赞颂者，甚于去害怕他的批评者。

在他1827年写的导言性说明中，克劳塞维茨清楚地表明了立场。他写完了六篇。第七和第八篇仍只是粗稿。在这两篇写完时，他将再次通体审视整个著作，凸显在最终的书里将得到其最终澄清的两大主题。第一大主题是作为一种工具的战争的“双重性质”，它可被用来打倒敌人，也可被用来从敌人榨取有限的让步。第二大主题在于这么一点：“它必须被搞得绝对清晰，亦即战争只是政策的以另一种手段的继续。”这，他告诫说，“如果始终被牢记在心……就将大大便利对这论题的研究，战争整体也将变得比较容易分析”（见原书第69页）。然而，他不得不依靠他的读者将它牢记在心。他自己的修改未进到第一篇第1章以外，在那里他将我们引到他的理论的三项要素：战争的内在本质暴力；在塑造和控制战争方面合理的政策的支配作用；偶然性这极为重要的维度。

上面援引的说明表明，假如克劳塞维茨活着完成这著作，那么将得到最大强调的是上述三项要素中间的第二项：政治目的应当对军事手段行使的支配。然而，照现在的样子，克劳塞维茨就此甚至在论战略的第三篇里也说得很少。他将战略单调地定义成“为了战争的目的而对交战的使用”（见原书第177页）。正是在此，我们见到了将被后来的著作家们那么急切地抓住的信条：“最好的战略是始终保持很强；首先是总的强势，而后是在决定性的点上的强势”（见原书第204页）。战争的两类形态，还有每一类都可能需要 29
按照不同的原则予以操作的可能性，在此仅被最粗略地一笔带过。总的来说，在这篇里被谈论的战略只是——如克劳塞维茨所见——拿破仑的战略,“绝对”战争的战略,绝对的程度有如一种强有力的政治动机可以规定它成为的那样。

同样的局限甚至更强烈地施予第四篇“交战”。在此,我们没有找到一个词是说两类战争,或是说政治目标的至高地位的。该篇的中心在于主要战斗(*Hauptschlacht*)及其后果,在于克劳塞维茨所称的“战争的真正重力中心”。然而,差不多依其定义,“有限战争”是问题在其中并非被带到这么一种大规模决战的冲突。或可辩护说,该书强调一切战争的中心悖论,即暴力作用与理性作用之间的辩证法,而且与精确操控氧乙炔火焰以降低其热度相比,旨在理性控制的政治不可能更多地减轻手段的根本暴烈性质。在第一篇的经过修改的第1章内,克劳塞维茨确实尽力重申这一点,这必须被当作他关于该论题的深思熟虑的见解:“仁慈的人可能认为,有某种巧妙的办法,毋需大流血就解除敌人的武装或使之败北,而且可能想象此乃军事艺术的真正目标。它听来美妙,却是一种必须揭穿的谬误”(见原书第75页)。于是,没有任何理由去假设,克劳塞维茨将在其修改中放弃在第四篇里表达的任何信念,那是以极为生动的用语陈述的信念,出自他本人在1806年和1812至1815年的可怕经历。然而,或许他可能会更深入地考虑这无情的毁灭火焰怎样能被减小或被控制,以便服务于他认为至高无上的政治目的。

事实上,克劳塞维茨没有活下去做这些修改。在他留于身后的文本里我们见到,在他的理论的三大要素中间,他到头来最重视的政治要素只是在最后一篇和第一篇第1章里得到论说。是其他两大要素,即战争的内在本质暴力和无所不在的偶然性,连同这两者给精神素质施加的要求，在全书的其余部分自始至终被强调——确实除了漫长、丰富和复杂的论防御的第六篇，那亟需修改，如果它的教益要被清晰地提取出来。

这些肯定是克劳塞维茨的著作最有力地打动后世的诸方面，尤其给伟大的赫尔穆特·冯·毛奇留下了深刻的印象，他于 1857 年成为普鲁士参谋总长，在使克劳塞维茨的著作令其同胞注意上起了头号作用。与《荷马史诗》和《圣经》一起，毛奇将《战争论》援引 30
为规范了他本人思维的真正影响重大的著作之一。[1] 当克劳塞维茨任陆战学院院长时，他就在该学院，不过由于克劳塞维茨简直不接触学生，因而不可能有直接影响。不仅如此，有如毛奇的最近的传记作者所指出，[2]我们当下认为特别克劳塞维茨式的、毛奇那么显著地在其战役中实行的种种观念，有许多是皆有拿破仑战争经历的普鲁士年轻军官们中间的老生常谈，包括歼灭敌军主力，将作战努力集中在决定性的点上，精神力量有压倒性的重要意义，指挥官要依靠自己，战术方法要机动灵活。像那么多思想家，克劳塞维茨整理和传至后世的思想有许多可能是他的同代人中间广泛共有的，即使是下意识地，而且像毛奇那么聪明和敏感的一名学生会从他处的环境中迅捷地挑取它们。毛奇的思考或许应被看做是加强和显扬了克劳塞维茨观念，而非简单地出自它们。

然而，正是毛奇在 1866 和 1870 年德意志统一战争中的成就，使人们注意到克劳塞维茨著作的经久效力。在毛奇本人的著述

[1] Eberhard Kessel, *Moltke*(Stuttgart, 1957), p. 108.

[2] *Ibid.*

里，我们一次又一次地见到呼应克劳塞维茨的言论。“经应用武装力量取得胜利是战争中的决定性要素……将决定战争结果的不是占领一小片领土，或夺取一个要塞，而是摧毁敌方兵力。这摧毁因而构成作战的主要目标。”还有，“战略是一整套权宜。它不只是一门科学，它是应用于日常生活的科学……是在最艰苦环境的压力之下行动的艺术。”[①]还有或许是所有思考中间最富影响力的思考：“在战争中，一个人做什么往往不如一个人怎么做它那么重要。决心强烈，锲而不舍，将一个简单的想法贯彻到底，是达到一个人的目标的最可靠途径。”[②]此乃最能吸引干实事的军人的一类断言。

然而，人们未见于毛奇的，或的确未见于他的任何门徒和继承者的，是关于克劳塞维茨的坚定主张即军事手段必须从属于政治目的思考。无论是在他的著述里，还是在他作为参谋总长的工作
31 中，他都未表现出任何迹象，表明他理解克劳塞维茨的要求，那就是如果战争要服务于政治目的，它就必须是可变易变的。对毛奇来说，战争更多的是人类必不可免的命运，而不那么是一种政策工具，需要予以禁欲主义般的忍受和高效的操作。无疑，他接受政治权威的至高地位，只要那是国王本人，是他穿其制服和对其宣誓效忠的“战争君主”。然而，它并不延展到国王的政治幕僚，这些人在毛奇看来没有任何权利来干预国王已下放给他的事情。他认为，战争爆发之际，“在动员的那刻，政治幕僚们就应当闭嘴，并且只有在战略家经彻底击败敌人而通知了国王他的任务已被完成的时

① 见在 Carrias，*La pensée militaire allemande* 一书第 238 至 241 页援引的言论。

② Kessel，*Moltke*，p. 511.

候，才应重新带头行事。"[①]

这一切，当然与克劳塞维茨在《战争论》第八篇里提出的关于军事当局与政治当局之间关系的学说完全相悖。这学说设定整个内阁持续指导战役，甚至提出军队司令官应被指定为该实体的一名成员，如此它就能参与关键性的战略决策。[②] 然而，19 世纪末期在德意志帝国成为占支配地位的，是毛奇而非克劳塞维茨对这问题的看法，尽管正是这些年里克劳塞维茨在得到极广泛的赞誉。1880 年，《战争论》第四版问世。克劳塞维茨现今在德国受到的尊敬可以根据下面的话推断出来，那是 1883 年科尔马尔·冯·德尔·戈尔茨写在其名著《武装的人民》(*Das Volk im Waffen*)卷首的，它出了许多版，并且以《武装的民族》(*The Nation in Arms*)为题被译成英文："在克劳塞维茨之后论说战争的军事著作家冒有风险，即被比作歌德之后想写一部《浮士德》或者莎士比亚之后欲撰一出《哈姆雷特》的诗人。关于战争性质要说的任何要事，都能在那最伟大的军事思想家留下来的著作里铅版刊印无不见到。"[③]

1905 年，第五版刊发，载有当时的参谋总长阿尔弗雷德·冯·施里芬写的一篇赞辞作为导言。大战爆发以前后面又跟了三篇，大战本身进行期间跟的不少于五篇。

这个时期里，克劳塞维茨关于战争与政策之间关系的学说没有被漠视。事实上，它在他的赞美者中间引起了某种困惑。同代人里最杰出的克劳塞维茨学者冯·克梅雷尔将军提醒人们注意在

---

① Rudolph Stadelmann, *Moltke und der Staat* (Krefeld, 1950), p. 206.

② 关于这番话的意义，见下面第 608 页。

③ Colmar von der Goltz, *The Nation in Arms* (London, 1913), p. 1.

32 此问题上克劳塞维茨与毛奇之间的歧异，并且表示他本人确信"克劳塞维茨的观点在每个方面都正确。"[①]可是冯·德尔·戈尔茨表述了大多数人的看法，拒不接受这一点。他并非漠视克劳塞维茨的三位一体内的政治要素。他认为它不再相干了。他断言，自克劳塞维茨写了往后，形势已经改变。现在，"如果两个欧洲一等强国彼此冲撞，那么它们的全部组织好的兵力将立即被发动起来以了断争执。一切育成同盟战争之半心半意的政治考虑全都完蛋。"战争肯定是一种政策工具，因为战争起自一种政治形势；然而，他接着说，"战争的重要性不会因此有丝毫减小，战争的独立性也不会受到任何限制，只要总司令和主要国务家们一致认为，在任何环境下战争都**靠彻底打败敌人而最好地**服务于政治目的。留心这个格言，战斗兵力的使用就被允予了最大空间。"[②]

由此，冯·德尔·戈尔茨机智过人地两全其美，将政策的至高地位与司令官的独立性调和起来。鉴于随着军队变得愈益庞大，较不灵活，被铁路运输时间表左右，军事规划便愈益困难，因而所能做的大概莫过于改造克劳塞维茨学说，令其适应威廉时代的军事政策的严苛要求。

20 世纪开初，并非只有在德国，克劳塞维茨关于这个问题的观点才被看做是愈益陈旧过时的。在法国，福煦上校 1903 年在其《战争原理》中写道："从现在起，你必须走到极限去找到战争的目标。由于战败方当今在它被剥夺一切补给手段以前决不屈服，你

① Rudolph vonCaemmerer, *The Development of Strategical Sciences during the Nineteenth Century*(London, 1905), p. 86.

② Von der Goltz, *Nation in Arms*, p. 143.

不得不追求的是摧毁这些补给手段本身。”[①]甚至一位有分寸得多的法国权威科兰上校——他的《战争的转变》至今仍然位居关于大战前夜欧洲军事形势的杰出概述——也以完全一样的方式写道：

> 且不说那将激励大多数交战国的激情，现代战争的物质条件不再允许规避依靠战斗去根本决胜。
>
> 两支占领整个战区的大军彼此相向迎头挺进，除了胜利别无结局……因此，一个政府就政治目标应当发给
> 一位将领的指示被降为区区小事。一旦决定要打战争， 33
> 就绝对必须要让一位将领凭其随机处置权不受妨碍地进行战争，限制只在于如果他几无生气或能力地使用他的随机处置权，就必须解除他的指挥权。[②]

这就是行将在大战开始时不仅激励德国人、而且激励所有交战强国的基本观念。然而，塑造 1914 年和随后各可怕年头的经历的不是战略思想家，甚至也不是军事技术的要求。克劳塞维茨本人已写道：“一个交战者采纳的目的和他运用的资源必定由他自身处境的特殊性质支配；然而，它们也会符合时代的精神与其一般特征。”[③]第一次世界大战的经历必须依据这句格言去理解。

如果有种种可以理解的原因——技术、政治和心理的原因，使得克劳塞维茨关于军事手段须从属于政治目的的学说在 1914 年不

---

① Ferdinand Foch, *The Principles of War* (London, 1918), p. 37.

② J. Colin, *The Transformation of War* (London, 1913), p. 343.

③ 见下面第 594 页。

再被视为适切，那么就他关于防御是较强的战争方式的观点却几乎完全不能这么说；随 1870 年往后军事技术的实际上每一项新发展，这些观点已变得更加重要。毛奇本人赞成它们，克梅雷尔也赞成，[1]然而极少其他德国著作家如此，法国人就更少。冯·德尔·戈尔茨是前者的典型。[2]“打仗即进攻”，他写道，“命运予其攻击者角色的军人实属有福。”在终结对一场想象中的战役的叙述时，他概括说：“我们在描述一场战役时，已经情不自禁地被引导去写一场进攻战。难道德国军人还能别样行事？”事实上，有一位德国军人**已经**别样行事，那就是克劳塞维茨本人。他在《战争论》第四篇第 2 章里就一场战役展示的是一幅折磨人的消耗战（*bataille d'usure*）图景，在一个小得多的规模上完全无异于 1915 至 1917 年间那些在西线展开了的战役。然而，戈尔茨提出，克劳塞维茨本来可能会改变他关于防御优于进攻的观点，假如他有机会仔细修改他原初的文本：一个经常被克劳塞维茨的赞誉者——本作者也不例外——使用的论辩方式，他们发觉他的著作的某些方面并非完全对他们的胃口。

如果说克劳塞维茨关于防御战的观点被漠视，他关于战争与政策之间关系的看法被认为过时，那么他为何在德国军界被如此
34 赞颂？主要是因为，如汉斯·罗特费尔所说，[3]他的一项成就：在使战略思想从对几何图式关系的机械性关注转向“人和在一切不确定

① Caemmerer, *Development of Strategical Sciences*, p. 95.

② Von der Goltz, *Nation in Arms*, pp. 262-263, 345.

③ Hans Rothfels, "Clausewitz," 载于 E. M. Earle, ed., *Makers of Modern Strategy*（Princeton, 1943）, p. 100. “在一定意义上”，罗特费尔接着说，“这是一场哥白尼式的革命。”这是个不幸的类比。哥白尼将人逐离宇宙中心地位，克劳塞维茨和他的同代人则恢复了人的这一地位。

性——此乃战争的固有要素——之中人的行动"方面的成就。克梅雷尔挑出"战争天才"、"战争中的摩擦"和"战争中的紧张与休止"这几章,连同第一和第三篇,将它们总的来说当作在教导普鲁士军队方面最有影响的。"它们使我们解脱了战争理论中那一切自摆大架子的人为造作,向我们显示了什么终究是真正重要的。"①在其得到广为阅读的《战略》一书(1884 年首版)内,威廉·布卢梅呼应克劳塞维茨,说"每一种学说,只要试图用僵死的理论绑缚活生生力量的互动行为……,都须予以拒斥,因为它将在实践中造成灾难性结果。"②而且,正是克劳塞维茨学说的这个方面,冯·施里芬 1905 年在给《战争论》第五版写的导言中提请人们注意。克劳塞维茨,他写道,已教导说"战争中的每件事情都须凭其本身的情况(*nach seiner Eigenart*)得到考虑和透彻的思考。""正是为了这认识的确实觉醒",他说,"普鲁士军队和现在整个德国军队要永远感谢这位伟大的思想家。"③

其次,克劳塞维茨由于他强调战争中精神力的显要意义而被援引。关于指挥官的意志力、关于他需要决心、自信和瞬时直觉的克劳塞维茨式用语从头至尾遍及德国军事著作;虽然或许是因为毛奇而非克劳塞维茨的影响,人们才强调这些素质不仅在总司令那里、而且在每个指挥层次上都需要。对简单直接而非机智迂回、坚决果断而非精细微妙、大胆主动而非详密谋算的强调,可见于 1870 至 1914 年间的每本德国军事教科书;④由于 20 世纪的战争条件显然使这些素质变得对

① Caemmerer, *Development of Strategical Sciences*, p. 82.

② 引自 Carrias, *La pensée militaire allemande*, p. 263.

③ Clausewitz, *Vom Kriege*, 5th ed. (Berlin, 1905), pp. iii-vi.

④ 例见 Carrias, *La pensée militaire allemande*, pp. 268ff.

军事成功来说更为至关紧要，超过在拿破仑时代，因而情况就更是如此。在1900年时的非常庞大的各大军队里，其通讯莫过于依靠脆弱的野外电话，其规模和复杂性使得精致的迂回根本没有可能，总司令只能给其下属颁发最宽泛的指令，依赖后者的智力和主动去详细地贯
35 彻。低级军官很可能发觉自己在环境陌生且有时极难忍受的巨大战场上孤兵独处，别无指望，除了依靠自身的内在力量促使自己坚持下去，依靠自身的经验常识指示自己去干什么。就这些环境而言，克劳塞维茨的学说惊人地适切，他的门徒们则卓有成效地予以强调。

这一切坚定果断、这一切经验常识究竟为了什么？克劳塞维茨再次看似提供了一个清晰简单的回答，即为了**歼灭**敌人，而正是他的学说的这个方面，施里芬在给《战争论》第五版写的导言里予以了强调。是否总是如此和必然如此？是否克劳塞维茨关于两类战争的原理没有蕴含一个正当的替代性目标即**消耗**敌人？就此，一场学术争论盛行于军事学和历史学期刊三十年之久，集中在军事史家汉斯·德尔布吕克身上，此人早在1881年就提出了一个论点，即假如克劳塞维茨活着修改他的著作，他本将予以这消耗战略（*Ermattungsstrategie*）远为更多的赞赏和关注，那构成18世纪战法和弗雷德里克大王的战役的杰出特征，与拿破仑特色的歼灭战略（*Vernichtungsstrategie*）截然相对。① 第一次世界大战的经历

① 德尔布吕克首次提出他的论辩是在 *Zeitschrift für preussische Geschichte und Landeskunde*, vols. 11, 12(1881)，然后在其著作 *Geschichte der Kriegskunst im Rahmen der politischen Geschichte*(Berlin, 1920)第四卷里（第439至444页）予以重申。这场争论只是在1920年才结束，伴以在 *Forschungen zurbrandenburgischen und preussischen Geschichte* 第33卷上与 Otto Hintze 的一番交锋。又见 Gordon Craig 论说德尔布吕克的文章，载于 Earle, *Makers of Modern Strategy*.

将极凄惨地证实德尔布吕克的观点有理，那就是前一种战略并非不如后一种那么正当；然而，对这观点的呼应进不了 1914 年以前的德国军事教科书，因而问题依旧是纯理论的。德国军人被教导说，战略的目标是靠战斗摧毁敌方武装力量，战斗规模越大，这目标就能越有效地达到。

当然，这一切都会在克劳塞维茨那里见到。不仅战斗概念对他的战略思想来说有中心意义，而且他以那样的一种活力和生气去写它，使得有关各章就像一波背对着学术灰色背景的鲜红重彩跃出书页那般。[①] 关于在成功的战斗中血腥杀戮势所必然、在成功的战略中浴血激战必不可免的著名话语，以可怕的趣味被挑出来并被援引，更多的是在冯·德尔·戈尔茨、贝尔恩哈迪和他们在 36
威廉帝国的无数模仿者写的黩武主义流行著作中，甚于在认真的军事教科书内。在大众心目中，克劳塞维茨的姓名变得与激战相关，与鲜血相连。对军事专家来说，作为战略目标的歼灭概念一样占支配地位，即使只是因为在 20 世纪初期的战争方式条件下，他们无法设想战争，特别是德国进行的两线战争如何能以别种办法打赢。有如施里芬本人写的："当给数百万战斗者提供的支持高达数十亿马克时，不可能实行消耗战略。"[②] 如果德国不能像她在 1870 年那么迅速和彻底地摧毁法国军力那样，摧垮其主要敌国中间的这个或那个，她就很可能最终被挤死在它们之间。就此而言，歼灭战略显得不可避免。施里芬与其后继者低估的是这么一项战

---

① 关于这一点的心理原因，有某些有趣的推测，见 Bernard，"Clausewitz：A Passion for War，"*World Politics* 25，2(January 1973).

② Graf von Schlieffen，*Gesammelte Schriften*，2 vols.(Berlin，1913)，1：17.

略计划的局限：它集中于摧垮一个陆上大强国，因而激起了一个海上大强国的敌对。然而，克劳塞维茨本人从未考虑过海权在拿破仑战争中的重大意义。尽管有其全部深度和天才，他的战略思想仍是非常地方性的，事实上囿于一个陆地围闭的普鲁士，在它之内被构思出来。按照他自己的定义，战略关乎陆军的运动。他的门徒中没有哪个去考虑他的学说怎样可以被调整，以至于适合一个有成为世界强国抱负的德意志帝国的需要。

至此，我们仅考虑了克劳塞维茨对德国一国军队的影响。可是，20 世纪开始时，德国军队是所有别国军队的楷模，在模仿其训练方法和战术信条时，外国军队也吸收了克劳塞维茨的教义，既自觉地，也同等程度不自觉地。然而，法国人颇为自觉地这么做。早在 1849 年，《战争论》的一个法文译本就已得到出版，四年后圣西尔军校的一位教授发表了对它的一则评论。[①] 这两项著作看来都没有给法国军队留下强烈的印象，它设定它的司令官有其与生俱来的天才，只要求它的低级军官们服从命令，擅长骑术，并在战火中勇敢坚定毫不畏缩。1870 年的事态证明这些不足以应对现代战争职责，然而作为一个结果，大多数法国军事著作家着手研究的不是普鲁士军队为何得胜，而是假如伟大的拿破仑面对同样的问题他会做什么。在得到考虑的限度内，克劳塞维茨被认作是真正
37 的拿破仑信条的许多解释者之一，而且是往往曲解了那神圣真理的纯净光芒的一个。[②] 然而，有一位法国著作家已独自开始探究

① Eugene Carrias, *La pensée militaire française* (Paris, 1960), p. 252.

② *Ibid*. 关于此类沙文主义的怪诞实例，特别见邦纳尔（Bonnal）将军和卡蒙（Camon）上校的著作。

战争中精神力与物质力的关系，那就是阿尔当·迪·皮克上校，他1870年在梅兹被击毙，其著作《战斗研究》(*Etudes sur le Combat*)10年后出版时立即赢得赞誉。因而，当战争学院的一位教官吕西安·卡尔多在1884年开设一门论克劳塞维茨的讲授课程时——他如此是由于阅读冯·德尔·戈尔茨而受激励——注意力已经变得集中于士气问题。该课程将影响整个一代法国军官，一代将塑造法军在世纪之交的思维并带领它历经大战的人。①

这些人抓住关于士气、战斗和进攻精神的克劳塞维茨式教诲，以一种甚至超过德国人的热烈竭力鼓吹之。他们的激情被一种民族神话和一种哲学扇烈，前者是关于"法兰西狂怒"(*furia francese*)的，后者则是亨利·伯格森的当代流行哲学，含有它对"生命力"(*l'élan vital*)的全部强调。这是一种情绪而非一项信条，在卡尔多的讲授课程听讲军官之一费迪南·福煦那里找到了它的最大鼓吹者。事实上，到该世纪结束时，法国军队已变得彻底浸透了这些被过度简单化的新克劳塞维茨观念，就像它的德国敌人那般。见证1895年"野战规章"："战斗可以是进攻性的或防御性的，但它的目的总是在于用武力击破敌人的意志，并将我们自己的意志强加于他。只有进攻性战斗才可能获取决定性结果。消极防御注定失败；它须被绝对拒斥。"②

而且，这种教诲似乎被强国间的下一场大冲突——1904年日俄战争——证明合理。在其作战中，日本军队显示了克劳塞维茨

① Dallas D. Irvine, "The French Discovery of Clausewitz and Napoleon," *Journal of the American Military Institutue*, 4(1940): 143.

② 引自 Irvine, *ibid*.

那么称赞的一切素质：进攻精神、简单直接的战略、每个层次上的主动性，与其俄国敌人的消极被动截然相反。假如日军不是由克劳塞维茨的一位热烈门徒即冯·梅克尔将军训练，那么他们是否会以同样的方式表现？这是个合乎情理的推测性问题；然而无疑，《战争论》确被译成了日文，而且日本指挥官客气地承认他们因它得惠。①

38 这恩惠被另一个海岛帝国即英国的军事观察家注意到，他们以特别的兴趣，观察了他们在远东的新盟国的表现。② 在英国陆军 1899 至 1902 年对南部非洲的布尔共和国作战的丢脸表现之后，英国国内开始了军事思维的复兴，由一种愈益增进的设想加速，那就是在并非遥远的未来，英国有可能变得卷入对德军的地面战争。出自 J.J. 格雷厄姆上校的英译本《战争论》已在 1874 年面世，但它绝版已久。英国军人一般对克劳塞维茨倨傲无知，这大概很好地由参谋学院最受赞誉的教官 G. F. R. 亨德森上校概现出来，此人 1894 年在皇家陆海军学社做了一次题为“前车之鉴”的演讲，其中提到克劳塞维茨时，仅讥讽地和不准确地说：“克劳塞维茨，关于战争的最深刻的著作家，说每个人都懂得什么是精神力和它怎样被应用。然而，克劳塞维茨是个天才，而天才和智者有一种令人苦恼的习惯，那就是设定每个人都懂得对他们自己来说完全

① 1904 年，德文《战争论》的出版商迪姆莱尔·费尔拉格拿出行将面世的第五版的一些样书，将其送给了日军司令官黑木为桢伯爵。后者答复说，该著作已经被译成日文，在战役的操作方面富有影响。*Hahlweg*, p. 52.

② 特别见《泰晤士报》记者雷平顿（Repington）上校写的各篇文章，重刊于 *The Times History of the War in the Far East*（London，1905），pp. 548-553.

清楚的事情。”①

这种自满自得的反智主义长久以来一直是英国陆军的显要特征，它惯于执迷不悟，喜欢历经磨难地去吸取自己的一切教训。然而在 1914 年以前的 10 年里，这反智主义暂时动摇。② 克劳塞维茨开始在坎伯利③受到注意，其程度差不多等同于与他在欧洲大陆各参谋学院受到的。一种新的、被删节的《战争论》译本在 1909 年由 T. M. 马圭尔发表，但与此同时，格雷厄姆上校译本得到重印，分为红皮的三册，带有 F. M. 莫德上校写的一篇导言，提请人注意它对一支很可能不得不与德国人交战的军队来说的适切性；经过此书，过去 70 年里那么多英美读者开始知晓《战争论》。然而，更重要的是，克劳塞维茨还被英国头号海军史家朱利安·科贝特爵士研习，后者基于自己在格林尼治皇家海军学院的授课，写成《海上战略原理》(1911 年)，其中既指出了克劳塞维茨对种种海战问题的适切性，也给他的有限战争概念增添了一个新的、富有意义的维度。科贝特是极少的这样的思想家之一：不仅为自己那一代 39
人解说克劳塞维茨，还建设性地发展了他的理念。④

克劳塞维茨刚在盎格鲁—撒克逊世界为人所知，一股对他的

① 重刊于 G. F. R. Henderson, *The Science of War* (London, 1905), p. 173.

② 见 John Gooch, *The Plans of War: The General Staff and British Military Strategy 1900—1916* (London, 1974), passim.

③ 桑赫斯特皇家军事学院和参谋学院所在地，位于英格兰东南部萨里郡。——中译者注

④ 关于科贝特，见一篇文章，载于 Donald M. Schurman, *The Education of a Navy: The Development of British Naval Strategic Thought 1867—1914* (London, 1965), pp. 147-184.

强有力逆反就崭露头角。1914 年后,英国读者将他——特别是由贝尔恩哈迪和冯·德尔·戈尔茨解说的他——看做是他们已拿起武器与之拼杀的、嗜血的“普鲁士主义”的一名提倡者。大西洋两岸的自由派抓住他关于战争与政治之间关系的经断章取义的片言只句,当作不加掩饰和不知羞耻的黩武主义。克劳塞维茨大战期间在德国名望四播,这足以使他在德国的仇敌那里不得人心。而且,这厌憎将由战后一代继承,他们在第一次世界大战这大屠杀之中见到了克劳塞维茨学说的直接结果。他们并不全错。克劳塞维茨几乎全不能因为被扭曲了的进攻观念而受谴责,这进攻在 1914 和 1915 年使近百万法国青年命送黄泉。然而,在 1916 和 1917 年的绞肉般的消耗战和被用来辩解它们的论辩之中,人们可以清楚地追踪到一种克劳塞维茨式的战术观和战略观。怀疑战略迂回;在决定性的点上最大限度地集结兵力,为的是在战斗中击败敌军主力;作战力求给敌人造成尽可能最大量的伤亡,并且迫使他更快地消耗后备兵力,快过己方的后备兵力耗用;顽固地拒绝因伤亡惨重而停止进攻:所有这些为人熟知的克劳塞维茨式原则被英军司令官用来辩解在西线继续进攻,这些司令官差不多自觉地体现了克劳塞维茨那么高度赞扬的素质,即镇静、决绝和坚韧。

因此并不惊奇,英国战后对西线战略的头号抨击者 B. H. 利德尔·哈特上尉会将他的谴责延展到包括克劳塞维茨本人及其门徒。利德尔·哈特在其多项著作中承认这些门徒往往误解了克劳塞维茨,因为他的著述“晦涩费解”,然而他自己的评论也往往显露出一种程度不相上下的误解。克劳塞维茨,他写道,“公开颂扬志在战胜为最高美德，武装的全国以无限暴力实施进攻有独特价值，**军事行动之力压倒其他一切**。”[①]（着重标记系添加）鉴于克劳塞维茨明确和反复地坚持须将军事手段从属于政治目的，这最后的断言令人不解。更不可思议的是，哈特在他的书《拿破仑的幽灵》里 40
诅咒克劳塞维茨，该书 1933 年在对西线战略逆反最甚的时节出版：“他是‘绝对战争’信条——鏖战到底理论——的始作俑者，始于‘战争只是国家政策的用另一种手段的继续’这项论辩，而后以使得政策成为战略的奴隶告终……克劳塞维茨视线所及只是战争的终结，没有越过战争看到随后的和平。”[②]

利德尔·哈特同意说，克劳塞维茨确实认识到“现实中的变形”，教导“政治目标应当决定所做的努力”；然而“不幸的是，他的种种保留在书中姗姗来迟，而且以一种令头脑实在、想事具体的普通军人堕入云山雾海的哲学语言去传达。”[③]当然，这“种种保留”作为克劳塞维茨的论辩的固有成分并非“姗姗来迟”，而是在头一章里被非常强调地展示出来；然而就这一章，利德尔·哈特将写道：“大概会顺着他的逻辑精妙读下去、或在如此的哲学杂耍中间保持真正平衡的读者，百名当中挑不出一名。”[④]读者将不得不自己来评判这项断言是否对头。

最后，利德尔·哈特在申斥了克劳塞维茨式“绝对战争”概念

---

① B. H. Liddell Hart, *Foch: Man of Orleans* (London, 1931), p. 22.

② B. H. Liddell Hart, *The Ghost of Napoleon* (London, 1933), p. 121.

③ *Ibid.*, p. 123.

④ B. H. Liddell Hart, *Strategy: The Indirect Approach*, 3rd ed. (London, 1954), p. 355. 该著作包含抨击克劳塞维茨的其他许多段落，它们最初见于《拿破仑的幽灵》，一字不差。

之后，提议用“有限目的的战略”取而代之。他提出，一国政府

> 可能希望等待，甚或希望永久限制它的陆军努力，同时让经济行动或海军行动决定问题。它可能估算打倒敌方军力这任务肯定超出自己的能力，或者不值得做这努力——估算它的战争政策目标能够通过夺取领土来保障，那是它或可保有、或可用作媾和谈判时讨价还价筹码的领土……有理由探究是否不值得给这“保守的”军事政策在战争操作理论方面的一席之地。①

一个人不需多章多篇地去读克劳塞维茨——确实不需在1827年7月10日的“说明”之后继续读下去——就会发现对于这“有限目的的”信条本身的最明确、最流畅的阐述。

在许多方面，利德尔·哈特对克劳塞维茨的批评颇有道理：反
41 复强调战斗，很少关注迂回，“战略”定义除军事手段之外忽视一切，漠视海军因素和经济因素，著作多处的转弯抹角和自相矛盾性质。所有这些都是缺点，它们不管在上下语境中多么可以理解，过去和现在都需要予以指出。然而，利德尔·哈特就克劳塞维茨学说描绘的最终图景实属歪曲、错误和大失公允。而且，由于利德尔·哈特大概是在他那时英语世界里得到最广泛阅读的军事著作家，因而这幅图景到第二次世界大战时，已被普遍当作是真的接受下来。

---

① *Strategy*, p. 334.

可是在德国，克劳塞维茨的盛名丝毫未损。20 年代期间，冯·塞克特将军照旧给德国国防军大力灌输施里芬从他那里抽取出来的教益：主动权、精神力、灵活性和自我依靠至关重要，作为行动指南的史例研究至关重要。[①]《战争论》第 14 版在 1933 年出版，以纪念施里芬百年诞辰，而新的纳粹国防军总司令冯·勃洛姆堡将军宣称："尽管一切技术样式都已根本转变，但克劳塞维茨的书《战争论》依然永远是战争艺术方面任何合理发展的基底。"[②]随之而来的是 1930 年代期间的种种普及版，还有 1937 年的另一个全本版，连同卡尔·林内巴赫、汉斯·罗特费尔、赫尔伯特·罗辛斯基、瓦尔特·谢林和埃贝尔哈特·克塞尔之类学者的经常见于历史学和军事学期刊的文章。[③] 由于他既被当作最伟大的战争论说家，也被误认为德意志民族主义的先驱，因而克劳塞维茨在纳粹的先贤祠里享有大尊敬。

关于他的所有学生就不能这样说了，其中最著名的中间有两位——汉斯·罗特费尔和赫尔伯特·罗辛斯基——不得不寻求在美国逃避纳粹迫害。除了他的《德国军队》（*The German Army*）一书（1940 年）内某些有洞察力的评论外，罗辛斯基对克劳塞维茨的大部分研究仍未发表，但他在大学和军事学院的授课导致各种
各样的听众了解他的工作。汉斯·罗特费尔在 E. M. 厄尔主编 42
的论文集《现代战略的缔造者》（*Makers of Modern Strategy*）

① 见冯·塞克特（von Seeckt）演讲集，汇编在 *Thoughts of a Soldier*（London，1930）.

② *Wissen und Wehr*，1933，p. 477.

③ 特别见 1935 和 1943 年的 *Historische Zeitschrift* 与 1931、1933 和 1936 年的 *Wissen und Wehr*。

(1943 年)里发表了一篇富有启发性的文章,那给新一代人显露了业已那么长久地被德国学者和德国军人研习和赞誉的克劳塞维茨,并且大有益于驱散 1914 年以来支配了英语世界的那种谬误意象。1943 年,出自 O.J. 马蒂伊的一种新译本在美国出版,澄清了许多在《战争论》格雷厄姆版本内的含糊费解之处。

极少有事实提示两战期间在美国各军校里,克劳塞维茨得到深入的研习。正如伯纳德·布罗迪清楚地展示了的,自美国内战时期往后,约米尼在那里的影响一直近乎不受挑战。然而,到第一次世界大战结束时,克劳塞维茨思想中那些支配 1914 年时欧洲战略思维的方面肯定已经横越大西洋。1923 年"美国陆军野战规章"称:"一切军事行动的终极目标都在于靠战斗摧毁敌人的武装力量。在战斗中的决定性失败击破敌人的战争意志,迫使他乞求和平。"[①]

无疑是这种看法,导致马歇尔将军在不能不为第二次世界大战中打败德国而制订计划时那么固执地坚持他的下述方案:将大部分美国兵力集中于欧洲西北部这决定性的地点,那是能够在战斗中击破德国纳粹国防军实力的唯一所在。[②]

然而,是美国加入其中的下一场大冲突——1950 至 1953 年的朝鲜战争——导致了大西洋两岸克劳塞维茨研究的一番认真复

① 引自 Maurice Matloff,"The American Approach to War 1919—1945",载于 Michael Howard,ed.,*The Theory and Practice of War*(London,1965),p. 223.

② 特别见:Maurice Matloff and Edwin M. Snell,*Strategic Planning for Coalition Warfare 1941—1942*(Washington,D. C.,1953),pp. 174-197;Forrest C. Pogue,*George C. Marshall: Ordeal and Hope 1939—1942*(New York,1966),pp. 303-320.

兴。这场战争迫使美国政府与两项难题扭斗，它们跻身于克劳塞维茨极深刻地研究过的种种难题之列：第一，文职权力与军职权力在战争进行期间的关系；第二，一场旨在有限目的、即并非旨在彻底打倒敌人的战争的操作。远东美军司令官道格拉斯·麦克阿瑟将军是1914年时激励了欧洲军事思想家们的那种信条的坚定信仰者，并以犹如毛奇本人的方式表述了它：

> 一位战区司令官（他在被撤职后告诉参议院）并非仅限于驾驭他的部队；他在政治上、经济上和军事上管辖整个地区。当政治失败、军事接管时，在竞斗的这个阶段上，你必须信任军方……我确实无可置疑地声明，当人们 43
> 打得不可开交时，不应当有任何顶着政治名义的狡诈行为，那会束缚你自己的人，减小他们的打赢机会，并且增大他们的伤亡。①

这声明和它表达的态度既在美国政府圈内、也在大西洋两岸愈益成长的战略思想界引起了深刻的不安。双方原子武器的发展已经造成了一种颇大的可能性，即麦克阿瑟将军提倡的那类军事解决可能涉及程度大得很不能接受的互相毁伤，而热核武器的问世很快就会将它提升到一个无法想象的天大地步。设想任何政治目标，为之使用此类武器会是合适的，已变得几乎不可能。为了重新发现“有限战争”概念，几乎不必阅读克劳塞维茨。有如莫里哀

---

① 引自 Walter Millis, *Arms and the State* (New York, 1958), p. 325.

笔下的儒尔丹先生，一直没有认识到他每日每时在讲的是散文，在朝鲜的美军及其盟友一直在打却懵然不知的是一场克劳塞维茨式的“有限战争”。

在众多50年代期间写“有限战争”的著作家中间，极少有人需要承认得惠于克劳塞维茨。[①] 他们独自透彻地思考了这个观念。然而某些人，特别是罗伯特·奥斯古德和伯纳德·布罗迪，在克劳塞维茨那里找到了一种思想模式，而他对他们自身成就的贡献得到了他们的充分承认，通过这些和其他作者的影响，克劳塞维茨开始被重新研究，并被广泛性超过先前任何时候的读者研习。[②] 此时，他的书不仅由关心进行战争的军人阅读，也由关心维持和平的国际政治学者阅读。如果说19世纪将侧重点放在了克劳塞维茨关于精神力的教诲上，那么20世纪中叶的读者将集中于——或许差不多同样过分——他对政治目的挂帅的强调。

克劳塞维茨的马克思主义门徒无疑一向如此。当弗里德里希·恩格斯起初碰上《战争论》时，最有力地打动他的事实上不是克劳塞维茨著作的这个方面。他要马克思注意的是将战争类比于
44 商业；“将问题哲理化的一个引人注目的方式”，他评论道，“但很好。”马克思表示同样赞成，答道：“这家伙有一种近似智慧的‘常识’”。[③] 然而，列宁在论文《社会主义与战争》(1915年)里聚焦其

① 这一时期里关于“有限战争”的著述被汇编成目录，给人方便，它载于 Morton H. Halperin, *Limited War in the Nuclear Age*(New York, 1963).

② Robert E. Osgood, *Limited War: The Challenge to American Strategy* (Chicago, 1957); Bernard F. Brodie, *Strategy in the Missile Age* (Princeton, N. J., 2959).

③ Marx-Engles, *Werke*, Bd. 29(Berlin, 1963), pp. 252, 236.

上的，正是“战争是政治的用另一种（即暴力）手段的继续”这概念。“这句格言”，他写道，“由论战争问题的最深刻的作者之一说出。马克思主义者一向正确地将这论点当作理论基础，据此看待任何战争的意义。”[1]每一场战争，他在这本和随后的一些小册子里解释说，都不可分解地与它从中产生的政治秩序相纠结，与统治阶级实行的政策相关联。它的特征“不是在彼此对立的军队列阵相向的地方决定，[而是由]战争贯彻的是什么政策、什么阶级在进行战争和它在战争进程中追求的是什么目标决定。”[2]

这慷慨的尊敬使得这位资产阶级哲人在马克思列宁主义者眼里合法化了。诚然，斯大林将他贬斥为“手工业时代的代表”，在工业时代没有什么可教的。然而，在苏联军事文献内，他依旧被尊敬地提到，直到新一代人觉得必须将此类异己侵扰清洗出苏联思想。B. 比耶利等人做的一项广泛的研究宣告，通过否认政治的阶级基础，克劳塞维茨“提出了一种关于政治的谬误的唯心主义观点，那被他称作人格化国家的头脑……[他]完全漠视了一个事实，即政治由植根于社会经济制度的种种深刻原因规定。”作为替代，他们提出了他们自己的定义：“战争是特定阶级和国家的政治的用另一种手段的继续。”[3]经如此修改，克劳塞维茨被允许保留他在共产党的先贤祠里的位子，而且极少有马克思主义教科书未能至少对他施以口惠。

① 引自 Bernard Semmel, ed., *Marxism and the Science of War*（Oxford, 1981），p. 67.

② Werner Hahlweg, introduction to *Vom Kriege*（Bonn, 1980），p. 98.

③ *Marxism-Leninism on War and Army*（Moscow, 1972），pp. 17-19.

如此,全然合适的是,《战争论》当今应该既在军事学术机构、也一样程度地在各个大学得到研习。然而决不可忘记:克劳塞维茨是一位军人,主要为军人写作;他预期战争的经久继续,将它当作某种自然和不可避免的东西;他的学说意在前后相继一代又一代爱国的德国人为他们的祖国战斗——不是意在世界的国务家们在一个有大量核武器的时代操作国际政治。不应在克劳塞维茨那里读出太多的东西,也不应对他有更多的期盼,超过他意欲给予的。虽然他为之写作的时代早已过去,但他仍能提供那么多洞察给这么一代人:他们的种种难题的性质他不可能预见到。这一如既往表明了他的天才。

《战争论》的经久的适切性

伯纳德·布罗迪

在其经典研究《德国军队》里，已故的赫尔伯特·罗辛斯基将 45
《战争论》称作“至今所曾出现过的对战争的最深刻、最全面、最系统的审视”。然而，罗辛斯基也对它的效能怀抱某种担忧，因为他在别处写道：“它高高凌驾在其余陆海军文献之上，穿透到其他军事思想家从未接近过的种种领域之内，这个事实一直是它被误解的原因。”①

它确实往往被误解，但罗辛斯基的解释多少不对头。他是克劳塞维茨和战争的一位严密研究者，而且他对《战争论》的描述足够正确，但当该书被误解时，原因不在于就理解其思想而言有任何固有的内在困难。克劳塞维茨的种种思想虽然被紧密坚实地缠结在一起，但总的来说简单，并且大多以不含艰涩行话的语言被清晰地表述出来，即在最初的也在目前的译本里。然而，这些素质可以令马马虎虎的读者上当，以为自己在读纯粹的老生常谈。可能就是由于这个原因，一位肯定不乏智慧的英国退休高级军官若干年

① 在对罗辛斯基的这两项援引中间，第一项取自《德国军队》修订版（Washington，1944）第 73 页，第二项取自该书初版（London，1940）第 122 页。

前告诉本作者："我曾试图阅读克劳塞维茨，但从中一无所得。"假如他碰到了需要多少费力去理解的陌生的新观念——有如某些使用数学、博弈理论等等的晚近的战略学论文——那么他本来很可能已做了这种努力，或许还有得到了适当回报的感觉。也许，他还发觉某些思想不很令他喜欢，而不喜欢某些思想是误解它们的一个常有的原因。

一篇导论性文章应当有个目的，以致将它插到读者与其阅读对象之间实属正当。在此限度内，本文的目的大都在于帮助他避免我那杰出的军界熟人的阅读经历。避免它的一个办法自然是避而不读克劳塞维茨，这一直是除了很小一部分以外所有具备文化修养的人选择的办法，其中包括毫不犹豫地引证或引用他的人中
46 间的很大多数。文职人员未读过他的著作，是因为他们一向误以为该领域深奥难懂，或者也许太远离他们的兴趣；军人除了某些特殊的极少数，则一向有别的原因去漠视它。然而，眼下这里手持该书的读者显然有最好的意愿。因此，让他立刻得到保证：他不会受阻于深奥的语言或难解的思想。论说战略的书籍无论如何并不经常如此。它们可能枯燥无味，或可能放纵不经，但很少难读。

诚然，阅读克劳塞维茨有某些问题，对此我们将试图探索，因为直接面对这些问题有助于减小它们。举例来说，该著作的有些大的部分确实过时了，另一些大的部分看似过时，但不那么确实，因为引证来例解它们的史例不可避免地是较旧时代的。还有，《战争论》是一部在其中容易只见树木不见森林的著作。它的漫长篇幅本身，由对其种种论点做的无数保留拉长，促成了这一特性，而且它肯定并非从头到尾在同样高的水平上。

在他与他的手稿一起留下的“说明”里，克劳塞维茨表明他计划对著作做的修改将是大幅度的，将“使头六篇弃脱大量多余的资料，填满种种不同的大小缺口，并且提出一些在思想上和形式上更精确的广泛论断。”在表达他对现存手稿的不满时，他是当真的，虽然他的最忠诚的解说者中间有许多人似乎忘了这点。在他认为已被修改和完成得令他满意的一章——著作开头的一章——与其他各章中间的多章之间，反差往往惊人。简言之，我们必须对这么一项著作有思想准备：它未完成，因而总的来说组织得不完善，往往重复，有时甚至散漫凌乱。另一方面，它有时太俭省字句。偶尔一个或更多论点的确实含义模糊不清，不是出于理解上的任何固有困难，而是因为作者没有清晰地写下他的意思。例如，他究竟用他的重要概念“胜利顶点”指什么？当时他似乎并非偶然地不用拿破仑向莫斯科进军作为它的一个例子。实际上，他对此事的排除是个线索，提示他的意思，虽然马马虎虎的读者不会注意到。

尽管我们主张当今值得读克劳塞维茨，因为他的思想从根本上说永久有效，然而每个人都是他的时代和文化的产儿，头脑急切地吸取新思想的人将以一种颇为特殊的方式成为如此的。我们已经说过克劳塞维茨的著述中多有过时之处，还将就此说得更多，但
我们也碰到一种特殊的个人习惯，不仅是语言的，而且有时还是思 47
想上的。一个 19 世纪开初时的德意志年轻人（且其生命在该世纪的头三分之一流逝以前就将终结），非常聪明但只受过有限的正规教育，深为敏感、易动激情但活在这么一个时代并且献身于这么一种职业，它们合在一起使他能有一番非同寻常的战争体验，而且他有如我们大家，有一定的个人性格和个人特质：这个人将以一种这

样或那样地反映这些的方式去写作。我们在与克劳塞维茨打交道,就是在与一个脱离了躯壳的非凡才智打交道,与我们应对其他伟大的思想家和著作家一样。

假如试图去干那一向冒险的事,也就是将克劳塞维茨表达的某个特殊思想与我们就他的经历所知的联系起来,或者认为我们能够猜出他的特性,那么就会大费篇幅,很可能令人疲倦,而且无论如何超出我们的目的,然而有时这无法避免。例如,许多读者一开始读《战争论》就被抛入云山雾海而困惑莫名,因为作者的"绝对战争"概念(一个在此译本比在其他译本内用得较少的术语),也因为几页之内冒出来的变形,即从集中讲战争的绝对概念或"纯概念"的必要和属性,变到讨论某种实际得多的东西。然而,对这么一位作者来说,有什么能更为自然而然?这位作者生活在康德和黑格尔的时代和国度,决心写读者们会认作就战争曾被写过的最穿透也最全面的论著。实际上,克劳塞维茨对这著作只注入了很少一点儿玄学,没有造成任何以相对极少的言辞不能被说明的问题,而且它在这头几页之后就简直消失殆尽。由此而来的最大不幸,一直在于甚至被那些据称很懂得克劳塞维茨的人赋予他的那种名声,即他是一个骨子里哲学性质的人,而哲学性质一词是在其玄学意义上。他的同代人兼对手昂图瓦纳·昂里·约米尼已经就他说了这样的话——除了将他的著作称作"过分的和傲慢的",而且如此的评价一直持续到今天。

我们怀抱着来探索克劳塞维茨的心境必定受影响——受到所有就他及其主要著作历来写过的过头话的影响。我们已援引过的罗辛斯基也有下言:"从沙恩霍斯特的零散和格言似的遗产中,他

发展出了系统、紧凑、完全均衡的理论，在其中每一因素、每个方
面、每项论辩都有其确定位置，无法被改动而不致命地危及总体的
微妙平衡。从深切评价拿破仑在战争艺术方面造就的革命，他进
至一种无限更广的理念，在其弹性框架和宏伟天地之内，囊括了每 48
一种可想象的战争形态和战略形态。”[①]这夸张显然遭到克劳塞维茨本人的否定。一部就海战简直未说片言只语的著作不可能涵盖“每一种可想象的战争形态和战略形态”，即使就它自身的时代而言，何况我们已经指出克劳塞维茨正在规划一番修改，那显然将改动某些“因素”和“论辩”。

一位较早世代的法国学者写了一部关于克劳塞维茨的书，他说克劳塞维茨是“德意志人当中最德意志的……在阅读他时，一个人不断地有置身于玄学迷雾中的感觉。”[②]这纯属胡说。这样的引语可以被堆高，它们出自熟谙或声称熟谙克劳塞维茨的著作的人们，就像罗辛斯基无疑是的那样。就某些场合、特别是宗教场合而言，敬畏可以是一种合适的态度，但它不利于冷静、深切、因而审视性的研习。

我们已经就并不全盘喜欢克劳塞维茨式观念的读者说了些话。军人和平民都一向不喜欢其中的某些，往往出于相反的原因。经训练而崇敬进攻精神的军人对防御显然是较强的战争方式这论辩感觉不佳，而且特别讨厌被人告知军事目的总是必须从属于文

① *The German Army*, 2nd ed., 1944, p. 73.

② Hubert Camon, *Clausewitz* (Paris, 1911), p. vii, 引自 H. Rothfels, "Clausewitz," *Makers of Modern Strategy*, E. M. Earle, ed. (Princeton: Princeton University Press, 1943), p. 93.

职领导人规定的政治目标。在平民中间，可能有某些人觉得克劳塞维茨那里有过于残酷无情的浓郁阴暗面，虽然这种看法大概是靠道听途说形成自己意见的非读者所特有的，而非出自那些实际上读了《战争论》的人。克劳塞维茨懂得战争不是一类开心事，而且嘱咐读者一开始就也明白这一点，从而能够一起进至考虑要干的事，即基本理解什么是战争，在它的各个不同的投入层次和暴力层次上。这种理解的目的之一，是增大在这最苛求的努力中获得成功的机会。

到他所处的时代，战争生性邪恶而且往往愚蠢业已是老式观念。他的同胞和较早的同代人伊曼纽尔·康德——他知道并尊敬其著作——写了一篇论著《永久和平》(1795 年)，在他那个时代的新知识的框架内重申这观念。然而，这种看法当时享有的赞同与
49 它今天享有的相比，少得无法计量，虽然这不是说它现今全系老生常谈。无论如何，在此有这么一个人：12 岁时就开始了从军生涯，置身于一支依然被浸透了弗雷德里克大王传统的军队，在一个标志了与大革命法国和拿破仑法国历时近四分之一个世纪的战争之开端的时刻。不仅如此，从他在他的书信和个人行为里留下的、关于他的精神生活的种种线索看，他似乎有某种情怀，超过要获得承认的寻常心理需要，这承认对他来说，只能经过在他置身的职业内的某种卓越状态而来。因此，对他献身于他那残酷可怕的论题，没有任何理由感到惊讶。他对战争的极大代价和极端危险足够敏感，就此他不乏个人体验，以至于高度珍视娴熟操作战争、从而有最大限度获胜可能的才干。还有，难能可贵得多，他给理解其目的赋予不相上下的重要性。

然而，读者可能有另一个且更执拗的关切。他会问，一个半世纪以前写的一部书，而且偏偏是论说战争的书，能否真的配得上他的时代？即使假设核武器从未被发明过，这个问题也会冒出来，但这些武器确实看似令世界全然改观。难道它们真的如此？自从在1945年对日本使用了两枚以来，已有许多不用核武器的战争，包括对某些参战者来说代表了彻底投入的战争。然而，下面一点即使并非确立不移的事实，也起码是一种颇大的可能性，亦即至少在拥有核武器的强国之间，作为解决歧异的一种手段，战争的整个性质已被改得面目全非。那么，为何要读克劳塞维茨？

在我们的拥挤的时代，要论辩一部书有优越的价值是不够的。太多的书如此，我们没有时间去读。立意读一部分量可观的书，像眼前的这部，就是显著地承受经济学家所称的“机会成本”（被摈除了的对象或裨益，那是本来可以为同一些价值单元而获得的）。阅读时间是一种非常有限的用物，甚至就最受宠惠者而言亦如此。阅读一部严肃的书因而总是一桩严肃的任务，以下述问题方式得到理性考虑：对我来说，在这时候阅读这部书，是否比我阅读我能用同一时间去读的任何其他著作更值得？

我们不将这个问题保持为我们的优先考虑，这很好，否则我们每一次都会那么担忧自己是否做出了最佳选择，以至于不会去读任何东西。尽管如此，除了就某些环境而言，在其中——例如在大学本科课程方面——有人替我们做出选择，我们仍然的确在事实 50
上倾向于将这问题保持为我们心中的某种滞后考虑。我们在书籍中间挑取去读，没有读完就抛下其中许多。我们蜻蜓点水浏览过的书籍中间，通常有经典著作，特别是那些并非纯文学的，因为我们倾向于首先假定不管它们在它们自己的时代有多伟大，它们对我们的时代来说并不特别相关，其次假定不管它们包含无论什么适切于我们时代的智慧，它都无疑已被后来的著作家们吸取和利用了。

克劳塞维茨的《战争论》不符合其中任一个假定。其他经典著作可能有时值得阅读，因为它们有一种并未被充分地再展示或抓住的独特风格，甚至那些已充分地吸取和优化其思想的后来的著作家也未做到。就此可想到达尔文的《物种起源》，还有其他著作。然而，在那些做出了深刻和原创性的洞察、但一向**未曾**在后来的文献里被足够地吸取的很少一些老书中间，克劳塞维茨的著作显目昭彰。自然，它只会被那些对它的标题所示对象持有某种强烈兴趣的人阅读，不管这兴趣是专业的还是别的，但对他们来说，它颇为不可或缺。当然在此领域内，除了克劳塞维茨的，还有其他很值得读的书，无疑包括某些谈论当代问题特别是核武器问题的，但没有哪一部在重要性上能与它等量齐观，或在恒久性上能取代它。

例如，与费迪南·福煦在 1903 年即第一次世界大战开始以前仅 11 年出版的《战争原理》相比，克劳塞维茨的著作远更契合这次大战的种种困难和问题。对福煦及其追随者来说，克劳塞维茨谈了那么多的、关于政治目的之支配地位的理念干脆不适用于现时代。不仅如此，他们还将司令官的作用浪漫化，并且将进攻尊崇到一种异想天开的地步，那在它被实际效法于行动的限度内同样证明代价异常高昂。福煦对克劳塞维茨施予口惠，声称读了和吸取了后者的著作，而他自己的著述却是完全不同性质的。

克劳塞维茨确实就统军将领的作用和才能谈论多多，但整个比福煦有节制。他非常仔细地掂量了进攻与防御的关系，断定后者是较强的战争方式。如果在他的时代如此，那么在福煦的时代就远更如此，虽然后者持相反看法。对 1914 至 1918 年的战争来说，福煦的大有影响力的书可能没有过时，但它错得要命，用了整整一大血海去证明自己。当今阅读福煦**全无**功用，除了看在这领域的偏颇的极端思维能够有多荒诞，指引各强国的军事政策的口号能够多不明智。还有，当然，阅读它可帮助人去理解第一次世界 51
大战这大得惊人的灾难。

还有一批在那场大战之后写的著作，对特别是美国军队的组织和对第二次世界大战中大战役的发动有巨大影响，那就是圭利奥·杜海的，它当今同样是博物馆藏品。通常被汇编在其中最著名的那项——《制空权》(*Command of the Air*)——名下的若干篇文章才华横溢，但它们也眼界狭窄，教条味重，并且像第二次世界大战证明了的，其具体规定统统全错。空权的热衷者尊崇地将杜海称作“空权先知”，因而会拒绝这评价，或许是愤怒地拒绝。然而，他们需做的一切是仔细阅读他，对照他当时在写的“未来战争”——第二次世界大战的经验去审视他的详细预言。他论辩说，地面上的战线将保持静止，决定性胜利无论如何将由国家的轰炸机在短短几天内赢得。那肯定不是实际发生了的情况。无疑真确的是，他的思想更适合于说核武器，甚于说他心中想的空投炸弹；然而同样真确的是，核时代几乎根本不需要一个杜海来告诉它说这些武器能招致怎样的浩劫和恐怖。无论如何，他的具体规定现在会是过时的。像福煦的书一般，我们在此同样有一批当今全无功用的著作。

下至我们当代，克劳塞维茨大概像大多数专门就核战争写的文献一样适合于我们时代。在后一类著作中间，我们挑取许多有用的技术知识和其他学识，但我们通常也感觉到缺乏那特别是克劳塞维茨的显著特征的深度和广度。我们尤其想念他对如下思想的坚强追求，即战争在其所有各阶段上，都必须合乎理性地由富有意义的政治目的指引。在大多数当代书籍中，这项灼见被严重丢失，其中包括赫尔曼·卡恩的《热核战争论》，一部其标题大胆地招人比拟那早先的经典的书。卡恩不经意地依据当今肯定过时了的技术假设提出他的主要论点，即美国能在一场与其首要敌手的热核战争中生存下来，因而不应太害怕这种战争，不管这些假设在他的书于不那么远的 1960 年出版时是否实际。还有，卡恩的书不像克劳塞维茨的，没有多少就越南战争而言适切的内容，这场战争自此横生，导致美国那么深省和痛苦，虽然痛苦远不及它宣布要拯救的那个国家承受了的。卡恩可能仍然有益地对克劳塞维茨作了补
52 充，但只是在有限的意义上他才更适时，而且他并未以任何方式促进取代克劳塞维茨。

从这一切，我们推断说，关于战略思维和战略著述，必定有某种东西使之有别于智识努力的其他领域。在大多数其他领域，较老的撰著者的著作易于变得过时，因为它们要么被后来者吸取了，要么被证明不正确。它们有时读来有趣，因为历史缘故，往往也因为各种内在品质，然而它们容易被蜻蜓点水似的飞快掠过而无重要损失。我已经提过达尔文的名字，他代表了（像弗洛伊德在另一个领域那样）伟大的发现，其贡献从未被任何后继者真正赶上过。然而，还有伟大的创新者而非发现者，例如亚当·斯密，他的一生

大致与克劳塞维茨的重叠，在一个就若干方面来说显然类似于战略的领域写作，这些方面包括专注于为特定目的而使用资源的效率，专注于起码实用的解决办法，不管它们是否符合种种描述不变的行为方式的法则。

他的伟大的开创性著作《国富论》(1776 年)被普遍承认为现代经济学的发端，虽然得益于其他某些人，但与此前的重商主义传统截然有别，而且从此以后，没有任何合格的经济学家会返回重商主义。可是，在出版往后的两个世纪里，这部伟大著作有大量后继者，而且该领域的著作当今仍极为昌盛，很容易吸引数量相应的才智之士。斯密的一切基本贡献全都由后来的、承认得益于他的著作家们充分吸取和发展了。与此相反，克劳塞维茨虽然在才能和创新性上大可与亚当·斯密媲美，但一直没有可比的众多杰出后继者。

因此，在比较引人注目的战略论著中间，有一种在其他领域见不到的间断性，部分地是因为那些领域有密集得多的急切耕耘者，部分地是因为战争本身的间断性。还有，虽然在每个人类努力领域，天才是稀缺价值，但在战略论著领域，它特别稀缺。原因在于，军人难得是学者，平民则难得是战略研习者。克劳塞维茨的天才不可或缺，而且在他的领域独一无二。

我们因而发觉自己有至少两个原因，去解释为何克劳塞维茨依旧值得最仔细的研习：首先，他总是在争取达至他审视的每个问题的根本，从战争本身的根本性质开始，依凭他的伟大才华和极强的工作能力而获得成功；其次，他在他的成就方面简直独一无二。53
他的书不仅是最伟大的论说战争的书籍，而且是其中唯一伟大的。

关于该论题的各自不同的其他作者力图成为分析性而非单纯史述性的，他们在自己的成就方面可能非常值得尊敬，但比起克劳塞维茨，不变的结论只能是他们望尘莫及。

例如，必须这么去评判阿尔弗雷德·塞耶·马汉的著作。马汉当然将自己限于海战方面，其著述大多是史著。他作为思想家的维度和特征反映在这么一点上：他自己承认他大得惠于约米尼，但几乎完全不感谢后者的更伟大的同代人克劳塞维茨。另一位与马汉同代的海军史家和分析家朱利安·S.科贝特的确关注了克劳塞维茨的著作，大有利于他自己的。在我们考虑过时书籍的限度内，我们可能偶尔地注意到，虽然马汉和科贝特在一个根本上现代的蒸汽动力战舰的时代生活和写作，他们的著述——尤其就马汉的而言极有影响力——发展了那几乎只是得自帆船时代的海战的种种信条。

尽管如此，我们必须面对过时问题，考虑这个因素在多大程度上减损了当今阅读克劳塞维茨的有用性。显然，对军事史家来说，它全无减损，却相反会使得阅读这著作有益，甚至必需。例如，倘若他诧异为什么当 1815 年 6 月拿破仑前来与之战斗时，威灵顿和布吕歇尔的大军散布在那么广阔的地方，那么他会从《战争论》第五篇第 13 章得到某种启示，那恰巧是论宿营问题的，其中对这形势的描述富有权威，且明确清晰，因为事实上克劳塞维茨当时与普鲁士军队在一起，参加了随后的两场战役。然而远不止于此，克劳塞维茨本人是个敏锐的军事史家（《战争论》构成他所有最终得以刊印的著述的不到四分之一，其余的有许多是史学性质的），仔细警觉那将他所处的时代与先前时代隔开的种种战法变迁。他对这些事情的精明的观察中间，有许多以高度浓缩的方式写进了我们眼前的这项著作。

自然，军事史学家仅占人类的一个极小比例，而且甚至在他们
当中，可能想读克劳塞维茨的也只是小部分。然而，任何对克劳塞
维茨的主张足够感兴趣、因而想读他的书的人都肯定不应被一个
事实镇住，那就是一个人会在阅读过程中获得某些洞察，透视在他
的时代战争是怎么打的。我们自己一代实属独特，可是独特得可
悲，因为产生了一派思想者，他们据称是军事战略内行，而且肯定 54
是军事研究专家，然而对军事史、包括我们最近几场战争的历史简
直一无所知，同时看来毫不顾虑自己的无知。他们在系统分析和
相关的深奥学科方面的技能无疑极有价值，帮助他们在我们空前
复杂的武器系统的形形色色的推销员和提倡者中间闯出他们自己
的路。但是，就人们怎样进行战争和在其压力下如何表现，我们仅
有的经验资料是我们在过去的作战经历，不管我们因为随后的状
况变迁而不得不做多大的调整。

直到这新一派在随第二次世界大战之后的时期里形成为止，不说自明的是倘要理解战争，就必须熟知它的历史。克劳塞维茨虔诚地相信这一点。“无疑，战争艺术的基本知识”，他说（第二篇第 6 章），“是依据经验的。”还有，“史例令每件事都一清二楚，而且提供经验科学方面的最佳一类证据。”而且，他不满足于如此的笼统断言，却进至一种仔细的和富有特征的犀利深入的分析，分析军事史应当据以被用来建设理论的方法。

尽管如此，我们仍无法避而不想出于一个事实的种种不足，那就是当本文的这些话被写出来时，克劳塞维茨去世了差不多一个

半世纪。这个状况以各种不同方式影响到他的著作的当今功用，其中最明显的我们已经讲过。克劳塞维茨本人断言，一项历史例解的功用一般与它的年岁成反比，而且他宣布，他在这著作里将避而不用奥地利继承战争以前的史例，这场战争在 1740 年的开始正好与第一次西里西亚战争的开始重合，而且更重要的，是与弗雷德里克二世即后来的弗雷德里克“大王”登上普鲁士王位同时。于是，人们在《战争论》全书从头至尾，除略予提及外，几乎见不到对另一个公认的战争天才马尔博罗公爵与其富有才能的同事、萨伏依的尤金亲王的更多谈论，他俩在以布伦海姆大捷告终的那场辉煌的战役里通力协作，时为弗雷德里克登基以前仅 36 年。

因此，虽然有如彼得·帕雷特指出的，克劳塞维茨还撰写了一项对古斯塔夫·阿多弗斯的研究，但他在《战争论》里除了很少的例外，将自己限于取自滑铁卢战役为止 75 年的史例，那是他了解的最后一场战役，发生在他去世前 16 年。他详述了那个时期里战争艺术方面发生的种种异常重大的变化，而且我们禁不住要说，这些变化必须拿来与往后发生了的变化比较，因为有大致在他去世
55 时开始的战争方式上巨大的技术革命。毕竟，弗雷德里克那时使用的武器仅略有别于拿破仑时代使用的，而且对我们来说，引人注目的是尽管武器方面、更不用说运输或通讯方面发生的变化无足轻重，但实践方面仍能发生非常重大的改变。

无论如何，克劳塞维茨使用的例解性史料对我们来说有两重不利。第一，即使其中最近的也在时间和条件方面离我们那么遥远，以至于克劳塞维茨根据他自己的接受标准也不会予以考虑；第二，大多由于这遥远，他的读者中间只有极少数人会就他说到的许

多战役和战斗具备任何预先的知识。一个人假定人人都多少知道拿破仑 1812 年入侵俄国的情况。关于这,柴可夫斯基写过一首广泛流行的序曲,托尔斯泰写过一部很伟大的长篇小说,而且后一著作已被拍成若干电影和一部电视连续剧。然而,当今除了很少数专家,有谁知道关于弗雷德里克的各场战役的任何事情?或者就此而言,有谁知道拿破仑的大多数别的战役?

幸运的是,在他使用一个史例时,克劳塞维茨往往足够地重现之,给我们一幅适当的途径,是关于发生了什么和它与他正在提出的论点有何相干的。不过,他往往不这么做。因此,我们必须承认,仅从讲解角度看,我们失去了他的分析的许多丰富性,那是它必定在他的同代人那里显现出来的。自然,我们可以采取步骤去改善这缺点,办法是就他使用的历史去学些东西——比起例如为欣赏萨福的诗而学希腊语轻得多的一项负担,然而在净得益表上,我们不得不将这个系数当作借项删去。

确实,这个问题还有其正面。战争,像克劳塞维茨在一处断言的那样,**有别于任何其他**。因而,无论它本身随时代的改变可以有多大变化,它的本质特征依然分明不同于每一种别的人类事务。同理,我们寻求某些即使有变也变得极少的根本性质并非徒劳无功。我们不是在说约米尼的"不变原则",而是在说某种更为根本的东西。这个因素从根底上涉及我们为什么去读克劳塞维茨,他比任何其他人都更接近于给我们揭示这些根本性质,然而它也影响到他的史例问题。

读者自己能从自己可能拥有的历史知识储存和个人经验积累中拿出一个例子,去检验现在讲的这点是否照旧成立,或至少它是

否仍适用于一个比克劳塞维茨那时晚得多的时代。因而，当后者——他从弗雷德里克和拿破仑的战役取例——承认有对集中兵
56 力原则的例外（别种情况下他极强烈地拥护这原则）并提出有时一位司令官**应当**分兵面敌的时候，一个人可以想到罗伯特·李在钱斯洛维尔干得多么辉煌，或者想到威廉·F.海尔赛海军上将在莱特湾多么愚蠢地未能这么做。而且，一经突然见到在《战争论》最后一章蹦出一个观念模式，那必定给著名的施里芬计划的各军事方面提供了概念灵感，那就有发现的大惊喜。一个人还可以想起冯·施里芬伯爵足以是克劳塞维茨的学生，吸取了后者反复重申的、关于不得让政治目的受军事目标支配的基本准则，因为有记录在案，他已用书面极力主张倘若该计划失败，如它当然在1914年失败了那样，德国就应当立即谋求谈判媾和。对德国和对世界不幸的是，施里芬和小毛奇的后继者们摒弃了克劳塞维茨式思想的这极其根本的一条。诚然，施里芬计划有它本身的巨大内在弊端，那根本上是反克劳塞维茨的，即要求入侵比利时（起初还有荷兰），从而必定招致英国参战。

了解某些昔时的难题和它们曾如何得到处理，以便做出调整去适合后来的时代：这对任何战争或政治研习者来说，都是一种永无终止的演练。它不久就成了自动的，因为它确实极少展现出严重的智识困难。某些思想和告诫即刻被认作在当今依然适合，另一些只是在较好地懂得军事史或政治史的情况下才有用。

诚然，与纯粹的史例问题相比，更麻烦的是克劳塞维茨对行军、补给等等的方法的颇长篇幅谈论，它们属于一个业已消失的往昔时代。第四篇全文直至第七篇结束并非全都如此，但见于这些

篇里的许多内容确是如此。对这些篇幅，一个人的阅读可以趋于多少加快些——或许一点儿预告将有助于成就这加速——但要想全然掠过它们不读，他就必须是很赶时间。在这些段落内，作者与我们分享他关于他所处时代的战役操作的丰富知识，而且他在多少有点费劲地让我们明白某些异于早先时代的变化。种种不同的简缩版删去了这些部分中间的某些，然而无疑，最好让读者替自己断定是否愿意伴随如此伟大的一位大师进入这些领域。在克劳塞维茨的著述中间，已被译成英语刊发的太少，而我们中间极少有人会想要见到他的主要杰作遭到砍削。此外，读者将发觉，甚至在最 57
少可能的书页里，他也会碰到某些典型的克劳塞维茨式的富有睿智、穿透入里的评论，那像适用于他的时代一样，适用于我们自己的时代。

除了陈旧过时问题，还有克劳塞维茨的其他如下特征：它们虽然可能是优点而非弊端，却不利于认识他的天才和成就。这些中间，首要的是他显著地不喜欢提供程式或规则作为行动指针。他往往意在显示此等规则蕴含的危险，而这是将他与约米尼及其差不多所有后继者明显区别开来的首要秉性。为何军人那么经常地对克劳塞维茨感到失望，主要原因之一就在于此，因为他们在自己的训练中，特别惯于顶着被挤满的日程表去学会种种具体的行动规则——一种被反映在他们对“灌输”一语的广泛使用上的惯常做法。克劳塞维茨相反，邀请他的读者与他一起反复思考战争的复杂性质，在其中任何不容例外的规则通常过分明显，不值得做许多论说。

这秉性特别见于他的一种态度，针对诸如已经开始被称作“战争法则”之类观念。虽然他很难避免确立某些广泛的概括，那必不可免地是分析性研究的结果和目的，但他特别抵制和强烈拒绝战争操作能合乎情理地由一小批简练的格言去指引的观念。是约米尼而非克劳塞维茨，历来要对被援引不绝的一句话“方法变但原则不变”负责，而且多半由于这个原因，约米尼对他当时和以后时代的军事思维有大得多的影响，至少在非德国人中间。是约米尼被美国内战双方遥望来提供指南，那场战争他在自己非常漫长的一生里活着见到了结束。还有，如前所述，是约米尼被马汉称作“我的最好的军事朋友”。

只是随第一次世界大战后，种种不同的（起初是美国的）野战手册才开始试图将多个世纪的经验和卷册众多的反思概括进寥寥数条“战争原则”中去，它们用词简约，通常编号，例如“集中兵力原则”、“节省兵力原则”、“乘敌不备原则”等。虽然各种书籍一些出来去解释和阐发这些原则，但主要强调的一直是使之保持简约整洁：使它们较现成地在一所军事学院的为时数天的课程里被传达，由恰巧为此目的被指派为教官的无论什么人传达，并且较容易地被贯彻到战斗情势中去。克劳塞维茨对这样的企图会大感惊骇，
58 却不会惊异某些以这些“原则”的名义犯下了的可怕错误。在他所处时代的某些人试图搞类似的事，他称之为“体系和纲要的胡说八道”。

克劳塞维茨式的替代是刻苦的反复思考，有时见于被极密集地塞满了犀利洞察的纸页上。要被接纳到其中，代价是决意用心，立志响应。这要求一种不同的阅读，不同于我们通常习惯的。在我们时代，训练课程被开设来加快阅读速度，而且没有谁怀疑就差

不多任何专业人士必须读过的大堆东西而言快速阅读的好处。然而，对克劳塞维茨，一个人应当准备驻足停留，经常暂停以作反思。克劳塞维茨关于自己的书的基本意愿，虽然并非谦虚恭让，会奖赏任何这么做的人。

"我的雄心是"，他在一则在他的文件当中被发现的笔记里说，"写一部不会两三年过后被忘记的书，一部可能被那些对这主题有兴趣的人不止一次地拿起来读的书。"

编者按：鉴于我们已在扉页与文本之间插入了足够的评论，我们将"《战争论》导读"放在了书末。

战　争　论

卡尔·冯·克劳塞维茨 59

作者前言

赋予一项论战争理论的未刊手稿 61

1816 至 1818 年间撰写

科学方法并非仅仅甚或主要在于一个全然完整的体系，或者一套无所不包的信条：这一点当今毋须详尽阐述。在形式意义上，本著作不包含这样的体系；它不提供一套完整的理论，而只提供为此所需的素材。

它的科学性质在于力图探查战争现象的本质，并且揭示这些现象与它们的各组成部分之间的联系。没有任何合乎逻辑的结论被刻意规避；然而，在逻辑线索变得过于细微的场合，我宁愿断脱它们，回返适切的经验现象。正如某些植物只有不过于拔高才能结出硕果，在实用艺术中，理论的叶片和花朵也须得到修剪，植物必须保持贴近它的合适的土壤，那就是经验。

通过分析麦粒的化学成分去确定麦穗的形状显然是个错误，因为所需做的一切只在于前往麦田，观看成熟了的麦穗。分析与观察、理论与经验决不能彼此鄙夷或彼此排斥；相反，它们彼此支持。因而，本书的各项论点犹如一个拱门的短跨，将其原理建在经验或战争本身的性质这牢靠的基础上，从而得到足够的支撑。[①]

或许，要写出一套系统的、充满智慧和实质的战争理论并非不可能；然而，我们现在拥有的种种理论与此大为不同。除了它们的非科学精神之外，它们那么费劲地试图使它们的体系内在连贯和完整，以致被塞满了平庸见识、老生常谈和废话赘言。关于它们的性质的准确印象可以通过阅读利希滕伯格[②]的“消防规章片断”获得：

> 倘若一座房屋起火，就首先必须站在左边去力图保护房屋的右墙，反之必须站在右边去保护房屋的左墙；因为，倘若例如要站在左边去试图保护房屋的左墙，那么须记住房屋的右墙是在其左墙的右边，而由于火也是在这墙的右面，同时也在右墙的右面（因为我们假定房屋位于
> 62 火的左边），因而右墙比左墙更靠近火，如果房屋的右墙不在火烧到业经保护的左墙之前得到保护，那么它能被烧塌。因此，未经保护的东西可能被烧塌，比别的更快，即使这别的也未经保护；因此，后者必须被丢下不管而前者必须得到保护。为了将这一点牢记在心，一个人只需记住：倘若房屋位于火的右面，那么紧要的是左墙，倘若

① 在许多军事著作家、特别是那些试图科学地论说战争的人那里，情况并非如此。这由许多例子显示出来，其时他们的推理的正反两面那么彻底地彼此相克相残，以致不像寓言中的两头狮子，连尾巴都未被剩下来。克劳塞维茨注。

② 格奥尔格·克里斯托弗·利希滕伯格(1742—1799)：德意志科学家，讽刺作家，德意志第一位实验物理学教授。——中译者注

房屋位于火的左面，那么紧要的是右墙。

作者不想用此类陈腐谰言让聪颖的读者望而生畏，或令他必须提供的一点美食由于灌水而坏了滋味。关于战争的多年思考，与熟知战争的才能之士的许多交往，还有大量与战争相关的个人经验，给他留下了某些想法和信念；这些，他倾向于用浓缩的方式展示，有如小锭金银。本书的各章便是如此成形，表面上看似联系欠紧，但我希望不乏内在的连贯性。也许不久之后，一个更伟大的头脑将会出现，用单独一大块毫无杂质的纯金铸宝，来取代这些片金碎银。

作者评论

63 关于他论战争理论的早先手稿的起源

1818 年左右撰写①

在此写下的著述是谈论我所认为的战略的各重大要素。我将它们视为早期草稿，已多少达到将它们糅合进单独一项著作的地步。

这些草稿并未遵循任何预备性计划。我起初的意图是以简短、准确、紧凑的陈述，写下我就这个论题的各主要要素得出的结论，而不关心体系或形式联系。我心中依稀想着孟德斯鸠谈论他的主题的那种方式。我认为，这样的简练、格言式的各章——开始时我仅想称它们为内核——将以它们表述的和一样多地提示的东西去吸引聪颖的读者；换言之，我心里想着一位聪颖的读者，他已经熟悉主题。然而，我的秉性总是驱使我去发展和体系化，它最终同样在此伸张了它自己。从我为了达到清晰和彻底地理解种种不同论题而就其写过的研究性著述中，我一度设法只抽出各项最重要的结论，从而将其精髓集中在较小的紧凑篇幅里。可是最终，我的取向完全跑离了我；我竭尽所能阐发，当然现在心里有了一位尚

---

① 见玛丽·冯·克劳塞维茨写的前言，下面第 66 页。编者注。

不熟悉主题的读者。

我写得越多，越屈从于分析精神，我就越是回归到一种体系性路径，因而添加了一章又一章。

到头来，我打算将它全部再度修改，加强早先各篇文章里的因果联系，或许在后来的文章里将若干分析汇总为单独一项结论，并且由此产生一个过得去的整体，那将构成内含八篇的一小卷书。然而在此一样，我意欲不惜任何代价地规避每一种老生常谈，每一种已被讲过百遍和被普遍相信的显明道理。我的雄心是写一部不会两三年过后被忘记的书，一部可能被那些对这主题有兴趣的人不止一次地拿起来读的书。

前　　言

65 **玛丽·冯·克劳塞维茨撰**

赋予包括《战争论》在内的其夫遗著的逝后版

读者们会有理由惊异，一个女人竟敢为目前这么一本著作写一篇前言。我的朋友将不需任何解释；不过我希望，对导致我走这步的环境作一番简单的说明，会消除不认识我的那些人心中关于我傲慢放肆的任何印象。

这前言后面的著作占了我难以言传地挚爱的丈夫的差不多全部心力，在他一生最后 12 年。他的祖国和我不幸过早失去了他。完成他的著作是他最热切的心愿，但他无意在自己的有生之年将它传诸世界。当我想试着劝他改变这个决定时，他往往半开玩笑地——但或许也带着对他早逝的一种预感——回应道："你可以出版它。"这些话（它们在较快乐的日子里也常引得我流泪，尽管我难得将它们当真）责成我在我的朋友们眼前写几行，以此介绍我心爱的丈夫的遗著。虽然读者就此可能有不同看法，但他们肯定不会误解导致我克服胆怯的真情，这胆怯使得一个女人那么难以出面迎对读者大众，即使以最恭谦的方式。

不用说，我全然无意自视为这么一项著作的真正编者：它远超出我的智力范围。只是作为一名情同体谅的伴侣，我才想帮助它步入世界。我可称有权利起这作用,因为在开创和发展这著作方面,我被赋予了一个类似的职能。那些了解我们幸福的婚姻并知道我们分享一切、不仅快乐和痛苦而且每样操劳和每项日常生活关切的人,都会认识到这样一件任务不可能只令我心爱的丈夫一心关注,而不同时成为对我来说彻底熟知的。出于同样的原因,没有哪个人能够像我那么好地证明他依以献身于这任务的精力和挚爱、他就它怀抱的希望以及它的生成方式和时间。从很年轻的时候起,他那生来聪慧的心灵就已感到需要光芒和真理,而在他受到宽广的教育的同时,他的思考主要指向军事,那对各民族的福祉有那样的巨大重要性,并且构成他的职业。沙恩霍斯特第一个向他显示了正确的路径;他受命担任陆战学院教官,同时光荣地被挑选 66
去引导王储殿下从事战争研习,这些赋予他进一步的缘由,去将他的研究和努力指向这些问题,并且写下他的发现。一篇他依以在1812 年结束对王储殿下的讲授的文章已经包含了他日后著作的种子。然而,直到 1816 年,在科布伦茨,他才再度拿起他的学术工作,同时开始收获在四年意义重大的战争期间他的丰富经历过程中已经成熟了的果实。起初,他以互相间联系松散的一些短文表达自己的观点。接下来的在其文件当中未标明日期的笔记看似属于这早期阶段:[见上面第 63 页“作者评论”]。

在科布伦茨,他担负许多职责,只能间或地将每次仅几个小时用在他的私人研究上。直到 1818 年他被任命为在柏林的陆战学院的院长时,他才获得了足够的时间去扩展他的著作,并且以对于较近战争的历史解释去丰富它。这新的闲暇也使得他较愿接受他的委任,那在其他方面无法令他相当满意,因为按照该学院当下的安排，它的教育进程不是院长的职责，而是由一个独立的学习委员会指导。尽管像他那样全不受狭小虚荣心干扰，也全无躁动不息的自我中心主义和勃勃野心牵累，但他仍然觉得需要真正有用，不让自己的神赋能力付诸东流。在他的职业生活中，他并不占据一个能够满足这需要的职位，而且他几乎全不希望自己会在什么时候达到这样一个职位。结果，他的全部努力都指向科学理解领域，他希望将由他的著作产生的种种禅益成了他的生活目的。如果说即便如此，他仍愈益决心在他去世以前不让自己的著作出版，那么这必定是最好的证据，证明全无对赞扬和赏识的虚荣欲望、全无丝毫的自大自利动机混杂于对伟大持久影响的这高尚渴求。

他继续紧张工作，直到 1830 年春天为止，其时他被转入炮兵。他的精力现在被用于一个不同目的，在此限度内他不得不至少暂时弃置一切书卷工作。他整理好自己的文件，将一个个小包盖印封起并做上标记，难过地向一种已变得对他有那么大意义的活动告别。那年 8 月，他被调往布雷斯劳，在那里他被指派领导炮兵第二监察部；然而 12 月时，他已被召回柏林，并被任命为陆军元帅格奈泽瑙伯爵的参谋长（直到后者[在东线]的指挥权终止为止）。1831 年 3 月，他伴随他钦佩的总司令前往波森。① 当他经遭受[格奈泽瑙去世而来的]最大哀痛而于 11 月返回布雷斯劳时，他振奋起来，因为有希望恢复自己的著书工作，并且可能在冬季期间完成它。上帝决定了别样前景。他在 11 月 7 日返回布雷斯劳，16 日辞世，他亲手盖印封起的那些小包直到他死后才被打开！

① 即波兹南。——中译者注

这些书文遗存刊发为以下各篇，完全像它们被发见的那样，全 67
无一字增删。尽管如此，它们的出版仍然要求做大量工作，整理资料，切磋会商，就此我深切感谢若干忠实的朋友，为他们在履行这些任务上给予的援助。首先我必须感谢奥埃策尔少校，他十分仁慈地去阅读校样，还画了将伴随刊印版的各历史部分的那些地图。我还要冒昧地提到我心爱的兄弟——我在艰辛痛苦时候的支撑，他就准备手稿出版做出了那么多不同的贡献。其中，在仔细地核对和拣选资料的过程中，他发现了最先的修改，那是我心爱的丈夫在下面所刊"1827 年说明"里作为一项未来计划提到的。这些修改已被插入第一篇内它们被意欲用于的各部分(它们止步于此而未延展下去)。

我希望感谢许多别的朋友，为他们的建议，为他们向我显示的同情和慈爱；虽然我无法尽列齐名，但他们肯定不会怀疑我最热切的感激。这感激因为我坚信下面一点而更加强烈，亦即他们已做的一切不仅是为我而做，也是为上帝那么过早地从他们那里取走的那位朋友而做。

历经 21 年，我在**这么**一个人身边深为幸福。得惠于心爱的已故之人，我有着珍贵的回忆和希望，承继了丰富的同情和友谊，而且永远感到他那罕见的卓著得到如此广泛和高尚的公认：凡此种种使这幸福持续不息，即使有我的无可补偿的损失。

信任导致一位高贵的亲王及亲王夫人将我召到他们近侧，此乃我为之感谢上帝的一项新恩惠。[①] 它给了我一个新的可贵的任

① 玛丽·冯·克劳塞维茨被任命为弗里德里希·威廉亲王——后为弗雷德里克三世皇帝——的保姆。编者注。弗雷德里克三世(1831—1888)，威廉一世之子，1888 年继威廉一世为德意志帝国皇帝，但登基后 99 天即因喉癌及医生误治死去。——中译者注

务，对此我欣然全力以赴。愿此任务得到保佑，愿目前托付给我照看的被珍爱的小亲王什么时候阅读这部书，由它激励去行事，所作所为犹如其荣耀辉煌的先祖先王！

玛丽·冯·克劳塞维茨
世袭布吕赫尔女伯爵
威廉亲王殿下首席保育官

1832 年 6 月 30 日写于波茨坦大理石宫

作者就其《战争论》修改计划的两则说明

1827 年 7 月 10 日的说明 69

我将业已誊清的前六篇认作只是一堆相当不定型的东西，必须再度被重写。修改将更清晰地凸现战争的两种类型，在每一点上都如此。一切观念接着都将变得更明白，它们的总趋势将被更清楚地标明，它们的应用将得到更详细的显现。

战争可以是两类的，亦即目标要么是**打倒敌人**——使之在政治上无助或军事上无能，从而迫使他签署我们喜欢的无论何种和约，要么**只是占领他的某些边境地区**，这样我们就能够兼并它们，或将它们用于和谈中的讨价还价。在我的论说里，当然会反复出现一类到另一类的转换；但是，两类的目的大不相同这事实必须在所有时候都一清二楚，它们的种种不可调和处必须被凸现出来。

两类战争之间的这一区别是个实际的事实问题。然而，同样实在的是另一点的重要性，它必须被搞得绝对清晰，亦即**战争只是政策的以另一种手段的继续**。如果这始终被牢记在心，它就将大大便利对此论题的研究，战争整体也将变得比较容易分析。虽然对这一点的主要应用直到第八篇才会做出，但它必须在第一篇里得到展开，并将在头六篇的修改方面发挥作用。这一修改还将使头六篇弃脱大量多余的资料，填满种种不同的大小缺口，并且提出一些在思想上和形式上更精确的广泛论断。

第七篇“论进攻”(它的各章已经写成粗略的草稿)应被视作第六篇“论防御”的对应物，是接下来要按照上面显露的清晰洞察被修改的。此后，它就将不需要任何进一步的修改；的确，它接着将为修改头六篇提供一个标准。

第八篇“‘**扫视**’(*coup d'oeil*)战争规划”将论说作为一个整体的一场战争的系统安排。它的某几章已被起草出来，但它们无论如何都决不能被当作是在最终形态上。它们实际上不过于一番素材粗加工，加工依据的想法在于劳作本身将显示真正的问题是什么。事实上，这就是发生了的情况，而当我完成了第七篇时，我将
70 立即进至整个写出第八章。我的主要关切将是应用前述两项原理。在第八篇内，我还希望烫平战略家和国务家们的许多心结，并且无论如何都表明整个事情含义何在，实际的战争中必须被考虑进来的真正问题究竟为何。

如果写出第八篇导致澄清我自己的思想，导致真正确定战争的主要特性，那么对我来说会更容易将同样的标准应用于头六篇，而且使这些特性在其中从头至尾始终分明。因此，只有当我达到这地步时，我才会着手修改头六篇。

如果早逝会终止我的工作，那么我至此已经写的东西当然只配被称作一大堆远未定形的思想。易于受到无穷的错误解释，它将给大为肤浅的批评提供靶子，因为在这类事情上，每个人都觉得自己有理由撰写和发表自己抓起笔来的时候那心血来潮的东西，而且认为自己的想法就像二加二等于四那般公理自明。如果批评

者会进至连续多年费劲思考这论题，对照实际的战争史检验每个结论，有如我已经做的，那么他们无疑将更当心自己说的话。

尽管如此，我仍相信一位在追索真理和理解方面没有偏见的读者会承认一个事实，即头六篇虽有其一切形式缺陷，却含有多年思考战争和勤奋研究战争的果实。他甚至可以发现，它们含有可能招致一场战争理论革命的种种思想。

未写完的说明，可能写于 1830 年

在其现有形态上，我死后将被发见的、论说重大行动操作的手稿可被认作只是一部素材汇集，从中一种战争理论将被提取出来。我仍不满意其大部分，并且只能将第六篇称作一项粗稿。

虽然如此，我仍相信那将被见到主导这素材的主要思想是正确的，按照实际的战争方式去看。它们出自系列宽广的研究：我对照真实生活彻底检验了它们，而且不断牢记从我的经验和与杰出军人的交往中提取出来的教益。

第七篇——我以纲要方式粗略成稿——意在论说“进攻”，第八篇则意在论说“战争规划”，在其中我打算特别关注战争的政治方面和人性方面。

我认为完成了的只有第一篇第 1 章。它至少将通过显示我意欲在每一处都遵循的方向去服务于全书。

关于重大行动（被称作战略）的理论展示了非凡的困难，而且公平地说，很少有人就它的细节持有清晰的思想——合乎逻辑地取自种种基本必需的思想。大多数人只依据本能行事，他们所获 71
成功多少有赖于他们生来就有的才能大小。

所有伟大的统帅都依据本能行事，他们的本能总是正确这事实部分地是个尺度，度量他们的内在伟大和天才。在关乎行动的限度内，情况总是如此，毋需更多。然而，当问题不是自我行动而是在讨论中说服别人时，就需要清晰的思想和显示其互相联系的能力。极少有人已经就此获得必要的技能，以致大多数讨论只是一种无用的文字游戏；它们要么任由每个人固执于他自己的想法，要么以人人为同意而同意一种无可谈论的妥协告终。

因而，关于这些问题的清晰的思想有某种实际价值。不仅如此，人类头脑普遍渴望清晰，渴望觉得自己是个有序规划的一部分。

为战争艺术构建一种科学的理论是项非常困难的任务，而且那么多尝试已经失败，以致大多数人说它不可能，因为它处理全无经久的法则能够规定的事情。人们会同意此说，放弃尝试，要不是有个显而易见的事实，即可以全无困难地显示一整系列论点：防御是持否定性目的的较强的战斗形态，进攻则是持肯定性目的的较弱的战斗形态；大成功有助于招致小成功，因而战略性结果可被回溯到某些转折点；与一场真正的进攻相比，显示兵力是对武力的一种较弱的使用，因而它必须得到清楚的辩解；胜利不仅在于占领战场，还在于毁坏敌人的物质力和心理力，那通常直至一场胜利的战役之后敌人受到追击才实现；成功总是在获胜地点上最大，因而从一条战线改到另一条、从一个方向改到另一个至多只能被认作是个必需的弊害；一项转向运动只能由拥有总的兵力优势或拥有比敌人好的交通线或退路来辩解；侧翼位置由同样的考虑支配；每一场进攻都随其进展而失去冲劲。

第一篇

论战争的性质

第 1 章　什么是战争？

1. 引言 75

我打算首先考虑这个论题的各不同要素，接着考虑它的**各不同组成部分**或**剖面**，最后考察在其内在结构中的**整体**。换言之，我将从简单进至复杂。然而，在战争方面甚于在任何别的论题上，我们必须从注视整体的性质开始；因为，在此甚于在别处，部分与整体必须总是结合在一起去考虑。

2. 定义

我不应以提出一个学究式和书卷气的战争定义开头，而应当直截了当地进至事情的本质，驻足于决斗。战争只是一种大规模的决斗。无数决斗构成战争，但它的作为一个整体的图景可以通过想象一对搏斗者来形成。其中每个都力求经体力去强迫另一个服从他的意志：他的**直接**目的在于**打倒**他的对手，以便使之无法进一步抵抗。

因此，战争是一种暴力行为，旨在强迫我们的敌人服从我们的意志。

暴力，为了抗击对方的暴力，以技艺创新和科学发明武装自己。某些几乎不值得讲的、自我设置的和难以察觉的限制(称为国际法和国际惯例)被附着于暴力,但几乎全未削弱它。暴力即物质强力——因为道义强力除了在国家和法律之中表现的以外全不存在——因而是战争的**手段**;将我们的意志强加于敌人是其**目标**。为达到这目标,我们必须使敌人无能为力;这在理论上就是战争的真正目的。这目的取代目标,将它撇在一边,好像它实际上不是战争本身的组成部分。

3. 暴力的最大程度使用

仁慈的人可能认为,有某种巧妙的办法,毋需大流血就解除敌人的武装或使之败北,而且可能想象此为军事艺术的真正目标。它听来美妙,却是一种必须揭穿的谬误:因为,战争是那么一种危险的事务,以致出自仁慈的错误最为糟糕。暴力的最大程度使用完全不排斥同时使用智力。如果一方全无顾忌地使用暴力,无虞
76 它涉及的大流血,与此同时另一方却缩手缩脚,那么前者就将占上风。这一方将迫使另一方仿效;每一方都将驱使其对手进至极端,仅有的限制因素是战争内在固有的种种抗衡力。

这就是事情必须被看待的方式;出于对其残酷的十足忧痛,试图闭眼不看战争真正是什么,那将纯属徒劳——甚而错误。

如果说与野蛮民族之间的战争相比,文明民族之间的战争远不那么残忍和毁灭,那么原因在于这些国家本身的社会状况和它们彼此间的关系。这些是引起战争的因素,而同一些因素又约束和节制战争。然而,它们自身不是战争的组成部分;战斗开始以前它们就已存在;将温和节制原则引入战争理论本身总是会导致逻

辑上荒唐可笑。

两项不同的动机使人彼此打仗:敌对情感与敌对意图。我们的定义基于后者,因为它是普遍要素。无法想象若无敌对意图,甚至最狂暴的、近乎本能的仇恨激情能够存在。然而,敌对意图往往没有任何种类的敌对情感陪伴,至少没有任何压倒性的敌对情感陪伴。野蛮民族受激情支配,文明民族由理智主宰。然而,这差异不在于野蛮与文明各自的本性,而在于它们的与之相伴的环境、体制等等。这差异因而并非在每个场合都起作用,但它在大多数场合起作用。简言之,即使最文明的民族,也能够彼此间仇恨炽烈,不共戴天。

因此,显然大错特错的是,将文明民族之间的战争想象为只是来自它们的政府方面的理性行为,并且设想战争逐渐解脱掉激情,以致最终将永不真正需要使用战斗部队的物质冲击——只需它们的兵力比较数字就够了。那将是一种靠代数演算的战争。

在晚近的战争给其教训之时,理论家们已经开始沿着这样的思路去思考。如果战争是一种暴力行动,那么它不可能不涉及激情。战争可以并非来自激情,但激情仍会在一定程度上影响战争,影响的程度大小不是取决于文明水平,而是取决于彼此冲突的利益有多重要和它们的冲突持续多久。

因而,如果说文明国家不处死它们的俘虏,或不蹂躏城镇乡村,那么这是因为理智在它们的战争方法里起较大的作用,并已教给它们使用暴力的更有效途径,比本能的粗野表现更有效。

火药的发明和火器的不断改进足以表明,文明的进步完全没有实际改变或缓减摧毁敌人这意向,而意欲摧毁敌人是战争观念本身的核心。

77 因而，必须重申下述论点，战争是一种暴力行动，对这暴力的运用不存在任何逻辑限制。因此，每一方都强迫自己的对手，要它俯首听命；一种互动行为由此开始，它在理论上必然导向极端。这是我们遇到的**第一项互动和第一项“极端”**。

4. 目的在于解除敌人的武装

我已经说过战争的目的是解除敌人的武装，现在应当表明，至少在理论上情况必定如此。如果敌人要受到强制，你就必须将他置于一种处境，那比起你要他做出的牺牲甚至更严苛。这处境的艰难当然决不能是纯粹昙花一现式的，至少表面上不得如此。否则，敌人不会屈服，而将坚持下去以待局面改善。因而，可能由战争延续招致的任何变化必须是——至少在理论上说——恶化，给敌人带来更大的不利。在一个交战者能够发觉自己置身其内的一切状况中间，最坏的状况是被彻底解除武装。因此，如果你要靠对其进行战争去强迫敌人屈膝就范，你就必须要么使之确实手无寸铁，无以防御，要么至少将他置于一种很可能遭到这危险的境地。由此推论，打倒敌人或解除他的武装——随你将它叫做什么——必定总是战争行动的目的。

然而，战争不是一个活生生的力量作用于一堆无生命的物质（全不抵抗就全无战争可言），而总是两个活生生的力量的彼此冲撞。进行战争的最终目的，如在此构设的，必须被拿来应用于双方。于是又一次有互动。只要我还未打倒我的对手，我就必定害怕他可能打倒我。因此，我并非主宰全局：他规定我恰如我规定他。这是**第二项互动，导向第二项“极端”**。

5. 力量的最大行使

倘若你想打倒你的敌人，你就必须使你的努力与他的抵抗力相称，那可被表述为出自两个不可分离的因素，即**他可用的全部手段与他的意志力**。他可用的手段有多少是个——虽然不只是——数字问题，应当可以度量。然而，他的意志力远不那么确定，只能依据激励它的动机的强度近似地揣测。假定你以这种方式，对敌人的抵抗力有了准确度过得去的估计，你便能照此调节你自己的种种努力；也就是说，你能增大它们，直至它们超过敌人的为止，或者在这逾越了你的手段所及的情况下，你能在可能范围内尽量增大你的努力。可是，敌人也将一样行事；竞争将再度产生，并且纯就理论上说，必定再度迫使你们双方趋向极端。这是**第三项互动和第三项“极端”**。

6. 实践中的缓解

于是，在抽象思考领域，思索不达到极端就停不下来，因为在 78
此它想着的是一种极端状态：一种无拘无束的暴力冲突，除暴力本身的规律外不服从任何法则。你或可尝试从战争的纯概念出发，为你应当追求的目的和实现它的手段演绎出种种绝对的规定；但是，如果你这么做，持续不断的互动就会令你达到极端，那不代表任何东西，除了一种想象力游戏，它由近乎不可见的一连串逻辑精妙产生。如果我们要以绝对的方式作纯思索，我们就能大笔一挥规避所有困难，并以刚性逻辑宣告总是必须行使最大努力，因为目标总在于极端。任何这样的宣告纯为纸上谈兵，无缘于真实世界。

即使假设这极端的努力是个能被轻而易举地计算出来的绝对量，一个人仍须承认人类心灵不可能听任这样一种逻辑怪想支配。它往往会导致浪费实力，从而违背治国方略的其他原则。将需要一种与所见目标全不相称的意志努力，但它事实上不会被实现，因为逻辑精妙并不激发人类意志。

然而从抽象进至真实世界，整个事情看起来就大不一样。在抽象世界里，乐观主义主宰一切，迫使我们去设想冲突双方不仅都力求全胜，而且都获得全胜。在实践中，情况是否竟会如此？是的，会如此，假如：(1)战争是一种全然孤立的行为，突然爆发，不由政治世界里先前的事件产生；(2)它由单独一项决定性行动或一组同时的决定性行动构成；(3)取得的解决就其本身而言完全彻底，完美无缺，不受对它将招致的政治形势的任何先前的估计影响。

7. 战争从来不是一种孤立的行为

关于这些条件中间的第一项，必须记起两个对手中间没有哪个对另一个来说是个抽象人，即使就意志——抵抗力当中的那个取决于外在条件的因素——而言也不是。这意志并非一个全然未知的因素；我们可以依据它今天如何去预测它明天的状况。战争从不晴空霹雳突然爆发，它也不可能顷刻就蔓延开来。因而，每一方都能够在颇大程度上揣测对方，依据他是什么和干什么，而非依据他严格地说应当是什么或干什么去判断他。然而，人与其事务总是有欠完美，永不会达到绝对最佳。此等缺陷同样地影响双方，因而构成一种缓解因素。

8. 战争并非由单独一次瞬时打击构成

第二项条件引发以下评论： 79

假如战争由一项决定性行动或一组同时的决定性行动构成，那么战争准备将趋于完全彻底，因为没有任何疏漏能够得到补救。现实世界可以为备战提供的唯一准绳将是敌人采取的措施，只要它们是已知的；其余都将再次被简化为抽象的计算。然而，倘若战争决胜由前后相继的若干项行动构成，那么联系前后去看，其中每项行动都会提供一个启示，据此估计那些接下来的行动。如此，抽象世界再次被现实世界取代，导向极端的趋势由此得到缓解。

可是当然，如果一切可用手段都被同时使用，或能被同时使用，那么一切战争都将自动限于单独一项决定性行动，或一组同时的决定性行动，因为任何**不利的**结果必定减少可用手段的总和，而且倘若**一切**手段都已被投入首次行动，那就确实不可能有第二次。任何随后的作战行动将实际上是首次作战的组成部分，换句话说只是它的一个延续。

然而如前所述，一旦开始备战，现实世界就立即取代抽象思维世界，物质计算立即取代假设的极端；即使没有别的原因，双方的互动也趋于落到最大程度努力以下。因而，它们的全部资源不会被立即动员。

不仅如此，这些资源及其运用的性质意味着它们不可能在同一刻全被部署。这里说的资源是**作战军队本身**、有其物质特性和人口的**国家**以及它的**盟国**。

国家——其物质特性和人口——不仅是所有武装部队的源

泉；它本身是战争中起作用的各种因素中间的一个必需的要素，虽然只是那作为实际的作战场所或对之有显著影响的组成部分。

无疑，有可能同时使用一切可调动的作战部队；然而，不可能就要塞、河流、山丘和居民等等做到这一点；简言之，不可能就整个国家做到这一点，除非它小得被战争的首次行动完全吞噬。不仅如此，盟国并非依照实际交战国的单纯意愿提供合作；由于国际关系的真实性质，这样的合作往往只是在某个后来的阶段才提供，或者只是当均势已被打乱、需要校正的时候才加强。

在许多场合，抵抗手段当中无法被一举拿来投入的部分比起初可能设想的大得多。甚至在很大实力已被用于首次决定性行动、均势已被严重倾覆时，仍能恢复平衡。这一点到时候将更充分地予以
80 谈论。在此阶段只需表明，战争的性质本身阻碍**同时集中所有战力**。诚然，这事实本身无法为不做最大努力去争取开头一举决胜提供理由，因为一场失败总是一种不利，没有哪个人会刻意冒此风险。还有，即使首战不是仅有的一战，它仍影响后续的行动，影响程度与它本身的规模成正比。可是，作极度努力与人性相悖，因而人总是倾向于期望有可能拖到以后去决定胜负。结果，为首战胜负做的努力不及可能的那么大，战力集中程度也不及可能的那么高。一方出于羸弱而不去做的任何事情成了另一方的一个真实的、**客观的**理由，依以减小它的努力，同时导向极端的趋势被这互动再度减弱。

9. 战争结果绝非落定不移

最后，即使是一场战争的最终结局，也并非总是被认作落定不移。战败国往往将这结局视为短暂的不幸，就此一种补救办法仍

然可在以后某个时候的政治状况中找到。这如何也能减缓紧张和降低努力的力度乃显而易见。

10. 现实生活的或然性取代理论要求的极端和绝对

因而,战争规避了使用极端的暴力这理论要求。一旦不再担心极端状态,也不再追求极端状态,那么应当做出什么程度的努力就成了判断力问题;这只能依据现实世界的现象和**或然律**。一旦交战双方不再是一种理论的纯然虚构,而成了实际上的国家和政府,一旦战争不再是个理论事务,而是一系列服从它本身的特殊法则的实在行动,现实就提供资料,从中我们可以推导出横在前面的未知之事。

从对手的特性,从他的体制、事务状况和总的处境,每一方都运用**或然律**形成一种关于他的对手可能采取什么方针的估计,并且据此行动。

11. 政治目的现在再度登上前台

我们先前在第 2 节考虑过的一个论题现在再度迫使我们考虑,那就是**战争的政治目的**。至此为此,它一直被极端的逻辑、被打到敌人和使之无能为力的意愿遮掩。然而,随这逻辑开始失力,随这决心渐次消减,政治目的将重新伸张自己。如果这全在于一种基于既定的人和状况的或然性估算,那么作为**初始动机**的**政治
目的**必定是算式中的一个根本因子。你从你的对手索要的牺牲越 81
小,你就越不那么能够预料他会奋力拒绝;他做的努力越小,你就越不那么需做你自己的努力。不仅如此,你的政治目的越有节制,你赋予它的重要性就越小,你就会在你必需的情况下越少犹豫地

放弃它。**这是为什么你的努力会被缓减的又一个原因。**

因此，作为战争的初始动机的政治目的既决定要达到的军事目标，也决定它要求的努力的大小。然而，政治目的**本身**无法提供衡量标准。我们在谈论的是现实而非抽象。因而它只有在两国彼此交战这背景关联中才能这么做。同样的政治目的可以引发不同民族的**不同**反应，甚至引发同一个民族在不同时期的**不同**反应。因此，只有在我们考虑它能对它要驱动的种种势力行使的影响时，我们才能将政治目的拿来当作一个标准。这些势力的性质因而须予研究。按照它们的特性是增强还是减弱那趋向某个特殊行动的冲劲，结果会各不相同。在两个民族和两个国家之间可以存在如此的紧张，如此大量的可燃材料，以致最微不足道的争执也能产生一种大得全然不成比例的效应，即一场真正的爆炸。

这同样适用于一个政治目的被预期在两国唤起的种种努力，也同样适用于它们的政策要求的军事目标。有时，**政治目的与军事目标是同一的**，例如征服一个省。在别的场合，政治目的不会提供一个与之契合的军事目标。在此情况下，必须确定别样的军事目标，它将服务于政治目的，并在媾和谈判中象征这政治目的。然而在此，同样必须注意所涉及的每个国家的特性。有时，如果要达到政治目的，这替代物就必须重要得多。民众越少关心，两国国内和两国之间的紧张越不那么严重，政治要求本身就越占支配地位，越倾向于决定其余。因而，能够存在种种形势，在其中政治目的将差不多是唯一决定性的。

一般来说，如果政治目的减小，那么一个与它规模匹配的军事目标将同比例地减小；随着政治目的增大其支配性，情况将更是如此。于是，由此并非自相矛盾，战争可以有一切不同程度的重要性和烈度，从灭绝性战争往下，直到仅仅武装监察。这将我们带到一个不同的问题，它现在需要得到分析和回答。

12. 已说过的一切未予解释的一点：军事行动的暂停

不管每一方的政治要求可以多么温和，被使用的手段可以多么微小，军事目标可以多么有限，战争过程能否暂停？能否即使暂 82
停片刻？这个问题深入事情的本质。

每项行动都需要一定时间去完成。这段时间称为它的延续期，其长短取决于行动者做事的速度。我们不需费神关注这里的差异。每个人都以他自己的方式行事；然而，行事缓慢的人不是因为他想就它花费更多时间而较慢地行事，而是因为他的脾性使他需要更多时间。如果他干得比较急，他就会将事情干得不那么好。因此，他的速度由主观原因决定，是决定行事的实际延续期有多长的一个因素。

现在，如果战争中的每项行动都可以有其合适的延续期，我们就会同意至少乍看来，任何额外的时间花费——军事行动的任何暂停——都显得荒诞无稽。就此必须记住，我们正在谈的不是一方或另一方做出的进展，而是整个军事互动的进展。

13. 仅有一个原因能够暂停军事行动，而且看起来它只可能发生在一方

如果两方已准备打仗，那么必定有某种敌对动机驱使它们迈到这一地步。不仅如此，只要它们继续全副武装（不谈判一项解

决),这敌对动机就必定依然大起作用。仅有一个原因能够制约它:**意欲等待一个更好的时刻再行动**。乍看去会认为这意愿只可能在一方起作用,因为相反的做法必定自动地影响另一方。如果一方利在行动,那么另一方必定利在等待。

然而,实力的绝对平衡不可能招致停顿,因为倘若竟存在这样的平衡,持有积极目标的那方——进攻者——就必定会采取主动。

尽管如此,仍能设想这么一种平衡状态:在其中,持有积极目标的那方(有较强的行动理由的那方)是实力较弱的一方。因而,平衡将出自目的与实力的结合效应。情况既然如此,就不得不说除非可以预料平衡有某种改变,双方就应当媾和。可是,倘若预料有变,那就只有一方能够期望因它而得利——理应刺激另一方发起行动的一个事实。显然,平衡概念无法解释不行动。唯一可行的解释是双方都在等待一个更好的行动时机。因此,让我们假定两国中间有一国持有积极的目标,例如征服对方一部分领土,以便用于谈判桌上的讨价还价。一旦这捕获在手,政治目的就得以实现;没有必要做得更多,它能够让事情休止下来。另一国如果准备好接受这一局面,那就应当请求媾和。如果不准备接受,它就必须
83 有所行动;如果它认为经过四个星期,它将经休整而更适于行动,它就显然有充足的理由不去立即行动。

然而从此刻起,事理会看来要求另一方采取行动,目的在于不让敌人得到所需的时间去做好准备。当然,在整个这番推理中,我始终假定双方都完全彻底地洞察形势。

14. 连续性因而将见于军事行动,并将再度激化一切

如果在作战中真有这连续不断,那么它的效应会同样是将一切驱向极端。不仅这种无休止的活动会激发人们的情绪,给他们注入更大的激情和原生力,而且事件将更紧密地彼此相继,并且受一种更严密的因果关系链主宰。每一单项行动都将变得更重要,因而更危险。

可是,战争当然难得——即使曾有的话——显示这样的连续不断。在许许多多冲突中,只有很小部分时间由作战占用,其余时间都在按兵不动中度过。这不可能总是一种反常。战争中的作战暂停必定是可能的;换言之,它并非概念自悖。让我来显示这一点,并且说明为何如此。

15. 在此提出对极原理

由于设想两位统帅的利益彼此抵牾,针锋相对,因而我们已经设定了一种真正的**对极**。后面整整一章将用于进而论说这个话题,但现在就此必须做以下谈论。

对极原理只是在与同一个对象的关系中才成立,在其中正负利益完全彼此抵消。在一场战役中,每一方都力求打胜;这是真正的对极,因为一方的胜利排除另一方的胜利。然而,当我们谈论两个不同的、有一外在于它们自身的共同关系的事物时,对极不在于这**事物**,而在于它们之间的关系。

16. 进攻与防御乃种类不同和威力不等之事，对极不可能适用于它们

假如战争只采取单一形态，即进攻敌人，全无防御；或换言之，假如进攻与防御之间的唯一差别只在于一个事实，即进攻有积极的目的，而防御没有，战斗形态则毫无二致：假如这样，那么一方获取的每项利得对另一方来说都将是一项完全相等的损失——将有真正的对极。

84 可是，战争中有两类分明不同的作战形态：进攻与防御。就像后面要详细表明的，这两类形态大不相同，且威力不等。因而，对极不在于进攻或防御，而在于这两者都力求获取的对象，即决胜。如果一位统帅希望推迟决胜，另一位就必定希望赶紧决胜，而我们总是设定双方从事同一类战斗。如果 A 利在当下不去进攻 B，而是过了四个星期再进攻他，那么 B 就利在当下遭到进攻，而非过了四个星期再如此。这是利益的当下直接冲突；然而，这并不意味着 B 也利在立即进攻 A。那将分明是很不相同的另一件事。

17. 防御对进攻的优势往往毁坏对极效应，由此解释了军事行动的暂停

有如后述，与进攻相比，防御是一种较强的战斗形态。因而我们须问：**推迟决胜**对一方的好处是否像**防御**对另一方的好处一样大？无论何时只要不是，它就无法抵消防御的好处并由此影响战争的进展。因此，利益对极造就的冲力显然可以在进攻威力与防御威力之间的差异中被损耗净尽，从而可以变得无效。

因此,如果当前状况对之有利的那方不足够强,以致不能舍弃防御的追加好处,它就将不得不忍受在未来不利条件下行动的前景。在这些较为不利的条件下打一场防御战可以仍优于立即进攻或媾和。我确信防御的优势(如果被正确理解)很大,远大于乍看来的。正是这,毫不自相矛盾地解释了战争中发生的大多数按兵不动时段。出手行动的动机越弱,它们就越会被进攻与防御之间的这一不等遮盖和中和掉,作战行动就会越频繁地暂停——确实有如经验表明的。

18. 一个次要缘由是对形势所知不全

还有另一个因素能导致军事行动停顿,那就是对形势所知不全。一位统帅能够充分知晓的形势只是他自己的状况;他的对手的状况他只能从靠不住的情报获知。因此,他的评估可能犯错,可以导致他设想主动权在敌人手里,与此同时实际上它留在他自己手里。当然,这样的错误认知很可能导致时机失当地出手行动,像它很可能导致时机失当地无所动作一样,并且助成加速作战,不亚于它助成延宕作战。尽管如此,它仍必定跻身当然原因之列,这些 85 原因**能够毫无自相矛盾地导致军事行动停顿**。人性使然,人总是更倾向于将敌人的实力估计得过高,甚于估计得过低。记住这一点,就必须承认一般来说,对形势局部无知是延宕军事行动进展和减缓它依据的原理的一大因素。

按兵不动的可能性对战争进展有一种进一步的缓减效应,靠的是通过推迟危险及时——打个譬喻说——冲淡它,并且增强手段以恢复双方之间的力量均衡。导致了战争的紧张越严重,随后的战争努力越巨大，这些按兵不动无所动作的时段就越短暂。反过来说，冲突的动机越弱，作战行动之间的间歇就越长。因为，较强的动机增强了意志力，而意志力如我们所知，一向既是实力的一个要素，又是实力的结果。

19. 常有的按兵不动时段将战争进一步移离绝对王国，使之更是一种估算或然性之事

进展越慢，军事行动的中止越频繁，补救错误就越容易，将领的估算也就会越大胆，而且他将越有可能避免理论上的极端，依据或然性和推测去做规划。任何既有形势都要求根据境况估算这或然性，而做此等估算的可用时间将取决于作战行动发生的快慢。

20. 因此只需偶然性要素便使战争成为赌博，而战争从来不乏这要素

现在很清楚，战争的客观性质在多大程度上使之成了一种估算或然性之事。要使战争成为赌博，只需再加一个要素，那就是偶然性——战争最不缺乏的东西。没有任何其他人类活动如此不断或普遍地与偶然性紧密相连。而且，经偶然性这一要素，猜测和运气前来在战争中起大作用。

21. 不仅其客观的而且其主观的性质使战争成为赌博

如果我们现在简短地考虑一下战争的**主观性质**——进行战争必须依靠的手段——那么它看来会比任何时候都更像是一种赌

博。战争在其中存在的环境是危险。危险时候所有精神素质中间首屈一指的肯定是**勇气**。勇气完全可与审慎谋算相容,但这两者依然不同,属于不同的心理力。另一方面,勇敢、大胆、鲁莽和相信 86
碰运气只是勇气的不同变体,而且所有这些性格倾向都指望它们的固有要素——偶然性。

简言之,种种绝对的、所谓数学式的因素在军事估算中绝无坚实基础可寻;从一开始,就有着可能性、或然性、好运气和坏运气的互相作用,来回穿梭于织锦的全部经纬。在所有各种人类活动中间,战争最像打牌赌博。

22. 这总的来说怎样最契合人性

虽然我们的理智总是渴求清晰和确定,但我们的天性往往觉得不确定性万分迷人。它偏爱在偶然和运气的王国里翱翔翩翩,而非伴随理智穿行于哲学探究和逻辑演绎的崎岖狭道,只是为抵达——几乎全不明白如何抵达——陌生天地,那里一切通常的地标似乎已消失不见。不受紧身衣般的必然性束缚,它能够陶醉于丰饶富足的可能性;那激励勇气展开翅膀,冲入大胆和危险之境,有如一名无所畏惧的游泳者跃入激流。

理论是否应当在此地将我们丢下,欣然继续阐发种种绝对的结论和规定?倘若如此,理论就会在现实生活中毫无用处。不,理论必须同样将人的因素考虑进来,为勇气、大胆甚而莽撞找到一席之地。战争艺术应对真实生活,应对精神力量。因此,它不可能取得绝对性或确定性;它必须总是给不确定性留有余地,在最小的事情上如此,在最大的事情上同样如此。由于一个秤盘里有不确定性，因而勇气和自信须被掷入另一个秤盘，以便矫正失衡。它们越大，能为意外事件留下的余地也就越大。在战争中勇气和自信如此紧要，理论就应当只提出这样的规则：它们给这些最优良杰出和最不可或缺的武德留有广阔空间，无论其程度和形态如何一概如此。仍可勇中有谋，勇中有慎；但是在此，它们依照一个不同的标准得到衡量。

23. 然而战争仍是一种严肃的手段，旨在严肃的目的：战争的一个更精确的定义

如此就是战争，就是指挥战争的统帅，就是支配战争的理论。战争并非消遣，并非单纯的冒险乐趣和得胜欣快，并非放纵不羁的热衷者驰骋之地。它是一种严肃的手段，旨在严肃的目的。它与赌博游戏的全部色彩斑斓的相似性，它囊括的一切激情、勇气、想象力和热情的变幻波动，都只是它的具体特性。

当整个共同体——整个民族、特别是文明民族——投入战争
87 时，原因总是在于某种政治形势，且其必要总是归诸某个政治目的。因而，战争是一种政策行为。假如它是暴力的完全彻底、不受制约和绝对的表现（像纯概念要求的那样），战争就会因其自身的独立意志，在政策将它召来了的那刻，篡夺政策的地位；它然后会将政策逐出宫廷，根据它自身性质的法则行使统治，恰如一颗只能以装置预先确定的方式和方向爆炸的地雷。这事实上便是就此问题一向被采取的看法，每逢政策与战争操作之间的某种不和激发了这类理论区别的时候。然而，实际上事情不同，这种看法全然错误。如前所述，实际上战争并非如此。它的暴力不是那种单独一

下燃放就爆炸净尽的，而是种种作用力的效应，这些作用力并非总是以完全一样的方式或完全一样的程度发展。有时，它们会增长得足以克服惯性或摩擦的抵抗；另一些时候，它们过于羸弱，以致没有任何效果。战争是暴力的脉动，力度可变，并且因而爆炸和释放自身能量的速度也可变。战争以变动的速度迈向自己的目标；但是，它总是持续得足够长久，以便对目标施加影响，以便按照一种或另一种方式改变它自身的进程；换言之，它持续得足够长久，以便继续受制于一个优越睿智的作用。如果我们记住战争出自某个政治目的，那么自然，它存在的这首要原因将保持为战争操作方面的最高考虑。然而，这并不意味着政治目的是个暴君。它必须将自己调整得适合于它的经选择的手段，而这调整过程可以大为改变它；但是，政治目的依然是第一考虑。因而，政策将渗透一切军事行动，并将在它们的暴力性质会允许的限度内，对它们有持续不断的影响。

24. 战争只是政策的以另一种手段的继续

因而我们看到，战争不仅是一种政策行为，还是一种真正的政治工具，是政治交往的继续，依靠另一种手段进行。剩下来为战争特有的只是其手段的特殊性质。大凡战争，连同任何特定场合的统帅，有权要求政策的趋向和谋划不得与这些手段抵牾。这要求当然非同小可；然而，不管它在一个既定场合可能多么大地影响政治目的，它永不会超出修改它们。政治目的是终点，战争是达到它的手段，手段决不能与其目的隔开而被孤立地考虑。

25. 战争的多样性质

战争动机越强劲有力，越鼓舞人心，越厉害地影响各交战民
88 族，且在爆发之前的紧张越强烈凶猛，那么战争就将越趋近于它的抽象概念，摧毁敌人就会越重要，战争的军事目标与政治目的就会越紧密地彼此重合，战争也就会显得更多的是军事性而非政治性的。反之，动机越不那么强烈，军事因素之趋于暴力的天然趋势就会越不那么与政治规定两相重合。结果，战争将被越远地驱离它的天然轨道；政治目的将越来越与观念性战争的目的相左，冲突将显得是越来越**政治性的**。

在此，为防止读者走入歧途而必须指出，战争的**天然趋势**一语只是在其哲学的、纯**逻辑的**意义上被使用，不是指实际从事战斗的那些力量的趋向，它们包括例如战斗者的士气和激情。诚然，有时这些可能被如此强烈地激发，以致政治因素难以控制它们。然而，这么一种抵牾不会经常发生，因为倘若动机如此强烈，那就必定存在一种规模分量与之相称的政策。反之，倘若政策仅指向小目标，那么大众的激情就不会高昂，它们将不得不予激发而非抑制。

26. 一切战争都可被认作是政策行为

现在应当回到主题，指出尽管政策在一类战争中看来消失不见，而在另一类战争中显著昭彰，但这两类战争都是同样地政治性的。如果国家被想象成一个人，政策被想象成这人的大脑的产物，那么国家必须准备应对的种种不测事件中间就有一种战争，在其中每个因素都要求政策居后，暴力主导。只有当政治不被认作是

出自对国事的真确认识,却被认作是——如流俗地被认为的那样——对武力的谨慎、迂回甚而狡诈的规避时,第二类战争才可能显得比第一类更为“政治性”。

27. 这种观点对军事史理解和理论基础的影响

因而**首先**,显然战争永不应当被认为是**某种自主的东西**,而始终要被认为是一种**政策工具**;否则,我们将与全部战争史相悖。只有这一看法才使我们能够聪慧地透视问题。**其次**,看待问题的这一方式将向我们表明,鉴于它们的动机的性质,连同引发它们的形势的性质,各场战争怎样必定各自不同。

国务家和统帅不能不做的头号判断,最高和最深远的判断,在于依据这检验去确定他们正在开始的战争的性质;既不将它误认为、也不试图将它转变为某种与它的本质格格不入的东西。这是 89
一切战略问题中间首屈一指的和最为总括的问题。它将在论战争 121
规划的那章得到详细的研究。

眼下,可以满足于达到了这个阶段,确定了首要观点,战争和战争理论必须由此出发去得到审视。

28. 对理论的后果

战争不只是真正的变色龙,稍稍改变自己的颜色以适合既定的场合。作为一个总体现象,战争的各主导倾向总是使之成为一个自相矛盾的、由下列三者构成的三位一体:原始的暴力、仇恨和敌意,那要被视为一种盲目的本能力;偶然性和或然性的作用,在其中创造性精神可以自由翱翔;它的作为政治工具的隶属性,那使它只从属于理性。

这三方面当中，第一个方面主要涉及人民，第二个方面主要涉及统帅及其军队，第三个方面主要涉及政府。要在战争中迸发的激情必定已经内在于人民；勇气和才能将在或然性和偶然性的王国里享有的起舞范围取决于统帅及其军队的特性；然而，政治目的只是政府的分内事。

这三个倾向犹如三套不同的法典，深深地植根于它们的主题，然而在它们互相间的关系中可变常变。一种漠视其中任一倾向的理论，或力求在它们互相间订立一种随意武断的关系的理论，将在那么大的程度上与现实相悖，以致仅仅因此它就将全然无用。

因此，我们的任务是发展出一种理论，它在这三个倾向之间保持平衡，犹如一个物体稳悬于三块磁铁之间。

为完成这困难的任务，随后或许可以最好地接着走的路径将在论战争理论的那篇[第二篇]予以探索。无论如何，我们已制定的初始的战争概念给基本理论构架投下了第一束光芒，使我们能够就其各主要成分做出一种初始的区分和辨认。

第 2 章　战争的目的和手段

前一章表明，战争的性质复杂可变。现在，我打算探究它的性质怎样影响它的目的和手段。 90

如果为起头，我们探究任何特定的战争的目标，那在政治目的要得到恰当服务的情况下必须指引军事行动，那么我们发觉任何战争的目标都可以变化，正如它的政治目的和它的实际环境一样可变。

假如当下我们执着于战争的纯概念，我们就该说战争的政治目的与战争本身全然无关；因为，假如战争是一种意在强迫敌人服从我们意志的暴力行为，那么它的目的就将**总是**和**只是**打倒敌人和解除他的武装。这目的取自战争的理论概念；可是，许多战争真的实际上非常接近于实现这目的，因而让我们首先来审视这类战争。

以后，当我们谈论战争规划论题时，我们将更详细地探究将一国**解除武装**是什么意思。然而，我们应当立即区分三件事，三个广泛的目标，它们在一起囊括了一切：**军队**、**国土**和**敌方意志**。

作战军队须被**摧毁**，即须被**置于它们无法继续作战的状况**。每当我们使用“摧毁敌方武力”这一短语时，我们所指的只在于此。

国土须被占领；否则敌人可以征集新的军队。

然而，这两件事都可以做了，战争——即敌对力量的敌对情感和互击效应——却仍不能被认为业已结束，只要敌人的**意志**还未被击垮：换言之，只要敌方政府及其盟国还未被逼到求和，或其民众还未被搞得俯首听命。

我们可以完全占领一国，但战事可以在内地重起，或许还有盟国援助。这当然在和约缔结**以后**也能发生，但这只是表明，并非每一场战争都必定导致一项终决和解决。然而，即使战事会重起，一项和约总是会熄灭大量火星，它们本可继续悄悄闷燃。不仅如此，紧张得以缓解，因为和平热爱者（任何情况下他们在每个民族当中都为数众多）那时会放弃任何进一步行动的想法。尽管如此，我们
91 仍始终必须认为随着和约的缔结，战争目的已被达到，战争事务就此结束。

在上述三个目标当中，是作战军队保证国土安全，因而当然的顺序是首先必须摧毁它们，然后征服国土。达到了这两个目的并利用我们自身的实力地位之后，我们就能将敌人召到谈判桌前。作为一个通则，摧毁敌方军队趋于是个渐进过程，保证国土屈从也是如此。通常一事反作用于另一事，因为国土的丧失削弱作战军队；但是，这特定的事态顺序并非根本，因而并非总是发生。在它们严重遭殃以前，敌方军队可能退到遥远的地区，甚或撤往其他国家。在此情况下，当然，国土的大部或全部将被占领。

可是，**解除敌人武装**这目的（**抽象战争**的目标，实现战争的政治目的的终极手段，那将囊括其余一切）事实上并非总是在现实中遇到，而且作为一个和平条件不必充分得到实现。理论决不应当将它提升到法则高度。许多和约在交战一方能被称作无能为力之

前——甚至在力量对比已被严重改变之前——已经缔结。更有甚者，对诸多实际案例的审视表明，有一整个范畴的战争，在其中**打败敌人**这想法本身就不真实，此即在其中敌人乃实质上更强的国家的战争。

为什么出自理论的战争目标有时并不适合实际的冲突？原因在于，可以有两类大不相同的战争——我们在第一章里论说过的一点。假如战争是纯理论假定的那种东西，那么一场在实力显著不等的国家之间的战争就会荒诞无稽，因而不可能。物质上的不等至多不能超过精神因素可以弥补的程度；而且，鉴于欧洲当今的社会状况，精神力不会太成功。但是，战争事实上老是在**实力大不均等**的国家之间打，**因为实际上的战争往往大不同于理论假定的纯概念**。坚持进行战争的能力之缺乏能在实践中由其他两个媾和理由弥补：第一是不大可能得胜，第二是它的代价高得不可接受。

如我们在第一章里见到的，战争，如果被当作一个整体对待，必定移离内在必然性的绝对法则而趋向或然性。引发冲突的环境越是导致它这么做，它的动机及其引起的紧张就将越是纤弱。这使得一种关于或然性的分析怎能导致和平本身变得可以理解。并非每一场战争都须打到一方崩溃为止。当战争的动机和紧张实属纤弱时，我们能够想象最不明显的战败前景也可足以导致一方屈从。如果从一开始另一方就觉得这颇为可能，那么它显然将集中于招致**这或然性**，而非绕远追求彻底打败敌人。

对决定媾和影响更大的是一种明确的意识，意识到已做的所 92
有努力和尚待做的努力。战争不是一种盲目激情行为，而是受其政治目标控制，因而这目标的价值必须决定为之要做**多大的**和**多**

久的牺牲。一旦努力的花费超过了政治目标的价值，这目标就必须被放弃，和平必须随之而来。

因而我们看到，如果一方不能将另一方彻底解除武装，那么双方的媾和欲望就会随进一步成功的或然性和这些成功将要求的努力量而上下起伏。如果这样的激励在双方力度均等，双方就会通过迎面各走一半路程去解决它们的政治争端。如果激励在一方那里增强，它就当在另一方那里减弱。只要它们总量足够，和平就会实现，虽然感到较小媾和冲动的那方自然将获得较优的讨价还价结果。

有一点此刻被有意忽视，那就是政治目的的**肯定**或**否定**性质在实践中必定产生的差别。如后所述，这差别至关重要，但在此阶段我们必须采取一种较宽广的视野，因为初始的政治目的能够在战争进程中大大改变，并且可能最终全然变更，**因为它们受到事件及其大概会有的后果影响**。

现在出现一个问题：怎样可以更有可能成功？一种办法当然是选择那些会意外地招致敌方崩溃的目标——**摧毁其军队和征服其领土**；然而，如果我们的真正目标是彻底打败敌人，那么这两者都将颇为不同。当我们进攻敌人时，倘若我们意在一仗接一仗，直到所有抵抗都已被击破为止，那就大不同于倘若我们的目的仅在于取得单单一次胜利，为的是令敌人不安全，使他对我们的优势力量留有深刻印象，并使他怀疑自己的未来。如果那是我们的目的所及，那么我们将使用的兵力就决不会超过绝对必需的。同理，如果敌方崩溃并非目标，那么征服领土就是另一回事。如果我们意欲取得彻底胜利，摧毁其军队就是最合适的行动，占领其领土仅是个后果。在其军队被打败以前占领领土应被认作最好也只是一种必要的弊害。如果另一方面，我们并非旨在摧毁对方军队，如果我们确信敌人并不追求残酷的决胜，相反却**害怕**它，那么夺取一个掌控乏力或防守单薄的省份**就其本身而论便是个好处**；而且，要是这好处足以令敌人害怕最后结局，它就可以被认作是通往和平之道上的一个捷径。

然而，有另外一种办法。有可能增大成功可能性而不击败敌军。我指的是有**直接的政治影响**的作战行动，它们首先意在打破敌对同盟或使之瘫痪，使我们获得新的盟友，有利地影响政治形势，等等。倘若这样的作战行动有可能，那么显而易见，它们能大 93
大改善我们的前景，能构成一条与摧毁敌军相比短得多的达到目标的路径。

第二个问题是：怎样影响敌人的努力耗费？换言之，怎样使战争对他来说代价更高？

敌人的努力耗费在于他的**兵力浪费**——我们**摧毁**之，还有他的**领土损失**——我们**征服**之。

较仔细的研究将分明地显示，这两个因素都能随目标的变动而有其意义的变动。作为一项通则，差别甚微，但这不应误导我们，因为在实践中，当没有强烈的动机时，最小的微妙差别也往往决定对武力的不同使用。眼下，重要的只是表明在一定条件下，达到目标的不同途径是**可能的**，而且它们既非**自相矛盾**、**荒诞不经**，亦非甚而**错误**。

此外，还有三种别的办法，直接旨在增大敌人的努力耗费。其中第一是**入侵**，即**夺取敌方领土**，目的不在于保持它，而是为了榨取财政贡赋，甚或为了蹂躏毁坏它。这里的直接目的既非征服敌方国土，亦非摧毁其军队，而只是**造成广泛的损害**。第二种办法是将优先地位赋予那会增大敌人的痛苦的作战行动。容易想象两个选择：一个远为优越，如果目的在于打败敌人；另一个更加有利可图，如果那无法做到。第一个选择倾向于被说成较为军事性，第二个则较为政治性。然而，从最高视点看，两个都是军事性的，而且其中没有哪个适当，除非它适合特定的状况。第三种办法，从它使用的频度去判断乃最重要的办法，在于**磨损**敌人。这说法不止是个标签；它精确地描述了过程，不像乍看来的那么类同隐喻。在一场冲突中磨损敌人意味着**利用战争的持续去导致他的物质和精神抵抗逐渐耗竭**。

倘若我们打算比我们的对手坚持得更久，我们就必须满足于尽可能最小的目的，因为显然大目的比小目的需要更多的努力。最小程度目的是**纯自卫**；换言之，战斗而无积极目的。有这么一种政策，我们的相对实力就将达到其顶点，因而取得有利结局的前景将最大。然而，这否定性能被推得多远？显然不能被推到绝对消极处，因为完全的耐久等于全不战斗。可是，抵抗是一种行动方式，旨在够多地毁坏敌人的力量，以致他废弃自己的意图。我们的每一单项的抵抗行动都只指向那行为，而且正是它使得我们的政策成为否定性的。

无疑，假定它成功，单独一项行动有助于达到否定性目标的程度较小，小于它会有助于达到肯定性目标的。然而，这正是差别所在：前者更有可能成功，因而给你更多安全。对它在眼前有效性方
94 面缺乏的东西，它必须在时间的利用方面予以弥补，即依靠延长战

争。因而，否定性目标——它寓于纯抵抗的本质之中——也是旨在比敌人经久、旨在磨损敌人的天然准则。

支配战争整体的那个差别的来源就在于此：**进攻**与**防御**之间的差别。我们现在不去追索这个问题，然而让我们宣告如下：战斗的所有裨益、它的所有更有效形态都出自否定性目的，而且在其中，成功的大小与其可能性之间的能动关系被表达出来。这一切将在以后论说。

如果一个否定性目的——亦即为纯抵抗而使用每一可得的手段——给出战争中的一项有利条件，那么这有利条件只需足以**平衡**对手可能拥有的任何优势：到头来，他的政治目的将看似不值它耗费的努力。他因而必须废弃自己的政策。显然，这方法即磨损敌人适用于大量案例，在其中弱者努力抵抗强者。

弗雷德里克大王本将永不能在七年战争中打败奥地利，而且假如他试图用查理十二的方式打仗，他肯定会毁了自己。然而，历时七年，他始终精巧地节省兵力，最终使盟国确信需要做比它们预料的大得多的努力。结果，他们媾和。

我们现在能见到，在战争中，有多条通往成功之道，并非全都涉及对手彻底失败。它们排成系列，从**摧毁敌军、征服其国土，到暂时占领或入侵，再到持直接的政治目的的用兵规划，最后到消极等待敌人进攻**。这些当中任一种都可被用来制服敌人的意志，究竟选择哪种取决于情势。还有一种行动、一种达到目标的捷径需要提到：或可将其称作“对人不对事”（*ad hominem*）。难道有哪个人类事务领域全不讲个人关系，它们迸出的火花全不跃过一切实际考虑？国务家和军人的个性是那么重要的因素，以至于首先在战争中不低估它们实属至关紧要。提到下面一点就足够了：企图搞个系统的分类将是迂腐透顶。然而可以说，这些个性和个人关系问题无限地增多了达到政策目的的可能途径。

将这些捷径认作难得的例外，或将它们能给战争操作带来的变化贬到最小程度，乃是对它们的低估。为避免这错误，我们只需记住能导致战争的政治利益何等多样，或者只需思考片刻那将一场歼灭性战争——力争政治存在的斗争——与一场勉强宣告的战争隔开的鸿沟何等宽广，后一场战争出自政治压力，或出自一个看来不再反映国家真实利益的同盟。在这两极之间有着众多等级。如果我们依据理论上的理由拒斥其中一个，我们就也可以拒斥它们全体，从而完全脱离现实世界。

95 就战争中要追求的目的说了这么多，现在让我们转而说手段。

只有一个手段：**战斗**(combat)。无论战斗采取怎么多不同形态，无论它可以怎么远离一场肉体冲撞的仇恨和敌意的兽性发泄，也无论怎么多本身并非战斗组成部分的因素侵扰进来，战争概念的一个固有含义就是发生的一切**必定源出于战斗**。

容易表明总是如此，不管现实表现为多少不同形态。战争中发生的一切都源于武装力量的存在；**然而，每逢武装力量亦即武装起来的个人**被使用时，战斗这一观念必在。

战争由每件与作战部队相关的事情——每件与其创设、维持和使用相关的事情——构成。

创设和维持显然只是手段；它们的使用构成目的。

战争中的战斗并非个人之间的较量。它是由许多部分合成的一个整体，而在此整体内有两种因素可被区分开来：一种由主体决定，另一种由目的决定。一支军队中的大量战斗者无休止地构成新鲜因素，它们本身是一个更大结构的组成部分。这些组成部分中间每个的作战活动构成一种被多少清晰地界定了的因素。不仅如此，战斗本身因其意图、因其**目的**而成为战争的一个要素。

在战斗进程中变得分明的那些因素中间，每个被称为一项**交战**(engagement)。

如果说战斗这一观念构成作战用兵的基础，那么它们的运用只意味着规划和组织一系列交战。

整个军事活动因而必定直接或间接地与交战相联。一名士兵为之被征召入伍、穿着制服、配备武装和经受训练的目的，他的睡眠、饮食和行军的整个宗旨，**只是他应当在合适的地点和合适的时候战斗**。

如果说军事活动的一切线索都导向交战，那么如果我们控制交战，我们就囊括了它们所有。它们的结果出自我们的命令和对这些命令的执行，从不直接出自别的状况。由于在交战中一切都集中于摧毁敌人，或宁可说摧毁**他的军队**，那是它的概念本身内在固有的，因而摧毁敌人的军队始终是手段，据此交战的目的得以实现。

在此所说的目的可以是摧毁敌军，但不一定如此；它可以颇为不同。如前所述，摧毁敌人不是达到政治目的的唯一手段，在有战争为之进行的种种其他目标的时候。因此，这些其他目标也能成为特定的军事行动的目的，从而也是交战的目的。

甚至在附属性交战直接意在摧毁敌军的时候，这摧毁仍然不 96
必是它们的首要和直接的关切。

记住一支军队的复杂的结构，连同决定其使用的众多因素，就能明白这样一支军队的战斗活动同样受制于复杂的组织、职能划分和多方结合。各分立单位显然往往必须被赋予本身与摧毁敌军无关的种种任务，那确实可以增大它们的损失，但只是间接地如此。如果一个营受命将敌人逐离一座山丘或一座桥梁等等，那么真正的目的通常是占领那地点。摧毁敌军只是服务于一个目的的手段，是次要的事情。如果单纯显示武力足以令敌人放弃其阵地，那么目的就已达到；可是作为一个通则，夺取山丘或桥梁只是为了能对敌人施加更大损害。如果战场上的情况如此，那么在战区将更是如此，那里并非仅仅两支军队彼此面对，而是两个国家、人民和民族彼此面对。可能的情势种类，因而选择种类，大大增多，部署的多样性亦如此；而且，在各不同指挥层次上的目标等级将使初始手段进一步远离最终目的。

因此，有许多原因导致一项交战的目的可以不是摧毁敌军，即与我们直接对抗的部队。摧毁可以仅是服务于某个其他目的的手段。在这样的一个场合，彻底摧毁已不再是目的；交战只是一种实力较量。它本身没有价值；它的意义在于较量的后果。

当一支军队大大强于另一支时，作个估计即可足够。不会有战斗：弱方将立即退让。

交战并非总是旨在歼灭敌军，它们的目的往往能被达到而全无战斗，仅是依靠评估形势：这事实解释了为何往往整个战役可被大力操作，但实际的战斗在其中起的作用却不重要。

战争史上数以百计的例子显示了这一点。在此，我们只关心表明这是**可能的**；我们不需要问规避战斗较量有多么经常地是恰当的，亦即符合总的目的，也不需要问所有在此等战役中建立的声誉是否将经受得起关键的检验。

我们已经表明，摧毁敌军是战争中能够追求的多种目的中间的一种，同时我们撇下了一个问题，即相对于其他目的它的重要性如何。在任何既定的场合，答案都取决于环境；它对一般战争的重 97
要性仍然有待澄清。我们现在应当探究这个问题，并将见到怎样的价值不可避免地必须被赋予摧毁这目的。

战斗是战争中唯一有效的力量；它的目的在于摧毁敌军，作为一个服务于进一步的目的的手段。即使没有实际战斗，这依然成立，因为结果基于一个前提，即倘若进至战斗，敌人就将被摧毁。因此，摧毁敌军构成一切军事行动的基础；所有规划都最终基于它，有如一个拱门基于其拱座。结果，一切行动都因下述信念而着手进行，即倘若应有最终的武装考验，结果就将是**有利的**。对战争中的所有大小军事行动来说，武力决胜恰如商业交易中的现金支付。不管两方之间的关系如何复杂，不管最终解决如何难得实际发生，它们决不能全然缺乏。

如果战斗决胜是一切规划和军事行动的基础，那么推论便是敌人**能够经过一场成功的会战挫败一切**。这不仅会在这场冲突影响了我们计划的一个本质因素的时候发生，也会在赢得的任何胜利有足够规模的时候发生。因为，每一项重要胜利——即摧毁敌军——反作用于所有别的可能性。有如液体，它们将落定在一个新的水平上。

因此显而易见，摧毁敌军始终是优越的、更有效的手段，别种手段无法与之竞争。

可是当然，只有在我们能够假定所有其他条件相等时，我们才能够说摧毁敌军更为有效。要从这项论辩演绎说迎头猛冲必定总是优于精巧审慎，就会大错特错。盲目大力进取将毁掉进攻本身而非防御，而且这不是我们正在谈论的。更大的有效性不是与**手段**相关，而是与**目的**相关；我们只是在比较不同的结果的影响。

当我们谈论摧毁敌军时，我们必须强调，没有任何事情责成我们将这理念局限于物质力量：精神要素也必须得到考虑。这两者始终互相作用：它们不可分离。我们适才提到一项重大摧毁行动——重大胜利——必不可免地对一切其他行为行使的影响，而且正是在这样的时候，精神要素可以说是所有要素中间最流动不定的，因而最容易蔓延开去影响其余一切。摧毁敌军对其余一切手段拥有的优越性被它的代价和危险抵消；只是为了避免这些风险，其他政策才得到运用。

可以理解，摧毁一法不能不代价高昂；如果其他情况等同，那么我们越是意欲摧毁敌军，我们自己的努力就必须越大。

这个方法的危险在于，我们追求越大的成功，我们在自己失败的情况下受到的损害就会越大。

因此，其他方法如果成功就代价较小，如果失败就损害较轻，
98 虽然这只有在双方同样地行事、敌人实行与我们一样的方针的情况下才保持真确。如果他要经一场重大会战谋求决胜，**他的选择就会迫使我们不得已地同样行事**。如此，会战的结果将是决定性的，但显然——如果其他情况再次等同——我们将处于总的劣势，因为我们的规划和资源一向部分地意在达到其他目的，而敌人的却非如此。两个目的，其中没有哪个是另一个的组成部分，彼此排

斥：一支军队不可能同时为了双方而被使用。因而，如果两位统帅中的一位决心经过大会战一决胜负，他就会有一个绝佳的成功机会，只要他确信他的对手正在实行不同的政策。反过来，希望采用不同手段的那位统帅只有在他假定对手同样不愿诉诸大会战的情况下，才能合乎情理地这么做。

已就指向其他用途的规划和兵力说了的话只是涉及在战争中可追求的种种**肯定性**目的，唯摧毁敌军除外。它**不以任何方式涉及**谋求磨损敌人兵力的**纯抵抗**。纯抵抗全无**肯定性**意图；我们只能为挫败敌人的意图而使用我们的兵力，不将它们转用于其他目的。

这里我们必须考虑摧毁敌军的否定性一面，亦即保存我军。这两种努力总是携手并进，总是彼此作用。它们是单独一个目的的内在组成部分，我们只需要考虑倘若如果其中一种或另一种主宰的将有什么结果。旨在摧毁敌军的努力有个肯定性目的，导致肯定性结果，其终极目的在于敌人崩溃。保存我军有个否定性目的；它挫败敌人的意图，亦即等于纯抵抗，其终极目的只能是延长战争，直到敌人筋疲力尽为止。

持有肯定性目的的政策招致摧毁行动；持有否定性目的的政策等待摧毁行动。

这样一种等待态势可以或应当被维持得多远？这个问题我们应当联系进攻和防御理论来研究，其基本要素在此涉及。此刻，我们只需说，等待政策决不能变成消极忍耐，其中涉及的任何行动可以像任何其他目的一样，也追求摧毁敌军。一种主要是否定性的努力当然可以导致这种选择，但总是冒一个风险，即它并非恰当的方针：它取决于不由我们而由对手决定的种种因素。避免流血因而不应被当作一种政策行为，如果我们的主要关切是保存我军。相反，如果此种政策不适合特定的形势，它就会将我军导向灾难。许许多多将领由于这错误的假定而遭到了失败。

主要是否定性的政策将有的一个确定的效应，在于延迟一决
99 胜负。换言之，行动被转换为等待，以待决定性时刻。这通常意味着在时间和空间上行动被推延，延至空间恰当、环境允许的程度。如果时候到了进一步等待将招致过分不利，那么否定性政策的好处就耗竭了。摧毁敌军——直到那时为止一直被推迟但是未被别样考虑取代的一个目的——现在重现。

我们的讨论已经表明，虽然在战争中有许多路径可以通向目标，即达到政治目的，但战斗是唯一可能的手段。一切都由一个最高法则支配，那就是靠武力决胜。即使对手不寻求会战，也决不可能使他得不到这一依靠。偏好另一种战略的统帅首先必须确保他的对手要么不会诉诸最高裁决者——武力，要么在他诉诸它的情况下将被判失败。总而言之，在战争中的一切可能的目的中间，摧毁敌军总是显现为最高目的。

在以后的一个阶段，并且逐渐地，我们将见到在战争中能实现何种其他战略。此刻我们需做的一切是承认总的来说**它们可能存在**，承认在特殊环境的压力下**有可能偏离战争的基本概念**。然而，甚至在这点上，我们也决不可不来强调危机的暴力解决，歼灭敌军的意愿，是战争的头生子。倘若政治目的小，动机弱，紧张程度低，一位审慎的将领可以寻求避免重大危机和决胜行动的任何途径，利用对手的军事战略和政治战略中的任何弱点，最后达到和平解

决。倘若他的假定正确，并且保证成功，我们就没有权利批评他。但是，他必须时刻不忘自己正在偏道上行进，在那里战神可能冷不防抓住他。他必须时刻提防自己的对手，以便在后者拿起了利剑的情况下，不至于只持纯属装饰的轻剑上前去接近全副武装的他。

上面这些论断涉及战争的性质，连同它的目的和手段的功能；涉及在实践中战争不同程度地偏离其严格的基本概念，以这种或那种形式，但总是从属于这个基本概念，就像从属于一个最高法则。所有这些论点在我们随后的分析中都必须被牢记在心，如果我们要认识战争的所有各方面之间的联系和每个方面的真正意义，如果我们希望避免不断跌入与现实、甚至与我们自己的论辩相隔的最大鸿沟。

第 3 章　论军事天才

100 任何复杂的活动，如果要以任何程度的技巧去从事，就都要求有适当的智能和性情。如果它们卓越，并在非凡的成就中显露出来，它们的拥有者就被称为“天才”。

我们明白，这个词在许多意义上被使用，程度和种类都不同。我们还知道，这些含义当中有某些令人难以确定天才的实质。然而，由于我们未声称有哲学或语法学方面的任何专长，因而我们可被允许在其通常意义上使用这个词，即“天才”指的是就一种特定的行当非常高度地发展了的心理禀赋和才华。

让我们讨论一下这种才能，这种心灵卓著，更详细地阐述出它的要求，以便更好地理解这概念。然而，我们不能将我们的讨论限于作为一种极高程度才能的**天才**本身，因为这概念缺乏可度量的极限。我们必须做的，是概览所有那些结合起来作用于军事活动的智力才华和性情禀赋。这些合起来，构成**军事天才的本质**。我们说了结合起来，因为军事天才的本质恰恰是它并不在于单独一项适当的才能，例如勇气，而其他智力或性情素质缺乏或不适于战争。天才在于**诸项要素的和谐结合**，在其中一种或另一种能力可以占主导地位，但没有哪一种可以与其余相抵触。

假如每个军人都需要有某种程度的军事天才，那么我们的各支军队将非常弱小，因为这个术语指一种特殊性质的智力或精神力，那在一个社会不得不将其能力用于许多不同领域时，难得能够见于一支军队。一国的活动种类范围越小，且军事因素越占优势地位，军事天才的发生率就越大。然而，这仅就它的分布而非品级来说才真确。后者取决于一个既定社会的**总的智能发展**。在任何原始好战的民族内，武士精神远比在文明民族中间常见。差不多每个武士都有之；可是在各文明社会内，只有必需才会将它在全民中激发出来，因为它们缺乏天然的尚武倾向。另一方面，我们从不会见到一个野蛮人是真正伟大的统帅，很难得见到一个会被认为是军事天才，因为这要求某个程度的智力，那超出野蛮民族能够形成的。文明社会也显然能具有程度或大或小的好战特性，而且它们越是发展它，在其军队里具有军事精神的人就越多。拥有军事 101
天才与文明程度较高相一致：最高程度地发展了的社会产生最辉煌的军人，正如罗马人和法国人已给我们显示的那样。就他们而言，正如就作战威名远扬的每个民族而言，最伟大的英名不是出现在高度的文明水平已被达到之前。

我们已经能够猜测智力在较高形式的军事天才中发挥一种多大的作用。现在让我们更细致地审视这个问题。

战争是危险的王国；因此，**勇气**乃军人的第一需要。

勇气有两种：面对个人危险的勇气；承担责任的勇气，要么在某种外在力量的裁判面前，要么在一个人自身良心的裁判面前。在此将只讨论第一种。

面对个人危险的勇气也有两种。它可以是对危险无动于衷，那或可归因于个人性格，归因于他看轻生命，或者归因于习惯。无论如何，它须被视为一个经久**状况**。反之，勇气可以出自诸如野心、爱国情感或任何种类的热情等积极动机。在这场合，勇气是一种情感，激情，并非经久状态。

这两种勇气以不同的方式作用。第一种更可靠；成为第二天性之后，它将永不短少。另一种往往会成就更多。第一种有较大的可靠性，第二种则包含更大胆量。第一种使心灵更镇静；第二种趋于刺激，但它也能是盲目莽撞的。最高类别的勇气是两者的复合。

战争是耗费体力和折磨身心的王国。这些会摧毁我们，除非我们能使自己不在乎它们，为此须有先天资质和后天训练给我们提供一定的体力和心力。如果我们确实拥有这些素质，那么即使我们除了常识之外别无其他去引导它们，我们也将大有条件应付战争：恰恰这些素质，是原始和半文明的族民通常拥有的。

倘若我们继续追索战争对实际从战者提出的要求，我们就进至**智力**支配的领域。战争是不确定性的王国；作战行动基于的种种因素大半掩藏在或大或小的不确定性这迷雾之中。要求有一种敏感的和善于识别的判断力，一种用以觉察出真实的精湛智能。

普通的智能可以偶尔辨认真实，非凡的勇气可以间或补救错误；然而通常，智力不足将通过成就平庸显露出来。

战争是偶然性的王国。没有任何其他人类活动给偶然性更大的天地：没有任何其他人类活动那么始终不断和多有变化地与之打交道。偶然性导致每件事更不确定，并且干预整个事态进程。

102 由于一切信息和假定都多少可疑，并且有偶然性在每一处起作用，统帅不断地发现事情并非如他所预料。这必定影响他的规划,或至少影响构成其基础的种种假定。如果这影响有力得足以导致他的规划有变,那么他通常必须制定新的规划;然而,用于这些新规划的必要信息可以并非立即可得。在一项作战行动期间,决定通常不得不立即做出:可以全无时间重新审视形势,甚或通盘思考形势。当然,新的信息和重新评估通常不足以使我们放弃自己的意图:它们只是使之成为可疑。我们现在所知更多,但这使得我们更不确定而非较有把握。最新情报并非立即抵达:它们只是点滴渐次而来。它们连续地影响我们的决定,而我们的理智必须——打个比方说——持久地全副武装,以便处理它们。

如果理智要不受这与意外之事的不断斗争损伤,那么两项素质不可或缺:**第一,一种智力,那甚至在最黑暗的时刻,也仍保持某种引向真实的微弱模糊的内在光芒;第二,勇气,勇于跟随这模糊微弱的光芒,不管它引向哪里**。这些素质中的第一项被法文术语**"扫视"**(*coup d'oeil*)描述出来,第二项则是**果断**。

战争的一向吸引最大注意的方面是交战。由于时间和空间是交战的要素,而且在骑兵进攻乃决定性因素的时代特别重大,因而**迅速精确的决定这观念**起初基于对时间和空间的评估,随后得到了一个仅指目测的名称。许多战争理论家如此狭义地使用这个术语。然而不久,它就也被用来指在行动中间做的正确决定,例如辨认出正确的进攻点等等。"扫视"因而不仅指肉眼的,而且——更经常——指心眼的。这个表述法,有如这素质本身,肯定一向更多地可用于战术,但它必定也在战略方面有一席之地,因为在这方面往往也需要迅速的决定。剥去由这术语加诸它的比喻和限制,这概念仅指迅速辨认出一个真实,那是理智通常会忽视的,或者只在长时间研究和思考以后才认识到。

单独一次果断是勇气的表现；如果它成为特性，它就体现了心理习惯。然而，这里我们在说的不是自然的勇气，而是承担责任的勇气，面对一种道义危险的勇气。它往往被称作“智勇”（*courage d'esprit*），因为它由理智造就。然而，这并未使它成为一种理智行为：它是性情行为。只是聪明并非有勇气；我们往往见到最聪明的人犹豫不决。在事态急速更动之中，一个人由情感而非思维支配，因而理智需要唤起勇气素质，那继而在行动中支撑和维持理智。

103 以这方式去看，果断的作用是当行动的动机不足时，限制疑虑的折磨和犹豫不决的危险。诚然，按照口语说法，“果断”一词也被用来指大胆、好斗或鲁莽冒失的倾向。然而，在一个人有不管是主观的还是客观的、正确的还是错误的充分的行动理由时，他不能被恰当地叫做“果断的”。这等于是将一个人自己放在他的位置上，以他从未感到过的迟疑来掂量问题。在这样的场合，这只是个强弱问题。我并非学究，要就稍许误用一个词去辩驳惯常用法；说这些话的唯一目的，在于排除误解。

果断——它驱除迟疑——是这么一种素质：它只能由理智唤起，由如此的一种特殊性质的智能唤起。有些人可以最敏锐地思考最难办的问题，而且可以有勇气承担严重的责任；但是，在面对一个困难的形势时，他们仍然发觉自己不能做出决定。他们的勇气与他们的理智彼此分开而非合起来作用，因而无从造就果断。果断仅由一种**内心行为**产生；理智告诉人需要大胆，从而使他的意志有了方向。这特殊性质的智能用对**动摇不定和犹豫不决**的畏惧去压制所有别的畏惧，从而是迫使刚毅者果断的力量。智能低下的人因而无法做到果断——在我们使用这个词的意义上的果断。他们可以在一场危机中无所犹豫地行动，但如果他们行动，那么他们如此而**不假思索**；而一个行动不假思索的人当然不可能受迟疑折磨。这类行动有时可以甚而恰当，但如前所述，表明军事天才存在的是**通常成就**。这一说法可能使认识某些决绝果断的骑兵军官的读者大为惊讶，这些军官几乎根本不习惯深入思考；然而，他必须记住，我们在谈论一种特殊种类的智能，而非谈论沉思冥想的伟力。

简言之，我们认为果断出自一个特殊种类的理智，一种强健而非辉煌的理智。我们能给出这解释的进一步证据，办法是指出关于这么一种人的许多例子：他们作为低级军官显示了大果断，但随他们晋级高升，便不再如此。他们明白决绝的必要，但也认识到一项**错误的**决定包含的风险；由于他们不熟悉自己现在面对的种种难题，因而他们的头脑失去了先前的犀利。他们越是先前惯于即刻行动，现在就越是胆怯，随着他们认识到诱捕他们的踌躇不决的种种危险。

讨论过“扫视”和果断之后，自然要进到一个相关的论题：**沉着**。沉着必定在战争这意外之事的王国中起大作用，因为它只是一种应对意外之事的增进了的能力。我们赞誉机巧辩驳蕴含的沉着镇定，一如我们赞誉面对危险时的快思敏想。这两者都不需是非凡的，只要契合形势就行。一项随长时间深入思考后做出的反应可以看似相当平常；作为一项直接回应，它可以令人爽然欣喜。104
“沉着”这一表述准确地传达了理智之助的速度和直接性。

这极可赞赏的素质是归因于一种特殊性质的智能，还是归因于坚毅的神经，要视意外事变的性质而定，但这两者都始终不可全无。迅捷反诘显示机智；在突如其来的危险中足智多谋首先要求有坚毅的神经。

四项要素构成战争氛围：危险、费力、不定和偶然。如果我们将它们合起来考虑，那么显而易见，要在这些阻碍性要素之中安全和成功地取得进展，就需要何等的心智坚忍和性格刚毅。依据种种环境，战争报道者和战争史家使用诸如**干劲**、**坚强**、**坚韧**、**情感平衡**、**性格力**之类用语。英雄秉性的这些产物差不多可被当作同一个因素对待，那就是意志力，它自我调整以适合种种环境。然而，它们尽管密切相联，却并非同一。对在此作用的种种心理力的互动作一番较为仔细的探究可能是值得的。

首先，思维的清晰性要求我们牢记一点：在挑战军事司令官的心理强度的重力、负荷、阻抗——随你喜欢怎么称呼——中间，仅有一小部分是**敌人的活动、抵抗和作战的直接结果**。敌方活动的直接和首要的冲击起初落到司令官本身，而不影响他作为司令官的能力。例如，倘若敌人抵抗四小时，而非两小时，那么司令官身处危险的时间有两倍长；可是，一位军官的级别越高，这个因素就变得越不那么重要，而对总司令来说它全无意义。

敌人的抵抗**直接**影响司令官的第二个途径，在于旷日持久的抵抗导致的损失，连同这对他的责任感施加的影响。他必然体验到的深切焦虑作用于他的意志力，考验他的意志力。然而，我们认为这完全不是他必然承受的最重负荷，因为他只应对他自己负责。可是，敌人行动的所有其他影响被他麾下的人感受到，并且**经过他们反作用于他**。

只要一支部队心甘情愿斗志昂扬地作战，就很少需要大意志力；然而，一旦种种状况变得困难，就像它们在多有危急的时候必定的那样，事情就不再如一部运转顺利的机器似地运作。机器本身开始抵抗，司令官需要巨大的意志力去克服这抵抗。机器的**抵抗**不必由抗命和争辩构成，虽然这足够经常地发生在个别军人那里。司令官不得不经受住的是士气颓丧、体力低落的冲击，还有令人伤心断肠的大量死伤景象的影响：首先是他自己要经受得住，然后是所有那些直接或间接地将自己的思想和情感、希望和恐惧付托给了他的人要经受得住。随每个人的力量急趋衰竭，随它不再呼应他的意愿，整个部队的惯性逐渐变得仅仅基于司令官的意志。他的精神热忱必须在所有其他人那里重新点燃意图的火焰；他的内在之火定要重新振奋他们的希望。只是在他能做到这一点的情 105
况下，他才会保持住对部下的掌控。一旦这掌控丧失，一旦他自己的勇气不再能振兴部下的勇气，大量属众就会往下将他拖入畜生般的世界，那里盛行逃避危险和不知羞耻。此乃司令官的勇气和意志力必须克服的在会战中的负荷，如果他希望获取卓越的成功。他麾下的人员越多，这负荷就越重，因而他的职位越高，他为承受住愈益加码的重任而必需的性格强度就越大。

行动中的**干劲**与其动机强度成正比变动，不管这动机是出自思想信念还是出自激情。然而，在没有激情的场合，不易产生大力量。

在战斗中鼓舞人的所有激情中间，我们必须承认没有哪一种像渴望荣誉和名望那样强劲有力，那样持续不断。德语以“贪图荣誉”(*Ehrgeiz*)和“追逐光荣”(*Ruhmsucht*)这两个用语，将它与两个可耻的含义联系起来，从而不公正地玷污了它。对这些高尚抱负的滥用无疑使人类历来遭受了种种最令人厌憎的暴行；尽管如此，它们的来源使之有资格跻身于人性中最崇高的成分之列。在战争中，它们作为激励惰性大众的根本生命气息起作用。其他激情可能更为普遍，更受尊崇，包括爱国精神、理想主义、复仇心、每一种热忱，但它们取代不了对名望和荣誉的渴求。它们确实可使大众奋起行动和鼓舞之，但不可能赋予司令官力争俯瞰其余的勃勃雄心，就像他要使自己卓越超群就必须的那样。它们无法像雄心能够做到的那样，赋予司令官一种在战斗的每个方面的个人利益，差不多专有财产似的利害关切，因而他利用每个机会争取最大裨益：大力开耕，仔细播种，渴望丰收。主要是所有层次上的司令官们的这种奋力精神，这种创造力、干劲和竞争热忱，赋予一支军队蓬勃生气，并且使之得胜。至于统帅，我们很可以问是否历史上曾有过任何一位并非雄心勃勃的伟大将领；确实，这样的一个人物是否可以设想。

坚强显示意志对单独一项打击的抵抗；**坚韧**则指经久延续的抵抗。

虽然这两个用语相似，而且通常被互换使用，但它们之间的差别至关重要，不容误解。面对单独一项打击的坚强可以出自强烈的激情，而理智帮助维持坚韧。一种行为延续得越久，坚韧就变得越深思熟虑，而且这构成它的一个力量源泉。

我们现在来看**心理力，或曰性格力**，首先须问我们以这些用语指什么。

显然，不是指感情的猛烈宣泄或激昂的性情：那会扭曲这用语的含义。我们指的是在格外紧张和情感激烈的时候保持镇静的能力。能否仅以理智力量去说明这样一种本领？我们怀疑。当然，尽管某些理智杰出的人确实失去自制，但不能从这个事实引出相 106
反的论断；可以论辩说，所需的是一个强有力的而非宽敞的心灵。然而，假设那被称作**自制**的本领——甚至在最大压力之下仍保持镇静的才能——植根于性情，可能更接近真理。它本身是一种情感，作用在于平衡性格强健者的种种激昂情绪但不毁坏它们，而且正是仅凭这平衡，才保证了理智的主导地位。我们指的这平衡力只是人类尊严感，最高尚的自豪和最深刻的必需：**在任何时候都理性地行事**这强烈要求。因此，我们要论辩说，性格强健者是一个**不会被最强有力的激情搞得失衡**的人。

如果我们端详人们在情感反应方面如何不同，那么我们首先发现有一类人难被激起，通常他们被称作“迟钝的”或“冷漠的”。

其次，有些人极端活跃，但他们的激情从不升至一定水平以上，这些人我们知道是敏感的，但不镇静。

第三，有些人容易被煽起激情，激动突然发作，但很快就发散掉，如火药一般。最后，我们见到这些人：他们不对小事做反应，只会很是逐渐而非突如其来地被驱动，然而他们的情感达到强劲经久。他们是激情强劲、深刻和被掩藏起来的人。

这些不同形态大概与人体内运作的**物理力**相联：它们是我们称之为神经系统的双重机体的组成部分，其一面是物理的，另一面是心理的。凭我们的稀薄的科学知识，我们全无任务去深入这模糊不清的领域；尽管如此，仍然至关重要的是注意到这些不同的心理结合能够以哪些方式影响军事活动，并且发现一个人多大程度上能在它们中间去寻找性格力。

迟钝者难以抛弃平衡，但全然缺乏勃勃活力不可能真正地被解释成性格力。然而不可否认，这类人的不易激动赋予他们在战争中某种狭窄的有用性。他们难得有强烈的动机，缺乏主动性，因而并非特别积极；另一方面，他们难得犯严重的错误。

第二类人的突出之处在于，区区小事能突然激发他们行动，但大问题很可能将他们压倒。这种人会欣然帮助一个有需要的人，但全体人民的不幸只会使他悲伤；它们不会激发他行动。

在战争中，这样的人显得不乏干劲或平衡感，但他们不大可能成就任何意义重要的事情，除非他们具备一种**非常有力的理智**去提供所需的刺激。不过，难得发现此类性情与强健和独立的理智合二为一。

种种一触即发的激情，很容易激起的情感，一般而言在实际生活中极少价值，因而在战争中极少价值。它们的驱动强烈但短暂。如果这样的人的干劲与勇气和抱负相结合，那么它们往往证明在
107 一个低级指挥层次上极为有用，原因只在于低级军官掌控的行动持续时间短暂。往往单独一项勇敢的决定，激情力的一回迸发，便将足矣。一次大胆的冲击是几分钟的事情，而一场激烈的战斗可以持续一天，一场战役则可持续整整一年。

对这样的人来说，他们的种种易变的激情使他们加倍地难以维持内心平衡；他们往往失去理智，而实际作战期间没有什么比这更糟。虽然如此，说甚易激动的心灵从不可能强健——即从不可能甚至在最大压力之下也保持平衡——仍非真确。作为一个通则，它们跻身于较优的秉性之列，因而为何他们不应当有一种他们

自己的尊严意识？事实上，他们通常有这么一种意识，但没有时间让它去发生作用。一旦危机过去，他们倾向于对自己的行为感到羞耻。如果说训练、自知之明和经验迟早会教育他们如何提防自己，那么在大激动之际，一种内在的平衡力就将张扬自身，以致他们也能依凭性格的伟力。

最后，我们进到谈论难以驱动但有强劲情感的人——与前一类相比犹如内热比之于火花迸发如雨的人。他们是最能唤起巨大的力量的人，以这力量来清除在战争中阻碍活动的巨大负荷。他们的激情动起来恰如巨型质体：缓慢，但不可抗拒。

这些人不像第三类人，那么经常地被自己的情感猛地推离正道，然而经验表明他们也能够失衡，受制于盲目的激情。每逢他们缺乏自制这高尚的自豪，或每逢它分量不足，这情况就能够发生。我们最多地在原始社会的伟人中间见到这种状况，那里激情趋于主宰，因为缺少理智的规范节制。然而，甚至在各个有教养的民族和文明社会中间，人们往往也被激情猛地推离正道，恰如在中世纪偷猎者被用锁链拴在牡鹿身上，而后被载入森林。

我们再度重申：性格力不仅在于有强劲的情感，而在于尽管情感强劲，但仍保持内心平衡。即使激情猛烈，判断力和原则仍须起作用，犹如一艘舰船的罗盘，不管大海如何波涛汹涌，仍记录下最细微的航向变动。

我们在这样的情况下说一个人有性格力，或简单地说有品格：他坚执自己的信念，无论这些信念是出自他自己的看法，还是出自其他某个人的看法，无论它们代表原则、态度，还是代表突如其来的洞察或任何其他思想作用力。当然，如果一个人老是朝三暮四，变更想法，这样的**坚定**就无法表现出来。这不必是外部影响的结果；原因可以是他自己心智的运作，但这会提示出一个局促不安、以致乖僻的心灵。显然，如果一个人不断改变看法，即使缘于他自己的反思，他就不会被叫做一个**有品格的人**。这个说法只被用于看法**稳定和一贯**的人。所以如此，可以是因为它们经深思熟虑，清晰分明，很少可予修改；或者，就懒惰者而言，是因为这样的人不习惯心智努力，因而并无缘由要改变自己的看法；最后，是因为一个
108 坚定的决定，基于出自思考的根本原则，比较可以防止看法更动。

因其巨量逼真印象，连同作为一切信息和看法之特征的种种疑惑，没有任何活动像战争那样使人们失去对自己和对他人的信心，并使人们偏离自己最初的行动方针。

在可怕的磨难景象和危险状况面前，情感能够轻而易举地压倒思想信念，而且在这心理迷雾中，那么难以形成清晰彻底的洞察，以致看法变动成了更能理解和原谅的。行动永不能基于任何比直觉——对真理的一种感悟——更坚定的东西。结果，无论何处意见分歧都不像在战争中那么严重，新颖的看法从不停止猛烈冲击既有的信念。没有哪个程度的镇静能提供足够的保护：新印象太强大，太生动，并且总是既冲击理智，又冲击情感。

只有那些出自清晰和深刻的理解的总的原则和态度，能够提供一个**总括的**行动指南。关于各具体难题的种种看法正是应当被锚定在它们上面。困难在于，要在众多事件和新看法的洪流中坚执深思熟虑的这些结果。原则与实际事件之间往往有差距，它并非总是能靠前后相继的逻辑演绎去弥合。因此，一定程度的自信实属必要，同时一定程度的怀疑态度亦属有益。常常，没有任何缺

乏一个铁定原则的东西会足够管用，那不是当下思考过程的组成部分，却支配之：那原则就是，凡身处疑难境况，便须**坚执自己原先的看法，拒不变更，除非迫于一个清晰的信念去这么做**。需要坚信业经考验的原则的莫大道理；短暂易逝的种种印象的**生动性**决不可使我们忘记，它们包含的那种道理是较低级的。在疑难境况中，依靠将我们原先的信念置于优先，依靠顽强地坚执这些信念，我们的行动便取得那种被称为性格力的坚定性和一贯性。

显而易见，性格力多么大地依赖内在平衡的性情；大多数情感强劲和稳定的人因而也是有强健个性的人。

性格力能够蜕化为**顽固**。在一个具体场合，往往难以划出它们之间的界线；然而，要在理论上区分它们肯定容易。

顽固**并非一项智能缺陷**；它出自不愿意承认自己犯了错。将这归咎于智能不符合逻辑，因为智能系判断力所在之处。顽固乃**性情缺陷**。顽固和不容矛盾出自一种特殊类型的**自大自负**，那将**其自主才智之悦**抬高到凌驾其余一切之上，**对它别人必须顶礼膜拜**。它或可也被称作虚荣，假如它并非更甚：虚荣满足于仅仅外表，顽固则索要资质实在。

因而我们要论辩说，一旦一个人拒绝另一种观点不是因为有 109
优越的洞察，或信奉某个更高的原则，而是因为他**本能地反对**，那么性格力便立即变为顽固。诚然，这个定义可能没有多大实际用处；但尽管如此，它仍然帮助我们避免一种解释，即顽固只是个性强的一种更甚的形式。这两者之间有一根本区别。它们紧密相连，但前者那么不同于**一种更高程度**的后者，以至于我们甚而能见到极端顽固的人，他们愚钝得没有多大性格力。

至此，我们对一位伟大将领在战争中所需秉性的概览一直涉及理智和性情在其中合成作用的种种素质。现在，我们必须谈论军事活动的一个特性——可能最显著即使并非最重要的特性，那与性情无关，仅涉及理智。我指的是作战与地域之间的关系。

首先，这关系是个常在因素，以致不能设想一支正规军作战，除了是在一个明确的空间内作战。其次，它有**最高程度决定性的**重要意义，因为它影响所有部队的作战行动，而且有时整个改变它们。第三，它的影响可以在**地面的最小特性**上被感觉到，但它也能支配**幅员巨大的各地区**。

以这些方式，作战与地域之间的关系决定军事行动的特性。如果我们考虑与土地相联的别种活动，例如园艺、务农、建筑、水利工程、采矿、猎场看守或林业，没有哪一种延展到一个非常有限的区域以外，而且关于该区域的实用知识很快就被获取。然而，一位司令官必须将他的工作呈交给一名伙伴——空间——去左右，那是他永不可能彻底勘查的，并且因为他受制于不断的移动和变化，也是他永不可能真正变得知晓的。诚然，敌人的处境一般也不比他好；然而，这障碍虽然双方都有，毕竟仍是个障碍，以足够的才能和经验去克服它的人将拥有一项真正的优势。不仅如此，只是在一般意义上，这困难才对双方是一样的；在任何特定场合，防御者通常远比其对手了解所涉的地区。

这难题独一无二。要驾驭它，就需要一种特殊的才能，那被给予了太狭窄的名称——**方位感**。是**迅速准确地把握任何地区的地形**这一本领，使一个人能够在任何时候都找到自己的周边路径。显然，这是想象力的一种表现。事情当然部分地靠肉眼观察，部分地靠心智设想，后者依凭基于学习和经验的猜测去填补空白，因而从肉眼能见到的众零碎片断中构设出整体；可是，如果整体要被逼真地展现给心智，像一幅图画或地图似地刻印在脑海里而无细节消散或模糊，**那就只能靠我们称为想象力的智力本领才能做到**。一位诗人或画家可以大感震惊地发现他的缪斯女神同样也支配这些活动：在他听来，说一名年轻的猎场看守人为了能干称职就需一种强得非同寻常的想象力，可能古怪。倘若如此，我们就将欣然承 110
认这是狭隘地应用这概念，而且是应用于一项没什么了不起的任务。然而，无论联系有多远，他的技能必定依然出自这一天赋才能，因为如果全然缺乏想象力，就会难以将诸多细节结合为一个清晰、连贯的意象。我们还承认，好记忆可以是个大帮助；不过，我们是否因此便将记忆认作是一种独立的心智才能？或者，想象力是否毕竟更清楚地刻印出这些记忆中的图像？这问题须被留下以待回答，特别是因为即使将这两种能力设想成各自独立运作也显得困难。

不可否认，实践和业经训练的智能与之大有关系。卢森堡元帅[①]属下著名的军需将领皮伊塞居尔写道，他刚开始从军生涯时，对自己的方位感全无信心；当他不得不策马行进任何一段距离以获知口令时，他总是迷路。

---

①　弗朗索瓦·亨利·德·蒙莫朗西—布特维勒(1628—1695)，以卢森堡公爵爵位跻身于法国大贵族之列，与法王之下的头号贵族孔代亲王过往甚密；1675年开始领法国元帅衔，翌年起作为主将之一参加路易十四对荷兰共和国和“光荣革命”后英荷联盟的多年战争，其间数次击败奥伦治亲王威廉(“光荣革命”后的威廉三世)。——中译者注

随职权增进，这种才能的所涉范围自然增大。一名带领一个巡逻小队的轻骑兵或侦察员必定轻而易举地在大道小径中间找到自己的路。他需要的一切只是几个路标，加上某种平凡有限的观察力和想象力。相反，一位总司令必须力求取得关于一省、整个一国的构造的总体知识。他的脑海必须拥有一幅关于道路网、河流线和山脉走向的鲜明图像，同时不在任何时候丧失他的身旁环境感。当然，他可以从所有各类情报和从地图、书籍和回忆录抽取大体的信息。细节将由他的参谋人员提供。尽管如此，仍然真确的是，依凭一种迅速、准确的方位感，他的部署将更快捷，更可靠；他将冒较小的风险，那出自寓于其理念的一定笨拙性，并且较少依赖别人。

我们将这能力归因于想象力；然而，这是关于战争能从这轻浮的女神索要的唯一服务的，她在大多数军事事务中倾向于为害多于行善。

以此，我们相信，我们达到了我们一番审视的终点，即审视战争中人性需要依凭的智力和精神力。智力的至关紧要的贡献从头到尾始终清晰分明。因而不奇怪，战争虽然可能看似不复杂，但除非依靠智力杰出的人们，就不可能打得卓著昭彰。

一旦这观点得到采纳，就不再有任何必要去设想翼侧包抄一个敌方阵地（一种进行过无数次的明显行动）需要一番智谋大努力，或设想实施许多类似的作战行动也同样如此。

诚然，我们通常将朴实胜任的军人视作与沉思默想的学者截然相反，或与知识渊博得令人炫目的富有原创力的知识分子截然相反。这一对照并非全然脱离现实，但它不证明唯有勇气才造就一名胜任的军人，或者有智能和用智能不是成为一名优秀的战斗者的必需素质。我们必须再次坚持：最常见的情况在于，军官随晋级高升而干劲衰减，随任职高位而能力不逮。然而，我们也必须提醒读者，我们想的是杰出的努力，是给人带来英名的那类努力。每 111 个指挥层级都有它自身的智力标准，它自身的获取英名和荣耀的先决条件。

在总司令——率领全军或指挥一个战区的将领——与直接隶属于他的各高级将领之间，存在一大鸿沟。原因简单：第二层级受制于严密得多的控制和监察，从而只给予小得多的独立思考余地。人们因而往往认为，杰出的智力只是在顶端才属必要，对所有其他职责来说，普通的智力就足够了。一位责任较小的将军，一名服役期间头发渐白、心智因多年例行公事而大不敏锐的军官，可以常被认为已变得多少陈腐迟钝；他的勇敢豪侠得到尊敬，但他的智能低下令我们觉得好笑。我们不打算拥护和提倡这些好人；这将全然无助于他们胜任，并且极少有助于他们愉快。我们只是希望如实地表明情况，因而读者不应认为一个有勇无谋的战斗者在战争中能够成就任何意义卓著之事。

在我们看来，甚至低级指挥职位者为取得杰出的成就，也需有杰出的智力素质，而且职位每上一步，标准就随之提升，因而我们认识到，倘若军种次高职位者要功绩卓著，就需有怎样的能力。与博学的学者、经管范围广泛的企业经理和国务家相比，这样的将领可能显得相当平实简单；但是，我们不应当瞧不起他们的实用智力的价值。当然，有时发生这样的情况：某人在一个职级上树立了自己的声誉，在被晋升时载誉而任，却非真正配得上。如果对他无甚要求，而且他能够避免暴露自己的低能，那就难以断定他真正值得有什么声誉。这样的例子往往导致一个人低估在职责较小的位子上本可干得很优秀的军人。

所有各个层级都需要合适的才能，如果要成就卓著的业绩的话。然而，历史和后世将“天才”之称保留给这些人：他们在最高职位上——作为总司令——卓越非凡，因为在此对智力和精神力的要求高得多多，高得无比。

要使一场战争或它的一场战役胜利告终，就要求彻底领会国家政策。在此层级上，战略和政策合而为一：总司令同时是一位国务家。

瑞典的查理十二不被认为是个伟大的天才，因为他从不能使自己的军事才能服从优越的洞察和智慧，从不能依凭它们达到一个伟大的目的。我们也不用这方式去想亨利四世：他在他的技艺能够影响国际关系以前被刺杀了。死亡令他得不到在这更高的领域去证明自己才能的机会，那里有效地平息了国内纠纷的高尚情感和慷慨意向将面对一个更难对付的敌手。

一位最高统帅必须迅速学会和准确评估的广泛事务已在第1
112 章里予以显示。我们论辩说，一位统帅必须也是一位国务家，但他决不可不再统兵打仗。一方面，他明白整个政治形势；另一方面，他准确地知晓以他掌握的手段，他能实现多少。

战争中，情势那么变化万千，而且那么难以界定，以致不得不评估数量巨大的种种因素——大多只依照或然性。负责评估整体的那个人必须以一个素质去应对自己的任务，那就是在每一点上都感悟到真理的直觉。否则，就会出现意见莫衷一是，思虑一团混乱，并且致命地牵累判断力。波拿巴就此说得对：在总司令面对的种种决策中间，有许多犹如数学难题，值得一位**牛顿**或一位**欧拉**的才华。

这任务就更高的智力才能而言，要求的是一种整体意识，连同一种判断力，它们被提升到一种绝佳绝妙的想象力，轻而易举地抓住和撇弃千百个遥远的或然性，而那是一个普通的头脑会费力去一一辨识、并在这么做的过程中耗竭它自身的。然而，若无如前所述的性格和性情素质，那么即使是悟性——天才本身的绝佳慧眼——的这一超级发挥，也仍将够不上历史重要性。

真理本身难得足以令人行动。因而，从认识到决断、从知识到能力总是路长步远。人的行动的最有力源泉是他的情感。他从理智和性情的混合中提取他的最强劲的支撑（如果我们可以用这个词的话），那是我们已学会在种种素质即果断、坚强、坚韧和性格力之中认出的。

足够自然，如果统帅的最优越的智力和性格力没有表现出来——在他的工作的最终成功中表现出来，而只是凭信任被以为有此，它们就难得会荣获历史重要性。

外行人就军事事件进程得知的东西通常少有特征。一个行动貌似另一个，而从纯粹的事件叙述中不可能猜出遇到了和克服了什么障碍。只是间或地在将领或其亲信的回忆录里，或者作为严密的历史研究的结果，这幅图景的无数线索中的某些线索才被披露出来。一次重大作战行动之前的大多数论辩和争执被着意掩藏起来，因为它们触及政治上的利害关系，或者它们干脆被忘掉，被当作建筑物建成时要被拆掉的脚手架。

最后，不想冒险做一个关于更高形态精神的更严密的定义，让我们断言人类心灵（在这用语的通常意义上）远非到处一样。因而，如果我们问哪种心灵最可能表现出军事天才素质，那么经验和观察都会告诉我们，在战争中我们要挑选的是探索性的而非创造性的心灵，综合的而非专科的方法，冷静镇定的而非容易激动的头脑，给其付托我们的兄弟和孩子们的命运，还有我们祖国的安全和荣誉。

第 4 章　论战争中的危险

对某个从未体验过危险的人来说，危险这观念引人入胜，而不 113
令人惊骇。你热血沸腾，冲向敌人，不顾弹雨和伤亡。你盲目地将自己猛然掷向冰冷的死亡，全不知你或其他哪个人将避开死神。在你前面，有绝好的奖赏——胜利，解除抱负饥渴的果实。这能那么难？不，何况它将看似甚至还不如实际上那么难。可是，难得有这样的时刻；而且，即使是它们，也不像通常以为的犹如心跳一下那般短暂，而是很像一出药方，一剂一剂地反复服用，感受随时日而逐渐淡化。

让我们伴随一名新兵去战场。我们越接近那里，隆隆轰鸣的炮声就越响，而且与炮弹飞越的呼呼声相交替，那开始吸引他的注意。炮弹开始击至我们周围近处。我们匆忙迈上斜坡，那里驻有指挥将领及其众多参谋官。在此，炮弹丸和爆炸弹袭击是常有之事，生活看来比这年轻人一向想象的更为严峻。突然，你认识的某个人受伤了；然后一枚爆炸弹落在参谋官们中间。你注意到某些军官的行为有点反常；你自己不像你先前那么镇定和泰然：甚至最勇敢的人也能变得有点儿心理错乱。现在，我们进入了在我们眼前猛烈进行的战斗，仍然差不多像个奇观，并且与最近处的师长在一起。弹落如雹，我们自己一方的火炮轰鸣也添入喧闹声中。往前到旅长那里，他是一位被公认为勇敢英武的军人，然而小心翼翼地置身于一个高坡、一座房子或一丛树木后面，将它们当作掩护。听到了一阵噪声——葡萄弹砰砰落在房顶和地面上，它肯定显露了正在增大的危险。火炮弹丸四面飕飕作响，击裂障碍而过，毛瑟枪弹也开始在我们周围啸叫不已。稍后，我们抵达火线，那里步兵以难以置信的镇定，一连几小时忍受重击。空中满是嘶嘶作响的流弹，如果从一个人头顶近旁飞过，听来就像是一声尖锐的爆裂。作为最后一记震惊，我们目睹人们惨遭击毙和断肢的景象，令我们在心惊胆战之余满怀畏惧和怜悯。

这名新兵不可能迈经这些步步增强的危险烈度梯级而无如下意识：想法在此由其他因素支配；理性之光以一种颇为不同的方式被折射，颇不同于在学院式思考中正常的。如果有谁先前从未经历过这种体验，却仍保持他的迅速决断能力不变，那么他就是一个非同寻常的人。诚然，（依凭习惯）随我们变得对它习以为常，印象很快就消退，不到半个小时我们便几乎不再注意我们周围的环境；
114 但是，普通人决无可能达到一种完全的无动于衷状态，在其中他的头脑能灵活运转，一如平常。在此，我们又一次认识到普通素质不敷所需；责任范围越大，这项断言就越是真确。率直的、固执的或内在的勇气，压倒一切的抱负，或对危险的长久熟悉：所有这些都须以非同小可的程度存在，如果在这令人衰弱的境况中的行为要达到那在研究中将显得是全非平常的种种成就。

危险是战争中摩擦的组成部分。没有一个关于危险的准确观念，我们就无法理解战争。这就是我在此谈论它的原因。

第5章 论战争中的体力

假如没有哪个人有权利说出他对作战行动的看法，除非在他 115
被冻僵、或因炎热和口渴而头晕目眩、或因必需品匮乏和疲劳而忧郁颓丧之时，那么客观和准确的看法将比它们现在还更罕见。然而，它们将至少在主观上正确，因为谈说者的体验将准确地决定他的判断。这在我们看到以下情况的时候足够清楚：人们以怎样一种贬损的、甚而刻薄委琐的方式谈论他们目睹了的某些作战失败，而若他们实际上参加了这些行动，情况就更是如此。我们认为，这表明体力产生了多大影响，并且显示在我们的评价中必须给它留下多大余地。

在战争中的许多无法度量的因素中间，体力最重要。除非它被浪费掉，体力是所有各种武力的一个系数，而且它的确切极限无法得到确定。然而意义重大的是，正如要将战弓拉到超过平均的弧度，就需有一名强壮有力的射手那样，要将自己的军队驱策到极限，就需有一个强健有力的头脑。一支惨败了的军队陷于全面险境，并且正在像行将倒塌的砖石建筑那样趋于解体，因而以最大的体力去寻求安全；一支得胜了的军队因其自身欢欣而大为振奋，却依旧是其统帅手里的一个心甘情愿的工具：这两件事全然不同。同一类努力在前一个场合至多能够引起同情，在后一个场合却必定得到赞誉，那里要维持它就难得多。

我们在此谈论体力的原因在于，它有如危险，是战争中的摩擦的最大来源之一。由于它的极限不确定，因而它类似于如下材料当中的一种：这些材料的弹性使它们的摩擦程度极难估计。

为防误用这些思考，误用这对战争的种种妨碍状况的评价，我们有寓于我们自身感觉之中的一个天然指南。没有哪个人能够指望同情，如果他因为自己声称身体有障碍而接受了一项污辱或虐
116 待。但是，如果他努力自卫或替自己雪恨，那么提到他的身体障碍将对他有利。同理，一位将领和一支军队无法依靠说明被忍受了的危险、艰苦和辛劳来消除失败污痕；但是，描述它们将极大地给胜利增光。我们被自己的**感觉**阻止，不去说看起来有理由说的话；感觉本身作为一种更高的裁判起作用。

第 6 章　战争中的情报

我们用“情报”指关于敌人及其国家的每一类信息——简短地说就是我们自己的规划和行动的依据。如果我们细想这信息的实际依据，明白它多么不可靠和多么易变动，我们就很快认识到战争是一种脆弱的构造，能够轻易崩溃，将我们埋葬在它的废墟里。当然，教科书认定我们只应相信可靠的情报，永不得停止怀疑，然而此等虚弱无力的格言有何用处？它们属于这样的才智：由于缺乏任何较好的东西，因而在智穷思尽时乞灵于草率拟成的方法和纲要。 117

战争中的许多情报互相矛盾；甚至更多的是虚假的，而且大多数不确定。能够合乎情理地要求于一位军官的，是他应当有一种判断标准，他只能从关于人和事的知识、从常识获取的判断标准。他应当由或然率指引。在规划起草于远离行动区域的办公室时，这些或然率很难得到应用；在作战本身的混沌之中，随情报大量涌入，这任务就变得难上加难，难度无限。这样的时候，如果它们的矛盾互相抵消，留下一种有待审视评估的余地，那就幸运了。对新手来说，如下的情况糟得多：运气没有如此帮他，却一项情报符合另一项，肯定它，加强它，给它增色添彩，直到他不得不做出快速的决断——很快被认出是错的，恰如那些情报转而证明是谎言、夸张、谬误等等。简言之，大多数情报是虚假的，而且恐惧导致谎言增生，讹误多发。作为一项通则，大多数人宁可相信坏消息而非好消息，并且宁可倾向于夸大坏消息。经报告的危险可以很快像潮水一样消退；然而有如潮水，它们老是反复上涨而无明显缘由。司令官必须相信自己的判断力，有如潮水徒然冲击的一块礁石，屹立不移。这么做不容易。如果他缺乏一种总能振作精神的性格，如果战争经历没有磨炼他和完善他的判断力，他就最好定一条律令：压制他个人的信念，并且多怀希望少怀恐惧。只有这样，他才能保持一种恰当的平衡。

这准确辨认之难，构成战争中的摩擦的最严重来源之一，因为它使事情显得全然不同于一个人一直预料的。与系统的思考相比，感觉给人心留下一种更逼真的印象，以致我怀疑是否有一位司令官在任何时候发动过一场任何规模的作战，而不从一开始就迫

118 得压抑种种新疑虑。普通人，通常跟从别人的主动，倾向于在抵达行动场所时丧失自信：事情并非他们所料，而随他们仍然让别人影响他们就更是如此。可是，甚至规划作战和现在眼见它被实施的那个人，也很可能丧失对他的早先判断的信心；有鉴于此，自我依靠是他抗拒此刻压力的最好防御。战争能以赤裸裸地涂上可怕鬼怪的布景去伪装舞台。一旦它被清除，视域变得不被遮蔽而一览无遗，事态发展就会证实他早先的信念：这是**规划与实行**之间的最大鸿沟之一。

第7章　战争中的摩擦

倘若从未亲身经历过战争，就无法理解被不断提到的困难真 119
正何在，也无法明白为何一位司令官应当需要任何杰出的才华和非凡的能力。事事看来简单；所需知识并非显得引人注目，战略选择如此显而易见，以致比较起来，高等数学的最简单问题也有令人难忘的科学尊严。一旦实际见到战争，种种困难就变得清晰分明；可是，要描述那未被察觉、遍及一切的要素仍极端困难，而正是它招致景观改变。

战争中的每件事情都很简单，但最简单的事情殊为不易。困难累计起来，最终产生一种除非亲历战争就无法设想的摩擦。想象一位旅行者，他在下午晚些时候，决定黑夜降临以前再赶两个驿站路程。在一条经过铺设的大路上，有接替的驿马，只需再用四五个小时：这应当是一趟轻松容易的旅程。然而，在第二个驿站，他找不到休息过后精力十足的马匹，或者说只有劣马；野外渐多山丘陡坡，路况糟糕，黑夜降临，最终在经历了许多困难后，他欣喜不已，抵达了一个住宿条件简单粗陋的歇夜处。战争中的情况几乎与这一样。无数小变故——你永不能真正预见的那种变故——合在一起去降低总的表现水准，因而一个人总是落得远够不上意中的目标。刚强的意志力能够克服这摩擦；它碾碎一切障碍，但当然也损耗机器。我们将经常回到这一点。自豪之士的坚强意志支配战争艺术，恰如一座方尖塔凌驾所有道路都在那里会合的市镇广场。

摩擦是多少与下述因素相应的唯一的概念：这些因素使真实的战争有别于纸上谈兵。军事机器——军队和与之相关的一切——大体上非常简单，因而看似容易操控。但是，我们应当记住，它的零部件当中，没有哪个是一整件：每个部分都由一个一个人组成，其中每个人都保持引发摩擦的可能。在理论上，下面的话听起来够合情理：一名营长的职责是贯彻他的命令；纪律将全营紧密结合在一起，它的指挥官必须是个能力经过考验的人，因而大横杆围绕它的铁轴旋转，仅有最小限度摩擦。事实上，情况不同，理论的每个缺陷和每项夸大在战争中立即暴露出来。一营部队由一个一个人组成，其中最次要的人都可能碰巧使事情耽搁下来，或者这样那样地误事。与战争分不开的危险和战争要求的人体努力能够使问题加剧到一种程度，以致它们须被排在问题的主要原因之列。

120 这巨大的、不可能像在力学里那样被简化到寥寥几点的摩擦，到处都触及偶然性，招致无法度量的后果，恰恰因为它们大体上缘于偶然性。天气即为一例。大雾能够阻止及时见到敌人，令一门炮在应当开火的时候开不了火，令一份情报到不了司令官那里。大雨能够阻止一营部队抵达，迫使另一个营行军八小时而非三小时，从而迟到，毁掉一场骑兵冲锋，因为将战马陷在泥沼里，等等。

我们举出这些例子只是为了例解，帮助读者领会论辩。要涵盖所有困难，就将篇幅浩瀚。如果我们真的试图谈论战争中必然面对的全系列小麻烦，仅以例解我们就能使读者疲惫不堪。有些读者早就懂得了我们要说明的事，他们会谅解我们已经举的极少数例子。

战争中的行动犹如阻抗环境中的运动。恰如步行这最简单、最自然的运动无法轻而易举地在水中进行，在战争中正常的努力难以取得甚至很平庸的结果。一位真正的理论家犹如一名游泳教练，令他的学生在陆上练习将要在水里做的游泳动作。在那些没有想着游泳的人看来，这些动作会显得怪异夸张。同理，从未游泳或未学会从经验中得出一般结论的理论家是不切实际甚而荒唐可笑的：他们只教业已司空见惯的常识，即怎样步行。

不仅如此，每一场战争都富含一个个独特的片段。每个片段都是一个未经勘测绘图的海域，遍布暗礁。司令官可以怀疑有暗礁，同时从未见过它们；现在，他不得不在黑暗中掌舵避开它们前行。如果突然刮起一阵逆风，如果突然降临某个横祸，那么他将需要最大的技能和个人努力，连同极顶的镇定，虽然从远处看一切都可以显得是在自动进行。理解摩擦是那大受赞誉的作战意识的颇大一部分，那是一位良将被假定拥有的。诚然，最优秀的将领不是一位最熟悉摩擦观念、最担忧它的人（这样的人属于有经验的司令官中间那么常见的焦虑型）。良将必须知道摩擦，为的是每逢可能时克服它，并且为了不在自己的作战中期望达到这摩擦本身使之成为不可能的一种成就标准。顺便说，它是理论永不能完全界定的一类力量。即使理论能够如此，直觉和感知力的优化将依然必要，那是在一个被层出不穷的小障碍搞得乱糟糟的领域里必需得多的一种判断力，远甚于在种种经独自细想或与他人讨论去解决的重大问题上。如同一个倚靠直觉的人变得差不多惯于如此，以致他言行举措总是恰当，只有富有经验的军官才会在大大小小的事情上——战争的每个脉动上——做出正确决断。实践和经验规
121 定答案："这有可能，那不可能。"因此，他难得犯一个严重错误，而在战争中如果这经常发生，就能破坏信心并变得极其危险。

摩擦，如我们选定这么称呼它的，是令看似容易的事情变得那么困难的力量。我们将经常返回这个论题，而且有一点将变得显明昭彰，即一位杰出的司令官需要的不只是经验和坚强的意志。他必须还有其他非凡的能力。

第 8 章　首篇结语

我们辨识了危险、体力、情报和摩擦，作为诸要素结合起来构 122
成战争氛围，并且使之成为阻碍军事活动的一类媒介。依其制约效应，它们可以被汇归为一个单独的概念：总摩擦。是否有任何会减小这磨耗的润滑剂？只有一种，一位统帅与其军队并非总是有它现成可用，那就是战斗经验。

习惯锻炼人体能作大努力，强固在大危险中的精神勇气，并给判断力设防去抵御最初的印象。习惯滋生无比可贵的素质——镇静，它从轻骑兵和步枪手一直上至将领本人，将减轻统帅的任务。

在战争中，有经验的军人以一种方式做反应，如同人眼在黑暗里做的：瞳孔放大，接受那里有的微弱光线，逐渐辨认物体，最终分明见到它们。相反，新兵被掷入最深的黑夜，什么都看不见。

没有任何将领能使一支军队习惯于战争。平时演习抵不上真打仗；然而，即使如此，他们也能赋予一支军队对其他军队的优势，后者的训练被限于常规的机械刻板的操练。将演习规划得包含某些摩擦因素，它们将训练军官们的判断力、经验性决断和决心，这比缺乏经验的人可能设想的有价值得多。极为重要的是，没有任何军人，不管其衔级如何，应当等待战争去令他体验实际作战的那些他初次遭遇时搞得他惊异莫名、大为困惑的方面。如果他先前哪怕碰到过它们一次，他也会开始熟悉它们。甚至关于人体努力也是如此。必须练习发力费力，而且必须使心灵比肉体更熟悉那些方面。在战争中，当要求他做出非同寻常的努力时，士兵倾向于认为这些力耗出自顶层的过错、误算和困惑。结果，他的士气加倍低落。如果演习使他对发力费力做好准备，这就不会发生。

要在平时变得熟悉战争，另一个虽然较有限但很有用的办法是吸引已见过实际作战的外国军官。和平并非经常盛行于欧洲每处，而且从未盛行于整个世界。一个业已多年处境和平的国家应当试图吸引某些有经验的军官——当然只是那些表现卓著的。否则，它自己的某些军官应当被派去观察作战，了解战争看来是怎样的。

123 不管与一支军队相比，这样的军官可以如何之少，他们的影响仍能非常真实。他们的经验、洞察力和品格成熟性将会影响他们的下属和军官同僚。甚至在他们不能被授予高级指挥权的时候，他们仍应当被认作是知晓乡土、在种种特殊的不测事件中能够与之商量的向导。

第二篇

论战争理论

第1章　战争艺术分类

战争在本质上是作战，因为在那总的来说被称为战争的多方 127
面活动中，作战是唯一有效的成分。然而，作战是精神力和物质力的较量，经过物质力这一媒介。自然，精神力不得被忽视，因为心理因素对战争包含的诸要素行使一种决定性影响。

作战的需要很快导致人们发明种种合适的手段，以便在战斗中夺得优势，而这些招致了作战模式的种种重大变迁。然而，不管它如何构成，作战概念依然如故。那就是我们用战争来意味的事情。

起初的发明由供一个个武士使用的武器和装备构成。它们必须在战争开始以前被生产出来并得到检验；它们适合于作战的性质，那反过来决定它们的样式。可是显然，这类活动必须与作战本身区分开来；它只是准备作战，而不是实施作战。显而易见，对作战概念来说，武装和装备并非必不可少，因为即使徒手搏击也是一种作战。

作战决定了所用武器的性质。反过来，这些又影响战斗；因此，这两者间存在互动。

尽管如此，作战本身依然是一种独特的活动；由于它在一种特殊的环境——危险环境里进行，它就更是如此。

于是，如果任何时候有必要区分两类活动，我们发现那就在此。为了显示这一理念的实际重要性，我们将提请注意，在一个领域最有能力的人多么经常地在另一个领域被暴露出是最无用的迂腐之徒。

事实上，完全不难分开考虑这两类活动，如果将一支被武装和装备起来的战斗部队当作一个**既定**的概念：一个手段，为合适地使用它不需就它知道任何事情，除了它的主要效能。

因此，本质上，战争艺术是在战斗中使用既定手段的艺术；没有比“**战争操作**”更好的用语去命名它。诚然，在其更广泛的含义上，战争艺术包括因战争而存在的一切活动，例如战斗部队的创建、征召、武器、装备和训练。

一种理论要正确，对这两类活动的区分就必不可少。容易明白，如果战争艺术总是始于征集武装部队，并且使之适合特定场合的需要，那么它将只能应用于可得兵力恰好完全与需要匹配的极
128 少数场合。反之，如果希望有一种对大多数场合来说成立、同时又不完全不适合任何一个场合的理论，它就必须基于最通用的手段，连同它们的最重要的效能。

因此，战争操作乃是规划和实施作战。假如作战由单独一项行动构成，就不需做任何进一步的划分。然而，作战由数量或多或少的各自单独的**若干项行动**构成。每一项本身都完整，那像我们在第一篇第1章里指出的，[①]称作“交战”，且构成新的实体。这就导致了全然不同的活动，即**这些交战本身的规划和实施**，连同其中

① 克劳塞维茨指的是第2章。编者注。

每项交战与其他交战的**协调**,为的是促进实现战争目的。前者被称为**战术**,后者被称为**战略**。

战术与战略的划分现在被差不多普遍使用,每个人都相当不错地知道每一特定因素属于哪个范畴,同时不很明白为什么。每逢这样的范畴被盲目使用,就必定有深刻的原因。我们已力图发现这区分,并且不得不说正是这普遍使用导致了盲目使用。另一方面,我们拒绝某些著作家的矫揉造作的定义,认为它们根本不符合一般用法。

因此,按照我们的分类,战术教的是**如何在交战中使用武装部队**,战略教的是**如何为战争的目的而使用交战**。

只有在我们更仔细地考察它时,单项的或独立的交战这概念与其统一依赖的种种条件才能被更准确地界定。眼下,说下面的话就够了:就空间(即同时进行的多项交战)而言,其统一性以**个人指挥**的有效范围为限;然而就时间(即多项交战的紧密接续)而言,它延续到作为一切交战的特征的转折点被度过了为止。

可以有含糊不定的场合,在其中——例如——若干项交战或许也可被认作是单独一项交战。然而,这不会损坏我们的分类依据,因为所有实际可用的分类体系都有这种情况,即区分以一种差异渐减的方式逐渐消退。于是,可以有单个的行动既可属于战略亦可属于战术,而无视角变更;例如,非常漫长的阵地几乎等于一连串据点,或在多个地点作渡河安排。

我们的分类**仅仅**适用和涵盖**作战部队的使用**。然而,为战争效力的有许多与之大为不同的活动;有些紧密相联,其他相隔甚远。所有这些活动关系到**作战部队的维护**。其创建和训练先于其

129 使用，而其维护却与之同时，并且是它的一项必需条件。然而，严格地说，所有这些应被认为是战斗的准备活动，与行动关联的一类，关联得如此紧密，以致它们是作战操作的一部分，与实际**使用**相交替。因而，有理由将这些以及所有其他准备活动排除出狭义的战争艺术——实际的战争操作。的确，如果理论要服务它的主要目的，即**分辨不同要素**，就必须这么做。一个人不会希望将整个维护和管理事务认作**实际战争操作**的组成部分。虽然它可以与部队的实际使用不断地互动，但这两者本质上大为不同。

我们曾在本书第一篇第 3 章里指出，如果战斗或交战被定义为唯一直接有效的活动，那么所有其他活动的脉络都将被包括进来，因为它们全都导向战斗。这么说意味着所有这些活动因而被给予了一个目的，它们必须按照它们各自的法则追求达到这目的。让我们进一步详细阐述这个论题。

除交战外的种种活动互相间广为不同。

这些活动当中，有些在一个方面是战斗本身的组成部分，与之同一，同时在另一个方面服务于作战部队的维护。其他仅与维护相关；维护所以对战斗有影响，只是因为它与作战结果的互动。

在一个方面仍为战斗之组成部分的事务是**行军**、**宿营**和**驻扎**：每个关系到部队作战存在的一个独立的方面，而且当一个人考虑部队时，总是有交战想象。

其余，只关系到维护的活动，由**给养**、**医疗服务和武器装备的供给保养**构成。

行军与部队的使用完全一致。**交战过程中的行军**（通常称为

“调遣”[1])虽然不包含武器的实际使用，却与之如此密不可分地相联，以至于是那被认作一场交战的行动的一个必需成分。并非在交战过程中从事的行军只是一项战略计划的实施。后者决定将要在**何时、何地和以什么兵力**去进行一场交战。行军只是贯彻这计划的手段。

因此，并非交战组成部分的行军是战略的一个工具，但它并非只是一个战略问题。从事行军的部队可以在任何时候变得卷入一场交战，因而实施行军既受制于战略法则，也受制于战术法则。倘若一个纵队奉命将一条河或一列山岭的近侧取作行军路线，那就是一项战略措施：它意味着如果在行军途中必得打一场交战，那最好是在近侧而非远侧打。

倘若相反，一个纵队将沿山脊行进，而不走穿经山谷之道，或 130
为行军便利而将自己分成若干较小的纵队，那么它们就是战术措施：它们关乎部队将在发生交战时被使用的**方式**。

行军的内在阵式始终与随时准备交战相关，从而是战术性质的：它不过是一场可能的交战的初始预备部署。

行军是战略依以调度其有效要素即交战的工具。然而，这些往往仅在它们的效果里才变得明显，而非显见于它们的实际进程中。因而，不可避免，在讨论中这工具往往被混同于有效要素。一个人说决定性的巧妙行军，实际上指的是它们导致的交战组合。这概念替换太自然，表达方式的简洁性太可取，以致不需改变。然

---

① 德语为 *Evolution*。它表示战役内的部队调动，不同于总的作战部署。编者注。

而，它只是一串被叠缩了的概念，一个人必须将恰当的含义记在心里，以免犯错。

一个这样的错误发生于下述时候：其时战略性组合被以为有一种与其战术结果无关的价值。一个人谋划出若干行军，达到了自己的目的而未交战，然后推演说有可能不战而败敌。只是在以后一个阶段，我们才能显示这个错误的巨大含义。

虽然行军可被视为战斗的一个必需成分，但它有某些不属于此的方面，因而它们既不是战术性的，也不是战略性的。这些方面包括一切仅仅为了部队的便利而被采取的措施，例如筑路建桥等等。它们只是先决条件；某些情势下，它们可以与部队的使用紧密关联，简直与之同一，例如在敌人完全可见的范围内搭建一座桥梁。可是本质上，这些活动与战争操作不同，战争操作理论并不涵盖它们。

术语“宿营”指的是部队的任何集中，以便随时准备作战，与“驻扎”有别。营地是休息和休整复原的所在地，但它们也蕴含战略性的作战意愿之意，在它们可以是的任何地方。然而，它们的场所确实决定交战的基本战线——所有防御性交战的一个先决条件。因此，它们是战略和战术两者的本质性组成部分。

每逢部队被认为需要更久的休整复原，驻扎就取代宿营。因而有如宿营，它们在位置和范围方面是战略性的，而在其适合随时准备作战的内部布局方面是战术性的。

当然，作为一项通则，宿营和驻扎还服务于部队休整以外的一个目的；例如，它们可以有助于保护某个地区，或据守一个方位。然而，它们的目的可以只是让部队休息。我们必须记住，战略可以追求多种多样目的，因而看来提供一项利好的任何事情都可以是一项交战的目的，而且战争工具的维护往往本身会成为一个特定的战略性组合的目的。

因此，在战略仅仅旨在保存部队的场合，我们不需偏离甚远：部队的使用仍是主要关切，因为那是它们在战区的任何地方被安 131
顿部署的目的。

另一方面，营寨或营房内的部队维护可以要求有种种并非构成使用作战部队的活动，例如建造棚屋，以沥青涂抹帐篷，给养和卫生服务。它们在性质上既非战术的，也非战略的。

堑壕的选址和预备显然是战斗规程的一部分，从而是战术性的，但在关系到**它们的实际修筑**的限度内，甚至它们也不是战争操作的组成部分。相反，作为它们的训练的一部分，部队必须被教会这类工作必需的技能和知识，战斗理论将此统统视作当然。

在与交战全无联系、只服务于兵力维护的事项中间，给养是个最直接地影响作战的事项。它几乎每天都要做，并且影响到每个人。因而，它彻底渗透到一切军事行动的战略方面。我们所以提到战略方面，是因为在一场既定的交战进行期间，给养难得趋于引起计划的改变，虽然这么一种改变仍然完全可能。因而，战略与给养问题之间的互动将极为频繁，而且没有什么比发现给养考虑影响到一场战役和战争的战略方针更为常见。可是，无论这些考虑可能多么频繁和多么有决定性，部队的给养事务依然是一种本质上与部队的使用分开的活动；它的影响仅显示在它的结果中。

我们已提到过的其他管理职能甚至更远离部队的使用。医疗服务虽然对一支军队的福利来说至关紧要，但只经过部队官兵中间的一小部分人影响它，因而只对其余官兵的使用施加一种微弱和间接的影响。装备的保养除了作为作战部队的一项连续不断的职能外，只是周期性地发生，因而难得被考虑进战略估算。

在此，我们必须提防一个误解。在任何单个场合，这些事情可以确实有决定性意义。医院和补给仓库离得多远可被轻而易举地列举为唯一的原因，解释非常重要的战略决定——我们不想否认或将它贬至最小程度的一个事实。然而，我们关注的不是任何个别场合的实际环境，而是抽象的理论。因此，我们断言这类影响如此难得地发生，以致我们不应当在战争操作理论中赋予医疗服务和弹药补给任何大分量。因而，与部队给养不同，看来不值得将这些理论可能提示的种种不同的方式和体系及其结果并入战争操作理论。

总而言之，我们清楚地讲到，作为战争特征的种种活动可以被分成两个主要范畴：**纯属备战的**活动和**战争本身**。在理论内，也须做同样的区分。

132 涉及备战的知识和技能将关系到作战部队的创建、训练和维护。我们给它们什么标签并不重要，但它们显然必须包括诸如火炮、防御工事、所谓基本战术以及作战部队的所有组织和管理等等。另一方面，关于战争本身的理论关注这些手段一旦形成后如何被使用，以便实现战争的目的。它要求于第一类活动的是最终产物，是对它们的主要特征的理解。这就是我们所称的狭义的“战争艺术”，或曰“战争操作理论”或“战斗兵力使用理论”。就我们的目的而言，它们全都意味着同一件事。

因而，这狭义的理论研究交战，研究作战本身，将行军、宿营和驻扎之类事情当作可以多少与之一致的状况。它不包含给养问题，但将在同样的基础上，将这些**当作其他既定因素**考虑进来。

狭义的战争艺术现在必须转而被分解为战术和战略。前者关乎单项交战的形式，后者关乎它的使用。两者都只经交战去影响行军、宿营和驻扎的操作；在它们关乎交战的形式或其意义的限度内，它们成为战术或战略问题。

无疑，许多读者将认为，在像战术和战略这么密切关联的两事之间作如此细致的区分实属多余，因为它们并不直接影响作战操作。诚然，只有最极端的学究才会指望理论区分在战场上显示出直接的结果。

任何理论的首要目的，在于澄清已变得可谓混淆不明、纠缠不清的概念和理念。不到术语和概念已被界定，一个人就不能希望在清晰简洁地审视问题方面取得任何进步，也不能指望读者赞同他的看法。战术和战略是在空间和时间方面彼此渗透的两类行动，但尽管如此，它们仍本质上不同。不完全理解这两者，就不能懂得它们的内在法则和相互关系。

认为这一切毫无意义的人，不管是谁，将要么根本不接受任何理论分析，要么自己的智力从未受损于混淆不堪、令人迷惑的杂乱观念，那是一个人那么经常地在战争操作论题上听到和读到的。这些观念全无定见，导致不了任何令人满意的结论，有时显得陈腐，有时显得荒唐，有时则干脆随波逐流，飘浮在大量含糊不清的泛泛之论上。所以如此，全是因为历来很少以一种科学探究精神去审视这个论题。

第 2 章　论战争理论

133 **起初“战争艺术”概念仅指兵力准备**

从前，术语“战争艺术”或“战争科学”仅被用来指所有关乎物质因素的知识和技能。武器的设计、制作和使用，防御工事和堑壕的修建，军队的内部组织与其移动机制：这些构成这知识和技能的实质。它们全都有助于确立一支有效的作战军队。这是一个关于处理物质资材和单方活动的事例，基本上只是从一类技巧逐渐上升到一门精致的刻板的艺术。它与战斗的关系有如制剑工匠的手艺与剑术的关系。它还没有包括武力在危险状况中的使用，那经受与一个敌人的不断的互动，也没有包括为达到一个被想望的目的而做出的种种精神努力和勇气。

真正的战争艺术最初见于围城战

围城战朦胧地初现了作战操作和才智努力；但是，这通常只是在诸如进路、堑壕、反进路、轰击器组群等等新技术方面显露出来，以某个这样的结果标志每一步。它只是将这些物质发明串接起来所需的连线。在围城战中，这几乎是才智能够显示自己的唯一方式，因而事情通常仅限于此。

接着战术触及了这个论题

后来，战术试图将它的成分结构转变为一个总的体系，基于它的工具[1]的特性。这肯定导向了野战战场，但尚未导向创造性的才智活动。结果反倒是被其刻板的阵列和作战序列搞得有如自动机器的军队，意在由一声令下启动去执行其活动，有如钟表部件。

实际的战争操作仅偶尔隐约露头 134

实际的战争操作——既定手段的适合于每个具体场合的自由使用——未被认作是理论的合适主题，而是一种须被留给天然喜好处理的事情。逐渐地，战争从中世纪的交手格斗向一种更规则化和更复杂的形态演进。于是，人心当然被迫就此去做些思考；可是作为一个通则，它的反思仅仅偶尔见于回忆录和史著，而且可以说是隐匿不明的。

对战争事件的反思招致对理论的需求

随着这些反思愈益增多和历史论述愈益精致，出现了对原理和规则的迫切需求，据此在军事史方面那么正常的争论——彼此冲突的看法之间的辩论——可以得到某种解决。这争辩旋涡缺乏围绕它们种种看法能被凝聚定格的基本原理和清晰准则，从而必定在智识上令人反感。

---

① 即武装部队。编者注。

制作明确的理论的努力

因此，出现了以原理、准则甚或理念体系去装备战争操作的努力。这确实提出了一个明确的目的，但人们未能将所涉的无穷复杂性足够地考虑进来。如前所述，战争操作在差不多所有方向上分蘖延伸，没有任何确定的界限；然而，任何理念体系、任何模型都有逻辑综合的有限性。这类理论与现实实践之间存在一种无法调和的抵牾。

局限于物质因素

理论家们很快就发现这论题有多难，而且觉得大有理由避难就易，办法是再度使他们的原理和准则只涉及物质因素和单方活动。就现在**备战**科学方面，他们想达到一套确定可靠和清澈见底的结论，而且出于这个缘由，只考虑那些能予以数学计算的因素。

数量优势

数量优势是个物质因素。它从合成导致胜利的所有要素中间被挑选出来，因为通过运用时空结合，它能被塞进一个数学法则体
135 系。据认为，所有其他因素都能被漠视，如果它们被假定在双方都均等，从而彼此抵消。这本来或可接受，作为权宜之计以研究这单独一项因素的种种特征；然而，将此计策认作恒久不移，将数量优势纳为唯一准则，并将战争艺术的全部奥秘归结为一个公式——**一定的时候在一定的点上拥有兵力数量优势**，乃是一种过分简单化，哪怕片刻也经受不了真实生活的考验。

部队给养

另一种理论论述试图将另一个物质因素体系化，那就是**给养**。基于一支军队有其确定的组织方式这前提，它的给养被确立为战争操作的一个终极决定者。

这方法也得出了某些具体的数字，但它们依据一大堆武断的假设。因而，它们无法经受住实际经验的考验。

基地

一位足智多谋的作者试图将整个一大批因素——其中某些彼此间确有思想关联——压缩进单单一个概念，亦即**基地**概念。这包括**军队给养、它的兵员损失和装备损耗替换、它与母国间的来往交通保障**、在必要情况下**甚至它的撤退保障**。他首先用基地概念取代所有这些个别因素，接着用基地的面积或大小取代基地概念本身，最后用作战部队以其基地线构成的角度取代这面积。[①] 这一切导致了一个全然无用的纯几何结果。实际上，鉴于一个事实，这徒劳无用必不可免，即在这些替代中间，没有哪个能被做出而不违背事实和不撇去初始想法的部分内涵。基地概念是战略的一个必要的工具，作者因为发现了它而值得称赞；可是，要以所述的方式使用它就全然不可接受。它必然导致种种片面的结论，那迫使理论家们走入相当矛盾的方向，即相信包围式方位的最优越效能。

① 指克劳塞维茨的同时代人 H. D. v. 比洛。见彼得 · 帕雷特："《战争论》的起源"，前面第 10 页。编者注。

内线

作为对此谬误的反应，另一项几何式准则随后被大吹大擂，此
136 即所谓内线准则。虽然这信条基于可靠的根本依据——基于交战是战争中唯一有效的手段这事实，但它的纯几何性质仍然使它只是另一个片面的准则，从不支配真实情势。

所有这些企图皆可驳斥

只是在分析方面，所有这些理论企图才可以被称作是探知真理的进步；在综合方面，在它们提供的规则和规定上，它们绝对无用。

它们寻求固定值，但在战争中一切都难以预料，估算不得不凭种种变量做出。

它们只将探知指向物质因素，而一切军事行动皆与心理力和心理效应相交织。

它们只关注单方行动，而战争由敌对双方的不断互动构成。

它们将天才排除出规则

此类片面观点的浅薄智慧达不到的一切都被认为超出科学控制：它们属于天才的王国，**那凌驾于一切规则之上**。

据想要在这些零碎的规则中间四处爬行的军人多么可怜！它们对天才来说不值得，天才可以藐视之或嘲笑之。天才所为是最好的规则，理论能做的莫过于表明怎样和为何应当如此。

与理性抵牾的理论多么可怜！无论多甚的谦卑也无法掩饰这

一抵牾；的确，越是谦卑，它就会越快地被嘲笑和轻蔑逐出现实生活领域。

一旦精神因素被考虑进来理论就面对的困难

一旦它接触到精神因素领域，理论就变得更困难，困难得无以复加。建筑师和画家很明白，只要他们在与物质现象打交道，他们干的是什么；就力学和光学的构造不容争论。然而，当他们进至其作品的审美、追求对心灵或感觉的效应时，规则就消散为仅仅是含糊的理念。

医学通常只关乎身体现象。它与肉体的有机组织打交道，但后者会变化不止，从而在不同时刻决不完全相同。这使医疗工作难上加难，导致医生的判断力比他的知识更重要；可是，当一种精 137
神因素被添入时，困难将多大地加剧，我们会如何高得多地评价精神病医生！

在战争中决不能排除精神因素

军事活动从不只针对物质力；它总是同时也针对赋予它生命的精神力，而且这两者不可能被彼此隔开。

然而，精神因素只能由心灵察觉，那在每个人那里都不一样，在同一个人那里往往不同时候也不一样。

危险是战争中一切在其中运行的共同环境，因而勇气，自我力量感，是影响判断力的首要因素。它可以说是镜片，印象经过它传到大脑。

然而无可怀疑，经验将依其本身赋予这些印象一定程度的客观性。

每个人都知道，在侧翼或后背作一项伏击或进攻有怎样的心理效应。一旦敌人掉头后撤，每个人就都看轻他的勇敢程度，并且与被追击时相比，冒大得多的风险去追击。人人都根据其被传闻的才能、年龄和经验去估计自己的对手，并且据此行事。人人都审视己方部队和敌方部队的精神状态和情绪。在心智和精神领域的所有这些和类似的效应已经由经验证明，它们重现不已，因而有理由得到它们作为客观因素的应有地位。确实，一种无视它们的理论将成为何物？

当然，这些真知必须植根于经验。没有哪个理论家，没有哪位司令官，应当费神搬弄心理和哲理诡辩。

制定战争操作理论的主要困难

为了清楚地理解制定战争操作理论涉及的种种困难，从而能够推断出它的特征，我们必须更仔细地去看军事活动的主要特性。

第一个特性：精神因素及其效应

敌对感

这些特性中间的第一个是精神因素及其产生的效应。

本质上，战斗是敌对感的一种表现。然而，在我们称作战争的大规模战斗中，敌对感往往只是变成了敌对**意念**。无论如何，通常不存在个人之间的敌对感。可是，这样的情感决不可能完全不见
138 于战争。现代战争难得在没有民族间仇恨的情况下进行；它多少作为个人间仇恨的替代起作用。甚至在没有民族仇恨、没有敌意

去发端的地方，战斗本身也会激起敌对感：根据上司命令施行的暴力将激起报复欲和复仇欲，针对暴力的施行者，而非针对下令施暴的权力。这只是人性（或者——倘若你愿意说的话——动物性），但系事实。理论家们倾向于抽象地看待战斗，将它视为一种没有激情加入的实力较量。这是他们颇为自觉地犯下的千百个错误当中的一个，因为他们全然昧于内在的意蕴。

除了被战斗的性质激起的激情，还有种种别的激情，它们并非与战斗紧密相连；然而，由于某种关联，它们容易与战斗携手并行，那就是野心、权力欲、所有各种热情等等。

危险造就的效应

勇气

最后，战斗引发危险这要素，一切军事活动都必在其中进行和维持，如鸟在空中，鱼在水里。然而，危险的效应产生情感反应，无论是直接本能，还是出于自觉。前者导致努力避险，或在不可能避险的场合，导致恐惧和焦虑。在不出现这些效应的场合所以如此，是因为本能已被**勇气**压倒。然而，勇气决不是一种自觉的行为；有如恐惧，它是一种激情。恐惧关乎肉体生存，勇气则关乎精神生存。因而，勇气是较高尚的本能，如此就不能被当作一种无生命的工具对待，仅像被规定的那样起作用。因而，勇气并非只是危险的抗衡物，被用来抵消其效应：它是一种独立的素质。

危险发挥影响的范围

为了准确地评估危险在战争中发挥的影响，就不应当将它的范围局限于即刻的肉体危险。危险支配统帅，不仅通过威胁他本人，也通过威胁所有那些被付托给他的人；不仅在它实际展现的时刻，也经过想象在相关的所有其他时候；不仅直接地，也间接地，经由十倍地加重了统帅的心理负担的责任感。他几乎不可能主张或决定一场大战役而无一定的紧张感和忧伤苦恼，因为想到这么一项重大决定蕴含的危险和责任。可以做出一个论断：战争中的行动，只要是真正的行动而非单纯的存在，从不全无危险。

其他情感因素

139 在考虑被战争特有的敌对和危险激起了的情感时，我们无意排除在人的一生里始终伴随他的所有其他情感。在战争中也有它们的驻足之地。情感的许多小动作可能确实被战争的严肃责任压抑下去；但是，这只是就较低层级的人而言才成立，这些人刚经历了一阵努力和危险，便被赶入下一阵，顾不上看生活里的其他事情，摒弃油滑欺骗，因为死神在前，此技无用，从而达到了军人的朴实性，那一向代表军界的最佳方面。在较高层级上，情况不同。一个人的职位越高，他的视野就越宽广。种种不同的关切和五花八门的激情，无论好坏，将到处抬头。嫉妒与慷慨、骄傲与谦卑、严苛与温情：全都可能作为这大活剧里的有效因素出现。

智力素质

除了他的情感素质，统帅的智力素质也非常重要。人们会预期，与一个冷静和强劲的头脑相比，一个喜爱空想、好高骛远和大不成熟的头脑运行得大不一样。

智力素质的多样性导致目的路径的多样性

智力素质的很大多样性有其影响，它主要在较高层级上被感觉到，并且随一个人往上晋升而愈益增强。这是首要原因，导致——第一篇内已予谈论——达到目的的路径有很大多样性，导致在决定事态进程方面或然性和偶然性的作用被赋予大得不成比例的重要性。

第二个特性：活反应

军事行动的第二个特性，在于它必须预期活反应，连同由此而来的互动过程。在此，我们谈论的不是估算此等反应的困难——那实际上是已经讲过的、估算心理力的困难的一部分——而是这么一个事实：互动的性质本身必定使之难以预料。任何举措将对敌人造成的效应在行动的所有特性中间，任何举措对敌人产生的效应是最突出的因素。然而，一切理论都必定固守现象范畴，永不能考虑到一个真正独特的案例；这必须留给判断力和才能。于是自然而然，其规划基于一般情况的军事活动那么频繁地被意外的特殊事件打乱；它应当大致留作一个才能问题，理论**指示**在此甚于在任何别的领域，倾向于不那么管用。 140

第三个特性：一切信息的不确定性

最后，一切信息的总的不可靠性带来了战争中的一个特殊困难：所有行动都可以说发生在一种朦胧不清之中，它有如迷雾和月光，往往倾向于使事情看来古怪夸张，甚于它们的实际情况。

被掩藏在这朦胧微光之中而无法看清的无论什么事情，都不得不靠才能去猜测，或者干脆留待偶然性。因此，鉴于客观知识匮乏，一个人不得不再度指望才能，或指望运气。

绝对的理论不可得

鉴于论题的性质，我们必须提醒自己：要为战争艺术构设一个能像脚手架那样起作用的模型，统帅任何时候都能依赖它提供支撑，干脆全无可能。每逢他不得不退回去依赖自己的内在才能，他都会发觉自己身在这模型之外，并且与之抵牾；不管法则如何多面，形势总是会导致我们已经提及的结果：才能和天才行事于规则之外，理论有悖于实践。

使得理论成为可能的诸替代途径

困难大小不等

有两个摆脱这两难的途径。

首先，我们关于军事行动一般性质的评论不应被拿来当作同等地应用于一切层级上的行动。较低层级上最需要的是勇气和自我牺牲精神，那里要靠才智和判断力解决的困难少得多。行动范围较有限，手段和目的较少，信息较具体：通常它们限于实际可见的事情。然而，层级越是高，困难就越是增多，直至在最高统帅那里达到最高点。在这一层级上，差不多所有解决都须留给富有想象力的才智去构设。

即使我们将战争分解为它的各种不同活动，我们也会发觉困难并非到处都一样。活动越是物质性的，困难就会越小。活动越变得智能性，并且转变成对司令官的意志行使一种决定性影响的动机，困难就越增大。因而，与在决定交战目的方面要用理论相比，用它去组织、规划和操作一场交战较为容易。战斗是以物质武器进行，虽然智力确实起部分作用，但物质因素将占支配地位。然而，当进至交战的**效应**，那里物质上的成功转变成要进一步行动的 141
动机时，只有智力才是决定性的。简言之，与战略相比，战术会给理论家展现的困难少得多。

理论应当是探究而非信条

摆脱这困难的第二个途径，在于论辩一个理论不必是一则完全的信条，一种行动**指南手册**。每当一类活动一次又一次地主要处理同样的事情，有着同样的目的和同样的手段——即使可以有小的变动和无限多样的组合——这些事情就可以成为理性探究的对象。恰恰是这探究构成任何**理论**的最本质的部分，可以很适当地要求称作是理论。它是一种对主题的分析性调查，导致密切地**熟识**主题；应用于经验——在我们的场合是应用于军事史——它导致彻底地**熟悉**经验。它越接近达到这目标，就越是从知识的客观形式转变为技能的主观形态，就越会在事情的性质只允许才能去决定的领域证明自己有效。事实上，它将成为才能的一个积极的组成部分。理论将在如下的时候完成了自己的主要任务：它被用来分析战争的各构成要素，准确地区分乍看来似乎混为一团的东西，充分地解释被用手段的特性和表明它们很可能有的效应，清楚地界定所见目的的性质，并且在一种彻底的审视性探究中照亮战争的所有方面。于是，理论成了任何想从书本里学习战争的人的一个指南；它将照亮他的道路，便利他的进步，训练他的判断力，帮助他免入陷阱歧途。

一位专家花费半生，试图去把握某个朦胧不清的论题的每个方面，他肯定比一个正试图在短时间内把握它的人更有可能取得进展。有理论，因而一个人不需每次都从头开始，整理材料，探究材料，而是会发现它现成在手，条理分明。这指的是教育未来将帅的头脑，或者更准确地说是在他的自我教育中予以指引，而非陪伴他前往战场，恰如一位明智的教师指引和激励一个年轻人的智能发展，但当心不在他的整个余生始终牵手带领他。

如果理论家的研究自动地导致原理和规则，如果真理自发地结晶为这些形态，那么理论就不会抗拒心智的这一自然趋势。相反，在真理的拱门臻于这么一块拱顶石的地方，这趋势将被凸显。然而，显示所有思路汇集的那个点，但决不构建一个旨在战场实用的代数公式：这只是符合理性的科学法则。甚至这些原理和规则，也是意在给一个思考者提供一个参考框架，以利他被训练去实施的行动，而不是用作一个指南，在行动那刻精确地规定他必须采取的路径。

142 **这观点使理论成为可能，且消除它与现实的抵牾**

这观点将承认一种令人满意的战争理论——将真正有用、决不与现实相悖的理论——的可行性。它只需理智地对待，使它符合行动，并且填平理论与实践之间的荒唐的鸿沟，那是种种不合情理的理论那么经常地造成的。这藐视常识的鸿沟往往被狭隘无知的头脑用作一个借口，去辩护自己的天生的无能。

理论因此研究目的和手段的性质

战术目的和战术手段

因而，理论的任务在于研究目的和手段的性质。

在战术方面，手段是为战斗而经训练的作战部队；目的是胜利。这个概念的一个更精确的定义以后将在“交战”语境中被提供出来。这里，说敌人退出战场即表示胜利就够了。战略由此实现了它已给交战指定的目的，构成其真正**意义**的目的。这意义肯定将对取得了的那种胜利施加一定的影响。旨在削弱敌方作战部队的胜利不同于仅仅意在夺取某个位置的胜利。因此，一场交战的意义可以对它的规划和进行有一种显著的影响，从而需要联系战术予以研究。

总是与战术手段的应用相伴的因素

在任何交战中，都有某些会在某种程度上影响交战的常在因素；我们在运用兵力时必须考虑到它们。

这些因素是场所或地形、时辰和天气。

地形

地形可被分解为地理环境和地面性质的结合，它严格地说，可以对一场在一片平坦和未经耕作的平地上的交战毫无影响。

这实际上确实发生在大草原地区，但在欧洲的各个业经耕作的地区，需要动用想象力去设想它。很难设想文明国家中间有不受地理环境和地面性质影响的战斗。

143 **时辰**

由于白昼与夜晚之间的差别，时辰影响交战；当然，这里蕴含着一个意思：这些明确的界限可以被超越，因为每场交战都占用一定的时间，大规模交战可以持续多个小时。在规划一场大会战时，它要在早上还是要在下午开始有决定性影响。相反，有许多交战，在其中时辰是个中性因素；一般来说，它的重要性不大。

天气

天气更难得是个决定性因素。作为一个通则，只有迷雾才造成重要影响。

战略目的和战略手段

战略的初始手段是胜利，亦即战术性成功；战略的目的说到底，在于那些将直接导致和平的目的。为这些目的而对这些手段的应用也会伴有种种因素，它们将在或大或小的程度上影响它。

影响战略手段的应用的因素

这些因素是地理环境和地形性质（前者延伸到包括整个战区的领土和居民在内）、时辰（包括季节）和天气（特别是严重冰冻等等罕有的天气状况）。

这些因素构成新的手段

战略，通过将这些因素与一场交战的结果联系在一起，赋予这结果、因而也赋予交战一种特殊意义:**它给它指定了一个特殊目的**。然而,只要这目的不是那将直接导致和平的目的,它就依然是从属性的,也要被认为是个手段。重要性大小不等的成功的交战或胜利因而可被认作是战略手段。就地形而言,夺占了一处位置的交战是一场成功的交战。不仅各有特殊目的的一场场交战要被归类为手段,而且由各场交战因为指向一个共同目的而结合构成的任何更大的合成也可被认作是**一个手段**。一场冬季战役便是就季节而言的这么一个合成。

因此,剩下作为目的的,只是那些**直接**导致和平的目的。理论家必须按照它们的效应和它们的相互关系,审视所有这些目的和手段。

战略只从经验提取出要被审视的目的和手段 144

第一个问题是:怎样形成这些目的的一个完整无遗的目录?如果一番科学的审视意味着产生这一结果,它就会变得陷入所有那些困难——逻辑必然性已将其排除出战争操作和战争理论的困难。因而,我们转向经验,研究那些在军事史上互相关联的事件接续。结果当然将是一种有限的理论,仅基于军事史家记录下来的事实。然而,这不可避免,因为理论性结果必须从军事史抽取出来,或至少对照它得到检验。这么一种局限性无论如何更多的是理论上的而非真实的。

这种方法提供的一大好处在于,理论将不得不始终讲求实际。它不能听任自己迷失在徒然思辨、钻牛角尖和异想天开之中。

对手段的分析应当进行得多远

第二个问题是：理论应当将它对手段的分析进行得多远？显然，只应当远得各个分立的属性将有重要的实践意义。不同的火器的射程和效果在战术上极为重要；但是，它们的制作——虽然这支配它们的性能——却不相干；战争操作与从木炭、硫黄、硝石、铜和锡制出火药和火炮毫无关系；它的既定量是现成待用的武器，连同它们的效能。战略使用地图而不费神忧虑三角测量；它不探究为了产生最佳军事结果一国应该以什么方式被组织起来，人民应该怎样受训练和被治理。它将这些事情当作既定的接受下来，如它在欧洲各国共同体内见到的，只注意对战争行使显著影响的异常情势。

知识的大简化

因而显然，一个理论必须涵盖的论题范围可被大为简化，战争操作所需的知识可被大为减少。一般军事行动有巨量知识和技能为之服务，所有这些都是为将一支装备优良的军队置于战场所需要的。它们在实现自己的战时最终目的以前，合成为几个大结果，有如条条溪流奔流入海以前，汇集为几条大江河。希望管控它们的那个人只须熟悉涌入战争大洋的那些活动。

145 这简化解释了伟大将领的迅速成长，连同为何将领不是学问家

事实上，我们的探查的这一结果如此势所必然，以致假如它有所不同，它的正确性就令人怀疑。只有这才解释了为何在战争中

人才如此经常地成功出现于较高层级，甚至如最高统帅，其先前工作领域全然不同；确实，事实上卓越的将领从不出自最博学或最有学问的军官行列，却大多是社会出身不可能使之受过高程度教育的人。正是由于这个原因，任何以为用详尽无遗的知识去开启一名未来将领的教育乃属必需甚或有益的人，一向被讥嘲为荒唐可笑的学究。的确，那方法能被轻而易举地证明有害：因为，人的智能由它吸收的知识塑造，由灌输给它的思想方向训导。只有宏伟的东西才能缔造宏伟的智能，琐细的东西将造就琐细的心灵，除非一个人将它们当作全然异己的予以拒斥。

先前的矛盾

战争中所需知识的简化一向遭到漠视，或者宁可说，这知识一向被合堆在全系列附属信息和附属技能一起。这导致了一种与现实的明显的矛盾，那只有通过将一切归因于天才方能解决，因为天才不需要任何理论，也没有任何理论应当为天才而被制定出来。

因此一切知识的有用性遭到否认，一切被归因于天生习性

每个有点儿常识的人都了解，最高等的天才与满腹学问的学究之间有巨大差别；人们有了一种天马行空似的任意思维，完全拒不相信理论，断定战争操作是人的一种天然机能，他的习性允许他干得多好，他就干得多好。不能否认，与强调不相干的专长相比，这种观点较接近真理；然而，较仔细地审视，就会发觉这言过其实。没有一定的理念积存，任何人类智能活动都无可能；这些理念绝大部分并

非先天固有，而是后天所获，构成一个人的知识。因此，唯一的问题在于，它们应当是哪种理念。我们相信，我们通过如下声言已经回答了这个问题：它们应当只涉及他作为一名军人会直接关心的那些事情。

知识由职责决定

在军事活动领域内，理念按照指挥官的职责领域各有不同。
146 在较低层级，它们会集中在较小和较有限的事物上；在较高层级，则集中在较宽广和较全面的事物上。有不能杰出地率领一个骑兵团的总司令，也有不能领导各路大军的骑兵指挥官。

战争中所需的知识很简单，但同时它不易应用

战争中的知识**很简单**，只针对那么少的问题，只关心它们的最终结果。然而，这并未使它的应用轻而易举。一般行动的障碍已在第一篇里得到了谈论。除去那些只能靠勇气才被克服的，我们论辩说只有在较低层级，真正的智力活动才简单容易。层级每提升一步，困难就随之增大；在顶级即总司令职位上，它成了人类智力能够遭受的最极端的困难之一。

此类知识的性质

一位总司令不需是个博学的史家，也不需是个学究，但他必须熟悉高级国务及其内在政策；他必须懂得当前事态、所虑问题和主要人物，并且能够形成正确的判断。他不必是个锐利的人类观察者或精致的性格分析家；然而，他必须知晓他要指挥的那些人的特性、思想倾向和行动习惯以及特殊长处和短处。他不需懂得怎样

操控一辆大车或驾驭一匹辕马，但他必须有能力估计在各种不同条件下，一个纵队要多久才完成一段既定里程的行军。这类知识不可能通过一套科学公式和机械规则强行产生：它只能经一种判断本领才被获取，依靠将准确的判断力应用于观察人，观察事。

一位高级指挥官需要的知识由下述事实凸现来：它只能靠一种特殊的才能去获取，经过思考、研究和揣测，那是一种从生活现象抽取本质的智力本能，犹如蜜蜂从花朵汲取花蜜。除了研究和思考，生活本身作为一个源泉起作用。经验，连同其丰富教益，永不会产生一位**牛顿**或一位**欧拉**，但它大可以招致一位孔代[①]或一位弗雷德里克[②]的高等估算。

因此，不必为了维护军事活动的智识尊严而诉诸谎言或愚蠢的迂腐。从未有任何伟大的统帅是个智力拮据的人。然而，在较低层级上最卓越地效力、但在统帅职位上证明几乎不及平庸的人不胜枚举，因为他们智力不足。甚至在总司令中间，也当然必须按 147 201
照他们权力的范围做出区分。

知识必须成为能力

还有一个必要条件仍有待考虑——对军事知识比对任何别的都更紧要的因素。知识须被如此融入头脑，以致它几乎不再

① 波旁路易二世（孔代亲王）（1621—1686）：法国军人和政治家，大贵族孔代家族的最著名人物，被誉为 17 世纪欧洲最杰出的将领之一，最辉煌的战绩为三十年战争中经罗克鲁瓦战役（1643）击败西班牙大军。——中译者注

② 即弗雷德里克二世，史称弗雷德里克（或译为腓特烈）大王（1712—1786）：普鲁士国王（1740—1786），统治期间普鲁士军力大增长，领土大扩张，战争经历主要为奥地利继承战争和七年战争，为欧洲现代史上最卓越的军事统帅之一。——中译者注

以一种分立的、客观的方式存在。在差不多任何别的技艺或职业里，一个人能够使用他已从陈书旧卷学到的真理，虽然它们对他来说已无生命或意义。甚至总是现成在手、不断被用的真理仍可以是外在的东西。一名建筑师携笔铺纸坐下来，以便通过一番复杂的计算确定一座桥墩的支撑力，其时他所得答案的真理性并不反映他自己的个性。首先他仔细选取资料，接着他将它们纳入一个心智过程，那不是他自己发明的，其逻辑他在当时并不充分明白，只是大多刻板地应用。在战争中从不像这样。不息的变化和回应它的必要迫使司令官心载其知识的全部智能装置。他必须总是随时准备要拿出合适的决定。通过与他的心灵和生命的完全同化，这位司令官的知识必定被转变成一种真正的能力。为何在战绩卓著的人那里一切似乎都来得那么容易，为何它全都被归因于天生才能，原因就在于此。我们说**天生才能**，是为了将它与已经由思考和研究去训练和教育出来的才能区分开来。

我们相信，这些评论澄清了任何战争理论面对的难题，并且提示了一种解决路径。

我们已将战争操作划分为战术和战略这两个领域。关于战略的理论如前所述将无疑遇到较大的困难，因为战术简直仅限于物质因素，而就战略理论——处理种种直接关乎恢复和平的目的——来说，却有无穷无尽的可能性。这些目的将不得不主要由**总司令**去考虑，因而难题主要出现在处于他的权能范围内的那些领域。

因此，在战略领域甚而甚于在战术领域，理论将满足于对物质因素和心理因素的简单考虑，尤其在它包含最高成就的场合。如果它帮助统帅去获得洞察，那就足够了，那些洞察一旦被融入他的思维方式，就将便利和保护他的进步；还有，它永不会强迫他为了任何客观事实的缘故而放弃自己的信念。

第 3 章　战争艺术抑或战争科学

148 **用语依然未定**

能力与知识

科学的目标是知识

艺术的目标是创造性能力

204 这些术语的用法看来依然未定，而且虽然事情可能简单，但我们显然仍不知道自己应当根据什么在它们之间做选择。我们已经论辩说**知识**与**能力**不同——不同得不容混淆。一本书无法真正教会我们怎么做任何事情，因而“艺术”不应当见于它的标题。可是，我们已变得惯于用“艺术理论”或干脆“艺术”一语去概括艺术实践（它的一些个别分支本身可以是十足的科学）所需的知识。因而，连贯的做法是保持这区分依据，将目标是创造性能力的每件事称作“艺术”，例如建筑艺术。“科学”一语应当被保留给数学或天文之类学科，它们的目标是纯知识。不用说，也不必让我们困扰，每个艺术理论都可以包含种种各别的科学。然而也要指出，没有任何科学能够存在而不含某种艺术成分：例如在数学里，算术和代数

的使用就是一门艺术。然而，艺术还可以走得更远。原因在于，不管知识与能力的差别可以在人类成就的总体中多么明白可感，但仍极难在个人那里将它们完全分开。

将认知与判断分开的困难

战争艺术

当然，一切思维都是艺术。逻辑学家在哪里划下界线，出自认知的假设在哪里结束和判断在哪里发端，艺术就在哪里开始。然而不止于此：大脑的认知已经是个判断，因而是艺术；说到底，依靠知觉的认知也是如此。简言之，如果不可能想象一个人只能认知而不能判断，或者反过来，只能判断而不能认知，那么同样不可能将艺术与科学完全分开。这些精妙的点点星光越体现为存在的**外在形态**，它们各自的领域就会越分开。重说一遍：创造和产出立身于艺术王国；科学则将支配目的是探究和知识的领域。因此，“战 149
争艺术”一语比“战争科学”更合适。

我们就此谈论了那么多，因为这些概念必不可少。然而，我们必须进一步断言，战争严格地说既不是一门艺术，也不是一门科学；将这些概念当作一个出发点乃是误导，因为这已在无意之中导致战争被当作与其他艺术或科学等量齐观，造成一大批错误的类比。

这困难过去已被认识到，因而有人提出战争是一门技艺；然而，此说证明失大于得，因为一门技艺只是一种**低级**形态的艺术，并且由此受制于更严格和更苛刻的法则。实际上，曾有个时代——**雇佣兵首领**时代，其时战争艺术类似于技艺。但是，当时这倾向并无**内在**依据，只有**外在**缘由。军事史显示，它证明是多么矫揉造作，多么不得人心。

战争是一种人类交往行为

因此我们断定，战争不属于艺术和科学领域；宁可说，它是人的社会存在的组成部分。战争是重大利益之间的一种冲突，由流血解决——流血是它与其他种种冲突的唯一不同方面。与其将它比作艺术，我们能更准确地将它比作商业竞争，那也是人的利益冲突和活动冲突；而且，它**更**近似于政治，后者转而可被认为是一类更大规模的商业竞争。不仅如此，政治是孕育战争的子宫——在那里它的轮廓已经以它的隐约雏形存在，就像在其胚胎状态中的动物的种种特征。

差别

根本的差别在于，战争不是针对无生命物体的意志行使，有如机械艺术，也不是针对一个有生命但消极顺从的对象的意志行使，有如美艺中的人类智力和情感。在战争中，意志针对一个做出**反应**的生命体。必定显而易见，在艺术和科学方面用的智力汇集不适于这么一种活动；同时一清二楚，不断追寻类似于那些适合于无生命物体世界的法则必定接连出错。然而，战争艺术据设想要模仿的恰恰是机械艺术。美艺不可能模仿，因为它们本身尚无自己的足够的法则和规则。迄今为止，一切制定任何准则的企图都已被发觉过分有限和片面，总是遭到流行的舆论、情感和习惯损害和荡涤。

本篇的部分目的在于，审视那像在战争中发展和被解决的活

生生力量之间的冲突是否始终服从普遍法则，而且这些法则能否 150
提供一个有用的行动指针。有一点非常清楚：这个论题，就像不超出人的智力的任何其他论题，能够由一个探究性头脑去阐明，它的内在构造能够在某种程度上被揭示。仅此就足以将理论这概念转变为现实。

第4章　方法和常规[①]

151　为了简洁地解释方法和常规这两个概念——它们在战争中起那么重要的作用——我们必须短暂地看一下支配行动世界的逻辑等级，它有如一个被正式构设的权威等级。

法则是可应用于认知和行动两者的最宽广的概念。在它的字面含义上，这个术语显然包含一种主观的、任意的成分，然而它表达了人及其环境在本质上依赖的东西。作为一个认识问题来看待，法则是事物与其效应之间的关系；作为一个意志问题来看待，法则是行动的一个动因；在这点上，它与**命令**或**禁令**同义。

原则也是一种行动法则，但并非在其**刻板的**、**限定的含义**上；它只代表法则的精神和意蕴：在真实世界的多样性不能被囿于法则的刻板形式时，原则的应用给判断力留下较大的自由余地。原则不能被应用于其上的问题必须依靠判断力去解决；原则于是本质上成了负责行动的人的一个协助或指南。

一项原则是**客观的**，如果它基于客观真理，因而对一切都同等地成立；它又是**主观的**，而且在主观考虑渗入时一般被称作**箴言**。在这场合，它仅对采纳它的人有价值。

---

① 译作“常规”(routine) 的德语词 *Methodismus* 没有精确的英语同义词。编者注。

规则是一个往往在法则意义上被使用的术语；它因而成了原则的同义词。常言道“每条规则都有例外”，而不说“每项法则都有例外”，这表明在说规则时，人们保留了做较自由的解释的权利。

在另一个含义上，“规则”这个术语被用来表示“手段”：经单独一个显然相关的特性去辨识出一个根本道理，从而使我们能够从这特性抽取出一项普遍的行动法则。竞技规则便似如此，在数学中使用的捷径解法等等亦如此。

条规和**方针**是处理一大堆更小、更详细的境况的规定，对一般法则来说它们太众多，太微小。

最后，“**方法**”或曰“**行事模式**”是一类不断重复发生的程序，已从若干可能的程序中被选出。它在行动由方法而不是由一般原则或个别条规规定时，就成了**常规**。必然假定，这么一种常规要被应用的一切事例都将根本相似。由于不可能完全如此，因而至关重要，它至少要就**尽可能多的**事例是如此。换言之，常规应当设计得 209 152
契合最为可能的那些事例。常规并非基于明确的各单个假设，而是基于各相似事例的**平均或然性**；它旨在规定一个平均的准则，那在被均等地不断应用时，将很快就取得某种呆板的娴熟性质，最终差不多自动地正确行事。

在战争操作中，认知不可能由法则支配：复杂的战争现象不那么规整，而规整的现象不那么复杂，以致令法则比简朴的真理更有用。在简明的观点和朴素的语言足够的地方，使它们变得**复杂难缠**就将是迂腐做作。战争理论也不可能将法则概念应用于行动，因为不可能有任何普遍得足够有资格称为法则的规范被应用于战争现象的不断变化和常在多样性。

然而，原则、规则、条规和方法对战争理论的导致明确的信条的那个部分必不可少，或为之而必不可少；因为，在这些信条内，真理只能以这样的浓缩形态表述出来。

这些概念会最频繁地出现在战术内，那是理论在其中能够最充分地发展为明确的信条的战争组成部分。战术原则的某些例子如下：除非在紧急状态中，不要用骑兵去打击未被击破的步兵；直到敌人处于有效射程内为止，不应当使用火器；在战斗中，应当为最后阶段保留尽可能多的部队。这些理念当中，没有哪个能被教条地应用于每项形势，但一位指挥官必须始终将它们记在心里，以便在它们确实适用的场合，不失它们包含的真理的裨益。

敌营在异常时候起灶烹饪，提示敌人行将移动。在战斗中有意暴露部队，则预示了一场佯攻。推断真实的这种方式可以被称为一项规则，因为，一个人从单独一项与敌人的意图相联的事实推导出这些意图。

如果规则责成一旦敌人开始后撤其火炮，就应当恢复对敌进攻，那么整个行动方针就是由这单独一个现象决定的，它披露了他的全部状况，即事实上他准备放弃战斗。当他这么做时，他不能予以认真的抵抗，甚或像他一旦完全移动时能做的那样避免行动。

只要**条规**和**方法**作为现行原则被灌输给部队，理论上的备战就是它的实际操作的一部分。关于阵列、操练和战地勤务的一切训令都是条规和方法。操练训令主要是条规；战地指南主要是方法。实际的战争操作基于这些东西；它们作为既定的行事模式被接受下来，并且照此须在战争操作理论中有其一席之地。

在这些部队的使用方面，某些活动一向可以取舍选择。条规，或曰规定性方针，不适用于它们，恰恰是因为条规排除选择余地。153
另一方面，常规代表在任务出现时执行任务的一般方式，如前所述基于平均或然性。它们代表原则和规则的支配，被一直贯彻到实际应用之中。如此，它们大可在战争操作理论中有一席之地，只要它们不被错误地展示为绝对的、紧身衣式的行动模式（体系）；相反，它们是最佳的一般方式、捷径和选择，可以用以替代一个个单独决定。

在战争中频繁应用常规还会显得至关紧要和必不可免，如果我们想想行动多么经常地基于纯粹的猜测，或在全然无知中发生，要么因为敌人阻止我们得知可能影响我们部署的所有景况，要么因为没有足够的时间。即使我们确实知道所有景况，它们的涵义和复杂性也会不许我们采取必需的步骤去对付它们。因而，我们的措施必定总是由数目有限的或然性决定。我们不得不记住每个事例固有的无数鸡毛蒜皮之事。唯一可能的应对它们的途径，是将每个事例当作蕴含了所有其他事例，使得我们的部署基于一般的和大概会有的状况。最后，我们不得不记住，层级越是往下，军官就越多，因而能对他们的真正洞察力和成熟判断力给予的信任就越小。有些军官不应被期望有比条规和经验能够赋予他们的更佳的理解，他们必须一直得到帮助，通过相当于规则的常规办法。这些将稳固他们的判断力，也将保护他们抵御古怪和错误的谋划，那在一个代价那么高昂才换得经验的领域是最大的威胁。

常规，除了绝对必不可免外，还包含一个正面裨益。不断的应用导致敏捷、精确和**可靠的**领导，减少惯常的摩擦，使军事机器运行顺畅。

简言之，行动的层级越是低，常规就将越经常使用，越必不可少。随层级提升，它的使用将渐次减少，直到在最高职位上它完全消失。因此，它更适合于战术而非战略。

战争在其最高形态上，并非**极大一堆小事件**，这些事件尽管多样但仍类似，能依据所用方法被效率或高或低地控制。相反，战争由**单独的、决定性的各大行动**构成，其中每个都需个别地处理。战争不像一块麦田，不管一根根麦秆如何，可以依据长柄镰刀的质量效率或高或低地收割；相反，它像一组大树，在其中必须按照每根独立的树干的特征和生长状态，明智地使用斧头去砍。

在军事行动中，常规究竟最高可以达到哪个层级当然并非由职级决定，而是由每一形势的性质决定。最高职级者最少被它影
154 响，只是因为他们的操作范围最广泛。常规战斗序列，或前卫和前

哨的常规布局，是一位将领不仅依以约束他的下属、在某些场合也依以约束他自己的方法。当然，这些方法可以是他自己的发明，调整得适合特定的景况；只要它们基于部队和武器的一般特性，它们也可以是理论的一个论题。然而，任何方法，靠它战略规划被制成像出自机器似地随时现成可用，都必须被全盘拒绝。

只要不存在任何能被认可的理论，不存在任何关于战争操作的富有才智的分析，常规行事方法就将趋于取得主导地位，甚至在最高层级。某些在指挥职位上的人一直没有下列两者提供的自我改进机会：教育；与社会和政府的较高层级的接触。他们无法对付理论家和批评家的种种不切实际和自相矛盾的论辩，即使他们的经验判断力拒斥它们。他们仅有的洞察是已倚靠经验取得的那

些。由于这个原因,他们偏好使用他们的经验提供了的办法,即使在不能和不该任意和个别地应对的场合。他们会模仿他们的最高统帅喜爱的方略,从而自动地造就出一个新常规。弗雷德里克大王属下的将领们使用所谓歪斜式战斗序列,法国大革命的将领们以一种长得多的战线使用变向运动,波拿巴属下的司令官们依凭经同心集中的大量兵力发动凶残猛冲:我们见到这些的时候,便在这反复再现中认出一种现成的方法,并且发觉甚至最高职级也不免受常规影响。一旦一种被改善了的理论帮助了战争操作研习,熏陶了高级指挥官们的头脑和判断力,常规行事方法就不再达到那么高的层级。那些须被认为必不可少的种种常规此后将至少基于一种理论,而不只在于纯粹的模仿。不管一位伟大统帅如何卓越超群地行事,在他的作为里总是有主观要素。如果他表现了某种风格,那么它将在颇大程度上反映他本人的个性,而不会总是与模仿这风格的人的个性混同。

若要将主观常规或个人风格完全逐出战争操作,就既不可能也不对头。相反,它们应当被视为显现了战争的总体特性对各独立现象施加的影响,这影响如果一直未被预见到,或不容于公认的理论,那就找不到其他充分表达的手段。法国革命战争有其富含特征的风格:有什么比这事实更自然?什么理论能被指望来容纳它?危险在于,从单独一个场合发展出来的这种风格能轻而易举地延续过久,久过产生了它的情势,因为种种景况难以觉察地变化。一个理论应当靠清澈合理的评析去防止的正是这危险。1806 年时,普鲁士将领——在扎尔费尔德的路易亲王、在耶拿附近多恩伯

格的陶恩钦、在卡佩伦多夫一侧的格拉韦尔特和在另一侧的吕歇
155 尔[1]——统统以弗雷德里克大王的歪斜式战斗序列投入灾难虎口。这不仅是一种已延续过久以致无用的风格的一个案例，而且是常规所曾导致的最极端的想象力贫乏。结果是霍恩洛厄[2]麾下的普鲁士军队覆没，比任何军队曾在战场上遭到过的覆没更彻底。

① 普鲁士亲王路易·斐迪南(1772—1806)：弗雷德里克二世的侄子，1806 年时为普鲁士宫廷内主张恢复对拿破仑战争的主要人物之一；在同年的扎尔费尔德战役中，他麾下近万人的部队被拿破仑军队歼灭，本人亦被杀。博吉斯拉夫·弗里德里希·埃曼纽尔·冯·陶恩钦(1760—1824)：18 世纪普鲁士名将弗里德里希·博吉斯拉夫·冯·陶恩钦之子，在 1806 年普鲁士惨遭决定性大败的耶拿战役中率领霍恩洛厄军团先锋部队据守多恩伯格，但在法军进攻下被迫撤出。莱因霍尔德·冯·格拉韦尔特(1746—1821)：耶拿战役中的普军师长，所率一个骑兵旅和三个步兵团在卡佩伦多夫被法军歼灭。恩斯特·冯·吕歇尔(1754—1823)：耶拿战役中的普军师长，所率部队一万五千人在战役中大败，他本人负伤逃脱。——中译者注

② 弗雷德里·路易(霍恩洛厄—英格尔芬根亲王)(1746—1818)：普鲁士大贵族，耶拿战役前在普鲁士军界享有盛誉，战役中担任普军左翼统帅，惨败，两周后率残余部队投降尾随追击的法军，被囚于法国达两年。——中译者注

第 5 章　评析①

理论原理对现实生活的影响总是更多地经由评析而非经由信 156
条行使。评析是将理论原理应用于实际事件，它不仅缩减了这两者间的差距，而且使头脑经其反复应用而习惯于这些原理。我们为理论确立了一个标准，现在必须也为评析确立一个。

我们将**评析**与对历史事件的简单叙述区别开来，后者只是一个接一个地编排事实，至多触及它们的直接的因果联系。

评析可以包含三类不同的智力活动：

第一，发现和解释可疑的事实。此乃历史探究本身，与理论没有共同之处。

第二，从结果往回追寻其原因。此乃**评析本身**。它对理论来说必不可少，因为在理论中有待参照经验去确立、支持、甚或简单描述的一切，只能以此方式得到处理。

第三，调查和评价所用的手段。这最后一类是本来意义上的批评，涉及褒贬。在此，理论服务于历史，或宁可说要从历史汲取的教益。

① 评析(Critical Analysis)。德文术语 *Kritik* 在此指“评论、评析、评价和解释”而非“批评”(criticism)。编者注。

在身为历史探究的真正评析性部分的后两类活动中，将一切往下分析到它的各基本要素、分析到不容置疑的真理至关紧要。决不能像那么经常地做的那样半途而止，停在某个武断的前提或假设上。

从原因推导结果往往受阻于某个无法逾越的外在困难：真实的原因可以不为人知。生活里没有任何领域像在战争中那样，那么普遍地发生这种情况：在战争中，事件难得被充分得知，底下的动机更少为人知晓。它们可以被那些指挥战争的人有意隐藏起来，或如果它们恰巧昙花一现和出于偶然，历史就可能根本没有将它们记录下来。这正是评析性史述为何通常必须与历史探究携手并进的原因。即便如此，原因与结果之间的这种不一致仍然大到如此地步，以致评论者没有理由认为结果是已知原因的必然产物。这必定造成空缺，亦即不产生有用教益的历史结果。一个理论要求的一切，在于探查应被坚决进行下去，直到抵达此等空缺。在这
157 一处，判断不得不中止。只有在已知的事实被牵强附会以解释结果时，严重的麻烦才出现，因为这赋予这些事实一种虚假的重要性。

除了这困难，评析性探究还面对一个严重的内在难处：战争中的结果难得出自单独一项原因；通常有若干协同起作用的原因。因而，将一连串事件不管如何诚实和客观地往回追踪到它们的源头是不够的：每一项可辨识的原因仍须被正确地评价。这导致更仔细地分析这些原因的性质，同时以此方式，评析性探究使我们进入理论本身。

批评性**探究**——对手段的审视——提出了一个问题：什么是

所用手段的特有结果？这些结果是否符合它们被用的本意？

手段的特殊结果引导我们探查它们的性质，换句话说再次进入理论领域。

如前所述，在评析中，达到不容置疑的真理；我们决不能止步于一个武断的、别人可能不接受的设想，以免不同的命题——或许同样有理——被提出来反对它，导致无休无止的论辩，达不到任何结论，产生不了任何教益。

同样如前所述，对原因的探查和对手段的审视都导向理论王国，即导向普遍真理领域，那不可能仅从被研究的单个事例推导出来。如果的确存在一个有用的理论，那么研究可以提到它的结论，并且至此结束探查。然而，在不存在这样的理论标准的地方，必须推进分析，直至抵达基本要素。如果经常发生这种情况，那么它将导致写作者进入一个细节迷宫：他将无暇他顾，并且发觉简直不可能对每一点都给予它要求的注意。结果，为了给自己的探究确立一个限度，他将终究不得不止步，未及做出武断的设想。即使这些设想在他看来不显得武断，它们在别人看来也会如此，因为它们既非不说自明，亦非已被证明。

简言之，一个有效的理论是评论的一个紧要基础。没有这样的一个理论，评论一般不可能达到成为真正有教益的地步，亦即达到论辩令人信服和无可辩驳。

然而，作下述想象乃痴心妄想：凡理论皆能涵盖每个抽象真理，因而评论者不得不做的一切，是将经过研究的事例归类，归到一个适当的标题之下。同样，作下述期望乃荒唐可笑：每逢评论撞到了一个神圣不可侵犯的理论的边界，它就会调头转向。造就一个理论的那种分析性探查精神也应当引导评论者的工作，他既可以也应当经常跨入理论领域，为的是阐明任何有特殊重要性的论点。如果评论蜕化为理论的一种呆板的应用，那么评论的功能将被全然丢失。理论性探查的一切积极结果——所有原则、规则和
158 方法——变得越接近是绝对的信条，它们就将越是缺乏普遍性和绝对真理。它们现成可用，以待需要，而它们在任何既定场合的适合性必定总是取决于判断。一位评论者永不应当将理论的结果用作法则和标准，而只——像军人做的那样——用作**判断的襄助**。在战术方面，如果说一般公认骑兵在标准的战线排列里不应被部署得与步兵成一线，而应被置于步兵后面，那么仅仅因为它不同而谴责每一种不同的部署，就仍将是愚蠢的。评论者应当分析这例外的种种原因。他没有权利诉诸理论原则，除非这些原因不充分。同样，如果理论确定分兵进攻减小了成功概率，那么下面的做法同样不合情理：不作进一步分析就将失败归咎于分兵，只要这两者一起发生；或者，当分兵进攻成功时，断定起初的理论断言不正确。评论的探究性质不容这两种当中的任一种做法。简言之，评论多半取决于理论家的分析性研究的结果。理论已经确立的东西，评论者不需从头到尾再搞一遍，给评论者提供这些是理论家的功能。

原因与结果、目的与手段紧密相连时，评论者的任务——探查因果关系和手段是否适合目的——将轻而易举。

在一次突袭使一支军队不能以井然有序和合乎理性的方式运用其力量时，奇袭的效果就无可置疑。在理论已确定一场围攻导向更大的、即使较少把握的成功时，我们不得不问使用这包围的将领是否主要关心成功之大小。倘若是，他就选对了战法。然而，倘

若他用它是为了更有把握成功，将自己的行动更多地基于围攻的一般性质而非个别环境，像无数次发生过的那样，那么他就误解了他选择的手段的性质，从而犯了错。

在这类场合，评析和论证工作并不很难；如果一个人将自己限于最直接的目的和效果，它就必定容易。这可以相当武断地做到，只要将事情隔离其背景孤立看待，仅在这些状况下研究它。

可是在战争中，如同一般在生活中那样，一个整体的所有部分都互相关联，因而所生的结果，不管其原因多么微小，必定影响所有后续的军事行动，在某种程度上——不管多么微小——改变它们的最终结果。同理，每个手段都必定影响甚至终极目的。

可以接连不断地往下追踪一个原因产生的种种结果，只要看似值得这么做。同理，可以不仅就其直接目的去评价一个手段：这目的本身应被当作一个手段，服务于接下来的和最高的目的；于是，我们能追随一条后续目标之链，一直达到一个无需辩解的目

标，因为它的必要性不说自明。在许多场合，特别是那些涉及决定 159
性大行动的场合，分析必须延展到**终极目标**，那就是带来和平。

这进程中的每个阶段显然都蕴含一个新的判断依据。从一个层次上看时好像正确的，从一个更高层次上看时却可显得不行。

在一项行动评析中，追寻现象的原因总是与联系目的去考查手段携手并进，因为只有追寻原因，才会揭示出需要研究的各个问题。

往上往下追索这链条显露出种种非同小可的难题。事件与我们在追寻的原因隔得越远，同时不得不考虑的其他原因也就越多。它们对事件的可能的影响必须得到确认并被许可，因为任何事件

的规模越大，影响它的力量和环境就越多样。在输掉一场会战的种种原因已被辨识时，我们当然还要知道这场输掉了的会战对整体有种种影响的某些原因——只是某些，因为最终结果也会受到其他原因的影响。

在对手段的分析方面，随我们的视野变得更加全面，我们碰到同样的多样性。目的越高，它们可据以达到的手段就越多。战争的最终目的由所有各支军队同时追求，因而我们不得不考虑已经发生或可能发生了的每件事情的全范围。

我们能够见到，这有时可以导向一个宽广复杂的探究领域，在其中我们可能容易迷失方向。不得不做出大量假设，那是关于并未实际发生但看似可能的事情的，因而它们不能被留下不予考虑。

1797 年 3 月，波拿巴和意大利方面军从塔利亚门托河挺进，去迎对查理大公[①]；其时，他们的目标是在其增援从莱茵地区抵达以前，迫使奥地利人决战。如果我们只考虑眼前目标，那么手段选择得当，就如结果表明的那样。大公的部队依然那么羸弱，以致他只就塔利亚门托做了一次抵抗尝试。当认识到他的敌人的实力和决心时，他放弃了该地区，连同前往诺里克阿尔卑斯的通道。波拿巴如何能利用这项成功？他应否逼压直入奥地利帝国的心脏地区，放缓莫罗和奥舍麾下两个莱茵军团的推进，并与它们紧密连接

① 全名为奥地利的卡尔·路德维希·约翰·约瑟夫·洛仑兹(1771—1847)：特申公爵，利奥波德二世皇帝之子，奥地利陆军元帅，享有盛名，被广泛认为是拿破仑的最强劲的对手之一。作为军事战略家，他与英军主帅威灵顿公爵相似，以保守、谨慎和能干胜任为特征，长于精确地施行复杂的部队迂回，时有在看似严重的军事逆境中赢得胜利之举。他在 1797 年意大利战役中的战略战术表现被广泛认为近乎无懈可击，但 1809 年在意义重大的瓦格拉姆战役中遭到惨败，其后放弃军职。——中译者注

行事？这就是波拿巴看事态的方式，而且从他的视角看他是对的。然而，评论者可以采取一种更宽的视角，亦即法国督政府的视角，其成员能够看到并须认识到莱茵战役再过六个星期也不会开始。因而，从这个立足点出发，波拿巴途经诺里克阿尔卑斯的挺进只能被认为是无法辩解的冒险。假如奥地利人从莱茵地区调动大量后备兵力到施蒂里亚，查理大公凭此能够攻击意大利方面军，那么不 160
仅这支大军将被摧毁，整个战役也将被输掉。到抵达菲拉赫的时候，波拿巴业已认识到这一点，这令他改变初衷，迅捷地签署了《利奥本停战协定》。

如果评论者采取一种甚至更广的视野，他就能看到奥地利人在大公的军队与维也纳之间并无后备兵力，意大利方面军的挺进威胁奥国首都本身。

让我们假定波拿巴知晓奥国首都易受侵害，而且即使在施蒂里亚，他本人也对大公占有决定性优势。因而，他迅速挺进奥地利心脏地区将不再是没有道理的了。进攻的好处现在将只取决于奥地利人赋予保住维也纳的重要性。假如与其丧失首都，他们会接受波拿巴许给他们的无论何种媾和条件，那么威胁维也纳可被认作他的最终目的。假如波拿巴不知怎地已知道这一点，那么评论者就没有更多的话说。然而，倘若事情仍不确定，评论者就需采取一种更广泛的视野，并且问假如奥地利人放弃了维也纳，撤入他们依然控制的广袤领土，那么本将发生什么事。然而，这显然是个不涉及两军在莱茵很可能的交战就全然无法回答的问题。那里，法国人占那么决然的兵员数量优势——13 万对 8 万——以致事情不会有多可疑。然而接着就会再度出现问题：法国督政府将怎么利用胜利？法国人究竟会乘胜推进到奥地利君主国远境，击破奥地利权势和毁坏奥地利帝国，还是会满足于征服它的规模可观的一部分，当作和平的一个担保？我们在确定督政府大概会作何种选择以前，必须查明这两种可能性的大概后果。让我们假定，这考虑导致一个回答：法国部队太弱，无法成就奥地利的彻底崩溃，因而只要试图这么做，就会逆转形势，甚至对奥地利颇大一部分领土的征服和占领也会变利为弊，将法国人置于一种他们的部队几乎无法对付的战略境地。这论辩将主导他们对形势的看法，那是意大利方面军发觉自己处于其中的，并给它的大概前景大打折扣。无疑，正是这说服了波拿巴——虽然他认识到大公的无望处境——签署《坎波福米奥和约》，所设条件除了令奥地利人丧失某些即使最成功的战役也无法收复的省份外，没有强求他们做出更大的牺牲。然而，法国人要不是有两个考虑，就甚至无法指靠《坎波福米奥和约》带来的有限得益，因而不可能使之成为他们的进攻目的。第一个考虑是奥地利人赋予两种可能的结果的重要性。虽然它们都使最终的成功显得很有可能，但是在本可依据并非过分
161 不利的条件媾和、从而避免代价的时候，奥地利人是否会认为值得为之做出所需的牺牲，即继续战争？第二个考虑在于，奥地利政府是否会深入思考，彻底评估法国成功的潜在限度，而不是被眼前败北的印象搞得意气沮丧？

上述第一个考虑并非纯然无用的玄想。相反，它有一种决然的实际重要性，以致每逢旨在追求彻底胜利就总是出现。正是这种考虑，通常阻止这样的计划得到实施。

第二个考虑一样至关紧要，因为进行战争不是针对一个抽象

的敌人，而是针对一个必须时刻被牢记在心的真实的敌人。无疑，一个像波拿巴那般大胆的人明白这一点，确信他的逼近激发起大恐惧。同样的信心导致他 1812 年进军莫斯科，但在那里它烟消云散。在一次次巨型会战的过程中，恐惧已经或多或少有所减弱。然而在 1797 年，它依然新颖强烈，殊死抵抗终有成效这秘密尚未被发现。然而，即使在 1797 年，他的大胆仍将有个负面结果，假如他如前所述，没有意识到所涉的风险，没有选择温和节制的《坎波福米奥和约》作为一个替代。

我们现在必须中断这番讨论。表明下面一点就够了：一项评析如果延展到终极目的——换句话说如果针对必然导致终极目的的决定性大措施，那么它就可能带有广泛、复杂和困难的特性。因而，在对论题的理论性洞察之外，天赋才能将大增评析的价值：将主要依靠这样的才能去阐明把事情连在一起的种种联系，去确定在不可胜数的事件联结中间哪些是根本的。

然而才能在另一个方面同样实属必要。评析不仅是评价实际使用的手段，而且是评价**一切可能的手段**——它们首先须被构建即被创造出来。毕竟，一个人不能在没有能力提出一个较佳的替代的情况下去指责一种方法。无论在大多数场合可能的结合的范围可以有多窄，都不能否认列出那些未被使用的手段不是一种单纯的现存事物分析，而是一种无法按照定规表现的成就，因为它依赖心智创造力。

我们远非示意真正天才的王国将见于如下场合：在那里，寥寥几项简单、实际的程式说明一切问题。在我们看来，将转换方位当作大天才的发明颇为荒唐，虽然人们往往这么做。然而，这样的单个创造性评价实属必需，它们对评析的价值影响甚大。

1796 年 7 月 30 日，波拿巴决定解除对曼图亚的围攻，以便迎对武姆塞尔[①]的推进，并且以他的全部兵力分别猛扑后者的每个
162 纵队，在它们被加尔达湖和曼西奥河隔开之际。他所以这么做，是因为这看来构成赢得决定性胜利的最可靠途径。这些胜利确实到来，并且针对后来给曼图亚解围的企图，以同样的方式更具决定性地得到了重演。就此众口一声：无限的赞誉。

然而，波拿巴在 7 月 30 日无法选择这项方针而不放弃夺取该城的一切希望，因为无法省却围城队列，而且它们也不可能在当前战役期间得到替换。事实上，围城战变成了单纯的封锁，而该城——倘若保持围攻便将在一周内沦陷——坚持了又六个月，尽管有波拿巴在战场上的各次胜利。

提不出一种较好的抵抗方式，评论者们一向将此认作无可避免的不幸。在围城线后面抵抗一支解围援军落得如此丢脸和遭鄙视，以致实属空前。可是，在路易十四时代，这种战法经常被成功使用，致使一个人只能将百年之后竟然无人**至少评估**其长处称作时髦即兴。如果这可能性得到承认，那么对形势的更仔细考查将表明，波拿巴能够部署在曼图亚围城线之后的 4 万名世界最精锐步兵若有良好的堑壕防护，本将极少理由害怕 5 万奥地利兵，那是武姆塞尔正在调来为该城解围的，而且该围城线即使遭到进攻也

---

① 达戈贝尔・西吉蒙德・武姆塞尔(1724—1797)：伯爵，参加过七年战争和奥地利继承战争，法国革命战争期间担任奥地利陆军元帅，赢得这场战争初期在莱茵地区的数次战役，但在 1796 年作为意大利战役奥军主帅被拿破仑・波拿巴困在曼图亚，最后经谈判率全军投降，被允许带 700 人返回维也纳。——中译者注

极少危险。这里不是详细论证这点的地方;我们相信,我们为表明这可能性值得注意已经讲得够了。我们无法说出波拿巴本人是否考虑过这个方案。在他的回忆录和其余已刊资料内全无它的线索;后来的评论者中间也没有人触及它,因为他们不再习惯考虑这方案。回想起它的存在没什么了不起;一个人为了思考它,只须甩脱时髦风尚的专横控制。然而,一个人必须就此思考,以便斟酌,并且拿它比较波拿巴事实上使用的手段。无论这比较的结果如何,评论者不应不去比较。

1814年2月,波拿巴使得世界无比钦佩:其时,他在厄托热、香普奥贝尔、蒙米雷尔和其他地方痛击布吕歇尔[①]之后,转而猛扑施瓦岑伯格[②],在蒙特罗和莫尔芒击败之。依凭迅速来回调动他的主力,波拿巴辉煌地利用了他的敌人的错误即分兵推进。人们认为,如果说这些无与伦比的在所有方向上的攻击未能拯救他,那么至少那不是他的错。尚无任何人问一下:假如他未掉头离开布吕歇尔去回击施瓦岑伯格,而是继续猛击布吕歇尔,并且追逐后者返回莱茵,那将发生什么情况?我们确信,整个战役的性质就将改变,盟国大军将撤至莱茵河彼岸,而非进军巴黎。我们不要求别人也持有我们的看法,但没有哪个专家能够怀疑,一旦这替代被提出,评论者就必须考虑它。

① 格哈尔德·莱贝尔希·冯·布吕歇尔(1742—1819):伯爵,1814年升至亲王,拿破仑战争期间担任普鲁士陆军元帅,率领普军在1813年的莱比锡战役和1815年的滑铁卢战役中与拿破仑交战,功绩卓著。——中译者注

② 卡尔·菲利普·菲尔斯特·楚·施瓦岑伯格(1771—1820):奥地利亲王,1813年起担任奥地利陆军元帅,在击败拿破仑的莱比锡战役中起了重要作用,1815年经巴黎战役夺得法国首都。其用兵方式被广泛认为偏于胆怯和过分谨慎。——中译者注

在这个场合，替代性选择比在前一个场合明显得多。尽管如
163 此，它仍然一直被忽视，因为人们有偏向，盲目跟随单独一个思路。

需要提出与那遭到指责的相比显得较好的方法，因而产生了那种差不多唯一被使用的评论方式：评论者认为，他必须只显示在他看来较好的方法，同时不必提供证据。结果，并非人人信服；别人遵循同样的步骤，争论便由此开始而无任何讨论基础。全部战争文献满是这类东西。

每逢所提手段的好处并非清楚得足以排除一切怀疑的时候，就需要我们要求的**证据**；证据出自考察每一种手段，联系目的去评价和比较它们各自的特殊长处。一旦事情由此被简化到简单的道理，争论就须要么停止，要么至少导致新的结果。依凭别种方法，长处和短处只是彼此抵消。

例如，设想就上一个史例而言，我们并未满足，还想证明与转而打击施瓦岑伯格相比，穷追布吕歇尔本将更有利于拿破仑。我们将依赖下列简单的道理：

> 1. 一般来说，继续在同一方向上施行打击好于反复改换兵力方向，因为来回调动部队涉及时间损失。不仅如此，在敌方士气已因大量损伤而严重动摇的场合，比较容易取得进一步的成功；以此方式，没有任何业已获得的优势会不被利用而浪费掉。
>
> 2. 虽然布吕歇尔弱于施瓦岑伯格，但他的进取精神使他更为重要。重力中心在他那里，他将其他兵力拉向他自己。

> 3. 布吕歇尔遭受的损失相当于一场严重失败。波拿巴因而已对他取得那么大的优势，以致毫无疑问他将不得不远远撤至莱茵河，因为全无可观的后备兵力驻扎在那条退路上。
>
> 4. 没有任何其他可能的成功能够引发那么大的惊恐，或者那么打动盟国的心灵。有一个像施瓦岑伯格麾下那样的、以胆怯畏惧和犹豫不决著称的参谋班子，这必定是个重要考虑。施瓦岑伯格亲王肯定很了解，符腾堡王储在蒙特罗和维特根斯坦伯爵在莫尔芒遭受了多大损伤；相反，布吕歇尔在其沿马恩河与莱茵河之间漫长曲折的路途上遭遇的不幸，只能作为一大堆流言传到他那里。波拿巴在3月底朝着维特里的拼命的突进是个检测尝试，检测一项战略包围的威胁将对盟军有何效应。这显然是依据恐惧原理，然而是在全然不同的境况中，因为眼下波拿巴已在拉昂和阿西斯败北，同时布吕歇尔已偕10万人与施瓦岑伯格会合。

当然有些人不会信服这些论辩，但至少他们不能答复说“波拿巴以其朝莱茵河的突进，正在威胁施瓦岑伯格的基地，因而施瓦岑伯格正在威胁波拿巴掌控的巴黎。”我们在上面列举了的原因清楚地表明，施瓦岑伯格不会想到要向巴黎挺进。 164

就前面我们已经触及的那个出自1796年的例子，我们要说波拿巴将他采纳了的计划认作是击败奥地利人的一个最佳保障。即使事情确实如此，结果也会是一场没有实际意义的胜利，几乎全不可能显著影响曼图亚沦陷。我们自己的提议将有大得多的可能去阻止曼图亚得到解围;然而,即使我们想象自己处在波拿巴的位置上,并且采取相反的看法,即它展现了一个较小的成功前景,选择也将基于在下列两者间做的权衡:一场可能性较大但几乎无用的小胜;一场可能性较小但远为重要的大胜。如果照此看问题,那么大胆者肯定会选择第二个行动方向,然而表面看去发生的正好相反。波拿巴必定照旧胆大过人,因而无可怀疑,他未曾透彻地思考问题,透彻到能像我们按照经验可以的那样充分地评估种种后果。

在研究手段时,评论者自然必须经常参照军事史,因为在战争艺术方面,经验比无论多少抽象真理更可贵。历史证据受制于它本身的种种条件,那将在单独一章内谈论;然而不幸的是,这些条件如此难得被满足,以致历史参照通常只是使事情更加含混不清。

另一个要点现在须被考虑:评论者多大程度上自由地、甚或义不容辞地按照他的更多知识——包括事实上关于结果的知识——去评价单独一个案例?或者,他在何时何处应当漠视这些东西,以便设想自己完全处在统兵者的处境?

如果评论者希望褒是贬非,那么他肯定必须试图设想自己完全处在司令官的位置上;换句话说,评论者必须汇集司令官得知的一切,心怀影响他的决定的所有动机,漠视他无法知道或未曾知道的一切,特别是结果。然而,这只是一种要追求的理想状态,即使从未被充分达到过:在分析者眼里,引发一个事件的情势永不可能像参与者所见的一样。我们现在无法知道一大堆可能影响了他的决定的小景况,而且许多主观动机可能从未被丝毫暴露过。这些只能从司令官或其异常亲近者的回忆录去发现。回忆录往往颇为概括地谈论这些事情,或者——也许蓄意地——虽有谈论但不那么坦率。简言之,评论者将总是不甚知道司令官的内心。

但对评论者来说,要隔弃他的多余的知识甚至更难。这只就 165
影响到形势但对它并非基本的那些偶然因素而言才是可能的;然而,在一切真正根本的问题上,这非常困难,并且从未完全实现。

让我们首先考虑结果。除非它出自偶然,就简直不可能阻止关于它的知识影响对它从中出现的种种境况的判断:我们按照它们的结果去看这些事情,在一定程度上只是因为它才进至充分得知和评价它们。在其所有各方面,军事史本身对评论者来说是个**教益源泉**,而且纯属自然,他应当参照整体去看一切特殊事件。因此,即使在某些场合他确曾试图全然无视结果,但他永不能全然成功。

可是,不仅就结果来说是如此(亦即参照随后发生的情况),而且就一开始就出现的事实——决定行动的各因素——来说也是如此。作为一项通则,评论者将比参与者拥有更多的信息。一个人会以为他能轻而易举地漠视它,然而他不能。所以如此,是因为关于先前境况和当下情势的知识并非只基于具体的信息,而且也基于许多猜测和假设。除了完全偶然的事情,极少有并无假设或猜测在先的信息实际到手。如果特定的信息没有到手,这些假设和猜测就会代替它们。现在我们能够理解,为什么后来的、知道所有先前境况和当下情势的评论者在问一个问题的时候决不应受自己的知识影响,那就是在未知事实中间,哪些是他们自己会认为行动期间很可能的。我们断言,在此和在我们考虑最终结果时一样,且出于同样的原因,完全的隔绝是不可能的。

然而，对评论者来说，设想他自己完全等同于司令官既不必要，也不可取。在战争如同在一切技艺中，要求有经过训练的天赋才能。这才能可大可小。如果它大，那么它可以远优于评论者的：有哪个研习者会声称具备与弗雷德里克或波拿巴之类人物同等的才华？因此，除非我们要平心静气地依从卓越超群的才华，我们就须被允许得益于我们可有的更广阔的视野。评论者因而不该像对待一道算术题运算似地审查一位伟大统帅对一个问题的解决办法。相反，他必须带着赞誉去承认这位统帅的成功，承认事件的顺利展开，承认他的天才的优越运作。评论者不得不将天才推测到了的根本联系变为实际的知识。

166 为了评判哪怕是最微小的才华之举，评论者必须采取一种更全面的观点，因而他在拥有不管多少客观原因的情况下，将主观性减至最低限度，从而避免凭他自己的、可能有狭隘有限标准去评判。

这升华了的评论立场，依凭对所有环境的充分的知识去臧否褒贬，不会损害我们的感情。评论者只是在下述情况下才会如此：他将自己推入众目睽睽之境，示意一切智慧——那事实上出自他关于事例的完整的知识——皆缘于他自己的能力。不管这谬误多么粗俗，虚荣心可以轻而易举地导致它，而它将自然而然地引发反感。更常有的是，评论者无意傲慢，但除非他特意否认它，一名性急的读者将怀疑他傲慢，而且这将立即引发指责，说他缺乏严谨的判断。

如果评论者指出弗雷德里克或波拿巴之类人物犯了错，这并不意味着他不会也犯同样的错。他甚至可以承认，在这些将领所处的形势中,他可能犯大得多的错。这确实意味着的是,他能够从事件模式中认出这些错,并且觉得这类统帅以其聪慧,本应当也有此明察。

这是一种基于事件模式、因而也基于**事件结果**的判断。然而不仅如此,结果可以对判断有一种全然不同的影响——在结果只被用来证明一项行动正确或不正确的时候。这可被称作**依凭结果**的判断。乍看来,这样的一个判断会显得全然无法接受,但情况并非如此。

当1812年波拿巴向莫斯科挺进时,关键问题在于,夺占这首都,加上业已发生的一切,是否会导致沙皇亚历山大求和。这在1807年继弗里德兰战役之后发生过,而且在1805和1809年继奥斯特利茨和瓦格拉姆战役之后也就皇帝弗朗茨奏效过。然而,倘若在莫斯科没有媾和,那么波拿巴将别无选择,除了往回退兵,而往回退兵将意味着一场战略性失败。让我们撇开他向莫斯科挺进的各个步骤,连同在此过程中他是否失去了本可以使沙皇决定求和的若干机会这问题。让我们同样撇开后撤的可怕景况,它们可能植根于整个战役的操作。关键问题依旧不变:无论向莫斯科的挺进可能怎样远为成功,它能否吓得沙皇求和将仍不确定。而且,即使假设撤退并未导致全军溃灭,它也决不可能不是一场战略性失败。假如沙皇缔结了一项不利的和约,1812年战役就会类同于奥斯特利茨、弗里德兰和瓦格拉姆战役。可是,假如这些战役未曾以媾和告终,它们就很可能会导致类似的大灾祸。尽管有世界征服者显示了的力量、技能和智慧,但最终的决定性问题依旧到处一样。那么,我们应否漠视1805、1807和1809年各大战役的实际结

167 果，只依据 1812 年的检验，从而宣称它们是轻率的产物，它们的成功有悖于自然法则？我们应否坚持认为，在 1812 年，战略的公断终于克服了盲目的偶然？那将是个非常牵强的结论，一个任意的、缺乏半数证据的判断，因为人类观察力不能将众多事件的互相联系往回追踪到被击败了的君主们做过的种种决定。

更不能说 1812 年战役本应像其他战役一样得胜，说它的失败归因于某种外在枝节因素。关于亚历山大的坚定，没有什么是外在枝节的。

波拿巴在 1805、1807 和 1809 年正确地估计了他的敌人，在 1812 年并未如此：有什么能比这样说更自然？在早先的各个场合他对，在后一个场合他错，而我们能说这话是**因为结果证明如此**。

在战争中，如前所述，一切行动都旨在很可能的而非确定无疑的成功。所缺的那种确定程度在每个场合都须留给命运、偶然性或别的——无论你喜欢怎么称它——决定。一个人当然可以要求这依赖性应当尽可能小，但只在说到一个特定场合的时候。换言之，它应当**在此个别场合尽可能小**。可是，我们不应当习惯地偏好所含不确定性最小的行动方针。那将大错特错，正如我们的理论论辩将会显示的那样。有时，绝顶大胆就是绝顶明智。

看来，一位司令官的个人长处、因而还有他的责任似乎变得与一切须被留给偶然性决定的问题无关。尽管如此，每逢事情最终证明是对的时候，我们仍禁不住感到内心满足，而在它们并未如此的时候，我们感到某种心智不安。**这就是应被附于一项关于孰对孰错的判断的全部涵义，它是我们从成功推断出来的，或者更确切地说是我们在成功中找到的。**

可是，显而易见，对成功的心智愉悦和对失败的心智不安出自一种朦胧不清的感觉，感到成功与司令官的天才之间的、理智发现不到的某种微妙联系。这是一种令人愉悦的假设。它的真确由一个事实显示出来：随着同一个人反复成功和反复失败，我们的同情愈益增进，并且变得愈益强烈。为何战争中的运气在品质上优于赌博时的运气，原因就在于此。只要一位成功的将领没有对我们造成任何伤害，我们便愉悦地追随他的领军生涯。

成功使我们能够理解许多东西，那是单凭人类理智的运作不能发现的。这意味着它将主要在揭示智力和心理力及其效应方面有用，既因为这些最难予以可靠的评估，也因为它们那么紧密地涉及意志，以致它们可以轻而易举地支配它。凡在决定基于恐惧或 168
勇气之处，它们就不再能被客观地评判；因而，情报和估算不再能被预期来决定大概的结果。

我们现在须被允许来就评论者使用的工具——他们的习语——说几句话，因为在某种意义上它伴随战争中的行动。评析毕竟只是应当先于行动的思维。因而，我们认为至关紧要的是，评论用的语言应当具有像在战争中思维必须有的同样的特性；否则，它就失去它的实际价值，评论就会脱离评论的对象。

在反思战争操作理论时我们说过，它应当训练一位司令官的头脑，或者更准确地说它应当指引他的教育；理论不是意在给他提供作为智识工具待用的绝对的信条和体系。不仅如此，如果永无必要甚或永不允许为了判断战争中的一个既定问题而使用科学准则，如果真理永不以系统规整的形式出现，如果它不是被演绎式地达到，而是一向直接经由头脑的自然认知，那么在评析方面也必定是如此。

我们必须承认，凡在确定形势事实势将过于费力费神之处，我们就须求助于理论确立了的相关法则。然而，像在战争中一样，一位将其涵义吸取在心的司令官将使这些法则更好地起作用，好过一个将它们当作刻板的外在规则对待的人，因而评论者不应当像应用一个外在法则或一个代数公式那般去应用它们，后者的适切性无需每逢被用便要证明。这些法则总是应当被允许成为不说自明的，同时只有更精确更复杂的证据才被留给理论。我们由此将避免使用一种神秘晦涩和模糊不清的语言，以朴实明白的说法表达自己的意思，凭借一连串清晰流畅的概念。

承认这并非总是能完全达到，但它必须始终是评析的目的。应当尽可能少地使用认知的复杂形式，并且永不使用刻意精致的科学准则，仿佛它们是一种真理机器。一切都应经由心智的自然运作去做到。

然而，这虔诚的志向——如果我们可以这么称呼它——历来难得盛行于评论性研究；相反，一种虚荣心驱使其中大多数沦为浮夸造作的理念展示。

第一个常见的错误是笨拙地和很难容忍地使用某些狭隘的体系，将它们当作一套又一套刻板的法则。显示此类体系的片面性决非难事；仅此就足以令其权威一举永久名声扫地。我们在此是在处理一个有限的问题，而且因为可能的体系毕竟为数寥寥，这个错误就只是令我们关切的两个祸害当中较轻的一个。

远为严重的祸害是附属于这些体系的众多**行话、专门术语和譬喻**。它们无处不在，犹如一大群毫无规矩的军营随从。任何并

不认为采纳一个体系合适的评论者——那是因为他还未找到一个 169
自己喜欢的体系或还未走得那么远——仍会应用某一体系的一个偶然的碎片，将它奉为主宰似的，以便显示一位统帅的行动路径的曲折性。他们当中极少有人能够论说下去而无科学军事理论的此等碎片的间或支持。其中最无足轻重的——纯粹的技术性术语和譬喻——有时不过是评论性叙述的装饰花边。然而不可避免，一旦一个既定体系的用语和技术性表述被搞得脱离了它们的语境，被用作据称比简单陈述更有力的普遍格言或宝贵真理，它们就会丧失它们具有的含义，如果有的话。

于是发生了一种情况：我们的理论性和评论性文献不是给出朴实清晰、直截了当的论辩，以此作者至少总是知道自己在说什么，读者则知道自己在读什么，而是充斥着行话，最后以模糊不清之处告终，在那里作者与读者分道扬镳。有时这些书籍还更糟糕：它们只是毫无内核的空壳。作者本人不再知道自己在想什么，却以模糊不清的理念安慰自己，这些理念若以朴实明白的说法去表述，就不会令他满意。

评论者们还有第三个祸害：卖弄博学，误用史例。我们已经说过战争艺术史是什么，而且在以后各章里还将进一步阐发我们对史例和军事史的看法。顺便援引的一个事实可被用来支持**彼此最对立的观点**；从悠久的往昔和遥远的地方摘取三四个实例，硬扯进来堆在一起，不管各自的环境有天大的差异，因而很容易弄乱和搞混自己的判断而未证明任何东西。它们通常被暴露出不过是破烂垃圾，作者意欲以此炫耀自己的学问。

这些含糊暧昧、部分谬误、混淆不清和任意武断的观念有何实际价值？很少——少得使理论从一开始就与实践截然对立，常常成为其军事才干无可置疑的那些人的笑柄。

这在下述情况下决不可能发生：依凭简明的用语和直截了当的战争操作观察，理论力求确定一切可以确定的事情；没有虚妄的自称，没有对科学程式和历史概略的很不得体的炫耀，它始终坚执要害，并且从不与那些必须依靠自己的天赋才智在战场上操作战事的人分道扬镳。

第6章 论史例

史例澄清一切，还提供经验科学方面最好的一类证据。战争艺术尤其如此。沙恩霍斯特将军[①]写了历来就实际的战争所曾写过的最佳手册，认为史例对战争这论题来说头等重要，并且令人赞叹地使用了它们。假如他活过了1813至1815年的战争，那么他的炮兵论著修订本的第四部分会更好地显示他依以对待自身经验的观察力和教诲力。 170

然而，史例难得被用得这么好。相反，理论家们对史例的使用通常不仅令读者不满意，还甚至冒犯其才智。因此我们认为，集中关注史例的善用和误用至关重要。

无疑，战争艺术的基本知识是经验性的。虽然它大多出自事情的本性，但这本性通常仅靠经验才向我们透露出来。不仅如此，它的应用受到那么多境况修改，以致它的效应永不可能只依从手段的性质而被完全确认。

---

① 格尔哈德·约翰·冯·沙恩霍斯特(1755—1813)：普鲁士军事改革家，克劳塞维茨的精神恩师，1807年起历任陆军大臣和军事改组委员会主席等职，努力推行改革，建立速成兵制度，短期内打破了拿破仑对普军的限制，1811年在法国政府压力和普鲁士宫廷保守派非难下被迫去职，1813年德意志民族解放战争期间出任普军元帅布吕歇尔的参谋长，战斗中负重伤，不久后身亡。——中译者注

火药是军事活动的大手段，其效果只能靠经验才得知。目前仍在进行种种实验，以便更仔细地探查之。

当然显而易见，一颗铁质炮丸，由火药驱动到每秒 1000 英尺的速度，将击碎它飞奔途中的任何活物。要相信这一点不需任何经验。但是，有成百上千细节决定这效果，其中某些只能被经验性地揭示。而且，并非只有物质效果才重要：我们还关注心理效果，它能够依以被确认和辨识的唯一手段是经验。在中世纪，火器是个新发明，制作那么粗糙，以致它们的物质效果与当今相比远不那么重要；可是，它们的心理影响大得多。一个人必须目睹——在猛烈和连续不断的炮火之下目睹——由波拿巴在其征战过程中训练和率领的兵群之一的坚定不移，才多少知道因长久经历危险而意志如钢的部队能够成就什么，它们那里刻骨铭心的是常战常胜的自豪记录注入的一项高尚准则，即对自己提出最高要求。仅作为一项理念，这不可置信。另一方面，有些欧洲国家军队依然包含诸如鞑靼人、哥萨克人和克罗地亚人组成的部队，它们的士兵能轻而易举地被几发炮射驱散。

171 尽管如此，包括战争艺术理论在内的经验科学无法总是以历史证据去支持其结论。要涵盖的范围本身往往排除了这可能性；而且除此之外，或许难以在每个细节上都指靠实际经验。如果在战争中某个手段到头来证明高度有效，它就会被重复使用；它还会被别国仿效，成为时髦；如此，由经验支持，它得到了普遍采用，并且被纳入了理论。理论满足于用一般经验去表明方法的起源，而非证明它。

倘若为了推翻现行的惯例、证实被疑的手段或引入新颖的方法而援引经验,情况就大为不同。在这些场合,必须拿出取自历史的个别实例作为证据。

较仔细地看史例的使用,将使我们能够分辨出四种视角:

第一,一个史例可以仅被用作一项理念的**说明**。抽象的谈论毕竟很容易被误解,或者根本不被理解。当一位作者担心可能发生这种情况时,他可以使用一个史例,以便对他的理念做出必要的说明,并且保证读者和作者会保持沟通。

第二,它可以充作一项理念的**应用**。一个范例给人机会,去显示所有那些细小的境况的作用,它们不可能被囊括在理念的笼统表述中。确实,这就是理论与经验的差别。上述两种情况都涉及本来意义上的范例;接下来两种涉及历史证据。

第三,可以诉诸历史事实去支持一项陈述。凡在仅想证明某个现象或效应的**可能性**的场合,这将足敷所需。

第四即最后,一个历史事件的详细展示,连同若干事件的结合,使得推断出一项原理成为可能:证明就在证据本身中。

第一种用法一般只要求简短地述及案例,因为只有它的一个方面事关重要。在此,历史的真确性甚至并非必不可少:一项想象出来的案例也会奏效。不过,历史实例仍然总是有长处,即更现实,使得它们在例解的理念栩栩如生。

第二种用法要求更详细地展示事件;然而,真实性同样不是必不可少。在这方面,我们重申我们就第一种情况说过的话。

关于第三种用法,作为一项通则,其目的靠简单地陈述一项无可争辩的事实就足以达到。如果一个人在试图表明筑有堑壕的阵地在某些境况下能够证明有效，那么叙述一下邦策尔维茨阵地[1]就会证实这话。

然而，如果为了表明一项广泛的真理而在展示某个历史事件，那就必须注意，涉及这真理的每个方面都要被充分和详尽地展开——可以说被仔细地聚合在读者眼前。只要这无法做到，证据
172 就被削弱，就更有必要使用多个案例去提供在这单个案例中缺乏的证据。做下述假设是合宜的：在我们无法援引更多的精确细节时，实例越多，一般效果就将越佳。

设想一个人想凭经验证明骑兵应被部署在步兵后面，而非与之连线；或者，想同样证明没有明确的兵员数量优势，要在战场上或在战区内——换句话说在战术上或战略上——使用分得很开的各个纵队去试图包抄敌人就极为危险。就第一个例子而言，仅援引骑兵处于侧翼的输了的几场战斗，连同骑兵处于步兵后面的赢了的几场战斗，就还不够；在第二个场合，提到里沃利战役或瓦格拉姆战役，[2]连同 1796 年时奥地利人对意大利战区的进攻或法国人对德意志战区的进攻，也同样不够。相反，一个人必须准确地追踪所有情势和所有个别事件，以便表明这些种类的战阵和进攻确

[1] 邦策尔维茨位于西里西亚地区，邻近瑞士，系七年战争中普鲁士处境最为危险的一次战役的所在地。1761 年 8 至 9 月，普鲁士的弗雷德里克大王与其麾下军队 53000 人在此竭力修筑堑壕和其他工事，以图抵御 13 万奥俄联军的包围；后者因未发动大规模猛攻而坐失歼敌战机。——中译者注

[2] 里沃利战役：1797 年 1 月在意大利里沃利进行，其间拿破仑·波拿巴率领法军 23000 人击败奥地利军 28000 人，系法国意大利战役中的一场关键性胜利。瓦格拉姆战役：拿破仑战争中最著名的大战役之一，1809 年 7 月初在维也纳附近的瓦格拉姆进行，其间拿破仑亲率法国大军击败奥地利查理大公麾下奥军主力，双方死伤八万人以上，第五次反法同盟战争由此结束。——中译者注

实助成了战败。结果将显示**在多大程度上**这些类型是要不得的——无论如何都须被确定的一点，因为全盘谴责将有悖真实。

我们已经同意，在无法给出详细的事实叙述时，证据的欠缺可以靠实例的数量去弥补；然而，这显然是个危险的权宜之计，而且常被误用。评论者不是举一个得到充分详述的案例，而是仅满足于**涉猎**三四个例子，那**貌似**给出了有力的证据。然而有这样的情况：一打例子证明不了任何情况，如果——例如说——它们经常发生，而且一个人可以同样轻而易举地举出一打结果相反的例子。要是随便哪个人举出一打输了的战斗，在其中输掉的一方以互相分开的各个纵队施行进攻，那么我就能举出一打赢了的战斗，在其中同一种战术得到了采用。显然，这不是得出结论的办法。

思考这些各自不同的境况，将表明史例可以多么容易地被误用。

一个事件若被肤浅地涉猎，而不是被仔细地详究，那么它就有如一个被远远望去的对象：不可能分辨出任何细节，从每个角度看去都显得一样。这样的例子实际上一向被用来支持彼此最为相反的观点。在有些人看来，道恩[①]的各场战役是智慧和远见的楷模；在另一些人看来，它们却是胆怯和犹豫的典型。波拿巴 1797 年跨越诺里克阿尔卑斯的突进令某些人惊叹，视之为勇猛大胆的辉煌杰作；另一些人却将它称作十足的鲁莽之举。他在 1812 年的战略

① 利奥波德·约瑟夫·冯·道恩伯爵(1705—1766)：奥地利陆军元帅，用兵谨慎细致，参加奥地利继承战争，战后负责改组奥地利陆军和建立军事学院，七年战争初期曾击败普鲁士的弗雷德里克大王，任奥军统帅，后于 1760 年 11 月在著名的托尔高战役中大败于弗雷德里克之手并身受重伤。——中译者注

性失败可被归因为干劲过度，但也可被归因为干劲不足。所有这些看法都已被表达出来，而且人们能够轻而易举地明白个中原因，那就是用不同的方式去解释事件形态。尽管如此，这些彼此抵牾的看法无法共处；其中一个或另一个必定是错的。

杰出人士弗居伊埃雷①值得我们感谢，因为提供了令他的回忆录大为生色的大量史例。他不仅记录了许多否则会被忘怀的事件，而且在所引史例可被认作是其理论断言的说明和较贴切界定
173 的限度内，最早做了抽象理论观念与真实生活之间的真正有用的比较。然而，在一位不偏不倚的现代读者看来，他仍很少达到他通常给自己设立的目标，即以史例证明理论原理。虽然他间或多少详细地叙述了事件，但他仍够不上证明他抽取出来的结论是其内在格局的必然结果。

仅对历史事件作肤浅涉猎的另一弊端在于这么一个事实：有些读者对它们了解得不足，或者记得不够清楚，以致把握不了作者的真正意思。这样的读者要么轻易地被论辩打动，要么始终全不为所动，此外别无选择。

如果一个历史事件要被用作证据，那就当然难以用所需的方式为读者详述或再现它。作者难得有这么做的手段、篇幅或时间。然而我们认为，在关系到一个新的或可争议的观点时，彻底详述单独一个事件比仅仅肤浅涉猎十个事件更有教益。对这种皮相展示

① 德·弗居伊埃雷侯爵(安图瓦内·德·帕斯·德·弗居伊埃雷)(1648—1711)：法国陆军中将，参加过路易十四时代初期的多场战争和战役，后因言论不慎被贬，旋撰写有关这些战事的回忆录，构成伏尔泰《路易十四时代》的部分重要资料基础。——中译者注

的主要责难不在于作者装作他在试图证明什么，而在于他自己从未把握他援引的事件，在于对历史的这类肤浅空洞、不负责任的处理导致成百种错误观念和理论构建妄图。如果作者的职责是表明他正在展示为得到历史保障的新观念无可争辩地出自事件的精确格局，这就完全不会出现。

一旦承认使用史例的种种困难，就会得出一个最明显的结论，即应当从现代军事史抽出史例，只要它得到适当的了解和评价。

不仅在较古远的时代境况不同，进行战争的方式相异，因而早先的战争对我们来说实际教益较少；而且，军事史如同任何其他历史，必定随时间的推移而失掉大量曾经清晰的细节和详情。它变得少有生气，色彩淡漠，就像一幅逐渐褪色和发暗了的图画。到头来多少偶然地留下来的是大片块面和孤立的特性，它们因而被给予过大的分量。

如果我们审视现代战争的境况，我们会看到与当今的战争颇为相似的战争，特别在武器方面，主要是始于奥地利继承战争的那些战役。虽然许多大小境况已大为改变，但它们足够近乎于现代战争，以致饶有教益。就西班牙继承战争来说，情势不同；火器的使用当时远不那么先进，骑兵依然是最重要的兵种。一个人往回追溯得越远，军事史就变得越不那么有用，与此同时也变得愈益模糊和贫乏。古代军事史无疑最没有用，也最贫乏。

这无用性当然不是绝对的；它只涉及有赖于精确地了解实际
境况、或有赖于战法改变的细节的那些问题。就瑞士人对奥地利 174
人、勃艮第人和法国人打的那些战役，我们可以所知极少，但正是它们，最早和最有力地显示了优秀步兵对最佳骑兵的优势。对雇佣兵首领时代的一番笼统的浏览足以表明，战争操作全然取决于所用工具；在任何别的时代，所用的兵力在性质上都未那么专门化，或者那么全然脱离政治和社会生活的其余部分。第二次布匿战争中，罗马对迦太基作战的特殊方式——依靠在汉尼拔仍然得胜于意大利之时进攻西班牙和非洲——能够提供一项极有启发的教益：我们依然就国家和军队的总的情势了解得够多，它使得这么一种迂回抵抗方法能够获得成功。

可是，一个人越是从宽泛的一般进至具体的细节，他就越少能从遥远的往昔选取史例和经验。我们没有条件去正确地评价相关事件，也没有条件去将它们应用于我们当今使用的全然不同的手段。

不幸，著作家们一向显著地偏好诉诸古代史事。这有多少归因于附庸风雅和江湖骗术依然无法回答；可是，人们难得从中见到任何目的诚实，任何旨在教导和说服的认真尝试。因而，此类引述必须被视为纯粹的装饰，意在掩盖空缺和瑕疵。

完全依靠史例去教授战争艺术——弗居伊埃雷试图这么做——将是个极有价值的成就；然而，那将超出一个人终生的工作：任何立意成就它的人将首先不得不具备一种关于战争的彻底的个人经验。

不管是谁，只要感到承担这么一项任务的激情冲动，就必须献身于自己的劳作，犹如为一趟路途遥远的朝圣做准备。他必须不惜任何时间或努力，不畏任何世俗权势或显贵，超越他自己的虚荣心或虚假的谦卑，为的是——用《**拿破仑法典**》的话说——讲**真理，整个真理，只是真理**。

第三篇

战略通论

第 1 章　战略

战略的一般概念在第二篇第 2 章里得到了界定。[1] 它是为战 177
争的目的而对交战的使用。虽然战略本身只涉及交战，但战略理论还必须考虑它的首要执行手段，即战斗兵力。它必须按照它们本身的重要性和它们与其他因素的关系去考虑这些兵力，因为它们塑造交战，而且转过来正是在它们那里，交战的效果最先表现出来。因而，战略理论必须根据交战的可能结果、根据大体上决定其进程的精神力和心理力去研究交战。

战略是为战争的目的而对交战的使用。因而，战略家必须为战争的全部作战方面规定一个目标，那将符合它的目的。换句话说，他将拟订战争规划，而这目标将决定意在实现它的各系列行动：事实上，他将设计一场场战役，并在这些战役之内决定各场交战。由于这些事情大多不得不基于种种可能不会证明是正确的假设，与此同时其他较详细的命令根本无法被事先确定，因而战略家必须亲临战役。那时能够就地发出详细的命令，允许总的规划被调整得适合不断需要的修改。简言之，战略家必须从头到尾始终保持掌控。

---

① 这定义事实上在第二篇第 1 章里首次予以陈述，见原书第 128 页。编者注。

这并非总是被接受的观点，至少在涉及一般原理的限度内。通常的惯例是在首都而不是在战场上确定战略，而这做法只有在一种情况下才可以被接受，亦即政府驻留得那么靠近军队，以致作为大本营起作用。

因此，战略理论处理规划制订；或者宁可说，它力图指明战争的各组成成分及其相互关系，强调能被显示的那寥寥几条原理或规则。

从第一篇第 1 章回想起战争中涉及多少至关紧要之事的读者会明白，要将整个图景始终牢记在心，就需要有何种非凡的心理才能。

一位君主或一位将领能靠下述办法最佳地显示他的天才：操
控一场战役，使之严格契合他的目的和他的资源，既不做得过多，
也不做得过少。然而，天才之效见于整体的最终成功，甚过见于新
178 奇的行动样式。我们应当赞誉的是精确地实现未言的假设，顺畅
和谐地实施全部行动，那只在最后的成功中才变得显明昭彰。

不能在一直导致最后成功的行动中发现这和谐的研习者可能禁不住去探寻天才，在没有也不可能存在天才的地方。

事实上，战略家使用的手段和样式如此简单不过，如此因不断重复而人所熟悉，以致在评论者们那么经常地以笨拙的庄严模样讨论它们的时候，依据常识看来荒唐可笑。于是，像绕过敌军侧翼这么一种平淡老套的迂回竟可被评论者欢呼为天才一举，成了最深洞察甚或全知全识的辉煌一现。一个人能否想象有什么更荒唐的事情？

当我们考虑如下景象的时候，就觉得更荒唐可笑：这同一些评

论者通常将所有精神素质排除出战略理论，只审视物质因素。他们将一切都简化为寥寥几项关于均衡和优势、时间和空间的数学公式，由几个角度和线条限定。假如那真的是一切，它就简直算不上一个可令一名中小学生为难的科学问题。

然而我们应当认识到，所讨论的并非科学公式和科学问题。物质因素之间的关系全都非常简单；较难把握的是所涉的心智因素。即便如此，只是在战略的最高领域才出现心智复杂性，还有各种因素和关系的极端多样性。在这个层次上，战略、政策和治国才能之间极少或全无差别，而且如前所述，它们的影响在数量和规模问题上更大，大于在执行方式上的。如同在一场战争的无论大小的个别事件里那样，凡执行主导之处，心智因素皆被减至最小程度。

战略包含的每件事都很简单，但这并不意味着每件事都很容易。一旦从政治状况出发，一场战争要实现什么和它能够实现什么已被确定，规划路径就并非难事。然而，为了坚定地遵循到底，为了贯彻计划，为了不被数以千计的分心之事甩出轨道，就需要性格的伟力，连同头脑的清澈和精神的坚毅。举出任何数量的杰出者，其中有些以理智著称，另一些以敏锐闻名，还有一些以大胆或意志坚韧见誉：没有哪个可以具备所需的结合素质，使他成为一位比一般的指挥官更伟大的统帅人物。

这听来古怪，但每个熟悉战争的这方面的人都会同意，在战略领域做出一个重要决定，需要有比在战术领域的更大的意志力。在后一领域，一个人受眼前即刻的压力裹挟，被卷入一场在其中抵抗势将危及性命的大旋涡，并且在压抑了初始的顾虑之后，大胆勇

猛地奋力前行。在战略领域，速度慢得多。那里有一个人自己疑
惧和别人疑惧的宽绰余地，有反对、抗议和因而过早后悔的宽绰余
地。在战术情势中，一个人能凭肉眼至少见到问题的一半，而在战
179 略方面，每件事都不得不予以猜测和假设。信心因而较弱。结果，
大多数将领在理应行动时，被不必要的疑虑搞得心理瘫痪，无所
作为。

现在扫视一下历史。让我们考虑弗雷德里克大王 1760 年打的那场战役，它以其令人目眩的行军和迂回著称，被评论者们赞美为一项艺术作品——确实是一项艺术杰作。我们是否要对下述事实赞美若狂：这位国王想先绕过道恩[①]的右翼，然后绕过他的左翼，接着再度绕过他的右翼，等等？我们是否要将这认作深刻的睿智。肯定不，假如我们要不带感情地评判的话。真正可赞美的是国王的明智：以有限的资源追求一大目标，他没有试图去做任何力所不及之事，而总是去做**恰好足够的**事，以便获取他想要的东西。这不是仅有的一场在其中他显示了自己作为一位将领的判断力的战役。在这位伟大的国王打的所有三场战争中，它都显而易见。

他的目标是将西里西亚纳入安全港，那由一项充分得到保障的和约构成。

作为一个在大多数方面与别国类似、只凭其行政管理的某些分支与之有别的一个小国的首脑，弗雷德里克不可能是一位亚历山大。假如他像查理十二那样行事，他也会以灾难告终。因而，他的整个战争操作显示了一个要素，那就是受限的实力，它始终平

① 见本书第 241 页注①。——中译者注

衡，从不缺乏蓬勃的活力，在危机时刻飙升到引人注目的高度，但随后立即回返到一种平稳的摆动状态，总是随时准备调整，以适应政治局势的最微小变动。无论是虚荣、野心还是报复心，都无法令他背离这个路径；只是这个路径，才将他带到成功。

要赞赏伟大将领的这一性格，这寥寥数语所能做的何等地少！只需仔细审视这场斗争的原因与其奇迹般的结果，就能认识到只是国王的敏锐才智，才引领他安然经历一切危险。

这就是我们赞美的性格，在他的所有各场战役中，但特别是在 1760 年战役中。唯有此时，他才能以这么小的代价挡开这么一个大占优势的强敌。

要被赞美的另一方面涉及执行的困难。意在绕过一个侧翼的迂回容易规划。构想一项如下的计划也同样容易，那旨在令一支小规模兵力保持集中，以致它能在任何点上势均力敌地迎对一个分散了的敌人，并且依靠快速运动倍增自己的力量。关于这些观念本身，全无可赞美之处。面对这样的简单概念，我们必须承认它们简单。

然而，让一位将领试着模仿弗雷德里克！多年之后，亲眼见证者依然描写国王阵位的风险，确实是其不慎；而且无可怀疑，当时的危险显得三倍于此后那么有威胁性。

在敌人眼皮底下、往往是在其炮口之下从事的行军也是如此。弗雷德里克选了这些阵位，做了这些行军，确信所知的道恩的用兵方法、他的意向、他的责任感和他的性格将使这样的迂回遭遇风 180
险，但非鲁莽胡来。然而，要以这种方式看待事情，不为约 30 年后仍在被谈论和描写的危险困惑和吓倒，就需要国王的大胆、决心和意志力。极少身处这么一种局势的将领会相信此等简单的战略手段是可行的。

执行的另一困难在于这么一个事实:这场战役从头到尾,国王的军队始终不断地在移动。7 月初和 8 月初,它两度尾随道恩,与此同时它自身被拉西[①]追逐,从易北河步入西里西亚,在路况恶劣的乡间小道上。军队不得不在任何时候都做好战斗准备,且其行军不得不以一定程度的灵巧机动被组织起来,那需要相应程度的费劲努力。虽然军队伴有数以千计的大车,并且被其延宕,但它总是短缺补给。在西里西亚的利格尼茨战役之前一周,部队日夜行军,沿敌人的阵线交替部署和撤退。这花费了巨大的努力,经历了非凡的艰辛。

这一切能否做到而不令军事机器遭受严重的摩擦?一位将领是否只靠智力就能造就这样的机动性,像一名观星家操纵天文星盘那般轻而易举?将领们和最高统帅难道不因目睹自己那境况可怜、饥渴交加的武装同伴遭受的悲惨而心摇神移?关于此种境况的抱怨和畏惧难道未被报告给最高指挥部?一个普通人是否会敢于索求这样的牺牲,而且这些难道不会自动地降低部队的士气,败坏它们的纪律,简言之损害它们的战斗精神,除非对其统帅的伟大和颠扑不破的一种压倒性的信念重于所有其他考虑?正是这值得我们尊敬;正是这些执行方面的奇迹我们必须赞美。然而,要充分

① 弗兰茨·莫里茨·冯·拉西伯爵(1725—1801):奥地利陆军元帅,参加了七年战争中的多次战役,1757 至 1758 年起作为道恩的参谋长,配合指挥对弗雷德里克二世军队的作战;然而,他的统军才能受到道恩怀疑,以致后者在 1760 年 11 月托尔高战役中遭受致命伤之后,拒绝将指挥权交给他。——中译者注

赞赏这一切，就不得不经实际经验而对它有所体会。那些只从书本或检阅场得知战争的人不可能认识到存在这些行动障碍，因而我们必须要求他们崇信他们在经验上缺乏的东西。

我们已经使用弗雷德里克的例子去集中我们的思维链。最后，我们要指出，在我们的战略阐述中，我们将述说那些在我们看来意义最重要的物质因素和理智因素。我们将从简单进至复杂，最后说明全部军事活动的统一性构造——即战役计划。

第二篇的早先的一个手稿包含以下各段，被作者标明“将用于第三篇第 1 章。”对该章所计划的修改从未做出，这些段落因而被全部插入此处。

就其本身而言，在一个确定的点上的兵力部署只是使一场交
战成为可能；它并非必定发生。是否应当将这可能性当作一个现 181
实，当作实际发生？肯定应当。它成为真实的，是因为它的后果，而且**某类后果总是会接踵而来**。

因为其后果，可能的交战要被认作真实的交战

如果部队被派去切断一支撤退的敌军，后者因此投降而不继续战斗，那么它的决定只是由那些部队摆出的战斗威胁引起。

如果我军的一部分占领一个未加防守的省份，从而令敌人得不到非同小可的实力增补，那么使我军有可能掌控该省的因素，在于敌人若努力收复它就须预料要打的交战。

在这两个场合，结果都由一场交战的纯粹可能性造成；这可能

性获得了现实性。然而让我们假定，在每个场合敌人都带了优势兵力来对付我军，导致他们不经战斗而弃其目的。这将意味着我们未达到自己的目标；可是，我们对敌人威胁的交战并非全无效果——敌人确实撤去了自己的部队。即使全部努力使我们的境况坏过先前，我们仍不能说以此方式使用部队去造成**一场交战的可能性**全无效果产生；这效果相似于输掉一场交战的效果。

这表明，摧垮敌方兵力和掀翻敌方权势只能作为交战的结果来达到，不管它是真的发生，还是仅仅威胁而未被迎应。

交战的两重目的

不仅如此，这些结果有两类：直接的和间接的。它们是间接的，倘若其他事情挤进来成为交战的目的——本身不能被认作涉及摧垮敌军但是往后导致摧垮敌军的事情。它们可以通过一条迂回的路径去这么做，但全都是为此更加有力。占有省份、城市、要塞、道路、桥梁、军火堆积场所等等可以是一场交战的**直接**目的，但能绝非是最终目的。这样的占取应当总被视为只是取得更大优势的一个手段，从而到头来我们能在敌人无可迎应的时候对敌威胁一场交战。这些行动应被认作过渡环节，认作导向作战本原的各个步骤，而绝不是作战本原本身。

实例

随在 1814 年占领波拿巴的都城，战争的目的得到了实现。植
182 根于巴黎的政治分裂大白于天下，这巨大的破裂导致皇帝的权势
分崩离析。可是，这一切仍应当依据种种军事涵义去考虑。这占

领导致波拿巴的军事实力和他的抵抗能力大为减小，盟国的优势相应增进。进一步抵抗变得不可能，而正是这导致对法和平。假设盟国的实力由于某个外部原因而被突然相应减小，那么它们的优势将烟消云散，而且它们占领巴黎的整个效果和意义将由此化为乌有。

我们用了这一论辩来表明，这是要采取的自然而然和唯一正确的观点，是使之至关重要的东西。我们不断地被带回下述问题：在战争或战役的任何既定阶段上，什么将是双方能够彼此威胁的所有大小交战的很可能结果？在规划一场战争或战役时，只有这才会决定从一开始就必须采取的各种措施。

若不采纳这观点，其他事情就会被评价得不准确

如果我们不学会将一场战争和它得以合成的各独立战役视作一个交战链，其中各场交战彼此联结，每场导向下一场，而是听从一个观念，即夺占某些地点或攫取未加防守的省份**其本身重要**，我们就容易将它们认作是意外横财。在这么做并忽视事实上它们是一条连续的事件之链的各个环节时，我们也忽视了一个可能性，那就是对它们的占有可以往后导致明确的不利。这种错误在军事史上一次又一次地得到例解。几乎可以用下面的方式来说这个问题：恰如一名商人无法从单独一项交易获取利润，并将它记入一个独立的账户，在战争中取得的一项孤立的好处也无法从总的结果分离出来被单独评价。一名商人必须基于他的总资产行事，而在战争中，单独一项行动的利弊得失只能根据最终的权衡去确定。

由于将每场交战视作一个系列的组成部分，至少在事件可预见的限度内是如此，司令官就总是处在通往他的目的地的康庄大道上。兵力愈增势头，意图和行动以一种适合情势的蓬勃活力强劲发展，并且不为外在影响所动。

第 2 章　战略的要素

影响交战之使用的战略要素可被分为各个不同的类型：精神 183
的、物质的、数学的、地理的和统计的。

第一类涵盖由智力和心理力、智力素质和心理素质造就的一切；第二类由武装部队的规模、它们的结构成分、武器装备等等构成；第三类包括作战线的角度、凡几何进入其计算之处的会聚运动和发散运动；第四类包含诸如控扼点、山岳、河流、树林和道路之类地形的影响；最后，第五类涵盖给养和维修。对这些不同类型当中的每一类予以的简短考虑将澄清我们的想法，并且附带地评价每一类的相对价值。确实，如果它们被各自分开研究，有些就会自动地被剥除任何过分的重要性。例如，即刻就变得清楚，作战基地的价值——即使我们就其最简单形态即指一条**基地线**去说它——更多地依赖它们穿经其间的道路和地形的性质，甚于依赖其几何形式。

然而，试图靠孤立地分析这些因素去展开我们对战略的理解将很糟糕，因为它们通常在每一军事行动中以多重的和复杂的方式互相关联。一种枯燥无味的分析迷宫将由此而来，那是个梦魇，在其中一个人徒劳无功地试图弥合这抽象基础与生活事实之间的鸿沟。上天保佑理论家不沦入这么一种劳作！就我们而言，我们将继续审视作为一个整体的图景，不让我们的分析超出在每个场合为阐明我们希望传达的观念所必需的地步，那将总是植根于战争现象总和造就的种种印象，而非植根于思辨性研究。

第3章　精神要素

我们必须再度回到这个在第二篇[1]第3章内已被涉及的论 184
题，因为精神要素跻身于战争中最重要的要素之列。它们构成弥漫于战争总体的气质，并且在一个早先阶段确立起一种与那驱动和引领整个大军的意志的紧密关系，实际上与之合为一体，因为这意志本身是一种精神素质。不幸的是，它们不会服从学院式智慧。它们不能被分类或计算。它们须予目睹或被感觉。

一支军队、一位将领或一个政府的气质和其他精神素质，战区全民的性情，胜利或失败的精神影响：所有这些多有不同，多有变化。不仅如此，它们能以种种大为不同的方式影响我们的目标和形势。

因此，虽然几乎无法在书里就这些事情说什么，但它们不能被删除出战争艺术理论，就像战争的任何其他成分不能一样。再说一遍，如果以过时的方式制订规则和原则而全不顾精神价值，那就是可鄙的见解。这些一旦出现，一个人就立即将它们视作例外，那给了它们某种科学地位，从而将它们纳入规则。或者，一个人可以再度诉诸天才，天才高于一切规则；这等于承认规则不仅是为傻子

[1] 指的是第一篇。编者注。

制订的，而且它们本身就愚蠢不堪。

倘若战争理论不过是提醒我们有这些要素，显示估计精神素质和充分看重它们的必要，那么它就会扩展自己的眼界，并且仅靠确立这一观点，就会预先贬谪任何试图只依据物质因素去分析的人。

不将精神要素置于理论范围之外的另一个理由，在于它们与所有其他所谓规则的关系。物质因素和心理因素的效应构成一个有机整体，那不同于一块合金，无法靠化学过程分开。在制订任何关于物质因素的规则时，理论家必须将精神因素可以在其中起的作用牢记在心；否则，他就可被误导，做出种种将过分胆怯拘谨或过分宽泛武断的申言。即使最少抱负的理论，也一直不得不漫游进入无形事物领域；例如，在不将心理反应考虑进来的情况下，无法解释一场胜利的效应。因此，本书谈论的事情大多由物质因果
185 和精神因果均等构成。或许可以说，物质因素看来几乎不过是木柄，精神因素则是金银、真正的武器、精心磨砺而成的刀刃。

历史提供最有力的证据，证明精神要素的重要与其往往了不起的效果：此乃一位将领的心灵可以从研习往昔汲取的最高贵、最可靠的营养。附带说一下，应当注意到，要结出理智硕果的智慧种子更多地由深邃洞察、广泛印象和瞬时直觉播下，而不那么依靠评论性研究和饱学的专著。

我们或可详细列举战争中最重要的精神现象，并且像一位勤勉的教授，试图一个接一个地评估它们。可是，这种方法太容易导致陈词滥调，真正的探索精神则很快挥发无遗，与此同时我们不经意地发觉自己在宣告人人都已知道的东西。由于这个原因，我们

在此甚于在别处，宁愿用一种不完整的和印象主义的方式来处理这个论题，满足于业已指出它的广泛重要性，连同业已表明本书的论辩在其中被孕育出来的那种精神。

第 4 章　主要精神要素

186 主要的精神要素是：**司令官的技能；部队的经验和勇气；它们的爱国精神**。每个的相对价值无法被普遍确定；要讨论它们的潜能够难，要彼此相较地掂量它们甚至更难。最明智的方针在于不低估它们当中的任何一个，而低估它们乃易变无常的人类判断力往往屈从的一种诱惑。远为可取的是聚集历史证据，它们证明所有这三个要素的无可误解的效能。

尽管如此，在当今时代，实际上所有欧洲国家的军队却都真的达到了纪律和训练的一种共同水准。用个哲理性的表达方式说，战争操作已经按照它的自然法则得到发展。它形成了大多数军队的种种通用的方法，它们不再允许司令官有运用特别巧计（在例如弗雷德里克大王的歪斜式战斗序列的意义上）的余地。因此，无法否认在当今状况下，与之相应更大的余地被给了部队的爱国精神和战斗经验。一个漫长的和平时期可以再度改变这一点。

部队的民族情感（热忱、狂热激情、忠诚和总的性情）在山地战中极明显，那里往下直至单个列兵的每一人无不仰赖他自己。由于这原因，只有山区才构成最适于武装起来的民众从事行动的地形。

效率、技能和坚韧的勇气将部队官兵结合成单独一个统一体，它们将在开阔旷野作战中有其最大余地。

在崎岖多山地区，司令官的才能被给予最大余地。对他手下分散的各单位，山岳容许他有的真正指挥权过小，他无法管控它们全体；在开阔的旷野上，管控是个简单事，并不最充分地考验他的能力。

这些明显的联系应当指引我们的规划工作。

第5章　军队的武德

187 武德不应被混同于单纯的大胆，更不应被混同于事业热忱。大胆显然是个必需的成分。然而，恰恰因为大胆——它是一个人的性格的天然构造成分——能在一名军人即一个组织的成员身上得到成长，它在他身上成长就必定有别于在别人身上。在这军人身上，行动放纵不羁、暴力骤然迸发的天然倾向必须从属于更高级的要求：服从、秩序、规则和方法。一支军队的效率从对它为之而战的事业的热忱获取活力和锐气，但这样的热忱并非必不可少。

战争是一类特殊活动，有别于和独立于人从事的任何其他活动。无论其范围多宽都仍将如此，尽管国内每个体格健全的人都被武装起来。一支军队的军事素质基于个人，他浸渍了这类活动的精神和本质；它培养它要求的种种能力，唤起它们，使之成为他自己的；他将自己的才智应用于每个细节，经过实践臻于自在和获得信心；他使自己的人格完全浸没在被指定的任务之中。

不管我们多么清楚地在同一个人身上既见到公民也见到军人，也不管我们多么强烈地将战争设想为整个民族的事务，与早先时代的雇佣兵首领确立的模式截然相反，战争事务仍将始终保持为个人的和独特的。因而，只要他们实践这类活动，军人就会将自己想作是一类同业公会的成员，在其规章、法则和惯例中战争精神被给予最崇高地位。而且，看来确实如此。无论一个人可以多么强烈地倾向于最精致地看待战争，低估职业骄傲感（集体荣誉感）——作为某种可以和必定在或大或小的程度上见于一支军队的东西——仍将是个严重的错误。职业骄傲感乃是激发武德的种种不同天然力之间的纽带；在这职业骄傲感的环境之中，武德更容易结晶成形。

一支军队，在最残忍最致命的战火之下仍保持自身凝聚，不可能被想象的惊恐撼动，并且以其全力抵抗大有根据的恐惧；它自豪自己的胜利，却不会失去服从命令的毅力，也不会失去对其军官的尊敬和信任，哪怕在失败之时；它的体格力有如一位运动员的肌肉，已被匮乏和奋力境况中的训练锤炼得坚韧如钢；这支兵力将这样的努力视为争取胜利的一个手段，而非自身事业的一则灾祸；它念念不忘所有这些责任和素质，靠的是单独一项强
有力的信念，即其武力荣光：这样的一支军队浸透了真正的军事 188
精神。

有可能像旺代人[①]那般绝佳地战斗，像瑞士人、美国人和西班牙人那般取得伟大成就，同时却未形成在此谈论的这类美德；甚至

① 旺代系法国中西部西端一省，濒临大西洋。法国大革命期间，经反革命贵族参与鼓动，笃信天主教的该省农民主要由于愤慨教会遭到严厉压制和强制征兵等，于 1973 年发动反对在巴黎的革命政府的大规模叛乱。叛乱力量长于机动灵活和残酷无情的游击战，曾赢得许多战斗。到 1796 年叛乱运动最终失败为止，双方死亡 24 万人以上。其后，约有 4 万旺代人遭到革命政府处决。——中译者注

可能是一支正规军的得胜的统帅，犹如欧根亲王和马尔博罗，[①]同时却未实质性地依凭它们的襄助。没有人能够主张倘无这些素质就不可能打赢一场战争。我们强调这一点，为的是澄清概念，防止在种种笼统表述的迷雾之中迷失思想，避免给出说到底唯有军事精神才重要的印象。事情并非如此。一支军队的精神可被设想为一种限定的、能在心理上被减损的精神要素，因而它的影响可以被估计；换言之，它是一种其效能可予度量的工具。

如此说了它的特征之后，我们将试图描述它的影响和使它发育成长的种种不同方式。

军事精神与军队各组成部分的关系，总是恰如一位将领的能力与军队整体的关系。将领只能掌控全局形势，而非各独立组成部分。在各独立组成部分需要指导的场合，军事精神必须起而掌控。将领们因其杰出素质而被挑选出来，其他高级军官也受过仔细检验；然而，我们在指挥层级上越是往下，检验过程就越不那么彻底，我们必须准备接受个人才能的相应递减。在此缺少的须由武德补上。被动员起来从事战争的一国人民的天然素质起同样的作用：**勇敢、适应性、持久力和热忱**。这些是能作为军事精神的替

① 萨伏依的欧根亲王（弗朗索瓦·欧根）（1663—1736）；马尔博罗公爵（第一代）（约翰·丘吉尔）（1650—1722）：俱为欧洲现代史上尤为杰出的将领，后者还兼为威廉三世和安妮女王时期的英国主要国务家之一；在西班牙继承战争中分别作为奥军和英军统帅彼此协作，赢得对路易十四法国军队的几场最重要战役的胜利，为反法盟国打赢这场历时多年的历史性重大战争做出了决定性贡献。欧根亲王在西班牙继承战争之前和之后还几度击败奥斯曼土耳其帝国军队，马尔博罗则在战争后期与倾向早日缔结和约的安妮女王和辉格党发生严重分歧，遂于 1711 年 12 月被女王解除英军统帅职务，随即丧失权势和国务影响。——中译者注

代来起作用的素质，反之亦然，从而使我们得出下列结论：

> 1. 武德仅见于正规军，而正规军最需要武德。在民族起义和人民战争中，它们被天然尚武素质取代，它们在这样的境况下发育得更快。
>
> 2. 与它和武装起来的一国人民敌对时相比，一支正规军在与另一支正规军作战时能较容易地打下去而没有武德；因为，在前一个场合，兵力不得不分散，各个分开的单位将较经常地迫得独自度日，独自行事。然而，在部队能够保持集中的场合，司令官的才能被给予更大的空间，能够弥补各部队中间武德的任何缺乏。一般说来，战区和其他因素越倾向于使战争复杂化和分散兵力，对武德的需要就越大。

如果要从这些事实汲取一个教益，那么它有如下述：在一支军队缺乏武德时，应当做出一切努力将作战保持得尽可能简单，否则就应当加倍地注意军事体系的其他方面。官兵属于一支“正规军” 189
这事实并不自动地意味着他们胜任。

因而，军事精神是战争中最重要的精神要素之一。凡在这要素缺乏之处，它必须由其他要素之一例如统帅的优越才能或民众的热忱去替代，否则结果将抵不上被花费的努力。这精神、这宝贵素质、这变粗矿石为贵金属的提纯精炼成就了多少伟业，由下列史例显示出来：亚历山大麾下的马其顿人、凯撒麾下的罗马军团、亚历山大·法尔尼塞[1]麾下的西班牙步兵、古斯塔夫·阿多弗斯和查理十二麾下的瑞典人、弗雷德里克大王麾下的普鲁士人和波拿巴麾下的法国人。如果拒不承认只是依凭拥有这些武德的军队的襄助，才能有这些统帅的卓越成功和与其在逆境中的伟大，那就必须盲然无视一切历史证据。

武德只有两个源泉，为了造就它，它们就必须交互作用。第一是打过一系列胜利的战争，第二是军队经常竭尽全力。没有任何别的会向一名军人表明他的全部能力。将领越是惯于对其官兵施加繁重的要求，他就越能倚赖他们的回应。一名军人对自己克服了艰难感到自豪，恰如他对自己直面了危险感到骄傲。简言之，武德的种子只会在不断行动、不断奋力这一土壤里成长，由胜利的阳光温暖拂照。一旦它长成了一棵大树，它将经得住不幸和失败的最剧烈风暴，甚至经得住使人懒散的和平惰性，至少一度如此。于是，武德只能在战争中**造就**，只能由伟大的将领**造就**，尽管诚然它可能至少续存几代，即使在能力平平的将领之下和历经漫长的和平时期。

一个人应当小心，不要将成熟老练、久经沙场的老兵兄弟们的这种充实精致的武德与一种自尊和虚荣相比，那是只靠兵役规章和平时操练拼凑在一起的正规军的。严酷的艰难和铁样的纪律或许能够维持一支部队的武德，但它不能造就它们。这些因素可贵，

---

① 即帕尔马公爵(1545—1592)：1578至1592年的西属尼德兰总督，统领著名的"西班牙大军"——欧洲现代史上最早的大规模正规陆军——力图镇压荷兰独立运动，并作为方面军统帅之一，参与1588年以惨败告终的西班牙无敌舰队之征伐英国。——中译者注

但不应被过高估计。纪律、技能、善意、一定的自豪和高昂的士气：这些是一支在和平时期受训的军队的属性。它们令人尊敬，但缺乏它们本身的内力。它们一起挺立，一起坠落。一条裂缝足令整体崩溃，就像过快冷却的一个玻璃杯。即使世界上最高昂的士气，也能在首次受挫时太容易地转变为沮丧——简直是自夸的一种恐惧；法国人会将它称作“仓促溃逃”（*sauve qui peut*）。这样的一支军队要能够打赢，只有依凭它的司令官的武德，决不能指靠它自己。它必须以超常的审慎来被率领，直到经过一系列胜利和奋斗，它的内在力量增长到填满它的外在躯壳为止。我们应当小心，决不要将一支军队的真正精神混同于它的情绪。

第 6 章　大胆

190 在论说成功的确定性那章里，我们讨论过大胆在武力的能动体系内占据的位置，还有在与审慎和慎重相对时它起的作用。我们曾试图表明，理论家无权依据教条般的理由限制大胆。

然而，这奋起凌驾于最要命的危险之上的高贵能力还应被认作是一项原理本身，独立的和积极的原理本身。确实，在什么人类活动领域比在战争中更有施展大胆的天地？

一名军人，无论是少年鼓手还是指挥将领，都不可能拥有比这更高贵的素质；它是给刀剑以锋刃和光泽的真钢。

让我们承认，在战争中，大胆甚至有其自身的特权。它须被授予一定的凌驾在上的权能，高于涉及空间、时间和兵力规模的成功的估算，因为凡在它优越无上之处，它将利用对手的羸弱。这事实不难证明，甚而科学地证明。每逢大胆遭遇怯懦，它就很可能是胜者，因为怯懦本身蕴含丧失均衡。大胆只有在遭遇刻意的谨慎时才会处于不利地位，后者可被认为本身就是大胆的，肯定一样有力和有效；不过这样的情况难得出现。在大多数人那里，谨慎源自怯懦。

就大多数军人来说，培育和增进大胆决不可能损害其他素质，因为普通士兵受职责和服役条件约束必须服从上司，因而由外在的才智引领。在他们身上，大胆犹如一个盘绕的弹簧那般起作用，随时准备放松弹出。

指挥链越是往上，大胆就有必要由深思熟虑去支撑，从而大胆不致蜕化为盲目激情的盲目爆发。指挥变得越来越不那么是一项个人牺牲问题，越来越多地关系到他人安全和共同目的。在大多数军人那里由已经变成他们的第二天性的服役规章来规制的那种素质，在指挥官那里必须由思索来规制。就一位指挥官来说，一项大胆的行动可以证明是个错误。尽管如此，它是个可赞的错误，不要依据看待别的错误的那样的理由去看待它。经常出现不适时的大胆的军队实属有幸；它是繁茂的野草，然而表明土地的肥沃。甚至莽撞蛮干——即全无目的的大胆——也不得被鄙视：从根本上说它出自勇敢，这勇敢在这场合以一种未经思维制约的激情爆发 191
了出来。只有在大胆反叛服从的时候，在它挑战性地漠视一项经明确表述了的命令的时候，它才必须被当作一种危险的冒犯去对待；其时它必须被阻止，不是因为它的内在素质，却是因为一项命令已被违背，而在战争中服从命令头等重要。

假设才智的大小并无二致，怯懦在战争中将带来的损害千百倍地超过大胆带来的。这一看法的真确对于我们的读者将不说自明。

事实上，理性目的的督导应当使行事大胆变得容易些，从而较少值得赞誉。然而，相反的说法才是正确的。

由于清澈的思维，更由于自制自律，种种不同情感的力量被大为减弱。结果，大胆变得**在较高层级上较不普遍**。即使一位军官的洞察力和才智的增长跟不上他晋级的速度，种种战争现实也会将它们的状况和关切加诸于他。确实，他越少真正地理解它们，它们对他的影响就将越大。在战争中，这是一句法国谚语——"*Tel brille au second qui s'éclipse au premier*"①——表述的经验的主要基础。我们从历史所知的近乎每一位平庸甚而踌躇的将领，作为一名低级军官都以锐气和决绝著称。

在出自纯粹必需的大胆行为中间，应当作个区分。必需以各种不同程度来临。如果它来得紧迫，那么一个在追求自身目的的人可能被驱使引发一套风险，为的是规避同样严重的其他风险。在这场合，人们只能赞誉他的决断力，那尽管如此却仍可贵。为显示自己的骑术而跃过一条深沟的年轻人表现了大胆；如果他同样策马跳跃，以便躲避一群凶蛮的土耳其禁卫兵，那么他显示的一切只是果断。必需与行动之间的距离越大，采取行动之前不得不辨识和分析的可能性越多，大胆因素被削减的程度就越小。当弗雷德里克大王在1756年设想战争无法避免、除非他能抢在敌人之前动手他就输掉的时候，发动战争对他来说就成了一个必需；但与此同时，这是个大胆行动，因为极少有身处他那样地位的人会胆敢以这一方式行动。

虽然战略只是将领和其他高级军官的领域，但军队其余部分的大胆是个在规划制订方面与任何其他武德一样重要的因素。依凭一支兵员取自以大胆著称的人民的军队，一支总是在其中培育勇敢精神的军队，就能比依凭一支缺乏这素质的军队成就得更多。由于这个原因，一般的大胆在此得到了谈论，虽然我们的实际论题

① 意即"副将辉煌在副级，官升到顶便无光。"编者注。

是司令官的大胆。然而，广泛地叙述了这一武德之后，没有多少话被留下来说了。军事层级越高，行动由心灵、理智和洞察力支配的程度就越大。因而，作为一种性情特质的大胆将倾向于受到制约。192
这解释了为什么它在较高职级上那么难得，为什么它在那里被见到时更值得赞誉。由优越的理智支配的大胆是一位英雄的标记。这类大胆不在于藐视自然事理，不在于粗蛮地违背或然率；相反，它是个精力蓬勃地支持那更高形态的分析的问题，据此天才做出一个决定：对种种可能性的迅捷的、仅仅部分自觉的掂量。大胆能给理智和洞察力添上翅膀；这翅膀越强壮，就飞翔得越高，视野就越宽广，结果也就越佳；虽然，较大的奖赏自然包含较大的风险。不说踌躇者或懦弱者，一般的人可以在一种想象出来的境况里，在他那远离危险和责任的居室安宁之中，得出正确的答案——亦即只要这有可能而不直面现实。然而，被危险和责任四下包围，他就会失去透视力。即使这由别人提供出来，他也会失去他的决断力，因为在这方面，没有任何别人能帮助他。

换言之，无法想象一位杰出但怯懦的司令官。没有任何并非天生大胆的人能够扮演这么一个角色，因而我们将这素质认作是伟大军事统帅的头号先决条件。到他升至高级职衔时，在训练和经验业已影响和修改它之后，这素质还留存多少则是另外一个问题。它被保留下来的程度越大，他的天才幅度也就越大。风险的规模增进，但目的的规模也如此。对评论性学者来说，在由某种强制性的长期目的支配的行动与纯野心规定的行动之间没有多大差别——在弗雷德里克之类人物的政策与亚历山大之类人物的政策之间没有多大差别。后者的行为可以迷住想象力，因为它们极端大胆，而前者的行为可以令理智更满意，因为它们受一种内在必需规定。

我们必须提到又一个重要因素。

一支军队可以由于两个原因而浸透了大胆精神：它可以天然地契合部队从中征召来的人民；或者，它可以是一场在大胆的领导人之下打的、得胜了的战争的结果。如果是后面一种情况，那么在一开始会缺乏大胆精神。

当今，实际上除了战争，没有任何手段会在这大胆精神方面教育一国人民；而且，它必须是一场在大胆的领导人之下进行的战争。没有任何别的会抵消柔弱和安逸欲望，那在繁荣愈益增进、贸易持续增长的时期里令人民贬值蜕化。

只有在民族性格与习长用武这两者通过持续的交互作用而彼此强化的情况下，一个人民和民族才能希望在世界上占据一个强有力的地位。

第7章　坚韧

读者期望听讲战略理论，听讲线条和角度，结果发觉自己碰上 193
的只是日常生活的凡物，而非科学世界的这些外来品。然而，作者无法使自己在最微小的程度上更科学，超过他认为他的论题有理由如此的——这态度可能显得古怪。

在战争中甚于在其他地方，事情到头来并不像我们预期的。它们就近并不显得如它们从远处看去的那样。一位建筑师多有把握去观察他的劳作的进展，并且眼见他的蓝图逐渐成真！一位医生虽然可能多得多地遭遇偶然性和莫名其妙的结果，但他了解他的医药和它们产生的效果。相反，战争期间的一位将领不断遭到种种事情的轰炸：真实的和虚假的情报；出自恐惧、疏忽或草率的错误；源于不同原因的违令行为，其中有或对或错的解释、恶意、适当的或错误的责任感、懒惰或精疲力竭；还有无人能够预见的事故。简言之，他面对无数印象，其中大多令人不安，极少令人鼓舞。长期的战争经验造就了一种快速评价这些现象的技巧；勇气和性格力不为它们所动，恰如一块岩石不为波浪起伏所动。如果一个人屈从于这些压力，他就永不会完成一项作战。在业经选定的道路上的**坚韧**是必不可少的抗衡物，只要没有什么强制性的理由插进来要求改道。不仅如此，在战争中几乎全无任何值得的事业，其实施不要求巨大的努力，不召来无数的烦难和匮乏；而且，由于压力之下的人易于屈从体格弱点和心智弱点，只有伟大的意志力才能够导致达到目标。正是坚定，将赢得世界称誉和后代赞颂。

第8章　兵员数量优势

在战术如同在战略上，兵员数量优势是最常见的得胜要素。194
让我们首先考虑这一般特征，它要求做下述说明。

战略决定要打的交战的时间、地点和所用兵力，并且经过这三重因素，对它的结果施加非同小可的影响。一旦战术遭遇已发生和结局——无论胜败——已定，战略就将用它来服务于战争的目的。这目的当然通常遥远，仅难得近在眼前。一系列次级目的可以充作达到最终目的的手段；在实践中，这些中间目的——达到更高目的的手段——可以是多种不同类型的。甚至最终目的，整个战争的宗旨，也几乎在每个场合各有不同。随我们进入它们影响的不同细节，我们将变得更好地熟悉这些问题。我们在此并未提议完全一一列举它们，即使这是可能的。因而，眼下我们不会讨论对交战的使用。

战略依以影响交战结果的各个因素亦非足够简单，以致可用单独一句来谈论。在决定交战的时间、地点和要用的兵力时，战略提出多个可能性，其中每个都将对交战的结果有一不同影响。在此，我们将随着研究影响它的各不同因素，又一次变得逐渐熟悉论题。

如果我们由此剥除交战的所有出自其目的和环境的变量，并且无视所涉部队的战斗价值（那是个给定的量），我们就只被留有赤裸的交战概念，一种不定型的战斗，在其中唯一显明的因素是双方的部队数量。

因而，这些数量将决定胜败。当然，从我为达到这点而做的大堆抽象显然看出，在一场给定的交战中，兵员数量优势只是决定胜利的因素之一。优势的兵员数量远非是胜利的仅有成因，甚或不是胜利的颇大部分成因，可以取决于种种环境实际上贡献甚微。

然而，优势的程度各有不同。它可以是二对一，或三或四对一，等等；它显然能够达到压倒性的地步。

在这个意义上，数量优势诚然是交战结局的最重要决定因素，
195 只要它大得足以抵消所有别的助成境况。因而，在决定性关头，尽可能多的部队应被投入交战。

不管这些部队是否证明足够，我们至少要竭尽全力去做。此乃战略的头号原则。在它在此据以被表述的一般形态上，它就希腊人和波斯人、英国人和马拉塔人①、法国人和普鲁士人来说都是对的。然而，为了更具体，让我们审视欧洲的军事状况。

欧洲各国军队在装备、组织和训练方面类似。可存在的差异要见于部队的精神和统帅的能力方面。如果我们看晚近的欧洲史，我们就不会找到另一场马拉松。

在勒申，弗雷德里克大王以大约3万人击败8万奥地利人；在

---

①　印度主要民族之一，发祥地大致为当今的马哈拉施特拉邦，即沿印度西海岸从孟买到卧亚，并且向内陆延伸至那格浦尔以东约160公里处的操马拉塔语的地区。1775至1818年，英国殖民者利用马拉塔各王公之间的争斗，进行了对马拉塔联盟的三次战争，最终完全瓦解对手，完成了征服印度的重要一步。——中译者注

罗斯巴赫，他以 2.5 万人击败盟国 5 万人。然而，这些是对一个拥有两倍甚或三倍强势的对手赢得胜利的仅有的例子。纳尔瓦战役中的查理十二不在同一个范畴。当时的俄国人几乎不能被认作欧洲人；不仅如此，我们就那场战役的主要面貌所知太少。波拿巴在德累斯顿指挥 12 万人对抗 22 万人——差不多一半。在科林，弗雷德里克大王的 3 万人无法击败 5 万奥地利人；与此相似，波拿巴在孤注一掷的莱比锡战役中未能取胜，虽然以他的 16 万人对抗 28 万人，他的对手远不到拥有两倍强势。

这些例子可以表明，在现代欧洲，甚至最有才华的将领也会发觉很难击败一个兵力两倍于他的对手。当我们看到最伟大统帅的技能可以被战斗兵力的 2∶1 比例抵消时，我们无法怀疑在一般场合，不管交战规模是大是小，兵员数量方面的重大优势（它不必大于两倍）将足以保证打赢，无论其他境况多么不利。当然，有可能想象一个山口，那里甚至十倍的优势也会不够，然而在这么一种情势下，我们无法真正地谈起一场交战。

我们因而认为，在我们所处的环境和一切类似的环境里，一个主要因素是在真正至关紧要的点上拥有的兵力。通常，这实际上是最重要的因素。在决定性的点上取得强势取决于军队的兵力，同时取决于这兵力依以被使用的技能。

因此，头号规则应当是：将尽可能最大规模的军队投入战场。这可能听来是老生常谈，但实际上不是。

为了表明军队兵力有多久不被认为意义重大，我们只须指出 18 世纪大多数军事史——甚至最全面的——也要么不提军队规模，要么只是以一种很随便的方式提到；肯定，它们从不强调它。

滕佩尔霍夫[①]以其七年战争史，是规则性地给出兵员数字的第一个作者，虽然它们只是近似数。

196 甚至马申巴赫[②]对1793至1794年普鲁士的孚日山脉战役做的叙述，连同其常有的评论性考察，也大谈山丘和山谷、道路和小径，却无关于双方兵力数量的片言只语。

进一步的证据见于萦绕某些作者的下述古怪观念：存在一支军队的某个最佳规模，一个理想的标准；超过它的任何部队都更多的是麻烦而非资产。[③]

最后，有许多案例，在其中并非所有可用兵力都被实际用于一场战役或战争，因为兵员数量优势未被赋予它应有的重要性。

如果真的确信显著的数量优势能够大有斩获，这信念就必定

① 格奥尔格·弗里德里希·冯·滕佩尔霍夫(1737—1807)：普鲁士陆军上校，军事史家，撰写《德意志七年战争史》(全名为《普鲁士国王与(奥地利)女皇及其盟友之间在德意志的七年战争史，作为劳埃德史书之接续》)，1783至1801年在柏林出版。亦系启蒙时代的新型军事思想家之一，他们企求依据对欧洲现代战争经验而非希腊罗马古典史的仔细研习去构建战争理论。——中译者注

② 克里斯蒂安·卡尔·奥古斯特·路德维希·冯·马申巴赫(1758—1827)：普鲁士军人，参加过法国革命战争和拿破仑战争中的多次战役；1806年耶拿战役时担任左翼普军司令官霍亨洛赫亲王的参谋长，战略战术主张严重失当。后撰写回忆录和数种小册子。——中译者注

③ 我们马上想到滕佩尔霍夫和蒙塔伦贝：前者在其著作第一部分的第148页的一段里，后者则在其《书信集》内提到俄国1759年作战计划的一处。克劳塞维茨注。克劳塞维茨指的是：滕佩尔霍夫对亨利·劳埃德《德意志晚近战争史》(*History of the Late War in Germany*)做的德意志翻版——《德意志七年战争史》(*Geschichte des Siebenjährigen Krieges in Deutschland*)(1783—1801)；《蒙塔伦贝侯爵书信集》(*Correspondence de Mr. le marquis de Montalembert*)(1777)。编者注。

马克·雷内·蒙塔伦贝侯爵(1714—1800)：法国军事工程师和著作家，法国大革命期间经常被革命军队组织者和领导者卡诺召去咨询，并被他晋升至师级将官。著有名著《论垂直防御工事》(1776—1778)。——中译者注

影响备战。由此，目的就会是将尽可能最大规模的兵力投入战场，以图占据上风，或者至少确保敌人不占上风。这就是关于应被用于进行战争的总兵力。

在实践中，兵力规模将由政府决定。这决定标志军事活动的开始——它确实是战略的一个至关紧要的组成部分，而行将在战场上统率军队的将领通常不得不将他的兵力规模当作一个既定因素接受下来。要么在这件事情上没有征询他的意见，要么环境可能已阻止征集一支规模够大的兵力。

因此，必须以这么一种技能去使用可得的兵力：即使缺乏绝对优势，也在决定性的点上获得相对优势。

为实现之，对空间和时间的估算显得是最根本的因素，而这引发了一种信念，即在战略方面，空间和时间实际上涵盖有关使用兵力的一切。确实，某些人走得那么远，以至于认为伟大的将领有一种处理战略和战术的特殊官能。

可是，虽然时空关系确实是其余一切的根底，是——打个譬喻说——战略的日常食粮，但它既非最困难因素，亦非决定性因素。

如果我们不怀偏见地考虑往昔的战争，我们就会发现至少在战略层面，这么一种估算上的错误导致失败的案例一向极少。不仅如此，倘若时空精巧关联这一概念要毫无例外地解释为何一位决绝果断、富有胆魄的将领能依靠快速行军这手段，以单独一支军队击败几支军队（弗雷德里克大王、波拿巴），我们就会不必要地用 197
流俗的行话搞糊涂我们自己。概念若要清晰和有益，事情就须被称之以它们的准确的名称。

此类胜利的真正原因，在于正确地评估对方的将领（道恩、施瓦岑伯格),愿意冒一度以劣势兵力面对他们的风险,有快速运动的干劲,敢于迅速进攻,具备危险在伟大人物那里引发的愈益敏捷。这须与估算两个如时间和空间这么简单的要素之间的关联有什么关系?

甚至伟大的将领经常将其防御付托给它的兵力跳飞效应——罗斯巴赫和蒙特米雷尔两场战役的胜利靠此给勒申大捷和蒙特罗大捷提供了势头——也难得见诸历史,如果我们希望说得清晰和准确的话。

相对优势,即在决定性的点上优势兵力的精巧集中,远为经常地基于对这决定性的点的正确评估,基于自从一开始就有的、导致兵力适当部署的合适的规划工作,并且基于为了根本而牺牲枝节所需要的决心,也就是使自身兵力的主要部分保持凝聚统一的勇气。这尤其是弗雷德里克大王和波拿巴的特征。

我们相信,凭这番谈论,我们已表明兵员数量优势如何真正至关重大。它必须被认作是根本的,在每个场合都要在尽可能最大程度上实现。

然而,若以为数量优势对胜利来说必不可少,就会严重误解我们的论辩;我们只希望强调其相对重要性。如果我们使用最大的可能兵力,那就符合原理;是否要因为短缺兵力而规避一场战斗,只能按照所有其他情势去决定。

第 9 章　出敌不意

前一章的论题——追求兵员数量相对优势的普遍愿望——导 198
致因而同样普遍的另一愿望，即**出敌不意**。对所有作战来说，这愿望都多少是基本的，因为舍此在决定性的点上的优势就几乎不可设想。

出敌不意因而成了获得优势的手段，但因为它的心理效应，它应当也被认作是一个独立的要素。每逢它被大规模实现，它就会使敌人困惑不明，且令其士气低落；许多大小实例显示，这如何转过来又倍增了结果。这里我们不是在说一场突袭，那落在总的“进攻”范畴下，而是在说出敌不意的愿望，靠的是我们的规划和部署，特别是关于兵力分布的那些。这在防御方面同样可取，而且确实它是战术防御的一大武器。

我们提出，出敌不意无例外地是一切作战的一个根底，虽然在广为不同的程度上，其不同取决于作战的性质和环境。

这些不同可能已经源于军队的特性、将领的特性、甚或政府的特性。

造成出敌不意的两个因素是秘密和速度。它俩都以政府和统帅方面一种高程度的干劲为先决条件；在军队方面，它们要求高效。在松松垮垮的状况和操作下，永不会实现出敌不意。可是，虽然实现出敌不意的愿望普遍存在和确实必不可少，而且虽然它的确决不会全然无效，但同样真确的是依其性质本身，出敌不意难得能够**卓越**成功。因此，将出敌不意视为战争中获胜的一个关键要素将是个错误。这准则在理论上非常诱人，但在实践中往往受阻于整个机器的摩擦。

基本上，出敌不意是个战术谋略，仅因为在战术方面时空幅度有限。因此，在战略上它发生得越靠近战术领域，就变得越可行，而越靠近较高的政策层次，就变得越困难。

备战通常需要累月经年。要将部队集中在它们的主要集结点上，就需设立军需储集场和补给站，连同大量的部队移动，其目的能被足够快地猜出来。

199 因而，一国很难得靠一场进攻或靠备战使另一国大觉意外。在 17 和 18 世纪，当战争往往依赖围城战时，一个常见的重要目的就是突然包围一座要塞；然而，这太难得证明是成功的。

相反，在需时很短的作战中，较易贯彻出敌不意。要偷偷进兵敌方和以此方式占据一个方位、一处特殊地形或一条道路往往相对简单。但是显然，出敌不意越容易实现，它的效能就越小，反之就越大。抽象地，我们可能认为小突然性往往导致大结果，例如赢得一场会战，或夺取一个重要补给站，可是历史并未证明这一点。此等出敌不意导致重大结果的案例非常罕见。据此，我们可以断定内在困难何等可观。

当然，任何一个参阅历史的人都必须不容史家用其宠爱的各种理论、或用条条格言和自鸣得意的大量细节演示使他偏入歧途。他必须看事实。例如，看 1761 年西里西亚战役中的某一天，它在这方面已经很有名。7 月 22 日，弗雷德里克大王偷偷进兵指向劳东，[①]进至尼斯附近的诺森，由此据称阻止了奥军和俄军会师于上西里西亚，从而得到了四个星期的喘息时间。如果我们研究写在主要权威的著作[②]里的这个事件，不怀偏见地考虑事实，我们就会发现这次行军全无这样的重要意义，却发觉已变得时髦的整个论辩里的自相矛盾，还有在这些著名的迂回行动期间进兵劳东的很大部分难解之处。没有哪个寻求真理和理解的人能够满足于这么一个史例。

当我们期望战役过程中的出敌不意要素产生重大结果时，我们想的是紧张活动、迅速决策和强力行军。然而，即使在这些以高程度呈现的例子里，它们也可以并非总是产生所图的结果，就像由两位能够被认为在这些事情上高超透顶的统帅——弗雷德里克大王和波拿巴——表明的那样。1760 年 7 月，前者突然从鲍岑猛袭拉西，然后转向德累斯顿。然而，这插曲成就甚微；的确，它令弗雷德里克境况大不如前，因为与此同时格拉茨沦陷。

1813 年，波拿巴两度突然从德累斯顿转击布吕歇尔，更不用

① 恩斯特·吉德翁·冯·劳东侯爵(1717—1790)：奥地利陆军元帅，18 世纪最杰出的欧洲将领之一，据称被苏沃洛夫赞为自己的导师。七年战争期间战功卓著，1760 年时摧毁普鲁士一整个军团，并且猛烈攻陷格拉茨，但随后在利格尼茨战役中输给弗雷德里克二世。其用兵勇猛，与道恩的谨小慎微截然相反。在 1778 年开始的巴伐利亚继承战争和 1787 年开始的奥地利—土耳其战争中任奥地利帝国军队总司令，最后的杰出战功为在后一场战争中攻克贝尔格莱德。——中译者注

② 滕佩尔霍夫：《老军人》，弗雷德里克大王。克劳塞维茨注。《老军人》要么指一部题目如此的文集，要么更可能指一位在七年战争中服役的奥地利军官雅各布·德·科尼亚佐的回忆录，即 Jacob de Cogniazo, *Getändnisse eines östereichischen Veteranen*, Breslau, 1781—1791。编者注。

提他从上卢萨蒂亚而下进军波希米亚，可是他无法达到自己的目的。这两项行动都是无的放矢，令他徒耗时间，徒遭伤亡，并且可能严重危及了他在德累斯顿的阵地。

200 因而，在一项突然行动中，重大成功并非依赖统帅的干劲、力道和决心：它必须拥有其他有利环境。我们不想否认成功的可能性，而是只想确认一个事实，即它确实需要种种有利条件，那并非常有，也难得能够被将领创造出来。

我们刚列举了的两位统帅提供了关于这一点的显例：先说波拿巴，即1814年他那著名的对布吕歇尔麾下部队的作战，后者当时正在沿马恩河移动，与盟军主力隔开。我们几乎无法想象从一场在两日内施行的意外挺进中产生更大的结果。在一段三日行军路程的距离上，布吕歇尔的部队从头到尾一线排开，独自受到打击，遭受了一场大战役规模上的重大伤亡。这完全归因于出敌不意，因为假如布吕歇尔知晓波拿巴的袭击可能迫在眉睫，那么他的行军命令本将不同。法国人的成功依赖布吕歇尔的错误。诚然，波拿巴不知道布吕歇尔怎么看形势；他得益于一项幸运的巧合。

1760年的利格尼茨战役是相关的另一个案例。弗雷德里克大王所以赢了这场战役，是因为在夜里他移出了他刚占据的一个阵位。劳东全然没有预料到，结果丧失了70门火炮和1万官兵。其时，弗雷德里克在依据一项准则行动：经常移动，为了避战，或至少为了挫败敌人的计划；然而，当他在6月14和15日之交的夜里改为自己的阵位时，这不是他的意图。他移动，像他本人说的，是因为他不满意他那天占据的阵位。在此，偶然性同样起了大作用，假如不是由于地形崎岖难行，加上弗雷德里克夜间换位恰与劳东攻击的预备阶段巧合，那么结果本将不同。

甚至较高和最高的战略领域，也提供了某些例子去显示重大的出敌不意。回想起大选侯对瑞典的辉煌战役便将足矣，它们从法兰科尼亚席卷至波美拉尼亚，从马尔克—勃兰登堡席卷至普雷盖尔河。1757 年的战役和波拿巴在 1800 年著名的阿尔卑斯山翻越，则是别的例子。在后一场合，奥地利军队拱手交出整个作战区，而在 1857 年，另一支军队非常接近于不但交出作战区，而且交出它自己。最后，弗雷德里克入侵西里西亚可被引作例子，例解一场完全出乎意外的战争。在所有这些场合，结果无不巨大和深远。然而，历史极少这样的事件去报道，当然除非我们将它们混同于别的例子，即国家因为十足的迟钝懒散和缺乏干劲而对战争措手不及，例如萨克森在 1756 年，俄国在 1812 年。

还需要做一个观察，那深入事情的核心。只有大力施加自身意志的司令官才能够出敌不意；而且，为了大力施加自身意志，他必须正确地行事。如果我们以错误的举措去令敌人吃惊，我们就可能毫无得益，反而遭受急剧的挫败。在这场合，我们的突然举动 201
将极少引得敌人担忧；通过利用我们的错误，他会找到挡住任何不良效应的途径。由于较之防守，进攻给积极行动提供了大得多的余地，因而出敌不意这要素更经常地与袭击相关——但如后所述远非只是如此。通过攻势和守势造成的互相突如其来可以互相碰撞，在此情况下最直接地击中了要害的那方将行之有理并获得成功。

无论如何，那是它该当如此的原因。然而，出于一个简单的缘故，那在现实生活中并非总是发生。对能够从出敌不意的心理效应获益的那方来说，形势越糟，它到头来就可能变得越好，与此同时敌人发觉自己无法做出内在连贯的决定。不仅高级指挥官如此，而且所涉的每个人都如此，因为出敌不意的一个特性在于它松弛了内在凝聚纽带，个人行为能够轻而易举地变得事关重大。

事情很大部分取决于双方之间确立的关系。如果总的精神优势使对立一方能够恐吓和超过另一方，它就能效果更佳地使用出敌不意，甚至可能在一般它或许预料会失败的场合收获胜利果实。

第10章　狡黠

“狡黠”一语蕴含隐秘目的之意。它与径直、简单和直接的方式相反，很像妙语趣话与直接证词相反。因此，它与说服、晓以自利或强迫等方法全然不同，而是大似于同样隐匿目的的欺诈。当它完成时，它本身是欺诈的一种形态；然而，不是普通意义上的欺诈，因为不涉及公然背信。诡计或谋略的使用让意中的受害者去自犯各种错误，它们结合在单独一项结果中，在他自己眼前突然改变形势的性质。或可说，有如妙语趣话以想象和信念要花招，狡黠则以行动要花招。 202

乍看来，似乎不无理由认为“战略”一语当出自“狡黠”，而且尽管有战争自古希腊时代往后经历了的一切真实的和表面的变化，这个术语仍显示出它的根本性质。

如果我们将武力的实际施行即交战留给战术，将战略认作是为一个更大的目的而精巧地利用武力的艺术，并且暂时无视诸如强烈的野心——它像一圈压缩了的弹簧那般作用——和仅仅勉强退让的大意志力等等特性，那么没有任何人类特性显得像狡黠之才那么适合于指导和激励战略这任务。前一章里谈论过的普遍的出敌不意渴望已经指向这一结论，因为每项突如其来的行动都植根于至少某个程度的狡黠。

然而，无论一个人多么渴望看到彼此对抗的将领在技巧、精明和狡黠方面互争高低，事实却依然是战争史上这些素质并非夺目昭彰。在种种事件和境况的杂乱颠簸中间，它们难得突出显现。

就此，原因显而易见，且与前一章的实质紧密关联。

战略只是涉及交战和关系到交战的方针。与别的生活领域不同，它不涉及仅由言辞构成的行为，例如声明、宣言等等。然而，言辞廉价，是造就虚假印象的最常用手段。

战争中的类似的东西，即仅为表象而发布的计划和命令、意在将敌人搞糊涂的虚假情报等等，作为通则只有那么微小的战略价值，以致它们只是在一个现成机会自动展现出来的情况下才被使
203 用。它们不应被认作是一个重大的独立行动领域，可任凭司令官随意配置。

以足够打动敌人的彻底性去准备一项欺骗行动，需要花费大量时间和努力，而且欺骗规模越大，成本就越高。通常，它们要求的超过能被省出来的，因而所谓战略伪装难得有希望的效果。事实上，仅为创造一个幻象而在长短不等的时间内使用大量兵力是危险的；总是存在一无所得的风险，连同被部署的部队在真正需要它们的时候会不可得的风险。

在战争中，将领们总是不忘这个令人清醒的真理，从而倾向于打消玩弄诡诈佯动的强烈欲望。严酷的必需通常浸透直接行动，以至于没有给这么一种把戏留下任何余地。简言之，战略家的棋子不具备那种对谋略和狡黠而言必不可少的机动性。

我们断定，对于统帅，准确和透彻的理解是一种比任何狡黠之才更有用、更根本的资产，虽然后者只要不像过分经常的那样，以

更根本的品格素质为代价而被使用，就不会造成任何损害。

然而，最高统帅掌握的兵力越弱，用狡黠制敌就变得越有吸引力。在一种羸弱和低微状态中，审慎、判断和能力不再足够时，狡黠很可能显得是仅有的希望。形势越黯淡，一切都集中于孤注一掷，狡黠就越容易与大胆连为一体。无需一切未来考虑，解脱日后报应的种种想法，大胆和狡黠将毫无约束地彼此强化，以至于将微弱的希望烛光聚集为单独一道光束，那仍可点燃一场大火。

第 11 章 空间上兵力集中

204 最好的战略是始终保持**很强**；首先是总的强势，而后是在决定性的点上的强势。除了为造就军事实力所需的、并非总是出自将领的努力，没有比**保持己方兵力集中**这法则更高和更简单的战略法则。没有任何兵力应在任何时候被分离出军队主体，除非有明确和**紧迫的**需要。我们坚执这条原则，将它视为可靠的指南。在我们的分析过程中，我们将了解什么环境下分兵可被证明正当。我们还将了解集中原则不会在每一场战争中都有同样的结果，相反这些结果将按照手段和目的改变。

虽然听起来难以置信，但事实是军队无数次地被分解和分隔，同时司令官却无任何清晰的理由这么做，仅仅因为他模糊地觉得事情应当以这种方式去做。

能完全避免这种愚蠢，能永不提出大量不正确的分兵理由，只要兵力集中被认作规范，每一分隔和分解被认作一项必须证明是有理的例外。

第 12 章　时间上兵力统一

我们已进至一个在应用于现实生活时很可能误导的概念。清 205
晰的界定和展开看来必不可少，我们希望我们可被谅解来做又一番简短的分析。

战争是彼此对立的武力的碰撞。因而，那较强的武力不仅摧垮那较弱的，而且其势头将较弱的武力牵着走。这似乎不容旷日持久、连续不断地使用武力：相反，意在一项既定行动的所有手段的同时使用显得是战争的一项基本法则。

实践中真的如此，但只是在战争确实有如一种机械式突击的时候。当它由互相摧毁的武力的一长串互动行为构成时，武力的前后相继的使用肯定成为可行的。战术方面的情况就是如此，根本上是因为战术主要基于火力；而且，还有其他原因。如果在一场交火中，一千人面对五百人，他们的伤亡总数可以从双方投入的总兵力中计算出来。一千人比五百人多发射一倍枪弹，然而在一千人里，被击中的超过在五百人里的，因为必须假定这一千人会被部署得更稠密。如果我们设定他们遭到两倍弹击，那么双方的伤亡将相等。例如，那五百人将遭受两百名伤亡，就像那一千人将遭受的。现在，如果五百人的兵力保持了相等数量的后备兵员，身处射程之外，那么每一方将有八百名体格健全者可用。然而在一方，五百人将精神饱满初上沙场，并且弹药充足，与此同时面对他们的那所有八百人将在某种程度上队列散乱，疲惫有加，弹药短缺。诚然，做下述假定不正确：由于他们人多，因而与那五百人若在他们的位置上本会损失的相比，那一千人将损失的人员达两倍。将本身兵力的一半保持为后备的那方，其较大的伤亡须被算作一种不利。还须承认，作为一条通则，那一千人起初可以有机会将敌人逐出其阵地，迫使他撤退。是否这两项优势抵消得了一项劣势，即以八百名多少厌战了的人去对抗这么一个敌人：并非显著较弱，且有五百名精神饱满的生力军？这个问题无法靠进一步的分析来回答。我们必须靠经验；极少有见过实战的军官会不认为拥有生力军的那方占据优势。

事情变得显而易见：为何部署一支规模太大的部队可能有害。
206 因为，不管数量优势在交战初始提供了多大的好处，我们可能不得不在随后为之付出代价。

然而，这危险只存在于紊乱阶段，**杂乱和羸弱状态**——简言之亦即每场交战中发生的危机，甚至在得胜的那方。在这么一种弱态境况中，生力军的出现将是决定性的。

另一方面，一旦得胜的扰乱效应停止，所剩的一切是每场胜利引发的精神优势，那么只凭生力军便不再能挽救局势——它们也会被扫除掉。一支被击败的军队无法只通过获得强劲后备的增援就在翌日卷土重来。**在此，我们进到了战略与战术之间一个至关紧要的差别的根源**。

战术成功，交战**过程中**取得的那些成功，通常发生在杂乱和羸弱阶段里。相反，战略成功、交战的总体效果、完成了的胜利，不管是重大还是微小，都**已在这个阶段之后**。只是当众多零碎的结果已结合成单单一个独立的整体时，战略结局才告形成。然而此刻，危机结束，部队恢复了它们起初的内在凝聚，仅因它们实际遭受了的伤亡而变弱。

由于这差别，在战术领域武力能被前后相继地使用，而战略却只知武力的同时使用。

如果在一个战术形势中，起初的成功未导致最后的胜利，那么我们便有理由担心紧接着的未来。因此，为最初的阶段，我们应当只使用看来绝对必需的兵力。其余兵力应被保持在火力范围之外，并且避离近战，从而我们能以我们自己的生力部队去对抗敌人的后备兵员，或用它们去击败已被削弱的敌军。在一个战略形势中，情况就不是如此。首先，如前所述，一旦取得战略成功，就较少可能遭遇逆动，因为危机已经过去；其次，并非所有战略兵力都已必然被**削弱**。唯一遭受损失的部队是那些**在战术上**参与了交战的，换言之那些业已战斗的。只要它们未被浪费，那么只有不可减少的最小限度兵力才会置身行动，远非已在战略上被拨出的总兵力。有些部队由于全军的优势而很少或全未卷入战斗，仅因其在场就对成功做出了贡献：这些部队在胜利之后一如胜利之前，随时准备好履行进一步的任务，就像它们一直完全闲置似的。显而易见，这些部队提供的边际实力能对成功的结局做出多么重大的贡献；同样可以理解的是，它们在场能够实质性地减少在战术上实际交战的部队遭受的损失。

在战略上，并非所用兵力规模越大伤亡就越大，却可能甚至越小，同时显然较大的兵力更可能导致成功；因此，自然而然，使用的 207

兵力多多益善，而且所有可用兵力必须被**同时**使用。

可是，这个命题的真确也需要在另一个领域得到确认。至此，我们仅讨论了战斗本身。战斗是战争的根本活动，但我们还必须考虑这活动的组成成分即人员、时间和空间。我们必须考虑它们的影响造成的效应。

疲劳、费力和匮乏构成战争中一类独立的毁坏因素——并非本质上属于战斗但多少复杂地包含在其中的一类因素，特别附属于战略领域。这类因素也见于战术形势，而且可能在它最强烈的形态上；不过由于战术行动为时较短，费力和匮乏的效应有限。然而在战略层面上，时间和空间这两个维度被加大，这效应就总是可感，并且往往是决定性的。并非罕见，一支得胜的军队因为疾病而遭受更大的损失，超过战斗伤亡。

如果我们考虑战略领域内的这个毁坏范畴，像我们考虑战术领域内因为炮火和近战而来的毁伤那样，我们就很可以断定到战役或某个别的战略时段结束时，暴露在毁坏因素面前的一切都将已处于一种被削弱了的状态，生力军的出现就将是**决定性的**。因而，在战略形势中就像在战术形势中那样，我们可能禁不住以最小限度规模的部队去谋求初始的成功，为的是保留强有力的后备，以备最终拼斗。

许多实际案例使这论辩听来可信。为了正确地评估它，我们必须仔细审视包含在其中的各个独立的观念。首先，增援概念决不可被混同于生力军概念。极少有战役结束而未发生一种情况，即添上生力军看来极为可取，甚至是决定性的，对胜者和败者来说都如此；然而在此，这不是个问题：如果一开始就用了一支够大的兵力，就会根本不需要增援。有一种观念是一支接手战场的生力军将有更高的士气，甚于已在作战的部队（与战术后备相似，那确实士气高过已经饱受磨难的人），但它被经验彻底地打了折扣。正如一场不成功的战役减损部队的勇气和士气那样，一场成功的战役增进这些价值。因而大体上，这些因素倾向于彼此抵消；经验上的收获被留作显著的利得。无论如何，在此我们应当研究成功的而不是失败的战役，因为每逢失败能以任何程度的把握被预料到，便总是一开始就缺乏足够的兵力，从而难以想象将任何部分保持为后备兵员以供后来使用。

这一点被解决后，就出现了下述问题：一支部队因费力和匮乏而经受的种种损失是否会随它的规模加大而同比增长，如同在一场交战中的情况？对这个问题的回答必是否定的。

费力主要被危险引发，而危险在不同程度上与军事行动不可 208
分离。抗击处处都有的危险，怀抱信心往前贯彻我们的方针，是很 297
大部分活动的目标，这些活动构成军队的战术和战略责任。一支军队越弱，这责任就变得越艰巨，而军队的优势越大，它就变得越容易。谁能怀疑这一点？对实质上较弱的对手打的一场战役要求费的力较小，小于对同样强的军队打的一场战役，更不用说敌军对我军占优势时的情况了。

关于费力就谈这么多。匮乏是一桩多少不同的事。它主要由部队缺乏食物和缺乏遮蔽构成，遮蔽处就是营房或舒适的野营寨。在一地集中的兵力规模越大，食物和遮蔽难题就越大。另一方面，难道这优势本身没有提供在一个较大的地区分布开来、从而找到更多补给和遮蔽手段的最好办法？

在1812年挺进于俄国境内时，波拿巴以一种前所未闻的方式，始终令他的部队沿单独一条道路拥塞前行，导致了同样前所未闻的短缺。这可能归因于他的一项原则，即在决定性的点上越强越好。在此无法讨论他是否在这个例子里将这原则推进得太远，然而肯定倘若他想避免这些短缺，他必须做的一切就是在一条较宽广的战线上挺进。在俄国有足够的余地；的确，那里本将差不多总是有足够的空间。因此，这个例子没有给下述断言提供任何依据：大优势兵力的同时使用将造成较大的军队苦难。然而，设想大风和气候以及必不可免的战争辛劳确实削弱了——尽管有给全军提供的救济——军队的甚至剩余兵力部分，它本可被保持为后备，以供后来使用：将形势当作一个整体看待变得更为紧要，问这损失是否会抵消优势兵力本可能以某种方式取得的收益变得更不可少。

我们必须考虑另一个很重要的问题。在一场小交战中，大概地判断取得实质性成功需要多少兵力和什么将是多余的并不太难。在战略上，这实际上没有可能，因为无法以同样的精确性界定和刻画战略成功。在一个战术形势中可被视为剩余兵力的，在战略上须被认作出现机会的时候去开拓成功的一个手段。胜利规模越大，利得幅度就越大，因而兵力优势能够快速达到一个水平，那是最仔细的兵力计算也绝对无法确定的。

依凭他那巨大的兵力优势为手段，波拿巴能够在1812年长驱直达莫斯科，并且占领该城。假如他的优势兵力还能使他粉碎俄
209 军，他就大概会在莫斯科缔结一项和约，那将是依靠别的手段不那么容易取得的。我们援引这个例子，只是将它作为一个例解；证据

需要一番详细的说明，而这里不是这么做的合适的地方。

所有这些思考只是针对前后相继的兵力使用。它们不是关于后备概念本身的，虽然这两者在多处彼此触及。像下一章将表明的，这论题有更多的分支涵义。

我们正试图确定的是，虽然在战术上一场交战只要延续下去就削弱兵力，从而时间成了结果之中的一个因素，但是在战略上情况并非如此。在战略上，时间确实对参战兵力行使毁坏性影响，就此而言这些影响部分地被兵力规模缓解，部分地被以其他方式抵消。因而，战略家不可能意欲**为其本身的缘故**而逐渐地、一步接一步地投入兵力，以此青睐时间。

我们说**为其本身的缘故**，因为时间能有重要意义，作为出自它可是并非与它同一的种种因素的一个结果。确实，它必定对彼此相斗的一方或另一方来说至关重要。这是个颇为不同的问题，决非鸡毛蒜皮无足轻重，并将构成以后研究的论题。

因而，我们已力图形成的准则在于：意在一个战略目的并为之可得的所有兵力应予**同时**应用；一切越能被集中成单独一个时刻的单独一项行动，它们的运用就会越有效。

这并不意味着前后相继的努力和持续不息的效应在战略上没有一席之地。它们不能被忽视，而且因为它们构成争取最后成功的主要手段之一即生力军的连续部署，就更不能被忽视。这也将是另一章的论题。只是为了避免误解，我们在此才提到它。

我们现在转向一个与我们先前的讨论紧密相联的论题，它将澄清整个事情，那就是**战略后备**。

第 13 章　战略后备

210 一支后备兵力有两个分明的目的。一是延长和更新作战，二是抗御未被预料到的威胁。第一个目的预设前后相继地使用武力的价值，因而不属于战略。一支部队被派往一个将会被攻克的地点：这情况显然是第二个范畴的一个例子，因为在那个地点必需的抵抗的大小显然未被预见到。一支仅仅意欲在一场特定的交战中延长战斗、为此目的被保持为后备的部队将可得可用，并且从属于司令官，虽然驻扎在战火所及范围之外。因而，它是一支战术后备，而非战略后备。

可是，为对付紧急事态而保留一支随时可用的兵力的需要也可以出现在战略上。因而，能够有战略后备之类事情，然而仅在紧急事态是可以设想的时候。在一个战术形势中，我们常常甚至在见到敌人的举措之前对它们一无所知，它们可以被每一片树林和每一褶起伏的山地掩蔽，因而我们必须总是对未经预料的事态发展多少有所准备，以便那些到头来证明虚弱的阵位能得到加强，以便我们总的来说能将自己的部署调整得适应敌人的行动。

这样的情况也发生在战略上，因为战略直接关联到战术形势。在战略上，决策也必定往往依据直接的观察，依据每时每日反复抵达的不确定的情报，最后还依据战斗的实际结果。于是，战略领导的一个根本条件，是应当按照战略不确定性的大小，将若干兵力保持为后备。

在一般的防御战里，特别是在防守某些自然地貌诸如河流、山脉等等时，我们知道总是需要如此。

然而，战略与战术之间的距离愈大，不确定性就愈减；而在邻接政治领域的那个战略领域中，它实际上消失殆尽。

敌人的各个纵队经行军进入战斗只有靠实际观察才能被查明：只是在事前短时间里，他计划在哪个地点靠他做出的少量准备去渡越一条河流才变得明显；然而，在有一枪一炮开火以前，他从哪个方向威胁我国就通常会在报纸上宣布。备战规模越大，实现出敌不意的机会就越小。所涉时间漫长，所涉空间巨大，导致事件接连展开的种种环境那么众所周知，那么难以改变，以致他的决定 211
将要么够早地显而易见，要么能被确定无疑地发现。

不仅如此，即使应当存在战略后备，在战略的这个领域里它的价值也会减小，如果它的意中使用不那么具体的话。

如前所述，一趟小遭遇战或单独一场交战的结果本身并不重要；所有这些局部行动等待整个会战的结局去决定它们各自的意义。

反过来，整个会战的结局只有相对的重要性，那按照被击败的兵力的规模和综合意义大小不一，多有等差。一个军团的败北可以由一个集团军的得胜去弥补，甚而一个集团军的败北可以由一支更大的军队的成功去抵消，甚或转败为胜，就像 1813 年在库尔姆的两天战斗里发生的那样。没有谁能怀疑这一点；然而同样明显的是，每项胜利的影响、每场战役的成功的结果，随败北之敌的重要性而取得绝对的意义，并且因此在一场以后的交战中补偿此等损失的可能性也变得更为渺茫。这一点以后将得到更细致的审视；眼下，提请注意这等差的存在就足够了。

让我们添上第三项观察。虽然在一个战术形势中，兵力的前后相继使用总是将胜负之定推迟到作战终了，但在战略上，兵力的同时使用这法则近乎总是将胜负之定——它不必是胜负终定——提前到开始。因此，这三项结论证明下述观点有理：一支战略后备的意中目的越**广泛**越普遍，它就变得越不那么根本，越不那么有用，用起来也越危险。

战略后备概念在哪个关节点上开始自相矛盾？这不难确定：它在达到了会战的**决定性阶段**时来临。所有兵力都必须为一决胜负而被使用，任何要直至决出胜负之后才使用后备、使用**可得的战斗部队**的想法全都荒唐可笑。

于是，虽然战术后备不仅是应对任何未经预料的敌方谋略的一个手段，也是在变得必要时扭转战斗的不可预测的结局的一个手段，但战略必须弃绝这个手段，至少在事关总的决胜的范围内。作为一个通则，在一地的挫败只能由在别处赢取得益去抵消，在几个场合则由从一地转调部队到另一地去抵消。一位战略家那里，决不能发生依靠保留兵力后备去对付此等挫败的情况。

我们已将保持一支不是要对总的一决胜负做出贡献的战略后备称作荒唐可笑的。这一点如此显而易见，以致要不是因为一个事实，我们本不应用两章来谈论它，那就是像确实常有的，在其他概念的掩饰下，这种想法能显得多少更为貌似有理。一个人将战略后备想作是明智审慎的规划工作的极致，另一个人则拒绝整个后备概念，包括战术后备。这类混乱思维的确实际影响到现实。212
举一个显例，我们当回想起 1806 年普鲁士将符腾堡的尤金亲王麾下一支 2 万人的后备兵力驻宿在勃兰登堡，无法及时将他们调至萨勒河，同时另外 2.5 万人被保留在东普鲁士和南普鲁士，**要在以后某个阶段被动员去作为后备兵力行事**。

我们希望，这些例子将使我们免受无事生非庸人自扰的指责。

第 14 章　节省兵力

213 如前所述，原则和见解很少能将理性之路简约为一条简易的直道。如同在一切实际事务之中，总是留有一定的自由余地。美丽不可能由横坐标和纵坐标来定义，圆和椭圆也无法由其代数公式来创造。行动之人必须不时信赖判断力的敏感本能，那出自他的天然才智，经过思考得到发展，差不多总是顿然悟到正确的途径。别的时候，他必须将理解简化到它的主要特性，那将作为规则起作用；有时，他必须以既定常规这支架来支撑他自己。

这些被简化的特性或分析助手之一，始终是确保所有兵力都参与其中——总是确保总兵力中间没有任何部分闲置不用。如果兵力的一部分位于并非足够忙着应敌的地方，或如果敌人战斗之际部队正在行军——即闲置不用，这些兵力就在被操控得不节省。在此意义上，它们正在被浪费，这甚至比不适当地使用它们更糟。行动时机来临时，头一项要求应当是所有部分都须行动：甚至最不恰当的任务都会牵住敌人的某些部队，减小他的总实力，而完全无所作为的部队却当下变得无效。显然，这观点是在前三章里形成的各项原理的推论。它是同一个道理，从多少更广阔的视野出发予以重申，并被简约为单独一个概念。

第15章　几何因素

几何，或战争中兵力部署方面的形式和模式，能够多大程度地成为一项支配原则，显见于工事防御艺术，在那里几何用于大大小小差不多每件事情。战术方面它同样起大作用。几何构成狭义战术的基础——部队调动理论。在野战工事防御和关于堑壕阵地及其攻击的理论方面，几何线条和角度犹如裁断比赛的裁判一般行使主宰。过去，它的很大一部分被误用，某些莫过于拿军人开玩笑；然而，在当今的战术中，翼侧包抄敌人构成每场交战的目的，几何因素便再度取得了很大意义。虽然它的应用简单，但它不断再现。尽管如此，几何仍不可能像它支配围城战那样支配战术：部队互相面对之际，一切都更加机动，心理力、个体差异和偶然性起一种更有影响的作用。在战略上，几何的影响甚至更小。虽然在此，部队的阵形、国土和国家的形状构造至关重要，但几何原理不像在工事防御艺术里那样是**决定性的**，并且不像在战术上那般几乎那么重要。每逢它相关，需要被考虑，它的影响方式就会逐渐被显示出来。眼下，我们将提请注意战术与战略在这方面的区别。 214

战术上，时间和空间被迅速减至它们的绝对最低限度。一支侧翼和后背遭到攻击的部队将很快达到它的撤退机会消失净尽的地步：在这么一种形势里，它变得近乎完全无法继续战斗，指挥官必须要么力图使自己解脱这困境，要么根本不让它出现。由于这个缘故，一切旨在包围的战术安排高度有效，且其有效性大体上在于它们就它们的后果引发的担忧。在兵力部署方面几何因素为何如此重要，原因就在于此。

这些考虑只是微弱地反映在战略上，其关注的时间漫长，空间巨大。大军并非突然从一个战区喷发而出，迸入另一个展区；相反，一项被规划的战略包围多半可能花费几星期几个月时间去实施。此外，距离如此遥远，以致甚至最佳的措施最终取得所欲结果的机会始终微小。

215 因此，在战略上，此等结合的效应，亦即几何形状的效果，要小得多；另一方面，在一点上取得的一项优势的效果则大得多。在反击措施干扰甚或抵消它以前，这优势能被充分利用。结果，我们无所犹豫地将下述命题认作一项业经确立的真理：在战略上，打赢了的交战有多少和它们的规模有多大，比将它们联结起来的主线的形状更有意义。

截然相反的观点受到晚近的理论家宠爱，他们相信以这方式他们将增大战略的重要性。他们认为，战略表达了才智的更高级功能；他们以为战争将由于战略研究而变得高贵，而且按照一种时髦的概念替代，将被搞得**更加科学**。我们相信，一种全面的战争理论的首要功能之一，在于揭露这样的异想天开，并且正是因为几何因素通常提供了这些妄想的出发点，我们才给了它特别的注意。

第 16 章　战争中的作战暂停

如果我们将战争视为一种互相摧毁行为，我们就必定将战争 216
双方想作通常在作战和推进之中。然而，一旦我们单独考虑每个时刻，我们就立刻差不多同样地仅将一方想作在推进，而另一方在预期地等待；因为，双方各自的状况永不会完全一样，它们相互间的关系也不会保持不变。到时候将发生改变，因而任何既定时刻会更有利于一方而非另一方。如果我们假设双方的将领都完全认识到他们自己的和对手的状况，他们当中的一个就将立意行动，这反过来对另一个就成了等待的原因。两人不可能同时都想推进，或反之同时都想等待。在目前的环境中，同一目的的这彼此排除并非出自对极原理，因而并非与第二篇第 5 章里作的断言抵牾。[1]宁可说，它的基础在于一个事实，即对这两位司令官来说，决定因素确实相同，都是未来形势改善或恶化的或然性。

即使我们设想种种情势能完全平衡，或假定对彼此情势的了解不足给了司令官们一个印象，即存在这样的均等，那么他们的政治目的的差异仍将排除停顿不变的可能性。政治上，只有一方能是侵

---

① 原文如此。这一点并未在第二篇第 5 章、而是在第一篇第 1 章里得到谈论，见前面第 81 至 85 页。编者注。

略者:假如双方都力求自卫,就不可能有战争。侵略者有个进取性目的,防御者的目的则是纯粹否定性的。进取行动因而适合前者,因为它是他靠此能达到他的目的的唯一手段。结果,在状况对双方来说均等的时候,进攻者当动手行动,因为他的目的是进取性目的。

这样来看,战争中的作战暂停是自相矛盾之语。有如两个互不相容的要素,两军必定连续不断地彼此摧毁。有如水火,它们永不会发现自己处于一种均衡状态,而是必须持续互斗,直到其中之一彻底消失了为止。想象一对摔跤手一连几小时僵持不下动弹不得!换言之,军事行动应当像一个上了发条的钟表,稳定不变地行进下去。然而,不管战争的性质多么野蛮,它仍受种种人类弱点的制约;而且,没有谁会惊讶一个矛盾,那就是人追求和造就他自己畏惧的危险本身。

217 战争史那么经常地向我们表明,事情与朝向一个目标的不息推进截然相反,**停顿不动**和**无所作为**显而易见是战争中两军的正常状态,而**作战是例外**。这可能简直令我们怀疑我们的论辩是否准确。然而,如果说这是很大部分军事史带来的烦扰,那么最近的一系列战争的确证实了这一论辩。法国革命战争太清楚地显示了它的正确性,也太明白地证明了它的必然性。在这些战争中,而且更甚地在波拿巴的战役中,战争达到了干劲无限地步,那是我们认作它的基本法则的。我们看到有可能达到干劲的这个地步;而且,如果它是可能的,它就是必然的。

事实上,我们怎能合乎情理地辩护在战争中行使那么大的努力,除非打算作战!只有在面包师准备烤面包的时候,他才燃起他的烤炉;只有在我们打算驾车的时候,马匹才被套上马车;为什么我们应当做出战争固有的巨大努力，如果我们的唯一目的是在敌人方面产生类似的努力？

在辩解一般原理上就说这么多。现在来说它的种种变型，只要它们出自论题的性质，并不依赖个别情势。

让我们注意三项决定因素，它们作为内在固有的抗衡力起作用，阻止钟表发条很快耗完能量或全无间歇。

这些因素当中的第一项，是人心天生的恐惧和犹豫，它们造就一种恒久的趋于延宕的倾向，从而成为一种阻滞性影响力。这是一类精神重力，但它靠排斥而不是靠吸引起作用，此即对危险和责任的反感。

在战争的激烈氛围中，性情平常者倾向于较为滞重缓慢地行动；因而，较强烈较频繁的刺激实属必要，以便确保维持势头。仅理解为何在打仗很少足以克服这种滞重缓慢。除非干劲充沛的尚武精神施行主宰，一个人如鱼得水般地在战争中自在自如，或者除非重大的责任施加压力，无所作为就将是通则，进展则将是例外。

第二项原因在于人类认知和判断的非完美性，这在战争中比在任何别的地方更显著。我们几乎从不准确地知晓在任何特定的时刻我们自己的境况，而敌人的境况——那被隐瞒起来不让我们知道——必须从非常稀薄的证据推断出来。结果往往发生一种情况，即双方都在同一个目标上见到好处，尽管事实上它只对其中一方更有利。每一方因而都以为等待一个较好时机较为明智，就像我已在第二篇第 5 章里说明了的那样。[①]

① 原文如此。见前一个注释。编者注。

第三项决定因素有如一个棘爪那般起作用，间或完全制止钟
218 表发条运行，那就是防御的优势。A可能不感到强得足以进攻B，但这并不意味B强得足以进攻A。当攻势被发动时，防御的额外长处就不仅被丧失，而且被转到了对手那边。用代数方式来表述，A＋B与A－B之差等于2B。因而发生一种情况，即双方同时不仅感到太弱，以致无法发动攻势，而且它们真的太弱。

于是，在冲突本身中间，忧虑、审慎和对过大风险的恐惧找到理由来伸张自己，来抑制战争的本原狂暴。

然而，这些决定因素简直不足以解释早先战争中发生的漫长的无所作为时期，在其中没有任何至关紧要的问题攸关待决，部队在武装状态下耗费的时间绝大部分用于无所事事。如在论“战争中的目的和手段”那章所述，这现象主要归因于一个交战方的要求和另一个交战方的状况及心理状态对战争操作施加的影响。

这些因素能够变得那么富有影响，以致它们将战争减降成某种驯服顺从和半心半意之事。战争往往不过是武装中立，不过是一种意在支持谈判的威胁态势，还有为在袖手旁观和让事情自行发展以前获取某项小利而做的适度的尝试，或者由一个同盟加诸的令人不快的义务，要以尽可能最小的努力去履行。

在所有这样的场合，利益刺激微乎其微，敌对情绪近乎乌有，我们既不想对敌人造成大伤害，也不很害怕他，简言之全无强烈的动机去敦促和促进行动，因而政府不会想冒略大的风险。这解释了此等冲突的无精打采的操作，在其中真正战争的敌对情绪大受制约。

这些因素越将战争减降成某种半心半意之事，可供理论所用

的基础就越欠坚实：本质成了罕有之物，偶然事变却倍增不已。

尽管如此，即使这类冲突也给了才智发挥余地，可能是更宽阔更多样的余地。赌注高昂的赌博似乎已转变成旨在小改小变的讨价还价。在这类战争中，军事行动被降至无关重要和消磨时间的漂亮花招，半认真半玩笑的小遭遇战，合起来毫无意义的长串命令，还有事后回顾起来被描述成科学的阵位和行军，而如此描述只是因为它们渺小的原初动机已被忘记，经验判断则无法从它们那里提取任何东西——在这类冲突中许多理论家见到了真正的、可靠的战争艺术。在早先战争的这些佯战、闪避和短击之中，他们发现了一切理论的真正目的，发现了心灵对于物质的胜利。晚近的战争在他们看来显得像粗野的打架，不可能教诲任何东西，要被认作野蛮状态的卷土重来。这种看法就像其论题一样委琐狭窄。在缺乏大力量和大激情的情况下，对才智起作用来说这确实较为简易；然而，难道指引种种大力量、穿经风暴和巨浪航行不是智力的

一种更高级行使？那另一种的、正规形态的剑术肯定被包括进和 219
蕴含在战争操作的更有干劲的方式内。它与后者的关系，恰如在船上的运动与船的运动的关系。只有在对手学样这一点被默然理解的条件下，它才能被进行下去。然而，是否可能说出这条件会被遵守多久？法国大革命令我们大为震惊，惊破了我们处在其中的、古老技艺提供的虚假安全，将我们从夏龙[①]驱往莫斯科。以同样的突然性，弗雷德里克大王令处在其古老战争方式的平静之中的

① 位于法国东部的伊塞雷省，该省系法国大革命期间于 1790 年 3 月创制的初始 83 个省份（Departments）之一，因伊塞雷河得名。——中译者注

奥地利人大为震惊，惊撼了他们的君主国，使之从头到底摇摇欲坠。如此的政府真是遭殃！它依赖半心半意的政治和一种被上了枷锁的军事政策，却碰到了一个有如未经驯化的原始力的敌人，后者除自身力量外不知道任何法则！行动和努力的任何缺陷都将转而有利于敌人，且从骑墙者态势转为摔跤手态势殊非易事。轻轻一击往往可足以引发全盘崩溃。

这一切原因解释了为何战争中的行动并非连续不断，而是阵发性的。暴烈的冲突被观望时期中断，其间双方都处于守势。然而，通常一方动机更强烈，这倾向于影响它的行为：进攻要素将占支配地位，并且通常将维持其作战连续性。

第 17 章　当代战争方式的特性

一切规划，特别是战略规划，必须注意当代战争方式的特性。 220

波拿巴的大胆和运气已将旧的公认惯常战法抛到九霄云外。以近乎单独一击，各大国皆被摧垮。西班牙人的顽强抵抗虽然事实上有各个特殊环节的羸弱和不足之瑕，但它表明依靠武装一国人民和依靠起义能够成就什么。1812 年的俄国战役首先显示一个此等规模的国度不可能被征服（这本来很可以被预见到），[①]其次显示最终成功的希望并不总是按照输掉的会战、被夺取的首都和被占领的省份而成比例减小，那是外交家们惯于认作教条的，并且使之总是准备缔结一项和约，不管它多么糟。相反，俄国人向我们表明，一国常在本国的心脏地区获得自己的最大力量，当敌人的进攻力消耗殆尽时，防御便能以巨大的活力转为进攻。普鲁士在 1813 年教导我们，如果我们使用民兵，迅捷的努力就能将军队的实力增大六倍，而且更有甚者，民兵在外国也能像在本国战斗得一样好。所有这些案例已表明，一个民族的感情和脾性能对它的政治、战争潜能和战斗实力的总和做出何等巨大的贡献。既然各国

① 克劳塞维茨本人已在 1804 年预言：如果拿破仑什么时候入侵俄国，那么他将被击败。见 P. Paret, *Clausewitz and the State*（New York，1976），p. 224. 编者注。

政府已经变得自觉这些资源，我们就不能预期将来它们会依旧不被使用，无论进行战争是自卫还是为了满足强烈的野心。

显然，由双方尽其民族之力进行的战争必须按照不同的准则去操作，不同于在其中政策基于正规陆军的相对规模的战争。在那些早先岁月里，各国正规陆军有如各国海军，在它们与国家及其体制的关系方面也是如此。因而，陆上作战与海军战术有所相同：一项现已完全消失了的特性。

第 18 章　紧张和歇息

战争中的能动法则 221

本篇第 16 章说，在大多数战役里，无为和休息的时段比行动的时段长得多。虽然现代战争有全然不同的特性，如在前一章里指出的那样，但积极作战的各时段仍将总是有较长或较短的歇息时段点缀其间。我们现在必须较仔细地去看战争的这两种阶段的性质。

作战被中断时，或者说双方俱无积极目的时，一种休息和均衡状态便由此而来；说均衡，自然是在它的最广泛意义上，不仅涵盖物质力和心理力，而且涵盖所有情势和动机。一旦一方采取一个新的和积极的目的，而且开始无论怎样暂时地追求它，一旦对手抵抗，那么武力紧张就立即节节加剧。这紧张延续下去，直到眼前问题已被解决为止：要么一方废弃其目的，要么另一方对它让步。

这解决总是出自双方展开的种种行动的结合，随之便有一个或另一个方向上的兵力运动。

经过它遇到了的种种困难，例如任何行动内在固有的摩擦，或经过新的对抗兵力的阻碍，这运动已成强弩之末，其时无为重演，或者新一轮紧张和解决循环开始，继之以进一步的运动——通常在相反方向上。

平衡、紧张和运动之间的这一理论区别有较大的实际用途，大于起初可能显得的。

歇息和均衡状态能够容纳许多活动；也就是说，容纳那类出自偶然原因和并非意在导致重大变化的活动。可能发生重要的交战，甚而较大的战役，但这些行动仍是一种不同性质的，因而通常有不同的结果。

在紧张状态中，一项决定将总是有较大的效应，部分地是因为其中包含较大的意志力，连同较大的环境压力，部分地是因为万事业已齐备，以作重大行动。在此形势中，效应有如一颗经仔细密封的地雷的爆炸，而在歇息时段里发生的一桩大小相近的事件却更像火药在野外的一起突发燃烧。

222 紧张状态显然是一个程度问题。随它趋近歇息状态，可能有多个程度等级，而最后阶段是如此靠近，以致难以将一种状况与另一种状况区分开来。

从这些观察中汲取的最重要教益在于，紧张状态中做出的任何举动都将更重要，并将有更多结果，甚于倘若在均衡状态中做出就将有的。在最大程度紧张时节里，这重要性将增至无限程度。

瓦尔米的炮轰的决定意义甚于霍赫基尔希战役。[①]

---

① 瓦尔米战役：1792 年 9 月 20 日在法国香巴尼—阿登地区的瓦尔米村附近进行，不伦瑞克公爵麾下意欲进军巴黎的普鲁士军队败北，法国军队意外赢得它在大革命期间的首次重大胜利，从而拯救了革命的法国，并对大革命的发展产生了巨大的鼓舞作用。该战役结束后，国民公会宣布废除君主制，建立法兰西第一共和国。霍赫基尔希战役：七年战争中的一次战役，1758 年 10 月 14 日在位于萨克森的霍赫基尔希村及其附近进行，其间弗雷德里克二世率领的 3 万余普军与道恩指挥的约 8 万奥军反复周旋和激战，终告败北。——中译者注

如果敌人放弃领土，因为他没有能力守住它，我们就能以一种不同的方式利用这领土，不同于假如敌人实施撤退是打算在较有利的环境下作战的。在敌人的战略进攻过程中，我方倘若选错了一个阵位，或者做了一项误算了的举动，那就可以有致命的后果，但在一个均衡状态中，这样的错误要引起敌人的任何反应，就须确实显著昭彰。

如前所述，大多数早先的战争大致在这均衡状态中进行，或在至少是特殊的亦即那么有限、那么罕见、那么微弱的紧张中进行，以致这些时期里确实发生了的战斗难得有重要结果跟随。相反，一场战役可能是为庆祝君主诞辰而打（霍赫基尔希战役），为求取军事荣耀而打（库内尔多夫战役），或为满足司令官的虚荣心而打（弗赖贝格战役）。[①]

在我们看来，必不可少的是一位统帅应当认识到这些情势，以符合其精神实质的方式行事。1806 年战役的经历已表明，这能力可能不时在多大程度上缺失。在那极为紧张的时期里，种种事件在逼向一个重大决定，那连同其所有后果，应当已吸取统帅的全部注意力；然而在那时，被提出的、甚而被部分实施的计划，例如在法兰科尼亚的侦察，却是在一个均衡状态中至多只能引起一点微小颤动的。可是，这些紊乱的方案和费时的想法取消了行动，驱散了

① 库内尔多夫战役：1759 年 8 月 12 日在奥德河畔法兰克福以东的库内尔多夫附近进行，约 5 万普军被近 7 万俄奥联军摧垮，成为弗雷德里克二世在七年战争期间最惨的一次失败，普军仅剩 3 千人返回柏林。弗赖贝格战役：七年战争中最后一次大战役，1762 年 10 月 29 日在德累斯顿附近的弗赖贝格镇进行，发动进攻的普军司令官亨利亲王（弗雷德里克二世之弟）战胜奥军。——中译者注

干劲，本应当注入真正紧急的措施——唯有它们能挽救局面——的行动和干劲。

对我们的理论的进一步发展来说，我们已做的区别同样必不可少。我们将不得不就进攻与防御之间的关系说的一切，连同必须就这对极的发展方式说的一切，都涉及紧张和运动时段里部队发觉自己处于其中的危机状态。相反，在均衡状态期间发生的所有活动都将被视为一种纯粹的推断结果，并被如此对待。危机状态乃是真正的战争；均衡只是它的反映。

第四篇

交　　战

第1章 导言

在前一篇里，我们审视了种种因素，它们可被称作战争中的操 225
作要素。我们现在转向根本的军事活动，即战斗，那依凭它的物质效应和心理效应，以简单的或复合的形态构成战争的目的。操作要素因而必须被包含在这活动及其效应内。

交战的框架是战术性的；一番总的概览将使我们熟悉它的一般面貌。每场交战都有一个将其自身的独有特性赋予它的特殊目的，而这些特殊目的将在以后得到审视。与战斗的一般的特性相比，独有的特性趋于相对不重要，结果大多数交战如出一辙，非常相似。我们与其不得不反复讲到这些共同特点，不如打算在谈论它们的特殊表现以前一并处理之。

在接下来一章里，我们将首先简短地描述当今会战的战术过程，因为这是我们的战斗概念的基础。

第 2 章　当今会战的性质

226 我们关于战术和战略的前提假设有如前述，因而不说自明，战术性质的变化将自动地反作用于战略。假如战术现象在一个场合全然异于在另一个场合，那么战略现象也必定相异，倘若它们要保持一贯和合理的话。因而，在讨论其战略应用以前，以其当代形态描述一场重要会战至关重要。

在当今的一场重要会战中通常发生什么？部队以排排纵深部署的大群兵力镇静自若地移入阵位。只有一个较小部分参与其中，并被留下从事一场为时几小时的交火，不时突然插入小型猛击——冲锋、拼刺刀和骑兵攻击，导致战斗在某个范围内来回摆动。逐渐地，交战部队像煤块似地烧竭燃尽，而在除煤渣之外别无所剩时，它们被撤出，别的部队取而代之。

如此，会战慢慢闷燃，犹如潮湿的火药。黑暗降临，使之暂停：没人能够看见，没人愿意让自己乱碰运气。计算每一方剩有多少还能服役的部队的时候已经到来，那是指尚未像死火山那般火焰绝尽的部队。一个人估计赢取或输掉了多少阵地，还有自己后部的安全程度。这些结果，连同一个人认为自己观察敌我双方部队所得的关于勇敢和胆怯、聪明和愚蠢的个人印象，而后被结合成一个总的印象，据此去做一个决定：是退出战场，还是明晨再战。

我们并未声称这番描述展示了一场现代会战的全部图景——它只是要给出一个总的印象。它适用于进攻者,也同样地适用于防御者。诸如特殊目标或地形性质之类专门特征可以被添上而不改变总的印象。

可是并非偶然,当代的会战应该像这个样子。当代各国军队在军事组织和方法上已发展得简直一模一样;战争这元素本身在巨大的民族利益鼓动下,已经成为支配性的,并在追随它的天然路径。只要这两个状况依然不变,会战就不会改样。

现代会战的这一总图景以后将会有用,在我们不得不确定诸如兵力、地形等等不同系数的值的时候。这描述只就一般的决定性的大交战和那些与之近似的交战而言才成立;较小的交战已经以同样的方式改变,但不在同样的程度上。这一点的证据将见于战术,但我们会有进一步的机会去增添使这更清楚的细节。

第3章　交战通论

227 战斗乃首要的军事行动；所有其他活动只是支持它。它的性质因而需要仔细审视。

交战意味着战斗。战斗的目的在于摧垮或击败敌人。单个交战中的敌人只是对方的战斗兵力。

这是个简单概念，我们将返回到它。然而，首先我们必须引入一些别的考虑。

如果有其战斗部队的一国被想成一个单位，那么一场战争将自然趋于被当作单独一场大交战看待。在各野蛮民族的原始状况下，这一般来说是适用的。然而，我们当今的战争由大量交战构成，这些交战或大或小，或同时或连续，而行动的这种碎裂——碎裂成那么多分立的行动——是战争现今能够从中兴起的形势大为多样的结果。

甚至当代战争的终极目标，即政治目的，也无法总是被视为单独一个问题。即使假设它是，行动也受制于如此众多的种种状况和考虑，以致这目的不再能依靠单独一项巨大的战争行动去达到。相反，它必须依靠大量重要性较大或较小的行动去达到，它们全都结合进一个整体。这些分立的行动中间，每个都有一项与整体关联的特殊目的。

如前所述，交战概念位于一切战略行动的根基处，因为战略是武力的使用，转过来说后者的核心就是交战。因而在战略领域，我们能将一切军事活动简约为统一的概念即单场交战，并且只关注它的目的。我们将随我们讨论在交战中引发这些目的的种种环境，进至辨识这些目的。在此，说下面的话就足够了：每一场交战，无论是大是小，都有它本身的特殊目的，那从属于总的目的。既然如此，摧垮或臣服敌人就必须被认作只是——也显然是——一个手段，服务于实现总的目的。

然而，这个结论仅在一种规范意义上才真确，而且仅因为这些不同概念之间的联系才有重要意义。我们提出这联系，只是为了将它撇出讨论。

我们说击败敌人：这指什么？只是指摧垮他的部队，不管是靠击毙击伤还是靠其他办法——彻底地或为使他停止战斗而足够地。撇开任何特殊交战的一切特殊目的，彻底或部分摧垮敌人须被认作所有交战的唯一目的。

我们坚持认为，在大多数场合，特别在重大作战中，那既令行 228
动显出特色、又将它与战争整体联结起来的特殊目的，只是战争总目的的一个略微有变的变体，或与它关联的一个辅助目的。将其特性赋予行动足够重要，但与那总目的相比就无足轻重。如果仅仅辅助目的得到实现，那么只有目标的一个不重要的部分才已被达到。我们若是对的，我们的观念——据此摧垮敌军仅是手段而目的必定大为不同——就只是总的来说真确。我们会得出错误的结论，除非我们牢记这摧垮敌军也是最终目的的组成部分。这目的本身只是摧垮性目的一个略微有变的变体。

漠视这一点导致了晚近的战争以前全然错误的种种观念，造就了种种时髦和七零八碎的体系，理论经此成了抬升到高高凌驾于日常实践之上；由于理论较轻视使用真正的工具即摧垮敌军，情况就更是如此。

当然，倘无其他错误的前提假设，倘不以误认为有效的不同想法取代摧垮敌军这概念，就没有任何这样的体系能被构想出来。我们将随着机会出现而去揭露它们，但我们在不重申交战的重要性和真正价值、不提示一种十足形式的观点可能导致的错误的情况下，就无法谈论交战。

我们要怎样证明通常并在一切最重要的场合摧垮敌军必须是主要目标？我们要怎样抗御一种高度精致的理论，它假设可能有个特别巧妙的方法，即对敌军施加小的直接伤害导致重大的间接摧毁？或者，我们要怎样驳斥一种宣称，即扬言以有限但被精巧应用的打击去造成敌军如此瘫痪和控制其意志力，以致构成一条通往胜利的重要捷径？诚然，一场在一点上的交战可以比在另一点上的更值得。诚然，在战略上有个关于各场交战的轻重缓急次序的精巧排列；确实，那就是战略的全部任务，我们不想否认它。然而，我们的确断言直接歼灭敌军必须始终是**支配性考虑**。我们只想确立摧毁性准则的这一支配地位。

可是我们必须重申，我们在此关注的论题是战略，而非战术。因而，我们不在讨论为了以最小限度努力摧垮最大限度敌军而被使用的战术手段。我们用直接摧垮来指战术成功。我们因而坚持认为，只有大的战术成功才能导致大的战略成功；或者像我们已经更具体地说过的，**战术**成功在战争中有**头等重要性**。

要证明我们的断言，证据相当简单。它可见于复杂的作战花费的较长时间。是一场简单的攻击还是一场较复杂的攻击会更有效？对这个问题的回答将肯定有利于后者，如果假定敌人消极的话。然而，每一场复杂的作战都花费较长时间；这时间必须可得， 229
而无对它的一部分的反攻干扰整个作战的展开。如果敌人决定进行一场较简单的攻击，一场能迅速实施的攻击，那么他将占上风，并且破坏这大设计。因此，在评估一场复杂的攻击时，可能在其准备阶段里起作用的每一项风险都必须予以权衡。只有在一种情况下，计划才应被采纳，那就是不存在敌人能以更快的行动破坏它的危险。凡在这有可能之处，我们自己必须选择较短的途径。我们必须将它进一步简化，简化到敌人的特性和情势以及任何其他环境使之必需的无论何种程度。如果我们弃置抽象概念的薄弱印象而看重现实，我们就会发现，一个积极有为、勇敢大胆和决绝果断的敌人不会给我们留下时间去从事长远的复杂精细的计划；然而，这正是我们最需要这些素质去对付的敌人。在我们看来，此乃足够的证据，证明简单和直接对于复杂的**优越性**。

这并不意味着简单攻击最佳，而是意味着摆幅不应超过可摆动的余地允许的。敌人的进取性越强，直接对抗的或然性就越大。因而，与试图以复杂的计划与敌人叫板相反，应当试图以简单胜过敌人。

这些对极的基石在一极是才智，在另一极是勇气。一个人可能禁不住相信，适度的勇气加上大才智，将比适度的才智加上大勇气更有效。然而，除非这些因素被假定为彼此大不相称到了不合情理的地步，就没有权利认为在一个正是以危险为名的领域——

须被认作勇气的特有王国——才智优于勇气。

这番抽象推理之后，我们希望补充说，经验，远非导致一个不同结论，是我们的信念的真正源泉，处在这串思考的根基处。

如果我们不怀偏见地阅读历史，我们就不能不断定在所有武德中间，**鼓足干劲打仗**始终对光荣和胜利贡献最大。

以后我们将表明，我们会怎样应用摧垮敌军须被认作主要目标这一准则；不仅在战争中总的来说如此，而且在每一个别交战中、在战争从中兴起的种种环境必然造成的所有不同景况之内都如此。此刻我们已单单关注确定它的总的重要性，现在能回过来谈论交战。

第 4 章　交战通论(续)

在前一章里,我们将交战的目的界定为摧垮敌军。我们已试 230
图证明,在大多数案例和在重大作战中情况会如此,因为摧垮敌军必须总是战争中的支配性考虑。可能添加和可能在某种程度上甚至占支配地位的其他目标将在下一章里予以审视,我们会就它们了解得更多。眼下,我们应当忽视它们,将摧垮敌军本身当作单场交战的一个完全充足的目的。

我们以“摧垮敌军”指什么?指敌军兵力的减少,相对地大于我们自己的兵力损耗。相等的绝对损失对拥有兵员数量优势的那方来说,当然将意味着较小的相对损失,因而能被认为是一项利得。然而,在将交战剥去了任何其他目的之后,我们还须排除一个目的,即用它来间接实现一项对敌军的更大毁伤。因此,只有在互相毁伤过程中获取的直接利得才可被认作既定目的。这利得是绝对的:它在战役的整个决算表上从头到尾保持不变,而且到头来总是证明为纯利得。对敌人的任何其他种类的胜利要么有其根基寓于我们这里不再讨论的其他目标,要么将只产生一种暂时和相对的利得。举个例子会澄清这一点。

倘若通过精巧的部署能将敌人置于如此的不利境地,以致他无法继续战斗而不冒风险,而且倘若在做了某种抵抗之后他撤退了，那么我们可以说在这点上我们击败了他。但是，如果我们在此过程中损失了按照比例和他损失一样多的人员，这所谓胜利就不会有任何踪迹显示在战役的最终决算表上。占敌人上风——亦即将他置于一种他不得不解脱交战的境地——不能依其本身被认作一个目标，而且由于这个原因，不能被包括在目标定义内。因此，除了毁伤过程中获取的直接利得，别无留存。这利得不仅包括作战期间施加的伤亡，还包括作为他撤退的一个直接结果而来的伤亡。

交战过程中胜者的伤亡显得极少有别于败者的：此乃熟知的经验。经常毫无差别，有时甚至是倒转过来的差别。真正瘫痪性的损失，败者不与胜者共有的损失，只是伴随他撤退才开始。受过
231 严重打击的各营的虚弱残余被骑兵砍倒；精疲力竭的人员倒地路旁；损坏了的大炮和弹药车被丢弃，别的则无法在糟糕的道路上够快地逃离，结果被敌方骑兵缴获；小型分队在夜里盲然迷路，束手就擒。因此，胜利通常只是在大局已定之后才开始集聚分量。要不是像下面那样得到解决，这就将是个悖论。

肉体伤亡并非双方在交战过程中遭受的唯一损失：它们的精神力量亦遭震撼、击破和毁坏。在决定是否继续交战时，只考虑人员、马匹和火炮的损失还不够；还必须估量秩序、勇气、信心、凝聚力和计划的损失。决定主要基于士气状态，那在胜者已损失得像败者一样多的场合，总是唯一的决定因素。

每一方的物质损失的比例无论如何难以在交战过程中估量；但这不适用于士气损伤。士气损伤有两个主要标示。一是在其上战斗了的阵地的丧失，另一是敌方的后备兵力优势。己方后备相

对于敌方后备缩减得越快，为维持平衡就付出了越高的代价。仅这，就是敌方优越士气的明显证据，而且它很少不在一位将领那里引发某种恨意——对他麾下军队的尊敬感的一定减损。然而要害在于，军人们在战斗了一段时间以后，倾向于有如烧竭燃尽的煤渣。他们已射竭弹药，损兵折卒，体力和士气衰耗，可能勇气也已消失。作为一个有机整体，除其数目减损外，他们大不同于作战以前的自己；于是，耗去的后备兵员数量是士气损伤的一个准确尺度。

因此，作为一个通则，丧失阵地和短缺后备生力军是撤退的两个主要原因。然而，还可以有我们不想排除或使之最小化的其他因素，它们与各组成部分的互相依赖或与总的计划有关。

每场交战都是一项血腥的和毁伤性的考验，考验体力和精神力。不管是谁，只要结束时留有两者的更大总和，就是胜者。

交战中，士气损失一向证明是主要决定因素。一旦大局已定，这损失就继续增大，只是在作战结束时才达到它的最高点。这成为在摧垮敌人的物质力——此乃交战的真正目的——方面赢取利得差额的手段。秩序和凝聚力的丧失往往使得甚至各单个兵力单位的抵抗对它们来说也是致命的。整个部队的精神崩溃；起初对胜利或灾难的全心关注化为乌有，而正是这关注曾使人们漠视一切风险；就他们中间的大多数而言，危险不再是对其勇气的挑战，而是要忍受的严厉惩罚。于是，在敌方胜利的首次冲击下，工具被削弱和钝化，不再适于以危险抗衡危险。

此乃胜者巩固他的利得的时候，靠的是物质摧毁——将经久 232
属于他的唯一优势。敌人的士气将逐渐复原，秩序将被恢复，勇气将会回返；在大多数情况下，即使有的话，也只有很小一部分得之不易的优势会留存下来。在某些诚然罕见的场合，复仇的渴望和更高涨的敌意确实可以产生相反的效应。但是，通过施加伤亡毁损获取的得益，以死者、伤者、俘虏和物资缴获构成的得益，永不可能从账本上消失。

会战期间遭受的损失大多由人员死伤构成；会战之后，按照缴获的枪炮和俘虏计算的损失通常更大。前者由胜者和败者多少平分秋色，后者却非如此。由于这个原因，它们通常只见于一方，或无论如何在一方量多数众。

枪炮和俘虏所以一向总被算作胜利的真正纪念品，原因就在于此；它们也是胜利的尺度，因为它们作为可见的证据，证明了胜利的规模。与任何别的因素相比，它们是士气优越程度的一个更好的指数，甚至在将它们与伤亡数字相比的时候。而且，通过这，士气因素又以另一个方式自我显现出来。

我们已经指出，交战期间和紧接其后被毁的士气逐渐恢复，往往不显现出曾被毁坏的任何踪迹。整体的较小的部分如此，同时较大的部分也发生这种情况。甚至全军亦能如此；然而，军队为之服务的国家和政府难得能够——假如竟有时能够——这样。在此层次上，事情被更客观地看待，且从一个更高的立足点去看待。通过被敌人获取的战利品的数量，连同它们与所遭的伤亡相较的比例，一国本身的羸弱和不足被非常清楚地显示出来。

总之，决不能仅因为它没有绝对值和并非总是在最后决算中显示出来，就低估精神平衡的毁损。它能够达到那么大的程度，以致凭它不可抗拒的力量压倒一切。由于这个原因，它可以依它本身就成为作战的一个主要目的,这将在别处谈论。在此,我们仍须考虑它的其他某些特性。

胜利的精神效应并不只与参战兵力的数量成正比增长,而且以一种加速率增长。所以如此,是因为这一增长不仅是规模的,还是烈度的。在一个被打败的师里,秩序容易恢复。犹如躯体的温暖恢复了被冻得麻木的四肢内的热量循环,在一个师与大军再度会合时,前者的精神很快被后者的精神重新振兴。于是,即使一场小胜的效应没有全然消失,它们也被部分地输给了敌方。然而,在大军本身已遭灾难性失败的场合,情况就不是如此;一切共同崩溃。一团大火比几团小火炽热得多。

在确定一场胜利的心理价值方面要考虑的另一个因素,是对
立两军之比。如果一支小兵力队打败一支较大的兵力,那么它的 233
利得不仅翻番,而且显示出一个更大的总体优势差距,那是败者知道自己可能不得不一次又一次地面对的。然而实际上,这效应在这么一个场合**几乎不可察觉**。在会战时刻,关于敌方实力的情报通常不确定,对己方实力的估计则通常不现实。较强的一方要么干脆拒不承认强弱差距,要么至少会低估它,因而在颇大程度上得到保护,免遭它会引起的心理不利。已被无知、虚荣心甚或刻意的谨慎压制下去的实际事实只在许久以后——在写历史的时候——才会浮现。到那时候,史著大概将颂扬这支军队与其统帅,但它对士气的贡献将不再有任何裨益,在一个早就流逝了的形势之中的裨益。

如果俘虏和缴获的枪炮是胜利据以得到主要体现的对象,那么它的真正结晶化亦即交战将极可能为了获取它们而被规划。据

此，通过击毙和击伤去摧毁敌人显得只是个手段。

这一选择对战术部署的影响不是战略关注的对象。然而，在它进至威胁敌人的后方和保护自己的后方时，它确实影响交战。俘虏和缴获的枪炮的数目将主要依赖这么做，而且在战略环境不利时，战术措施本身不足以成事。

不得不两线作战的风险，连同发觉自己的退路被切断这更大的风险，趋于使兵力调动和抵抗能力瘫痪，并且因而影响胜败乾坤。更有甚者，在失败情况下，它们增大损失，并能将其增至极限，即被歼灭。对后方的威胁因而能使失败变得**更有很大可能**，并且**更具决定性**。

于是，由此出现了一种在战争操作、特别是在大小交战方面本能的决心，那就是保护自己的后方和争取控制敌人的后方。这本能出自胜利概念本身，它如前所述不止是单纯的杀戮。

这决心构成会战的一个**直接目的**，并且是个普遍目的。任何交战，凡在其中它不以它的一种或所有两种形式去伴随武力的赤裸裸使用，都无法想象。甚至最小的部队单位，都不会在不考虑自身退路的情况下去攻击敌人，而且通常它还会搜寻出敌人的退路。

要谈论下面的事就走得太远了：复杂的形势如何能轻而易举地使这本能偏离出它的天然轨道，它多么经常地屈从于更重要的考虑。我们将满足于将它当作交战性质的一条普遍法则去陈述。它必须被认为普遍成立；它的天然压力无所不在，因而它成了轴心点，差不多所有战术和战略举动都围绕它旋转。

如果最后我们考虑胜利的总概念，我们就发觉它由三项要素构成：

1. 敌人的物质力量的更大毁损。 234

2. 他的士气毁损。

3. 他通过放弃自己的意图而公然承认上述两项。

每一方的伤亡报道都从不准确，难得如实，在大多数场合刻意造假。甚至俘获物的数量通常也报道得不可靠；于是，在它们并非多得可观的场合，它们可以让胜利也成为可疑。除了俘获物，不存在士气毁损的准确尺度；因此在许多场合，放弃战斗剩下来是胜利的唯一可靠证据。通过降下自己的旗帜，一方承认自己出了毛病，在这场合被迫认强权和公理都在对手一边。这羞耻和受辱——必须将它与势力对比转变的任何其他心理后果区别开来——构成胜利的一个必不可少的组成部分。它是影响军队以外的公众舆论的唯一要素，是打动两个交战国及其盟国的政府和人民的唯一要素。诚然，放弃一项意图不等于放弃战场，甚至在旷日持久和执拗顽强的战斗之后。一个前哨基地可以在顽强抵抗之后退却，而不被谴责为丢弃其任务。甚至在被打算来摧垮敌人的交战中，从战场撤退并非总是暗示这目的已被放弃，就像例如在业经规划的后撤中那样，途中寸土必争乃是事先打算。所有这些以后将在交战的种种特殊目的项下予以讨论。眼下，我们只希望使人注意一个事实，即在大多数场合，难以将放弃意图与放弃战场区别开来；前者造成的印象——既在军界也在政界和民间——不容低估。

对缺乏既定声誉的将领和军队来说，此乃否则为正确的操作的一个困难方面。以撤退为续的一系列交战可以显得像一系列挫折。这可以很不真实，但是它能造成一个很坏的印象。一位后撤中的将领不可能通过使他的真实意图为人所知去预先防止这心理效应。要有效地这么做，他就将不得不透露他的总的行动计划，这将与他的主要利益截然相反。

为了显示这个胜利概念格外重要，我们要回顾索尔战役，[1]其中的俘获不重要（几千名俘虏和二十门炮）。弗雷德里克大王通过在战场上再多逗留五天宣示了他的胜利，虽然他向西里西亚的撤退已经被决定，且由总的形势所要求。如他本人说的，他指望这场胜利的心理冲击将他带到较近和平处。虽然为确立这和平，还需要更多几个胜利（例如赢得在卢萨蒂亚的卡托利施—亨内尔多夫交战，还有克塞尔多夫战役），可是不能说索尔战役没有心理效果。

235 如果一项胜利根本动摇了对手的信心，并且由此将俘获数目增大到一个罕见的程度，那么输掉了的交战就转变为大败，在一个并非每项胜利都造就的规模上的失败。由于在这类惨败中，败者的士气在一个远为更高的程度上受到影响，因而经常的结果是全无能力做出抵抗，将要做的是逃避——亦即逃跑。

耶拿和“美女联盟”[2]就是这个规模上的失败；博罗季诺不是。

由于差别只是程度上的，因而要划出一道武断的界线实属迂

---

① 索尔战役：奥地利继承战争期间的一次战役，1745 年 9 月 30 日在波希米亚城镇索尔（现捷克共和国境内）附近进行。在该战役中，弗雷德里克二世率领的 2 万余普鲁士步兵和骑兵起初受挫，然后战胜了洛林的查理·亚历山大亲王率领的奥地利—萨克森联军约 4 万人，俘获其中 3 千人。——中译者注

② 即滑铁卢。编者注。（“美女联盟”是位于布鲁塞尔以南数英里的一个旅店的名称，拿破仑在滑铁卢战役将他的总司令部设置在那里。普军统帅布吕歇尔在战役结束时提议，将此战役称作“美女联盟”，以纪念当时欧洲多国组成的第七次反法同盟，英军统帅威灵顿公爵则主张按照战场北端的村庄名，称之为滑铁卢战役。此后，不少普鲁士人一度惯于将它称作“美女联盟”战役。——中译者注）

腐。可是,为了理论观念清晰分明,将某些概念保持为焦点仍然至关紧要。事实上,我们的术语体系有个弱点,那就是在一场大败的场合,我们没有**单独一个**词去称呼与之对应的胜利,或在一场意义不那么深远的胜利的场合,没有一个词去称呼相应程度的失败。

第 5 章　交战的意义

236 前一章里，我们谈论了在其绝对形态上的交战，犹如它是战争整体的一个缩影。我们现在转向它作为一个部分与一个更大整体的其他部分的关系。我们以探询一场交战可以拥有的确切意义开始。

由于战争只是互相毁伤，因而作以下设想似乎极其自然，而且可能事实上也极其自然：每一方的所有兵力都应当统一成一个巨型兵群，而且所有成功都应当由这些兵力的一项巨型猛击构成。就这想法有许多话要说，而且总的来说坚执它将是有益的，同时一开始将较小的交战认作木刨花似的必然副产品也是有益的。然而，对此事的处置决非如此容易。

交战的多发显然出自分兵，因而我们将在这背景下谈论各单场交战的具体目的。这些目的，连同因其而来交战的全系列，能够被分门别类；对这些分类的研究将有助于阐明我们的谈论。

摧垮敌军诚然是一切交战的目的。然而，其他目的很可以与之相连，甚至可以占支配地位。因此，必须在摧垮敌军为主要考虑的场合与它更多地是个手段的场合之间做出区别。除了摧垮敌军，征服一个地区或征服一个物质对象也可以是总的动机，依其本身或与其他动机结合，后一种情况下一个动机通常将占支配地位。

两类主要的战争形态，即进攻和防御——我们不久将予以讨论但不影响这些目的中间的第一个——确实影响其他两个。一项图表显示：

进攻性交战	**防御性交战**
1. 摧垮敌军	1. 摧垮敌军
2. 征服一个地区	2. 守卫一个地区
3. 征服一个对象	3. 守卫一个对象

可是，这些目的并未涵盖全部，如果我们想到侦察和显示武力的话，在其中显然以上全不适合行动的目的。确实，应当允许有第
四个范畴。严格地说，旨在令敌人显示自己的侦察，意欲使他疲惫 237
的佯击，意在将他牵制在一处或吸引他前往另一处的显示武力，是只有间接地、**以上述三个目的之一**（通常是第二个）**为幌子**才能够达到的目的；因为，想侦察的敌人必须佯装要进攻和击败或驱逐我方兵力，等等。可是，这些幌子并非真的目的，而我们在此关注的是后者。因此，对进攻者的三个目的，我们必须添上第四个：误导敌人，换言之进行假战斗。由于事情的真正性质，显而易见这个目的只有在进攻背景下才可设想。

另一方面，我们必须注意到，对一个地区的守卫可以有两类：绝对的，如果该地区根本不会被放弃；相对的，如果它只是就一定时间来说必须被守住。在由前哨和后卫打的交战中，后一类形态不断重现。

大概没有必要强调，一场交战的不同目的影响为之做的准备。我们为驱逐一群敌方守军制订一项计划，为歼灭它制订另一项；为

不惜任何代价守住一个地区制订一项，为仅仅拖住敌人制订另一项。在前一个场合，几乎全无必要去忧虑退路；在后一个场合，退路头等重要；等等。

这些思考产生在战术项下，这里只是作为范例被援引。一场交战的种种不同目的从战略角度看显得怎样，将在谈论它们的各章里予以研究。眼下，我们将限于几项总的见解。

首先，目的的相对重要性大致以前面图表中的次序递减。其次，在一场重大会战中，第一个目的应当总是占支配地位。最后，防御性交战中的后两个目的是一种并不真正带来结果的目的：它们是全然否定性的，其价值只能是间接价值，使别处的某项积极目的较容易实现。**如果这类交战变得太频繁，那么它显然表明战略形势不利。**

第 6 章　交战的持续时间

如果我们从讨论交战本身转到讨论它与战争中其他因素的关 238
系，它的持续时间就获得了特殊重要性。

在一个意义上，一场交战的持续时间能被解释成一种独立的、次要的成功。永不可能太快地决出胜负去让胜者满意，或者太久地延迟决胜以便宽慰败者。因为被赢得快，胜利就更大；因为被拖延得久，失败就获弥补。

一般而言如此。它在目的是阻滞性作战①的交战中有实际重要性。

在这么一个场合，整个成功往往仅在于作战所用的时间。我们所以将持续时间包括在战略要素系列内，原因就在于此。

一场交战的持续时间必然与它的广泛的作战条件相互关联。这些条件是部队的规模、它在人员和物资方面与对手的比较以及地形特征。两万人不会像两千人那么快地彼此损耗。对一个拥有两到三倍优势的敌人，不可能像对一个兵力相等的敌人那样抵抗得那么久。一场骑兵交战决出胜负快于一场步兵交战，转过来一场步兵交战决出胜负快于一场有炮兵参与的作战。在山区和林区

---

① *Relative Vertheidigung*，字面意思为“相对防御”，显然指“阻滞性作战”。编者注。

不可能像在平原上那么快地取得进展。这一切都足够明显。

因此，双方的兵力、构成和部署都必须被考虑进来，如果交战的目的在于它的持续时间。然而，陈述这项准则不那么重要，比不上显示我们从经验得知的、它与它的主要结果的联系。

一个有八千到一万名所有各兵种人员的普通师，即使面对一支占显著优势的敌军和身处一个不很有利的地形，其抵抗也持续几小时；如果敌人仅略占优势——倘若有任何优势的话——它就可以持续半天。一个由三四个师组成的军团能够坚持等于这两倍长的时间，而一支八万到十万人的军队能够坚持的时间长达三四倍。于是，在这么长的时段里，可以让这些部队依靠它们自己的资源。如果在这时段内，追加兵力被调来使用，那么虽无第二场交战
239 发生，它们的效能却很快与起初交战的成功混合起来，成为一个整体。

我们从实际经验中摘取了这些数字。我们现在必须更仔细地定义决定胜负关头，加上因此而来交战的结束。

第 7 章　交战的胜负决定

没有任何交战在单独一刻决定胜负，虽然每场交战中都有对形 240
成结果起了首要作用的关键时刻。因而，输掉一场交战犹如一个秤盘逐渐下沉。然而，每场交战在它可被认为大局已定时达到一个关节点，以致重新再打构成一场新交战，而非先前交战的继续。准确认知该点非常重要，以便决定增援是否将被有利可图地用于重新作战。

新部队往往在一场业已无可挽回的交战中被白白牺牲掉；而且，扭转胜负决定的机会往往在仍能做到的时候被丢失掉。让我们举两个再显著不过的例子。

1806 年在耶拿，霍亨洛赫亲王以其 3.5 万人迎战波拿巴的 6 万至 7 万人。他输得那么惨，以致他麾下全部兵力简直被歼。在这关头，拥兵约 1.2 万人的吕歇尔将军决定重新再打，结果他的部队同样就地被歼。

同一天在奥尔斯泰特，2.5 万人[①]对达乌[②]麾下 2.8 万人激战

① 普鲁士部队，指挥官为弗里德里希·威廉·卡尔·冯·施梅陶，在战役中受致命伤。——中译者注

② 路易—尼古拉·达乌(1770—1823)：拿破仑时代的法军元帅，骁勇善战，纪律严明，人称“铁元帅”，是拿破仑手下最优秀的主将之一，被封为第一代奥尔斯泰特公爵和厄克缪耳亲王。——中译者注

至中午。诚然，这支军队不成功，但它未处于解体状态，而且遭受的损失并不大于没有骑兵的敌人。卡尔克勒特将军[①]的 1.8 万后备兵力未被用去扭转战局；假如它被用了的话，普军就不可能失败。

每场交战都是个整体，由各场附属交战构成，它们合起来形成总的结果。交战的胜负决定就在于这一总结果。这结果不必是第 6 章里讲的那种胜利。往往没有对此作任何准备，或者机会没有出现，因为敌人放弃得太快。甚至在顽强抵抗之后，决胜也通常来得更快，快于一般与胜利概念相连的那类成功。

因而，我们可以问什么通常构成这决定胜负关头，构成这无可回转的、生力军（虽则当然并非兵力太不相称的生力军）在此来得太晚以致救不了大局的关节点？

除去以其真正性质并不导致一决胜负的佯攻，我们得到以下答案：

1. 在交战目的是拥有某个活动的对象的场合，当这对象被丢失时达到决定胜负关头。

241 2. 在交战目的是拥有某个地区的场合，当这地区被丢失时通常——虽然并非总是——达到决定胜负关头。只有在该地区的防守实力大的时候，情况才如此；不管地形在其他方面多么重要，它都容易克服，能被重新夺取而

① 弗里德里希·阿多夫·冯·卡尔克勒特伯爵（1737—1818）：普鲁士将领，1792 年被封为伯爵和晋升至中将，在 1806 年奥尔斯泰特战役中败于法军，1807 年守卫但泽抵御法军进攻长达 78 天，表现卓越，随后被晋升为普鲁士陆军元帅。——中译者注

无大困难。

3. 在上述状况还未导致胜负决定的所有场合，特别是在主要目的系摧垮敌军的场合，当成功者不再处于杂乱因而某种程度上羸弱的状态时，决定胜负关头便到来；换言之，它在第三篇第 12 章里谈论的连续使用兵力不再有利时到来。我们所以将这关头标示为交战的战略统一的中轴，原因就在这里。

于是，在下述情况下，无法挽回一场交战：进攻部队的凝聚力和效能即使有所减损，那也微乎其微；或者，它已从暂时失能恢复过来，与此同时防御者却已变得多少混乱瓦解。

从事实际战斗的部队占的比例越小，只凭当作后备出现就对胜利做出贡献的部队占的比例越大，一支新的敌军就越少有可能使我们得不到胜利。最接近以最大的兵力节省和强大后备的最甚心理效应去操作交战的司令官和军队最有把握赢得胜利。在现代，法国人须被认为在这方面卓越优胜，特别是在波拿巴领导下。

此外，总兵力越小，成功者就将越快地制服危机和恢复自己先前的效能。一支急速追逐敌人的骑兵警戒队能在几分钟内恢复自己的恰当队列，而这几分钟就是整个危机的长短。一个整骑兵团需要较长时间。更长的时间为步兵部队所需，在它已经以小遭遇战阵列被部署之后。已变得兵力分散的、各兵种合成的各师需要甚至更长的时间；交战已经引发阵列紊乱，而它由于一个事实就变得更乱，那就是没有哪个部分确切地知道任何别的部分究竟在哪里。于是，参与交战的总的努力越大，成功者能够挽回、修补和重新安排其已用工具、使之脱离紊乱破损状态和恢复战斗工场内部秩序的时机就被延宕得越久。

如果成功者仍处于关键阶段的时候夜幕降临，那么又一个延宕因素便将出现；如果地势崎岖林木丛生，那就再有一个。另一方面，与这些因素相关，必须记住黑夜是个大**保护源**。种种状况难得给夜战提供多少成功希望。就此，一个极好的例子是1814年3月10日约克在拉昂对马尔蒙特的攻击。[①] 有如黑夜，崎岖和林木丛生的野地能在胜利仍岌岌可危的关键阶段掩护一支军队抵御反攻。因而，这两个因素——黑夜和崎岖多木的野地——使重新战斗变得较难而非较易。

至此，我们将正在输的那方的迅速增援当作其兵力的简单增
242 添对待，像一般发生的那样有援兵来自后背。然而，当增援部队进攻敌人的侧翼或后背时，却出现全然不同的形势。

攻击侧翼或后背的有效性是个我们以后将从战略视角出发谈论的论题。我们现在讨论着的那类攻击，意在扭转战局的攻击，主要是一种战术事务；我们在此要谈论它，只是因为我们现在关注战术结果，从而这论题确实搭连到战术领域之内。

如果一支兵力针对敌人侧翼或后背，那么它的冲击效能可以大为增强。然而，并非总是如此：冲击效能可以同样容易地被削

① 约克即路德维希·约克·冯·瓦尔滕伯格(1750—1830)：拿破仑战争中的普鲁士军队重要将领，1813至1814年期间尤为战功卓著，包括在布吕歇尔为主帅击败拿破仑的拉昂战役中起了重大作用，同年被封为瓦尔滕伯格伯爵，1821年被授予普鲁士陆军元帅衔。奥古斯特·德·马尔蒙特(1774—1852)：法国将领，拿破仑的长期亲信，1809年拿破仑主要因个人交情授予他法国元帅衔，后在拉昂战役中作为法军主将之一兵败；波旁王朝复辟后作为宫廷警卫军首领为路易十八效劳。——中译者注

弱。交战正在其中打的种种状况将像在其他方面那样，规定它在这方面的计划，但这里不是深入细节的地方。为我们眼下的目的，这里有两个重要考虑。

第一，**作为一项通则，与其影响胜负决定本身相比，对侧翼和后背的攻击更有利地影响结局的种种后果**。当一场交战须被挽回时，显然主要考虑是它的有利结束，而不是胜利的大小。因而在这方面，一个人会想，被调来挽救形势的增援兵力倘若独自攻击对手的侧翼和后背，将不如倘若它们与我们汇合那么有效。就此肯定不乏实例；然而我们断言，由于第二个考虑，通常将出现相反的情况。

这第二点是突袭的心理冲击，那通常都伴随着被派去挽回形势的增援的出现。

如果出敌不意的突袭发生在侧翼或后背，那么它的效能总是增强；在决胜的关键阶段，一支军队被延伸开，兵力分散，不那么能对付它。起初，在各部队仍然集中并且总是准备对付此等不测事件时，对侧翼或后背的一场攻击会相对地极少分量；然而，在交战的最后关头，它的意义将大得多。

因此，我们毫不犹豫地说，在大多数场合，当增援部队从侧翼和后背逼近敌人时，它们有效得多，正如一个较长的把手提供较大的杠杆力那样。以这方式，有可能用一支如果被用来攻击正前方就会不足的兵力去挽回一场交战。在此，在对侧翼或后背的作战行动中——那里因为心理效能变得占据支配地位而差不多根本无法精确估算效能——大胆勇敢被给予了最充分的作用天地。

在临界形势下，所有这些因素都必须被考虑，它们的总合效应必须得到评估，如果我们希望确定是否可以做什么去挽回一场正打得糟糕的交战。

如果起初的交战不被认为业已结束，那么一场由于增援抵达而开打的新的交战将与它合并起来，并且导致一个总合的结果。起初的损失因而将被全部抹去。如果起初的交战已经决出胜负，
243 那么形势就不同：在此情况下，将有两个各自分明的结果。当增援兵力不大、亦即比不上敌方兵力时，第二轮的前景很难说光明。然而，如果它们强得足以打第二场交战而不管第一场如何，那么一个有利的结果可能弥补或意义超过起初的失败，虽然它永不能完全消除其影响。

库内尔多夫战役期间，弗雷德里克大王在首次攻击中打垮了俄军的左翼，缴获 70 门炮。到战役结束时，这两项战果都已得而复失，首次攻击的整个结果化为乌有。假如国王能立足于旗开得胜，将第二轮延后到翌日，那么即使他输掉了战役的第二部分，首日的成功本将仍是个补偿。

如果一场在输的战役结束以前能被截住，并且转败为胜，那么起初的损失不仅化为乌有，而且变成一个更大胜利的基础。因为，仔细审视一场交战的战术进展，有一点变得显而易见，那就是直至它真正结束，每场附属性交战的结果都只是暂时的裁定，不仅能被最终结果废除，而且可被转化为它们的反面。我们自己的部队越遭损伤，敌人的部队就将越精疲力竭。他自己的危机很可能严重得多，我们的生力军的优势将更有分量。如果最终结果转变得对我们有利，如果我们设法从敌人夺回战场和俘获，这些已使他损耗的所有兵力就将转变为我们账户上的存额；我们先前的失败就成

了迈向更大胜利的踏脚石。胜利时本将对敌人有那么大意义、以至于他能忽视其代价的最辉煌的军事成就，现在给他留下的只有对如此牺牲兵力的追悔。胜利的魔法和失败的咒语能够改变战役要素的特定重量。

甚至在一方决定性地强过敌人、能轻而易举地以更大胜利去报复他的胜利的境况中，也最好是在它结束以前去挽回一场正在输的战役（只要它足够重要），而不是以后打第二仗。

1760 年在利格尼茨，陆军元帅道恩试图在劳东将军依然作战之际前去支援他；但在战役已被输掉后，他就不企图进攻弗雷德里克，虽然他很有能力这么做。

因而，一场会战之前激烈的前卫交战应被认作只是一桩必要的祸害，凡在它们并非至关紧要之处，就应予以避免。

还有一个推论要被审视。

一场输掉了的战役的结果决不能被当作一项论据，以论辩要决
定打一场新的战役。然而，这条戒律遭到一个须被考虑到的心理因 244
素抗拒：报复和复仇本能。它是一种普遍的本能，为最高统帅和少年鼓手所共有；部队的士气从未高过前去偿还这类宿债的时候。这一切当然预先假定被击败的部队并不构成整体的一个太大部分；如果它们构成这样的部分，这么一种情绪就会被虚弱无力感压倒。

于是，有一种利用这心理因素的天然倾向，为的是通过寻求一场新交战来夺回已经丧失的，特别是在其余形势使之有理的情况下。此等二次交战的真正性质规定，在大多数场合它应当是一场进攻。

关于小交战的历史将显示这类报复的许多例子；相反，大战役

通常出自太多别的原因，不可能基于这么一种相对微小的动机。

然而无疑，正是报复渴望导致高尚的布吕歇尔在 1814 年 2 月 14 日带着第三支部队回返战场，在三天前他的三个军团中的两个败于蒙特米雷尔之后。[①] 假如他知道这将使他与拿破仑本人对阵，他肯定本将觉得有理由将他的报复留待另一天；然而，他预期的是对马尔蒙特报仇雪耻。远非收获一种高尚的报复欲的硕果，他不得不为自己的误算付出代价。

必须**协调**其行动的各单位之间的距离取决于交战的持续时间和它的决定胜负关头。如果意在打单独一场交战，那么它们的部署将是个战术问题；然而，只在下述场合它才能被认为是如此：各部队相互间靠得那么近、以致排除两场分开的交战的可能性，换言之在战略上，所有作战发生于其内的那个地区可被视为单独一个点。然而，战争中确实经常发生这样的事：意料中要协同作战的各部队不得不被布置得相隔甚远，以致尽管它们在会战中的结合仍是首要打算，但也不得不考虑各自为战的可能性。这么一种部署因而是战略性的。

这类部署包括各独立纵队和师的行军、前卫和侧翼军团、意在支援一个以上战略点的后备兵力、各军团从广泛散布的宿营地出发的合拢集中，等等。显然，这是一类不断重演的行动——可以说是战略预算的小辅币，而重要会战和规模相似的其他行动可被认作是它的大金银。

① 蒙特米雷尔为法国东北部马恩省境内一地，1814 年 2 月 11 日拿破仑在此地以 2 万兵员击败布吕歇尔麾下普俄联军的两个军团共约 3.6 万人，联军伤亡约 4 千，法军伤亡约 2 千。——中译者注

第 8 章　交战之共同同意

除非双方愿意，就不可能有任何交战。这个对决斗来说根本的概念导致了一类被军事史家们使用的术语，那往往造成含糊不明和令人犯错的观念。 245

这些著作家的谈论经常显示这么一点：一位司令官挑战，另一位拒不应战。

然而，交战是非常特殊的决斗。它的基础并不只在于要战斗的共同渴望或意愿，还在于涉及的目的；这些一贯属于一个更大的整体，而由于被认作单独一场冲突的战争本身受政治目的和政治状况——它们自身又属于一个更大的整体——支配，事情就更是如此。结果，对胜利的共同渴望只起次要作用；更准确地说，它不再是独立的，必须被视为莫过于神经，使更高的政治意志能够行事。

在古代，还有较晚近地在常备军最初问世的时候，“挑战敌人却无应”这一说法有比它当今更多的意思，在古代世界，一场会战意味着在全无障碍的空旷地面上的一场军力较量。战争艺术全在于组织和阵形——换言之战斗阵列。

在那些岁月里，军队一般那么牢固地盘踞在它们的营寨内，以致这些阵地被认为固若金汤。只有在敌人离开营寨边进可入的——打个譬喻说——竞技场以后，一场会战才变得可能。

因此，当我们读到汉尼拔徒劳地向费边挑战时，我们就费边所知的一切，只是一场会战不在他的计划内。这既没有证明汉尼拔的物质优势，也没有证明他的精神优势。然而，上面的说法在涉及后者的限度内是对的：汉尼拔真的希望战斗。

在现代军队的早期岁月里，支配重要交战和会战的景况与此类似。因而，部队集群按照一套战斗阵列得到作战部署和指挥。这是一种庞大笨拙的安排，要求有相当平坦的场地：在地势崎岖和林木丛生的地区，更不用说山脉区，这种体系不适于进攻，甚至不适于防守。于是在一定程度上，防御方能够找到避战的办法。这些状况一直延续到第一次西里西亚战争为止，尽管是在逐步减小
246 的程度上。只是在七年战争中，在**困难**地形上的进攻才变得可行和惯常。虽然地形仍是那些选择利用它的人的一项资产，但它不再是个被认为不受战争的天然力约束的魔圈。

过去三十年历程中，战争在这方面已经更加大有进化。当今，没有什么阻止一位立意决战的统帅搜寻出他的敌人并施以进攻。如果他不这么做，他就不能被认为是希望交战；当今，如果他说他已挑战但敌人拒不应战，这就只意味着他并不认为景况有利于一场交战。这相当于承认上述说法不适用于他那方面；他只是将它用作一个借口。

诚然，尽管防御者在当今无法拒绝一场交战，他却能通过放弃自己的阵地、从而放弃自己防守它的目的来避战。然而，这种成功已经构成进攻者的大部分胜利——对其暂时优势的承认。

因而，不再可能为了辩护挑战方——即进攻者——那边的惰

性而谈论“挑战被拒”(它蕴含了对手之间一项默契的意思)。另一方面,防御者须被认作希望战斗,只要他不撤退。在他那方面,他可以声称他已经挑战,如果他不遭到进攻的话;然而,那将被认作不说自明。

希望**撤退**而且能这么做的司令官几乎不可能被他的对手逼入会战。然而,进攻者经常不满足于这么一种撤退提供的好处,觉得有必要赢取一场实际胜利。在这种场合,非凡的技能往往被用于寻求和应用很少的可得手段,去迫使甚至一名闪避不已的对手立定战斗。

有两种实现这一点的主要办法:第一,**包围**敌人,切断他的退路,或者使之变得那么困难,以致在他看来会战似乎是较轻的害;第二,**出其不意突袭之**。后者的好处在过去基于兵力运动之难,可是当今突袭已失去用处。现代军队那么灵活机动,以致一位将领即使在敌人的全视野下也不惮撤退。只有对在格外不利的地形上操作的部队来说,才会出现真正的困难。

这方面的一个案例是内雷谢姆战役。1796 年 8 月 11 日,查理大公在劳厄阿尔卑斯鏖战莫罗,原因只在于便于自己的撤退。①

① 查理大公见本书第 220 页注①。让·维克托·马里厄·莫罗(1763—1813):法国将领,雅各宾专政时期开始得到军事重用,在莱茵河以东地区统兵作战表现卓著,并对拿破仑的权力崛起和雾月十八日政变做出了重要贡献;随后作为共和主义的信仰者参与反对拿破仑(时为第一执政)的阴谋,被放逐到美国,待拿破仑侵俄失败后回到欧洲参加反拿破仑战争,在 1813 年 4 月底的德累斯顿战役中受致命伤。内雷谢姆战役:查理大公旨在率军撤往多瑙河地区的一场战役,在巴登—符腾堡境内的内雷谢姆镇附近进行,被莫罗率领的法军击败,败因主要在于他的判断错误,那在他多次得胜的 1796 年德意志作战中实属罕见。——中译者注

可是，我们必须承认，在这个例子里，我们从未完全理解这位著名的将领和著作家的论说。

罗斯巴赫战役[①]是另一个例子，即使盟军统帅确实从未真正打算进攻弗雷德里克大王。

247 至于索尔战役，[②]弗雷德里克大王自己说，他应战只是因为在敌人全视野之下撤退看来大有风险。然而，国王还列举了这场会战的其他原因。

除了实际的夜进攻，这样的例子总的来说一贯很罕见；敌人因为被包围而被迫战斗的例子通常只涉及孤立的军团，例如马克森战役中的芬克军团。[③]

① 七年战争中的一场著名战役，1757 年 11 月 5 日在萨克森选侯邦境内的罗斯巴赫进行，弗雷德里克二世主要依凭快速运动和突然袭击，以 2.2 万兵员大败 4.2 万人的法奥联军（由法国查理亲王和奥地利约瑟夫亲王统率），歼敌约 1 万人，而普军损失仅 500 余人，是他打过的最杰出的战役之一。——中译者注

② 见本篇第 4 章内的中译者注。

③ 马克森战役系七年战争期间的一场战役，1759 年 11 月 21 日发生在萨克森境内的马克森。在这场战役中，普鲁士将领弗里德里希·奥古斯特·冯·芬克率领 1.4 万人孤军作战，被道恩麾下占三倍数量优势的奥地利军队全歼。——中译者注

第9章　会战：其胜负决定

什么是会战？会战是主力部队的一场拼斗：并非恰恰一项为次要目标而打的意义不大的战斗，并非只是倘若够早地认识到它的目的难以达到就要被放弃的一项企图。它是旨在真正的胜利的一场拼斗，以所有可得的兵力去进行。 248

甚至在一场会战中，次要目标也可以与主要目标结合在一起，会战本身将带上引发它的种种环境的特色。甚至一场会战，也与它是其一部分的一个更大的实体相联。可是，由于战争的本质是战斗，而且由于会战是主力部队的战斗，因而会战总是须被认作是战争的真正重力中心。因此，总的说来它的突出特性在于，甚于任何别的作战类型，会战只为它本身的缘故存在。

这对**它的胜负决定的样式**、对**所获胜利的效应**有一种影响，并且决定**理论必须赋予作为达到目的的一个手段的会战的价值**。就是出于这个原因，在此我们使它成为专门探究的一个对象。以后我们将讨论还可以被涉及的种种特殊目的，但它们并未在本质上改变它的性质——假定它值得被称为“会战”。

如果一场会战主要地说是自成目的，那么它就必定包含它的胜负决定要素。换言之，只要胜利在可能范围内，就必须争取胜利；决不能因为种种特殊的环境而放弃会战，只有在可得的兵力已经很明显地变得不足的时候才能这么做。

这个阶段如何能被更准确地确定？

如果军队的某种程度的复杂整合和部署是首要条件，在其下部队能勇而得胜（就像现代战争中颇长一段时间的情况那样），那么**摧垮这战线**本身就是决胜。一翼被打垮和被逐出战线，一直固守不移的翼侧的命运便由此而定。如果像在一个较早时期里那样，防守的本质在于部队与地形及其障碍紧密整合，从而军队与阵地结为一体，那么夺取阵地的一个**要点**造就决胜。我们说，阵地的关键被输掉；它不再能被守住，会战无法继续下去。在这两个场合，败军都可被比作是一个不再鸣响的乐器的断弦。

在此论说的几何及地形原理趋于将军队保持在一个僵硬的紧
249 张状态，阻止它们将自己的兵力使用净尽。这些原理现已影响大失，以致不再是支配性的。一支军队依然以某种阵列投入会战，但这阵列不再是决定性的了。防守依然由于利用碰巧的地形而得到改善，但它不再仅仅依赖这些。

在本篇第 2 章里，我们试图给出一个关于现代会战的一般观念。这番叙述简单地将会战阵列描绘成一种意在便利用兵的部队配置，并将会战进程描绘成一种缓慢的彼此消耗过程，它将显露出哪一方能够先行耗竭其对手。

在一场大会战中，甚于任何别类交战，弃战决定取决于依然可得和未经使用的后备的兵力对比。它们是士气依然如故的部队；业遭打击和磨损的各个营队——毁灭性火炉留下的正在熄灭的残焰余烬——无法与之相比。如前所述，丧失阵地还折射出士气已损。这也必须被考虑进来，虽然更多的是作为一个已经遭受的损失的指标，甚于表明损失本身。双方统帅的主要关切将总是在于双方可得的后备兵员数量。

通常，一场会战从开始就成形，虽然不以任何明显的方式。往往，这形态已被为会战而做的种种预备性兵力配置决然确定，然后它就表明，在这些不利条件下对它们茫然不知而发动交战的统帅缺乏洞察力。即使会战的进程未被预先决定，按照事理它也会是一种缓慢的此消彼长，那早早开始，但如前所述不易察觉。随时间推移，它势头愈增，成为显而易见的。它不那么是一种来回摆动的情况，如对战斗的胡想乱编的叙述一直误导众人认为的那样。

然而，不管这均势是一度保持不变，还是它摆向一边，自我矫正，然后摆向另一边，一位统帅通常在下令撤退以前许久，就肯定知道自己在输掉会战。一个意外因素在其中对整个进程有大影响的会战通常只见于狡辩故事，那是意欲辩解自己的失败的人讲的。

在这个论题上，我们只能诉诸公正不偏和饶有经验的军人，他们肯定会证实我们为那些对战争没有个人体验的读者做的论辩。对会战过程的一番彻底分析将把我们过远地带入战术领域，它确实隶属其中。在眼下，重要的只是结果。

虽然我们相信，被击败的统帅通常在决定放弃会战以前许久，便知道战败的可能，但我们仍然承认有相反的情况；否则，我们就会在陈述一个自相矛盾的信条。假如一场会战每逢出现明确的逆转就要被认为输了，那就没有任何追加兵力会被投入以图挽救它。
据此，这么一种明确的逆转不可能在时间上很可观地先于撤退时 250
刻。肯定有这样的情况：在其中，一场会战在出现一个有利于一方的明确的转变之后，却以有利于另一方的结局告终，可是这样的情况不常见；事实上它们实属罕见。然而，每一位将领在倒霉时希冀的正是这一例外；只要尚有由逆转顺的任何可能，他就不得不希冀它。他希望，依凭一次更大的努力，依凭振兴部队的任何残余士气，依凭超越他自己或靠纯粹的好运，他将能够再一次扭转自己的命运，而且他将在他的勇气和判断力允许的范围内坚持这希望。以后我们就此将有更多论述，但首先我们希望列举标示均势改变的种种征兆。

整个会战的胜负由构成它的各项交战的结果合成；这些结果转而可以通过三个分明的征兆被认出。

第一个是指挥官的精神耐力产生的心理效应。如果一位师长认为他的各个营团正在败北，这就会在他的态度和报告中显示出来，而这些转过来将影响总司令的决定。甚至显得已被挽回的局部挫败也会到头来有所影响。对总司令内心造成的印象会轻而易举地累积起来，甚至不顾他的较优的判断力。

第二个是己方部队的损耗，其速率快于敌方部队的。这可被颇为准确地估计出来，因为我们的会战节奏是刻意的，难得混乱无度。

第三个是被丧失的阵地的多少。

所有这些表征起一种罗盘似的作用，统帅据此能断定他的会战的行进方向。火炮全部丧失，同时全无得自敌人的缴获；他的营队被敌方骑兵摧垮；同时敌方自己的营团照旧坚不可入；他的交火线被迫节节后撤；夺取某些阵地的努力徒劳无功，到头来突击部队被多多命中的葡萄弹和霰弹击散；他的大炮与敌人的相比开火渐稀；他的处于战火之下的营队损耗之快快得反常，因为一群群体格健全者陪伴伤员撤往后方；部队单位多被切断和俘获，因为战线多遭突破；证据表明退路危在旦夕：这一切会向一位统帅表明他和他的会战正奔向何方。他们在这方向上奔得越久，败途就变得越分明，就将越难实现扭转，会战不得不被放弃的时刻就来得越近。我们现在要考虑的就是这个时刻。

我们已不止一次地明确申言，作为一项通则，最终结果取决于仍然可得和未经使用的后备兵员之比。一位认识到敌方在后备兵力上的显著优势的统帅会决定撤退。现代会战有一项特性，那就 251
是在其过程中经受的一切不幸和损失能够依靠生力军去挽回。原因在于现代会战阵列和部队被投入作战的方式，它们允许在差不多每一处和任何形势下使用后备兵力。因此，只要一位统帅拥有比敌人更多的后备，他就不会放弃，虽然会战显示出种种征兆表明进展糟糕。然而，一旦他的后备开始变得弱于敌人的，终止会战便是个预先的定论。他剩下的动作部分地取决于环境，部分地取决于统帅的个人勇气和耐力，那很可能蜕化为愚蠢的顽固。一位将领如何达到对每方后备兵力之比的正确估计是个技能和经验问题，不是我们在此关注的。我们确实关注的是出自他的思考的结果。甚至这也还不是真正的决定时刻：一个仅仅逐渐浮现的答案并非其催化剂本身；它不可能甚于宽泛地影响最终的决定，后者转过来将由种种即时考虑触发。在这些考虑当中，有两项不断重现：对退路的威胁和黑夜的临近。

如果会战过程中每一新变动都蕴含一种对退路的愈益加大的威胁，而且如果后备兵力已被减至它们不再能解除压力的地步，那就别无选择，除了屈从命运，并且依靠井然有序的撤退去拯救所有将因进一步延宕而丧失和经败逃而溃散的人们。

黑夜是个不同的问题，通常令一切交战停止，而要夜战，就必须获取种种特殊条件去证明它有理。就一场撤退而言，黑暗比白昼有利，因而一位觉得撤退无可避免或至少很有可能的统帅会为此目的而偏好利用黑夜。

毋庸赘言，除了这些主要和最常见的因素，还可以有许多其他因素，它们较为次要、较为个别和较难预测。一场会战的均势越有被倾覆的危险，它就将越敏感于它的任何组成部分碰到的任何事情。丧失单独一组炮群，或被一阵骑兵突击冲散，可以帮助加固一位将领的已经部分形成了的撤退决定。

关于这个论题的最后的话必须论及一个关节点：在这点上，一位将领的勇气与他的较优判断力可以说开始彼此冲突。

一方面有一位得胜的征服者的盛气骄矜，与内在顽固相伴的刻板的决心，连同高贵激情的绝地抵抗，它们全都拒绝放弃涉及荣誉的会战战场。另一方面则有理性的呼喊，劝告不要费尽一方拥有的一切，不要赌光一方最后的资源，主张保留为一场有序的撤退而必需的无论什么东西。不管在战争中勇气和坚定素质可以被评
252 价得多么高，不管对用他掌控的全部力量去争取胜利犹豫不决的领导人可能取得胜利的机会多么小，都有一个关节点，逾此坚持下去就成为绝望的愚蠢，因而决不能被宽恕。在那场所有会战中间最著名的会战即“美女联盟”战役[①]中，波拿巴将自己最后的剩余兵力全都押在一举挣扎上，要挽回一场无可挽回的会战；他耗尽了最后每一文钱，然后像一名乞丐那样逃离战场，逃离帝国。

---

① 即滑铁卢战役。见本书第 336 页注②。——中译者注

第10章　会战(续):胜利的效应

依据自己的看法,一个人可以诧异某些胜利的非凡的结果,恰 253
如诧异另一些胜利全无结果一样。让我们用片刻时间来考虑一下一场大胜可有的效应的性质。

在此,容易分辨出三项事情:对工具本身——将领与其军队的效应;对各交战国的效应;这些效应能对战争的未来进程有的实际影响。

倘若只考虑胜方与败方之间按照阵亡者和负伤者、俘虏和武器缴获而言的存在于战场上的差异——无关重大的差异,出自此等不重要的特性的种种后果就往往似乎很难设想。然而,作为一项通则,事件进程全都自然不过。

如我们已在第7章里提到的,胜利的规模并不简单地随战败军队的规模增大而增大,而是渐进地增大。一场大会战的结果对败方有更大的心理影响,甚于对胜方的。这转过来,引发了物质力量的追加损失,那在士气方面有其回响;这两者随每个加强和剧化另一个,成为彼此互动的。因而,一个人必须特别强调精神效应,它以相反方向对每方起作用:损伤败方的力量,同时增强胜方的劲头和精力。然而,败方是受它影响最大的一方,因为它成了追加损失的直接原因。不仅如此,它与危险、费劲和艰辛紧密相关,简言之和一切与战争密不可分的折磨紧密相关。它与这些状况融合为一，并且由它们养育。

然而在胜者一边，所有这些因素只有助于增大他的勇气范围。因而，发生的情况是败者的分量远跌落到起初的均衡线以下，大甚于胜者的分量抬升到它以上。在考虑一场胜利的效应时，我们所以对表现在败方的那些特别感兴趣，原因就在于此。

这些效应在一场大规模行动之后，大于随一场小规模行动的，并在一场大会战之后，更大于随一场辅助性交战的。一场大会战为它本身的缘故而存在，为它将带来的、它力图依靠最大程度奋力去争取的胜利而存在。在此地此时击败敌人是战争规划的所有组成部分汇合在其上的意图，将关于未来的一切遥远希望和模糊想
254 法统一起来。在此，命运给我们展示答案，回答我们的大胆的问题。这就是导致不仅压在统帅心上、而且压在往下直到大车车夫的整个军队心上的紧张；诚然是以递减的程度，但也是以渐小的重要性。在任何时代和在无论何种状况下，一场大会战从来不是作为对军事责任的一种即兴、意外和无谓的履行去打的。它是一桩宏伟的大事，远高于寻常度日，部分地依据它本身的价值，部分地因为统帅那么规划它，为的是加剧中的心理紧张。关于问题结局的悬念程度越高，它的效应就会越大。

当今，会战胜利的精神效应甚至大于它在现代早先战争中的。倘若现代会战如前所述是殊死战斗，那么结果更多地由全部力量——物质力量和精神力量的总和决定，甚于由个别的意向或纯粹的偶然决定。

有可能避免重犯一个错误，而且总是能希望另一天会出于运

气或机会而带来较好局面,可是物质力量和精神力量的总和不那么容易迅速改变。因此,由一场胜利宣告的裁决看来对将来有更大的重要性。虽然在军内外那些参与一场会战的人中间,只有很少人会明白这区别,但会战本身的进程会将结果铭刻在所有实际参战者的心里。对这会战的公共叙述,即使经少数添加的细节修饰,也将使得有一点对其余世界来说同样显得颇为分明,即它的原因是一般的而非特殊的。

那些从未经历过一场严重失败的人,自然会发觉难以就它形成一幅生动的、因而全然真确的图景:关于这一或那一小损失的抽象概念永远比不上一场大失败的现实。这个问题值得更仔细的审视。

一个人正在输的时候,冲击其想象力、确实其智力的头一桩事在于兵员数量优势消散。随后是丧失阵地,那差不多总是发生,而且甚至可能落到进攻者头上,如果他背运的话。接着来的是原初战线的瓦解、部队的紊乱和撤退固有的危险,那除了罕见的例外,总是在某种程度上呈现。然后撤退本身来临,通常在黑夜里开始,或无论如何持续整夜。一旦那开始,你就不得不将落伍者和大量精疲力竭者丢在后面;在他们中间,一般有最勇敢的——那些冒险进得最远或坚持得最久的人。在会战战场上只冲击高级军官的失败情绪,现在遍布全军各级,往下直到普通列兵。它被一种可怕的必需加剧,即不得不将那么多值得敬重的战友丢给敌人,他们是一个人特别在鏖战之中开始认识和赞赏的。更糟的是愈益丧失对统帅部的信心,那被每个下属认为多少要对他自己的努力被浪费负
责。还有更糟的,即被击败感不是一种可以消散的单纯梦魇;敌人 255

更强成了一个可察知的事实。它是个理性可能埋伏过深、以致起初无法预见的事实，但它最终清晰和令人信服地浮现了出来。一个人可以始终明白这点，但因为缺乏更切实可靠的替代，这意识被他对机遇、好运、神佑以及他自己的大胆和勇气的信赖抵消。这一切现在已证明一向不够，可怖的真实严苛和无情地横在一个人面前。

所有这些影响仍然远非恐慌。面对失败，一支有精神的军队永不会恐慌；甚至别的军队，在输掉一场会战之后，恐慌也只是例外情况。种种影响本身在最佳的军队里无可避免。此处或彼处，它们可以因为对战争和胜利的长久熟悉而被减缓，因为对统帅部的坚实信赖而被淡化，但从不会在开始时全然缺乏。不仅如此，它们不是失掉胜利锦标的一个单纯的后果；这些锦标通常在一个以后的阶段被丢失，而且这事实并非一下子就变得众所周知。不管均势的改变发生得多么缓慢和逐渐，这类情绪肯定会出现；它们产生一种效应，一个人可以绝对可靠地指望它。我们已经讲过，失去的胜利锦标的数量将添到这效应上。

在这么一种状态中的军队，其效能被严重损伤。处于这被削弱了的状态（它——再说一遍——因战争的所有例行困难而加剧），它难被期望通过重新奋力去挽回它的损失。会战以前，双方势均力敌，不管是真实的还是假定的；这均势现在已被倾覆，需要一个外在原因去恢复它。没有此种外在支持，任何进一步努力都只会导致进一步损失。

因此，甚至主力部队的一场有限的胜利，也足以令对方的分量开始步步减小，直至外在因素方面的改变导致事态的一个新转折为止。舍此,如果胜者继续加压,以争取更大的战利和更大的光荣,那么只有一位杰出的统帅和一支满怀武德、在多次战役中锻炼成钢的军队,才能够将武力的汹涌洪流保持在限界之内,并且通过规模小但次数多的坚守阻缓其浪潮,直到胜利之力成强弩之末以致耗竭为止。

这一切在军队以外的效应——对人民和对政府的效应——是热望突然崩溃和自信彻底破碎。这留下了一个真空,由腐蚀性地膨胀着的恐惧去填补,从而造就瘫痪。它就像主要会战的电击引发交战国之一的整个神经系统中风。这种效应可以随案例不同而有别,但它总是在某种程度上存在。不是人人都做出立即和决绝的努力去阻挡进一步的不幸,而是普遍恐惧,担心任何努力都将徒劳无用。人们将犹豫不决自己应在何处行动,甚或将灰心丧气,听天由命。

这些胜利效应对战争未来进程的影响部分地取决于得胜的统 256
帅,取决于他的性格和才能;然而,它们更多地取决于导致胜利的种种状况,连同胜利反过来造就的那些状况。除非一位统帅大胆勇敢,积极有为,就没有任何伟大结果能被期望出自哪怕最辉煌的胜利;可是,它能够甚至更快地被重大的逆境搞得了无效果。一位弗雷德里克大王,假如处在道恩的位置上,就会全然不同地利用在科林的胜利;而且,假如法国处在普鲁士的位置上,她又能如何多得多地利用勒申战役![1]

令人有理由从一场大胜期望大结果的种种状况将在它们的恰

① 勒申战役和科林战役,见第三篇第 8 章。——中译者注

当背景下得到探索。在那里，我们将能解释一种不相称，它乍看来似乎存在于一场胜利的诸方面与其后果的诸方面之间。太经常地它被归罪于胜者缺乏干劲。在此令我们关注的只是会战本身。我们的论辩是，我们讲述了的胜利效应将总是存在；胜利的规模越大，它们就越大；会战越是大战，它们也就越大，也就是说军队的全部兵力越多地投入，这兵力就越代表总的军事力量，后者也就越代表整个国家。

在此情况下，理论家是否有理由假定胜利的这些效应势所必然地须被当作既定的接受下来？难道他不应转而试图找出一个处理它们的有效方式？予以肯定的回答看来实属自然；然而，上天保佑我们不被误导，以致步入这已经困住了那么多理论家的死胡同，在那里论辩成了自毁自灭的。

这些效应确实很不可避免，基于事情的性质。它们必定作为结果出现，即使我们找到反制它们的方式，就像一枚炮弹的运动必定在地球旋转的方向上持续，即使它由于在相反方向上——即从东到西——被发射而有所减速。

一切战争都以人类弱点为先决假设，并且力图利用它。

尽管在以后一个阶段和在另一番语境里，我们可以讨论一场大败后应当做什么，我们将重新审视在一个近乎毫无希望的场合仍然留存的资产，假定甚至在这么一种形势下每桩事情仍有可能被置于正规，然而我们肯定不是提示一场大败的效应能够逐渐被消除净尽。被用来复原局势的力量和手段或可被用于一个积极的目的；这既适于指物质力量，也适于指精神力量。

在一场大会战中失败是否可以有助于唤起种种否则将照旧休

眠的力量? 这是另外一个问题。并非不可能;它实际上已在许多国家发生。然而,激发这么一种强烈的反应处于战争艺术限界之外;仅在有理由期望它的地方,战略家才将它考虑进来。257

如果有胜利的后果因为被激起的反应而实际上显得有害的案例——的确是非常罕见的例外的案例,我们就须更乐意承认,在一场既定胜利的后果之中可能有种种差别——在此取决于被击败的人民或国家的特性。

第 11 章　会战(续):会战的效用

258 不管一场特定的战争如何被操作,不管我们随后将其操作的哪些方面认作至关紧要,战争概念本身会允许我们做出以下毫不含糊的陈述:

1. 摧垮敌军是战争的最优先原则,而且在涉及积极行动的范围内,是达到我们的目的的首要途径。

2. 如此摧垮军力**通常**只能靠战斗来做到。

3. 只有涉及所有兵力的大交战才导致大成功。

4. 最大成功获取于所有交战结合进一场大会战的场合。

5. 只有在一场大会战中,总司令才亲自控制作战;纯属自然,他宁愿信赖他自己去指挥会战。

这些事实导致一项双重法则,其原则彼此支持:摧垮敌军一般依靠大会战及其结果为手段去实现;大会战的首要目的必须是摧垮敌军。

无疑,摧垮原则也在或大或小的程度上见于别类作战行动。

肯定一直存在小交战(例如马克森之战[①]),在其中,有利的环境导致摧垮一支数量小得不成比例的敌军。另一方面,攻克或守卫单独一个阵地可能那么紧要,以致支配一场大会战。然而一般来说,大会战依然确实只是为摧毁敌军而打的,摧垮这些军力只能靠一场大会战去做到。

因此,大会战要被认作被浓缩的战争,是整个冲突或作战的重力中心。恰如一个凹面镜的焦点导致太阳光线会聚成一个完全的镜像,将它们加热到最大烈度,战争的所有兵力和环境则在一场大会战中被统一起来,并被凝缩到最大效能。

将诸多部队集聚为一个单一的整体——这在每场战役中都某种程度地发生——表明一件事:一个交战方意欲自己采取主动(作为进攻者)或由对方激使(作为防守者),以一举重大打击的方式使用这大军。如果重大作战未能形成,那么是因为外在因素业已出现,修改和制约起初的敌意,并且减弱、改变或者中止任何兵力运 259
动。甚至在——标志了许多战争的——总的无所作为状态下,会战的可能性对双方来说总是保持为一个关注焦点,一个遥远的、它们的行动方针能够指向它的目的。一场战争被进行得越认真,越被充注仇恨和敌意,它就越成为双方争夺支配权的斗争,一切活动也就越趋于爆发为激烈的战斗,从而将赋予一场大会战越大的重要性。

凡有一个将严重影响敌人的、重大的积极目的存在之处,一场大会战就是实现它的不仅最自然而且最优良的手段,有如我们以

① 七年战争中的一场战役,详见本书第 354 页注③。　中译者注

后将详细表明的。作为一项通则,通过躲开这么一场会战去规避一决胜负,必将自招惩罚。

进攻方是有一个积极目的的一方,因而很可能将这大会战认作它自己偏好的行动手段。虽然无意在此详细界定进攻和防守概念,但我们必须补充说,即使对防守者来说,一场会战也是迟早把握自身局势和解决自身难题的唯一有效手段。

会战是最血腥的解决。虽然它不应简单地被认为是彼此凶杀——其效应如我们将在下一章里看到的是毁杀敌人的精神而非其人员——但会战的特征总是确实有如其名,在于屠戮(slaughter)[*Schlacht*],它的代价是鲜血。作为一个人,统帅会在它面前畏缩退避。

可是,在靠一记打击去一决胜负的想法面前,人类心理甚至更加畏缩退避。在此,一切行动都在时间和空间上被压缩成**单独一点**。在这些情况下,一个人可能黯然觉得他的力量不可能在一个这么短的时段里得到发展和施加影响,倘若他能有更多时间,即使没有理由假设这将对他有利,他就会所获多多。这一切全属十足的幻想,但不要因此嗤之以鼻。袭击任何不得不做一项重要决定的人的那种羸弱可以甚至更强烈地影响一名军事统帅,他被要求靠单独一击去决定后果那么深远的一个问题。

就是由于这个原因,政府和统帅们一向试图找到规避一场决战的途径,谋求通过别的手段达到自己的目的,或者悄然放弃之。历史学家和理论家们在论述这样的战役和冲突时,一向大为费劲地指出,别的手段不仅像那从未打的会战一样优良地服务于目的,而且确实是更高技能的明证。这种思路已将我们带到差不多持有下述看法的地步,即认为在锱铢必较的战争盘算中,会战是一种由错误招致的邪恶,一场正统的、被正确地操控的战争永不应当诉诸的病态表现。桂冠要留给那些懂得如何操作战争而不流血的将领;而且,战争理论的专门目的将是教授这类战法。

晚近的历史将这等胡说一扫而光。然而,仍不能肯定它不会在 260
这里或那里重现,重现或长或短的时间,将那些身负重任者引入歧途,因为歧途迎合弱点,迎合人性。很可能,在将来某个时候,波拿巴的战役和会战将被认作残忍行为,近乎愚蠢的大错,同时遵照陈旧过时、衰朽枯燥的规矩和习俗的老式礼服佩剑将被依靠和赞颂。如果理论家能指出这种看法的危险,他就将给用心聆听的人提供了一项紧要帮助。我们希望,我们能为我们可爱的国家里那些身居要津的人做这一点,作为向导为他们效劳,呼吁他们深刻地研习这些问题。

我们确信只有一场大会战才能造就决胜,而这信念不只基于抽象的战争概念,还基于经验。有史以来,一向只有大胜利才为大结果铺平道路;就进攻方而言肯定如此,就防守方而言一定程度上也是如此。在乌尔姆的投降①是个独特事件,甚至对波拿巴来说

① 乌尔姆战役,拿破仑战争期间最著名的会战之一,以法军歼灭奥军的颇大一部分主力告终,对拿破仑实现对中西欧的霸权作用重大。该战役于 1805 年 10 月在今德国巴登—符腾堡州境内的乌尔姆附近进行。按照反法盟国计划,奥地利多瑙河军团 8 万余人由斐迪南大公率领开进巴伐利亚,库图佐夫麾下俄军 5 万人则由乌克兰向奥地利进发。1805 年 8 至 9 月,拿破从法国本土调动法军 22 万人前往莱茵河,规划集中兵力各个击破敌军。9 月下旬法军渡过莱茵河;10 月 6 日至 8 日部分主力强渡多瑙河,重创奥军右翼一部 2 万人和增援部队 6000 人,另一部主力由东北和南面纵深迂回,切断奥军向维也纳和蒂罗尔的退路。10 月 14 日至 15 日,法军完成对乌尔姆地区奥军的合围;被围奥军试图向波希米亚突围不成,遂于 10 月 20 日投降。库图佐夫巧妙撤走俄军,避免了被歼或遭重创。乌尔姆战役中,奥军损失约 5 万人,法军损失 6000 人。——中译者注

它也本不会发生，假如他不愿洒血的话。它事实上须被看作是他在先前诸场战役中已赢得的胜利的直接后续。所有幸运的将领，不仅是大胆的、鲁莽的和顽固的，都力图通过在决定性会战中赌上一切，由此使他们的成就达到极致。他们对这个超常问题的回答对我们来说应当是足够了。

我们对获胜而不洒血的将领不感兴趣。屠戮是一种可怖的景象：这个事实必须令我们更认真地对待战争，然而没有提供一个借口去以人道的名义逐渐钝化我们的战剑。迟早有人会提着一柄锋利的战剑出现，并且劈去我们的武装。

我们将一场大会战视作战争或战役结果的一个决定因素，但不一定是唯一的因素。其结果由单独一场会战决定的战役只是在晚近时代才变得相当常见，而且它们在其中给整个一场战争一定乾坤的案例乃是很罕见的例外。

由一场大会战招致的胜负决定当然并非完全取决于这会战本身，亦即参战兵力的规模或胜利的烈度。它还取决于影响双方和各交战国的战争潜力的无数其他因素。然而，通过将它们的可得兵力的主要部分投入这巨型决斗，双方便发起了一大决战。在某些方面，它的规模可被预见，但不是在所有方面。它可能不是仅有的决战，但它是**首场**，而且作为首场将影响所有那些后续的。因此，一场大会战的目的是作为整个战争的临时重力中心去行动——程度大小按照环境，但总是在一定程度上。一位以真正的军事精神——信心、情感、简言之必须和将会击败敌人的信念——投入每场会战的统帅将最有可能试图竭尽全力决胜首场会战，希
261 望并力争赢得一切。我们怀疑，在他的随便哪一次战役中，波拿巴

曾否开始作战而不想在首次遭遇中粉碎敌人。弗雷德里克大王在较有限的环境中,并以较小的规模,也有同样的想法,每逢率领他的小兵力时总是试图挡开俄国人或帝国军队。

再说一遍:会战招致的胜负决定部分地取决于会战本身——它的规模和参战兵力的多寡,部分地取决于成功的大小。

在第一个方面,一位统帅为增进会战的意义而能做的颇为明显;我们只希望指出,随会战规模增大,由它决定的种种追加环境增多。因此,有足够自信去进行大决胜的统帅总是设法将自己的大部兵力部署在一场大会战中,同时不严重忽略其他地区。

成功,或更准确地说一场胜利的程度,主要取决于四项因素:

1. 从事会战依照的战术模式。
2. 地形。
3. 部队的成分结构。
4. 对方军队的相对实力。

一场以各条平行的战线去打、没有包围行动的会战不大可能带来大结果,因为它是一场在其中败军已在或大或小的程度上被放走,或被搞得改变其战线的会战。在崎岖或多山的地区,冲击被弱化,因而结果也会较小。

如果败者的骑兵等于或强于胜者的骑兵,那么追击的效果就会丧失,胜利的某些重要结果也随之丧失。

最后,必定明显的是,在胜者拥有兵力数量优势、并已用其优势打乱敌人的侧翼或使之改变战线的场合,胜利的效应更大,大于那些在其中胜者是弱方的场合。诚然，勒申战役可能引起某种对这原理的实际正确性的怀疑，但我们希望可以用一次我们通常避而不用的警语：**每项通则皆有例外**。

一位将领能用所有这些手段去使一场会战成为决定性的。当然，它们固有它们自身的风险；可是他的一切行动都受制于精神世界的这一能动法则。

因而，战争中没有任何因素能在重要性方面与会战匹敌；最大的战略技能的用武之地在于创造会战的恰当条件，选择恰当的场所、时间和进军线，并且最充分地利用它的种种结果。

262 这些事情至关重要，但这事实并不意味着它们错综复杂，朦胧不清。远非如此：每件事都很简单，在规划上只需一般技能。大要求在于有迅速把握形势的才能，精力充沛，坚持不懈，并且具备一种朝气蓬勃和积极进取的精神——它们全都是我们将不得不再次提到的英雄主义素质。显然，这些大多不是通过书本学习能被获取的素质。如果它们还能被教给人，那么一位将领就必须从被刊文字以外的源泉接受教育。

打一场大会战的冲动，朝着它的不受阻碍和本能驱使的迈进，必须出自一种自我力量感和关于必需的绝对信念——换言之出自内在的勇气和认识，那由于身负重任的经历而变得敏锐犀利。

合适的事例是最好的教师，但一个人决不要让先验观念的阴云障眼蔽目；因为，哪怕是太阳光线也被阴云折射和弥散。理论家的最紧迫任务在于驱散这样的先验观念，那像瘴气一般不时形成和渗透。智力造就的谬误，智力也能铲除。

第 12 章　开发胜利:战略手段

导致胜利的种种准备是个极困难的任务,战略家为之很少得 263
到应有赞誉的任务。当他开发利用他的胜利时,他的荣耀和赞誉时分便告来临。

出现了一些我们要及时应对的问题:一场会战可以有怎样的实际目的?它如何符合战争的总格局?在什么范围内种种状况可以允许一场胜利充分发展?在哪里它达到它的最顶点?与此同时,在一切可想象的状况下依然保持真确的是,不加追求,任何胜利都不会有效;而且,不管对胜利的开发利用多么短暂,它必定总是走得更远,超过直接的后续。我们现在要就这个事实谈论一会儿,而不是每逢机会出现时就予以重复。

一旦被击败了的敌人退出战斗和放弃阵地,对他的追击便告开始。先前的来回运动与之毫无关系——那是会战本身的发展的组成部分。在此关头,胜利虽然稳操在手,可是通常仍然有限,在其方方面面不过平平。依寻常的事态进程,将取得的实在利益甚微,除非依靠一开始就做的追求使胜利臻于完善。如前所述,通常只是在那时,将体现胜利的锦标才趋于被拿到。我们要首先讨论这个阶段。

正常情况下,双方在投入会战时已经肉休疲劳,因为紧接在交战之前的行军通常是一类非常费劲的活动。战场上一番经久的斗争要求大为努力，使人最终完全精疲力竭。不仅如此，胜方差不多像败方一样程度地处于紊乱困惑状态，因而将不得不暂停，以便能够恢复秩序、收罗掉队者和分发弹药。对胜者来说，这些状况造就了已经提到的关键阶段。如果被击败的部队只是敌军的一小部分，有其他部队可以退而投靠，或者能够指望强有力的增援到达，那么胜者可能很容易就冒随时丧失战果的风险。这一考虑会打断追击，或至少使之保持在很狭小的限界之内。然而，即使没有敌人得到增援的任何风险，已经讲过的情况也会抵消胜者在追击方面的弹性。虽然胜利本身远非危在旦夕，可以减小优势的逆动却有可能发生。也是在此关头，一位将领的行动自由带有一个沉重的羁绊——人类需要和人类弱点的全部分量。他麾下的成千上万人中间，每个人都需要食物和休息，最渴望有几个小时免于危险和疲

264 劳。只有极少的人——他们是例外——能够超出眼下此刻去追踪和感知事态。只有这极少数人在完成了手头的紧迫任务之后，留有足够的精神能量去思考获取进一步的得益，它们在这样一个时候可能看似胜利的微小装饰，甚而一种过头的奢侈。然而，在将领的议事会里被听见的是其他成千上万人的呼声；它经高级军官们的渠道上达，后者敦促将领同情这些人类需要。将领本人已因费心费力而精力衰减，从而由于纯粹人类的缘故所获成就小于可能的。确实得以实现的归功于最高统帅的**抱负、精力**以及很可能他的**冷酷无情**。只有这样，我们才能解释那么多将领依以开发利用已经使之占据上风的一场胜利的畏怯方式。胜利之后的“即刻追击”是个这样的术语：作为一项通则，我们只会用它来指当天的追

击,至多包括随后夜里的。过了这个时间点,追击者自己对休息的需要无论如何会要求暂停。

按照其性质,有各种不同程度的即刻追击。

第一种是只由骑兵追击。这通常更多地等于将敌人保持在监视之下和惊恐状态中,甚于施加严重的压力,因为它能够轻而易举地被些微的自然障碍打断。针对消沉羸弱的孤零的部队单位,骑兵可能有效,但若面对敌军主力,骑兵就只能作为辅助兵力行动。敌人的后备生力军能掩护其撤退,而且起初无关紧要的自然障碍能使所有兵力合聚起来,成就有效的抵挡。仅有的例外是一支实际上在溃逃和趋于彻底瓦解的军队。

第二种程度的追击由一支强有力的先锋部队从事,它包括所有各个兵种。这种追击逼压敌人,直至他到达他的后卫可以做出有力抵挡的一个地方为止,或者直至他全军能够占据一个新阵位为止。由于每一方都不大可能有一个即时的机会,因而追击进至更远。可是,它不会延续得超过一小时或至多几小时;否则,先锋部队可能趋于断了与后援的接触。

第三种即最高程度的追击使整个得胜大军保持推进,只要它的实力挺得住。在此情况下,最单纯的威胁即一场进攻或一个侧转就会使败军放弃地形可能提供的大多数阵位。他的后卫也更少可能投入顽强的阻滞战斗。

在所有上述三个场合,作战都因夜幕降临而止,甚至在它不能被认为结束了的地方。罕见的例外即整夜继续追击须被算作是烈度异常的。

考虑一个事实,即在夜战中一切都多少听凭偶然,到战斗结束

时常规阵形和例行程序无论如何已化为乌有，一个人就很能理解
265 为何双方的统帅都会规避摸黑续战的想法。除非由于败者完全混乱不堪或得胜大军武德非凡，成功得以确保无虞，一切都将在很大程度上听凭命运，而没有哪个统帅——即使是最大胆的——会喜欢这样。因而，作为一项通则，黑夜制止追击，哪怕只是在天转黑以前不久才决出胜负。黑夜给败者提供了随即的机会去休整，或者提供了一个利好的开端，如果他决定在黑夜掩护下继续撤退的话。

在这么一个间歇之后，败者无疑将发觉自己的处境已大有改善。颇大部分紊乱得到了整顿，新弹药已予分发，部队作为一个整体已被重组。与胜者的任何进一步的遭遇战将构成一项新交战，而非旧交战的延续；虽然它全不意味着提供绝对成功的愿景，但至少它是个崭新的开端，而不只是胜者方面的一场扫荡行动。

因此，每逢胜者能彻夜保持追击——即使只以一支包括所有各兵种的强有力的前锋——胜利的效果就将有远远更大的规模。勒申战役和“美女联盟”战役[①]提供了范例。

这类作战基本上是战术性的，我们所以讲到它，只是为了在我们自己心中澄清它能造成的胜利效应的大小区别。

这即刻追击，直到下一个暂停，乃胜者特权，与他的进一步的规划和处境几乎全无关系。这些可以大大减小一场重大胜利的成功度，但不可能阻止这即刻的开发利用。即使能够设想此类情况，

① 勒申战役见第三篇第8章；“美女联盟”战役即滑铁卢战役，见本书第336页注②。——中译者注

它们也如此少见,以致不可能对理论有重要影响。

这是晚近的军事经验业已开拓的所在之一,在那里开辟出了一整个新的奋力领域。在规模较小、限界较窄的早先的战争中,形成了不必要地限制作战的许多方面的种种习俗,特别是限制这个方面。只要涉及统帅,胜利的**荣耀这观念本身**显得就是一切。对他们来说,实际摧垮敌军只是战争的多种手段中的一种——肯定不是主要的,更不是唯一的。一旦敌人放低利剑,他们就立刻满心乐意插剑入鞘。一旦胜负已决,一方就当然地停止战斗:进一步洒血被认作不必要的残忍。

这种伪哲理并非决胜决负的完全依据。然而,它确实表达了一种看法,那确保乐意听取,并且赋予全军上下精疲力竭、体能不支无法续战这一借口很大分量。确实,在没有别的部队可得的情况下,要省下自己的得胜部队实属自然,而若预期未来的任务将很快甚于它们能够应付的,那就更是如此。然而,此类论说不正确:显然,继续追击引起的任何进一步的损失将按比例大大小于敌人
将遭受的。只有在战斗部队不被认作紧要因素的情况下,前一种 266
观点才可能生出。照此,一个人发觉在早先的战争中,只有最伟大的英雄——查理十二、马尔博罗、欧根亲王、[①]弗雷德里克大王——才会以勃勃有力的追击将一场已经足够决定性的胜利发展到底。其他将领一般都满足于照旧占有战地。当代战争,相应于种种环境的增大了的规模而以增大了的魄力进行,已突破了这些

① 查理十二:见第一篇第 3 章和第三篇第 5 章;马尔博罗和欧根亲王:见本书第 265 页注②。——中译者注

俗常的约束：追击现在是胜者的主要关切之一，战利由此被实质性地增大。即使在更晚近的会战中间有这情况未曾发生的例子，它们也是例外，而且种种非同寻常的因素总是起作用。

在格罗斯格申战役和鲍岑战役中，只是靠占优势的盟军骑兵，才防止了一场彻底溃败；在格罗斯贝伦和德内维茨，靠瑞典王储方面的赌气才如此；还有在拉昂，靠布吕歇尔的高龄和糟糕的身体状况才如此。①

博罗季诺会战也提供了一个适切的例子，而且我们无法避免就它说得更多，部分地是因为我们不认为事情仅靠指责波拿巴就能得到，部分地是因为这个案例与大量类似的案例一起，可能显得或可被置于我们已认作极端稀有之事的那个范畴，其时统帅从会战一开始就被他的总的处境绑住了手脚。

波拿巴受到了严厉谴责，特别是被法国的历史学家和他的大

① 格罗斯格申战役，1813 年 5 月 1 日至 2 日在德意志萨克森境内吕岑镇附近的格罗斯格申进行，期间布吕歇尔率领的普鲁士军队由维特根斯坦亲王麾下的俄国军队配合下，与拿破仑大军反复拉锯，激烈争夺格罗斯格申，但终告失败退兵，遭受伤亡约 1 万人。鲍岑战役：1813 年 5 月 20 日至 21 日在东萨克森境内山顶小镇鲍岑附近进行，从格罗斯格申战役撤退的俄普联军近 10 万人奉统帅部命令在鲍岑地区停留，但遭拿破仑麾下 11 万余法军猛攻，激战后全面败退，但免于被歼；双方总伤亡约 2 万人，其中俄普联军伤亡为 1.1 万至 1.4 万人。格罗斯贝伦：普鲁士勃兰登堡省境内一城市，1813 年 8 月 23 日瑞典王储查理·约翰为首的第六次反法同盟军队和弗里德里希·威廉·冯· 比洛率领的一个军团在此激战，击败了向柏林推进的法国元帅尼古拉·乌迪诺之下的三个军团，迫使后者在遭受严重伤亡后撤退。德内维茨：普鲁士勃兰登堡省境内一个村庄，1813 年 9 月 6 日 10 万俄普联军在此与法国元帅米歇尔·内伊（接替乌迪诺担任战区法军司令官）麾下近 6 万军队激战；由于内伊指挥失误，法军败退，伤亡约 1 万人，盟军伤亡约 8 千人，拿破仑夺取柏林的计划彻底失败。拉昂：法国北部埃纳省省会，1814 年 3 月 9 日至 10 日布吕歇尔所率 9 万普俄联军在此战胜拿破仑亲自指挥的近 4 万法军，后者败后深夜撤退；3 月底联军向巴黎挺进。——中译者注

赞誉者们(沃东库尔特、尚伯雷、塞居尔),因为未能将俄军逐出战场,或未能使用他的剩余兵力去摧垮俄军。他们论辩说,仅是一场输了的会战本可以是一场绝对的溃败。如果我们给出关于两军相对局势的一幅详细的图景,我们就会被引得离题太远。然而至此,有一点清晰无疑:当波拿巴渡过涅曼河时,他有 30 万人在那些将参加博罗季诺会战的军团里;现在只剩下 12 万人,他很可以怀疑他是否还有足够的兵力进军莫斯科——莫斯科是一切看来依以决定的关键。他适才赢得胜利使他对拿下这个首都还算自信;看来,极少可能俄国人在一周之内还能打另一场会战;而且,他希望媾和的地方正是莫斯科。诚然,假如俄军已被完全摧垮,他就可以更有媾和的把握;可是,他的头号优先事项仍是进抵莫斯科,并且以足够的兵力进抵那里,以便处于一个地位,可将他的意志强加于这个首都,从而强加于沙皇政府和俄罗斯帝国。

像到头来证明的那样,最终抵达莫斯科的兵力不足以完成这个任务。可是,如果在击溃俄军的过程中,拿破仑也毁伤了他自己的军队,那么它将甚至更加不足。他心里完全明白这个事实,而且在我们想来完全有理。尽管如此,我们决不能将它算在这么一些情势中间:在其中,总的状况责成统帅避不依靠一场即刻追击去将胜利开发到底。事实上,这样的追击决不成问题。会战在大约下 267
午 4 点决出胜负;然而,俄国人仍持有大部分战场,而且尚无撤退意愿。不仅如此,他们还会以顽强的抵抗去迎对一场再进攻;这虽然会将他们导向某种灾难,但也会令法国人遭受惨重的追加损失。因而,博罗季诺会战有如鲍岑战役,跻身于那些从未**打到底**的会战之列。在鲍岑,败方选择早早离开战场;在博罗季诺,胜方选择满足于一场仅是部分的胜利——不是因为他认为问题依然未定，而是因为一场彻底胜利将使他付出更大的代价，超过他能够付出的。

回到我们的论题，关于即刻追击的考察将我们引导到以下的结论：胜利的重要性主要由贯彻即刻追击的力度决定。换言之，追击构成胜利的第二幕，而且在许多案例中比第一幕更重要。在这个关节点上的战略变得接近于战术，为的是从它接受完事任务；它的权威的首度行使是要求胜利应当真正完全。

然而，一场胜利的影响难得在首次追击结束时终止：它只是胜利为之提供了势头的实际事态进程的开端。如前所述，这事态进程将受尚未讨论的其他种种因素影响。然而，我们现在将进而审视追击的更广泛的方面，为的是避免以后重复。

在持续追击方面，我们也能区分出三个程度等级。第一个在于仅追随敌人；第二个在于对他施加压力；第三个在于平行进军以便将他切断。

如果我们仅追随敌人，他就将保持撤退，直到他觉得已准备好进行另一场交战为止。换言之，这类追击会足以耗竭会战中取得的优势的效果。此外，胜者还将俘获败者无法随身带走的一切：病员和伤员、掉队者、辎重和所有各类车辆。然而，对敌追随本身不会加速其兵力瓦解，而施压与平行进军却会如此。

在运用次高程度的持续追击时，我们不满足于仅仅追随敌人，直到他的先前阵位，并且占领他愿让出的所有地域。相反，我们在每个阶段都安排索取某种更多的东西：每逢他的后卫试图占据一个阵位时，我们的前锋部队都被配置去攻击这后卫，从而加速敌人的败退，促进其瓦解。所以如此，主要是因为他的败退不得不采取连续不断的遁逃方式。对一名军人来说,没有什么比下述情况更令他厌恨的:在一番艰辛的行军之后,恰逢他安顿下来要休息时,却再度听到敌人的枪炮声。这种日复一日屡屡袭来的感觉能导致绝对惊恐。不断觉识敌人占据上风、抵抗乃力所不逮这一事实,必 268
定对部队的士气极为有害。当它迫使撤退的军队转入夜行军时,压力最甚。倘若在日落时分,胜者将敌人逐离他为他的全军或后卫选择的扎营地,败军就将被迫夜行军,或至少将自己的阵位和退避处移得更远——结果如出一辙。与此同时,得胜的军队不受烦扰,安然过夜。

在此如同在别处,行军部署和阵位选择取决于许多不同因素,尤其是供给,还有地形和大城镇等等的突出特征。因此,通过几何分析去显示占上风的追击者如何能使撤退的军队夜复一夜地行军,同时他自己的军队在安然休息,乃是彻头彻尾的迂腐。然而,事实——有益的事实——仍然在于,如此规划的追击可以有这么一种趋势,并且因此将变得远更有效。它所以难得被付诸实践,是因为追击的军队自己会发觉这么一种做法难度大,大于保持正常的作息时间。早晨撤营,中午占取下一营地,余下的白昼用于搞补给,晚上睡觉:这比严格依据敌人的动作去安排你自己的动作容易得多,后一做法是所有决定都紧随情报即时做出,今日拂晓撤营,明日却黄昏开拔;总是一次面对敌人几个小时,与之对射,打小遭遇战,策划迂回其侧翼;一句话,施展当时形势要求的每一种战术计策。这显然给追击者加上了一个重负,而战争带来了那么多负担,消除任何显得根本可以避免的负担才符合人性。这些考虑不管是应用于全军,还是像更常见的那样应用于一支强有力的前锋,都是正确的。上面的原因说明了为何一类追击相对罕见，即对败敌施加连续不断的压力。甚至波拿巴在他 1812 年的对俄战争中也几乎全然不用它。原因显而易见：在他达到他的目标以前，这场战争的困难和艰辛已经足以使他的军队有惨遭灭顶之灾的危险。然而在别的战役里，法国人以他们同样在这方面的蓬勃干劲而不同凡响。

最后，第三种程度即最高效的追击采取这么一种方式：朝着敌人撤退的直接目标，与之平行进军。

凡败军，都有一个或远或近的最先撤至地，那是它急欲抵达的。可能该地点对它的进一步撤退形成一种威胁，例如一条山间隘道；或者，赶在敌人前面抵达这个目标可以至关紧要，因为它是个大城市、补给基地或某个类似的地方；或者最后，它可以是敌人期望在那里获得新的抵抗能力的一个地点，例如一个强固的阵位，一个与追加兵力会合的接头点，等等。

如果追击者通过另道跋涉奔向这目标，他就显然能使敌人代价高昂地加快撤退速度；他能使之变成一场忙乱的遁跑，最终沦为大溃逃。败军只有应付这种情况的三种办法可以选择。第一种是
269 掉头迎对敌人，试图以突袭为手段创造一个改善的转机，那是形势并未真正提供的。显然，这需要有一位大胆和积极有为的司令官，连同一支第一流的部队——已遭痛击但远未被完全打败。因而，一支撤退中的军队难得能使用这种策略。

第二种办法是加速撤退。然而，这正是胜者希望的。它很可能令部队精疲力竭，导致大批兵员掉队散落，火炮和车辆被搞得无法使用，因而将造成巨大的损失。

第三种办法是绕道，从而避开最近的阻截点，因为理论上说离敌较远的行进将较少费劲，防止急迫导致进一步的损失。这是最糟的办法。它可以比作一个破产者背上追加债务，通常导致更甚的拮据。诚然，可以有在其中这种方针明智可取的情况，连同它是唯一出路的其他案例。甚至可以有它奏效的案例。然而总的来说，它所以被选择，肯定不那么因为确信它是安然达到目标的最佳途径，却更多地因为另外的、不那么可赞的动机：害怕与敌接近。屈从于这种恐惧的将领多么可怜！不管部队的士气多么低落，对遭遇敌人时处于劣势的担心多么有理，局势都只会由于胆怯地躲开每个接触机会而更加恶劣。波拿巴决无能力在 1813 年偕同哈瑙之战[1]后他仍剩下的甚至三四万人回首渡过莱茵河，假如他拒绝在那里打一仗并试图在曼海姆或科布伦茨渡河的话。这样的经仔细准备和实施的小交战——在其中处于守势的败军能收获地形之利——**是开始恢复部队士气的唯一手段**。

即使一项小成功也能造就奇迹。然而，大多数将领不得不克服大不愿做此尝试的情绪。乍看来，逃避似乎容易得多，以致通常成为首选。这逃避本身往往比任何别的都更促进胜者的目的，并且通常以败军全然毁灭告终。当然，我们在谈一支作为一个整体的军队，而不是已被切断和正在试图靠绕道与其余会合的一部。后者构成一种不同的局势，而且在这么一个场合的成功并非不大

① 哈瑙为德意志黑森境内一个城镇，据美因河畔的法兰克福 20 多公里，1813 年 10 月 30 日至 31 日拿破仑亲率约两万法军在该地击败卡尔·菲利普·冯·雷德麾下的四万余奥地利—巴伐利亚联军，使法军在莱比锡战役大败后得以撤入法国。——中译者注

可能。然而，有一个条件附于这争取达到一个既定目标的竞赛：胜者的部分兵力必须追随后撤的军队，在它选择的道路上，扫荡它留在背后的一切，同时以其存在惊惧被追击的兵力。“美女联盟”战役[1]之后布吕歇尔的追击是个在所有其他方面的楷模，但缺了这一点。

这类行军确实削弱追击兵力。它们在如下情况下不可取：敌人能够回扑另一支（规模可观的）兵力，而且敌军由一位第一流的
270 将领指挥，同时并非早已在被歼过程中。然而，在经得起使用这手段的场合，它像一部高效的机器那么奏效。败军出自疾病和疲劳的损失大得不成比例，它的总的士气由于不断惧怕迫在眉睫的灾难而被削弱和压抑，直至到头来无法想象作有组织的抵抗。并无打击，却每天有数以千计的俘虏被抓。在如此的好运时分，胜者决不能担心分兵，以便包围在其军队所及范围内的一切，孤立边远的部队单位，占取失守的要塞，占领大市镇，等等。他可以为所欲为，直到形势改变为止。他取得的自由越多，那个时刻就来得越晚。

在拿破仑战争中，有许多例子表明大胜和一流追击的这种辉煌效应。回想起耶拿、雷根斯堡、莱比锡和“美女联盟”战役就应足够了。

① 即滑铁卢战役，见本书第 336 页注②。——中译者注

第 13 章　会战失败后的撤退

输掉一场会战时，军队的力量被击破——其士气伤残甚至超 271
过其物质力伤残。打第二场会战而无新的有利的因素襄助将意味着彻底失败，甚或绝对毁灭。这是一项军事公理。事理使然，不管是依靠增援，还是依靠强固的要塞掩护，或是由于重大的自然障碍或敌人的伸展过渡，直到均势被如此重新确立为止，撤退应继续下去。损失的规模、失败的程度和——更重要——敌人的性质将决定均衡时刻将多快地返回。确实有许多例子，显示一支被击败的兵力能在一段短距之外集合起来，而无会战往后它的处境的任何改变。解释要么在于胜者士气低沉，要么在于会战中赢得的优势事实上不足以达到彻底的影响。

为了利用敌人方面的任何弱点或错误，不比环境强迫要求的多让出一分，特别是为了将士气维持在尽可能高的程度，绝对有必要搞一场缓慢的边打边退，每逢追击者试图过分利用其优势时，就大胆地迎面对抗。伟大统帅和百战之军的撤退总是像一头受伤狮子的撤退，而且这无疑在理论上也更可取。

在不得不放弃一个危险的阵位时，时间往往被浪费在微不足道的形式上，从而加剧危险。这么一种情况下，一切都取决于尽快脱身。经验丰富的统帅认为这非常重要。然而，它不应当被混同于一场总撤退。任何人，倘若其时相信几次强力进军将使他幡然振兴挡住敌人，就危险地犯错了。最初的几次动作必须短暂得近乎无法察觉，而且总的原则必须是不让敌人强加其意志。不与追击中的敌人打几场激烈的交战，这原则就无法被付诸实施，但它是一条值得为之付出这代价的原则。否则，速度必定增大，直到撤退沦为溃逃才罢。与在后卫作战中将会损失的相比，有更多兵员将作为落伍者被丢失掉。而且，勇气的最后残余将消失净尽。

将上述原则付诸实施的手段由几项因素构成：强有力的后卫，由最优秀的部队组成和最勇敢的将官率领，并在关键时刻得到其
272 余军队支持；对地形的精巧利用；强有力的伏击，凡在敌人前锋的鲁莽和地形状况允许的场合。简言之，它由小规模正规交战的规划和发动构成。

一场撤退涉及的困难有多大，当然取决于会战是否在有利条件下进行，连同战斗有多激烈。耶拿战役和“美女联盟”战役[1]表明，如果对一个占优势的敌人战斗到底，就不可能有任何种类的有条不紊的撤退。

在各不同处，有人（例如劳埃德和比洛）提出退军应当分兵；它们应以各自独立的纵队撤退，甚或分道异路撤退。必须讲清楚，我们这里不是在讨论仅仅为了行军便利的分兵，其中保留了协同作战的选择和意图。任何别种分兵都极端危险；它格格不入，必铸大错。一场输掉的会战总是趋于有一种令军队羸弱和瓦解的影响；即刻的必需是重组，是恢复部队集群内的秩序、勇气和信心。认为

---

① 即滑铁卢战役，见本书第336页注②。——中译者注

敌人在接续开发其胜利之际，能在其两翼被一支分开了的兵力扰乱，实属荒唐可笑。这可能打动一位不过是个胆怯的学究的对方将领，因而在此情况下可以照此一试。然而，除非能确保有这种弱点，最好不要去试。在会战后的战略形势要求己方侧翼得到各分遣部队掩护的场合，将不得不尽可能范围最有限地这么做。然而，这种分兵必须总是被认作是个不利，而且通常无法在会战结束翌日去做到。

弗雷德里克大王在科林会战和解除布拉格之围[①]后，确实分成三个纵队撤退。然而，他并非自愿这么做，而是因为他的部队的阵位和掩护萨克森的必要令他别无选择。波拿巴在布里尼战役[②]后，命令正在渡过塞纳河的马尔蒙特[③]返回奥布河，转向特鲁瓦。这所以没有以灾难告终，只是因为盟军也同样分兵而不去追逐他：一部在布吕歇尔麾下前往马恩河，另一部在施瓦岑伯格[④]麾下因为害怕自己太弱而推进极慢。

① 科林战役见第三篇第 8 章。布拉格之围：1757 年 5 月，在七年战争期间和随布拉格战役胜利之后，弗雷德里克二世率普鲁士军队围攻布拉格，力图以此迫使在该城的 4 万奥地利军队投降，但一支由利奥波德・约瑟夫・冯・道恩伯爵统率的奥军突然进军至北面，威胁普军的补给线，迫使弗雷德里克放弃围攻布拉格。普鲁士在七年战争中的战绩巅峰时期由此一去不返，普军此后大致只能在本国境内作战。——中译者注

② 1814 年 1 月 29 日在法国中北部奥布省内的布里尼进行，拿破仑在此役中以 3 万兵力战胜布吕歇尔麾下普俄联军约 2.5 万人，后者伤亡 4 千人，于临近午夜时撤退。——中译者注

③ 见本书第 346 页注①。——中译者注

④ 见本书第 225 页注②。——中译者注

第14章　夜战

273 夜战的操作与其各特殊方面乃是战术问题。这里，我们将只在它们构成一种独特的战争形式的范围内考虑它们。

基本上，夜攻只是强化的袭击。乍看来，它貌似高度有效：据想防守者全无预料，而进攻者当然对行将发生之事很有准备。多么不平衡的一场较量！一个人想象一方全然混乱，反之进攻者却只关心由此得利。这想象说明了许多夜攻方案，由那些既无须领导它们也无须为之承担责任的人提出来。在实践中它们非常罕见。

此类想法全都假定进攻者知道全部防守布局，那经先前规划和实施，躲不过他的侦察和情报。反之，进攻者的部署只是在执行时分才做，必定依然不为对方所知。然而，即使后者也不总是发生，前者则更不那么常有。除非敌人近得完全可见（例如霍希基尔赫战役[①]以前弗雷德里克大王对奥地利人来说那样），对他的阵位

[①] 1758年10月14日即七年战争期间在萨克森境内鲍岑附近小镇霍希基尔赫打的一次战役，作战双方为弗雷德里克二世统率的3万余普军与利奥波德·约瑟夫·冯·道恩伯爵指挥的8万奥军。当时普军暂驻该镇，道恩乘弗雷德里克全然不料，在凌晨突然发动进攻，经数小时鏖战击灭普军9千人和俘获大量装备，普军败退西北方。——中译者注

的了解将是不完全的。它将得自侦察、巡逻、俘虏供词和间谍，但出于一个简单的原因决不可能真正可靠，即所有这样的情报总是有点儿过时，敌人此际可能已经改变阵位。不仅如此，过去因为老旧的战术和装备体系，发现敌人的阵位要比当今容易得多。一长列帐篷比一组临时营房容易辨识，更何况一组露营；部署成线形的一条战线较易辨识，甚于现在作为通则由列成纵队的各师构成的。有可能一览无遗地看清以此方式扎营的一个师所处的地域，却仍然无法形成关于其布局的一幅清晰的图景。

而且，防守布局并非一个人需要知道的全部；得知他在作战过程中将会采取的部署同样重要。毕竟他不会盲目开枪放炮。由于这些战术决定已变得比起初的阵位更重要，因而与它们先前相比，在当今的战争中夜战已变得更难实施。现在，防守者能以更大的灵活性安置其部队，当代战法因而使他能以未经预料的打击出敌不意。

因此，在一场夜战中，进攻者就防守难得有——假如有——足够的了解，以弥补他目视的短缺。

防守者还有一项小优势：他比进攻者更了解他占据的地域，恰 274
如与一个陌生人相比，他能较易摸黑在他自己的房间盘旋找路。他能比他的袭击者更快地找到和兜抄他手下兵力的所有各组成部分。

由于所有这一切，进攻者恰如防守者一样，需要在夜战中目视。因而，要证明一场夜攻合理，就需有种种特殊的理由。

一般说来，这些理由影响军队的从属部分，难得影响全军。因而作为一项通则，夜袭会发生在小交战里，难得见于大会战。

能够以优势兵力轻而易举地攻击和包围敌军的一个从属部分。能够要么完整无缺地俘获它，要么通过逼迫它冒着严重劣势去战斗而重创它——假定所有其他条件无不有利。然而，这类计划只能作为一种完全的出敌不意得到贯彻。没有哪个部分的敌军会愿意在如此不平等的条件下作战；它很可能会撤退。除了难得的例外即林木茂密区，出敌不意这要素只能在黑夜帮助下存在。因此，如果想利用这种优势，即一个敌方单位处于弱境，就必须利用黑夜，至少用于完成己方的准备，即使实际交战不会发生在拂晓以前许久。这说明了一切针对前哨和其他小单位的小夜战。本质上，它们意在依靠优势和包围，去将未有察觉的敌人卷入一场条件如此不平等的交战，以致他不经惨重损失就无法逃脱。

被攻击的兵力的规模越大，作战就越困难。一支较大的兵力拥有雄厚的内部资源，能够坚持战斗，直至援助抵达。

这就是通常环境下这类进攻不能被用来针对敌人全军的原因。虽然一整支军队无法指望外来援助，它本身的资源足以挡住一场来自几面的攻击，特别是现在这样的攻击如此常见，以致人人都经受训练去对付它们。一场围击的成功依赖与出敌不意无关的种种因素。我们在此不需探究之；说围击虽能提供大回报但也能包含大风险就够了。因此，除了在特殊环境下，它只有靠大优势，例如当然能被集中在军队的一个从属部分的大优势，才能被证明是合理的。

由于另一项原因，包围一支较小的敌军部队——特别在黑夜掩护下——是一种较可取的作战行动。为此任务被选派的部队不管多么优越，都很可能只构成总兵力的一小部分；而且，就一项冒险的作战赌上部分兵力比赌上全军安全。还有，风险本身由于一个事实而更进一步减小，那就是攻击部队将得到一支较大兵力甚或全军的掩护和支持。

夜战不仅有风险；它们还难以实施。这也限制了它们的规模。275
它们的精髓在出敌不意，因而靠近但不被看见必须是个主要考虑。这就小队而非大队人马来说同样较为容易，而就全军众多纵队来说难得可取。因此，这类作战一般都针对单个的前哨。只有倘若其前哨不足，像弗雷德里克大王在霍希基尔赫的情况，它们才能被用来针对一支较大的军队。转过来说，这样的条件就全军而言较少可能被获取，少于就其从属部分而言的。

战争晚近已经以如此大得多的力量和速度来进行，以致各支军队有时不得不彼此靠得很近地扎营，同时缺乏强有力的前哨系统。这总是与通常先于胜负决定的各关键阶段重合。然而，在这阶段上，双方军队都处于一种更甚的随时准备作战状态。另一方面，在先前的战争中，做法往往是军队彼此充分可见地安营扎寨，甚至在它们追求的一切是彼此钳制的时候，而这可以延续一段时日。一连几个星期，弗雷德里克大王会那么靠近奥地利人安营扎寨，以致双方能用火炮互射。

虽然这样的扎营肯定有利于夜袭，但它们已在更晚近的战争中被弃置。军队现今不再是独立的机体，在补给和扎营方面自给自足：作为一项通则，它们认为明智的是在敌人与它们自己之间留下一段一整天行军的距离。

如果我们现在审视夜袭一整支大军的问题，那么显而易见，此类作战的充足理由非同寻常。它们可以被追溯到下列原因：

> 1. 敌人方面例外的粗心和挑衅。这不常有。在它确实发生的场合，它通常得到绝对优越的士气弥补。
>
> 2. 敌军内部的一阵恐慌大潮，或者笼统地说，进攻者的士气那么优越，以致能充作行动指南。
>
> 3. 经一支包围了己方的优势敌军，杀出突围之路。在此情况下，出敌不意这要素至为关键；独一无二的目的——逃脱——允许一种大得多的兵力集中。
>
> 4. 最后，极端危险的局势，在其中己方部队处于那么严重的兵员数量劣势，以致只有极端大胆才提供任何成功希望。

必须记住，只有在敌军充分可见和没有一支前锋掩护的条件下，所有这些情况才成立。

附带地说，大多数夜战都被规划得在拂晓时结束，黑夜仅被用来掩护部队靠近和首次袭击。这使进攻者能较好地利用他将敌人甩入的混乱。并非拂晓以前开始、而且在其中黑夜仅被用于部队靠近的交战，根本不是真正的夜战。

第五篇

武装部队

第 1 章　总概览

武装部队将从以下几个视角得到审视： 279

1. 它们的兵力数量和组织。
2. 它们不作战时的状态。
3. 它们的维持保养。
4. 它们与国土和地形的一般关系 。

本篇不谈论战斗本身，而是谈论武装部队的那些须被认作**军事行动之必需条件的方方面面**。它们或多或少地与战斗相关，并且与之互动，因而将在我们讨论战斗的用途时经常被提到。然而首先，每个方面必须作为有它本身特征的一个独自的实体得到审视。

第 2 章　军队、战区、战役

280 问题的性质本身使人不可能就空间、兵众和时间这些不同因素给出准确的定义；然而，为了不被误解，我们将试图澄清对这些术语的惯常用法，那在大多数场合我们喜欢沿用。

1. 战区

严格地说，我们用“战区”（“theatre of operations”）去指总的战争区域的这么一部分：它有被保护的边界，因而有一定程度的独立性。这保护可以是防御工事或重大自然屏障，甚或它与其余战争区域之间的一段非同小可的距离。这样的一个部分不仅是整体的一部，而且其本身是一个从属的实体——取决于战争区域别处发生的变化在多大程度上并非直接而仅间接地影响它。或可找到一个明确的标准，办法是想象在一个战区的一项推进，它与另一战区里的一项撤退同时，或者想象在一个战区的一项防御行动，它与另一战区里的一项进攻行动同时。我们无法总是这么精确；我们仅希望在此显示根本点。

2. 军队

容易通过使用“战区”概念来定义一支军队（army）——亦即

位于一个既定战区的所有部队。然而,这显然没有涵盖对这术语的所有惯常用法。布吕歇尔和威灵顿在 1815 年各自指挥一支独立的军队,即使他们在同一个战区内;因而,最高统帅部是定义一支军队的另一个标准。尽管如此,这两者密切关联:在事情被适当安排的场合,单独一个战区内只会有一位最高统帅。一位控制其自身战区的将领将永不乏适当程度的独立性。

在确立这术语的涵义时,军队的实际兵力不如一个人可能起初假设的那么重要。一个联合统帅部麾下有几支军队,在一个**单独的战区**作战:在此情况下,这术语不是出自它们的数目,而是出自它们先前的历史。(例如 1813 年时,有西里西亚方面军、北方面军等等。)注定要留在一个既定战区里的大量人员肯定会组成为各个不同的军团,但决不会组成为各自独立的军队。无论如何,它不 281
是会被使用的术语,而惯常用法看来紧密附着于实践。另一方面,如果声称每一帮在国土遥远部分作战的游击者都要被叫作"军队",那就是十足的迂腐。尽管如此,我们仍须承认,没有谁认为谈论法国革命战争期间的旺代"军队"就古怪奇特,虽然它往往几乎不过是一帮游击者。因而,"军队"和"战区"这两个术语通常携手并行,其中每个确认另一个。

3. 战役

诚然"战役"("campaign")这术语往往被用来表示一个日历年过程中在所有战区发生的所有作战事件,但它通常和更准确地表示在一个**单独的战区**发生的事件。单独一年这个概念更难处理,因为战争不再被年年冬季的各漫长时段分作各场年度战役。

一个既定战区里的事件趋于将它们自己集合进一定规模的各部分，例如在一场程度较大或较小的重大灾难不再产生直接结果、新颖的事态开始形成的时候。如果一年或一场战役要被赋予它的充分的事件配额，这些年度分割就须被记在心里。没有谁会认为1812年战役所以在梅梅尔[①]告终，正是因为各支军队1813年1月1日恰好在那里；也没有谁会将此后法国人渡过易北河的撤退算作翌年战役的一部分：它显然是整个从莫斯科开始的撤退的一部分。

事实上这些概念无法被更精确地定义，但这不应被认作是一项不利。与科学的或哲学的定义不同，它们对任何规则来说都无关根本。它们只是要被用作一个路径，以求语言的较大清晰性和准确性。

① 即用俄语称的涅曼（Njemen）（河流名和镇名），德语称作梅梅尔（Memel）；原为东普鲁士与俄罗斯帝国的分界处，现为立陶宛境内的克莱彼达（Klaipeda）。——中译者注

第 3 章　相对兵力

在第三篇第 8 章内，我们指明了兵员数量优势在一场交战中的很大重要性，连同与之相伴从战略观点看它的总的巨大重要性。转过来，这蕴含了相对兵力[1]的重要性，就此我们现在必须添上几项详细的观察。 282

对现代战争的一名公正不偏的研习者必须承认，随时日推移，兵员数量优势正在变得不断越来越多决定性。因而，将尽可能最大量的兵力投入决定性交战这一原则必定处在更高的地位，高于它在过去所处的。

一支军队的勇气和士气一向增强了它的物质力量，并且总将继续如此。然而，历史上有这样的时期：其时，优越的组织和装备造就巨大的心理优势；另一些时期里，优越的机动性带来同样的结果。有时，这是个新战术问题；别的时候，战争艺术围绕在广泛的大战线上精巧地利用地形的种种努力。间或，将领们设法依凭这样的手段取得互相间对于对方的大优势。然而，这类努力已经衰减，让位于更简单更自然的办法。如果我们公正不偏地看待晚近诸场战争的经验，我们就须承认这些手段已经消失殆尽，既极少见

① 原文为 relative strength，即兵力对比（兵员数量对比）。——中译者注

于整个战役，也极少见于决定性的交战，特别是几乎不再见于大会战——如同在前一篇的第 2 章里已经说明的那样。

当今，各国军队就武器、训练和装备而言如此相似，以致在这类事情上最好的军队与最差的军队之间几乎不分上下。教育仍然可以使技术团队之间有显著的差别，但它通常等于一方首创种种改进和首先付诸实施，然后另一方迅速仿照它们。甚至就其效验而言，高级将官即师长和军长们也持大为相同的观点和方法。除了对战争的熟悉程度外，能够造成显著优势的唯一所剩因素是总司令的才能，那与人民和军队的文化水准几乎没有常在关系，而且确实全被留给偶然性决定。我们越接近在所有上述因素上的一种均衡状态，兵力对比的决定性意义就越大。

现代会战的特性出自这均衡状态。客观地考察，博罗季诺会
283 战令法军与俄军竞斗，前者是世界上最精良的军队，后者则在其颇大部分组织方式和单兵训练方面大概是最不先进的。这场会战整体上全然不见优越的技能或情报：它只是一场兵力较量，而在这方面两军近乎等量齐观。最后发生的只是力量对比的一点儿倾斜，有利于被人依凭较大魄力和较多战争体验去统率的那方。我们选择博罗季诺会战作为一个例解，因为它是个参战兵员数量近乎相等的难得的范例。

我们不是争辩说所有会战都与之相像，但在大多数会战中间它实属典型。

在一场由缓慢和饶有条理的兵力较量构成的会战中，兵员数量优势必定增大最终胜出的确定性。事实上，在现代战争中要找出一场会战，其中胜方赢了一支规模两倍于它的军队，将是徒劳之

举。早先时候，这种情况时有发生。除了 1813 年德累斯顿战役[①]这唯一的例外，现代最伟大的将领波拿巴总是设法聚合一支数量上占优势、或至少不处于显著劣势的军队，去从事所有他打赢的会战；而且，在他未能这么做的场合——例如在莱比锡、布里尼、拉昂、“美女联盟”战役[②]中——他就输掉。

然而在战略上，绝对兵力通常是个给定的量，一位将领无法改变它。可是，这并不意味着一支兵力处于显著劣势的军队不可能从事战争。战争并非总是一种自愿的政策决定的结果——在兵力对比大不相称的场合尤其不是。因而，一个人必须接纳任何一种相对兵力：如果一种战争理论恰在最需要它的当口突然中断，它就是一种古怪的战争理论。

不管对理论的目的来说，充足的兵员数量可以多么令人想望，仍不可能将甚至最欠充足的兵员数量当作无用的予以拒斥。不能确立绝对的极限。

兵力越拮据，用兵目的就必定越受限；不仅如此，兵力越拮据，用兵持续时间就越有限。这两个趋向可谓给较弱的一方提供了退避的途径。战争操作方面由兵力程度招致的任何改变只能在轮到说它们的时候予以讨论；在此阶段，表明总的观点就够了。然而为

① 1813 年 8 月 26 日至 27 日在德累斯顿周围进行，近 14 万法军由拿破仑统率，经优越的指挥之下的浴血鏖战，击败奥地利元帅卡尔·菲利普·施瓦岑伯格麾下近 22 万奥普俄联军，法军伤亡约 1 万人，联军伤亡和被俘近 4 万人。然而，拿破仑在打赢该战役之后未进行实质性的追击，结果撤退中的部分联军在几天后的另一场战役中击败法军一部约 3 万人。——中译者注

② 布里尼战役见本书第 389 页注②；拉昂战役见本书第 380 页注①；“美女联盟”战役即滑铁卢战役，见本书第 336 页注②。——中译者注

了完整的缘故，还有一点必须添上。

在较弱一方被迫顶着差距战斗时，它的兵员数量欠缺必须依靠由危险激发的内在张力和魄力去弥补。在发生相反情况、绝望引起沮丧而非英雄气概时，战争艺术当然走到了尽头。

如果魄力增长，再有对目标的明智的限制，那么结果便是辉煌的猛击与审慎的自制两相结合，即我们就弗雷德里克大王的战役所赞颂的。

节制和审慎能够成就的越少，魄力和张力的支配程度就必须
284 越大。如果兵力差距大得如此势不可挡，以致对己方目标的任何限制都不会提供保护以免失败，或者危险持续时段很可能如此漫长，以致甚而对兵力的最大节省也无法导致成功，那么张力将会或者应当加剧到孤注一掷的地步。重压之下的军队，并不指望无处可来的援助，只能信任绝望在每个勇敢者那里滋生的高涨士气。在此关头，绝顶的勇敢，可能还与一项大胆的计谋携手，将显得是绝顶的智慧。在成功乃力所不及的场合，一场光荣的失败至少会授予人们在未来时日东山再起的权利。

第 4 章　各兵种之间关系

在此，我们将只谈论三个主要兵种：步兵、骑兵和炮兵。 285

我们相信，我们可被谅解去作以下分析，它确实更多地属于战术范畴。在此需要它，是有利于明晰。

一场交战由两个本质上不同的成分构成：火器的摧毁力，连同近战，或曰单兵拼搏。后者转而可被用于进攻或防御（这里在一种绝对的意义上用词，因为我们正以最广泛的方式谈论）。炮兵只是经火器的摧毁力才有效；骑兵只是经单兵拼搏才有效；步兵则依靠所有这两种手段。

近战时，防御的本质可以说是扎根在地，屹立不拔，而进攻的本质在于运动。骑兵全不能做到前者，但就后者而言卓越昭彰，因而只适于进攻。步兵最能屹立不拔，但不乏某种运动能力。

根本的军事实力在三个主要兵种中间有此分布，它显示了步兵与另两个兵种相比的优越和多面性：只有步兵才将所有三种素质合为一体。这也解释了在战争中三个兵种的结合如何导致对它们全体的一种更完全使用。它使战斗者能够任意加强诸种功能中间的任一种，它们在步兵那里被不可分离地结合在一起。

在晚近的战争中，火器的摧毁力无疑一直起主要作用；然而同样清楚的是，一场交战的真正精髓和实际核心在于人对人的单兵拼搏。因此，一支仅由炮兵构成的军队在战争中纯属荒诞。一支仅由骑兵构成的军队可予设想，但将几乎全无纵深力。一支仅由步兵构成的军队不仅可予设想，而且会强劲得多。因而，三个兵种的独立程度为步兵最大，骑兵次之，炮兵最小。

可是，当每个兵种与其他两个合作时，它们的重要性次序就大为不同。摧毁是个比机动性更高效的因素，因而与全然缺乏炮兵相比，全然缺乏骑兵将证明较少弱化一支军队。

诚然，在面对一支包含所有三个兵种的军队时，一支仅由步兵和炮兵构成的军队会发觉自己处于劣势。然而，如果它**成比例地**增强步兵兵力，以弥补没有骑兵，那么它的战术部署的改变将使它
286 能够相当好地去对付。前哨据点将造成某些困难：那里不可能有对败北之敌的迅捷追击；它本身的后撤则会引发更大艰难，导致更加费劲。然而，仅仅这样的困难几乎全不足以将它逐出战地。另一方面，如果这样一支军队面对仅由步兵和骑兵组成的军队，那么它会确实很好地经受住考验。反过来，几乎无法设想后一类军队在任何情况下能够坚持挡住一支由所有三个兵种组成的军队。

不说自明，关于每个兵种的重要性的这些思考出自全部军事资料，那里的案例互相类似。我们不能打算将我们发现了的事实应用于任何既定的交战的每一单独方面。正在后撤或履行前哨职责的一个营大概宁愿要某些骑兵而不是几门炮。负有追击撤退之敌或切断其逃路的任务的一群骑兵和驮炮兵会发觉步兵毫无用处，等等。

让我们扼要重述这些思考的结果：

1. 步兵是最独立的兵种。

2. 炮兵没有独立性。

3. 当一个或更多兵种结为一体时，步兵在其中最重要。

4. 骑兵是最容易被省却的兵种。

5. 所有三个兵种的结合给出最大实力。

由于最大实力出自所有三个兵种的结合，因而自然出现一个问题：何为最佳比例？几乎不可能有个回答。

假如能将征集和维持不同兵种的成本与每个兵种在战时发挥的功效作比较，那么会得出明确的数字，抽象地表达出最佳方程。然而，这几乎不过是一种猜谜游戏。光是这方程的第一部分就够难估计，唯有纯货币的参数除外；然而人的生命的价值是另一回
事——就此没有谁愿意用冷冰冰的数字去定个价格。 407

还有一个事实，即每个兵种都真正取决于国民经济的一个不同部分：步兵取决于人口，骑兵取决于养马，炮兵取决于财政。这个事实引入了一类外部决定因素，那是我们清楚地见到在不同时代各不同民族的各一般历史阶段上占支配地位的。

可是，由于我们出于其他缘故，不能完全免除一切比较尺度而将上述方程的第一部分当作一个整体，我们就可单单利用唯一可查明的因素，即货币成本。为我们的目的，说下面的话就够了：按照通常经验，一个有 150 匹马的骑兵中队、一个 800 人的营和一个有 8 门六磅弹大炮的炮兵连，在装备和维持两方面成本近乎相等。

在有关上述方程的第二部分范围内，甚至更难得出明确的数 287

字。或许可设想，假如必须度量的只是摧毁力，那就有可能如此；然而每个兵种都有自己的特殊用途，因此有一个各自不同的有效行动领域。可是，这些领域决不是固定不变的；它们可以被扩展或收缩，结果将只是修改战争操作而不引发任何特殊的不利。

人们往往在这背景下谈论经验教益，相信战争史为一个明确的答案提供了足够的依据。然而，它们显然是空话，无法被追溯到任何根本的和令人信服的基础，因而不值得在一种批判性探究中考虑。

于是，理论上存在各兵种间的一个最佳比例，但它在实践中仍是一个未知数，一个想象出来的纯虚构。不过，有可能估算如果一个兵种大大优于或劣于对方的同一兵种，那么会发生什么情况。

炮兵强化火力；它是最具摧毁性的兵种。在缺乏炮兵的场合，军队的总体力量被大为削弱。另一方面，它是机动性最差的，从而使得一支军队不那么灵活。更有甚者，它总是须由步兵掩护，因为它本身不能从事近战。如果炮兵太多，被分派去掩护的部队因而并非强得足以在每个点上击退敌人，那么大炮就轻易丧失掉。这突出了另一项不利：在三个兵种中间，炮兵是自身主要装备——大炮和炮车——能迅速被敌人用来**打击**其初始拥有者的唯一兵种。

骑兵增进一支军队的机动性。在骑兵不足的场合，战争的快速进程被减缓，因为一切都行进得更慢（徒步），并且不得不更仔细地予以组织。胜利的丰饶成果不得不用小镰刀而非长柄大镰刀去收割。

骑兵过多决不应被认作是对军队的一个直接妨碍和一种根本失衡。然而，它确实间接地削弱一支军队，因为维持困难，因为我们必须认识到，以骑兵多出 1 万人的成本，我们能够维持 5 万名追加步兵。

如果一个特殊兵种占很突出的地位，那么由此而来的种种特性更适切于狭义的战争艺术，因为它关乎可得兵力的使用。这些通常正比于它们的可得程度而被指派给司令官掌管，与此同时他在此事上没有多少发言权。

因而，假设一个兵种的突出地位修改了战争的性质，那么这将是以下述方式。

大炮过多将迫使作战较多消极性和防御性。将更多地依赖强固的阵位、重大的自然屏障甚而山区阵地。会打算利用地形的险
阻去庇佑防御和保护大炮，并让敌人自招毁伤。整个战争将以一 288
种庄重正式的小步舞曲的节奏进行。

短缺炮兵将造成相反的效果。它会将进攻——运动之积极原则——招上前来。进军、奋劲和不断努力将成为武器本身，战争将是一种更快、更剧烈和更斑驳多样的事务。大事件将被分解为小变更。

在有大量骑兵的场合，将寻求广阔的大片平地和偏好大范围运动战。敌人离得远，我们就能享有较大的安宁，而他不能如此。由于我们掌控空间，因而我们可勇于从事大胆的侧翼运动和总的来说较为冒险的迂回。在其构成战争的可行成分的限度内，佯攻和侵袭得到轻而易举的实施。

严重缺乏骑兵损害一支军队的机动性，同时却不像炮兵过多那样增大它的摧毁力。战争因而将以审慎和有条不紊的进程为特征。在这样的场合，军队自然倾向于保持靠近敌人，以便能不断监

视之；从不搞突然的或——更糟——草率仓促的运动，总是逐渐推进己方部队，使之保持良好聚合，并且偏好防御性作战和在崎岖难行的地方作战。如果必须作一场进攻，那么它应当是经最短路径攻击敌人的要害处。

这些就是种种方式，以此一个或另一个兵种的优势将影响一场战争的作战操作；然而，它们难得如此完全或如此有决定性，以致在确定整个作战的性质上起唯一或主要的作用。究竟作何选择，是以战略进攻还是以防守为工具，是在这个战区还是在那个战区，是要从事一场大会战还是要采用某个别的摧毁办法，大概将取决于别的、更有分量的论据。倘若并非如此，那么我们担心非本质的东西已经取代了本质的东西。然而，即使在主要问题已经依据其他理由被决定了的场合，依然留有一定的自由余地，在其中一个兵种的优势仍能发挥影响。有可能在进攻时审慎和条理分明，在防守时大胆和富有魄力，诸如此类，历经军事活动的每个可能的段落和差阶。

反过来，一场战争的性质可以大大影响各兵种间的比例。

首先，一场基于民兵和地方志愿队的民众战争自然将有大量步兵参与。这意味着装备短缺而非人员匮乏，而且装备将限于最起码的必需武备。因此，很可能相应于每个有八门炮的炮队征召两三个营，而非一个营。

其次，在敌对双方并非势均力敌、且较弱一方不能诉诸于武装民众或——简直一样——征召一支民兵的场合，增加炮兵肯定是
289 加强其兵力和造就某种均衡的头号捷径。据此，能够节省人力，同时强化部队的主要要素，即它们的毁伤力。无论如何，这样的作战

大概会限于一个小战区，就此炮兵也将是最合适的。弗雷德里克大王在七年战争后期就依赖这个办法。

第三，骑兵适于运动和重大决胜。因此，骑兵优势在远程作战中至关重要，在期望实施重大的决定性打击的场合至关重要。波拿巴可作为一个范例。

当我们进至分析进攻和防御时，我们将更清楚地见到，这两种作战形态本身不发挥直接影响。此刻我们希望指出的一切在于，作为一项通则，进攻者和防御者都会在同一个地带作战，而且至少在许多场合，它们的最终意图可以是相似的。在此，1812 年战役是个贴切的例子。

普遍认为，在中世纪，骑兵对步兵的比例远高于当今，往后一直逐渐降低。至少在某种程度上这是个错觉。一般而言，骑兵以绝对数计，分量大概并非大得多；一个人可以通过研究中世纪自始至终的武装力量的实际人数轻易地证实这一点。我们只需提到构成东征十字军或跟随日耳曼诸帝进入意大利的大量步兵。大得多的是骑兵的**重要性**。骑兵是**更有效**的兵种，由精英构成；这造成了一个差别，即虽然骑兵总是规模小得多，但它一向被认作是决定性要素；与此同时，步兵遭到鄙视，极少被提到。认为步兵人数相对甚少的观念由此而生。无疑，在德意志、法国和意大利境内某些小规模的局部侵犯中，仅由骑兵构成的一支小部队比当今会有的更常见；这并非自相矛盾，因为它是主要兵种。然而，这样的案例不是决定性的，如果一个人考虑到总的图景，在其中它们大大少于涉及较大军队的案例。只是随着封建军役制被雇佣兵制取代，随着战争操作变得依赖金钱和招募——如在三十年战争和路易十四的各场战争期间那样，使用大量相对低效的步兵这惯常做法才算告终。当时本可能有一种向骑兵的广泛回归，假如火器的发展未赋予步兵新的重要性。一个效应在于，步兵在数量上依然超过骑兵。甚至当步兵羸弱时，它对骑兵的比例在这一时期里也是一比一；当它强劲时，比例为三比一。

随火器更加发展，骑兵步步继续丧失重要性。这足够清楚；然而必须懂得，这一事态发展不仅与武器本身和使用它们的技能相
290 关，也与运用被如此装备起来的部队的能力相关。莫尔维茨战役[①]中，普鲁士人在火力的使用方面达到了一个完美的水平，至今仍未被超越。另一方面，只是后来才发展出在地形崎岖的地带部署步兵和在小型遭遇战中使用火器，它们须被认为是摧毁力方面的一个重大进步。

因此，在我们看来，骑兵对步兵的关系就兵员数量而言几乎未变，但在重要性上已大为不同。这可能看似自相矛盾，但事实上并非如此。在中世纪的军队里，我们发现有大量步兵，但它与骑兵之间并无不可分割的关系；步兵所以众多，只是因为骑兵如此昂贵，以致所有那些无法作为骑兵被装备起来的人必然成了步兵。步兵因而在尽可能用尽必然性：假如骑兵的数量仅由其内在价值决定，那么它本将多多益善，无有尽头。这解释了为何骑兵虽然重要性降低，但仍可有足够大的意义，以维持直到我们当代为止它在武装

---

① 奥地利继承战争初期普鲁士与奥地利之间的一次战役，于 1741 年 4 月 10 日进行，系弗雷德里克二世在继承普鲁士王位后指挥的首次战役；普军对奥地利陆军元帅威廉·莱因哈德·冯·奈佩尔统率的奥军略占兵员数量优势，经激战而艰难胜出，巩固了对西里西亚的侵占。——中译者注

部队里一直保持了的分量。

事实上引人注目的是，至少从奥地利继承战争以来，骑兵对步兵之比根本没有经历任何变化，一直保持在四分之一到六分之一之间。这似乎表明，这些相对分量符合某种天然需要，从而透露了一个无法被直接认定的比例。然而，我们怀疑是否真的如此，相信在所有重要案例之中，其他原因对维持这么大数量的骑兵来说实属分明。

例如，俄国和奥地利倾向于此，因为它们在自己的政治结构中依然保持鞑靼体制的种种残余。波拿巴舍此，便永不能强得足以符合他的目的：一旦他在使用征兵方面走到了头，他可有的加强军队的唯一手段就是增加辅助兵种，那需要钱甚于需要人。此外一清二楚，他的巨大的军事行动范围会比通常更强调使用骑兵。

众所周知，弗雷德里克大王煞费苦心，征召兵员决不多于他的 *413*
国家经得起的，哪怕是多一个；他的主要关切，在于尽可能以别国为代价去维持他的军队的实力。容易见到他很有理由这么做：当时他的领土局促有限，甚至不包括西普鲁士或威斯特伐利亚。

骑兵不仅只需较少人力，而且较易征召。而且，他的战法完全基于优越的机动性。结果，虽然他的步兵数量减小了，他的骑兵却保持增长，直到七年战争结束。然而，即使那时，它也几乎不过战场步兵的四分之一。

同一时期里也不乏如下的例子：作战军队格外地短少骑兵，却
仍能胜出。这方面的突出例子是格罗斯格申战役。① 只算参加该 291

① 该战役见本书第 380 页注①。——中译者注

战役的各师，波拿巴有 10 万人，其中 5 千人为骑兵，9 万人为步兵。反法盟军有 7 万人，其中 2.5 万人为骑兵，4 万人为步兵。波拿巴的骑兵因而少 2 万人，而且他仅比他的对手多 5 万步兵，在他应当有 10 万兵力的优势时。由于他尽管有时较小，但仍赢了这场战役，因而一个人很可以问，假如他以 14 万步兵对盟军的 4 万人，他是否可能输掉它。

诚然，这战役后，盟军在骑兵方面的优势证明极有价值：波拿巴几乎没有俘获任何战利品。胜利本身并非一切——但它难道不是终究真正重要的东西？

这些考虑令人难以相信 80 年前确立、此后一直保持的骑兵对步兵之比是个正常的比例，出自这两个兵种的内在价值。我们更倾向于认为，在种种不同的起伏波动之后，当前的趋势将继续下去，骑兵常量将最终比它在当今的小得多。

自从火炮发明以来，并且随火炮改进与其重量减轻，它们的数量业已自然而然地增长。即便如此，弗雷德里克大王时代以来，炮兵的兵力比例一直简直保持不变：每一千人配备两三门炮——在一场战役的开头。作战过程中，炮不像人损失得那么快，因而两者间的比例到结束时高得多，可能达到每一千人三门、四门或五门炮。只有经验才会确定这些是否正常的比例，或者炮能否保持增长而不妨碍整个战争操作。

让我们现在概述这些论辩已导致的结论：

1. 步兵乃主要兵种；其他两个是辅助性的。

2. 战争操作方面的高程度技能和魄力能在某个范

围内弥补辅助兵种的短缺——假定拥有步兵数量上的大优势。步兵的质量越高，就会越容易如此。

3. 倘若没有炮兵，作战困难就甚于倘若没有骑兵：炮兵是摧毁力的主要载体，它在作战中的使用与步兵的使用协调得更紧密。

4. 一般说来，由于炮兵是摧毁力的最强载体而骑兵是最弱载体，因而一个人总是面对以下问题：能有多么多的炮兵而不致使它成为一项不利，还有能以多么少的骑兵去对付敌人。

第 5 章　军队的战斗序列

292 用战斗序列，我们指作为整体的一个个组成部分的兵力的分布和构成，连同将在整个战役或战争持续期间作为一种标准形式起作用的部署方式。

因此，在一定意义上，战斗序列由一个算术成分和一个几何成分构成，那就是**组织**和**部署**。前者起自军队在平时的通常组织；某些部分，例如营、中队、团和炮兵连，被当作犹如较大构造的块块砌石起作用的各单位对待，而这些构造按照当下的需要转过来组成整体。与此相似，军队的部署始于基本战术，它在平时一直依以被教导和训练的东西——一旦战争爆发不易有基本改变的特性。这与要求在战争中大规模使用部队的种种状况一起，确立标准，军队照此被部署去战斗。

这是大军上阵时的一向的做法，甚至在有些时代，战斗序列被视为作战的最重要成分。

17 和 18 世纪里，当火器的发展导致步兵大增、使得以细长的阵线部署士兵成为可能时，战斗序列肯定被简化了，但也要求有更大的技能去操控它。不仅如此，由于骑兵的唯一位置似乎是在侧翼——射程之外且有部署空间，因而曾以战斗序列布阵的军队变成了一个紧密的、不可分的整体。如果这样的一支军队在中间裂开，它就有如一条被切成两半的蚯蚓：两头都依然活着，都能够移动，但丧失了自己的天然功能。战斗部队从而被囿于一个等于是内聚桎梏的东西：每逢一部不得不被分开配置时，一番小脱位和小重组就势所必然。当整个军队必须开始行军时，它发觉自己像是魂不附体。敌人靠近时，行军命令要求绝顶灵巧，以便使一线或一翼与另一线或另一翼保持适当距离，不管它碰到了什么障碍。永远必须对敌偷偷进军，而这种偷行所以能逃避惩罚，只是因为敌人囿于同样的桎梏。

在 18 世纪下半叶，人们发现骑兵保护侧翼可以靠它被部署在军队后面来做到，与靠它构成阵线的一个延伸做得一样好；不仅如此，人们还发现它能被用于其他目的，不止仅与敌方骑兵打决斗 293
战。这是一大步进展，即使只是因为一支军队的整个前沿——它的部署的横宽——现在由同质的单位构成：它能被分解为任何数目可取的单位，这些单位彼此相似，并且类同于整体。在这点上，军队不再铁板一块，却成了一个多关节的柔韧灵活的实体。各单位能够轻而易举地被分出来和重新附上，而不打乱战斗序列。这是由所有各兵种组成的军团的开端，或者更准确地说是使军团成为可行的原因；对它们的需要早就被感觉到了。

据理解，这一切都源自会战，会战惯常是战争的总体，并将始终是它的主要要素。然而，战斗序列确实更多地是个战术而非战略问题，而我们在此追踪它的发展的唯一目的，是显示战术如何通过将全军重组为各个较小单位而为战略铺平了道路。

由于军队规模增大和在更广阔的地区四处部署，它们的一个个组成部分越是能有效整合，战略的天地就越宽广。因而，战斗序列，如我们已定义的，必定与战略互动；这互动最显著的是在战略与战术相逢的那些点上，换句话说在军队的总部署化为旨在会战的各个实际配置的地方。

我们现在转到**组织**、**兵种合成**和**部队部署**这些论题上，用战略视野去考察。

1. **组织**。从战略观点看，决不应当问一个师或军团的兵力理应如何。合适的问题是一支军队应当有多少个师或军团。没有什么比一支军队一分为三更笨拙的了，可能除了一支军队一分为二。在后一场合，指挥将领将实际上被搞得沦于瘫痪。

如果依据战术或作战理由确定大小军团的兵力，那就让人有大得难以想象的空间去胡猜，而且就此已有最异想天开的论辩得以泛滥。相反，显而易见并被接受的是，军团之类独立的整体必须有一定数量的组成部分。这事实允许为确定两件事使用真正战略性的理由，即一支大兵力应当包含多少单位，还有它们的兵力应当如何；与此同时，较小的单位例如连、营等等的兵力可以依据战术理由。

哪怕是最小的独立整体，也难以被想成缺乏三个特色分明的部分：要被派到主力前头的部分；主力部分；殿后部分。四个部分显然会更好，因为中间部分作为主体，应当强于其他两个部分当中的任一个。可以进至有八个部分，那在我们看来是一支军队的最佳数，设定一个部分将总是为前锋所需，三个部分为主体所需——即右翼、中央和左翼，两个为后备所需，分别供遣至右边和左边。
294 墨守这些数目将属迂腐；然而在我们看来，它们反映了关于兵力部署的正常的、最常见的战略模式，因而是一种便利的表达方式。

不容否认，如果只需给三四个人下命令，一支军队的最高指挥（或任何独立部队的指挥）就简单得多；然而，一位统帅不得不以两种方式为这便利付出高昂的代价。第一，命令必须传经的指挥链越长，它就越多地减损速度、力度和准确性，在师长与统帅之间存在军团长的情况下就是如此。第二，其最近下属的行动范围越大，统帅的个人权力和效能就越小。如果一位统帅指挥八个师而非三个师，他就能使他对 10 万人的权威更强地被感受到。所以如此，有种种不同原因；最重要的原因在于，一位下属指挥官认为自己对手下的军团拥有一种所有权，将坚持不变地反对任何部分退离，不管为时多短。任何多少有战争经验的人都将能理解这一点。

另一方面，军队组成部分的总数决不能变得如此之大，以致将引发紊乱。从一个总部管控八个下属师足够困难；十个大概是极限。然而，在一个师范围内，其中传送命令以至行动的手段少得多，四个或至多五个分支单位须被认作是适当的数目。

如果这些数目——五个和十个——并非切实可行，换句话说如果各旅变得太大，那就必须插入军部。可是，必须记住这给指挥链添上了另一个**权力**，同时减小了所有别的。

而且，不管怎样，一个旅究竟何时规模太大？它的通常规模是两千至五千人，而此上限看来有两个原因。首先，一个旅意味着一个大小如此的单位：一个人能靠他自己的嗓门力指挥它。其次，一个大步兵单位不应当没有炮兵。这两个因素的结合将自动导致一个专门单位。

我们不想过深地深入这些战术细节，也不打算谈论一个有争议的问题，即所有三个兵种应在何处和以什么比例被结合在一起——无论是在 8000 至 12000 人的各个师里，还是在 20000 至 30000 人的各军团里。然而肯定，此种结合的甚至最有力的反对者也不会否认，只有将三个兵种结合起来，才能够**使军队的一个单位成为独立的**。因而至少可认为，对任何经常发觉自己孤身作战的部队来说，兵种合成值得想望。

一支分成十个师的 20 万人的军队，每个师有五个旅，则将有 4000 人组成一个旅。这里面没有什么不匀称的。当然，这支军队可以被分成五个军团，每个有四个师，各师又各有四个旅，则各旅将各有 2500 人。然而，纯抽象地考虑，第一种安排似乎更可取。
295 第二种安排不仅多出一个指挥层级，而且对一支军队来说五个分支太少。它们使之笨拙不灵，且每个军团分四个单位同样如此。还有，2500 人只会构成一个弱旅，而且较之于第一种安排下的 50 个旅，将有 80 个这样的弱旅。所有这些好处都被放弃了，只为了将一个人必须对之发令的将领数目减半。如果军队的规模较小，那么将其分成军团必定显然更不合适。

这是对事情的抽象看法。一个给定的案例可以提示不同的抉择。可以全有可能指挥集中在一片平原上的八个或十个师，但若它们广泛地散布在山区，大概就不可能如此。一支被一条宽广的大河切成两半的军队需要为每一半设置一位司令官。简言之，有数以百计的强有力的地方性特殊状况，抽象规则对之必定俯首退让。

尽管如此，经验仍表明与可能设想的相比，抽象理由更频繁地被人使用，而不那么经常被撇在一边。

我们愿澄清这些大范围观察，办法是给出一个简单的纲要，它将逐条概述突出的要点。

如果“整体的分支”这一用语被拿来仅仅指**最先的或直属的**成分，那么我们论辩：

> a. 如果整体拥有的分支太少，它就会笨拙不灵。
>
> b. 如果分支太大，统帅的个人权威就会被减小。
>
> c. 指挥链上每一添加的环节都以两个方式减弱一项命令的效能：以传送过程；以传递它所需的追加时间。

因此，有同等地位的分支的数目应当尽可能大，指挥链则应当尽可能短；唯一的保留在于，对一支军队里八至十个以上分支和对较小单位里四至六个以上分支，难以行使指挥。

2. **多兵种合成**。从战略观点看，战斗序列中的多兵种合成只对整体的下述单位来说才重要：它们在通常状况下可能各自分开驻扎，并且被迫投入一场独自的交战。出于事理，被各自分开部署的乃是大单位，且实质上**只是这些单位**。原因——我们将在别处显示——在于，在大多数场合，孤立的阵位基于一个独立的整体这一概念，连同对它的需要。

因而严格地说，战略会要求只有军团，或在缺乏军团的情况下只有师，才应由所有各兵种的一个经久结合构成。倘若单位较小，有为对付一时需要而搞的暂时的结合就足够了。

可是显然，一个实质性的军团，例如 3 万至 4 万人，难得被见 296
到作为一个不予内在划分的整体去作战。任何兵力如此的军团都会需要在其各分支内有兵种合成。为了援助步兵，不得不从某个别处——可能老远的别处——派遣一支骑兵:任何人倘若否认这将发生延宕——且不说延宕导致紊乱,就会暴露出完全缺乏作战经验。

三个兵种的实际合成,合成应当达到的范围和紧密程度,它应当采取的兵种比例,每个兵种的应当被保持为后备的兵力数量:所有这些都是纯战术问题。

3. **部署**。决定战斗序列中每一组成部分的相对位置的种种安排也是一个纯战术问题,只与战斗本身相关。当然有一种战略部署,但那差不多完全取决于当时即刻的配置和需要。如果确实存在一个理性依据,那么它不被包括在"战斗序列"一语的涵义中。因而,它将在别处、在"军队的配置"标题下得到审视。

因而,一支军队的战斗序列是它**在一个准备好战斗的实体内**的组织和部署。它的各组成部分被组织得能够轻而易举地分离出这个实体,用于应对即刻的需要,战术和战略需要。当不再有这些即刻的需要时,各组成部分将回返它们的初始阵位。因而,战斗序列是那有益的常规程式的第一阶段和主要基础,那程式犹如一个钟摆规范战争机制,并且已在第二篇第4章里被谈论过。

第6章　军队的总配置

在大多数场合，初始的兵力动员往后横有一大间隔期，延续到 297
一切决定皆已告成之际，其时战略已将军队遣至关键点上，战术则给每个单位分派了它的位置和作用。一场决定性灾难与另一场之间的间隔期也是如此。

过去，这些间隔期并不真正像是战争的组成部分。以卢森堡元帅[①]与其扎营和行军方式为例。我们挑出他，是因为他以此著称；他因而能被认做他那个时代的典型。此外，从《佛兰德军事史》(*Histoire de la Flandre militaire*)[②]一书，我们就他所知较多，多于就那个时代的任何其他将领所知的。

营寨惯常被安扎得后背靠近一条河、一片沼泽或一条深沟——我们当今会认为狂蠢的一种做法。敌人的位置一般不决定扎营方向，因而后背经常被转过来朝向敌人，前沿则朝向己方自身领土。这类部署现在不可置信得令我们惊诧，只有在营寨选址的主要考虑因素——的确实际上唯一的考虑因素——是便利的情况下才能够被理解。营寨里的部队不被认为处于战争状态；它们可

---

① 见本书第153页注①。——中译者注

② 亦即 de Beaurain, *Histoire militaire de Flandre*(Paris, 1755)。编者注。

谓处于舞台背后,有权利轻松歇息。被提供的唯一防卫是保证后背得到某个屏障掩护——仅在当时被理解的意义上的防卫。它全不做什么去迎对不得不在营内打一场交战的可能性。然而,这风险微乎其微;交战基于一种互相谅解,很像一场决斗已被安排在一个对双方都便利的会面场所。并非每一种地形都适于那些岁月的会战,部分原因在于有大量骑兵,那虽然已处于它的暮日黄昏而辉煌不再,却仍被认作(尤其被法国人认作)首要兵种;还有部分原因在于军队的笨拙不灵的战斗序列。因而,对部队来说,崎岖难行的地区差不多像中立的地区一样安全。一支军队几乎完全不能利用它,开出去迎对一个正在为会战而推进的敌人被当作首选。我们当然知道,卢森堡以一种不同的精神去构想弗勒吕斯、斯滕凯尔肯和内尔温登诸战役;[①]但是,在这位伟大的司令官之下,这精神当
424 时仅处于从较早的方法演化出来的过程中,而且尚未被反映在扎
298 营体制内。的确,战争艺术的变化总是起自决定性的作战行动,那一点一点地趋于修改其余。扎营状态被认为与实际战争状态极少关联,有如被习语“他投入战争”(*il va à guerre*)证明的,那被用来形容一名哨兵从营寨走出来去观察敌军。

很大程度上,行军也是如此。炮兵独道独行,为的是在较安全较良好的路上前行,与此同时骑兵一般交替在两翼行进,为的是轮

---

① 这三场战役皆发生在法国对英荷联盟的九年战争(1688 至 1697 年)期间,参战法军皆由卢森堡元帅指挥。1690 年 7 月 1 日,他在弗勒吕斯大胜英国国王兼荷兰执政威廉三世麾下将领沃尔戴克亲王;1692 年 8 月 3 日,他在斯滕凯尔肯击败威廉三世本人;1693 年 7 月 29 日,他在内尔温登再次击败威廉三世,是为他对这位老对手所曾取得过的最大胜利。——中译者注

流给每个单位骑进在军队右侧这一荣耀。

在我们时代，特别从西里西亚战争往后，部队不作战时的状态被战斗状态浸染，两者彼此间关系那么密切，以致一种状态在没有另一种状态的情况下不再能被认作完整。先前，交战有如利剑本身，各场交战之间的时段则有如剑柄；前者是钢制剑身，后者则是紧附于它的木制把柄。整体由互不相联的部分构成。在我们时代，交战是剑刃，作战行动以外的时间则是刃背。整体那么彻底地熔合在一起，以致不可能区分何处是钢，何处是铁。

当今，一支军队在交战间隔期间的存在部分地由它的平时规章支配，部分地由即刻的战术和战略配置主宰。就武装部队而言，有三种可能的状况：在驻宿，在行军，在野营。每种状况都可以是战略的一部分，也同样程度地可以是战术的一部分。在此背景下，战术与战略往往来得那么接近，以致它们似乎或实际上重叠。因而，会有许多既是战术性同时也是战略性的配置。

我们打算以一种笼统的方式，谈论交战间隔期间的三种状况，然后进至它们的种种具体的可能性。我们必须首先审视兵力的总配置，因为这给驻宿、野营和行军提供了背景。

在谈论兵力的总配置、亦即不指派种种特殊目的时，我们必须将它们认作一个单一的实体，一个**打算在一起战斗**的整体。从这首要形态的任何偏离都必定蕴含某个特殊目的。一支军队这概念由此而来，不管它的规模怎样。

不仅如此，如果没有任何特殊目的被指派给一支军队，那么它的唯一关切就将是它本身的**自保**和因而它的**安全**。一支军队必须能够存在而无任何特殊的生存困难，并且能够作为一个单位去战

斗。这是它的两项必要条件。在实践中,它们导致关于军队的生存和安全的下列考虑:

1. 补给便利。
2. 宿营便利。
3. 后背安全。
4. 前沿迎对开旷地面。
299 5. 阵位本身地势崎岖。
6. 占据支持性战略要点。
7. 具备合适的兵力划分。

我们对这些考虑评论如下:

头两项考虑致使寻求农业区、大城镇和主要道路值得想望。它们的影响是一般而非特殊的。

"后背安全"的含义将在第 16 章里予以解释,该章谈论交通线。在此,第一位和最优先的需要在于,阵位与一条附近的主要撤退线成一直角。

关于第 4 点,要一支军队以它在经战术部署后控扼战场一样的方式去控扼一整个地带并非真正可能。它必须使用先锋作为它的战略眼目,派出个别的分遣队和间谍等等,其观察任务在平坦开旷的地带自然比在崎岖起伏的地带容易。第 5 点只是第 4 点的反转。

两个特性将支持性战略要点与战术点区分开来。第一,军队不需与它们直接接触;第二,它们必须有大得多的范围。所以如此，原因在于一个事实，即战略按照其本身性质，在比战术的更大的时空维度中运行。如果一支军队占据一个离海岸线或大河一英里远的阵位，那么考虑的是在战略上仰赖它，因为敌人将没有余地去作出一项战略迂回。它不会投入一场在这空间里延续多天或多个星期的旷日持久的行军。相反，周长数英里的一个湖很难造成一个战略障碍。对战略来说，离一边或另一边几英里远无关重要。与其规模和有效作战范围相称，要塞乃支持性战略要点。

军队在各自隔开的地域的部署可以要么反映特殊的目的和需要，要么反映一般的目的和需要；在此，只有后者才会被考虑。

第一种一般需要是派出一支前卫，加上为观察敌人所需的其他单位。

第二种是在规模很大的军队里，后备兵力不得不驻扎在后方几英里处，导致在各自隔开的地域的部署。

最后，通常必须分离出独立的军团，以便掩护侧翼。

对掩护的这一需要当然并不意味着部分军队须被分离出来，为的是保护在其侧翼的地区即所谓弱点，使之免遭敌人损伤。在此情况下，谁将保护侧翼的侧翼？这种观念虽然流行，却是彻头彻尾的胡扯。侧翼并非依其本身就是弱点，原因简单，即敌人也有侧翼，无法危及我们的侧翼而不给他自己引出类似的风险。只有在下面的这些场合，侧翼才会成为弱点：环境不再彼此制衡，敌人拥
有兵力优势，敌人的交通线更加安全（见第 16 章，论交通线）。然 300
而，这些是特殊场合，不是我们在此关心的；我们在此也不关心一种情况，即一个侧翼军团的责任包括实际护卫通往我们侧翼的空间。它不归属于一般需要范畴。

虽然侧翼可以不特别**弱**,但它们特别**重要**。防御对侧翼的包抄不是一件像防守前沿那么简单的事情;必要的措施便得更复杂,要求有更多的时间和准备。所以通常必须特别当心守护己方的侧翼,抵御敌人的未经预见到的作战行动,原因就在于此。这能通过在两翼设置更强的兵力来做到,它强于为观察敌人所需的。要逐退这些兵力,即使在它们不做出任何认真的抵抗的时候,敌人将不得不耗费时间,并且相应于要逐退的兵力的规模去部署兵力和展开意图,而我们的目的那时将已经实现。进一步的步骤将取决于即刻的实际规划。设置在侧翼的军团因而可以被视为侧面先锋,任务是阻滞敌人突入侧翼以外地区,从而为反制措施提供时间。

如果当主力并非同时在撤退时,这些单位要后撤到主力,那么它们显然决不能被设置在主力一线上,而是要多少在它前面。甚至在它们的后撤不涉及认真战斗的场合,这些单位也不应简单地与主力连线退却。

因而,采取分兵配置的这些内在理由导致了一种惯常的体系,它按照后备兵力是否与主力驻扎在一起,有四个或五个各自隔开的部分。

补给和宿营不仅影响配置,还是分兵的一个促进因素。对这两点的考虑与我们已经说过的相联。必须做出一番努力去迎应其中的一点,同时不过多地牺牲另一点。在大多数场合,依其本身,将军队分为下属五个各自分隔的军团将消除提供宿所和补给的困难,因而不会必然导致任何大改变。

我们仍须考虑这些各自分隔的编队须以怎样的距离间隔驻扎,如果它们要服务于互相支持之目的——换言之要作为一体去战斗。我们在此愿回顾我们在论交战的持续时间和胜负决定的各章里说过的话。这距离在那么大程度上取决于绝对和相对兵力，取决于武器和地形，以致不可能制订任何铁定的规章；只能制订一个笼统的规则，一种平均尺度。

前卫的间隔距离最容易确定。它须后撤到主力，因而它至多能被配置在行军一整日远的地方而不冒被迫独自会战的风险。它不应当被往前部署得丝毫超出军队安全必需，因为它须后撤得越远，它将遭受的伤亡就越大。

至于侧翼军团，有一点已经被指出，那就是由 8000 至 10000 301
人的一个普通师打的一场交战通常在决出胜负之前延续数小时甚或半天。因此，这么一个师可以毫不犹豫地被配置在行军数小时远的地方，即 5 到 10 英里之外。同理，一个由三四个师组成的军团可被驻扎在行军一日远的地方——大约 15 至 20 英里。

因而，事情的本性决定军队的总配置是分成四五个部分，它们互相间隔一定距离。这造就了一种固定的常规方法，习惯性地确定军队的下属划分，只要没有任何特殊目的介入。

虽然我们业已规定，在这些各自分隔的部分当中，每个都必须能独自战斗，而且可能被迫这么做，但这并不必然意味着分兵配置的**实际意义**是应打孤立之战。此等分兵的必要性通常只出自时间因素加诸的种种状况。当敌人靠近以寻求靠一场大交战决一胜负时，战略阶段完结，一切集中于会战时刻。分兵配置的所有理由现在统统告终。一旦会战开打，宿营和补给问题即告中止。在前沿和侧翼的对敌监察，还有依靠适度抵抗以挫其锋的对敌阻滞，已经履行了它们的目的。一切都成了更大整体即主要会战的组成部分。衡量分兵配置有何价值的最佳准绳在于，分兵配置是一种附有条件的状态和势所必须的祸害，而以结合起来的所有部队去全力战斗实乃真正的目的。

第7章　前卫和前哨

前卫和前哨属于战术和战略在其中彼此交织的那个措施范 302
畴。一方面，它们给交战定形和保证战术规划得到实施；另一方面，它们往往导致各自隔开的交战。此外，由于这些单位与军队主体隔开一定距离驻扎，因而它们可被认作战略链条上的环节。它们的孤处促使我们给它们片刻探究，为的是补充前面那章。

任何军队，凡未为会战做好一切准备，都需要在敌人进入视野之前有一支前卫去察觉和侦察其靠近。毕竟，一支部队的视野所及通常并非远远超出它的火力射程。如果我们的眼睛不能看得比我们的武器射程远些，那将多么不幸！前哨已被说成是军队的眼睛。然而，对它们的需要多种多样。它受兵力和用兵范围、时间和地点、在打的战争的环境和类型影响，甚至受偶然性影响。因而我们不应惊讶，军事史未就前哨和前卫的使用产生出任何明确和简单的规则，而只提供了一堆杂乱的各式各样的实例。

于是，我们发现这样的案例：在其中，一支军队将自己的安全付托给一个特定的前卫军团，或付托给一长串各自孤立的前哨。两者可以被结合起来，或可能都不存在；几支正在挺进的纵队可以共有一支前卫，或每支可以有它自己的。我们将试图清楚地展示此事，然后看它能否在实践中被简化为寥寥几条原则。

行进中的部队由一支兵力先导，后者的兵员数量可以各自不等，作为前锋或前卫；倘若行进线被掉转过来，它就会变成后卫。当部队身处临时营房或营寨时，前卫采取一长串轻兵据守的警戒哨即前哨形式。从根本上说，军队停顿时能够和必须涵盖的地域大于它在行进时的。因而，在前一场合的自然结果是一长条哨所线，在后一场合的则是一个集中的军团。

前卫和前哨各自的兵力可以大小不等：大至一个由所有三兵种组成的充实的军团，小至一个轻骑团；大至一条由多兵种据守的强固的防线，小至纯粹的边远哨所和从营寨的侦察队。因而，它们的效能各各不同，从简单观察直至实际抵抗。此类抵抗的意义可以不仅是给主力所需的时间去准备会战，而且是使敌人过早地暴
303 露他的部署和意图。在此情况下，观察的价值大为增长。

因此，前卫和前哨的兵力将各各不同，按照主力需要获得的时间是较长还是较短，按照它的抵抗是较多还是较少地取决于敌人可能做出的特殊部署。

弗雷德里克大王总是使他的部队随时做好作战准备，而且实际上能够仅凭号令就率领它们投入会战，因此不需要强有力的前哨。他所以会在敌人眼皮底下扎营而无任何精心构设的安全体系，原因就在这里。他会依靠一个轻骑团、一个轻装营或某些从营寨派出去的侦察兵和哨兵。行军中，他的前卫由几千名骑兵——通常是一线侧翼骑兵部队的一部分——构成，他们将在行军结束时重新并入军队。他难得保持一个常设军团去例行前卫职责。

如果一支小军队想利用自己的集中分量和较大弹性，发挥其训练较优越和领导较果断的长处，它就必须像弗雷德里克在面对

道恩[①]时那般，实际上“在敌人的鼻子底下”（*sous la barbe de l'ennemi*）去做每件事情。假如远靠近后方去部署兵力，并且搞一个笨重不灵的前哨体系，他的优势就会被搞得无效。错误和过度能导致像在霍希基尔赫那样的失败[②]：这全不证明任何与此类程式对立的东西；相反，国王对它的杰出把握由一个事实显示出来，那就是在所有各次西里西亚战争中，只发生了霍希基尔赫一次会战。

另一方面，波拿巴——他很难被说成是缺乏坚毅的军队和决绝的领导——差不多总是使用一支强有力的前卫。有两个原因说明这一点。

第一个是战术方面已发生的变化。先前一支军队作为一个紧凑的整体和仅凭号令被带入会战，为的是多少靠技能和英勇之力去一决胜负，犹如一场大规模决斗。今天，地形和总环境的种种特质被更多地考虑进来。会战由若干不同部分构成。惯常的简单一决变成了一种复杂的规划，号令已转变为基于时间表和其他数据的漫长配置。

第二个原因在于现代军队的增大了的规模。弗雷德里克以三四万人投入作战，波拿巴则以十万或二十万人投入作战。

我们所以选了这两个实例，是因为能够假定这等素质的将领本不会采取这类体系，除非他们大有理由如此。总的来说，在我们当今，对前卫和前哨的使用已经发展得更为广泛。然而，奥地利人的做法表明，弗雷德里克的战法在各次西里西亚战争中并非普遍。

① 道恩：见本书第 241 页注①。——中译者注

② 霍希基尔赫战役：见本书第 390 页注①。——中译者注

他们的前哨体系强得多，他们远为经常地将一个军团用作前卫，那是他们的情势和资源充分证明有理的。最近的各场战争也提供了多个变型。甚至法国的元帅们——例如在西里西亚的麦克唐纳①
304 或在勃兰登堡的乌迪诺和内伊②——以六七万人的大军推进，却仍无记述说有任何作为前卫效力的军团。

至此，我们从其兵力的视角谈论了前卫和前哨。可是，还有我们必须澄清的另一个特性。一支跨越某个前沿推进或后撤的军队可以有单独一支前卫和后卫，服务于它的所有各平行纵队；或者，每个纵队可以有它自己的前卫和后卫。为了阐明，让我们以下述方式考虑这个问题。

当一个军团被指定为前卫时，它的基本任务是仅仅掩护中央主力的推进。如果主力使用若干亦可被前卫采用的辅路，从而受它掩护，那么侧翼各纵队当然将不需有任何特殊的保护措施。

相反，隔较远距离挺进和独立作战的军团必须提供它们自己的前卫。这一条也适用于构成中央主力之组成部分的任何军团，如果因为地形状态它们发觉自己离中央太远的话。因此，将有多个前卫，像沿各条平行线路推进的独立的部队一样多。如果个别地说它们远不如一支总前卫那么有效，那么它们实际上属于战术

① 埃蒂厄内·雅克·约瑟夫·亚历山大·麦克唐纳（1765—1840）：拿破仑麾下的法国元帅，先前作为法国革命政府属下的旅长参加法国革命战争，继而在意大利战役中惨败于以少胜多的俄国伟大将领苏沃洛夫之手，1809 年作为战将为拿破仑的瓦格拉姆战役大捷起了重大作用，因而被任命为法国元帅，随后被封为第一代塔兰特公爵；1813 年，他奉拿破仑之命入侵西里西亚，被布吕歇尔统率的普鲁士军队击败。——中译者注

② 乌迪诺和内伊：见本书第 380 页注①。——中译者注

部署这总范畴，而前卫将腾出自己在战略棋盘上的位置。然而，如果中央主力有一个大得多的军团作为前卫，它就将显得是全军的前卫，而且将以多种方式作为这样的前卫来行事。

我们能发现三个理由去给中央分派一支强得多的前卫，大大强于分派给侧翼的：

1. 中央通常由规模更大的部队群集构成。

2. 一支军队分布于其上的那个地带的中心点将总是最重要部分；一切规划都会趋于集中在它上面，结果是战场通常离它较近，近过离侧翼的。

3. 虽然一个驻扎在中央前面的军团无法真正地也是侧翼的前卫，但它能够间接地给它们提供许多掩护。通常，敌人不能为严重打击两翼之一而在一定距离内通行，因为他将冒他自己的后背或侧翼遭到攻击的风险。一个军团，如果被从中央推至前头，那么它给敌人造成的制约可能不足以保证侧面军团的彻底安全，然而它确实消除了对它们的某些威胁。

因而，如果掩护中央的前卫比侧翼的强得多——换句话说如果它由一个专门的挺进军团构成——它就不再仅仅服务于前卫目的，亦即遮护紧跟在它背后的部队，使之免遭突袭。作为一个挺进军团，它将有一种较广泛的战略作用。

对此等军团的使用基于下述目标，它们因而也决定它的应用： 305

1. 在我方部署需要耗时许久的场合，它能进行强度较高的抵抗，并且由此迫使前进之敌较为谨慎。以此方式，它增大了一支普通前卫的效能。

2. 在主力规模庞大、笨重不灵的场合，它能在一定范围内被久置于隐蔽处，同时以一个更机动的军团为手段，维持与敌人的接触。

3. 虽然出于其他原因，主力可能必须与敌人保持颇大距离，但为监察起见，保持一个靠近敌人的军团是有益的。

有一种想法，认为监察可以一样好地靠一个小型侦察哨所或纯粹的巡逻队去进行，然而只要考虑到赶走它们是多么容易，还有它们的监察手段与一个大军团的相比是多么低劣，这种想法就站不住脚了。

4. 在追击敌人时，一个应当附有大群骑兵的前卫军团可以快得多地自主行进；它能够保持前行，直到深夜为止，而且随时准备好在凌晨行动，早于全军能够的。

5. 最后，如果在后撤时它构成后卫，它就能为防御去利用重大的自然障碍。在此，中央同样格外重要。诚然，乍看来，一个人可能设想此种后卫将不断处于被包抄的危险之中。可是，我们必须记住，即使敌人在紧压侧翼，他仍须涵盖到中央的间距，如果他想严重威胁它的话；那使得掩护中央的后卫能有一些额外的时间去抵抗和延后自撤。如果另一方面，中央比两翼后撤得快，事情看来就真的严重了；情况会像是敌人已经突破了防线，因

> 而必须避免给出这印象。统一和凝聚的需要从未比在撤退期间更大，或更尖锐地被每个人感到。两翼最终要与中央重新会合；即使由于补给和地形困难，撤退期间部队必须散开，这迂回也通常以兵力集中于中央告终。如果我们添上一个事实，即敌人一般以其主力向中央挺进，因而对那里施加最大压力，那么显而易见，中央的后卫特别重要。

因此，每逢出现上述形势之一，将一个单独的军团用作前卫就是合宜的。如果中央在人力方面不强于两翼，那么大多数上述形势就几乎永不会发生。麦克唐纳 1813 年在西里西亚进击布吕歇尔和后者朝易北河移动时，情况就是如此。他俩各有三个军团，它们通常以各自分隔的纵队经不同道路并排行进；这说明了为何全无记述说每方都有一支前卫。

尽管如此，部分地出于这同一个原因，将三个纵队安排得兵力 306
相等决不明智，恰如我们在第三篇[①]第 5 章里论辩过的，将军队一分为三殊为笨拙。

在前一章里，我们认为倘无相反的特殊阵列，部署一支军队的最自然方式便是兵力集中于中央，外加两个各自分隔的侧翼。在这场合，最简单的方案将是置前卫于中央正前方，因而也是在两翼之前。然而，侧面军团与两翼相关的基本功能类同于前卫与前沿相关的功能；因此，侧面军团可以常与前卫并连，如果不是依据具

① 指的是第五篇。编者注。

体情势实际在它前面的话。

就前卫的绝对兵力，没有多少可说的。将它的任务赋予全军的一个或几个主要分支单位——那由部分骑兵去增强——已经颇有理由地变成一般做法。它将因而由一个军团构成，如果军队被划分为军团，或在军队被划分为师的情况下，由一个或几个师构成。

同样在这个方面，军队分成数目较多的分支单位显然有好处。

前卫应被部署得多远完全取决于具体情势。可以有它超过在主力前面行军一日之遥的情况；在别的场合，它可以处于正前方紧挨着主力。大多数情况下，它将见于 5 至 15 英里之外。虽然这证明是具体情势最常要求的距离，但它不应成为一条普遍的应用通则。

我们的讨论忘记了**前哨**这论题，现在应当转而谈论之。

我们开头说，驻扎的部队需要前哨，行进的部队则需要前卫。其时这么说，是为了确定概念的起源，并且暂时使之保持分立；然而，严格墨守这些术语将显然导致简直是学究式的区分。

一支行军途中的军队夜间休息时，它的前卫当然也必定休息，而且必定总是设立前哨，以求全军的安全和它自己的安全。这并不意味着它不再是前卫，已被降至不过是前哨。只有在组成前卫的部队大多被分割成独立的哨所、一个兵力集中的军团极少或全不留存时，或者说一长串前哨取代了一个兵力集中的军团时，前哨才可被认作是前卫概念的反面。

其休息越短暂，军队就越不那么需要被完全掩护：无论如何，单独一夜太短暂，敌人来不发现什么得到掩护，什么并非如此。休息越久，每个入口就须越完全地得到监察和掩护。因而，作为一项通则，一段颇久的休止将趋于分散前卫，使之散布为一串前哨。主 307
要是两个情况决定它究竟是完全这么做，还是保持军团兵力集中这原则。第一个在于敌对两军之间的距离；第二个在于地形的性质。

如果与其前沿宽度相比，敌对两军之间距离短，那就经常不会有余地去设置一个前卫军团。每支军队因而为自身安全必须依赖一系列小哨所。

无论如何，一个兵力集中的军团不那么能涵盖条条进路，它要变得有效就需较多的时间和空间。因此，凡军队颇为分散，例如住宿在军营以外，它就必须离敌人甚远，如果所有进路都要由一个兵力集中的军团恰当地予以涵盖的话。例如冬季营地所以通常由一连串前哨掩护，原因就在这里。

第二个因素是地形的性质。例如，倘若地表自然形状提供了契机，去用相对很少的部队构设一条强固的哨所线，这样的一条线就会被用上。

在冬季营地，气候严酷也可以是一个原因，要将前卫分解为一条哨所线：以此方式，较容易为它找到掩蔽所。

1794 至 1795 年的冬季战役期间，位于尼德兰的英荷联军达到了发展巅峰，在对一连串加强型前哨的使用方面。那里，防线由所有各兵种合成的各旅构成，这些旅编为各自分隔的多个前哨，而整个体系得到一支总后备队支持。沙恩霍斯特当时与这支军队在一起，将这做法引入 1807 年时位于东普鲁士帕沙尔格地方的普鲁士军队。除此例外，它难得被用于现代战争，主要是因为现代战争太多运动。然而，甚至在它可能变得有用的地方，它也遭到忽视：例如被缪拉忽视，在塔鲁蒂诺。[①] 假如他的防线得到延伸，他本不会在一次对他的前哨的攻击中丧失约 30 门大炮。

不可否认，在合适的条件下，这程式提供大好处。我们将在以后一处回过来谈论它。

① 约希姆·缪拉(1767—1815)：拿破仑麾下的法国元帅，在拿破仑的一系列重大战役中战功卓著，并且积极支持他发动雾月政变；1800 年成为拿破仑的妹夫，1804 年被授予帝国元帅称号，1806 年被封为贝尔格大公爵，1808 年成为那不勒斯国王；1815 年 5 月 2 日，他率军近 3 万人，在塔鲁蒂诺与 1 万余人的奥地利军队会战，被击败，遂逃出那不勒斯；3 个多月后在科西嘉被奥军击败并俘虏，同年 10 月经奥地利军事法庭判罪遭枪决。拿破仑曾评价他“在战场上面对敌人时勇敢绝顶，无人可比，但除此之外，他在任何地方的行为都表明他是个蠢人”。——中译者注

第 8 章　前锋军团的作战用途

我们刚说明了一支军队的安全如何受到一种影响，即正在靠 308
近的敌人对其前卫和侧翼军团的反应方式的影响。在一场与敌人主力的可能的冲突中，这些军团须被认为非常羸弱。需要有一番专门的讨论，去表明他们怎样能履行自己的任务，同时不因处于那么大的兵员数量劣势而遭受惨重的伤亡。

这些部队的任务是监察敌人和阻滞其推进。

即使这些任务中间的第一项，也不会由一支小分遣队去履行，部分地是因为与一支大分遣队相比，它更容易被逐退，部分地是因为它的手段或曰它的监察工具不够有力。

不仅如此，监察是要促成一项进而的目的，亦即引诱敌人展开他的所有部队，从而不仅暴露他的兵力，也暴露他的意图。

要做到这点而不更多，单是显现这么一个军团就够了：只需等待敌人的进攻性部署，然后退回。

然而，这也意味着阻滞敌人的推进，从而包含真正的抵抗。

怎么可能设想等待到最后一刻并做出抵抗，同时该军团不冒伤亡惨重的持续风险？主要是因为敌人将以他自己的前卫而非他全军的压倒性粉碎力靠上前来。可以设想，从一开始，敌人的前卫就强于我方的前卫，如同它据想意欲的那样，而且他的主力离它较近，比我们离我们自己的前卫更近；还有，他的主力已经在行进，因而不久将处于给前卫的攻击提供充分支持的位置。尽管如此，这开战阶段——其间我方前卫不得不对付它的可谓同等的对手即敌方前卫——将赢取一些时间，使它能够一度监察敌人的逼近而不危及自己的后撤。

甚至由这么一个军团在合适的位置上做出的某种抵抗也不必定承受一切不利，那是一个人在别的时候因其兵员数量劣势而可能预期的。抵抗占优势的敌人有其主要危险，即可能被包抄，并被一场围攻置于不容置疑的逆境。然而，这风险通常由于一个事实而减小，那就是推进中的敌人永不能对主力的支持可能靠得多近
309 很有把握，因而他不得不考虑他的纵队可能陷入遭受两面夹击的境地。结果，一支在推进的军队将令其各纵队前端多少保持齐头并进；只有在彻底侦察了他的对手的阵位之后，他才会小心谨慎和四下戒备地扭动一翼或另一翼。因而，这个审慎试探阶段使得我方的前锋军团能在对它的任何严重威胁加剧以前及早后撤。

至于这么一个军团可以多久地抵抗一场正面进攻和一项转向调动的开端，则主要取决于地形的性质和后援的邻近程度。如果抵抗持续较久，久过一般——不管是出自谬判还是为了给军队赢得时间而作自我牺牲——那么惨重的伤亡必定接踵而来。

只有在极罕见的场合，当一项重大的自然特征可被利用时，实际的防御战才会真有意义；依其本身，这么一个军团能打的小交战难得能赢取足够的时间。相反，这赢取将出自形势内在固有的三种情况：

1. 敌人的推进更为审慎，因而更加缓慢。
2. 实际的抵抗持续下去。
3. 后撤。

后撤须被搞得只要安全允许就尽可能慢。任何可得的良好的自然阵位都应当得到使用。它将迫使敌人作出新的进攻和转向调动，因而赢取更多的时间。在一个新阵位上，甚至一场真正的交战也可证明是能够接受的。

阻滞行动将显然与后撤密切关联。交战的持续时间之短必须由它们的频发来弥补。

这就是一个前锋军团如何能作抵抗。其效能主要取决于它本身的兵员数量和地形，也取决于它必须走过的距离，连同它得到的支持和保护。

甚至在同等条件下，一支小部队也无法像一个大军团坚守得那么久：部队的兵员越多，它们要完成任何类型的行动就耗时越久。在多山地区，行军本身变得较慢，一个个阵位可被守得较久，同时风险较小，而且取得此类阵位的机会层出不穷。

一个前锋军团被部署得越前，它就不得不后撤得越远，因而出自它的抵抗的净赢时间就越长。另一方面，它的孤立限制它的抵抗能力和获援前景。在此情况下，它的后撤将耗时较短，短于倘若它一向离主力较近。

这么一个军团获得的支持和保护必定影响其抵抗的持续时间。小心谨慎和四下戒备有其代价，那必定给它的效能打上相应的折扣。

310 靠一个前锋军团的抵抗赢取的时间可以或长或短，大为不一。如果敌人直到午后才出现，那就赢取了那么多追加时间，因为军队难得夜间推进。因而，在1815年，齐滕将军麾下的普鲁士第一军团约3万人面对率领12万人的波拿巴，但在从沙勒罗瓦到利内的一短个地带——几乎不到10英里长的地带上，它能赢取24小时以上时间以便集中普军主力。齐滕将军在6月15日上午9时许首次遭到进攻，而利内战役直到16日下午2时许才开始。诚然，齐滕将军遭受了惨重的伤亡——五六千人阵亡、负伤和被俘。

按照实际经验，以下所述可当作此类估算的一个指引准则。

设想有个兵员10000或12000人的师，由骑兵加大，被遣至行军一日即15到20英里远的前方。在普通而非特别困难的地区，它将能阻滞敌人，时间（包括他自己撤退的时间）长达在别种情况下要走完这距离本将需要的大约一半。然而，如果这部队只行进了5英里，那么敌人被阻滞的时间很可能比他在别种情况下本将花费在行军上的长一到两倍。

因而，一段通常等于行军约10小时之远的20英里距离，能被预期花费敌人15小时，那出自这么一段时间：从他全副武装出现在我方前锋师面前开始，直到他能够进攻我方主力为止。可是，如果前卫被部署在前面仅5英里远，那么在敌人能进攻我军以前，不止三四个小时——或确实比那长一倍的时间——能流逝掉。因为，它使敌人为针对前卫去部署而花掉的时间在两个场合都一样；与此同时，前卫在其最初阵位上作出的抵抗甚至会更久，久于倘若它被更往前部署的。

要点在于，在第一个场合，敌人将被迫逐走一支前卫并进攻主力，全在同一天，就如经验趋于表明的。甚至在第二个场合，敌人也将不得不在午前处置前卫，为的是有足够的时间去打主要会战。

由于在第一个场合，黑夜前来助我，因而依凭将前卫部署得更前，显然能赢取更多的时间。

将部队部署在大军侧翼的意义已经被说明，而且它们的作战通常将取决于种种特定情势。最简单的是将它们认作被置于侧翼的前卫；由于它们被部署得略为在前，因而它们将在一个斜线方向上往大军回撤。

由于这样的军团不在主力正前方，并且因此与普通的前卫相比而较难支持，因而要不是作为一项通则敌人的冲击多少朝阵线各尾端减弱，它们本将处于更大的危险之中。不仅如此，甚至在最坏形势下，这些军团也将有迂回余地，同时不像前卫的逃遁一般那 311
么直接地危及主力。 445

接应一支撤退中的前卫的最佳和最常用办法，是由一支规模可观的骑兵部队去做。此乃好理由，将后备骑兵置于主力与前卫之间，在它们的间距要求这么做的任何场合。

因而，我们的最后结论是，一个前锋军团的作战价值更多地出自它的现场亮相，甚于出自它的战斗努力；更多地出自它可能威胁的交战，甚于出自它实际进行的交战。它从不打算制止敌人的运动，而是犹如一个钟摆的分量去节制和规范它们，以便使之成为可估算的。

第9章　营寨

312 我们将审视不在作战中的军队的三种状态，只是从战略视角出发，亦即只是在它们关系到场所、时间和部队兵力的范围内。向战斗状态的转变，连同与作战的实际进程有关的一切，乃战术问题。

我们以营寨指例如帐篷、小屋或野外露营等所有暂时住处，其内的部署从战略观点看与任何和它相伴的交战完全同一。从战术观点看，可以并非总是如此，因为存在一些原因，要为扎营和为意欲的战场选择多少有所不同的位置。关于军队的部署，或者不如说关于要分派给它的各不同部分的场所，每件必要的事都已被说过，因而剩下的只是从史家的观点考虑营寨这论题。

有一个时候，各国军队再度达到了一个颇大的规模，战争则变得更加漫长，它们的各自分隔的作战变得更为协调，直到法国大革命为止。从那个时候起，各国军队总是以帐篷扎营。那是它们的正常状态。春天来临时，它们离开自己的住处，不到冬天不返回。冬季住宿应在一定意义上被认作是一种非战状态，在其中部队处于中立状况，整个机制暂时停顿。别类住处，例如复原营（先于冬季住处），或为期甚短、狭小局促的营外宿处，是过渡性的，须被认作非同寻常。

这么一种周期的、自愿的力量中立化怎么能够被认为——而且在某些场合确实仍被认为——符合战争的性质和目的？这里不是就此探究的地方。我们以后将处理这个问题。眼下说曾是如此就够了。

自法国革命战争以来，各国军队放弃了帐篷，因为它们涉及巨量辎重。现在人们认为，对一支十万人的军队来说，更有利的是拥有另外五千名骑兵或几百门追加大炮，而非六千匹背驮帐篷的马。此外，一支庞大的辎重车队是个大累赘，在广泛和迅速的作战中几乎毫无用处。

然而，这变更造成了两项弊端：部队经受更大磨难，乡村遭到更大破坏。

一顶廉价帐篷可能提供不了多大遮护，但在一段时期里它始终是个宽慰，当它不在的时候部队就会想念这宽慰。就单独一天
来说，差别微乎其微；一顶帐篷几乎挡不了风寒，而且远非遮雨不 313 447
漏。可是，当此类情况一年里反复发生两三百次的时候，略微不同就成了重大区别。源于疾病的更大损失将势所必然。

无需说明帐篷的缺失怎样促成乡村遭受更大的破坏。

因而，一个人会认为由于这两项弊端，从事战争而无帐篷将以其独特的方式削弱作战活力，因为这迫使部队更久和更经常地逗留在营房里，或者由于缺乏装备而放弃占领一些阵位，那是倘若帐篷可得就本可被占领的。

本来确实会如此，倘无下述事实：在那同一个时期里，战争方式经历了一个巨大的转变，它完全消除了此类小的和较欠重要的影响。

战争的本始火焰现在是那么炽烈，依以进行战争的干劲是那么巨大，以致甚而这些周期的休止时段也已消失，一切武力都不间断地压向那胜负大决。这个事实将在第九篇[①]得到较彻底的谈论。在这些情势下，不可能有因为缺失帐篷而导致减少用兵的问题。部队现在栖身棚屋或露天宿营，不管天气、季节或地形如何，只依照总的计划和战役目的。

战争是否将永远保持并在一切状况下保持这干劲？这是我们将在以后谈论的一个问题。凡在它并非如此的场合，缺失帐篷肯定将对它的进行有某种影响，然而我们将怀疑这么一种反应是否会在任何时候强得足以招回在帐篷里宿营的惯例。军事行动的限界已被伸展得那么远，以致对老旧的狭小限制的回归只能短暂零星地发生，并在特殊条件下发生。战争的真正性质将以压倒之力屡屡突发，因而必须是任何经久的军事安排的基本依据。

① 没有第九篇。编者注。

第 10 章　行军

行军是一种从一个阵位到另一个阵位的单纯转换。它涉及两 314
项主要条件。

第一是人员的康乐，为的是可被有益地利用的兵力不致浪费掉。第二是行军的组织，以便保证部队准时到达。如果 10 万人要在一条道路上以单独一列纵队行军而无时间上的间断，那么队尾决不可能与队首同一天抵达目的地。要么进展将极慢，要么纵队将如倾泻的喷水那般，散落成无数水滴。这么一种分散，加上纵队之长迫使队尾人员额外费劲，将很快导致广泛混乱。

如果我们能撇开这极端，那么在单独一列纵队里的部队数量越少，行军就将越容易和越有序。因而，有必要**再剖分**，那不同于出自战术分兵部署的再剖分。军队之分隔成各个行军纵队一般将依据兵力配置，但不一定在每个具体场合都如此。如果想在单独一个区域集中大量兵力，那么它们必须在行军时分解开来。然而，甚至在分兵部署导致分开行军的场合，占支配地位的也可以要么是部署条件，要么是行军条件。例如，倘若不预期有任何会战，部队被置位只是为了休息，那么支配条件将是行军条件，主要由挑选良好的、路面坦实的道路构成。记住了这一点，在前一个场合将参照营寨和临时营房去挑选道路，在后一个场合则将从道路视角出发去挑选营寨和临时营房。倘若预期打一场会战，而且要事在于使一些部队抵达一个特定的地点，那么甚至最糟的小路也可以被使用而无片刻犹豫。另一方面，如果一支军队仍然可谓在去战区的中转过程中，那么一个人将为各纵队选择最近的主要道路，并且寻求在该地区恰巧可得的最佳临时营房和营寨。

现代战争的一项普遍准则在于，凡有交战可能性之处，换句话说只要在整个战区以内，就须以一种使其部队准备好随时独立作战的方式去组织各纵队，无论行军的类型如何。要满足这项条件，就要靠结合所有三个兵种，靠对整体作有机的再剖分，并靠合适地分配指挥权。因而，行军是现代战斗序列的主要基础，也是它的主要受益者。

315 大约在18世纪中叶，特别在弗雷德里克二世的战区里，运动本身开始列为一项习惯性的战斗准则。军队在以意外的运动为手段赢得一场场胜利，但是缺乏一种有机的战斗序列，因而为行军部队作种种最复杂最吃力的安排势所必然。为了实施一项靠近敌人的运动，必须不断地准备好随时战斗；然而，无法总是如此，除非军队集中，因为只有军队才构成一个自足的整体。当后备不得不紧随主力、保持自己从不离它一英里以上的适当距离时，它就必须流汗费劲，涉谷翻山，并对当地状况所知多多；因为，在哪里你会找到彼此仅隔开一英里的两条路面铺好的平行道？当军队排成纵列朝着敌人行军时，同一个条件为侧翼骑兵所获。炮兵部队提出了进一步的难题，因为它需要一条道路给它自己，伴有步兵的保护；因而，炮兵导致那应连续不断的步兵线变得更长，虽然它已经够长，且够不规则。没有任何适当的距离能在什么时候予以保持。一个人要深入了解这些状况和它们对战争方式施加的制约，只需参阅滕佩尔霍夫《七年战争史》[①]里的行军表。

现代战争已赋予军队一种由各师组成的有机体系，其中各大单位构成各次级整体，它们在作战中像全军一样有效，除了做不到作战那么长久。当今，即使军队要作为一个整体打仗，各纵队也不再需要被保持在一起，以便在作战开始以前能联合起来。它们现在能在交战进展期间这么做。

单位越小，越易移动，就越少需要那种再剖分——并非起因于经划分的战斗序列、而是起因于它本身庞大以致笨拙的再剖分。一小集群部队能沿单独一条道路行军，如果它确实必须沿几条线前进，那么互相足够邻近的道路能被轻而易举地找到。部队集群越大，将它划分开来的需要就越大，纵队数目和对路面良好的道路甚或实际公路干线的需求也越大，而且结果各纵队间的距离亦随之拉长。用算术方式说，再剖分的危险与其必要成反比。单位越小，它们就越可能不得不互相援助。单位越大，它们就能越长久地护理自己。应当记住前一篇里就此论题已经说过的：在定居地区，路面相当好的平行道会在离主要道路仅几英里的地方被找到。因此，有一点变得显而易见，那就是在规划行军时，不会有任何大难题能使得**速度和准时抵达**与**兵力适当集中**两相抵牾。在多山地区，平行道实属罕见，而且很难在它们之间建立联结；另一方面，单独一个纵队的抵抗力大得多。

如果以具体的方式得到简短的考虑，事情就会更加清楚。

① 关于该书和该作者，见本书第 279 注①。——中译者注

316 经验显示，一个 8000 人的师，连同其炮兵和某些别的运输工具，通常要用一小时去通过一个既定的点。如果两个师沿单独一条道路行进，第二个师将比第一个晚到达大约一小时。像在第四篇第 6 章里指出的，此等规模的一个师通常能独自坚持住几小时，即使面对优势之敌；因而，第二个师即使处于可能最糟的形势——即第一个师已被迫一经抵达立即投入作战——也当及时到达。不仅如此，在中欧的人口定居地区，通常能在离主要干道走一小时的距离范围之内找到可用的**旁路**。它们可被用于行军而无须越野行进，就像在七年战争期间屡屡发生的那样。

经验还教导人们，由四个师组成、伴有一支骑兵后备的一个纵队，其最前部一般能做到 8 小时行 15 英里，甚至在劣质道路上。按照每师一小时、骑兵和炮兵后备亦如此的比例，这行军将用 13 小时完成。这段时间不太长，但对总共 4 万人沿一条道路行军来说足够了。此外，凭此等规模的兵力，能够找出和使用各条旁路，以此轻而易举地缩短行军时间。即使更多的部队必须使用道路，也能假定它们不会皆须同日抵达。此等规模的各支军队当今并不一相遇就开仗，而是通常等到翌日才打。

我们援引这些案例不是因为相信它们涵盖了一切可能的例子；我们这么做只为了使事情更清楚，并且通过审视实际经验，表明在现代战争中组织一次行军不再很难。迅捷的行军不再需要特殊技能和丰富的当地知识，那是例如弗雷德里克大王在七年战争中不得不应用的。相反，依凭军队现今的有机剖分，行军几乎是自我组织，自动安排；至少，它们不要求复杂的规划工作。与会战仅靠号令操作、行军要求正式计划的时代截然不同，现在要求事先规划的是会战，行军需要的则几乎全不过号令。

行军要么与前沿成直角，要么与前沿相平行。后者也名曰“侧翼行军”，改变军队各组成部分的几何模式。已被部署成一排的那些部分因而将一个跟着另一个行军，反之亦然。尽管行军的方向可以在 90 度以内的任何角度上，但行军序列必须是某一定类。

此种几何变化只有在战术领域才能被完满地实现，并且只能靠使用所谓纵列部署法做到，那在涉及大量兵力的场合是不可能的。在战略领域，它依然不那么可行。在老式战斗序列中，改变其几何关系的各部分仅是中央和侧翼；当今，它们是一等单位亦即军团、师或旅——究竟是哪个取决于全军的划分方式。在此，现代战斗序列的影响也会表现出来；由于作战行动开始以前集合全军不再至关紧要，因而更当心被集合的部队要构成一个整体已成为必需。如果两个师要被部署成一个在另一个后面作后备，然后要沿两条分隔的道路朝着敌人行进，那么我们不会梦想经别一条道路派遣每个师的一部分。每个师都自然会被给予一条它自己的道路：它们会被告知要保持并进，而且如果发生战斗，每个师的师长要负责提供他自己的后备。统一指挥远比起初的几何关系重要。如果两个师都平安无事地抵达目的地，它们就能恢复它们起初的配置。如果两个并肩驻扎的师要在两条道上彼此**平行地**行军，任何人就甚至更少可能想到要沿最后面的道路派遣每个师的二线人员或后备；每个师将被给予一条道路，而且其中一个师将在行军期间充当后备。如果一支由四个师组成的军队要对着敌人挺进，其中三个师在前方，第四个师留作后备，那么自然会给三个师当中的每个分派一条道路，并且令后备尾随中间的那个师。然而，要是无法找到三条足够邻近以致便利的道路，那也无须犹豫沿两条道路挺进；不会有任何严重不利。

同样的话适用于相反的场合即侧翼行军。

还有一点关系到从右翼或左翼往外行进的各纵队。在侧翼行军的场合，这自动生成。肯定不会为了向左移动而从右翼往外行进。向前沿或后背行进时，应当在考虑到与未来部署线相关的道路方向的情况下决定行军序列。这确实往往能在战术上做到，因为在此范围较小，几何关系较易明了。从战略观点看，这全无可能，尽管间或有人提出了它与战术的某些类似——十足的迂腐。诚然，从前整个行军序列纯粹是个战术事务，因为甚至在行军时，军队仍保持为一个未经剖分的整体，以便仅作为一个单位去打仗。例如，当施韦林在 5 月 5 日从布兰代斯地区往外行军时，全不明了他的战场是将在他右面，还是将在他左面；因而，他不得不作他那著名的反向行进。①

如果依据老式战斗序列，一支军队编成四个纵列对敌挺进，那么外侧的一对纵列由第一和第二线的骑兵翼组成，而这两线的步兵翼组成两个中央纵列。所有这些纵列都能够从右或从左往外行进，既可右翼从右，左翼从左，亦可右翼从左，左翼从右。在这后一个场合，部队的移动本将名曰“中央外向双列”。虽然所有这些移

① 库特·克里斯托弗·格拉夫·冯·施韦林(1684—1757)：普鲁士陆军元帅，弗雷德里克二世麾下主要名将之一。早年参加过西班牙继承战争中的一些大战役，1720 年起作为军官为普鲁士国王效力，在作战和行政管理两方面皆杰出，弗雷德里克二世登基时被晋升为陆军元帅，并被封为伯爵。在此后的两次西里西亚战争中功绩卓著；七年战争爆发后即首战于波希米亚，翌年(1757 年)5 月初经反向行军与弗雷德里克二世会合于布拉格，随即在 5 月 6 日爆发的布拉格战役中阵亡。——中译者注

动本应与随后的部署直接相关，但基本上它们全未如此。当弗雷德里克大王在勒申投入会战时，①他的军队以四个纵列从右翼向 318
外行进。这使得向直线并排进军的转变(那一直大受史家赞誉)非常容易，因为弗雷德里克想攻打的恰好是奥军左翼。假如他想攻打右翼，他就本不得不像他在布拉格做过的那样，作一次反向行进。

此种迂回甚至在那时也不切合其目的，而在当今更会是十足的轻浮。未来战场与军队行进道路的关系现在几乎全不为人所知，就像它在那时一样，而且因为以错误的序列向外行进丧失的短暂时间在重要性上已小得多，以致不可比拟。在此，新的战斗序列同样证明有益：哪个师最早抵达终点或哪个旅首先投身战火无关重要。

在这些情势下，你是向外进往左面还是向外进往右面已不再重要，除了这将中和部队的疲劳，如果交替如此的话。此乃保留往外行军的双重方式的唯一理由，即使是个极重要的理由，甚至在涉及大部队集群的场合。

在这些状况下，作为一种独特的迂回方式，从中央往外行军自动消逝，只会偶然出现。一项行军，如果从中央出发，在其中两个中间纵列作为一个来移动，那就无论如何是战略胡扯，因为它假定有两条成双的公路干道可用。

行军序列是个战术而非战略问题，因为它涉及将整体剖分为各个部分，那是在行军结束时要重组为一个整体的。在现代战争

① 勒申战役见第三篇第8章。——中译者注

中，使各部分互相紧邻不再被认为实属必要：在行军期间，它们被允许更远地散开，并且自我照料。这能轻而易举地导致独立的交战，在其中每个部分单打单拼，因而须被认作是本身完整的交战。我们所以发觉必须深入此类细节，原因就在这里。

顺便地说（如在本篇第 2 章[①]指出的），凡在没有压倒性的特殊目的时，军队分置为成一线的三部分就将证明最为自然，因而就行军序列而言，三个纵列也将往往是极自然的。

有一件事情我们希望添上：纵列这概念并不只基于一个部队集群的行军行列。在战略上，这个术语也用于不同日子里沿同一条道路行军的诸部队集群。事实是，部队被剖分为各个纵列主要为了缩短和便利行军，因为比起一支大兵力，一支小兵力行军较快，也较容易。如果各部队在不同日子而非沿不同道路行军，就当然也达到了这个目的。

① 指的是第 5 章。编者注。

第 11 章　行军(续)

经验是确定行军长短与其所需时间的最佳指南。 319

现代军队长久以来已惯于认为一天能行军 15 英里。在广泛的作战过程中,这个数必须被减到平均 10 英里,为的是能有必要的休息日,其间能进行必需的休整和保养。

在平坦地区和普通道路上,8000 人的一个师用 8 至 10 小时作这样的行军。在多山地区,它将用 10 至 12 小时。如果一个纵队由一些师构成,那么将需要更多几小时,即使不算后面几个师被延后的出发时间。

显然,一天已被这样一种行军占满,而且无法拿一名肩负背包跋涉 10 或 12 小时的士兵的辛劳去比普通的 15 英里行走,那在一条像样的道路上不会使一个人费时 5 小时以上。

强行军,如果一度进行一次,就可以走过 25 英里,或至多 30 英里;如果连续进行,就只能走过 20 英里。

一次 25 英里的行军将需要一段几小时的休止时间,8000 人的一个师在不足 16 小时的时间里不会完成它,即使道路良好。如果要被走完的距离为 30 英里,而且涉及几个师,那么必须能够有至少 20 小时。

在此我们关心的是若干完整的师从一个营址到另一个营址的

行军,因为这是发生在一个战区的最常见的行军类型。在若干个师要组成单独一个纵列的场合,第一个师应当预先集合,预先往外行进,结果将同样早得多地抵达营寨。然而,这时间差别永不可能大得等同于一个师用来通过一个既定的点的——亦即为法国人那么恰当地说成是其“流淌”(*découlement*)(溢流)所需的时间。于是,士兵被省却了不少劲,而且其中每一项行军都将因为较多的部队参与而费较长的时间。靠类似的方法——即一次集合和往外进发它的一个旅——去调动一个师仅难得实际可行;这就是师一直被当作一个单位对待的原因。

在长途行军中,各部队从一个宿营地转到另一个,以一个个小分遣队的方式行进,没有集合点,其时它们确实可以跋涉更长的距离。事实上距离将更长,因为需要绕道以抵达其宿营地。

320 费时最久的是下述行军:部队在途中不得不每天都由各师或各军团重新集合,而且此后仍须走到它们的宿营地。只有在部队集群较小和处于资源富庶地区时,此类行军才是可取的;在此场合,较容易获得补给和栖所,如此将足以补偿较久地费力行军。无可置疑,普鲁士军队在其 1806 年撤退途中做错了,因为它每夜都要部队在营外民房住宿,为的是使它们有东西吃。补给本可完全一样好地在露营地采办到,而且军队本不需极为费劲地在不少于 14 天时间里跋涉约 250 英里。

每逢遇上糟糕的道路或多山的地区,所有此类时间和距离的标准就会经历那么多变化,以致会难以准确估计某一项行军应费的时间,更不用说确立任何通则了。一位理论家能做的最好的事情,是指出围绕着这个难题的种种陷阱。为了避开它们,最细致的估算,连同给未预见到的延宕保留的宽裕余地,实属必需。气候状况和部队状态也必须被考虑进来。

一旦营帐不再有用,而且部队开始由就地征收食物得到补给,军队的辎重就大大缩减。人们或将预料,最重要的结果将是机动性增大,连同一天行军的行程因而加长。可是,这只会在一定的情势下发生。

这变化过去几乎全不加速战区内的行军。原因在于一个广为人知的事实,即早先时期里每逢形势要求作一次格外远途的行军,辎重总是被留在后面或送往前面,而且一般只要此类行军仍在进展之中就与部队隔开。鉴于事实,辎重难得对行军有任何影响;一旦它不再是一种实在的累赘,人们就不再继续注意它——不管它可能遭受多大损害。如此,七年战争造就了至今仍未被超越的诸项行军:例如拉西[①]在 1760 年为支持俄国人朝柏林偏转而作的行军。他从施魏德尼茨途经卢沙蒂阿直至柏林,10 天里跋涉 220 英里——速度为一天 22 英里,这就 15000 人的一个军团而言,甚至当今也会令人惊异。

部队补给方式的变化本身在另一方面已趋于阻碍现代军队的运动。部队不得不像往往须做的那样为自己去搜集部分食物,在这上面花费许多时间,多于倘若它们只需从面包车取得其配给所需的。此外,在路程颇长的行军途中,无法允许大量部队全都在一处宿营;数师不得不被分散开来,使得它们的就食变得容易些。最后,通常发生一种情况,即军队的某个部分,特别是骑兵,须在临时

① 见本书第 251 页注①。——中译者注

营房得到食宿。所有这一切合在一起，导致长时间的延宕。因而有这样的事实：波拿巴 1806 年在追击普鲁士人并试图切断他们的退路时，还有布吕歇尔 1813 年在意欲同样地对待法国人时，都需
321 要 10 天时间去行仅仅 150 英里左右路程。这是弗雷德里克大王带着辎重和一切达到过的一个速度，其时他从萨克森行军至西里西亚，并且返回。

另一方面，部队单位不论大小，都因为辎重量减少而显著增进了机动性和灵活性。举例来说，虽然骑兵和炮兵保持在同样的水平，但马匹数量少了，从而减小了搜集草料的需要。还有一例，即对占领阵位的制约不那么大了，因为不必照旧每日每时担心那没完没了的后部辎重车辆的安全。

1758 年时，在解除了奥尔米茨之围以后，弗雷德里克大王带着 4000 辆大车行进，那由他的分割为营甚而连的一半军队掩护。当今不可能有类似于此的行军，甚至在面对最胆怯的对手的时候。

远程行军——例如从塔古斯河到涅曼河——之际，这么做的好处当然更明晰可见；虽然正常的一日行军路程因为仍需的大车数量而大约一样，但在紧迫情况下它可被增大，而无同等程度的牺牲。

总的来说，减少辎重将导致省力而非加速行军。

第 12 章　行军(终)

在此,我们必须审视行军对战斗部队的损伤效应。这些效应 322
大得必须列为一类独特的作用因素,可与交战一比上下。

单独一次适中的行军不会钝化战斗手段;但是,一系列适中的行军将开始显现厉害,而一系列艰苦的行军自然将造成大得多的损害。

在作战区,补给短缺和栖所匮乏,道路因车辙而凹凸遍布,同时还需不断准备战斗:这些导致费劲非凡,造成人员和牲畜、大车和衣物的损失。

通常说,长久休息不利于一支军队的身体健康,这样的时候比适中活动期间发病更多。当士兵们一起挤在狭窄局促的宿处的时候,病患很可能确实发生,但一路行军途中在各营外栖所一样容易发病。此类病患决不应被归咎于缺乏新鲜空气和运动,因为这些可以如此容易地由操练提供。

考虑一下对一个人的不稳定和被搅乱的机体来说下述两者间的差别:一是在室内患病,另一是在野外路上患病,身陷烂泥,任凭雨淋,还要强负背包之重。即使他是在营帐内患病,他也能很快被送到最近的村庄,那里会找到某种医助;然而,倘若在行军路上突然得病,他就一连儿小时躺在路边而无任何救助,然后必须像落荒者一般自己挣扎前行，拖着身子走好多英里。这会加剧多少小病，又有多少重病会以死亡告终！同样考虑一下尘土和夏季暴热，其时甚至一次适中的行军也可以引发中暑。受口燥舌焦折磨，士兵会奔向任何凉泉，结果只是得病身亡。

这全不是要说战争中的活动应当有所减少。工具现成待用，用就自然将磨损之。我们的唯一目的是清晰有序；我们反对种种夸夸其谈的理论，它们认为最势不可挡的突袭、最快速凌厉的进军或最紧张不息的活动一无代价，认为这些是因为将领们的懒惰而闲置地下不被利用的富矿。最后产品确实可以比之于金矿银矿的：一个人只看最终结果，忘记询问进入其中的劳动代价。

战区之外的长久行军一般在较易条件下进行，每日损伤较少。
323 另一方面，哪怕最轻的疾病通常也使一个人离开他的单位长久在外：康复中的病人难以赶上前进中的军队。

在骑兵那里，腿瘸背痛的马匹不断增加；车辆趋于裂塌，紊乱接踵而来。一项500英里或路程更远的行军将总是导致一支军队以一种大被削弱的状态抵达终点，就马匹和大车而言尤其如此。

如果此类行军必须在战区以内、在敌人目睹之下进行，那就更加不利。凡有大量兵员参与和总的状况不利时，损失能够大到无法承受的地步。

让我们举几个例子来说明我们的观点。

波拿巴1812年6月24日跨过涅曼河时，他那庞大的、随后他要率其进至莫斯科的中央大军数达301000人。8月15日在斯摩棱斯克，他分遣了13500人，因而应当剩下287500人。然而，他的军队的实际兵力仅 182000 人——这意味着 105500 人已被损失掉。[①]记住,至此只发生了两场配得上其名的交战——达乌与巴格拉季昂之间的一场和缪拉与托尔斯泰—奥斯特尔曼之间的另一场,[②]法国人的战斗伤亡可能至多为 10000 人。因而,在这历时 52 天、推进约 350 英里的时期里,归因于疾病和掉队的损失多达 95000 人,或者说全军的大约三分之一。

三周后在博罗季诺会战中,损失(包括作战损失)达到了 144000 人,还有一周后在莫斯科,损失达到了 198000 人。总共说,在上述第一个时期里,法军的日损失率为起初总兵力的 1/150;在第二个时期里为 1/120;在第三个时期里为 1/19。

波拿巴的推进确实不松懈,从跨过涅曼河一直到莫斯科;然而必须记住,他用了 82 天时间只走了大约 600 英里,而且军队两度完全止步——在维尔纽斯为时约 14 天的一次和在维切布斯克为时约 11 天的另一次,那必定给了许多掉队者时间去赶上大军。这十四周的推进既不是在最糟的季节里,也不是在最糟的道路上进行的:它在夏季进行,而道路大部分是多沙路。阻碍因素在于,巨量部队沿单独一条道路行进,短缺补给,而且敌人虽则后撤,却全

---

① 所有这些数字都取自尚伯雷。克劳塞维茨注。

② 达乌见本书第 343 页注②。彼得·伊凡诺维奇·巴格拉季昂(1765—1812):反拿破仑战争中杰出的俄国将军,格鲁吉亚巴格拉季昂王朝后裔,师从伟大的俄军统帅苏沃洛夫,百战沙场,战功卓著;1812 年战争中任第二西部军总司令,因其成功的撤退而能在斯摩棱斯克与第一西部军会合,并在博罗季诺作为俄军左翼指挥与拿破仑大军激战,因受致命伤 6 天后去世。缪拉见本书第 440 页注①。亚历山大·伊凡诺维奇·托尔斯泰—奥斯特尔曼(1770—1857):俄国将领,1797 年被封为伯爵,以非常勇敢并在师长和军团司令职位上胜任能干著称;在博罗季诺战役中率领第四军团,后率军参加 1813 年对拿破仑的鲍岑战役和库尔姆战役,在其中两度受伤。——中译者注

不是在逃遁。

我们甚至不用讲法国人的后撤，或更准确地说是法军从莫斯科到涅曼河的**行进**，但或许我们应当注意到，进行追击的俄军离开卡卢加地区时有 120000 人，抵达维尔纽斯时却只有 30000 人。众所周知，那一时段里在实际战斗中损失的人是多么少。

让我们再举一例，这个例子取自布吕歇尔在萨克森和西里西亚的 1813 年战役，其引人注目之处不在于行军长度，而在于一系
324 列来回运动。约克的军团在 8 月 16 日以大约 40000 人开始了这场战役，而到 10 月 19 日兵员数仅 12000 人。据最权威著作，它打的几场主要交战——在戈尔德贝格、勒温贝格、卡茨巴赫河畔、瓦尔滕堡——和默肯（莱比锡）会战耗掉了它 12000 人。因此，在 8 周时间里，它由于别的原因遭受的损失达 16000 人——即它初始兵力的五分之二。

己方兵力的大损耗因而须被预料到，如果意欲打一场运动战的话。所有别的计划都必须被调整得适应这事实；而且最重要的是，必须提供替换兵员。

第 13 章　临时营房

在现代战争中，临时营房已再度变得必不可少：无论是帐篷，还是宽敞的军用车厢，都没有使一支军队能够不要它们。不管多么精心地安排，在小棚屋里宿营或露天宿营（所谓露营）无法被接受为庇护部队栖身的常规方式：或迟或早，取决于难测的气候变化，疾病将占上风，过早地耗竭部队力量。俄国人的 1812 年战役是极少的反例之一，在其中，历经其全部六个月进程，尽管气候严酷，部队差不多从未宿于营房。然而，看一看这努力的后果，一个人会禁不住将它称作狂剧，如果整个这场事业的政治理念不更值得这个用语！ 325

两个因素会阻止一支军队采用临时营房：敌人临近；行军迅速。随决战接近到来，部队撤出临时营房，而且不予重占，直到它已到来之后。

在更晚近的战争中——即在过去 25 年的所有战役里——战争的原始力已经以其全部能量被喷发出来。在大多数场合，行动和努力被推至其根本极限。然而，所有这些都是历时短暂的战役。它们难得费时六个月以上——经常在这以下——去达到它们的目标，亦即输方感到准备好谋求停战甚或媾和的关头，或是赢方不再拥有为胜利所需的冲劲的时候。在这样的大奋力期间，几乎不可能考虑临时营房。甚至在已无任何危险的乘胜追击的时候，对这类宽解来说行军也太迅速。

在无论出于什么原因事态进程不那么猛烈的场合，在兵力对比大致均衡不变的场合，使部队住宿在坚固的庇护处须被给予最优先的考虑。这一必需必定以两种方式影响作战：人们可能试图依靠一个较强的前哨系统和一支较大的前卫，并将其布置得更前，以此为手段获取格外的时间和安全；还有，该区域的富庶程度和开发耕种程度可能处于优先，超过对它的战术裨益和点线几何模式的考虑。一个商业市镇有两三万居民，或者一条道路穿经一个村庄殷实、城镇繁荣的地区：它们将大大便利大兵力的集中。这样的集中转过来又给予部队移动那么多自由和舒适，以致这些裨益将绰绰有余地补偿一个更好的战术阵位本可提供的那些有利条件。

326 我们将只简短地评论在安排临时营房时要遵循的方式，因为
466 那主要是个战术关切问题。

在让部队住临时营房时，必须确定它们的膳宿究竟是首要的还是次要的考虑。在战役期间，部队的部署可能取决于纯粹的战术战略需要，而且将部队置于靠近集中地点的营房最有利其舒适。就骑兵而言尤其如此。在这场合，营房是次要考虑。它们是营寨的替代物，因而须被置于一个使部队能够及时抵达其阵位的范围之内。如果相反，部队宿营是为了休息复原，提供营房就成了首要考虑支配其余一切，包括集中地点的实际选择。

在此，头号问题是整个临时营房区的形状。通常的形状是个拉长的椭圆，犹如战术性战斗序列的单纯加宽。集合地点在它正前方，总司令部则在它后面。这三块恰巧构成一个障碍，有妨敌人

到来以前军队的安全集中，并且实际上与之抵牾。

营房区越是构成一个正方形，或还更好构成一个圆形，部队就能被越快地集合在一个既定地点，亦即中央；集中点位于越往后的地方，敌人要达到它就耗时越久，可得的时间也就越长。一个靠近营房区后背的集中点不可能遭受威胁。反过来，总司令部位于越往前的地方，它就将越快地收到情报，总司令也就将越通晓情况。然而，有一些原因要求做以上第一种安排，它们须在一定范围内得到考虑。

拓宽营房区的目的在于涵盖乡村，以防敌人从它获得补给。可是，这个理由并不全然正确，也不非常重要。它只是就最外缘的两翼来说才是正确的，不适用于军队的两部分间形成的间隔，这两部分各自的营房围绕它们的集中地点聚合。没有任何敌方单位会冒险进入这么一个间隔区。它并不非常重要，因为比起将军队分散得过于单薄，有更简单的办法去保护乡村免遭敌人征收。467

前推集中点意在涵盖各营房。其论辩有如下述。首先，突然奉命全副武装开拔的部队总会将一个尾巴即掉队者、病员、辎重和补给等等留在营房区内，如果集中点位于后部，敌人就能轻易俘获之。其次，必须防止敌人在其骑兵单位绕过了前卫或将它全然驱散的情况下，一个接一个地攻击被分遣的各团和各营。一支集合起来的部队虽然可能羸弱，而且可能最终不得不屈服，但它将阻断敌人推进，并将赢得时间。

关于总司令部的位置，人们总是假设定位目的应是最大程度的安全。

在掂量所有这些因素后，我们认为营房区的最佳安排是一个长方形或长椭圆，接近于一个正方形或圆形；集中地点应在中央，而且凡在部队数目众多的场合，总司令部应当位于前沿诸列。

只要关系到保护两翼，我们在谈论军队的总配置时说的各点依然适用。于是，被分离出主力两边当中任一边的不论哪个军团，都应有其本身的集中点，与主力的集中点连线并立，甚至在意欲打一场协同会战的时候。

至于其余，如果回想起集中点通常取决于有利的地形特征，临时营房区则取决于城镇和村庄，就会明白这类事情多么罕有地受几何法则支配。然而，这点确实值得注意，因为像所有一般法则，它确实在一定程度上影响案例的一般进程。

与临时营房的有利位置相关联，有别一些或可被提到的因素。其一是选择一种地貌，在其后可以占用营房；接着，一些小分队将能够监察敌人。营房还可位于要塞后面；如果敌人没有办法估计卫戍兵力，他就将谨慎得多、尊重得多地对待它们。

有工事设防的冬季住地这论题将在单独一章里予以谈论。

行军中的部队占用的临时营房不同于留驻部队占用的：前者不应远离道路，而应沿路连串延伸，为的是避免绕道。只要分布不超过一小天行军路程，就不会损害迅速集中。

用专门术语讲，“敌前”时，即在两支前卫相距不多远的所有场合，前卫的兵力和位置，连同前哨的，将由营房区的规模和部队集中所需的时间支配。另一方面，在前卫和前哨的兵力和位置由敌人和总的形势决定的场合，营房区有多大规模将取决于前卫的抵抗会提供多长时间。

在本篇第 3 章[①]里，已经讨论过一个前锋军团能作的抵抗的类型。其持续时间因它费时去通知和唤出部队而缩减；只有所余的时间才可被用于部队集中。

我们再次愿将自己的想法合并到一项在多数正常情况下都成立的论点中去。如果临时营房分布在一个用到前卫的距离去衡量的范围内，集合地点近乎位于营房区的中央，那么通过阻滞敌人推 328
进赢得的时间就是为通知和唤出部队可用的时间。在大多数场合这将足够了，即使不经信号亮光或枪炮声响等传递情报，而是只靠一个唯一可靠的方法即通讯员接力传送。

因而，以一支在 15 英里开外的前卫，临时营房可以涵盖一块大约 700 平方英里的区域。在人口密度适中的地区，这么一个区域将容纳约 1 万栋房屋。不算前卫，一支 5 万人的军队将发觉如此每栋房屋住大约 4 名军人甚为舒适。即使军队规模比这大一倍，每栋房屋住 9 名军人也不会严重拥挤。另一方面，如果前卫无法被部署在超过 5 英里开外处，营房区就将被限为 80 平方英里。虽然赢得的时间不会与前卫的距离同比减少，而且 5 英里距离意味着一段 6 小时的间隔，但在敌人如此临近的情况下，必须采取格外的预防措施。一支 5 万人的军队要能在那么大面积的一个区域找到足够的营房，就只有它的人口密度很大才行。

这突出了大城镇、或至少规模可观的城镇的重要意义，在其中能集中一两万军人。

这个论点或可被用来证明，倘若不是太靠近敌人，而且有一支

① 指的是第 8 章。编者注。

规模可观的前卫，那么甚至在面对一支兵力集中的敌军时，部队也可被留在临时营房内，就像 1762 年初弗雷德里克大王在布雷思劳和 1812 年波拿巴在维切布斯克做的那样。面对兵力集中的敌军时，适当的距离和合宜的安排将保证部队在集合期间的安全；可是必须记住，一支从事快速集合的军队在此期间完全不适宜做任何别的事情。换言之，它将没有能力即时利用出现的任何机会，而这将使它丧失它的颇大一部分效能。因此，只有在下述三种状况下，一支军队才可被完全置于营房内：

1. 如果敌人也这么做。

2. 如果部队的状况使之绝对必需。

3. 如果敌人的眼前任务限于守住一个强固的阵位，因而除了在那里迅速集中部队外，什么都不重要。

1815 年战役提供了一个引人注目的范例，例解了一支身处临时营房的军队如何集中。齐滕将军指挥布吕歇尔的前卫部队 3 万人，位于沙勒罗瓦，离军队要在那里集合的索姆布勒弗仅仅 10 英里。然而，主力军的最远的临时营房离索姆布勒弗 40 英里，一边过了锡奈，一边远至列日。然而，在利格尼的会战开始前几小时，来自锡奈地区的部队就抵达了那里，而那些靠近列日的部队（比洛军团）要不是因为偶然和联络有误，本也会如此。

329 无疑，普鲁士军队的安全被忽视了，但在解释时必须说，当法国人也还广为散布在临时营房里时，一切安排就已齐备。错误只在于，未能一经得知法国人业已开拔和波拿巴本人与之偕行，便立即改变安排。

仍然值得注意的是，普鲁士军队本可以在敌人进攻以前就集合于索姆布勒弗。诚然，布吕歇尔得到了敌人推进的消息，在 6 月 14 日夜里——齐滕实际遭到攻击以前 12 小时——开始集中他的部队。然而，到翌日上午 9 时，齐滕已在炮火之下，而且直到此时，在锡奈的提埃尔曼才接到向那慕尔行进的命令。他于是必须将他的部队集合成各师，然后行军 32 英里去索姆布勒弗，那由他在 24 小时里做到了。比洛将军本可同时也到了那里，假如他正确地了解了命令的话。

然而，直到 6 月 16 日下午 2 时，波拿巴才在利格尼发动进攻。令他耽搁进攻的事情之一，是他担心受两面夹击：一边是威灵顿，另一边是布吕歇尔。换句话说，他与他俩之间的兵力不等促成了他的犹豫。这只是表明，甚至最决绝果断的统帅怎样也能因为——像在一切复杂形势中必不可免的那样——不得不小心摸索而遭挫败。

我们在此提出的考虑有些显然更多战术而非战略性质；然而我们认为，漫游进战术领域比冒言不达意的风险为好。

第 14 章　维持和补给

330 出于两个原因，补给问题在现代战争中有了大得多的重要性。首先，现在各国军队一般比中世纪的甚或旧制度（*ancien régime*）的军队庞大得多。那些在规模上接近甚或超过现代大军的军队实属罕见且寿命短暂。在较晚近的战争中，自路易十四时代以来，军队一向非常庞大。第二个原因甚至更重要，而且更有我们当代的特征：一场战争现在趋于更是个整体，战斗部队处于不断随时准备作战的状态。早先的战争大多由单个的、互不相联的作战构成，这些作战由各个间歇期隔开，其间要么战争简直休眠，唯有的行动乃政治行动，要么敌对的军队彼此间隔得那么远，以致每方军队都能专心关注自己的需要而不理会对手。

较晚近的战争——我们指威斯特伐利亚和约往后的战争——经各国政府的努力，有了一种更规则性的、互相关联的性质。作战需要支配一切，甚至在维持和补给领域也要求为之做种种合适的安排。诚然，17 和 18 世纪战争有漫长的、其时战斗实际上停止了的沉寂期——我们指的是周期性的冬季宿营，然而这些同样从属于它们的作战目的。这些间歇不是由补给困难而是由天气恶劣造成的。它们总是随夏季的临近而结束，因而只要季节允许，连续不断的军事活动便是通则。

从一种状况或方式到另一种的转变总是逐渐的，这方面也不例外。在针对路易十四的战争中，反法盟国的做法依然是在容易给其补给的场合，将它们的军队遣往在远方省份的冬季营地。到西里西亚战争时，已经不再这么做。

直到各国以雇佣军取代封建征召，被规制和经协调的军事行动才真正成为可能。封建义务被转变为货币支付，隶臣服役要么全然消失以利征募，要么只落到下层阶级身上。贵族将提供新兵认作一种贡赋，一种人力税，就像他们仍在俄罗斯和匈牙利认为的那样。无论如何，有如我们在别处说了的，军队现在成了中央政府的工具，它们的成本主要由国库或公共岁入负担。

改变了征召和战斗兵力常规替换方式的那同一些环境，将改变维持和补给方式。一旦各社会等级被豁免了前者，代之以货币 331
贡赋，它们肩上就不大能被偷偷地加上后者。因而政府，国库，不得不背起维持兵员生计的负担：当它驻扎在本国领土上的时候，军队不能被允许就此征收。因此，各国政府不得不将军队的维持当作它们独有的责任对待。以这方式，维持展示了更大的困难，原因有二：(1)政府必须为之承担责任；(2)战斗部队被要求经久地留在战场上。

于是，不仅一个独立的军人阶层、而且一套独立的补给体系被造就出来，并被发展到尽可能最充分的程度。

大宗补给须被积聚起来，不管是通过购买，还是出自可能在一定距离外的国家领地，并被储存在补给站；它们还须从这些补给站里被取出来，由军队自己的运输工具运往各部队，由其本身的面包房烘烤，并且最终被再度收集起来，以便用各单位自己的车辆予以分发。我们考虑了这套体系，不仅是因为它说明它在其中得到使用的战争的某些特性，也因为它永不会落到被完全废弃。它的某些方面将总是再现。

军事体制因而趋于变得越来越独立于国家和人民。

结果，战争变得更有规制，组织得更好，并且更适合于战争的目的——亦即它的政治目标。反之，兵力运动有限得多，受限得多，依以进行战争的干劲也小得多。现在，军队受补给站牵制，受有效的运输行程束缚，结果不可避免，口粮日配给量被砍削到最起码的最低限度。士兵们往往只靠一点儿干面包片得到营养，犹如鬼影走步踉跄，而且甚至没有境况会改善的希望去安慰他们苦熬匮乏。

任何人，如果试图主张恶劣的伙食对一支军队来说无关重要，并且援引弗雷德里克大王依凭伙食很差的士兵做出的种种成就，他就不是在用一种冷静的观点对待这论题。忍受必需品匮乏的能力是军人的最佳素质之一：舍此，一支军队就不可能被灌注真正的武德。然而，必需品匮乏必须是暂时的；它必须是迫于情势，而不是迫于一个低效的体系，或者由一种对于将保持一个人活命的最小日配给量的、抽象得抠门的计算强加。后一种情况下，它必定削弱每个人的体力和精神力。我们不能将弗雷德里克大王的成就用作一个标准。首先，他的敌人使用同样的体制；还有，假如他能像波拿巴每逢环境许可时那么好地给他的部队膳食，那么谁能说出他可能追求的将怎样宏伟得多？

然而，这人为的补给获取体系从未伸展到马匹的喂养上，原因是草料因其笨重庞大，采办困难得多。一匹马的草料日配给，重达一个人每日口粮的10倍，而军队的马匹数量与人员数量之比不是1∶10，而是当今的1∶4甚或1∶3。过去，它是1∶3或1∶2，因 332
而马匹的草料配给重达人员配给的3倍、4倍或5倍。因此，尽可能最简单的途径被找来满足军队的需要，那就是劫掠性征伐。这给战争施加别一些重大限制。首先，在敌方土地上打仗变得头等重要；其次，在任何地区长久驻留成了不可能。然而，到西里西亚战争时，劫掠性征伐已变得远不那么常见；它们被发觉令一个地区遭受了大得多的破坏和紧张，远超过一个依靠当地征收和送交去满足军队需要的体系加诸的负担。

法国大革命突然将一支全民大军招回战争舞台，政府的收入不再够用。一直被建在这些有限收入上、并且转过来安然依靠它们的整个军事体系崩解了，包括我们在此关注的那部分，即补给体系。法国大革命的领导者很少留心补给站，更少留心去搞出一套将使运输系统所有部分保持钟表般规则运行的复杂的机制。他们将士兵遣入战场，驱使将军投入会战，通过让其采办、窃取和劫掠自己需要的一切去喂养、加强和激励他们的军队。

拿破仑战争的所有交战国都以一种处于这两极端之间的方式去进行这战争：它们从那些可得的方法中间挑选最适合的；将来情况大概依然如此。

给部队提供补给的这一现代方式是利用当地可得的每一物品，不管它属于谁。这方式分为以下四个范畴：靠当地住户提供补给；由各部队自己征收；普遍征收；设补给站。一般来讲，所有四个方法同时被使用，其中一个是首要的；然而，能够发生只有单独一个方法被使用的情况。

1. **靠当地住户或者——等于一回事——集居群体供养**。在任何集居群体，几天的补给总是可得，即使它仅由消费者构成，像大市镇的情况那样。于是如下情况会被理解：甚至人口最多的市镇，也能给像其居民一样多的军人提供一天食宿而不作任何专门准备，而且倘若军人的数量显著较少，就能提供得较久。在主要市镇里，这非常奏效，因为它意味着大量部队能够全在单独一处得到食宿。它在较小市镇里不会令人满意，在村庄里更不会。每25平方英里三四千人，人口密度便相当大。如果更多的人要被供食，他们就须分散得那么广，以致别一些需要将难以满足。反之，在乡村，甚至在小镇，战争中最要紧的那类补给丰裕得多。一名农家主人的面包储存通常足以喂养他全家一周或两周。肉食每天都能被弄些来上桌，而且一般还有够大的蔬菜储存，以延续到下一次收获
333 为止。结果，在先前未经占用的临时营房里，一般能找到供应多达原住者三四倍的人吃几天的食物，这又极为奏效。因而，在每25平方英里有人口两三千人的地方（没有任何规模可观的市镇被占），一支30000人的兵力要占据100平方英里左右——要求宽度10英里。于是，一支以三个平行纵列行进的90000人的军队（其中约75000名战斗人员）将需要一个仅30英里长的前沿，只要在这空间内有三条道路可用。

如果该地区被前后相继的若干纵列占据，那么需要有地方当局的种种专门安排，但一度满足一两天的需要应当不成问题。因而，倘若那90000人在第二天由另外90000人跟随，那么这第二支兵力无需遭受必需品匮乏之苦；150000名战斗人员乃是一支很大的军队。

部队的草料问题甚至更容易，因为草料既不需磨碎，也不需烘烤。就当地的马匹而言，足以食至下次收获的草料必定在储，因而甚至在极少马厩喂养的地方，也不应出现任何短缺。当然，草料应当从集居群体而非单个住户征收。不说自明，在组织一项行军时，将不得不牢记某些关于乡村性质的考虑，因而不要让骑兵在草料稀缺的工业区或其他地区住宿临时营房。

这番简短概览的结果是，在一个人口平均密度的地区——亦即每 25 平方英里两三千人——有 150000 战斗人员的一支军队能在一块方圆很小的地方依靠当地居民和集居群体食宿一两天，那不会令它无法作为一个单位去战斗；换言之，有可能在没有补给站和其他准备的情况下，在一次不间断的行军途中为这么一支军队提供补给。

法国人在革命战争期间和在波拿巴麾下的作战就基于这个结论。从阿迪杰河到多瑙河下游，从莱茵河直至维斯杜拉河，法国人挺进千里，除就地给养外，别无可观的补给手段，但从未苦于必需品匮乏。他们的作战依据物质优势和精神优势，而且无可否认地成功，肯定从未被犹豫和胆怯延宕，因而他们的胜利进程大多是作为一种不间断的进军展开的。

在不那么有利的条件下，亦即如果人口规模较小，或更多地由生意人而非农夫构成，如果土地贫瘠，或该地区已被占领过若干次，那么所得自然地也将较少。可是必须记住，通过将一个纵列的前沿从 10 英里扩展到 15 英里，该地区就被扩大了一倍以上——从 100 平方英里扩至 200 余平方英里。这么大的一个范围一般仍将使这纵列能够作为一个单位去战斗。因而，甚至在条件不利的场合，这类给养仍是可能的，只要部队依然不间断地行进。

然而，一旦发生几天的停顿，就会立即出现严重短缺，除非预
334 先做出了安排。有两种这样的安排，舍此一支规模相当大的军队即使在当今也无法存活。第一是以一个大车队来装备部队，它将载运足够的面包或面粉——它们的给养的最本质部分，以便延续三四天。一个士兵在自己的背包里带上这追加的三四天口粮配给，一周的起码生活必需就会有保障。

第二种安排是有个高效的给养部门，每逢有停顿就能从远地采办补给。在这场合，有可能随时从接受当地供给转到任何别的体系。

当地供给提供巨大的好处，即最快，而且不需运输手段；可是，这确实预先设定在一般情况下，所有部队都宿于当地住户。

2. **由各部队自行征收补给**。单独一个营一般可以靠近几个村庄宿营，而这些村庄可被命令提供补给。这类给养本质上与第一类无异。然而，通常一支大得多的兵力颇有可能在单独一个地区宿营，如此别无替代，除了这大单位即一个旅或一个师从周围地方征收所需的一切，然后分配之。

一个人能够一下子就明白，这不是为一支规模可观的军队收集足够食物的途径。出自乡村储存的所得将远不及倘若部队在村庄本身宿营它们就会搞到的；因为，三四十个人进入一个农庄后，如果需要的话就会将它一扫而空。可是，一名被派出的军官，带上几个人奉命去索取给养，却既无时间亦无手段去找到每个东西。还可能存在运输工具短缺，因而他们将只搞到可得的物资的很小一部分。不仅如此，营寨里的部队那么拥挤地被塞入一处，以致从

那里可以迅速收集到食物的地方将无法足够提供。毕竟，如果 3 万个人正在 5 英里开外或 15 至 20 平方英里范围内逼取食物，那能期望什么？甚至那么一点儿也往往不可得，因为大多数附近的村庄将有部队住宿，它们不会放弃任何东西。最后，这办法最不经济。某些单位将所获超过所能用，其中许多将浪费掉，等等。

因而，靠征收补给只有在部队人数并不太多——例如一个师 8000 至 10000 人——的情况下才会成功。即便如此，它也只应作为一种必要的祸害被使用。

对于所有直接面对敌人的单位，例如自己一边正在推进时候的前卫和前哨，这办法必不可免。它们会达到一个地点，那里不可能有任何已经成就的准备，而且为军队其余部分收集的物资储存通常离得太远。同样的话也适用于靠自己行事的机动纵队，适用于所有恰巧既无时间亦无手段去搞任何别类给养供应的场合。

部队越是能够依靠常规征收去对付，时间和环境越是允许转变到这一供给方式，结果就越佳。通常，问题在于缺乏时间：各部 335
队能更快地自行搞到它们能为自己搞到的东西。

3. **常规征收**。无疑，此乃给部队提供膳食的最简单最高效的途径。它是在晚近的所有战争中使用的基本方法。

这种方法与前一种的差异主要在于地方当局的合作。凡在找到食物之处，它们不再被强夺，而是以一种有序方式被交送，负担合理分摊。只有地方当局才能这么做。

在此，时间是根本：时间越多，分摊越广泛，负担就越轻，操作也就越成功。补给甚至可以用现金购买，接近于接着就将谈论的那种给养制度。当部队集中在它们本国时，靠常规征收给他们提供膳食不成问题；通常，一支行至后方的军队也是如此。反之，一切进入异己区域的推进将只给做这样的安排留下很短时间——难得超过的单独一天，即前卫率先于主力的时间。前者向地方当局提出征收要求，规定要予提供的数量和配给，连同交送地点。这些只能从紧邻的地方——即离每个交送点几英里的范围内——收集到，因而以如此匆忙的方式聚合起来的储存将不可能满足一支规模可观的军队，除非它携带了足够吃好几天的食物。因此，每个给养部门的工作是以它收取到的去凑合着对付，只给断了粮的单位发放食物。然而，每一天都会缓解短缺。随日常运送补给的距离愈益增长，以平方公里计的被索取补给的地区就愈益增大。如果第一天只有 100 平方英里可被索取补给，那么第二天就将有 400 平方英里，第三天将有 900 平方英里；换言之，第二天的地域范围将比第一天的大 300 平方英里，第三天的又更大得再加 500 平方英里。

这当然只是对情势的一项粗略的估计。可以有许多限制因素，主要的是军队刚离开的地区无法像其余地区那样做出那么重要的贡献。另一方面，必须记住收集食物的半径每天可以被加长 10 英里以上——可能被加长 15 或 20 英里，或在某些地区更甚。

征收物的交送，或至少其大部分的交送，由各分区的被置于官员掌中的执行权得到保障。更有效的是恐惧：害怕被追究、被惩罚或被虐待，那在这样的情势下作为压在全人口肩上的一个集体负担起作用。

就我们的目的来说，重要的只是结果，因而我们不打算深入细节，或审视给养部门和补给供应的整个机制。

这结果，出自对总的情势的一种常识性判断并由 1792 年以来的战争经验证实，在于甚至最大规模的军队也能安然依赖征收，只 336
要它携带几天的口粮配给。征收物在军队抵达时被交送；起初只来自紧邻地区，随时间推移来自一个愈益扩展的范围，征收活动由愈益高级的当局组织和控制。

这个方式没有极限，除了被征收地区的全然耗竭、穷困和破损。如果一支军队逗留很长时间，最高文职当局就会开始参与运行该体系。它当然将竭尽所能分散载荷，通过购买去减轻负担。甚至占领一国无论多长时间的外国交战军，也很少会那么严酷无情，以致将全部必需品负担都压在该国肩上。因此，征收逐渐趋于愈益变得有如补给站体系，虽然这并不意味着它全然停止过，或它对军事活动影响经历任何显著的变化。下面两者是很不相同的两回事：一是在该地区本身仍系军队首要供给者的同时，用从远地输入的补给去补充当地资源，另一是像在 18 世纪的战争中那般行事，即军队携带一切补给，农村通常不受侵扰。

主要区别在两个因素——使用当地的运输工具和面包烘房。它们消除了大车队这巨大的负担，它在差不多所有场合都趋于毁坏它本身的努力。

当然，甚至今天，一支军队也少不了自己的某些补给大车，但对它的需要已极大地减小。此类大车只是为了使一日食物的剩余可供翌日果腹才被真正用上。特殊状况，例如 1812 年时在俄国的状况，甚至现在也将要求有一支很庞大的大车队，连同野外面包烘房的载运工具；然而，这些在一定程度上是例外。毕竟实属罕见，一支 30 万人的军队在实际单独一条路上行进 650 英里，在波兰和俄罗斯之类国度这么做，而且恰逢收获季以前。而且，甚至在这样的场合，军队本身的资源也被认为仅是补充性的，而就地征收被当作补给的基础对待。

事实上，从法国革命战争的头几场战役往后，征收制一直是所有法国军队使用的基本方法。它们的敌人被迫也采用它，而且人们几乎无法预期它会被放弃。没有任何别的体制像它那么合意，既是就战争能依以进行的精力而言，也是就它提供的便利和灵活性而言。必需品问题难得给头三四个星期造成任何困难，不管军队走到哪里，而且在这之后，将有补给站可供使用；因此确实可以说，靠这些安排，战争取得了最大自由度。虽然可以有这种或那种可能影响规划工作的困难，但我们决不会面临绝对的绝境，而且政策永不能只受补给考虑支配。

一个例外是经敌对地区撤退。在此，多个特征重合，对必需品供应有一种负面影响。新军连续不断，通常没有明确的停顿，因而
337 没有收集补给的时间。决定撤退的同一些状况通常将非常不利，使得保持部队一贯集中成为绝对必需，这一般排除营房的任何分散，或纵列的任何显著延长。在敌对地区，不可能靠仅仅发令去收集补给；最后，形势特别有利于当地居民方面的抵抗和恶意。这一切的影响，是在这样的场合能做的不外乎设立交通线和撤退。

当波拿巴在 1812 年开始撤退时，补给困难将他局限在他先前的行军道路上：假如走任何别的路，他都无疑会更早地遭殃。就此一直被堆在他头上的所有责难，甚至由法国著作家们堆的，都全不得要领。

4. **依靠补给站供应必需品**。如果要在这个方法与刚才谈论

过的方法之间做个宽泛的区分，那么我们只有靠提及 17 世纪最后三十年到 18 世纪末使用的体制才能做到。这么一种体制是否将再度得到使用？

诚然，有了如下类型的战争，任何别种体制就难以想象：在其中，规模庞大的各支军队驻留在同一个地方长达七年、十年或十二年——如同在尼德兰、莱茵地区、意大利北部、西里西亚和萨克森的情况那样。没有任何地区能那么久地保持为各敌对大军的主要供给者而不被彻底损毁，同时逐渐履行不了它的义务。

这当然导致一个问题：是战争支配补给体制，还是补给体制支配战争？我们会答曰：起初，补给体制将支配战争，只要其他支配因素允许；但是，在这些因素开始做出过甚的抵抗的场合，战争操作将反作用于补给体制，并且因而主宰之。

基于征收和当地资源的战争方式那么优于依赖补给站的，以致两者不再显得是同一个工具。没有哪个政府会敢以第二种战争方式去对抗第一种；如果任何陆军大臣足够墨守成规或蒙昧无知，误判了总的形势需要，并在战事开始时依靠旧体制给他的军队提供补给，那么情势的力量将很快压倒他的将领。征收将自动地成为势所必须。一个人不得不记住，没有哪个国家在哪个时候拥有多于它需要的资金，因而维持补给站的成本将必然减少用于武器装备和军队规模的开支。由此，实际上不存在这样的安排得到采用的机会，除非交战双方会经过外交渠道就此问题彼此达成协议——须被认作是纯幻想的一个可能性。

因而在将来，所有战争都极可能以一种征收体制开始。交战双方政府各自将做多少努力去用其他一些安排补充之，从而减小

其农村人口之苦等等，可被留作悬而未决的问题。这努力很可能不会有多大；优先权总是被给予这么一个时候的种种紧迫的需要，
338 而一种特殊的补给体制不再被认为是紧迫的。

另一方面，如果一场战争的结果不那么有决定性，或其行军范围不那么广泛，像其真实性质将蕴含的，那么征收将开始非常严重地耗竭被征收地区，直到要么被迫媾和，要么通过创设一套独自的补给体系去作出旨在减轻地方负担的安排。后者由波拿巴在西班牙做了，但前者更常见。在大多数战争中，交战方的耗竭程度增大到驱使它们媾和，而不是令战争变得代价更高昂。在这方面，当代做法同样趋于缩短战争时间。

可是，仍不能全然否认战争可以在旧的补给方式下进行。这种情况可能再度发生，如果双方的状况使它成为必需，如果存在其他一些对它有利的环境。然而，它的样式决不能被认为是天然的；它是个恰巧可行的例外，决不可能出自真正的战争概念。它更不能仅因为比较人道而被认作是战争方式的一种完美化。战争本身决不人道。

不管选择哪个补给方式，它在一个富庶的、人口密集的地区当然会比在一个贫瘠和罕有人迹的地区运行得好。人口密度以两个途径影响在一个地区的补给储存规模。首先，消费量大的地方要求有大的储备；其次，人口较多通常意味着生产量较大。当然，下述地区必须算作例外：主要由工业劳动者居住，特别是如果它们恰巧位于被贫瘠地区围绕的山谷，像并非少见的那样。然而广泛地说，要满足一支军队的需要，在人口众多的地区比在人口稀少的地区容易得多。无论土地怎样肥沃，一个有 40 万居民的 1 万平方英

里的地区供养一支 10 万人的军队，不可能像人口数达 200 万的地区供养得那么舒适。不仅如此，在人口密集地区，水陆交通较佳且较多，交通手段较丰富，而且常规商业联系较简单和较可靠。简言之，要给一支军队提供膳食，在佛兰德比在波兰容易得多。

于是，战争以其众多触角，偏爱从主要的大道、人口众多的市镇、大河穿经的肥沃谷地和繁忙的海岸地区吮吸营养。

这一切将表明种种补给问题能对作战的形式和方向以及战区和交通线的选择施加的一般影响。

它们的影响将伸展多远，说到底应赋予补给的难易多大分量：这些问题自然将取决于究竟要如何进行战争。如果战争要按照其根本精神去进行，依凭寓于其内核的无拘无束的暴力，依凭追求决战决胜的渴望和必要，那么给部队提供膳食虽然重要，却仍是个次等问题。相反，如果已确立一种均衡状态，在其中部队多年来回移 339
动于同一个地区内，必需品的补给就很可能成为首要关切。在这场合，军需司令成了最高统帅，战争操作由组织大车队构成。

于是有无数无所事事的战役，迷失战役目标，无谓糟蹋资源，而这一切的借口是补给困难。相反，波拿巴惯常说，“别让哪个对我谈补给！”(*Qu'on ne me parle pas des vivres*!)

诚然，在对俄战争中，他证明这样的忽视能够过分。我们不是在示意此乃对俄战争遭殃的唯一原因——那必定是个看法问题。然而不可否认，对补给掉以轻心导致他的军队在挺进途中损耗空前，并且导致它的全然灾难性的撤退。

尽管不能否认波拿巴是个狂热的赌徒，经常鲁莽冒险，但必须承认，他和他以前的大革命将领们破除了关于战场军队维持的某些强有力偏见。他们显示，维持须被视作战争的一个**条件**，决不可被视作它的目的。

不仅如此，战争期间的匮乏可以比之于危险和费劲。一位将领能够对其部队提出的要求没有确定的极限。意志坚强的统帅将要求得更多，超过那由娇弱的情感支配的；而且，一支军队的表现还将取决于它的意志力和耐久力已在多大程度上被锤炼成钢，即在多大程度上久经沙场，具备武德，信任和忠于将领，并对事业怀抱热情。然而，可以将下面一点取作基本法则：艰难和匮乏不管多么巨大，必须总是被当作一种暂时的状况对待，它必定导向充裕状态——有时甚至是奢侈。什么能比想到如下的景象更为动人：数以千计的士兵衣衫破旧，肩上压着三四十磅装备，不管天气如何，不管道路如何，连续多日艰难行军，不断危及自己的健康和生命，却无一片干面包来滋养自己？当得知这多么常发于战争时，一个人必定对精神和体力并不更常消馁这一事实感到惊奇，也必定惊异观念的力量怎么能依凭其经久效力去唤起和支撑难以置信的人类努力。

因而，如果为了重大问题，一个人令部队迫得忍受补给匮乏，那就必须记住——无论是由同情还是由审慎促发——以后要偿还给它们的酬报。

最后，我们必须审视进攻和防御依以影响补给问题的不同方式。

一支在防御的军队总是可以使用它能预先储存的补给；因而，防御者将不缺必需品。对驻扎在它们本国的部队来说尤其如此，然而甚至在敌方领土上也是如此。相反，进攻者将自己的补给资

源丢在身后，只要他在挺进，他就不得不一天接一天地自我谋食， 340
甚至在他已开始止步后几周里仍然如此。在这些状况下，短缺和艰难势不可免。

有两个时段，其间这难题一般最糟糕。第一个发生在挺进途中，先于胜负已决之时。防御者充分拥有储存，进攻者却已不得不将自己的储存丢在了身后。他必须使自己的部队保持集中，从而无法涵盖一个广阔的国土区。一旦开始奔入会战，甚至他的运输也无法再跟上他。除非到那时已经做了彻底的准备，部队就很可能在它们打决战之前若干天开始遭受短缺之苦和实际饥饿。这很难说是一个率领它们投入作战的健康的方式。

第二个危机时段最常发生在一场得胜的战役的末尾，其时交通线已开始被伸展过度。如果战争是在一个贫穷、人口稀少和可能敌对的国度进行，情况就尤其如此。一条补给线从维尔纽斯伸展到莫斯科，那里每辆大车都必须靠武力获得；还有一条补给线从科隆伸展到巴黎，途经列日、卢万、布鲁塞尔、蒙斯、瓦朗西安和康布雷，那里一笔商业交易、一张汇票足以导致数以百万计的口粮配给份额：这两者之间有天壤之别！

往往，因为这个问题，最漂亮的胜利被剥掉了它的荣光。力量衰减，撤退变得必不可免，真正失败的迹象逐渐浮现。

虽然如前所述，马饲料起初是最不稀缺的物品，但它在乡村耗竭时是最早变得短缺的。它的体积如此庞大，以致最难从远地获取，而且一匹马与一个人相比会快得多地死于匮乏。这是原因之一，导致太多的骑兵和炮兵能是个真正的负担，是一支军队的一个羸弱之源。

第 15 章　作战基地

341 当一支军队开始一项作战时，不管它是要进攻敌人和入侵其战区，还是要占取沿它本国边界的地点，它都必然照旧依赖它的补给和替换的来源地，并须维持与它们的交通线。它们构成它的生存基础。随军队规模增大，它对基地的依赖也程度愈增，范围愈广。然而对一支军队来说，与整个本国维持直接交通并不总是可能或必要。至关紧要的是紧邻军队后背、因而受它的阵位保护的那部分。这就是必要的补给储库将被建立起来的地方，为了要被定期送往前去的补给和增援而做出种种安排的地方。因此，该地就是军队及其所有作战的基地；军队和基地须被设想为一个单一的整体。如果为了安全，储存被置于有工事设防的地方，那么基地概念就成了加强性的；不过，往往不这么做，对一个基地来说防御工事并非必不可少。

一条敌方领土带，就算是它的一部分，也可构成一支军队的基地，因为被一支入侵兵力占据的地区将满足它的许多需要，只要这军队真正控制这地区，能够确信它的命令将被服从。这确定性难得大过种种相当有限的、靠小规模驻军和机动分遣队去吓住当地居民的办法。因而，在敌方领土上，能从中取得补给的地区相对于一支军队的需要来说局促狭小，难得充足。因而，许多补给不得不从本国得到供应。这再一次意味着最靠近军队后背的地区，那必须被认作是它的基地的一个紧要组成部分。

一支军队需要的东西分成两个范畴：任何农业区都能提供的那些，还有只能从位于后方的供给来源得到的那些。前者大多是补给品，后者则由种种替换构成。前者在某种程度上可从被占领土得到保障，然而后者，例如人员和武器，通常还有弹药，大多只能来自本国。可以出现例外，但它们将难得才有，且不重要；这区别始终有重大意义，同时再度证明与本国的交通至关紧要。

食物储存通常被置于未设防城镇，在被占领土和在本国俱如此，因为永无足够的要塞去容纳这些体积庞大的储存，它们很快被
消费掉，而且在不同时候不同地方为人所需。此外，与军队的其他 342
大宗需要物如武器、弹药和装备相比，食物较易得到补给，它们却一般不是被保存在战区附近的未设防地点，而是最好从远地运来。这进一步证明，基地的重要性更多地基于武器装备替换而非食物供给的需要。

这两类补给被收集进补给站的规模越大，被结合进各大储存区的供给来源地越多，这些就越能被认作是全国的替代，基地概念也就越是主要指这些大储藏被保存的地方。另一方面，这些地点本身决不能被误认为基地。

如果这些替换和补给来源充裕，换句话说如果有辽阔的沃土，如果补给已为更高效起见被储存在靠近军队的安全的大补给站里，而在补给站散布于一个后方广阔地区甚或一定程度上位于军队两侧时，有良好的道路与之相连，那么军队就会变得更有活力，它的自由调动余地也将大为扩展。已有种种尝试，试图将这么一

种形势的种种好处统一进单独一个概念，即作战基地诸维度。还有人做了尝试，要表述来自一支军队的补给和替换来源之特征的利弊总和，用的是基地与作战目标和一个角度——即基地外缘与这目标（被假设为一个点）构成的角度——之间的关系。[①]可是显而易见，这优雅的几何图式只是个游戏：它依据一系列代换，牺牲了真理。如前所述，一支军队的作战基地由其形势的三重层次组成：当地资源；在各不同地点的补给站；补给被提取出来的**地区**。这三个因素是空间上各自独特的：它们不能被归结为一个。它们最不能由一条线代表，这条线据假设显示基地的宽度，但总是被任意地在两个要塞或两个省会之间划出，或者沿一国边境划出。也不可能在这基础设施的三层之间界定出一种固定的关系，因为事实上它们的性质有所重叠。例如，相反情况下将不得不从老远的地方运来的装备能在当地采办到。有时，最近的要塞是大港口、大武库或商业中心，那包含一整个国家机器的战争潜力；别的时候，它们只由粗陋的土木建筑构成，几乎够不上它们本身的防御需要。

结果，已从作战基地诸维度和作战角度被演绎出来的一切，连同建立在它们上面的整个战争理论，只要是几何式的，在实际的战
343 争中全得不到丝毫理睬，而且导致了理论领域内种种误导性的努力。基本事实正确，仅出自它们的推理虚假不实，因而同样的观念间或很可能重现。

那时一个人能做的，在我们看来，莫过于承认一个基地对军事

① 这指的是海因里希·冯·比洛的著作。见前面彼得·帕雷特："《战争论》的起源"，第10页。编者注。

行动的一般影响——**它可以或弱或强这事实**和**使之如此的诸因素**。然而，一个人也必须承认，没有任何途径将它简约为一两个简单论点，那将等于一条有用的规则；相反，每个独立的案例都要求必须**同时**记住我们提到了的所有因素。

一旦为一支军队服务的补给和维持储库已在一个既定地区被建立起来，并且是为了一项确定的作战，那么甚至在本国，也只有该地区能被认作是军队的基地。由于变动总是要花费时间和努力，因而一支军队无法一夜之间就改变它的基地，即使是在它本国。因此，它的作战方向一定程度上受到限制。在敌方领土上作战期间，可将整个共同边境当作军队的基地。这个假设将在一般意义上成立，因为沿边境任何地方都能做专门安排，但不是为了每个特殊场合，原因是此等专门安排事实上不是在每个地方都做了的。1812 年战争开始时，俄军在法国人面前撤退，其时肯定能将整个俄国认作它的基地，而由于俄国的巨大幅员给了俄军在所有方向上的巨大空间，事情就更是如此。这全非虚幻；它后来成了真的，其时其他各支俄军从几面合击法国人。然而，在这场战争的任何既定时刻，俄军的基地不像刚才讲的那么广袤。实际上，它主要在于道路，巨量军队运输工具在这些路上来回行进。这类局限例如阻止了俄军在斯摩棱斯克战斗三天后以不同方向进一步撤退，而非撤往莫斯科。有人已提议朝卡卢加运动，为的是将法国人引离首都，这本将构成一项在未预先准备的情况下不可能执行的计划变动。

我们已经指出，随军队规模有所增大，军队对其基地的依赖也程度愈大，范围愈广；所以如此，纯属自然。一支军队犹如一棵树，从它依以生长的土地吸取养分。一株十足的幼树易于移植，可是它长得越高，移植就会变得越难。一支小分遣队也有自己的养分输送渠道，但与一支大军不同，无论可能在哪里，它都轻易扎根。因而，在谈论基地对作战施加的影响时，军队的规模必须是每个因素依以被度量的标尺。

还有一点是该论题的性质固有的。对眼前需要来说，食物至关重要；然而，对一支军队历经一个时期的总的存在来说，人员和装备的输入更加重要。后者只能来自某些确定的来源，前者却可以用许多方式去获得：这个事实进一步说明了基地对作战施加的影响。

344 不管这影响可以多大，决不能忘记它跻身于那些费时产生决定性效果的因素之列。总是有个问题：与此同时要干什么？因而，一个作战基地的价值难得事先决定作战选择：只有在被要求做不可能之事的场合，它才会如此。在这方面可以出现的通常困难将不得不予考虑，与其他可得的手段一起协同考虑，并且与之比较。这种性质的障碍在决定性胜利面前趋于烟消云散。

第 16 章　交通线

从一支军队的阵位往回导向食物和替换品的主要来源的道路，连同适于成为军队在撤退时选定的道路，有两个效用。第一种情况下它们是**交通线**，服务于军队的维持，而第二种情况下它们是**撤退线**。 345

在前一章里我们指出，一支军队，尽管有主要出自它的驻扎地区的补给采办现存体系，但仍须被认为是构成一个有其作战基地的统一体。交通线是这统一体的一部分。它们将军队连接到基地，须被认作其动脉。这道路被不断使用，用于所有各类运交，用于弹药护送队、来回运动的各分遣队、通讯员和信使、医院和补给站、后备军火以及行政人员的通行。这一切合在一起对军队至关紧要。

因而，这些动脉决不能被经久切断，也决不能太长或难以使用。一条漫长的道路总是意味着兵力的一定浪费，趋于严重恶化军队形势。

在它们作为撤退线起的另一种作用上，它们实际上是军队的战略后部。

就这两个效用而言，道路的价值取决于它们的**长度**、**数量**和**方向**（它们的总的走向，还有它们在靠近军队的地方的走向），并且取决于它们的**状态、地形难度、当地居民的状况和性情**以及——最后——要塞或自然屏障给予它们的**掩护**程度。

并非所有从军队导向其生命和力量的来源的道路或小径都能被算作交通线。无疑，它们全都能被用作如此，并被列为体系的补充；可是，体系本身只包含军事勤务已被建立在其上的道路。唯一真正的交通线是那些在其上已设置补给站和医院、接力传送点和邮递服务以及指挥官、战地警察和守卫部队的线路。在此，必须注意一个非常重要和常遭忽视的区别，在一支位于本国的军队与一支位于敌方领土的军队之间。当然，交通线会已在本国国内建立起来，但军队不一定与之相连；如果有需要，它能够离开它们，使用任何可用的道路。毕竟，它在每一处都舒适自在；它能在每个地方都依靠本国官员，在每个地方都受到善意接待。虽然别的道路可能不那么好，不那么适合军队的需要，但它们至少能被使用；如果
346 军队的阵位转向，或它不得不改变自己的前沿，那么这些道路不会被认作**不可能**使用。相反，在敌方领土上，一支军队通常能依靠的仅有的交通线，是它原本在其上推进的那些道路，种种差不多很不重要的小原因在此可以造成大差别。

随之进入敌方领土，军队建立和保护自己的至关紧要的交通线。它的到来可激起畏惧和惊恐，但它的种种措施在居民们眼里可显得像不容变更的必需，后者甚至可能被说服，将它们认作是总的战争祸殃的一种缓减。在这里那里建立起来的小驻地将维持和加强这总的体系。如果相反，要沿某条不被军队使用的远方道路派遣军需官、指挥官、警察、安全哨所和行政人员，当地居民就会将此视为不必要的负担。除非某一毁败或灾难已令该国陷入大恐慌

状态，这些官员将被待之以敌意、殴打和驱逐。为了保障这新道路，将首先需要驻军，而且这些驻军的规模将不得不大于正常的；还有，当地人口试图抵抗的风险将依然存在。简言之，一支进入敌方领土的军队起初没有条件博得服从。它不得不首先设立它自己的行政当局，并且必须靠自己的武力权威去这么做。不可能每处如此，立即如此；这要求牺牲，引起困难。因而在敌方领土上，较之在本国国内，一支军队甚至更不那么能靠改变交通体系去从一个基地转到另一个，而在本国国内这至少有可能。总的来说，效应将是军队的机动性更受限制，而且它更容易遭到包围。

甚至交通线的起初的选择和组织也受到许多制约。它们不仅通常必须遵循主要道路，而且一般说来道路越宽、它们连接的市镇越大越富、掩护它们的要塞越多，它们就会越好。选择还大受作为一种运输手段的河流和作为通行点的桥梁影响。于是，交通线的位置，还有因而一支入侵军能够使用的路径，只在一定限度内可以自由选择；它们的确切方位由地理事实决定。 495

正是这些事实的总和使得一支军队的交通及基地或强或弱。与敌方情势相比较的结果决定敌我两方中间哪一方较有能力切断对方的交通线甚或撤退线，或者用专门用语说**包围**之。与心理优势或物质优势颇为不同，这实际上只能由拥有优越的交通线的那一方做到。否则，敌人将迅速报复。

恰如道路被用来服务于两个目的，包围或变向运动可以有两个目标。它可以旨在破坏或切断交通，导致军队衰亡，并且由此被迫撤退；或者，它可以旨在截断撤退本身。

关于第一个目标，应当记住随军队像它们当今那样被供给，一次短暂的断路难得后果严重；确实，在小的个别损失将有任何重要意义以前，将流逝一段时间。过去，做作的补给体系意味着数以千计的大车来回行驶。单独一项侧翼作战就能打乱它。当今，一项那类的作战不管可能多么成功，也不会有任何引人注目的效果。它至多可以俘获单单一个被护送车队，造成某种局部的不便；然而，它不会令一场撤退势所必须。

侧翼作战，在书本里一向比在战场上更得人望，因而成了更不那么实际可行的。只有对非常漫长和易受伤害的交通线来说，它们才能被认作是危险的，然而其首要弱点在于，它们每时每地都可能遭到造反民众的攻击。

至于军队的撤退被切断，撤退线狭窄或被危及的威胁同样不应被说过头。晚近的经验已表明，在部队优良、将领大胆的场合，它们更可能突破而非陷入包围。

只存在很有限的手段去缩短和保护漫长的交通线。可以靠下述方法多少缓解这情况：占取某些靠近敌人阵位和在从它往回延伸的道路上的要塞，或在没有要塞的场合，修建工事防守适当的地点；善待民众，严格管束军用道路，彻底保障该地区治安，不断保持道路修缮。然而，风险永不能被完全消除。

顺便说一下，与补给关联，我们就军队在可能情况下的行军路径说的话特别适用于交通线。穿经最富城市和最富农区的最宽道路乃是最佳交通线。甚至在它们包括众多弯道的场合，它们也更为可取，而且在大多数情况下，是它们决定军队部署的具体布局。

第 17 章　地形

在它们对补给来源的影响——那构成事情的一个单独的方面——之外，地理和地面特征密切和不断地关乎战争方式。它们对交战有一种决定性影响，既就其进程而言，也就其规划和开发利用而言。我们现在要在法语词“地形”(*terrain*)的最充分意义上审视这些因素。 348

它们的主要影响在战术领域，但结果是个战略问题。在山里打一场交战，其本身和其后果大不同于在平原上打一场交战。

只要我们还未界定进攻与防御之间的区别，并且仔细地审视这两者，我们便无法恰当地就其影响考虑地形的突出性质；眼下，我们将不得不限于谈论它们的一般特征。地理和地面能以三种方式影响军事操作：作为阻扼进路的屏障；作为遮挡视线的妨碍；作为抵御弹火的掩护。所有其他属性都能被追溯到这三种。

无疑，地形的这三重效应趋于使军事活动变得更多样，更复杂，更巧妙，因为它将三项追加因素引入这结合体。

设想一片绝对的和完全平坦的平原——换言之完全消极的地面：这只对很小的分遣队来说才实际存在，而且即便如此，也只是就一个特殊事件的持续期间而言。然而，如果单位较大，时段较长，地面的物理特征就影响行动。在涉及全规模的大军时，很难设想有哪一个单独的阶段——例如一场会战——是地理影响不会在其中被感到的。

这影响因此总是活跃；其程度按照地区的性质而各有不同。

当我们审视作为一个整体的资料时，我们会发觉有三种分明的方式，据此一个地区可不同于一片平坦开阔的平原这概念：首先是乡野的轮廓，例如它的山丘和谷地，其次是森林、沼泽和湖泊之类自然现象，第三是农业造就的种种因素。这些方式中间，每一种方式都有助于地理对军事操作行使的影响。如果我们进一步分析这三个类型，我们就能够将它们定义为山区、少有耕作的森林和沼泽地、农业区。所有这三类都趋于使战争方式变得更复杂、更巧妙。

349 自然，并非所有各类耕作都有同样的影响。影响最强烈的是在佛兰德、荷尔斯泰因和别一些地区，那里地面被大量壕沟、栅栏、树篱和围墙切割，并且点缀着许许多多单幢房屋和树丛。

因此，在平坦和只适度耕作过的地区最容易作战打仗。可是，如此只是就一般而言，并且全然忽略自然障碍对防御的价值。

因而在这三类地形中间，每一类都可以有三重效应：阻扼进路、遮挡视线和用作掩护。

在林区，主要障碍是对视线的；在山区，它是对进路的；在精耕细作区，这两者某种程度上都可以存在。

在茂密的林区，行军实际上不可能，因为进路难得和视线不展将排除所有穿越它的办法。于是，它以一种方式简化了它以另一种方式复杂化了的行动本身。因为，虽然更难集中兵力以便在这样的地形上作一场交战，但不必像在山岭和在地势大为交错的地区那样分割成那么多部分。换言之，在林区，分兵将较为难免，但它不必分得那么厉害。

在山区，进路问题主宰一切，并以两种方式起作用：只能在一些定点而非其他点上穿行；在有可能行进的地方，行进较慢，也较费力。于是，所有行进的势头都会在山区减弱，任何调遣都将花费更长时间。不仅如此，多山地形有个独特的特征，那就是一个点支配另一个点。控扼一般的制高点是我们要在下一章里谈论的一个论题。在此阶段我们只想指出，正是山岭的这个特征，导致部队要被分割得那么厉害。制高点重要不仅因为它们本身的缘故，而且因为它们互相间的影响。

随每一类地形接近其极端形态，它将像我们在别处说过了的，趋于减小一位将领对事态的影响，其程度恰如它趋于突出往下直至列兵的部队各级人员个人素质的程度。分兵越甚，兵力就越不那么能被控制，显然每个人也就越自力自主。当然，随操作变得越来越零散，越来越多样和特殊，情报的作用确实一般来说必将增大，同时最高统帅本人将有显示优越能力的更多机会。然而，此时我们必须重申先前讲过的一点：在战争中，个别成功的总和比联结它们的模式更具决定性。于是，如果我们将眼下的论辩推至极端，想象一支被部署在单独一条火线上的军队，以致每个士兵都像是在作一场私人拼斗，那么事情将更多地取决于个别胜利的总和而非它们的模式。毕竟，可取的结合的效能只能出自成功，决不可能出自失败；因而在这场合，个人的勇气、技能和精神将是决定因素。
只有在两军素质两相均等或其特殊长处彼此抵消的情况下，最高 350
统帅的才能和洞察力才可能再度成为最重要的。因而，依凭民众武装的真正的全民战争，连同种种普遍激起个人军事精神（即使并非一定是他的勇气和技能）的类似的情势，将趋于在其兵力必须分散的场合——换言之在它们得益于大为参差和多有阻碍的地形的场合——获得成功。然而，它们只能存在于这类国度；它们的性质通常令它们与这样的一些素质和长处绝缘：这些素质和长处对甚至还算大得可观的兵力的协同行动来说至关紧要。

在战斗兵力的性质方面，两头极端形态之间有许多梯级。甚至一支正规常备军在捍卫它本国的国土时，也会形成一支全民军队的某些素质，那将允许较大的行动独立。

这些特征和情势越不见于一支军队，同时越显见于对方，这支军队就会越害怕化整为零，也就会越倾向于避开崎岖的地形。然而，这难得是个选择问题，一个人无法通过试用来挑选一个战区，好像它是个商品似的。因而，那些依其本性在作为一个集中的大兵群战斗时处于优势的部队，将为了只要有可能就使用这方式而竭尽全力，**不管地形性质如何**。它们将因而容易遭受别的不利，例如补给困难，营房恶劣；而且在作战时，它们将容易遭到经常性的侧翼攻击。可是，如果它们要放弃自己的特长，那么它们将付出一笔更大的罚金。

这两个相反的趋势——趋于集中和趋于分散——通常追随部队本身的天然偏向。尽管如此，即使在最不含糊的场合，也不可能一方总是保持集中，如同不可能另一方只是靠一贯分散作战指望成功。在西班牙，甚至法国人也被迫分散自己的兵力，而且虽然西班牙人作为反叛者战斗，捍卫他们祖国的国土，但他们仍被迫在一些重大战役中拿自己的某些兵力冒险。

地形对各兵种间的比例的影响，在重要性上仅次于它给战斗兵力的一般构成、特别是其政治构成带来的影响。

在所有难以通行的地区，无论是因为山岭或森林还是因为耕作类型而难以通行，一支规模可观的骑兵显然无用。同样的话也适用于在林区的炮兵，它们难得给有效使用大炮提供足够的空间，或有足够的道路去移运大炮，或使马匹能有足够的草料。被密集耕种的地区对炮兵来说是较小的妨碍，山丘对它的妨碍则最小。当然，这两者都提供了抵御其炮火的掩护，因而不利于一个主要效能为火力的兵种；更有甚者，重炮经常被敌方步兵危及，因为步兵能够突入任何地方。另一方面，在这两类地形中间，没有哪一类会
完全不见于一支庞大的炮兵部队所需的空间，而且在山区，炮兵也 351
有巨大的有利条件，那就是敌人行进缓慢，从而增大了炮兵的效能。

然而不容置疑，在无论何种困难地形上，步兵显然是优越的兵种。因此，在这样的地区，它的数量应被大大允许超过通常比例。

第18章　制高

352 在战争艺术中,“支配”这个词有其完全独特的魅力。事实上,这个要素说明了地形对兵力使用施展的影响的一个颇大部分,可能是绝大部分。它在许多神圣的军事学常规的根基处,这些常规例如有“制高点”、“关键位置”、“战略性迂回”等等。我们打算尽可能清楚地显示事实而不啰唆,并且要一个接一个地审视真理和谬误、现实和幻想。

物质力总是较难向上行使,难于向下的,而一场交战必定亦如此。我们能举出三个显而易见的原因。首先,高地总是阻抑迫近;其次,虽然它并不明显地增进射程,但考虑到所有被涉及的几何关系,向下射击显然比向上射击**更准确**;第三,高处俯瞰,视野较宽。交战期间所有这些因素怎样结合起来,将不是我们在此关心的。我们只是要谈论高地给予的战术好处的总和,将它称作首项战略裨益。

这些好处中间的第一和第三项也会出现在一个战略范围内。行军和侦察机既属于战术,也同等程度地属于战略。因而,如果一个在较高地面上的阵位阻止了一股位置较低的兵力迫近,那么它便构成归于战略的第二项裨益。高地提供的较宽的视野是第三项。

据以支配、概览和控扼的阵位的长处，就寓于这些要素。对从山脊俯瞰下面敌人的那方来说，它们是优势和安全的来源，而对后者来说，它们却是劣势和恐惧的来源。也许，这总的印象甚于其实：高地的种种好处更加精确地打动人心，甚于修改它们的种种情势。因此，这印象可以超过事实，而在此情况下这想象把戏必须被算作是一项追加因素，强化占据制高点的效果。

更大机动性的好处当然并非绝对，也并不总是在占据制高点的那方。只是在另一方意欲进攻的情况下它才如此。如果两方之间横有一片宽阔的谷地，那么高地就不是资产，而且确实它能够有利于处在较低地面的那方，如果双方都意欲在平原上打一仗的话——像它们在霍恩弗里贝格战役[①]中那样。视野较宽这好处亦有明确的限度；在较低的地面林木繁盛的场合，或在部分视野被一 353
方所在的山脊本身挡住的场合，它不会起好作用。有无数案例，在其中，一方四下搜寻先前在地图上找到了的有利的制高点，但纯属徒劳；相反，它往往似乎搞得陷身于它们的种种不利。然而，这些限度和状况不会取消因为地势较高而来的裨益，既对防御也对进攻来说的裨益。我们将简短地表明这如何适用于其中每个场合。

高地提供了三项战略资产：**较大的战术性力量；阻抑进入的保护；较宽广的视野**。头两项依其性质，只归于防御；它们只能被屹

① 奥地利继承战争期间第二次西里西亚战争中的一次会战，1745 年 6 月 4 日在现今波兰西南部的一个村镇多布罗米耶兹（德语名为霍恩弗里贝格）附近进行，那位于两段山丘之间的平坦的斯特里高河谷。弗雷德里克二世指挥的近 6 万普鲁士军队在此役中大胜兵员数量近乎相等的奥地利—萨克森联军，是为他的最著名、最杰出的军事成就之一。——中译者注

立不动的那方用上——行进的那方无法利用之。第三项好处既可为防御也可为进攻所用。

这提示了高地在防御性形势下起的重要作用。高地只能通过在山区占据阵位去获得，因而或可断定，对防御来说这些阵位将构成一大有利条件。在现实中，它可以到头来证明并非如此，就像论山区防御的那章将表明的。

无论如何，我们必须做一个总的区分。当它只是个单一制高点——例如单一高阵位——问题时，战略裨益趋于和简单的战术裨益合一，后者即有利于一场会战的一个好阵位。如果相反，将一大片地带——例如一个省——想象为一个山前倾斜的平原，一个总分水岭，那么由于能在几个方向上行进、同时仍然保持在周围地区之上的高位，战略裨益就随之扩展。在这场合，人们将靠高地这有利条件而得益，不仅经过将各支兵力结合在单独一场交战里，而且经过将一系列交战结合起来，使之构成一个整体。

关于防御就说这么多。至于进攻，一定程度上它享有制高给予防御的同样的好处，因为战略进攻有别于战术进攻，不是单独一项作战行动。进攻者的进展并非机器运转似地连续不断，而是由多项独自的进军构成，伴有它们之间长短不一的间歇。在每一次休止时，进攻者像他的对手一样处于防御态势。

视野较佳之利意味着高地既给进攻也给防御提供一定的攻势力，这需要予以注意：此乃能以孤立的分遣队作战的便利。一个制高位置给予整支军队的好处也会归于它的每个组成部分。一个孤立的群体，无论规模是大是小，能够发挥更大的力量，大于它否则拥有的，并且与它在缺乏高地之利的情况下将有的处境相比，不那么容易遭到风险。此类孤立的分遣队如何能最好地得到使用的问题，将在别处予以讨论。

倘若一个高地位置与其他对敌地理优势相结合，倘若敌人在行进中受限于别的因素，例如邻近一条大河，那么他的处境的弊端将显得那么具有决定性，以致使他想尽快撤退。没有任何军队能 354
在一条大河的河谷维持一个阵位，如果它未控扼周边高地的话。

因而，占领制高点能够意味真正的支配。其现实不容否认。然而，在说了和做了一切之后，诸如“支配区”、“控扼位置”和“区域咽喉”之类表述只要是指高地或低地的性质，就大多是空话，缺乏任何实质。理论的这些华丽成分一向被首先用作军事膳食的显然过分平常的调料。它们是学院派军人钟爱的论题，是书斋战略家挥动的魔杖。无论是此等幻想的空洞，还是经验的矛盾，历来都不能使这些著作家及其读者相信他们实际上有如达诺斯的女儿们，永远是漏缸倒水一场空。① 状况一向被误认为事物本身，工具总是被误认为操作工具之手。对这些地区和阵位的单纯占据被拿来当作力量的显示，当作一记猛戳、一场打击，这地区和这阵位则被奉为一个主动的作用要素。实际上，占据只相当于一个举起了的手臂，阵位本身只是个无生命的工具，一种为其实现而需要一个目的的潜能，一个未被附有任何价值的单纯的加号或减号。真正的

① 达诺斯为古希腊伯罗奔尼撒半岛城邦阿戈斯的传奇创始者之一。据希腊神话，达诺斯有 50 个女儿（合称为达内泽丝），受其孪生兄弟、神话中的埃及国王埃伊普图斯胁迫，要将她们嫁给后者的 50 个儿子，结果达诺斯本人逃亡，他的女儿们在新婚之夜杀了各自的丈夫，遂受惩罚——永远朝一个漏缸中倒水，永久徒劳而无止息。——中译者注

猛戳和打击是目的,价值则是**会战胜利**。这是唯一真正算数和能够指靠的东西,一个人必须始终将它牢记在心,无论它是在书本上一带而过的判断里,还是在战场上奋力发起的行动中。

如果决胜只依靠胜利的次数和规模,那么有一点就变得显而易见:头号考虑在于两军与其统帅的素质比较。地形只能起一个次要作用。

珍藏本
纪念版

汉译世界学术名著丛书

战争论

下册

〔德〕卡尔·冯·克劳塞维茨 著

时殷弘 译

SINCE 1897 商务印书馆 The Commercial Press

2017年·北京

第六篇*

防　　御

* 本篇翻译初稿由中国人民大学国际政治专业博士研究生姜姝提供。

第1章　进攻与防御

1. 防御概念 357

什么是防御概念？挡开一项打击。什么是它的特性？等待这项打击。正是这个特性，将任何行动变为一项防御行动；此乃唯一检验，据此在战争中防御能与进攻区分开来。然而，纯粹的防御将完全背离战争观念，因为它将意味着只有一方在进行战争。因此，战争中的防御只能是相对的，等待特性只应被用于基本概念，而不应被用于它的所有成分。一场部分的交战是防御性的，如果我们等待敌人的推进和攻击。一场会战是防御性的，如果我们等待进攻——即等待敌人出现在我们战线前沿和射程之内。一场战役是防御性的，如果我们等待我们的作战区遭到入侵。在这些场合中间的每个场合，等待和挡开之特性适合于总的防御观念，同时不与战争概念抵牾；因为，我们可能发觉，等待迎着我们刺刀而来的冲锋、等待对我们的阵位和作战区的进攻是有利的。然而，如果我们在真正进行战争，我们就须回击敌人的打击；这些在一场防御性战争中的进攻性行动归入“防御”标题下——换句话说我们的进攻发生在我们自己的阵位或作战区内。于是，一场防御性战役能够伴有进攻性会战去打，而在一场防御性会战中，我们能够进攻性地使

用我们的各个师。甚至在一个等待敌人攻击的防御阵位上，我们射出的枪弹也是进攻性的。因而，战争的防御形态并非一面简单的盾牌，而是一面由方向妥当的打击构成的盾牌。

2. 防御的好处

什么是防御的目的？保存。守住地盘易于夺取地盘。因此，防御易于进攻，假定双方拥有相同的手段。究竟什么使保存和护卫如此容易得多？是这么一个事实：被允许不经使用地流逝的时间累积起来归于防御者。他在自己未曾播种的地方收获。任何进攻懈怠，无论是出自糟糕的判断，还是出自畏惧或懒惰，都累积起来有利于防御者。这在七年战争期间，不止一次地拯救了普鲁士，使之免于灾难。这是一种裨益，植根于防御的概念和目的：它寓于
358 一切防御行动的本性。它在日常生活、特别是诉讼（它酷似战争）
510 中，由拉丁谚语 *beati sunt possidentes*（后发制人）得到了概括。另一种裨益，仅起于战争性质的裨益，得自阵位优势，那趋于对防御者有利。

勾勒了这些一般概念之后，我们现在转向实质。

在战术上，如果我们将主动权留给对手，等待他出现在我们的战线面前，那么每一场规模或大或小的交战便都是防御性的。从那刻起，我们能运用一切进攻性手段，而不失防御的好处——即等待的好处和阵位的优势。在战略层次上，战役取代了交战，作战区取代了阵位。下一层级上，作为一个整体的战争取代了战役，整个国家取代了作战区。在这两个场合，防御都保持不变，像在战术层次上那样。

我们已经以总的方式表明，防御易于进攻。然而，防御有个消极目的：**保存**；进攻则有个积极目的：**攻克**。后者增强己方进行战争的能力，前者却非如此。因而，为了精确地表述这关系，我们必须说，**战争的防御形态依本性强于进攻形态**。这就是我们一直在试图强调的观点，因为虽然它隐含在事情的本性中，而且经验一次又一次地确认了它，但它与流行看法相左，证明思想如何能被肤浅的著作家搞乱。

如果防御是较强的战争形态，但有个消极的目的，那么它因而只应当被用在迫于羸弱的时候，一旦我们强得足以追求一个积极的目的，它就应当立即被放弃。当一方成功地用了防御措施时，一种较有利的力量对比通常被造就出来；于是，战争中的自然进程是以防御开始，以进攻告终。因而，认防御为战争的最终目的将与战争概念本身相悖，就像不仅将防御的消极性质认作整体固有的，还将它认作整体的所有组成部分固有的那样。换言之，一场仅仅防御性地利用胜利而无反攻意图的战争荒唐可笑，有如一场绝对防御——即消极——原则在其中要支配每项行动的战役荒诞不经。

可以挑战这个总观念，办法是援引许多战争实例，在其中防御的终极目的是纯防御性的，毫不考虑反攻。这一论辩方式是可能的，如果忘记所讨论的是个总概念。能被援引来证明相反情况的实例必须全被归结为这么一类：在其中，反攻的可能性尚未出现。

例如，在七年战争中，弗雷德里克大王没有考虑采取攻势，至少在它的最后三年里没有。确实，我们相信在这场战争中，他始终只将进攻视为一个较好的防御手段。这看法由总的形势强行规

定；而且，对一位统帅来说，只集中于他的眼前需要实属自然。尽
359 管如此，不可能注视宏伟防御的这个实例而不寻思一点，即关于可能反攻奥地利的设想寓于它的根基处，并且断定这么一种行动的时机尚未到来。缔结的和约证明这不是个虚幻的假设，因为除了下述想法，还有什么别的能够引得奥地利人媾和？这想法是：他们的兵力无法独自战胜这位国王的天才；无论如何他们不得不增进自己的努力；任何松懈都几乎必定使他们丧失更多的领土。而且确实，假如俄国、瑞典和帝国军队未牵制他的精力，弗雷德里克本将试图在波希米亚和摩拉维亚摧垮奥地利人，对此难道有任何怀疑？

我们既然界定了防御概念，并且表明了它的限度，便要再次返回我们的断言，即防御是**进行战争的较强形态**。

对进攻和防御的仔细分析和比较将证明这个观点，使之无可置疑。眼下，我们将只表明在受经验检验时相反的观点包含的前后矛盾。假如进攻是较强形态，那么本不会有使用防御的任何案例，因为它的目的只是消极的。没有哪个人会想要做进攻以外的任何事情；防御将毫无意义。反过来，较大目的自然靠较大牺牲买到。任何一个认为自己强得足以使用较弱形态即进攻的人，能够心怀较高的目的；较低的目的只能由那些需要利用较强形态即防御的人选取。经验表明，若有两个作战区，那么较弱军队进攻和较强军队保持防御的事尤为闻所未闻。相反的情况历来处处发生，而且充分证明统帅们将防御认作较强形态，甚至在他们个人宁愿进攻的时候。

某些相关的问题留待在接下来几章予以讨论。

第 2 章　战术上的攻防关系

首先，让我们审视在一场交战中导致胜利的各项因素。 360

在此阶段上，我们不关注兵员数量优势、勇气、训练或一支军队的其他特性。作为通则，所有这些取决于别的事情，超出我们在此关注的那部分战争艺术；无论如何，它们对进攻和防御的影响将是一样的。甚至总的兵员数量优势也不相关，因为兵员数量通常也是个给定的量，在这方面一位司令官没有发言权。不仅如此，这些事对进攻和防御并无特殊影响。在我们看来，只有三件事造就决定性优势：**出敌不意、地形之利和同心攻击**（concentric attack）。

当我们在一点上突然以远多过敌人预期的部队面对敌人时，出敌不意便告实现。这类兵员数量优势颇不同于一般的兵员数量优势：它是战争艺术中最有力的手段。地利有助于获胜的方式相当明显。然而应当指出，它不止是个对进攻的地形障碍问题，这障碍包括陡坡、高山、沼泽带、矮树篱等等。地形还可以同样有益，使我们能够占据一个隐蔽的阵位；甚至一个毫无特色的地形也能给那些熟悉它的人提供某种好处。同心攻击包含一切或大或小的战术包围；其效能一部分出自交叉火力的倍增效力，一部分出自对于被切断的恐惧。

什么是这些事情上的攻防关系？

记住上述三项胜利要素,回答就必定如下:仅第一和第三项因素的一小部分对进攻者有利,而其大部分以及整个第二项因素可供防御者利用。

进攻者拥有的一个有利条件是,他可任意攻击整条防线上的任何一点,并以全部兵力去攻击;另一方面,防御者依靠自身反攻的力量和方向,能在整个交战过程中始终不断地出敌不意。

与防御者相比,进攻者较易包围整个敌军并将它切断:后者被束缚在自己的阵位上,因而给进攻者展示了一个靶子。然而,进攻者的包围及其好处只适用于整个阵位,因为在交战过程中,防御者
361 较易同心攻击敌军各部分;原因在于,有如上述,**防御者依靠其自身进攻的力量和方向,处于更有利的地位去发动奇袭**。

不说自明,主要从地形得利的是防御者。他依凭自身攻击的力量和方向去发动奇袭的优越能力出自一个事实,即进攻不得不经由道路和小径,在那上面它能被轻而易举地观察到;相反,防御者的阵位被隐蔽起来,对其敌手来说简直不可见,直至决定性时刻到来为止。自从正确的防御方法被采用以来,侦察已经不再时兴——或宁可说已经变得不可能。某种侦察仍不时被实施,但通常没有多少东西可以侦察出来。然而,不管有一点有多大好处,即可以随意择地为阵,并在作战以前变得熟悉它,也不管有一点多么明显,即置身于自选的隐蔽阵位的防御者必定比进攻者引发多得多的奇袭,较传统的看法仍经久不衰,那就是一场接受了的会战被认为已经输掉了一半。这看法出自二十年前施行的那类防御,一定程度上也是在七年战争中施行的。在那些时候,指望出自地形的好处仅有一种:前沿须难以靠近(因为陡坡等等)。阵位纵深之

浅和调动侧翼之难使得对立两军如此之弱，以致它们不得不从山丘到山丘彼此躲闪，从而令事情更加糟糕。一旦得到了某种支撑，军队就马上被绷紧，紧得像个刺绣框：一切都有赖于它不被扯碎。设防地形被认为因其本身的缘故而可贵，因而必须在所有各点上都予守卫。于是，会战中的运动或奇袭全无可能。这与一个良好防御能有的状态完全相反，而且事实上一直通行于前不久。

每逢一种特殊样式的防御已变得过时，防御看来就名声大跌；上述场合发生的便是如此。这种防御方式在它那个时期确实优于进攻。

如果我们概览现代战争的发展，我们就发现起初——三十年战争和西班牙继承战争期间——军队的部署和配置是一场会战中的主要要素之一。它是作战规划的最重要部分。这实施起来通常对防御者有利，因为他的兵力从一开始就被部署到位。随部队的迂回能力增强，这优势丧失，进攻一度占了上风。现在，防御者在河流和深谷后面或在山上寻求保护。他于是恢复了一种明显的优势，它一直延续下去，直到进攻者变得那么机动和那么精巧、以致能甚而冒险突入崎岖地区并以各独立纵队进攻为止；那使他能够**绕开**敌人。这导致战线越伸越长，直至进攻者自然要集中在数目有限的一些点上，扯碎敌人的浅阵。于是，进攻第三次占上风，防 362
御就不得不再度改变方式。那就是在晚近的战争中发生的情况。兵力以各大集群保持集中，它们大多不被部署，而且凡在可能之处皆置身于隐蔽阵位。目的只在于随时准备好立即对付进攻，一旦进攻意图变得显而易见。

这并不完全排除以一种部分消极的方式守卫己方地盘，因为

这么做提供如此决定性的好处，那是它在一场战役的过程中频频提供的。然而通常，对地形的消极防守不再占主导地位——此乃我们在此关心的一切。

如果进攻要发明某个重大的新手段——鉴于标志当今每一事物的简单性和内在必要性而不大可能——那么防御也将不得不改变方式。然而，它总是将肯定拥有地形之利，而这一般会保证它的天然优势；因为当今，地形学和地面的种种特性对军事行动的影响大过以往任何时候。

第 3 章　战略上的攻防关系

让我们再度从审视保证战略成功的各项因素开始。 363

如前所述，战略上没有胜利这类事。战略成功一部分寓于及时准备赢得一场战术胜利；战略成功越大，打赢一场交战的可能性就越大。战略成功的其余部分寓于开发利用一场已被赢得的胜利。战略能经其精巧而越甚地开发利用一场胜利的会战，它能从那正在崩溃的大厦——它的基础已被作战行动毁坏——夺得越多的东西，艰难获胜的果实能越完全地得到收获，成功就越是巨大。导致赢取或便利这么一种成功的主要因素——因而也是战略效能方面的主要因素——有如下述：

1. 地形之利。

2. 出敌不意，靠实际奇袭，或靠在某些点上部署意外的兵力。

3. 同心攻击(所有这三项都类同在战术方面)。

4. 靠要塞加强作战区，依凭它们包含的一切。

5. 民众支持。

6. 开发利用精神因素。[①]

什么是与这些因素相关的攻防关系？

战略上如同战术上，防御享有地形之利，进攻则有主动之利。[②] 然而，关于奇袭和主动权必须指出，它们在战略上比在战术上更重要，更有效，且其程度无以复加。战术主动权难得能被扩展成一场大胜，但战略主动权往往导致一举结束整个战争。另一方
364 面，用这个办法有个前提条件，那就是敌人方面犯**重大的、决定性的和非同寻常的**错误。因此，它不会大大促进有利于进攻的战局转变。

靠在某些点上集中优势兵力去出敌不意同样可比之于战术上的类似情况。如果防御者被迫将兵力分散在若干进路点上，那么进攻者显然将从中渔利，即能够将他的充足兵力投入打击其中任何一点。

在此，新的防御体制也已通过其新方式，不知不觉地引入了新原理。只要防御者没有理由担心对手将能通过沿一条未设防的道路挺进去夺取一个重要的补给站或弹药库，因而只要他并未被迫在敌人选取的道路上攻击敌人，以免自己的退路被切断，他就没有

---

① 任何一个从冯·比洛先生学到自己的战略的人，都不会理解我们为何完全撇开了比洛的全部教导。然而，倘若比洛只处理小问题，那就不是我们的过错。假如一名办公室勤杂员查询一本算术书的索引，却查不到关于规则 3 或 5 之类实用规则的条目，那么他将一样困惑莫名。不过，冯·比洛先生的看法几乎算不上是实用规则。我们已经出于其他原因做了这比较。克劳塞维茨注。

② 主动：原德文术语是 *überfall*（奇袭），这里克劳塞维茨在一种泛义上使用之。编者注。

理由分兵。如果进攻者选择一条他不预期在那上面遇见防御者的道路，那么后者仍能在几天后以其全部兵力搜寻出他。确实，他能确信在大多数场合，进攻者本人会通过将他搜寻出来去满足他。然而，倘若由于某个原因，进攻者不得不分兵挺进——补给困难往往令他几乎别无选择——那么防御者显然获利，即能够以他自己的充足兵力，去攻击他的对手的一部分。

在战略上，对一个作战区作的侧翼和后背进攻有很大程度的性质改变。

1. 交叉火力失效，因为一方无法从作战区的一端射击到另一端。

2. 不那么害怕被切断，因为在战略上不像在战术上可做的那样，各整区不可能被封闭。

3. 由于在战略上涉及更大的地区，内线因而短线的效能突出起来，构成对同心攻击的一项重要反制。

4. 一个新因素浮现，那就是交通线的易受伤害性，亦即它们被切断的后果。

由于在战略上涉及更大的地区，包围或同心攻击当然只有对采取主动的那方——换言之进攻者——来说才是可能的。防御者不像在战术上能够的那样，无法反过来围住包围者，因为他无法以所需的相对深度部署他的部队，也无法使之保持足够隐蔽。然而，如果其酬赏不兑现，那么对进攻来说易于包围有什么用？因此，在战略上，将围攻推举为得胜手段本将毫无正当理由，要不是因为它

对交通线的影响。然而，这在较早阶段难得是个重要因素，其时进
攻刚遭防御对抗，双方在其初始阵位上彼此面对。它只是在战役
进行过程中才开始显现，其时身处敌国领土的进攻者逐渐变成防
365 御者。那刻，新的防御者发觉自己的交通线虚弱，而原先的防御者
一旦采取了攻势，就马上能利用这虚弱。可是，必定显而易见，作
为一个通则，防御者对这有利条件全无造就之功，因为它真正出自
防御本身内在固有的原理。

第四项要素，**作战区之利**，自然有利于防御者。通过发动战役，进攻军将自己切离自己的作战区，因为不得不将其要塞和补给站留在后面而受苦遭殃。它必须穿越的作战区越大，它就被削弱得越甚——因为行军的影响和分遣驻防部队。相反，防御军依然如故。它得益于自己的要塞，全无减损其兵力之事，并且靠近自己的补给来源。

民众支持，即第五项准则，不一定适用于每场防御；一场防御战役可能在敌国领土上打。然而，这要素仍然只出自防御概念，而且适用于绝大多数场合。所指的主要是(并非只是)民兵的效能，连同武装人民。不仅如此，每一种摩擦都被减弱，每一个补给来源都更加靠近，也更加丰裕。

在此，1812 年战役将充作一个放大镜，因为它清楚地显露了这些因素中的第三和第四项能够如何作用。约 50 万人渡过了涅曼河；仅 12 万人在博罗季诺作战，抵达莫斯科的则更少。

可以说，这巨大努力的结果确实如此宏伟，以致即使俄国人没有继之以自己的反攻，他们也将在未来长时期内免受任何新入侵。当然，除了瑞典，没有哪个欧洲国家处于一种类似于俄国的地位；

然而，原理普遍，差异只是程度上的。

至于第四和第五项因素，或可补充说，这些资产适合于在本国进行防御这基本情况。如果防御被移入敌方国土，并且卷入进攻性作战，那么它将转变成进攻的一个进一步的不利条件，方式恰如上述第三项因素的。进攻并非仅由积极要素构成，正如防御并非仅由消极要素构成一样。确实，任何不马上导致和平的进攻必定以防御告终。

因而，倘若在一场进攻期间出现的所有防御要素被它们是进攻的组成部分这一事实削弱，那么我们必须将此视为从属于它的另一个一般不利条件。

这并非十足的钻牛角尖。远非如此：这是所有进攻性行动的最大不利。因此，在规划一场战略进攻时，应当从一开始就很密切地注意这点，即随后将有的防御。这个问题将在论战略规划的那篇里得到较详细的讨论。

有时像酵母那般渗入战争的重要的精神因素间或可被一位统 366
帅利用，用来鼓舞他的部队。这些因素既可见于进攻一方，也可见于防御一方；至少可以说，那些特别有利于进攻的，例如敌人队伍里的惊恐和思想混乱，直到决定性打击已被猛烈发动之后为止，一般不浮现，因而难得对它的进程有多大影响。

这一切当足以证明我们的论点，即**防御是个强于进攻的战争形态**。然而，我们仍须提到一个至此一直被留下未说的次要因素。那就是勇气：军队的优越感，它出自对自己正在采取主动的意识。这倾向是真的，但它很快就被一支军队源自其胜利或失败的更有力、更广泛的情绪遮掩，并且被统帅的才能或无能覆盖。

第 4 章　进攻的会聚与防御的发散

367 这两个概念，这两个在进攻和防御时使用兵力的方式，在理论和实践中那么频繁地冒头，以致一个人下意识地前去将它们视为进攻和防御的内在固有的形态，差不多是其不可或缺的要素。些微的反思将表明实际上并非如此。出于这个原因，我们愿尽可能早地审视它们，按照其真实性质去看待它们。一旦这么做了，我们就能在我们关于攻防关系的进一步分析中不去提到它们，不老是被任何表面的、看似附着于它们的有利或不利搞得分心。我们在此要将它们认作纯粹的抽象，并且提取它们的本质；关于它们的作用的任何评论将留待以后一个阶段。

在战术和战略两方面都设定，防御是一种期待状态，也就是静止的，而进攻者却在运动，即与防御者的静止相对。因而顺理成章，只要进攻者的运动和防御者的静止继续下去，扭动和包围就是可供进攻者使用的手段。这选择余地，即可挑选是否作会聚性移动——取决于它是否符合进攻者的利益——本来必须被算作他的有利条件之一。然而，这选择自由只是在战术上才有，并非总是在战略上可得。在战术上，两翼依托的各点几乎从不提供它们在战略上往往提供的那种绝对安全，因为在战略上防线可以从海洋伸展到海洋，或从一个中立国伸展到另一个。在此情况下，不可能有

会聚性进攻；选择自由有限。在进攻**必须**是会聚性的场合，它甚至受限得更尴尬。除了靠会聚运动，俄国和法国无法以任何别的方式进攻德意志；它们永不能以联军进攻。因而，倘若兵力的会聚性使用被设定在大多数场合不那么有效，那么进攻者通常从较大的选择自由得到的好处很可能被一个事实取消，那就是在别的场合，他被迫使用不那么有效的方式。

让我们更细致地审视这些方式在战术和战略上的效应。

当部队会聚作战时，从周缘到中央，它们边挺进边会聚这事实一向被认为是个重大裨益。这事实足够真实，但假定的裨益却非如此；因为，会聚发生在双方，从而彼此抵消。在从中央往外进兵的场合，就发散而言情况也一样。

真正的裨益与之不同，因为沿会聚线行动的部队将其效能指 368
向一个**共同终端**，而沿发散线行动的部队却不是。那么，这些效应怎样？这里我们必须区分战术与战略。

我们不想将我们的分析推得过远，因而将只列举以下几点，当作这些效应的裨益：

1. 交叉火力的倍增或至少加剧效应，一旦达到了一个既定的会聚程度。
2. 对单独一支兵力的会聚性进攻。
3. 切断退路。

切断退路在战略上同样可能，但显然难得多，因为所涉的更大地域不是很容易被封闭起来。一般而言，对一支兵力的一部分作

同心攻击时，被攻击的兵力越小，它越接近绝对最低限度即单独一个士兵，这攻击就将越有分量和决定性。一支大军能同时在几条前线上打得很好；一个师就不那么能；一个营仅能以密集队形去打。单独一人则一无所能。战略关注的是大部队集群、宽广的地域和长时段，战术关注的却相反。因而，一场会聚性进攻在战略上不可能有像在战术上一样的效应。

交叉火力效应与战略毫不相干；它被另一个因素取代，那就是当敌人在它后背得胜时，每支军队都在一定程度上经历过的惊恐，不管敌人可能离得多远或多近。

因而，兵力的会聚性使用有如下无疑的好处：它对A的效应也作用于B，同时无损于对A的效应；与此同时，它对B的效应也类似地作用于A。因此，总和不是A＋B，而是更多；此乃发生在战术和战略两方面的一项裨益，虽然在其中每一方面发生得颇为不同。

是什么在发散性防御战里抵消这些裨益？显然必定是这么一个事实：各部队一起靠得较近，并在内线作战。不必显示这怎能将力量倍增到一个地步，以致进攻者不敢将自己暴露在它面前，除非他占巨大优势。

一旦防御奉行了运动准则（诚然比进攻者晚开始，但仍及时冲破了消极无为这令人麻木的镣铐），更大程度集中和内线作战之利就立即成为一项决定性裨益，通常比会聚性进攻模式更可能导致胜利。然而，胜利是成功的先决条件：必须先战胜敌人，才能考虑切断他的退路。简言之，有一点变得分明：这关系类似于总的攻防关系。会聚战法给出令人目眩的红利，但发散战法的效果更可靠。

前者是持积极目的的较弱战法，后者则是持消极目的的较强战法。
既然如此，在我看来它们几乎不相上下。或可补充说，防御——并 369
非在每个场合都绝对——不总是发觉不可能会聚性地使用其兵力。因而，下述信念不再有正确根据：会聚战法独自给进攻提供一项优于防御的普遍利好。于是，一个人的判断力解脱了一种影响，那是每当这个问题冒出来时，这谬误都很容易作用于它的。

前面的话既适用于战术，也适用于战略。仅关系到战略的特别重要的一点仍待提出。内线之利随它们相关的距离而增大。与行军数日或距离长达两三百英里相比，在距离为几千步或几英里的场合显然省下的时间较少。这较短的距离是个战术问题，那较长的则是个战略问题。虽然与在战术上相比，在战略上确实需要更多时间去抵达一个目标，而且打败一支大军比打败一个营费时更久，可是即使在战略上，这时间也只会增加到一定地步便止，亦即直到打了一场会战为止，可能还有在其间能避免一场会战而无严重后果的那几天。更大的差别寓于在每一场合取得的绝对领先。在战术上或在一场会战中的距离如此微小，以致一支军队差不多在敌人的全视野下行进，因而任何位于最外线的人都将很快知道敌人的运动。与战略涉及的更大距离相伴，一方的行进将近乎总是隐而不为对方所知，至少长达一天；而且有许多例子，它们涉及仅仅部分军队，或涉及一支大兵力的派遣，其行进不为敌人所知达数周之久。对凭其天然位置最能因它而得益的那方来说，隐蔽的非同小可的好处必定明显。

到此，我们结束讨论兵力会聚和发散的效应，连同它们与进攻和防御的关系；我们将在以后一个阶段返回这两个方面。

第 5 章　战略防御的特性

370 我们已经说过什么是防御——只是战争的更有效形态：赢得一场胜利的手段，这胜利使我们能在取得了优势之后采取攻势，亦即进至战争的积极目的。

即使在战争的唯一目的是维持现状的时候，事实仍然是单纯挡开一项打击有悖战争的本质，因为战争肯定不只在于忍耐。一旦防御者取得了重要优势，防御本身就完成了自己的任务。当他享用这优势时，他必须反击，否则他将自招毁坏。审慎要求他趁热打铁，利用这优势去防止第二轮屠戮。这反击要怎样、何时和在何处开始，当然取决于我们此后将详细谈论的许多别的条件。眼下，我们只要说，向进攻的这一转变必须被当作防御固有的一个内在趋势，而且确实被当作它的本质特性之一接受下来。只要靠防御战法取得的一项胜利不被转入军事账簿，只要它可谓被听任不仅利用而付之东流，就是在犯下一个严重错误。

向进攻的突然猛烈转变——复仇亮剑——是防御的最重大时刻。如果它不是从一开始就在统帅的脑海之中，或宁可说如果它不是他的防御理念的一个内在组成部分，那么他决不会信服防御战法的优越性；他将考虑的一切是他能摧毁或俘获多少敌方资源。然而，这些事情不取决于打结方式，却取决于解结方式。不仅如

此，将进攻只等同于突击理念、因而将防御只设想为十足的痛苦和混乱是个粗俗的错误。

诚然，一个侵略者决定开战往往在无辜的防御者决定之前，而且如果他努力使他的准备保持足够机密，那么他很可以令他的受害者蒙在鼓里。然而，这样的出敌不意与战争本身无关，而且当无可能。战争适合防御目的，甚于适合侵略者的目的。只是侵略才将防御和与之相伴的战争招上前来。侵略者总是爱好和平（就像波拿巴总是宣称的那样）；他宁愿未遭反抗地占取我们的国家。为了阻止他这么做，就须愿意进行战争，并且做好战争准备。换言之，是弱者，是那些很可能需要防御的人，应当始终保持武装，为的是不被压倒。于是就必定有战争艺术。

当一方先于另一方上阵作战时，通常是出自与进攻或防御的 371
意图无关的原因。它们并非动机，却常常是一个早先的现象的结果。首先做好准备并认为突袭有重大好处的一方会为了**这个**原因采取攻势。准备较慢的那方能够在一定程度上弥补由此而来的不利，办法是开发利用防御的种种好处。

然而，一般说来，从率先做好准备得利的能力须被认作进攻者的一项有利条件，有如我们已在第三篇里承认的。尽管如此，这项一般的有利条件并非在每个特殊场合都至关紧要。

因此，如果我们将防御设想为它应当是的那样，那么它便是如此。最大程度地准备好一切手段；军队适合于打仗，而且熟悉打仗；将领会让敌人前来，不是出于困惑不明的优柔寡断和畏惧，而是按照他自己的抉择，头脑冷静和深思熟虑地作出的抉择；要塞不惮于遭受围困的前景；而且，最后，心理坚毅的国民大众不比他更

畏惧敌人。如此构筑的防御在与进攻相比时，将不再露出那么可怜的形象，后者则将不再显得那么轻而易举和颠扑不破，像它在一些人的阴郁想象中显得的那样，这些人以为勇气、果断和运动只在进攻中才有，在防御中仅有虚弱和瘫痪。

第 6 章　防御手段概览

在本篇第 2 和第 3 章内，我们已表明在使用手段——除去绝 372
对兵力和部队素质——方面，防御有一种天然的优越性，而正是这些手段决定战术和战略上的成功。它们中间有地形之利、出敌不意、同心攻击、作战区之利、民众支持和对精神力的利用。另外再扫视一下突出地由防御者掌控的资源的范围可能有益。它们可与他的大厦坐落于其上的不同类支柱相比。

1. **民兵**。晚近时期里，民兵已不仅被部署在国内，还被部署去入侵敌国领土；而且无人否认，它在某些国家——例如普鲁士——组织得几乎能被认作是正规军的组成部分。在这样的场合，它不只是个防御工具。尽管如此，仍不应忘记：在 1813、1814 和 1815 年里对它的有力的使用源于防御战；只是在少数国家，它才组织得像在普鲁士那样；还有，凡在其组织不完善的地方，它都将更适合于防御而非进攻。此外，民兵概念体现了一个思想，即全民以其体力、财富和忠诚，非凡和大体自愿地参加战争。民兵体制越少类同于这一楷模，民兵就越会变成另一个名称之下的正规军。它将由此拥有一支正规军的长处，但也将缺乏一支真正的民兵的长处，即储备一种广泛得多、灵活得多、其锐气和忠诚的唤起也容易得多的力量。这些因素是民兵的精髓。它的组织方式必须为国

民大众的参与留下余地。如果没有留下，那么一个人可能对它怀抱的任何大希望都只是幻想。

民兵的民众性质与防御概念之间的密切关系一清二楚，无可误解，因而此等民兵更可能是防御而非进攻的一部分这事实也是如此。它比侵略者优越的种种素质将主要在防御战进程中显示出来。

2. **要塞**。进攻者的要塞起的作用限于那些靠边界最近的，而且不很重要。防御者的要塞发挥的影响更深地延展进他的国土，因而有更多要塞被涉及，同时每座要塞做出的贡献无可比拟地更大。在战争天平上，与一座筑防强固得显然坚不可摧、因而既不真正吸引住敌军也不摧垮敌军的要塞相比，一座吸引并抵挡住一场全规模围困战的要塞自然将重要得多。

373 530 3. **人民**。虽然一个作战区里的单独一个居民对战争的影响通常微乎其微，不比一滴水对一条河的影响更明显，但一国居民的**集体影响**远非可以忽略，甚至当我们不在谈论民众造反的时候。在本国，一切都更顺畅地运作——假定公众并非全然不满。不管事大事小，没有什么事情为敌人而做，除了在不可抗力（*force majeure*）之下，那是部队必须以其自身的兵力和努力为代价去应用的。防御者能够得到自己想要的一切。它可以不是作为热烈忠诚的产物免费给予；通常它归因于一种悠久的传统，即公民服从，那是公民的第二天性，同时也归因于政府命令，连同并非源于军方的其他制约。然而，出自真正的依恋感的自愿协作也一向大为可贵；特别是在不涉及实际牺牲的时候，它将永不缺乏。让我们只提一例，那对作战操作大为重要：情报。我们不那么指单独一项特别

重大的情报，而是指我们军队的日常活动招致的无数小接触。在这方面，防御者与民众的密切关系给了他一项广泛的优势。最小的巡逻队、每一个警戒哨、每一名哨兵和特遣军官，全都必须转向当地居民以求敌友信息。

如果我们从这些总是适用的一般境况，进至民众在其中开始参加实际战斗的各特殊场合，直至达到——像在西班牙——战争主要由人民进行这最高层次，那就会明白我们不仅在谈论民众支持的强化，也在谈论一种真正的力量新源泉；那使人有理由说：

4. **武装起来的一国人民**，或曰本土志愿军，可被列作防御的一项特殊手段。

5. 最后，防御者的**盟友**能被引作他的最终支持来源。以此，我们不是指普通类型的盟友，像侵略者也拥有的，而是指在维持其盟国的完整方面有实质性利益的那类。如果我们考察当今欧洲国际社会，我们没有见到一种经系统地规范的权势均衡和势力范围均衡，那并不存在，而且人们往往很有理由地否认其存在；但是，我们无疑见到各国和各民族的大小利益以最多样和最可变的方式互相交织。每个交叉点都将一套利益黏结起来针对别的利益，并且促进前者制衡后者。所有这些固定点的广泛效应显然是赋予整体一定量的聚合力。任何变化都必将某种程度地削弱这聚合力。于是，国家间关系的总和帮助维持整体的稳定，而非促变；至少，这**趋势**一般常在。

在多大程度上这共同利益趋势帮助维持现存状况，则是另一 374
个问题。一个人肯定能想象个别国家间关系中的将加强这效应的变化，连同能削弱它的其他变化。第一类是要完善政治均势的尝

试，而且因为它们的目的反映共同利益目的，大多数有关方都会得益。然而，另一类是背离、个别国家的活动亢进、各种实际病例；不应惊异疾病会发生在一个构造松散的组织体中，像在一个由规模大小不一的各国组成的群体中那样：毕竟，它们也发生在一切生物的经绝妙构造的有机整体中。

当然，可以反驳说，历史提供了诸多例子，例解单个国家实行只有利于它们自己的激进变更，而未有其余国家阻碍它们的丝毫努力。甚至有这样的案例：单独一国设法变得如此强大，以致它能实际上对其余国家发号施令。我们要回答说，这不证明不存在共同利益支持现存秩序的趋势；它显示的无非是当时这趋势不够有效。朝目标运动的意愿不同于运动的能力，但这不是说它不存在——星空的动态便是明证。

因而，我们论辩说，一种均势状态趋于保持现存秩序不变——始终假定原初的状况是宁静和平衡状况。一旦有了扰动，形成了紧张，趋于平衡的趋势肯定就有可能会转变方向，试图招致一个特定的变更。然而，事物的本性使然，此等变更只能影响很少数国家，永不可能影响大多数。大多数国家无疑将假定，集体利益总是会代表和保证它们的稳定。因而同样无疑，在保卫它自身的时候，每个与其余的关系并非已经紧张的国家都会发现，它有更多的朋友而非更多的敌人。

一个人可能会嘲笑这些思考，认为它们是乌托邦似的梦想，然而这么做将以哲学真理为代价。哲学教我们认识到本质要素导致的互相关系，而要从这推导出支配每一单个场合的普遍法则、不顾所有偶然的影响力确实鲁莽。然而，那些像一位大著作家说的那

样**“从不超越轶事”**的人，那些要构建所有个别案例史的人——他们总是始于最惊人的情节、事件的高潮并只探究得像他们中意的那么深，从不着手认真考察支配事情的普遍因素。因而，他们的发现永不会对一个以上单个案例来说成立；确实，他们会将一种包容诸多案例之总趋势的哲学认作纯粹的梦想。

要不是有趋于维持现状的共同努力，若干文明国家本将永不可能和平共处一段时期；它们本将必定合并成单独一个国家。我们所知的欧洲已经存在了千年以上，这个事实只能根据这些广泛利益的运作去予以解释；而且，倘若集体安全并非总是足以维持每个国家的完整，那么这事实应当归因于整个体系生活中的种种不 375
规则性，它们被吸收到它里面，而不是毁掉它。

没有必要回顾无数实例，在其中本可过分严重地打乱均衡的那些变更被阻止或被逆转，靠的是其他国家或多或少的公然的反应。揭示它们只需最简短的历史扫视。然而，有个实例——总是被那些嘲笑政治均势观念本身的人动不动就拿出来的一个实例——需要提到，因为它似乎是个极适切的实例，例解一个无害的、非侵略性的国度怎样灭亡，而无任何别国前去援助它。我们指的是波兰。一个有八百万居民的国家竟能消失，被三个他国瓜分，而其余国家当中无一国诉诸武力：这个事实乍看来是个案例，证明政治均势一般无效，或至少表明它在种种既定环境里能够多么低效。这么大的一个国家能够消失，被别国——其中已包括某些最强大的国家（俄国和奥地利）——捕食：这事实看来是个极端情况。如果这么一个事件不能激起国际社会的共同利益，那就能够论辩说，共同利益能有效保证单个国家的生存实属幻想。然而我们坚

持说，单独一例，无论多么引人注目，不可能推翻一项普遍原理；我们还进一步争辩说，波兰的灭亡不像表面看来的那么奇怪。难道波兰真的能被认为是个欧洲国家，欧洲国际社会平等成员中间的一个平等者？它不能：它是个鞑靼国家。然而，并非毗邻黑海，像欧洲共同体边缘上的克里米亚鞑靼族那样，它相反位于这共同体中间，在维斯杜拉河畔。我们说这，并不想蔑视波兰人，也不想辩护瓜分该国。我们唯一关心的是正视事实。波兰未真正发挥政治作用达一个世纪左右；它只是别国互相纷争的一个原因。鉴于它的状况和它有的那种政体，它不可能维持自己的独立。这些鞑靼式状况的一番激进变更本来可以在 50 或 100 年长的时间里完成，只要它的领导者们愿意。可是，他们自己太是鞑靼人了，以致不愿有这么一种变更。他们混乱的公共生活与他们无限的不负责任两相并行，于是他们被深渊吞噬。该国被瓜分以前许久，俄国人就在那里为所欲为。波兰作为一个有合理边境的独立国家这观念不再符合事实，波兰若不被瓜分就将变成俄国一省绝顶肯定。假如事情别样，假如波兰是个能够保卫自己的国家，那么三个强国本不会那么轻佻地着手瓜分它，而且最关心维持其独立的各国（法国、瑞典和土耳其）本将能协作维护其生存。然而，在一国的完整必须全靠别国维持的时候，这就要得太多了。

376　瓜分波兰已被讨论了一个世纪以上。自那时往后，该国丧失了私宅性质，变得更像一条公共大道，各外国军队在道上能够无论何时都以他们喜欢的无论何种方式娱乐消遣。别国是否被料想去制止这种状况？它们是否被料想继续全副武装，以便守护波兰边境的神圣性？这将是要求发生确实不可能的事。在政治上说，那

些日子里的波兰几乎全不优于一片无人居住的大草原。这个位于别国中间的草原区既无法免受它们的侵犯，又无法靠别国保障它的政治完整。由于这一切原因，一个人当发觉波兰的悄然灭亡不比克里米亚鞑靼国的悄然灭亡奇怪。土耳其之关心克里米亚，肯定甚于任何欧洲国家之关心拯救波兰；但是，它们都认识到，做努力保护一片不抵抗的大草原纯属徒劳。

回到我们的论题：我们相信我们已表明作为通则，与进攻者相比，防御者更能指望外界的援助；他的生存对其余国家越重要——也就是说他的政治军事状况越健全越有力——就越肯定他能帮助它们。

自然，在此作为防御的真正手段被列举的各项因素不会在每个场合都一概可得。一个场合可能缺某些因素，另一个场合可能缺另一些；然而，它们全都归在防御这总题之下。

第 7 章　攻防互动

377 分开考虑攻防两者的时候已到，只要它们能被分开。出于以下原因，我们要从防御开始。虽然令防御原理依据那些支配进攻的原理颇为自然甚至必不可少，而且反过来也一样，但必须有个对其中之一来说的第三方面，作为一个出发点服务于整系列理念，使之明确可感。因而，我们的头一个问题关系到这一点。

以抽象方式考虑战争如何缘起。本质上，战争概念并非缘起于进攻，因为进攻的最终目的不是战斗，而是占有。战争概念缘起于防御，那确实以战斗作为其直接目的，因为战斗和挡开显然等于一回事。击退仅指向一项进攻，后者因而是它的一个前提条件；然而，进攻并非指向防御，而是指向一个不同的目的——占有，那不一定是战争的一个先决条件。因而，出于事情的本性，首先引入战争要素的那方——从其角度看才开始有交战双方——同时也是确立战争的初始法则的那方。该方就是**防御**方。在此谈论的并非一个具体例子，而是一种普遍的、抽象的情况，它必须被设定，以便推进理论。

我们现在知道到哪里去找那位于攻防互动之外的固定点：它寓于防御。

如果这论辩正确，防御者就须为自己的操作确定基本准则，即

使他全不知道进攻者打算做什么，而这些基本准则必定包括他的兵力部署。另一方面，进攻者只要对敌人一无所知，就将全无作为用兵依据的指导方针。他能做的一切，是带上他的兵力，以他的军队为手段去实现占有。的确，这就是实际发生的。一个侵略者可以带上自己的军队，设想可能不得不用它，而且虽然他可能以他的军队而非官员、小吏和布告为手段占有一国，但严格地说，他尚未立意实际打仗。是防御者首先立意采取一种真正符合战争概念的行动，他不仅集中自己的兵力，还以随时准备作战的方式部署之。

我们现在进至第二个问题：在理论上，甚至先于考虑遭到进攻 378
的可能性就开始激发防御的深层原因有何性质？显然，这性质就是敌人作一推进，以图实现占有，那已被我们当作是外在于战争，但它构成军事活动的初始步骤的基础。这推进意在吓阻防御，因而需联系该国来被考虑；而且，正是这导致起初总的防御部署。一旦这些已定，进攻就会指向它们，防御的新的基本准则就将依据对进攻所用手段的一番审视。在这点上，互动已变得分明，理论家们可以继续研究它，只要有新结果出现，使得研究看似值得。

这番简短的分析是必要的，以便使我们随后的谈论多少更清晰，更具实质性；它不是意在战场实用，也不是要给任何未来的将领，而是为了一群群理论家，他们直至当今，一向太过于轻浮地对待这样一些问题。

第8章　抵抗的类型

379 防御的本质在于挡开攻击。这转而隐含等待之意，那对我们来说是防御的主要特性，也是它的首要好处。

战争中的防御不能仅由消极忍耐构成，因而等待也不会是绝对的，而只是相对的。就空间而言，它与国土、作战区或阵位相关；就时间而言，它与战争、战役或会战相关。诚然，这些不是不可改变的单元，但它们是某些互相重叠、互相合并的领域的中心点。然而，在实践中，必须往往满足于仅将事情安排进各个范畴，而不是将它们严格地隔开；还有，这些通用术语已成为足够清楚地被界定的，作为核心起作用，别的观念可被方便地集合在它们周围。

因此，一国的守卫者仅等待对他本国的进攻，一个战区的守卫者等待对这战区的进攻，一个阵位的守卫者则等待对这阵位的进攻。一旦敌人已经进攻，守卫者做的任何积极的、因而多少进攻性的动作就并不推翻防御概念，因为它的突出特性和首要好处即**等待**已成事实。

以时间为特征的概念——战争、战役和会战——与空间概念即国土、作战区和阵位平行，因而与我们的论题有同样的关系。

于是，防御由两个不同部分构成，即等待和作战。通过将前者连接到一个先于作战的明确的对象，我们已能够将这两者并入一

个整体。然而，一场防御战——特别是一场诸如战役或战争之类大规模的——就时间而言不会由两大阶段构成，第一阶段纯系等待，第二阶段纯系作战；它将在这两种状态之间交替，因而等待可以像一条连续不断的红线那样，贯穿于整个防御期。

事情的性质要求赋予等待那么大的重要性。诚然，早先的理论家们从未给它一个独立概念地位，但在实践中，它不断地作为一个指导准则起作用，虽然人们大多没有自觉地意识到它。等待是所有战法的一个那么基本的特性，以致没有它，战争就几乎不可想象，因而我们将常有机会回到它，通过指出它在兵力的能动运转方面的影响。

为了运用一个较简单的例子来确立我们的想法，我们将推迟 380
谈论（推迟到我们进至论战争规划的那篇）守卫国土，一个更多样化的论题，也是更强烈地受政治情势影响的论题。另一方面，在一个阵位上或在一场会战中的防御是个战术问题；只有当它**完成**时，它才能作为战略活动的出发点起作用。因此，我们要拿一个**作战区**的防御作为论题，它将最好地例解防御状态。

我们已指出，等待和作战——后者总是一种回击因而一种反应——都是防御的根本组成部分。没有前者它就不会是防御，没有后者它就不会是战争。这观念已经导致我们论辩说，**防御只是战争的较强形态，使得敌人的失败较为肯定的形态**。我们必须坚持这个解释，部分地因为任何别的解释都终将导致荒谬，部分地因为这印象越生动越完全，它就越会加强整个防御战。

通过下述做法谈论反应——防御的第二个必需成分——就将与这解释相悖：在它的各部分之间做出一种区分，认为严格地说在

于挡住敌人——不让他占取国土、战区、阵位——的那个阶段是唯一**必需的**部分，那将限于为达到那些目的所需的。另一个阶段，反应**扩展进实际战略进攻领域**的可能性，因而将不得不被认作是异于防御和与之无关的。这么一种区分基本不可接受：我们必须坚持认为，**报复**概念对所有防御来说都是根本的。否则，无论反应的第一阶段在成功情况下可能对敌人造成多大损害，在恢复能动的攻防关系方面仍将缺乏适当的平衡。

因而我们重申，防御是战争的较强形态，使得敌人的失败较为肯定的形态。如此赢得的一场胜利是否超出防御的初始目的，可以留给情势评析去判定。

由于防御与等待概念联结，因而击败敌人这目的只有在存在进攻的条件下才会正当。如果没有任何进攻行将到来，那么显然防御将满足于维持它自身；因而，这是它在等待期间的目的，或宁可说它的主要目的。只有在它甘意满足于这个较谦卑的目的时，防御才能收获战争的较强形态的裨益。

让我们假定一支军队奉命守卫它的作战区。它可以按照下列方式这么做：

1. 它能在敌人入侵它的作战区那刻攻击之（莫尔维茨，霍恩弗里贝格）[①]。

2. 它能在边境附近占取阵位，等待到敌人出现并打

① 莫尔维茨战役见本书第412页注①，霍恩弗里贝格战役见本书第503页注①。——中译者注

算进攻为止，然后率先攻击他（恰斯劳，索尔，罗斯巴
赫）[①]。此等态势显然较为消极；它要求较长的等待期； 381
而且，虽然在敌人果真进攻的情况下，第二种方式与第一种相比可取得的**时间**极少或全无，但在第一个场合肯定要打的会战在第二个场合将不那么肯定，此外还可能到头来证明敌人的决心不会大到发动一场进攻的程度。因而，等待的好处变得更大。

3. 不仅可以等待敌人的进攻决定，即等到它出现在阵位面前，还可以等待实际的进攻（如同在邦策尔维茨，从我们一直在提到的那位统帅打的多次战役选取另一例）。[②] 在此情况下，军队将打一场真正的防御性会战，但如前所述可以包括进攻性行动，由军队的某部分去做。在此也像在前一个场合那样，时间上的得益并不重要，但敌人的决心将再度经受考验。许多军队进到了进攻地步，但在最后时刻避而不攻，或在做出首次尝试之后停止，因为发觉敌人的阵位太强固。

4. 它能撤至本国腹地，在那里抵抗。这撤退的目的是将敌人削弱到如此程度，以致能够等他自行终止推进，或至少等他弱得克服不了他最终将碰到的抵抗。

---

① 恰斯劳战役：弗雷德里克二世麾下普军与奥地利军队之间的一次战役，1742 年 5 月 17 日在布拉格东南 40 英里处的波希米亚奥地利小镇恰斯劳附近进行，普军得胜；索尔战役见本书第 336 页注①；罗斯巴赫战役见本书第 354 页注①。——中译者注

② 这统帅指弗雷德里克大王。编者注。邦策尔维茨战役：见本书第 240 页注①。——中译者注

最简单也最突出的例子将是下述情况：防御者能将一座或更多要塞留在后面，那是进攻者必须包围或围攻的。显而易见，这将削弱他的兵力，并给防御者提供在自己占上风的一个点上发动攻击的机会。

甚至在没有要塞的地方，向腹地的这么一种撤退也能逐渐使防御者恢复他在边境没有的平衡或优势。在一场战略进攻中，每一推进都减小进攻者的兵力，部分地因为绝对损失，部分地因为变得必需的分兵。我们将联系进攻较详细地谈论这个问题。眼下，我们将仅仅简单假定这个说法正确，因为它已在过去的战争中被充分显示出来。

这第四种情况的主要好处在于赢得的时间。如果敌人围困了我们的要塞，那么我们赢得了时间，直到它们陷落为止（那时很可能的，但可以耗时长达数周，某些场合长达数月）。如果另一方面，他的兵力损失、他的进攻势头衰竭仅由他的推进和在紧要地点留下驻防部队的必需引起，那么赢得的时间通常会更多，我们就不那么强烈地受迫而非得在任何既定的时刻作战。

当这作战已经展开时，不仅防御者与进攻者之间的兵力对比已经改变，而且前者还将对己有利地占享更大的等待之益。即使
382 进攻者未被自己的推进削弱够甚，以致阻止他在我们的主力已前去歇息的地方进攻它，他也可能缺乏这么做的决心。在此，这决心必须强于那在边境上将不得不有的：其原因，部分地在于他的危险已增大时，他的兵力却已减少且不再生气勃勃，部分地在于一旦实现了对地域的占有，优柔寡断的统帅们就会完全忘掉必须打一场会战；这要么是因为他们真以为它不再必要，要么是因为他们乐得

有这借口。对防御者来说，他们未能进攻当然不是够大的阻绝性成功，像它在边境上本将是的那样，然而尽管如此，赢得的时间却非同小可。

在被列举的所有四种情况下，不用说防御者都拥有地利，而且他的要塞和民众的支持有利于他的行动。伴随防御的每个相继的阶段，这些要素变得愈益重要，而在第四个阶段，它们就削弱敌人而言特别有效。等待之益也伴随每个阶段增长，因此防御的每个相继的阶段都比前一个阶段有效，而且战争的这种方式被移得离进攻越远，它就越为有效。我们不怕因为相信最消极的防御类型是最强的防御类型而受人指责。每个相继的阶段远非意在削弱抵抗行动，而是仅为**延长和推迟**它。这么说肯定没有矛盾：在一个强固和适当修建堑壕的阵位上，能够抵抗得更有效；当敌人已在它上面浪费了一半兵力后，一场反攻就会更有效得多。若无他的强固阵位，道恩就几乎无法在科林打赢。[①] 假如他对弗雷德里克能率离战场的 18000 人追击得较凌厉，那么这场胜利本可以是战争编年史上最辉煌的胜利之一。

我们着力主张的是，伴随防御的每个相继的阶段，防御者的优势，或更准确地说他的抗衡力，将会增强，结果他的反应力也会如此。

我们能否说，出自一种强化式防御的好处将不付代价地获有？完全不能：它们必须用以被购得的种种牺牲将同样地增大。

每当我们在自己的作战区内等待敌人时，不管可能打的决定

① 科林战役见第三篇第 8 章。——中译者注

性战斗离边境多近，敌军都将进入我们的作战区，那将造成在该区域内的牺牲。如果我们率先攻击他，那么他会造成损害。每逢我们未能为攻击敌人而朝敌挺进，牺牲就趋于增大。他占领的地区和为了朝我们的阵位挺进而花费的时间将继续增大它们。如果我们打算给出防御性会战，从而将主动权和时机抉择留给敌人，那么他很有可能在相当长一段时间里留驻他掌控的地区。因而，我们靠他推迟决胜而赢得的时间不得不以这种方式被支付出去。在退
383 入本国腹地的场合，牺牲变得甚至更显著。

然而，所有这些牺牲引起的防御者实力减损通常将只是在以后才影响他的战斗兵力，而不是马上影响：它常常那么间接，以致难以察觉。于是，防御者试图通过以后为之支付来增强他的眼下实力——换句话说他像任何其他所需大于所有的人一样举借。

为了评估这种种不同的抵抗方式的结果，我们必须审视**敌人进攻的目的**。这目的在于取得对我们的作战区的占有，或至少对它的颇大一部分的占有；因为，整体概念至少隐含较大部分，一个几英里宽的地带难得有独立的战略重要性。因此，只要进攻者不占有，换句话说只要对我们兵力的畏惧阻止他进入我们的作战区，或搜寻我们的阵位，或已导致他规避我们准备给出的会战，那么防御的目的就实现了。我们的防御部署已证明是成功的。诚然，这只是个阻绝性成功，不会为一场真正的反攻直接造就足够的实力。但是，它可以一种间接的方式逐渐这么做：流逝的时间是**侵略者的损失**。丢失时间总是一项不利，必定以某种方式削弱丢失时间者。

于是，在防御的头三个阶段（换言之那些发生在边界地区的阶段），**胜负未决本身构成防御的成功**。

然而,第四个阶段里的情况不是这样。

如果敌人围攻我们的要塞,我们就须适时援救它们——换句话说是我们要靠积极行动导致决出一个胜负。

在敌人已追逐我们进入腹地而不围困我方任何要塞的场合,情况也是如此。虽然我们可有更多时间,并能等到敌人处于最弱状态为止,但前提将仍是我们最后必须采取主动。确实,敌人那时可能已经占取作为其进攻目标的那整个地区,然而他占住它当作一笔借款。紧张继续存在,胜负仍待决定。只要防御者实力日增,同时进攻者实力日减,胜负未决就符合前者的最佳利益;然而,倘若只是因为防御者不断面临的广泛损失的影响正在最终缠住他,那么峰点必将被达到,其时防御者不得不下定决心作战,等待的好处已经全被耗尽。

当然,没有辨别这峰点何时到来的绝对可靠的办法;它可由许许多多状况和环境决定。但是,我们应当指出,冬季的临近通常是最自然的转折点。如果我们无法阻止敌人在他已经占领的地区过冬,那么我们或许最好将它当作失物放弃。即便如此,也有托雷斯 384
维德拉斯之例,①提醒我们这不是一条普遍规则。

是什么广泛地说构成决胜决负?

在我们的讨论中,我们总是假定胜负之决以会战方式发生,然

① 托雷斯维德拉斯是葡萄牙首都里斯本以北 50 公里处的一个城市。1809 年 11 月至 1810 年 9 月即半岛战争期间,根据英国远征军统帅威灵顿公爵的命令,经该城南侧横贯里斯本所在的小半岛秘密筑成延绵 46 公里的防御工事体系,旨在拱卫里斯本。该体系史称托雷斯维德拉斯线,确使威灵顿在 1810 年秋末冬初有效抵抗马塞纳元帅麾下的法国入侵军队,保住了里斯本。——中译者注

而不是必定如此。我们能够设想由较小部队打的无论多少交战，它们导致命运改变，原因要么是它们确实以浴血杀戮告终，要么是它们大概将有的后果令敌人必须撤退。

在作战区本身，全无可能有任何别种决胜方式：这必然出自我们提出了的战争概念。甚至在敌军被迫因食物匮乏而撤退的场合，这因素也确实毕竟缘于我方兵力强加的种种限制。如果我们的军队不在，敌人肯定会找到自助办法。

因而，甚至当敌人的攻势已成强弩之末，当他已成为前进困境的受害者，已被饥饿、病患和分兵必要削弱和征服时，确实只是对我们的战斗部队的畏惧才使他转身后撤，放弃他已获取的一切。尽管如此，在此等决胜与在边境上被成就了的决胜之间，仍有天壤之别。

在边境上，他的武力面对我们的武力——只是后者才止住了他或损伤了他。然而，当他的攻势已成强弩之末时，他是大致因为自己费劲而精疲力竭。这将赋予我们的武力一种全然不同的价值，那不再是决胜的唯一因素，虽然它可以是终极因素。敌军推进到仅仅我方反应的单纯可能性就能导致一场撤退、导致形势完全逆转的地步，在此期间它的衰竭已给决胜奠定了基础。这么一种情况下，一个人必须现实，将决胜功劳归诸进攻的种种困难。诚然，将无法找到一个例子，在其中防御兵力不也是个因素，然而为实际考虑的缘故，分辨这两个因素中间哪个是主导因素至关重要。

鉴于这些想法，我们认为这么说是公平妥当的：在防御方那里，两种决胜方式、因而两类反应实属可能，取决于进攻者是**毁于利剑**还是**毁于其自身努力**。

显然，第一种决胜方式将在防御的头三个阶段占支配地位，第二种则在第四个阶段占支配地位。确实，后者本质上只能发生在撤退深入本国腹地的场合。它事实上是能够辩解此类撤退及其必有的重大牺牲的唯一理由。

两类基本不同的抵抗现在已被识别出来。军事史上有实例，在其中它们像任何抽象概念在实践中所曾能够的那样清晰分明地凸现出来。1745 年，奥地利人从西里西亚山岭下行之际，弗雷德里克大王在霍恩弗里贝格攻击他们，其时他们的兵力本来既不可能因为费劲也不可能因为分兵而削弱。相反，威灵顿在托雷斯维 385
德拉斯防御工事线坚守，直到寒冷和饥饿已令马塞纳的军队如此损兵折员，以致它自行撤退。在这实例中，防御者的兵力没有参加使敌人衰竭的实际过程。在别的时候，当这两类抵抗密切相连时，一类仍会分明地占主导地位。举 1812 年战役为例。在这著名的战役中，打了那么多猛烈的交战，那在不同的情势下，很可能仅靠利剑达成一个绝对的胜负决定；然而，大概没有任何别的案例那么清楚地证明，入侵者毁于他自己的费劲努力。构成法国中央大军的 300000 人中间，只有约 90000 万人抵达莫斯科。已被分遣的兵力仅 13000 人。因此，损失多达 197000 人，其中战斗损失肯定不可能超过三分之一。

所有以其所谓拖延著称的战役，有如著名的“拖延者”——费边的那些，都主要被算计得使敌人自招精疲力竭，以此毁坏之。

总的来说，有许多本着这个原理赢得的战役，虽然没有谁明确地这么说。只有通过漠视史家们的异想天开的解释，转而仔细审视事件本身，才会探到许多胜负决定的真实原因。

我们相信，我们由此讲述了防御及其各不同阶段依据的种种考虑。通过指出抵抗的这两类主要手段，我们希望我们清楚地说明了等待原则如何贯穿于整个体系，并以一种方式与积极行动原则结合起来，那就是后者可以早早出现在一个场合，迟迟出现在另一个。此后，将见到等待的好处损耗殆尽。

我们相信，我们现在概览并界定了整个防御领域。确实，仍有些方面足够重要，值得有它们自己的一章，仍有些问题足够重要，一系列思考能以它们为依据，它们不应被忽视，例如要塞和堑壕营地的性质和影响、山岭和河流的设防、翼侧包抄行动，等等。我们将在接下来几章里谈论这些。尽管如此，这些论题无一不落到以上说明的种种理念的范围之外，仅构成它们的应用，应用于特殊场所和特殊环境。这些理念的前述顺序从防御概念和攻防关系发展了出来。我们已将这些简单理念与现实联系起来，并且因而表明
548 了一点，即如何从现实进至这些简单理念，并且获得一个坚实的分析基础。因而，在争辩过程中，我们将不需诉诸本身是昙花一现的论辩。

然而，武力抵抗依其可能的结合方式的多样性，能够如此改变武力防御的外貌，变换其特性，特别在没有实际战斗、但结局受一个事实即可以有实际战斗影响的场合，以致一个人几乎不禁认为某项新的有效原则在此等待发现。在一场直截了当的会战中猛烈击退攻击大大有别于一个战略网络有效防止事情走得那么远：这
386 将导致一个人设想必定有个不同的因素在起作用，多少类似于某些天文学家的猜测，他们从火星与木星之间的巨大虚空推想必定存在其他行星。

如果进攻者发现敌人位于一个他认为自己无法夺取的强固的阵位，或者位于一条他认为自己无法渡过的河流的远岸，甚或如果他害怕再作任何距离的继续挺进就会危害自己的食物供给，那么造成这些结果的依然是防御者的武力。实际阻止侵略者行动的是恐惧，害怕被防御者的武力在一些大的交战中击败，或在一些特别重要的点上击败；然而，他不大可能承认这一点，至少不大可能公开承认。

可以确认，甚至在决出了胜负但未流血的场合，说到底胜负结果也是由这样的交战决定的：它们没有打，而是**仅仅已被表示要打**。人们会论辩说，在这场合，这些交战的**战略规划**而非战术胜负应被认作是作战准则。不仅如此，只有在防御靠武力以外的某种手段进行的场合，这样的战略规划才会是支配性的。我们确认这一点；然而，它将我们带到我们恰恰想提出的那个观点。我们说的事实上正是：在交战的战术结果被假定是一切战略规划的基础的地方，进攻者据此行事总是有可能，且是总是个严重风险。他将优先争取在战术上占上风，为的是倾覆敌人的战略规划。因而，后者永不能被认作是**某种独立物**：只有在有理由确信能取得战术成功时，它才能成为有根据的。为了简短地例解我们的意思，让我们回想起像波拿巴那样的一位将领所以能在寻求会战时彻底击穿敌人的一切战略计划，是因为他难得怀疑会战的结局。因此，每逢战略家们未尽全力谋求在会战中以优势兵力压垮他，每逢他们以较精细（亦较弱）的策划交战时，他们的方案都像蜘蛛网那般被一扫而光。那类方案本将足以挫败一位像道恩似的将领；然而，要以普鲁士人在七年战争中处理道恩和奥地利人的方式去对抗波拿巴及其

军队就将愚不可及。为什么？因为波拿巴很明白一切都取决于战术结果，也因为他能够指靠它们，而道恩的情况在这两方面都不同。**这就是为什么**我们认为强调下述道理是有益的：一切战略规划都只基于战术成功；不管解决是不是在会战中达成，所有情况下战术成功都是决胜的根本基础。只有在这样的时候才能够**仅仅**从战略组合去预料结果：不需害怕结果，因为敌人的特性或形势，或因为两军在物质上和心理上势均力敌，或确实因为己方是较强的那方。

387 我们看战争史，发现许许多多战役，进攻者在其中未打一场决战就中断了进攻，因而战略组合看来生效。这时我们可能认为，这些战略组合至少有很大的内在能力，每当不需假定进攻在各种战术形势中有决定性优势的时候，它们一般将自行决定结果。这里，我们的回答必须是，这个假定在那些起于作战区、因而系战争本身的组成部分的形势中是错误的。大多数进攻无效的原因，寓于战争的总的状况，其政治状况。

一场战争从中兴起并构成其自然基础的总的状况也将决定它的特性。这将在以后、在战争规范标题下得到较详细的讨论。然而，这些总的状况将大多数战争转变成了混杂物，在其中起初的敌对不能不辗转于种种互相抵牾的利益中间，以至于变得大为减弱。这必定以特别的强度影响进攻方，亦即**采取积极行动的那方**。因此无可惊奇，能够弹指便制止这么一种急迫不已、进击不息的攻势。在决心如此微弱并被众多考虑搞得瘫痪、以致简直不再有决心的场合，往往单单显示一下抵抗便将足矣。

我们能在许多案例中见到，防御者所以不必战斗就获成功，原

因不在于占据了许多攻不破的阵位这一事实，不在于横贯作战区的巨大山脉，不在于穿越它的宽阔河流，也不在于威胁的打击能被妥善规划的一系列交战搞瘫之轻而易举。真正的原因是进攻者的决心薄弱，使之优柔寡断，不敢行动。

这类抵消力能够被估计到，也必须被估计到；然而，它们必须被承认为它们实际上的那样，而不是将它们的影响归诸于别的原因——我们在此唯一关心的那些原因。我们必须强调，在这方面，军事史很可能成为一种经久的谎言和欺骗，如果评论者未能应用所需的矫正的话。

在这点上，让我们就其最常见形态，审视未打决战就失败了的大量进攻性战役。

侵略者进军，进入敌国领土；他驱使敌人退避三舍，但接着开始怀疑应否冒险打一场决战。他停下来，面对他的对手，像是他已成就了一场征服、只对保护它感兴趣似地行事。551 简言之，他的举止犹如寻求会战是敌人的事，他自己随时准备应战，等等。所有这些是纯粹的**借口**，一位将领用它们去哄骗他的军队、他的政府、整个世界、甚而他自己。事情的真相在于，敌人的状况已被发觉太强。这里，我们不是在谈侵略者所以未能进攻，是因为一场胜利对他来说将无用处，因为在他的推进已成强弩之末以后，他缺乏足够的复原力去开始一场新的推进。如果是谈这个，就将假定一场成功的进攻已经发生，导致真正的征服；宁可说，我们认识到侵略者陷入一场意欲的征服，在其途中不可自拔。

值此关头，进攻者将等待一个有利的变局以便利用。作为通 388
则，没有理由期望这么一个有利的变局：意欲作一场进攻这事实隐

含一个意思，即最近的将来的前景不好于当今。因而，它是个新的哄骗。如果像通常的那样，这是一场协同作战，时机被定得与别的作战同时发生，那么别国军队将接着为他的失败而受责难。通过为他的无所作为找借口，他将以支持不足、合作不足来辩解。他将谈论无法逾越的障碍，并在最错综复杂的情势中去寻觅动机。因此，他将什么都不做，从而浪费他的兵力，或者宁可说做得太少，以致只招致失败。与此同时，防御者在赢得时间，那是他最需要的。季节渐迟，入侵者返回在他本战区的过冬营地，整个攻势以此告终。

这套谎言最终传入史籍，取代了显明和简单的真实，即失败缘于害怕敌方兵力。当评论者们开始研究一场这类的战役时，他们趋于在论辩和反辩中迷失路径。不会找到任何令人信服的答案，因为一切都是猜测，评论者们从不探究得足够深入以发现真实。

这类欺骗不仅是个坏习惯问题；它的根源在于事情的性质。削弱战争原力、特别是进攻的抵消因素，主要寓于政治关系和政府的意图，它们被遮蔽，不让其余世界、本国人民、军队知道，在某些场合甚至不让司令官知道。例如，没有谁能承认和将承认，他决定停止或放弃是因为害怕他的兵力耗竭，害怕他可能树立新敌，或害怕他自己的盟友可能变得太强。这类事被长久保密，可能永远保密。与此同时，一种似是而非的说明须被到处流传。因此，将领被敦促去撒布一张谎言之网，为他自己的或政府的缘故。在战争的辩证法中不断复发的这种虚假展示像理论那样，已硬化为同样是误导性的陈套。一个理论，只有遵循内在连贯性的简洁头绪，像我们已试图使我们的理论去做的那样，才能回溯到事情的本质。

如果以这种怀疑态度阅读军事史，那么关于进攻和防御的极大量废话就将崩塌，我们已提供的那种简洁的概念化就会自动浮现。我们相信，它对整个防御领域都是成立的，只有在我们坚持它的情况下，杂乱无章的种种事态才能被清楚地理解和把握。

让我们现在来审视对这些不同的防御方法的运用。

它们全都是同一个事情的强化形态，各自在防御者那里索取更多的牺牲。在所有其他情况相同时，一位将领的选择将大多由这个事实决定。他将选择他认为足以给他的部队必需程度抵抗力的方法，但为避免不必要的损失，他不会作任何进一步退让。然
而，必须承认，对不同方法的选择已经严重受限于其他主要因素， 389
那是在防御中起作用的，并且必定敦促他使用一种或另一种方法。撤至腹地要求有充裕的空间，否则它要求有类似 1810 年在葡萄牙取得的条件：一个盟友（英国）提供坚实的后方支持，同时另一个盟友（西班牙）以其广袤的领土大大减轻了敌人的冲击。要塞的位置——靠近边界或远在腹地——也可以决定采纳或拒斥某一种方法。甚至更具决定性的是地形的性质和国土的性质，连同它的人民的特征、习惯和性情。是选择进攻性会战还是选择防御性会战，可以由敌人的计划或两军及其将领的特征决定。最后，拥有或缺乏一个卓越的阵位或防线可以导致一种或另一种方法。简言之，仅列举这些因素就足以表明，就防御而言，它们对方法选择有更大的影响，甚于单纯的兵力对比。由于我们应当更加熟悉在此仅一提而过的各项最重要因素，因而我们以后将较详细地显示它们对选择施加什么影响。最后，它们的涵义将在论战争规划和战役规划的那篇里，通过一番全面分析寓于谈论。

然而，只有兵力对比不过分失衡，这影响通常才会成为决定性的。在它们过分失衡的场合（因而在大多数场合），兵力对比将主导一切。战争史上满是证据，证明这有如战争中发生的差不多每件事情，**经过隐秘的本能判断过程**实际发生了——与这里形成的系列推理颇为不同。是同一位将领，带着同一支军队，在同一个作战区，既打了霍恩弗里贝格战役，又移入在邦策尔维茨的营地。因而，甚至会战来临时是最具进攻精神的将领弗雷德里克大王，也最终被迫诉诸一种十足的防御，在兵力失衡变得过大的情况下。确实，惯于像一头野猪那样猛扑敌人的波拿巴，难道不也在 1813 年 8 月和 9 月兵力对比不再对他有利的时候，像一头身陷铁笼的野兽那般辗转奔走，而不试图鲁莽攻击他的随便哪个敌人？而且，难道我们不见同年 10 月他在莱比锡，当兵力悬殊达到了最大程度时，躲在帕尔特河、埃尔斯特河和普莱西河构成的那个角区内，就像他被逼在一个房间角落里背靠墙等着他的敌人？

我们要补充道，本章甚于本书任何其他一章，表明我们的目的不是提供操作战争的新准则和新方法；宁可说，我们关心审视久已存在的东西的本质内涵，并且将它回溯到它的根本要素。

第 9 章　防御性会战

前一章里，我们说防御者在其防御过程中，能够打一场战术上 390
的进攻性会战，靠的是一旦入侵敌人的作战区便立即搜出并攻击敌人。相反，他也可以等待敌人出现，然后攻击他，而在这场合，会战仍是战术意义上进攻性的，虽然形式上多少不同。最后，他还可以实际上等待敌人进攻他的阵位，然后回击；不仅使用他的部分兵力去局部挡住敌人，还以其余兵力进攻敌人。自然，可能程度各异，阶段有别，从积极反攻渐至局部防御。我们在此不可能进入一番讨论，去谈这应当走多远，何为这两个要素之间的最有利比例以求赢得决胜。在目的如此的场合，我们确实坚持主张决不能全无进攻要素。而且我们确信，一场决定性胜利的全部后果都能够出自、也确实出自择进攻阶段，恰如它们在一场纯粹进攻性的会战里一样。

由于在战略上，战场只是空间一点，因而一场会战的持续时间从战略上说只是为时一刻，而且一场会战的战略意义不在它的过程，而在它的结局和后果。

假如彻底胜利能与每场防御性会战中呈现的进攻性要素相连，那么进攻性会战与防御性会战之间就全无基本的战略差异。那事实上是我们自己的信念。虽然表面看似与之相反。为了较仔

细地审视这事，为了澄清我们的观点，从而消除这一反差，让我们简短地勾勒我们对一场防御性会战的想法。

防御者选择了一个合适的地域并就此做了准备后，在阵位上等待进攻；这意味着他细致勘察了该地域，在某些最重要的点上树立了坚实的守卫设施，确立和开通了交通线，设置了他的炮组，给某些村庄修筑了防御工事，选定了经掩护的集合区，等等。他的前沿的入进通道受阻于一条或一条以上平行堑壕或其他障碍，或受阻于强固的控扼性据点，其实力使他能够趁实际接触点上的部队彼此摧毁之际，以对他自己来说的低代价给敌人造成严重损失，因为进攻在抵达这阵位的核心部分以前，要经过前后相继的各抵抗阶段。他的两翼依据的各支撑点确保他的安全，使之无虞来自若干方向的突袭。防御者在其上取阵位的经掩护地面将使进攻者如
391 履薄冰，甚而胆怯落魄。它将使防御者能随作战区域逐步收缩，以一些成功的小型反攻为手段放慢总的后退运动。以此方式，防御者能伴着会战在他眼前逐渐展开而自信地概览会战。然而他懂得，他无法永久守住他的前沿，他的两翼并非固若金汤，他也不可能靠几个营或连的成功反攻去改变整个会战进程。他**纵深**据守阵位，因为在从师到营的每个层级上，他的战斗序列都有用以对付意外事件和更新作战的后备兵力。然而，很大部分后备兵力，或许他的总兵力的四分之一或三分之一，被保持在后面远处，远得足以免遭敌方炮火伤亡，并且——如果能做到——远得足以免却被包围的任何可能性。这后备旨在对付任何较宽较大的包抄运动以掩护他的两翼，并且保护他免受意外之害。在会战的最后三分之一期间，当敌人已显露整个计划和用上其兵力的主要部分时，防御者打

算投出这后备，打击敌军一部，从而发动他自己的一场小型进攻性会战，使用进攻的每项要素——强击、奇袭和翼侧进兵。所有这些压力都将在胜负依然不决之际压到会战的重力中心上面，为的是导致战局全然改观。

这就是我们依据当代战术设想的防御性会战的通常过程。在这样一场会战中，进攻者的包抄运动——意欲使其进攻有更佳机会、使其胜利有更大规模——遭到一场辅助的包抄运动反制，它针对敌军的那个实施了初始包围的部分。这辅助的包抄运动可足以抵消敌方包抄运动的效能，但它不可能被扩展为一场对敌军的类似的总包围。因而，不同胜利方式之间的差别寓于一个事实：在一场进攻性会战中，进攻者从事包抄，然后会聚于中央，而在一场防御性会战中，兵力运动更可能是从中央发散，朝向外缘。

在战场上，在进攻者追击的第一阶段，必须承认一场包抄运动是最有效的方式。这并非归功于包围战法本身；宁可说，只有当包围能被推至极端，即它能在会战依然进展期间就严重限制敌人的撤退机会时，这个说法才成立。防御者的积极反攻意在阻止的正是这一形势。在许多场合，一场反攻不足以赢得胜利，但它仍可足以提供这极端情况下的保护。无论如何，我们必须承认，一场防御性会战中，撤退严重受限的危险显著存在；在它无法被防止的场合，失败的冲击更大，初期追击阶段的冲击也更大。

然而，这通常只在追击的第一阶段——即到夜幕降临为止——才成立。到翌日，包围将已达极限，双方在这方面将再度势均力敌。

防御者的主要撤退想当然可能丢失。如果这样，那么他此后

392 将处于战略劣势。然而，除极少例外，包围本身将告终，因为它只是意在用于战场，无法超出战场老远。

另一方面，如果**防御者**得胜，那么发生什么情况？败军将分解。起初，这将使撤退变得容易些，但到**接下来**一天，**所有各部的重聚**将成为它的首要目标。在胜利具决定性、防御者又干劲十足地力求胜上加胜的场合，兵力集中常无可能。败军的分解因而能导致种种最严重的后果，它们可以逐个阶段地以彻底瓦解告终。假如波拿巴赢了莱比锡战役，盟军就会被互相切断，从而严重影响它们的战略凝聚。在德累斯顿，那里波拿巴诚然未打一场真正的防御性会战，但进攻仍保持这里谈论的几何形式，即从中央朝外缘发散。作为以各自分隔的纵队作战的一个后果，盟军遭受的窘迫众所周知。它们的窘迫只是靠在卡茨巴赫河畔的胜利才结束，其消息导致波拿巴带着近卫队返回德累斯顿。

卡茨巴赫会战本身就是个适切的实例。防御者在最后可能时刻采取攻势，其进攻因而有一种分兵效应。法国军团被迫分开。会战过后几天，皮托德[①]的师作为一个胜利果实落到盟军手里。

我们因而断定，如果说进攻者能使用对他来说实属自然的会聚方式去加强他的胜利，那么防御者有对他来说实属自然的发散方式作为一个手段去使他的胜利更有效，甚于它在平行阵位和垂直作战的简单场合将会的。我们认为，一种方式的价值至少等同

① 雅克-皮埃尔-路易·皮托德（1769—1837）：早年参加法国革命战争，此后参加拿破仑战争，1808年被派往西班牙从事半岛战争，战绩卓著，同年被授予将军衔；1809年奉命转战奥地利，在瓦格拉姆战役中表现杰出，被任命为师长；1813年在卡茨巴赫兵败被俘；翌年投靠复辟的波旁王朝，被路易十八封为子爵。——中译者注

于另一种。

战争史上，重大胜利更经常的是进攻性会战而非防御性会战的结果，但这不证明防御性会战本质上较少可能得胜：宁可说，防御者只是发觉自己处于显著不同的情势。在大多数场合，他是较弱的交战者——不仅就兵员数量也就他的总形势而论。通常他没有能力或不相信自己有能力取胜上加胜，因而满足于击退危险和保全他的军事荣誉。无疑，防御者可以受阻于他的兵力数量弱势和所处境况；然而，应被视为出自必然的常被解释为出自防御本身。以此荒唐方式，防御性会战仅指击退敌人而非摧垮敌人成了基本假设。我们认为这是个极有害的错误，事实上将形式混同于实质。我们毫不含糊地坚持主张，我们称之为防御的战争方式不仅与进攻相比提供更大的胜利可能，而且它的胜利能达到同样大的程度和取得同样的结果。更有甚者，这不仅适用于构成一场战役的所有交战的**总合成功**，也适用于**每一单场会战**，只要不乏力量和决心。

第 10 章　要塞

393 在先前时代，大规模常备军时代以前，要塞——城堡和有围墙的城镇——只是为保护其居民而存在。一位四面遭敌围逼的贵族逃入自己的城堡，为的是争取时间，以待事态良性转变。依靠其防御工事，城镇力图挡开战争的雷暴乌云。

要塞的这些简单和基本的目的并不依旧是仅有的目的。要塞与整个国家的关系，还有它们与在国土各处作战的部队的关系，很快扩展了它们的重要性。它们的意义越过它们的厚墙被感觉到；它有助于征服或保住国度，整个斗争的成败结局，因而趋于给战争本身更大的凝聚性。以此方式，要塞取得了一种战略意义，它一度被认为那么重要，以致它们构成了战略规划的基础，这些规划更关心夺取几座要塞，甚于关心摧垮敌军。人们审视这意义的根源，以为当前来选择要加以工事设防的地点时，无论多大的心计、智谋和玄思都不为过。这些玄思趋于全然遮盖原初的目的，最终有人竟构想全无城镇和居民的座座要塞。

然而，这样的时代已经过去：其时，单纯的围闭和工事设防保护一地抵挡淹没了全国的战争浪潮，而无任何别的军事准备。这惯常是可能的，部分地缘于各民族之分裂为一个个小邦国，部分地缘于当时标志入侵的周期间发性质。它们的持续时间惯常有限，

犹如一年各季，要么因为封建征召军人急忙回家，要么因为支付给雇佣兵的现金经常告罄。大规模常备军千篇一律地以其强有力的火炮压倒个别强固据点的抵抗，因而没有哪个城市或小镇觉得喜欢以自己的兵力赌博，只落得几周或几月后被夺占，接着受到更加严酷的处置。被分解为许许多多有防御工事的小股驻防部队更不那么符合军队的利益。虽然这可以延宕敌人的推进，但无疑将以要塞被夺占告终。为了在会战中势均力敌地迎战敌人，总是必须觉得有足够的兵力，除非能指望一个将解救要塞和使军队脱身的盟友抵达。结果，要塞数目不得不大大减小。这转过来使我们抛 394
弃了一个理念，即为直接保护城镇的人口和财产而使用要塞，并将我们引导到设想将要塞当作国家的一个间接保护，靠的是它们的战略价值，即作为拢住战略网络的一个个扭结。

观念的发展一向如此，不仅在书本上，也在实践中，虽然书本的确将它们编造了出来，像书本总是做的那样。

虽然这是要取的正道，但书本将人引导得太远了：从天然的重大必然性的讲课内核里，挤出巧言诡辩和怪异幻想。我们在列举要塞的目的和状况时，只应考虑这些需要，从简单的进至复杂的。接下来一章将表明关于要塞的位置和数量的种种推论，它们可从要塞的目的抽引出来。

要塞的效能显然由两个独特的要素构成，一个积极，另一个消极。第一个要素见于一座要塞给所在地区和其中一切提供的保护；依凭第二个要素，它对它的火炮射程以外的乡村施加一定影响。

积极要素在于，驻防军能攻击任何逼近的敌人。驻防军的规

模越大，为此目的能被派出去的部队单位的规模也就越大；而且作为通则，它们的规模越大，它们就能被派遣得越远。因此，一个大要塞的积极影响范围与一个小要塞的相比，不仅更强，而且更广。转过来，积极要素本身可以说由两个追加要素构成：驻防军自身进行的作战；与之保持接触的、规模或大或小的独立部队进行的作战。事实上，弱得无法单独面对敌人的部队能在一定程度上保住战场和控制地域，如果它们确信它们能将退入要塞围墙之内避难作为最后一招的话。

要塞驻防军能冒险从事的作战总是相当有限。即使要塞规模大，驻防军在数量上强，能够出击的单位与野外战场兵力相比也不甚可观，且其平均作战区限难得超过几日行程。小要塞只能派出很小的分队，这些分队又只能影响最近的村庄。然而，独立的军团，亦即不是驻防军一部分、因而不一定非得退到要塞不可的部队，受限小得多。在合适的境况下，它们能大大扩展一个要塞的积极影响范围。因而，当我们谈论一般而言要塞的积极效能时，特别要将此牢记在心。

然而，尽管最小的要塞可有的积极影响那么微小，它对一座要塞必须履行的每项功能依然至关紧要。严格地说，缺了这个积极要素，就无法想象哪怕一座要塞的最消极功能，即抗御攻击。不过，甚为明显，在一座要塞可据以至关重要（无论是本来就重要还
395 是依赖当时情势才重要）的各种不同方式中间，有些将趋于包含较消极的效能，另一些则趋于包含较积极的。有时一座要塞的意义可谓简单，在这场合它的效能是直接的；有时意义复杂，它的效能将或多或少是间接的。我们将从前者进至后者。然而，让我们一

开始就说，任何要塞当然都可能同时以被列举的若干甚或所有方式成为至关重要的，或无论如何在不同时候如此。

我们提出，要塞以下述种种方式，构成防御的头号支撑：

1. **作为可靠的补给站**。进攻期间，进攻者现得现食，应急将就；防御者则通常必须事先做好准备，因而他不能仅靠他据有的乡村过活，何况无论如何那是他宁愿不加索取的。因而，他很需要补给站。随进攻者推进，他将自己的补给留在身后，从而保护它们；防御的补给在作战区中间部位。除非这些补给被储藏**在工事设防地**，野外作战将大遭困苦。往往不得不设立最伸展和最不便的阵位，只是为了保护补给这目的。

没有要塞，一支防御态势的军队就处处易受伤害，就是一具不着铠甲的躯体。

2. **作为大的富庶城镇的护卫**。这功能与第一项功能密切相关，因为大的富庶城镇，尤其商业城镇，是一支军队的天然补给来源，因而拥有或丧失它们径直影响这军队。此外，总是值得努力保住国家资产的这个成分，部分地因为能够从它间接抽取的一切，部分地因为和谈来临时一个重要城镇在天平上的颇大重量。

晚近时期里，要塞的这个功能一向被低估；然而，它跻身于最明显、很有效和最不易被误用的功能之列。想象一个国家，那里不仅大的富庶城镇，而且每个规模可观的城镇都建有防御工事，都由其公民和周围地区的农民守卫。军事行动速度将被如此减缓，从事守卫的居民的作用将如此剧增，以致敌军统帅的技能和决心将意义大跌，变得差不多无足轻重。我们提到工事设防的这种理想

规模，只是为了伸张一个要塞的这种特殊作用，并且确保它提供的直接护卫的价值一刻也不会被忽视。顺便说，这脑海想象不会影响我们的探究，因为在那么多城镇中间，有些将总是比别的筑防得更强，而这些须被认作是武装部队的真正支撑。

这头两项功能几乎仅涉及要塞的消极目的。

3. **作为真正的屏障**。这些要塞堵住它们位于其上的道路，在大多数场合还堵住它们位于其上的河流。

396 要找到一条顶用的弯路去绕过要塞，不像一个人可能想的那么容易。它不仅须在火炮射程之外，还须多少超出可能的出击所及范围。

如果地形毕竟困难，那么最微略地偏离道路也往往能导致够得上一整天行军的延宕。这能招致重大后果，要是道路被反复使用的话。

足够清楚，封锁河流交通将在多大程度上影响作战。

4. **作为战术支撑点**。一座并非全然无足轻重的要塞，其火力范围直径通常将达几英里，而且无论如何，它的进攻效能将延展得甚至更远。因此，对一个阵位的两翼来说，要塞应被认作最有利的支撑点。一个长几英里的湖泊，其价值可以相当于一个支撑点，然而以一座规模适中的要塞，便能成就得更多。两翼从不须贴近：进攻者无法进入两者之间的地区，因为他将没有退路。

5. **作为分段运输据点**。如果各要塞沿防御者的交通线分布，就像它们在大多数场合那样，那么它们对沿线上下行进的运输来说就是便利的停歇地。交通线面临的危险主要出自游击队的间歇性袭击。倘若一支重要的车队受此类行动威胁，靠加快前行速度

或往回跑抵达一座要塞，那么它便安全，能够等到道路畅通为止。一座要塞还为所有途中部队提供一个机会去歇息一两天，从而时机更好地完成行军。由于歇息日是给部队带来最大危险的日子，因而在一定意义上，一座位于一条 150 英里交通线的中间点上的要塞会将这危险砍削掉一半。

6. **作为羸弱或被击败的部队单位的一个避险地**。一座规模过得去的要塞有其大炮，在它们保护下，部队安然不受敌军行动侵害，即使没有一个经特别修筑堑壕的宿营地。诚然，一个想留在那里的部队单位必须放弃进一步后撤的想法；不过，这有时不是大损失——在继续后撤只会以彻底毁败告终的时候。

然而，在许多场合，一座要塞能提供几天歇息而不必放弃后撤。它作为一个避险地起作用，特别是对先于败军匆匆赶到的轻伤员、掉队者等等来说。对他们来说，这是个等待场所，等到他们能够重新归队为止。

假如马格德堡位于 1806 年普军撤退的直道上，而且假如这直道并非已在奥尔斯泰特战役[①]中丢失，那么普军本可轻而易举地在那里停顿三四天，利用这时间集合和整编。甚至在当时盛行的种种情势下，马格德堡仍作为霍亨洛赫[②]军团残余兵员的一个集合点起了作用；只是在那里，该军团才又有了可见的模样。

只有实际参战经验，才会使人有能力想象在逆境之下近旁一个要塞发挥的稳定化影响。那里可以见到武器弹药仓库、饲料和

① 该战役见第四篇第 7 章第 4 段。——中译者注

② 普鲁士亲王，1806 年耶拿战役中的左翼普军司令官，所率军队惨败；见第四篇第 7 章第 3 段。——中译者注

397 面包储存、病员治疗所、强健者的安全处和惊恐者的慰藉地。要塞乃沙漠绿洲。

显然，上述最后四项功能开始在多少更大的程度上涉及要塞的积极影响。

7. **作为抵御敌人进攻的实际盾牌**。涵盖一条防线的众要塞可类比于随河奔流的多块大浮冰。进攻者必须围攻它们，而且倘若驻防部队尽力而为，围攻就需两倍于它们的兵员。然而，更有甚者，驻防兵力的一半可以也应当由这样的部队构成：它们除了为要塞防守，永不可能继续服现役。那就是训练半而不全的民兵、康复期的伤病兵员、军队文职人员、地方志愿军等等。此种情况下，敌人的兵力耗用可以四倍于我方的兵力耗用。

敌方兵力如此不成比例地削弱：此乃挡住围攻的一座要塞的头号功绩和最大长处。然而还有别的。一旦进攻者击碎了防御者的要塞线，他的行进自由就立即大为减小：他的可能的退路受限，而且他必须不断注意要直接掩护他发动的任何围攻。

以此，众要塞开始在防御操作中发挥一种重大和决定性的作用。它应被认作要塞能履行的头号作用。

尽管如此，要塞的这种用途远非被用得经常，而是相对罕见。原因在于大多数战争的性质。对许多战争来说，这在一定意义上是一种太剧烈、太决绝的使用方式，像我们以后要详细说明的。

要塞的这一作用主要涉及它的进攻力；至少，是这造就了它的效能。如果一座要塞仅是进攻者无法占领的一个点，那么它虽然对他来说是个障碍，但决不足以使他感到不得不围攻它。然而，他不可能留下六千、八千或一万人在他背后任意而为；他因而必须以足

够兵力包围该地。为了不致被迫反复这么做，他必须攻击这要塞，并夺取之。一旦围攻开始，前来发挥的就主要是要塞的消极作用。

要塞的前述每一作用在行动上颇直接，形式上颇简单。相反，接下来两个目的在其效能方面较复杂。

8. **作为漫长连营的护卫**。对一座规模适中的要塞来说，要掩护在它后面的一个宽达 15 至 20 英里的临时营房区，实乃简单之事；然而，如果这类场所——如军事史经常告诉我们的——竟有幸掩护一条延展 75 至 100 英里的临时营房线，那就需要解释，并在它纯属幻想的场合作一番专门评论。

以下几点应予考虑：

1. 要塞本身必须堵住主要道路之一，还需有效掩护一个 15 至 20 英里的广阔地带。

2. 它必须要么被认作一个格外强固的前沿据点，要么提供一个一览无遗看遍野外的充分视野，还进而得益于秘密情报，那经一个重要城镇与其周围地区之间的普通交往获得。在一个有六千、八千或一万居民的地方，预期将可得到更多的消息，多过在一个普通前沿据点可能基于的单单一个村庄的。 398

3. 它是小部队单位的一个支持源，它们能在那里找到安全和掩护。它们能不时对敌出击，收集情报，或攻击敌人后背，如果他恰好经过的话。因而，简言之，虽然一座要塞本身不机动，但它能在一定程度上具有一个前锋军团的效能（第五篇第 8 章）。

4. 集合其部队后，防御者必须有能力立即占取要塞后面的阵位。进攻者将因而无法达到他而无虞要塞变成他自己后背的一个危险。

当然，对一条临时营房线的任何进攻，其本身都应被认作是一场突袭；或宁可说，那是我们在此关注的唯一方面。比起对一个作战区的一场重大进攻，一场突袭显然将更快地生效。当然，在前一场合，如果不得不绕过一座要塞，那么除包围和钳制住它之外别无选择；然而，在一场对临时营房线的突袭中，这并非必需，因而一座要塞不会在同样程度上阻碍它。这肯定如实；此外，一座要塞无法直接掩护一条 30 至 40 英里以外的临时营房线的两翼。另一方面，这样的一场突袭并非仅仅针对几处临时营房。以后，在论进攻的那篇里，我们将能够较充分地解释这么一场袭击真正针对什么，还有什么能够是被预期的结果。然而，可以马上说下面那么多话：它的主要结果将不出自对个别临时营房的实际攻击，而是出自它逼迫孤立的、没有准备的部队单位从事的交战，这些单位不那么关心战斗，却更关心急忙赶赴它们的目的地。然而，这类进攻和追击必须总是或多或少地针对敌人的宿营中心；如果一座重要的要塞位于中心正前面，它就会给进攻者造成一个严重障碍。

我们主张，上述四点的结合效应构成证据，证明与一个人乍看去可能设想的相比，一座大要塞无论如何能为一个大得多的临时营房区提供一定程度直接或间接的掩护。我们说“一定程度”，是因为所有这些间接的效能加起来，并未使敌人不可能推进；它们只使它更难更冒险，换句话说不那么可能，而且对防御者不那么危

险。确实，这是要求于它的一切，也是这个术语在这特殊联系中隐含的一切。真正的、直接的保护必须来自前沿据点，来自临时营房被安排的方式。

因此，这么一种看法不无道理：对一个在它后面的广为散布的临时营房区，一个大要塞是个掩护源；然而，也不否认在实际的战争规划中，甚至更经常地在军事史著里，能够见到在这问题上的空洞用语和诡辩意见。毕竟，如果这么多的掩护仅是一些情势的结 399
合，因而不过减小危险，那就能见到在单个场合，这掩护可能证明相当虚幻——因为非凡的情势，或更可能因为进攻者的大胆。因而在战时，决不应想当然地以为一座既定的要塞必然产生一个既定的效果；事情要求在每个场合都作仔细研究。

9. **作为对未被占领的省份的掩护**。如果一个省份剩下未被占领，或只由一支象征性部队占领，与此同时多少易受敌人袭击，那么位于该地区的一个还算重要的要塞就能被认作它的掩护，甚或它的安全保障。它肯定可被认作保护，因为敌人在夺取这个给防御者时间前去援助的要塞以前，不可能成为该省的主宰。然而，实际的掩护只能被说成是间接的，或**象征性的**，因为只有要塞的积极效能才能将敌方袭击者保持在约束限界内。如果这效能限于其驻防军，那么结果将很难鲜明可见：这些要塞的驻防军通常羸弱——仅是步兵且非最佳步兵。如果要塞接触那些将它用作一个基地和支持来源的小部队单位，掩护概念就会有更多实质。

10. **作为一场总起义的中心**。在一场游击战争中，诚然补给、武器和弹药并非有规则地常予分发。确实，出于此类战争的性质，一个人必须尽己所能地熬下去，从而发现无数细小的抵抗来源，那

是否则将照旧不被利用的。尽管如此，一个储有大量此类补给的重要的要塞显然能加剧整个抵抗运动，使之更为坚固，并且导致更大的凝聚力和更好的结果。

此外，这要塞作为伤员庇护所、民政当局所在地和财库起作用，连同作为较大作战行动的一个集合点，等等。最重要的是，它将成为抵抗中心；在一场围攻期间，敌军所处形势方便和有利于当地游击战士从事攻击。

11. **作为河流和山区的一道守卫**。一座要塞在任何地方，都不像它位于一条大河河畔时那样能服务于那么多目的，或起那么多作用。在此，它能确保随时安全过河，在几英里半径内阻止敌人过河，控扼河上运输，掩护船只，封闭道路和桥梁，并且使间接守卫该河——即在敌岸据有一个阵位——成为可能。显然，这多方面影响大大便利守卫一条河流，须被算作它的根本要素之一。

在山区，要塞有类似的重要性。在此，它们能开启或封闭会聚于它们的整个道路网络，从而支配这些道路通往的那整个地区。于是，它们作为名副其实的支柱，服务于它们的整个防御体系。

第 11 章 要塞(续)

审视了要塞的作用后,现在让我们来考虑它们的位置。乍看 400
来,这问题貌似极端复杂,鉴于各决定因素的很大多样性,其中每个都因其位置而异。然而,如果我们能盯住问题的本质要素,提防不必要的精细,这担忧就没有根据。

下面一点将显而易见:倘若在作战区,所有最大最富的城镇——那些位于联结两国的主要大道上特别是位于港口和海湾、大河和山里的城镇——都经工事筑防,那么一切需要都能同时得到满足。主要城镇与主要道路总是分布在一起,而且两者都自然亲近大河和海岸。这四项需要因而将轻易共存,不生抵牾。山脉是另一回事;那里难得见到重要城市。因此,如果一串山脉的位置和走向使之成为一条合适的防御线,那就有必要以专门为此目的建造的小要塞堵住它的道路和山口,并且以尽可能低的成本这么做。大的、复杂的要塞应被留给平原上的大城镇。

至此我们全未注意边境,而且全未谈论作为一个整体的工事筑防线的几何样式;我们也未提到关于其位置的任何别的地理状态。我们认为,已被列举的那些需要是根本需要,在许多场合,特别在那些关于小国的,有它们就足够。然而还有一些场合,那里别的决定因素是可有甚而必要的。这情况见于疆域延盖一个较大地

域且包含若干重要城镇和道路的国家，或相反几乎完全缺乏它们的国家；见于那些想望在自己业已拥有的许多要塞之外再作增添的富国，或相反非常贫困、被迫最大程度用好极少几座要塞的穷国。简言之，如果要塞与道路和城市的数目不成比例，无论是多出许多还是少了许多，那么情况便如此。让我们简短地考虑这些追加因素。

剩下的主要问题如下：

> 1. 选取哪一条道路作为主路，在联结两国的道路多于一个人将希望予以工事筑防的地方。
>
> 2. 要塞是应当仅位于边境，还是应当散布于全国各地。
>
> 3. 是要将它们均匀分布，还是要将它们集群分布。
>
> 401 4. 必须考虑进来的那个地区的地理特征如何。

若干其他问题可以出自一条要塞线的几何样式。它们应否被置于一排或几排？换言之，它们是彼此前后排列更有效还是并肩排列更有效？它们应否被布置得像是在一个棋盘上？或者说，将它们布置在一条像单个要塞里那样有凸角和凹角的直线上是否更好？我们认为，所有这些问题都是纯粹的诡辩，都是在讨论更重要问题时不值一提的那么微不足道的考虑。我们所以对它们有所触及，只是因为它们不仅在那么多书里被提起，而且被赋予那么大分量，远超过此类鸡毛蒜皮之事值得的。

为澄清第一个问题，让我们想起南德意志与法国的关系——换句话说与上莱茵地区的关系。如果我们将该地区当作一个整体

去想,要在诸条战略线上工事筑防而不考虑它由以构成的各邦,那么我们将碰到种种大难题,因为有那么多铺设良好的道路从莱茵区伸入弗兰科尼亚、巴伐利亚、维尔茨堡、乌尔姆、奥格斯堡和慕尼黑;然而,如果你不能将它们全都工事筑防,你就不得不做个抉择。不仅如此,虽然在我们看来,工事筑防最大最富的城镇极为重要,但无法否认相隔那么远的纽伦堡和慕尼黑将有大为不同的战略价值。因而,或可心存一个问题:是否不应工事筑防慕尼黑附近的第二处,作为纽伦堡的替代,即使它的重要性较小?

在这么一个场合的决定——换句话说对第一个问题的回答——必定关系到我们在论一般防御规划和论进攻目标选择的各章里谈论了的东西。处于紧迫进攻危险的地点就是不得不建造要塞的地点。

因此,如果有多条从敌方领土伸入我方领土的道路,那么我们将优先工事筑防直接导向我国心脏地带的道路,否则便优先筑防给敌人提供最大裨益的道路,它通往肥沃地区、通航河道等等。然后可以肯定,敌人将遭遇我方的防御工事,或在他选择绕过它们的情况下,我们将有办法实施一种自然和有利的翼侧包抄行动。

维也纳位于南德意志心脏地带,慕尼黑或奥格斯堡对设置主要要塞来说,将显然是比纽伦堡或维尔茨堡更好的地方,即使只针对法国——假定瑞士和意大利中立。当研究来自意大利、出于瑞士和经过提罗尔的道路时,这将变得甚至更明显;对这些来说,慕尼黑和奥格斯堡仍有某种价值,但维尔茨堡和纽伦堡就此同样或许可以不存在。

现在让我们转到第二个问题,即要塞是应当仅位于边境还是 402

应当散布于全国各地。首先必须指出，这就小国而言是个纯理论问题，那里从战略观点看边境延展得几乎涵盖整个地区。涉及的国家越大，提出这个问题的必要就越清楚。

答案显而易见：要塞应当位于边境。它们为护卫国土而存在，而若其边境得到护卫，国土就得到护卫。这个答案总的来说可以成立，但是下述观察将表明它如何受到种种限制。

任何主要依赖外部帮助的防御将因赢得时间而大为受益。不是在有力反攻情况下，而是在拖延过程中，裨益更多地寓于赢得时间而非削弱敌方兵力。其他情况相等时，倘若要塞散布于全国各地，涵盖它们彼此间的广阔地域，那么出于事理，与倘若它们沿边境密集地扎堆设置相比，要夺取它们就需花费更长时间。不仅如此，凡在目的是借敌人交通线漫长和维持困难去挫败敌人之处——当然是在能够指靠这些事情的国家——仅在边境修筑防御工事将是荒唐的。最后，一定要记住：凡情势许可处，首都的工事筑防必须优先；省会和商业城镇亦应工事筑防；横贯国土的河流，还有山脉和其他自然障碍，将作为追加的防御线起作用；许多自然位置强固有利的城镇值得工事筑防；最后，某些军事设施，诸如弹药工场之类，位于腹地比位于边境要好，而且肯定值得靠一个要塞去保护。于是我们发觉，在一国腹地建造防御工事的理由，某些场合可以较多，某些场合可以较少。因此，我们的感觉是，虽然有许多要塞的国家将它们大多设置在边境是正确的，但将腹地留作全无工事筑防仍将是个大错。例如在法国，这错误在我们看来惊人地常见。这方面可以合乎情理地出现某种困惑，如果在边界地区全无大城镇，或这些城镇位于较深的腹地的话。南德意志就是这

种情况:斯瓦比亚简直全无大城镇,巴伐利亚却满是它们。我们不认为必须一劳永逸地解决这个难题,但相信必须允许有每个场合的特殊情势,以此去裁定这样的场合。虽然如此,我们还是要请读者注意本章结束时的话。

从各方面考虑,第三个问题——要塞是应当集群还是应当均匀散布——是个难得出现的问题。尽管如此,我们仍不会因此将它当作无谓的思辨:一个由两座、三座或四座要塞构成的集群,离一个共同的中心只有几天行军路程,将赋予这中心和以它为基地
的军队颇大力量。因此,如果其他条件有所允许,那么人们将大受 403
引诱去创立这么一个战略堡垒。

最后一个问题关系到要被选择的位置的自然状况。如果一个要塞位于海岸、溪流或大河之畔或山脉之中,它就将双倍有用。如前所述,主要需要之一由此得到了满足。尽管如此,仍有若干别的方面要被考虑。

如果一座要塞不能被直接设置在河畔,那么最好不将它设置在靠河很近的地方,而是在约 50 至 60 英里开外;否则,这河就将穿经和干扰它的与所有上述各点相关的影响范围。[1]

山里不是如此:山脉不像河流,不将规模或大或小的武装部队的行进限于既定地点。然而,一个在山脊敌人一侧的要塞被设置得糟糕,因为难以援救。反过来,如果它位于近侧,敌人就难以围攻它,因为山脉将妨碍他的交通线。1758 年时的奥尔米茨[2]就是

① 菲利普斯堡是个极好的例子,例解要塞选址如何不当。它的位置恰如一个站立的傻瓜,鼻子紧靠墙。克劳塞维茨注。

② 详见本书第 659 页注①。——中译者注

个例子。

不说自明，无法穿行的大森林和大沼泽也有像河流一样的效应。

有个问题经常出现：在很难进入的位置上的城镇是否适于设立要塞？由于筑防和守卫它们几乎没有代价，而同等的力量耗费将使它们强固得多，并且往往无法攻破，何况一个要塞的作用一向更多的是消极而非积极的，因而在我们看来，它们易受封锁这反对意见不需被很认真地对待。

在结尾时，让我们回顾我们的给一国筑防的简捷体系。我们觉得很有理由宣称，我们已将它建立在这么一些考虑的基础上：它们重要，经久，直接关乎国家的紧要事务和利益。因此，它不被短暂易逝的军事时髦左右，不受灵巧战略的奔放飞翔影响，也不囿于一个既定场合的种种特殊需要——其中的任何一样都能给一座被建造来延续五百甚或一千年的要塞造成不幸的后果。西尔贝尔贝格，被弗雷德里克大王建在苏台德山脉的一个山脊上，在急剧改变了的条件下已经实际上丧失它的一切意义和重要性；相反，布雷斯劳，如果说它过去一向是个合适的要塞，那么它仍将在所有条件下保持其价值——针对法国人不亚于针对俄国人、波兰人或奥地利人。

读者不应忘记，我们的论辩不是意在对这么一国来说合理正确：该国想建造一套全新的防御工事体系。由于这难得发生，的确实际上从不发生，因而我们的论辩本将是一番无用的演练；然而，它们或可适用，当任何单独一座要塞在被规划的时候。

第 12 章　防御阵位

任何阵位，若在其中一方迎应会战并利用地形保护自身，就是 404
个防御阵位，无论其总态势主要是消极的还是积极的。这出自我们关于防御的总看法。

或可再往前一步，将所有这样的阵位称作防御的：在其中，一支朝敌人推进的军队将随时准备迎应会战，如果敌人将在那里寻求会战。这说到底，是大多数会战的由来，且在中世纪从头到尾，始终不知有任何别的方式。然而，这不是我们当下的论题。多数阵位属这类型，而且与**临时营地**概念相反的**阵位**概念将足以满足当下的目的。因此，一个被专门定作**防御阵位**的阵位必须有另外的特征。

显然，在普通阵位上达成的胜负决定由时间要素支配。两军彼此相向行进：它们在哪里相遇是个次要问题；作数的无非是地点相当适切。然而，在真正的防御阵位中，**地点**要素是支配性的：胜负决定必须在这地点达成，或者宁可说主要因为这地点。这就是我们在此谈论着的一类阵位。

因而，地点要素有一双重方面：首先，在一个既定阵位上的兵力对整体有一定影响；其次，阵位本身帮助保护这兵力，并且增大其潜能。简言之，它将既有战略相关性，也有战术相关性。

相当准确地说，只有战术方面才使“防御阵位”这术语成为合理正当的。战略方面——即部署在那个点上的一支兵力仅凭其在位就保护着国土这事实——可以同样应用于一支在进攻的兵力。

这两个方面中间的第一个——阵位的战略影响——只有在我们进至谈论作战区防御的时候才能被充分显示；这里，我们将只在现在能考虑的范围内考虑它。为此目的，我们必须更仔细地审视两个多少类似的往往被混淆的概念：扭转一个阵位和绕过一个阵位。

一个阵位相对于它的前沿被扭转，这么做要么是为了从侧翼甚或后背攻击它，要么是为了切断它的退路和交通线。

其中第一个目的——攻击侧翼或后背——是战术性质的。当今，部队极为机动，所有作战计划都一定程度上旨在扭转或包围敌
405 人，因而任何阵位都须被准备得符合这最终目的；而且，一个值得被称作强固的阵位不仅必须在前沿强固，而且必须为在侧翼和后背战斗留有充分的余地，如果侧翼或后背竟遭威胁。因此，如果阵位被**扭转**，意在攻击其侧翼或后背，那么它不会被搞得无益。在此发生的战斗由这阵位决定，防御者应当有能力从他开初为之选取这阵位的所有好处得益。

倘若进攻者扭转阵位，以便威胁它的退路和交通线，那么他便将战略方面带入较量，于是问题在于阵位能被守住多久，对敌能否以其之道还治其人自身。这两者都取决于这地点的实际位置——主要取决于每方的交通线与对方的关系。任何好阵位都应保证给防御兵力在这方面的优势。无论如何，这阵位不会因为被扭转而被搞得无益；确实，一个尝试此类举动的敌人至少将因它而变得

无效。

另一方面，倘若进攻者漠视在一个防御阵位上待敌前来包含的效能，靠率其主力经另一路线挺进去追求其目的，那么他就是**绕过**这阵位。倘若他能够这么做而无损失，并且果真轻易做成了，他就迫使防御者立刻放弃这阵位，或曰他使之变得无益。

世上几乎没有一个阵位是不可能绕过的——就“绕过”一词的字面原意来说。彼列科普地峡[①]之类例子太罕见，不值得详细考虑。因此，说不可能，指的是因为绕过阵位而给进攻者带来的种种不利。第 27 章将提供一个更合适的机会去谈论这些不利；不管它们是大是小，它们都等同于阵位的未被利用的战术效能，与它一起它们履行它的功能。

于是，一个防御阵位的两项战略特性已浮现出来：

1. 它不可被绕过。
2. 它在为交通线作的斗争中给防御者好处。

另两项战略特性现在要被添上：

3. 与交通线的关系也对交战样式有一种有利影响。
4. 地形的总的影响有利。

与交通线的关系不仅影响绕过一个阵位的可能性，或许连同切断其补给的可能性，还影响会战的整个进程。一条倾斜的撤退

① 连接克里米亚半岛与乌克兰本部的一条 5 至 7 公里宽的狭窄地带，位于西面的黑海与东面的亚速海之间，因其战略和商业价值，史上多次为激战场所。——中译者注

线便利进攻者的战术包抄动作，阻绝防御者在会战进展期间的战术移动。然而，一项与交通线相关的倾斜部署并非必然归咎于错误的战术，而是很可能出自选取阵位方面的一项战略错误。例如，
406 倘若道路在阵位附近改变方向（如 1812 年在博罗季诺），它就无法避免。如此，进攻者旨在包抄运动的挺进方向对头，**同时不必偏离他的垂直部署**。

不仅如此，如果进攻者有能力沿多条道路撤退，防御者却仅有单独一条，前者九线有大得多的战术行动自由。在所有此类场合，防御者将为克服这战略错误带来的种种不利而徒然挣扎。他不会成功。

最后，关于第 4 点，地形的其他方面能够那么不利，以致最仔细的选择和极顶的战术智谋也将无济于事。在此情况下，以下将是主要考虑：

> 1. 最重要的是，防御者必须力求保持对敌监察，并有能力在他自己的直接所在区内扑向他。只有在环境的自然障碍与这两个条件相结合的地方，防御者才能收获地形之利。
>
> 因而，下述地方有一不利：被总的来说更高的高地控扼的地方；位于山区的所有或大多数阵位（那在论山区作战的几章里将得到较专门的考虑）；一翼受山岭保护的所有阵位（虽然进攻者将发现它们难以**绕过**，但他将发觉它们够易**扭转**）；有一座山在它面前的任何阵位；还有，总的来说所有出自上述环境的情况，连同那些出自它们与地

> 形总况的关系的。在这些不利条件的相反状况中间，我们只要提到一个背靠山岭的阵位。在此，有利之处如此众多，以致它可被纳入为上述目的可想象的最佳场所之列。
>
> 2. 地形在或大或小的程度上可适合于军队的性质和结构。骑兵优势应当使我们很有理由去寻求开阔地面。崎岖难行的地形则在下述场合用处明显：短缺骑兵，或许也短缺炮兵，但步兵由经历过战争并知晓周围乡村的勇敢者构成。

没有必要详细谈论一个防御阵位的位置可能对战斗部队有的战术影响。我们只要将结果当作一个整体去考虑，因为只有这才有战略意义。

一支军队打算在其中待敌进攻的任何阵位，都显然应当是个提供可靠的地形之利的阵位，那转过来将有助于倍增军队实力。在大自然襄助甚大、但不是大得像一个人能够希望的地方，就必须借助于堑壕。据此，能够经常地使各单个地段——确实有时使整个阵位——**无法攻破**。在后一场合，将予采取的措施在目的上显然已完全改变。我们不再追求一场有利条件下的会战——意在使整个战役成功的一场会战。我们现在的目的是根本不经任何会战而获成功。通过将我们的战斗部队保持在一个无法攻破的阵位，407
我们实际上拒绝会战，并且迫使敌人寻求达到解决的其他方式。

因此，这两种情况彼此间须被明确地区分开来。第二种将在下一章里冠以“强阵位”标题得到讨论。

我们在此关注的防御阵位只是指一个格外有利的战场。然而，如果它被打算是个战场，防御之利就不得**太大**。那么，这样的一个阵位应当有多强？显然，我们的对手越凶猛放肆，这阵位就需越强固，因而每个场合都须按照它本身的情况去判断。面对一个像波拿巴那样的人，就可以也应当撤到更强的堡垒后面，强于面对道恩或施瓦岑伯格之类人物的。①

如果一个阵位的组成部分不可攻破，例如像其前沿那样，那么它应被认作阵位总实力的一个单独的因素，因为这意味着在此不需要的兵力须被用于其他地方。然而，不应视而不见一个事实，即敌人在规避不可征服的部分时，将改变他的进攻的整个样式。新的样式是否适合我们的目的仍待观察。

例如，考虑一个阵位，它被直接取在一条大河后面，因而这条河有助于加强前沿，像间或必定发生的那样。实际上，这条河成了左翼或右翼的一个支撑点，因为敌人自然必须在左边或右边更远的地方过河，并且改变自己的前沿以便进攻。因此，主要问题是这对防御者有何利弊。

在我们看来，一个防御阵位，其长处越隐蔽，越有利于在作战过程中出敌不意，就越接近理想状况。一个人总是试图就自己的战斗部队的真实兵力数量和它们的真实走向欺骗敌人。同理，不应让他看到一个人打算如何利用地形。当然，这只在一定限度内才有可能，或许还要求有一种尚未被尝试的技能。

任何阵位，倘若邻近一座规模可观的要塞，就获有优势，无论

① 道恩：见本书第 241 页注①；施瓦岑伯格：见本书第 225 页注②。——中译者注

它坐落在哪个方向上，因为这增大了它的兵力的机动性和有用性。恰当使用单个野战工事能够弥补某个点上缺乏自然长处，允许人预先确定交战的大略梗概。这些便是这技艺能够提供的助益。将它们与下列各项相结合：正确选择自然障碍（它们阻碍敌军而不使之全然失能），且有因为知晓战场而敌人不知产生的种种有利条件；与他所能相比，能够更好地隐瞒我们的安排；还有，总的来说具备在作战过程中出敌不意的手段上的优势。如此，就能使地形本身的影响成为压倒性和决定性的，因而敌人将屈膝就范，同时根本 408
不知自己真正为何失败。这就是我们构想一个防御阵位的方式；它在我们看来，是防御性战争的最大优势之一。

若不考虑任何特殊情势，便可假定地势起伏的、耕种得既不过分密集也不过分稀疏的乡野，将提供最多数量的这类阵位。

第 13 章　筑防阵位和堑壕营地

409 前一章里我们说，自然状况和人为技能使之强固得须被认为攻不破的阵位分明有别于有利的战场这范畴。它自成一类。在本章内，我们将谈论它的种种特性，而且因为它的特征很像一座要塞的，所以我们将称之为**筑防阵位**。

筑防阵位并非轻而易举地由简单的堑壕造就，唯靠近要塞的堑壕营地除外。它们更少出自对自然障碍的利用。自然状况与人为技能通常携手共创之；因而，人们往往用术语堑壕营地或堑壕阵位去指它们。可是，这个名称能同样用于任何经寥寥几项野外工事改善的阵位，那不同于在此被谈论着的论题。

一个强阵位的功能，在于使据守它的部队变得实际上不可攻破。靠此，它将起到要么直接保护该地域**本身**、要么仅直接保护驻在该地域的**战斗部队**的作用。前者是早先战争中防线的功能，尤其在法国边境上，后者则是两类堑壕营地的目的，即全方位面向的和那些在要塞附近的。

例如，倘若一个阵位的前沿已凭野外工事和阵前障碍变得那么强固，以致根本无法攻破，那么敌人将被迫包抄它，攻击侧翼或后背。然而，为使这变得更难，将为这些防线寻求能保护两翼的支撑点，例如对在阿尔萨斯的防线来说的莱茵河和孚日山脉。这么一条

防线的前沿越长，就越容易防止它被包抄，因为包抄运动对实施它的部队总是隐含一定风险，而且这风险相应于偏离初始兵力方向的程度成正比增长。因此，一条能被搞得攻不破的加长前沿与良好的支撑点一起，通常将提供直接保护一个相当大地区免于敌人入侵的机会。这至少是最初的设想，也是在阿尔萨斯的防线的意义，其右翼依傍莱茵河，左翼依傍孚日山；在佛兰德的延展 75 英里的防线的意义同样如此，其右翼依傍图尔内要塞和斯凯尔特河，左翼依傍大海。

在缺乏可得手段去设置如此漫长强固的前沿和支撑良好的两翼时，如果定要依靠一支用堑壕防御的部队去防守一个地区，那么后者 410
将不得不用全方位防御去保护自己不被包抄。有效被掩护区概念不见了：这么一个阵位从战略上说只是一个点。被掩护的无非是战斗部队，靠它们守住国土，或宁可说靠它们**在国土上维护它们自己**。**扭转**这么一个营地是不可能的，因为它在两翼和后背没有可被攻击的**弱部**。它处处是前沿，每处都一样强固。然而，一个这类的营地能**被绕过**，并且毕竟比一条工事防线容易被绕过得多，因为它近乎**全无**延展。

基本上，在要塞附近的堑壕营地属于后一范畴：它们旨在保护它们的部队。它们的较广泛战略意义，即运用这些被保护的部队，多少不同于其他堑壕营地的。

追溯了它们的起源和发展后，我们现在提议评估这三种防御方法中间每一种的价值。为了区分它们，我们将称之为“筑防线”、“筑防阵位”和“要塞附近的堑壕营地”。

1. **筑防线**。筑防线构成警戒线战法的最糟方式。如果没有强大的火力支持，那么它们摆在进攻者面前的障碍一钱不值。非如此，它一无用处。更有甚者，与国土幅员相比，一支军队能够伸

展并仍有效使用其火力的距离微乎其微；因而，筑防线将不得不很短，从而只涵盖很小部分国土，否则军队将无法有效地守卫所有地点。当然，有人已经提出，并非沿筑防线的所有地点都必定需被占领：它们可以仅被保持在监察之下，应当以可得的后备去守卫，颇像守卫一条中等大小的河流。然而，这个办法不适于所用的手段。在自然障碍大得能被利用的地方，将不需堑壕，而且堑壕事实上将是危险的。筑防线不适于局部防御，但堑壕适于。堑壕本身据设是进路的主要障碍时，显然它们如果**不被守卫**就几乎毫无用处。针对不惮炮火的几千人进行的一场合成攻击，一条 12 或 15 英寸深的壕沟，或一座 10 或 12 英尺高的堡垒究竟有多大用处？结论是，这类防线可被**扭转**，如果它们不长，并被防守得相当好；倘若它们长，而且防守不足，它们就能被全不犯难地夺自前沿。

这类防线将部队拴在当地防御，使之全无机动性，因而是个被构设得很不适于对付一个积极有力的敌人的办法。如果说它们尽管如此，却仍持续见于晚近的战争，那么原因在于这些战争的性质，其时表面的困难往往被当作真实的困难。在大多数战役中，这些防线无论如何只被用作补充性防御去抵御袭击者。如此，它们可以有某种价值；然而必须记住，为其防守而需的部队本来往往能
411 在别的点上成就更有价值的事。它们在大多数晚近的战争中没有可能，亦无迹象表明它们被用上了。可以怀疑它们将重现于未来。

2. **筑防阵位**。如我们将在第 27 章详细显示的，只要受托防守一个地区的部队能将自己维持在那里，对该地区的防守就照旧存在。它持续而不终止，直到该部队撤离和放弃该地区为止。

因此，如果在一个遭到强大得多的敌人进攻的国家里，一支部

队要坚守住自己的地盘，那么保护该部队抵御敌人压倒性优势的一个办法，是将它置于一个攻不破的阵位。

如前所述，这么一个阵位必须有全方位防御。如果部队规模并非**很大**（那将与案例的整个性质相反），那么一个战术布局**通常**将只占取**很小空间**——小得在交战过程中将遭受无数不利的一个空间；不管它多大程度上被所有各类堡垒加强，也将极少有成功挺住的希望。在一处营地，要每一边都呈现出一个前沿，所有各边就都须既延展得长，又简直固若金汤。仅堑壕技艺将不足以提供这样的实力，倘若延展长度那么大。因而，作为一个根本条件，这么一处营地应当以自然障碍求实力，它们将使它的某些部分成为无法靠近的，同时使另一些部分变得很难抵达。因而，若要使用这种防御办法，就需找到合适的阵位；这无法仅靠堑壕做到。这些话适用于战术结果，并且旨在确立这战略手段的存在。作为例解，我们要提到皮尔纳①、邦策尔维茨②、科尔贝格③、托雷斯维德拉斯④和德里萨⑤。现在让我们考虑它的战略特性和效能。

---

① 萨克森的一个镇，位于德累斯顿附近。1756 年 8 月底，寡不敌众的萨克森守军面对普鲁士大军入侵，弃镇而逃，10 月中旬投降。——中译者注

② 见本书第 240 页注①。——中译者注

③ 今波兰西北部的中波美拉尼亚境内的一个城镇，濒临波罗的海，1648 年威斯特伐利亚和约将其给予勃兰登堡—普鲁士；1761 年即七年战争期间，俄国军队经连续三度围攻夺得该镇，但战后回归普鲁士。——中译者注

④ 见本书第 545 页注①。——中译者注

⑤ 俄罗斯西德维纳河之西北湾左岸处一座工事筑防营地，1812 年俄法战争初期建造。驻扎俄国第一集团军，原意是阻止拿破仑大军推进，并且配合拟议打击其侧翼和后部的俄国第二集团军。由于法军占有重大优势和俄军面临被分隔歼灭的可能，7 月初第一集团军奉命离开德里萨营里后撤。——中译者注

第一个条件当然是一段时间里——亦即依赖该营地的有效性的时段里——被分派据守它的部队应当有其食物补给保障。只有在下述场合才能如此:阵位后部依傍一个港口,例如在科尔贝格和托雷斯维德拉斯;它与一座要塞密切相连,有如邦策尔维茨和皮尔纳;已在营地或咫尺之遥累积起食物储存,像在德里萨那样。

这项条件只有在第一个场合才会被充分满足,在第二和第三个场合只部分地被满足。它将总是个风险来源。与此同时,补给难题显然排除了许多否则本将服务于一个堑壕阵位的阵点。合适的阵点因而**难得**。

为了估计这么一个阵位的效能,平衡其利弊,我们必须问自己:一个进攻者大概会怎样对它作反应?

a. 进攻者可以绕过这强阵位,贯彻他自己的图谋,同时靠数量合适的一些部队将它置于监察之下。

588 就此,事关重要的是,堑壕阵地究竟是由主力部队据守,还是仅由一支辅助部队据守。

412 如果它由主力部队据守,那么进攻者只有在有个另外的可抵达和**决定性的目标**——例如一座要塞或首都之类——**供他进攻**时,才能因绕过它而得益。即使假定有,他也只能在一种情况下追求之,那就是他的基地实力和他的交通线位置使他的战略两翼不会陷入危险。

一个由防御者的主力部队据守的强阵位:要就其适当性和有效性得出的结论是,它只会在如下地方被找到,即在那里它如此威胁进攻者的侧翼,以致能够确保将他牵制在他无法为害的场所;或者在别处,如果那里没有他可以抵达的、可能令防御担忧的目标。

在有这么一个目标的地方，还有在无法与此同时严重威胁敌人战略侧翼的地方，根本不应占取阵位，或者即使占取，也只由一支象征性部队占取，仅为观察敌人是否会敬畏它。然而在此情况下，依然有如下危险：要是他不敬畏它，防御方就将不再能够解救被威胁的阵位。

如果工事筑防阵位仅由一支辅助部队据守，那么进攻者将决不缺乏供他进攻的另一个目标，而这目标可以是主力部队本身。在此情况下，阵位的价值局限于它对敌人战略侧翼构成的威胁，并将局限于这条件。

b. 如果进攻者不敢绕过这强阵位，那么他能够围困它，以饥饿逼它投降。然而，这有两个先决条件。第一个是该阵位不得通达后方，第二个是进攻者必须强得足以进行这么一种封锁。倘若这两个条件都具备，那么该阵位当然会使进攻者一度无能为力，但防御者将不得不为此强势付出代价，即损失防御兵力。

因此，只有在一定的情势下，由**主要防御兵力**占取这么一个强阵位才是要采取的一项措施。这些情势是：(1)其后背绝对安全（如在托雷斯维德拉斯）；(2)能够预见敌人的优势将不足以进行一场围攻战。如果他确实试图在缺乏足够优势的情况下围攻，那么防御者将能作成功的出击，并且逐步击败敌人；(3)能够指望得到救援，如 1756 年萨克森人在皮尔纳指望的那样。1757 年在布拉格战役[①]后的情况基本上也是如此：布拉格可被认作是个堑壕营地，在其中查理亲王本来决不会让自己被围困，假如他不知道来自

① 见本书第 389 页注①。——中译者注

摩拉维亚的军队能援救他的话。

倘若为主要防御兵力选取一个工事筑防阵位的决定要被辩解为合理正当，就绝对必须具备上述三项条件中的一项。然而必须承认，这些条件中的第二和第三项近乎迫使防御者接受严重风险。

可是，倘若涉及一个辅助军团，一个必要时能为主力之利被牺牲掉的军团，那么这些条件就不见了。其时的唯一问题，在于这牺牲是否事实上将防止一场更大的祸害。无疑，情况难得如此，但并
413 非不可能。是在皮尔纳的工事筑防营地防止了弗雷德里克大王早在 1756 年就入侵波希米亚。当时奥地利的不备状态如此严重，以致波希米亚本来肯定会被丢失，由此而来的伤亡很可能超过皮尔纳陷落时投降的 17000 人。

c. 形势可能不给进攻者提供上面 a 和 b 勾勒的任一可能性。在此情况下，我们为防御者规定的那些条件得到了满足，进攻者则真的别无选择，只能面对这强阵位停下来，像一条盯着一窝鹧鸪的猎犬。他能做的莫过于派出分遣队，从而将他的兵力散布在该地区，满足于这一优势，尽管它无足轻重和并非紧要，同时等待未来去决定该地鹿死谁手。在此情况下，这阵位就完全履行了自己的功能。

3. 要塞附近的堑壕营地。如前所述，这些营地在其目的不是保护一个地域而是保护一支兵力抵御敌人进攻的限度内，属于工事筑防阵位总范畴。与其他阵位的唯一区别在一个事实：它们与要塞一起，构成一个不可分离的整体。这事实当然大大增强它们的实力。

它们导致了如下特性：

a. 它们可以服务于一个特殊目的,即令围攻要塞变得很困难或不可能。这可以造成大量伤亡,如果这要塞是个不可能被封锁的港口;然而,在任何别的情况下有一风险,即该地可被过快地搞得因饥饿而投降,以致没有理由牺牲大量部队。

b. 有可能在一座要塞附近建立一个堑壕营地,供一个与战场上可行的相比较小的部队集群使用。在一座要塞的围墙之内,四五千人可以隐然不见,反之世上没有任何营地会强得足以使之免处野外战场。

c. 它们可被用于集合和训练新兵、民兵、地方志愿兵之类兵员,其士气并非高涨得足以使之面对敌人,除了在一座要塞的保护下。

因而,或可为一些有益的目的而推荐这类营地,如果它们没有一项格外的不利,即在它们无法被占取时令要塞处于危境。另一方面,对一座要塞来说,维持一支规模够大、以致还足以占取营地 591
的驻防军将是个太重的义务。

因而,我们倾向于主张只为海岸要塞使用它们,而在其他场合,将它们更多地认作是负担而非资产。

最后,我们将我们就筑防阵位和堑壕营地的看法概述如下:

> 1. 国度越小,闪避动作的余地越有限,就越难在没有这类阵位的情况下行事。
>
> 2. 有越大的把握能依赖外力帮助和救援——来自 414
> 其他兵力、气候变坏、民众造反等等——它们就越不那么是风险来源。
>
> 3. 敌人进攻的冲劲越弱,它们的效能就会变得越大。

第 14 章　侧翼阵位

415 我们在用单独一章谈论侧翼阵位的唯一原因，是以辞典方式提供对它的便利的查询。虽然在正统军事思想界它是个显要论题，但在我们看来它不是个独立的主题。

一个侧翼阵位是指即使敌人可能绕过它也要将它守住的任何阵位：一旦他绕过了它，能有的唯一影响是在他的战略侧翼。因此，每个筑防阵位都是个侧翼阵位：因为它固若金汤，敌人便不得不绕过它，而且此后它的唯一价值，在于它对他的战略侧翼的影响。阵位的真正前沿面对的是哪面无足轻重，不管是像在科尔贝格那样与敌方战略侧翼平行，还是像在邦策尔维茨和德里萨那样与之垂直。一个筑防阵位必须面向全方位。

然而，一方可能意欲据守一个**并非**固若金汤的阵位，即使敌人绕过了它。情况将如此，如果相对于敌人的交通线和撤退线，它被定位得那么好，以致不仅将有可能在敌人推进之际有效地进攻他的战略侧翼，而且担忧自身退路的敌人将无法全然切断我们的退路。倘若情况并非如此，那么由于阵位并非固若金汤，我们便将冒战而无缘撤退的风险。

例如，在 1806 年，普鲁士军队在萨勒河右岸的阵位本来能相对于波拿巴途经霍夫的推进，十足地成为一个侧翼阵位，只要将前

沿面对萨勒河、然后等待事态发展就行。

假如当时物质力和心理力不那么失衡，假如法军由一个像道恩那样的人率领，那么普鲁士人的阵位将证明极为有效。不可能绕过它：即使波拿巴，在决定攻击它时也承认如此。他甚至无法将它全然切断；假如物质力和精神力的失衡不那么严重，试图切断普鲁士人就会像行经他们一样不切实际，因为对普鲁士人来说，其左翼败北构成的危险较小，小于同一件事对法国人来说的。尽管物质力和士气两者俱为失衡，但若有果断和明智的领导，就仍有足够的理由希冀获胜。没有什么去阻止不伦瑞克公爵①在 13 日下令他麾下八万人于 14 日晨对抗波拿巴所携六万人，后者在耶拿和多 416
恩堡横渡萨勒河。虽然，他的兵员数量优势与法国人后背的萨勒河深谷一起，不足以保证一场决定性胜利，但必须认识到，这是个非常有利的结合。假如这不会导致成功，那么从一开始就不应设想在该地区决出胜负。普鲁士人本应退得更后，从而增强他们自身的实力和减弱敌人的实力。

概而言之，普鲁士人在萨勒河的阵位易受伤害，可被认作是一个侧翼阵位，朝向来自霍夫的道路；然而，因其易受伤害性，它无法成为一个绝对意义上的侧翼阵位，直到敌人因为不敢攻击它而使它变得如此为止。

---

① 威廉·斐迪南·查理第二(1735—1806)：1780 年起为不伦瑞克—吕内堡公爵；普鲁士陆军元帅，在七年战争中战功卓著，1792 至 1794 年即法国革命战争期间任普奥反法联军总司令，发表威胁报复革命者的著名宣言，在关键性的 1792 年瓦尔米战役中被法国革命军击败；1806 年再度统率普鲁士军队，在奥尔斯泰德战役中被拿破仑军队击败，负伤，不久后死去。——中译者注

如果我们要将这个术语应用于下述阵位，它就将更少概念的清晰性：这些阵位在被绕过后**无法**保持不变，因而防御者必须从那里侧翼攻击敌人；它们将被称作**侧翼阵位**，只因为那是敌人遭到攻击的地方。这类侧翼攻击与阵位本身几乎全无联系；至少，它并非主要出自阵位的性质，如同在针对敌方战略侧翼的一场作战中将有的情况。

因此，无论如何，就一个侧翼阵位的属性全无新话要说。可是，就这权宜之计的特征和涵义，这可能是个说上几句的适当场所。

我们不要将真正的筑防阵位包括进来，那先前已被详细地谈论过。

一个并非固若金汤的侧翼阵位是个很有效的工具，但因为它易受伤害，它是个有风险的工具。如果它迫使进攻者停顿下来，它就以极少的努力产生了一个大效果，很像一名骑手用小指头施压于马嚼子上的勒马索。然而，如果效果不足，进攻者未被抑制，那么防御者几乎必然会丧失撤退机会。他必须力图经迂回路线迅速脱逃，在极为不利的条件下，否则他将陷入背水一战绝无退路的危境。倘若敌人胆大勇猛，士气优越，并且指望一举决胜，这便是非常冒险的方针，远非适当——如我们的 1806 年之例显示的。相反，若逢一个小心谨慎的对手，并在一场仅为武装监察的战争中，它就是防御能使用的最佳手段之一。实例可见于斐迪南公爵[①]的

① 斐迪南·冯·不伦瑞克(1721—1792)：世袭公爵，1758 至 1766 年任普鲁士陆军元帅，七年战争中弗雷德里克二世的主要将领之一，战功卓著，特别是 1758 年初在西线指挥 10 万兵众成功地抵挡法军，随后被授予普鲁士陆军元帅衔。——中译者注

威悉河防御，在其左岸取一个阵位，亦可见于在施莫特赛芬[①]和兰德夏特[②]的著名阵位。然而在后一场合，1760 年落到富凯军团头上的灾难也表明对它使用不当的危险。

① 施莫特赛芬即现在波兰下西里西亚省的普瓦弗纳多尔纳镇，1762 年 6 月初，尾随用兵非常审慎保守的奥地利军队统帅道恩，弗雷德里克二世率领普鲁士军队到此扎营，与驻扎在附近地方的道恩大军对峙数月而无战事。——中译者注

② 西里西亚境内一镇名，即今波兰西南边境处的石山城，1760 年 6 月 23 日即七年战争期间，普鲁士将领海因里希·奥古斯特·富凯率 12000 人与奥地利名将劳东麾下 28000 人交战于此，普军大败，富凯被俘。——中译者注

第 15 章　山地防御战

417 山岭地形对战法行使强有力的影响；因而，这个论题对理论家来说至关重要。由于这影响在于将一种阻滞要素引入作战，因而它主要属于防御领域。因此，我们在此要讨论此事，同时不将自己局限于守卫山岭这较窄的议题。在研究这议题的过程中，我们的分析在某些方面导致了相当不正统的结论，因而我们必须较详细地深入此事。

我们首先要考虑事情的战术方面，从这些方面我们能进至它与战略的关联。

无疑，山地防御战就效能和长处享有的声誉传统上一向出自两个主要因素：第一，漫长的纵队在山路上行进的困难；第二，一个小据点获得的非凡力度，其前沿由一个陡峭的山壁掩护，其侧翼则由深深的沟壑支撑。只有一定时期的武器和战术的特征才阻止了主力部队去利用这效能和长处。

一个纵队经狭窄的峡谷，非常缓慢地往山上爬；炮手和驾车手们吆喝和咒骂着，沿山岩小道驱赶疲倦的驮畜；每辆垮了的大车须被移走，为之花费难以言状的努力，与此同时纵队其余部分停下来，怨声载道，诅咒有加。在这么一个时刻，每个人都暗忖境况如此，几百名敌人便足以导致全线溃败。这里可见历史学家们用的

一个表述的起源，即一夫当关，万夫莫开。即便如此，任何经历过战争的人都会知道或应当知道，这么一种山间行军很少与一场山间**进攻**有关，假如还有点儿关系的话。若从这特殊困难推导出进攻将甚至更难，那就大错了。

自然，一个新手会贸然得出这个结论；同样自然，某些时期里军事实践会陷入同样的错误。三十年战争以前，战斗序列之深、骑兵之密集、火器之粗糙和种种别的因素，导致对重大地形障碍的任何开发利用都甚为罕见。富有条理的山区防御，至少以正规军从
事的，实际上不可能。不到一种较为伸宽的战斗序列投入使用，而 418
且步兵与其火器成为一支军队的主导成分，任何人都不知道可以好好利用高山和深谷。甚至其后，这要被发展到实现其充分潜能，还需要另外一百年——近乎直到 18 世纪中叶。

第二个方面，即一个小据点能在一个差不多无法进入的地方作强有力抵抗，加强了对山地防御有更大效能的信仰。似乎须做的莫过于增加这样的阵位，为的是将一个营做的变成一支大军做的，将就一座山做的变成就一条山脉做的。

不可否认，在山区，一个位置有利的小据点获得格外的实力。一个在开阔地的部队单位能被两三支骑兵队驱散，而若可通过快速撤退免于被俘或被歼，就会认为自己幸运；可是，它在山区，却能对抗一支大军。或可说，通过一种战术放肆，它能从一整支军队索取军事贡赋，即一场全规模进攻、一场包围，等等。它经障碍、侧翼支持和随它后撤而占取的新阵位去增强自身抵抗力的方式是个战术问题；我们在此将它当作一个事实接受下来。

假设一系列这样的强据点将导致一个强固的、几乎攻不破的

前沿纯属自然。只需提防由于下述原因而被包抄：向左右延展阵位，直至它达到合适的支撑点为止，或者直至以为仅这延展就足以防止阵位被扭转为止。在这方面，山区非常诱人；它提供那么丰富的防御阵位，每个都比前一个好，以致难以知晓在何处止步。到头来占领和守卫一个既定区域内的每个进入点，以为如果占领了内有 10 或 15 个据点的 50 英里或更多空间，就将终告安全，免于被包围的可怕境况。这些阵位看来由无法通行的地形（纵队没有能力跨越险峻地形行军）牢固联结，因而一方显得面对敌人而固若金汤。为了额外的安全，一方保留两三个步兵营、某些马拉火炮和十来支骑兵队作为后备，只是为防敌人竟侥幸突破了它们。

没有谁会否认这是个准确的历史描述；而且不能说，人们已全然摆脱这种错误。

中世纪往后的战术发展进程——与军队规模增大相伴——也有助于加强山地对军事行动的明显的防御价值。

山地防御战的首要特性是它的决然消极性质。因此足够自然，在各国军队达到它们当前的机动状态以前要依靠它。部队的数目已稳步增多，而且为利用其火力，它们越来越多地以细长线列
419 部署，精心相连，很难被迂回，即使不是不可能。部署这么一部复杂的装置能花费半天时间；它构成会战的一半，包括能在一项现代会战规划内见到的实际上一切。一旦这一切已被实现，那么如果出现不同情势就难以作出改变。因此，一个推迟划出自身会战线的进攻者那时能依据防御者的阵位去这么做，后者则无法予以回应。进攻于是取得了总的优势，防御能做的莫过于依靠自然障碍保护自己。没有什么比山岭更有效地服务于这个总目的。因此，

可以说，一方旨在军队与合适的地形合为一体；合起来它们成就共同的事业。部队守卫山岭，山岭保护部队。一个山区因而将一种高程度的实力赋予消极防御，同时本身并非一项不利，除了它导致额外损失机动性，那是无论如何没有谁精于利用的。

在对立双方的冲突中，易受攻击的一方，即较弱的一方，总是吸引敌人的进攻。如果防御者的据点强固有力，坚不可摧，可谓稳如磐石，纹丝不动，那么进攻者将大胆地包抄它们，因为他不必担心他自己的侧翼。这的确是发生了的情况，并且很快成了流行做法。作为回应，阵位变得愈益延展，其前沿则相应地变得愈益羸弱。然后进攻者改变办法：他不再试图通过向外延伸去翼侧包抄敌人，而是集中兵力打击一点，继而击碎防线。这大致是山地防御战在晚近各场战争终了时达到了的阶段。

于是，进攻再度获得了完全的优势，归功于它不断增进的机动性。只有机动性才能增强防御，但机动性受阻于山地地形。结果，山地防御战遭到了失败（如果我们可以用这么一个表述的话），正如各国军队在法国革命战争期间尝试此类防御时那么频繁地遭受的。

为了不将婴儿随洗澡水一起倒掉，为了不被大量陈词滥调搞得乱发断言——能由实际经验千百次地在实践中否定的断言，我们必须按照单个场合的性质去区分山地防御的效果。

这里要决定的中心问题，最有助于理解整个论题的问题，在于作山地防御战时，意欲的抵抗是相对的还是绝对的。它是要只持续一段时间，还是要以明确获胜告终？山岭显著适合于第一类防御，因为实力因素被增强。另一方面，除了很少数特例，山岭一般

而言根本不适合。

在山里，任何行进都更缓慢更艰难；它花费更多时间，而且倘
若它在敌人攻击范围内进行，那么它还耗费更多人命。进攻者遭
420 遇的抵抗以时间和人命的耗费去衡量。因此，只要行进任务只是
敌人的，防御者就拥有一项明显的优势；一旦防御者也不得不行
进，这优势便化为乌有。有一条基本的和战术上必然的道理，那就
是与旨在彻底胜利相比，有限抵抗允许大得多的消极性。不仅如
此，消极性能够无限地持续下去——直到交战结束。这在绝对抵
抗的场合将是不可能的。因此，山区的阻碍特征，一种妨碍和取消
主动性的黏滞因素，是追求这目的的理想条件。

我们已经说过，凭山岭地形，一个小据点能取得非凡的实力。虽然这战术结果无需进一步的证据，但有必要做个进一步的解释：必须分辨一个部队单位的规模是绝对的小还是相对的小。如果一支有任何既定规模的军队决定在一个孤立的地点驻扎单独一个单位，该单位就可能发觉自己处在整个敌军的攻击之下——换句话说遭到与之相比它规模很小的优势兵力攻击。在此情况下，作为通则，它只能希望作出相对而非绝对的抵抗。该单位与己方主力和敌方主力相比规模越小，这就越适用。

然而，即使一个据点绝对地小，是个与之对抗的敌人不比它强的据点，可望作出旨在实际胜利的绝对抵抗，它在山里也会比一支大军境况更好，好得不可比拟。它将更好地利用地形，如同我们以后要较详细地说明的。

因而，出现的结论是，一个小据点在山区能非常强固。足够明显，这能有决定性价值，每逢需要**有限**抵抗时；然而，它对一支军队

的绝对抵抗来说，是否会有同样的**决定性**的价值？这是我们现在必须探究的问题。

首先，我们必须问另一个问题：一个由若干据点组成的前沿是否会相应地与其中每一单个据点一样强，有如至此一直假设的那样？当然不是：这假设出自两个可能的错误之一。

其一，一个无法通过的地区往往被混同于一个无法进入的地区。在不能以纵队或伴有炮兵或骑兵**行军**的地方，大多数场合仍能以步兵推进，或部分地使用炮兵：会战期间行进涉及的短暂发力不能按照行军标准衡量。因而，以为各据点享有彼此间可靠的交通，乃是依据一个十足的幻想，而且是危及其侧翼的幻想。

另一个错误是以为一排前沿很强固的小据点在其侧翼也一样
强，因为一个深谷、一面峭壁之类地形给一个小据点提供了良好的
支撑点。然而，它们为何如此？不是因为它们使得一个据点不可
能被包抄，而是因为它们迫使一个包抄行动要付出时间代价和努
力代价，那必须对照据点的意义去衡量。一个敌人，由于正面进攻 421
不可能，因而不顾地形困难想要并不得不包抄这么一个据点，将很
可能在这谋略上花费半天时间，而且可能仍无法做到无伤亡地成
就它。如果这类据点依赖帮助，或它据打算只固守一段有限的时
间，或它的力量和敌人的相等，那么侧翼支撑点就履行了自己的功
能，说这据点不仅前沿强固而且侧翼也强固就会符合事实。然而，
在一连串据点是一个山区延伸阵位的组成部分的情况下，这不成
立。在此，上述三项条件无一具备。各种情况都没有实现。敌人
以优势兵力进攻单单一个据点；来自后部的支持微不足道，然而形
势要求作绝对防御。据点的支撑点在这些境况下毫无价值。

这就是进攻者将针对去打击的弱点。以集中的、因而有巨大优势的兵力对前沿单独一点发动的攻击将遇到激烈的抵抗，**在按照那个点上的兵力衡量的时候；可是按照整体衡量，这抵抗微不足道**。一旦它已被克服，防线就被击碎，目的就被达到。

因此，**有限**抵抗在山地比在平原更有效；相对而言，它在小据点设防的情况下最有效；而且，它不相应于交战兵力成正比增长。

我们现在转向每一场大规模交战的真正目的——**积极**获胜。凡在整个兵力或其一大部参与的场合，这必须是山地防御战的目的。其时，**山地防御战自动转变为一场在山地的防御性会战**。它的形态现在成了会战式的：全部兵力服务于歼灭敌人这目的，胜利便是交战宗旨。在此涉及的山地防御战是次要的；它不再是目的，而是手段。如果情况如此，那么山区与这目的的关系如何？

一场防御性会战富有特征地要求在前沿作消极反应，在后背作增强了的积极反应；然而，山区趋于造就瘫痪。两个因素起作用。首先，没有道路允许从后背到前沿的快速行军。甚至一项战术突袭也因地面崎岖不平而受阻。其次，不可能将该地区和敌人的行动保持在监察之下。于是，进攻者从地形得到了已给予我方前沿的同样的好处，与此同时防御的较佳部分全然失能。现在第三个因素开始起作用：被切断的危险。不管面对前沿压力，山地地形多么有利于撤退，不管敌人由于试图搞包抄动作而损失了多少时间，这些好处只有在**相对**抵抗的场合才重要。它们对一场在其中抵抗必须坚持到底的决战没有影响。诚然，敌人的侧翼纵队要占领那些威胁甚或切断我方退路的地点将花费稍长时间；可是一旦他在那里，就全无援救可能。没有任何来自后部的进攻能将他

逐出威胁退路的地点;没有任何全兵力拼死突击能在他堵路的地方制服他。如果说这看似悖论,如果以为山岭给进攻者的好处必定也给试图切断其路的部队,那就不应忘记它们各自境况的差异。试图堵路的军团不是要作**绝对**防御;几小时抵抗可能就够了。它所处的形势因而类同于一个小据点所处的。不仅如此,它的对手不再控制他的所有作战手段;他陷于混乱,缺少弹药,等等。无论如何,成功希望甚微;正是这危险,使得防御者比任何别人都更害怕这形势。这恐惧弥漫到会战的所有阶段,弱化较量者的每根肌腱和神经。他的两翼变得异常敏感;的确,进攻者在后背丛林斜坡可见范围内部署的每一群士兵都提供了导向其胜利的新杠杆。 422

这些不利将在颇大程度上消失,同时所有利好将继续留存,倘若山地防御能由一支集中在一个广阔的山岭台地上的军队去进行。在此,将有可能设想一个强固的前沿,难以进入的两翼,而且另一方面还有在阵位之内及其后背的完全的移动自由。这么一个阵位要算作是可能的最强的阵位之一。然而,这几乎全不优于一个幻想:虽然大多数山脉多少较易从后背通行,甚于从其斜坡爬上,但大多数台地要么对这样的目的来说太小,要么台地这术语并非正确地适用于它们——它可以指地质的而非地形的考虑。

正如已被指出的,山地防御阵位的缺陷对较小的部队单位来说趋于减小。原因在于较小的兵力所需的空间较小,所需的撤退线较少,等等。一座山构不成一个山脉,也没有它的种种不利。部队单位越小,它的阵位就会越局限于单个山岭和山脊,它也就越不那么会被迫使自己陷于陡峭狭窄的密林峡谷,那里林木繁多,犹如迷宫,构成所有这些麻烦的渊薮。

第 16 章　山地防御战(续)

423 前一章里形成了一些战术结论,我们现在转向要从它们提取出来的战略用途。

要将以下几方面区分开来:

1. 作为战场的山区。
2. 占有它对其他地区的影响。
3. 它作为一种战略障碍的效能。
4. 它引起的补给难题。

1. 作为战场的山区。在第一个也是最重要的方面,我们必须进一步讲一场主要会战与若干次要交战。

我们已在前一章指出,在一场**决战**中,**山地地形**无助于防御者;相反,它有利于进攻者。这与一般看法截然相反;但是,一般看法通常混淆不清,不能区分一个问题的多个不同方面。人们对一个小部队单位的强有力抵抗留有那么深刻的印象,以致他们假设所有山地防御战都有非凡的力量。当这样的力量在一切抵抗的核心即防御性会战中的存在遭到否认时,他们惊讶莫名。另一方面,他们总是乐意将任何山地防御性会战的败北归咎于警戒线战法这

不可置信的错误，完全忽视不可避免地被涉及的种种情势的作用。我们不惮与这样的看法直接碰撞。另一方面，我们很高兴在一位作者的著作中找到了支持，他出于若干原因，在这问题上受人尊敬。他就是查理大公[①]，在他关于 1796 和 1797 年战役的史著中。查理是一位明智的史学家，一位精明的评论家，并且是——更重要——一位优良的将领。

防御者，虽然以寡敌众，但已深思熟虑和大为努力地集合了他的兵力，为了在决定性会战中，为的是在决战之际以其爱国精神、热烈干劲和敏锐才智震撼进攻者。一切目光都聚集在他身上。因此，我们禁不住深感遗憾，如果他决定在丛林茂密的山岭这朦胧黯然的区域占取一个阵位，行进受阻于无情的地形，并且任其以众敌寡的对手发动形式无数的攻击。施展的才智的机会被限于仅仅一个领域：充分利用天然障碍。然而，那玩意将他危险地带近警戒线 605
战法，它可以是毁坏性的，应当不惜任何代价予以避免。因而，在打一场决战的场合，我们远不认为山地地形是防御者的避难所；相反，我们将建议任何统帅只要有可能就避开它。 424

必须承认，这并非总是可能。其时，会战的特征将显著有别于在平原上会战。他的阵位将广阔得多大——通常两三倍之长。抵抗将消极得多，反攻则不那么猛烈。如此是山地的必然状况；然而，这么一场会战中的防御不应退回山地防御战。相反，它在山区的首要特征应是集中部署其兵力，在**单独一位**统帅之下打一场**统一的**会战，伴有被留下的足够后备，以便使决战超出一次单纯的击

① 见本书第 220 页注①。——中译者注

退或抵挡行动。这是个不可或缺的条件，但很难具备；滑入山地防御战是那么容易，以致不足惊奇它会那么经常地发生。然而，它非常危险，以致理论家无论怎样大敲警钟也不为过。

关于涉及主力的决战就说这么多。

另一方面，在打重要性较低和意义较小的交战时，山岭能提供无穷利好，因为不需要作绝对抵抗，也不会产生决定性结果。让我们列举此类抵抗的目的，从而澄清这一点：

a. 仅为赢得时间。这是个很常见的目的。它总是存在，如果已经为搜集情报而设立了一个防御性阵位的话；而且，在任何期望得到增援的场合也是如此。

b. 击退敌人的一场单纯示威或小冒险。在一个省份由一条山脉保护的地方，不管这山脉被设防得多么微薄，防御都无论如何将足以阻止敌人的袭击和其他劫掠性远足。没有一条山脉，这么一个脆弱的链条就将荒唐可笑。

c. 己方自己示威。对山区形成正确看法将耗时许久。直到形成为止，可以发现对手害怕它，被它搞得裹足不前。在这类场合，甚至主力也可被用于守卫一条山脉。此乃常见形势，在一场进行得无精打采或少有行进的战争中；然而，有个条件必须保持不变，即一方既不打算积极迎应、也不打算被迫投入一场在此阵位上的大会战。

d. 一般说来，山地很适于任何这样的部署：在其中，一方无意接受一场大交战，因为在山里，每个部队单位都

各自较强;只是它们的总合实力将较弱。不仅如此,在那里还较容易避免遭到突袭和被迫投入一场决定性的遭遇战。

e. 最后,国民起义易在山区兴旺,但总是需要小的正规部队的支持。相反,主力部队的邻近似乎对它不利。因此,一场起义难得使率领一支大军开入山区成为合理的。

以上是从会战阵位的角度去谈山区。 425

2. **占有山区对其他地区的影响**。我们已经表明,易于在山区确保一个规模可观的地段,办法是依靠一个个小据点——如果更易接近就会小得难以维护自己,并且因而处在持续危险之中的据点。当敌人占有山区时,每一推进都比在平原上费时久得多,从而
不能被期望保持同速。 607
因此,在山区,与在任何别的同等大小的地区相比,占有是个重要得多的方面。开阔的旷野能一日过后便迅即易手。为了使敌人放弃被想望的地区,只需前推一些强有力的分遣队。在山区,情况不是这样,那里小得多的兵力能够作出重大抵抗:如果渴望夺取一个山岭地段,那就需要一场特殊的作战,要求在该地段能被占取之前花费许多时间和颇大努力。即使一个山脉可以不是主要作战场所,它也不应被视为完全取决于该作战——如此的情况将发生在一个较易进入的地区。对它的夺取和占领不得被认作是军队推进的一个自动的结果。

因而,山区有大得多的独立性。对它的占有更为绝对,而且不那么容易改变。不仅如此,一条山脉的外斜坡通常提供对周围乡

村的良好视野，而它自身内部可谓被掩藏在最深的黑夜之中。因而可以理解，对任何面对他不占有的山岭的人来说，一条山脉代表了不利影响的恒久源泉和敌方力量的隐秘熔炉。如果敌人不仅占据山岭，而且是它们的合法拥有者，那么这印象就更加强烈。正是在此，勇敢的游击战士组成的最小团队能够找到躲避追击的庇护所，只为在一个不同地点不受伤害地脱险而出。最强大的纵队能够不被察觉地穿经它们；而且，进攻者的部队必须保持相隔颇大距离，为的是避免被拖入其支配地区，在那里陷入一场此不敌彼的战斗，由它们无力还手的袭击和敲打构成。

任何山脉就是如此地在一定半径内，对它周围的低洼地区行使一种连续不断的影响。这影响究竟是直接的，例如施加于一场会战的结局之上（像 1796 年在莱茵河畔的马尔施），还是仅过了一段时间将在交通线上被感到，取决于种种当地景况。它能否由在山谷或平原上达成的胜负决定压倒或扫除，取决于涉及的兵力。

1805 和 1809 年，波拿巴向维也纳进军，途中未就提罗尔山脉多多费心费神；然而，莫罗[①]在 1796 年所以不得不放弃施瓦本，却主要因为他未占据山区，同时不得不用太多的兵力去监察它。在一场势均力敌来回拉锯的战役中，一方不喜欢面临由敌控山岭代表的持续的不利。因此，它会试图夺取和守住它的进攻主线必需的那个部分。在这样的场合，山岭所以趋于是两军之间小交战的主要场所，原因就在于此。然而必须当心，不要总是将山岭当作整

①　见本书第 353 页注①。1796 年 7 月 9 日，莫罗所率法军与奥地利军队在南德意志黑林山附近的马尔施会战，部分法军从山地迂回低处的奥军左翼，奥军被迫后撤。——中译者注

个形势的关键，将占有山区当作自己的主要关切。在攸关胜利时，
主要关切是胜利；一旦赢得了胜利，形势的其余方面就能随环境的 426
许可去予以处理。

3. **山岭作为一种战略障碍的效能**。在此，两个因素须被区分开来。亦然，第一个是决战。可以将山岭视作一条河流——有某些通过点的一个障碍。它提供了打赢会战的一个机会，办法是分割敌人的推进，将他局限于某些道路，从而使我们能以已经聚集在山另一侧的我方全部兵力攻击他的部分兵力。即使进攻者忽略所有其他因素，仍有一个决定性的原因，使之无法以单独一列纵队行经山岭：他将面临致命风险，即不得不在只有单独一条退路的情况下打一场决战。因而无疑，这种防御方法依据令人信服的论辩。然而，术语“山岭”和“山地通道”非常含糊，一切便取决于地形本身。因此，这方法只能被显示为一种可能性，它还包含两项不利。第一，一个已遭受失败的敌人将轻而易举地在山里找到避难所；第二，他将占据更高的高地。这可能并非决定性因素，但它对防御者来说是个不利。

我们不知道有任何在此状况下实际发生了的会战，除非算上阿尔文齐[1]在 1796 年打的一场。然而，波拿巴 1800 年翻越阿尔卑斯山表明它是可能的：梅拉[2]本来能够并应当在他集合了他的

① 约瑟夫·德·巴尔巴雷克·阿尔文齐(1735—1810)：男爵，少年时从军，在 1792 年开始的反法同盟战争中先后担任师长、军团司令、上莱茵方面军司令和奥地利战争议事会成员；1796 年任意大利奥军统帅，对抗进行意大利战役的拿破仑·波拿巴，但兵败连连，遂转任匈牙利军事总督；1808 年被授予奥地利陆军元帅衔。——中译者注

② 米歇尔·弗里德里希·冯·梅拉(1729—1806)：奥地利将军，在拿破仑·波拿巴的意大利战役期间由反法联军统帅苏沃洛夫统领，指挥奥军参与赢得数场会战，其后统率在波希米亚的奥军。——中译者注

各纵队以前全力扑向他。

第二个因素是山障对敌方交通线的影响，在两者互相交叉的地方。在要塞堵路或一场总起义的效果之外，天气恶劣时糟糕的山路足以驱使一支军队陷入绝望。不止一次，它们迫使一支军队撤退，在首先令其精疲力竭之后。此外，如果还有游击队员的不断袭击，甚或一场总起义，那么敌人将不得不派遣大部队远征，并且最终占领山区各要点。他将因此陷入进攻性战争中可能有的最严重逆境。

4. **山岭引起的补给难题**。这是个非常简单和直截了当的事情。当进攻者要么不得不留在山里、要么至少须将大山留在他后背时，在这方面能够给防御者的最大利好便油然而生。

关于山地防御战的这些思考基本适用于一般的山地战，在它们也明示了进攻性战争概念的范围内。它们当然不会仅因山岭无法变成平原或反之亦然就被认作不正确或不实际，或因战区选择受那么多别的因素支配、以致看似几无余地做这类论辩而被认作
427 如此。然而，当它被应用于大规模作战时，这余地并非那么有限。如果问题在于如何最有利地部署主力——特别在决战关头——那么寥寥几项进至前沿或后背的额外行军就足以将军队从山岭带到平原：当全部兵力牢牢集中在那里时，附近的山岭就会变得无害。

笼统地明示了事情之后，我们将再度聚焦，令图景清晰锐利。

我们坚持认为并希望已经证明，山地一般而言不适合防御战，从战术和战略两个视角来看。在这意义上，防御是决定国土拥有问题的决定性战法。山岭减小己方的控制，并且阻碍在所有方向上的行进；它们强加消极性，同时由于要求堵住每一进路而几乎总

是导致某种程度的警戒线战法。因此,只要有可能,就应当使自己的主力置身山外,将山留在一边,或者在山前或山后占取一个阵位。

另一方面,我们认为在进行次要作战或追求次要目标的场合,山区有助于增进实力。依据我们先前已说的,就那些不再能追求一个绝对决定的人而言,将它称作弱者的一个真正的避难所并非首尾不一。它之适于次要作战是排除主力的另一个原因。

然而,所有这些因素很少有助于抵消心理冲击。不仅新手,而且那些已被按照错误方法训练的人,其想象力将压倒性地被山岭地形造成的种种困难占据,它们有如一种密集的敌对元素,阻碍进攻者的一切行进。因此,这样的人很难不将我们的看法认作是最荒诞的悖论。当一个人采取一种更广阔的视野时,18 世纪的历史便以其特殊的战争方式取代了这样的印象。例如,某些人永不会信服奥地利本将较容易在莱茵河而非意大利守卫自己。另一方面,法国人在有力和无情的领导之下从事战争二十年,脑海里留有这战法成功的强烈印象,此后在未来长时期里将领先应用健全的本能,那基于对这种情势的锤炼过的判断力,如同对其他情势的一样。

因而,似乎一国将在旷原而非山区找到更大的保护;似乎西班牙若无比利牛斯山就将更为强固,伦巴第若无阿尔卑斯山就将较难进入,北德那样的平坦国度比匈牙利那样的多山国度更难征服。这些推论是错的,它们将我们带到我们的结语。

我们没有断言西班牙若无比利牛斯山就将更为强固,但我们确实认为,一支觉得自己有实力冒险打一场决战的西班牙军队将

较明智地集中屹立于埃布罗河后面，而不是将兵力分散在比利牛
428 斯山的五个山口中间。这不是要排除比利牛斯山对战争的影响。我们相信，这对意大利军队来说也一样真确。倘若将兵力分散在阿尔卑斯诸峰中间，它就敌不过一个决绝的对手，而且全无胜败选择；但是在都灵平原上，它的军威就将与别的军队一样强。然而，仍然没人乐意相信，一个进攻者喜欢翻越阿尔卑斯山那样的山岳，将它留在他的后背。不仅如此，在平原上接受一场大战不一定隐含一个意思，即不能有小部队单位在山里的预备性防御作战。在阿尔卑斯或比利牛斯之类山脉，这类作战将是可取的。最后，我们远非断言一个平原国家比一个山地国家容易征服，除非单单一场胜利足以完全解除敌人的武装。在这样一场胜利后，征服者取防御态势，山岭将因此令他尴尬，像令防御者尴尬一样——甚而过之。倘若战争继续下去，倘若外来援助抵达防御者，倘若人民武装奋起，那么其中每一种反应都将被山岭强化。

情况可能有如屈光学：当影像以一定方向移动时，它变得更清晰明亮，但只是到抵达焦点为止。一旦超过了该点，效果就立即相反。如果防御在山地较弱，它就可能鼓励进攻者选择一条山路推进。然而，这只会难得发生：补给和道路难题，对敌人是否在山里接受会战和在那里部署其主力之缺乏把握，足以抵消任何可能的优势。

第 17 章　山地防御战(终)

我们在第 15 章讨论了山地战斗的性质，在第 16 章讨论了它 429
可被施予的战略用途。这些讨论期间，山地防御战这实际概念不断出现，但我们没有停下来解释它就形式和组织而言意味着什么。我们现在要更细致地审视它。

山脉往往像箍条或带子一般横跨地球表面，构成各整体灌溉系统之间的分界。它们的基本形态重现于它的众多较小部分，有出自各主要山脉的山脊和峡谷，转过来形成众多较小的分水岭。因而理所当然，山地防御战要按照主要山脉被考虑，这山脉是个长度上而非宽度上的障碍，像个延伸的壁垒那般起作用。地质学家可以尚未就山岭的起源或其演化规律达成一致；无论如何，水道样式是体系结构的最直接、最可靠的向导——不管它本身是否由它们的侵蚀效应塑造，或水道是否出自这结构。因此，在规划山地防御战时，自然而然受水道引导。它们不仅提供了一个自然的层次系列，使人能够准确地标绘出山的总高度和总轮廓，而且它们构成的峡谷总是通达山峰的最短最安全途径。无论如何，关于侵蚀，人们所知的是，它始终趋于将崎岖不平的斜坡磨损成单一的、有规则的曲面。由此而来的山地防御战理论会将一道总的来说走向与前沿平行的山脉当作进路的一大障碍，一种堡垒，其入点由峡谷形

成。实际的防御将在最高的山脊上(即在山脉最高台地的边缘上)进行,防线则将穿越主要峡谷。如果山脉的走向多半与防御前沿垂直,那么防御将在它的一大支脉上进行;因而它将与一大峡谷平行,一直延伸到主要分水岭,那将被认作是它的终点。

在此所以勾勒了这种依据地质结构去设想山地防御战的形式主义,是因为它一度实际占据了理论家们的想象力;的确,在所谓地形理论中,侵蚀法则被吸收进了战争操作。

然而,这一切如此饱含错误的假设和随意的类比,以致没有足够的东西被留下当作依据,据以构建任何严肃的讲求实际的体系。

430 山脉的主脊事实上太光秃,亦太难通行,以致无法留驻任何数量的部队。支脉往往同样糟糕——太短且形状太不规整。台地并非在每个山脊上都有,而且即使在有台地之处,它们一般也太狭窄,太荒凉。的确,仔细审视,如下的山脉非常罕见:它往上有一道统一的、连续不断的山脊,其两侧往下倾斜,形如规则的斜坡或一系列阶地。主山脊蜿蜒曲折,渐分出各大支脉,它们曲折远伸,往往终有高峰,高过主脊本身。临近的山麓形成大谷,它们与整个系统格格不入。此外,在几条山脉会合或向外伸展的地点,关于狭长箍条或带子的观念须被全然抛弃,代之以星状分水岭集群和山脉链条观念。

必然的推论在于——而且任何从这视角研究了山岭的人都会更强烈地感到——必须拒斥系统地部署兵力的想法,因为它太不现实,无法作为一项总规划的基础起作用。可是,我们必须指出实际应用领域的另一要点。

如果我们仔细观察山地战的战术方面,那么两个主要难题就凸显出来。它们是如何守卫峻峭的高山,如何守卫狭窄的山谷。

后者往往、**确实通常**给防御提供更大的有效性，却不容易与主山脊阵位相结合：往往，山谷本身须被占领，通常在它从山峦展开出来的地方，而不在它源起和它的边缘非常陡峭的更高处。不仅如此，守卫山谷提供了守卫山区的一个方法，甚至在根本不可能驻兵主山脊的时候。因此，山峦越高，越难通行，它起的作用就越重要。

所有这些因素表明，必须完全放弃设想一条相当规整的、符合一个基本地质特性的防线。山岭应被想作只是一个布有种种参差不齐和大小障碍的平坦的表面，它的每一部分都是一个人谋求尽可能最有利地去利用的。简言之，虽然对完全把握山峦形状来说，关于地形的地质结构的知识至关紧要，但它在防御的组织方面难得显明昭彰。

在奥地利继承战争、七年战争或法国革命战争中，都不见有横布整个山脉和在其中防御遵循其基本特性的兵力布局。军队从不见于主要山脊，反而总是见于斜坡：位置较高或较低；朝着这面或那面——平行、垂直或倾斜；顺沿水道或跨越它；在更高的山脉例如阿尔卑斯山里，往往甚至沿一个山谷底面继续伸展；还有，最反常的是在较小的山脉例如苏台德山里，位于对着防御者的斜坡半
腰，因而面对主山脊。这就是弗雷德里克大王在 1762 年用来掩护 431
施魏尼茨围攻战的阵位，其营地前沿面对霍黑厄莱山峰。①

七年战争中著名的施莫特赛芬阵位和兰德夏特阵位②大部分位

① 施魏尼茨为今波兰西南边境城镇，附近边界处有属于苏台德山系的维耶卡索瓦山，其德语名称为霍黑厄莱山。该镇在七年战争初期被普鲁士兼并，后被奥地利夺取；1762 年 8 月至 10 月弗雷德里克二世经 60 余天围攻，复得该镇，是为七年战争的最后一场战役。——中译者注

② 施莫特赛芬和兰德夏特：分别见本书第 595 页注①和注②。——中译者注

于山谷底面。福拉尔贝格境内的费尔德基希阵位也是如此。[①] 1799和1800年的战役中，法国人和奥地利人俱在谷地本部设置他们的主要据点——不仅横跨谷地以形成障碍，而且沿其全长设置，与此同时山脊要么被留下不加占据，要么仅由很少几个孤立的据点去占据。

阿尔卑斯高山脉的各条山脊事实上极难通行和极为荒凉，以致不可能以众多兵力驻守之。如果坚持要为控制高山区而在那里留驻部队，那就不得不将它们留驻在谷地。乍看来，这必定似乎荒唐，因为公认的理论是谷地被山脊控制。然而实际上，情况不那么糟糕。山脊只能经几条羊肠小径抵达，而且通常只靠步行。所有的道路都在山谷里。因此，只有在孤立的点上，敌方步兵才能现身亮相；然而在这样的山脉里，距离远得令小型火器无法奏效。因此，谷地阵位不如它们看来的那么危险。然而确实，谷地防御面对另一严重危险——被切断的危险。诚然，敌人只有在几个点上才能派遣步兵下到谷地，而且哪怕如此，他也只能缓慢和大为费劲地这么做。因而不可能有奇袭；可是，如果没有据点去守卫这些道路敞入谷地之处，那么敌人将最终成功地凭数量优势兵锋下涌，继而开张进击。然后，他将能击碎现在已变得相当脆弱的防线，其唯一的保护是浅浅山溪的石质底床。不得不沿谷底断断续续地撤退，直至找到了一个离开群山的出口为止，然而这对防线的许多部分来说成了不可能。这就解释了为何在瑞士，奥地利人差不多总是有三分之一或一半兵员作为俘虏损失掉。

现在，就担负此等防御使命的部队通常在多大程度上分兵，还

① 费尔德基希为奥地利最西端省份福拉尔贝格的首府，建在深谷处，由岩崖和森林环抱，1799年3月初拿破仑属下主将之一马塞纳所率法军在此被奥军击败。——中译者注

要再说几句。

所有此类部署都基于主力沿主要进路占取的阵位,它多少靠近总防线的中心点。在那一点的右边和左边,其他部队单位将被派去占据各个最重要的入点,因此总合起来将形成一个阵位,由多少在一条线上的三个、四个、五个、六个或更多据点组成。将这阵位究竟延伸多远是必要或明智的,将取决于一个个具体要求。延伸两三天行程距离,即 30 到 40 英里,乃通情达理,且史册上不乏阵位长达 100 或 150 英里的例子。

在彼此相距几小时路程的各单个据点之间,会轻易地发现别的、不那么重要的进路,还有供几个营用的有利的阵位,很适于各主要阵位之间的联络。这些因而将被占据。能轻易地想象还可以 432
甚而进一步分兵,往下直到单个的连和骑兵中队——事实上往往这么做了。确实,分兵过程没有普遍通行的限制。另一方面,单个据点的实力取决于整体的实力;仅这,就使人不可能说出由主要阵位维持的实力大概有多大,或天然有多大。我们只提出几项取自经验和事理的命题,以作指南。

> 1. 山越高,越难通行,部队就越是可能分兵:确实,它们就越是**必须分兵**,因为能靠基于移动的兵力合成去确保的区域越小,它的安全就越须由直接掩护去照料。与在孚日山脉或在里森格比尔格山脉[①]的防御相比,在

① 德语名称,其波兰语名称为克尔科诺谢山脉,有时亦称巨山(Giant Mountains);位于今捷克北部和波兰西南部,属苏台德山系。——中译者注

阿尔卑斯山脉的防御要求有大得多的分兵程度，远接近于警戒线战法。

2. 迄今，在山地防御战中，部队历来通常分兵，以便赋予各主要据点单独一道步兵防线，由几个骑兵中队予以支持。只有驻扎在中央部位的主力才可能有几个营处在第二道战线。

3. 历来只在极少场合，才有一支战略后备被保持在后部，以便增援遭受进攻的地点：一个拉伸得那么宽的前沿通常被认为在所有各点上开初就太弱。因此，对遭受进攻的据点的支援一般召自别处，即防线上本身未遭进攻的其他据点。

4. 甚至在部队未经大分兵、因而单个据点相当强的地方，由它们作出的主要抵抗也总是采取当地防御形态。一旦敌人完全占有了一个据点，它就立即被认作无法由可能抵达它的任何增援予以收复。

可以对山地防御战抱多大期望？什么时候它应当被使用？在延展和分割兵力方面可以和可能会走得多远？这些是理论家必须留给将领自主斟酌决定的问题。对一位理论家来说，讲述手段及其在军事操作上起的作用就够了。

一位将领，如果允许自己在一个经延展的山地阵位上被决定性地击败，那就理应受军法审判。

第 18 章　河川防御

如果我们考虑江河大川的防御，那么它们有如山岭，属于战略 433
障碍范畴。但是，它们在两方面与山岭有别；其一关乎其相对防御，另一关乎其绝对防御。

有如山岭，它们强化了一场有限防御；然而，它们的特性在于，它们像一个由脆硬材料制成的工具那样起作用：它们要么承受住最重打击而无凹痕，要么其抵御能力脆崩破碎，继而全然消失。如果河流很宽，同时所有其他状况一概有利，那么过河也许绝无可能。但是，一旦河防在任何一点上被突破，就无处可见那类将发生在山区的纵深抵抗。事情被如此一举解决，除非这河恰好流经山地。

在它们与战斗的关系方面，河川的另一属性是它们一般允许较有利的、在某些场合极佳的决战之战术可能性；通常优于山岭的。

河川和山岭的拱形在于，它们都是危险和诱人的东西，往往导致了错误决定，使人陷入危险境况。当我们进至对河川防御的更详细讨论时，我们要注意到这些涵义。

河防成功的史例相当罕见，证明一个看法合理，即它们不像人们过去惯于认为的那样是那么可怕的障碍，在绝对防御体系使用

地形提供的每项增强手段的日子里。尽管如此，对于交战，也对于总的国防来说，一条河川仍无疑是一项资产。

为了提供某种内聚和视角，我们要列举这论题由以被审视的各不同方面。

首先，而且一般来说，河防提供的战略价值必须与另一个东西区分开来，那就是在它们本身未被设防的情况下它们对国防施加的影响。

防御本身的意义可以是三个不同类型的：

1. 主力作绝对抵抗。

2. 仅仅显示抵抗。

3. 有限抵抗，由诸如前哨、掩护线、分遣军团等等附属要素进行。

最后，我们必须区分三个主要层级或类型，那是防御形态可以采取的：

434 1. 意在阻止过河的直接防御。

2. 一种较为间接的形态，在其中河流和河谷仅作为一个更有利的战术发展的成分起作用。

3. 绝对的直接防御，由在河川的敌方那边坚守一个攻不破的阵位构成。

这三个层级将构成我们讨论的框架；当每个已经按照那第一

个和最重要的考虑得到审视后，我们要以提出另两个考虑来结尾。因此，首先让我们来看试图阻止敌军过河的直接防御。

这只能应用于大江大河即庞大水体的场合。

空间、时间和兵力须被认作这防御理论的基本要素，它们的结合使之成为一个相当复杂的事情。因此，不容易找到一个固定的出发点。经仔细思考，将得出以下结论。

守卫江河的各部队单位应有的驻地间隔由敌人建造一座桥梁所需的时间决定。必须用这些间隔去除防线总长，为的是判定所需的部队单位数目；然后，用这个数字去除可得的总兵力，以便判定每个单位的兵力。通过将这数字与敌军在桥梁建造期间能靠其他手段渡过河去的部队数目相比较，就能够估计防御有多大可能成功。除非防御方有能力以真正的优势兵力——比如两倍于敌——攻击任何在桥梁建成以前过河的敌军单位，那么假定敌军无法强渡将是危险的。

例如，假设敌人建桥要花费他 24 小时。倘若他不能在那时间里靠用其他手段使两万人以上过河，而且倘若防御方能够 12 小时左右在任何地点集中这个数目的兵力，那么没有任何强渡能够实现；到敌人已摆渡其半数时，两万人将已在那里。考虑到传送消息将花费的时间，一方能在 12 小时内行军 20 英里；因而，每 40 英里将需要两万人，为守卫 120 英里河岸前沿需要六万人。这足以允许两万人被派往任何地点，即使敌人试图在两个点上同时过河，而若他不这么做，可派的兵力就是此数的两倍。

三个支配性因素如下：(1) 河流宽度；(2) 过河手段，因为这两个合起来支配建造一座桥梁将花费的时间，连同建桥期间能够

过河的兵员数目;(3) 防御部队的兵力。进攻者的兵力在此阶段不相干。这理论将导致一个看法,即有一个关节点,在这点上,过河完全不再有可能,任何程度的兵力优势都无法实现强渡。

435 此乃河流直接防御的基本理论,讲的是一种意在阻止敌人建成桥梁并阻止他以其他手段过河的防御。它不考虑敌人可能采用的任何示威的影响。我们现在要来审视这类防御要求的种种特殊情势和措施。

首先,如果撇开一切地理细节,那就足以说,按照这看法所需的部队单位必须直接驻扎在河岸,每个都密集编队。它们所以需在河岸上,是因为任何更往后的阵位都不必要地增加必须穿越的距离。河流宽度掩护阵位,使之免遭任何严重的敌方活动,因而没有必要将它像普通防线上的一支后备兵力似的保持一个间距。此外,与一条河平行的道路一般来说比那些朝下进往它的道路更易通行。最后,毫无疑问,这类阵位将使人有可能更好地监察该河,好过仅靠一条据点链,主要因为所有高级军官都将近在咫尺。每个部队单位都须保持集中,否则我们的计算将不得不改变。任何知道要费多长时间去集合一个单位的人都会认识到,有了已经集中的单位就会确保最大的防御效能。乍看来,设立一排据点去阻止敌人坐船过河可能非常诱人;然而,除了在很少几个特别适合摆渡的地点,此种部署将极不明智。除开一种危险,即敌人一般能靠优势火力从对岸克制这么一个据点,它很可能是完全浪费兵力,因为这么一个据点成就的一切,仅是敌人将另选一个过河点。因此,除非强得足以将该河当作有如一条围绕要塞的护城河去对待和守卫——在此情况下不需任何额外建议——对河岸本身的这一防御

必将徒劳无功。

除了这些通行的部署准则，我们还须将以下事情考虑进来：一是该河有怎样的个性特征，二是消除所有过河手段，三是沿岸要塞有什么作用。

如果将河流认作一条防线，那么它须在每一端有支撑点，例如海洋或中立领土，或将阻止敌人在设防部分以上或以下过河的其他因素。只有在防线极长的情况下，才会有此等支撑点或其他条件，于是显而易见，河防必须延伸很大距离。因此，依靠在相对短的一个河段上集聚大军去守卫一条河不是个讲求实际的主张（我们不需烦神去讲任何别种提议）。我们说**相对短的一段河防前沿**，是指一段距离，它不大大超过无河场合一个阵位的通常长度。我们认为不会有那种情况；一条河的任何直接防御总是须被延展，直到它等于是一种警戒线体系才罢。因而，依靠种种在集中部署情况下将是正常的办法去抗击敌人包围并非明智。如此，在有可能 623 436
遭到包围之处，一条河的直接防御不管在其他情势下多么有希望，都是个风险很大的事。

至于处在这些极限之间的河流，显然并非所有地点都同样适于过河。我们能以一种笼统的方式进一步谈论这个问题，但我们无法将种种可能性分类，因为哪怕最微小的当地差异也往往超出书本里的最庞大论辩。这样的分类无论如何将全然无用；河流观察，结合得自当地居民的信息，将提供指南，没有必要诉诸书本。

一般意义上我们要说，最有利于过河的特征是有往下通河的道路、涌入河的支流、位于河岸的大镇和——最重要——河内岛

洲。另一方面，在文献里趋于被强调的特征，例如河岸之一的较大高度或在过河地点的一个河道拐弯，一向难得证明有大意义。原因在于，这些因素行使的影响限于河岸绝对防御这狭窄概念，就最大河流而言即使曾经出现也实属罕见。

任何使过河在一个地点比在另一地点容易的事都必定影响阵位，而且必定在某些方面修改通行的数学规则；然而，太远地偏离这规则和太重地依赖在一定地点显出的困难是不明智的。敌人将选择自然条件最不利的地方，如果他能确信他最不那么可能在那里碰上我们。

任何情况下都能被推荐的一个办法，在于尽可能最强固地占领河内岛洲。对它们的一番猛烈攻击是最可靠的线索，提示意欲的过河地点。

置于河岸的部队单位被期望随形势需要而朝上游或下游行进。如果没有与河平行的现成道路，那么改善靠得最近的平行小径，或非如此而建造短段新道路，是在防御方能做的最重要准备中间可予指靠的办法。

要谈论的第二点是消除过河手段。这在主河上并非易事，而且无论如何非常费时。在支流上，特别是那些位于敌人一边的支流，这近乎不可能，因为它们通常已在敌人手中。因此，最重要的是以防御工事封锁每一支流的河口。

敌人携带的过河手段——即驳船——就大河而言难得足够。因此，很大部分事情将取决于他能找到的造船制筏的材料，在该河本身及其支流，在沿岸大镇，还有最后在附近的森林里。一向有这样的情况：所有这些情势都对他那么不利，以致实际上不可能

过河。

最后，有要塞位于河两岸，或者仅位于敌人那岸。它们不仅起 437
护卫作用，阻止在它附近逆流或顺流过河，而且作为一个手段，封锁支流和储存可被用于过河的材料。

关于直接河防就谈这么多，它假设有一庞大水体。如果还有一个幽深狭窄的峡谷，或者湿软难行的河岸，那么将确实增大过河的困难和防御的有效性；然而，这些永不能抵上一个庞大的水体，因为它们不构成地形的重大突变，即直接防御的**第一要求**。

来了一个问题：在一场战役的战略规划中，这种直接河防起什么作用？必须承认，它永不能导致一场决定性胜利：部分地因为它不是意在允许敌人过河，而是意在摧垮他已登岸的头一批大兵力，[①]部分地因为该河本身使我们不能以一场有力的反攻去利用得到的任何有利条件。

另一方面，这类河防往往能赢得颇长时间——时间毕竟是防御者最可能需要的。集合过河手段花费时间。如果几次过河尝试皆告失败，那就将赢得更长的时间。如果敌人因为河而改变自己的方向，那么还有别一些好处无疑将落到防御一边。最后，在敌人并非果断挺进的一切场合，河流将暂停他的行进，而且起国家的一个经久护屏的作用。

① “.... partly because its intention is not to permit the enemy to cross, but to crush the first substantial force he has landed”.《战争论》1873年格雷厄姆英译本译作“.... partly because the object is not to let the enemy pass over to our side at all, or to crush the first mass of any size which passes”(部分地因为目的不是让敌人过河到我们一边，**也不是**摧垮过了河的头一大群兵力)。——中译者注(着重标记出自中译者)

在涉及两支大兵力、河流宽广和诸多条件有利的场合，直接河防能被认作是个极好的办法，可以产生种种结果，那在晚近时期里因为手段不足引起的失败而被注意得过少。上述要求毕竟很容易由莱茵河和多瑙河之类大河满足。如果能以 6 万人在 120 英里河防前沿维持有效防御，抵抗大占优势的兵力，那就很可以将它认作一项显著成就。

让我们再次回到“**大占优势的兵力**”这用语。在我们已勾勒的那个理论里，一切都取决于过河手段，同时无一取决于力求过河的部队，只要它不逊于防御部队。这可能看似古怪，然而正确。但是决不要忘记，大多数或实际上所有河防都没有绝对的支撑点。它们都能被逆转；兵员数量上的大优势将大大便利这逆转之战。

还必须记住，这么一种直接防御即使被敌人压倒，也不能与一场输掉了的会战相提并论。它更不那么可能导致彻底失败：只有部分我方部队参与了其中，敌人因自己缓慢过桥而延宕，无法立即胜上加胜。出于这一切原因，不应低估这防御办法。

438 在实际事务中，重要的是要找到正确的观点。因而，在河防方面，我们对整个阵位是否有正确的印象至关紧要：某些表面看似微小的因素可以令形势大为改变。在一个场合可能是健全有效的措施在另一个场合却可能是个灾难性的错误。有种种困难去妨碍正确判断一切和避免假设一条河有如另一条，而它们在这场合或许大于在别处。我们所以必须不断防范应用错误方法的危险或误解事实的危险，原因就在于此。然而，我们必须毫不含糊地补充说，我们认为有辱我们的尊严的是在意下面那些人的喧嚷：他们的含糊的激情和更含糊的头脑驱使他们从进攻和运动中期盼一切，而

且他们的战争观概而言之，可谓一名挥剑疾驰的轻骑兵。

甚至在它们实际上被证明有理的地方，此类观念和感觉也并非总是足够（我们只需列举一度著名的“独裁者”韦德尔 1759 年在齐利肖）；[①]然而更糟的是，大多数时候它们不可应用。正是在统帅被一大堆高度复杂的问题缠住的时刻，它们弃他于危难之中。

因而，在我们看来，只要目标不高过有节制的否定，依凭大量部队和在合适条件下进行的直接河防就能带来好结果。然而，这不适用于较小的部队单位。虽然沿一段既定的河防前沿部署的 6 万人能够制止 10 万人过河，但是沿同一地段部署的 1 万人无法制止一个 1 万人的军团——很可能甚至制止不了此数一半，只要这些人愿意冒险与占那么大数量优势的防御者立足于河的同一边。这一点显而易见，因为过河手段在两个场合相同。

至此，我们几乎全未说到佯攻问题，因为它们难得在直接河防中起作用。部分原因在于，这么一种防御方法不要求军队集中在一点上，而是给每个部队单位它自己的防御地段，还有部分原因在于，在这里被假设的条件下，假装过河是件极难的事。倘若过河手

① 1759 年，弗雷德里克撤换对俄作战的普鲁士军团司令官，换成卡尔·海因里希·冯·韦德尔。韦德尔的资历逊于军团内的其他将军，因而弗雷德里克写一封信确认了他的最高权威：“他，冯·韦德尔中将，在军中代表的正是一位独裁者在罗马时代代表的。”韦德尔在齐利肖的阵位阻止了俄国人在那里过奥得河，但他们似将在更北的地方过河，而且韦德尔虽处于一比二的兵力劣势，却于 7 月 23 日在卡伊进攻他们，遭遇惨败。编者注。

韦德尔（1712—1782）被弗雷德里克二世从较低衔级上提拔，是因为他大胆勇猛，不似保守消极的原司令官克利斯朵夫·多纳伯爵；齐利肖和卡伊俱为德语地名，分别为今波兰西部近边境地区的苏莱胡夫镇和波兰中部皮尼乔夫县内的基耶村；韦德尔率军约 29000 人，战斗损失约 8000 人。——中译者注

段本身稀缺——少于进攻者觉得他为保证行动成功所需的——那么他几乎想不了或经不起将颇大一部分手段指定用于佯攻。无论如何,它将同量地减小他能在真过河点上渡过去的兵力的规模。对方由此及时赢得了它本可能因为不确定性而失去的东西。

直接河防通常只适合于很大的欧洲河流,而且只在它们流程的下半段。

439 第二种河防形式适用于较小的河川和深谷——经常甚而为了无足轻重的那些。它是在更远地朝后背的地方占取一个阵位。距离应当长得使人有可能要么以各自隔开的部队单位抓住敌军,如果它在若干个点上过河,要么当它在单独一点上过河时在近川流处抓住它,那里它被限于单独一座桥梁或一条道路。一支后背正对着河或被夹在一个深谷里的军队局限于单独一条退路,处于一种就会战而言极为不利的境况。所有中等规模的河川和和深谷的防御都在于利用这些情势。

以各大单位在近河处的方式——我们认为这对直接防御来说最佳——部署一支军队:这假定敌人无法以大兵力出人意外地突然过河;否则,被分隔和各个击破的风险将太大。于是,如果条件不是对河防足够有利,如果敌人能掌握太多的过河手段,如果河流有着大多的岛洲或浅滩,如果它不是够宽或我们的兵力太弱,那就决不能考虑这防御方法。部队为了保持相互密切接触,必须从河后撤一段距离。剩下来要做的是尽可能最快地会合在敌人的过河点,并且在他占据河岸的够大部分、以致能在若干别的点上过河以前进攻他。在此情况下,必须以一条前哨链河监察和略守河流或谷地,与此同时分解成若干军团的军队在合适的各地点占取一个

阵位，这些地点离河有一段距离——通常离河数小时行军路程。

这里的重要特征是穿经狭窄河谷的通道。起作用的不只是水体本身，而且是作为一个整体的通道。作为通则，一个幽深的岩谷比一条颇宽的河流重要。一个颇大的部队集群经由一条窄道行军：这造成的种种困难实际上比它们乍看来的大得多。它花费的时间甚为可观，而且敌人将同时夺取周围高地的风险极令人不安。如果主要部队单位进得太前，它们将太快地遭遇敌人，处于被优势兵力击垮的危险；如果它们留在渡越点附近，那么它们将处于可能有的最糟战斗阵位。因而，抱着在另一边面对敌人的想法去渡越这么一个裂谷极为大胆，或者是以兵员数量大占优势和统帅方面强烈自信为先决条件。

当然，这种防线不能被延展得像它在大河直接防御的场合那
么远：一方想以统一的全部兵力去战斗，而且不管渡越点多么困
难，它们不能与一条大河的那些相比。敌人因此位于一个好得多
的阵位去包抄我们的防线。另一方面，这将使他偏离他的真正方
向（当然假定它近乎与那裂谷垂直），而且一条狭窄的退路这不利
条件不是被一举迅即克服，而是被逐步克服。因此，防御者仍保有
对进攻者的少量优势，即使他未在关键阶段抓住他，而只在他的包 440
围给了他多少更大的余地之后。

谈论河流时，我们不仅关注水体，而且——差不多更切题——关注由其谷地构成的深洼。因此，我们首先必须表明，我们不是指正常的山谷，因为在这场合，已就山地战说了的一切都将适用。然而，有大为开阔的旷野，那里甚至最小的溪流也奔涌在高峭的溪壁之间。此外，湿软的河岸和其他进路障碍也属于这范畴。

因而此等条件下，从事防御的军队在一条大河和一个深谷后面的阵位非常有利；此类河防须被算作跻身于最佳战略设计之列。

它的弱点，防御者可能容易犯错的地方，在于他的兵力伸展过度。在这么一种情势中，将自己的兵力从一个渡越点拉伸到下一个而不知何处止步，纯属自然。可是，如果不能以统一的军队去作战，那么整个事业就已失败。一场输了的交战、一番不可避免的撤退、困惑和所有各类伤亡可以将军队带到全盘灾难的边缘，即使它未战斗到底。

说下面的话足够了：不应将自己的兵力伸展过远，而且在每个场合，都必须能够到敌人过了河的那天终了时集合起自己的部队。这项原则将取代就时间、兵力和空间做的所有进一步讨论，它们取决于种种不同的当地因素。

出自此等状况的会战必定有个独具的特征：防御者必须显示最大冲动。敌人很可能以佯攻令他一度不断猜测，它们一般将只在最后一刻才允许他到达合适的地点。他所处形势的特殊有利条件，在于直接面对他的敌军部队处境困难。如果追加兵力从其他过河点抵达并包围他，他就无法以通常方式凭来自后背的持续反击对付它们。如果他这么做了，那么他将牺牲掉他的阵位的有利条件。他必须在这些追加部队开始逼压他以前决定问题——换句话说他必须以最大的速度和魄力进攻在他面前的任何部队，并且经其失败，给整个遭遇战做出个了结。

必须记住，**这**类河防的目标永不能是抵抗一支占巨大优势的兵力，像在大河直接河防的场合或许可以是的那样。通常，一方将不得不对付敌军的最大部分，而且即使这在有利条件下发生，也容

易懂得必须重视兵力差距。

这适用于中等规模河流和深谷的防御，如果涉及大部队的话，这些部队追求决胜，而且对它们来说，能在谷地外缘坚持的有效抵抗全不似一个被分散了的阵位的数面回缩。然而，如果所需的一 441
切是加强一条次要防线，它被打算抵抗一段时间和依赖增援抵达，那就将确实需要对山脊甚而河岸作一番直接防御。虽然不能期望一个山地阵位的种种有利条件，但这里的抵抗能被坚持得较久，久于在普通乡野的。在有一种状况下，它能真有风险或不可能，即河流以 U 字形急转弯，那正是河流在深谷中易有的流状。（想想摩泽尔河在德意志的流程。）在这么一个场合，据守弯道形成的突出部的单位在军队撤退时差不多肯定会被损失掉。

大河提供的防御可能性显然等于我们在有大量兵力参与的场合归诸中等河流的，而且是在有利得多的条件下。此种防御将总是被运用，如果防御者旨在全胜的话。阿斯彭就是个适当的例子。①

如果一支军队占据**紧靠**其前沿的一条河川或一个深谷，为的是取得一个阻碍进路的战术障碍，即为了**在战术上加强其前沿**，那么一种全然不同的情况便随之而来。对它的更仔细研究属于战术领域，然而就其有效性而言，我们只能将它称作纯粹的自欺。如果这隔裂够大，那么它将使阵位前沿固若金汤，可是它不比任何别的更难绕过，因而效果几乎全如防御者避开进攻者——这很难说是

① 奥地利村名，位于维也纳附近多瑙河一支流岸上，1809 年 5 月 21 日至 22 日，力图在强渡多瑙河的拿破仑与占显著兵力优势的奥地利查理大公麾下大军在此会战，拿破仑被击退，损失 2 万多人，为其 10 多年来个人指挥作战的首次失败。——中译者注

一开始占据这阵位的目的。因此，此类阵位只有在一种情况下有用，那就是当地条件使进攻者的交通线那么不利，以致对最直接路线的任何背离都将导致不可接受的后果。

在这第二种防御形态中，佯攻构成一个大得多的威胁。进攻者将发现更容易作佯攻，防御者则依旧不得不将自己的全部兵力集中在真实的渡越点上。然而，防御者不会太受时间压力，因为直到进攻兵力被充分集结并已占据若干渡越点为止，优势将仍在他一边，与此同时敌人的佯攻决不会那么有效，以致像它们对根本不能让出任何地盘的警戒线防御一般。因此，到进至使用后备时，问题将大为不同。在一个场合，它只是个得知敌人主力究竟在哪里的问题；在另一个场合，它是个难得多的问题，即猜测哪个将是要被打垮的首个阵点。

我们要就大小河川的每一防御形态这论题添加一番总的评论：如果在撤退的仓促和混乱之中采纳了它们，没有准备，没有取走过河手段，也没有熟悉地形，那么它们就不可能产生上述结果。通常全不能期望此类结果，因而将兵力太单薄地散布在一个被延展了的阵位上将是个严重错误。

无论如何，由于在战争中每件事都容易出错——除非以充分
442 的自觉去坚定地和全心全意地成就它——因而上面说的同样适用于一种出于害怕和希望而从事的河防：害怕在大举会战中迎战敌人，希望河宽和谷深将止住敌人。这样的决定显示对形势缺乏信心；它们往往使将领和军队心怀可怕的预感，那通常太快地果真兑现。毕竟，一场旷野会战不像一场事先设定条件相等的决斗：不能靠利用防御的特殊性、或靠采用急行军或熟悉地形和行进自由去

发现优势的防御者,极少有可希望的东西。他最不能指望从一条河或其河谷获得拯救。

第三种防御形态指的是在河的敌人那边占据一个强阵位。它的有效性基于敌人招致的一种风险,即一旦敌人过了河,该河就横越他的交通战线,从而将使他局限于一两座桥梁。显然,只有碰上又宽又深的大河,才会是这种情况;它不适用于一条有窄谷的河,那通常有许多过河点。

这阵位须被强固地筑以工事——实际上固若金汤。否则,我们将使敌人得益,并将失去我们的优势。然而,如果它强得足以遏阻敌人进攻,那么由此可以将他束缚在河岸。如果他要过河,他就将暴露他的交通线——尽管他当然也将威胁防御者的。在此,像在两军彼此迎面而过的所有场合一样,关键问题是谁的交通线更安全——在数量、阵位和其他方面。此外,它取决于哪一方将失去更多,因而更容易被对方战胜;最后,它取决于谁的军队保持更大的决心,可被依凭去当作最终手段。河流没有起什么作用,除了对双方来说增大任何此类行进的危险,因为双方都被局限于桥梁。只要能有正常地假设防御者的过河点和他的各不同补给站有比对手更好的工事筑防,这就是一个完全可行的防御形态,在其他景况不利于直接防御的场合将足以敷用。诚然,它意味着河流与军队互不护卫;可是,国土由这两者的结合护卫,那是真正重要的。

然而,我们必须承认,不包含决定性打击的这一防御形态犹如在大气中正负电流之间形成的紧张:它只能制止一记不大的电击。它可能足以抵御一个谨小慎微、犹豫不决的将领,他甚至在自己的兵力大占优势时也不迫得往前逼压;如果两军已经处于一个平衡

状态，都不寻求大优势，那么它也或可有效。然而，若要以此对付占数量优势的兵力和一位大有闯劲的将领，它就是个危险的方针，导向灾难边缘。

这种防御方法带有那么大胆的风貌，且显得那么科学，以致差不多或可称之为优美；然而，优美容易接近愚蠢——那在战争中不
443 像在社交方面那么可原谅——因而极少有这优美方法的实例。可是，它能被发展成头两种方法的一个特殊支持手段：靠占据一座桥梁和一个桥头，一方总是能以自己将过河来威胁对方。

除了以主力从事绝对防御之目的，这三种河防形态中间的每一种都可以有个进一步的目的：**伪装防御**。

佯显抵抗当然能与多个其他措施相联使用，而且基本上能与任何并非纯为一夜营地的阵位相联使用。但是，一条大河的伪装防御如果包含一系列多少复杂的措施，那就成了一项有效的欺骗。它的效果通常比在其他场合大，并且延续得更久。对进攻者来说，在敌人面前过河这行动总是一项严重的决定。他倾向于思虑再三，或将它拖延到一个更有利的时候。

伪装防御要求主力沿河部署，方式近乎真实防御似的。然而，意欲纯伪装证明，景况不够有利，不能搞真实防御。因此，你占取的阵位——它不免是多少延展了的和分散的——很可能导致严重损失，如果部队单位真的介入抵抗，不管规模多么有限。那实际上将是个半吊子措施。因此，在伪装防御中，每件事都须按照军队真正集中在一个更向后背的地点——经常远至几天行军路程——去予以考虑。一方只能做出与该计划一致的抵抗。

为了更精确地说明我们的意思，同时显示这么一种装作抵抗

能有的意义，我们回顾 1813 年战役的最后阶段。波拿巴已经率军 4 万到 5 万人跨过莱茵河返回。以这么小的一支兵力将不可能守卫曼海姆与尼韦根之间该河的漫长地段——据其兵力总方向盟军将最可能渡越的河段。波拿巴能做的唯一实事，是规划他在马斯河法国部分的首次真正抵抗，那里他的军队可望得到增援。假如他已立刻撤至那条防线，盟军本将紧追不舍；假如他将部队派往在莱茵河他自己那边的歇息营地，不久也本将发生同样的情况。不管盟军可能多么谨慎和犹豫，它们都将派大批哥萨克骑兵和其他轻装部队过河，而若这些获得了成功，那么其他部队单位将尾随其后。因此，法国人别无选择，只能准备认真守卫莱茵河。由于预料一旦盟军真正开始过河，这防御就将一事无成，因而整个调遣须被认作仅是展示抵抗，在其中法国人事实上不冒任何风险，因为他们的集合点位于摩泽尔河上游。只是带两万人驻扎在尼韦根附近的

麦克唐纳[①]才犯了等着被逐出的错误。因为温岑格罗德的军团晚 444
到，这直到 1 月中旬才发生，而且阻止了麦克唐纳在布里尼战役[②]之前与拿破仑重新会合。因而，在莱茵河的伪装防御足以使盟军停顿下来，并且使之决定推迟过河，直到增援抵达为止——为时六周的一段时间。这六周必定对波拿巴极其可贵。没有在莱茵河装作抵抗，莱比锡战役本将导致盟军直奔巴黎；在巴黎以东任何地方的一场会战本将远超出法国人当时的能力。

伪装还能以第二种河防形态、即涉及中等规模河流的形态做

① 拿破仑麾下的法国元帅，见本书第 434 页注①。——中译者注

② 见本书第 389 页注②。——中译者注

出。然而，它通常将远不那么有效，因为单纯的过河尝试较为容易，从而这把戏被较快放弃。

在第三种河防形态中，伪装大概将更低效。它几乎不比任何别的暂时阵位有用。

最后，防御的头两种形态很适于将大得多的实力和安全赋予一个前哨链，或为某种次要目的设立的其他防线（一条警戒线），甚或赋予一支小规模的监察军团，甚于它们在没有河流的情况下将拥有的。所有这些场合我们只是在谈论相对抵抗，它在有地形突变的任何地方都将变得有效得多。但是，我们必须不仅记住实际交战期间靠抵抗可赢得相当长时间，而且记住有许多疑虑与规划进攻相伴，它们在百分之九十九的场合都将导致它被取消，除非有紧迫的理由要继续下去。

第19章　河川防御(续)

我们要就河川对国防的影响添上几项观察,即使它们本身不 445
设防。

任何重要的河谷与其支流一起,构成一个非同小可的天然障碍,而且作为如此,它一般是防御资产;然而,它的实际作用的突出特征可被更详细地界定。

首先,我们必须确定河流的走向是与国界——亦即与主要战略前沿——平行,还是与之斜交或垂直。如果它确实与之平行,那么我们必须区分它是在防御者的军队后面,还是在进攻者的军队后面;而且,在这其中每个场合,军队离河多远至关重要。

一支军队,有一条大河在它身后不远(但不近过通常一天行军路程),且在河上已经保有足够数量的过河点,那就无疑处于一个与没有这条河相比强得多的阵位。虽然对过河点的关切可以剥夺它的某种行动自由,但它将由于它的战略后背安全、特别是交通线安全而有多得多的得益。必须懂得,我们是在谈论一方自身领土上的防御;在敌对领土上,甚至在敌人的军队处于我方前沿的场合,必须预料一旦我方过了河,敌人就立即也处于我方后背。其时,该河将更多地是个不利而非有利条件,因为它限制了我们的交通。该河离军队越远,它的用处就越小;远到一定距离,它的价值

就全然化为乌有。

如果一支挺进中的军队不得不将一条河留在它后背，那么该河必定妨碍其行进，因为交通线将被局限于几个过河点。1760年，当亨利亲王[1]沿布雷斯劳附近奥得河右岸迎对俄军行进时，离他后背仅一天行军路程的这条河显然给了他一个依托。后来，与此相反，俄国人在切尔尼切夫麾下过奥得河时，处于一个极不自在的阵位，只因为有失去退路的风险，那依赖单单一座桥梁。

在一条河多少呈直角穿经一个战区的场合，优势同样归于防御者一边。首先，通过将该河用作依托和以支流峡谷增强他的前沿，他通常将有一个好阵位选择（如同普鲁士人在七年战争中利用
446 易北河）；第二，进攻者必须要么留下河一边不管，要么分割自己的兵力。在后一场合，防御者无疑将得利，因为它有比进攻者多的安全过河点。看一下七年战争便足以表明，奥得河与易北河大有助于弗雷德里克守护自己的战区，即西里西亚、萨克森和马克，并且反过来构成奥地利人和俄国人征服这些省份的一个决定性障碍。然而，这场战争进行期间，这两条河都未真正设防。不仅如此，这两条河大多更经常地与敌方前沿斜交或成直角，甚于与之平行。

一般来说，在涉及进攻者的限度内，一条河作为一个运输手段的作用是它最有利的方面，只要它与前沿成直角。他的运输线较长，他在输送补给方面便有较大困难。因此，水运将成为一个补救办法，构成一个有利条件。诚然，防御者在此同样有个有利条件，即能够依凭从边界开始延伸的各要塞阻绝河运；然而，这未抵消进

---

① 见本书第887页注②。——中译者注

攻者在此限度内得到的裨益。尽管如此,仍然必须想到若干因素。一条河可以宽得足以有军事意义,同时不必可航;它可以并非全年可航;逆流河运极慢,而且往往困难;河道经常拐弯,可将运输距离拉长一倍以上;大道当今起两国间主要动脉的作用;最后,一支军队的大部分需要现在经就地征收而非远地采购筹集。这些考虑表明,在军队补给方面,河运起的作用远小于教科书要我们相信的。它对事态进程的影响相当遥远,难以衡量。

第 20 章

一、沼泽地防御

447 像北德意志的布尔坦格沼原那样的广袤的沼泽地那么少有，以致我们不需就它们花费许多时间；然而不应忘记，某些种类的低洼旷野，连同有湿软河岸的小河，比较常见。这些能相当于大片适合防御的地形，而且确实很经常地被用于这个目的。

640 它们的防御性使用的准则当然很像河流防御；尽管如此，它们仍有某些必须注意的专门特性。首先和最重要的是，除非有堤堰，一片沼泽地对步兵来说无法通行。它比任何河流都难渡越得多。一方面，筑一道堤堰不像建一座桥那么快；另一方面，不存在部队能据以到远处去掩护其筑造的暂行办法。不使用船只将一队前卫渡到对岸，就永不能开始建桥；可是，那在沼泽地上是不可能的。使步兵渡越过去的唯一办法是铺设木板，但那是件冗长繁难的事，而且倘若沼泽地较宽阔，那花费的时间之长远远超过使第一批船渡过一条河去。倘若沼泽地中间还有一条没有桥就过不去的河，那么使先头部队渡越的任务就变得甚至更难：木板可足以让人一个一个地过，但承受不了运送笨重的建桥器材。在某些情况下，这

困难证明不可克服。

沼泽地的另一特征，在于永不能像在过河场合能做的那样完全毁坏渡越手段。人能拆除一座桥梁，或者将它破坏得无法使用，然而能对一道堤堰做的莫过于掘破它——那成就不了许多。如果一条川溪流经沼泽，那么人确实能毁坏跨越它的桥梁，但这不会像摧毁一座跨越大河的桥梁那样，在那么大的程度上阻碍整个渡越。因此自然而然，现存的堤堰总是须被相当强固地据有和认真地设防，如果这沼泽地要有任何军事价值的话。

一方面，一方由此被局限于纯粹的本地防御；另一方面，它因为在别处渡越的困难而得到便利。这两个因素联合起来，使沼泽地防御与河川防御相比更具本地性，也更消极。

因此，一方将不得不聚集相对而言较大的兵力，大于用在直接河防的。换句话说，不能依赖那么长的一条防线，特别是不能在欧
洲的被密集居住的部分，那里即使在最好景况下，渡越点也倾向于 448
为数甚多。

因而在这方面，沼泽地不像大河那么有用，两者间有这一重要区别；因为，关于本地防御，总是有阴恶危险之处。然而必须记住：大多数沼泽和泥淖比欧洲最宽的河流还宽，因此永无一个被设立来守护渡越点的据点会被来自对岸的炮火制服的危险；在一个漫长狭窄堤堰上，一方自身火力的效果被显著增进，而且一般来说，在沿一条窄道纵队行进一两英里时将遭遇的延宕比过一座桥时久得不可比拟。因而必须承认——只要没有太多的渡越点——这样的沼泽和湿地跻身于可能有的最强防线之列。

与河川相联谈论过的一类间接防御——使用一个天然屏障以

有利地发动一场大会战——可以同样容易地被应用于沼泽地。

然而，第三种河防形态——依凭在敌方一边占据一个阵位——将太危险，因为它花费那么长时间去渡越沼泽。

有着可能凭堤堰以外的其他通道渡越的沼泽、水草地、泥淖或湿地，而陷入对它们的守卫将极其冒险。敌军只要发现单单一个这样的渡越点，就可能足以突破整个防线；那在认真抵抗的场合将导致严重损失。

二、泛洪地防御

449 我们仍须考虑很像沼泽地状况的泛洪地，既作为一种防御手段，也作为一种自然现象。

诚然，泛洪地很少。荷兰也许是在欧洲唯一的、泛洪地构成值得我们注意的一个要素的国度。确实，正是这个国家，由于引人注目的 1670 和 1787 年战役，也由于它与德意志和法国的地理关系，责成我们对此做某种考虑。

荷兰洪水泛滥的特征在以下各方面有别于普通的沼泽和不可通行的泥淖：

1. 国土本身干而不湿，由干的草地和耕地构成。

2. 地上有许多宽度不一、深度各异的灌溉渠和排水沟，它们纵横交错，在某些地区互相平行。

3. 遍布旨在灌溉、排水和航行的各主要运河，四面八方穿经地面。它们奔流于堤岸之间，只能靠桥梁跨越。

4. 遭洪水泛滥的整个地区，其地表显著低于海平面，因而也低于运河平面。

5. 因此，整个地区可因掘破堤坝和开闭水闸而被淹没。只有沿较高堤坝延伸的道路将保持干燥。其余要么在水下，要么变得那么水涝，以致不适合使用。甚至在洪水面不高过三四英尺、或许使人能短距离涉水而过的地方，也因上面第2点讲过的较小水沟而做不到这一点。只有在这些水沟的延伸方向对头的地方，才能就间涉水而过，不须跨越它们中间的任何一条，洪水也才能被认为不是通行的绝对障碍。自然，一个人将只能涉水趟过很短距离，从而将被限于特定的战术目的。

从这一切可推断下面几点：

1. 进攻者被限于相对少量进路，那沿相当窄的堤坝伸展；此外，由于这些堤坝通常两侧挖有水沟，因而它们等于是无穷漫长和颇为危险的隘路。

2. 在这类堤坝上采取的每项防御措施能很容易地被加强到坚不可摧的地步。 450

3. 由于他的局限性，防御者——甚至在每一单个点上——必须将自己局限于纯消极抵抗：这是他的唯一机缘。

4. 这不是个漫长防线问题，有如一条单一的障碍围闭整个国土。所有侧面都同等地因为难以进入而得到掩

护，并且新据点总是能被设立起来，以致初始防线的任何突破都能被封补。或许简直可以说，犹如在一个棋盘上，组合之多种多样不可穷尽。

5. 这整个状况只在一个耕种密集和人口密集的国家才有可能。于是理所当然，渡越点数量，连同靠近它们的据点数量，与其他战略布局相比必定很大；由此顺理成章，此类防线不应漫长。

荷兰境内首要防线从须德海滨的纳尔登起(大多在韦赫特河后面)，到瓦尔河畔(准确地说是比斯博斯赫河畔)的戈尔屈姆止，长达约 40 英里。在 1672 和 1787 年，一支 25000 到 30000 人的兵力被用来防守之。若能期望真正不屈不挠的抵抗，它的价值肯定会很大——至少到它后部的荷兰省。1672 年，面对杰出将领——先是孔代后是卢森堡[①]——麾下大得多的兵力，这条防线被坚守不移。他们本来很能以 40000 到 50000 人进攻；可是，他们青睐不用兵力，而等冬季到来——冬季恰巧不够严寒。相反，1787 年时，不存在第一线上的抵抗；虽然在须德海与哈勒姆湖之间的一个短得多的防线上，抵抗多少较为认真，然而不伦瑞克公爵[②]单单一天就突破了它，靠的是经仔细规划的、精确符合当地条件的战术部署，尽管实际进击该防线的普鲁士兵力即使假设比防御兵力强些，也几乎全然不相上下。

① 孔代：见本书第 201 页注①；卢森堡：见本书第 153 页注①。——中译者注

② 见本书第 593 页注①。——中译者注

这两个场合的结局不同，可以归因于最高统帅部的差异。1672 年，当路易十四突然攻袭荷兰人的时候，他们处于和平状态。军内众所周知，斗志不昂。大多数要塞缺少弹药和装备；它们由羸弱的雇佣驻防部队据守，指挥的要么是缺乏忠心的外国人，要么是没有能力的本国人。因此，莱茵河畔属于勃兰登堡但被荷兰人占据的要塞，连同他们自己的格罗宁根除外的东部防线，很快落到法国人手里，大多未有真正的抵抗。占取这诸多要塞构成法军 150000 人的主要活动。

然而，1672 年 8 月，德维特兄弟被刺杀，奥伦治亲王上台掌权，将国防置于统一指挥之下。他及时充填了上述防线，而且从那 451
以后，种种安排被那么好地协调起来，以致无论是孔代还是卢森堡（在路易十四和蒂雷纳离去后指挥留在荷兰）都不敢进攻哪怕单单一个据点。

1787 年时，状况大为不同。面对法国人的不是七省联省共和国：仅荷兰一省反对侵略者，并将做出主要抵抗。事情占取要塞，那构成 1672 年时的主要活动；防御立即退回到上述防线。入侵者方面仅有 25000 而非 150000 人；它们不是由一个毗邻大国的全权君主统率，而只是由一名将军带领，他从属于一位本身受到种种限制束缚的远方邦君。诚然，人民到处分裂为两派，甚至在荷兰；然而荷兰的共和主义者占多数，并且处于真正的情绪激昂状态。在这些条件下，1787 年的抵抗本应至少有 1672 年一样的成就。然而有一个极重要的差别：全无统一指挥。1672 年时，奥伦治亲王威廉被委以指挥权，并以能力、智慧和干劲贯彻之。1787 年时，信赖却被赋予一个所谓防务委员会，那虽然由四个干劲充沛的人组

成，却颇无能力造就统一指挥或激发信心。因此，整个机构证明用起来缺陷多多，行动上不可依靠。

我们已驻足于这个例子，以便澄清这种防御方法；与此同时，我们想显示领导方面的统一和连贯能造就多大不同。

虽然此类防线的组织和操作是个战术问题，但防线本身相当密切地与战略相关，而我们愿就此提出一个观点，它出自 1787 年战役。我们相信，尽管单个据点的防御必不可免地消极，出自防线某部分的一场反攻却并非不可能，且将展示出良好的成功前景，只要像在 1787 年那样敌人不占兵力数量优势。这么一场进攻只能沿堤坝做出，很难有大的行进自由或冲劲；尽管如此，入侵者却仍无法占据他不在其上挺进的所有堤坝和小径。于是，占据要塞和了解地形的防御者当能发动认真的对敌侧翼进攻，或切断他的补给。如果我们考虑挺进在其中运作的种种受限境况，我们就能懂得，任何有即使遥远的成功前景的反攻都必定高度有效，哪怕作为一项示威。我们大为怀疑，假如荷兰人做了单独一次此类示威，例如从乌特勒支，那么一个像不伦瑞克公爵那般谨慎的人是否胆敢朝阿姆斯特丹挺进。

第 21 章　林地防御

首先必须区别野森林与大面积人造林，前者茂密丛生，难以通 452
行，后者可夹有众多空旷处，并有多条道路纵横其间。

每当规划一条防线时，后一类林地应被保持在后部，或被尽力避开。防御者甚而超过进攻者，更利在拥有一个不受遮挡的视野，部分地因为他通常是两方中间较弱的一方，部分地因为他的阵位的天然长处导致他比进攻者晚形成规划。如果他要面对一片林地打仗，那么他将变得像是一个盲人与一个明眼人相战。如果他在林地中间占取阵位，那么双方都将同等地失明；然而这均等将对他不利。

因而，那类林地不可能具有任何对防御有益的关系，除非它被保持在防御者后背。然后，它可被用作一道屏幕，遮掩无论什么纵列行进，并且掩护和便利他的最终撤退。

这些话当然只适用于平原上的林地。凡在地形为山之处，它都将支配战术和战略安排。这已在别处讨论过了。

相反，难以通行的森林——或宁可说在那里必须坚执于穿经它们的道路的森林——确实展示种种间接防御机会，类似由山林提供的那些。军队，在一个多少集中的阵位上，能够在森林后面等待敌人出现，并且当他从狭路现身出来时攻击他。在效果上，这样

的森林更像山而不那么像河：穿越它很慢很难，可是只要关系到一场撤退，它就宁可说是一项资产而非危险。

然而，不管一片森林多难通行，其直接防御仍是件冒险的事，甚至对最单薄的前哨链来说。鹿砦只是心理障碍，没有任何森林那么难通行，以致小单位也无法在成百个地方穿过它。在一个防御链里，这些犹如穿透堤坝渗漏出的头几滴水：一场广泛突破肯定随后而来。

在一场举国起义的场合，所有各类大森林的影响变得无限更重要，为此它们无疑是合适的环境。如果一种防御战略计划能被构想出来，它令敌人的交通线穿经幽深的森林，那么防御机器就被添上了一个有力的杠杆。

第 22 章　警戒线

我们说警戒线，是指任何这样的防御体系：在其中，一系列互 453
相连接的据点意在给一个地区提供直接保护。我们强调直接这个词，因为一支大军的若干军团互相连线驻扎，或能保护一个相当大的地区免受敌人入侵，同时不构成一条警戒线。在那情况下，保护不会是直接的，而是出自经协调的行进和调遣。

一条防线，长得足以直接掩护一个广阔地区，将显然能够只做出最小程度的抵抗。即使大量兵力被部署，情况也将如此，只要它们遭到同样多的兵力抗衡。因而，一条警戒线的意图是抵挡住一场微弱的进攻，而所以微弱，要么是因为进攻者容易被搞得沮丧，要么是因为进攻兵力规模单薄。

这就是中国长城的作用：抵御鞑靼人侵袭的一道屏障。这也是与亚洲和土耳其接壤的欧洲各国的所有防线和边防的意义。就此而言，警戒线既非荒唐无稽，亦非不合目的。诚然，它们没有能力阻止每一侵袭；然而，所有入侵都被搞得更难，因而较少发生——那在与亚洲各民族的通行的关系中是个重要考虑，其中简直永葆战争状态。

在晚近的欧洲国家间战争中树立起来的防线——例如莱茵河畔和尼德兰境内的法国防线——近乎是这个意义上的警戒线。基

本上，它们意在保护国土免遭一类入侵，即目的只在于征收贡赋或靠敌方过活的入侵。由于它们打算只对付小入侵，因而它们将只有小兵力归自己掌控。当然，凡在敌人主力针对这些防线的场合，它们将也不得不由防御者的主力去据守——远不是组织防御的最佳方式。因为这缺陷，也因为防范侵袭的保护在一场为时短暂的战争中只有极有限的重要性，其间此等防线的存在可以导致兵力过度支出，所以它们当今被认作是一种不利的安排。战争进行得越剧烈，它们就变得越危险和越无用。

最后，一条经延展的前哨线，意在掩护一支军队的临时营房区和作出一定程度的抵抗，也应被认为是一条真正的警戒线。

那类抵抗主要是为了对付袭击和其他旨在使临时营房不安全的小行动，而若地形对头，它就能足够好地符合目的。另一方面，
454 针对敌军主力，抵抗只能是相对的——换句话说关乎赢得时间，然而被赢得的任何时间通常不会有大意义。因而，它将难得被认为是一条警戒线的目的。敌军永不能那么秘密地集合和推进，以致防御者关于它的初始消息来自他的前哨。如果那会发生，一个人就只能对他大感遗憾。

因此，甚至在这场合，警戒线也只意味着迎对一场轻微的进攻；像在另两个场合一样，就它而言全无矛盾之处。

可是，如果意在守卫国家的主力被拉伸为一长系列防御据点——事实上在一条警戒线上——去对付敌军主力，那就将如此荒唐，以致一个人将不得不探究种种直接环境，它们与这么一个事态相伴，并且解释它。

在山里，任何阵位，甚至为以尽可能最充分的兵力打一场会战

而占取的阵位，注定比在平原上的伸展得更广。这是可能的，因为地形大大增强了防御的潜力；它被要求如此，因为一个较宽的基地系撤退所需，正如我们在论山地防御战那章里已经见到的。然而，如果全无会战迫在眉睫，那么敌人很可能与我们对峙相当长一段时间，同时不做任何更多的事，除非出现一个有利的机会——那一向是大多数战争中的正常状况。在这么一种形势中，一方自然将不想被限于占领一个规模最小的地区：它想要在己方军队安全允许的限度内四面八方控制尽可能多的国土。这引发了以后要详细谈论的一些裨益。在开阔的、不受阻碍的地区，依靠**机动性**这要素，它被搞得比在山里容易；因此，不那么需要延展和分割兵力去实现这目的。这么做还会危险得多，因为每一单个部队单位的抵抗能力将减弱。

然而在山里，拥有地盘更多地取决于当地防御；较难抵达一个受威胁的地点；而且，如果敌人先抵达那里，他就不容易被驱逐，即使靠略占优势的兵力。这样的状况将倾向于导致种种安排，它们虽然不完全是一条警戒线，但确实由一系列很像一条警戒线的防御据点构成。这么一种由若干独立据点构成的布局离警戒线仍相去甚远；然而，它经常被一位将领采用而不自知——因为被引诱从一个阶段到下一个阶段。首先，如此分兵的目的是国土安全和国土拥有；然后，它是部队本身的安全。每个指挥官都会看重占领到他据点每一边的各不同进路点的好处，于是整个兵力难以察觉地逐渐从一个分兵程度滑到下一个。

因此，一场涉及主力的警戒线战争不应被视为出自深思熟虑的选择，意在制止所有敌方进攻，而是一种被拖入的状况，在追求

一个全然不同的目标即抵御一个不想打大仗的敌人、以求一国的
455 保存和安全的过程中。那总是错的，而且与保全主力的重要性相比，一位将领由此听任自己被劝诱得一个接一个地设立小据点的种种论辩总是鸡毛蒜皮。然而，这些论辩的存在至少表明，这么一种混淆是可能的。它确实是个错误——对敌人和对自身处境的误判，但这事实容易**不受注意**；被指责的是错的**方法**。然而，凡在它已被用得获利或至少没有生害的地方，这方法都被默然赞同。每个人都称赞亨利亲王在七年战争中打的几场**完美无缺的**战役，因为那是国王称它们的；实际上，这些战役包含了据点延伸链的一些最极端、最莫名其妙的例子，它们完全配得上警戒线之名。可以用下面的话充分辩解这些阵位，说这位亲王了解他的对手，确信全无决定性行动要予预期；不仅如此，他的布局总是旨在控制尽可能最大的地域，因而他在情势允许范围内走得尽可能远。然而，如果这位亲王有一次陷入了这么一个圈套，并且经受了严重损失，那么一个人将不得不断定他用错了方法，将它应用于一个它不适合的情势，而非断定他遵循了一套错误的战法体系。

我们就说这么多，力图表明以一个作战区的主力，一个所谓警戒线体系怎样能缘起，它又怎样能足够明智和有益，以致不显得荒谬。我们必须补充说，看来有这样的情况：其时统帅及其参谋官们忽视了一个警戒线体系的真实意义，将它的相对价值绝对化，以为它能够挡开一切敌军进攻，无论何种。这些并非误用一种方法，而是全然没有能力把握它的本性。我们确认，在别的因素中间，这荒谬看似对 1793 和 1794 年普鲁士和奥地利军队的孚日山脉防御起了一定作用。

第 23 章 国土锁钥

在战争艺术中,没有任何理论概念比在此谈论的这个更受评论者青睐。它一向是关于会战和战役的无数叙述中特受彰显的东西,一切论辩的得意的主题——评论者们用以希冀显示自己博学的那些伪科学术语之一。然而,这个基础概念既未被确立起来,也甚至未被清晰地定义。 456

我们要试图清楚地说明这个概念,并且考虑它保有什么实际价值。

我们在此谈论它,因为它与山防和河防密切关联,也与我们刚才谈论的工事筑防概念密切关联。

在“国土锁钥”这古老的军事比喻后面,潜藏着一个含糊的、混淆不清的观念,有时意指一国的最广阔开旷地区,有时表示设防最为强固的地区。

如果有一个地区,**不占有它,就不能冒险进入敌方领土**,那么它可被正确地称作国土锁钥。然而,对理论家来说,这个简单的和坦率地说不很有价值的概念还不够:他们将它拔高到一个更高的力度,用它来表示那些将使你占有**全国**的地点。

当俄国人决意入侵克里米亚半岛时,他们不得不以占领彼列科普地峡与其防线开始——不是因为没有别的进路(事实上,拉西

在 1737 和再度在 1738 年逆转了这些防线)，而是为了他们一旦立足于克里米亚就有过得去的安全。那是足够明显，虽然关键点概念几乎全不增进我们的理解。然而，如果能够说无论是谁，只要占领朗格勒周围地区，就占有或控扼了整个法国远至巴黎——换句话说一旦朗格勒被占领则是否占有全国只取决于他——那么这显然是个大为不同和远更重要的声称。按照第一种看法，不占据被称作锁钥的那个点，占有一国就被认为不可能。那符合常理。然而，按照第二种看法，占有一国是占有被称作锁钥的那个点的必定结果。那显然神秘莫名，超越正常理解限度，要求有神秘科学的神奇力。这个咒语实际上始见于大约 50 年前的书刊，在 18 世纪末
457 达到其顶峰。尽管有波拿巴的帅才据以扫除先前军事观念的压倒性力量、自信和逻辑，那神奇的章法依然力求保持对现实生活的微薄影响，并且照旧在文献里纺上它的纤弱线条。

让我们忽略**我们的**关键点定义：显然，在每个国家都有某些**格外**重要的地点，在那里有多条道路会聚，容易储存补给，人们能便利地在若干方向上行进；简言之，其占有满足多项需要，提供多种利好。如果将领们想以单独一个词描绘这么一个地点的重要性，如果他们希望将它称作国土锁钥，那么要加以反对就实属迂腐；这个表述相反是恰当的和可以接受的。然而，如果这朵言谈小花要被吹捧成一整个体系的核心，长成一棵大树那样枝繁叶茂，八方伸展，那么纯粹的常识就当告诫你制约自己，信守这个术语的真意。

将领们写的战争和战役回忆录是在一种讲求实际的意义上使用国土锁钥概念，但另一方面也是在一种很不精确的意义上。为了将它发展成为一个体系，不得不将它转变成一个比较专门、因而

比较有限的术语。从所有可得的方面，高地这方面被挑选了出来。

如果一条道穿经一个山脊，那么穿越者一旦抵达了顶峰，他便长舒一口气，然后开始往下走。一个人如此，一支军队更甚。所有困难似乎都被克服，而且通常已被克服。我们觉得往下走会容易，我们将能够征服路上的任何障碍。国土在我们面前展开，而且看来就在我们脚下，既是比喻性的也是物质性的。于是，一条过山路的最高点通常被认作决定性的一点。在大多数场合这是它的实际情况——虽然全不是在所有场合。这些是在将领们的回忆录里往往被称作关键点的地方，诚然通常在稍微不同的意义上，而且大多有限适用。这个概念已经常被用作一个出发点，由此开始构设错误的理论（劳埃德可能是创立者）；正是因为这个原因，若干道路由此而下伸入待征服国的制高点历来被认作该国锁钥——事实上是对该国的**控扼**点。因此顺理成章，这个概念与一个密切相关的概念即**山区系统防御**合并；结果，事情被更深地驱入异想天开之境。一大堆与山地战相关的战术因素开始卷进来，于是**路上最高点**乃国土锁钥这观念被山脉最高点——或曰**分水岭**——取代。

然而那时候，18 世纪末，关于地表由侵蚀过程形成的新理论开始传播。自然科学以这地质理论体系的形式，成了军事史的盟友。这冲破了实际常识的堤坝；在基于地质学类比的幻觉大潮中，明智的讨论被一扫而空。因而在 18 世纪末期，除了多瑙河和莱茵 458
河的由来外，人们什么也没有听到——或更确切地说读到。我们承认，这类胡说主要充斥于文献，只有一小部分书本学问会以无论何种方式渗入实际生活；而且，理论越蠢，它就越少渗入。然而，这一特殊理论仍具某种实际影响，有损德意志。为了证明我们并未

无事生非，让我们举两个实际例子：第一，1793和1794年，普鲁士军队在孚日山脉打一场至关重要但很教条的战役（对此，马申巴赫和格拉韦尔特[①]的著作提供了理论关键）；第二，1814年战役，当时一支20万人的大军墨守理论，被迫做了一趟毫无意义的行军，取道瑞士前往朗格勒。

一个地区的高点即分水岭通常不过是如此。世纪之交，人们就它对军事事务的影响写的一切实属夸张，而且是对基本正确的观念的错误应用，全然不切实际。即使莱茵河、多瑙河以及德意志的所有六条河都同意尊崇**单独一座**高山为其共同源头，它的军事价值仍不会因此而增大，可能除了作为一个三角学标记之地。它就单独一座堡垒而言价值很小，就一个监察哨所而言意义更微，就全军而言更是全无用处。

在一个所谓**关键地区**——或曰在最高河源位于的若干山脉的节点——寻求一个关键阵位只是对教科书的一种不切实际的搬用。它被自然本身否定：自然从不使山脊和山谷易于从上通行，像至今一直以地形理论为人所知的那套东西规定的那样，而是任意地分散巅峰和峡谷，并且往往将最低的湖泊置于最高的山峦中间。如果我们查阅军事史，我们将发现一个地区的突出的地质特征极少有规则地影响其军事使用；它们有的微薄影响不敌其他当地需要和当地因素。军事线往往会离得很近地从旁经过此类特征，而不特别地被它吸引过去。

① 马申巴赫：见本书第279页注②；格拉韦尔特：见本书第214页注①。——中译者注

我们现在要离开这个错误观念，对此我们已谈论得那么多，只是因为从它发展出了一整套雅致的理论体系。让我们回到我们自己的观点。

再说一遍，我们坚持认为，如果“关键阵位”这术语要列作一个自主的战略概念，那么它能意味的一切，是一个在能冒险进入敌方领土以前必须守住的地区。另一方面，如果这概念要被拉伸得涵盖任何易于进入一国的进路点，或任何在那里的便利的中心点，那么这个术语将开始失去它的确切含义，它的价值将由此衰减。它将仅仅表示某种能在任何地方被或多或少地找到的东西，且将成为一个方便的说话方式而已。

我们心想的阵位诚然难以觅得。敌方国土的真正锁钥通常是其军队，如果地形要优先于军力，它就必须可望提供一些特别有利的条件。如果这些确有，那么它们能通过两个特征被辨认出来：首 459
先，部署在那特定位置的部队的抵抗力经地形支持得到显著改善； 657
第二，阵位有效地威胁敌人的交通线，在一方自己的交通线受他威胁以前。

第24章　对侧翼作战

460 我们几乎不需强调，这番讨论的主题是战略侧翼——换句话说是一个作战区的侧面。它与会战中的侧翼进攻全无关系，后者是个战术问题；而且，即使一场战略侧翼进攻在其最后阶段与一场战术侧翼进攻重合，这两者也能轻而易举地保持区分，因为一个永不会自动地从另一个发展出来。

这些翼侧包抄作战，连同与之并行的侧翼阵位，还跻身于理论家们的头等炫耀品之列，它们难得见于实际的战争。所以难得，原因不在于它们作为战法效能低下或实属幻想，而在于双方一般都采取预防措施去防范它们；少有无法采取此等预防措施的场合。当然，在这些少有的场合，这些办法往往极为有效；因此，也因为它在战时导致的不断**警惕**，理论家必须最清楚地去定义此事。虽然在进攻和防御中都有可能打一场战略侧翼作战，但它与防御的亲近程度大得多，因而必定在防御战法中间有其一席之地。

我们深入这问题以前，必须定下一条简单的准则，一条在随后的讨论中决不应被忽视的准则：被派去对敌后背和侧翼作战的兵力不可供对敌前沿作战使用。因而，认为**扑向敌人后背**这行动本身就是个成就颇为错误，在战术和战略两方面都如此。它孤立地看全无价值，只有在与别的因素结合时才会变得有效。不仅如此，

取决于这些别的因素，它的价值可以是积极的，也可以是消极的。现在需要审视这些。

首先，我们必须区分一场战略侧翼作战的两方面效应：只对敌方**交通线**的效应；对其撤退线的效应——它可以转过来影响交通。

当道恩在 1758 年派出突袭队去俘获被指定服务于奥尔米茨围攻战[①]的补给车队时，他显然对封锁国王撤入西里西亚的退路不感兴趣：相反地，他希望招致这撤退，并且随时准备便利之。

1812 年战役中，俄军主力 9 月和 10 月所遣突袭队的唯一目的，在于阻碍交通——不在于堵住法军退路。然而，后者显然是伏尔塔瓦方面军的意图，它在奇恰科夫[②]麾下朝别列西纳河挺进；这也是维特根斯坦[③]将军奉命在德维纳河畔对法国军团发动进攻的目的。

举出这些例子只是为了澄清观点。 461 659

① 七年战争期间，弗雷德里克二世于 1758 年 4 月突然入侵摩拉维亚，主要意在夺取重镇奥尔米茨，由此实质性地威胁维也纳。对该镇的围攻 5 月初开始，久攻不下；6 月底，奥地利名将劳东摧毁去奥尔米茨途中的普军巨量补给，弗雷德里克被迫放弃围攻和整个相关计划。——中译者注

② 保罗·瓦西洛维奇·奇恰科夫(1767—1849)：拿破仑战争中的俄国陆海军将领，早年就读俄国皇家海军学院，1807 年晋升为海军上将，并任海军大臣；1812 年出任多瑙河地区俄军总司令和摩尔达维亚—瓦拉吉亚总督，在随后的对拿破仑的战争中继托尔马索夫任第三集团军司令官，但被指责为不力，让拿破仑军队从别列西纳地区脱逃；翌年被解职，前往法国，永未返回俄国。——中译者注

③ 路德维希·阿多夫·彼得·维特根斯坦(1769—1843)：德意志世袭伯爵，法国革命战争期间开始担任俄国军队军官，1812 年战争中指挥俄军右翼，1813 年 1 月继去世的库图佐夫一度任俄国军队总司令，春季战役失败后卸总司令职，转任军团司令；1823 年晋升为俄国陆军元帅；退休后于 1834 年被普鲁士国王授予亲王称号。——中译者注

对交通线施压是为了损害敌方被护车队、大军尾后的小分遣队、传令兵、散兵、敌方小补给站等等——即事实上敌人需要用来使他的军队保持在一种健康有力状况中的任何东西。以此方式，施压旨在削弱敌军状况，从而招致其撤退。

对撤退线施压意在切断敌人的退路；然而，只有在撤退已经真是他所图的情况下，才能够这么做。可是，单单威胁就可能招致撤退，因而依靠示威行动，可能有像对交通线施压一样的功效。尽管如此，如前所述，这些效应无一能被期望出自仅仅迂回敌阵，或仅仅依凭布局的几何形式；它们只能在适当的条件下获得。

为了使这些条件较易理解，我们要始终分隔两类翼侧包抄作战，并且从审视那些针对交通线的开始。

首先，我们必须规定两个主要条件，其中一个或另一个必须存在。

第一个是针对敌军侧翼的有效行动能由小规模的分遣部队采取，它们在数量上那么无足轻重，以致前沿几乎全不会感到缺了它们。

第二个是敌人的进攻将成强弩之末，因而他没有能力对我军胜上加胜，或在我们将撤退的情况下追击我们。

后一场合不像可能看来显得的那么罕见；然而此刻我们要忽略它，谈论前一场合的追加条件。

在这些先决条件中间，较重要的是敌人的交通线相当长——长得无法靠一小批好据点去掩护；另一个是它们的位置将使它们暴露在我方行动面前。

两个因素转过来令它们本身如此暴露：它们的方向，在不与敌

方前沿垂直的场合；还有一个事实，即交通线可能穿经敌方领土。如果这两个因素都在起作用，那么交通线将更加暴露。每个因素都需要更细的研究。

在有两三百英里交通线需要掩护的时候，一个人几乎不会认为在交通线远端的军队是否被部署得与之垂直有多重要：与交通线的长度相比，它的阵位的总长只相当于一个点。然而事实上这很重要。如果一支军队被部署得与其交通线垂直，那么甚至一个占数量优势的敌人也将发觉难以靠突袭队去扰乱交通线。如果只考虑给某个地区提供绝对保护的问题，这就难以相信；相反，事情将看似一支军队被逼得保护其后方——即它身后的地区——免遭一个较强的敌人能够发动的一切袭击。足够真实，只要战争在实 462
践中就像它在纸面上一样可以预测！在那样的情况下，不得不掩护其交通线的一方将始终吃不准突袭队会出现在哪里——它与突袭者相比实际上将是盲人瞎马。然而，想一想战争中所有情报的不可靠性和零碎性，记住双方每时每刻都在黑暗中摸索。一个人将很快认识到，被派出去绕过敌人侧翼以袭击其后背的一支队伍就像黑屋子里的一个人，身边有一帮敌人。他们最后将逮住他。类似的命运等着袭击者。一旦他们绕过了敌人的垂直阵位，他就靠近了他们，然而他们的同伴相隔遥远。不仅有遭受颇大损失的可能，而且这谋略本身陷于瓦解的危险：一旦突袭队之一经历任何麻烦，剩下的都将失去信心。一个人只会见到层出不穷的逃脱企图，而不是见到大胆的攻击和勇敢的挑衅。

一支军队的垂直部署就是这样去设法掩护它的交通线的各最近点，掩护距离为两至三天行军路程，究竟多远取决于军队规模。

然而,这些最近点就是处于最直接危险的地点,因为它们也最靠近敌人。

另一方面,如果一个阵位决然倾斜,就没有哪部分交通线能以这种方式得到掩护。哪怕最轻微的压力,敌人方面最怯懦的尝试,也构成对某个脆弱点的直接威胁。

什么决定一个阵位的前沿,如果不是它与它的交通线构成的直角?当然是敌人的前沿——尽管这转过来能被认作是由我们自己的前沿规定。在此,一种互动起作用,其原因我们必须找到。

假设如图,进攻者的交通线(A-B)与防御者的交通线(C-D)形成一个张得很开的角。如果防御者想在两条线相交的 E 占取一个阵位,那么显然进攻者能从阵位 B 仅凭几何关系进逼防御者,以他的前沿去面对他,从而使他的交通线裸露无护。

如果防御者在不到相交点的某处例如 D 占取其阵位,那么将发
463 生相反的情况。在此情况下,进攻者的前沿将不得不面对他——只要进攻者的主要依赖地形的作战线不能被任意改变,变得例如从 A 到 D。从这,或可推断互动作用有利于防御者,因为他只需在不到相交点的某处占取一个阵位。我们不认为这几何论辩很重要,将它带进来只是为了使事情绝对清楚。实际上,我们确信防御者占取的阵位将受当地因素和其他特殊考虑强烈影响。因此,无法定下一条通则,以表明两条交通线中间哪一条更可能裸露无护。

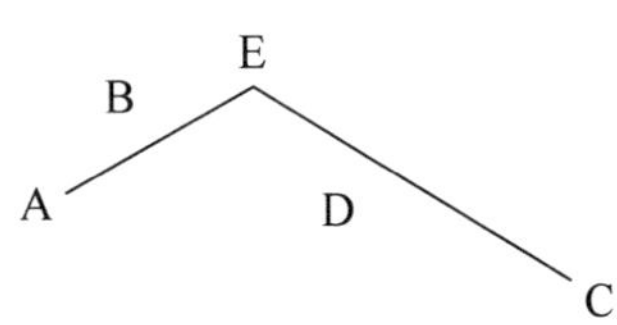

倘若两条交通线以完全相同的方向延展，将阵位置于与交通线成一个角度的那方当然将迫使敌人做同样的事。然而在那场合，全无几何得益。利弊优劣对双方来说都将不相上下。

因此，我们要将进一步的分析限于只有一方的交通线裸露无护的境况。

当一条交通线穿经敌方领土时，如果民众武装起来，那么它的第二类脆弱性有多大显而易见：必须像敌军部队全线驻扎似地去对付局势。它们也许在数量上不多，缺乏纵深，缺乏接连战斗的能力；然而，想想在沿其全长的那么多点上不断干扰这交通线能意味着什么！不需细说。可是，即使敌国民众**没有**武装起来，且在该地区没有民兵或任何其他形式的军事支持——确实即使民众根本不愿打仗——他们对敌人的仅仅忠诚也仍是对方交通线面对的一项显著不利。一支突袭队说当地方言，了解国土和人民，能够收到信息，并且享有地方当局的支持：它可得的援助对一支小分遣队至关紧要，而且这援助唾手可取，轻易可获。更有甚者，在远近庶可的范围内，必定有仍在敌人手里的要塞、河流、山岭和其他庇佑点，除非一方已正式占有它们，并在那里驻扎了卫戍部队。

在这样的场合，特别是倘若其他情势也对我们有利，针对敌方交通线的行动便是可能的，即使这些交通线以直角与他的前沿相交；我们的突袭者并非老是必须退回去依靠他们自己的部队，而是仅靠隐入乡野，就能找到许多庇佑所。

这给予了我们以下几项，即：

1. 颇大的长度。
2. 一个倾斜的方向和
3. 敌对的领土。

作为主要条件，使一支军队的交通线裸露无护，以便用相对小
464 的兵力切断之。为了使这破坏有效，需要第四个条件——一定长的时间。就此论题，我们要请读者参照我们在第五篇第 15 章里说的话。

然而，这四项条件只是影响事情的突出因素：与之相连，有众多当地的和个别的情势，与我们的四项条件相比往往更重要和有更广的涵义。只提最重要的，让我们列举道路状况、它们穿经的国土的性质、河山沼泽提供的掩护、季节和天气、特殊车队（例如攻城装备列车）的重要性、轻装部队的数量，等等。

于是，所有这些因素将决定一位将领能否成功地攻击他的对手的交通线。拿取双方的所有这些因素的总和，彼此对照掂量，就能得出这两套交通体系之间的总对比。这总对比将决定哪位将领能在这方面胜过另一位。

虽然我们对事情的说明看似相当冗长，但在实践中往往能乍一看就做出个决断。然而，这要求有老练的判断力；思考在此被审视的所有场合，便将形成对评论者们通常荒唐的论辩的回答，这些人以为自己仅靠提到"迂回侧翼"和"翼侧包抄作战"就能解决问题而不作较细致的审视。

我们现在必须谈论战略性侧翼作战的**第二个主要条件**。

如果敌人受阻于我们自身防御以外的某事——不管它可能是

什么——而无法取得进一步的进展，我们就不再需要害怕由于派出强分遣队而削弱我们的兵力。即使敌人希望靠发动一场进攻来使我们付出代价，我们也能仅仅让出某个地盘和拒绝会战。这是俄军主力在莫斯科之前做的。然而，在那场战争中达到的巨大纵深和广袤环境并非根本。第一次西里西亚战争期间，弗雷德里克大王发觉自己在波希米亚和摩拉维亚边境总是处于这种形势。一个人能在将领及其军队的相关复杂事务中设定众多不同原因，特别是政治上的，它们将使所有进一步的进展成为不可能。

这么一种情况下，较大的兵力能被用于翼侧包抄作战，因而其他条件不需那么有利。甚至敌我交通体系彼此间的关系也不必对我们有利：敌人无法多多利用我们的退却，也不能轻易地报复。他将更关心直接掩护他自己的撤退。

因而，此类形势很适于产生效果而不经一场会战，会战可能被认为太冒险：它利用一种不那么辉煌、不那么深远的手段，但同时也不像一场全胜那么冒险。

这么一种情况下，在两翼之一占取一个阵位不那么冒险，即使它令己方交通线裸露无护。它将总是导致敌人形成倾斜于他自身 465
交通线的前沿——据此上面列举的那些条件中间的**这一特殊**条件将差不多每次都得到满足。成功的可能将与其他因素和其他有利环境一起施加的影响成正比增大；反之，这些越不可得，一切就将越取决于优越的规划技能和迅捷精确的实施。

这就是七年战争中那么常见于西里西亚和萨克森的那种战略迂回的恰当环境，在 1760 和 1762 年。有一个事实，即这些迂回在

许多仅以中等烈度去打的战争中如此常见，不应总是被取作证据，证明一位将领已到黔驴技尽。它可能恰恰也意味着缺乏决心、勇气和进取心以及不愿承担责任已成为真正的障碍。我们只需举出陆军元帅道恩为例。

为总结这讨论的结果，我们要说翼侧包抄作战在下列情况下最有用：

1. 防御。
2. 战役末尾。
3. 特别在退入本国腹地期间，并且
4. 与武装造反相联。

关于实施这些针对交通线的作战，说寥寥几句就够了。

它们的操作须由老练的突袭者掌握，而这些人须以小分遣队勇敢行进并大胆进攻，袭击敌方的较弱驻防部队、运输车队和小股行军部队。他们必须鼓励地方志愿部队，间或在作战中与之结为一体。这些单位的数目与其单个的兵力相比更重要，并且应当被组织成若干单位能够联起来从事一场主要作战，而不太受阻于个别首领的虚荣和任性。

最终，我们必须考虑对敌方撤退线的影响。

在此，应当特别记住一开始陈述的准则，即被用在敌人后部的部队无法被用来针对他的前沿；也就是说，一项行动对后背或侧翼的影响不会以其本身就增强我们的兵力。宁可说，它将使同一兵

力被用得更有功效，增大成功可能，但也增大风险程度。[①]

所有武装抵抗，除了直接和简单的那种，都趋于既增大赌注，也增大风险。这通则适用于翼侧包抄作战，不管是由整个统合的兵力实施，还是以分开的兵力在几面攻击和包围。

对切断敌军退路——如果这行动当真而不仅是示威——来说，一场决定性会战是最好的办法，或至少是它的先决条件。在这个办法里，较大的赌注和较大的风险将再度结为一体。因此，只有 466
种种有利条件才能使一位统帅有正当的理由采取这个办法。

在这个办法里，须将我们已经提到的两种形态区分开来。第一种起自一位将领决定使用他的全部兵力攻击敌方后背的时候，要么是从心怀这目的去占取的一个侧翼阵位攻击，要么是通过一个全规模的迂回运动。第二种出现在他分兵的情况下，采用一种包围阵势，以一部威胁敌方后背，以另一部威胁敌方前沿。

不管用其中哪一种方式，影响都被同等地增强：退路可能被完全切断，在此场合一大部分敌军将被俘获或被击散；或者，敌人为了规避这危险，将急忙长途撤退。

然而，风险在每个场合都不一样。

如果使用己方全部兵力去包抄敌人，那就冒听任自己的后背暴露的风险。一切再次取决于两条撤退线之间的关系，正如在对

① “. . . . it will raise their potential to a higher power--higher as to possible success, but also higher to possible danger. ”《战争论》1873 年格雷厄姆英译本译作“it is only to be regarded as a more powerful application (or employment) of the same; increasing the degree of success in prospect, but also increasing the degree of risk. ”在此依从格雷厄姆译本。——中译者注

应的场合即对交通线的影响方面，决定因素是它们彼此间的关系。

就交通线和撤退线来说，一个在他本国土地上战斗的防御者与进攻者相比当然远不那么受限，而且在此范围内，他有较好的条件去搞战略迂回运动。但是，这一般关系并非适切得足以成为一个有效的体系建于其上的基础。同样，判定个例只能按照所有各种情势。

我们将简单地作以下补充。在较大的地区自然比在较受限的地区更容易找到有利条件；它们也更常出现在真正独立的国家，甚于在依赖外部帮助、因而其军队首先必须确保与其盟国的连接点的较弱国家。最后，在接近一场战役结束、进攻已成强弩之末时，情势最有利于防御者——同样很像那关于交通线的情况。

俄国人1812年趁波拿巴的进攻渐成强弩之末时，那么有利地在莫斯科通往卡卢加的道上占取了一个翼侧包抄阵位，但假如他们没有明智地及时改变自己的计划，在战争开始时将这么一个阵位取在德里萨营地，那就将是个严重错误。

包抄和切断退路的另一种形态需要分兵。这里的危险在于分兵本身，因为敌人有内线集中之利，从而能调来数量上占优势的兵力打击其对手兵力的任何分部。这危险无法被驱除，只有三个主要理由才能辩解暴露在它面前合理正当：

1. 先前的分兵，它使这类作战成为必需，如果想避免大为丧失时间的话。

2. 巨大的物质和精神优势，那将使采取极端措施合理正当。

3. 一旦进攻已成强弩之末，敌人方面失去冲劲。

弗雷德里克大王 1757 年采取会聚路径入侵波希米亚时，他不 467
打算将他的正面进攻与对敌方战略后背的另一场进攻结合起来；至少，那不是他的主要考虑（像我们要在别处更详细地显示的那样）。显然，无论如何，全无可能在开始入侵以前将他的兵力集中在西里西亚或萨克森，因为那将使他失去所有出敌不意之利。

当各盟国在规划 1813 年秋季战役时，它们的巨大物质优势需要它们计划使用自己的大部分兵力进攻波拿巴的右翼，那位于易北河畔，为的是将作战区从奥得河移到易北河。它们在德累斯顿的败北不是由这总计划导致，而是缘于被采取了的特殊的战略战术措施。毕竟，它们在德累斯顿用以对抗波拿巴的兵力是 22 万对 13 万——大概极少还剩有什么要想望的一个比例。不管怎样，在莱比锡的兵力对比并非比这有利得多：28.5 万对 15.7 万。诚然，波拿巴的军队部署得太均衡，以致不能沿单独一条防线有效作战，因为他在西里西亚有 7 万人对抗 9 万人，在马尔克—勃兰登堡有 7 万人对抗 11 万人；然而任何情况下，他都将难以在易北河畔集合一支能对盟国主力施以决定性打击的军队，除非完全放弃西里西亚。与此相似，各盟国本能够轻而易举地将弗勒德①的军队派往美因河，奉命试图切断波拿巴前往美因茨的道路。

① 卡尔·菲利普·冯·弗勒德（1767—1838）：巴伐利亚贵族，参加过拿破仑战争中的多次战役，曾率领巴伐利亚军团随拿破仑入侵俄国，1813 年与奥地利谈判订立条约，巴伐利亚由此成为反法盟国；1814 年被立为亲王、巴伐利亚陆军元帅，代表巴伐利亚参加维也纳会议。——中译者注

1812年时，俄国人能够令伏尔塔瓦方面军进往伏尔希尼亚和立陶宛，以便此后将它用在法国主力军后背，因为绝对有把握假定莫斯科将是法国攻势的顶点。在那场战争中，过了莫斯科就不存在对俄国的危险，因而俄国人不必担心他们的主力弱得不能从事这一行动。

富尔将军①拟制的最初的防御计划基于同一兵力部署：巴克莱②的军队将占据德里萨营地，巴格拉季昂③的军队则将针对敌军主力后背挺进。然而，这两桩事有天壤之别！第一桩里，法国人兵力之强是俄国人的三倍；第二桩里，俄国人的兵力显著强过法国人。第一桩里，波拿巴的军队有一种冲劲，将它一路载往莫斯科，即德里萨之外400英里；第二桩里，它没有能力从莫斯科作又一天行军。第一桩里，到涅曼河的撤退线将不超过150英里；第二桩里，它长达500英里。因而，在开始时，最终将那么有效地针对法国人撤退的同样的作战行动将是最狂乱的愚蠢。

针对敌方撤退线的行动(倘若它不只是示威)构成对其后背的

---

① 卡尔·路德维希·奥古斯特·富尔(1757—1826)：德意志男爵，早年加入普鲁士军队，在1806年耶拿和奥尔斯泰德战役中担任普军参谋总长；普鲁士惨败后被普王派往俄国为亚历山大一世效劳，颇得后者信任，在拿破仑入侵俄国后成功地提倡焦土政策；拿破仑帝国崩溃后曾担任俄国驻荷兰联合王国大使。——中译者注

② 迈克尔·安德烈·巴克莱·德·托利(1761—1818)：苏格兰人后裔，出身于俄罗斯帝国境内立陶宛，其父被接纳为俄国贵族；在对拿破仑的战争中颇有战功，1810年出任俄国陆军大臣，1812年担任俄军最大的集团军——在西部的第一集团军——司令官，提出对抗拿破仑的坚壁清野、诱敌深入战略，而后在博罗季诺战役中指挥俄军右翼，表现卓著，并向库图佐夫提出撤出莫斯科，因而在拿破仑侵俄失败后名声大振，库图佐夫去世后出任俄国军队总司令，直至拿破仑战争完全结束；1815年晋升为俄国陆军元帅，并被沙皇授予亲王称号。——中译者注

③ 见本书第463页注②。——中译者注

实际进攻。就这论题能说的多得多，但论进攻的那篇是个对它更适合的地方。因而，我们现在应当离开它，满足于表明了此类反制行动能在其下被贯彻的条件。

当这论题被讨论时，它总的来说更多的是关于示威而非实际 468
进攻——意欲导致敌人撤退。如果每项示威要有效就必须示意实际进攻完全可行——那乍看来显而易见——那么示威与进攻就将在每个细节上都合为一体。然而情况并非如此。我们请读者去看论示威的那章，它将表明其中涉及种种多少不同的条件。[①]

① 没有任何这样的一章见于本书。编者注。

第 25 章 撤往本国腹地

469 我们将自愿撤往本国腹地视为间接抵抗的一种特殊方式——一种靠利剑不如靠他自己费劲耗力去摧垮敌人的方式。不规划任何大会战,或者它将被设想发生得那么晚,以致敌人的兵力已被相当大地削弱。

672

所有进攻者都发觉他们的兵力随他们挺进而减弱;这点将在第七篇内予以详论。在此,我们要预示这结论;我们经得起这么做,因为军事史已经表明,在涵盖大距离的每一场战役中都是如此。

在挺进过程中衰弱加剧,如果防御者未被击败,带着他的未经损伤和大力戒备的战斗部队自愿撤退,同时依凭扎实坚定、深思熟虑的抵抗,令进攻者每前进一步都付出血的代价。挺进成了渐次前推而非纯粹追击。

相反,在败北之后,一个撤退中的防御者经受的损失将严重得多,甚于在自愿撤退情况下的。即使假定他能日复一日地抵抗入侵者,就像倘若他自愿撤退他就能做的,他的损失也将**至少一样严重**,而且不得不添上会战伤亡。然而,这么一个假设显著有悖或然性。会战败北后被迫撤往本国腹地的世上最佳军队将经受**大得不成比例的**损失;如果敌人显著地更强——正如在眼下研究的场合

可以设想的——如果他像在晚近的战争中通常做的那样有力地逼压，那么结果将极可能是一场实际的溃退，并将毁灭防御军队。

深思熟虑的逐日抵抗意味着只有在胜败未定的时候才维持抵抗。它要求通过及时让出被争夺的地盘去避免失败。那类战斗使进攻者耗费的性命将至少和防御者耗费的一样多：后者在被俘人员方面必不可免的损失将等同于进攻者在战斗中的损失，因为他总是不得不与防御者的地利作斗争。诚然，撤退中的军队全然失去它的重伤员，然而进攻者也失去他自己的，因为他们通常必须留在医院里几个月。

可以假设这持续不断的消耗将多少同等地影响双方。

当一支被击败的军队在遭追击时，情况就全然不同。抵抗变得困难，确实有时不可能，作为会战伤亡、队列混乱、勇气丧失和撤 470
退焦虑的一个后果。追击者在前一场合不得不谨慎行进，几乎像个盲人一样摸索，现在却能以胜利者的把握、幸运者的傲慢和半神式的自信挺进。他的步伐越快，事态将沿其预定路线奔进的速度就越快：这是心理力将加大和倍增而不受物质世界的重量和尺度严格束缚的主要领域。

这当表明两军关系怎么会按照一种方式迥然不同，据此方式它们达到了可被认作攻势极限的那个点。

我们已经考虑互相摧垮的结果；然而还须添上进攻者以其他方式经受的衰弱，那是我们已说过将在第七篇里谈论的。另一方面，防御者将差不多总是从增援聚取追加力量，不管它是靠外来部队还是靠他自己的持续努力提供。

最后，在补给方面有颇大的不相称。经常，撤退中的军队将有

多于足够的补给，进攻者却处于急需境地。

撤退中的军队有办法在预先安排的地点收集补给；追击中的军队却依赖补给往前运送——在它行进时的一个困难的任务，不管它的交通线多么短。它注定从一开始就有种种短缺。

撤退中的军队首先需要并通常耗竭当地资源。留下的一切是经破坏的城镇乡村、被搜刮和蹂躏的田地、汲空的水井以及弄脏了的溪流。

因而并非罕见，一个入侵者从一开始就面临严重短缺。他永不能指望找到敌方补给：如果确实他会不时俘获某些东西，那么也是缘于纯粹的运气，或缘于防御者方面十足的疏忽。

于是无可置疑，当涉及的距离漫长、交战双方的兵力并不悬殊时，一种力量对比状态将油然而生，给防御者提供比一场边境决战大得多的成功前景。然而，它不仅是经力量对比变化而被增大的单纯的胜利前景；改变了的战局还将增大这胜利的影响。在一方自身边境上输掉一场会战与在敌方领土心脏地区输掉一场会战：这两者有天壤之别！确实，在其征途末端，入侵者的处境往往坏得连一场**胜利**也能迫使他撤退；他可能没有足够的后备兵力去跟进胜利，最大程度地利用之，同时他也不能指望替换他的损失。

因此，胜负决定究竟是在攻势开头还是在攻势末尾到来导致巨大差别。

这种防御方法的大长处被两个缺陷抵消。第一个由国家因敌人入侵而遭受的损失构成；第二个是精神影响。

471 防御的目的不能是保护国家免遭损失；目的必须是有利的和平。此乃一方为之努力的宗旨，为之没有任何暂时的牺牲能被认

作太严重。尽管如此，虽然国土的损伤可以不具决定性，但它必须载入得失表，因为它总是影响我们的利益。

一场撤退将直接增强战斗部队，它也涉及的损失不会直接损害军队，而是以一种迂回的方式如此。难以平衡利弊；它们在种类上不同，它们的影响没有共同的相遇点。能说的一切是：如果一个有大商业城市的富庶和人口稠密的地区不得不被放弃，那么损失增大；然而，如果它包括损失战争物资，不管是在已完成形态上的还是在生产过程中的，那么损失最大。

第二个缺陷是心理性的。有时，一位将领必定奋而凌驾其上，镇静地坚守自己的计划，面对怯懦者提出的短暂反对。然而，这印象仍非纯粹的幽灵，能被轻而易举地撇去；它不像一种只影响单独一点的力，而是相反即刻散布，渗入每根肌腱，令一切军事和民政活动瘫痪。可以有这样的时候：军队和全国充分理解撤入腹地的理由，信心和希望甚至可以因此得到加强；但这样的时候很少。作为一项通则，人民和军队甚至不能明白一场有计划的撤退与一场仓皇逃遁有何不同，更不能肯定撤退计划是否明智，是否基于对真实有利条件的预知，或者它是否仅仅出于对敌恐惧。将有对被弃地区所遭命运的公众关切和愤懑；军队可能不仅对它的领导人也对它自己失去信心，而且无休无止的后卫行动只会趋于确认它的恐惧。撤退的**这些后果**不应被低估。不仅如此，抽象地说，更自然、更简单、更高尚和更符合一个民族的道德性格的是直面挑战，并且确保犯边之敌将被搞得付出血的代价以作惩罚。

这种防御方法的长短利弊便是如此。现在要就将有利于它的条件和环境说几句。

主要的、基本的需要是要有充裕的空间，或至少一条漫长的撤退线；仅仅几天推进显然不会显著削弱敌人。1812 年时，波拿巴的中央大军在维切布斯克达 25 万人，在斯摩棱斯克降至 18.2 万人，抵达博罗季诺时已经减少到 12 万人——即变得与俄国中央大军相等。博罗季诺离边境 450 英里，但直到莫斯科，俄国人才拥有决定性优势。然而，一旦它被确立，战局逆转就那么不可避免，以致甚而法国人在马洛亚罗斯拉维茨的成功也没有任何实质性效果。

在欧洲，没有哪个别的国家有俄国那样的规模，而且只有在很少几个国家里，一条 500 英里长的撤退线才是可设想的。另一方面，产生像 1812 年时的法军那样一支军队的条件不大可能重
472 现——完全不说一开始在两个对手之间达到的那种不相称，当时法国人拥有两倍以上兵员，此外还有巨大的威名。因此，这里在 500 英里范围内实现的，就其他场合而言在 250 甚或 150 英里范围内也可以实现。

在有利的环境中间有：

1. 仅经稀疏耕作的地区。
2. 忠诚和好战的人民。
3. 严酷的气候条件。

所有这些导致难以将一支军队保持在战场上。它们涉及巨量运输车队、众多分遣部队和繁重的杂役。它们导致疾病，并且使防御者易于翼侧包抄作战。

影响这防御方法的最后因素是被涉及的战斗部队的实际数目。

当然，出于事情的本性，除了两军的兵力对比，一支较小的兵力将比一支较大的更快地被耗竭；它无法操作得那么远，因而它的作战区半径必然受限。事实上，在一支兵力的规模与它能占领的地区之间，有一个相当常在的比例。这个比例无法用数字来表述；此外，它由于其他情势而能变化。在此，说两者间的关系是经久和基本的就够了。可以用 50 万兵员进军莫斯科，然而永不可用 5 万——即使入侵者的兵力相对于防御者的在第二个场合大于在第一个。

因此让我们假设，与地域相关的兵力绝对规模在两个不同场合保持不变：无疑，我们撤退的影响将与所涉数量成正比地增进敌人的衰弱。

1. 入侵者将发觉更难向他的部队提供补给和临时营房。即使被涵盖的地区相应于军队规模而扩展，这些地区也永不可能成为补给的唯一来源，而且从基地往前运送的一切将遭更大程度浪费。不仅如此，该地区将只有一小部分而从不全部被用作临时宿营地；被使用的区域将不与部队数量成正比增大。

2. 当部队数量增加时，进展将放慢。因此，沿途挺进将花费更多时间，而且逐日的损失总计起来将大得多。

跟随两千人脚后的三千人一般不会允许他们以一次 5 英里、10 英里甚或 15 英里的从容行军撤退，也不会允许他们不时停步歇止几天。只需几小时就可赶上、袭击和驱散敌人。然而，如果我们将这些兵员数字乘上一百，我们的问题就全然改观。它不再是

几小时的问题，而是一天甚或两天。没有哪一方照旧集合在一处；
473 所有计划和行进都变得错综复杂，从而每件事都需要更多时间。进攻者面对额外的障碍，即补给难题使他与防御者相比以大得多的程度散开，而且因此他总是冒险，可能在某个点上被一支优势兵力压倒——此乃俄国人在维切布斯克试图干的。

3. 参与的兵力越大，战略和战术的日常需要所要求的努力就越大。想象一下10万人进军到集合点，然后返回，日复一日，启止不已，一会儿拿起武器，一会儿做饭或分配口粮，全被保持在旷野，直到必要的报告已被收到为止。就这些对行军本身只是附带的小努力而言，那10万人通常需要的时间将是5万人所需的两倍——但一天对每支兵力来说都只有24小时。至于行军本身，我们已在前一篇第10章指出，花费的时间和精力是多少将随涉及的部队数量而变，参差不一。

所有这些问题当然也影响撤退中的军队，但它们更严重地影响入侵者，因为：

> 1. 他有更多兵员（我们假定进攻者从一开始就占据优势）；
>
> 2. 通过让出地盘，防御者取得了作战主导权，迫使对方调整以适应他的行动。他能够率先规划，而且通常可以坚持他的意图。可是，进攻者只能在他的对手占取那一向首先被侦察的阵位之后，才做出自己的部署。
>
> 我们必须记起，我们在谈论追击一个未遭失败、甚至未输掉一场会战的敌人；我们不是在违背第四篇第12章

里说的话。

迫使进攻者将其行进调整得适应于我们的：这好处至关重要，因为节省时间和努力，还有在其他许多次要方面的裨益。长期来看，它能有重大意义。

3. 撤退中的军队作出大努力，要使自己的撤退容易些：修缮道路和桥梁，为营寨选择最方便的场所，等等。另一方面，它在同样费劲地尝试，要使追击对敌人来说更困难，办法是破坏桥梁，仅凭使用它们就令糟糕的道路变得更糟糕，通过它自身占据它们来使敌人得不到最佳设营场所和供水点，等等。

最后，我们必须提到，一场民众起义是个格外有利的因素。这将在单独一章内谈论，因而我们在此不需深入细节。

至此，我们讨论了这类撤退的优势、它会有的牺牲和它要求的条件。我们现在要来看它被实施的方式。

第一个要审视的是撤退采取的方向。

它应该导向本国**腹地**——倘若可能，事实上就导向一个地点，474
在那里敌人将被我方领土四面包围，并且完全暴露在它的种种影响之下。在这样的场合，防御者全不冒**被引离他本国领土心脏地带**的风险，像他倘若选择一条太接近边境撤退线就将冒的。那在1812 年本可容易给俄国人碰上，假如他们决定向南而非向东撤退的话。

此等撤退的目的本身隐含了这一条件。国内哪个地点对头，

它在多大程度上符合直接掩护首都或某个其他致命点的意图，或符合将敌人引离它的打算——这些问题取决于种种情势。

假如在1812年俄国人提前规划了自己的撤退，并且据此实施，那么他们便能轻而易举地从斯摩棱斯克撤向卡卢加，而不只是在离开莫斯科之后才采取这方向。在这些情势下，很可能莫斯科或可被全然拯救。

在博罗季诺，法国兵力为13万人有余；没有理由假设倘若俄国人在前往卡卢加的半路上接受会战，它们会丝毫更强。然而，在那场合，法国人能省下多少人向莫斯科进军？显然很少。但莫斯科离斯摩棱斯克250英里，无法派一支小兵力迈过那么长的距离去夺取像莫斯科那样的一个地方。

在斯摩棱斯克的会战使波拿巴剩下约16万人。假设，他觉得自己能在打又一场大会战以前冒险分兵夺占莫斯科，而且已经派出4万人。如此，他将还剩下12万人去面对俄军主力。但是，只有他们当中的9万人能够参加——比在博罗季诺作战的少4万人。那会使俄军拥有兵员优势3万人。如果博罗季诺会战的进程提示了任何东西，那就是俄国人以一点边缘优势本可打赢。无论如何，按照这一计算，他们的机会本将优于在博罗季诺。然而，俄军的撤退不是预先规划的结果。他们退得那么远，因为每逢他们有机会接受会战，他们都不感到强得足以这么做。他们的一切补给和增援都指向从莫斯科到斯摩棱斯克的道路，同时在斯摩棱斯克没有任何人会想到离开它。此外，一场在斯摩棱斯克与卡卢加之间的某个地方赢得的胜利在俄国人看来，不会使耻辱撤离不受保护和任人可能夺占的莫斯科成为合理正当的。

1814 年时，波拿巴本来差不多肯定能够拯救巴黎，直至免遭进攻，假如如果他倾斜地占取阵位——例如在勃良第运河后面——留下仅几千兵员和大规模国民卫队去守护首都。各盟国将永不敢派 5 万至 6 万人进军巴黎，因为知道波拿巴领军 10 万位于欧塞尔。相反，假如盟国处在拿破仑的阵位，肯定没人敢提议正值波拿巴进攻之际，它们将通往它们首都的道路撇下不加掩护。依凭那大优势，他在向首都进军以前不会有片刻犹豫。这简单地表明，精 475
神和心理因素能造成的差别，甚至在所有其他情势都相同的地方。

我们仅要补充一点：在这么一种谋略中，首都或一方在试图拯救的无论哪个点应有充足的抵抗力，去保护它免遭任何恰好到来的突袭部队夺占或劫掠。我们应该放下这论题，它在我们考虑战争规划时将再度被拿起。

与这么一条撤退线关联，另一点也值得注意，那就是突如其来的**方向改变**。俄国人保持同一方向，远至莫斯科，过了莫斯科它本将导致他们前往弗拉基米尔。然而，他们离开这方向，先奔向梁赞，然后转向卡卢加。如果他们被迫继续其撤退，那么他们能轻而易举地以此新方向做到这一点，而这方向将使之前往基辅——从而近得多地返回敌方边境。即使法国人在那阶段依然占优势，他们也显然无法守住他们交通线上那个巨大的行经莫斯科的弯曲。他们将不仅被迫放弃莫斯科，而且极可能也不得不放弃斯摩棱斯克——换句话说他们将不得不放弃他们以那么大的代价占领了的领土，满足于别列西纳河以西的作战区。

诚然，假如俄军首先朝基辅进军，它本将面对一个风险——被隔绝于国土主要部分的危险。然而，这一不利实际上已化为乌有：

法国人本将在一个大为不同的境况中抵达基辅，假如他们没有取道莫斯科的话。

显然，通过如此改变撤退线的方向——倘若涉及的距离够大那就颇为可行——能够取得决定性优势：

> 1. 这转变使敌人不可能维持它现存的交通线。设置新的一向困难；更有甚者，方向只逐渐变化，因而将不得不几度设立新的交通线。
>
> 2. 结果是使双方军队再度更接近边境。入侵者不再能使用他的阵位去掩护他已征服的领土，而且他将极可能被迫放弃它。在一个像俄国那样极为广袤的国家，两支军队能轻而易举地玩一种惯常的相互捉人游戏。

在有利条件下，这种转向是可能的，甚至在所涉距离较小的场合。然而，每个场合都须根据所有情势下它本身的利弊去决定。

一旦敌人要被依以引入国土的方向业经确定，主要防御兵力就须照此行进。否则，敌人将不会跟从它，而且即使他这么做了，
476 防御者也无法施加上面我们预设了的所有限制。唯一的问题在于，是以一支未经分割的兵力走此路，还是以其颇大部分走侧道，从而沿分散的路线撤退。

答案是第二种方针应予避免，理由如下：

> 1. 它进一步分散兵力，而兵力集中于一个地区将给入侵者造成一大障碍。

2. 敌军由此享有内线之利。他将因而比防御者更好地集中,在任何给定的点上有更大的优势。诚然,这优势将不那么可怕,倘若从一开始我们的计划旨在避免会战。但是,这取决于敌人持续敬畏我们的力量,不觉得像据想能发生的那样任意攻扰我们。这类撤退还进一步蕴含一个意思:一支主力将终占上风,从而能发动决定性打击。但是,一旦已经分兵,就无法指望如此。

3. 同心攻战完全不适合较弱的一方。

4. 分散撤退取消了敌人的部分赢弱。

一场纵深进攻的主要弱点,当然在于漫长的交通线和被暴露的战略侧翼。一场采取分散方式的撤退迫使进攻者以其一部分兵力给侧翼出示一个前沿;虽然这部分确实只意味着遏制面对它的兵力,但它附带地可有助于一个额外的目的——掩护部分交通线。

简言之,只要关系到撤退的纯战略价值,分散方式就并非有利。如果它是为针对敌方撤退线的未来行动作准备,我们就须诉诸前一章的内容。

令沿分散路线撤退合理正当的**唯一**目的,是它有助于保护否则将被敌人占领的各省份。

入侵者将在他的进军线两侧占领的地区通常能相当准确地被预见到,根据他的兵力的集中和方向,还有他的领土、要塞等等的位置,相对于我们自己的。如果我们要将我们的战斗部队驻扎在很可能不会被触及的地区,就会是一种危险的兵力耗散。难预见

得多的是**能否依靠驻扎部队去阻止占领**，驻扎在很可能被占领的地区。它大体上是个判断问题。

当俄国人在1812年撤退时，他们将托尔马索夫[①]麾下3万人留下来防守伏尔希尼亚，使之免遭奥地利人入侵。考虑到该省的面积、它展现的自然障碍的数目，还有据想要入侵它的兵力之平
477 淡，俄国人合乎情理地指望能在他们边境的那个地带占据上风，或无论如何将他们自己保持在附近。如果他们能守住自己的阵位，就能预期在未来取得稳固的有利条件，那不需在此谈论。无论如何，这些兵力差不多全无可能及时与主力会合，即使已打算如此。所有这些因素充分证明，俄国人将此兵力留在伏尔希尼亚打一场单独的战争合理正当。另一方面，按照富尔将军呈交的计划，只有巴克莱麾下8万人将退入德里萨。巴格拉季昂与其4万人将在右翼作战，意欲以后扑向法军后背。乍一看就会认识到，这支兵力毫无希望在南立陶宛坚持下去——即守住**额外的**领土和**更接近**法军后背。它本将被法军压倒性的数量优势摧垮。

当然，防御者利在尽可能少地向入侵者让出地盘，但这总是保持为一个次要目的。同样显而易见，一场进攻规模越小，就变得越难，或宁可说入侵者能被囿于其中的作战区就越有限。然而，所有这些考虑预设了成功的或然性，而且假定它们不会过分削弱主力——因为一方正是主要依凭这主力去追求最终结果。敌方主力

① 亚历山大·彼得罗维奇·托尔马索夫(1752—1819)：在拿破仑战争期间表现杰出的俄国骑兵将领，1801年晋升为骑兵上将，1809至1811年任格鲁吉亚总督和高加索地区俄军总司令，1812年战争中担任俄国第三集团军司令官，巴格拉季昂作战重伤而亡后改任第二集团军司令官，并在其后的各次战役中战功卓著。——中译者注

碰到的种种困难极可能导致他撤退，并将使撤退时招致的物质力和精神力损失增至最大程度。

因此，作为一项通则，向国内腹地的撤退应由一支未被击败和未经分割的兵力去从事。它应在敌方主力紧前面退却，退得尽可能慢。它应通过维持不断的抵抗，将敌人保持在一种持续不断的惊恐状态，迫使他陷入可谓致命的战术战略过度预防。

一旦双方都以这方式达到了侵略者攻势的末端，防御者就应——倘若毕竟有可能——占取一个与那条线的方向成一角度的阵位，并以自己掌握的一切手段对敌方后背施压。

所有这些特性与其效果都被俄国人的 1812 年战争高程度地展示出来，就像经过一个放大镜。虽然它并非一场自愿撤退，但它能被视为如此，因为无可置疑，假如俄国人知道他们现在知道的，不得不在同样的境况中重复它，那么他们将系统地去做他们在 1812 年大多并非故意地做过的事情。然而，假定在缺乏俄国般巨大幅员的地方永未产生也永不能产生同样的效果，就将大错了。

这类抵抗的首要效果和条件一向存在——不管有哪些改动性情势可以额外地附着于它们——只要一场战略进攻已被挫败，不是作为一场决战的结果，而只因为碰到的种种困难[①]；它们迫使入
侵者开始一场撤退，那在或大或小的范围内证明是灾难性的。弗 478
雷德里克大王 1742 年在摩拉维亚和 1744 年在波希米亚的战役，

① “.... but because of the sheer problems of existence”.《战争论》1873 年格雷厄姆英译本译作“.... merely on the difficulties encountered”. 在此依从格雷厄姆译本。——中译者注

法国人1743年在奥地利和波希米亚的战役，不伦瑞克公爵[①]1792年在法国的战役，还有马塞纳1810至1811年在葡萄牙的冬季战役[②]，都是例解虽然规模和环境有限得多、但与此相似的场合的实例。不仅如此，还有无数别的情势，其中结果倘若不是完全也是部分归因于在此确立的准则。我们不列举它们，因为那意味着深入不必要的细节。

在俄国，也在这里被提到的其他场合，战局幡然改观，而无一场胜利的会战去提供顶点上的胜负之决。甚至在不能期望这么一种效果的地方，依靠这类抵抗去招致双方力量对比的改变也依然足够重要，那将使胜利成为可能。一旦胜利已被赢得，就立即必须保证它触发一系列灾难，它们按照落体定律将不断增大动量。

① 见本书第593页注①。——中译者注
② 参见本书第545页注①。——中译者注

第 26 章　武装的人民

在欧洲各文明部分，以大众起义为手段进行战争是个 19 世纪 479
现象。它有其提倡者和反对者。后者或者根据政治理由反对它，将它认作一个革命手段，一种合法的无政府状态，对本国社会秩序的威胁和对敌人的威胁一样大；或者根据军事理由反对它，因为他们觉得结果抵不上被花费了的精力。

第一种反对根本不是我们关心的：在此，我们将一场广泛起义仅认作是又一项战争手段——因而是在它与敌人的关系方面。另一方面，第二种反对引得我们说，一场大众起义总的来说应当被认作一种方式的衍生，以此方式，种种传统障碍在我们生活的时代已被战争的原始暴力一扫而光。它事实上是名曰战争的那种激荡过程的拓宽和加剧。征用体制，各国军队由于它也由于普遍征兵制而来的巨幅增大，民兵的使用：所有这些从较陈旧较狭隘的军事体制的视角看，都在同一方向上发展，而且导致出动地方志愿军和武装人民。

头上来提到的创新是传统障碍崩塌的自然和不可避免的后果。它们如此巨大地增强了首先使用它们的那方的实力，以致对手被带着走，不能不起而效尤。就人民战争而言，情况亦如此。任何明智地使用它的国家通常都将获得某种优势，对蔑视其用途的

那些国家的优势。如果情况如此，那么问题只在于全人类是否将因为战争要素的这进一步扩展而得益：一个问题，其答案当与战争问题本身的答案一样。我们要将这两个问题留给哲学家。然而可以论辩说，在一场起义中被花费的资源或许能以他种战争方式被较好地使用。然而，不需漫长的探究就能揭示一个事实，即这些资源大多在别种情况下不可得，也不可能被随意处置。确实，它们的颇大一部分，即心理要素，只是靠这类用法才被召唤出来，成为现实。

当全国作武装抵抗时，问题不再是“这对人民有什么价值”，而是“它的潜在价值是什么，它要求的条件是什么，它将怎样被利用”。

480 依其本性，这样的分散抵抗不会适合于时空方面很紧凑的重大作战行动。它的效果有如蒸发过程的：取决于多大表面被暴露。表面越大，它与敌军接触的地域越大，敌军不得不扩散得越稀薄，那么一场广泛起义的效果就越大。就像在闷燃的煤块，它消耗敌军的根本基础。它需要时间去变得有效，因而在两个要素互动期间，紧张状态将发展。这紧张要么将逐渐缓解，如果起义在某些地方被镇压下去，在另一些地方慢慢自我燃尽，要么将加剧成一场危机：一场逼近敌人的燎原大火，在他面对完全毁灭以前将他逐出国土。一场起义要凭它本身造就这么一场危机，先决条件是有一个够大的被占领区，那在欧洲除俄国之外没有，或者入侵军队与国土面积太不相称，那在实际上永不会发生。因此，要讲求实际，就须设想这么一场广泛起义：它在正规军打的一场战争的框架内爆发，并且在一套包罗万象的计划内得到协调。

以下是一场广泛起义在其下能够有效的仅有的几项条件：

1. 战争须在本国腹地打。

2. 它决不靠单独一击决定。

3. 作战区必须相当广大。

4. 国民性格必须适于那类战争。

5. 国土必须因为山岭或森林、沼泽或当地耕作方法而崎岖不平，难以通行。

人口相对密度不起决定性作用；为此目的难得没有数量足够的人民。人口是穷还是富也无关紧要——至少它不应是一大考虑，虽然必须记住，惯于艰苦紧张劳作和贫困的穷人一般更有活力和更好战。

689

大大增进起义有效性的乡村特性之一，是房屋和农场的散开分布，例如可见于德意志的许多地区。在这样的情况下，国土将更加错落不一，并被茂密的林木覆盖，道路则更加糟糕，虽然较多；部队的临时宿营将证明无比更难，而且最重要的是，一般的起义的最特别特性将不断以缩影方式重现：抵抗因素将无所不在和一无所在。人口集中于村庄之处，最不安分的村社能被驻军，甚或被劫掠和烧毁，以作惩戒；但是，在例如一个威斯特伐利亚农区，这难以做到。

民兵和武装民团不能也不应被用于针对敌军主力——甚或针对任何规模可观的敌方部队。它们不是被设想来碾碎核心，而是慢慢啃咬外壳和周边。使用它们意味着在战区外缘作战——那里 481

入侵者不会强有力地出现，为的是令他全然得不到这些外缘地区。入侵者推进得越远，这类雷雨云就应当越浓重地积聚在他周围。还未被敌人征服的人民将最急于武装起来抵抗他；他们将树立一个会逐渐地被他们的邻人效法的榜样。火焰将像灌木林火一般越烧越广，直至烧到敌人的基地区，威胁他的交通线和他的生存本身。不需对一场广泛起义的威力抱过分的信心，也不必将它认作一种耗竭不了、征服不了的力量，一支军队无望制止它，有如人无望呼风唤雨；简言之，为了确认武装的农民不会让自己像一排士兵那样被一溜扫除，不需将自己的判断基于爱国主义喧嚷。一排士兵将像一群牛一样紧挨在一起，一般凭本能行事；相反，农民将分散和消失在四面八方，不要求一个专门计划。这解释了对一支小分遣队来说穿经山脉、森林或别类困难地形行军能有的高度危险性：无论何时，这行军都可能转变成一场战斗。一个地区可以早就被清除了敌方部队，然而一帮早就被纵队前锋驱走了的农民可以无论何时重现在纵队尾端。当进至使道路不可用和堵住窄山口时，前哨或军事突袭队可得的手段与农民起义队伍可得的手段多有共同点，就如一部自动机的动作颇像一个人的动作。敌人对民兵作战的唯一应答，是派出经常性的护卫，以便保护他的运输车队，并且守护他的一切停留场所、桥梁、隘路以及其余。民兵的早先努力可以相当弱，而这些先头分遣队也将如此，因为分散的危险。然而，起义的火焰将被这些小先遣队煽旺，它们会不时地被绝对多数压倒；勇气和求战欲将增大，紧张亦将如此，直至它达到决定结果的巅峰。

一场广泛起义如我们所见，该当含糊不清，难以捉摸；它的抵

抗当永不像一个有形实体那般物化，否则敌人能以足够的兵力直捣它的核心，击碎它，抓获许多俘虏。当这发生时，人民将失去信心，并且相信大局已定，再作努力徒劳无益，从而放下武器。另一方面，必须有在某些点上的某种集中：那里大雾必须变得浓厚，凝结成令人害怕的黑云，从那里任何时候都可能爆出一道强烈的闪电。这些集中点如前所述，将主要位于敌方作战区两翼。那是起义者应该建设起更大队伍的地方，它们组织得更好，伴有正规兵队，那使它们显得像一支合适的军队，而且使之能够对付较大的作战行动。从这些地区，起义力量必须随它接近敌人后背而越发增强，在那里他易受它的最有力打击。较大的集群意在骚扰敌人派回来的更大部队单位；它们也将引发不安和恐惧，并且加深整个起 482
义的心理效应。没有它们，影响就不会足够大，总的形势也不会给敌人足够的理由去惊恐。

一位统帅通过以正规军小单位支持起义者，能更容易地塑造和引导民众起义。没有这些正规部队提供鼓励，地方居民通常将缺乏拿起武器的信心和主动性。被分配去从事这任务的单位越强，它们的吸引力就越甚，最终的雪崩也越大。可是存在限制因素。首先，对军队来说，被耗散于此类次要目标——可谓消解在起义中——能是致命的，那仅为形成一条漫长和薄弱的防线，必定导致军队和起义者共同毁败。另外，经验趋于表明，在一个地区有太多太多正规军容易严重损伤一场民众起义的活力和有效性，因为吸引太多敌军；而且，居民们将过度依赖正规军；最后，大量部队的在场令当地资源以别种方式承受重负，例如临时营房、运输、征收征用等等。

还有另一种避免敌人对大众起义作有效反应的办法，同时也是起义的基本准则之一：难得或从不允许防御的这个重要战略手段转变成战术防御。**起义作战**在特性上与二流部队从事的所有别的作战相似：它们以充满活力和热情开始，但就长期而言极少冷静和坚韧。不仅如此，倘若一支起义队伍被击败被驱散——此乃预料中事[①]——那也没有很大损失。然而，它不应被允许经太多的人阵亡、负伤或被俘而崩解：这样的失败将很快使之丧气落魄。这两项特征与战术防御的性质全然格格不入。防御作战应该是一种缓慢、持续和深思熟虑的事情，承担有限的风险；可被随意断止的单纯尝试决不能导致成功的防御。因此，如果一个地段的防守被委托给地方志愿兵，那么必须避免卷入一场防御大会战，否则他们将毁灭，无论环境多么有利。他们可以并且应当尽可能久地守卫
692 通向一个山区的进路点，或穿越一片沼泽的土堤坝，或一条河流的渡越点；然而，一旦这些被突破，他们最好还是散开，以突袭为手段继续他们的抵抗，而不是在一个狭窄的据点里挤作一团，被锁进一个正规防御阵位，无法从那里逃脱。不管一国人民多么勇敢，它的传统多么好战，它对敌人的仇恨多么强烈，它在上面战斗的土地多么有利，事实依然是在环境太多危险的地方，全国性起义无法坚持下去。因此，如果它的燃料要被扬入一场大火，这大火就需在一定距离之外，那里有足够的空气，起义不可能被一举闷熄。

483 这讨论是探寻真理，甚于是客观分析。所以如此，原因在于这

① “. . . . that is what it is for”.《战争论》1873 年格雷厄姆英译本译作“. . . . they lay their account with that”. 在此依从格雷厄姆译本。——中译者注

种战法还不很常见；那些能在无论多长的时段里始终观察它的人还未就它作足够的报道。我们仅希望补充说，旨在防御的战略计划能以两种方式之一规定一场广泛起义：要么作为一场失败后的最后依靠，要么作为一场决战前的天然辅助。后一用法以撤往腹地和采取本篇第 8 和第 24 章里讲的间接防御方式为先决条件。因此，我们将只添上关于输掉了一场会战后出动地方志愿兵的几句话。

一个政府永不得假定本国的命运、它的整个存在系于单独一场会战的结局，不管这会战多么有决定性。甚至一场失败后，也总是有一个可能性，即依靠开发新的内力资源，或经假以时日所有攻势都会遭受的天然耗竭，或因来自国外的援助，能够招致命运的转变。不必急着去死；犹如一个溺水者将本能地去抓一根稻草，一个发觉自己处于地狱边缘的国家将试图以任何手段来拯救自己，此乃精神世界的自然法则。

不管一国与其敌人相比可以多么弱小，它决不能放弃这些最后努力，否则人们将断定它灵魂已死。不应当排除可能靠付出高代价换取和平去避免彻底毁灭，但甚至这一意图也不会转过来消除种种新的防御措施的有用性。它们不会使和平变得更困难更繁重，而是变得较容易较良好。在能够期望从利在我们生存的其他国家得到援助的场合，它们甚而更可取。一个政府在输掉一场大会战后，只对让它的人民尽可能快地回归和平、高枕无忧感兴趣，并且被失败感和失望情绪压倒，缺乏作最后努力的勇气和渴望，那么无论如何，这个政府就因自己虚弱而大为首尾不一。它表明它配不上赢，并且可能因此而无法赢。

随军队撤入腹地——不管一国的失败多么完全——必须激发起要塞和广泛起义的潜能。在这方面，如果主要作战区两翼毗邻山峦或其他困难地形，后者由此成为以其战略性纵射火力射击敌人的堡垒，那就将有利。

一旦胜利者从事围城战，一旦他已沿途全程留下强驻防部队，以便形成他的交通线，甚或已派出分遣队去确保他的行进自由和使邻省不给他制造麻烦，一旦他已被多种多样的人力物力损失削弱，那么防御军队重新上阵作战的时候就到了。然后，对困难境况中的进攻者施以一记落点恰当的猛击，便将令他身摇胆战。

第 27 章　作战区防御

在谈论了**防御的最重要方法**之后，我们也许能推迟任何关于它们如何融入一个总的防御规划的讨论，直到最后论战争规划的那篇为止。一个战争规划毕竟是所有较小的攻防规划的来源，并且决定它们的主轮廓；的确，一个战争规划经常不过是进攻或防守主要作战区的规划。然而，我们还从未有什么时候能开始谈论作为一个整体的战争，尽管事实上在战争中甚于在任何别处，是整体支配所有组成部分，以它的特征给它们打上印记，并且剧烈地改变它们。相反，看起来必须始于彻底审视作为各独立成分的各不同部分。假如我们未从简单进至复杂，我们本当被许许多多模糊的概念淹没；特别是，在战争中发生的各种不同的互动将不断持续地搞混搞乱我们的想法。而且，在我们进至整体以前还剩另一个阶段：审视作为一个独立的论题的战区防御，并且寻求将所有被谈论的论题联结在一起的线索。 484

防御如我们所见，只是战斗的较强形态。保存己方战斗兵力和摧垮敌方战斗兵力——简言之胜利——是这斗争的实质；然而，它永不能是它的最终目的。

最终目的是保存本国和击败敌国；再度简言之，是意欲的和约，它将解除冲突和导致共同解决。

然而，在战争环境中，敌国意味着什么？首先是他的战斗兵力；然后是他的领土。当然，它也意味着许许多多其他因素，这些因素依据种种情势能变得真正重要。在它们中间，首要的是国外和国内的政治状况，有时比任何别的更具决定性。可是，虽然敌人的战斗兵力和他的领土可以不是国家本身，也不代表他的所有从战手段，但它们将始终是**支配性**因素，而且通常在重要性上**远超过**其他一切。战斗兵力的作用是保护其本国领土和夺取敌国领土；反之，正是领土维持它们和持续恢复它们的力量。因此，这两者彼此依赖。它们彼此给予支持，各自对对方有同等的价值。可是，虽然它们互动，但它们有所不同地这么做。如果兵力被摧垮——换句话说被克服且无能力进一步抵抗——那么国土自动丧失。反过来，丧失国土并不自动导致兵力被歼；它们可以自主撤出国土，为的是以后较容易收复它。不仅战斗兵力的彻底被歼，而且它们的

485 任何显著削弱一般都将导致丧失领土。然而，反过来，并非领土的每次大面积丧失都自动导致削弱战斗兵力。这当然将在较远的后来发生，但不总是在战争的决定性阶段内。

因此，保存或像情况可以是的那样摧垮武装部队总是比守住领土重要——换句话说前者必须是一位将领的首要关切。领土的占有将会本身变成一个目标，只有**在这些手段本身不够的情况下，**拥有领土才会成为一个目的本身。

如果所有敌方部队被聚合为**单独**一支军队，而且战争由**单独**一场会战构成，那么是否拥有国土将取决于打赢这场会战。摧垮敌人的兵力，占领其领土，确保己方自身的安全，都将自动接踵而来，且一定意义上与之同一。这就出现了一个：什么会导致防御者

开头就放弃这最简单的战争方式，将他的兵力在空间上分散开来？答案在于他能以他的合成兵力取得的胜利的不充足性。每场胜利都有它自身的影响范围。如果这范围包括整个敌国——战斗兵力、领土和一切，换句话说如果他的力量的所有成分都被冲击其核心的洪流卷走，那么一场胜利就是所需的一切。不会有分兵的需要。如果相反，敌方兵力和双方国土的某些部分并非我们的胜利范围所及，那么这些部分将需要专门的关注。由于无法像能够集中一支军队那样集中领土，因而为守卫领土就将有必要分兵。

只有在国家小而紧凑的场合，这样的兵力集中才有可能，而且击败它大概将决定一切。如果涉及的地区很大，边境又长，或者一方被一个强大的敌方联盟四面包围，这样的兵力集中便实际上不可能。分兵于是变得不可避免，而且随之有了几个作战区。

一场胜利的影响范围大小当然取决于胜利的**大小**，而那转过 697
来取决于**被击败的兵力的规模**。由于这原因，可以从中期望最广阔最有利反响的**打击**将针对能在那里发现敌方部队最大集中的**地域**；用以进行打击的兵力越大，它的效果将越可靠。这相当明显的先后关联将我们导向一个类比，将更清楚地例解它的类比，那就是重力中心的性质和效应。

重力中心总是见于物质最密集之处。它给一项打击提供最有效的目标；不仅如此，最重的打击是重力中心作的打击。战争中也是如此。每个交战方——无论是单独一国还是一个国家联盟——的战斗部队有一定的统一性，从而有某种凝聚力。有凝聚力之处， 486
就能应用重力中心这类比。于是，这些部队会拥有某些重力中心，那通过它们的运动和方向支配其余；而且，凡在部队最集中之处，

就能找到这些重力中心。然而，在战争中如同在无生命物质世界里那样，对一个重力中心的所生效应由各组成部分的凝聚力决定，并受其限制。在这两个场合中间的任一场合，一项打击都很可能强过抵抗要求的，而且它可能击空，从而纯属浪费能量。

下属两者间有一决定性区别：**单独**一支军队的凝聚力，它在**单独**一位将领麾下被领入会战；一支**联盟军队**的凝聚力，它延绵250或500英里，甚或针对不同前沿作战。前一场合，凝聚力最强，统一性最高。后一场合，统一性甚低，经常只见于共同的政治利益，甚至那也相当脆弱和残缺不全；各组成部分之间的凝聚通常将很松散，往往纯属虚构。

于是一方面，我们的打击将针对的兵力要求我们的力量被集中到最大程度；另一方面，任何过度要被视为一项决定性不利，因为它涉及浪费能量，那转过来意味着在别处**缺乏实力**。

因此，分辨敌方部队的这些重力中心，识别它们各自的有效性范围，是一种重大的战略判断行为。一个人将不断被要求来估计每方部分兵力的挺进或撤退将对其余有怎样的效应。

我们远非以为自己发现了一项新技能，而只是在给史上每位将领的作战行动提供一个基本缘由，那有助于解释它们与问题性质的联系。

最后一篇将讲述敌军重力中心这概念怎样始终贯穿战争规划起作用。事实上，那是该问题的恰当归宿处；这里我们仅提到了它，为的是不在当前的论辩中留下一个缺口。我们的思考意在表明分兵的一般原因。基本上，有两项彼此冲突的利益：一是**占有国土**，它趋于分散战斗兵力，另一是**打击敌军重力中心**，它趋于某种

程度上保持战斗兵力集中。

各作战区，或各支军队的作战地域，就是这么被造就的。一国和驻在那里的兵力以一种方式被分割，据此由主力在一个特定作战区取得的任何胜负决定直接影响整体，并且主导一切。我们说**直接**，是因为在一个特定作战区达成的任何胜负决定还必定对邻近各地区有或大或小的间接效应。

我们想着重重申，在此像在别处，我们的定义只针对某些概念的核心；我们既不希望也不能够赋予它们清晰的轮廓。问题的性质应当使这足够明显。

因而，我们的主张是，一个战区无论大小，驻在那里的兵力无 487
论有何规模，代表一种统一，在其中能识别出**单独**一个重力中心。此乃胜负决定应被达成之处；这一点上的一场胜利在其最充分意义上与作战区防御别无二致。

第28章　作战区防御(续)

488 然而,防御由两项不同要素构成:**胜负之决**与**等待时段**。本章谈论这两者之间的联系。

我们必须以指出下面一点开始:等待状态并非“防御”这术语的全部。然而,它是一场防御据以接近其目的的阶段。只要一支战斗部队还未放弃被指派给它的区域,一场进攻对双方造就的紧张就将继续下去。只有决出胜负才能结束它;而且,那结局不管可以如何,只能在进攻者或防御者放弃了战区以后才被认作是个
700 事实。

只要一支兵力保持在它的区域内,它对该区域的防守就继续下去,而且在这意义上可以说,对一个作战区的防守与在其内的防御是一回事。该区域的多大或多小部分暂时被敌人占领不重要;它只是被借给他的。

这一概念化旨在澄清等待状态与整体之间的真实关系,它只有在真正打算决出胜负、且双方都认为一决胜负不可避免的情况下才成立。正是胜负之决,将双方的重力中心和它们造就的作战区变为**积极力量**。如果一方放弃决出胜负的想法,那么重力中心失效,所有兵力在一定意义上也是如此。这个时候,占有国土,即战区接下来的最重要成分,将成为直接目的;换言之,占有国土的

重要性越大,交战双方就越不那么积极地追求决出胜负,战争也就越成为一种彼此监察之事。防御者将更意在直接掩护自己拥有的一切,进攻者则愈益试图在推进中散开自己的兵力。

没人否认,大多数战争和战役更多的是一种监察状态,而非生死斗争——即一种至少一方在其中决心决出胜负的斗争。一个基于生死斗争观念的理论或许只能适用于 19 世纪的战争,只有它们才如此高程度地展现了这个特征。然而,并非每一场未来战争都很可能是此类的;相反,可以预测大多数战争将趋于回返监察性战争。一个理论要有任何实际用途,就须允许这一可能性。因此,我们要始以考虑那种完全被决出胜负的冲动所支配和充斥的战争,即那种真正的战争,或曰绝对战争,如果我们可以如此称它的话。489 在后面一章里,我们要考虑种种变型,它们出自一场监察性战争的程度或大或小的近似物。

在第一种场合,胜负决定要么期望由进攻者招致,要么由防御者追求;对眼前的目的来说,究竟是哪个无关重要。这里,战区防御将由维持阵位构成,其方式要使人在任何时候都能招致有利的决定。这么一个胜负之决可以是单独一场会战,或一系列重要交战;然而,它也可以由两军布局所生关系的效果构成,即由**可能的交战**构成。

即使一场会战不是决出胜负的主要的、最常见和最有效的手段(如我们认为我们已不止一次地显示的那样),单单一个事实,即它是决出胜负的手段之一,就该足以要求视情势许可尽**最大可能集中兵力**。在作战区的一场大会战是两个重力中心之间的一场冲撞;我们能在我们的重力中心集中越多的兵力,效果就将越确定越

巨大。因此，对兵力的任何局部使用，若非针对一个无法由胜利本身取得或不招致胜利的目标，就应当受**谴责**。

然而，基本条件不仅在于尽最大可能集中兵力；兵力还须以一种使之能在足够有利的情势下战斗的方式得到部署。

在论抵抗的类型那章里被谈论的各不同防御层次完全符合这些基本条件；因此，按照各自场合的需要在它们之间确立联系不可能有任何困难。只有一点乍看来似乎自相矛盾，而且因为它是防御方面的头等要点之一，从而更需要进一步阐发，那就是如何打击敌人的真正重力中心。

如果防御者够早地发现敌人将依靠哪些道路挺进，连同他的兵力核心将在其中哪条道上被找到，那么他将能够在那里迎对他。这就是通常发生的情况；因为，虽然防御可以通过广泛的预防——例如修筑要塞、充实主要的武器供给站、平时部署兵力从而确立实际的战事开始时进攻必定遵循的战线——去预料进攻，但防御者还拥有一项对进攻的固有优势，即能够迅速回击。

以一支规模可观的兵力突入敌方领土要求作众多准备，例如累积食物储存和补给或装备等等。这将足够长久，从而给防御者时间去做他自己的准备。而且决不要忘记，防御者需要的时间一般比进攻者少，因为所有国家通常都为防御做了更好的准备，好于为进攻做的。

490 但是，虽然这可能在大多数场合完全真确，却仍有一种可能，即在一个特殊场合，防御者可以把握不定敌人挺进的主要路径。当防御依赖诸如准备一个强阵位之类本身很费时间的措施时，就更可能如此。更有甚者，甚至在防御者正堵住进军线的地方——

只要他自己不通过引发会战去采取攻势——进攻者也能稍微改变自己的初始行军线,从而避开防御者的阵位。在欧洲的各定居部分,永不会找不到路去绕过一个阵位,在一边或另一边。在这种情况下,防御者显然不会等他的对手到位,至少不会抱着在那里引发会战的打算去等。

在我们谈论此种情势下防御者仍然可得的手段以前,我们必须更仔细地审视它,并且考虑它出现的或然性。

在每个国家,因而也在每个战区(这是我们在此的首要考虑),当然会有为一场进攻提供最有效靶子的某些目标和地点。关于这话题的详细谈论属于论进攻那篇。在此阶段,我们仅想作以下规定:如果进攻的最有利目标和靶子决定进攻的方向,那么同样的推理也会影响防御者,而且每当他不知道对手的意图时,必定指引导他的部署。如果进攻者未能采取最有利的方向,他就将废弃他的某些天然的有利条件。如果防御者确实横越在那路径上,那么以避开和绕过他去补救显然不是好办法;为此必须付出代价。因此,无论是防御者**误判进攻方向**的风险,还是**敌人绕过他的能力**,都不像起初显现的那么大。事实上,采取一条或另一条路径的一个明确和通常压倒性的理由已被给出。于是,虽然防御者的部署可能被束缚在某个场所,但他一般没有错失敌军主力的危险。换句话说,**如果防御者占取了正确的阵位,那么他能相当肯定进攻者将在那里找到他**。

然而,没人否认一个可能性,即防御者的部署有时可以未能与进攻相联。因而出现了那时如何行事的问题,还有他的境况的初始优势还将剩下多少的问题。

一个正在被绕过的防御者有如下选择：

1. 他能从一开始就将自己的兵力分成两股，为的是保证以一股抓住敌人，同时另一股急忙赶去支援它。

2. 他能将自己的兵力集中于一个阵位，如果敌人绕过他，就迅速移至侧翼。在大多数场合，这么一种挺进不再能恰好进至侧翼：将不得不在多少更向后背的地方占取新的阵位。

491 3. 他能倾其全部兵力打击敌人的侧翼。

4. 他能对敌人的交通线作战。

5. 他能对敌人的战区发动一场反攻，以此对敌造成与后者依凭绕过他而想要造成的同样的影响。

在此提到这最后一项选择，是因为可以设想有它将行之有效的情况。然而，它基本上与防御意图抵触，或更确切地说，与它被选择的理由抵触。它必须，因此，它须被认作一种不正常的情势，只能由敌人方面的重大错误或单个场合的其他特殊性引起。

对敌方交通线作战以我方自身交通线的优越为先决条件，那确实是一个优良的防御阵位的基本要素之一。可是，虽然这么一个作战行动可望给防御者带来某些裨益，但在防守一个作战区时，它难得导致我们已预设为战役目的的**胜负之决**。

单独一个战区很少大得足以使进攻者的交通线致命地脆弱。即使它们是如此，针对它们的作战行动效果也太过逐渐，不能严重延宕敌方计划的执行，那通常不需许多时间。

因此,在大多数场合,倘若敌人执意决出胜负,一项针对交通线的作战行动将全然无效——它也不会有助于给防御者带来胜负之决。

留给防御者的三项其他手段更适合目的,因为它们旨在马上决出胜负,即令两个重力中心彼此碰撞。然而,我们立即要说,我们决然偏好第三项手段而非其他两项。虽然我们不会完全地拒绝它们,但我们相信第三项是大多数情况下合适的抵抗手段。

由于自己分兵,一方处于陷入一场前哨战争的危险:面对一个决绝的敌人,这至多将导致一场**颇大规模的有限抵抗**,但永不会导致想要的胜负之决。即使这陷阱能被避免,进攻也将被显著削弱,因为防御方面的暂时分割。也无法确信进军单位不会遭受大得不成比例的损失。更有甚者,这些单位作的抵抗一般以退回到正在赶去支撑他们的主力告终。对部队来说,这通常将看似失败,并且由此大为降低它们的士气。

第二种方式——以合成兵力在对手要据以避开我们的那条路径上截击对手——有过晚抵达从而两头落空的风险。更有甚者,一场防御性会战要求冷静、深思熟虑和了解当地,甚而真正熟悉当地;如果我们从事快速行进,这些就无一能被期望。最后,造就良 492
好的防御性战场的阵位实属罕见;不能假定在每条路上和每个转弯处都会找到它们。

然而,大优势附着于第三种方针——从侧面扑向进攻者,由此迫使他变换前沿,打一场会战。

首先,如前所述,这必定令他暴露他的交通线——在这场合是他的撤退线。给防御者添加的有利条件来自他的总状况,但特别

是来自我们就他的阵位断言了的战略特性。

更有甚者——此乃主要一点——尝试绕过其敌人的进攻者在同时做两件互不相容的事。他的头号关切是挺进并抵达他的目标;但因他可能随时从从侧面遭攻击,他觉得自己也必须随时准备迅即回击,而且全力回击。这两个目的彼此排斥:它们造就那么多困惑,使要涵盖所有不测事件变得那么困难,以致将难以想象有一种更糟的战略形势。如果进攻者确知他将何时何处遭攻击,他就能凭技能和资源使自己有准备;可是,在他把握不定、同时又必须保持推进的时候,一场突如其来的会战几乎不可能不见他兵力不够集中,从而必定不在有利地位。

如果防御者什么时候有适当的机会打一场进攻性会战,那就必须期望它是在这样的境况下。如果我们进一步记住防御者在对地形的了解和选择上有优势,记住他能够准备他的行动并开始去做,那么不容置疑在这些境况下,他将对敌保持明确的战略优势。

我们因此觉得,一个防御者,以其全部兵力位于一个地点妥当的阵位,能够安然等待被绕行。如果他的对手没有找到他,而且种种环境阻止这情势影响他的对手的交通线,那么他仍有极好的手段,靠扑向敌人侧翼去决出胜负。

历史上这难得发生。原因部分地在于防御者很少敢在这么一种阵位上坚持住;他们宁愿分兵,或急于凭倾斜行军或侧面行军去切断进攻者。此外,一个进攻者在此等境况下将不敢绕过防御者,而且这通常导致他停下来。

于是,在这么一个场合,防御者被迫打一场进攻性会战,被迫放弃**等待、强阵位、好堑壕**等等的进一步裨益。作为一项通则,他

发现挺进中的敌人所处的形势不完全弥补这些有利条件之缺乏;毕竟,正是为了绕开它们,进攻者才将自己暴露在这些状况面前。然而,它确实提供**一定量补偿**。因此,它不是这么一个例子:在其中,理论家在发现一个量已经突然消失,利与弊互相抵消,像军事评论家将理论的一点儿碎片引入自己的著作时那么经常地发生的那样。

我们不是要暗示此乃逻辑精妙问题;相反,一个人越是看这问 493
题的实际面,就越见到这理念适用于整个防御领域,主宰和渗透进它的每个方面。

只有防御者决心一迄他已被绕行就立即全力进攻敌人,他才能避免那么密切地困扰他的路径的两个陷阱——被分割的阵位和急忙的挺进。在这两个方面中间的每一个,他都受进攻状况支配,都须以临时搞出的权宜和危险的匆忙去凑合。因此,凡在一个决意追求胜利和决出结局敌人已碰到这类防御体系的地方,他都毁坏了它。另一方面,一个防御者,如果已将他的部队集中为单独一支兵力在合适的场所去打,并且决心在事情变得最糟时翼侧进攻敌人,那么他就是在正确的轨道上,得到防御在他处的境况中能够提供的一切有利条件支持。**妥善准备、沉着、自信、统一和简洁**将标志他的作战行动操作。

与此相关,我们禁不住要提到一个重要的历史事件,在此形成的理念与之有密切的关系。我们这么做主要为防止错误的推断。1806 年 10 月,普鲁士军队在图林根等待波拿巴,介于他可能在其上挺进的两条道之间——经埃尔福特的和经霍夫的通往莱比锡和柏林的道路。这中间阵位出自一项较早的意图,即直接经图林根

森林进入弗兰科尼亚，而后在该计划已被放弃时，出自对法国人将取道这两条中间的哪一条没有把握。因此，这本应导致迅速行进，以便堵住法国人的推进。

事实上，这就是普鲁士人想要做的，如果敌人取道埃尔福特前来的话，因为通往那里的道路完全可以通行。另一方面，堵住自霍夫的道路不可想象，因为那条路远在两三天行军距离处，也因为萨勒河深谷位于其间。不伦瑞克公爵从未想到这么一趟行进，也没有为之作任何种类的准备。然而，它一向在霍亨洛赫亲王意中，或宁可说在马申巴赫上校意中，他竭尽全力将公爵拖入这方案。[①]更不那么站得住脚的，是设想离开在萨勒河左岸的阵位，当波拿巴挺进时打一场对他的进攻战——或曰以上述方式扑向其侧翼：如果该河是个在最后时刻截击敌人的障碍，那么它对在他业经拥有、至少部分拥有远岸之际发动一场突袭来说，将是个甚至更大的障碍。因此，公爵决定继续留在萨勒河后面，等待事态发展——如果在关系到混乱和持久犹豫状态中这么一个多头参谋班子的场合还能说个人决定的话。

不管关于做出等待之决定的真相可能如何，由此而来的选择如下：

494 a. 能在敌人渡越萨勒河以进逼普军时进攻他，或者

b. 能骚扰他的交通线，如果他决定不理会普鲁士人

① 不伦瑞克：见本书第593页注①；霍亨洛赫：见本书第565页注②；马申巴赫：见本书第279页注②。——中译者注

的话,或者

c. 仍能通过向侧翼快速行军,在莱比锡截击敌人,倘若这么做可行和明智。

在第一个场合,萨勒河谷的深度给予普军在战略和战术上的大优势。在第二个场合,普鲁士人的纯战略优势一样大,因为在他们与波希米亚中立领土之间的敌方基地非常狭窄,而普鲁士人的基地格外宽阔。甚至在第三个场合,普鲁士人也不处于劣势,因为他们被萨勒河掩护。尽管困惑和不定,所有这三种可能性都在总部被实际上讨论过。可是不足惊奇,虽然一个**想法**或许能在混乱和犹豫不决状态中占上风,但它的**贯彻**在这么一个大乱局中必定夭折。

在头两个场合中间的每个场合,位于萨勒河左岸的阵位本将等于是个真正的侧翼阵位,而且如此,其长处无疑很大;可是,对一支不很自信的军队来说,要与**波拿巴**那样极优越的敌人较量,一个侧翼阵位是个要采取的**非常大胆的措施**。

是月 13 日,经过长久犹豫,公爵选择了上述三个办法中间的最后一个,但已为时过晚。波拿巴已经开始渡越萨勒河,耶拿战役和奥尔斯泰特战役注定随之而来。在其犹豫摇摆之中,公爵两头落空:他离开该地区过晚,以致无法**截击**敌人,同时又离开得过早,以致无法打一场可靠的会战。尽管如此,他的阵位的天然长处仍如此之大,大得他本该能够在奥尔斯泰特歼灭法军右翼,而霍亨洛赫亲王依凭一场代价高昂的后卫作战,本该能够避免在耶拿掉入陷阱。可是在奥尔斯泰特,普鲁士人不敢为一场**确定无疑的**胜利坚持下去;在耶拿,胜利**全无可能**,他们却以为他们可以指靠它。

无论如何，波拿巴敬重萨勒河畔阵位的战略价值，以致不敢绕过它，而是宁愿在敌人眼皮底下渡越萨勒河。

我们相信，上面几段充分讲述了在要求决定性行动的场合防御与进攻的关系，并且依其位置和连贯性，界定了将一项防御计划的各单个部分编织在一起的线索。我们不打算探究进一步的细节，那只会导致一个由众多个案构成的漫无边际的迷宫。一旦一位将领决心追求一个特定目标，他就能判断地理、统计和政治上的种种环境以及己方和敌方军队的物资和人员状况将如何适合这目标，然后他便可据此调整他的计划。

495 防御的前后相继的各阶段——我们在论抵抗的类型那章里引入了它们——现在将得到更清楚的界定，它们对当前事项的总的影响也将得到更仔细的审视。

1. 以下可以是怀着打一场进攻性会战的意图去迫近敌人的原因：

> a. 知道敌方兵力广为分散，因而甚至在己方兵力处于劣势的场合，仍有某种得胜前景。

分散挺进不大可能；因而这么一项计划只有在事先知道敌方动作的情况下才明智可靠。仅依不充分的理由就做这么一个**前提假设**，指靠它，将自己的所有期望都基于它，就通常将导致不利形势。情况可以证明不像预期的，打一场进攻性会战的想法将不得不被放弃，同时没有为打一场防御性会战作任何准备。不得不开始被迫撤退，差不多一切都被留待运气。

1759 年战役中,多纳的军队对俄国人采取的防御就多少发生了这种情况,它在齐利肖[①]会战中,经韦德尔将军指挥落得个灾难性结局。

它那么快地解决问题,因而规划者们太急于提出这类步骤,而不检验其下的前提假设。

b. 总的来说拥有足够的兵力从事会战,而且

c. 一个非常笨拙、犹豫摇摆的敌人引人进攻。

这么一种情况下,奇袭的效果可以在价值上超过一个有利阵位上的所有地形好处。优良将才的本质,就在于以此方式利用心理力的效能。尽管如此,一个理论家再怎么大声有力地强调下面一点仍不嫌过,即这些前提假设必须有**客观的理由**;没有这样的**具体理由**,谈论奇袭或谈论一场非常规进攻的好处就是不合适和不正当的,依据它们去作规划、论辩和评论也是如此。

d. 一支军队的成分使它特别适于进攻。

弗雷德里克大王的军队灵活、勇敢和自信;它习惯服从纪律,被训练到完美地步,且由自豪感激励和支撑。他的如下信念当然不错或不无理由:这支军队,受训于他的间接进攻方法,是个在他

① 即卡伊。见上面第 438 页的注。编者注。此为原书页码,即本书第 627 页注①;多纳和下面的韦德尔俱见该注。——中译者注

那自信和讲究实际的指挥下更适于进攻而非防御的工具。这些正是他的对手缺乏的素质，而且正是这些素质赋予他明确的优势。
496 在大多数场合，与堑壕工事和自然障碍的所有裨益相比，它们对他来说更有价值。然而，这样的优势依然难得：它要求的**不只是**一支训练有素、惯于大规模运动的军队。不应当太相信弗雷德里克的一句话——它此后不断被重复——即普鲁士部队特别适于进攻：在一场战争中，进攻者那里的士气和勇气通常高过防御者的。这是所有部队共有的一个感觉，几乎没有哪支军队的将领和军官未做出同样的断言。一个人必须小心，不要轻信这优势外观，同时忽略某些坚实的有利条件。

一支军队的成分可以构成一个非常自然和很有分量的论据，支持打一场进攻战——当军队包含大量骑兵和不多炮兵时。

继续列举进攻敌人的原因：

e. 不可能找到一个有利的阵位。

f. 决出胜负的需要实属紧迫。

g. 这些原因中间的若干项或所有各项可以合在一起起作用。

2. 在一个想在那里进攻敌人的区域等待敌人(像1759年在明登)，其最自然的原因能见于下列几项：

a. 两军之间的差别并非对我们大为不利，因而我们并非必得要找一个强固的工事筑防阵位。

b. 该区域特别适合这目的。决定这一点的特性属于战术领域；我们可能只提到了主要属性：易于我们自己的进军通行，同时有许多阻碍敌方进军的障碍。

3. 下列情况下，应当占取确实打算在其中等待敌人的阵位：

a. 兵力不平衡迫使我们在天然障碍和堑壕后面寻求庇护。

b. 地形特别适合这么一个阵位。

第二和第三种抵抗类型将值得更多考虑，以至于一方本身不追求决出胜负，将满足于一种否定性成功，能够预期敌人动摇，表现得犹豫不决，并且最终放弃他的意图。

4. 只有在下述情况下，一个以堑壕设防的固若金汤的营地才符合目的：

a. 位于一个有特殊的战略意义的区域。

这么一个阵位的鲜明特性是不可能被攻克；于是，敌人被迫尝试可得的每一其他办法；例如，追求其目的而不顾这阵位，或者包围它，断绝驻防军的食物补给。如果这两者他都不能做到，这么一 497
个阵位的战略品质就确实了不起。

b. 有理由期待外来援助。

这就是萨克森军队在皮尔纳[①]的阵位的情况。不管在它不幸的结局后历来就这办法说了什么，事实依然是 1.7 万萨克森人永不能以任何别的方式令 4 万普鲁士人无效。如果说，在洛博西茨的奥军没有较好地利用它得自普军失效的优势，那么这只表明它的整个组织和方法是多么糟糕。无疑，假如萨克森人不是占领在皮尔纳的营地，而是移往波希米亚，那么弗雷德里克大王本将在那场战役中追逐奥地利人和萨克森人，逐至布拉格以远，且也占领该城。不管是谁，只要否认这利好的价值，并且只记住俘获萨克森军队，他就不懂如何估算这类事情，而不估算就不能有确定的推断。

但是，像 a 和 b 这样的场合非常罕见，因而诉诸堑壕设防营寨这办法需要仔细反思。它只是难得被恰当地使用。希望以这么一个营寨令敌人**心灵震撼**，从而令其活动瘫痪，就是将此连到一个太大的危险——必须战斗但无退路的危险。如果弗雷德里克以这方式在邦策尔维茨[②]达到了自己的目的，一个人就须赞誉他对他的对手的准确评估，但还须比一般可允许的更强调他本将找到的手段，用来在假如事情出错的情况下带着他的残余军队突围而出，并且——其次——更强调一个事实，即作为国王，**他无须对任何人负责**。

5. 如果一个或更多要塞位于边境附近，那么产生的主要问题在于，防御者是应当争取在它们前面还是在它们后面决出胜负。

① 见本书第 587 页注①。——中译者注

② 见本书第 240 页注①。——中译者注

选择后者的理由见于：

a. 敌人的兵员数量优势，那迫使我们在会战之前损耗他，同时还有

b. 要塞之邻近，因而失去的领土能被保持在绝对最小限度。

c. 要塞的防御能力。

要塞的主要功能之一无疑是也应当是阻断敌人推进，同时实质性地削弱它的兵力中间我们力求决定性地击败的那个部分。如果要塞仅难得被用于这目的，那么原因在于一个事实，即每方仅难得追求决胜决负。然而，这是我们此刻在考虑的唯一情形。我们因而将下述规定视为一项简单但重要的准则：一个拥有附近一座或更多要塞的防御者应当将它们保持在他的前沿，身在其后进行决定性会战。我们承认，在我们自己的要塞后面输掉一场会战将迫使我们多少更甚地退入本国国土，甚于在它们前面以同样的战术结果输掉一场会战；然而，这区别的来源更多的是想象的而非真实的。我们还认识到，在一个经妥善挑选的阵位上，能在要塞的远处打一场会战，而在近处的会战可以在许多场合转变为一场进攻战，如果敌人围攻一座要塞，而且它处于被攻占的危险的话。然
而，对照下面的做法，这些精致处有何意义：在这决定性会战中，将 498
敌人的兵力减少了四分之一或三分之一——甚或若有几个要塞便减少了一半？

因此我们觉得，在一场**决定性会战不可避免**的场合——不管

是敌人还是我们自己的统帅想望它——和在开始时对胜利不甚有把握的场合，或在地形没有要求须在往前更远处选一个战场的情况下，附近一座有能力抵抗的要塞是个强有力的理由，要求退到它后面，为的是在它后面争取决出胜负，从而获取它参与之利。此外，如果我们那么靠近要塞占取我们的阵位，近得敌人不将我们赶走就既不能围攻也不能封锁它，那么我们将迫使他进攻我们的阵位。因此我们认为，凡是危险情势下的防御措施，没有哪个像靠近一座大要塞并在其后选择一个好阵位那么简单，那么有效。

当然，如果要塞位于远向后部的地方，那么事情将两样。一方将因此不得不放弃自己的很大部分作战区——如前所述只应在情势要求时才做的一项牺牲。在此情况下，这项措施近乎退入本国腹地。

一座要塞的抵抗能力是又一个因素。存在这样的工事筑防地点，特别是大的：它们永不应被允许变得与敌接触，因为它们经不起一支大兵力的强劲攻袭。在这样的情况下，我们的阵位必须至少在它们后面靠得够近，作为对驻防军的支持起作用。

6. 最后，只有在下列情势下，撤入本国腹地才是个恰当的方针：

a. 我们的对敌物质和心理境况排除在边境或接近边境处成功抵抗的可能性。

b. 我们的主要目标是赢取时间。

c. 国土状况对这有利，像在上面第 25 章表明的。

这就结束了论战区防御的这章，所谈的场合是一方或另一方追求决出胜负，因而那必不可免。但是，我们当然必须提醒读者，在真实的战争中事情从不那么泾渭分明。因此，如果想将我们的陈述和论辩应用于真实的战争，那么还必须看第 30 章，注意到大多数将领将不得不在两种方针之间做选择，按照情势变得**较接近**一种或另一种。

第 29 章　作战区防御(续):逐次抵抗

499 在第三篇第 12 和第 13 章里,我们显示前后相继的逐次抵抗有悖战略的本性,一切可得的兵力都应被同时使用。

在关系到机动兵力的限度内,这不需详细说明。然而,被认作是一支战斗兵力本身的战区,连同其所有要塞、天然障碍和表面纯广阔度,是固定不移的。于是,它可以被逐次激活起来,否则我们就必须立即后撤得那么远,以致令一切参与成分都位于我们的前沿。在那情况下,一支军队的战区能为削弱敌人而施加的每一影响都将变得有效。敌人必须锁闭你的要塞,用驻防军和强据点去确保地域,作长途行军,从远处采办补给,等等。他将经历所有这些效应,不管他**在胜负之决以前或以后**推进,虽然它们在以前比在以后多少更具损害性。因此,如果防御者够早地决定在时空两方面更延后胜负之决,那么他将发现这是一个令所有非机动力量同时起作用的办法。

另一方面,严格地说,对一场胜利赋予进攻者的影响范围,如此延后决出胜负显然不会有任何效应。这影响范围将在"进攻"标题下得到更仔细的审视;然而,我们确实想指出它将扩展优势(物质和心理关系的产物)耗尽的地步。这优势被两个因素损耗:战区本身对战斗兵力的需求;在会战中经受的损失。不管交战是早打

还是晚打,是远离后部还是靠近后部打,这两者都不被实质性改变。例如,我们认为在 1812 年,一场在维尔纽斯的对俄胜利本将使波拿巴推进得一样远,恰如在博罗季诺的胜利导致的,只要它有同样的规模;我们还认为,甚至在莫斯科获胜也不会使他进得更远。无论如何,莫斯科是他的胜利范围的极限。确实,没有丝毫疑问,在边境的一场决战本将(出于不同原因)产生大得多的结果,连同一个更广阔的胜利范围。因此,这是个不会丝毫影响防御者将决战地点移向后部的考虑。

在论抵抗的类型那章,在**撤入本国腹地**的标签下,我们讲述了 500
可被认作推迟决出胜负的终极形态的东西。这特殊的抵抗形态旨在使入侵者耗竭自身,而不是在会战中击败他。但是,只有在它是主要目的的场合,推迟决出胜负才可被认作一种**特殊抵抗形态**;否则,显然能想象这方式的无限多的层级,其中每个层级都能与每个防御方法结合起来。因此,战区的不同程度的参与[①]不应被认作一种特殊的抵抗类型,而只应被认作非机动抵抗手段的一个选择性混合,按照种种境况和情势在需要时使用。

如果防御者觉得自己不需要这些非机动兵力的帮助,或如果涉及的牺牲在其他方面太艰巨,那么这些兵力仍保留在手,供以后一个阶段。它们那时将被使用,像防御者先前一直等不到的生力增援部队,并且能成为一个手段,机动兵力可据此一而再地去力决胜负,甚至可能再而三。换句话说,以这方式,兵力的逐次应用变

① "The degree of participation by the theater of war. . . . "《战争论》1873 年格雷厄姆英译本译作". . . . the greater or less co-operation of the theatre of war. . . . " 在此依从格雷厄姆译本。——中译者注

得可行。

如果防御者已在边境输掉一场会战，那么很可能——只要它不等于一场大败——防御者会有能力接受另一场会战，在靠近他的下一个要塞的后背处。确实，仅一个重要的天然障碍，就可能足以使一个不太坚决的对手止步不前。

在一个战区的利用上，就像在其他每件事上一样，战略要求**节省实力**。能以越少的兵力去设法成事就越好；但是，必须设法成事，而且在此有如在商业方面，它比单纯的吝啬有更多内涵。

为了避免一种严重的误解，我们想要说清楚，我们在谈论的不是一场失败后作出或试图作出的抵抗的大小。重要的是能够预先从这样的重新抵抗期望的成功的大小——总的计划应当赋予它多大价值。防御者应当据以去看这事的方式几乎只有一种：从敌人的观点去看，从他的性格和情势的视角去看。如果他的性格软弱，如果他缺乏自信和压倒性的抱负，如果他的行动自由严密受限，那么他在取得成功的情况下将满足于颇有限的优势。防御者敢于提供的每个决一胜负的新机会都将令他优柔寡断，犹豫再三。在这场合，防御者能指靠一种办法：使他的作战区提供的抵抗手段逐次被领略到，在一系列不间断的决定性行动中，那虽然单个而论没有重大结果，但将始终维持这些胜负之决转变得对他有利的可能性。

肯定，有一点至此已变得显而易见：这一切导向胜负不决的战役这论题。这些战役是逐次使用兵力的真正角斗场，将在下一章得到谈论。

第 30 章　作战区防御(终):倘若决出胜负不是目的

在最后一篇里,我们要处理一个问题:如果双方都不进攻对 501
方——换句话说在战争中双方俱无积极目的——那么一场战争能否发生和以什么方式能够发生。此刻,我们不需关注这矛盾:在单个作战区里,我们可以简单地假设双方都采取防御态势的原因,那将出自这些部分中间的每一部分与整体的关系。

这不是仅有的一类缺乏胜负之决这必要焦点的战争。历史记录了许多这样的事例:不乏一个侵略者或至少一方那里的实在野心,但这野心并非显著得足以被不懈追求,直到它导致**无可避免的**胜负之决。在这样的战争中,进攻者不追求任何额外裨益,超出现成情势提供了的那些。他未给自己设立任何要追求的目的,只是在收获时间流逝过程中可以成熟的果实;或者,如果他有一个目的,那么他已经使对它的追求取决于有利的情势。

这类进攻无视向目标逼近这严格的逻辑必要,有如一个游手好闲者,溜达于一场战役,顺手牵羊似地取走碰巧出现的廉价物品。它与同样允许其将领拾取廉价物品的防御没有大区别,可是我们要将对它的更仔细的科学研究留给论进攻那篇。此时,我们将只说出结论,即在这么一场战役中,进攻方和防御方都不会将决

出胜负的需要保持为至高无上的。在这场合，胜负之决不再是所有战略线条会聚于其上的拱顶石。

每个时代和每个国度的战争史不仅表明大多数战役属于此类，还表明这大多数多得占压倒性，以致所有别的战役看来更像是通则的例外。即使这比例在未来改变，也肯定总是有大量这类战役，而且这个方面必定在任何作战区防御信条中有它应有的地位。我们要试着显示那些看来限制它的属性。事实上，大多数战争大概将介于两极之间，有时接近一极，有时接近另一极。只有作为战争的**绝对形态**的一个变形，由它们的相反作用引起，这些属性的实际效应才变得分明。

我们已在本篇第 3 章里论辩说，等待状态是防御对进攻享有
502 的最大优势之一。在真实生活中难得碰到环境导致一个人去预期的一切终究实际发生，而在战争中甚至更少碰到这种情况。由于人类洞察力有限，害怕事情可能出错，还有偶发事件改变行动进程，因而许多可能的选择从不被选取，即使环境会有利于它们。战争与任何别的人类努力相比，在其中情报缺陷、大灾威胁和事故数量更多，多得不可比拟，因而可谓坐失良机的次数必定也更多。此乃沃土良田，防御者在那里可以拾取他未播种的收获。此外，还要添上战争操作中领土代表的内在价值；随之而来的是一条在平民生活会战即诉讼之中也被尊崇的格言，即 *beati sunt possidentes*（后发制人）。在此，这项准则取代**决出胜负**，后者乃整个过程的焦点，但在一切战争中都趋向**两败俱伤**。这是一项丰饶多产的准则，当然不是在行动中被招来，而是在为了不行动以及为了从事那种意欲导致不行动的行动而做的宣讲和打算中被招来。在不打算或

不期望决出胜负的场合,没有理由放弃任何东西;要这么做,只是为了在一决胜负的时候到来时换得种种有利条件。因此,防御者的目的是守住——即掩护——尽可能多的东西,与此同时进攻者将试图尽己所能多多夺取——即尽可能广阔地散布他的兵力——而不激发胜负之决。在此,只有前者令我们关注。

凡在没有防御部队之处,进攻者便能占有:然后等待之利就是**他的**。因此,防御者将试图直接掩护所有领土,然后就敌人是否愿意进攻他的掩护部队碰运气。

在跃入对防御的特性的一番更详细讲述以前,我们必须列举不打算决出胜负时一场进攻通常追求的目的,从而预示论进攻那篇。这些目的如下:

1. 夺占大量领土,如果这在没有一场决战的情况下是可能的话。

2. 俘获一个重要的补给站,前提条件同上。

3. 俘获一座被留下不加掩护的要塞(诚然,围攻是一桩相当认真的事,能够耗去许多努力;然而,它不可能导致灾难。倘若情况糟而又遭,愈益恶化,那么它能干脆被放弃,不致遭受任何真正的损失)。

4. 最后,在一场中等重要的交战中获胜,其中没有多少风险,因而没有多少可得;它不是一场充满后果的交战,一整个战略计划的最高潮,而是仅为它本身的缘故打的——为了战利品或军事荣耀。如果那是它的目的,那么当然不会不惜任何代价去打:要么等待可能出现的任

503 何机会，要么人为地试图制造一个机会。

这四个进攻目的现在要求防御者方面作以下努力：

1. 将他的要塞保持在他后背，从而掩护它们。

2. 分散他的兵力，从而掩护国土。

3. 凡在他的延展不够宽广之处，皆作翼侧进军，从而使他的兵力迅速插入。

4. 与此同时，避免任何不利的交战。

前三个目的显然意在迫使攻方采取主动，同时意在从等待获取最大好处。目的如此植根于事例的性质，以致立即谴责它将是愚蠢的。越不那么能期望决出胜负，这目的就会变得越正当。它是所有此类战役中的主导原则，即使表面上可能出现许多活跃之举，形式为不导致决定性后果的诸多小规模战斗。

汉尼拔和费边，弗雷德里克大王和道恩，每逢不追求也不期望一决胜负的时候，都怀抱这一原则。第四个目的，作为对其他三个的修正，是其必要条件。

我们现在要更详细地谈论这些问题。

乍看来，靠在它前面部署一支军队去保护一座要塞抵御敌人进攻，似乎荒唐甚而多余，因为毕竟要塞被建造是为了抵御敌人进攻这目的。尽管如此，我们仍见到这办法成千上万次发生。战争操作的一个典型现象在于，战争中最普通的事情往往看似最不可理解。谁能鼓起足够的勇气，基于这明显的矛盾，宣告这常

被重复的办法在每次被运用时都是个错误? 这总是复发的方式证明,它必有某种深刻的道理。那无非是上面援引过的:纯粹的心理惯性。

如果我们在我们的要塞前面占取一个阵位,那么敌人若不先击败我们的军队就无法进攻要塞。然而,一场会战隐然意味着要决出胜负。如果敌人不想如此,他就不会打一场会战;同时,我们能够守住我们的要塞而不发动一场打击。每逢我们怀疑敌人追求一决胜负,我们就必须碰运气:他可能不这么做。而且,在大多数情况下,如果与预期相反,敌人确实决定进攻,那么仍有要塞后面撤退的可能性。这将在要塞前面占取一个阵位的危险最小化;现状能在没有牺牲的情况下得到维持这**实际**确定性将不包含甚至**微小的**风险。

依凭在要塞背后占取阵位,我们将给进攻者展示一个理想的打击目标。除非要塞非常强固,而且他全未做好准备,他将不论好坏开始围攻要塞;为了防止它陷入其手,防御者将不得不去
前去解围。现在,要我们来采取这积极行动,或曰主动性;敌人处 504
于占有状态,其围攻可被认作迈向其目标的一场推进。经验表明,事情总是如此改变;它们必定依其本性如此变化。如前所述,一场围攻并不一定以灾难告终。最虚弱、最懒散和最少进取心的将领永不会主动去打一场会战,他一抵达一座要塞——甚至不带任何重过野战炮的东西——就会立即乐意围困它。最糟时,他总是能放弃这努力而不遭任何真正的损失。在这事态发展上,还需添加大多数要塞或多或少面对的危险——经猛攻或以某一别的非常规方式被夺占的危险。当防御者估算种种可能性时,这些境况不能

被忽略。

对照权衡这两种可能，防御者自然将选取简直确定无疑的，即**根本不必**打，而不是选择在较好条件下打。这么去看，在要塞正面占取阵位这惯常做法就变得十分自然和完全可以理解。弗雷德里克大王差不多总是奉行之——在格洛高对俄国人和在施魏德尼茨、尼斯、德累斯顿对奥地利人。相反，在布雷斯劳，它未给为贝芬公爵[①]起好作用：他本不可能在布雷斯劳后面遭到进攻，然而只要国王不在，奥地利人就占上风，而且他们知道一旦他迫近，他们的优势就不大可能持续。于是，作为布雷斯劳会战发生地的那个交接处**远不是个不会被期望在那里决出胜负的地点**——它使得在布雷斯劳之前的阵位不那么合适。贝芬公爵本人肯定会偏好在布雷斯劳的远处占取一个阵位；然而，那将使得该城及其补给站暴露在炮轰之下，而且将导致在这类场合能相当小心眼的国王对他严重不满。不能最终指责公爵**做了一个尝试**去拯救布雷斯劳，办法是在它前面取一个堑壕阵位：它本来完全可能阻止洛林的查理亲王[②]进一步推进，因为他相当满足于自己占领施魏德尼茨，并且受国王迫近威胁。最好的解决方式本将是避免卷入一场会战，在奥地利人进军之际经布雷斯劳撤退。那样的话，公爵将占尽等待之利。而不非得通过冒险去为它们支付代价。

① 奥古斯特·威廉，不伦瑞克—贝芬公爵(1715—1781)：弗雷德里克二世属下主要将领之一，领兵参与七年战争初期普鲁士军队的数次战役，战功卓著，但1757年11月2日在指挥与奥地利军队的寡不敌众的布雷斯劳战役中惨败被俘，被囚一年后释放；后复为普军将领，1762年8月在雷岑巴赫大败奥军一部。——中译者注

② 即查理·亚历山大亲王(1712—1780)，参见本书第336页注①。——中译者注

我们现在说明和辩解了更高的和优先的论据,论辩一位统帅在要塞前面占取阵位有理;但是,我们应该说这么做还有另一个理由,次要的理由——或许更明显,但其本身不成立,因为它不普遍适用。各国军队习惯将最近的要塞用作自己的补给站。那是那么方便,那么充满长处,以致一位将领不会轻易被说服从老远汲取补给,或将它们储存在不受保护的场所。如果一座要塞作为一个补给站起作用,那么在许多场合,一支军队将自己部署在这要塞前面成了绝对必需,且在大多数场合将是自然而然的事。这一点如此 505
明显,以致那些不愿看得更远的人容易赋予它过大的分量;然而,它不能用来解释每个例子,它的涵义也不是重要得足以说明最终的胜负决定。

所有并非旨在重大胜负决定的进攻都有个正常的目标,即俘获一座或更多要塞而不引发会战风险;这如此多发,以致阻止达到这目标成了防御努力的一大事项。这就是为何在有许多要塞的战区,差不多每项动作都意在对它们的拥有。进攻者试图出乎意外地逼近它们,使用各种佯动,防御者则力图依凭经妥善规划的调动去预防之。这是从路易十四年代到萨克斯元帅[1]那时在低地国家的差不多所有战役的特征。

对要塞的掩护就说这么多。

---

① 莫里斯·德·萨克斯(1696—1750):波兰国王兼萨克森选侯“强悍者”奥古斯特的私生子,少年从军,先后跟从萨伏依的尤金亲王和俄国彼得大帝;1720 年起为法国效劳,征战频频,于 1743 年晋升为法国元帅,尤其擅长骚扰和磨损占优势的敌军而不冒决战风险,被法王路易十五赐予法国最优美的城堡之一尚博尔德城堡终身享用;著有身后发表的经典军事名著《我的沉思》(*Mes Rêveries*)。——中译者注

通过分散我们的兵力来掩护国土只有在与重大天然障碍时才是可想象的。必须设立的各种规模的据点只能从它们占据的强阵位获得某种抵抗能力；天然障碍难得够多，因而须有堑壕艺术前来襄助。可是应当记起，堑壕在任何给定地点造就的实力只是**相对的**，永不得被认作**绝对的**。（见论交战的意义那章。）当然，一个据点可以恰好能挡住所有进攻，从而实现一种绝对防御；但是，在数量众多的所有据点中间，每一单个据点相对于整体都必须被视为相对虚弱的，而且易受大优势兵力的可能的攻击伤害。因此，将信心基于每一单个据点能作出的抵抗不明智。依凭这类经延展的阵位，至多可以期望一番相当长久的抵抗，但永不可期望一场适当的胜利。即使如此，单个据点仍能有助于它的目的，给总目标作出贡献。在不需害怕重大的胜负之决、不必畏惧被不断驱向灾难的战役中，如果一个据点从事一场小规模战斗，即使它以丢失这据点告
728
终，那也不会有很大风险。赌注难得超过这据点本身，加上少数战利品。它不会是任何重要胜利；它不会毁坏基础和击塌高墙。最糟情况下，如果整个防御体系因为丢失一个据点而被突破，那么防御者仍会有时间去集中兵力，**威胁**敌人决一胜负，那按照我们的假设是后者不想要的。通常，这么一个兵力集中使事情落幕，进攻者的进一步推进被搞得停顿下来。一点儿土地、极少数兵员和某些枪炮构成防御者的损失和进攻者的足够得益。

在事情出错时，防御者可以安然使自己暴露在这样一个风险面前，倘若这风险与根本不会有风险的可能性甚或或然性两相平衡：怯懦或审慎——不管你将怎么称它——可以使进攻者在防御
506
者的据点前面停下来而不猛攻之。提出这论辩时，我们决不能忘

记它假定一个不会冒大风险的进攻者,他很可能被一个规模中等但实属强固的据点制止住。即使他知道他能够攻占它,他也将疑惑以何代价,同时疑惑相对于他在他当前的处境中能从自己的胜利得到的用处,这代价是否可能不太高。

这显示,从防御者的角度看,一个阵位经一长列据点延伸,可提供给他强有力的相对抵抗,从而能对他的整个战役作出可贵的贡献。参照军事史(读者在此将转向它)就将分明见到,在一场战役的较后部分,这种经延伸的阵位是最常见的。到那时,防御者已学会估计进攻者在当前时节的目的和潜力,与此同时进攻者方面将已失去他开始时的那么一点儿进取心。

在一个掩护**国土、补给和要塞**的经延伸阵位上的防御,当然必须赋予所有重大天然障碍——河川、山岭、森林和沼泽——主要作用;它们有头等的重要性。它们的用途已在先前各章里被讲述过。

地形的这头等重要性对有一类知识和活动有特殊需求,那是我们将其主要与参谋本部相联的。参谋本部是趋于写作最多、发表最多的军队部门,因而一场战役的这些方面有最充分的资料印证。与此同时,有个相当自然的倾向,要将这些塑造成一个体系,将对单独一例的历史解释用作基础,支撑一项适用于所有案例的普遍原则。然而,这徒然无用,因而错误。在这较消极、较受当地条件制约的作战形态中,每个案例都不同,都须予以不同的对待。因此,甚至关于这些论题的最有才智的评论性回忆录也只适于展示事实,决不适于充作规诫。它们确实回归为**军事史**,只关系到它们讲述的那些战争的一个特殊方面。

参谋本部的活动——我们按照对事情的一般看法已指明为它

的特殊领域——有益有功。然而，我们必须告诫它们可被滥用，那经常损害整个事业。参谋本部的那些在军事地形学方面最能干的主要成员获有权威，而这权威往往给他们一种对别人的广泛支配，特别是对统帅本人的支配，那可以导致片面性。到头来，总司令两眼一抹黑，只见到山岭和山口；自动反应将取代自由地做出的理性决断，成为他的惯常习性。

于是，在1793和1794年的普鲁士军队里，格拉韦尔特上校[1]，即当时参谋本部的灵魂，山岭和山口问题上的一名著名专家，设法说服了两位个性全然不同的将领——不伦瑞克公爵和默伦多尔夫将军[2]——在各自的战争操作中遵循同样的方针。

显然，一条与一大天然障碍平行延伸的防线很可能导致一场
507 警戒线战争。它通常将注定如此，如果真的要以此方式直接掩护作战区全长的话，因为与大多数这样的作战区的宽度相比，被选派去防守它的部队的天然战术延伸极短。然而，外在环境以及他自身的部署将限制进攻者，使他只能走某些一般的路径。如果他要过于偏离这些路径，他就将陷入太多的麻烦和不便，不管防御者多么消极无为。因此，后者需做的一切，是在相关主要路径任一边的一定英里数或某几日行程的范围内掩护该地区。为了实现这样的掩护，能简单地在主要道路和进入点上设立防御据点；就它们之间

① 见本书第214页注①。——中译者注

② 不伦瑞克公爵见本书第593页注①；维夏尔德·约希姆·海因里希·冯·默伦多尔夫(1724—1816)：普鲁士军人，16岁时从军，参加过两次西里西亚战争、七年战争和巴伐利亚继承战争，1762年起担任普鲁士将军；1793年升任普鲁士陆军元帅，翌年指挥莱茵河流域普军，后在1806年奥尔斯泰特战役中受伤被俘，结束军事生涯。——中译者注

的区域而言,有监察哨就足够。显然,其后一支敌军纵队可能穿行两据点之间,从几个方向攻击其中一个或另一个。反过来,这些据点多少准备好对付这不测事件,部分地依靠拥有翼侧支持,部分地依靠形成翼侧防御(所谓钩边),还部分地依靠能从后部的预备队或从一个邻近据点派出的部队单位获得支援。以此方式,据点数目被进一步减小,结果从事这类防御的军队将被组合进四五个主要据点。

为重要但仍可处于危险中的进入点设立起各个特殊中心。它们可以说形成主要战区之内的各个小作战区。例如在七年战争中,奥地利军队主力在下西里西亚山区一般持有四五个据点,与此同时在上西里西亚,一支规模小和部分独立的兵力造就了一个类似的防御体系。

当一个防御体系弃脱直接掩护方法时,它不得不更多地依赖机动性、积极防御甚而进攻措施。某些单位将被保持为后备;一个据点将派出它能够省下的无论什么部队去帮助另一个据点。这支持能够采取如下形式:从后部前来,以便强化消极防御和更新它,或者攻击敌人侧翼,甚或威胁敌方退路。如果敌人威胁一个据点的侧翼,不是通过直接进攻,而是通过占取一个阵位,从那里他试图打断该据点的交通,那就要么必须攻击造就这威胁的部队单位,要么能以威胁敌人的交通去报复。

事情变得显而易见:这类防御虽然其基本性质根本地说消极被动,但是必须包括诸多积极手段,使它能够对付多种多样复杂的需要。总的来说,一个使用积极甚而进攻性手段的防御被认为优越。然而,那部分地依赖地形的性质、战斗部队的组成成分甚而将

领的才能；此外，一个人可能从机动性和其他积极性质的辅助办法期望过多，同时过分轻易地贬低重大天然障碍的当地防御能力。

我们相信我们已充分说明一条经延伸的防线意味着什么，现在转向被列举的第三个补救办法：依凭快速翼侧进军抢先预防敌人。

508 这方法必然是在此讨论的这类防御的部分机制。在某些场合，防御者无法掩护每个被威胁的国土进入点，不管他将自己的阵位延伸得多么远。在许多别的场合，他必须随时准备带领自己的主力赶赴那些作为敌人目标的据点，因为它们否则将太容易被攻克。最后，任何将领，只要不喜欢将自己的兵力束缚在一个经延展的阵位上从事消极防御，就只会通过较大程度地运用经妥善构想和妥善贯彻的快速行进去达到他的守护国土目的。留下不受掩护的空缺地带越宽广，为及时在每一处抢先预防敌人的进军就必须越精湛。

这些努力的天然后果将是寻求如下阵位：能在这样的不测事件中被占领，而且一旦防御者的军队甚或仅其一部分占领了它们，就强固得足以打消任何进攻想法。这些阵位能被见诸每一处，一切都取决于抵达它们：因此，它们可以说是这类战争的主旨。这无疑是它一向被称作是**阵位战争**的原因。

正如在一场并非旨在决出重大胜负的战争中，延伸部署和有限抵抗不冒否则它们固有的风险，通过翼侧进军抢先预防敌人也不像倘若涉及决出重大胜负它就将是的那么危险。匆忙在最后时刻从翼侧突入一个阵位，对抗一个果断、能干、目的明确和不会犹豫耗费大量兵力的敌人，势将半途遭灾：这么一种突入阵位的急冲

猛抢决然无法经受住一阵严酷的集中打击考验。相反,它针对如下的敌人或许很可能成功:他对下水湿脚犹豫不决,不懂如何利用一场大成功或宁可说它的预备阶段,只追求有限优势和低代价好处。针对这么一个敌人,这类抵抗类型肯定可被成功地使用。

因此,这手段通常还将更常见于一场战役的后半段,超过见于前半段。

在此,同样,参谋本部有机会运用它的地形学知识,去制订一套关于阵位的选择和准备以及通往它们的道路的连锁计划。

如果一方的努力完全集中在抵达某一点,同时对方的努力同等地专注于阻止它,那么双方都将经常处于不得不完全在敌人眼前实施进军的境地。因而,双方都将更谨慎、更精确地行进,甚于平常被要求的。先前时代里,军队主力未被分割成各独立部分,而是被当作甚至行军时也不可分的对待,其时这样的谨慎和精确要求复杂得多的行进,因而需要大量战术技艺。当然,单独的各旅有时不得不疾行于战线之前,并且夺取重要地点,从而起一种独立的作用,据此它们随时准备与敌接触,甚至在主力抵达以前。然而,
这些是**例外**,并且保持为例外。大体上,行军队列总是被安排得令 509
军队作为一个整体移动,秩序不被扰乱,那类权宜之计则被尽可能地避免。当今,主力被再度分割成各独立单位,它被允许与敌军主力交战,只要其余单位离得够近,以便继续这交战,将它打到底。因而,这么一种翼侧进军当今远不那么难,甚至完全在敌人眼前进行。先前只是靠行军队列机制才能够完成的,现在能靠以下办法做到:预先派出某些师,令别的师更快行进;还有,当今全军能被更灵活地使用。

我们列举了的防御措施意在阻止进攻者夺占一座要塞、一片易受伤害的国土或一个补给站。他得不到它们，如果通过这些措施，他在每个转折关头都遇上交战，这些交战要么给出太小的成功希望和在他输掉的情况下太大的后果风险，要么一般而言导致与他的目的和境况相比太大的兵力耗费。

如果防御者坚持下去，他的技能和部署获得成功，那么防御者将发觉，甚至他的有限的目的也在每个转折关头被审慎的准备挫败。那时，进攻原则往往可能力图自我发泄以求满足，只为了荣誉缘故。赢得任何多少重要的交战将提供一个优势外貌。它满足将领、宫廷、军队和人民的虚荣心，而且由此在一定程度上满足那总是被寄托在一场进攻上的种种期望。

因而，进攻者的最后希望将集中在一场有利的多少重要的交战上，仅为了胜利和战利品。这里，我们不是在令自己陷入一个悖论，因为我们仍在根据我们自己的一个前提假设论说下去，那就是防御者依凭深谋远虑，剥夺了敌人运用一项**成功**去达到他的真正目的的任何希望。任何这样的希望将取决于两项要求：第一，**一个有利的结果**；第二，**胜利实际上导致进一步的目标**。

这些要求中的第一项可以很好地被满足而不需第二项；因此，当**战场荣誉**乃敌人的唯一关切时，与他决意追求更多的得益时相比，防御者的各单个据点和部队单位将更经常地冒不得不以劣势战斗的风险。

如果我们将自己置于道恩的位置，并且采取他的思维方式，那么可以理解，当他想望的莫过于当日战利品时，他可以就那场在霍

赫基尔希的攻击碰运气而不离其个性。[①] 相反,一场重要的胜利——那本将迫使国王放弃德累斯顿和尼斯——却会是个全然不同的任务,他没有准备好应对它。

这些区别并非鸡毛蒜皮,毫无意义:确实,我们在谈论战争的最根本准则之一。战略上,一场交战的意义真的至关重要。我们对下面的道理重申得再怎么频繁也不够:它的全部实质总是出自交战双方的终极意图,出自整个规划进程的结果。这就是为什么 510
在战略上说,一场会战与另一场之间的差别可以如此之大,以致这两场不再能被认作同一个工具。

几乎无法认为进攻者的那种胜利对防御者施加了严重损害;尽管如此,后者仍不会愿意承认哪怕**这一点**好处,特别是因为永远说不出还有什么别的可以碰巧附着于它。因而,他将不断关心检查他的所有重要单位和重要据点的状况。那主要依赖它们各自的指挥官的正确行动;然而,将领本人那方面的不恰当的命令也能使它们陷入不可避免的灾难。富凯军团在兰德夏特的命运[②]和芬克军团在马克森的命运[③]是油然想起的案例。

在这两个场合,弗雷德里克大王都过分依赖传统思维方式的效能。他不可能真的相信在兰德夏特阵位上的 1 万人能够胜过 3 万人,或者芬克能够挡住从四面向他扑来的多得压倒性的兵力。他确实假定兰德夏特阵位的强固会继续被人信以为真,假定道恩将在对他侧翼的示威中找到一个合适的借口,以便用在萨克森的

① 道恩见本书第 241 页注①;霍赫基尔希战役见本书第 315 页注①。——中译者注

② 见本书第 595 页注②。——中译者注

③ 见本书第 354 页注③。——中译者注

一个糟糕阵位去交换一个在波希米亚的较便利阵位。他在一个场合误判了劳东[①]，在另一个场合一度误判了道恩；他的布阵弊端就在于此。

那种错误甚至能发生在不太骄傲、不太大胆和不太顽固的统帅身上，而弗雷德里克大王有时肯定如此。可是这里，真正的困难在于这么一个事实：一位统帅不可能总是指靠他的军团司令官们个个都有理智和好意图、勇气和性格力，那理想地说将是值得想望的。因此，他不能将每件事都留给他们斟酌处置，便宜行事，而是必须给他们指令，那将限制他们的行动，而且可能容易使之不适合当下情势。那是个完全无法避免的不利。在缺乏一种主宰众庶、集权专制、往下渗透全军直至最后一人的决断力时，没有任何军队能被适当地指挥。任何人，如果堕入一个习惯，即惯于以为并预期他的下属无论何时都有最佳表现，那么仅因为这个原因，他就不适于统率一支军队。

因此，必须对每个军团和据点的状况保持敏锐的监察，为的是防止它们陷入未被预见到的灾难。

所有这四种努力都意在维持现状。它们越成功越幸运，战争就将越长久地保持静态；然而，战争越长久地保持静态，给养问题就将变得越重要。

如果不是从一开始，那也来得很快，榨取和征用将让位于一个从补给站获得给养的体系。将不再必得每次都集合农场大车，一种多少正规的运输联营将被建立起来，用的是当地的大车或军队

① 见本书第 284 页注①。——中译者注

的棚车。简言之,这个做法很快就接近于高度有组织的、从补给站 511
供应食物的方法,那在论维持和补给一章里讲述过。

然而,这不是一个对此类作战施加了大影响的方面,后者据其定义和特性囿于很有限的地区。它可以部分地——大概在颇大程度上——由给养问题决定,但这不会改变它的基本特征。另一方面,互相威胁交通线出于两个原因,将有大得多的重要性:其一,由于在这类战役中没有重要的和决定性的行动手段,因而将领的努力将不得不指向此等次要手段;其二,有充裕的时间去等待这些措施生效。保护自己的交通线因而有了颇大的重要性。虽然敌人进攻的最终目的不会是打断它们,但它能够是一个很有效的手段,据此迫使防御者撤退,且在撤退过程中放弃其他据点。

当然,为保护那被作战区占据的地区而做的任何事情,也都必定有助于掩护交通线。它们的安全部分地由这些措施保障,而我们只想指出,对它们的安全的担忧在对阵位的选择上会有大分量。

一个**特殊的**保护办法,是由小的甚或相当大的部队单位去护送单个运输车队。甚至被延展得最甚的阵位也往往不够宽,不足以护卫交通线;有时,在将领一向急于避免一个经延展阵位的地方,这样的护送尤其可取。于是,滕佩尔霍夫的《七年战争史》[①]满是弗雷德里克大王给他的面包面粉大车队配备兵力护送的例子——有时单独一个步兵团或骑兵团,有时一整个旅。看来没有奥地利人这么做的记录,但可能是因为他们那边没有像滕佩尔霍夫那么对细节不厌其烦的史家,或因为它们的阵位总是比普鲁士

① 关于该书和该作者,见本书第 279 页注①。——中译者注

人的更延展得多。

我们现在审视了所有四类努力，它们在不打算决出胜负的时候，能够构成防御的基础而不包含进攻要素。在此，我们必须就它们可与之结合或可谓给它们加点料的进攻手段再说几句。它们主要由如下几项构成：

> 1. 针对敌方交通线的行动，那自然包括针对他的补给站。
>
> 2. 进入敌方领土的袭击和牵制。
>
> 3. 攻击敌人的据点和部队单位，甚至在条件有利的地方攻击他的主力——或只是威胁作这样的攻击。

在所有这类战役中，这些手段中间的第一项不断起作用，但悄然不显：它从不走到前台。任何被防御者占领的有效阵位大多从
512 一个事实得到它的价值：它令进攻者神经紧张，担忧他自己的交通线。补给问题在这类作战中至关紧要，正如我们已经在防御的框架内说明的；就进攻者而言，那同样适用。因此，战略模式大体上由潜伏于敌方阵位的进攻用途决定：一个在我们进至论说进攻时将被进一步谈论的话题。

这么一种防御不限于阵位选择产生的总效应，它有如力学上的压力效应，**不可见地**起作用；它也可以包含部分战斗部队作的真正进攻性推进。然而，如果它要成功，那么**交通线的位置、地形的性质或部队的特质**必须特别有利。

为惩罚之目的或为战利品缘故施行洗劫而袭入敌方领土不能

被恰当地算作防御措施:宁可说,它们是一种进攻手段。然而,通常它们能与旨在减少对方兵力的实际牵制目的相结合,因此能被称作真正的防御措施。可是,它们也能被进攻性地使用,用得同样好,而且确实是进攻的一种形式,因而下一篇将是个详论它们的更合适的所在。我们在此提到袭击,只是为了完成一个囊括种种次要进攻方法的清单,那是一个作战区的守卫者掌握的,并且只希望指出这是个可以在规模和重要性上增大的做法,增大到它将一场攻势的外观连同其荣光赋予整个战争为止。1759 年战役以前,弗雷德里克大王在波兰、波希米亚和弗兰科尼亚的作战活动就属这种性质。虽然该战役本身显然是防御性的,但这些突入敌方领土的赋予它特色,那就其心理影响而言可能特别重要。

对敌方部队单位甚或敌方主力的进攻应被认作是对整个防御的一个必要补充,要在进攻者有点过分轻松、在某些点上让自己广为暴露的时候使用。此乃此类作战行动的默然条件。可是在此,也像他对敌方交通线的威胁那样,防御者能进得较接近于进攻,办法是始终有如他的敌人,时时**注意发动一记有利的打击的机会**。他能在这方面期望一定程度的成功,如果他比起敌人来有显著更多的兵员数量——这虽可发生却不真正符合防御的性质——或者他足够有技能有条理,以致使他的兵力保持得比敌人更集中。然后,他能以作战活动和兵力调动弥补他的境况迫使他承受的牺牲。

第一种情况的例子是七年战争中的道恩,第二种情况的例子则是弗雷德里克大王。即使如此,道恩通常也只是在弗雷德里克以过分的大胆和轻敌诱发进攻时,才被见到从事进攻,像在霍赫基尔希、马克森和兰德夏特那样。另一方面,弗雷德里克差不多总是

在运动，意欲以他自己的主力打击道恩的一个或另一个军团。他
513 只难得成功，或无论如何仅结果平平，因为道恩将非同寻常的小心谨慎与他的数量大优势结合起来。尽管如此，国王的努力仍不能被认为完全徒劳。它们事实上是个极有效的抵抗方式，因为道恩为避免不利的交战而被迫小心翼翼，经受烦劳，从而抵消了否则将有助于推进其攻势的兵力。一个人只需指出在西里西亚的1760年战役，那里道恩和俄国人从未设法推进哪怕一步，因为他们那么担心国王可能不时地在不同处进攻，而且击败他们。

我们相信，我们现在审视了所有这样的要素：它们在一个无意决出胜负的作战区的防御中，构成主导想法、主要努力和因而一切行动的主脉。我们所以将它们全都一起拿来，主要理由是给出一个关于战略行动之连接的内在连贯的看法；每个成分依以起作用
740 的特殊方式——行军、阵位等等——先前业经详细审视。

当我们再次考虑整个这一论题时，我们必定注意到，如果像这里讲述的那样，进攻原则如此羸弱，决出胜负的欲望在双方都如此无力，积极主动性如此纤薄，心理约束如此众多，那么进攻与防御之间的本质区别必定渐渐化为乌有。诚然，一场战役开始时，一方将侵入另一方的作战区，扮演起进攻者角色；然而，有一种情况很可能发生，而且往往确实发生，即进攻者很快发觉自己耗费全部精力去守卫在外国土地上的他自己的占领区。于是，双方基本上在一种彼此监察状态中彼此对峙：双方都意在不放弃任何东西，而且也许同等地意欲获取积极的得益。确实有可能，如弗雷德里克大王之例所示，实际上的防御者比他的对手更咄咄逼人。

进攻者越放弃他的积极推进，防御者就越不那么觉得受威胁，

越不那么因为安全急需而被狭窄地局限于抵抗,双方的境况也就越将彼此均衡。每一方的活动都将旨在从对方取得好处,同时避免对自己的任何不利。这是真正的战略**谋略**的一个方面,而且肯定或多或少地是所有下述战役的特征:在其中,政治动机或总的事态排除了重大决胜。

战略谋略这论题将在下一篇里有它自身的一章。然而,理论家们经常将虚假的重要性赋予这被均衡的力作用,特别在防御框架内,因而我们感到必须在此较详细地谈这个论题。

我们称之为被均衡的力作用。凡在整体不动的场合,皆有均衡状态存在;如果没有大目的驱策它,整体就不会动。这样,双方无论多么不均等,都必须被认为处于均衡之中。从事次要行动的动机和较小的目的现在能从整体的均衡状态中浮现出来。它们能 514
在此刻产生,因为它们不再处于大决定或大危险的紧压之下。于是,可有的得失已被转变成较小的象征,整个冲突已分裂为诸多次要行动。鉴于这些奖品较单薄的小竞赛,双方将领现在从事技能较量。可是,偶然性或曰运气永不能被完全排除在战争之外,因而这较量将永不失为一种**赌博**。

现在来了两个进一步的问题。在这些谋略的进程中,偶然性是否将在塑造胜负决定上起较小的作用,小于当一切集中为一项大举之时?还有,才智是否将起较大的作用?对这后一个问题的回答必须是肯定的。整体越复杂,得到考虑的时间(连同其各单个时刻)越多和空间(连同其各单个地点)越广,显然估算的范围就越宽,理性头脑的至高权能也就越大。理性所获将部分地输给偶然性,但非必定输得精光。然而,第一个问题并不因此也需要被肯定

地回答。与此相关我们应该记住，一个理性头脑并非一位将领的唯一心灵资产。勇气、精力、决心、审慎等等特性在攸关重大胜负一举而定的场合将有更重的分量。因而，在一种被均衡的力作用中，它们将多少不那么作数，而智力估算的首屈一指的重要性以这些素质为代价增大，如同偶然性的。相反，在一举决定重大胜负的时刻，这些优秀素质能够剥夺偶然性的很大部分支配权，因而以某种方式确保理性头脑被迫放弃了的东西。显然，一些因素在这里互相冲突，不能断然说与在被均衡的力作用的最终得分上相比，偶然性在决定重大胜负方面有更大的施威余地。因此，当我们主张力作用主要是技能考验时，我们是指智力估算上的技能，而非整系列军事精巧方面的技能。

战略谋略的这个方面给了它上述被夸大的重要性。首先，该领域的技能一向被混同于一位将领的智力总和，那是个严重错误。我们必须重申，在重大胜负的决定时节，一位将领的其他心理素质可以控扼环境力量。即使这控扼出自强烈情感助长的冲动，出自近乎自动的直觉顿悟，而非一长系列推理的产物，但它仍然真正地契合战争艺术：毕竟，进行战争不仅是个理性行为，推理也不是它的首要活动。第二，历来有个感觉，即一场战役中的每项不成功的行动无不出自一方甚或双方将领的技能；实际上，它的通常的首要基础在于战争为这类赌博造就的流行条件。

发达国家间的大多数战争历来更多地是个监察敌人而非打败
515 敌人的事情，因而战略谋略构成大多数战役的特征。其中没有著名将领参与的战争被忽略了；然而，当某个伟大统帅在那里吸引眼

球时,或者像在蒂雷纳和蒙泰库科利①的场合,每一方都确有一位这样的统帅时,仅他们的名字就足以给整个谋略战艺术盖上最终的核准印章。进一步的后果一向是这类博弈被奉为最高技能形态,终极完美产物。因而,它被当作了战争艺术研究的首要来源和杰出范本。

这是理论家中间差不多普遍秉持的观点,在法国革命战争突然展示军事现象的一整个新天地以前。起初,它多少粗糙原始;后来,波拿巴将它升华为一个宏大的体系,取得了令每个人惊讶的成就。那时,旧模式分崩离析,人们设想一切都来自新发现、崇高理念等等,并且确实来自社会秩序的转换。看起来,旧方式将不再有用,且将永不回返。然而,在这样的思想革命中,通常兴起各个派别;因而,守旧派找到了它的拥护者,他们将新现象视为粗野暴力的猛然发作,视为战争艺术的广泛衰败。他们确信,均衡、贫乏和

① 亨利・德・拉图尔・德奥韦尼厄・蒂雷纳子爵(1611—1675):路易十四时代最伟大的法国将领,大贵族出身,1630 年加入法国军队,被黎塞留任命为步兵团上校,在三十年战争中频频作战,智勇兼备,战功卓著,1643 年获法国元帅称号;1661 年路易十四亲政后随即被任命为王家军队总司令,指挥法军进行 1667 至 1668 年针对西属尼德兰和弗朗什孔泰的"移归权战争",获军事胜利;后指挥法军从事 1672 年开始的荷兰战争,与英勇抵抗的荷兰共和国及其盟国(主要是奥地利)作战,成败参半;其间,两度与奥地利军队统帅蒙泰库科利进行谋略战,皆失利,并在第二度较量中阵亡。拉伊蒙德・蒙泰库科利(1609—1680):世袭伯爵,神圣罗马帝国亲王,那不勒斯的梅尔菲公爵;为奥地利效劳的意大利将领,参加过三十年战争的多次战役,其间曾被俘入狱,狱中博览群书,特别是兵法著作;1643 年起任奥地利战争议事会成员,历经多年,并在三十年战争结束后多次率军征战;奥地利与路易十四法国之间的战争爆发后,作为帝国军队统帅在 1673 和 1675 年两度智胜蒂雷纳,接着又以谋略挫败蒂雷纳死后的法军主帅孔代亲王;他的《战争回忆录》(1703 年首次出版)对此后一整个时代的欧洲军事思想有重大和深远的影响。——中译者注

殆无意义的博弈是发展的顶点。这是一种那么缺乏逻辑和洞察力的看法，以致须被认作无望的价值混乱。可是，相反的看法——即那类东西将永不再现——也极不明智。很少有战争中的新现象能被归因于思想观念上的新发明和新开端。它们主要来自社会的转换和新的社会条件。然而，这些在处于骚动危机的时候，同样不应被当作永久的接收下来。因而几乎无可置疑，许多先前的战斗方式将会重现。眼下不是时候去更充分地探究这些问题。我们满足于已经指出两点：依凭它对有关要素来说的重要性以及它与这些要素的内在关系，这被均衡的力作用在总的战争操作中据有什么地位；它总是缘于双方的所处环境受限，连同双方的军事精神大减。可能，一位将领在这博弈中比另一位显示出更大的技能。如果他在兵力上与之旗鼓相当，那么他据此可赢得某些优势；如果他较弱，那么他可以运用他的更大技能去保持均衡。但是，要在这个
744 领域里寻求一位将领的最高名誉和荣光，就将是真正的自相矛盾。相反，这种战役是最可靠的征象，表明双方将领俱无伟大军事才能，或表明有这才能的一位将领受阻于环境，无法冒险追求一决胜负。然而，在情况如此的场合，一个人绝对见不到最高军事光荣的王国。

至此，我们讨论了一般的战略性谋略。现在我们必须谈论它对作战的一个特殊效应：战斗部队往往偏离重要道路和城镇，转向偏远的或无论如何不重要的地区。在事情由暂时性的次要利益决
516 定的场合，重大地形特征对战争操作施加的影响将变得不那么重要。战斗部队可能被转向战争的分明可鉴的总体需要永不会引导它们去的地方；因此，战争进程将在细节方面经历更多曲折，比在

导向决出重大胜负的战争中多得多。以七年战争的最后五场战役为例:虽然总的环境保持不变,但每场战役的进程都各不相同,而且严格地说,没有哪项作战被重复;事情如此,尽管事实上与它们在大多数早先的战役中有的相比,盟军显示了大得多的进攻精神。

本章的论题一直是一个作战区的防御,在不会有任何重大的胜负决定的时候,连同要从这么一种作战预期的种种倾向——它们的联结、关系和特性。相关措施的细节先前已被探究过。现在,我们进至另一个问题:是否可以给这些多种多样的努力制订一套包罗万象的原则、规则和方法。我们的回答必须是,历史肯定未将我们引导到任何反复重现的形态;但尽管如此,就一个性质如此不断变化的论题而言,几乎无法制订并非基于经验的理论法则。一场包含重大胜负决定的战争不仅较简单,也较不那么首尾不一,较多地符合它自身的本性,较为客观,并且较为服从内在必然性法则。在这样的情况下,理性能够制订规则和法则,但在我们一直讲述着的那类战争中,这看来远为困难。在我们当代,已经演化出关于重大战争的操作的两项主要原则:比洛的"基地宽度"和约米尼的"内线"。甚至这些,在实际应用于作战区防御的时候,也从未证明是绝对的和有效的。然而,正是在这样的时候,它们作为纯粹正规的原则应当最有效:作战在时间和空间上越扩展,规则就越趋于更有效,越趋于在结果上支配所有其他因素。尽管如此,它们到头来仍证明是这论题的纯属特殊的方面,而且肯定不属决定性的有利条件。情势分明施加一种与所有普遍原则相抵触的影响。道恩获得的阵位的宽度和精选找到了它的对应物,那就是国王的做法:紧密集中其主力,将它保持在敌人近旁,并且随时准备好临时作

战。这两个方法不仅可以追溯到他们各自军队的性质，还可以追溯到情势；对一位国王来说，要即兴作战比较容易，易于一位必须就自己的行为应对问责的将领。我们必须利用这个机会来再次强调，一名评论者没有权利给各个不同风格和方法排定高低，显得它们像是不同的优劣等级，使一个处在另一个之下。它们并排存在，其用处必须在每一单个场合根据它本身的功过是非去判断。

此刻，我们不打算将可以出自军队、国家或情势的各不同风格编成目录；它们的广泛影响先前业经指出。

简言之，我们确认，在本章里我们不能制订任何原则、规则或
517 方法：历史没有给它们提供依据。相反，在差不多每个拐弯处，人们都发现了往往不可理解、有时怪得吃惊的异常特性。尽管如此，联系这论题研究历史仍是有用的，就像联系其他论题研究历史一样。虽然可能没有体系，且无认出真理的机械方式，但真理确实存在。为了认出它，一般需要老练的判断力和一种出自长期经验的直觉。虽然历史产生不了任何公式，但它在此像在其他每一处那样，确实提供了一种**判断力训练**。

我们只有单独一项广泛的原则要提供；或宁可说，我们要表述一个自然而然的前提假设，它构成基础，支撑我们以一项独立的原则的方式说了的一切，从而增强它对读者头脑的影响。

上述一切手段都只有**相对**价值；一切都被囿于双方的某些局限。**超越**这范围，适用的就是一套不同的规则，在一个全然不同的现象世界。一位将领永不得忘记这一点；他永不得期望在虚幻的安全这弹丸之地上行进，好像它是**绝对的**；他永不得允许他自己觉得他正在使用的手段是**绝对必需和唯一可能的**，而且**坚持使用它**

们,即使他可能一想到它们也许不合适就不寒而栗。

在此采取的观点看似很可能杜绝这类错误;然而,在实践中不是这么回事,在实践中事情并非线条锐利,轮廓分明。

我们必须再度提醒读者,为了令我们的想法清晰分明、重点突出,只有完全的对极、光谱的两端才被纳入我们的观察。作为一种实际事态,战争一般落在两者之间的什么地方,只是在它接近它们的限度内才受这些端段影响。

因而,广义地说,至关紧要的是将领从一开始就断定,他的对手是否既想要又能够通过使用更强、更具决定性的措施去胜过他。如果他对此有疑心,他就必须放弃他为躲避小不利而使用了的小措施。然后,他可以经过一点自愿牺牲,去利用占取一个较好的阵位这项手段,从而有能力对付一个分量更重的胜负之决。换句话说,头号要求是将领在其作战规划中应用正确的衡量标准。

来自真实生活的例子将使这变得更加清晰。我们要简短地援引判断被误导的多个实例——在其中我们认为一位将领的作战已被其对手估算成适合远不那么具有决定性的行动。让我们始于 1757 年战役的开张。奥地利部队的部署证明,它们没有料到一场像弗雷德里克实际上发动的那么彻底的进攻。皮科洛米尼的军团在西里西亚边境的延宕也表明对情势的类似的全然误解,其时洛林的查理公爵与其军队正处于不得不投降的危险境地。①

① 洛林的查理公爵:即查理·亚历山大亲王(1712—1780),参见本书第 336 页注①。——中译者注

在1758年，法国人不仅完全搞错了策芬修道院协定[1]（眼下的讨论不谈它）的效应，而且两个月后又很错误地估计了敌人的能
518 力——因而丧失了威悉河与莱茵河之间的整个地区。我们已经提到弗雷德里克大王1759年在马克森和1760年在兰德夏特的误判，[2]在那里他未预料他的敌人采取决定性措施。

与那被应用于1792年的相比，我们在史上很难找到一个更错的衡量标准。一支规模中等的辅助部队被期望足够结束一场内战；然而，法国全民的巨大分量，被政治狂热解脱出来，排山倒海似地向我们压来。我们将此称作一个严重错误，因为后来它证明是个严重错误，而不是因为这错误当时本将容易避免。就实际作战而言，不可否认随后所有灾难性年份的首要基本缘由都可见于1794年战役。在这战役本身中，不仅各盟国完全未能认识到敌人进攻的强有力性质，试图以一种低劣的、依靠经延伸阵位和战略性谋略的体系去抗御它，而且普奥之间的政治争吵和对比利时荷兰的愚蠢放弃显然表明，与事的各国政府完全不知即将到来的洪流的凶猛狂暴。奥地利人1796年在蒙特诺特、洛迪等地孤立的抵抗努力势足够的证据，证明他们未能懂得在一场对波拿巴的战争中什么真正重要。

1800年时，给梅拉[3]带来灾难的不是进攻的直接效应，而是他

---

① 1757年法国与汉诺威选侯在下萨克森小镇策芬的一个修道院签订的协定，规定被击败的汉诺威退出七年战争，其一部分由法军占领；普鲁士的西部边境因而遭到威胁，致使弗雷德里克及其盟友英国对汉诺威施压，使之废除该协定，于翌年重新加入战争。——中译者注

② 见本书第354页注③和本书第595页注②。——中译者注

③ 见本书第609页注②。——中译者注

对进攻结果的错误估计。

1805 年时的乌尔姆,一个科学的、但极薄弱的战略方案劣质网络上的最终绳结,本将足以逮住道恩或拉西[①]之类人物,却并非强得足以逮住波拿巴——革命的皇帝。

普鲁士人在 1806 年的摇摆不定和心神困惑出于种种过时、委琐和不切实际的看法和方案,那与寥寥无几的清醒观念和一种对那个时刻的突出重要性的意识相结合。假如他们充分意识到和明白自己的境况,他们本不会将 3 万人保持在普鲁士,并且规划在威斯特伐利亚的独立作战,也不会指望从诸如吕黑尔军团和魏玛军团被指派的那类小进攻得到无论什么结果。他们肯定不会将他们的最后时刻花费在辩论对补给站的威胁,还有对几个小地块的可能的放弃。

甚至所有战役中最宏大的 1812 年战役,起初也不是没有同样基于误算的规划。在位于维尔纽斯的大本营,一群广受尊敬的军官决心在边境打一场会战,为的是显示俄国土地不容不受惩罚的侵犯。他们很明白,这么一场会战可能输掉——确实本将输掉;虽然他们不知 8 万俄军将面对 30 万法军,但他们认识到自己将不能不预期一个巨大的兵员数量优势。他们的首要错误在于他们对会战的估计。他们相信它将像任何别的会战那样失败,但实际上可肯定,这么一个在边境上的重要结局将带来一种全然不同的系列
反响。甚至在德里萨的营地也是个仍依据完全错误的对敌估计的 519
措施。假如俄军打算留在那里,那么它将被切断和被完全孤立,而

① 道恩:见本书第 241 页注①;拉西:见本书第 251 页注①。——中译者注

法军将不乏迫使它投降的手段。设计这营地的人肯定没有考虑力量和决心的这么些方面。

然而,波拿巴也间或应用错误的衡量标准。1813 年停战后,他以为他靠使用没有能力进行重大抵抗的军团,能够阻遏住较小的盟军——布吕歇尔和瑞典王储的军队。对一个谨慎的对手来说,它们本可提供一个不冒风险的借口,那在早先的战争中一向经常发生。他未足够地考虑到激励布吕歇尔和比洛的那种刻骨仇恨和紧迫危险意识。

总的来说,拿破仑总是倾向于低估布吕歇尔的进取心。正是布吕歇尔,在莱比锡独自剥夺了他的胜利机会。在拉昂,布吕歇尔本可彻底摧垮他,而未曾如此这事实与波拿巴自己的估算毫无关系。当闪电击中"美女联盟"时[①],他终于无法逃避对他过去错误的惩罚。

① 指滑铁卢战役,见本书第 336 页注②。——中译者注

第七篇

进　　攻

第 1 章　攻防关系

两项观念构成一个真正的逻辑反题时，它们各自互补，因而每 523
项都根本地蕴含在另一项内。如果我们的智力局限不让我们同时理解这两者，并且通过反题在整个一项之中发现整个另一项，那么每一项仍将足够地显露另一项，以致澄清它的许多细节。结果，我们相信关于防御的早先各章充足地显露了进攻的方方面面，那是它们触及的。然而，并非总是如此。没有哪个分析体系能被探究净尽。自然，在反题并未像在先前各章里一般那么靠近概念根源的地方，我们能够就进攻说的话不会直接跟随在那里就防御说过的而来。视点的转移将使我们更接近论题，我们从而能更仔细地审视我们先前从远处概览过的东西。这将补充我们先前的分析；而且，我们现在就进攻将要说的话也经常会使防御展现得更清楚。

在谈论进攻时，我们将大多不得不处理已被讨论过的论题。可是我们并不认为，我们需要像那么多工兵学教科书做的那样讲下去，即依靠绕开或推翻我们在防御中辨识出来的一切积极价值，并且证明对应于每一种防御方法，都有一种颠扑不破的进攻方法。防御有其长处，亦有其短处。虽然前者可以并非无法克服，但克服它们的代价可能大得不成比例。不管我们以什么方式看它，这都必定保持真确；否则，我们就是在自相矛盾。我们也不打算详尽无

遗去分析这一互动。每一种防御方法都导致一种进攻方法，但有一点往往那么明显，即我们无须为了理解它而讨论这两者：其一自动地随另一而来。我们打算在每个场合都显示那并非直接出自防御的种种进攻特性。这必定要求有前一篇里没有其对应物的多章。

第2章　战略进攻的性质

如前所述，防御总的来说（当然包括战略防御）并非一种绝对 524
的等待和击退状态；它不是彻底的消极耐久，而只是相对的消极耐久。因此，它被渗入了较明显或不那么明显的进攻成分。同样，进攻并非一个同质的整体：它永远与防御相结合。两者之间的差别在于，没有必需的概念成分即反攻，一个人就无法考虑防御，可是这不适用于进攻。进攻性突进或行动自成一体。它不必由防御去补充；然而，关于时间和空间的支配性考虑确实引入防御，作为一个必要的祸患。**首先**，一场进攻无法以单独一项稳进完成：歇息期必不可少，其间进攻停顿，防御自动地取而代之。**其次**，被留在推进部队身后的地区，对其存在至关紧要的一个地区，不一定得到进攻掩护，从而需要专门的护卫。

因此，进攻行动，尤其战略上的进攻行动，是进攻与防御的一种不断的交替和结合。然而，后者不应当被认作进攻的有益的预备，或其强化，因而是个积极的原则；相反，它只是个必要的祸患，由大量兵众的纯重力造就的一个阻力负担。此乃其原罪，其致命病患。

我们称之为**阻力**负担：除非防御有助于进攻，它就将趋于减小进攻效能，即使只因为所含的时间损失。这防御成分——每项进

攻的组成部分——是否可能实际地不利？当我们假定**进攻是战争的较弱方式、防御是战争的较强方式**时，后者不可能有害前者似乎顺理成章：如果有足够的兵力去从事较弱的方式，那么它们必定足以去从事较强的。一般如此。我们将在论胜利的顶点那章里更仔细地审视这个问题。然而，我们决不可忘记，**战略防御**的优越性部分地出自一个事实，即没有一定程度的防御，而且是一类远不那么有效的防御，进攻本身就无法存在。就作为一个整体的防御而言真确的，不再就这些部分而言依然真确，于是防御的这些特性怎样可以确实削弱进攻就变得显而易见。进攻原则**在防御中的**积极运作力图利用的，正是一场进攻期间的这些弱防御时刻。

考虑一下惯常随一日行动而来的 12 小时歇息期里的形势差
525 异。防御者拥有一个经妥善选择的位置，那是他知晓和仔细准备了的；进攻者犹如一个盲人，跌跌撞撞地闯进了他的临时宿营地。经过一段较长的停顿，例如可能为获得补给、等待增援等等所需的，防御者将靠近自己的要塞和补给站，进攻者则犹如一只鸟栖于树枝之上。每场进攻不管怎样都将以一场防御告终，其性质将由种种环境决定。在敌方部队已被摧垮时，这些环境可能非常有利，但在并非如此的场合，事情就可能非常困难。即使这类防御不再是进攻的组成部分，它必定仍影响进攻，并且帮助决定它的有效性。

因此，每场进攻都须将它必然内在固有的防御考虑进来，为的是清楚地理解它的种种不利，并且预先提防它们。

然而在其他方面，进攻保持首尾一贯，始终不变，防御却在利用等待原则的限度内有其各个阶段。出自这些，将有种种根本不

同的行动方式，像在论抵抗的种类那章已讨论的。

可是，因为进攻只有单独一项积极原则(防御在此场合仅是一个附着于它的绝对负担)，因而在它里面将见不到此等内在差异。诚然，就干劲、速度和打击力而言，存在巨大差别，但这些是程度差异，而非种类差异。对进攻者来说，甚至或可想象选择防御方式来促进自己的目的。例如，他或可占领一个强固的阵位，希望防御者会在那里进攻他。然而，这样的情况如此难得，以致鉴于实际的通常做法，我们列举概念和原则时不需考虑它们。总括地说，在一场进攻中，没有可与各种不同类型的防御相比的烈度增进。

最后，可用的进攻手段通常限于战斗部队——对此当然必须添上位置靠近战区的任何要塞，那可以对进攻有非同小可的影响。然而，这影响将随前推的进展而减弱；显然，进攻者的要塞永不可能起一种像防御者的要塞那样显赫的作用，后者往往成为一个主要特性。对进攻的民众支持可以设想，在居民青睐进攻者甚于青睐它们本国军队的地方。最后，进攻者可能有盟国，但只是作为种种特殊情势或幸运境况的一个结果。它们的支持不是进攻的本性内在固有的。因而，虽然我们已将要塞、民众起义和盟国包括尽可能的防御手段，我们无法将它们包括在进攻手段中间。在前一方面它们是内在固有的，在后一方面它们实属罕见，因而通常实属偶然。

第 3 章　战略进攻的目标

526 在战争中，征服敌人是目的，摧垮他的战斗部队是手段。这既适用于进攻，也适用于防御。以摧垮敌方兵力为手段，防御导致进攻，后者转而导致征服敌国。因而，那就是目标，但它不必是整个敌国；它可以限于一部分：一个省份、一个地带、一个要塞，等等。这些中间的任何一个都可以在谈判中有政治价值，不管它们是被保持还是被交换。

因此，战略进攻的目标可被认为层级多多，从征服整个一国到征服一个不起眼的村庄。目标一经获取，进攻就立即终止，防御取而代之。一个人因而可能将一场战略进攻想作是一个实体，有被明确规定了的限界。然而，实践——即按照实际事态去看待事情——没有证明如此。在实践中，进攻的各阶段——即种种意图和被采取的种种行动——往往转变为防御作战，像防御计划转变为进攻一样常见。对一位将领来说，开始时心怀一个坚固的目标实属罕见，或无论如何不常见；相反，他将使之取决于事态进程。他的进攻经常可以导致他走得比预期的远；经过了一个较短暂或不那么短暂的歇息期，他往往获得新实力；然而，这不应当被认作是一项后继的、全然隔开的动作。别的时候他可以被搞得停步，早于他预料的，但不放弃他的计划和转向真正的防御。如此，有一点

变得显而易见:如果一场成功的防御能够难以察觉地转为进攻,那么相反的情况也同样能够发生。这些层级须被牢记在心,如果我们希望避免就进攻论题误用我们的一般陈述的话。

第 4 章　进攻力的渐减

527 进攻力的渐减是战略家的主要关切之一。他对它有多明了，将决定他在每个场合对可供作出的选择的估计有多准确。

总兵力遭到削减：

1. 如果进攻的目的在于占领敌国（占领通常只是在首番决定性行动之后才开始，但进攻并不伴随这作战行动而停止）。

2. 由于入侵大军需要占领它们身后的地区，以便确保自己的交通线和盘剥其资源。

3. 由于在作战中遭受损失，并经病患。

4. 由于远离替换来源。

5. 由于进行围城战和封锁要塞。

6. 由于松懈努力。

7. 由于盟国背信变节。

然而，这些困难可以由其他趋于加强进攻的因素抵消。不过显然，总的结果只有在这些不同的量已经得到估价后才会被确定。例如，进攻的减弱可以因防御的减弱而部分或完全地被抵消。这

并非寻常;无论如何,决不应比较战场上的所有部队,而只应比较那些在前沿或在决定性的点上彼此面对面的部队。不同的例子有:在奥地利和普鲁士的法国人,还有在俄国的;在法国的各支盟军;在西班牙的法国人。

第 5 章　进攻的顶点

528 进攻胜利出自有优势力量可用，其中当然包括物质的和精神
的两者。前一章里，我们指出进攻力如何逐渐衰减；在进攻过程
中，优势有可能增进，但通常它将被减小。进攻者正在购买可能在
和谈桌上宝贵的种种好处，但他必须以他的战斗部队当场为之支
付代价。如果优越的进攻力——那逐日渐减——导致和平，那么
目的就会被达到。有直接导致了和平的战略进攻，但这些是少数。
它们当中的大多数只进往一个点，在那里它们的剩余力量只够维
762 持一种防御和等待和平。超过该点，天平就倒转，反作用随之而
来，其力通常远强过起初的进攻力。我们用进攻的顶点来指的就
是这个意思。由于进攻的目的是占有敌国领土，因而推进将继续
下去，直到进攻者的优势耗尽为止；正是这，驱使进攻进往其目的，
而且能够轻易地驱使它进一步向前。如果我们记住有多少因素助
成兵力方程，我们就将懂得在某些场合确定哪方占上风是多么困
难。往往这全然是个想象问题。

因此，重要的是以富有识别力的判断去察觉这顶点。我们在此碰到一个明显的矛盾。如果防御比进攻有效，那么一个人会认

为后者永不可能导致过远；如果不那么有效的方式足够强劲，那么更有效的方式本当甚至更强。[①]

① 手稿以下面一句终结："第三篇之后发展这论题，在论说胜利顶点的文章内。"一篇以此为标题的文章已在一个卷宗内被发现，该卷宗标以"不同文章：[供修改手稿用的]素材。"它看来是在此仅被勾勒的那章的一个扩充，被刊印在第七篇之末。玛丽·冯·克劳塞维茨注。

第 6 章　摧垮敌军

529 摧垮敌军是达到目的的手段。这指什么？代价如何？

可能的不同看法：

1. 只摧垮为达到进攻目的所需的。
2. 摧垮尽可能多的。
3. 保存一方自身的战斗部队为主导考虑。
4. 这能够走得那么远，以至于进攻者只有在有利情势下才会尝试摧垮性行动，而且这还可以应用于实现目的，就像已在第 3 章内讲到的。

交战是摧垮敌军的唯一手段，但它可依靠诸场交战的结合，经两个不同途径，直接或间接地起作用。于是，虽然一场会战是主要手段，但它不是唯一手段。夺取一个要塞或一个地带也相当于一次摧垮敌军。它可以导致进一步的摧垮，从而也成为一个间接手段。

因而，除了它在实现一个目的方面的直接价值外，占领一个未加设防的地带还可以就摧垮敌军而言有价值。与此相比，设法将敌人调遣出他已占领的一个地区没有很大不同，应以同样的方式

予以考虑，而不是将它当作武力的一次真正成功。这些手段一般被高估了；它们难得像一场会战那样实现那么多，并且包含可能被忽视的遭遇种种不利的风险。它们诱人，因为代价那么小。

它们总是应当被看作是小投资，只能产出小红利，适合于有限的情势和较弱的动机。然而，与缺乏意义的会战——不能被充分开发利用的胜利——相比，它们显然更可取。

第 7 章　进攻性会战

530 我们就防御性会战说了的当已大有利于理解进攻性会战。

我们先前在思考这一类会战：在其中，防御最为昭彰，为的是澄清防御的本性。然而，很少会战属这一类；它们大多是部分遭遇战(*demirencontres*)，防御要素在其中趋于消失。进攻性会战不是如此，它在一切境况下都保持它的特征，并且在防御者状况不妥后更能伸张自己。因而，在那些并非真正防御性的会战与那些实属真正遭遇战(*rencontres*)的会战之间，依然有会战特征上的一定差异。一场进攻性会战的主要特性，在于翼侧包抄或绕过防御者，亦即采取主动。

包围行动显然拥有重大好处；然而，它们是个战术问题。进攻者不应仅仅因为防御者有个抗击它们的手段就放弃这些好处；这是进攻者无法使用的一个手段，因为它太受防御者的其余境况束缚。防御者为了包抄一个正在试图包抄他的敌人，必须从一个经妥善选择、妥善准备了的位置作战。甚至更重要的是这么一个事实：防御者无法实际使用由他的境况提供的全部潜能。在大多数场合，防御是一种憾事、权宜之事；防御者通常身处一个局促和危险的地点，在其中他半途迎应进攻，因为他预料可遭最坏情况。结果，利用包围线或倒前线(reversed fronts)的会战——那应出自有利的交通线——在现实中趋于出自精神优势和物质优势。其例见

马伦戈、[1]奥斯特利茨和耶拿会战。而且，在一场战役的开场会战中，进攻者的基地线即使不优于防御者的，也通常会大为宽广，因为边境那么近，由此他能经得起冒险。偶尔，一场侧翼进攻——即一场在其中前沿被改变了的会战——比一场围攻有效。假定一项包围性战略进军必须从一开始就与之相联，像它在布拉格那样，是个错误。它们难得有任何共同之处，而且后者是一种非常微妙脆弱的事情，就此我们将有更多地要说，在我们讨论进攻一个作战区的时候。正如在一场防御性会战中，统帅旨在为赢得时间尽可能拖延决胜（因为一场在日落时仍然胜负未决的防御性会战通常能被认为是一场赢了的会战），在一场进攻性会战中，统帅旨在促发 531
决胜。另一方面，过于仓促导致浪费己方兵力的风险。大多数进攻性会战中的一个特性是吃不准敌人的阵位；它们的特征是在黑暗里摸索，像例如在奥斯特利茨、瓦格拉姆、霍亨林顿、[2]耶拿和卡茨巴赫。越是如此，就越须集中己方兵力，越须翼侧包抄而非包围敌人。在第四篇第 12 章里，已经显示胜利的真正果实仅在追击中赢得。依其本性，追击在一场进攻性会战中趋于是作战行动的更必需的组成部分，甚于在一场防御性会战中。

---

① 马伦戈会战：拿破仑·波拿巴麾下法军与奥地利军队之间的一场会战，1800 年 6 月 14 日在意大利皮埃蒙德地区亚历山德里亚城附近的马伦戈村一带进行。法军兵员少于奥军，并遭奥军突袭，但最终反攻胜出；奥地利武力由此被逐出意大利半岛，波拿巴作为法国第一执政的地位得到显著强化。——中译者注

② 霍亨林顿会战：法军将领让·维克托·莫罗所率 5 万余人与奥地利—巴伐利亚联军 6 万余人之间的一场战役，1800 年 12 月 3 日在慕尼黑以东 30 余公里的霍亨林顿进行。法军突袭分兵行进于茂密林区的联军，并且围击其部分主力，以死伤约 3000 人的代价歼敌 13000 余人，迫使溃退的反法盟国请求停战。这次会战与半年前法军赢得的马伦戈战役一起，结束了第二次反法同盟战争。——中译者注

第8章　过河

532　1. 一条横越进攻线的大河对进攻者来说是个大不便。渡河以后，他通常被限于单独一座桥梁，因而除非他留在近河处，他的行动将严重受阻。更糟的是，如果他打算在远处发动一场决战，或者他预料敌人将攻击他，他就将使自己面临严重危险。因而，没有任何将领会将他自己置于这么一个处境，除非他能指靠显著的精神和物质优势。

768　2. 在河对面获取一个阵位涉及的困难本身还大增了它的有效防御的可能性。假定这防御不被视为仅有的可用资源，而是经过规划，以致即使它失败，也仍有可能沿河坚守，那么进攻者将从该河的防御者那里遇到的抵抗必须被添入上一段列举的有利条件。这一切合起来，解释了大多数将领对进攻一条设防河流持有的敬重。

3. 然而前一篇里，我们已经见到在某些条件下，河流防守本身可望取得好结果。我们必须承认，在实践中，这些成功发生得甚至更频繁，超过理论会导致一个人预期的。理论只将一套已知的环境考虑进来，但在实践中，这些对进攻者来说将显得比它们实际上更困难，因而将对他的行动起强有力的刹车作用。

如果谈论的进攻并非旨在一项重要决胜，而且未以锐气和决

心去从事，那么进攻者在进行过程中就必定遇到众多棘手的小障碍和事故，那是没有任何理论家曾经考虑过的事情，他们所以对他不利，只是因为他在采取主动，因而首先碰上了它们。让我们只考虑伦巴第的本身无关紧要的河川多么经常地得到成功防守。如果军事史还显示了河防未能如愿的案例，这就仅仅证明有时人们期望过高，而这期望并非依据战术可能性，却是依据被拉伸得过限的往昔经验教益。

4. 一条设防的河流可被认作是一种形式的抵抗，只有在防御者错误地将自己的整个未来都押在这防御上的时候，才有利于进攻者。如果毕竟强行过了河，他就陷入严重困难，有遭遇大灾难的危险；强行过河比赢得一场普通的会战容易。

5. 因此，在不寻求大决战的场合，河防能真正有用；然而，如 533
果因为敌人的优势和干劲，这样一场决战能被合乎情理地预料到，那么一项误算了的河防可有利于进攻者。

6. 极少有无法被倾覆的河流防线，不管是沿其总长还是在某个特殊的点上。如果进攻者较强，并且急于施行重大打击，他就能在一点上作出牵制，同时在另一点上过河。然后，他能使用他的优势兵力向前无情推压，以此弥补在交战早先阶段遭受的任何挫折。实际上靠战术手段强行过河的情况——靠优势火力和优势干劲击除主要河防据点之一的案例——即使有过也实属罕见。“强行通过”是个仅在战略意义上要被说明的用语：进攻者在一个未加防守或只稍加防守的点上过了河，却仍面对过河任务从防御者的观点来看将会带给他的一切危险。然而，进攻者能做的最糟的事情，是在若干个点上同时过河，除非这些点一起靠得那么近，以致提供互

援。防御者不得不分散兵力，但若进攻者作同样的事，他就抛弃了一项天然优势。贝莱加尔德[①]正是如此输掉了1814年在曼西奥河的战役：两支军队恰巧同时在不同地点过河，但奥地利人比法国人更分散。

7. 如果防御者像进攻者那样留在河的同一边，那就显然有两个途径去获取战略优势。第一是在任何地方过河而不管他置身何处，从而扭转他的局面。第二是打一场会战。在第一种情况下，主要决定因素当是基地与交通线之间的关系，虽然种种特殊境况往往比一般形势更具决定性。这可以在一定范围内被下述军队漠视：它挑选了较好的地方去建立自己的据点，做出了较好的战术布局，有较严明的纪律，或者能较快地行军。至于另一个途径，必须假定进攻者拥有打一场会战的手段、恰当条件和决心。如果是这样，防御者就不会轻易冒此类河防的风险。

770 8. 因而，让我们总结说，此等过河难得出现大困难；可是，除非涉及大决战，就其后果与其进一步涵义将有足够的担忧，以致容易令进攻者停下来。他会要么将防御者安然留在河流近岸，要么至多过河但停留在它近处。难得有两军隔河对峙良久的事。

然而，甚至在涉及一场大决战的时候，一条河仍是个非同小可的因素，因为它总是削弱和扰乱进攻。在此情况下，只能希冀防御者会错将它当作一个战术障碍，使其直接防守成为他的抵抗中枢，
534 从而将一个好处拱手送给进攻者，即以最小程度努力对他作决定

---

① 海因里希·冯·贝莱加尔德(1756—1845)：伯爵，作为部队将领参加了法国革命战争和拿破仑战争，并且指挥过多次战役；1813至1815年间统领在意大利的奥地利军队，1815至1816年担任伦巴第—威尼斯总督。——中译者注

性打击。必须明白，这打击不会立即招致敌人的彻底崩溃，但会导致一系列成功的交战，那将逐渐造就严重不利的总状况，就像奥地利人 1796 年在莱茵河下游遭遇的那样。

第9章　进攻防地

535 在论防御的那篇里，有一番详细的谈论，说明在多大程度上防地迫使敌人要么进攻它们，要么放弃推进。只有那些达到下述目的的防地才是合适的：磨损敌军，不管是总体地还是局部低，或者使之不能为害。进攻无法战胜它们；它不掌握反制它们的长处的手段。在实践中，并非所有防地都如此。如果进攻者认识到他能在不攻击它们的情况下得手，他试图这么做就将是愚蠢的。如果他不能，那么问题就在于他是否能通过威胁侧翼去将防御者调开。只有在这些手段无效的场合，他才会决定攻击一个强固的阵地；在那种情况下，侧翼攻击总是会引发较少的难题。在两翼之间作何选择的问题将接着由每方交通线的位置和方向决定——换句话说取决于是否威胁敌人的退路和确保自己的退路。这两个因素可能容易彼此冲突，在此情况下威胁敌人的线路应当得到优先考虑。它的性质是进攻性的，因而与攻击同属一个类型，而别一个的性质是防御性的。然而，有一点确定无疑，并且是问题的根本：**攻击一个身处良好阵地的能干的对手是件冒险的事**。诚然，不乏这样的

会战打赢的例子，像在托尔高[①]和瓦格拉姆那样（我不将德累斯顿[②]包括在内，因为在那里敌人不能被说成是能干的）。然而总的来说，与最决绝果断的将领不去攻击此等阵地的无数案例相比，这样的例子数目（number[③]）甚少，无足轻重。

可是，我们的论题不应被混同于一般的会战。绝大多数会战是真正的遭遇战（*rencontres*），在其中一方诚然处于守势，但并非身处堑壕阵地。

① 托尔高会战：七年战争中最血腥的战役之一，1760 年 11 月 3 日在弗雷德里克二世统率的普军与奥地利陆军元帅道恩麾下的奥军之间进行。奥军兵员数量稍占优势，并在萨克森西北部易北河畔的托尔高镇附近选取了一个高地阵位；普军往上强攻，初战严重挫败，随后猛击敌军较为薄弱的战线衔接处，最终以伤亡约 17000 人（比奥军伤亡约多 1000 人）的代价赢得胜利，但其战略效果甚微。——中译者注

② 指 1813 年 8 月 26 日至 27 日的德累斯顿战役，见本书第 403 页注①。——中译者注

③ 第一版作 *Gefahr*（危险、风险），不通。第二版试图使这里读得通，因而用了一个不适当的插语。我们将 *Gefahr* 认作 *Zahl*（数目、数字）。编者注。

第 10 章　进攻堑壕营地

536　一度风行鄙视堑壕与其效能。那么经常被击碎的法国边境警戒线，贝芬公爵在那里被击败的位于布雷斯劳的堑壕营地，[1]还有托尔高会战：它们和许多其他例子导致了这种偏见。不仅如此，弗雷德里克大王依靠积极机动和大力进取赢得的诸多胜利给此类防御蒙上了阴影，令一切固定阵地、特别是一切堑壕工事黯然失色，从而进一步加剧了这种鄙视。无疑，如果几千人被期望防守若干英里，或如果堑壕不过是横向交通壕沟，堑壕就将一钱不值。寄托于它们的任何信心都是错误的，将导致危险。然而，这看法被扩展到堑壕概念本身时，必定自相矛盾，甚或毫无道理，有如滕佩尔霍夫[2]以其大叫大嚷方式做的那样。假如堑壕未帮助防御者，那么它们究竟会有什么用处？不然。不仅情理、而且成百成千的事例表明准备良好、布兵恰当和防守强劲的堑壕工事**总的来说必须被认作是个坚不可摧的阵点**，而且确实被进攻者如此看待。如果我们从这因素即单独一个壕沟的效能出发，我们就无法真的怀疑对进攻者来说，攻击一个堑壕营地是一项非常困难的任务，通常不可

① 见本书第 726 页注①。——中译者注

② 见本书第 279 页注③。——中译者注

能完成。

按照它们的本性，堑壕营地布兵单薄；可是，如果自然障碍有利，堑壕修筑良好，它们就能被守住，不让占很大数量优势的兵力攻克。弗雷德里克大王认为进攻在皮尔纳[①]的营地将不可行，尽管他的兵力是卫戍部队的两倍。自那以来，人们有时宣称营地不会太难攻取；可是，这种看法的唯一证据基于萨克森驻防军的极端羸弱状况，那当然不是贬低堑壕价值的恰当论据。然而可疑的是，在那关键时刻，那些事后声称一场攻击本将不仅可行、而且甚至容易的人自己是否会选择攻击。

因而，在我们看来，进攻战只应很难得地诉诸攻击一个堑壕营地。仅在下述场合这样的攻击才是可取的：防御实施得匆忙仓促，半截不全，并且缺乏阻塞进路的障碍；或者总的来说，像往往发生的那样，营地仅是它应有模样的草图，即一摊半就不就的乱墟。如此，一场进攻就可能是明智的，并且可能是战胜敌人的一个捷径。

① 见本书第 587 页注①。——中译者注

第 11 章　进攻山区

537 在第六篇第 5 章和随后数章里，山区就进攻和防御两者而言的一般战略意义被充分说明。那里，我们还试图显示山岭作为一种实际的防线起的作用；而且，由此出发，它们从进攻观点来看的意义能被展开。因而，就这重要论题在此几乎全无余话要说。得出的主要结论是，防御者不得不在下述两项大为不同的形势中间接受一项：一场附属性交战，或一场大会战。在前一场合，对一道山脉的进攻充其量是个必要的祸患，因为每项因素都将不利；然而，在打一场大会战的场合，有利条件将全都在进攻者一边。

一场具有进行会战的手段和决心的攻势将在山里迎战敌人，并将肯定通过如此行事而得利。

然而在此，我们必须重申，要使人接受这个论断将是困难的，因为它与所有表面现象截然相反，而且乍看来有悖一切经验。在大多数情况下，有一点依然成立，即一支在进攻中的军队不管是否立意决战，都会认为自己幸运非凡，竟发觉敌军没有占领它们之间的山脉。它将急忙首先赶到那里，没有人会将此视为有悖进攻的本性。我们同意；然而，必须做出更加精确的区分。

对敌挺进意欲决战的一支军队如果不得不跨越一道未经占领的山脉，就自然会担心敌人可能在最后一刻阻塞它打算使用的那

些通道。在此情况下，进攻者无法享有有利条件，那是假如敌人占领了一个普通的山岭阵位就将属于他的。敌人现在不再过分伸展；他不再狐疑进攻者正在取的路线；后者未能心怀敌人的阵位去选择自己的进路。于是，这场在山区的会战没有将我们在第六篇讲了的一切有利条件赋予进攻者。在这些情势下，有可能将防御者视为处于一个攻不破的阵位。于是，防御者终究可以支配在一场决战中将山岭转为对他自己有利的手段。确实可以有这可能；然而，如果考虑最后时刻获取一个有利的山岭阵位的种种困难，特别是在它先前已被留作完全不予占领的情况下，那么一个人会认
识到这是个全不可靠的防御方法。因此，进攻者有理由害怕的情 538
势**极少可能**发生。然而，即使它们少有可能，对它们的恐惧仍自然而然：在战争中往往有一种情况，即一项特定的担忧即使多少没必要，也完全自然。

对进攻者来说，另一个担忧原因是由一支前卫或一串据点从事的山岭预备性防御。虽然这措施同样很难得令防御者中意，但进攻者无法辨别它是否很可能发生，因而会害怕出现最坏情况。

不仅如此，我们对事情的看法不排除一种可能性，即地形的山岭性质可以使一个阵位成为真正攻不破的。这样的阵位确实存在，尽管它们不必在山区。皮尔纳、施莫特赛芬、迈森和费尔德基希就是例子。[①]因为它们不在山里，这些就更有用。可是，仍能设

① 皮尔纳见本书第 587 页注①；施莫特赛芬见本书第 595 页注①；迈森为德累斯顿西北 25 公里的一个城镇，以历史悠久的陶瓷制造业著称，1759 年 12 月 4 日道恩麾下奥军与普鲁士亨利亲王所率普军在此进行战役，奥军以少胜多，并且由此使其盟邦萨克森不致退出战争；费尔德基希见本书第 616 页注①。——中译者注

想它们可见于山里，例如在高地上，那里防御者能够避免一个山岭阵位的通常弊端。然而，它们是例外，我们必须针对大多数案例。

军事史清楚地表明，山林如何不适于防御性决战。决意打这么一场会战的伟大将领通常都偏好在旷地上取一个阵位。战争史上没有在山里打一场决战的哪怕单独一例，只有法国革命战争除外。在这类战争中，显然是一种错误的应用和类比，导致甚而在决战能被预料的情况下使用山岭阵位，例如 1793 和 1794 年在孚日，1795、1796 和 1797 年在意大利。梅拉①一向广受批评，因为他 1800 年时没有占领阿尔卑斯山口，但那是鲁莽的批评——可以称之为一种相当不成熟和肤浅的评判。波拿巴假如处在梅拉的位置上，也不会去占领它们。

为进攻一个山岭阵位作的准备大多是战术性的。然而，我们应当将以下几项列作一个预备性纲要，可用于那些最接近战略并与之相符的部分。

1. 山林与其他地形有别，不允许人岔离道路，并且随当下所需将一个纵队分成两三个。通常，在长长的单列行进中，一切都变得停顿下来。因此，应当从一开始就在几条道上推进，或者更好是在一条较宽的战线上进军。

2. 进攻一条在山里的广为延展的防线时，一个人当然会以一支集中的兵力这么做；整个阵位不可能遭到翼侧包抄。如果旨在赢得大胜，它就将不能不伴以击碎敌方防线，迫使其两翼彼此隔绝，而非伴以包围和切断敌军。如此，进攻者的天然意图将是沿敌

① 见本书第 609 页注②。——中译者注

人的主要撤退线作一场迅速的不可抵抗的进军。

3. 然而，如果必须在一个更集中的[①]山岭阵位上攻击敌军，那么翼侧包抄将构成计划的一个重要部分，因为正面进攻将遭到最 539
大程度抵抗；不过，它们必须更多地旨在实际切断敌军，甚于旨在在战术上攻击侧翼或后部，因为如果兵力可得，那么甚至一个山岭阵位的后部也能作出强有力的抵抗。获取结果的最快捷径始终是令敌人有理由恐惧他的撤退线被切断。在山区作战中，这恐惧被激起得较迅速较有效，因为如果情况越变越糟，就不那么容易排定出路。然而对进攻来说，单纯的显示是不够的：它至多可以将敌人调遣出他的阵位，但不会产生一个确定的结果。因此，必须旨在将他真正隔绝。

① 虽然经查阅过的所有文本在此都刊作 *weniger gesammelten*（less concentrated），但只有假设 *weniger*（less）应当读作 *mehr*（more），这句才合理，因而我们据此翻译。编者注。

第 12 章　进攻警戒线

540　如果意在通过防守或进攻警戒线去一决胜负，那么拥有较大优势的是进攻者，因为与直接防守一条河流或山脉相比，它们的巨大范围使之更少适合一场决战的需要。1712 年欧根亲王在德南的警戒线是个例解：丢失它们本将类同于输掉一场会战，但维拉尔[①]在一个集中的阵位上几乎不可能战胜欧根。如果决定性胜利系进攻者力所不及，那么他会甚至遵从警戒线，特别在它们由敌军主力盘踞的时候。例如，1703 年时，巴登的路易[②]据守的在斯托尔霍芬的警戒线甚至得到维拉尔遵从。然而，如果它们仅由一支次要兵力据守，那么一切当然将取决于进攻中能被使用的军团的实力。在这场合的抵抗不大可能有大用，但随后的胜利当然也是如此。

---

① 路易—厄克托尔·德·维拉尔(1653—1734)：马尔蒂居埃亲王，维拉尔公爵，路易十四法国的最后一位杰出将才，曾先后在蒂雷纳子爵、孔代亲王和卢森堡公爵属下担任军职，战功卓著；西班牙继承战争末期担任法军主帅，于 1712 年 7 月 24 日在法国北端的德南镇附近，凭优势兵力和卓越的谋略，决定性地击败优秀统帅欧根亲王指挥的奥荷联军。——中译者注

② 路德维希·威廉一世(1655—1707)：巴登侯爵，德意志诸邦之一巴登的统治者，西班牙继承战争中担任神圣罗马帝国军队统帅，1702 年 10 月中旬在瑞士巴塞尔以北的弗里德林根与维拉尔会战，结果兵败。——中译者注

一支被围困部队的工事周线将有其自身的特性，我打算在论进攻一个战区的那章里谈论之。

所有类似警戒线的阵位，例如经加强的哨所线等等，[①]有个特点，即容易被击碎；可是，在这么做了但无意进逼和实现决胜的情况下，它只会造成一项小成功，通常不值就它花费的努力。

① 见上面第五篇第 7 章。编者注。

第13章 谋略

541 1. 谋略这论题已在第六篇第30章里被触及过。虽然这种手段是进攻者和防御者共有的，但其性质更紧密地与进攻而非防御相关，因而我们现在要更仔细地去界定它。

2. 不仅须将谋略区别于依靠重大交战为手段的、进攻之大力进取的操作，而且须将它区别于直接出自此等进攻的每一运作；不管它是一场佯攻，还是对敌方交通线的施压，或是对他的退路的逼压等等。

3. 在其通常意义上，谋略一语含有一个意思，即一种可谓无中生有的效应，换句话说出自**均衡**状态的效应，办法是利用敌人能被引诱而犯的错误。它可被比作一场棋赛中的开局之赌。它事实上是对业经平衡的诸项因素的操纵，目的在于为成功造就有利条件，然后利用它们去取得对敌优势。

4. 要心怀的考虑有如下述，部分作为目的，部分作为我们行动的一个参照系：

a. 敌人的食物补给，那是要争取切断或削减的。

b. 与别的部队单位的结合。

c. 对其他交通线的威胁，它们与国土腹地或与别支

军队或分队相连。

d. 对退路的威胁。

e. 以优势兵力对各单个的点的进攻。

这五项因素可见于特定形势的最小细节，它然后成为一个对象，每件事都一度围绕它旋转。它可以是一座桥梁、一条大道或一道堑壕；然而，在每个场合都容易表明，它的重要性完全出自它与上述因素之一的关系。

f. 对进攻者、或宁可说对积极方（确实可以是防御者）来说，一项谋略成功的结果将由一个地带、一个补给仓库或诸如此类的东西构成。

g. 一项战略性谋略包含两对反差，它们显得分明，很可以被用来制作引人误入歧途的规则和格言。事实上，它们的四个要素全都基本上是一个整体的根本组成部分，而且须被认作如此。第一对反差由翼侧包抄敌人或内线作战构成；第二对则由集中己方兵力或就多个据点延展兵力构成。

h. 关于第一对反差，不可能说两要素之一通常优于另一要素。原因部分地在于，成就其一的尝试将自然激起另一，作为分明的反制，适当的矫正；还有部分原因在于，包围与进攻相联，使用内线则与防御相联：因而，宽泛地说，前者适合于进攻，后者适合于防御。优越的方式是那被贯彻得最好的方式。 542

i. 同样不可能说出另一对反差的两要素孰优孰劣。一支较强的兵力经得起延展自身。因而，它将在多方面确立一种便利的战略态势，使部队省却不必要的努力。较弱的那方必须保持较紧密的集中，并且依靠机动性弥补由此而来的种种不利。这较大的机动性以较强的行军能力为前提。因此，较弱的那方必须更加奋力，肉体上和精神上都如此。当然，此乃必不可免的结论，倘若我们的论辩首尾连贯，始终如一；事实上，这简直可被认为是它的恰当的检验。弗雷德里克在1759和1760年对道恩的战役、在1761年对劳东的战役，还有蒙泰库科利①在1673和1675年对蒂雷纳的战役，历来总是被认作这种方式的最辉煌的范例，而我们的看法大致以它们为依据。

j. 正如必须避免误用两对既定反差的四个因素、避不以此去制作误导性的规则和格言那样，一个人应当提防，不要赋予诸如基地线、地形等等其他一般境况更大的重要性和决定性影响，大过它们拥有的。所攸关的利害越小，即刻情势的种种细节的重要性就越大；较广泛较普遍的因素淡入背景之中，其规模就眼前问题而言在某种程度上太大。宽泛地说，难道能有一种境况比蒂雷纳在1675年的更反常？他背靠附近的莱茵河布阵，延展15英里，用于他后撤的桥梁在他的最右翼。尽管如此，他的布阵依然奏效，而且一向被正确地认作是表现了高度的

① 见本书第743页注①。——中译者注

> 技巧和判断力。然而，只有在注意到种种细节和按照它们在每一个别场合的价值去认识它们的时候，才能充分理解这高度的成功和技巧。

因而我们确信，就谋略而言，不存在任何种类的规则，而且没有任何方法或一般原理能确定行动的价值；宁可说，在种种最独特、最细致的境况中，高超的应用、准确性、程序、纪律和勇敢无畏[①]将觅得获取明显优势的办法。正是大致依赖这些素质，才有此类较量中的胜利。

① 在此，英译文为fear（畏惧），然而《战争论》1873年格雷厄姆英译本译作intrepidity（勇敢无畏），现遵从后者。——中译者注

第 14 章　进攻沼泽、洪区和森林

543 沼泽——只能靠几条羊肠小径穿越的极难通行的湿地——给进攻者造成了若干难题，像在防御标题下已被说明的那样。它们太广阔，以致我们无法用炮火将敌人逐出对岸，也无法建造我们自己的跨越手段。在战略上，结果是规避进攻沼泽地，试图绕过它们。在乡土经那么密集的耕种——如在许多低洼地区——以致有无数通行办法的地方，防御者的抵抗仍可以相对强劲；然而，对一场彻底的决战来说，它将弱得多，因而不适当。相反，如果低洼地区能靠洪水设防，像在荷兰那样，那么抵抗就能臻于绝对，任何进攻因而都注定要失败。这 1672 年时在荷兰显示出来。在泛洪区以外的每座要塞都被法国人夺取和占领之后，他们仍有 5 万人省下来可用；可是，先在孔代而后在卢森堡麾下，他们一直未能突破泛洪区，虽然仅有 2 万人守卫它。诚然，1787 年不伦瑞克公爵麾下普鲁士对荷兰人的战役显示了相反的结果：依靠仅仅稍多的兵员数量，并以无足轻重的兵力损失，就强行占取了防线。然而，所以如此的原因能被归诸于一个事实，即防御者因政治纠纷而分裂，同时缺乏统一指挥。可是，没有什么比这更肯定：战役成功——穿经最后泛洪防线进抵阿姆斯特丹城门——取决于如此精微的一点，以致不可能从它抽取出一个结论。这精微的一点就是哈勒姆

湖，被留作不予设防。在那里，公爵能绕过防线，从后方迫近在阿姆塞尔冯的据点。假如荷兰人在哈勒姆湖有几艘舰船，那么公爵本来决不会抵达阿姆斯特丹，因为其力已属强弩之末。我们在此不关心这可能对和约的缔结有什么影响，然而肯定，将不可能有关于突破最后泛洪防线的任何进一步疑问。

冬季当然是这种防御手段的天敌，正如法国人在 1794 至 1795 年表明的那样；然而，它必须是个**酷寒的**冬季。

如前所述，很难穿越的森林对防御来说是另一项强有力的资产。如果它们不太稠密，进攻者就能经若干邻道穿越它们，抵达一个较有利的地区。各单个阵位的战术力不会大，因为一片森林决不能像一片沼泽或一条河流那般，被认作同样极难通行的。另一方面，在俄国和波兰，许多大片地带差不多完全被森林覆盖；如果进攻者不是强得足以抵达远边，他就将陷于一种极困难的境况。一个人只需回想起他不得不费力对付的种种补给难题。更有甚者，在森林深处，他将几乎无法用自己的兵力数量优势去令无所不在的敌人心怀敬畏。这无疑是一个进攻者能够发觉自己处于其中的最糟境况之一。

第 15 章　进攻战区：追求决胜

545 这个问题的大多数方面已在第六篇“防御”里被触及，它对进攻这论题提供了足够的启示。

无论如何，一个独立自给的战区这概念更密切地与防御而非进攻相连。一些突出的问题，例如**进攻目的**和**胜利的有效范围**，已在第六篇里被谈论过，而且只有联系战争规划这论题，进攻的真正基本和本质的特性才能得到说明。可是，仍有够多的留待在此提出，我们将再度通过谈论一场意在强求一决胜负的战役来开始。

1. 一场进攻的直接目的是胜利。只有依靠他的优势兵力，进攻者才能抵消因其阵位优越而赋予防御者的所有好处，同时可能还依靠一项有限的利好，那是他的军队由于知道自己处在进攻和推进一方而获得的。通常，这后一点被估计得太过分：它短命，抗不住严重困难的考验。自然，我们假定防御者会像进攻者一样明智和正确地行事。我们这么说，是为了排除某些关于突击和奇袭的含糊观念，它们通常被认作胜利的丰饶源泉。只有在种种例外情势下，它们才会是这样的源泉。真正的战略意外的性质，我们已在别处谈论过。

如果一场进攻缺乏物质优势，它就必须有精神优势，以弥补它内在固有的羸弱。在甚至缺乏精神优势的场合，进攻便毫无意义，

因为无法期望成功。

2. 审慎是防御的灵魂，勇气和信心则是进攻的灵魂。不是说两种方式之中的每一种能在两类特性俱缺的情况下成事，而是说每一种与其中一类有更强的连带关系。毕竟，这些特性所以必需，只因为军事行动并非数学构建，它不得不摸黑操作，或至多在微光下操作。必须信赖向导，其素质最适合我们的目的。防御者士气越低落，进攻者就应当越大胆。

3. 胜利事先设定有两支主力之间的一场碰撞。这给进攻者带来的不确定性较小。他的任务是正对防御者，其阵位通常已知。另一方面，在我们对防御的讨论中，我们论辩说如果防御者选择了一个糟糕的阵位，进攻者就不应将他搜寻出来，因为防御者在这场合反倒会将**他**搜寻出来，而且他因此将有乘其不备打击防御者之 546
利。在此情况下，一切都将取决于首要道路与其总方向。这一点未在前一篇里谈论过，而是被留待本章。因此，我们现在必须来审视它。

4. 一场进攻的可能目标，连同因此而来**胜利的目的**，已经谈论过。如果这些位于我们打算进攻的战区之内，而且也在胜利的大概范围之内，那么打击的天然方向将由导向它们的道路决定。然而不应忘记，进攻的目标通常只有随同胜利才取得意义；胜利必须始终与之相联去得到构想。因而，进攻者并非只对抵达目标感兴趣：他必须作为征服者到达那里。因此，他的打击必须不仅针对这目标，而且针对敌人将不得不为抵达它而选取的道路。于是这道路成了第一个目标。如果我们在敌人抵达这目标以前与他相遇，使他与之隔绝，并且首先到达那里，那么胜利能被成就得更完

全。例如，如果进攻的主要目标是敌国首都，而且防御者还未占据一个在它与进攻者之间的阵位，那么倘若后者径直向都城挺进，他就将是在犯错。他会干得较好，如果他打击敌军与其首都之间的交通线，在那里追求将使他直达都城的胜利。

倘若在受胜利影响的区域内没有重大目标，那么头号重要的地方就是与靠得最近的那个重要目标的敌方交通线。因此，每个进攻者都必须自问，他在会战后将如何开发利用他的胜利。要赢得的下一个目标于是将指示他的打击的天然方向。如果防御者已经在他做出了正确选择的那个地区占据了他的新阵位，那么进攻者必须力求在那里令他脱出。如果那阵位太强固，进攻者就须试图绕过它，将出自必需之事变得积极有利。然而，倘若防御者不在他应在之地，进攻者就须自己向那个方向运动。一旦他与防御者处在水平线上——假定后者没有同时作任何侧向运动——他就应立即转向敌方交通线，本着在那里搜寻出他的敌人这恰当目的。如果后者根本未移动，进攻者就须变向，在后部打击他。

在进攻者可以选择的道路中间，主要商业大道最明显，最适合。然而，凡在它们构成一个太大的弯道的地方，应当选取一条较直接、即使较狭窄的道路。大为偏离一条直线的退路总是包含严重风险。

5. 立意大决胜的进攻者没有任何理由分兵。倘若他事实上这么做了，那么通常可以将其归因于一种混乱状态。他的各个纵队不应在任何更宽的战线上挺进，宽过将允许它们同时被投入作战的。倘若敌人分兵，那就更好；在此情况下，小牵制妥当适宜，此
547 乃战略佯攻，旨在维持己方优势。如果进攻者决定为这目的而分

兵，他这么做就颇有正当的理由。

军队分割成若干纵队——这在任何情况下都必不可少——必定是战术进攻中包围敌军的基础条件，而包围是进攻的最自然形态，没有充足的理由就不应被漠视。然而，包围必须是战术性的；与主要一击并行的一场包围是完全浪费兵力。只有在进攻者强得足以全不怀疑结局的情况下，它才能被辩解为正当的。

6. 然而，进攻也需要审慎：进攻者自己有个后方和交通线要保护。这保护在可能情况下由挺进方向构成，也就是说它应当由军队本身自动提供。如果不得不为这个目的分遣部队，从而导致一种兵力转移，它就只能减小打击力效。一支大规模的军队总是在一条至少宽达一日行军路程的前沿上挺进；因而，如果交通线和撤退线不太过分偏离垂直面，那么前沿本身通常就提供一切必需的掩护。

进攻者面前的这类危险能主要通过敌人的特性和境况被估量出来。倘若一切都屈从于迫在眉睫的大决战压力，那么防御者将近乎全无辅助性作战余地，因而进攻者一般不会有大危险。可是，一旦推进结束，进攻者逐渐转向一种防御状态，保护后背就立即有越来越大的紧迫性和重要性。进攻者的后背依其本性，比防御者的后背更易遭受伤害；因而，后者可能针对进攻者的交通线开打，在他转向实际进攻以前许久，甚至当他仍在后撤的时候。

第 16 章　进攻战区:不求决胜

548 1. 即使在决心和兵力将不足以招致一场大决战的地方,一方可能仍想发动一场对一个次要目标的战略进攻。如果这进攻成功,目标被拿到,形势就返回一种歇息和平衡状态。如果在任何严重程度上遭遇困难,挺进就会在一个较早阶段上中止。它然后将要么由随机进攻、要么由纯粹的战略谋略取代。多数战役的性质便是如此。

2. 此类进攻的目标可以是:

a. **一片领土**。它可以提供食物补给、可能的贡赋、对己方自身领土的保护或和谈时的讨价还价筹码。有时,军事荣耀观念也可以起作用,就像它在路易十四治下法国元帅们打的多场战役中不断起的那样。根本区别在于这领土能否被守住。作为通则,这只有在它与己方自身的战区接壤、构成其自然延伸的情况下才有可能。只有这类领土,才能构成和谈桌上的一个讨价还价筹码;所有别的通常是在战役持续期间守住,而后在冬季放弃。

b. **一个重要补给站**。假如它不重要,它就几乎全不会被认作一场攻势的目标,这攻势占据了一整个战役。它本身可以构成防御者的一项损失和进攻者的一项得益;然而,对后者的首要好处在于一个事实,即它将迫使防御者撤出和放弃否则他本将持有的领

土。于是,夺占补给站实际上更多地是个手段,在此所以被列为一项目的,只是因为它是作战的最近的直接目标。

c. **夺取一座要塞**。请读者参见专论夺取要塞的单独一章。从那里展开的论辩显然可见,为何要塞历来总是被人偏爱和最可想望的目标,在**既不**能以敌人彻底失败、**也不**能以夺取其国土的一个重要部分为宗旨的攻势或战役中。因而,容易解释为何在一个像尼德兰那样遍布要塞的国度里,作战目的历来总是夺取这座或那座要塞,最终夺占整个地区**难得浮现为战役目标**。每座要塞都被视作一个各别单位,为其自身的缘故而被珍视。显然,更多的注 549
意力指向作战的便利和容易,甚于指向战地的实际价值。

不过,对任何规模的要塞的围攻总是一项重要作战行动,因为它代价非常高昂,这在并非为重大问题而打的战争中实属重要顾虑。此等围攻战所以必须被包括在一场战略进攻的重大要素中间,原因就在于此。地方越欠重要,围攻的决心越弱,为之作的准备越少,即兴式情调的可能性越大,那么战略目标在重要性上就会越缩减,与之契合的兵力和意图也越薄弱。这样的情况往往以虚拳搏击告终,目的仅在于体面地结束战役:作为进攻者,毕竟必须做点什么。

d. 一场**成功的交战**、**遭遇战**、甚或**会战**,无论是为了战利品,还是可能仅为了荣耀,而且间或只为满足一位将领的野心。任何一个怀疑确有这种情况的人茫然不知军事史。路易十四时代,在法国打的战争中,大多数进攻性会战都属于此类。然而,更重要的是注意到,这些考虑并非没有分量,并非单纯的虚荣冲动:它们对和平有一种非常明确的影响,因而相当直接地导向这目的。军事

荣耀和一支军队及其将领的声望乃是无形地起作用的因素，但它们不断渗入一切军事活动。

诚然，这样的交战基于下述前提：(1)有颇大的胜利前景；(2)如果它们以失败告终，那么被损失掉的并不太多。必须小心，不将这类会战——它们在受限条件下为有限目标而打——混同于因为短缺精神素质而未趁热打铁的胜利。

3. 上述范畴除了最后一个即 d 为例外，全都能在不打重大交战的情况下实现。进攻能为这目的使用的手段缘于防御者在其战区内不得不保护的利益。因而，它们在于以下几项：威胁他的交通线，它们通往补给站、富庶省份、重要城镇或关键点如桥梁、山口等等；占领对防御者来说位置不宜的强固阵位；[1]占领重要城镇、肥沃的农业区或能被诱至揭竿而起的不满地区；或者威胁他的较弱的盟国；等等。如果进攻者设法将交通线破坏到敌人不遭严重损失就无法恢复它们的地步，如果他发兵夺取这些地点，他就将迫使防御者到后部或侧翼去占取另一个阵位，以便掩护它们，即使这意味着放弃较次要的地点。于是，一个区域落得未经掩护，或者一个补给站或要塞落得易受伤害——前者易被攻克而后者易遭围困。大小交战可以由此而来，但它们既不会出于主动寻求，也不会本身
550 被当作目标，而是被当作必要的祸害。它们在规模和重要性上不可能超过一定限度。

4. 防御者方面针对进攻者的交通线作战是一种反应，只有在这些交通线变得很长的情况下，才能发生在一场以重大决胜为目

[1] 第一版在此甚为含糊不清，以致我们遵从第二版的文本。编者注。

的的战争中。然而，这类反应在不求重大决胜的战争中更为恰当。诚然，敌人的交通线难得会很长，但这里的要点是不给他施加严重损害。骚扰他、使他短缺补给往往就够了；而且，交通线在长度上的欠缺某种程度上由能够花费在这类战斗上的持续时间得到弥补。这就是为何对进攻者来说掩护自己的战略侧翼非常重要。如果进攻者与防御者之间形成此类较量或竞争，前者就不得不依靠自己的兵员数量优势去弥补自己的天然不利。如果他的兵力和决心依然足以使他冒险，对一支敌军部队甚或敌军主力作决定性打击，那么笼罩在防御者头顶上的这项威胁依然是他掩护自己的最佳方式。

5. 结尾时，我们必须提到另一项重要优势，它是进攻者在这类战争中享有的：他能够较好地估量敌人的意图和资源，好过防御者会估量他的。预计进攻者将以何等的干劲和大胆去作战，比预计防御者是否在打算作一重大打击要难得多多。在实践中，一般来说，仅是选择防御型战法就必定意味着缺乏主动意愿。此外，准备重大反击与通常防御手段之间的差别显著得多，远超过准备大进攻与准备小进攻之间的。最后，防御者被迫较早布阵，从而将后发制人之利给予进攻者。

第 17 章　进攻要塞

551 我们自然不会从技术角度谈论这个话题。相反，我们将考虑：第一，它的战略目的何在；第二，确定进攻哪座要塞；第三，这围攻战要以何种方式得到掩护。

一座要塞的丧失削弱敌人的防御，特别在它构成这防御的一个紧要部分的情况下。对它的占领给进攻者提供种种不同的裨益：他可以将它用作一个仓库和补给站，以涵盖乡间和他的宿营地，等等。而且，如果进攻最终转为防御，此等要塞就将是它的最有力支撑。战争进展期间要塞与战区之间的这些关系都已被足够地谈论过，在论防御那篇包含的我们关于要塞的讨论中；思考在那里说过的，将给进攻环境下的要塞问题提供必要的启示。

对要塞的进攻是另一例，表明旨在重大决胜的战役大不同于其他种类的战役。在前一场合，夺占一个要塞必须总是被认作一个必要的祸害。胜负未定之际，仅是在无可规避的情况下才会发动一场围攻战。一旦胜负已定，危机就立即消逝，紧张暂告缓解，歇息状态开始，对要塞的占领便将作为巩固征服之举起作用。在此之际，它们通常能被占取而不冒风险，如果不是不做某种努力和没有兵力消耗的话。危机本身期间，围攻一座要塞增大进攻者的困难。显然，没有什么会那么厉害地减少他的兵力，并且因此那么

可能暂时剥夺他的优势的。尽管如此，仍有一场围攻战不可避免的时候，如果进攻要有所进展的话。在这样的场合，一场围攻战应被认作进攻的一种强化。已达到的胜负之决越少，危机就会越深。对这论题的进一步讨论属于论战争规划那篇。

战役目的有限时，一座要塞通常就不是手段，而是目的。它将算作是一项小的、独自的征服地，而且如此将有下列好处：

> 1. 一座要塞是个有被精确界定的边界的小征服地。占取它不要求作重大努力，因而不必担忧遭到挫败。
>
> 2. 它是个在和谈桌上有用的讨价还价筹码。
>
> 3. 围攻战乃是、或至少看起来是进攻的一种强化，同时往往不招致那种由其他攻势推进形态招致的兵力减弱。 552
>
> 4. 围攻战是一种不可能造成灾难的作战方式。

所有这些因素结合起来，使夺占一座或若干座要塞成为有一类战略进攻的常有目的，即无法旨在实现更高目的那类。

如果关于若干座要塞中间哪座要被围攻持有任何疑问，那就应当依据下列原则去做选择：

> a. 这要塞应当容易守住，因而构成和谈桌上一个重要的讨价还价筹码。
>
> b. 如果可用于攻克它的手段有限，那么只有小要塞才能被攻克；实际占领一座小要塞好过不成功地进攻一

座大要塞。

c. 显然，防御工事的强固程度往往与这场所的重要性没有关系。在本来能够进攻一个较虚弱的场所的时候，没有什么能比将自己的努力浪费在一个非常强固但相对无足轻重的场所更愚蠢。

d. 它的武装力——这武装当然包括卫戍部队。如果要塞武装单薄，据守孱弱，那么它自然易被夺占。可是我们必须指出，武装力和卫戍力必定是一座要塞的**重要性**的构成因素：它们是敌人的武装力量的直接组成部分。防御工事并非也在同样程度上如此，因而与夺取一个工事强固的要塞相比，夺取一个卫戍强固的要塞更可能值得为之需要的牺牲。

e. 提供和维持一套随军攻城装备的难易。大多数围攻战因为缺乏装备而失败。最著名的例子是 1712 年欧根亲王围攻兰德勒西厄①和 1758 年弗雷德里克围攻奥尔米茨②。

f. 最后，掩护围攻的难易是个要牢记在心的问题。

有两种根本不同的掩护围攻的方式：一种是围攻部队置身堑壕，即靠建造一条围沟线；另一种是靠一条所谓监察线。第一种已

① 1712 年 7 月，西班牙继承战争末期，奥地利军队统帅欧根亲王麾下约 2 万人猛攻法国北端诺尔省兰德勒西厄要塞，攻而不下，终因法国数万大军赶去解围而败退。——中译者注

② 此役见本书第 659 页注①。——中译者注

经完全过时，尽管它有一项重要长处：使进攻者能够避免被兵力分散削弱，那一般都对他决然不利。可是，他的兵力仍将在其他方面被显著损害：

1. 作为一项通则，一个围绕要塞的阵位要求军队兵力过分延伸。

2. 卫戍部队，加上敌人的解围部队，通常仅构成我们面前的敌方原初兵力；然而，现在它不得不被看作是在我们自己营地内的一支敌军，在其堡垒的保护后面**几乎无可伤害**，或无论如何不可能被打垮；这大大增强了它的潜能。

3. 对一条工事周线的防守将只允许使用绝对方式。朝外，一 553
个环形阵位是能想象的最弱最笨拙的战斗阵形，令一场成功的出击简直全无可能。除了在自己的堑壕内殊死捍卫自己，别无选择。很能设想，这么一种形势可以导致防御力量的减弱远超过四分之一，那是在一个监察军团被分出去的情况下大概能预料的。如果还记住，从弗雷德里克大王那时往后，一向有对所谓攻势（虽然它们在实践中并非总是攻势）的普遍偏好，对机动性和谋略的普遍青睐，还有一种对堑壕的普遍反感，那就不会惊奇围沟线不再时髦。然而，它之削弱战术防守决不是它的唯一弊端；侵入的偏见历来只是与每项弊端一起被列举出来，因为它们紧密相联。基本上，一条围沟线只掩护战区里它围闭的那个区域：其余或多或少被弃给敌人，除了特别分队被部署去掩护的地方。然而，那将等于分兵，而分兵正是一个人试图要避免的。围攻者将不断忧虑和惊恐自身的补给。无论如何，如果军队和它需要的补给大得可观，战场敌军兵力也大得可观，那么只有在类似于尼德兰的条件下，才可能使用围

沟线去保护自身的补给线。那里，星罗棋布并由堑壕网络连起来的一整个要塞体系掩护作战区的其余部分，并且大大缩短了补给线。路易十四以前时期里，军队的移动尚不与战区概念关联。特别在三十年战争中，各国军队难得老是移动，没有敌军靠近时才去对抗任何要塞，它们的补给维持多久就围攻它多久，或者直到敌军靠近前来援救它为止。那时，围沟线足够自然。

将来，它们大概不会经常得到使用，除非在条件近似于上述那些情况的场合，即战场敌军相当羸弱，作战区概念的重要性比不上围攻概念。那样，集中兵力于围攻本身将自然而然，围攻无疑将因而劲头大增。

路易十四治下在康布雷和瓦朗西安的围沟线近乎全然无用：用武力，蒂雷纳从孔代夺得前者，孔代则从蒂雷纳夺得后者。然而仍不应忘记，在无数场合，它们被待以敬畏，甚至在有援救的极紧迫要求和防御将领是个大有胆魄的人的时候。1708 年在里尔，维拉尔[①]不敢攻击在其围沟线里的盟军。1758 年在奥尔米茨，还有1760 年在德累斯顿，弗雷德里克大王虽然没有使用真正的围沟线，但用了本质上相同的一个方式：他用同一支军队去进行围攻和掩护围攻。他这么做，是因为奥地利军队远离奥尔米茨，但他有理由为之后悔，当他在多姆斯塔特丧失了他的运输车队的时候。他
554 1760 年在德累斯顿采用这个方式的原因，在于他瞧不起帝国军队，并且急于夺取该城。

此等围沟线的最后一项弊端，是倘若事情变糟，就更难保全随

① 见本书第 780 页注①。　　中译者注

军攻城装备。如果在远至一两天行军距离的地方遭到决定性失败，围攻就能在敌军抵达以前被解除，然后主要运输车辆甚至可以对敌多得一天行军时间。

说到部署一支监察军，则主要难题在于它应被驻扎得离围攻多远。这问题通常由地形决定，或由攻城军队希望与之保持接触的其他军队或部队单位的位置决定。在多数方面显而易见，相距较远，围攻就得到较可靠的掩护；另一方面，相距较近，近得不过几英里，将允许两支军队能够前去彼此相助。

第 18 章　进攻运输车队

555 进攻或守卫一支运输车队是个战术问题，如果显示它毕竟可行——这只有联系战略需要和战略环境才能表明——并非某种意义上实属必需，那么我们本不应在此就它作任何谈论。我们本可与防御相联较早处理这个论题；然而，它在进攻上更重要，而且就它能说的很少的话可以在此得到概述，既为进攻也为防御。

三四百辆大车组成的一支普通规模的运输车队，不管载运的是什么，将长达两英里；一支大运输车队将更长得多。怎能希望以一小批通常被指派为护卫的人去遮护这么长的车队？在这困难外，还要添上整个车队的笨重，它一路缓慢徐行，并且总是处在到头来陷于混乱的危险之中。不仅如此，每个部分都需要同样程度的遮护，否则在任何部分遭到攻击的情况下，整个车队就会停下来陷入混乱。很可以问，这么一支运输车队的保护和守卫如何根本是可能的？换言之，为何一旦遭到了攻击，并非每支运输车队都被俘获？为何并非每支运输车队都遭到攻击，如果它值得有一支护卫队——也就是说倘若它进至敌人的攻击范围内？历来有种种不同的战术救策被提出来，例如滕佩尔霍夫的极不切合实际的想法，即靠不断停下来重组和再度启动去缩短运输车队，又如沙恩霍斯特的远为合理的方案，即将它们分割成若干纵队。然而，这些对一

个根深蒂固的难题来说,只是有限的治标办法。

解释在于这么一个事实:大多数运输车队由其总的战略情势得到较好的保护,好过敌人可攻击的军队任何其他部分得到的,因而它们的有限防御手段决然更有效。所以如此,是因为运输车队通常在己方军队的后面行进,或至少远离敌方军队。因此,只有次要部队能被分遣出去攻击它们,而这些部队必须依靠强有力的后备保护自己,为的是掩护它们自己的两翼或后部,对付可能突然冒出来的另一支敌兵。此外还有,大车的笨重不灵本身导致难以将它们取走:进攻者通常必须满足于割断挽绳,带走马匹,炸掉弹药车,等等。这将使运输车队停步,并将它甩入混乱,但它不会被实际丧失掉。于是,有一点变得更清楚:运输车队的安全更多地寓于
总的情势,超过寓于其护卫队的守卫能力。然而,如果护卫队实际 556
上决心守卫,不是靠试图保护大车本身,而是靠击破敌人的攻击体系,那么看来对运输车队的一场攻击终究远非容易和可靠,而是相当困难和不定。

还有一个主要问题留待考虑:敌军或其一部分可能报复攻击者的危险,报复办法是以后击败他,作为对攻击行动的惩罚。这一可能性防止了许许多多这样的袭击,而其原因从未被认识。我们将运输车队的安全归功于护卫队,并且惊异如此单薄的设置竟会被给予那么大的敬畏。要把握个中道理,就应回想 1758 年弗雷德里克大王在围攻奥尔米茨之后经波希米亚的著名撤退:他的一半军队被分割成各个分部,为的是护卫四千辆大车组成的运输车队。是什么防止了道恩攻击这庞然巨物?是畏惧,害怕弗雷德里克将以其余军队扑向他,与他打一场他想避免的会战。还有,是什么防

止了始终在运输车队侧翼的劳东较早地攻击它，并以更大的决心攻击它，甚于他在齐施博维茨做了的？是畏惧，害怕他的关节遭敲击。他离他的主力有50英里远，并且被普军隔开。因而，他本人相信处于严重失败的危险之中，如果这位不在忙于应付道恩的国王要以其大部分兵力转而打击他。

只有在一支军队因其战略情势而被迫做出一种不自然的动作时，运输车队才会陷于真正的危险，那就是从侧翼甚或前沿获取它的补给。此时，运输车辆确实成了合适的攻击对象，假定敌人能够腾出必需的兵力。可以在1758年的同一场战役中指出这类作战的彻底成功：在多姆斯塔特俘获运输车队。通往内赛的道路在普军阵位左边延伸；弗雷德里克抽不出部队，因为它们在从事围攻，还有个军团被部署去针对道恩；袭击者无须顾及自己的安全，能够随意攻击运输车队。

当欧根亲王在1712年围攻兰德勒西厄时，他经德南从布香取得补给——也就是说取自他的战略阵位的前沿。人人皆知他在这些艰难条件下为提供掩护而采取的措施，连同他搞得陷于其中的种种困难；结果是形势的完全改变。

因而，我们可以作出结论：进攻一支运输车队虽然战术上看似容易，但战略上不很有利。只是在发生非同寻常的情况即交通线严重暴露时，它才可望有值得的结果。

第 19 章　进攻在宿营地的敌军

在关于防御的那篇里，我们没有谈论这个论题，因为一条宿营 557
线不能被认作是个防御手段。它只是在某一存在状态中的军队，而且据隐意是一支在这状态中作战能力低下的军队。我们在第五篇第 13 章里的讨论局限于论说这一能力。

然而，在进攻背景下，置身宿营地的敌军必须被当作一个单独的论题。首先，这么一场进攻是一项高度特殊的作战行动；还有，它能被认作是一项非常有效的战略动作。我们不是在谈论对单独一个住宿处的攻击，或对住宿在几个村庄里的一小支部队的攻击：那将是一种纯战术事务。我们关心对一支大规模兵力的进攻，它置身于涵盖一个颇为广阔的地区的宿营地。目的不再是袭击一个单独的住宿处，而是阻止敌人有能力集中。

进攻一支置身宿营地的敌军因而是进攻一支分散的军队。如果敌人抵达不了预先安排的集合点，不得不寻求后方更远处的另一个，那么袭击就能被认作是个成功。紧急状态中的这么一个重新部署难得以较低的代价做出，低于费一日行军的，而且通常更久。所涉的地盘损失非同小可，此乃落入进攻者之手的头项好处。

一场这类的袭击可以被设计来影响总的局势，但起初它可以同时影响诸多单个住宿处。无疑，它不会影响它们全体，甚或它们

中间的许许多多，因为那将要求攻方军队的大得多的延展和分散，远超过明智可取的。因而，只有最靠近的住宿处——处在进攻者的进路上的那些——才能被出其不意地拿下；即使这，也将难得完全成功，因为一支规模可观的兵力不大可能做到逼近而不被察觉。然而，这仍是完全不应被漠视的进攻的一个方面；它的结果可被认作这么一种袭击的第二项好处。

第三项好处在于敌人被迫抗击的各自分开的作战行动，在其中他可能遭受更大的损失。毕竟，一支大规模的兵力不是按诸营集合于主要集中地点。它通常首先列队为诸旅、诸师甚至诸军团。此等规模的单位不可能简单地奔赴集结地；相反，如果它们与一个敌方纵队接触，它们就须接受会战。它们当然可能赢，特别在进攻纵队不够强的情况下，但甚至如此，它们也会损失时间，而且——
558 我们几乎无须补充——总的向后移动意味着它们通常不大可能好好利用自己的成功。另一方面，它们可能被击败，而这可能性生来更大，因为它们已无时间组织一场有效的抵抗。因此，如果一场袭击经妥善规划和实施，那么大概这些分开的作战行动可以给进攻者带来重要战利，这些重要战利转过来又可以变成总的结果的各重大部分。

第四项即最后一项好处，并且是整个作战的关键，在于这么一个事实：敌人暂时乱了方寸，士气低落，因而他难得能在他的兵力最终被集合起来的时候使用之。通常，他将不得不让出甚至更多的地盘，并且一般要完全改变他的作战计划。

一场对敌军宿营地的成功奇袭——亦即阻止敌人集合兵力而不先在早先选择了的集结地遭受损失的奇袭——能够获取的典型

酬赏就是如此。然而，取决于种种境况，有多种不同程度的成功：在一个场合，结果可以大有价值，而在另一个场合，结果可以聊胜于无。可是，甚至在作战如此成功、以致有重要结果的时候，它们难得能与一场重大胜利的结果媲美，原因部分在于战利难得那么动人，部分在于心理效果并非相似。

让我们记住结果无非如此；否则一个人可能从这么一种作战行动期望过多，多于它能够提供的。有人将它认作进攻效能的极致，但如我们从这分析和从军事史见到的，根本不是这回事。

最辉煌的奇袭之一，是 1643 年在图特林根，洛林公爵[①]突然猛扑朗佐将军麾下法军宿营地。军团有 16000 余人，损失其指挥将领和 7000 兵众。此乃彻底失败，缘于全无前哨。

1644 年，当蒂雷纳在梅尔根泰姆（法国人称之为马里安达尔）遭到奇袭时，效应亦相当于一场大败。他损失了他麾下 8000 人当中的 3000 人，主要因为他的部队一经集合，他便很错地安排了抵抗时间。因而，不应指靠这类经常性的结果。在这场合，它们更多地缘于战斗指挥错误，而非奇袭本身。蒂雷纳本来很可避免这场作战，在别处与驻在更远宿营地的部队会合。

变得著名的第三场奇袭，是蒂雷纳 1674 年对在阿尔萨斯的盟军阵地的作战，后者属大选帝侯、帝国将军邦尔农菲莱和洛林公爵麾下。战利有限，盟军只损失两三千人，那出自一支五万人的兵力，远不是决定性的。但尽管如此，他们不再觉得能够在阿尔萨斯

① 即查理六世（1604—1675）：世袭洛林公爵，在三十年战争大部分时间里致力于反法，1633 年被迫将其公爵领地首府南锡正式让予法国，然后参加德意志诸邦对法作战，力图收复洛林；三十年战争后仍大致坚持武力抗法，直至去世。——中译者注

促进任何抵抗，于是撤到莱茵河彼岸。这战略性胜利是蒂雷纳想望的一切，但它并非缘于袭击本身。蒂雷纳奇袭的是敌人的计划，而非他的部队；盟军将领中间的分歧和莱茵河的邻近成就了其余。
559 这整个事情实际上值得仔细得多的研究，因为它通常被误解了。

当1741年奈佩尔奇袭在宿营地的国王时，仅有的效果是使弗雷德里克改变前沿，在他的部队完全集合以前打莫尔维茨战役。[1]

1745年，弗雷德里克奇袭在卢萨蒂亚宿营地的洛林公爵[2]时，成功主要归因于袭击最重要的宿营处之一，即亨内尔多夫，在那里奥地利人损失了两千兵众。作为一个总的后果，洛林公爵取道上卢萨蒂亚，撤至波希米亚。然而，这并未阻止他重入易北河左岸的萨克森，因而要不是有克塞尔多夫战役，本不会取得任何重要结果。

1758年，不伦瑞克的斐迪南公爵[3]奇袭在宿营地的法国人。作为一个直接结果，他们损失了几千人，不得不在阿勒尔河后面取阵。心理效应很可能更深远，并且可能对法国人此后撤出整个威斯特伐利亚起了某种影响。

如果想从这些范例抽取出一个关于此类进攻的价值的一般结论，那么只有头两项可被等同于会战胜利。可是，在这些案例中，军团规模小，而且作为当时战争的特征，缺乏前哨是个非常有利的情势。其他四个案例虽然须被算作跻身于此类攻战的最大成功之列，但依据结果评判，显然比不上会战胜利。只有在针对一个意志

---

① 奈佩尔和莫尔维茨战役见本书第412页注①。——中译者注

② 即查理·亚历山大亲王(1712—1780)，见本书第336页注①。——中译者注

③ 见本书第593页注①。——中译者注

薄弱的平庸的敌手时，才能取得总的成功；因而，1741 年针对弗雷德里克时，无此成功可言。

1806 年，普鲁士军队意欲奇袭在弗朗科尼亚的法国人。机会看似良好：波拿巴尚未抵达，法国人广为分散于宿营地。在这些境况下，普鲁士人要是快速和决绝地攻击，就很可以期望将伴着显著损失的法国人逐回莱茵河彼岸。然而，这就是一切。假如他们旨在任何更多的结果，例如在莱茵河彼岸追求其得益，或者取得一种大得足以使法国人在战役其余时间里不重回莱茵河右岸的心理优势，那么他们的估算将缺乏任何现实依据。

1812 年 8 月初，俄国人意欲趁拿破仑大军已在维切布斯克附近暂时停步，从斯摩棱斯克奇袭法军宿营地。然而，计划——对他们来说同样良好——实施之际来临时，他们的勇气不足成事。不仅法军中央部分比他们自己的强一倍，而且法军统帅是世界所曾见过的最决绝果断的将领。无论怎样，丧失几英里本不会解决任何事情；没有足够近的自然障碍可供他们在其上设置一个有利的基地，同时确立一个安全程度过得去的阵位。这不是那种虚弱乏
力地拖到结束的战役，而是由一个决意完全摧垮敌人的进攻者所 560
曾制定的第一项规划。① 因此，要通过对宿营地的一场奇袭获取的种种小利历来不是别的，除了与形势的需要大不相称；它们也不可能弥补兵力和资源的那么大的一个差距。然而，这企图表明，关于作战行动可能成就什么的一种混淆不清的想法能够多么容易地

① 按照第一版给出的 *erste*（第一）一词翻译。然而，随后各版给出的是 *ernste*（严厉的、决绝的）："一个进攻者的决绝的规划"云云。编者注。

导致一项全不正确的应用。

至此，论题一直被当作一个战略谋划对待。然而，它的实施不仅是个战术问题，也部分地属于战略。原因在于，这么一种袭击通常在一个宽度颇大的战线上做出，从事攻击的军队在投入行动以前可能没有、一般也不会有足够的时间去集中。因而，整个事情由诸多各自分隔的交战构成。据此，我们现在打算就一场这类的进攻怎样能最佳地组织起来说几句话。

第一项条件在于，对一条宿营线的进攻要在有一定宽度的战线上做出。此乃唯一方式，据此能实际袭击某些营房，阻断另一些，并且大体上将敌方兵力甩入被想望的混乱状态。种种境况将决定应当使用多少纵队，还有它们应当隔开多远。

第二，诸纵队必须会合于某个被选定的相聚点。敌人终将在某种程度上集中，因而我方部队须做同样的事。如果可能，这个点就应在敌人会合的同一处，或者位于他的撤退线沿途——最好在后者跨越一个自然障碍的地方。

第三，随每个纵队开始与敌接触，它必须以大决心、大胆量和大勇敢与之交战。环境大体上对它有利，凡在这样的地方大胆无不适宜。出于这个原因，每个纵队的司令官都应被给予宽裕的行动自由程度和权威。

第四，用于进攻最先立定据守的敌人部队的战术计划须以迂回其侧翼为目的，因为成功的关键总是分割敌人，孤立每个部分。

第五，各单个纵队必须由所有兵种组成，不应缺乏骑兵。事实上，将后备骑兵分布在它们中间是有利的：设想后备骑兵本身靠它自己能在此类作战中起一种次要作用将是个严重错误。它会在它

抵达的头一个村庄、最小的桥梁或最不重要的灌木丛那里被阻挡下来。

第六，奇袭的性质本身当然禁止一方派遣一支前卫在前头进得很远——虽然这只是到首度近敌为止才成立。一旦战斗已在敌人宿营线打响，实际的出敌不意便已实现。此时，每个纵队都必须尽可能远地往前派遣各支由所有兵种组成的前卫。这些前卫迅速 561
奔进，将能非同小可地加剧敌人的混乱。此乃间或虏获的唯一手段，虏获杂乱散落的辎重大炮、补给单位和特职人员，他们通常尾随突然放弃了宿营地的部队；前卫将成为打乱敌人和切断孤部的最有效手段。

最后，第七，在作战竟以失败告终的场合，必须安排一场撤退，并为军队指定一个集合点。

第20章　牵制

562 在通常用法上，“牵制”这个术语指的是一场对敌方领土的进攻，它将敌军调离主要目标。只有在首要意图是这调离而不是夺占被攻地点的场合，牵制才是一种独特的作战行动。否则，它仍是普通的进攻。

在这样的一场牵制中，当然必须有个进攻目标。只有这目标的价值才能诱使敌人派遣部队去保护它。此外，如果这作战行动作为一场牵制失败了，那么这目标将起到一个补偿作用，补偿为夺占它而耗费的努力。

这些目标可以是要塞、重要补给站、富庶的大城镇(特别是都府城市)、所有种类的贡赋捐税，还有——最后——与心怀不满的敌方臣民的合作。

牵制显然能够有益，但全非一成不变地都如此。有时它们能够实际为害。主要要求在于，敌人当从主作战场所撤离更多兵员，多过被用于牵制的。如果兵员数目彼此相平，那么牵制本身就不再有效，作战就成为仅是一场辅助性进攻。甚至在因为一个重大目标或可用很小的兵力支出获取——例如轻而易举地夺占一个重要要塞——从而要求有一场辅助性进攻的场合，也不应当称之为牵制。还有一类作战行动通常被称作牵制：一国在保卫自己免遭

另一国危害时，遭到第三国进攻；然而，这进攻与普通进攻之间的唯一差别，在于它的方向。没有理由给它一个专名：在理论性讨论中，特殊术语应被留用于称呼特殊物性。

如果小兵力要调离大兵力，那么显然须有特殊境况作为依据。要使一场牵制有效，任意派遣部队到一个先前未经占领的地方是不够的。

设想进攻者决定以一支例如一千人的小兵力袭击战区以外的一个敌区，以便征收贡赋等等，那么敌人当然不能期望靠派出他自己的一千人去制止它：要保持该区不让袭击者夺占，将肯定要用比这更多的兵员。然而可以问，难道防御者不能靠派遣一支同样大的兵力去袭击一个同等的敌区来恢复平衡，而非保护他自己的地盘？的确，如果进攻者要得利，他就必须以保证一点开始，即与他自己的地区相比，在防御者的地区有更多的可被拿走或遭威胁。在这样的场合，甚至相当弱的牵制也不可能不拖住一支大得多的敌方兵力。另一方面，随兵员数目增大，按照这场合的事理好处将 563
减小：五万人能保卫一个相当大的地区，不让它受不仅同等数目而且数目稍大的兵力危害。因此，大规模牵制的价值非常可疑；牵制的规模越大，其余情势就须越有利于它，如果它要有所成功的话。

下列因素可以是有利的：

a. 进攻者能够用于牵制而不调离其主要攻势的兵力。

b. 对敌人有很大重要性的易受伤害的目标。

c. 心怀不满的敌方臣民。

d. 一个富得足以给出大量战争物资的地区。

如果只在一种情况下才试图搞牵制，即它通过这些不同的检验之后可望成功，那么我们将发现有利的机会并不很经常地出现。

另一个重要问题仍待考虑。牵制总是将战争带到一个否则将一直被留下不予触及的地区。那些若非如此本将休眠不动的敌方兵力因而在某种程度上被激活起来。如果敌人的战争规划包含了一支民兵，如果有可用的武器去分配给民众，这就将非常显著。

颇为自然，并且经验常常表明，当一个地区突然遭到威胁但先前完全未做守卫它的准备时，当地可能有的那种能干的官员将动员一切可得的非凡手段去对付危险。新的抵抗手段被创造出来，它们是近似于游击战的手段，能够轻而易举地导致游击战。

在考虑牵制时，这一点应被牢记在心；否则可能是在自掘坟墓。

以 1799 年在荷兰北部和 1809 年在瓦尔黑伦[①]的登陆为例。作为牵制，它们只能靠一个事实去辩解，即英国部队无法以任何别的方式被使用；然而，它们无可否认地导致法国的防御强于先前，恰如在法国本身登陆将导致的。当然，通过威胁法国海岸将大有所获，因为仅这威胁，就会抵消不得不被指派去守卫它的一大支兵力；可是，只有在能够指靠该地区支持反对其政府的情况下，才能

① 岛名，位于荷兰的泽兰省境内些耳得河口。1809 年 7 月 30 日开始，一支近 4 万人的英国部队在此登陆，企图兵援与拿破仑作战的奥地利，并且攻击停泊在附近的法国舰队；然而，由于奥地利在瓦格拉姆战败求和，同时法国舰队驶离港口，此役全然未果，反倒因疫病损失数千人。——中译者注

将武力登陆辩解为合理的。

在一场战争中，一举决胜的可能性越远，做出牵制就越合理——但当然能够期望的得益也越小。这样的牵制只是激发形势使之生变的一种手段。

实施

1. 一项牵制可以包括一场真正的进攻。在此情况下，除了快速和大胆，它的实施不要求任何特性。

2. 然而，它可被谋算得看似更重要，超过它实际上的，从而同 564
时是一场佯攻。为实现这一点而应被使用的确实手段只能由敏锐的头脑决定，伴以对环境和所涉部队的详细知晓。它将必不可免地涉及程度不小的分兵。

3. 如果涉及的兵力并非无足轻重，而且后撤被局限于撤至一定地点，那么维持一支其余兵力能够退靠的后备至关紧要。

第 21 章　入侵

565 　我们就入侵想说的差不多一切，在于这个术语的一项定义。
它常被现代著作家使用——确实甚至带着标示一种特性的味道。
法国人总是在笔谈“入侵战”（*guerre d'invasion*）。他们用这指任
何纵深突入敌方领土的进攻，而且可能的话，他们还想将其含义定
为例行进攻的反面，即与仅仅蚕食边境的进攻相反。然而，此乃不
科学的语言混淆。一场进攻是止于边境，还是突入敌方心腹地带，
它的主要关切是夺取敌方要塞，还是找出敌方抵抗的核心，毫不松
816 懈地攻到底，并非一个取决于形式的问题：它取决于环境。理论至
少不允许任何别的回答。在某些场合，突入一定距离而非停留在
边境近处可能更有条理，甚至更加审慎，然而通常这只是一场有力
的**进攻**的成功结果，因而不能以任何方式与之区分开来。

第 22 章　胜利的顶点①

不可能在每场战争中胜利者都完全打倒敌人。往往，即使胜 566
利也有个顶点。这已被经验充分表明。因为这个问题在军事理论方面特别重要，而且构成大多数战役计划的要旨，也因为它在表面上被种种明显的矛盾扭曲，犹如亮色艳彩的炫目效果，所以我们要更仔细地审视它，找出它的内在逻辑。

胜利通常出自一方的优势，出自物质力和精神力的一个更大总和。这优势肯定被胜利增大，否则它不会被那么渴求，或索取那么高的代价。此乃胜利**本身**的一种自动后果。它的效应发挥类似的影响，然而只进到一点便罢。该点可被迅速抵达——有时迅速得使一场赢了的会战的全部后果可限于仅仅增大心理优势。我们现在打算审视何以如此。

随战争展开，两军不断面对增强其力的某些因素，同时面对削弱其力的其他因素。因而，问题是优势何在。一方力量的每项削减都能被认作对方力量的一项增进。于是，这种双向进程既可见于防御，也可见于进攻。

在一场推进中，主要的增力因素如下：

① 比较上面第 4 和第 5 章，连同第 5 章注。编者注。

1. 防御兵力遭受的损失通常大于进攻兵力。

2. 防御者在诸如弹药库、补给站、桥梁之类固定资产上受损，那是进攻者免受的。

3. 从我们进入其领土的时候开始，防御者便遭受地盘损失，因而资源损失。

4. 进攻者得利于使用其中某些资源；换言之，他能靠损害敌人过活。

5. 敌人丧失其内在凝聚，连同其兵力的所有成分的顺畅运行。

6. 某些盟友弃离防御者。别的转向入侵者。

7. 最后，防御者泄气沮丧，从而一定程度上解除武装。

567 一支入侵军队的减力原因如下：

1. 入侵者不得不围困、攻击或监察敌方要塞；与此同时，防御者如果先前一直在做同样的事，那么现在会将被如此使用的部队添入他的主力。

2. 入侵者进入敌方领土那刻，作战区的性质改变。它成为敌对的。它必须予以驻防，因为入侵者只能在他这么做了的范围内控制它；然而，这给整个机器造成困难，它们将不可避免地削弱它的效能。

3. 入侵者离开他的补给来源，而防御者更靠近他自己的。这导致他的兵力替换方面的延宕。

4. 威胁着防御者的危险会将盟友招来援助他。

5. 最后,处在真正危险之中的防御者作更大努力,胜利者的努力却松弛减弱。

所有这些利好和不利可以共存;它们可谓能够相遇,在相反方向上各行其道。只有最后的相遇才是真正的对极:它们无法绕过对方,因而是彼此排斥的。仅此便足以表明一场胜利可有的无限的效应范围——取决于它们是令输方丧魂落魄还是令其奋起作更大努力。

我们将试图以几项简短的评论,补充说明上述每一点:

1. 紧随其失败,敌人的损失可在最大程度上,然后逐日减小,直至达到敌我力量均等。另一方面,他的损失可以逐日增大。究竟如何全都取决于总的形势和环境方面的差异。一般而言,只能说有一支良好的军队,就更有可能发生前一种情况,而有一支糟糕的军队,则更有可能发生后一种情况。除了部队的精神状态,最重要的因素是政府的精神状态。在战争中,将两者区分开来至关紧要,否则就可能在本应真正着手努力的地方住手不干,反之亦然。

2. 敌人的固定资产损失可能以同样的方式减少或增加,究竟如何取决于他的补给仓库的位置和性质。顺便说,当今这一点不再像别的那么重要。

3. 第三项利好不可能不随愈益推进而愈益增大。

确实可以说，只是在进攻已深入敌方领土的时候——在夺取了三分之一或至少四分之一的时候——它才开始作数。一个进而的因素是一个地区与战争努力相关的内在价值。

4. 第四项利好同样必定随愈益推进而愈益增大。

与这刚说到两点相连，应当指出它们难得直接影响
568 行动中的部队。它们的作用来得缓慢，来得间接。因此，不应依凭它们去作太大的努力，从而将自己置于一种太危险的境地。

5. 同样只是在一支军队推进了一定距离之后，在敌国的构造提供了将某些地区与其余地区隔离开来的时候，第五项利好才开始显现。有如束紧的分枝，它们而后将趋于枯萎。

6 和 7. 无论如何，第六和第七项利好将随推进而增大。我们以后将回过来谈它们。

现在，让我们转到减力原因：

1. 在大多数场合，随愈益推进，将有对要塞的更多围困、攻击和封锁。这本身是那削弱**可得的战斗兵力**，以致可以轻易取消所有别的利好。诚然，在现当代，人们已开始用很少的部队去攻击要塞，用更少的兵员去监察它们，而敌人当然不得不为之找到卫戍部队。尽管如此，要塞依然是个重要的安全要素。卫戍部队的一半通常可出

> 至此没有参战的人构成；然而，仍须将两倍于此的兵力留在自身交通线上的要塞面前；即使单单一个重要场所须予正式围困或以饥饿迫其就范，也将要求有一支小军队。
>
> 2. 第二项减力原因，即在敌方领土内确立一个作战区，当然随愈益推进而愈益增大。它可能不会立即减损部队兵力，但长久下去它将比第一项因素更有效。

那些能当作处于己方作战区内来对待的部分敌方领土仅是实际占领了的，占领办法为在当地留下小部队，在主要城镇驻扎周期性的驻防军，在中继站设置部队单位，等等。这些卫戍部队每支都可以是小规模的，但它们全都减损军队的战斗兵力。然而，此乃最次要部分。

每支军队都有战略两翼，亦即沿其交通线两边的地区；然而，821
由于敌军也有，因而这些几乎不被认作羸弱之源。不过，只有在本国这才成立。一旦在敌人土地上，这羸弱立即就变得显而易见。如果一条漫长的交通线被掩护得很差或全无掩护，那么对它的规模最小的作战也展示出成功希望；而且，在敌国领土上，从任何角落都可能冒出袭击者。

推进得越远，这些侧翼就变得越长，它们代表的风险也将越大。不仅它们难以得到掩护，而且未加保护的交通线的长度本身也趋于挑战敌人的干劲；更有甚者，撤退情况下它们的丧失能够造成的后果确实非常严重。

这一切都助成一点，即一支挺进中的军队每迈出一步就背上一个新负担；因而，除非它始于格外大的优势，它就将发觉自己的

行动自由逐渐缩小，它的进攻力愈益减弱。到头来，它将缺乏自信，就自己的处境神经紧张，情绪不安。

> 3. 第三项因素，即离开须给这越来越弱的军队不断输送替换的来源有多远，将随推进而成比例地增大。在这个方面，一支征服军有如一盏油灯的灯光，随燃油减少，并且离灯芯渐远，灯光就越暗，直到最后完全熄灭。

诚然，被征服地区的财富可以缓解这个问题，但永不能全然取消它。总是有必须从本土供给的东西——特别是人员。一般而言，与出自本国的相比，出自敌国的交送既不那么迅捷，也不那么可靠。在紧急事态中，援助要费较长时间抵达，同时所有各类误解和犯错不可能那么迅速地被发现和纠正。

如果一位君主不亲自指挥他的部队，像在晚近的战争中已变得惯常的那样，如果他不再轻易到场，那么由于传送信息涉及的时间损失，就出现了一种新的和非常严重的障碍。即使赋予一位司令官的最宽泛的权力，也不足以应对可以出自其行动领域的每项不测事件。

> 4. 政治组合的改变。如果说这些出自其胜利的变化很可能不利于胜利者，那么它们大概会与其推进成正比而愈益如此——如果它们对他有利则情况亦然。究竟如何全都取决于现有的政治联系、利益、传统、政策方针，还有君主、大臣、宠佞、情妇等等的脾性。能做的唯一概

> 评，是在一个有较小盟友的大国失败后，这些盟友会迅速离弃它们的魁首。在这方面，胜利者将由此随每项打击而得力。另一方面，倘若被击败的国家较小，那么保护者将快得多地出现，要是它的存在本身遭受威胁的话。其他本可能落井下石危害它的国家将抽身而去，倘若它们认为这胜利正在变得太大。
>
> 5. 在敌人那里兴起的更强烈抵抗。有时，丧魂落魄，惊恐万分，敌人可能放下武器；然而别的时候，他可能突发激情，热血沸腾，于是普遍疾起武装，抵抗在首次战败后远比先前强烈。必须由以揣测大概反映的信息包括民众和政府的特性、国家的性质以及它的政治联系。

仅最后两点就能造成极大的差异，导致为了将两个可能性之中任一个考虑进来而在战时能够和必须制订的规划有天壤之别。一个人可能因为胆怯和墨守所谓正统常规而丧失最佳机会，另一 570
个人却会不加考虑，先一头扎入水中，最后看似迷乱不堪，全然意外，好像他刚从水中被拖捞出来。

不仅如此，还应当意识到努力松懈，事劲衰减，那在胜者方面并非罕见，在危险已被克服之后，还有相反在为胜上加胜而要求作出新努力的时候。如果我们全面概览这些不同的对立的原理，那么我们无疑将断定，利用胜利、在一场进攻性战役中继续推进通常将吞噬优势——凭此开始的或靠胜利取得的优势。

在这点上，我们必定会问：如果这一切全都真确，那么为何胜者坚持走其胜利之道，坚持推进其攻势？是否真的仍能称之为“胜

利的顶点”？他难道不会干得更好，即在他开始失去优势以前就止步不前？

显而易见的答案在于，优势兵力不是目的，而只是手段。目的在于打得敌人屈膝就范，或至少剥夺他的某些领土，后一种情况下的要旨并非改善当前的军事处境，而是改善己方在战争与和谈中的总前景。即使试图彻底摧垮敌人，也必须接受一个事实，那就是得手的每一步都可能削弱自己的优势——虽然它并不因此一定须在敌人投降以前落到零点。敌人可能在早些时候这么做，而且倘若这能以己方的最后一点优势去实现，那么不使用它就将是个错误。

于是，一方在战争中拥有或取得的优势只是手段而非目的；必须为胜利的缘故拿它冒险。然而，一定要知道它能被持有到什么地步，为的是不做得过分；否则将自招耻辱，而非获取新利。

丧失优势正是以此方式影响一场战略进攻，而为了证明这一点，不需要援引史例。确实，这样的例子发生得如此频繁，以致我们已觉得必须探究它们的深层原因。只是随波拿巴兴起，才有了文明国家之间的一种战役，在其中优势总是导致敌人崩溃。在他的时代以前，每场战役皆以胜方试图达到一种平衡状态结束，在其中它能维持自己。到了这一点，胜利便止步不前，甚至可能要求一场后撤。这胜利的顶点必定重现于每一场军事目的达不到摧垮敌人的未来战争，而大多数战争大概都将如此。因此，所有战役规划的自然目的都是要达到一个点，即进攻转变为防御的转折点。

如果要超过这个点，这就不仅是一种**无用的**努力，不可能胜上加胜。它事实上还将是一种**有害的**努力，将导致反作用；经验前来

表明，这样的反作用通常有大得全然不成比例的效应。这是一种 571
如此普遍的经验，而且显得如此自然和易于理解，以致不需费劲探究它的种种原因。主要原因始终是在新近征服的领土内缺乏组织，连同一种心理效应，出自所受严重损失与历来所盼成功之间的十足反差。士气的两极端之间有一种非常活跃的互动：一端是往往接近鲁莽的勇气，另一端则是泄气沮丧。结果，撤退期间损失将更严重，而且倘若必须仅牺牲被征服领土而非祖国土地，那么通常能喜悦不已，额手称庆。

在此，我们必须消除一个明显的前后矛盾。

这矛盾基于一个假定，即只要一场进攻在进展，就必定仍有进攻方的某种优势；不仅如此，由于防御（更有效的战争形态）必定始于推进终止之际，因而一方可能并不真正处在不知不觉地变为弱方的很大危险之中。然而，这就是所发生的；历史逼得我们承认，受挫的风险往往不达到顶点，直至进攻失去势头、正在转变为防御的那刻为止。我们必须探寻原因。

我已归于战争的防御形态的那种优势依据以下因素：

1. 利用地形。
2. 拥有一个经组织的作战区。
3. 民众支持。
4. 享有作为等待方的好处。

显然，这些因素不会处处都被见到以同样的强度存在，或总是同等有效地存在。因而，一种防御不与另一种完全相像，防御也不

总是享有同等程度的对进攻的优势。在一场紧随攻势力竭气衰而来的防御中，情况尤其如此，其作战区位于深深突入敌对领土的进攻楔子的尖端。只有上面列举的四项因素中的第一项，即利用地形，才会在这么一场防御中保持不变；第二项因素通常被取消，第三项反过来起作用，而第四项的强度被大大减小。对这最后一点做一两句解释可能有益。

在一种想象的均衡中，整场战役可能往往无果而终，因为应当采取主动的那方没有决心。在我们看来，能够等待敌人动手所以是个有利条件，原因就在于此。然而，如果一项进攻行动倾覆这均衡，损害敌人的利益，迫使他要采取行动，他就远不那么可能照旧无所作为，犹豫不决。一场防御在被占领土上开始时，与它始于在本国领土相比有大得多的挑衅性；它可以说感染上了进攻病毒，这就削弱了它的基本特性。在西里西亚和萨克森，道恩送给了弗雷德里克一段平静时期，那是他决不会在波希米亚允许的。

572 因此显然，一场攻势框架中着手进行的防御在其所有关键要素上都被削弱。它将因而不再拥有基本上属于它的优势。

正如没有任何防御战役仅由防御要素构成，没有任何进攻战役纯由进攻要素构成。除了每场战役中短暂的间歇，其间双方都处于守势，每场不导致和平的进攻都必定作为一场防御告终。

因而，是防御本身削弱了进攻。这远非无用的诡辩，我们将它认作是这么一种进攻的最大不利：一方最终被留在一个极棘手的防御位置上的进攻。

这将解释进攻与防御作为战争形态，其初始效能之间的差异为何逐渐减小。我们现在打算显示这差异怎能一度全然消失，并

且完全自我颠倒。

如果我们可用一个源于自然的类比，那么我们能够更加简洁。每个物质力要变得有效，都需要时间。一个力，倘若温柔和逐渐地施加，就足以制止一个运动体，但若没有足够的时间让它作用，就会被这运动体克服。这项自然法则提供了一个贴切的意象，例解了我们自身心理的许多特性。我们的思考链一旦在一个确定的方向上启动，许多否则本将基本适合的理由就会没有能力偏转它或制止它。需要时间、平静和对意识的持续影响。战争中的情况也是一样。一旦心灵在一个确定的进程上朝着它的目的启动，或一旦它已往回转向一个庇护所，就可以轻而易举地发生一种情况：本将迫使一个人止步或给另一个人提供正当行事理由的论辩不会轻而易举地被充分认同。与此同时，行动继续下去，一个人被动能席卷，并不知晓地跨过均衡门槛，即高潮线。甚至有可能，进攻者由进攻特有的心理力强化刺激，尽管自己精疲力竭。却发觉继续进攻与止步不前相比不那么难——犹如驮重物上坡的一匹马。我们认为，这并不前后矛盾地显示了一个进攻者怎能做得过头，过了他如果停住并采取防御就仍将有成功——即均衡——机会的关节点。因而，在规划战役时，正确地估算这个点至关重要。否则，一个进攻者可能所取多过他所能管控的，犹如负债似的。如果敌人犯了这个错的话，防御者必须能够认出它，并且充分利用它。

在审视一位将领作决定以前必须掂量的全序列因素的时候，我们定要记住，只有通过考虑多个其他可能性——某些近在眼前而某些相距遥远——他才能估计到那些最重要的因素的方向和价值。他可以说必须**揣测**：揣测会战的开头一击是否将坚定敌人的

决心，强化他的抵抗，或者这抵抗是否会像一个波伦亚长颈瓶似的，一旦表面被划破，就立即粉身碎骨；揣测特定补给来源的耗竭和某些交通线的切断将在敌人那里引发多大程度的衰弱和瘫痪；
573 揣测他已遭受的炽烈伤痛是将使敌人随精疲力竭而崩溃，还是将起他的狂怒，像一头受伤的公牛；揣测其他国家是将被吓住，还是将怒火中烧，还有政治同盟是将解体，还是将形成，连同哪个政治同盟将解体或形成。我们认识到，他必须以自己的慎重判断去猜中这一切以及多得多的事，就像一名射手射中一个目标；此时我们必须承认，这么一种人类思考成就非同小可。成千个导向所有方向的不当弯道引诱他的知觉；而且，倘若种种问题的范围、混淆和复杂性还不足以压倒他，那么危险和责任感可能如此。

大多数将领所以会宁愿远未达到自己的目标就止步不前，而不冒险靠它太近，原因就在于此；那些有大勇气和大干劲的人所以往往会做得过头，从而未能达到自己的目的，原因也在于此。只有能够以有限手段取得伟大结果的人，才真正赢得了成功。

第八篇

战争规划

第1章　导言

在论说战争的性质和目的那章里，我们粗略地勾勒了战争总 577
概念，并且提及战争与其他物质现象和社会现象之间的联系，为的是给我们的谈论一个正确的理论出发点。我们显示了何等多种多样的智识障碍困扰这论题，同时将对它们的仔细探究留到以后；我们断定一切军事行动的大目标是打倒敌人——那意味着摧垮他的武装力量。因而，有可能在接下来一章里表明，会战是战争能够运用的一个仅有的手段。以此，我们希望，一个正确可行的假设已得到确立。

然后，我们一个接一个地审视了战争中发生的种种突出的格局和形势（会战本身除外），试图更精确地估计其中每个的价值，既按照它的固有特征，也按照军事经验。我们还力求剥去通常附着于它们的种种含糊不清的观念，试图绝对清楚地显现摧垮敌人一向最为重要。

我们现在掉头返回作为一个整体的战争，谈论一场战争和战役的规划，那意味着回到第一篇提出的思想。

接下来的几章将处理作为一个整体的战争问题。它们涵盖它的主导的、最重要的方面：纯战略。我们进入这个关键领域——所有其他线条汇聚的中心点，它并非无所不同。确实，大有理由存在

这不同。

一方面，军事操作看来极为简单。最伟大的将领以最朴素和最直接的语言谈论它们；听他们讲述他们如何操控那巨大复杂的装置，一个人会以为唯一重要的是讲述者，以为被称作战争的那整个庞然怪物事实上不过是个人之间的较量，是一类决斗。几个并不复杂的想法似乎说明了他们的决定——否则解释就在于各种不同的情感状态；一个人留有下述印象：伟大统帅以一种轻松、自信和——一个人简直会以为——即兴式的方式处理事情。与此同时，我们能见到有多少因素被卷入其中，必须彼此相较地得到掂量；因果之间可以简直相隔千里，而且可有这些因素能被结合起来
578 的无数方式。理论的功能是将这一切清晰和全面地系统化，使之井然有序，并且追溯每项行动，找到一个充分和强制性的行动原因。当我们思索这一切时，我们被吓倒，害怕自己将被不可抗拒地拖入一种可怕的学究状态，在种种刻板沉闷的概念的地狱里四下搜索，那里从未有任何伟大统帅——连同其毫不费力的“扫视”(*coup d'oeil*)[1]——被见到过。假如那是理论研究能够产生的最佳结果，那么最好根本不要尝试从事这些研究。真正的才子会鄙视它们，它们将很快被遗忘。全都说过和做过之后，优秀将才的本质确实在于统帅的“扫视”(*coup d'oeil*)——他简捷地透视诸事和完全独自地辨识整个战争业务的能力。只有在才智以此全面方式运作的情况下，它才能够取得为支配事件而不是被事件支配所需

① 关于“扫视”(*coup d'oeil*)在克劳塞维茨语境中的确切涵义，见第一篇第3章以及本章接下来的话。——中译者注

的自由。

于是,我们有所不同地重新担负起我们的任务;而且,除非我们坚持走我们最初给自己确定的路径,我们就会失败。理论应当持续不熄照亮一切现象,以致我们能够轻而易举地认出和铲除总是出自无知的杂草;它应当表明一事如何与另一事相连,同时使重要的与不重要的保持分隔。如果各个概念按照自身的逻辑互相结合,构成我们称之为原理的核心真理,如果它们自发地组成一个成为一项规则的模式,那么理论家的任务就是令其清晰分明。

心灵靠漫游于基本概念中间获得和储存的洞察乃是理论能够给出的裨益。理论不能以旨在解决问题的公式去武装心灵,它也不能靠在道两边各树一条原理篱笆去标出那窄道——上面据想置有唯一解决办法的窄道。然而,它能给心灵以洞察力,去透视大量现象及其相互关系,然后让它自由跃入更高的行动领域。那里,心灵能够使用自己种种能干的内在才华,将它们全都结合起来,以便抓住**正确的**和**真实的**,好像它是个单一的想法,由它们的聚合压力形成——好像它是对眼前挑战的一个反应,而不是一项思想产物。

第2章　绝对战争与真实的战争

579 战争规划涵盖一场战争的每个方面，并且将它们全都编织进单独一个操作，而这操作必须有单独一个最终目的，一切特殊目的都被协调在其内。如果心里不首先清楚自己意欲通过战争取得什么，还有意欲如何操作它，那就没有任何人发起战争，或宁可说没有任何人有理由应当这么做。前者是它的政治目的；后者是它的作战目标。此乃主导原则，将确立其方针，规定所需的手段规模和努力大小，并且使其影响通体可感，贯彻始终，往下直至最细微的作战细节。

我们在开头一章说过，军事行动的天然目的是打倒敌人，而对这概念逻辑的严格遵循说到底能够排斥任何其他逻辑。交战双方必定都这么看，因而军事操作势必无法中止，战争行动势必无法结束，直到一方或另一方被彻底击败。

在论作战暂停的那章[①]里，我们显示了战争机器本身固有的诸因素怎样能中断和缓减敌对原理，这原理体现于它的载体即人，体现于合起来构成战争的一切。然而，这缓减过程仍完全不足以弥合战争的纯概念与战争一般采取的具体形式之间的鸿沟。大多

① 第三篇第16章。编者注。

数战争犹如双方狂怒的一阵突然发作，其时每一方拿起武器，为的是保卫自己，吓倒其对手，并且间或给他一记实际打击。一般不发生两个彼此摧毁性的单体猛烈碰撞的情况，而是两个暂时隔开的单体之间的紧张状态，它们在断断续续的小撞击中释放能量。

然而，这不导体中介、这阻止完全释放的隔障究竟是何物？为什么理论概念在实践中不被实现？这里的隔障，是受战争影响的国事之中的无数因素、力量和状况。没有任何逻辑程序能够经其无数扭曲和转折而步步进展，像是连接两个推论的一根简单线条。在这迷宫里，逻辑变得止步不行；那些在大小事务中惯于按照特殊的主导印象或首要感觉而非严密逻辑行事的人，几乎全不明白他们陷身其中的紊乱多变、含糊不清的局势。

控扼全局的人可能实际上已经审视所有这些事情，而未须臾 580
迷失他的目标；可是，其他许多有关者不可能全都达到同样的洞察。反对由此而来，结果需要有某种东西去克服大众的巨大惯性。然而，通常缺乏为此可用的足够活力。

这自相矛盾可见于交战一方或双方，战争所以变成某种颇不同于按照理论它应是的东西——变成某种不连贯和不完全的东西，原因就在于此。

这是它的通常相貌，要不是有一个事实，即我们已经亲眼目睹战争达到了这种绝对完全状态，一个人就可能诧异我们关于战争的绝对性的概念是否还包含丝毫真理。在法国大革命这短暂的前奏之后，波拿巴迅速和无情地将战争带到了这一地步。战争在他手上被全无歇息地打下去，直到敌人屈膝为止，还有以简直相等的力量打出的回击。确实，既自然又无可逃避，这现象应当导致我们

再度转向战争的纯概念,连同它的一切严酷涵义。

那么,我们是否要拿这当作标准,用它去评判一切战争,不管它们可能怎样互不相符?我们是否应当从它演绎出我们的整个理论?问题在于,那是否应当构成仅有的一类战争,或者是否能有其他有效的战争形态。在我们能够就战争规划说出任何明智话以前,我们必须拿定主意。

假如第一种观点对头,那么我们的理论将在每一处都近似于逻辑必然,并将趋于清晰无疑,毫不含糊。然而在此情况下,我们要就战争——亚历山大时代往后一直到波拿巴的所曾打过的一切战争(除开罗马人的某些战役)——说些什么?我们将不得不彻底谴责它们,但倘若我们这么做,我们可能被自己的傲慢吓倒。更糟的是,我们将不得不说尽管有我们的理论,但今后十年里仍可以有别的这类战争,说我们的理论虽然十足符合逻辑,但不会适用于现实。因此,我们必须准备发展我们关于应然的战争的概念,不是依据它的纯定义,而是通过给每一种外在事物留有余地。我们必须容纳天然的惯性,容纳战争各组成部分的一切摩擦,容纳人的所有不连贯、不精确和胆怯;最后,我们还须面对一个事实,即战争和战争形态出自当时流行的种种观念、激情和状况——老实说我们还须承认,即使战争在波拿巴之下达到其绝对状态时,情况依然如此。

如果情况如此,那么我们必须承认,[①]一场战争的起源和它采

① 原英译文为 If this is the case, if we must admit that...(如果情况如此,如果我们必须承认……),显然有误。——中译者注

取的形式并非出自无数相关情势的任何终极效应，而只出自那些恰巧是主导的特性。因此，战争取决于种种可能性和或然性的互动，好运和厄运的互动，而它们是这样的状况：在其中，十足逻辑的推理往往全不起作用，并且始终容易变成最不合适和最笨拙尴尬 581
的智识工具。也因此，战争可以是个程度问题。

理论必须承认这一切；但是，它有责任将优先地位给予战争的绝对形态，并且使这形态成为一个总的参照点，以致想学习理论的人变得惯于始终看到这一点，用它去衡量自己的一切希望和畏惧，并且**在他能够或必须的时候**做到接近它。

一项原理，作为我们的思想和行动的基底，无疑将使它们具有一定的格调和特性，尽管我们的行动的种种直接原因可以有不同的来源，这恰如一位画家赋予其油布的色调由底色决定。

假如普鲁士业已略知失败情况下反响将强得足以倾覆旧欧洲均势，那么它在 1792 年[1]是否会胆敢用 7 万人入侵法国？假如它业已怀疑第一炮将触发一个要将它炸上天的地雷，那么它在 1806 年是否会冒险用 10 万人与法国开战？

① 德语原文为 1798 年，显然是个刊误。编者注。

第3章

一、战争诸要素的互相依赖

582 战争能以两种不同方式得到思考，即按照它的绝对形态或它实际采取的种种不同形态之一去思考，因而来了两种不同的成功概念。

在绝对形态的战争中，一切都出自必然的原因，一项行动迅速影响另一项，没有任何插进来的中性空白——如果我们可以用这个短语的话。由于战争包含大量互动，①由于全部各系列交战严格地说联结在一起，②由于每项胜利都有一个顶点，逾之便是损伤和失败之域，③因而鉴于战争的所有这些固有的特征，我们说算数的只有一个结果，即**最后胜利**。直到那时为止，始终全无决裁，全无赢获，全无损输。在这种形态的战争中，我们必须总是牢记是结局为辛劳加冕。因而，在绝对战争概念内，战争不可分解，它的各组成部分（诸项个别胜利）只在它们与总体的关系中才有价值。

---

① 见第一篇第1章。克劳塞维茨注。

② 见第一篇第2章。克劳塞维茨注。

③ 见第七篇第4和第5章。克劳塞维茨注。

1812年时征服莫斯科和半个俄国对波拿巴全然无用，除非它带来他期望的和平。这些成功只是他的战争规划的一部分；尚缺的是摧垮俄军。假如这成就被添入其余，和平就将如这类事情所曾能够的那般确定无疑。然而，要实现他的规划的这第二部分为时过晚；他的机会已经流逝。于是，成功的阶段不仅付之东流，而且导致灾难。

此乃对战争中诸项成功之间的联系的一种极端观点，与之相反的是另一种观点，并非不那么极端，即认为战争由各自独立、前后彼此无关的成功构成，像是一场由若干项竞技组成的比赛。较先的竞技对较后的全无影响。算数的唯有总分，每项独立的结果给这总分作出自己的贡献。

这两种战争观中间的第一种从对象的性质取得其正当性；第二种则从它的实际历史。发生过无数这样的情况：能赢取一项小利而无沉重的条件附加于它。暴力元素越受节制，这些情况就会越为常见；然而，正如绝对战争从未事实上被达到过，我们也永不会发现一场如下的战争：在其中，第二个概念那么大占上风，以致第一个概念能被全然漠视。如果我们以这两个概念中的第一个为
出发点，那么由此必然引伸出每场战争都须被设想为一个单一的 583
整体，伴随他的第一个动作，将领必定已有一个关于目的的清晰的想法，一切都要汇聚其上。

如果我们从第二个概念出发，我们就会发觉为其自身的缘故追求种种小利、将未来留待未来是正当的。

这两个概念都导致结果，因而理论不能舍弃其中任何一个。理论在应用这两个概念时做下述区分：一切行动都须基于前者，因

为它是根本概念；后者只能被当作由种种环境提供其正当理由的一个变型。

在1742、1744、1757和1758年，当弗雷德里克从西里西亚和萨克森出发作战、将新的矛头猛然戳入奥地利的时候，他很明白它们不可能导致另一项有如西里西亚和萨克森那样的攫取。他并非旨在推翻奥地利帝国，而是要达到一个次级目的，即获取时间和实力。而且，他能够追求这次级目的而全不担心拿他自己的生存冒险。①

然而，当普鲁士在1806年、奥地利在1805和1809年采取一个更有限的目的——将法国人驱至莱茵河彼岸时，如果它们贸然开始，事先未仔细审视成功或失败因为起初的步骤而很可能会招致的、将导致媾和的事态演变全链，那就是愚蠢的。这样的审视不可或缺，既为了确定它们能在多大限度内安然地利用自己的成功，也为了确定怎样和在哪里能抑止住敌人的成功。

对历史的仔细研究表明，这些案例之间的差异何在。在18世纪，在西里西亚战争的岁月里，战争依然只是政府的事情，人民的作用仅为工具。19世纪开始时，各民族大众自己置身于双方中间

① 假如弗雷德里克赢了科林战役，并且因而在布拉格俘获了奥军主力，连同其两位高级将帅，那么他本将确实是个粉碎性打击，以致他很可能想进逼维也纳，摇撼帝国的基础，订立城下之盟般的和约。那本将是就那些岁月来说的一项无与伦比的成功，像拿破仑战争的各场胜利一样伟大，但甚至更加奇异辉煌，因为有普鲁士大卫与奥地利歌利亚之间巨大的规模差异。在科林获胜差不多肯定会使这成功成为可能。然而，这并未推翻在上面做的断言的正确性，它只涉及国王的攻势的初始目的。另一方面，全未准备包围和俘获敌军主力，国王从未想到过它——至少直到奥地利人因为自己在布拉格采取的阵位不当而诱人如此行事为止。克劳塞维茨注。

科林战役和布拉格之围分别见第三篇第8章和本书第389页注①。——中译者注

每一方的天平上。与弗雷德里克大王对阵的将领们奉命行事，这意味着审慎是他们的显著特征之一。然而现在，奥地利人和普鲁士人的对手是——直率地说——战神本身。

战争的这样一种转变可能导致关于它的种种新思维方式。1805、1806 和 1809 年时，人们或许会认识到彻底毁坏成了一种可能——确实它直面瞪着他们。它本可能刺激他们做出不同的努 584
力，争取达到比几个要塞和一个中等规模省份更大的目标。

然而，他们并未足够地改变自己的态势，虽然奥地利和普鲁士的重新武装的程度表明，聚集在政治世界的暴雨云被看到了。他们所以未能如此，是因为战争的转变尚未被历史足够地显露出来。事实上，1805、1806 和 1809 年的各场战役，还有随后的那些，令我们较容易在概念上把握以其全部破坏力发威的现代绝对战争。

因此，理论要求在战争开始时，它的特征和规模应当依据政治或然性得到确定。这些政治或然性越将战争驱向更接近绝对战争的地步，各交战国就被卷得越深和越被拉入它的旋涡中心，它的各个分隔开来的行动之间的联系就越清楚，若不考虑最后步骤就不采取最初步骤的需要也就越属绝对必须。

二、军事目标的规模和需做努力的大小

必须被用来对敌作战的兵力有多大，取决于双方中间每一方 585
的政治要求有怎样的规模。在被得知的范围内，这些要求将表明每一方必须做出什么努力；然而，它们难得被充分得知——这可以是双方为何不在同等程度上奋力的一个原因。

各交战者的情势和状况也不相同。这可以是第二个因素。

恰如各个政府的意志力很不一样，它们的特性和能力亦大相径庭。

这三个考虑引入了种种不确定性，它们使人难以估计要面对的抵抗的大小，并且因此难以估计所需的手段和要确立的目标。

由于在战争中过小的努力不仅能导致失败，而且能造成实在的损害，因而每一方被驱使去超过对方，这就引发了一种互动。

这么一种互动本可导致最大程度努力，假如何为最大程度可被界定的话。然而在此情况下，行动与政治要求之间的全部相称性将丧失净尽：手段将不再符合目的，而且在大多数场合，一种最大程度奋力政策势将失败，因为它将引发的国内问题。

以此方式，交战者再度被驱使采取一种适中的方针。他将依
据不使用更大兵力这一原则行事，同时不给自己确定更大的军事
842 目标，大于足以实现自己的政治目的的。为了将此原则转变为实
践，他必须弃绝在每个既定场合力求绝对成功的需要，而且必须从
自己的估算中撇除种种较遥远的可能性。

于是，在这点上，智识活动离开逻辑和数学这纯科学领域。它因而成了一门最广义的艺术——使用判断力的才能，以辨识巨量的多样事实和情势之中最重要、最具决定性的要素。无疑，不管程度大小，这判断力在于本能地比较所有因素和随附环境；遥远的和次要的被立刻撇除，与此同时最紧迫和最重要的被辨识出来，其速度快于靠十足逻辑的演绎能够做到的。

为了发现我们的资源中须有多少被动员起来用于战争，我们必须首先审视敌我双方的政治目的。我们必须估计敌对国家的实

力和形势。我们必须估计它的政府和人民的特性和能力,并且就我们自己的做同样的事情。最后,我们必须评价其他国家的政治同情,连同战争可能有的对它们的影响。在其一切分支和多样性上估量这些事情显然是一项巨大的任务。对它们的迅速和准确的评估分明要求有一位天才的本能;显然不可能依靠十足条理分明的审视去把握这一切庞杂之事。波拿巴说下面的话的时候颇为正确:在它能够引起的种种代数难题之前,牛顿本人也会胆怯畏缩。

要被衡量的因素的规模和多样,关于要用的恰当尺度的不确定性,必定导致要达到正确的结论更困难得多。我们还应当记住,战争的巨大和独特的重要性虽然不增加问题的复杂性和困难,但确实加大了正确解决的价值。责任和危险并不趋于解放或刺激普通人的心灵——宁可说情况恰好相反;然而,凡在它们解放一个人的判断力和信心的地方,我们就能确信自己见到的是非凡的能力。

于是,一开始我们就必须承认,一场迫在眉睫的战争,它的可能的目的,还有它需要的资源,是只有每项情势都在总体的背景下被审视了的时候才能予以评价的问题,这总体当然也包括各种最为短暂的因素。我们还必须认识到,得出的结论不可能比在战争中得出的其他结论更全然客观,而是将由决策者——统治者、国务家和统帅——的才智和性格特质塑造,不管这些角色是否由单独一个人兼任。

如果我们考虑由其时代和主流状况确定的各个国家和社会的性质,那么对论题的一种更广泛、更理论化的论说或能变得可行。让我们来简短地浏览历史。

半野蛮的鞑靼人,古典时代的共和国,中世纪的封建领主和贸

易城市，18 世纪的国王和统治者，还有 19 世纪的各国人民：全都以各自的特殊方式进行战争，使用不同的方法，追求不同的目的。

鞑靼游牧族寻求新土地。作为一个民族动身出发，带有妇女和儿童，他们在数量上超过任何军队。他们的目的在于征服敌人或驱逐之。假如一个高度文明的民族能与这些方法结为一体，它就能横扫它面前的一切。

唯罗马除外，古典时代的共和国全都规模狭小，而其军队规模更小，因为普通平民（the *plebs*）即人民大众被排除在外。如此众多，又如此互相靠近，这些共和国发觉均势——某种自然律总是会在互不联结的小单位中间确立的均势——构成一个从事宏图大业的障碍。因此，它们将自己的战争限于劫掠农村和夺取少数乡镇，目的是获取对它们的一定程度影响。

587 844 罗马是这通则的一个例外，而且仅在它的后来的时代。以其小群人众，它在多个世纪里一直与各邻邦争斗，以求劫掠物品或缔结同盟。它的成长依靠它缔结的同盟甚于依靠征服，因为邻近各族逐渐与它合并，被同化进一个更大的罗马。只是在这个过程已将罗马的统治扩散到遍布南意大利，它才开始依靠实际征服方式去扩张。迦太基陷落；西班牙和高卢被夺得；希腊被臣服；罗马的统治被扩入亚洲和埃及。罗马在那个时期军力巨大，而它做的努力并非同等巨大。它的军队由它的财富维持。罗马不再像希腊各共和国，甚至也不再忠于它自己的过去。它的情况独一无二。

其自身方式同样独特的是亚历山大的各场战争。依凭他那规模小、然而训练和组织得绝佳的军队，亚历山大粉碎了多个脆弱的亚洲国家。冷酷无情，没有间歇，他穿经极广袤的亚洲原野一直挺

进，直到抵达印度为止。这是没有任何共和国能够做到的事情，只有一位某种意义上是他自己的雇佣军首领（*condottiere*）的国王才能够那么快地实现它。

中世纪的大小君主依凭封建征召进行战争，那限制了作战。一件事如果不能迅速了结就不可能做成。封建军队本身是各诸侯陪臣及其仆众的凑合，部分地靠法理义务、部分地靠自愿联盟被聚合和维持在一起——整个活像一个真正的邦联。武器和战术基于个别战斗，因而不适合大量兵员的有组织的行动。还有，确实国家的内聚力从未有更弱的，或者个人从未那么独立。是这些因素的结合，将独有的特征赋予中世纪战争。它们进行得相当快，不在战场上浪费多少时间；然而，它们的目的通常是惩罚敌人，而非臣服之。当他的牲畜已被赶走、他的城堡已被焚烧时，便能罢兵回家了。

大商业城市和小共和国创建了雇佣军。它们是一种花费大因而规模小的兵力。甚至更小的是它们的战斗价值：显然全无激扬的干劲和绝顶的奋力，战斗一般是装模作样。因而，简言之，仇恨和敌意不再驱使国家自主行事；它们成了谈判的一个要素。战争的风险多有消逝；它的特征全然变样，出自其本性的推论全都不再适用。

封建体制逐渐硬化为界限清晰的领土主权。国家被更紧密地凝聚为一；个人赋役被转变为同类赋税，大多以货币形式，封建征召则被雇佣兵员取代。这转变以雇佣军为媒介。在一段时期里，它们也是较大国家的工具。然而不久，按照短期契约受雇的军人演化为**常设雇佣兵**，国家的武装力量变成了一支常备军，由国库予

以支付。

588 朝着这一目标的缓慢演进自然还带来了这三类军事体制的许多重叠。在法王亨利四世治下，封建征召、雇佣军和一支常备军被并行使用。雇佣军一直存在到三十年战争期间，而且确实它们的微弱残余可见于18世纪。

正如欧洲国家的军事体制特性在不同时代各有不同，它们的所有其他状况也是如此。欧洲在根本上已分解为一大群小国。其中某些是动乱不安的共和国，别的是脆弱不稳的小君主国，其中央权力非常有限。一个这类的国家不能被说成是真正统一的。因此，我们不应当将这么一个国家设想成一个人格化的智能体，按照简单和合乎逻辑的规则行事。

中世纪的政策和战争应当从这观点出发得到考虑。一个人只需想一下，在500年时间里，日耳曼皇帝不断南下进入意大利。这些征伐从未导致对该地区的任何完全的征服；它们也从未打算如此。容易将它们视为一种经久惯常的错误，一种出自那些时代的精神的顽固妄想；然而，倘若将它们归因于一批重要原因，它们是我们可能在智识上吸纳的，但其动能永不会被我们清楚地理解，像实际上颇得与之较量的人们理解得那么清楚。只要最终从这混乱脱颖而出的各大强国还需要时间去巩固和组织自身，它们的大部分实力和能量就注入这个过程。对外战争较少，那些确实发生了的则透露出政治凝聚还不成熟的迹象。

英国人对法国人的各场战争最先凸显。然而，法国当时尚不能被认作是一个真正的君主国——它宁可说是诸公侯领地的一个混合；与此同时，英国虽然表现出较大的统一性，却仍然在颇为厉

害的国内争斗中间依凭封建征召。

路易十一治下，法国迈出了走向内部统一的最大步伐。查理八世治下，它成了一个在意大利的征服国，而在路易十四治下，它的国家和军队达到了一个巅峰。

西班牙的统一在阿拉贡的费迪南治下开始形成。查理五世治下，作为各项有利的联姻的结果，一个巨大的西班牙君主国突然浮现，它由西班牙和勃艮第、德意志和意大利组成。这个庞然大物在凝聚力和内部稳定方面的欠缺由它的财富得到弥补。它的常备军首次碰上法国的。查理五世逊位时，这个庞然大物分裂为两部分——西班牙与奥地利。后者由匈牙利和波希米亚增强，现在兴起为一个大强国，身后拖着有如一个小艇的德意志邦联。

17 世纪末期，即路易十四时代，可被视为史上一个关节点，其时 18 世纪熟悉的那种样式的常备军臻于成熟。这类军事组织基于资金和征募。欧洲各国已达到完全的内部统一。随着其臣民的
军役转变成货币纳税，各国政府的实力现在全系于它们的国库。589
多亏了中央集权的发展和愈益精致的行政管理，与早先时期相比它们的权势甚大。法国将几十万正规军投入战场，其他国家比例于它们各自的人口也能这么做。

国际关系还在其他方面改变了。欧洲现在分成十余个君主国和一小群共和国。可以设想，两个国家能够打一场大仗而无——像在先前时代那样——二十个别国参与。可能的政治组合依然多种多样，但它们可被概述，而且它们在每个既定时刻的或然性能得到评估。

在国内，差不多每个国家都已被简化为专制君主国；各社会等

级的特权和影响已逐渐消逝。行政已变得完全统一，并且在其对外关系中代表国家。政治和军事体制发展成了一种有效的工具，凭此在中央的一个独立意志现在能以一种符合其理论概念的方式进行战争。

不仅如此，在这时代里，出现了三位新亚历山大——古斯塔夫·阿多弗斯、查理十二和弗雷德里克大王。依凭相对有限但高度有效的部队，他们每人都力求将自己的小国转变成一个大君主国，并且击碎了一切反抗。假如他们只是在对付亚洲的帝国，他们就可能更像亚历山大。然而，就他们冒的风险而言，他们不可否认地预示了波拿巴。

可是，如果说战争在力量和有效性方面有了增益，那么它在其他方面遭了减损。

军队从国库得到支付，而国库被统治者差不多当作自己私有的钱包，或至多当作政府而非人民的财产。除了很少数商务，人民不关心与别国的关系，关心它们的只有国库部门或政府。这至少是一般人的态度。一个政府的行为就像它拥有和管理它不断力图扩展的一大地产——居民在其中不被期望显示出任何特殊兴趣的一项努力。鞑靼民众与鞑靼军队是一回事；在古典时代的共和国，还有在中世纪期间，人民（如果我们将此概念限于有公民权的人）依然起了显赫的作用；然而，在18世纪的环境下，人民的作用已被灭绝。人民依旧对战争发挥的唯一影响是一种间接的影响，即通过它的普遍美德或普遍缺陷。

战争因而成了仅是政府的关切，以致到了一个地步，即政府与其人民离异，以它们本身似乎就是国家的方式行事。它们进行战

争的手段变得由它们财库中的金钱构成，加上例如它们能在国内或国外动用的闲置的游资。结果，它们拥有的可用手段被颇好地辨识出来，每一方都能估计对方就兵力数量和时间而言的潜力。战争因而被消除了它的最危险的性质，亦即它奔向极端的趋势，也被消除了接踵而来的整个未知可能性之链。

敌人的现金资源，他的国库储备和信贷，统统被近乎准确地得 590
知；他的战斗部队的规模也是如此。战争爆发时，没有任何大的扩增可行。得知敌人的实力极限，人们就懂得自己尚为安全，不会遭到彻底毁败；而且，明白他们自己的极限，他们就不得不转过来限制自己的目的。免于极端的威胁，就不再有必要奔向极端。必需不再刺激人去这么做，唯有的冲动可以来自勇气和抱负。另一方面，这些受到国家主流状况的强有力制约。即使一位皇家统帅，也须以最小程度风险去使用他的军队。如果这支军队被粉碎，他就无法征集到另一支，军队身后别无一切。这责成了所有作战中的最大审慎。只有在一项决定性裨益似乎可能的情况下，才能使用这宝贵的工具，而将事情带到这一关节点上，乃是最佳将才的一项武艺。然而，只要这还未实现，军事行动就像是在一个真空中胡乱漂移；全无作战理由，每一动能似乎都呆滞无力。侵略者的初始动机逐渐消逝在审慎和犹豫之中。

战争操作于是成了一种真正的竞技，在其中依据时机和偶然事变出牌。就其效果而言，它是一种较强形态的外交，一种更有力的谈判方式，在其中会战和围城战是被互换的主要照会。甚至最富野心的统治者也没有任何更宏大的目的，大过取得一些能在和会上加以利用的优势。

如前所述，这种有限的、受制约的战争方式归因于它依据的狭窄基础。然而，为什么像古斯塔夫·阿多弗斯、查理十二和弗雷德里克大王之类富有才能的统帅和君主，携其素质非凡的军队，竟几乎超不过时代的普通水平？为什么甚至他们也不得不满足于平平的成功？解释在于欧洲均势。早先时代有大量小国，它们中间的任何一个都受阻于诸如位置邻近、家族联系和个人熟交之类直接和具体的因素而不能迅速扩张。可是现在，国家更大，各自的中心相距更远，它们已形成的广泛利益成了限制它们成长的因素。政治关系连同其亲疏好恶变成了一种那么敏感的联结，以致在欧洲不可能有任何大炮轰鸣而每个政府不感到自身利益受影响的。因而，一位新亚历山大需要的不只是他本人的利剑：他还需要一支利笔。即使如此，他的征服也难得广大。

甚至路易十四，虽然立意摧毁欧洲均势，而且到 17 世纪结束时极少受阻于他面临的广泛敌意，也照旧只沿传统界线进行战争。尽管他的军事工具是所有君主中间最大最富的一位拥有的，但其性质无异于他的对手的。

劫掠敌人的国土，将它扫荡一空，已经不再符合时代精神，尽
591 管它在古典时代、鞑靼时期和确实在中世纪起了那么重要的作用。它被正确地认作不必要的野蛮，会诱发报复，而且是一种伤害敌国臣民而非敌国政府的做法——因此是一种无效的、只经久地促成阻碍普遍文明进步的做法。因而，不仅在其手段也在其目的上，战争愈益变得限于战斗兵力本身。各国军队，连同其要塞和有备阵地，开始构成一种国中之国，国内暴力逐渐消逝。

整个欧洲都欣喜这一事态发展。它被视作启蒙的逻辑结果。

这是个错误观念。启蒙决不可能导致首尾不一:像我们先前说过和必须要重申的那样,它决不可能使二加二等于五。尽管如此,这一事态发展仍然施惠于欧洲各民族,虽然不否认它使战争变得更加是各国政府的专务,使之更加疏离在民众利益之外。在那些岁月里,一个侵略者的通常的战争规划是要夺取敌国的一两个省份。防御者的规划只是要阻止他这么做。一场既定的战役的规划在于占领一个敌方要塞,或阻止己方要塞被占。不寻求也不打一场会战,除非它为此目的而必不可免。任何人,倘若仅出于内心的胜利渴望而去打一场并非绝对必需的会战,就被认为是轻率鲁莽。一场战役通常被费在单独一项或至多两项围困上。冬季营地被设定为人人必需。一方的糟糕状况不构成另一方的优势,而且双方几乎不再彼此接触。冬季营地给一场战役的操作设立了严格的限制。

如果兵力过于势均力敌,或更有干劲的一方同时也是两方中间较弱的那方,那就不会打任何会战,也不会围困任何城镇。整个战役旨在保持某些阵位和补给站,连同系统地开发利用某些地区。

只要这是战争的总的风格,只要其暴力以如此严格和明显的方式受到限制,就没有哪个人认为其中有任何不便。相反,它通体显得绝对正确;而且,当18世纪里评判者开始分析战争艺术时,他们探究点点细节,而不大费心于根本。伟大甚而完美透过许多表现被察觉出来,连奥地利陆军元帅道恩①也能被认作是伟大将帅,虽然主要因为他,弗雷德里克大王才完全称心如意,玛丽亚·特蕾

① 见本书第241页注①。——中译者注

莎才目标彻底落空。只是间或，才有某个判断力犀利透彻、或曰具备真正的常理经验的人可能提出，一个人以优势兵力应当取得实在的结果，否则就是在错误地操作战争，连同其一切艺术技巧。

法国大革命爆发时的状况就是如此。奥地利和普鲁士试图以我们叙述过的外交型战争去迎对。它们很快就发觉其不足。以这种常规方式看待事情，人们起初预期只须对付一支被严重削弱了
592 的法军；可是在 1793 年，出现了一支超出所有想象的武力。突然，战争再度成了人民的事业，而那是个为数三千万的人民，他们全都认为自己是公民。我们不需详细探究伴随这项巨大的事态发展的种种境况；我们只须注意与我们的谈论相关的种种效应。人民成了参战者；是民族的全部分量被投入天平，而非前此那样是政府和军队。现在可供使用的资源和努力超过了一切常规限度；现在没有任何东西阻碍依以能进行战争的伟力，结果法国的对手们面临极大的危险。

直到革命战争结束为止，这项创新的效应并未变得显明昭彰或被充分感到。革命骚动尚未不可避免地进往它的最终结局：摧毁欧洲各国君主制。此处彼处，日耳曼军队仍能抵抗它们和阻挡胜利潮流。然而，这一切确实只归因于妨碍了法国人的技能不完善，它们首先显见于普通士兵，然后显见于他们的将领，并且在督政府之下显见于政府本身。

一旦此等不完善被波拿巴纠正，这基于全民族力量的摧垮一切的巨型战车便立即开始了它驰骋欧洲的毁灭进程。它如此自信和确定地行进，以致每逢遭到旧式军队抵御，就决不可能对结果有须臾怀疑。逆动终于到来。西班牙战争自发地成了人民的事业。

1809 年,奥地利政府做出了一项史无前例的努力,动用后备和民兵;它接近成功,远超过奥地利先前一向认为可能的一切。1812 年,俄国效法西班牙和奥地利:它的极为广袤的幅员使得它的种种措施——虽然是姗姗来迟了的措施——能够生效,而且甚至增进了它们的效能。结果辉煌。在德意志,普鲁士首先奋起。它使战争成了人民的事业,以它先前人口的一半,在缺乏金钱和信贷的情况下动员起一支武力,规模之大是它在 1806 年拥有的两倍。德意志其余部分逐渐追随其榜样,而且奥地利也发挥出格外大的干劲,尽管其努力比不上 1809 年的奋斗。结果,1813 和 1814 年,德意志和俄罗斯将大约一百万人投入反法战场——计入所有在这两年战役中战斗和倒下的人们。

在这些境况下,战争以程度大为不同的伟力进行。虽然它并非总是够得上法国人的力度,而且有时甚至以胆怯为显著特征,可 853
是总的来说战役以新的而非旧的方式进行。在仅仅 8 个月时间里,战区从奥得河变到塞纳河。骄傲的巴黎首次低头屈服,可怖的波拿巴沦为阶下囚。

因而,自波拿巴往后,首先在法国人中间,随后在他们的敌人
中间,战争再度变成全体人民的关切,有了全然不同的特征,或者 593
说相当近地趋近于它的真正性质,它的绝对极致。被动员的资源似乎无穷无尽;各国政府与其臣民显示的活力和激情拘束全消。各种不同因素强有力地增进这活力:可得的资源之巨大,奋力机会之丰裕,被普遍激起的情感之深切。战争的唯一目的是打倒对手。不到他趴倒在地,停歇和试图调和对立利益就不被认为是可能的。

战争,不受任何常规制约的羁绊,已经爆发出它的全部原本狂

暴。这归因于各国人民对这些国家大事的新参与；转过来，他们的参与部分地出自法国大革命对每个国家的内部状况的影响，部分地出自法国对每个人造成的危险。

将来会不会总是这样？从现在起，在欧洲的每场战争会不会都以国家的全部资源去进行，因而必定只会就影响全民的重大问题去打？或者，我们是否将重新见到政府和人民之间逐渐分离？这样的问题难以回答，而且我们是最不敢回答的。可是，当我们说下面的话的时候读者会同意，即一旦障碍——那一定意义上仅在于人茫然不知可能之事——被拆倒，它们就不那么容易被重新树立起来。至少在重大利益休戚相关时，互相间的敌意将以同样的方式表现出来，如同它在我们当代表现了的。

在此，我们的历史概览可以结束了。我们的目的不是顺便赋予每个时代几条战争方式原理。我们想表明的是，每个时代有它自己的战争类型，它自己的限制条件，连同它自己的特殊偏见。因此，每个时代会信奉它自己的战争理念，即使依据科学原理解决事情的冲动总是存在并普遍存在。于是，必须按照每个时代的特性去判断它的事态发展。因此，一个人无法理解和鉴赏往昔的统帅，直到他已经置身处地似地知晓他们那时候的情势为止，而这知晓更多地依靠准确评价它的主要的决定性特性，甚于依靠艰辛地探究它的一切细节。

然而，战争虽然由各国及其武装力量的特殊秉性规定，但必定包含某个较一般——确实较普遍——的要素，那是每一位理论家都应当首先关心的。

这个先决条件，这个普遍成立的要素，在有一个时代臻于最强

烈，那就是最近的时代，其时战争暴力达到绝对。然而，战争在性质上将总是如此极度的可能性并不大于另一种可能性，即它已变得享有的宽广天地将再度受到严重限制。因而，一个仅仅论说绝对战争的理论要么必定会漠视战争性质在其中已被外部影响修改了的任何案例，要么不得不将它们全都当作被误解了的东西撇去不谈。那不能是理论追求的。理论的目的在于显示战争实际上是
什么，而不在于表明它的理想性质应当怎样。因而，理论家必须以 594
一种探究、鉴别和分类的眼光去仔细审视一切资料。他必须始终牢记能够导致战争的形势多种多样。如果他确实如此，那么他将以一种能够既容纳时代规定、又容纳眼前形势要求的方式，大体勾勒出它的种种突出性质。

我们于是只能说，一个交战者采取的目的，还有他使用的资源，必定由他自身处境的特性支配；然而，它们也将符合时代精神，符合它的一般特征。最后，它们必定总是受那要从战争本身的性质抽引出来的一般结论支配。

第 4 章　军事目标的更细规定：击败敌人

595 战争的目的应是战争概念本身蕴含的东西——击败敌人。我们将这基本论点取作我们的出发点。

然而，“击败”究竟意味什么？征服敌人的全部领土并非总是必需。假如巴黎在 1792 年已被占取，那么针对法国大革命的战争本将差不多肯定在当时归于结束。甚至不需先已击败各支法军，因为它们在那些日子里并非特别强劲有力。相反，在 1814 年，即
856 使夺占了巴黎也不会完事，假如波拿巴仍有一支规模可观的军队在他身后。然而像事实上那样，他的军队大多已被消灭，1814 年夺占巴黎便解决了一切，1815 年再度如此。同样，假如 1812 年波拿巴在占取莫斯科之前或之后，已经设法在通往卡卢加的道上击垮了多达 12 万人的俄军，就像他 1805 年击垮奥地利人和翌年击垮普鲁士人那样，他占据了俄国首都这事实就很可能已经意味他能媾和，即使仍有极广大的地区未被占领。1805 年时，奥斯特利茨战役是决定性的。占有维也纳和三分之二奥地利领土不足以带来和平。相反，在奥斯特利茨战役后，匈牙利仍完整无缺这事实丝毫未能阻止媾和。需要的最后一击是击败俄军；沙皇手边没有别的军队，这胜利将肯定导致和平。假如 1805 年时俄国军队和奥地

利人一起在多瑙河畔,并且分尝他们的失败,那就几乎不需占取维也纳;本可在林茨强制媾和。同样,完全占领一国可能不够。普鲁士在 1807 年就是如此。当在埃劳取得的胜利并不可靠、对俄国盟友的打击不足以一举定局时,为了取得前一年在奥斯特利茨成就了的战果,弗里德兰战役的决定性胜利就必不可少。

这些事件证明,成功并非只归因于一般缘由。特殊因素——即只有身在现场的人才知晓的各个细节——能够往往是决定性的。还可以有从不变得显而易见的种种精神因素;与此同时,问题可以被种种偶然性和事故决定,它们那么微小,以致在史书上只被描述为轶事趣闻。

理论家在此不得不说的是:一个人必须将交战双方的主要特征牢记在心。从这些特征发展出某个重力中心,所有力能和运动
的枢纽,一切都有赖于它。我们的全部力量应当前去针对的正是 596
这一点。 857

小事总是取决于大事,不重要的总是取决于重要的,非本质的总是取决于本质的。这必须指引我们的路径。

就亚历山大、古斯塔夫·阿多弗斯、查理十二和弗雷德里克大王而言,重力中心就是他们的军队。假如军队已被摧毁,他们就会统统作为败帅留载史册。在陷于内部冲突的国家,重力中心一般是首都。在依赖大国的小国,它通常是其保护国的军队。在同盟中间,它处于利益交合处,而在民众起义中,它是领导者的性格和公众舆论。我们的力量应当前去针对的正是这些。如果敌人已被打得踉跄失衡,就决不可让他获得复原的时间。一而再、再而三的打击必须针对同一个方向:换言之,胜者必须以其全部力量进行打

击，而且并非只打击敌人力量的一小部分。不是靠求易从事，即用优势力量摄取某个省份，宁要确保这小征服而不要夺取大成功，而是靠不断搜寻出它的力量中心，靠无所不敢以求无所不赢，才会真正击败敌人。

然而，无论敌人力量的中心特质——你的努力必须汇聚在它上面的那一点——可能怎样，击败和摧垮它的战斗兵力依旧是开始用武的最佳方式，而且在每个场合都将是战役的一个非常重大的特色。

将我们的评论立于一般经验基础之上，我们认为就击败敌人而言最重要的行动是以下几项：

1. 摧垮他的军队，如果它还意义重大。

2. 夺取他的首都，如果它不仅是行政中心，也是社会活动、职业活动和政治活动的中心。

3. 对他的主要盟友施以有效打击，如果这盟友比他强大有力。

直到现在为止，我们始终假定——像一般可以的那样——敌人只是单独一国。然而，提出击败敌人在于克服集中于它的重力中心的抵抗之后，我们必须放弃这个假定，审视有一个以上敌人要予击败的情况。

如果两个或更多国家联合起来与另一国作对，那么结果在政治上说仍是**单独一场**战争。然而，这政治联合程度各有不同。因而问题在于，每个国家是否在追求一种独立的利益，并且有它自己

的独立的手段去这么做；或者，大多数盟国的利益和兵力是否从属于领导国的利益和兵力。情况越是如此，就会越容易将我们的所有对手视为单独一个实体，因而更容易将我们的主要努力集中到一项大打击中去。如果这还可行，它就会是赢得胜利的最有效手段。

因此，我要将下面一点陈述为一项原理：倘若你能通过击败敌
人之一去战胜你的所有敌人，那么击败该敌必须是战争中的主要 597
目标。我们击打这一个敌人，就是击打整个冲突的重力中心。

很少有不可应用这个观念的场合，在那里要将几个重力中心减为一个是不现实的。每逢不能如此的时候，确实别无选择，只能像是有两场或更多战争那样去行事，其中每场都有它自身的对象。这就设定存在几个独立的敌人，因而存在它们那方面的大优势。当情况如此时，没有可能击败敌人。

我们现在必须更仔细地处理一个问题：何时这目标既可行又正确？

首先，我们的兵力必须足以：

1. 赢得一场对敌军的决定性胜利。
2. 做出必要的努力，以便使我们的胜利进至力量对比全无可能被矫正的地步。

接着，我们必须肯定，我们的政治处境如此安全，以致这成功不会招致新的敌人来反对我们，后者或能迫使我们马上放弃打击我们的最初对手。

法国在 1806 年能够消灭普鲁士，即使这招致俄国以其全力扑向它，因为它能在普鲁士土地上保卫自己抵御俄国人。1808 年时，它能在西班牙针对英国做同样的事情；然而就奥地利而言它不能。到 1809 年，法国已经不得不大量减少它在西班牙的兵力，而且倘若它并未已经对奥地利人享有巨大的精神和物资优势，它本将不得不全然放弃西班牙。

这三个例子需要仔细研究。一国能在一个场合赢得首场决胜，但因为不得不也支付代价而最终输掉它。

在计算武装部队的实力和能力时，类似于动力学，时间容易被当作总体实力的一个因素对待。结果人们假定，一半努力或一半总兵力两年里能够像全部兵力一年里成就的一样多。这个有时分明、有时隐含地基于军事规划的假定完全错误。

如同生活里其他每件事，一场军事行动花费时间。显然，没有
860 哪个能在一周内从维尔纽斯进军到莫斯科；可是在此，没有时间与能量之间那见于动力学的互惠关系的任何踪迹。

交战双方都需要时间；问题只在于双方中间哪一方能够按照自己的形势，预期从它抽取到**特殊的好处**。如果每一方的处境都得到仔细考虑，那么答案将显而易见：能够这样的是较弱的一方。然而，这多亏了心理学法则，而非动力学法则。羡慕、嫉妒、焦虑以及有时甚或慷慨是失败的天然促因。它们会为他赢得新朋友，同
598 时削弱和分裂他的敌人。因而，时间不那么可能利于胜者而非败者。还有一点要记在心里。如我们已在别处表明的，开发利用初胜需要作出大努力。不仅必须作出这努力，而且必须像一座大宅的维护保养那般去维持这努力。征服敌方省份当然能够带来追加

的财富,但它们并不总是足以应付追加的开支。如果它们不足以如此,那么紧张将逐渐加剧,到头来资源可能耗竭。因此,时间足以招致一种独自形成的变更。

波拿巴 1812 年从俄国和波兰攫取的金钱和资源能否装备数十万人?那是他在莫斯科为维持他在那里的地位需要的。

然而,如果被征服的地区足够重要,如果那里有对于仍被敌人掌握的地区来说至关紧要的场所,那么烂疮会像癌症似地自动扩散;而且,如果只有这一情况而无他事发生,征服者就很可能安享纯利。其后只要不来外部援助,仅凭时间就将告成事功,仍然未被征服的地区很可能陷落而不费更多功夫。于是,时间也能变成征服者的一个实力因素;然而,只有在下述条件下才如此,即对他的反攻不再可能,没有任何逆转可以想象——确实是在这个因素不再有价值的时候,因为他的主要目标已被达到,危机高潮过去,敌人简短地说倒地毙命。

这一连串论辩意在显示,没有任何征服能被过快地实施,而且历经一段与完成它所需的最低限度时间相比**较长的时期**去扩展它,就**使之变得更难而非较易**。要是这断言正确,则下述推论就同样正确:倘若一方的总实力大得足以成就一定的征服,那么它必定也拥有一举告成而非分阶段这么做的实力。自然,我们说"分阶段"并不意味着排除小的停顿,那是为重整自己的部队或为行政管理原因所需的。

我们希望已说清楚:在我们看来,一场进攻性战争首先要求一项迅捷快速和不可抗拒的决胜。如果这样,我们就当业已断除了下述**相反**观念的依据,即与依靠连续推进去征服相比,缓慢的、据

称系统的占领较安全较明智。然而尽管如此，甚至那些至此一直跟随我们的人也很可能觉得我们的观点有悖论意味，违反第一印象，违反那像古老成见一般根深蒂固和不断见于书本的种种看法。这使得较详地审视据称的辩驳成为可取的。

当然，抵达一个近处比抵达一个远处容易。可是，如果前者不符合我们的目的，那么一次停顿、一次暂歇不会必然令旅行的后半段变得在任何程度上较易完成。短蹦肯定比长跳容易，但没有任何想越过一条宽沟的人会以跳跃一半宽度开始。

如果审视所谓条理井然的攻势行动依据的种种观念，那么我们通常会发现下列情况：

599 1. 夺取横在你的行进道路上的敌方要塞。

2. 积累你需要的物质储存。

3. 给诸如补给站、桥梁、阵位等等要点修筑防御工事。

4. 在冬季营地和休息营寨里歇息你的部队。

5. 等待下一年的增援。

如果你将一场攻势整个停下来，并且停止前进，为的是保证所有上述事项，那么你据称获得了一个新基地，同时在理论上恢复了你的实力，就像你全国都紧挨在你的身后，军队则每打一场战役就更新一回活力。

所有这些都是值得赞誉的目的，而且无疑它们能够使进攻性战争变得较容易；然而，它们无法使它的结果变得较确定。它们通

常引发将领的懊恼遗憾和政府的动摇不定。我们现在将从下往上审视它们。

1. 等待增援同样有益于对方——如果不是在我们看来更有益于它的话。此外,一国在一年里自然能够征集许多部队,差不多像在两年里征集的一样多,因为第二年里的净增加与总量相较将很少。

2. 当我们歇息我们的部队时,敌人也将歇息他的。

3. 给市镇和阵位修筑防御工事不是军队的事,因而不是中止作战的口实。

4. 鉴于当今部队的补给方式,它们在停歇时比在行进时更需要补给站。只要前推进展适当,敌人的补给就会落到我们手中,弥补在贫瘠地区的任何短缺。

5. 夺取敌人的要塞不等于停止进攻。它是强化挺进的一个手段,而且虽然它引起一番明显的中断,但它不是我们心中想的那类情况:它不包含努力的中止或减小。只有具体情势才能决定正确的做法是一场常规围困,还是一番单纯的军力投入,或只是将某个或别的要塞保持在监察之下。然而,我们能做如下泛评:对这个问题的回答取决于对另一个的回答,即继续推压、只留下一支投入兵力在身后是否将太冒险。如果不是,而且如果你仍有余地部署你的部队,那么正确的方针是推迟一场常规围困,直到所有进攻性运动完成为止。因此,重要的是切勿禁不住想迅速确保你已获得的一切,以防你到头来漏失

> 了某个更重要的东西。
>
> 诚然，这样的进一步推进确实看似危及业已到手的得益。

因而，我们相信作战活动的任何一种中断、停顿或中止都不符
600 合进攻性战争的本性。当它们必不可免时，它们须被认为是必要的恶，使得成功不那么确定而非更有把握。确实，如果我们严守真理，那就必须说在羸弱迫使我们停顿时，再度追求目标通常没有可能；而且，如果它确实证明有可能，那么这表明全无停顿之必要。当一个目标一开头就力所不及时，它将始终如此。

在我们看来，一般情况似乎如此。我们要人注意它，只是希望破除一个观念，即时间本身能替进攻者代劳。然而，政治形势能够逐年改变，仅仅因此，就往往会有这个一般论断不适用的情况。

我们或许显得忘记了自己起初的论题，只考虑进攻性战争，然而并非如此。无疑，一个能有条件追求彻底击败敌人的人将难得诉诸防御，其直接目的在于保住一个人已有的。可是我们必须坚持说，没有一个积极目的的防御既在战略上也在战术上自相矛盾，因而我们必须重申，在其实力的限度内，一名防御者必须总是力求一旦自己获取了防御的好处，就立即转向进攻。因此，在这么一场进攻——它要被视作无论可以有多重要或不重要的防御的真正目的——要追求的结果中间，击败敌人能被包括在内。有这样的形势：其时将领即使胸怀这大目标，也仍宁愿从防御开始。1812 年战争表明，这不是纯抽象。沙皇亚历山大拿起武器时，他可能未曾

梦想自己竟会彻底摧垮敌人,如同到头来他确实做了的那样。然而,难道这想法会荒唐无稽?难道无论如何对俄国人来说,在战争开始时采取守势并非自然而然?

第 5 章　军事目标的更细规定(续)：有限目的

601 在前一章里，我们申说击败敌人——假定这还可能——是军事活动之真正的、根本的目的。我们现在提议考虑，倘若环境排除这可能性，那么能做什么。

击败敌人的先决条件在于拥有物质或精神方面的大优势，或者拥有一种极端进取的精神，一种敢冒严重风险的意向。在这两个条件都不具备时，军事活动的目的只能二者择一：要么夺取一小块或较大一块敌方领土，要么守住己方领土，直到形势好转为止。后者通常是一场防御性战争的目的。

在考虑哪个方针正确时，记住就后者用过的一个说法是恰当的，即**等到形势好转为止**，它假设有理由期望这发生。这前景总是构成一场“等待性战争”即防御性战争的依据。每逢未来给敌人较好的前景，好过给我们提供的，进攻性战争——即利用当下的种种好处——就是可取的。第三种可能性或许最常见，它出现在未来似乎没有给任一方预示任何确定的前景的时候，因而没有提供做出一个决定的任何理由。显然，在此情况下，采取攻势的应是拥有政治主动的一方——亦即持有一个积极目的的一方，它为此目的而发动战争。如果没有站得住脚的理由而损失掉任何时间，那么蒙

受这损失的是主动者。

我们适才为选择进攻性或防御性战争而界定的依据与双方的相对实力无关,尽管一个人可能设想那是主要考虑。然而我们认为,假如它是,那就会导致错误的决定。没有谁能够说我们的简单论辩缺乏逻辑力;但是,它在实践中是否导致荒唐的结论?设想一个小国在与一个强大得多的国家抵牾,并且预料它的地位逐年愈弱。如果战争不可避免,那么难道它不应在自己的地位变得更糟以前利用自己的大部分机会?简言之,它应当进攻——不是因为进攻本身有利(相反它将加大实力差距),而是因为较小的一方利在不待状况恶化就解决争执,或者至少获取某些好处,以便使自己的努力持续下去。没有人能将这认作是个滑稽可笑的论辩。然而,如果这较小的国家相当肯定它的敌人将会进攻,它就能够也应当立足防御,以便赢得头一项好处。靠这么做,它不会因为时间流 602
逝而被置于任何不利境况。 867

同样,设想一个小国与一个大国打仗,而且未来没有预示任何前景去影响任一方的决定。如果政治主动在这小国一边,它就应当采取军事攻势。在有胆魄扮演对抗一个强敌的角色之后,它就必须做某件确定的事情,亦即进攻敌人,除非敌人通过率先进攻迫使它动手。等待将是荒唐的,除非这小国在执行其政策的时刻改变了自己的政治决定。这就是往往发生的情况,部分地解释了为何某些战争的犹豫不决特征令一位研究者困惑莫名。

我们前此一直将军事目的可被修改的可能性当作仅出自国内论辩,而且只在一个范围内考虑政治目的的性质,即它有没有一种积极主动的内涵。从战争本身的观点看,没有任何别的政策成分

是相干的。然而,像我们在第一篇第2章(战争的目的和手段)里论辩的,政治目的的性质、任一方提出的要求的规模以及一方本身的总体政治形势,都是在实践中必然决定性地影响战争操作的因素。因此,我们打算在下一章里给它们特别的注意。

第6章

一、政治目的对军事目标的影响 603

一国可能支持另一国的事业，然而永不会像对待自己的事业那么认真地对待它。一支规模适中的兵力将被派去援助后者，但若形势变坏，作战就被近乎勾销，一国就试图以尽可能小的代价撤出。

在欧洲政治中，各国传统上为互相支持而缔结攻守同盟，尽管不到充分的利益互助和结帮相争的地步。不管战争的目的如何，或敌人用劲的规模如何，它们预先彼此保证提供一支固定和通常适中的兵力。一个缔结这类同盟的国家不认为自己因此就卷入了与任何一国的实际的战争，因为那将需要正式宣战，并且需要一项和约去结束它。然而，即使这也从未被清楚地确定，这方面的做法各有不同。

如果经许诺的分遣部队——1万、2万或3万人——被整个置于盟国的掌控之下，而且后者随意自由使用它，那么事情将变得更简洁，不那么是个理论难题。然而，实际发生的远非如此。附属兵力通常在它自己的司令官的麾下作战；他只依附于他的本国政府，

后者给它规定的目标会像它自己的目的那样含糊不清。

然而，甚至在两国都当真要对第三国打仗的时候，它们也并不总是说“我们须将该国当作我们的共同敌人对待，并且摧垮它，否则我们自己会被摧垮。”远非如此：事情更经常地像个商业交易。鉴于它预期的风险和它希望的红利，每一国会投入大约三四万人，且其行事方式恰如那是它准备损失的一切。

这态度并非下述场合特有，即一国在对它本身不甚重大的问题上给另一国支持。甚至在两国共有一项重大利益时，行动也碍于种种外交保留，同时作为通则，经谈判只保证提供一支规模有限的小分遣军，以便其余兵力能被保持在手，用于政策转变可能要求的任何特殊目的。

这惯常是一个同盟依以运作的普遍方式。只在晚近的时候，出自波拿巴的极端危险，或曰他本人的无限驱动力，才迫使人们以一种自然的方式行事。旧方式乃是一种对半凑合；它不正常，因为
604 战争与和平在本质上不容任何分级。尽管如此，旧方式并非理性可以漠视的纯粹的外交古风，而是一种深深地植根于人类的脆弱和缺陷之中的惯例。

最后，有些战争的进行没有盟国参与；政治考虑同样会强有力地影响它们的操作。

设想，一国只想从敌人取得一个小让步。它只会打到某一有限的报偿已被获取为止，为此做一番不大的努力就足够了。敌人的推理也将大致一样。然而，假设一方或另一方发觉自己误算了，即自己不像先前以为的那样略强于敌人，而是弱于敌人。金钱和别的资源通常正在接近耗竭，而且它的精神冲动不足以激发出更

大的努力。在这么一种情况下，它竭尽所能；它希望前景将会改善，虽然它可能没有理由怀抱这样的希望。与此同时，战争慢慢拖下去，犹如一个头昏眼花、饥肠辘辘的人。

于是，相互打击、战胜敌人的努力、战争的暴力和强制性冲动进程，全都由于缺乏真正的激励而迟钝呆滞。没有哪一方做出超出最低限度的举动，也没有哪一方感到自己遭受严重威胁。

政治目标对战争的这种影响一旦如它必然的那样得到接受，就无可制止；因而，我们还须愿意进行这样的最低限度战争，即**仅仅威胁敌人，随时准备谈判**。

这给任何旨在彻底科学的战争理论提出了一个显而易见的难题。战争概念固有的一切强制规定似乎都分崩离析，它的基础遭到威胁。可是，自然而然的解决很快浮现。随修改性原理在军事操作中取得立足之地，或宁可说，随激励力淡然引退，积极要素逐渐变成了消极要素。战事发生得越来越少，主导原理将不再需要。战争艺术将萎缩为审慎，它的主要关切将是保证微妙脆弱的平衡不致突然倾覆以利敌人，保证半心半意的战争不致终究变成一场真正的战争。

二、战争是政策的工具

至此，我们考虑了战争与每一种别的人类利益——无论是个 605
人的还是社会的——之间的不一致，一种出自人性、因而没有任何哲学能够解决的差别。我们从各个不同角度审视了这种差别，以求它的所有冲突性要素全都不被忽略。现在，我们必须找出统一

性，这些互相矛盾的要素在现实生活里通过部分地互相中和而结合成的统一性。我们本来可能一开始就提出这统一性，要不是必须尽可能清晰地强调矛盾和逐一分别考虑种种不同要素的话。这统一性寓于**一个概念，即战争只是政治活动的一个分支；它在任何意义上都不是自主自动的。**

当然，众所周知战争的唯一来源是政治——各国政府和各民族的交往；可是，容易假定战争中止了这交往，代之以一种全然不同的、只受它本身法则支配的状况。

相反，我们断言战争只是政治交往的一个以其他手段作的继续。我们着意地用一个短语——“以其他手段作的”，因为我们还想清楚地表明，战争本身没有中止政治交往，也没有将它变成某种全然不同的东西。本质上，这交往继续下去，不管它用什么手段。军事事态循以进展和依以受限的主线是政治路线，它在整个战争期间始终延展，一直进入后续的和平。它怎能别样？难道不再交换外交照会时，各民族之间与其政府之间的政治关系便告停止？难道战争不正是它们的想法的另一种表述、另一种形式的演讲或书写？确实，它的语法可以是它自己的，但它的逻辑并非它独有。

倘若如此，战争就不可能被分离出政治生活；每逢这发生在我们的战争思维中，联结这两个要素的许多纽带便被摧毁，我们面前就是某种缺乏目的和全无意义的东西。

即使战争是总体战，十足的敌意要素被释放出来，这个观念也必不可免。起而构成战争和决定其突出性质的所有因素，即每个交战国的实力和盟友、各国人民及其政府的特性等等，在第一篇第1章里列出的一切要素，难道不都是政治的？难道它们不都如此

密切地与政治活动相联，以致不可能将两者分割开来？然而，在研究实际的战争实践时，将这一切牢记在心还更紧要。我们那时将发现，战争不像理论会要求的那样持续不断地迈向绝对。并非完整和自相矛盾，它无法遵循它自身的逻辑，而是不得不被当作其他某个整体的一部分对待；这整体名曰政策。 606

在设法使用战争时，政策规避那出自战争本性的所有严酷的结论，极少就种种终极的可能性费神烦心，只关切直接的或然性。虽然这将一种高度的不确定性导入整个事务，使之转变成一类竞技，但每一国政府都自信能在技艺和敏锐方面胜过对手。

因而，政策将战争的极为毁灭性的要素转变为一种纯粹的工具。它将可怕的重剑——一个人需要用双手和全部体力去挥动、并且以此一举击中要害的重剑——转变成一柄轻便灵巧的轻剑，有时只是一柄花剑，用来戳刺、佯攻和抵挡。

于是，战争将那天然胆怯的生灵即人卷入其中的矛盾得到了解决，如果这是我们选择接受的解决的话。

如果战争是政策的组成部分，那么政策将决定它的特性。随政策变得更具雄心，更为强劲，战争就也将如此，而这可以达到一个地步，在那里战争取得它的绝对形态。如果我们照此去看战争，我们就不需漠视这绝对：相反，我们必须时刻将它牢记在心。

只有在以这种方式去看战争的时候，它的统一性才再度显现出来；只有在那时，我们才能明了一切战争都是性质**相同**之事；而且，只有这才会提供正确的准绳，用以设想和判断宏图大计。

政策当然不会将自己的影响延展到作战细节。政治考虑并不决定设置卫兵或使用巡逻。可是，它们在战争和战役的规划、甚而

往往会战的筹措上更有影响。

正是出于这个原因，我们开始时全无引入这观点的紧迫感。在详细研究阶段，这么做不会有多大帮助，而且可能令人分心。但是，当研究一场战争或战役的规划时，这一观点不可或缺。

在生活中，最重要的莫过于找到观察和判断事态的正确的立足点，然后坚执之。找到一个、并且**只是一个**能够统一地概览所有现象的立足点；而且，只有依靠坚执这立足点，一个人才能避免自相矛盾，首尾不一。

如果战争规划工作不能采取双重或多重的观点，即首先用一种军事眼光，接着用一种行政管理眼光，然后用一种政治眼光，等等，那就出现一个问题：**政策**是否必定要被给予首屈一指的优先地位？

下面一点可被当作共识：政策的目的在于统一和协调国内管理的所有方面，连同精神价值的所有方面，还有道德哲学家们可以费心添上的无论什么别的。当然，政策决非独立物；它只是一国的所有那些相对于别国的利益的受托者。它可能犯错，服务于野心、
607 私利和有权者的虚荣：这不相干。任何意义上战争艺术都不能被认为是政策的导师，在此我们只能将政策当作共同体的所有利益的代表。

因此，仅有的问题在于，当规划战争时，政治观点是否应当让位于单纯军事观点（假如一种单纯军事观点压根可以想象）？也就是说，它是否应当全然消失，或者使自己处于从属地位？换句话说，政治观点是否应当保持支配，而军事观点从属于它？

极难想象战争爆发之际政治观点应当整个不再作数，除非纯

粹的仇恨使得一切战争成为生死拼搏。事实上，如前所述，它们只是政策本身的表现。令政治观点从属于军事观点将荒唐可笑，因为正是政策造就了战争。政策是指导性理智，战争只是工具，而非相反。于是，除了将军事观点从属于政治观点，全无别的选择。

如果我们回忆起实际的战争的性质，如果我们回想上面第 3 章里的论辩——即**任何战争的大概特性和一般样式应当主要依照政治因素和政治状况得到评估**，还有战争应当往往(确实当今一个人或可说**通常**)被设想为一个有机整体，它的各个部分不能被分隔开来，因此每项个别的行动都促进整体，而且它本身源起于中心概念：如果这样，那就完全清楚和十分肯定，从事战争操作的最高立足点，决定其主要行动方针的观点，只能是政策观点。

因而，正是从这观点出发，规划被铸造出来，有如出自一个模子。判断和理解较为容易，较为自然；信念变得更有力，动机变得更确信，历史变得更有意义。

同样从这观点出发，政治利益与军事利益之间不必再出现任何冲突——无论如此不会出自案例的性质；而且，倘若出现的话，它将显示也不过缺乏理解。有人可能认为，政策能够对战争提出战争无法履行的要求；然而，这假设将挑战一个自然的和不可避免的前提，那就是政策懂得它意欲使用的工具。如果政策正确解读了军事事件的进程，它就完全有权决定、并且只有它有权决定哪些事件和趋向最有利于实现战争的目的。

简言之，在最高层次上，战争艺术转为政策——然而是一种通过打仗而非通过送交外交照会实施的政策。

我们现在能够明了如下断言不可接受，且能生害，即一项重大

的军事事态发展或为此制订的规划应是一个**纯军事**意见问题。确实，像许多政府在规划一场战争时做的那样，召唤军人，向他们征询纯**军事建言**，是不明智的。然而，就理论家而言，声称一切可得的军事资源应被置于司令官掌控之中，因而他能依据它们去为一场战争或战役拟订纯军事计划，那就更不明智。在任何场合普通
608 经验都一概表明，尽管有现代战争的很大的多样性和发展，然而它的主要方针仍由各国政府规定；换句话说——如果我们要就此说得严密——仍由一个纯政治的而非军事的机构规定。

应当如此。没有任何为战争所需的重大提议能在茫然不知政治因素的情况下被搞出来；当人们像往往做的那样，谈论对战争操作的有害的政治影响时，他们实际上言不达意。他们的争辩应当针对政策本身，而非针对它的影响。如果政策对头——亦即成功——那么它对战争操作的任何着意的影响都只可能有益。如果它有相反的效应，那么政策本身就是错的。

只有在国务家期望某些军事举措和军事行动产生与其性质格格不入的效应时，政治决定才糟糕地影响作战。有如一个未充分把握一门外语的人有时未能正确地表达自己，国务家同样往往发出有害的命令，害了他们意欲促进的目的。这种情况一次又一次地发生，表明就负责总的政策的那些人来说，对军事事务的一定把握至关紧要。

在继续论说以前，我们必须提防一种很可能有的误解。我们远不相信，一位埋头于他的大量卷宗的陆军大臣、一位饱学博识的工程师、甚或一位富有经验的军人，会单单依据他们的特殊经验，成为最好的政治指导。远非如此。在这岗位上需要的是杰出的才

智和性格力。他总是能以这种或那种方式取得必要的军事信息。法国的军政事务从未落到过更糟的人手里，糟过贝勒岛公爵兄弟[①]和舒瓦瑟尔公爵[②]执掌要津之时——虽然他们都是优秀的军人。

如果战争要充分符合政治目的，政策要充分契合可得的战争手段，那么除非国务家与司令官集于一身，唯一正确的权宜做法就是使总司令成为内阁成员，以便内阁能够参与他的活动的各主要方面。[③] 可是这转过来，只有在内阁——即政府——靠近战区、从

① 贝勒岛公爵：查理・路易・奥古斯特・富科(1684—1761)，路易十四之下多年重臣、财政总监尼古拉・富科的孙子，早年从军，参加过数次重大战争，立有多项军功，亦颇有坎坷；1741 年被授法国元帅衔，1748 年被封为公爵，1757 年出任陆军大臣，三年任内曾从事多项军事改革。其弟路易・查理・阿尔蒙・富科(1693—1747)，亦为军人，并且从事过数项外交使命，晋升至中将，以后在一次战役中因勇武冒失而阵亡。——中译者注

② 舒瓦瑟尔公爵：厄蒂埃纳-弗朗索瓦(1719—1785)，洛林公国一位侯爵的长子，出生即有伯爵封号，后转而效忠法国，在奥地利继承战争中立有军功，1750 年晋升为中将；因得路易十四著名的情妇蓬帕杜尔夫人宠信，先后出任法国驻罗马和维也纳大使；1758 至 1761 年和 1776 至 1780 年两度担任法国外交大臣，对其间的法国全球战略有重要影响，与法国在七年战争中的失败和战后重建法国权势的努力关系甚密。——中译者注

③ 第一版刊作："so bleibt... nur ein gutes Mittel übrig, nämlich den obersten Feldherm zum Mitglied des Kabinets zu machen, damit dasselbe Theil an den Hauptmomenten seines Handelns nehme."在 1853 年面世的第二版内，该句的最后部分被改为："damit er in den wichtigsten Momenten an dessen Beratungen und Beschlüssen teilnehme."在其依据第二版或某个更后版本的 1943 年译本内，O. J. M. 约勒正确地将这改动译为："他可以参加它的会议和它在重要场合的决定。"当然，此乃克劳塞维茨起初意思的反转。通过写总司令必须成为内阁成员，以便内阁能够参与他的活动的各主要方面，克劳塞维茨强调了内阁对军事决定的参与，而非军人对政治决定的参与。

在被引入《战争论》第二版的数百个成为被普遍接受的改动中间，这大概是最重要的改变。编者注。

609 而能够作出决定而不严重耽误时间的情况下才是可行的。这就是奥地利皇帝在1809年和各盟国最高统治者在1813至1815年做了的。这种做法十足有理。

非常危险的是让总司令以外的任何军人在内阁里施展影响。这很难得导致正确的强有力的行动。法国1793至1795年卡诺从巴黎操作战争之例全不适用,因为只有靠一个革命政府,恐怖才可被用作一个武器。

让我们以某些历史观察来结束。

18世纪最后十年里,战争艺术发生了显著变化,最好的军队发觉自己的部分信条变得无能无效,军事胜利的规模大得前此一向无法想象;其时,似乎一切错误都是军事错误。事情变得显而易见,即战争艺术长期惯于局限在一个狭隘的可能性范围内,现在已被处在这范围以外的替代性选择搞得措手不及;然而,这肯定不悖战争本身的性质。

那些视野最宽广的观察家将这局面归因于政策在几个世纪里一直施加的广泛影响,它严重损害了战争艺术,使之变为一种两半混杂的东西,而且往往沦为彻头彻尾的虚假。事实确如他们所见;但是,他们错误地将此视作一个本可避免的偶然的事态发展。另有人认为,一切的关键,在于奥地利、普鲁士、英国和其余国家眼下正在实行的政策的影响。

然而,难道真正的冲击真是军事的而非政治的?用我们论辩的方式来讲,灾难是否起因于政策对战争的影响?或者说,政策本身是否祸源?

显然,法国大革命的巨大国外效应更多地由政策和行政管理

方面的激进变更引起，由政府的新的特性引起，它们改变了法国人民的状况等等，而不那么起因于新的军事方法和概念。别的政府不懂这些变更，希冀以惯常的手段去对抗新的和压倒一切的力量：这些都是政治错误。难道一种关于战争的单纯军事观点会使任何人能觉察出这些弊端并补救之？它不会。即使假设真的有一位富有创见的战略家，能够直接地从各敌对要素的性质推断出全方位的后果，而且依凭这些能够预知它们的最终影响，那也很不可能依据他的推测去行事。

直到国务家们最终认识了已在法国浮现的那些力量的性质，并且把握了眼下在欧洲形成的新的政治状况，他们才能够预见这一切将对战争施加的广泛影响；而且，只是以此方式，他们才能够明了那将不得不予以使用的手段的规模，连同运用它们的最佳途径。

简言之，我们可以说革命胜利二十年主要归因于法国的敌人的错误政策。

诚然，只是在一场场战争——它们令一直寄予它们的所有政 610
治期望统统破灭——的过程中，这些错误才变得分明。然而，麻烦不在于国务家们漠视了军人们的看法。政治家倚赖的军事艺术是一个被他们认为真实的世界的组成部分，即现行治国方略的一个分支，一种多年来一直使用的工具。可是，战争的**那种**形态自然共有政策的错误，因而不可能提供任何救药。诚然，战争本身在特征和方法上经历了种种重要变化，它们已使之更接近其绝对形态。然而，这些变化所以来临，不是因为法国政府可以说解脱了政策的羁绊；它们系由法国大革命既在法国也在整个欧洲造就的新的政

治状况引起，这些状况发动了新手段和新力量，并且从而使得战争中一种否则将无法想象的那么大程度的动能成为可能。

因此，战争艺术的转变出自政治的转变。这些变化远未提示这两者可被彼此分离，相反它们是个强有力的证据，证明它们之间有不可分解的联系。

再说一遍：战争是政策的一个工具。它必然带有政策的特征，并由政策标准度量。战争操作在其大轮廓上因而就是政策本身，后者拔剑代笔，但并未因此停止按照它本身的法则去思考。

第 7 章　有限目的:进攻性战争

甚至在我们不能指望彻底击败敌人的时候,一个直接和积极 611
的目的仍是可能的,亦即占领他的部分领土。

这么一种征服的意义在于减少他的国家资源。我们由此减小了他的作战实力,同时增大了我们自己的。不仅如此,在和平谈判中,我们将有一具体资产在手,既可以保持它,也可以用它交换其他裨益。

这是就被征服领土采取的一个非常自然的看法,唯一的缺陷在于一旦我们占领了这领土就必须守卫它,那可能引起某种焦虑。

在论胜利的顶点那章[1]里,我们以一些篇幅谈论了一场攻势如何削弱进攻兵力,并且显示了这样可能形成一种或能引发严重后果的形势。

夺取敌方领土将以各种不同程度减小我方部队的实力,程度大小取决于被占领土的位置。如果它贴近我们自己的领土——作为我们的领土内的一块飞地或与之毗连——那么它越直接地横亘在我们的主要推进线上,我们的实力就越少受损。七年战争中的萨克森是普鲁士战区的一个自然延伸,弗雷德里克大王对它的占领使其兵力更强而非更弱;因为,萨克森离西里西亚比它离马尔克

---

[1] 第七篇第 5 章。编者注。

近，而且遮护着所有这两个地方。

甚至1740和1741年里对西里西亚的征服一旦完成，也全未令弗雷德里克的实力经受紧张，这是因为它的形状和位置以及它的边境轮廓。只要萨克森不在奥地利手里，西里西亚就只给奥地利提供了一段狭窄的边境，那在任何情况下，都横亘于双方推进时都将不得不走的道路上。

另一方面，如果所占领土成一长条，被驻在两侧的敌人相夹，如果它的位置并非至关紧要，而且它的形状令人尴尬，那么对它的占领将那么显然地变得是个负担，以致使敌人不仅容易取胜，而且不需取胜。每次奥地利人从意大利入侵普罗旺斯，他们都被迫不经一战而放弃它。1744年，法国人多亏上帝允许，让他们未遭一场失败而离开波希米亚。弗雷德里克在1758年发觉无法以同一兵力守住他在波希米亚和摩拉维亚的地盘，这兵力前一年在西里

612 西亚和萨克森战斗得那么辉煌。若论恰因其征服而那么削弱了自身兵力、以致不得不放弃某块被占领土的军队，那么例子大为常见，以致我们不需费心去援引更多。

因而，应否追求这么一种征服的问题取决于能否笃定守住它，或者如果守不住，则取决于暂时的占领（通过入侵或牵制）是否真正值得为之付出作战代价，连同——特别是——是否有遭到强有力反攻和被打得踉跄失衡的风险。在论顶点的那章里，我们强调在每个特定场合有多少因素需要被考虑到。

只剩下一件事还要说。一场这类的进攻并非总是适于弥补在别处的损失。在我们忙于占领一个地区时，敌人可能正在其他某处做同样的事。如果我们的占领举动并非极为重要，他就不会迫

使敌人放弃他自己的征服。因而,必须做透彻的思考,为的是确定相较而言我们是会得还是会失。

一般而言,与从征服敌人领土得利相比,被敌人占领领土趋于损失更多,即使这两个地区的价值竟然相同。原因在于,一整系列资源不能为我们所用。然而,由于这也是敌人的处境,因而它不应当是认为保存比征服重要的一个理由。然而,事情正是如此。保存自己的领土总是一个更直接关切的问题,只有在报复有望带来足够好处的情况下,我们的国家遭受的损害才可能被抵消,或可说被中和。也就是说,得利显著地较大。

由于这一切,一场目的有限的战略进攻承受守卫负担,即守卫这进攻本身将不直接掩护的其他地点,它比倘若进攻敌人力量心脏地带就会承受的负担重得多。其效应在于限制能有的兵力集中规模,既在时间上也在空间上。

若要实现这集中,至少就时间而言,就须立即从每个可行地点发动进攻。可是由此,这进攻便丧失了能够在此处或彼处坚守这另一项好处,从而以一支小得多的兵力去设法应付。持有这么一个有限目的的净结果在于,一切都趋于对消。我们于是无法将自己的所有兵力统统投入单独一场大规模打击,打击按照我们的主要利益确定的目标。努力愈益分散,摩擦处处增长,偶然性获得更大的恣肆余地。

这就是事态发展的趋势,将统帅拖入逆境,令他越来越受挫沮丧。他越是明白自己的力量,自信心越强,指挥的部队规模越大,他就越会力图从这趋势挣脱出来,为的是赋予某一个地点首屈一指的重要性,即使这只有通过冒更大的风险才会成为可能。

第 8 章　有限目的:防御性战争

613 如前所述,一场防御性战争的终极目的决不能是一种绝对否定。甚至极弱的一方也须拥有某种办法去使敌人明白它的存在,拥有某种威胁敌人的手段。

无疑,从理论上说,能靠磨损敌人去追求这目的。他持有积极的目的,任何不成功的作战尽管只耗损参加作战的部队,但有与一场撤退同样的影响。可是,防御者并非徒然受损:他守住了他的地盘,那是他意欲做的一切。因而就防御者而言,或可说他的积极目的就是守住他之所有。那可以是明智的,倘若一定次数的进攻肯定会使敌人实际上筋疲力尽,并且使之退却。然而并非一定如此。如果我们考虑双方部队的相对耗竭,那么防御者处于一种**不利境地**。进攻可以变弱,但只是在可能出现一个转折点的意义上。一旦这可能性消逝,防御者变弱的程度就由于两个原因而甚于进攻者。首先,他无论如何较弱,如果双方的损失均等,那么受到更厉害的打击的就是他。第二,敌人通常会剥夺他的部分领土和资源。在所有这里面,我们无法找到进攻者退却的动因。我们只能断定,如果进攻者坚持其努力,与此同时他的对手除了挡住这些努力之外一无所为,那么后者就全不能消除一场猛攻迟早将获成功的危险。

无疑,较强者的耗竭,或准确地说疲劳,往往招致和平。原因可见于战争通常依以进行的那种半心半意方式。它不能在任何科学意义上被当作一切防御的终极的、普遍的目的。

只剩下一个假设:防御的目的必须体现等待这个观念——等待毕竟是它的主要特性。不仅如此,这个观念蕴含一个意思:形势能够演化,它本身可以改善,也就是说倘若改善无法从内部实现——即通过单纯的抵抗——那么它只能出自外部;出自外部的改善意味着政治形势的一种变化。要么追加的盟友前来帮助防御者,要么敌人的盟友开始遗弃他。

因而,防御者的目的就是如此,如果他的实力匮乏阻绝了任何认真的反攻。然而,按照我们已制定的防御概念,这并不总是适用。我们已论辩说,防御是更有效的战争形式,而且因为这有效性,它也能被用于实施一场任何规模的反攻。

这两个范畴必须从一开始就被分开,因为每个都有其独自的 614
对防御的影响。

在第一个范畴内,防御者的目的在于保持其领土不受侵犯,并且尽可能长久地守住它。那将使他赢得时间,而赢得时间是他能达到自己的目的的唯一途径。他充其量能够实现的积极目的,将使他从和平谈判中所获如所愿的目的,还不能被包括在他的作战计划中。他不得不依然在战略上消极,他能赢得的唯一成功是在既定的地点击退进攻。这些小裨益然后能被用来加强其他地点,因为所有这些地点上可能严重受压。如果他没有机会这么做,那么他的唯一利得就是一个事实:敌人暂且不会再度扰难他。

这类防御可以包括小的进攻性作战而不改变它的性质或目

的。它们不应旨在恒久获取，而只旨在暂时夺得日后可被归还的资产。它们可以采取突袭或牵制形式，或许夺取这个或那个要塞，但总是以足够的兵力可被省却其防御任务为条件。

第二个范畴存在于防御已经带有一种积极目的的地方。它由此获得一种进取特征，那随可行的反攻规模增大而在比重上跻身前列。换一种方式说，越是刻意地选择防御以便确保第一轮，防御者就越能冒险去给敌人设下陷阱。在这些当中，最大胆和——如果它奏效——最拼死的，是撤入腹地。然而尽管如此，这么一种权宜也很难与第一类防御有更大的不同。

一个人只需考虑下述两者间的差别：弗雷德里克在七年战争中的处境与俄国在 1812 年的处境。战争爆发时，弗雷德里克有所准备，从而给了他某种优势。这意味着他能征服萨克森：他的战区的那么一个自然的延伸，以致对它的占领没有给他的部队兵力造成任何紧张，反而增强了它们。在 1757 年战役中，他力求继续并发展他的战略攻势，那只要俄国人和法国人还未抵达西里西亚、马尔克和萨克森，就不是不可能的。然而，攻势失败了；他被甩回防御，直至战役终结，放弃了波希米亚，并且不得不将敌人清除出他自己的作战基地。那需要使用同一支军队先对付法国人，然后[①]对付奥地利人。他取得的成功归功于防御。

到 1758 年，敌人已将围着他的套索拉得更紧，他的部队在变得严重地寡不敌众，然而他仍规划在摩拉维亚发动一场有限的进

① 第一版略去了一个短语 *die Franzosen，dann gegen*，那出现在以后各版里，似乎是为克劳塞维茨的评论恰如其意所必需的。编者注。

攻；他的目标是在敌人身处战场以前夺取奥尔米茨。他不指望守住它，更不指望使它成为一个用于进一步推进的基地，而只是为了将它用作一种外围工事，用作一个针对奥地利人的“反进路”
(*contre-approache*)，意在使之将战役的其余时间——可能还有第 615
二年的战役——花费在试图收复它上面。这努力亦归失败，于是弗雷德里克放弃了任何认真进攻的想法，认识到这将进一步减小他的相对实力。在他的领土中央、在西里西亚和萨克森有一个紧凑的阵位；利用内线以便迅速增援任何危险地点；随机发动小突袭；与此同时静静等待事态发展，以便将兵力节省下来用于较好的时候：如此便是他的计划中的主要要素。逐渐地，他的作战变得更加消极。认识到即使胜利也代价太高，他试图以较少的兵力去应付。他的一个关切是赢得时间，坚守他之所有。他越来越不愿意弃土退让，也不顾虑采取一种彻底的警戒线体系；亨利亲王①在萨克森的阵位和国王本人在西里西亚山区的阵位都配得上这描述。他给阿尔冈侯爵②的书信表明，他多么强烈地期望冬季营地，又多么热切地希冀自己能获取它们而不同时引发严重损失。

为此谴责弗雷德里克，在他的行为中见到斗志低落的证明，在我们看来是个非常浅薄的判断。诸如在本兹维茨的掘壕营地之类设施，还有亨利亲王在萨克森和国王本人在西里西亚山区选择的阵位，我们当今看来可以不是一个人的最后希望仰赖的那类措施，而是一个像波拿巴那样的人会很快扫除掉的战术网络。然而必须

① 弗雷德里克二世之弟。编者注。

② 法国著作家、弗雷德里克的亲信，七年战争期间住在普鲁士。编者注。

记住，时代已经改变，战争经历了一种彻底转换，现在从全然不同的源泉汲取活力。当今已丧失所有价值的阵位那时能够有效；而且，敌人的总的特性也是一个因素。弗雷德里克本人贬斥的方法被用于对抗道恩和布图尔林[①]之类人物时，可以是无上智慧。

这看法被成功证实。通过静静等待事态发展，弗雷德里克达到了自己的目的，避免了本将摧垮了他的部队的种种困难。

1812 年战争开始时，与弗雷德里克在七年战争爆发时相比，俄国人依以对抗法国人的实力甚至更加不足。然而，俄国人可以期望在战争过程中变得强得多。实际上，全欧洲都反对波拿巴；他已将他的资源拉伸到了极限；他正在西班牙打一场消耗战；而且，俄国的巨大幅员意味着在 500 英里的撤退途中，一个入侵者的实力能被耗竭殆尽。巨型事态实属可能；不仅大规模反击势所必然，如果法国攻势失败（在沙皇不媾和、他的臣民也不起而反对他的情况下，它怎么能成功？），而且这反击能够彻底摧毁法国人。无上的智慧永不能设计出一种更好的战略，好过俄国人无意中遵循的。

616 在当时没有人这么想，而且这么一种观点会像是异想天开；然而，这不是今天拒不承认它当时正确的理由。如果我们希望从历史学得教益，我们就必须认识到曾经发生过的可以再度发生；任何在这些问题上有判断力的人会赞同一点：随向莫斯科进军而来的大事态序列决非前后相继的偶然事故。诚然，假如俄国人能够进

---

① 道恩：见本书第 241 页注①。布图尔林：亚历山大·波里索维奇·布图尔林（1694—1767），俄国伯爵、将领、伊丽莎白女皇的宠臣和情夫；1756 年被晋升为陆军元帅，七年战争中被任命为在普鲁士作战的俄国军队的总司令，但作战非常审慎，往往沦于胆怯，在军中威望甚低。——中译者注

行任何种类的边疆防御，法国之星大概本将低落，幸运大概本将遗弃它，但肯定不会在那么巨大和决定性的规模上。这是个极大的成功；它使俄国人付出了一种鲜血和冒险代价，那就任何别的国家而言本将更加高昂，它们大多根本无法支付。

一场重大胜利只能依靠旨在决战的积极措施去获取，而决不能依靠对事态发展的单纯等待。简言之，即使在防御中，也只有大投注才能带来大收益。

第 9 章　意在导致彻底击败敌人的战争规划

617 业经较详地说明一场战争能够促成的种种不同目的，我们现在要考虑应当如何鉴于三个可区分的方面去规划整个战争，其中每个方面都能持有特殊的目的去进行。在我们至此就论题已经说的一切之后，我们可以识别出两项基本原则，它们构成一切战略规划的基础，并且起指引所有其他考虑的作用。

第一项原则在于，敌方力量的终极实质须被追溯到尽可能最少的来源，理想的是仅仅一个来源。对这些来源的攻击须被压缩到尽可能最少的行动——理想的是同样仅仅一项行动。最后，所有次要的行动必须是尽可能多地从属的。简言之，第一项原则是以最大的集中去行事。

第二项原则是以最快的速度去行事。若无恰当的理由，就绝不允许停顿或迂回。

将敌方力量的来源减至单独一个重力中心这任务将取决于：

> 1. 敌方政治权势的分布。如果它在于单独一国政府的武装力量，那么通常将全无困难。如果它分布在各盟国军队中间，其中一国军队只是在作为一个盟友行事

> 而无自身的特殊利益，那么任务几乎全不更重。然而，如果它分布在由一项共同利益绑在一起的各盟国中间，问题就取决于同盟的亲睦友好。就此我们早先已谈论过。
>
> 2. 各不同国家军队在那里作战的战区的景况。如果敌方所有部队都集中为在一个战区的单独一支军队，那么它们事实上构成一个统一体，于是这问题就不需探究。然而，如果在单独一个战区的敌人由各支独立的盟国军队构成，它们的统一就达不到绝对；不过，就一场对**其中一支**的进攻而言，它们仍将足够整合，以致将其余各支卷进来。如果各支军队在其间没有重大自然屏障的各个毗邻战区作战，其中一个仍能对别个有决定性影响；但是，在各战区相隔遥远或其间有中立领土或山脉的情况下，就未必——事实上不大可能——有这里讲的影响，而且倘若战区在遭进攻国家的相反的两端，对它们的作战 618
> 因而不得不采取彼此大相径庭的路线，那么它们将差不多不再彼此相关。

假如普鲁士遭到法国和俄国同时进攻，那么对作战操作的影响将会犹如存在两场各自独立的战争。只有在和平谈判中，它们的本质上的统一才可能变得清楚。

相反，在七年战争中，奥地利与萨克森的兵力实际上合而为一：它们同命运，共胜败，部分地因为从弗雷德里克的观点看它们的战区都在同一个方向上，部分地因为萨克森完全缺乏政治独立。

1813 年时，波拿巴必须与之较量的敌人虽然个数众多，但它

们全都从多少相同的方向面对他。它们的各不同作战区紧密相连，彼此间强烈地相互作用。假如他能够将他的军队集中在一点上，摧垮他的主要敌人，那么其余各支军队的命运也会被决定。假如他在波希米亚击败了主要的盟国军队，并且经布拉格进逼维也纳，那么布吕歇尔纵然有世界上最佳的意志力，也无法留在萨克森。他将奉召去波希米亚援助，而且瑞典王储肯定将缺乏留在马尔克—勃兰登堡的意志。

另一方面，假如奥地利既在意大利、也在莱茵河岸对法国战争，那么它将总是发觉难以在这两个战区依靠成功地打击其中之一去决胜。首先，阿尔卑斯山是个太大的障碍，而且此外，从奥地利到莱茵地区和意大利的道路方向大异。法国的任务将多少容易些。在这两个场合中的任一个，它的进击线都会汇聚在维也纳和奥地利君主国的核心上面，在一个战区的一场决胜对另一个战区来说也会是决定性的。我们还应当补充说，如果法国要在意大利作一决定性打击，它就会对莱茵战区有更大的影响，超过反过来会有的。从意大利发动的一场攻势将威胁奥地利权势的中心，而从莱茵河岸出发的作战只会威胁到它的一翼。

由此可见，独立和互联的敌方力量这一概念贯穿于每个作战层次，从而在一个既定战区的事态发展将在别处有的影响只能就每个特殊场合去判断。只有那样才能明了敌方的各个不同的重力中心在多大程度上能被减至一个。

一切集中针对敌方重力中心这项原则只承认一个例外，即在次要的作战看来格外有益的时候。然而，我们必须重申，只有拥有决定性的优势，才能辩解分兵有理而不在主要战区冒太大风险。

当 1814 年比洛将军推进到荷兰境内时,前提假设为他的 3 万官兵不仅将抵消法国人的同样数量的兵力,也会使荷兰人和英国人能将否则无法被拿来使用的兵力投入战场。

因而,规划战争时的第一项任务在于辨识敌人的各个重力中 619
心,而且如果可能,就将它们回溯到单独一个。

第二项任务在于保证要针对那个点使用的兵力得到集中,以便从事一场主攻。

在此形势中,我们可能面对下述分兵理由:

1. 起初的兵力分布——因而还有各进攻国的地理位置。

如果集中将导致迂回和时间损失,如果各自分开挺进的风险不是太大,那么一个人就能辩解这么一种行动方针。如果不必要地造就一个矫揉造作的汇合处,并且付出高昂的时间代价,因而以够不上最大的锐气也够不上最快的速度去作首场攻击,那就将违背我们的第二项总原则。每逢有机会出敌不意时,这值得特别考虑。

这论辩在下述情况下有更大的分量:攻击由诸盟国承担,其位置并非一个在别个后面,而是肩并肩面对敌人。如果普鲁士和奥地利在与法国作战,那么令普军和奥军从同一个地方进击就将浪费许多时间和兵力。进击法国心脏地区的自然通道对普鲁士来说是从下莱茵区起步,对奥地利来说则是从上莱茵区出发。由此可见,不可能造就一个汇合处而不做出某种牺牲,因而在任何既定场

合，问题是有没有必要作此牺牲。

2. 在各自分开的路线上进行的一场进攻可有希望获取更大的结果。

由于我们在谈论针对**单独**一个中心的分兵推进，因而这蕴含着**同轴**进攻的意思。一场在平行或分叉的路线上进行的分兵进攻要被归类为一场**次要作战**，那时我们已经谈论过的。

既在战略上也在战术上，一场会聚性进攻总是展示出获取**更大的**结果的希望，因为如果它成功，敌人就不仅被击败，而且实际上被切断。因而，会聚性进攻总是更富前景的进攻；可是，由于分兵和战区扩展，它也含有更大的风险。如同进攻和防御，较弱的形态有望获得较大的成功。

因此，一切都取决于进攻者是否觉得足够强，以致能追逐这么一种奖赏。

1757 年，当弗雷德里克决定入侵波希米亚时，他将他的兵力在萨克森与西里西亚之间分开。他这么做有两个主要理由。第一，那是他的兵力已经为过冬而被部署的地方，而且集中兵力将使他丧失突袭的可能。第二，他的同轴推进既在侧翼也在后背威胁到奥地利战区。他冒的风险在于，他的诸军之一可能被优势兵力
620 击败。如果奥地利人**未能**认识到这一点，那么他们将要么在中央应迎会战，要么让他们自己在他们的交通线近旁一侧或另一侧被迂回包抄，直到他们遭遇灾难。此乃该项推进给国王展示的最大成功的希望。事实上，奥地利人选择了中央会战；然而，他们取阵

布拉格，那太容易受到围攻，而且他们的消极无为给了这围攻为造就最大效果需要的时间。结果是他们的失败变成了一场真正的大灾难，有如被一个事实证明了的那样，那就是指挥将领和三分之二大军被锁闭在布拉格。

战役开初的这辉煌成功归功于甘愿冒险作一场同轴进攻。谁能批评弗雷德里克的信心足以保障成功？他信任他的兵力运动的准确性、他的将军们的干劲、他的军队的高昂士气，那与奥地利人的迟钝截然相反。如果忽略这些精神因素，想象只有进攻的几何形式才重要，那就错了。一个人只须用此来比较波拿巴的辉煌程度毫不逊色的 1796 年战役，当时奥地利人由于自己突入意大利的会聚性挺进而遭到非凡的惩罚。撇开精神因素不谈，这位法国将军当时掌握的资源不大于奥地利人在 1757 年可用的。确实，它们相形见绌，因为奥地利将领与波拿巴不同，在兵力上不亚于他的敌人。因而，如果有理由害怕一场分兵会聚进击将使敌人有机会靠使用内线来将兵力均等化，那么最好不去运用它。如果兵力部署使之至关紧要，不可或缺，则须将它认作是个必要的祸害。

从这观点看，一个人可能无法赞同 1814 年入侵法国的方式。俄国、奥地利和普鲁士的军队全都集合在法兰克福，在前往法国重力中心的显而易见和最为直接的通道上。它们然后被分开，以便一支军队当从美因茨入侵，另一支当首先穿经瑞士。法国当时的军事实力如此低落，以致无疑它在边境上仅取守势：因此，一场会聚性入侵的唯一道理在于，如果一切顺利，那么一支军队将夺取洛林和阿尔萨斯，而弗朗什孔泰将落到另一支军队掌中。这微薄的好处是否值得遭受经瑞士挺进的繁难？我们很明白还有其他同样

拙劣的理由，依据它们下了进军令，但我们讲述一个对我们的讨论来说最适切的理由。

另一方面，波拿巴以其巧妙高明的1796年战役表明，他十分懂得如何对付一个会聚性威胁，而且虽然他可能处于严重的兵员数量劣势，但每个人都一开始就乐意承认，在精神上他拥有大得多的优势。迟迟才在夏龙与其军队会合，而且一般低估自己的对手，他差不多设法在它们会合之前分别打击两支军队。然而，当他在布里尼遇到它们时，它们多么羸弱！在65000人中间，布吕歇尔仅有27000人在身边，而且在主力军20万人中间，仅有10万人可
621 用。他们不可能给法国人定下比更容易的任务了。不仅如此，从挺进开始那刻起，各支盟军希望的莫过于重新连在一起。

作了所有这些考虑后，我们认为，虽然在各条会聚线上的一场进攻本身是争取胜利的一个手段，但总的来说它只应作为起初的兵力部署的结果发生，而且它难得证明有理由背离最短和最简捷的推进路线。

3. 一个战区的广度能构成分兵推进的一个理由。

一支军队从一个既定地点开始一场进攻、并且成功地纵深突入敌方领土时，它支配的地区并不限于它使用的道路，而是在两边延展到一定距离。然而，其宽度将大有赖于(如果我们使用这么一个譬喻的话)对方国家的坚固和内聚。如果敌国相当松散，如果其人民柔弱，忘记了战争是怎样的，那么一个得胜的入侵者就将全无大繁难，去在自己后面安全弟留下该国的一大片宽广地带；然而，

如果他面对一个勇敢和忠诚的人民，那么安全区就会像一个狭窄的三角形。

为了规避这风险，它必须争取在一个较宽广的前沿上推进，而且倘若敌人的兵力集中在一点上，入侵者就只能维持这宽度，直到遇敌为止。在逼近敌人的阵位时，这宽度必须被减小。此乃不说自明。

然而，倘若敌方阵位本身延展至涵盖一定的宽度，那么延展己方自己的前沿至同等程度将是明智的。我们心目中有单独一个作战区，或若干个互相邻接的作战区，我们所言因而将显然同样适用于如下场合：那里主要攻势自动解决一切较小的问题。

可是，能否**总是**依靠它？能否经得起如果主要目标对次要目标的影响不足就将出现的风险？或许，我们应当更仔细地去看这项需要，即一个作战区应当有一定宽度。

像通常那样，颇不可能涵盖可设想能够发生的每个情况，但我们坚持认为，除去很少例外，主要目标的输赢将也包含那些次要的。此乃行动应当始终不变地依据的原理，除非有明显的理由不这么做。

波拿巴本着正确的信念入侵俄国，即倘若他摧垮了俄军主力，这成功也会将德维纳河上游地区的俄国部队一扫而空。乌迪诺[①]麾下的军团是他起初留下去收拾这些的全部兵力；然而，维特根斯坦[②]发动进攻，波拿巴于是不得不也将第六军团派到那里。

① 见本书第 380 页注①。——中译者注

② 见本书第 659 页注③。——中译者注

另一方面，他的部分兵力起初被分出来对付巴格拉季昂[①]；可是，俄军中央兵力的后撤清除了巴格拉季昂，使得波拿巴能够召回
622 他已分遣的兵力。假如维特根斯坦没有被迫掩护陪都[②]，他本也会跟随巴克莱[③]麾下的主力军队后撤。

波拿巴 1805 和 1809 年在乌尔姆和雷根斯堡的胜利也确定了意大利和提罗尔的命运，虽然意大利是个相当远的自主的战区。1806 年的耶拿和奥尔斯泰特战役结束了可能在威斯特伐利亚、黑森或在法兰克福通道上兴起的任何威胁。

在诸多可能影响各从属地点发生的抵抗的因素中间，有两项特别重要。

第一项是在像俄国那样的一个相对强的巨型国家里，对致命地点的决定性打击可被长久延后，没有迅速集中一方全部兵力的必要。

第二项因素出现在众多要塞将非同寻常的自主性赋予一个次要地区的时候，例如西里西亚在 1806 年。尽管如此，波拿巴仍很不重视它；而且，虽然他不得不在向华沙挺进时绕过西里西亚，但他只分派他的兄弟热罗默和两万人去对付它。

如果在任何既定场合对主要目标的进攻看来大概不会撼动次要目标，或它已经未能如此，如果敌人已经在这些点上投入了兵力，那就有必要派遣更充足的另一支兵力去对付它们，因为交通线不能被留下完全不受保护。

---

① 见本书第 463 页注②。——中译者注

② 即圣彼得堡。编者注。

③ 见本书第 670 页注②。——中译者注

甚至可以更谨慎。或可要求，针对主要目标的推进应当与针对次要目标的严格保持同步，以致每逢敌人拒不在其他点上让步时，主要推进就告暂停。

这一做法肯定不会与我们的原则——针对主要目标最大程度集中兵力——直接相悖；然而，它依据的精神全然相反。它或许会迫使兵力运动缓慢，迫使攻击瘫痪，给偶然性造就丰裕的机会，并且浪费许多时间，以致在事实上完全不符合一场旨在击败敌人的攻势。

倘若敌人能沿不同路线将其部队撤离这些次要地点，困难就变得更大。如此，我们的进攻的同一性会变得怎样？

因而，我们必须严厉反对使主攻取决于次要作战的原则，并且与之相反，断言倘若不敢像一支直射敌国心脏的利箭那样直冲，一场意在摧垮敌人的攻势就会失败。

4. 分兵推进的第四个、也是最后一个理由，可以是减少补给困难。

无疑，与一支强有力的大军穿经一个贫困地区相比，用一支小部队穿经一个富庶地区惬意得多；但是，如果做出适当的安排，而 623
且军队惯于经受匮乏，那么前者并非不可能。因此，后一选择不应当对计划有那么大的影响，以便说明甘冒较大的风险合理正当。

我们现在谈论了辩解分兵和将一项作战分成几项的种种理由。如果依据这些理由之一做出这么一种分兵，同时就其目的持有清楚的想法，并且经过对利弊得失的仔细掂量，那么我们就不应

假定要抨击它。

然而，发生下列情况时，我们只能说我们厌恶为刻意坠入迷乱困惑而背离直截、简捷、便利的战法：寻常之事重演，一个“受过训练的”参谋本部将这么一种规划当作例行公事；所有各不同作战区都须予以占领，犹如棋盘上的个个方格，每个在实际移动开始以前配有合适的单位；移动本身以自命的专技做出，以便经过各条迂回的途径和种种复合去抵达它们的目的地；各支现代军队不得不各自分开，为的是通过冒最大风险在两周后重新会合来展现“圆满的艺术”。这样的极端愚蠢变得越可能，战争就越不那么由总司令本人以我们开头一章指明的方式去操作，亦即作为一位被授予巨大权力的个人的单独一项活动；或者换句话说，规划作为一个整体，就越是由一个昧于实际的参谋本部去烹调煎炒，依据的是几个业余爱好者的私房食谱。

我们的第一项原则的第三部分仍须予以考虑，那就是尽可能将每项次要作战保持为从属的。

如果力求将一切军事行动集中于单独一项目标，如果在可能限度内**单独**一项大规模作战被设想为达到这目标的手段，那么对手彼此接触的其他各点必定丧失它们的部分独立，成为从属性作战。如果绝对地说一切都能被集中为一项行动，这其他各接触点就会被完全中和。然而，难得可能如此；因而，问题在于将它们严格地控制在限界之内，确保它们不从主要作战那里抽走过多兵力。

不仅如此，我们主张作战规划应有这种趋向，甚至在敌人的全部抵抗不能被简约到单独一个重力中心的时候，甚至在——像我们有一次提出了的——不得不同时打两场差不多全然分开的战争

的时候。甚至那时，其中之一也须被当作**主要**战争对待，要求大部分资源和大部分活动。

这么来看，明智的是只在这主要战区作**进攻性**作战，在别处保持防御态势。那里，只有在种种例外状况竟召唤它的时候，一场进攻才会合理正当。不仅如此，在各次要点上的防御应以最小限度兵力去维持；那种形式的抵抗提供的每项好处都应得到利用。

这观点甚至更有力地适用于任何这样的战区：在其中，几支敌方盟国军队在作战，而当共同的重力中心遭到打击时，它们全都受影响。

因此，针对作为主攻目标的那个敌人，不能有诸如在附属作战 624
区的防御之类事情。这进攻由主攻和环境使之势所必需的助攻构成。它取消了防守那攻势本身不直接掩护的任何地点的所有必要。真正重要的是主决胜。它将补偿任何损失。如果兵力足以使追求主决胜成为合理的，那么**失败的可能**不再能够是个企图在其他每一处掩护自己的借口。因为，**这**会导致输掉可能性大得多的决战，并且由此会将一个自相矛盾的要素引入我们的行动。

可是，虽然主要作战必须享有对次要行动的优先权，但同一优先必须也被应用于它的所有组成部分。出自每个战区的哪支兵力要朝共同的重力中心挺进通常依据外在理由决定；因此，我们在说的一切，是必须有一种**努力**去保证主要作战**优先**。这优先越得到实现，每件事就将越简单，越少被留待听命偶然性。

第二项原则是迅速使用兵力。

任何不必要的时间花费，每项不必要的拐弯迂回，都是浪费实力，从而系战略思维所恶。更重要的是记住，进攻的差不多仅有的好处基于它起初的出敌不意。速度和冲劲是它的最有力要素，倘

若我们要击败敌人通常就必不可少。

于是，理论要求达到目标的最短路径。关于左行或右行、做这或做那的无休无止的讨论纯属多余。

如果我们回想起在论战略进攻的目的那章[1]里说过的话，连同上面第四章里关于时间的影响的那部分，我们便认为不需作进一步的阐说去表明这原则应当被给予优先权，那是我们为之主张的。

波拿巴从未忘记它。他总是偏好两军之间或两国首都之间的最短路径。

现在，什么构成主要作战？那是我们主张对其余一切来说核心性的，而且我们为之要求那样迅速和直接的实施。

第四章里，我们解释了击败敌人指什么，在这能以笼统的话语被做到的范围内，因而没有必要重复。不管在任何既定场合最终的行为可以变得怎样，开端总是如一，即歼灭敌人的武装力量，那意味着一场重大胜利和它们被实际摧垮。这胜利能被追求得越早——亦即越接近我们的边境——它就会**越容易**。主要会战被打得越迟——亦即越深入敌方领土——它的效果就越具**决定性**。在此如同在每一处，成功的容易程度与它的规模相抵。

625 因而，除非一方强得多多，以致稳操胜券，就必须在可能情况下搜寻出敌人的主力。我们说“在可能情况下”，是因为如果涉及实质性的迂回，选错了道路，浪费了时间，这就能轻易地证明是个错误。如果敌人的主力不在我们的挺进线上，而且如果其他原因使得我们无法搜寻出它，那么我们必定在以后找到它，因为它不可

① 第七篇第3章。编者注。

能最终未能出来和我们对阵。接着，像我们适才论辩了的，会战在不那么有利的情景下打，那是我们必须接受的一种不利。尽管如此，倘若我们赢得这场会战，我们的胜利就将更具决定性。

有鉴于此，如果在这假设的场合，敌人的主力横亘于我们的挺进线上，刻意绕过它就将是错的，要是我们这么做的动机在于使我们较易取胜的话。另一方面，这前提条件提示，只要我们拥有巨大优势，我们就刻意避开敌人，为的是令我们的最后胜利更具决定性。

我们一直在谈论彻底胜利，亦即不只赢得一场会战，而且彻底击败敌人。这样一种胜利要求一场围击，或者说一场带有正反战线的会战，两者之中任一个将始终令结果具有决定性。因而，至关紧要的是任何作战规划都应规定这一点，既关于它需要的部队，也关于要给它们的指令。在我们论战役规划的那章①里，我们将就此做更多的论说。

当然，即使以几条平行的战线去打，一场会战也不是不可能以彻底胜利告终，就此军事史能够显示范例。然而，这样的案例实属稀少，并且随各国军队在训练和技能方面互相近似而愈益罕见。当今不像在布伦海姆，能在单独一个村庄俘获 21 个营。②

---

① 该章从未得到撰写。编者注。

② 布伦海姆为德意志南部巴伐利亚境内的一个小村庄，1704 年 8 月 13 日在该村附近进行了西班牙继承战争中最重要的会战，即布伦海姆战役。面对路易十四法国力图通过夺占维也纳令奥地利帝国退出战争单独媾和，马尔博罗公爵统率英军快速长途行军，与奥地利帝国主将、萨伏依的欧根亲王在布伦海姆会合，然后与兵力略占优势的法国—巴伐利亚联军(56000 人)激战，赢得歼敌 34000 人和俘获法军统帅塔拉尔德公爵的决定性胜利。该战役是西班牙继承战争中的转折点之一，路易十四速胜的希望破灭，反法大联盟得以保持，巴伐利亚被逐出战争。——中译者注

一旦赢得一项大胜，就不得有关于休息、喘息时机、审视阵位或巩固阵容等等的任何谈论，却只能谈论追击、必要的话再度搜寻敌人、夺取其首都、攻击其后备以及其他可能给他的国度以援助和慰藉的任何对象。

如果胜利浪潮将我们迅猛推经他的要塞，那么是否围攻它们取决于我们的兵力。倘若我们的优势非常大，尽可能早地夺取它们就只会使我们损失较少时间；然而，倘若我们对前面的新成功不是那么有把握，我们就须只投入尽可能最少的兵力，那排除逢见要塞常予围攻的任何想法。从围攻要塞迫使我们暂停推进的那刻起，攻势**通常**已经达到其顶点。因此，我们要求主力应当继续迅速挺进，保持压力不懈。我们已经驳倒了一种观念，即应当使朝向主要目标的挺进去等待在次要地点的成功。因而主力，作为一项通则，将不在它的后部留下任何大领土，大过一条它能称作是自己的、构成其作战区的狭窄地带。如前所述，这能减抑前线的势头，

626 并对进攻者来说包含某些风险。有个难题：这些趋向是否可能不达到进一步挺进被搞得停下来的地步？颇有可能。然而，正如我们已经论辩说从一开始就试图避免一个狭窄的作战区、从而使进攻丧失势头将是个错误，我们继续论辩说只要将领尚未击败敌人，只要他自信强得足以达到目的，他就必须坚持不懈。他可能冒愈益增长的危险去这么做，然而他的成功将更大。倘若他达到了一点，逾此前行非他所敢，倘若他觉得自己必须向左右扩展，为的是保护后背，那就如此吧：很可能他的进攻已经达到顶点。它的势头耗竭；如果敌人仍未被击垮，那么大概无论如何它业已前景丧尽。

将领能够通过夺取要塞、通道和省份去发展他的攻势，这方面

的任何事情都仍意味着缓慢的进展，但这进展是相对的，不再是绝对的。敌人的陡然撤退业已停止；他可能正在准备好重新抵抗，而且虽然进攻者仍在优化其地位，但眼下防御者有可能通过做同样的事情，也在逐日增进其机会。我们简短地重申，一旦暂停已成必需，通常就无法重新挺进。

理论要求的一切在于，只要目的是击败敌人，进攻就决不可中断。如果将领认为随附的风险太大而放弃这目的，那么他中断进攻和延展战线便是对的。只有在他这么做是为了便利击败敌人的情况下，理论才会指责他。

我们并非那么蠢，以致示意历史全无实例显示一国逐步被搞到最终极端境地。我们提出的论点并非不容任何例外的绝对真理，而只是基于通常的和大概会有的事态进程。不仅如此，我们必须确定一国的衰败究竟是一个历史过程的渐进产物，还是单独一场战争的最后结果。我们在此只谈论后一情况，因为只有在这种情况下兵力才如此高度紧张，以致它们要么克服加诸它们的负荷，要么处于被这负荷压垮的危险。如果第一年的战斗产生些微优势，第二年的战斗又增长它，以致一方一点点地接近达到目标，那么危险便从不非常严重，但正是因此它更加广泛。两次成功间的每次暂停都给予敌人新的机会。一次成功对下一次很少影响，而且往往全无效应。影响还很可能是反面的，因为敌人要么恢复过来，而且奋起作更大抵抗，要么从其他某处获得援助。然而，倘若单独一个冲力贯通始终，那么昨天的胜利就确保今天的胜利，一炮就燃爆另一炮。对应于一国被前后相继的接连打击——这意味着防御者的佑主亦即时间已经弃他而投到另一方——沦于毁败的每

个案例，又有多少在其中时间毁了进攻者的计划的更多案例！援引七年战争的结局就够了：在这场战争中，奥地利人以如此的闲暇松懈和谨小慎微去追求自己的目的，以致完全未果。

627 有鉴于此，我们无法相信既要有进攻冲力，又应当同等地操心作战区的安全和健全管理，并在一定意义上平衡这冲力。相反，我们将附着于进攻的种种不利视为必不可免的弊害，那直到挺进不预示任何进一步的希望为止，不应当受到我们的关注。

波拿巴在1812年的情况远未损伤我们的论辩，而只是证实了它。

他的对俄战争失败了，不是因为通常被认为的那样他挺进得太快太远，而是因为获取成功的唯一途径失败了。俄国不是一个能够被正式征服即占领的国度，肯定不是依凭欧洲各国的现有实力就能如此的，甚至依凭波拿巴为此目的动员了的五六十万人也做不到。只有内部羸弱，只有分裂作用，才能招致那样的一个国度沦于毁败。为了击中它的政治生活中的这些弱点，就必须突入该国的心脏。只有在他能以大军抵达莫斯科的情况下，波拿巴才能希望撼动俄国政府的神经，撼动俄国人民的忠诚和坚定。在莫斯科，他希望找到和平，那是他能够为自己确定的唯一理性的战争目的。

他迎对俄国人的主力推进他自己的主力。他们在他前面蹒跚后退，退经德里萨营地[①]，直到抵达斯摩棱斯克才止步。他还迫使巴格拉季昂[②]撤退，并且击败了俄国大军，占领了莫斯科。他像他

---

① 见本书第587页注⑤。——中译者注

② 见本书第463页注②。——中译者注

一贯做的那么行事。这就是他达到主宰欧洲的方式，也是他能够如此的唯一途径。没有任何就他的先前各次战役将波拿巴誉为最伟大统帅的人竟会觉得在这方面比他高明。

按照其结果去评判一个事件是正当的，因为这是它的最健全标准。然而，决不能将仅仅依据结果的评判充作人类智慧的证明。发现一场战争为何失败与批评它不是一回事；然而，如果我们继续下去，而且表明能够和应当看到这些原因并据此行事，那么我们就扮演了批评者角色，将我们自己置于将领之上。

因为它的巨大失败而断言 1812 年战争荒唐可笑，可是假如它奏效，就会将它称作无与伦比的高超构想：任何这样的人显得全然缺乏判断力。

假设波拿巴在立陶宛拥兵坐等，像他的大多数批评者认为他本应做的那样，以便确保它的某些要塞(其中恰巧位于一边的里加实际上是唯一的要塞，博鲁伊斯克是个不足道的小地方)，那就会使他陷入痛苦的冬季防御作战。批评者于是将头一个跳出来宣称："这不再是旧日的波拿巴！他甚至没有强求他的首场大战——惯常像在奥斯特利茨和弗里德兰通过赢取敌国最后堡垒去给征服敌国封盖的人竟会这样。敌国首都莫斯科全不设防，只待投降。为何他未能夺取它，从而留下它作为新抵抗的集合点？他有难以 628
置信的运气去使这遥远的巨人出乎意外，措手不及，像对一座附近的城市那般容易，或者像弗雷德里克压到邻近小小的西里西亚——然而他没有利用他的优势。他中断了他的胜利进军，犹如恶魔附在他的脚跟上！"我们会听到此类谈论，因为此乃大多数批评者形成其评判的方式。

我们坚决认为，1812 年战争所以失败，是因为俄国政府保持镇定，俄国人民依然忠诚坚毅。这场战争无法成功。波拿巴从事它可能根本就是错的；至少，结果肯定表明他误算了；然而我们论辩，如果他要追求这目标，那么广泛地说全无实现它的其他途径。

渴望除了他已在西方打的战争之外，再投入一场在东方的难以终结和代价高昂的防御性战争，波拿巴尝试了他拥有的唯一手段——大胆进攻，那将迫使他的斗志低落的对手乞求和。不得不接受在这过程中损失他的军队的风险；此乃博弈赌注，宏愿代价。如果他的军队遭到比它本需的更严厉的惩罚，那就可能是他的过错，但这过错不在于他突入俄国如此之深；那是他的目的，无可避免。过错在于他迟迟开战，在于他因为自己的策略而浪费了生命、他忽视补给问题和他的撤退线问题。最后，他在莫斯科逗留得过于长久。

指出俄国人设法在别列西纳河阻截，希冀切断他的退路：这并非对我们的有力驳辩。这场会战恰恰表明要实现这么一个目的有多困难。境况是可想象的最糟的，然而法国人仍一如既往奋勇打拼，力求杀出一条通路。这整个事件加深了大灾难，但并未引起它。其次，只是该国的非凡性质，才使俄国人能够取得他们实际上取得了的那么多成就，因为假如主要线路不跨越草木丛生、殆无进道的别列西纳沼泽区，要切断法军本将更少可行性。第三，防范那风险的唯一可能的途径，是在有一定宽度的战线上推进。对此，我们已经反对，指出一旦我们立意在中央推进，同时将各支部队留在后面当作左右翼侧护卫，这些中间的任何一个遭灾就都会迫使我们后撤中央大军。如此，攻势便殆无可望。

也不能说波拿巴忽视了自己的两翼。一支优势兵力对抗维特

根斯坦。在里加，有一支足够的待投兵力——那恰巧是多余的；而且，在南面的施瓦岑伯格[①]拥兵 5 万，多过托尔马索夫的兵力，并且甚至差不多与奇恰科夫的兵力相等。[②]此外，还有维克托[③]拥兵 3 万作为中央后备。甚至在最关键的时段里，在 11 月，当时俄国兵力已经增强，同时法国兵力却已大为减弱，俄国人也仍未在莫斯科军队的后方占有显著优势。维特根斯坦、奇恰科夫和萨肯[④]共 629
有 11 万人。施瓦岑伯格、雷尼埃尔[⑤]、维克托、乌迪诺[⑥]和圣西尔[⑦]

① 见本书第 225 页注②。——中译者注

② 托尔马索夫：见本书第 684 页注①；奇恰科夫：见本书第 659 页注②。——中译者注

③ 克劳德·维克托—帕兰（1764—1841）：法国革命战争和拿破仑战争中的法国军人和指挥将领，在耶拿和弗里德兰等战役中指挥第一军团，战功卓著，1807 年被拿破仑授予法国元帅称号；后作为将领参加半岛战争和侵俄战争，在后一战争中的最重要作用是保护从别列西纳渡河撤退的法国大军；拿破仑 1814 年兵败后，他改而效忠复辟王朝。——中译者注

④ 法比安·戈特利埃·冯·德尔·奥斯坦—萨肯（1752—1837）：出生于爱沙尼亚一男爵家庭，早年从军，历经多次战役，作战骁勇；1812 年战争中率领一后备军团负责保卫帝国南部边境，以防萨克森和奥地利军队，随后突入华沙大公国，占领华沙；1814 年 3 月任盟军巴黎总督，拿破仑战争结束时任俄国第一集团军司令官，陆军元帅衔。——中译者注

⑤ 让·雷尼埃尔（1771—1814）：法国革命战争和拿破仑战争中的法国将军，1796 年时任师长，参加远征埃及，后在瓦格拉姆等战役中战功显著；1812 年战争中率领萨克森人组成的第七军团，与施瓦岑伯格率领的奥军协同作战。——中译者注

⑥ 见本书第 380 页注①。——中译者注

⑦ 劳伦特·德·古维翁·圣西尔（1764—1830）：法国革命战争和拿破仑战争中的法国将领，1798 年任意大利方面军司令官，1800 年任莱茵方面军统帅莫罗的主要副将，但为人异常正直，因而与莫罗不睦；后拒不祝贺拿破仑称帝，因此受到拿破仑长期冷落；1812 年侵俄战争初期任军团司令官，因战功被授予法国元帅衔，法军撤离俄国途中作战受伤；在翌年的德累斯顿等战役中表现卓越，受到拿破仑盛赞，并被封为侯爵；复辟时代曾任法国陆军大臣，组织参谋本部，修改法国军法典。——中译者注

所部加在一起仍有 8 万人。即使是行进中最审慎的将领，也几乎不会给自己的两翼提供比这更多的保护。假如波拿巴没有犯我们指责他犯的错误，那么在 1812 渡过涅曼河的 60 万人中间，他本可以带 25 万人返回，而不是在施瓦岑伯格、雷尼埃尔和麦克唐纳[①]麾下重渡涅曼河的 5 万人；可是，对俄战争也一样将是一场失败。不过，在理论上将没有什么要批评的，因为在这么一个场合，损失一半以上军队并非不同寻常。如果它给我们留下非同寻常这强烈印象，那么原因只在于远征的巨大规模。

关于主要作战、它必须采取的形式和与它分不开的风险，就谈这么多。至于次要作战，我们要强调一切都有个共同目的，但这个目的必须不致令各单独部分的活动瘫痪。倘若有谁从上莱茵、中莱茵和荷兰入侵法国，意欲会师巴黎，而且倘若每支军队都奉命不冒任何风险，尽可能保全自己，直到抵达聚合地，那么我们会将这么一个计划称作**灾难性的**。它们三部分之间的一种对冲将肯定来临，并且导致每个部分的延宕、胆怯和犹豫。最好让每支军队有它自己的使命，只在它们的活动自然重合的点上坚持要求统一行动。

为几天后重新会合而分兵是差不多每场战争的一个特性，然而它基本上没有意义。如果一支兵力被分遣出去，它就应当知道为什么，懂得必须达到的**目的**。这目的不能只在于此后重新会合，犹如一个人在跳四对方阵舞。

因而，如果各支军队在不同作战区进攻，那么每支都应被给予一个独特的目标。**重要的**是每一处的军队都竭尽全力，而不是它

① 麦克唐纳：见本书第 434 页注①。——中译者注

们全都应有均衡的斩获。

如果一支军队发觉自己的任务太难，因为敌人的防御规划在它意料之外，或者如果它遭遇厄运，那么其他各支军队的行动不得被修改，否则总的成功将从一开始就少有可能。只有在它们大多不幸或主要作战失败了的情况下，其他应受影响才是对的和必要的。其时，出了错的是规划本身。

这准则也应当被用于这样的军队和分遣队：它们起初被赋予防御任务，但因为自己的成功而腾出身来采取攻势——除非一方宁愿将它们的多余的单位转到主攻点上。问题将主要取决于作战区的地形。

然而此时——有人责问——整个进攻的几何形式和统一性变得怎样？毗邻作战部队的各纵队的侧翼和后部碰到什么情况？恰恰这种态度是我们特别注意要反对的。将一场大攻势拼凑成一个几何正方，就是在一个谬误虚假的智识体系中迷失方向。

在第三篇第 15 章内，我们显示几何要素在战略方面不如在战术方面那么有效，而在这里我们只需重申结论：在特定的点上的成功，尤其进攻期间，较之于可能逐渐从一点或另一点上的进攻的不同命运浮现出来的形状，值得远为更多的注意。 630

无论如何，看战略关注的各大地区，总司令能恰当地被委托去处理解决各部分几何样式的种种论辩和决定，因而没有任何下属指挥官有权利问他的毗邻部队在做什么或未能做到什么。他可被简单地要求执行他接到的命令。如果竟确实造成了严重的错位，那么最高统帅部仍能予以匡正。以此方式，对独自作战的反对化为乌有，亦即消除了渗入事态实际进程中去的、畏惧和推测之阴云

造成的对现实的迷乱困惑，那导致每项灾祸不仅影响遭灾的那个局部，还传染性地影响其余，而且下属指挥官中间的个人弱点和反感被给予宽广的滥觞余地。

我们不认为这观点很可能对下述一些人来说显得自相矛盾：他们在研习军事史上费了很多时间和思考，学会了区分本质的与非本质的，并且充分认识到种种人类弱点的影响。

如同一切富有经验的军人会承认的，甚至从战术观点看，也难以靠顺利无阻地协调每个部分去令以若干各自分隔的纵队进行的攻击获得成功。在战略上，同样的事必定何等地更加困难，或宁可说何等地不可能！如果顺利无阻地协调所有部分是获得成功的一项先决条件，那就应当全然避免一场那样的战略进攻。然而另一方面，一个人从不全无拘束地拒绝它，因为它可以由无法改变的种种境况强加；与此同时，反过来甚至在战术上，从头到尾始终顺利无阻地协调作战的每个部分也并非必需，更不用说在战略上了。因而，从战略观点看，有更多的理由漠视它；更重要的是坚持每个部分都要被赋予一项独立的任务。

我们必须添加一番关于适当分工的重要评论。

1793 和 1794 年间，奥地利军队主力在尼德兰，普鲁士军队在上莱茵。接着，奥地利部队从维也纳进军贡德和瓦朗西安，横跨普鲁士人从柏林到兰道的路线。诚然，奥地利人有其比利时诸省要防守，并将欢迎在佛兰德法语地区作的任何征服。然而，这关切不是做这些安排的充分原因，而且考尼茨亲王死后，奥地利大臣图古特决心全然放弃尼德兰，为的是较好地集中他的兵力。奥地利离佛兰德确实有它离阿尔萨斯两倍远，在部队十分有限和它们的补

给须以现金支付的一个时代，这非同小可。然而，图古特心里还有 631
另一个考虑。他想将危险的紧迫性和做更大努力的必要直接摆到荷兰、英国和普鲁士面前，它们是在尼德兰和下莱茵的守卫方面利益最攸关的几个国家。他误算了，因为当时毫无办法令普鲁士政府改变政策；可是，这些事态表明政治考虑对战争进程的影响。

普鲁士在阿尔萨斯全无防守或征服需要。它在 1792 年从洛林到香巴尼的进军系以一种骑士风做出，但随事情证明这行动殆无前景，它便无精打采地从事战争。假如普鲁士部队在尼德兰，它们就将毗邻荷兰，那是它们简直视作它们自己的，在 1787 年曾占领它之后；它们于是将掩护下莱茵，并且由此掩护普鲁士的最靠近作战区的那部分。经其津贴，普鲁士还与英国有较密切的同盟，因而将不那么容易变得卷入当时它成了同犯的种种图谋。

因此，假如奥地利人将其主力置于上莱茵，而普鲁士人将自己的军队开进尼德兰——那里奥地利将只留下一个规模不大的军团，那就可能有效得多。 913

假如巴克莱将军而非大力进取的布吕歇尔元帅在 1814 年指挥西里西亚方面军，布吕歇尔留在施瓦岑伯格麾下的主力军一边，那么战役很可能完全失败。同样，假如大力进取的劳东[①]未被给予西里西亚——普鲁士最强的部分——作为一个作战区，却与神圣罗马帝国军队在一起，那么整个七年战争很可能变得两样。

为了更仔细地看这个论题，让我们审视以下各种情况的主要特征。

---

① 见本书第 284 页注①。——中译者注

首先是在与别国协同进行战争，后者不仅是我们的盟国，而且有它们自己的独立的利益。

其次是一支盟军前来援助我们。

第三是至关重要的仅在于指挥官的个人秉性。

在头两种情况下，问题在于各支不同的盟国部队是否被较好地混合起来，以致像 1813 至 1814 年间做到的那样，各方面军拥有各不同国籍的军团，或者被较好地尽可能保持各自分立，以便每个都可以发挥独立的作用。显然，前者乃较佳计划；可是，它以一种程度罕有的友谊和共同利益为前提条件。由于兵力以此方式整合为一，它们的政府将发觉要追求自己的私利就难得多；而且，就其司令官们的自我中心主义而言，其有害影响能在种种境况下只见于下属指挥官中间——即在战术领域，而且即使如此，与各国部队完全各自分立相比也较少恣肆无度，较少免受惩罚。在后一场合，它将延展到战略领域，关键事务将受影响。然而如前所述，需要各国政府有一种程度罕见的自我谦避。十足的必需驱使每个人在
632 1813 年走这个方向。然而，对俄国沙皇赞誉再盛也不为过。虽然他统领战场上最大的军队，如果我们的命运逆转他就遭祸最大，可是他仍将他的兵力置于普鲁士和奥地利将领麾下，没有傲求统帅一支独立的俄军。

如果兵力不能以此方式被整合为一，那么诚然使之完全而非部分地保持各自分立为好。当两位不同国家的自主的将领共有一战区时，必定出现最糟的形势，就像七年战争中俄国、奥地利和神圣罗马帝国的军队常有的情况那样。如果各国兵力完全分开，就较容易分割负担；每支军队因而将只忍受它自己的。因此，环境将

激发它们各自做更大努力。然而，倘若它们彼此密切接触，甚或在同一个战区，那就不会发生这样的情况，而且更有甚者，倘若其中之一确实显得背信弃义，别的就将陷于瘫痪。

在我已勾勒的三种情况中间的第一种情况下，完全分立不会造成任何损害，因为每一国的天然利益通常会解决它的兵力应被如何使用。在第二种情况下可以并非如此，而且在这情况下，通常除了将自己的部队完全置于盟军调遣就别无选择，只要后者的规模可谓适当。奥地利人在 1815 年战役末尾这么做，如同普鲁士人在 1807 年那样。

至于指挥官的秉性，一切都取决于个人，但仍须做个总的评论。各支附属军队不应被置于最明智最审慎的人指挥之下。在此，合适的统帅是**最大力进取的**那些人，因为我们必须再度坚持说，在各自分开的战略性作战中，没有什么比每个局部应当尽力而为和全力发挥更重要。任何在一点上犯的错误能够抵消别处的成功。然而，只有所有指挥官都心怀强烈的内在冲动，都是精神勃发、积极有为和热望行动的人，每支兵力的最大程度努力才能得到保证。就行动的必要作冷静的客观斟酌难得足敷所需。

最后，仍需要说，凡在可能之处，部队和指挥官应被分派适合其特殊秉性的使命和地区。正规军、精良部队、充裕的骑兵和明智审慎的年长将领应被用于旷野作战；民兵、国民征召兵、仓促动员起来的乌合之众、年轻和大力进取的将领应被用于林区、山区和山口作战；在富庶地区的辅助兵力则应被用于它们会自享自乐的地方。

我们至此就总的作战规划以及——特别在本章——就意在实

现彻底击败敌人已说的一切，都是想要强调它们的目的，而后想要提出指导作战安排的种种原则。我们希望清楚地理解，在这样一场战争中我们希冀什么和应做什么。我们要强调本质的和普遍的，给个别的和偶然的留下余地，但除去每桩**任意的、非实质的、微**
633 **末的、异想天开的或过分微妙的**事情。如果我们做到了这个，我们就认为自己的任务完成了。

如果有谁大感惊异，觉得在此找不到任何教益去说怎样拐过一条河、怎样从其高峰控扼一个山区、怎样绕过一个强固的阵位或找到攻克一整个国家的关键，那么他就未能把握我们的目的；不仅如此，我们担心他仍未理解战争的本质要素。

在先前各篇里，我们以一种笼统的方式谈论了这些细节，并且得出结论，即与通常认为的相比，它们倾向于远不那么重要。在一场意欲击败敌人的战争中，它们能起或应起的作用甚至更微小。它肯定不能影响总规划。

最高统帅部的结构将在本篇末占上专门一章。[①] 为结束本章，我们将提供一个例子。

如果奥地利、普鲁士、德意志邦联、尼德兰和英国决定对法战争而俄国中立——那是过去一个半世纪往往见到的情况——它们就会有足够的能力去发动一场进攻性战争，目的是彻底击败敌人。尽管像它实际上那么大那么强，法国的较大部分领土很可能被各敌国军队蹂躏；巴黎将陷于敌手，法国本身被搞得资源拮据，除俄国外没有任何国家能给它真正有效的帮助。西班牙离得太远，而

① 该章从未被撰写。编者注。

且位置糟糕；意大利各邦依然太弱和太不稳定。不算它们的海外属地，被提到的那些国家有 7500 万居民可抽用，法国却只有 3000 万。保守地估计，可以为当真进攻法国而奔赴战场的大军能有下述组成：

奥地利	250000 人
普鲁士	200000 人
其余德意志	150000 人
尼德兰	75000 人
英国	50000 人
总计	725000 人

倘若这么一支兵力实际上被投入战场，那么它将几乎肯定远超过法国能投入战场对抗它的兵力。波拿巴治下它从未征集过一支可与之攀比的兵力。除去为充实要塞和补给站以及护卫海岸所需的兵员，极少能怀疑盟国将在主要战场拥有重大优势；而且，这优势将是它们旨在招致法国崩溃的规划里的主要考虑。

法国的重力中心在于武装力量和巴黎。因此，盟国的目的必
须是在一场或更多的大会战中击败法军，夺占巴黎，并将敌人的残 634
余部队逐至卢瓦尔河彼岸。法国的最脆弱地区是巴黎与布鲁塞尔之间，那里边境离首都仅 150 英里。此乃一群盟国——英国、尼德兰、普鲁士和北德诸邦——的天然集结区，它们全都有领土在附近，某些实际上与之毗邻。奥地利和南德诸邦要便利地作战，就只能从上莱茵出发，其天然的进攻方向是朝特鲁瓦和巴黎，可能还朝奥尔良。这两条入侵线一条起自尼德兰，另一条起自上莱茵，都完全正常、短捷、自然和高效；法国权势的重力中心则在这两条线相

交的地方。因而，整个进攻力应当被分开在这两点之间。

只有两个考虑对这规划的简单性打折扣。

奥地利人不会不掩护他们的意大利诸邦。他们将始终希望控制那里的局势，因而他们永不会让事情达到一个地步，即意大利仅由从事攻击法国心脏地带的兵力去掩护。意大利的政治状态既然如此，奥地利的这一关切就是真实的，尽管次要；然而，让从意大利进攻法国南部这老的、往往被尝试的方案与之相连，将是个大错。由此，倘若首场战役遭遇严重逆境，奥地利在意大利的兵力就将被增至远高于仅安全本身要求的水平。仅少量兵力应留在意大利，除此之外不应当有任何兵力被扣下不投入主攻，如果众规之规——**观念统一、兵力集中**——要得到遵守的话。取道罗纳河征服法国实属易事，犹如靠拉刺刀尖拾起一支毛瑟枪那样。然而，即使作为一场辅助作战，对法国南部的进攻也应受到谴责，因为它只能激起新的抵抗资源。每逢一个边远外省遭到进攻，一个人就煽起了否则将照旧静歇的关注和激动。除非留在意大利的兵力显然超过其安全所需，因而注定无所事事，从意大利进攻法国南部就没有正当理由。

因此我们重申，被保留在意大利的兵力须是状况许可下最小规模的。如果它将使奥地利人免于在一场战役中丢失整个地区，它就够大了。为了我们的例解目的，我们将设定它为 50000 人。

另一个考虑是法国海岸。英国主宰海洋；因而，法国必定对自己的整个大西洋海岸极端敏感，必定保留某些部队去守卫它。不管它们的海岸防卫多么弱，它们使其边境有三倍之长，因而法国必须从战区撤调非同小可的兵力。如果英国有两三万登陆部队可用

于威胁法国,它们或许可以令两三倍于此的法国人动弹不得;而且,这不仅涉及部队,而且涉及用于舰队和海岸炮台的金钱、大炮等等。让我们设定英国人有 25000 人用于这目的。

因此,作战规划最简单地说将有如下述: 635

第一,在尼德兰集结 200000 普鲁士人、75000 尼德兰人、25000 英国人、50000 北德联邦部队,共 350000 人。

第二,200000 奥地利人和 100000 南德诸邦部队将集结在莱茵地区。他们和荷兰人将同时朝塞纳河上游挺进,再从那里奔赴卢瓦尔河,并且也将争取打一场大会战。两大进击或许可会合于卢瓦尔河畔。

这勾勒了主要各点。我们的进一步谈论有如下述,主要意在消除误解:

1. 总司令的主要关切须是寻求必要的大会战,并且以如此的数量优势和在如此的条件下打这会战,以致将可望取得决定性胜利。一切都须奉献给这个目的,要分调至围城战、封锁、驻防等等的兵员应当尽可能最少。如果像施瓦岑伯格在 1814 年那样,他们一抵达敌方土地就呈扇形散开,那么一切都会被丢失。1814 年时,只是法国的虚弱才使盟国免于在头两周里遭到彻底的灾难。进攻应当有如被大锤猛击的楔子,而非膨胀直至爆破的气泡。

2. 瑞士须被留待它自主自谋。如果中立,它就构成莱茵河上游的一个好支点。如果法国攻击它,就让它自卫——它能在几个方面就此做得很好。如果认为瑞士作为欧洲的最高地,必定支配战争的地理方略,就愚蠢不过了。这影响只能在某些非常有限的条件下起作用,它们在眼下这个场合不存在。

当法国的心脏地带遭到进攻时，法国人无法基于瑞士对意大利或斯瓦比亚发动一场强有力的攻势，而且瑞士的海拔高度尤其不能算作一个决定因素。任何出自这类战略制高的好处首先主要归于防御，对进攻来说它有的任何重要性只能在首次冲击中起作用。如果谁不懂得这一点，他就是尚未想透它。如果在一次未来的战争议事会上，某个有学问的参谋本部军官竟一本正经地呈上这聪明，那么我们预先宣告它是彻头彻尾的胡说，而且我们希望某个富有寻常经验的坚毅的战斗军人将在那里令他闭嘴。

3. 两场进攻之间的空间问题简直不值得讨论。有 60 万人集结在距离巴黎仅 150 或 200 英里的地方，准备好打击法国的心脏，此时难道真的需要考虑掩护上莱茵，意即掩护柏林、德累斯顿、慕尼黑和维也纳？这么做将毫无意义。侧面交通线应否得到掩护？
636 920 这值得某种注意；然而，一个人其时可能合乎逻辑地被引导到发动另一场攻势，以其力量和意义去提供这掩护。如此，他将发觉各盟国不是在两条线上挺进——它们的位置使之难以避免——而是不必要地沿三条线挺进。三条线可能接着变成五条线，甚或七条，整个糟事将重新开始。

两场进攻中的每一场将有它自己的目标，而且无疑，分派给它们的兵力将对敌军兵力占显著优势。如果每场进攻都因决心而加紧，它就不能不有利于另一场进攻。如果其中之一由于敌人未同样地分兵而陷入麻烦，就应当有可能依靠另一场进攻的成功去自动地弥补损害。这就是两支大军之间的真正联系。见到它们彼此隔开多么远，就明白将不可能有一种涵盖日常事态的互相依赖。也没有这个必要；因此，两军之间密切的或——更准确地说——直

接的联结殆无价值。

敌人在其核心部位遭到进攻，无法省下任何值得一谈的兵力去打破两场攻势的合击。可以发生的最坏情况在于，由突袭队支持的民众可能试图这么做，使法国人不用为此目的而分遣正规部队。要反击他们，只需在兰斯的总方向上，从特里尔派出一个有 10000 至 15000 人的骑兵力量强大的军团。它将残暴地踏平任何突袭队，并且能够跟上主力。它既不应监察要塞，也不应封锁它们，而是绕过它们；它不应依赖任何确定的基地，而应在优势兵力面前沿它乐意的任何方向撤退。没有什么大害会落到它头上，而且即使落到它头上，也不会是对全体的灾难。在这些条件下，这么一个军团或可有益地充作两场攻势之间的一个联结。

4. 两项辅助作战——驻意大利奥军和英国登陆部队的作战——能任其斟酌决定去追求它们的目的。只要它们并非无所事事，它们的存在就是合理正当的，而且任何情况下，两场主攻中的任一场都不得在任何方面依赖它们。

我们颇为确信，以此方式，法国能被搞得屈膝就范并得到教训，在它选择重演它已折磨欧洲达 150 年之久的无耻傲慢行为的任何时候。只有在巴黎远侧，只有在卢瓦尔河畔，它才能够被搞得接受欧洲和平要求的种种条件。任何别的都不会显示 3000 万与 7500 万之间的自然关系。然而，这不会被做到，如果法国被各国军队围住，从敦刻尔克到热那亚，就像它在一个半世纪里一直的那样，与此同时它们却追求五十个不同的小目标，其中没有一个重要得足以克服惯性、摩擦和总是——特别在各盟国军队里——浮现不绝且恒久重现的外部利益。

读者不大可能误解，这么一个方案简直全不符合联合起来的德意志诸邦军队的临时组织方式。据此，德意志的联邦部分将构成德意志力量的核心；普鲁士和奥地利从而被削弱，丧失它们应当
637 拥有的显赫优势。然而在战时，一个联邦国家是一种可怜的核心，缺乏统一和活力，全无任何选择其统帅的合理途径，没有权威或责任。

在德意志帝国内，存在两个天然的力量中心——奥地利和普鲁士。它们的力量是真正的打击力，它们的刀剑强固坚利。它们都是君主国，身经百战。它们的利益清晰分明；它们是独立的强国，显赫地凌驾其余。这些天然线条，而非谬误的"统一"理念，确定了德意志军事组织应当遵循的轮廓。在这些状况下，统一无论如何不可能，而追寻海市蜃楼时牺牲掉可能的前景的人是个蠢人。

评　论

伯纳德·布罗迪

《战争论》导读

伯纳德·布罗迪

我在我的导论文章里说，许多人发觉难以读懂克劳塞维茨，尽 641
管他展示的思想并非本质上难懂。原因有几个，其中最重要的是论辩的主线往往在展开过程中失踪，不管是因为举例丰富和多有保留，还是因为有时条理不佳。还有，克劳塞维茨虽不经常但间或是玄学式的，那比需要的更令读者烦恼。此外，某些长段只有纯历史价值，或像某些人会认为的那样陈旧过时，同时另一些长段对当时的时代来说具有最大意义，而这可以帮助读者预先注意到哪个是哪个。最后，一名不熟悉该领域的读者将无从知道作者提出的某些观点是多么与众不同，因而他可以得益于在适当的地方指出这特质。我全不想画蛇添足，而且如果我有时错在多余的喝彩，那么我将做出弥补，靠的是就相对无益的段落告诫读者。

简言之，这篇导读的主要目的在于加强读者在初读时对文本的理解。如果他发觉它未能达到这一目的，或者就此并非足够成功，以致值得花费他的时间，那么他应当有最近的退路可走，那近得如同下一个逗号或句号。

就使用这导读而言，读者将找到最适合他自己的方式。为数

甚少的某些人可能想在阅读文本以前从头到尾通读它。或许大多数人想要联系文本逐篇使用它,甚或以逐个更短的篇幅使用它。同样可以有帮助的是,在读完文本以后,将它当作一番快速复习去读,而且也是为了找到被记住的段落,其确实所在处一个人回想不起来。

由此这篇导读不是一个梗概,因而我们不受拘束地详说某些章次或段落的细节,同时相当简略地触及其他章次或段落,或者完全掠过它们;后一场合,我们不一定提到我们正在这么做。不仅某些部分确实比别的更有意义,或更引人注意,而且某些绝佳的章次全无特殊陷阱。

642 1827 年 7 月 10 日的"说明",连同那未标日期但显然是后来写的说明,是作者与其书稿一起遗存于世的,它们道出了他的未实现的书稿修改计划。在先后撰写这两则文书的间隔期间,他已整个重写第一篇第 1 章,那是他认为完成了的唯一的一章。他的进一步修改计划将主要谋求通贯全书使两个观念更加鲜明突出。它们是:(1)始终在(应用现代术语说)全面战争与有限战争各自的要求之间做出明确区分的重要性;(2)一个根本的、渗透一切的必需,即认识到"**战争只是政策的以另一种手段的继续**"(着重标记出自克劳塞维茨)。一个人感到,后一观念虽然在作者任职早年就近乎被探到,但仍未在他脑海里结晶,因为它只是形成于他撰写工作的最后几部分,亦即第八篇第 6 章和最终改毕的第一篇第 1 章,也因为他说预期进一步制定第八篇,以帮助澄清他自己关于这个论题的思想。可能,在撰写 1827 年"说明"之后,我们现在所见的第八篇得到了某种程度的"进一步制定",但在作者 1830 年动身前往他

一年后将在那里去世的西里西亚时，它尚未最后定稿，而且他肯定还未争取使这观念通贯全书，渗透始终。

第一篇：论战争的性质

我们不评论“作者前言”而进至**第一篇第1章**，即唯一被完成的令作者满意的一章。这章最浓缩地集合了见于全书的种种思想，而且它们的广度和重要性使得这章成了一篇极全面的导言。若无合适的解说，它也可以令某些读者多少迷惑不明，而这解说是我在此将试图提供的——与将用于其他各章的相比更详细。

战争的**目的**，克劳塞维茨在一番三层次的陈述中说，在于(1)将我们的意志强加于敌人，为此(2)我们使用最大程度的可用的武力为**手段**，(3)**旨在**令他无能为力。我们于是开头就见到军事目标与政治目的之间的区分。

对战争的残酷感到的忧痛决不能被允许去阻抑手段的使用，因为“战争是那么一种危险的事务，以致出自仁慈的错误最为糟糕。”文明民族可能做出种种阻抑，但这归因于种种社会因素，它们“不是战争的组成部分”。接着，“将温和节制原则引入**战争理论本身**总是会导致逻辑上荒唐可笑”(着重标记系添加)。

意思会清楚一点，如果一个人注意到这开头几页里，克劳塞维 643
茨在使用词语形象(word-image)，那是他那个时代的伟大德意志哲学家、特别是康德和黑格尔使之成为时髦的。他们强有力地复

兴了古老的玄学派，那带有多少容易令人上当的名称“观念主义”[①]。于是，在这一派的语言里，战争只是存在的另一种形式，它像存在的任何其他形式一样，出自一个根本模式或“观念”，在其中它有它的真正实在。为了正确地理解战争，一个人首先必须在其“绝对的”或“观念的”形态上去看它，那被克劳塞维茨称作“战争的纯概念”。正是在这个意义上，他谈论“战争理论本身”（“在其本身中的战争理论”[②]），使人想起康德的著名短语 *das Ding an sich*（“在其本身中的事物”）。幸运的是，克劳塞维茨生性太讲求实际，不致深陷或久陷于这类观念主义而自我迷失，然而这里有如一道幕布升起在他的杰作上，这位从未毕业于一所大学的人穿着学院长袍入场。

然而，他同时仍是现实主义的，在这个词的通常意义上。他肯定深信他在说的话。他见证了漫长残忍的战争史上某些最恐怖的景象，包括法国人在从莫斯科撤退途中灾难性的别列齐纳河渡，那是他亲眼从俄国人一边看到的，并以最深切知觉的、战栗不已的痛苦在给他妻子的一封信中予以叙述。然而，他后来在批评离现场最近的俄国将领维特根斯坦的时候还写道，假如他更直截了当地进攻，“他本可以令法国人遭到大得多的损失。”克劳塞维茨无疑是个心灵敏感的人，但他长久以来已至少在智识上适应他的职业的严酷要求。他很明白，他为达到这些要求，不得不练就一副铁石心肠，不是一劳永逸而是反复不断，而且他不遗任何时机给读者加诸

① Idealism，即我们一般称的“唯心主义”。——中译者注

② “The theory of war [in] itself”。——中译者注

一种类似的义务。值得注意，他觉得有必要讲到这些令人不悦和不安的事情，那是其他论说战略的著作家们不讲的。

在这个开头几页，他还饶有洞察力地触及激情在战争中起的作用，那不可避免地扭曲清晰的目的观念。“如果战争是一种暴力行动，那么它不可能不涉及激情。”由于著作的主要论辩矛头将在相反方向上，因而必须一开始就直说这些问题。

先对战争的“极端”形态致意，其时他不失建树地写下了某些重要的实际想法，然后他做了一个意义非常重大的转折，转向那就著作的几乎所有其余部分而言他将始终占据的地域。他给第6节取了个标题——“实践中的缓解”。当我们从抽象世界转入真实世界时，“整个事情看起来就大不一样。”只有符合一定的条件时，抽象或“完美”形态上的战争才能够存在于真实的世界，而其中最重要的在于战争应是“一种全然孤立的行为，突然爆发，不由政治世界里先前的事件产生。”然而他说，“战争从来不是一种孤立的行为”。他还指出，“即使是一场战争的最终结局，也并非总是被认作落定不移”(他的祖国普鲁士作为一个军事强国，在1806年的耶拿战役中实际上被翦灭，但在1813和1814年战役以及1815年的滑铁卢战役中强劲再起，而克劳塞维茨一向深深涉足所有这些事件)。

644

随他往下谈论，政治目的登上前台。它是从事战争的最初动机，现在或许已由战争环境中的战事操作修改。在某些场合，政治目的和军事目标同一，例如征服一个被意欲经久保有的省份；在别的场合，“必须确定别样的军事目标，它将服务于政治目的，并在媾和谈判中象征这政治目的。”在此，克劳塞维茨心里想的是例如夺

取和保持一块领土，仅为讨价还价目的。然而，在做这些决定时，必须小心从事；“必须注意所涉及的每个国家的特性。”会诱使一国俯首屈服的将导致另一国更强烈地抵抗。

接下来是一番关于促使战争活动中断的诸种因素的讨论，在那里他发展出了一个概念，他称之为“对极原理”，但那证明正是我们现在会以术语“零和游戏”（即一种在其中一方所得与对方所失成正比的竞争）去表述的观念。许多战争情势，他指出，并不符合这种样式；一方所失并非总是对方所得。他引入了一个以后要被展开的理念：“与进攻相比，防御是一种较强的战斗形态。”克劳塞维茨仍然间或说到“绝对王国”，亦即战争的极致形态或纯粹形态，但他越来越强调并详述那些将战争移出该领域的特性。

他现在进往一个更精确的战争定义。“假如它是暴力的完全彻底、不受制约和绝对的表现（像纯概念要求的那样），战争就会因其自身的独立意志，在政策将它召来了的那刻，篡夺政策的地位”。实际上，这正是即使并非大多数也是为数众多的现代将领觉得应当发生的情况。在麦克阿瑟将军所云“全无替代，唯有胜利”之中，这种想法的气味甚为强烈。而且，这也是克劳塞维茨在他那个时代通常耳闻目睹的观点，但他大不让步地称之为“全然错误”。他
645 现在用下面的话进至他那伟大和著名的准则：“如果我们记住战争出自某个政治目的，那么自然，它存在的这首要原因将保持为战争操作方面的最高考虑。……它必须将自己调整得适合于它的经选择的手段，而这调整过程可以大为改变它；但是，政治目的依然是第一考虑。因而，政策将渗透一切军事行动，并将在它们的暴力性质会允许的限度内，对它们有持续不断的影响。”这自然导致他做

出构成下一节的标题的宣告:“战争只是政策的以另一种手段的继续。”

因而,在他首次使用这伟大的格言以前,克劳塞维茨已经精确地告诉我们,他用它表达什么涵义。这是个特殊的涵义,不大可能被只听过向他援引的这句话的人正确地意识到。这观念古老悠久,然而永被忽视或拒斥。它遭此命运出于若干原因,其一是战争确实唤起激情,通常非常强烈的激情,另一是将领们喜欢大赢决胜,不管他们在从事的是什么较量,而且不喜欢被一个政治权威束缚,后者加诸种种可能修改这目标的考虑。

克劳塞维茨承认,将领有权利要求一点,即政策趋向不应当与他在被要求使用的手段相抵牾。这要求非同小可,他补充说,但是它永不会超出修改政治目的。然后他重申,“政治目的是终点,战争是达到它的手段,手段决不能与其目的隔开而被孤立地考虑。”

克劳塞维茨接着指出,在我们当今会称的全面战争中,政治目的与军事目标之间的紧张程度最小。“战争动机越强劲有力,越鼓舞人心……战争就将越趋近于它的抽象概念……战争的军事目标与政治目的就会越紧密地彼此重合,战争也就会显得更多的是军事性而非政治性的。”另一方面,像在有限战争中那样,动机不那么强烈,“政治目的将越来越与观念性战争的目的相左,冲突将显得是越来越**政治性的**。”然而:“尽管政策在一类战争中看来消失不见,而在另一类战争中显著昭彰,但这两类战争都是同样地政治性的。”原因在于,“国家必须准备应对的种种不测事件中间就有一种战争,在其中每个因素都要求政策居后,暴力主导。”他是在说总体战,那在当今将是核战争,然而对这么一种事态的接受仍是政策。

克劳塞维茨似乎不仅意欲告诉我们战争的涵义是什么，而且
646 意欲责成我们永远将它牢记在心。他坚持并反复申说战争始终是**政策的一个工具**，因为他知道——我们今天也知道——通常的做法相反，是让战争接管国家政策。

第一篇第 2 章：在这章里，克劳塞维茨考虑为什么某些战争是有限的，而且应当是有限的，既在持续时间和目的方面，也在烈度和手段方面。在阅读它（和以后各章）时，一个人不满地想起克劳塞维茨历来往往被称作“总体战鼓吹者”。这看法很可能仅限于那些从未碰过本书的人。然而，甚至已故的约瑟夫·I. 格林上校，在给《战争论》的一个先前的译本写前言时，也将一个中心命题即战争的目的是摧垮敌人的抵抗力归诸克劳塞维茨，并且随后补充说“他见证了拿破仑的各场战役的全过程，目睹了拿破仑大打其一场场战争去赢得它们。可能有一些人或一些国家心怀某种较小的意图投入战争。但是，战争作为一个整体，无法在任何这样的半途基础上被认真地讨论。”[①]要么格林上校从未读到他在为之写一篇前言的那部书的第 2 章（实际上克劳塞维茨已在第 1 章里示意了他在这个论题上的观点），要么更可能一番漫不经心的浏览（虽然他告诫不要如此漫不经心）并未触动他的先入之见。

本章开头是一番关于目的**并非**有限的战争的简短谈论，其中作者再度提醒我们，即使此等目的的成功实现也不必然是最终的（拿破仑的胜利在此贴切，希特勒的亦然）；接着，他进至考虑范例，

① Col. Joseph I. Greene, “*Foreword*” to Karl von Clausewitz, *On War*, trans. O. J. Matthijs Jolles(New York: Modern Library, 1943), p. xiii.

其中一方或双方的目的小于彻底解除敌人的武装。

虽然这类冲突不符合关于战争的纯理论，但纯理论由此变得更糟。他说，“理论决不应当将[①]提升到法则高度。”

无论如此，在敌人显著更强的所有场合，彻底解除敌人武装这目的显然不现实。甚至在可能继续打斗的场合，媾和的理由也存在于两种情况下：（1）不大可能取胜；（2）胜利的代价高得不可接受。究竟是哪种情况不仅取决于实力，也取决于动机：“战争不是一种盲目激情行为，而是受其政治目标控制，这目标的价值必须决
定为之要做**多大的**和**多久的**牺牲。一旦努力的花费超过了政治目 647
标的价值，这目标就必须被放弃，和平必须随之而来。”

克劳塞维茨当然明白，“初始的政治目的能够在战争进程中大大改变，并且可能最终全然变更，因为它们受到事件及其大概会有的后果影响。”然而，他看来分明拒绝任何关于这样的基本变更必不可免的意思，特别是在它们可能出自战争本身的时候。因为，要承认这么一种反馈的哪怕高程度的可能性，也会毁了他的基本争辩，即战争是政策的工具，而非相反。显然，他在示意控制的必要，既对激情，也对威望观念。

“在战争中”，我们的作者说，“有多条通往成功之道，并非全都涉及对手彻底失败。”他审视了这多条道路是哪些，包括消耗和“消极等待敌人进攻”，那可以磨损一个起初就无大意愿打仗的敌人的意志；而且他指出，总是将种种“对人不对事”（*ad hominem*）的情势牢记在心实属重要。国务家和军人的个性是那么重要的因素，

① ［解除敌人武装这目的］。

以至于首先在战争中不低估它们实属至关紧要。

虽然战争的政治目的可以无限多样,从立志歼灭到勉强履行一项同盟义务,但战争的手段总是一样,那就是战斗。然而,战斗的形式也多种多样,从力求摧垮敌军到单纯消极抵抗。可是一位统帅,如果宁愿要除了摧垮敌人武装力量以外的任何战略,那么他“首先必须确保他的对手要么不会诉诸最高裁决者——武力,要么在他诉诸它的情况下将被判失败。”

第一篇第3章:鉴于作者此后将赋予统帅的才能或天赋很大的重要性,他将这靠近开头的一章用于分析军事天才的特性。它颇不同于我们在其他行当里所称的天才。首先,单纯的个人勇气乃“军人的第一需要”。无疑,它在他那个时代比在我们时代更重要:想想在滑铁卢不断身处危境的威灵顿,或者两天前在利格尼受伤的年迈的布吕歇尔,当时他的坐骑在他胯下被击毙;然而,即使在我们当代,统帅也靠在战斗中显示自己的勇气而升至其位。与此相似,统帅须有铁石心肠,令自己对他人的肉体辛劳和遭难无动于衷。

然而,困难在于讲述所需的才智素质。克劳塞维茨大为仔细
648 地考虑这个问题,并且断定由于迅速的直觉判断和果断比强劲的深思能力必要得多,因而所需的是“一种强健而非辉煌的理智”。对意外之事的反应不需是非凡的,“只要契合形势就行”。然而性情素质,例如那些有助于意志力和行动干劲的,对统帅的天才来说同样必需。

还可以有某种自我披露式的东西,那在他的下述主张里透露出来:“在战斗中鼓舞人的所有激情中间”——这些激情首先赋予他行动必需的干劲——“没有哪一种像渴望荣誉和名望那样强劲

有力,那样持续不断。”其他情感,他说,可能更为普遍,更受尊崇,“但它们取代不了对名望和荣誉的渴求”。在这方面,内省本可能优化他的客观判断,因为无疑,克劳塞维茨在讲述一种深刻影响他本人的渴望。然而,我们仍应指出,在处理这个刺激性和难捉摸的论题时,他从不让他自己像那么多别人那样滑入浪漫主义。

就我们称作“想象力”的素质,他令人好奇地持否定态度。在强调他所称的地形感和方位感的重要性之后,他说“我们将这能力归因于想象力;然而,这是关于战争能从这轻浮的女神索要的唯一服务的,她在大多数军事事务中倾向于为害多于行善。”他将对这多少隐秘晦涩的陈述的理解留给读者去想象,但在概说最高统帅那里真正天才的诸项素质时(恰在提到波拿巴的英名之后),他说“这任务就更高的智力才能而言,要求的是一种整体意识,连同一种判断力,它们被提升到一种绝佳绝妙的想象力,轻而易举地抓住和撇弃千百个遥远的或然性,而那是一个普通的头脑会费力去一一辨识、并在这么做的过程中耗竭它自身的。然而,若无如前所述的性格和性情素质,那么即使是悟性——天才本身的绝佳慧眼——的这一超级发挥,也仍将够不上历史重要性。”他也并非未能提醒人注意统帅彻底领会国家政策的重要性。“在此层级上,战略和政策合而为一:总司令同时是一位国务家。”而且,接着在末尾,他将军事天才界定为“探索性的而非创造性的心灵,综合的而非专科的方法,冷静镇定的而非容易激动的头脑”。

第一篇第 4 至第 8 章:这五个简短但绝佳的章次构成一个统一体,因为它们的中心关切是战争的一类特征,那被克劳塞维茨称作“摩擦”,而且他主要在第 7 章里阐释之。摩擦是这么一种东西:

它那么经常地令纸面上看来那么简单和容易的实施变得困难，因而变得岌岌可危；它令那么多事情取决于统帅的意志及才智。

第 4 章“论战争中的危险”以寥寥几段提示思维的障碍，它们出自耳闻从头顶近旁飞过的嘶嘶作响的流弹声，出自目睹人们被击毙和断肢的惨景象。在这么一种氛围里，“理性之光以一种颇为不同的方式被折射，颇不同于在学院式思考中正常的。”

第 5 章谈论出自战争中往往难以置信的人体努力的摩擦。它既涉及一位将领能够要求他的部队做出的努力，它们在强行军或战斗中通常饱受多种多样的痛苦，也涉及疲倦对他本人和他的敏锐性造成的种种影响。

第 6 章引入一个要素，那一向被其他人称作“战争迷雾”，即情报的永久的不充足和不准确。克劳塞维茨告诉我们，“作为一项通则，大多数人宁可相信坏消息而非好消息”，如果一位统帅缺乏一种总能振作精神的性格，“他就最好定一条律令：压制他个人的信念，并且多怀希望少怀恐惧。”一个人再度疑惑，克劳塞维茨是否在此正告诉我们关于他自己的某桩事情。他“缺乏一种总能振作精神的性格”，而且或许出于这个原因，作为一名高级军官总是在参谋而非指挥职位上。

第 7 章直接谈论前三章在导向的那个论题：“战争中的摩擦”。这是他的各章中间最严整、最富灵感的章次之一。在战争中，他说，每件事都简单，“战略选择如此显而易见，以致比较起来，高等数学的最简单问题也有令人难忘的科学尊严。”然而，简单的也是困难的。“战争中的行动犹如阻抗环境中的运动。恰如步行这最简单、最自然的运动无法轻而易举地在水中进行，在战争中正常的

努力难以取得甚至很平庸的结果。”而且，“每一场战争都富含一个个独特的片段。每个片段都是一个未经勘测绘图的海域，遍布暗礁。司令官可以怀疑有暗礁，同时从未见过它们；现在，他不得不在黑暗中掌舵避开它们前行。”虽然他可能只有通过克服种种大困难才能取得进展，但“从远处看一切都可以显得是在自动进行”。阻抗是“理论永不能完全界定的一类力量”，并且使每一种精确的理论都不适切。作者许诺经常返回这个论题。

第 8 章终结第一篇，谈论关于所有各级军人、但特别是指挥将领在和平时期里取得相关经验的种种问题。“极为重要的是，没有 650
任何军人……应当等待战争去令他体验实际作战的那些他初次遭遇时搞得他惊异莫名、大为困惑的方面。”

难以猜测克劳塞维茨在从事他规划的修改时，是否会显著扩展第一篇的后五章。其中每章都只有寥寥几段，可是或许除结尾的第 8 章外，每章都似乎说了就它的论题需要说的一切。仍待补充一点：极少有别的战略著作家曾经提到由危险和个人艰辛引起的“摩擦”，虽然许多人一向执迷于错误情报导致的困难。被直接用于论说摩擦的那章是颗真正的瑰宝，并且解释了——在别的之外——为何克劳塞维茨如此反感将种种谚语和格言复合为一，如此反感从事此道的人们。

第二篇：论战争理论

克劳塞维茨去世后，1827 年 7 月 10 日的“说明”与其书稿一起被发现，他在其中将以当时样式存在的前六篇说成是“一堆相当

不定形的东西，必须再度被重写”。这么说时，他并非沉溺于徒然的自贬。他在据以衡量自己的标准无疑甚高，却非不切实际，因为我们见到它在第一篇的大部分、特别是唯一据他认为完成了的那章里被达到了。在那章里，小些程度上还在第一篇的其余章节内，结构严整，思想清晰而紧凑，没有过多赘语，并且以最大的逻辑连贯性接续畅流。那些部分没有他在“说明”里讲的“大量多余的资料”。然而，在第二篇里，像在后续各篇的不同部分一样，我们见到了一种不同的写作。我们仍然毫无疑义地在与一位克劳塞维茨打交道，他已写下“多年思考战争和勤奋研究战争的果实”，可是我们也在处理一部未完成的书稿。它不是他所称的“一堆不定形的东西”，然而它被组织得不那么好，不如它本可以被做到的，况且我们确实间或发现它一再反复申说，使人腻烦。无疑，这些特征增大了某些人发觉在阅读或理解克劳塞维茨时的困难，而通过直面其原因，这困难被最大程度地克服。

第二篇第 1 章：该章被例如用去写某些定义和区分，它们并非很有助于论辩。有几项刻画良好和大可援引的句子，例如在第一
651 段里的如下一句：“作战是精神力和物质力的较量，经过物质力这一媒介。”同样，他以虽然不同但相关的话语，写下了战术与战略之间的区别。首次尝试时，他说战术“教的是**如何在交战中使用武装部队**”，战略“教的是**如何为战争的目的而使用交战**”（着重标记出自他本人）。

第二篇第 2 章：然而，这章马上变得更有趣味。它以宽泛笼统的方式，讲述了战略研究在他自己以前的不能令人满意的性质。他没有点名批评，但他似乎不同时候在讲路易十四的围城战大师

沃邦侯爵、路易十四的元帅莫里斯·德·萨克斯、弗雷德里克大王、离克劳塞维茨最近的前人迪特里希·冯·比洛伯爵和他的同代人约米尼。在他们和其他人中间,他见到差别甚至进步,但总的来说他发觉他们的思想大有局限,那就是没有考虑战争包含的“无穷复杂性”,而且“只涉及物质因素和单方活动”。特别重要的是,他说,要考虑到如下事实,即在战争中“一切都难以预料,估算不得不凭种种变量做出”,“一切军事行动皆与心理[或“精神”]力和心理[“精神”]效应相交织”,而且战争由“敌对双方的不断互动”构成——况且这敌对双方代表程度大不相同的才能。

他坚持认为,必须避开声称提供一种行动指南手册的种种信条。他确实相信理论,但只相信从长久的战争史研究中发展出来的那类。理论的存在,他说,是为了“准确地区分乍看来似乎混为一团的东西”。有好的理论,一个人吸取新素材和新经验,而无须每次都从头开始。换句话说,它是通过组织心中的经验去促进洞察的一个途径。这类理论有助于未来的指挥官,因为它在他的自我教育中给他指引,但它不适于陪伴他步入战场。简言之,它旨在训练才智,而非灌输信条。

如果这一切看似朦胧不清和无助实际,那么指出下面一点就应当够了:克劳塞维茨确实是在讲述一种许多人经历但极少人认识到的经验——教育对心灵的微妙影响。教育,几乎无论哪个专门领域的教育,无疑强化我们的智识敏感性,而它依以这么做的方式之一,是使我们更多地意识到在时间和环境方面相隔遥远的不同事件之间的联系。在任何领域,理论越以一种专门方式促进这样的意识增进,并且避免沦入迂腐和教条,它就越有价值。克劳塞 652

维茨差不多说了同样的道理：一位明智的教师"指引和激励一个年轻人的智能发展，但当心不在他的整个余生始终牵手带领他。"他并不反感原理和规则，**如果**"真理自发地结晶为这些形态"。令他担心的是那类强加的结晶过程。

他提出，要以研究手段与目的之间的关系——先在战术后在战略方面——去开始一种战争理论。这么做的目的大多在于排除不相干性。例如，战争操作必定与使用火炮相关，但不关乎如何制造火炮。与此相似，"战略使用地图而不费神忧虑三角测量"。在克劳塞维茨看来，相关领域的这一简化顺便解释了"为何在战争中人才如此经常地成功出现于较高层级，甚至如最高统帅，其先前工作领域全然不同"。克劳塞维茨没有给我们提供姓名，但他在想的可以是克伦威尔，可以是克伦威尔的海军司令布莱克，也可以是从亚历山大大帝到他祖国普鲁士的伟大君主弗雷德里克二世的许多尚武君王。最后提到的那位直到登基为止，远更热衷于音乐和法国文学，而非军事。茫然出神于仅有极少准备而变成伟大统帅的那些人，结果险些使克劳塞维茨否认或至少看似否认任何一类智识准备的价值。有如一位作者就他的著作说的，"这几百页极为博学的文字有一个经明确表达的目的：给读者心中造成读书一概无用的印象。"[①]哦，并非如此。在这章结束以前，克劳塞维茨业已强调：首先，"从未有任何伟大的统帅是个智力拮据的人"；其次，在有天生才能之处，它必须形成做出合适的决定的能力，这意味着它必须"由思考和研究去训练和教育"。

① Jolles, "Introduction," *On War*, p. xxiii.

第二篇第 3 章:克劳塞维茨开始谈论现在熟悉的问题,即战争操作是一门艺术还是一门科学,并且断定虽然它更多的是前者而非后者,但它严格地说两者俱非。战争操作是,他说,利益冲突;接着,他奇特地将它比作商业,后者他同样称作"人的利益冲突和活动冲突"!他当然是在表达纯粹的重商主义情绪。他没有顺便阅读亚当·斯密的伟大著作,那他出生前四年出版。尽管如此,他的根本观点依然成立:战争不是针对没有生命或消极顺从的物体的意志行使(这大概是他对艺术的定义),而是意志针对"一个做出**反应**的生命体"。正是这同一个基本信条,使现代博弈理论有别于简 653
单的概率论。

第二篇第 4 章:随某些简短的用语界定之后,克劳塞维茨指出在战争理论中,"不可能有任何普遍得足够有资格称为法则的规范"。然而,原理和规则确实可用,虽然更多地可用于战术而非战略。将它们记在心里作为辅助是有用的,但不要将它们教条式地应用于每项形势。常规也可以有用,特别就低级军官而言,因为常规办法"将稳固他们的判断力,也将保护他们抵御古怪和错误的谋划,那在一个代价那么高昂才换得经验的领域是最大的威胁。"在缺乏好的理论时,常规会影响甚至最高层级上的重大决定。虽然一位伟大统帅有权利表现其个人风格,但在其他将领模仿这风格时,他们可能是在采取一项殆无意义的常规。作为一个例子,克劳塞维茨举出对他来说一直是项惨痛的个人经历的那次失败。他 1806 年身处耶拿战场,当时普鲁士将领仿效弗雷德里克大王的常规,拱手让拿破仑摧垮他们的军队。

第二篇第 5 章:这重要一章开头就展现了阅读方面的某些微

小的额外难度，因为克劳塞维茨在哲学上足够精致，懂得因果问题比外行人通常设想的更复杂。论题为评析往昔的战役或会战，那被作者发觉是研究军事理论的好途径，部分地是因为任何评析必须依据的理论思想经过反复应用而变得更加为人熟悉。然而，由于评析本质上关系到清晰地追踪出原因和后果，因而除非依据一番对所探究的事件的叙述——准确的和足够全面的叙述，它就毫无价值。评论者必须像军人应当使用他们的那样去使用他自己的理论概念，即用作判断的襄助，而非用作法则。克劳塞维茨不失再度宣告一个思想，即只要一切军事行动意在实现一定的目的，则在“那些涉及决定性大行动的场合，分析必须延展到**终极目标**，那就是带来和平。”

在任何优良的评析中，“并未实际发生但看似可能的事情……不能被留下不予考虑”。作者举出波拿巴经意大利突入奥地利的1797年战役作为一个例子，并且顺便作出了下述本质上是克劳塞维茨式的评论：在1797年，与波拿巴1812年在莫斯科碰到的形势
654 相反，“殊死抵抗终有成效这秘密尚未被发现。”他用了另一个例子，波拿巴为了猛扑某些救援纵队而在1796年解除对曼图亚的围困，以便表明时髦风尚的专横控制能够阻止一个人去考虑可行的别种可能。偏见的专横控制能够有同样的效应，就像取自波拿巴的战役——这次是1814年战役——的再一例证明的。

适才讲述的评析的主要目的，不在于褒贬统帅，那是难以或不可能做得公允的，因为评论者无法在精神上像参与者一样置身处地。一个明显的差别是他知道结果。“评论者……不该像对待一道算术题运算似地审查一位伟大统帅对一个问题的解决办法。”以

提示褒贬的方式去讨论特定的行动或决定可以是有益的，甚至必不可免，但特别就一位杰出的统帅来说，评论者必须避免暗示他会做得更好。

波拿巴在 1812 年的莫斯科战役中遭到灾难性失败，而他在奥斯特利茨(1805)、弗里德兰(1807)和瓦格拉姆(1809)之类早先的战略中取得成功：胜败之别不那么是个战略差异问题，却更多的是出于一个事实，即在早先的战役中他正确地估计了自己的敌人，而在 1812 年战役中他没有。这只是由结果证明(克劳塞维茨将在第八篇第 9 章返回这个主题)。然而在战争中，所有行动仍以很可能的而非肯定的成功为目的，而且绝顶大胆有时乃绝顶明智。

克劳塞维茨以审视评论者的三种通常的祸害结束本章。他说出第一种只是在再度考察下述谬误之后：将原理或规则用作僵硬的外在指南，而非训练司令官(或评论者)的头脑的一种襄助。“永不应当使用刻意精致的科学准则，仿佛它们是一种真理机器。”第二种通常的祸害是过度使用行话、专门术语和譬喻，评论者由此“不再知道自己在想什么，却以模糊不清的理念安慰自己，这些理念若以朴实明白的说法去表述，就不会令他满意。”第三种是误用和滥用史例，评论者由此从悠久的往昔和遥远的地方硬扯来三四个据称的例子，只是为了炫耀他的博学。这些例子含糊暧昧，而且通常至少部分地谬误，只给它们据想是要予其助益的讲求实际的军人造成坏印象。

理论必须依凭简明的用语和直截了当的战争操作观察；它必须避免虚妄的自称，避免对科学程式和历史概略的很不得体的炫耀；它必须坚执要害，永不与“那些必须依靠自己的天赋才智在战

场上操作战事的人”分道扬镳。我们注意到,尽管有对他过分哲学气做的一切指责,克劳塞维茨决心写一部讲求实际的书。

第二篇第6章:在第二篇的这结尾一章,克劳塞维茨发展了一个在前一章里从反面讲出的观点,那里他说评论者们普遍有的三大谬误之一,在于误用史例。在此,他提议展示史例的正确用法。

“战争艺术的基本知识”,他说,“是经验性的。”于是,战争的本性仅靠历史经验才向我们透露出来。我们可以研究手段,例如从火炮发射出来的炮丸的物质效果,但这不同于历史经验,不会使我们得知久经沙场的部队与未经磨炼的部队在坚定性方面的区别,它们就是依凭这坚定性面对炮火屹立不移。诚然,我们并非总是有足够广泛的经验去足够多地得知我们想知道的一切。顺便说,有趣的是克劳塞维茨不了解战争工具方面迅速的技术变革,从而将我们当今就史例的功用会倾向于提出的观点反转过来,以证明有理由改变现行惯例。如果手段已证明高度有效并由此变得时髦,他说,我们便会希望有改变它们的靠得住的理由,意即能够从历史抽取出来的理由。在核武器时代,这论辩听来古怪,虽然就不那么急剧的变革而言,他的看法很可能依然成立。有如我们已见到的,在一个蒸汽动力钢制战舰时代,马汉合成了一套中肯适切、饶有根据的海军理论,几乎完全出自帆舰时代的海战经验。

克劳塞维茨说,有四种不同的史例用法。第一种只是**说明**一个理念,它在别种情况下被表述得过于抽象,而第二种是显示一个理念的**应用**,以致我们能见到种种细小境况的作用,那不会被囊括在一个笼统的准则内。这两种用法共有一个事实,即所用史例不需全然准确或全然真实,因为不想去**证明**任何事情。在这些场合,

史例只是一种讲解性襄助。

在第三种情况下，一个人意欲证明某个现象或效应的**可能性**，而在第四种情况下，意欲的是推演出一项规则或信条，其证明只能寓于历史证据本身。这里需要真确的历史，但是在第三种情况下单独一个例子可能够了，而在第四种情况下要求严格得多。在第 656
四种情况下，一个人需要相当多的支持案例，同时全无或很少相反案例；不仅如此，在每个场合都“必须注意，涉及这真理的每个方面都要被充分和详尽地展开”。

通常的做法是肤浅地涉猎多个历史事件，其主要弊端较少在于读者对它们了解不足，难以评价作者的判断，更多地在于作者本人从未把握他援引的事件。“对历史的这类肤浅空洞、不负责任的处理导致成百种错误观念和理论构建妄图。”彻底详述单独一个事件比仅仅肤浅涉猎十个事件要好。由于这些及相关的原因，同样较好的是取材于晚近而非古远的军事史。晚近的历史不仅被了解得较好，而且种种状况，包括武器状况，更似于当今。对克劳塞维茨来，这意味着从奥地利继承战争（1740 至 1748 年）开始的例子，那恰巧是弗雷德里克大王打的第一场战争。这仅囊括大约 75 年军事史（它定然终止于滑铁卢战役），但他承认并非绝对排斥早远的时代，包括古典时代，究竟如何取决于我们意欲从历史中提取什么。

一个人注意到，克劳塞维茨关心他在考虑的那个过程的诚实性。浅薄地涉猎古远的历史事件的那些人难得显出“任何目的诚实，任何旨在教导和说服的认真尝试”。他们通常只是在附庸风雅。然而，克劳塞维茨会对第二次世界大战后的大多数战略著作

家作何评价？他们远非过分装作通晓军事史，而是显得对全无这样的历史知识毫不自耻。

第三篇：战略通论

第三篇第 1 章：作者现在进一步洞察战略及军事天才的更深涵义。重要的是坚持集中关注目的，作为参与者也作为评论人，并且看一位高明的统帅依凭怎样的行为方式、依凭怎样的洞察和决策才能达到他的目的。

“战略包含的每件事”，克劳塞维茨重申，“都很简单，但这并不意味着每件事都很容易。一旦从政治状况出发，一场战争要实现什么和它能够实现什么已被确定，规划路径就并非难事。然而，为
657 了坚定地遵循到底，为了贯彻计划，为了不被数以千计的分心之事
946 甩出轨道，就需要性格的伟力，连同头脑的清澈和精神的坚毅。”

在弗雷德里克大王的 1760 年战役（七年战争中段）期间，是他的快速行军和迂回一向饱受赞誉，然而他的明智的真实证据在于这么一个事实：“以有限的资源追求一大目标，他没有试图去做任何力所不及之事”。他的迂回确实值得赞美，虽然不是因为它们表露的理念，而是因为使得这位国王能够贯彻它们的大胆、果断和意志力。这样的执行方面的奇迹，他说，只有那些持有实际战争经验的人才能由衷地赞赏。

后一思想，我们可以补充说，是克劳塞维茨不断强调实际经验至关紧要的关键，这强调导致他的某些解说者困惑莫名，不知他是否认为能从书本得出任何对战争理论来说可贵的东西！他预期他

的大多数读者已有经验，预期别的读者理解缺少经验会导致怎样的匮乏。“那些只从书本或检阅场得知战争的人不可能认识到存在这些行动障碍，因而我们必须要求他们崇信他们在经验上缺乏的东西。”

夺取一个城镇或省份可以极少军事价值，但这加大了敌人受到的制约。另一方面，如果我们忘记了最终目的，依从被占省份本身就有价值这观念，那么我们可能会漠视一点：拥有它们可能在以后导致种种确切的不利。重要的不是孤立的得益，而是最终的权衡。克劳塞维茨心里无疑有许多亲眼所见的例证，例如拿破仑成功夺占莫斯科，然而我们也在我们自己的时代见到了他的观察之真确。日本随 1941 年 12 月袭击珍珠港之后夺占了许多海岛和领土，但它们在第二次世界大战的后来各阶段证明是负资产，其时它的驻防军孤立自处，动弹不得。晚近，以色列在 1967 年战争中攻占西奈，导致在 1973 年战争中的一项严重不利，因为这在别的以外，意味着背上额外的后勤困难，那先前一向只是敌人的负担。此外，1967 年战争还提示，在会战期间，最好是让敌人而非自己背后有一片可怕的沙漠。通过派遣其军队跨越这沙漠，纳赛尔总统太清楚了显露了他的敌对意图，而且当他的部队在攻击之下瓦解时，正是这沙漠令其遭受灭顶之灾。

第三篇第 2 至第 7 章：非常简短的第 2 章须被解释为只是厌 658
恶地拒斥克劳塞维茨的某些前人和同代人，特别是冯·比洛。第 3 章“精神要素”重申克劳塞维茨在其全书通篇反复强调的一个主题，也是克劳塞维茨知道他就此并非独自孤鸣的一个主题。可是他抱怨说别的理论家忽视它，而且确实，他的同代人包括约米尼

在内将侧重点置于“原则”，亦即置于程序。尽管如此，那总是由战争中成功的统帅获取的光荣仍一向自动确认克劳塞维茨和其他军事著作家称作“精神”(moral) 的素质——它当然在此意义上与伦理无关。

同样肯定，克劳塞维茨以来，大多数论说战略的著作家不是没有认识到这类素质的重要性，即使他们在谈论别的事情的时候——有时例如在福煦那里与他事相比甚至太强调它。然而，并非虚荣使威灵顿在滑铁卢战役刚过后的早晨对他的朋友托马斯·克里维宣称，“假如我不在那里”，这场会战本不会被打赢。他同样不怀疑，假如有一位不如布吕歇尔那么决绝果断的伙伴前来支援他，它也不会被打赢。克劳塞维茨亲眼见证了这决绝果断——他当时是布吕歇尔麾下的军团司令之一提埃尔曼的参谋长——正如他在前两年里的多个其他场合见证了的那样。[①]

作者对军队的武德的讨论令我们惊异，因为其现代性。在心理问题上，克劳塞维茨一向是观察家中间最敏锐也最有分寸的。“一支军队的效率”，他说，“从对它为之而战的事业的热忱获取活力和锐气，但这样的热忱并非必不可少。”接着，在勾勒了什么造就“真正的武德”和讲述了它的重要性之后，他继续说——就像在所有论说战略的经典著作家中间只有克劳塞维茨才会的那样——

① 滑铁卢大战期间克劳塞维茨险些丧命，因为布吕歇尔的果敢，也因为他的参谋长、克劳塞维茨的朋友和主持者冯·格奈泽瑙将军的战略洞察力。全心全意地回应威灵顿的支援吁请，布吕歇尔仅将冯·提埃尔曼将军的军团(连同克劳塞维茨)留在滑铁卢以东约 14 英里的维弗雷，以对抗格鲁希元帅。当后者证明大占兵力优势时，提埃尔曼急请其首长派兵增援；然而，当时正接近滑铁卢的格奈泽瑙用下面的话拒绝了他：“只要我们在此赢得胜利，即使他被粉碎也无关重要。”

"没有人能够主张倘无这些素质就不可能打赢一场战争。我们强调这一点，为的是澄清概念，防止在种种笼统表述的迷雾之中迷失思想，避免给出说到底唯有军事精神才重要的印象。……一支军队的精神……是一种**其效能可予度量**的工具"(着重标记系添加)。作者说"可予度量"，自然不是指他能够用数字将它量化，而只是指 659
甚至最重要的事情，其意义也能被夸大。同一理念可被不言而喻地表述如下：(在一支军队及其领导那里)，凡若干素质至关重要之处，没有哪一项素质能够压倒一切地绝对重要。然而，其他著作家没有直率地道出这些简单的常理。

武德只有两个来源：一是接连多个打赢的战役，二是"军队经常竭尽全力"。后者看似令人惊奇，但"一名军人对自己克服了艰难感到自豪，恰如他对自己直面了危险感到骄傲。"我们正再度听见长久经验之音。克劳塞维茨很懂，置身于被驱至其耐久力极限的军队意味着什么，那既靠它们的努力也靠它们的胜利，能够"经得住不幸和失败的最剧烈风暴"。我们应当小心，他最后说，"决不要将一支军队的真正精神混同于它的情绪。"

然而，在第 6 章"大胆"内，他似乎很不容易定下决心。他不怀疑，在较低层级上大胆值得想望，而且在那里它也最为现成可见。在那里它能被约束，然而同时它"犹如一个盘绕的弹簧那般起作用，随时准备放松弹出。"最高层级上情况不同，在此作者表现出一种罕见的模棱两可。显然，我们有一位正在与他自己的性情争斗的克劳塞维茨。

他懂得在一位统帅身上大胆的价值，但他禁不住想见到大胆"由思索来规制"。结果是一系列精细的、即使饶有意义也难以实

施的区分——例如“大胆”、“刻意的谨慎”和“怯懦”这三重区分——连同另一系列显然矛盾的陈述。两相比较，他想被认作是倾向于把大胆，并且写下了某些青睐这性情的雄辩言辞。可是，他接着说，“由优越的理智支配的大胆是一位英雄的标记。这类大胆不在于藐视自然事理，不在于粗蛮地违背或然率”。它确实由以构成的成分随后被讲述出来，用多少神秘的方式和泛语，而这通常多得多的是 19 和 20 世纪的其他战略著作家而非克劳塞维茨的特征。到头来，我们得知他相信“无法想象一位杰出但怯懦的司令官”，而且将这素质称为“伟大军事统帅的头号先决条件”。无论如何引人注目的是，他竟能如此赞誉他大概知道他自己不具备的一种素质，尽管做了适度的保留。

660 然而，那很短的一章“坚韧”全不模棱两可。那位参加了 1812 年俄法战争和 1813、1814 及 1815 年在西欧的各场战役的人在说下面的话的时候，懂得自己在讲什么：“在战争中几乎全无任何值得的事业，其实施不要求巨大的努力，不召来无数的繁难和匮乏。”

第三篇第 8 章：在这章“兵员数量优势”里，我们显然回到了素来稳健的克劳塞维茨。他首先告诉我们的是我们已经知道的事情，即一位卓越的统帅往往在一场交战中战胜低劣的对手，即使兵员数量远不如后者。然而，他指出——指出我们可以太轻易地忘记的——帅才之卓越可弥补兵员数量劣势这一点有其限度，至少在其他方面趋于类似的欧洲各国军队中间。于是，实例表明，“甚至最有才华的将领也会发觉很难击败一个兵力两倍于他的对手。”因此，我们必须承认，在寻常情况下，“兵员数量方面的重大优势……将足以保证打赢，无论其他境况多么不利。”这意味着战略

的头号规则应当是将尽可能最大规模的军队投入战场。

然而，为何我们被待以这样的老生常谈？克劳塞维茨向我们保证，在他所处的时代，这并非真是老生常谈。他给了我们一项有趣的信息：对直到 18 世纪末的大多数军事史家来说，军队的兵力大小似乎无关紧要。他们难得提到它，甚至在他们提供了所有各类其他细节的时候。某些作者似乎甚至相信"存在一支军队的某个最佳规模，一个理想的标准；超过它的任何部队都更多的是麻烦而非资产。"此外，我们知道曾有这样的会战：在其中，并非所有可得的兵力都被使用，"因为兵员数量优势未被赋予它应有的重要性。"

于是，我们有了双重原则：应当以尽可能最大的兵力作战，同时必须以这么一种技能去使用可得的兵力，以致"即使缺乏绝对优势，也在决定性的点上获得相对优势。"这目的显然要求妥当的"对空间和时间的估算"，然而同样显然，这样的用语在克劳塞维茨所处时代已经成了陈词滥调。"让我们不要"，他说，"用流俗的行话搞糊涂我们自己。"

然后他以典型的深思熟虑的评价去结束。兵员数量优势有根本的重要性，但甚至此等的重要性仍只是相对的。"如果我们使用最大的可能兵力，那就符合原理；是否要因为短缺兵力而规避一场战斗，只能按照所有其他情势去决定。"

第三篇第 9 章：做到出敌不意值得普遍想望，就此克劳塞维茨 661
与论说战略的所有其他著作家看法一致，然而尽管如此，他仍认为对它的普遍强调多少过头了。原因在于，做到这一点比普遍设想的难得多。"这准则在理论上非常诱人，但在实践中往往受阻于整

个机器的摩擦。"它的成功往往归因于超出统帅控制的种种有利环境，而且它经常受偶然性摆布。

出敌不意还基本上是个战术谋略。“在战略上它发生得越靠近战术领域，就变得越可行，而越靠近较高的政策层次，就变得越困难。”于是，虽然“出敌不意无例外地是一切作战的一个根底”，但它起这样的作用是“在广为不同的程度上，其不同取决于作战的性质和环境”。

作者举出了某些例子，出自他对军事史的解读，那往往大不同于他那个时代的军事史家们的，后者总是趋于夸张出敌不意的实例。然而，我们能使用出自我们当代的某些例子，它们令人信服地证明了克劳塞维茨就这论题不能不说的话，特别是关于随我们从战略走到战术，出敌不意就较易实现，还有关于种种有利环境影响甚大。

在1944年春季，最明显的事态莫过于英美同盟不久将登陆法国北部海岸。盟国统帅部做了大量努力，意欲隐瞒自己的意图，但不可能在此事发生以前的许多个月里隐瞒入侵行将发生这一事实，而且德国人大有理由猜测大约的时间和大约的地域（亦即英吉利海峡岸边而非法国大西洋海岸）。因而，在更高的战略领域，谈不上出敌不意。盟国确实达到了某种出敌不意，在究竟何时登陆的问题上（否则隆美尔陆军元帅本不会离开他的岗位），也在究竟登陆何处的问题上；然而，被实现的最重要的出敌不意在这么一个事实：起初在诺曼底海岸的同时进行的各项登陆不是德国人以为可能是的佯攻，而是全部进攻。因此，德国人过久地将若干个师保持为后备，它们假如早些被投入战斗，本将远为有效。

日本对珍珠港的攻击确系一场大奇袭，既是战略的也是战术的，甚而超过了它本该的出敌不意程度。美国政府知道战争迫在眉睫，而且它在当地的高级指挥官们亦被告诫形势如此。日本人被认为很可能以一场在某处的突然袭击发起战争，就像他们在 662
1904 年以突然袭击旅顺军港的俄国远东舰队发起日俄战争。那么，为何竟没有针对结果确实发生了的那类攻击采取过得去的防备措施？攻击的战术方式是出敌不意，尽管它本不该如此。这样的一场袭击甚至已在若干年前的一次美国舰队演习中模拟过，但实际上被忘得一干二净。

最好的防备本将是令舰队的主要舰只尽可能多地在海上，就像在袭击当天美国几艘航空母舰碰巧已出海那样（在这方面偶然性与日本人作对）。然而，美国舰队司令官及其副将们显然未能想到日本战机竟飞至离日本那么遥远的一个海军基地上空。于是，即使不考虑显示战机飞临的雷达信号遭到忽视这异常的偶然境况，日本人之依赖突袭也仍是一场他们碰巧赢了的相当孤注一掷的赌博。

如同到头来证明的，日本人几乎无法比这更有效地在此前分裂的美国激发起战争决心和团结。这是为摧毁或重创一些较快便得到修理或替换的旧战舰付出的过大代价。然而，我们现在处于战略与政治两者间联系的领域，那是克劳塞维茨在其他几章里谈论的。

第三篇第 10 章：在他这简短的一章“狡黠”或用计里面，克劳塞维茨再度引人注目地持否定态度，出于必定与战争的节约性相关的种种原因。他是在讲战略计谋而非战术计谋，而且他感到，唯

一很可能通过欺骗有大效果的那类计谋是运用一支非同小可的兵力而非言辞的。然而他说,“仅为创造一个幻象而在长短不等的时间内使用大量兵力是危险的;总是存在一无所得的风险,连同被部署的部队在真正需要它们的时候会不可得的风险。”

他似乎在战时欺骗能力与将领的品格之间建立某种奇特的联系。我们注意到这一点,例如在他的结论里:“对于统帅,准确和透彻的理解是一种比任何狡黠之才更有用、更根本的资产,虽然后者只要不像过分经常的那样,以更根本的品格素质为代价而被使用,就不会造成任何损害。”诚然,他在统帅羸弱得非如此就全无希望的场合,确实看来主张狡黠。

虽然只要他在谈论为佯动而单独使用大量兵力,他的论辩就无疑正确,可是并非所有计谋都一向是这种性质的。克劳塞维茨
663 肯定熟悉这样一些例子:在其中,马尔博罗和弗雷德里克大王成功地运用全军的欺骗性运动,外加别的诡计。

聪明和成功的计谋有个突出的现代范例,符合克劳塞维茨的想法,虽然大概并非由其激发。它发生于 1944 年 10 月的莱特湾海战。小泽海军中将在菲律宾群岛以北展示了一支诱军,引得海尔赛海军上将及其整个第三舰队离开往南 300 英里的海峡,而业已被见到和遭受攻击的栗田海军中将翌日上午将会经由那里出击。小泽的使命显然基于一项希望,即海尔赛将受当时在美国舰队居于主导的两条陈规支配——他确实如此。这两条之中的第一条——在战争早先阶段正确但现已过时——乃下述格言:“敌人的航空母舰在哪里,他的主力就在哪里。”小泽拥有的航空母舰是日本海军剩下的仅有的 4 艘,而且其中 3 艘很小,第四艘也不大;它

们承载的飞机寥寥无几，由少经训练的飞行员驾驶。不仅如此，海尔塞的参谋人员拥有情报去推测出这些事实。小泽的兵力因而弱得不能起任何作用，唯有充当圈套，而且小泽对它是否能够即使如此全无信心。栗田麾下 7 艘强有力的战列舰和 11 艘重巡洋舰以及其他舰只无疑构成日本的主力。

海尔赛身受其害的另一条成规是不得在敌人面前分割舰队——“兵力集中”这传统准则。持有他那压倒性的实力，他本来能够轻而易举地分割他的舰队，同时依然将占有巨大优势的兵力展现在各由小泽和栗田率领的每支舰队面前，有如他的下属中的两位试图暗示他应做的那样。栗田经由圣贝纳迪诺海峡出击，处于一种能够摧残美国航运和严重击损掩护莱特湾登陆的有限海军力量的地位，然而他失去了决心，在最后时刻折舰返回。于是，尽管小泽诡计成功，海尔赛却逃脱了对他所犯错误的充分惩罚；不过，他的代价是未能摧垮对手的兵力，无论是小泽的（他不得不在够到他之前调转方向）还是栗田的。

第三篇第 11 至第 13 章：第 11 章“空间上兵力集中”短得出奇，使人想到这是一番最初的陈述，克劳塞维茨打算用他最终的修改去填充它；然而也有可能，他认为这个论题如此为人熟知，如此众说一词，以致他不希望哪怕在最后文本内就它浪费过多的篇幅。在此，我们见到通常那么蔑视“战争法则”的克劳塞维茨毫不迟疑或少有保留地接受了其中之一，将它当作基本的。然而，确实显现 664
的保留极为重要。虽然“没有比**保持己方兵力集中**这法则更高和更简单的战略法则”，但是这并不意味在有明确和紧迫的需要去别样行事时依然保持兵力集中——他许诺在以后一章里要较多阐释

的一个论题(他确实有节制地这么做了,在某几章、特别是第八篇第 9 章内)。

接下来一章“时间上兵力统一”在战术层次上着手谈论会战中保持某些兵力为后备的重要性。于是,一方将自己的兵力集中于战场,但不同时一举使用之。以后在谈论“节省兵力”时我们将得知,同样重要的是应当保证所有兵力都得到使用。克劳塞维茨对战略层次上兵力集中或统一的论说缺乏清晰性,这可能归因于它未被完成。他似乎在说,只要在战略层次上不存在类似的将生力军保持为后备的需要,可得的一切兵力就都应当从战争一开始即被投入行动,去争取实现战略目的。从他的例子即拿破仑 1812 年进军俄国境内,他的意思得到了某种澄清,那里作者显然在回应批评,即拿破仑的错误包括使用一支规模太大的军队。克劳塞维茨论辩说,应当批评的是进军的方式——沿一条狭窄而非宽广的战线挺进——而不是军队的规模。拿破仑无法知道将明显足够的兵力起码是多少,因而他派出一支规模大得尽其集合能力的军队是对的。无论如何,像作者在另一章里指出的,最终抵达莫斯科的兵力比先前渡过涅曼河的少得多。

克劳塞维茨在此做的论辩与某些军界人士的下述抨击表面上有所相似,那就是 1965 年 3 月做出派遣战斗部队的决定之后,美国驻越兵力的增进不该缓慢。抨击者说,后备兵力本应立刻出动,只是在 1968 年才达到的最高兵力水平及驻越 50 万人以上本应快得多地达到。这论断没有道理,部分地因为它隐然否认影响美国在越南参战的国内政治制约的合法性,同时更因为它全未努力去解释一点:那么多人可在 1965 年实现的事情为何在 1968 年未能

实现。然而尽管如此，上述克劳塞维茨式观念仍值得注意。

随后一章“战略后备”似乎开头与前一章矛盾，然而这一印象很快就被驱除。一支战略后备能够有某种效用，作者说，但是仅在 665
紧急情况可想象的时候。一个人可能问，究竟在战时什么时候它们并非可以想象？作者答道，“战略与战术之间的距离愈大，不确定性就愈减；而在邻接政治领域的那个战略领域中，它实际上消失殆尽。”他的意思再度由他的例子得到澄清，而且我们再度感受到1806年的耶拿惨败对他来说是个何等痛楚不已、刻骨铭心的经历。那场战役期间——敌人的身份与其目的在其中一清二楚不会改变——普鲁士人将两支数量可观的兵力保持为战略后备，但它们始终按兵不动，一无所为。

第三篇第14章：刚才的例子取自耶拿战役，它也能用来例解接下来非常简短的一章“节省兵力”的论辩。我们再次见到，克劳塞维茨虽然拒绝一种观念，即战争理论能够依据一套近乎普遍使用的“法则”，可是这并未阻止他将这些法则纳入他自己的理论。

约米尼用一定篇幅谈论的“节省兵力法则”始终见于标准的法则清单，直至当今。然而饶有意义的是，晚近的著作家们通常显得对问题缺乏理解，因为他们将“节省”一词的含义曲解得几乎与起初要表达的截然相反，后者不是指俭省或用得吝啬，而是指高效使用。在战争中，克劳塞维茨说，必须“确保所有兵力都参与其中……总兵力中间没有任何部分闲置不用。”不忙着应敌的部队“正在被浪费，这甚至比不适当地使用它们更糟”，因为被不适当地使用的部队至少在牵制着某些敌军，减弱着敌人的总兵力。我们时代的大多数著作家一直将传统用语“节省兵力”错误地解释成意指只用

最小限度的必需兵力去履行任务，而这概念只就牵制行动或据守作战来说才有道理，其目的在于使别处的兵力集中达到最大程度。

看起来，每场小战争都展示其违背节省兵力法则的经典例证。在滑铁卢大战之前两天的利格尼会战和居阿特雷布拉斯会战中，因为命令混淆不清，德埃尔隆伯爵偕同两万人在两个战场之间来回行进，没有参加其中任一场会战。拿破仑拼命想要他在利格尼。滑铁卢大战期间，威灵顿从未召回拥兵约17000人的尼德兰亲王弗雷德里克，那是他已经派往他右侧约10英里的一个阵位的，因
666 为他起初预料拿破仑会从那个方向前来。然而，拿破仑再度发出一项令人困惑的命令，从而在浪费部队上超过了他：该命令要求分遣后来更得增援的33000人，在格鲁希麾下进击瓦弗，而布吕歇尔及其大部分兵力已经离开那里以进军滑铁卢。出自第一次世界大战的著名例子，是小毛奇从他的突入法国的右翼分出两个军团，为的是派它们增援正在抵抗俄国人侵入东普鲁士的部队，然而这些大部队乘坐列车穿越德国行进之际，决定性会战已在东西两线进行：东线，没有它们，德国人仍在坦能堡和马祖里湖歼灭了两个俄国集团军；西线，德国人在遭受马恩河之役失败时痛感缺乏它们，施里芬计划因这失败而告破灭。我们已从第二次世界大战给出了一个海战例子，其时海尔赛海军上将出动他庞大的第三舰队，向北高速奔驰300英里进击小泽，但在够到小泽之前停住，转向追击他同样从未够到的栗田。在那场合，第三舰队耗费了大量燃料，却一弹未发，并且作为一支系统的武力从未得到再次机会。这些例子中间，有些邻接战术而非战略领域，可是界线并非严格固定，而且无论如何原则同一。有各种各样的方式致使可用兵力未能充分有

效，采取错误的行进方向只是其中之一。

第三篇第 15 至第 18 章："几何因素"这简短的一章几乎不过是拒斥冯·比洛的观念，比洛想使战略变得"更科学"，办法是按照几何方式谈论它。克劳塞维茨承认这可能对战术有某种适切性，但与战略简直全不相干。"我们相信"，他说，"一种全面的战争理论的首要功能之一，在于揭露这样的异想天开"。

在接下来一章"战争中的作战暂停"里，克劳塞维茨进一步发展他在第一篇那极好的头一章里表述了的一个主题。战争本质上要求不息推进，进向作为其目标的最终目的（至少就发动战争的那方而言是如此），然而它那么经常地以无所作为为标志。怎么发生这情况？部分原因已在早先一章得到了表述，即较强的那方决定推迟进攻不一定使较弱的那方转为进攻变得恰当；可是，还有更基本的原因。过去，缺乏推进一向大多归因于缺乏干劲，即归因于"人类脆弱性之链"。有了拿破仑，我们就见到有可能达到多大的干劲，"而且，如果它是可能的，它就是必然的。"

未能有所需的干劲的主要原因，必定一方面与恐惧和犹豫相关，那是人心在面对风险时天生固有的，另一方面关系到防御的较大长处。然而，历来也有这样的战争：在其中，双方都无精打采，因为全无利益的大刺激。可是，认为这些半心半意性质的努力代表"真正的、可靠的战争艺术"就大错了。对克劳塞维茨的某些同代人来说，拿破仑战争已经在被认作是"粗野的打架，不可能教诲任何东西，要被认作野蛮状态的卷土重来。"这些人不懂战争真是何物。"如此的政府真是遭殃！它依赖半心半意的政治和一种被上了枷锁的军事政策，却碰到了一个有如未经驯化的原始力的敌人，

后者除自身力量外不知道任何法则!”

下一章使这论辩又进了一步。拿破仑向世界显示了战争的真正性质,并且促使他的对手们攀上同样的决战决胜高峰。在他那个时代以前,外交家们惯于匆忙缔结一项和约,不管它多么糟,每逢他们那方输掉了几场会战;然而,俄国在 1812 年和普鲁士等国在 1813 年表明,“一个民族的感情和脾性能对它的政治、战争潜能和战斗实力的总和做出何等巨大的贡献。既然各国政府已经变得自觉这些资源,我们就不能预期将来它们会依旧不被使用”。这是个克劳塞维茨将几番回过头来申说的主题。

在本篇的最后一章里,克劳塞维茨分析一件事,那就是经过理解战争中紧张与歇息之间的转换的能动性质,能够达到什么。“紧张状态中做出的任何举动都将更重要,并将有更多结果,甚于倘若在均衡状态中做出就将有的。”作者再次以 1806 年耶拿战役为例。“在那极为紧张的时期里,种种事件在逼向一个重大决定,那连同其所有后果,应当已吸取[普鲁士]统帅的全部注意力”;可是恰逢同时,普鲁士的领导者们正在将自己的精力消散在种种紊乱的方案上面。

“危机状态”,克劳塞维茨在章末说,“乃是真正的战争;均衡只是它的反映。”

第四篇:交战

第四篇第 1 至第 2 章:第三篇关乎战争中的“操作要素”,第四
668 篇则关乎它的“根本的军事活动”即交战。一个人或可说这是从战
略转到战术,但显然克劳塞维茨未将这两者截然隔开,而且无论如

何他从事的是战争分析，而不只是战略分析。因此，对他来说较容易断定“战术性质的变化将自动地反作用于战略”，而这看法使他大有别于约米尼及其追随者，他们一向那么喜欢复诵一个格言——“方法改动但原则不变”。然而，我们已经见到，克劳塞维茨会承认极少受方法改动影响的原则只是那些性质更基本的原则，例如兵力节省和兵力集中原则，其中每一项他都能用寥寥几段处理掉。显然在他的心目中，这样的概念只是战略的关键，而非实质内涵。

以后，下述事态全都导致了战略变动：后膛装填步枪允许从一个俯伏位置开火，从而增进了掩体的价值，并且由此增大了小股兵力延搁或挡住大股兵力的能力；机关枪进一步大大推进了这个进程，令第一次世界大战完全改观；潜艇战对同一场战争中的海战有类似的影响，那是马汉以及其他许多人完全未能预见到的；飞机无论是舰载的还是陆基的，对第二次世界大战有类似的作用（在此语境中提到核武器实属多余）。一个人考虑到这些的时候，不能不承认在这问题上正确的是克劳塞维茨，而且诧异他竟能看得那么清楚，即使是从他在世期间发生的那些较小的战术变化里面。

第四篇第 3 至第 4 章：关于交战，克劳塞维茨拿起来谈论的第一个问题是：我们说击败敌人，这指什么？回答对交战来说，就像对它构成其一部分的战争一样，即摧垮敌方兵力。“诚然，一场在一点上的交战可以比在另一点上的更值得……那就是战略的全部任务”。可是，他仍希望在一开始就确立“摧毁性准则的支配地位”——这地位他感到有必要予以确立是因为一向有某些久被怀抱的相反观念。

摧垮敌方兵力当然必须以某种富有意义的方式不与己方兵力的毁伤相称。克劳塞维茨发觉，在一场交战期间，“胜者的伤亡显得极少有别于败者的”——可使他的时代有别于我们当代的特征
669 之一，因为我们当代有更大的可能性在装备和战术方面大为不同。在他那个时代，“真正瘫痪性的损失，败者不与胜者共有的损失，只是伴随他撤退才开始。”造成差异的是追击与其所获战果。

会战期间，损失大多在于伤亡，就此而言胜者和败者可以相当持平，不分伯仲，可是会战之后损失大多在于枪炮和俘虏，那在败者一方大得多。“枪炮和俘虏所以一向总被算作胜利的真正纪念品，原因就在于此；它们也是胜利的尺度，因为它们作为可见的证据，证明了胜利的规模。”

随后的问题在于，什么导致一方或另一方从会战转为撤退，从而使自己极易受敌方追击将带来的暴厉惩罚？丧失阵地和短缺后备生力军可以令人确信必遭败北，这最终意味着“士气损失一向证明是主要决定因素。”士气损失因撤退或逃遁与敌方追击而变得更加严重。然而在此，许多事情取决于种种情势。

克劳塞维茨对这些问题的谈论才华横溢，细致详密，主要依据他丰富的个人经验。他在其中有一处指出，“每一方的伤亡报道都从不准确，难得如实，在大多数场合刻意造假。”此乃他所处时代与我们当代毫无差别的一个方面。

克劳塞维茨最后区分了两类胜利：一类就败方而言代表一种得到衡量和可以挽回的损失，另一类则是较罕见的规模宏大的胜利，它造就敌军主力的彻底溃灭。作为后者的范例，他列举了他那无法忘怀的耶拿战役，还有滑铁卢战役（普鲁士人按照战场附近的

旅店的名字称之为“美女联盟”），而作为仅以一方名义上失败结束的一场大规模交战的范例，他提到了博罗季诺战役，即在通往莫斯科的道上的那场会战，库图佐夫元帅在那里只是转移而非交出了他的阵位（托尔斯泰在其《战争与和平》里将它颂扬为库图佐夫的一场胜利）。

19 世纪晚些时候，法国军官阿尔当·迪·皮克——1870 年将在他的那个团的最前列丧命——大大推进了克劳塞维茨就此表达的思想，那就是关于在会战中对敌退败并转为撤退、甚或更糟即逃之夭夭而遭到严重惩罚的危险。迪·皮克从研究古代著名战役得出自己的看法，在那些战役里，与胜者相比败者似乎总是遭受大得无比的损失。他断定所以如此，是因为在转而逃遁时，败者将自己的不予设防的后背展现在胜者面前，任其追击和屠戮。迪·皮克 670
的论断被人援引，后来浓缩成了格言，例如“勇者奋进，奋进必胜。”在世纪之交，福煦及其追随者的法国军事流派将这些格言聚合进一个信条，即“全力进攻”(l'offensive *à* outrance)，以此他们去打第一次世界大战——在与古代极为不同的交战条件下。

第四篇第 5 至第 10 章：这几章几乎不需任何评论，因为足够清楚，也不特别值得记诵。克劳塞维茨继续讲述表现他那个时代的特征的会战，在其中单独一天就足以用完后备，黑夜的降临则给败者的撤退提供掩护。会战令双方都精疲力竭，损耗严重，然而一方在此之外还经受失败痛楚，这无疑导致克劳塞维茨发觉“一场大会战的结果对败方有更大的心理影响，甚于对胜方的。”

第四篇第 11 章：这一章“会战的效用”必须按照前拿破仑时代的某些军事哲理去予以理解，那对克劳塞维茨来说看去相当晚近。

1750 年去世的伟大元帅德·萨克斯在他身后发表的《我的沉思》(*Mes Rêveries*)里写道:“我不喜欢对阵激战,特别是在一场战争伊始,而且我确信,一位饶有技艺的将领能够终身打仗而从不被迫一战。”同样,弗雷德里克大王在其后段岁月里,也变得不那么沉湎于进攻激情和重大会战,发觉那太多地听凭于偶然性。拿破仑是决战的热烈倡导者,但他在 1815 年打的一场决战证明令他彻底毁败。显然,克劳塞维茨从某些同代人那里读到和听到的使他担心一个观念重新占据优势,即打仗而不会战乃是“更高技能的明证”。这总思路,他写道,“已将我们带到差不多持有下述看法的地步,即认为……会战是一种由错误招致的邪恶。”

他承认,“会战的特征……在于屠戮,它的代价是鲜血”,因此统帅作为一个人,会在它面前畏缩退避。然而,只要在战争中的军事目的是摧垮敌方兵力,会战就仍是达到它的唯一途径。试图将军事行动局限于一系列小交战同样错误,因为这些趋于将损失均等化和拖长战事。这章内,克劳塞维茨不是在辩解单纯持续战斗,而是在论辩**大**会战有理,即需要有趋于决定战争结局的那类会战。就重要性而言,战争中没有任何别的因素比得上会战,“最大的战略技能的用武之地在于创造会战的恰当条件,选择恰当的场所、时间和进军线,并且最充分地利用它的种种结果。”

671 **第四篇第 12 章**:在此,克劳塞维茨更深入地探究他已在本篇第 4 章谈论过的一个问题,即乘胜追击的绝对必要,连同将领们为何屡屡未能做到这一点的种种原因。

主要原因之一在于疲劳和紊乱,那是胜者差不多同样与败者共有的。一个人再度注意到,克劳塞维茨甚于差不多任何别的战

略著作家，更明白精疲力竭、饥肠辘辘和境况惨苦对军人的重要影响，那是他在第一篇里当作基石去依以确立他的基本观念“摩擦”的要素之一。将领本人已因费心费力而精力衰减，这使他趋于屈从要求休息和复原的种种恳求。确实得以实现的东西，他说，“归功于最高统帅的**抱负**、**精力**以及很可能他的**冷酷无情**。”

同样，在早先的、“规模较小、限界较窄”的战争中，形成了限制所有各类作战、特别是追击的种种惯例。“胜利的**荣耀这观念本身**显得就是一切……一旦胜负已决，一方就当然地停止战斗：进一步洒血被认作不必要的残忍。”然而，这么一种看法“只有在战斗部队不被认作紧要因素的情况下”才可能占上风，因为最清楚的莫过于一点：追击期间，逃遁之师所遭损伤大得不成比例。

在讲述取自历史的事例时，克劳塞维茨做了一番典型的迂回式论辩，去解释为何拿破仑在博罗季诺战役之后**不**追击库图佐夫大军是有理的。在那时刻，他的压倒性关切必须是抵达莫斯科，同时不让他的已经严重损耗的军队遭受更多损失。然而，这是个完全例外的情势。

同样通过显示一个对于通则的有理的例外，克劳塞维茨在他就追击的不同形式做的漫长谈论中，趁机断言在那么一个时候“胜者决不能担心分兵，以便包围在其军队所及范围内的一切……他可以为所欲为，直到形势改变为止；他取得的自由越多，那个时刻就来得越晚。”

他的史例再度包括耶拿和滑铁卢（“美女联盟”），后者乃史上经典的追击之一，其时从威灵顿麾下完全耗竭的英荷联军那里，布吕歇尔麾下疲惫的普鲁士人接过战事，于是在紧随会战之后的那

天夜里,拿破仑大军分崩离析。克劳塞维茨死后约 32 年,来了一个关于一大机会被丢失的范例,那是在葛底斯堡战役中,其时经三天战斗,米德竟允许李撤退而不加逼压,虽然波托马克河涨水这状
672 况阻挡后者渡河达 7 天之久。米德尾随挺进但未攻击,尽管已得增援,兵力大占优势;结果,林肯对李逃脱痛心疾首,再度开始寻求一位大力进取的司令官,现在看上了那位已攻占维克斯堡的将领。

第四篇第 13 至第 14 章:第四篇的这些末章相对颇少重要性。第 13 章考虑输掉一场会战后被迫撤退的那方的战略。首先采取措施,在战斗资本统统耗竭之前脱离战斗,以便撤退能够有序进行,并对追击者充满威胁。接着最为必需的不是令己方与占优势的敌方相隔最大距离,而是防止撤退变成溃逃。第 14 章总的来说是个告诫,不要试图在夜里作大规模攻击。它们太冒险,也太难实施。

在这两章里,有如确实贯穿于第四篇始终,读者被要求比在前三篇里更多地将克劳塞维茨本人所处时代与我们当代区分开来,而且这要素将继续构成本书的特征,直到我们读至第八篇为止。

第五篇:武装部队

第五篇第 1 至第 5 章:有如前一篇,只是更甚,第五篇谈论战争的某些较窄的技术性问题,因而在其论题内涵方面会显得多少过时。由此,它将更多地吸引军事史家而非战争的现代研究者。然而,像我们将见到的,它不乏对后者来说极有趣味的段落。

在第 3 章里,克劳塞维茨再度返回一个想法:即使是最优秀的

将领，倘若以寡敌众，那也难得获胜。尽管如此，他说，“战争并非总是一种自愿的政策决定的结果”，在一方不得不以寡敌众的时候，“如果一种战争理论恰在最需要它的当口突然中断，它就是一种古怪的战争理论。”然而在这一点上，他必须提出的不外乎下述告诫：兵力越拮据，用兵目的和用兵持续时间就必定越受限。“如果魄力增张，再有对目标的明智的限制，那么结果便是辉煌的猛击与审慎的自制两相结合，即我们就弗雷德里克大王的战役所赞颂的。”

第 4 章“各兵种之间关系”令人着迷，因为作者在朝军事研究方面最现代的发展之一摸索前行，那就是我们所称的“系统”分析
或“成本效益”分析，它多少与经济学家所称的“边际效用”分析相 673
关。尽管假定步兵是最通用的和不可或缺的兵种，但也仍需炮兵和骑兵。于是出现一个问题：何为最佳相对比例？随之就有一项非常现代的洞察：“假如能将征集和维持不同兵种的成本与每个兵种在战时发挥的功效作比较，那么会得出明确的数字，抽象地表达出最佳方程。”然而，他补充说，“这几乎不过是一种猜谜游戏。”而且，我们还可以补充说，尽管就一些较窄的决策领域而言，存在某些有趣和有用的现代精算，但克劳塞维茨提出的那类难题当今仍是猜谜游戏。然而，克劳塞维茨继续谈论下去，用了一个理念，即在寻求上述“最佳方程”时，货币是通用的计算单位，从而更接近现代的成本效益分析观念：

“可是，由于我们……不能完全免除一切比较尺度……我们就可单单利用唯一可查明的因素，即货币成本。为我们的目的，说下面的话就够了：按照通常经验，一个有 150 匹马的骑兵中队、一个

800 人的营和一个有 8 门六磅弹大炮的炮兵连，在装备和维持两方面成本近乎相等。”不幸的是（有如当今），要制订出这方程的效益项难得多。“或许可设想，假如必须度量的只是摧毁力，那就有可能如此；然而每个兵种都有自己的特殊用途，因此有一个各自不同的有效行动领域。”

接下来的话令现代理论家（他往往是个试图说服一位高级军官的年轻的文职人员，力图要后者相信他有一个优越的办法去解决后者一向打算靠“成熟的军事判断”去对付的某些难题）更高兴：“人们往往在这背景下谈论经验教益，相信战争史为一个明确的答案提供了足够的依据。然而，它们显然是空话，无法被追溯到任何根本的和令人信服的基础，因而不值得在一种批判性探究中考虑。”

然而，克劳塞维茨固执不已，第 4 章其余部分被用来谈论一种经仔细说理的路径，以对待他适才已承认拒斥任何一类全面解决办法的那个理论难题。他的方法和他在章末以四个标号的论点概述的结论一样有趣。最有意思的是，他洞察到骑兵相对于步兵而言价值在愈益衰减。

第 5 章“军队的战斗序列”就具体细节而言也已陈旧，但就作
674 者试图解决的难题的性质而言却常在常新，永不过时。在此，他关心的是战术与战略之间的联结，主要关系到两个问题：增大军队灵活程度的必要性；缩短指挥链的可取性。在他自己一生里，他目睹了军队组织方式的巨大变迁，见证了从庞大不灵的兵众军队转变为规模较小的各部队单位这一趋势，后者无不有它自己的三个兵种成分，即步兵、炮兵和骑兵。一支组织成各军团和各师的军队较

容易机动调遣，它的各个部分能够较现成地分遣实施各自独立的委派任务。于是问题在于：应该有多少个军团和多少个师？它们各自的规模应该有多大。对克劳塞维茨来说，答案见于指挥权问题的特征，而非见于任何想象出来的部队最佳规模。最高统帅会喜欢直接与各师师长打交道，然而在一支大军里，他可能不得不在他与师长们之间插进军团司令，以免师及其下属各旅变得太难操纵。于是，该章的关键文句主张："有同等地位的分支的数目应当尽可能大，指挥链则应当尽可能短；唯一的保留在于，对一支军队里八至十个以上分支……难以行使指挥。"

第五篇第 6 至第 13 章：这几章对现代的战争研究者几乎毫无用处，而且克劳塞维茨本人在第 13 章结尾处致歉，因为提出了种种"显然更多战术而非战略性质"的考虑；然而，他说，他认为"漫游进战术领域比冒言不达意的风险为好。"尽管如此，一个人仍回想起，他在第 6 至第 9 章谈论的军队配置和营寨，还有更甚的是在第 10 至第 12 章里论说的行军，给了我们关于某些配置和机动性问题的洞察，它们是战场大军直至第一次世界大战的开头几场战役打完为止始终面对的。于是，任何并非已经熟悉这些问题的军事史研习者都将从阅读它们得益。我们在此就强行军和大会战开始时的部队集合学到够多的东西，以致懂得这些用语在被历史学家们随口道出时指的是什么，虽然这些人自己往往并不充分理解它们。

我们还像通常那样，得知克劳塞维茨在他本人所处时代见证着的种种相关的变化。只是在比他当时早一代的时候，"炮兵独道独行，为的是在较安全较良好的路上前行，与此同时骑兵一般交替

在两翼行进，为的是轮流给每个单位骑进在军队右侧这一荣耀。”675 我们还注意到，作者对某些变化——诸如弃置先前载运帐篷的那部分辎重车辆——的后果的敏感性。这意味着军队更加灵便机动，先前用来拉车的马匹能够牵引更多的大炮，或者承载更多的骑兵。可是，虽然“一顶廉价帐篷可能提供不了多大遮护，但在一段时期里它始终是个宽慰，当它不在的时候部队就会想念这宽慰。”就单独一天来说，差别微乎其微，但时日众多，它就开始非同小可，而且“源于疾病的更大损失将势所必然”。

同一类有节制的敏感还显见于他对军队兵力的一种严重损失作的讨论，那必不可免地随连续多天的强行军而来，有时甚至是在一个相当短的期间内的强行军。在令人痛苦地讲述了行军路上身患疾病或在炎夏时节因行军而口燥舌焦和精疲力竭的士兵的命运之后，他补充道：“这全不是要说战争中的活动应当有所减少。工具现成待用，用就自然将磨损之。我们的唯一目的是清晰有序；我们反对种种夸夸其谈的理论，它们认为最势不可当的突袭、最快速凌厉的进军或最紧张不息的活动一无代价”。一个人想想施里芬计划在 1914 年 8 月的实施，疑惑到德国后备兵员业已穿经比利时和东北部法国走到马恩河的时候，他们是个什么状况。一个人还疑惑到他们抵达后一位置的时候，他们的状况和德军掉队者构成的损失是否已在该计划内得到足够的考虑。有多少历史学家提出了这些问题？对德国人来说幸运的是，当他们沿马恩河遭遇法国人和英国人的时候，后者也已在某些远足途中。

第 12 章的后半部分有一些引人注目的数字，讲 1812 和 1813 年战役期间出自强行军的部队损失数量，而这些战役是克劳塞维

茨参加过的；同样由于他的亲身参与（在提埃尔曼麾下），他在第13章末尾的讲述，即广为分散的普鲁士军队如何在利格尼会战——比滑铁卢会战早两天——前夜集合，增添了读者的兴趣。

第五篇第14章：虽然仍只有历史价值，但是这漫长的、论说战场军队补给的一章蕴含一种特别的趣味。我们老是听说各国大军以战养战，靠当地供养，饱闻它们“进到哪里就吃到哪里”，熟知尤其在这方面的、将克劳塞维茨目睹的战役与早先时代的战役区
分开来的种种大变化，以致我们欢迎就所涉事情学到一些东西的 676
机会。

自路易十四时代（他死于1715年，恰好是滑铁卢战役之前一个世纪）往后，各国军队已变得非常庞大。更重要的是，仅在晚近，任何战争包含的各场战役已变得相互间远为密切关联，不再被漫长的作战休止期隔开。于是，休歇期间依赖补给站、战役期间依赖庞大车队的旧体制干脆无法奏效。对快速行进的新强调要求有征收体制，它们本身就依赖行进。克劳塞维茨勉强暗示了征收依赖的其他事情中间的一件——对己方大军行经的外国人口的某种残忍无情。然而，他讲了另一种残忍无情，即统帅对他自己的部队的。“什么”，他问道，“能比想到如下的景象更为动人：数以千计的士兵衣衫破旧，肩上压着三四十磅装备，不管天气如何，不管道路如何，连续多日艰难行军，不断危及自己的健康和生命，却无一片干面包来滋养自己？当得知这多么常发于战争时，一个人必定对精神和体力并不更常消竭这一事实感到惊奇”。后来他指出，“一匹马与一个人相比会快得多地死于匮乏。”

以同样的语调他补充说：“如果战争要按照其根本精神去进

行，依凭寓于其内核的无拘无束的暴力，依凭追求决战决胜的渴望和必要，那么给部队提供膳食虽然重要，却仍是个次等问题。”他甚至赞同地援引拿破仑的不耐烦的惯常话：“别让哪个对我谈补给！”（*Qu'on ne me parle pas des vivres*！）

然而，在接下来一句里，他承认后者的对俄战争“证明这样的忽视能够过分”。因为不可否认，“对补给掉以轻心导致他的军队在挺进途中损耗空前，并且导致它的全然灾难性的撤退。”拿破仑忘记了一点：“一条补给线从维尔纽斯伸展到莫斯科……还有一条补给线从科隆伸展到巴黎……：这两者之间有天壤之别！”

第五篇第 15 至 16 章：这两章与论说补给的重要的前一章之间，有一种内在整合的关系。而且，它们不那么过时，因为在其中我们离开了通过征收去靠当地供养的观念，那在当今只是游击队才做。在这两章里，如同在前一章，我们还观察到作为一名参谋军官作者的某些亲身经历。

677 第 15 章“作战基地”将我们带回一项认识，那就是即使在补给能被获取或征用的地方，其他军事供给和替换也无从觅得。这些只能从一个基地被取上前来，于是它就成了军队的一个内在组成部分，而这关系在克劳塞维茨看来可比作树木与树根的关系。另一方面，军队必须机动（树木并非如此），基地则不得在军队后面太远。它也决不能太容易遭到敌人攻击伤害，这在深深突入敌对领土的情况下显然招致某些难题。

第 16 章“交通线”谈论军队与其基地之间的连结。这样的交通线既提供前推途径，也提供后撤路线。相干的问题自然关乎道

路，亦即关乎它们的长度、方向和质量[1]，但也关乎这些道路行经的地形，当地居民的状况和性情，最后还有能由要塞——在有要塞可用之处——和驻防部队给交通线提供的保护的多寡。从头到尾蕴涵一个意思，即敌人的大军总是在某处，正对一方自己的军队，因而除非他展开成功的侧翼作战——那“在书本里一向比在战场上更得人望”——给沿交通线设立的补给站提供的保护便属充足，倘若它能够对付出自敌军主力的规模有限的分遣队或者游击队。

克劳塞维茨无疑会修改自己的语调，假如他能预见到“石墙”杰克逊围绕波普军的包抄行进，那意在摧毁巨大的马纳萨斯联邦补给站，在导致第二次马纳萨斯战役的事态进程中。

第五篇第 17 至 18 章：这两章，“地形”和“制高”，展露出这么一位作者：与他在前面诸章的表现相比，他对自己正在谈论的话题显然不那么感兴趣。一项间或值得记住的陈述将是一句离题话，例如：“在战争中，个别成功的总和比联结它们的模式更具决定性。”在第 17 章内，我们学到的极少，除了一个事实，即地形崎岖促成兵力分散，从而有利于能够更多地依靠个人主动性的那方。因此，在作为一支集中的大军打仗时处于优势的兵力要规避这样的地区。同样，在困难的地形上，步兵无疑是优越的兵种。

第 18 章再度见到作者揭穿传统的陈词滥调。高地确实是个好处，但这好处太经常地被说过头了。“其现实不容否认。然而，在说了和做了一切之后，诸如‘支配区’、‘控扼位置’和‘区域咽喉’
之类表述只要是指高地或低地的性质，就大多是空话，缺乏任何实 678

① Quality. 然而，第 16 章本文就此写作“数量”(number)。——中译者注

质。"紧随再度强调敌对两军与其统帅的素质比较之后，他在第五篇这最后一章的最后一句是："地形只能起一个次要作用。"

在这章里，克劳塞维茨犯了个古怪的错误。在身处高地的好处中间，有一项是"考虑到所有被涉及的几何关系，向下射击显然比向上射击更准确"。不管是在他那个时代还是在我们当代，都无法理解依据他提出的理由，事情竟会是这样。

第六篇：防御

第六篇第 1 至第 4 章[①]：克劳塞维茨关于防御是战争的**较强形态**的观念很可能被当今大部分军事职业人士待之以某种保留，如果不是怀疑，就像在他本人的时代也分明如此。我们看到，他在第 1 章里抱怨他的观点"与流行看法相左"，在第 2 章里抱怨一种"较传统的看法"经久不衰，据此"一场接受了的会战[亦即由对手发起的会战]被认为已经输掉了一半。"在以后一章(第 18 章)里，我们将见到他轻蔑地谈论"那些人的喧嚷：他们的含糊的激情和更含糊的头脑驱使他们从进攻和运动中期盼一切，而且他们的战争观概而言之，可谓一名挥剑疾驰的轻骑兵。"

现代军人可能知道，作为一个实际经验问题，有时必须采取防御态势，(而且他甚至可能惯于见到一项"安全准则"被包括在对"战争准则"的诸多不同列举中间，)可是他不乐意将这间或的必需与任何赋予防御一种特殊**优越性**的见解一起奉若神明。他受的灌

① 显然有误，应为第 1 至第 5 章。——中译者注

输驱使他认为进攻垄断优越性。这类灌输的目的无疑是刺激指挥官的战略或战术进取心，因为长期经验确实提示，极少有人会在相反情况下趋于自己主动去激发严重风险或危险，甚或做格外的努力。

第一次世界大战的西方盟国中间，对进攻的非凡崇尚标志各国参谋本部的思维方式，但它仅是一种生命悠久得多的信念的较畸变形态。在费迪南·福煦等人的战前著述[1]里，这派思想被表述出来，其优势恰好极为悲剧性地发生在战术状况使之变得空前 679
荒唐怪诞的那场大战期间。克劳塞维茨所处时代的战术状况大为不同，而且我们确实见到，他归诸防御的优越性大多趋于是战略的而非战术的。

可以推测，本篇头四章里的论辩出自一种基于作者个人经验的深切信念，而且他的确讲述了两场他亲身参加的战役。1812 年在俄国的战役——他在第 3 章里再次谈到它——是全部军事史上防御战略的最伟大胜利之一。同样，在 1815 年的滑铁卢战役中，英荷(比)俄联军成功地依靠了一种防御战略。知道拿破仑必定前来，它们一边等他，一边组织和增大自己的力量，在它们基地附近的、它们作了彻底侦察的阵位上，那还在别的方面适合它们的需要。

等待敌方打击，他在本篇开头告诉我们，是防御的特征。防御

① 最容易得到的有关英语书籍，是费迪南·福煦 1903 年著作《战争原理》(*Principles of War*)的莫里尼英译本(New York：H. K. Fly，1918)。又见我写的《导弹时代的战略》(*Strategy in the Missile Age*)(Princeton：Princeton University Press，1959) 第 2 章。

者有许多战略奇袭机会，然而是对手针对他进军，而非反过来。防御的目的是保存，那是个消极目的，因而“它只应当被用在迫于羸弱的时候，一旦我们强得足以追求一个积极的目的，它就应当立即被放弃。”克劳塞维茨已经在第1章里给了我们这个断言，但他坚持表明一点，即较弱的统帅所以采取防御，是因为它的内在强劲趋于抵消他的羸弱。他就此给出了各种不同的战略理由，大多必然与下述事实相关：防御者通常享有最适宜的交通线和撤退线，而进攻者却在延伸他的，并且通常随他前行而遭兵力浪费；还有，防御者以对自己有利的方式选择接触或交战场所。克劳塞维茨的铁板钉钉似的高调论辩是，假如防御并非较强的战争形态，那就决不会有诉诸它的任何理由。

在第3章末尾，他承认有一种“军队的优越感，它出自对自己正在采取主动的意识”——福煦等人将强调到极端地步的某种东西——但他立即补充说这感觉“很快就被一支军队源自其胜利或失败的更有力、更广泛的情绪遮掩，并且被统帅的才能或无能覆盖。”他将在第七篇第15章里语气更强地说这问题。

在第5章，克劳塞维茨回过来，更甚地强调和雄辩他已在第1章提出的观点，即防御必须被视为一种暂时的权宜，与此同时为转变到进攻准备一个改善了的基础。“向进攻的突然猛烈转变——
680 复仇亮剑——是防御的最重大时刻。”为什么那么着力渲染他在这个问题上的主张？答案来自他的主张与其他作者、特别是前面提到的福煦之间的反差，福煦及其同僚构建起一种十足的进攻神秘性，将每一种可想象的好处归诸它，**包括伤亡较少**。在其始终贯穿第一次世界大战的一场场前后相继、残忍致命但徒劳无功的“拼

进”中，盟军统帅们始终不能克服一个全然错误的想法，即它们在给敌人造成更多的伤亡，多过他们自己在遭受的。甚至战后，他们及其追随者仍照旧坚持这个观点，其中某些人甚而篡改数字，以便保护他们的同僚免遭令人窘困的曝光。[①]

然而，除了这些畸变的流派，在这些问题的讨论上，是克劳塞维茨有别于他的大多数同行的大多是语气差异。虽然他全心承认有必要在可行情况下转向进攻，但他不想让防御态势受鄙视。在他那个时代有如在我们当代，它确实受着鄙视，这再度显见于他在第5章的最后一句：“如此构筑的防御在与进攻相比时，将不再露出那么可怜的形象，后者则将不再显得那么轻而易举和颠扑不破，像它在一些人的阴郁想象中显得的那样，这些人以为勇气、果断和运动只在进攻才有，在防御中仅有虚弱和瘫痪。”

第六篇第6至第7章：第6章基于第2和第3章讲述的理由，更广泛地谈论防御为何有优越性。首先，某些种类的兵力可被利用起来，例如民兵，那一般是正规军队得不到的。然而，这仅是下述事实的一个例子：在位于本国国土的、必然被设想为防御的作战期间，可以更直接地得到人民的支持。作为一个突出例子，克劳塞维茨提到伊比利亚战争，即所谓半岛战争（1808至1814年），在其中差不多全民参与斗争，提供了无数游击群伙，既在西班牙也在葡萄牙。

最有趣的，是他就可期望于防御的较大程度盟国支持作的评

① 见 Sir B. H. Liddell Hart，“The Basic Truths of Passchendaele”，*Journal of the Royal United Service Institution*（London），104，616（November 1959）：1-7.

论。将有某些国家会深切地关心维持另一国的完整，仅因为它们的统治者觉得有了现状的维持就较为安全。对克劳塞维茨来说，
681 对现状的这一依恋解释了何以自发形成均势式介入。“要不是有趋于维持现状的共同努力”，他说，“若干文明国家本将永不可能和平共处一段时期……我们所知的欧洲已经存在了千年以上[而未成为一个统一的国家]，这个事实只能根据这些广泛利益的运作去予以解释”。当然，一向有重大的领土变更，而且波兰是个专门例子，例解一个不小的民族国家作为一个政治实体已被消灭(在克劳塞维茨那时刚被消灭不久)，可是就此存在特殊的和饶有教益的原因。无论如何，与进攻者相比，防御者通常能更多地指望外界的援助，而若他的政治军事状况健全就更是如此。

在第 7 章里，作者扩展了他已经提出的一个观点：从防御者令进攻者无法占有某个东西——通常后者将满足于不战而获的东西，战争取得自身的形态和特性。因而，是防御者“首先立意采取一种真正符合战争概念的行动”。克劳塞维茨在此强调，他只是在从理论的观点谈问题；他自然充分懂得，进攻者通常依据一个前提假设发动进攻，那就是他的侵略行动将激起军事回应。

第六篇第 8 章：漫长和多少过分复杂的这一章——“抵抗的类型”——颇大程度上往前推进了已在本篇前一章里表述的思想。防御，作者说，由两个不同部分构成，即等待和作战。然而，特别在例如涵盖一整个战役或一场战争的大规模防御战里，等待和作战将不分成两大不同阶段；侧重点将在两者间交替。克劳塞维茨专注于提出两个基本观点：(1)等待，连同这个用语据想包含的所有动能，例如迫使敌人在推进中耗费他的部分力量，值得拥有作为一

个独立的概念或“原则”的地位——它是“所有战法的一个那么基本的特性，以致没有它，战争就几乎不可想象”；(2)没有实际的或似将发生的作战，那么等待之利即使有什么时候产生，也实属罕见。

接着，作者指出了防御者能够选来实施他的防御的四种方式。然而，头三种有个共性，即它们都发生在本国边境或其附近，而第四种需要防御者撤入本国腹地，在那里抵抗。最令他感兴趣的是第四种，而且显然，他心里想得多的是他讲过的两个历史插曲，其中一个他还参加过。第一个是 1810 至 1811 年间的托雷斯维德拉斯战役，其时威灵顿在马塞纳元帅前头撤至工事筑防线，那是他在里斯本以北的山区准备好了的。马塞纳在那里围困他，自己却处于这么一条交通线的尾端：它穿经激烈敌对、布满游击群伙的西班牙全境，只落得个手下部队饥肠辘辘时最后撤退。另一个历史插曲是下一年发生的划时代案例，当时拿破仑的法国大军进至莫斯科，而后在撤退途中饥寒交迫以致溃亡。 682

在这两个场合，就导致入侵者的毁败而言，包括游击队员在内的防御兵力起了像距离和敌对的自然环境一样大的作用——既以实际的也以似将发生的攻击。否则，入侵军队本将颇有能力给自己供应补给，从而不会被迫撤退。还有，特别在俄国，由于俄国人不断攻击导致的仓促和混乱，入侵军队最终被迫的退却变得代价更为高昂无比。

然而，克劳塞维茨同样专注于这样的场合：“没有实际战斗、但结局受一个事实即可以有实际战斗影响”。他考虑一种情势，即随向前逼进而在损失力量，入侵者开始害怕从事防御的对手已变得

战术上拥有优势，他的决心则消退殆尽。他提到若干这样的情势；然而，一个人还想起德国人 1914 年取消施里芬计划，在马恩河畔打了一场会战之后撤往埃纳河，而这会战既非极度猛烈，亦非法国人赢得分明的战术胜利。可是，因为它的种种后果，它成了“马恩河奇迹”。

第六篇第 9 章：克劳塞维茨先基于他那个时代的战术，讲述了一场想象的会战，以便显示防御者的有利条件，那是他若不处于太严重的劣势就能加以利用的，而且由此表明（与他见到他那个时代普遍流行的一项前提假设相悖）处于战术守势的那方与发起进攻的一方相比，并非天然较少可能赢得一场决定性胜利；然后，他接下去解释为何此等决定性胜利在历史上一向难得发生。在大多数场合，防御者要么是两方中间显著较弱的一方，要么以为自己如此。奇特的是，他显示假如在莱比锡处于守势的拿破仑得胜就可能发生什么，但他没有讲述在滑铁卢的防御大胜中**确实**发生了什么。我们已知道克劳塞维茨本人在那场会战当天位于附近的瓦弗，正参加一场对格鲁希元帅的激烈的防御战。一个人只能诧异为何他没有提到这两场作战中更大的一场，在其中，直到那漫长的一天结束为止始终从事防御的那方赢得了古往今来最具决定性的胜利之一。

683 **第六篇第 10 至第 14 章**：论要塞的两章不像一个人因其标题而会猜想的那么过时。讲了中世纪要塞与他那个时代存在的要塞之间有何功能差异之后，克劳塞维茨接下去在第 10 章讲述一座现代要塞可以为之服务的若干目的，并在第 11 章谈论应当支配要塞选址的种种考虑。显然，这些目的和考虑随时代推移而有变迁，但

变迁小于读者可能想象的。1914 年实施的施里芬计划意在翼侧迂回法国东部边境的法国要塞城市大链。1940 年德国穿经比利时和阿登山脉的进攻意在翼侧迂回马其诺防线，那是一条工事筑防线而非要塞链。在其中每个场合，筑防体系都引导了敌人的进攻方向，而且如果说法国人未能从这事实得到更多的裨益，多过他们实际得了的，那么弊端并不全在要塞观念。

无疑，自第二次世界大战以来，工事筑防已经变得不那么精致复杂，且已不再履行克劳塞维茨讲述的所有目的，但只是逐渐地。我们经常受教明了要塞体系的失败，包括上述范例，然而像克劳塞维茨指出的，不管是在其直接的还是其间接的效能方面，要塞都“并未使敌人不可能推进；它们只使它更难更冒险，换句话说不那么可能，而且对防御者不那么危险。”对特定的要塞或筑防工事期望过高是个历史记录问题；然而，在能判断那些失败了的筑方体系的功用以前，必须小心阅读史录。另外，并非所有筑方体系都败在了进攻之下。沿达达尼尔海峡建造的土耳其要塞在 1915 年帮助了阻止一支英国舰队穿行，这对第一次世界大战的随后进程有重要影响。

克劳塞维茨就使用要塞提出了贤明的主张，即用在较大纵深而非只沿边境，但这在晚近时代难得被遵循，除了被比利时那样的小国——它几乎全无足够的纵深去布置，因为较大的国家不准备向自己和向别国承认可能做不到御敌于国门之外。

第 12 至第 14 章论防御阵位和侧翼阵位，趋于比较过时，因为与论要塞的那两章相比，它们多少更具战术特殊性。

第六篇第 15 至第 17 章：在这“山地防御战”三章里，克劳塞维

茨再度显露他乐于击倒那到头来证明充满例外或干脆错误的显明
684 论断。在这场合，那是谈论“一夫当关，万夫莫开”的那些人用的表述所反映的观念。克劳塞维茨否定一座山脉给一方的重大防御努力提供了有利地形这印象，在战术和战略层次上探究这事，依凭对细节的关注，那在他那里显示出一种仔细的研究，针对这一既载于历史文献也见于实地侦察的问题。不仅如此，他就山地防御说的看来极少被他那个时候以来的战术变迁改变。

要决定的中心问题，他说，在于“作山地防御战时，意欲的抵抗是**相对的**还是**绝对的**。”小群人员肯定能阻慢进攻者的大兵力推进，那是他用“相对的”一语心里指的意思，而他用“绝对的”是指完全制止敌人，或者赢得一场对他的决定性胜利，但山岭一般根本不适合这目的。

山地防御有若干难题，克劳塞维茨予以详述。它们大多围绕防御据点的极端被动性。进攻者调整以适应它们，而非它们调整以适应进攻者。此外，这些据点的位置通常意味着它们只能由步兵据守，而步兵局限于小型武器射击的短射程(这因素将被现代武器改变，然而这总命题依然成立)。防御部队不占山脊——那在高山上太难攀登——只占山谷。它们在那里的阵位是孤立的，通常易被包抄。

然而，一座山障能在战略上大大帮助防御者，只要他不将军队主力部署在山口以内，那里它们不可避免地割为碎片，难以行进，消极被动。他确实应当竭尽各小股分兵所能为，以便在这些山口内阻滞敌人，但也应当将他的主力集聚在山障后面的旷野上。“我们没有断言”，他说，“西班牙若无比利牛斯山就将更为强固，但我

们确实认为，一支觉得自己有实力冒险打一场决战的西班牙军队将较明智地集中屹立于埃布罗河后面，而不是将兵力分散在比利牛斯山的五个山口中间。这不是要排除比利牛斯山对战争的影响。我们相信，这对意大利军队来说也一样真确……没人乐意相信，一个进攻者喜欢翻越阿尔卑斯山那样的山岳，将它留在他的后背。”在他的后背，它导致交通线和撤退线难以通行，局促受限，且岌岌可危。

第六篇第 18 至第 19 章：在这论“河川防御”的漫长的两章里，
克劳塞维茨是从更直接的个人经验出发写作，甚于他就山岭可能 685
有的，而且他的论说确实变得更详细。可是，他的总的战略性结论颇为相似。他再度要求我们区别相对防御与绝对防御。有如山岭，河流能强化一场有限防御；“然而，它们的特性在于，它们像一个由脆硬材料制成的工具那样起作用：它们要么承受住最重打击而无凹痕，要么其抵御能力脆崩破碎，继而全然消失。”他补充说，成功的河防的史例相当罕见。

他提出了三个支配性因素：(1)河流宽度；(2)可得的过河手段；(3)防御部队的兵力。进攻者的总兵力，他说，“在此阶段不相干”，因为显然他起初只能使他的部分兵力过河，而问题取决于防御者是否强得足以在它们被增强到占当地优势以前消灭这些部分。在此，最重要的因素是，集聚大兵力去防守一个较短的河段通常几乎全无功效；“一条河的任何直接防御总是须被延展，直到它等于是一种警戒线体系才罢。”这么一种努力能耗用大兵力。在以某种深度考虑了这个问题之后，他断定“直接河防通常只适合于很大的欧洲河流，而且只在它们流程的下半段。”另一方面，像在山岭

的场合，一支挺进中的军队由于有一条宽广的大河在它身后而处境不利，因为它的交通线和撤退线可被局限于一个或几个过河点。

第二次世界大战中，正是由于克劳塞维茨讲述的原因，全无一条河流对一支入侵军队构成重大障碍的记录。然而，在漫长的四年里，英吉利海峡大有利于英国人，德国人则缺乏度越的力量和手段。另一方面，英国人与其美国盟友最终度越了它，其时德国的海峡岸防和这防御的失败恰好能按照克劳塞维茨用来讲述过河的方式在战略上予以讲述。德国人不得不沿海峡全长分散自己的防御，那意味着他们在当地并未强得足以摧垮盟国兵力，那是 1944 年 6 月 6 日它们开始在诺曼底海岸被选地段上投放的。

考虑在另一极端上的案例，一个人诧异以色列人怎么允许自己认为苏伊士运河——仅 200 英尺宽——能够是个阻止埃及部队过河的作数的障碍，那是它在 1973 年 10 月显然未能的。这表明了一种对埃及人能力的低估，低得荒唐，而事态很快证明需要对它作某种修正。

686 **第六篇第 20 至第 22 章**：在此，作者考虑沼泽和林地的防御，连同依凭一条警戒线的国土防御。它们与山地和河流的防御一样，共有一个因素即消极性，还有防御谋略皆高度当地化，并且如作者所说(第 20 章)，“关于本地防御，总是有阴恶危险之处。”尽管如此，仍然也有重要差异。沼泽通常比河流宽得多，要度越它们也难得多，特别是带着重装备。另一方面，如果确立了一个渡越手段，那么对手要毁坏它，就比毁坏一座过河桥梁难得多。克劳塞维茨最后显然多少勉强地承认，沼泽和湿地“跻身于可能有的最强防线之列”。

作者先给尼德兰及其防御手段泛洪这一特例以特殊考虑和颇多谈论(尼德兰毕竟与普鲁士接壤)，然后接下去考虑林地防御。一片森林的直接防御仍冒险之事，因为防御者首先需要能看见。形势之糟莫过于有一片森林在他面前，原因是进攻者能在自己不被见到的同时通览前方；然而，有一片森林在防御者后背可以是撤退时的一项资产。

警戒线防御在这么一个时候可能是明智的：目的在于挡住一场微弱的进攻——“所以微弱，要么是因为进攻者容易被搞得沮丧，要么是因为进攻兵力规模单薄。”另一方面，它将真正荒唐无稽，如果“意在守卫国家的主力被拉伸为一长系列防御据点——事实上在一条警戒线上——去对付敌军主力。这将如此荒唐，以致一个人将不得不探究种种直接环境，它们与这么一个事态相伴，并且解释它。”

与欧洲各国将领在它发生前夕一样，克劳塞维茨无法预见的是那种特别在西线构成差不多全部第一次世界大战的特征的警戒线防御。导致它出现的是：(1)与先前任何时候所曾动员过的相较，双方无比更大的军队规模；(2)防御火力的同样惊人的增强，特别是因为有重机枪。第二次世界大战中，战术形势再度变更，因为大量使用坦克和战术飞机。军队的巨大规模再度令某种程度的警戒线防御近乎不可避免，但只是在两场主要战斗努力之间的暂歇期间，战线才相对静止。

第六篇第 23 至第 24 章：简短的第 23 章差不多是一番离题
话，只是因为克劳塞维茨的强烈嘲弄才值得注意，以此他揭露在他 687
的同辈理论家中间通行的行话。在这场合，令他厌恶的术语是“国

土锁钥”,被他称作“咒语”,其涵义“显然神秘莫名,超越正常理解限度,要求有神秘科学的神奇力。”不仅如此,他还举出一些例子,在其中这个概念导致了某些非常愚蠢的举动。“敌方国土的真正锁钥”,他说,“通常是其军队”。虽然他承认,有某种正当的理由用这个术语去表示“一个在能冒险进入敌方领土以前必须守住的地区”,但他宁愿全然拒斥这个概念。

接下来漫长的一章考虑一个问题:通过对一支入侵军的侧翼作战去从事战略防御。在考虑克劳塞维茨几乎立即提到的战役即拿破仑 1812 年进军莫斯科时,这问题被展示得最有力;因为,除了与之相连的作者个人经历,这场战役还以其最极端形态提出了种种相关的问题。拿破仑怎么能竟然率领一支规模如此巨大的军队深入敌国领土 600 英里,同时沿一条狭窄的战线挺进,确信他的交通线不会受严重威胁?而且确实它没有受严重威胁,至少在他挺进期间。他随他前行而不得不指派去护卫他的交通线的部队不多——如我们已在先前的一章里得知的——远少于仅作为掉队者损失掉的部队(见第五篇第 12 章)。

克劳塞维茨本人在根据经验以外的东西解释这事的时候似乎犯难。甚至在设想一支**占优势的**军队正试图对敌作翼侧包抄时,他还说“事情将看似一支军队被逼得保护其后方。足够真实,只要战争在实践中就像它在纸面上一样可以预测!”好,显然它不是,然而在这特定的事情上,为什么不?

首先,他告诉我们,“被派去对敌后背和侧翼作战的兵力不可供对敌前沿作战使用。”在防御者不享有——如库图佐夫在拿破仑面前退却时不享有——优势的通常情况下,这是个紧要考虑。而

且，扑向敌人的交通线并非很大程度上是个孤立的成就。有什么去打击？为何目的去打击？此外，缺乏可靠的情报，“被派出去绕过敌人侧翼以袭击其后背的一支队伍就像黑屋子里的一个人，身边有一帮敌人。”

这关系到以巨大的力量向前推进的敌人。然而，当他缺乏进一步前行的目的或能力时，如同拿破仑在抵达莫斯科时那般，形势
改变。“如果敌人受阻于我们自身防御以外的某事——不管它可 688
能是什么——而无法取得进一步的进展，我们就不再需要害怕由于派出强分遣队而削弱我们的兵力。即使敌人希望靠发动一场进攻来使我们付出代价，我们也能仅仅让出某个地盘和拒绝会战”，就像俄军主力在莫斯科之前做的。

克劳塞维茨将干扰敌人的交通与切断敌人的退路截然区分开来，前者大多意指间或截击一个护运车队或传令兵。它在敌人以巨大的力量向前推进的时候，可能没有多大意义。然而，当他不得不认真考虑撤退或实际上开始撤退时，形势幡然改观。其时，对于被切断的忧惧——因遭受攻击和补给断绝而加剧——可以引发绝望或惊慌。

于是，在一场战役接近尾声、“进攻已成强弩之末”的时候，并且与游击队员起义（克劳塞维茨称之为“造反”）相联，防御方面的翼侧包抄作战极为有用。后者不必从一支他们并不属于它的军队省下来。

一个人可能会问，当今这境况有何改变。对敌后的进攻大多依靠飞机，某些场合依靠游击队员，而且有一点依旧真确，即除非与战斗前线上的主要活动连着一起做，“截击”成就甚微。当今，推

进中的地面部队通常在比克劳塞维茨时代宽得多的战线上这么做，因而对它们的侧翼或后背的进攻将不得不来自不同的兵力，不同于它们正在自己面前推压的那些，有如 1914 年加利安尼麾下巴黎卫戍部队的情况，还有 1950 年麦克阿瑟的仁川登陆。然而，这样的例子实属罕见。

希特勒之下的德国人在 1941 年 6 月入侵苏联，从而显然自招拿破仑 1812 年灾剧重演。其时，他们以巨大的力量在一个广阔的战线上进攻，红军对此完全措手不及，因在边境附近与之会战而遭受了极大损失，无论是伤亡还是被俘。德国人还那么野蛮地对待被征服领土上的各族人民，以致经恐怖将针对其交通的游击队活动最小化。虽然到头来，这任务证明超出德国人能力所及，结果是一场类同于拿破仑的灾难，但为实现这结果用了差不多三年时间，而非寥寥几个月。还有，除了地方性的包围战，德国人的后背从未受重大威胁。

1940 年 5 月，德军针对面向阿登森林的法国人实现突破。这
689 么一种在一条狭窄战线上的突破本该原则上证明易遭伤害，只要攻击其两翼，可是法军缺乏机动性、后备兵力和最重要的斗志去有效反击。相反，当 1944 年 12 月德国人在差不多同一个地段对美军做同样的事情——即打所谓凸出部战役——的时候，美国人和英国人确有力量去决定性地打击纵深德军突出部，而这力量在天气终告晴朗时，由非常猛烈的空袭增强。德军攻势的迅速崩溃仅证明，其目标大大超出其能力。

第六篇第 25 章：在这分量颇大的论“撤往本国腹地”的一章里，克劳塞维茨以一种多少笼统的方式分析了俄国的 1812 年防御

战，从中提取他的绝大多数例解。俄国的防御未经事先同样规划，采取了“靠利剑不如靠他自己费劲耗力去摧垮敌人”的方式。它得利于一个事实，亦即进攻者的兵力总是随其推进而递减，只要防御者的撤退——既吸引也责成这推进——能足够深入。至关重要的是，防御者的撤退并非尾随一场严重的会战失败，因为那样的话，它对他来说的代价就很可能高过对入侵者，这就意味着不过早接受会战。俄国人所以在 1812 年免犯这错误，不是因为有先知之明，只是因为法国人在其推进的早先阶段占那么压倒性的优势。

撤退中的部队随其行进而抢先占用当地供给，使用桥梁但在过后摧毁之，并且总的来说实行一种做法，那往后一直被称作“焦土”政策。取决于起初的兵力差距和多种其他因素，防御者最终能以大为改善了的成功前景主动会战。“确实，在其征途末端，入侵者的处境往往坏得连一场**胜利**也能迫使他撤退”，如果他用尽了他无法补足的后备兵力的话。

这类防御有两个主要缺陷。第一个由丢失给入侵者的国土构成，其重要性取决于暂被丢失的那部分有多么富庶和有多少人口。然而，基本点在于，“防御的目的不能是保护国家免遭损失；目的必须是有利的和平。”第二个和通常更重要的缺陷是心理性的。一般而言，不能期望军队和国民“明白一场有计划的撤退与一场仓皇逃遁有何不同，更不能肯定撤退计划是否明智，是否基于对真实有利条件的预知，或者它是否仅仅出于对敌恐惧。”其时，有对民族自豪 690
和国家荣誉的必不可免的考虑，要求“犯边之敌将被搞得付出血的代价以作惩罚。”这样的考虑迫使俄国人在博罗季诺接受会战，而非不经一战就让出莫斯科，尽管到那时他们的劣势已经大为减小。

因而,在一场旷日持久的撤退中,统帅的大难题在于不仅维持撤退着的军队的士气,而且维持人民的支持,或许还有政府的支持。

入侵一个大国不仅要求有对防御者的兵员数量优势,还要求有一支绝对兵员数庞大的兵力——“可以用 50 万兵员进军莫斯科,然而永不可用 5 万”——而这增大一场远程行军将给入侵者施加的衰弱效应。兵众越庞大,行进得就越慢,从而失去追上并摧垮退军的机会;提供补给和临时营房的困难加剧;随被涵盖的距离渐次加大,损失成正比增大。

克劳塞维茨还详细考虑了撤退着的军队能在多大程度上决定入侵者的行进方向,通过将自己既用作诱饵,又用作威胁;他断定,这颇多地取决于具体情势。

与克劳塞维茨在 1812 年见到的形势相比,我们当代的景况如何不同?引擎驱动的坦克、大炮和所有各类车辆当然造成了巨大的差异,特别在一支入侵军队的突进速度上,飞机和无线电通讯亦如此。然而,有相抵的代价,在对补给、特别是一切依以行进的液体燃料的巨大需求方面。1914 年 8 月,在为执行施里芬计划而做夭折了的努力时,德军步履沉重,艰难行进,而 1940 年春天它显然相反,针对法国人作了迅捷猛烈、全然成功的突破,可是一年后对俄国人的大规模进攻却如我们所见终告失败,尽管有德国人在起初的惊人成功,那造成了俄国人的可怕损失。到 1941 年 11 月,德军已横跨广袤的战线深深地突入俄国,但已在一条漫长的补给线的尾端气喘吁吁,濒于绝命,俄国人却正在从西伯利亚调来生力部队,并且正在开始取得局部成功。翌年夏季,德国人发动强大的新攻势,特别是在南方,但尽管几个月里俄国人及其西方盟友焦虑不

已，俄国人却未能达到他们的主要目的。1942 年过完以前，他们的第六集团军已经在斯大林格勒被围，灾难行将发生。克劳塞维
茨由 1941 至 1942 年间的事态证明正确，在一个他近乎无法想象 691
的规模上，虽然假如俄国人遵循了他的隐含的告诫，即切勿在边境从事僵硬的防守，那么他们本将为自己做得更好得多。在那场一切战争中间延展得最广远的战争中，基本教益在其他地区也与此类似，且在一个小得多的规模上见于 1950 至 1953 年的朝鲜战争，还有再度见于越南战争。

还应当注意到，关于毛泽东的充分利用“持久战”概念的战略理论，多数据想是独特和原创性的东西事实上是对一场战略防御的进行方式的一种探究，类似于克劳塞维茨的。毛泽东可能确实从阅读古代中国战略家孙子(从他的确有许多东西可学)而非克劳塞维茨得到了自己的思想，那使他能够击败兵员更众多、装备远为优越的蒋介石军队。或者，可能他只是依据他那强健的经验判断力形成了他的思想。因为，要懂得适当环境下战略防御的用途和长处，不需要深刻的战略洞察力。相反，要有一种有悖常理的教诲，才能够导致一个人原则上藐视防御理论。

第六篇第 26 章：在“武装的人民”这章里，克劳塞维茨处理一种在他有生之年对欧洲来说新颖的现象——它出自拿破仑战争甚于出自法国大革命。别人在表达对游击者起义的恐惧，说它是“合法的无政府状态，对本国社会秩序的威胁和对敌人的威胁一样大”，但这与他的目的不相干，他只对它的军事价值感兴趣。

依其本性，游击群伙的分散抵抗“不会适合于时空方面很紧凑的重大作战行动”。然而，只要有足够的时间和敌人在其效应面前

的广泛暴露，“它就消耗敌军的根本基础。”靠它本身，广泛起义不会大有成就，但在一场由正规军进行的战争的框架内，它的效应能够至关紧要。

接着，克劳塞维茨规定了五项条件，在这些条件下一场广泛起义能够有效，而它们全合在一起，描述了出于某种原因他未提起的半岛战争的条件。尽管这类战争在他那个时代实属新颖，因而一般缺乏经验，但他仍清楚地勾勒了它的特性，并且规定了它的要求。“倘若一支起义队伍被击败被驱散——此乃预料中事——那也没有很大损失。然而，它不应被允许经太多的人阵亡、负伤或被
692 俘而崩解：这样的失败将很快使之丧气落魄。”可是，他承认自己只是在探寻真理。这类战争是新的，“那些能在无论多长的时段里始终观察它的人还未就它作足够的报道。”后一句话表明，在他亲自观察的战役中，包括1812年在俄国的以为时过短为特征之一的战役中，人民起义起的作用很小，如果有任何作用的话。

在临近本章结尾的地方，作者进至一个新论题，虽然他围绕输掉一场决战后出动地方志愿兵来作谈论。“甚至一场失败后”，他说，“也总是有一个可能性，即依靠开发新的内力资源，或经假以时日所有攻势都会遭受的天然耗竭，或因来自国外的援助，能够招致命运的转变。不必急着去死”。接下来稍后：“不管一国与其敌人相比可以多么弱小，它决不能放弃这些最后努力，否则人们将断定它灵魂已死。”在这方面，一个人想到第二次世界大战中的荷兰、比利时和挪威，还有相反的例子，即一个或许放弃得太早的法国。然而，一个人还想起1870至1871年的法国，它在战争爆发仅六周后决定性地败于色当，然后继续战斗，大多经大众征召制，直到约五

个月后巴黎投降才罢。确定一场殊死抵抗何时乃终极智慧，何时乃截然相反即徒然浪费生命，是个同样不由虚无缥缈的准则、哪怕是克劳塞维茨的准则涵盖的问题。

第六篇第 27 至第 30 章：在这用四章谈论单独一个话题“作战区防御”的漫长部分里，克劳塞维茨不是在他的最佳灵感状态上。部分地，这是他的写作问题，那间或近乎含糊不清，有时则冗长乏味，但更多的是因为他在前几章里已经提出他的各主要观点，留给这个地方去说明某些也值得被涵盖的观点。

他在一开始重申他已经确立的道理，既保存己方武装力量和摧垮敌方武装力量总是比守住领土重要。虽然丧失领土长远来说将削弱一国的能力，但这通常不会“在战争的决定性阶段内”如此。然而，敌方兵力不会总是以一种将使对它们的单独一记决定性打击成为可能的方式去展现自己。首先，入侵者可以代表一个从广为不同的各方向入侵的敌方联盟。论辩要集中己方兵力和反过来进攻对方兵力十足有理，但并不总是肯定实现这一点。可能被迫分兵。甚至在对手并非多个而仅是单独一个的场合，也有其他难题。例如，他可以拒不向经己方理想选择和妥善准备了的阵位挺进，而是决定为另一个目标而绕过己方部队。或者，他可以用别的方式迫使防御者发起战术攻势，尽管后者宁愿打一场防御性会战。

克劳塞维茨相当有悖特征地仔细检查了一份清单——各种可能性的核对清单，对每一项都提出了某些建议，谈论可如何处理它们。

他在此再度显示，他拒不让自己的判断被某种公式束缚，不管后者作为一般命题可能多么可赞。不幸的是，他的史例，那么经常

地取自弗雷德里克大王的战役，不会有助于使现代读者觉得他在提出的某些观点有活力。晚近时期里，我们已见到总司令觉得为保护领土而被迫拒绝简单化理想的若干例子。例如，小毛奇一向被差不多普遍地谴责为“败坏”施里芬计划，因为他加强了战线的面对法国的南部分，还因为他采取步骤去防范俄国人过深地突入东普鲁士。然而，他的理由不轻浮，要断定他错，就须对照当时存在的种种情势去谨慎和细致地审视他的决定。那至少将是克劳塞维茨的做法。与此相似，第二次世界大战中，罗斯福和丘吉尔在珍珠港事件后很快决定，他们必须共同集中力量首先击败德国，但这并不意味着他们能听任日本人在太平洋、东亚和东南亚推进而不遭阻挡。“兵力集中”准则可以代表理想，但不一定是可行的或一概正确的做法。

994

第七篇：进攻

第七篇第1至第7章：这几章大多有一种尝试性、预备性的格调。这不仅在于它们的简短，因为别几篇里的某一些短章看上去高度圆满，而且确实，本篇第1章——也是最短的一章——作为前一篇与本篇之间的转折，在它的两段内说了需要说的一切。然而，除开对某些想法的不能令人满意的展示，一个人注意到一种速记式笔法，以此在第4章末尾，还有同样在第7章内，作为例解的各场战役仅被一提而过，而且当然，要不是有玛丽·冯·克劳塞维茨在第5章末尾做的脚注使之变得分明，某些东西只是被感觉到。不仅如此，我们想起在他1827年写的“说明”里，作者提到本篇各

章，说它们见于“粗略的草稿”。

作者指出，否则本将就进攻不得不说的话，有许多已在论防御的前一篇里被讲过或被隐含了。然而，存在某些不是直接出自防御的进攻特性。首先，反攻是防御的一个**内在固有的**组成部分，进攻性突进却自成一体。虽然对防御的需要确实渗入进攻，但它只是作为一个“必要的祸患”才如此，首先因为进攻性突进不得不被中断，以便有个歇息期，其间防御自动地取代进攻，其次因为被留在推进部队身后的地区不一定得到进攻掩护，可能需要专门的护卫。简言之，防御是进攻的一种妨碍性负担，“其原罪，其致命病患。”

同样，虽然防御能靠战斗部队以外的要素——例如要塞、地利、甚而获得盟友的较大可能性——得到实施，但进攻通常必须只靠其战斗部队。

第 4 章“进攻力的渐减”在前一篇里已被涉及，虽然作者在这里提供了一项关于七种方式的条目登录，以这些方式入侵军队的总兵力可能在挺进中遭到削减。第 5 章“进攻的顶点”仅仅讲述了以后将被更深入地谈论的一个论题。然而，第 6 章“摧垮敌军”虽然同样简短和带尝试性，但展示了某些新颖而又重要的思想。紧接重申他本人的一个准则，即摧垮敌军乃军事目标，克劳塞维茨提出了下述问题：我们说“摧垮敌军”，这指什么？还有，代价如何？这些不显得像是惊人的问题，直到一个人想起一个事实为止，那就是极少有别的战略著作家想过要提出它们，更不用说试图回答它们。克劳塞维茨讲了能够依以看待“摧垮敌军”这问题的四种颇为不同的方式，然后讲了达到这目标的某些间接途径，例如夺取一个

领土地带或一个敌方要塞。他确认此等间接手段一般被高估，还确认它们所以诱人是因为它们的代价那么小，但接着就饶有意义地补充说，它们“与缺乏意义的会战相比，显然更可取。”他说“缺乏意义的”，显然指胜负不决但代价高昂的。在追求某个不管是战略的还是其他的得益时，难道有什么比需要考虑代价更明显？然而，克劳塞维茨始终如一地随时准备这么做，这在将他与该领域的实际上所有其他著作家区分开来的素质中间，并非最次要的。

695 第 7 章“进攻性会战”只真正提出了一个新的和有用的观点，即“大多数进攻性会战中的一个特性是吃不准敌人的阵位”，这使得集中己方兵力更加必要。由于这个原因，他极力主张翼侧包抄而非包围敌人。这留下了大片空白：包抄一个阵位未经确立、且可设想已采取预防以免被包抄的敌人是否可行？然而，这至少确实标示克劳塞维茨不喜欢正面进攻。

第七篇第 8 至第 20 章：在这几章里，格调成了多少不那么尝试性的，但仍然粗略，仍然受累于作者的一个感觉，即只要本篇只是前一篇的对应，那么本将在论进攻的不同章题下需要说的，大多已在论防御的相关各章里说过了。然而，虽然他不想过分重复他自己，他却似乎不那么关心间或显得前后不一。

于是，一个人或可认为，在第 8 章“过河”里，他忘记了他先前看不起河流的战略防御价值。他的第一句话是：“一条横越进攻线的大河对进攻者来说是个大不便。”然而，前后不一实属表面。他这里更多的是在战术而非战略层次上谈论，而且一个人记得克劳塞维茨并不总是小心表明他当下是将注意力放在这两个层次中的哪个层次。他后来说，设防的河流将实际有利于进攻者，如果“防

御者错误地将自己的整个未来都押在这防御上”。因此，终究没有多少前后不一。而且，克劳塞维茨还是在以适度和有分寸的方式说话，虽然多少转弯抹角。据此，尽管“此等过河难得出现大困难”，但进攻者很可能对它们有“担忧”，“除非涉及大决战”。他在前一篇里谈过河流宽度和可得的过河手段，将它们当作重要因素考虑；现在，他又在谈论攸关的问题，那同样是个变量。目的有限，所以不冒大风险。

在第 9 和第 10 章里，作者再度表现自己对进攻一个能干的敌人深为反感，这敌人身处一个强固阵位或堑壕营地。不仅情理，他说，而且“成百成千的事例表明准备良好、布兵恰当和防守强劲的堑壕工事**总的来说必须被认作是个坚不可摧的阵点**”。“成千”必定言过其实——就克劳塞维茨来说非同寻常——但它表明他在这个问题上的情感何等强烈。何况，想想他那个时代的武器装备：前膛毛瑟枪，装弹那么缓慢！对此告诫，第一次世界大战的将领们本可有所借鉴。

有如第 8 章，第 11 章“进攻山区”是对第六篇的相关那章的一个补充，在此甚至更少有理由谈论前后不一。第 12 章“进攻警戒线”既简短又单薄，但接下来一章“谋略”较有趣味。现代研习者就 18 世纪军队(和舰队)彼此当面大搞谋略——谋略是战斗的明显替代或至少延宕——读了和听了那么多，以致禁不住诧异那究竟为何。它颇大程度上是武器射程很短的附带结果，因而敌对两军能充分看到对方，同时依然远未立意会战。交战要求一方或另一方有进攻意愿，而进攻意愿可以等待，等到形成某种明显的有利条件。于是在 1812 年，威灵顿与在萨拉曼卡城前彼此可见地搞了三

个星期谋略，然后威灵顿才见到促使他进攻的机会。现代军队也会为寻求有利条件而搞谋略，但是一个可见的对手将在射程以内，于是开火，连同寻求掩护。克劳塞维茨给出了搞谋略的五个可能的目的，但最后断定不可能有任何种类的规则去确定行动的价值，除了拥有优越的军事素质，它们与一般决定会战结局的那些完全一样。

第 14 章“进攻沼泽、洪区和森林”实际上没有给在前一篇内同一些标题下谈论过的东西增添任何内涵。就接下来关于进攻一个战区的那章也可以说同样的话，除了我们在此处彼处见到个别值得注意的评论。例如，在第 15 章里，作者再度提到一支军队由于知道自己处于攻方而得到的好处，然而这次，他甚至更显明地将这好处称作“有限的”，通常“被估计得太过分”。“它短命，抗不住严重困难的考验。”我们已经注意到（在第六篇第 3 章）这观点与福煦之类浪漫主义者的看法多么相悖。还有一段多少令人困惑的话，是关于进攻者在立意大决胜的时候是否应当分兵的；开头看似严厉禁止，几行之内就变得允许在某些境况下这么做。可惜克劳塞维茨未用更多篇幅去谈这个问题，它满载刻板僵硬的看法。我们
697 还得知，在他那个时代，一支大规模的军队总是在一条至少宽达一日行军路程的前沿上挺进，因而倘若其交通线和撤退线不太过分偏离垂直面，那么前沿本身通常会给这些路线提供一切必需的掩护——这一点补充和澄清了第六篇第 24 章里的相关讨论。对现当代来说，意义更重要的是在最后一段的陈述，同样是关于保护进攻者后背的：“倘若一切都屈从于迫在眉睫的大决战压力，那么防御者将近乎全无辅助性作战余地，因而进攻者一般不会有大危险。

可是，一旦推进结束，进攻者逐渐转向一种防御状态，保护后背就立即有越来越大的紧迫性和重要性。”不管克劳塞维茨在写这两句的时候想着什么战役，它们都同样适用于第二次世界大战的多场战役。

第 16 章趣味盎然，因为揭示了在他自己处的时代，在暂时夺取一个地带或一个要塞后面可能有——或没有——的种种目标。它可能是为了一个在和会上的讨价还价筹码，但它同样可能是为了荣耀，为了战利品，“而且间或只为满足一位将领的野心。”有时，它只是一种虚拳搏击；“作为进攻者，毕竟必须做点什么”！同样，他本人处的时代与我们当代在这些方面的差别大多将只是程度上的。

第 18 章“进攻运输车队”同样补充和帮助澄清在第六篇第 24 章的讨论里提到的谜。运输车队，载运补给送往一支深入敌对领土的军队，显得那么易受伤害，特别是在它们的护卫队看来只提供那么单薄的保护时。然而，克劳塞维茨指出，保护它们的通常是战略情势，而非战术情势。

第 19 章“进攻在宿营地的敌军”完全过时了，在它或可应用于大兵力的限度内，而且在克劳塞维茨本人那时也分明已经如此，因为他给出的仅有的成功例子来自早先一代。奇特的是，他竟在这论题上费了那么多的篇幅，而在下一章“牵制”论题上相对写得那么少，尽管这后一论题有永恒的适用性。一场成功的牵制，他说，必须激使敌人动用更多兵力去对付它，多过己方动用自己的，并且因而必须对实现主要目的有纯裨益。然而，他允许这术语被拉伸到涵盖如下进攻：其时暂不打算在别处做更大努力，在此情况下它

不只是一场佯攻，也是在敌方力量边缘做的一场有限的骚扰性的作战行动，以替代旨在一个决定性结果的更大进攻。我们可以从
698 一切重大战争、肯定包括第二次世界大战找出例子，去例解这个术语的这两重含义。

第七篇第 21 章：该章因其本身的价值而值得考虑。在一长串过时的、简缩的或其他方面不能令人满意的章节之后，我们终于到了有根本重要性的一章，亦即本篇的末章。它是克劳塞维茨先前已预示过的一章，因为它谈论的中心问题是他所说“胜利的顶点”。有时一支入侵军队愈进愈强，但通常的情况是愈进愈弱，原因在于克劳塞维茨再度勾勒的，虽然他事实上已在先前某些章里谈论过它们，特别是第五篇的。实际上，一个人注意到某些重要的前后矛盾，在本章与先前相关各章之间，特别在本章就入侵军队保护自身后背和侧翼的严重必要说的话里，还有在本章就归因于疲劳和病患的损失忽略未说、但先前已经说的话里（特别见第五篇第 12 章）。

无论如何，除非一场进攻导致防御者崩溃，就会有个“顶点”，在这点上进攻者行将丧失有效优势。要超过这点前推，同时没有一场迫在眉睫的有利决战的很大可能，是危险的。因而，“每场不导致和平的进攻都必定作为一场防御告终。”不仅如此，它还很可能是个尴尬的防御境地。而且，会做得过头的人，通常是具有那一般应受盛大赞誉的大勇气和大干劲的将领。

克劳塞维茨将拿破仑称作将战争革命化了的人，因为推进攻势直至全胜，但是他避而不提 1812 年向莫斯科的进军，那在读者心里或可是“大干劲”前推过远的头号范例。显然，克劳塞维茨不

这么看它。就像他将在第八篇末章指出的那样，拿破仑入侵俄国，不可避免地就是决意进军莫斯科，除非沙皇拱手在边境附近接受决战，而鉴于拿破仑在那个阶段的压倒性优势，沙皇极少可能这么做。有如我们将在那个末章见到的，作者不是将拿破仑的惨败归因于前推超过“顶点”，而是将它归因于某些根本的误算。

不清楚克劳塞维茨会将哪些现当代战役接纳为例，例解他在这里阐述着的信条。它们是否会包括 1941 年 12 月开始日本人在西太平洋和东南亚的进攻？日本必定在能够对其首要敌人一决胜负以前达到自身的能力极限，因而它的战略错自它的根本观 699
念——恰如海军大将山本五十六在其同僚狂赌之前已试图警告他们的。与此类似，1941 年开始德国征服苏联的努力证明，它本质上超越德国的能力，因而最大限度推进线很难说是个“胜利顶点”，因为苏联政府向亚历山大一世一样，分明决心不去谈和。

虽然克劳塞维茨在本章讲述的原则当今无疑成立，但其应用必定受军队作战方式上的某些重要差别影响。在他那个时代，步兵完全徒步行进，长途强行军期间因为精疲力竭和病患而退出行列的掉队者构成重大损失。行进中的军队大都就地攫取给养，附属于它的大车队只需载运几天补充性给养，加上足够的弹药，以便它不会由于打一场大会战而解除武装。因此，补给问题虽然肯定并非无足轻重，但也不是战斗效能随军队前推而逐步下跌的首要原因。当今，疲劳问题将因大量汽车而大为缓解，当补给困难将相应加剧。一支高速行进的军队可以暂时耗完自己的补给，特别是液体燃料，同时它恢复自身冲劲的能力将严重依赖它的总后勤能力，连同这能力易受敌人空中攻击和其他袭击伤害的程度。

艾森豪威尔往往因为一件事受到批评：1944 年夏末暂停他的东向正面突进，大多由于害怕他的坦克将耗完燃料，而这暂停确实使溃乱后撤中的德国人能够重组和恢复战线。然而，当德国人是年 12 月间在阿登地区反攻时，他们的坦克**确实**耗完了燃料，成了坐受盟军空中武力打击的不动目标。艾森豪威尔谨慎从事，以求安全，并且为这么做付出了代价，然而这代价是预应大灾的保险费。他拒不冲过他的“胜利顶点”，停下来为一场新的攻势准备基础，而这攻势确实事实上结束了战争。

第八篇：战争规划

第八篇第 1 至第 2 章：与第八篇相伴，我们回到纯金王国。第七篇并非只是荒野游荡，但它大多处理专门事项，因此是必不可免地过时了的事项，而且克劳塞维茨本人也似乎急于匆匆搞完它。
700 “我们现在掉头返回”，他在第八篇开头说，“作为一个整体的战争……那意味着回到第一篇提出的思想。”我们现正进入的关键领域，他告诉我们，是“所有其他线条汇聚的”中心点——而且他承认带着某种踌躇进入之。踌躇有理，因为概念大胆，但作者将再度证明自己完全能应对挑战。中间的几篇也已反映了他的心灵的伟大，并且导致我们大大增进了我们对战争的性质的理解，连同对克劳塞维茨在这个论题上与其他著作家有何区别的领悟；然而，主要是第一和第八篇给了他独特的地位，那是他至今照旧拥有的，并且说明了当今他为什么有权利得到我们的注意。

在他那简短的导言内，他返回一个主题：他在第一篇里论说了

它，但感到值得作某种进一步的思考。如果没有什么可以替代统帅的才能，如果他的才能的特征之一是他能够一目了然，化繁为简，那么的确为何我们——还有他——应当研习总是有危险沦入“可怕的学究状态”的战略理论和战争理论？他再度试图以一个答案来帮助我们：“理论应当持续不熄照亮一切现象，以致我们能够轻而易举地认出和铲除总是出自无知的杂草；它应当表明一事如何与另一事相连，同时使重要的与不重要的保持分隔。”还有，在关乎它对统帅的影响的限度内：“理论不能以旨在解决问题的公式去武装心灵，它也不能靠在道两边各树一条原理篱笆去标出那窄道——上面据想置有唯一解决办法的窄道。然而，它能给心灵以洞察力，去透视大量现象及其相互关系，然后让它自由跃入更高的行动领域。那里，心灵能够使用自己种种能干的内在才华，将它们全都结合起来，以便抓住正确的和真实的，好像它是个单一的想法，由它们的聚合压力形成——好像它是对眼前挑战的一个反应，而不是一项思想产物。”

第 2 章再次返回“绝对战争与真实战争”之间的区别，并在它的第一段里提出了一项极可贵的格言：“如果心里不首先清楚自己意欲通过战争取得什么，还有意欲如何操作它，那就没有任何人发起战争，或宁可说没有任何人有理由应当这么做。”有什么能比这更简单更明显——但那么经常地被置之脑后！

他然后进而再问，在战争的纯概念与战争一般带有的具体形态之间，为何有那么大的差别？他先前对这问题的回答，他承认，只是片面的。事实上，在国事之中，存在无数受战争影响的因素、力量和状况。“在这迷宫里，逻辑变得止步不行；那些在大小事务

中惯于按照特殊的主导印象或首要感觉而非严密逻辑行事的人，
701 几乎全不明白他们陷身其中的紊乱多变、含糊不清的局势。”某些人，或许包括总司令官，可能明了目的和为了达到目的的种种需要，但许多人不会。将缺乏克服后者的反对所需的精力。因而，战争（直到克劳塞维茨那个时代为止）通常是“某种不连贯和不完全的东西”。他的同代人会疑惑，绝对战争概念是否有任何依据，假如拿破仑没有显示能相当紧地接近它的话。

克劳塞维茨现在面对的问题是：新的模式是否会支配未来，或者他作为一个理论家是否也必须预期“不连贯性”的某种回归，那毕竟是从亚历山大大帝到拿破仑大多数战争的特征？像他将在下一章里说的那样：“一旦障碍——那一定意义上仅在于人茫然不知可能之事——被拆倒，它们就不那么容易被重新树立起来。”另一方面，设定从此往后的一切战争都将是不受约束的那类战争，将是傲慢放肆。关于未来的战争，“我们必须容纳天然的惯性，容纳战争各组成部分的一切摩擦，容纳人的所有不连贯、不精确和胆怯；最后，我们还须面对一个事实，即战争和战争形态出自当时流行的种种观念、激情和状况——老实说我们还须承认，即使战争在波拿巴之下达到其绝对状态时，情况依然如此。”

总的来说，克劳塞维茨证明是一位优良的预言家。他的智慧在试图洞察的那个未来将包含达到一定程度“绝对性”的诸场战争，它们是拿破仑模式仅仅朦胧不清地预示的，但并非所有战争都将性质如此。写作本文时，美国从越南战争脱身还不久，而那场战争有着每个可能的类别和程度的不连贯性，既在目标上，也在方法上。

第八篇第 3 章：这漫长的一章没有总题名，但它的两部分有其各自的标题。第一部分“战争诸要素的互相依赖”再次从另一个角度探究下列两者间的差别：绝对战争与对绝对的那些已经见诸历史的重要缓解。战争由许多互动构成，并且通常由一整系列交战构成。那么，这些各自分开的组成部分之间的关系如何？战争越接近绝对，有一点就越清楚，即唯一算数的结果是最后胜利。在这样一场战争中，伴随他的第一个动作，一位将领就须怀抱“一个关于目的的清晰的想法，一切都要汇聚其上。”

然而，在那么普遍地见于 18 世纪和它以前的那类战争中，各
项分开的战役和行动难得指向这么一个最终目的。在那些战争 702
中，“为其自身的缘故追求种种小利、将未来留待未来是正当的。”同样，拿破仑改变了这一切，但我们同样不能不考虑这改变是否必定适用于未来所有场合。克劳塞维茨论定，在一场战争开始时，“它的特征和规模应当依据政治或然性得到确定”，如果这些或然性驱使战争趋于绝对，“若不考虑最后步骤就不采取最初步骤”就变得绝对必须。

第二部分“军事目标的规模和需做努力的大小”直接跟随在第一部分提出的问题而来。绝对战争将不仅要求有一个统一的目的，而且要求做一种彻底的努力。然而实际上，我们见到缓减这努力的所有各类因素。再次，我们必须考虑对每一方提出的政治要求的大小，还有一个事实，即竞斗者有着大为不同的特性以及大小不一的能力。于是，出于种种不同的原因，双方不大可能同等程度地用力使劲。然而，一个两难起自下述事实：“在战争中过小的努力不仅能导致失败，而且能造成实在的损害”。这因素趋于将一方

推至最大程度努力，但在这么一种情况下“行动与政治要求之间的全部相称性将丧失净尽”，那将显然是非理性的，从而不可接受。因此，所需的是“使用判断力的才能，以辨识巨量的多样事实和情势之中最重要、最具决定性的要素。”

随之而来的指教令人再度想起美国在越南面对的难题：“为了发现我们的资源中须有多少被动员起来用于战争，我们必须首先审视敌我双方的政治目的。我们必须估计敌对国家的实力和形势。我们必须估计它的政府和人民的特性和能力，并且就我们自己的做同样的事情。最后，我们必须评价其他国家的政治同情，连同战争可能有的对它们的影响。”克劳塞维茨承认，对所有这些因素及其衍生物的迅速和准确的评估“分明要求有一位天才的本能”。然而，他再度告诫说：“战争的巨大和独特的重要性虽然不增加问题的复杂性和困难，但确实加大了正确解决的价值。”

接下来构成该章所余部分的是一番大师般的概览，概说战争中的相关变迁，从罗马和亚历山大时代直至他自己那个时代。克劳塞维茨在此显露了他对政治史和军事史的广泛透彻的把握。此乃浓缩的思想杰作。或许，最能显露内心的部分，是作者讲述在他
703 自己有生之年发生了的变迁，在其中他再度提出一个问题：这对未来意味着什么？该章以下述总结告终：“一个交战者采取的目的，还有他使用的资源，必定由他自身处境的特性支配；然而，它们也将符合时代精神，符合它的一般特征。最后，它们必定总是受那要从战争本身的性质抽引出来的一般结论支配。”

第八篇第 4 至第 5 章：这两章有个共同的标题“军事目标的更细规定”，第 4 章关乎“击败敌人”的真正含义何在，第 5 章则谈论

起击败敌人显得力所不及时要怎么办的问题。

击败敌人,克劳塞维茨说,通常意味着摧垮他的军队,而且如果可行它就总是"开始用武的最佳方式"。然而,可以有修改这简单格言的种种情势。"一个人必须将交战双方的主要特征牢记在心。从这些特征发展出某个重力中心,所有力能和运动的枢纽,一切都有赖于它。我们的全部力量应当前去针对的正是这一点。"因而,夺取敌国首都有时可以比摧垮其军队更重要,而且如果敌人有个较强的盟友,那么有效打击这盟友可以比处置较弱的交战者更利于推进自己的目的。"倘若你[①]能通过击败敌人之一去战胜你的所有敌人,那么击败该敌必须是战争中的主要目标。"

然而,我们必须预先考虑我们能否实现击败敌人。这么做要求有足够的兵力,足以对敌赢得一场决定性胜利,并使我们的胜利"进至力量对比全无可能被矫正的地步"。可是,克劳塞维茨还添上了一项政治要求:"我们必须肯定,我们的政治处境如此安全,以致这成功不会招致新的敌人来反对我们,后者或能迫使我们马上放弃打击我们的最初对手。"

作者强调势头的重要性。时间通常趋于对已经遭受首场失败的那方有利,部分地是因为它的败境可能令别国惊恐,激使它们前来站在它一边。还有,要从已经被占的领土抽取军事利得,时间将充其量仍然不足。于是,征服必须尽可能快地予以完成,依靠一举连续推进,而非分阶段逐步推进。

克劳塞维茨坚持主张后面一点,显然是反对在拿破仑以前时

① 依照第4章本文为"你",而非布罗迪在此用的"我们"。——中译者注

代被普遍遵循的那类高度模式化了的程序，而且他论辩说停顿很
704 可能对已被部分击败的敌人有利，至少像对己方一样有利。“因而，我们相信作战活动的任何一种中断、停顿或中止都不符合进攻性战争的本性。当它们必不可免时，它们须被认为是必要的恶，使得成功不那么确定而非更有把握。”

应当再次记住，他是在谈论他那个时代的军队。在有一处他说：“鉴于当今部队的补给方式，它们在停歇时比在行进时更需要补给站。”假如谈论晚近的战争，他的论辩将不得不大做修改，其时挺进中的军队一向大为依赖连绵不断的补给，特别是液体燃料补给。如同我们已从第二次世界大战中的某些例子所见的，即使挺进中的一次停顿会被撤退方利用，进攻方有时也不得不停顿，因为迫于补给形势，或者有时迫于拓宽战线或巩固自身阵位的必要。甚至 1940 年法国的败北也不是由德国单独一举突击实现的，而是实际上分两个主要阶段告成。于是，不间断的进攻应被认作理想，当今有时须在实践中被打上折扣。

第 5 章，副题为“有限目的”，谈论起如果种种情势排除击败敌人那就要怎么办的问题。讨论似乎基于一个前提，即全无可能全然规避战争。选择在于，他说，要么夺取敌方一部分领土，并且守住它，要么力图守住己方自身领土，“直到形势好转为止”。然而，后一用语蕴含的意思是有理由期望这会发生。第二种可能在于，未来给敌人提供较好的前景，好过给我们提供的。在此情况下，克劳塞维茨论辩说，己方必须采取攻势，那意味着“利用当下的种种好处”。第三种可能，而且是最常有的可能，“出现在未来似乎没有给任一方预示任何确定的前景的时候，因而没有提供做出一个决

定的任何理由。”在此情况下，拥有政治主动的那方——亦即持有一个积极的目的或目标而为之投身战争的那方——应当采取攻势。

刚才讲的这三种可能中间，第二种适合日本在 1941 年的情况，当时它选择发动对美战争，不是因为日本领导人认为自己有打赢的手段，而是因为他们觉得自己经不起等待。时间对他们不利，大多因为罗斯福总统在 1940 年施加的美国油料禁运，它直接影响了日本舰队的燃料储存。日本接受“现在动手否则永无机会”选择，其结果对这种行动方针的危险有所提示。

我们或可注意到，克劳塞维茨在此正拂去一个重要问题。时 705
间看来在对手一边这事实本身并不表示一个人现在能击败他，饶有趣味的是，列宁——他像恩格斯一样研习了克劳塞维茨——就这一点谈论多多；在给追随者的规诫中，他反复拒斥“现在动手否则永无机会”哲学，只要“现在”对采取进攻性行动依然形势不利。① 相反，克劳塞维茨信奉这哲学，在 1809 年陷于绝望，因为在缺乏俄国支持的情况下，他的君主弗雷德里克·威廉三世拒绝在结束于瓦格拉姆的那场战役中前去支援奥地利对拿破仑作战；而且，当这位国王两年后再度选择不与拿破仑战斗、却在预料后者侵俄的情况下接受一个与他的有限同盟时，克劳塞维茨在给友人的一封信里愤懑发作：“一个人必须不顾成败机缘出手作战，在做任何别的事情是不可能的时候。” 他说“不可能”，大概是指“不光彩”，但或许也指“丧失机会”。接着，克劳塞维茨退出普军，转而为

① 关于这一点，见 Nathan Leites，*A Study of Bolshevism*（Glencoe，Ill.：The Free Press，1953），pp. 512-524.

俄军效力，很快成了他本国国王的名义上的敌人。无论他的个人行为鉴于他对拿破仑的憎恶有多正确，他就普鲁士国家应当怎么办的看法带有一定的浪漫主义色彩。普鲁士按照1806年和约条款裁军，没有丝毫可能抵挡住拿破仑大军，国王的决定到头来证明是就国家利益而言最明智的决策。

第八篇第6章：这重要的一章崇高亢扬，至少在一个人读完第一部分——副题为“政治目的对军事目标的影响”——之后，该部分预先提供了某些例解，说明作者要在第二部分说些什么，但它本身承载的涵义微乎其微。因此，我们直接进至第二部分，其副题“战争是政策的工具”意义重大。在此，我们回到了第一篇伟大的开头一章的论辩，那里我们首次碰到一个信条，即“战争是政策的以另一种手段的继续”。现在，我们有了一个追加的阐释，阐明这现今著名话语的涵义，连同对它的种种衍生物的某种解说。然而，我们还须回想起，克劳塞维茨计划大大发展这思想，在他打算做的修改中。

绝对不可接受，他说，一项寻常观念，那就是认为战争中止了
706 交战者之间的政治交往，代之以一种只受其本身法则支配的全然
不同的状态。战争可有它自身的语法，但没有它自身的逻辑。这
逻辑由政治目的决定，战争行动只是取代了通常的外交照会互换。
假如并非如此，战争就会是“某种缺乏目的和全无意义的东西”。

战争所以并不持续不断地迈向绝对，恰恰是因为“它无法遵循它自身的逻辑，而是不得不被当作其他某个整体的一部分对待；这整体名曰政策。”然而，如果战争是政策的组成部分，那么政策必然决定它的特性。这不意味着它将影响作战细节——“政治考虑并

不决定设置卫兵或使用巡逻”，可是它会影响“战争和战役的规划、甚而往往会战的筹措”。较后他还说，“任何意义上战争艺术都不能被认为是政策的导师。”①

这一点太重要，以致无须担心重复，而克劳塞维茨就此连连敲打，不断强调：“极难想象战争爆发之际政治观点应当整个不再作数，除非纯粹的仇恨使得一切战争成为生死拼搏。”同样还有，“政策是指导性理智，战争只是工具，而非相反。”因而，军事观点必须**总是**从属于政治观点。

当然，国务家们必须懂得战争的语言，以保证他们不误用它。然而，如果发生那样的情况，那么错的是政策，而非政策在影响战争这事实。不过，如果政治领导人是个才智杰出、性格强健的人，他就总是能“以这种或那种方式”得到他需要的军事信息。显然，克劳塞维茨认为相反的情况不大可能，或者无论如何不恰当。

这一章结束时提醒人：在拿破仑时代的战争中起作用的种种巨大变迁“由法国大革命既在法国也在整个欧洲造就的新的政治状况引起，这些状况发动了新手段和新力量，并且从而使得战争中一种否则将无法想象的那么大程度的动能成为可能。”②接着：“因

① “任何意义上……都不”(in no sense) 系依照第 6 章文本，而非布罗迪在此用的“任何情况下……都不”(under no circumstances)。——中译者注

② 此句依照第 6 章文本，而非布罗迪用的有些不同的下述文句：“由革命为欧洲亦为法国造就的新政治生活引起。其他手段和力量于是被招上前来，给了战争一种否则将无法想象的那么大程度的动能。”([.... arose from]“the new political life which the revolution created for Europe as well as for France. Other means and forces were thus called forth, which conferred on warfare a degree of energy inconceivable without them.”)。——中译者注

此,战争艺术的转变出自政治的转变。”

这是动人心魄的一章。克劳塞维茨以一种热烈道出他的论辩,而这热烈出自他的信念,即确信贯穿全书他一直在说的事情**没有哪一件**比这更重要、更基本——或更可能被漠视。第一次世界大战显然没有按照这些规诫去打。然而,克劳塞维茨不否认战争可以成为“某种缺乏目的和全无意义的东西”。他只是论辩它不该如此。

707 **第八篇第 7 至第 8 章**:这两个短章冠以共同标题“有限目的”,远在第 6 章内确立的崇高水平之下。首先,它们在某种程度上过时了,而前一章并非如此。还有,看来克劳塞维茨对自己为这两章确立的前提感到不快,那基本上是双重的:明示的前提,即一方缺乏强使敌方遭到决定性失败的手段;隐含的前提,即一方尽管如此,也不处于太严重的对敌劣势。在这些条件下,一方仍可(第 7 章)进攻性地夺取敌人的一部分领土,从而减少他的国家资源,并且将一项可用于和平谈判的资产掌握在自己手里。在这场合的重要问题是,有没有很大可能在战争的所余时间内始终守住这领土,如果没有,那么暂时的占领是否会值得为之付出占领的代价。“一般而言”,克劳塞维茨说,“与从征服敌人领土得利相比,被敌人占领领土趋于损失更多,即使这两个地区的价值竟然相同。”更重要的是,在就一个较大地区采取守势时,一方让出了主动权,而未尝试对敌人力量的心脏地带发动一场关键性打击。在这点上,克劳塞维茨似乎在滑离他的首要前提,而且他以重申甘愿接受大风险是多么卓越去结束该章。

第 8 章里,作者谈论起一种战略上较消极的防御形态,即主要

目标是赢得时间，同时尽可能不让己方领土落入敌手。可以依靠凡在进攻发生之处打退进攻，甚至可以发动小规模进攻战，以突袭或牵制方式，然而只是在基本上防御性的目的不被改变的情况下。争取时间的目的是等待政治变动，例如敌人疲惫厌战，盟友前来加入己方或转而遗弃敌方。

可是，如果敌人的进攻导致其兵力减损，减损到己方对他占优势的地步，那么一场反攻自然合宜。在这点上，克劳塞维茨停止讲述弗雷德里克大王的战略史例，转到对 1812 年战争作又一次思考，并且给我们提供了一项启迪性的观察："无上的智慧永不能设计出一种更好的战略，好过俄国人**无意中遵循的**"（着重标记系添加）。克劳塞维茨在这场战争中，始终处于一个好位置去察知事理。

我们敢于将这两章称作过时的，部分地是因为克劳塞维茨本人认为它们在他那个时代已经如此。在讲述了弗雷德里克的成功的防御战略之后，他指出："然而必须记住，时代已经改变，战争经 708
历了一种彻底转换，现在从全然不同的源泉汲取活力。当今已丧失所有价值的阵位那时能够有效；而且，敌人的总的特性也是一个因素。"最后一句话指的是弗雷德里克的对手缺乏大力进取精神。俄国之例——克劳塞维茨并未认为它过时——关乎的当然是个非常巨大的国家。如前所述，出于同样的原因，它即使在今天也不会过时。

第八篇第 9 章：《战争论》的最后和最长的一章"意在导致彻底击败敌人的战争规划"返回第 6 章的宏伟规模。然而，第 6 章集中在国务才能层次，第 9 章却聚焦于军事大战略层次。与前两章相

比，在本章标题内确定的目标更与作者的精神相符，同时我们遇到了被认为是典型的克劳塞维茨式军事思想的一个缩影。

至此，作者几乎毫不犹豫地拒斥对“原则”的任何效忠，不将它们当作行动的可靠指南。然而其后，他以纵情宣告两项原则开始本章。第一项原则是以目的和兵力的最大集中去行事，第二项则是以最快的速度去行事。这不意味着永不得在空间和使命两方面分兵，而且克劳塞维茨接下去深入探究分兵的四个基本理由。在每个场合的分兵理由都必须是强有力的理由，要对照集中这头号要求去谨慎掂量。尽管如此，克劳塞维茨仍富有特征地去探究例外，甚至对他最喜欢的准则的例外。

主要目标的输赢将也包含那些次要的。同样，很可能有例外，然而无论如何，每一项被着手进行的次要作战必须尽可能地被保持为从属的。

1014

当他逐步展开这些观点时，一个人突然察觉到克劳塞维茨在定下一个东西的思想框架，它在近一个世纪后将是著名的施里芬计划。屡屡有这样的时候，他说，即“不得不同时打两场差不多全然分开的战争的时候。甚至那时，其中之一也须被当作**主要**战争对待，要求大部分资源和大部分活动。这么来看，明智的是只在这主要战区作**进攻性**作战，在别处保持防御态势。那里，只有在种种例外状况竟召唤它的时候，一场进攻才会合理正当。不仅如此，在各次要点上的防御应以最小限度兵力去维持；那种形式的抵抗提供的每项好处都应得到利用。”这想法勾勒了 1914 年 8 月德国在
709 东线与西线之间的分兵，还有沿西线本身的分兵。可是，他继续说下去，关乎作为主攻目标的那个敌人：“真正重要的是主决胜。它

将补偿任何损失。如果兵力足以使追求主决胜成为合理的，那么失败的可能不再能够是个企图在其他每一处掩护自己的借口。因为，这会导致输掉可能性大得多的决战。”

以同样的意向他返回他的第二项原则，即速度原则：“进攻的差不多仅有的好处”，他说，“基于它起初的出敌不意。速度和冲劲是它的最有力要素，倘若我们要击败敌人通常就必不可少。”快速的另一项好处在于，它将迅速地将一方送至敌国的心脏地带，因为虽然会战在靠近一方自己国境的地方进行较容易获胜，但若它在敌国领土纵深进行就更可能有决定性效果。还有，如果我们在谈论彻底击败敌人，那么“这样一种胜利要求一场围击，或者说一场带有正反战线的会战”。而且自然，这样一种胜利必须继之以毫不松懈的追击。

同样，倘若胜利浪潮将我们迅猛推经他的要塞（像 1914 年间在比利时那样），我们就须只投入尽可能最少的兵力。“从围攻要塞迫使我们暂停推进的那刻起，攻势通常已经达到其顶点。因此，我们要求主力应当继续迅速挺进，保持压力不懈。”一个人无须担忧进兵前线太窄，只要推进势头被保持下去：“只要将领尚未击败敌人，只要他自信强得足以达到目的，他就必须坚持不懈。他可能冒愈益增长的危险去这么做，然而他的成功将更大。倘若他达到了一点，逾此前行非他所敢，倘若他觉得自己必须向左右扩展，为的是保护后背，那就如此吧：很可能他的进攻已经达到顶点。它的势头耗竭；如果敌人仍未被击垮，那么大概无论如何它业已前景丧尽。”

克劳塞维茨式眼界与施里芬构想的这一吻合——我们在此仅

作简要勾勒——太详密，太截然有别于其他著作家的思想，以致不会是个偶然，尤其就我们所知，施里芬是一名热心的克劳塞维茨研习者。

接下来是对拿破仑1812年在俄战争的一番非凡的分析，作者不得不表明其失败**并非**归咎于推进得太快太远。他进至莫斯科亦非错误。“只有在他能以大军抵达莫斯科的情况下，波拿巴才能希望撼动俄国政府的神经，撼动俄国人民的忠诚和坚定。”战争所以
710 失败，“是因为俄国政府保持镇定，俄国人民依然忠诚坚毅。”结局表明拿破仑误算了。冒这么一项误算的风险就他来说可能是错的，但对于政府和人民对他夺取莫斯科将怎样反应，他做的估计并不那么可料地错，错得令这场战争荒唐可笑。如果说拿破仑大军遭受了更严重的惩罚，甚于它本将必然遭到的，那么能够归咎于他的过错不是在他突入俄国的深度上。“过错在于他迟迟开战，在于他因为自己的策略而浪费了生命、他忽视补给问题和他的撤退线问题”，还有他在莫斯科逗留得太久。

最重要的是克劳塞维茨据以评判这和其他事件的标准：“按照其结果去评判一个事件是正当的，因为这是它的最健全标准。然而，决不能将仅仅依据结果的评判充作人类智慧的证明……因为它的巨大失败而断言1812年战争荒唐可笑，可是假如它奏效，就会将它称作无与伦比的高超构想：任何这样的人显得全然缺乏判断力。”换言之，成功或失败永不是只有一个原因，好的评判必须考虑到每项成败的若干重要原因。

这伟大的一章继续下去，谈论广为隔开的各路军队对一个共同目标的进攻，它有别于单独一路集中进攻。克劳塞维茨偏爱后

者，但前者“可以由无法改变的种种境况强加”。作者当然是在谈论一个丝毫不知现代电子通讯的时代，但他用来对付**他的**难题的智慧依然犀利。如果部队在不同的战区作战，它们就不应过分担忧如何顺利无助地协调它们的努力。“甚至在战术上，从头到尾始终顺利无阻地协调作战的每个部分也并非必需，更不用说在战略上了。”因此，每支互相隔开的兵力都应被赋予一项独立的任务。实际上，甚至在现代，这一主张依然成立。

一个人顺便懊悔地注意到，普鲁士 1793 年从事在法战役（克劳塞维茨作为一名年仅十三的男孩士官生参与其中），但当时“普鲁士在阿尔萨斯全无防守或征服需要”。该省乃德意志的一个丧失已久的部分将是来得很后的一个发现。我们还或许吃惊地注意到，在 1813—1814 年战役中，俄国沙皇没有坚持要他的军队独立作战，却将他的兵力在各军团级别上置于普鲁士和奥地利将领指挥之下。

全书真正结语的到来不是在末尾，而是在就目的为彻底击败
敌人的规划做的几段总结之中，那里他说：“我们要强调本质的和 711
普遍的，给个别的和偶然的留下余地，但除去每桩**任意的、非实质的、微末的、异想天开的**或**过分微妙的**事情……如果有谁大感惊异，觉得在此找不到任何教益去说怎样拐过一条河、怎样从其高峰控扼一个山区、怎样绕过一个强固的阵位或找到攻克一整个国家的关键，那么他就未能把握我们的目的；不仅如此，我们担心他仍未理解战争的本质要素。在先前各篇里，我们以一种笼统的方式谈论了这些细节，并且得出结论，即与通常认为的相比，它们倾向于远不那么重要。”

随后为某场未来对法入侵——倘若它竟“重演它已折磨欧洲达 150 年之久的无耻傲慢行为”——提出的规划可谓有趣，但无真实意义，除了它就各路大军从不同战区分别入侵所说的话，连同再度令人想起施里芬计划的那段：“法国的重力中心在于武装力量和巴黎……法国的最脆弱地区是巴黎与布鲁塞尔之间，那里边境离首都仅 150 英里。”

索　　引

罗莎莉·韦斯特

人名、地名等类名称索引

（索引页码为原英译本页码，即本书页边码。）

A

D

G

H

J

K

战争、战役和会战：年表式索引

（索引页码为原英译本页码，即本书边码）

战争

战役和会战

① 应为第一次希波战争。——中译者注

① 应为1797年。——中译者注

图书在版编目(CIP)数据

战争论/(德)卡尔·冯·克劳塞维茨著;时殷弘译.
—北京:商务印书馆,2017
(汉译世界学术名著丛书:120年纪念版:珍藏本)
ISBN 978-7-100-14558-9

Ⅰ.①战… Ⅱ.①卡… ②时… Ⅲ.①战争理论
Ⅳ.①E8

中国版本图书馆CIP数据核字(2017)第153597号

汉译世界学术名著丛书
(120年纪念版·珍藏本)
战争论
(全两册)
〔德〕卡尔·冯·克劳塞维茨 著
时殷弘 译

商务印书馆出版
(北京王府井大街36号 邮政编码100710)
商务印书馆发行
北京市十月印刷有限公司印刷
ISBN 978-7-100-14558-9

2017年12月第1版 开本710×1000 1/16
2017年12月北京第1次印刷 印张66¾
定价:345.00元